중세
I

야만인, 그리스도교도, 이슬람교도의 시대

중세

움베르토 에코 기획

I

김효정 · 최병진 옮김
차용구 · 박승찬 감수

4 7 6 ~ 1 0 0 0

시공사

일러두기

1. 옮긴이 주는 *로 표시했다.
2. 인명, 지명, 도서명, 용어 등의 원어는 사용 당시의 표기에 따랐으나 확인이 안 되는 경우에는 이탈리아어나 영어 등 통용되는 대로 표기했다.
3. 성경 구절, 성경에 나오는 인명, 지명 등은 새번역 성경에 따라 표기했다.
4. 책의 번역 명칭은 한국어판이 출간된 경우에 그 제목에 따르는 것을 원칙으로 했으나 명칭의 통일성 문제가 발생할 경우에는 예외로 했다.
5. 자료나 문헌의 출처 표기는 원어로 했다.

차례

철학

과학과 기술

문학과 연극

전체 서문

| 움베르토 에코 |

중세에 대한 이 서문이 책 내용만큼 길어지지 않도록 다음과 같이 제한을 두어야 할 것이다. 중세는 로마 제국이 몰락하는 동안에 시작되었는데, 이 시기에 로마 제국을 점차 침입했던 민족들의 문화와, 그 문화들을 서로 연결시키는 역할을 했던 그리스도교와 라틴 문화가 결합하면서 모든 국가가 시작되었다. 또 이 시기에 현재까지 쓰고 있는 언어와, 그동안 변화와 혁명을 거치기는 했지만 아직도 우리의 것인 제도도 시작되었으며, 동시에 오늘날 유럽이라 부르는 것도 시작되었다.

　너무 많지만, 또한 너무 적기도 하다. 수많은 진부함이 중세를 억누르고 있으므로, 일반 독자가 생각하는 것, 즉 많은 성급한 학교 교과서들이 믿게 만들었고 영화나 텔레비전에서 소개했던 것들은 중세가 아니라는 사실을 일일이 열거하는 편이 오히려 적절할 것이다. 그러니 먼저 (1) 중세는 무엇이 아닌지를 말해야 할 것이다. 다음은 (2) 중세가 우리에게 무엇을 남겼는지를 물어보아야 할 것이다. 마지막으로 (3) 어떤 의미에서 중세는 우리가 사는 시대와 근본적으로 다른 것이었는지를 알아보아야 한다.

중세는 무엇이 아닌가?: 중세에 대한 오해들

중세는 한 세기가 아니다. 중세는 16세기나 17세기처럼 한 세기도, 르네상스나 바로크 혹은 낭만주의처럼 눈에 띄는 특징을 가진 시기도 아니다. 그것은 15세기에 살았던 인문주의자 플라비오 비온도Flavio Biondo(1392-1463)가 처음으로 정의했던 것처럼 여러 세기다. 모든 인문주의자들처럼 비온도도 고전고대 문화로 회귀하기를 원했다. 그는 로마 제국의 몰락 시점(476)과 자신이 살던 시대 사이의 그 시기(그는 이를 쇠퇴기로 보았다)를 괄호 안에 두었다. 결국 비온도도 1463년에 사망했기 때문에 중세에 속하는 인물이 되고 말았지만 말이다. 관습적으로 중세의 끝은 1492년으로 정해졌는데, 그해는 아메리카 대륙이 발견된 해이자, 무어인들이 에스파냐에서 추방된 해이기도 하다.

1492년에서 476년을 빼면 1016년이다. 1016년은 긴 세월이다. 그렇게 오랜 세월 동안 학교에서도 배우는 수많은 역사적 사건들(야만족의 침입에서 카롤링거 왕조의 르네상스와 봉건 제도, 아랍의 팽창에서 유럽 군주제의 탄생까지, 교회와 제국 간의 분쟁에서 십자군까지, 마르코 폴로에서 크리스토퍼 콜럼버스까지, 단테에서 터키의 콘스탄티노플 정복까지)이 일어났는데, 생활 방식 및 사고방식에 변화가 없었다고는 믿기 힘들다.

비록 로마 제국의 몰락 전에 사망했지만 최초의 중세 사상가로 간주되는 성 아우구스티누스와 성 토마스 아퀴나스 사이에 몇 년이 흘렀는지 교양 있는 사람(물론 중세 전문가가 아닌 사람)에게 물어보는 것은 흥미로운 실험이다. 왜냐하면 학교에서는 두 인물 모두 그리스도교 사상을 대표하는 최고의 학자라고 학생들에게 가르치기 때문이다. 그러나 많은 사람들이 감히 실제 숫자를 셈해 보지는 않는다. 성 아우구스티누스와 성 토마스 사이를 가르는 시간이 적어도 8백 년이고, 성 토마스와 우리를 가르는 시간도 대략 8백 년이다.

비록 당시에는 우리 시대보다 훨씬 느리게 일이 진행되기는 했지만, 8세기 동안에는 많은 일이 일어날 수 있다. 그렇기 때문에 중세는, 동어반복이지만 고대 시대 혹은 근대 시대처럼 한 시대인 것이다. 소위 고대 시대, 혹은 고전고대는 호메로스 이전의 초기 시인들에서 후기 라틴 제국의 시인들까지, 소크라테스 이전의 철학자들에서 스토아 학파 철학자들까지, 플라톤에서 플로티노스까지, 트로이의 몰락에서 로마의 몰락까지 이어지는 일련의 세기다. 마찬가지로 근대는 르네상스에서 프랑스 혁명까지 이어지는 시기이며, 라파엘로뿐 아니라 티에폴로Giovanni Battista Tiepolo, 레오나르도, 백과전서파, 피코 델라 미란돌라Pico della Mirandola, 비코Giambattista Vico, 팔레스트리나Giovanni Pierluigi da Palestrina, 심지어 모차르트도 그 시기에 속한다.

그러므로 중세에도 여러 시기가 있었다는 확신을 가지고 중세 역사에 접근해야 하며, 몇 가지 역사적 전환점에 주목하기보다는 적어도 지금까지와는 다른 연대를, 그것도 매우 엄밀한 연대를 정해야 할 것이다. 로마 제국의 몰락에서 1000년(혹은 적어도 카롤루스 대제)까지를 중세 초기로, 소위 말하는 1000년 이후의 재생의 시기를 중세 중기로, 마지막 시기를 중세 후기로 구분할 수 있다. '후기'라는 용어가 부정적인 의미를 가질 수 있음에도 불구하고, 중세 후기는 단테가 『신곡』을 완성했고, 페트라르카와 보카치오가 작품을 썼으며, 피렌체의 인문주의가 꽃을 피운 영광의 시대다.

중세는 단지 유럽 문명에만 해당하는 시기가 아니다. 서양의 중세가 있는 한편, 로마가 멸망한 뒤에 1000년 동안 찬란한 비잔티움 문화 속에서 여전히 살아남은 동방 제국의 중세도 있다. 동일한 시대에 위대한 아랍 문명이 꽃을 피우는 동안, 유럽에서는 유대 문화가 다소 은밀하지만 매우 광범위하게 퍼졌다. 이렇게 다른 문화의 전통을 구분 짓는 경계선은 오늘날에 생각하는 것처럼 그렇게 뚜렷하지 않았다(오늘날에는 십자군 전쟁이 진행되는 동안 그리스도교도와 이슬람교도가 서로 충돌했으리라는 견해가 우세하기는 하지만 말이다). 아랍 서적이 번역되면서 유럽의 철학은 아리스토텔레스와 다른 그리스 저자들을 알게 되었고, 서양의 의학은 아랍의 지식을 이용했다. 그리스도교 학자들과 아랍 학자들 사이의 교류는, 비록 공식화되지는 않았지만 빈번했다.

무엇보다 서양의 중세는 다른 시대의 문화적 공헌이나 문명 전체를 그리스도교의 용어로 변형시키려는 경향을 보인다. 오늘날에 와서 유럽의 헌법에서 유럽 그리스도교의 시조를 언급해야 할지에 대해 논쟁할 때, 유럽이 그리스도교 이전의 문명에도 뿌리를 두고 있다는 사실, 즉 켈트와 게르만, 스칸디나비아 신화는 언급하지 않더라도 그리스-로마와 유대 민족(성경의 중요성만 염두에 두는 것으로도 충분하다)에 뿌리를 두고 있다는 사실을 주장하는 것은 정당하다. 그러나 중세 유럽을 말할 때는 그리스도교의 뿌리에 대해 확실히 말해야 한다. 중세 교부 시대부터는 모든 것을 새로운 종교의 빛으로 바라보고 다시 읽고 해석한다. 히에로니무스Eusebius Hieronymus가 라틴어로 번역한 『불가타 성서』 외의 성경은 알려지지 않았을 것이다. 라틴어로 번역하는 중에 그리스 철학자들이 알려졌을 것이고, 이들은 그리스도교 신학의 원리에 이들의 사상이 얼마나 수렴하는지를 보여 주기 위해 이용되었을 것이다(토마스 아퀴나스의 기념비적인 철학적 종합도 그것을 목적으로 한다).

중세는 어둠의 시대 혹은 암흑기가 아니다. 암흑기라는 표현에서 끝없는 공포, 광신주의와 이교에 대한 편협성, 역병, 빈곤과 대량 학살로 인한 문화적이고 물질적인 쇠퇴기를 떠올린다면, 이는 로마 제국의 멸망과 새로운 1000년, 혹은 카롤링거 왕조의 르네상스 사이에 있었던 시기에만 부분적으로 적용할 수 있다.

몇 세기에 걸쳐 유럽을 무너뜨렸던 야만족의 침입이 서서히 로마 문명을 파괴했기 때문에, 1000년 이전의 몇 세기는 다소 어두웠다. 도시가 붕괴되거나 인구가 감소했고, 관리하지 못한 대로는 가시덤불에 묻혀 버렸으며, 문화는 방치되었다. 그리하여 1000년 왕국이 끝나기 직전, 혹은 적어도 카롤루스 대제의 봉건 개혁이 있기 전에는 전체 농지가 숲으로 돌아갔다.

그러나 유럽 문화의 뿌리를 재발견하려 한다면, 우리는 이 '어두운' 시기에 오늘날에도 사용하는 언어가 생겨난 것을 알게 될 것이며, 한편으로는 로마-야만족 혹은 로마-게르만족이라 말하는 문명의 시초를, 다른 한편으로는 비잔티움 문명의 시초를 목격하게 될 것이다. 두 문명 모두 법률 구조에 큰 변화를 주었다. 보에티우스Anicius Boethius(로마 제국이 몰락하는 동안 태어난 그는 마지막 로마인으로 정확히 구분되었다), 가경자 베다Beda Venerabilis와 카롤루스 대제가 세운 궁정 학교의 학자들, 알퀴누스Alcuinus('요크의 앨퀸'이라고도 함*) 혹은 라바누스 마우루스Rabanus Maurus, 에리우게나Johannes Scotus Eriugena까지 지적인 활력이 넘치는 위대한 인물들이 이 시기에 뛰어난 실력을 나타냈다. 그리스도교로 개종한 아일랜드인들은 수도원을 만들고, 그곳에서 고대 문헌을 연구했다. 그들은 히베르니아Hibernia(아일랜드 교회를 가리키는 라틴어*)의 수도사가 되어 유럽 전역에 복음을 전파하러 다니면서, 동시에 중세 초기 예술의 가장 독창적인 형식을 창작했다. 그것은 바로『켈스 복음서Leabhar Cheanannais』및 이와 유사한 다른 필사본의 세밀화들이다.

이러한 문화의 출현에도 불구하고 1000년 이전의 중세는 극빈과 기아, 불확실의 시기인 것은 틀림없었으며, 성자가 갑자기 나타나서 농부가 우물에 빠뜨린 낫을 돌려주는 기적을 행했다는 이야기가 유포되었다. 이 이야기에서 낫을 잃어버리는 것은 밭을 영원히 경작할 수 없다는 것을 의미할 정도였는데, 이는 당시에 철이 귀했다는 사실을 보여 준다.

라둘푸스 글라베르Radulfus Glaber는『역사서Historiarum libri』에서 1000-1030년에 일어난 사건들을 언급하면서, 특히 홍수 때문에 파종할 시기도 수확할 시기도 놓칠 수밖에 없었던 혹독한 시절의 빈곤에 대해 서술하고 있다. 굶주림은 부자도 가난한 자도 모두 지치게 했다. 먹을 수 있는 가축이 더 이상 남지 않게 되자 사람들은 온갖 종류의 썩은 고기와, "말만 들어도 소름 끼치는 것들"을 먹었으며, 어떤 사람들은 인육까지 게걸스럽게 먹을 지경이 되었다. 여행자들은 사람들의 공격을 받아 살해되었고, 토막이 나서 구이가 되었다. 빈곤에서 도망치고 싶은 마음에 고향을 떠난 사람들은 밤에 학살되거나, 그들을 손님으로 맞아 준 걸신들린 사람들의 먹이가 되었다. 과일이나 달걀로 아이를 유혹해서 도륙한 다음 먹는 사람도 있었다. 많은 곳에서 무덤을 파헤쳐 시체를 먹는 일도 일어났다. 어떤 사람이 구운 인육을 가져와 투르뉘Tournus 시장에서 팔다가 발각되어 화형당했는데, 밤에 그자가 매장된 곳으로 구운 인육을 찾으러 왔다가 붙잡혀 화형당한 사람도 있었다.

계속 감소하던 인구는 풍토병(결핵, 나병, 궤양, 습진, 종양)과 흑사병 같은 전염병 때문에 그 수가 더욱 급격하게 줄었다. 지난 1000년 동안의 인구를 계산하기는 어렵지만, 몇몇 사람에 의하면 유럽 인구가 3세기에는 3천만~4천만 명이었으나 7세기에는 1천4백만~1천6백만 명으로 줄었다고 한다.

소수의 사람들이 약간의 땅을 경작했고, 그 땅에서 나온 수확물로 소수의 사람들만 연명했다. 그러나 1000년에 다다를 즈음에 총 인구수가 변했다. 11세기에 유럽 인구는 다시 3천만~4천만 명에 이르렀다가, 14세기에는 6천만~7천만 명에 이르게 된다. 인구 계산에 이견이 있기는 하지만, 4세기 동안 인구가 최소한 2배나 늘어난 것이다.

라둘푸스 글라베르는 1033년 이전의 빈곤에 대해 언급한 다음, 새 1000년의 새벽에 마치 봄이 온 풀밭처럼 땅이 갑자기 다시 피어나고 있다고 이야기했는데, 그는 다음과 같이 유명한 글을 남긴다. "1000년이 지나고 벌써 세 번째 해를 맞자 전 세계에서, 특히 이탈리아와 갈리아에서 바실리카 양식의 교회당을 개축했다. 모든 그리스도교도들은 더 아름다운 교회를 갖기 위해 경쟁했다. 세계 자체가 노후함에서 벗어나기 위해 요동치고 있었으며 모든 교회가 순백의 망토로 옷을 갈아입고 있는 것 같았다"(『역사서』, III, 13).

카롤루스 대제의 개혁과 함께, 수도원이나 거대한 봉토에서는 새로운 경작이 활발히 이루어졌다. 그러므로 10세기는 "강낭콩fagioli이 가득한 시대"로 정의되었다. 이 표현은 엄밀히 말하면 맞지 않는데, 왜냐하면 우리가 알고 있는 강낭콩은 아메리카 대륙을 발견했을 때에야 비로소 유럽에 들어왔기 때문이다. 고대 사람들은 기껏해야 동부콩만 알고 있었다. 그러나 'fagioli'란 단어가 일반적인 콩을 의미하는 것이라면 그 표현은 맞는 말이다(이탈리아어로 동부콩은 fagioli dall'occhio로, fagioli는 일반적인 콩이란 의미로도 쓰인다*). 10세기에는 윤작輪作 형태의 재배 방식에 근본적인 변화가 있었으며, 잠두콩, 병아리콩, 완두콩, 제비콩 등 식물성 단백질이 풍부한 모든 콩을 더욱 집약적으로 재배했다. 그 먼 중세 시대의 가난한 사람들은 닭을 기를 수 있거나 밀렵을 할 수 있는 경우를 제외하고는 고기를 먹지 못했다(수렵으로 얻은 고기는 귀족들의 몫이었다). 그들은 영양 불량 상태였기 때문에 밭이 망가지더라도 그냥 방치했다. 그러나 10세기에 집약적인 콩 재배 방식이 보급되기 시작하자, 콩은 노동하는 자의 필수 에너지를 충족시켜 줄 수 있게 된다. 사람들은 단백질을 더 많이 섭취하자 더욱 튼튼해졌고, 젊은이들의 사망률이 줄어들었으며, 그리하여 아이들이 더 많이 생겨나면서 유럽 인구는 다시 증가했다.

1000년 후반에 접어들면서 노동 관계 및 의사소통 기술이 몇몇 발명품 및 기존 발명품의 개량으로 크게 변했다. 고대 시대에는 일종의 고삐 같은 것을 말에게 채웠는데, 그것은 말의 근육을 누르면서 가슴을 압박했다. 압박을 받은 근육은 수축했기 때문에 말은 짐을 끄는 일에 몰두할 수 없었다(게다가 고삐는 폐를 압박했기 때문에 동물의 저항력을 감소시켰다). 이런 상황은 대략 10세기까지 계속된다. 10세기 후반에서 12세기 사이에 새로운 유형의 고삐가 보급되는데, 채우는 지점이 가슴에서 어깨뼈로 이동했다. 끄는 힘이 가슴에서 골격으로 이동하니 근육을 자유롭게 움직일 수 있게 되었다. 그리하여 말은 자신의 힘을 적어도 2/3가량 늘릴 수 있었고, 그때까지 황소들만 할 수 있었던 일에 이용되었다. 황소는 힘은 셌지만 느리다는 단점이 있었다. 게다가 당시까지만 해도 일을 할 때 말들을 가로로 세웠는데, 이제는 옆으로 나란히 세우는 대신 한 줄로 세웠다. 이 방법도 끄는 힘의 효과를 놀라울 정도로 증대시켰다. 1000년으로 거슬러 올라가는 세밀화에도 이러한 새로운 작업 방식이 그려져 있다.

그 외에도 예전에는 특별한 경우에 말발굽에 가죽을 댔지만, 이제는 편자를 박았다(편자는 900년경에 아시아에서 들어왔다). 그리고 등자도 아시아에서 들여와 일반적으로 사용되었는데, 이로써 기수가 안정감 있게 말을 탈 수 있게 되었을 뿐 아니라, 무릎으로 말의 옆구리를 누를 위험이 사라졌다. 말을 좀 더 편안하게 이용할 수 있게 되자 세상의 경계선이 확장되었다. 마구와 편자를 갖춘 새로운 방식으로 이룩한 기술의 혁신은 20세기에 프로펠러 비행기에서 제트기로 운송 수단이 이행한 것(이는 여행 시간을 절반으로 단축시켰다)에 비견할 수 있다.

고대의 쟁기에는 바퀴가 없었기 때문에 정확하게 기울이는 것이 힘들었다. 그러나 북유럽 민족들이 2세기부터 사용하던 쟁기가 13세기에 유럽에 도입되었는데, 이 쟁기에는 바퀴와 칼날 2개가 달려 있었다. 칼날 중 하나는 땅을 파기 위한 것이었고,

다른 하나는 휘어져 있어 땅을 뒤집어엎는 것이었다.

　항해술에서도 마찬가지로 중요한 혁명이 일어난다. 단테는 『신곡』, 「천국편」 12곡에서 다음과 같이 썼다. "del cor de l'una de le luci nove/ si mosse voce, che l'ago a la stella/ parer mi fece in volgermi al suo dove……." 14세기에 『신곡』의 두 주석자인 프란체스코 다 부티Francesco da Buti와 조반니 다 세라발레Giovanni da Serravalle는 이 내용을 (아직 아무것도 모르는 독자들에게) 다음과 같이 해석해 주었다. "항해사들은 가벼운 종이로 만든 작은 바퀴가 가운데에서 도는 상자를 가지고 있는데, 작은 바퀴는 앞에서 말한 회전축 위에서 돈다. 작은 바퀴에는 많은 핀이 있는데, 그중에서 별을 그려 놓은 핀에는 뾰족한 바늘이 고정되어 있다. 항해사들은 북풍이 어느 쪽에서 부는지 알고 싶을 때 그 바늘에 자석을 가져다 댄다." 그러나 바늘이 움직이는 나침반에 대해서는 1269년에 이미 페트루스 페레그리누스Petrus Peregrinus가 말한 바 있다.

　이 시대에 오면 천체 관측기와 직각기처럼 고대 시대에 만들어진 몇 가지 기구가 개선된다. 그러나 중세가 항해술에서 이룬 진정한 혁명은 선미船尾 키의 발명이다. 그리스 로마 시대의 선박과 바이킹들의 선박, 심지어는 1066년 영국 해변에 상륙한 정복자 윌리엄의 선박에도 선미의 측면에 단 키가 있었는데, 이것은 선체를 눌러서 원하는 방향으로 갈 수 있도록 조종하는 역할을 했다. 그것은 조종하기 힘들 뿐 아니라, 무엇보다도 역풍에 맞서 항해할 수 없었다. 역풍에 맞서기 위해서는 "바람에 맞서 갈지자로 항해하는 것"이 필요했다. 즉 바람이 불면 선체가 먼저 한쪽 뱃전을 내밀고, 이윽고 다른 쪽 뱃전을 내밀 수 있도록 키를 번갈아 가며 조종해야 했다. 그러므로 선원들은 작은 연안을 항해하는 데, 다시 말해 바람이 우호적이지 않을 때 멈출 수 있도록 연안을 항해하는 데 만족해야 했다.

　바이킹들은 측면 키를 가지고 아메리카 대륙에 도착했을 것이다. 그러나 우리는 그들이 얼마나 걸렸는지, 얼마나 많은 배가 난파되었는지 모른다. 결국 그들은 아이슬란드에서 그린란드까지, 거기서 래브라도 해안까지 여행했을 것이다. 그러므로 12-13세기에 수면 아래로 가라앉고 한 사람만으로도 쉽게 조종할 수 있으며 파도의 영향을 받지 않고 배의 방향을 정할 수 있는 근대식 키가 출현한 뒤에 콜럼버스가 대양을 통과할 수 있었던 것과 달리, 바이킹들은 대양을 통과하지 못했다.

　이러한 발견과 더불어 오늘날에도 사용하고 있는, 두 팔을 벌린 모양의 닻과 같이 일련의 중요한 개선이 이루어진다. 게다가 노르만족은 목판을 덮어서, 다시 말해 목판을 위로 겹쳐서 뱃전이 계단 모양이 되도록 선체를 건조했다. 그러다 목판을 연결하여 연속적인 곡선을 이루도록 하면서 더 큰 선박을 건조할 수 있게 되었다. 북유럽 방식에 의하면 먼저 선체를 구성하고 나중에 지탱하는 뼈대를 만들었지만, 새로운 방식이 도입되면서 먼저 골격을 건조하고 나중에 목판으로 그것을 덮었다.

돛의 모양도 개선되었다. 사실 7세기부터 아랍인들은 제1사장斜檣(선두에서 앞으로 튀어나온 돛대*) 돛이라는 더 좋은 삼각돛을 지중해 연안의 사람들에게 선보였다. 새로운 제1사장 돛은 바람의 모든 각도를 이용할 수 있으므로, 새로운 방식의 키와 더불어 모든 움직임을 가능하게 했다. 이 모든 혁신 덕분에 로마 시대의 상선보다 네 배나 더 큰 배를 건조할 수 있게 되었고, 이렇게 선박의 크기가 커지면서 제1사장과 큰 돛대 사이에 새로운 돛대를, 즉 뒷돛대를 도입하게 되었다. 곧 큰 돛대의 돛 위에 점차 사각돛을 달게 되었고, 이후에는 큰 돛대의 돛에도 사각돛을 달았다. 한편, 제1사장 돛이 커지면서 배 뒤의 돛대들과 큰 돛대는 점점 선미로 자리를 이동하는데, 세 번째 돛대가 도입되었기 때문이다.

선미 키의 발명과 돛의 개선이 없었다면, 콜럼버스는 아메리카에 도착할 수 없었을 것이다. 그러므로 근대의 시작을 알리고, 관습적으로 말하자면 중세의 문을 닫은 사건은 바로 중세에서 태동한 것이다.

역사학자들은 1000년 이후의 이러한 총체적인 기술의 혁신을 '제1차 산업혁명'이라고 말했다. 실제로는 수공업의 혁명이기는 했지만, '암흑기'라는 신화를 확실히 땅에 떨어뜨릴 만한 사실이다. 사실 1000년 이후로 도시의 중심가가 더욱 번창했고, 그곳에 커다란 교회가 들어섰다. 전통적인 사회는 성직자, 전사, 농민으로 구분되었는데 그것이 중세 초기의 특징이었다. 하지만 수공업과 상업에 종사하는 도시 부르주아가 탄생하면서 그런 구분은 무너졌으며, 12세기 이후로 세속의 음유시인들이 시를 지었던 것처럼 이제는 단테 같은 지식인이 근대 작가의 완벽한 모범이 되었다. 음유시인들의 시에서 브르타뉴의 아서 왕 전설집에 이르기까지, 『니벨룽겐의 노래』에서 『시드의 노래』에 이르기까지 모든 시대를 통틀어 가장 위대한 걸작들 중 몇몇 작품은 새로 등장한 속어로 쓰였다. 대학이 생겨나고, 학예학부와 신학학부에서 피에르 아벨라르Pierre Abélard, 알베르투스 마그누스Albertus Magnus, 로저 베이컨Roger Bacon, 토마스 아퀴나스 같은 위대한 대가들이 강의를 하고 글을 썼다. 필사 활동 및 필사본의 세밀화 작업은 수도원에서 신생 대학으로 이동했다. 화가들은 교회나 수도원뿐 아니라 도시 생활 장면을 필요로 하는 시청을 위해서도 일했다. 유럽의 국가가 형성되는 동시에 제국이라는 초국가적인 개념이 다시 주장되었다.

마지막으로 우리가 잘 잊는 어떤 점을 기억해야 한다. '콰트로첸토Quattrocento'(르네상스가 막 태동한 15세기*)라 말하는 '재생'의 시기도 중세에 속한다는 점이다. 물론 다른 나라에서 조토Giotto di Bondone, 페트라르카, 보카치오를 콰트로첸토 시기의 인물로 구분하는 것처럼, 콰트로첸토를 르네상스 시대에 한정시키면서 중세가 아메리카 대륙을 발견하기 훨씬 전에, 혹은 인쇄술의 발명과 함께, 혹은 그전에 이미 끝났다고 말할 수도 있다(게다가 최근의 역사적 서술에서는 라파엘로가 사망한 1520년에 중세가 끝났다고 여기는 경향이 있다). 그러나 1000년 이후에 '재생'이라는 말이 언급되므로, 카롤루스 대제와 함께 중세가 끝난 것으로 여길 수도 있다. 당시 인물들의 이름을 아는 것만으로도 충분하다. 하지만 스콜라 철학자들이 원하는 대로 중세 시기를 구분한다면, 니콜라우스 쿠사누스Nicolaus Cusanus, 마르실리오 피치노Marsilio Ficino, 피코 델라 미란돌라Pico della Mirandola 같은 철학자들도 중세에 속한다. 엄격히 말하자면 루도비코 아리오스토Ludovico Ariosto, 로테르담의 에라스무스, 레오나르도, 라파엘로, 루터도 중세에 태어난 것이다.

중세는 인생에 대해 어두운 전망만을 가지지 않았다. 중세가 악마들이 사는 로마네스크 양식의 팀파눔tympanum(건축에서 상인방 위의 아치 안에 있는 삼각형 혹은 반원형 부분*)과 지옥의 형벌이 가득한 시대이며, 죽음의 승리라는 이미지가 그 주위를 선회하던 시대인 것은 사실이다. 고행 행렬이 이어지고, 죽음을 병적으로 기다리며, 시골과 마을에 거지들과 나병 환자들이 떼 지어 지나가고, 문학은 자주 지옥 여행에 현혹되던 시대다. 그러나 그와 동시에 대학생들이 인생의 기쁨을 찬양하는 시기일 뿐 아니라, 무엇보다도 빛의 시대다.

중세가 암흑기라는 생각의 오류를 입증하기 위해서라면 빛에 대한 중세의 심미안에 대해 생각해 보는 것이 적당하다. 중세는 아름다움을 (비율과 동일시했을 뿐 아니라) 빛, 색과 동일시했다. 색은 항상 단순했다. 즉 그러데이션과 명암 없이 붉은색, 밝은 파란색, 금색, 은색, 흰색, 초록색이 만들어 내는 교향곡인 셈이다. 중세에서 광채는 사물 외부에서 비춰 사물을 감싸는 빛에 의해 결정되거나 형상의 경계선 외부로 색이 새어 나오는 것이 아니었다. 오히려 전체적인 조화에서 나오는 것이었다. 중세의 세밀화를 보면 빛이 사물에서 나와 사방으로 퍼지는 것 같다.

세비야의 이시도루스Isidorus Hispaleusis에 따르면, 대리석은 그 흰색 때문에 아름답고 금속은 그것이 반사하는 빛 때문에 아름답지만, 공기는 그 자체로 아름답다. 공기를 아에르aer, 아에리스aeris라고 하는 것은 그것의 어원이 아우룸aurum, 즉 금의 광채에서 나왔기 때문이다(사실 금은 빛과 마주치자마자 빛난다). 귀금속은 그것의 색 때문에 아름답다. 왜냐하면 색은 바로 갇힌 햇빛이자 정화한 물질이기 때문이다. 눈동자가 빛나면 아름다울 뿐 아니라, 가장 아름다운 눈동자는 청록색이다. 아름다운 몸의 가장 중요한 특성 중 하나는 장밋빛 피부다. 시인들도 이렇듯 색에 대한 감각을 늘 가지고 있었다. 즉 풀은 초록색, 피는 붉은색, 우유는 순백색이다. 귀니첼리Guido Guinizelli에 의하면 미인은 "뺨이 붉고 눈처럼 하얀 얼굴"(나중에는 "밝고 신선하고 부드러운 물"이라는 표현이 등장한다)을 하고 있으며, 빙엔의 힐데가르트Hildegard von Bingen가 본 신비한 환영은 우리에게 빛나는 불꽃을 보여 준다. 최초로 타락한 천사가 지닌 아름다움 역시 별들이 빛나는 하늘처럼 반짝반짝 빛나는 보석으로 이루어진 것이라서 그가 지닌 모든 장식품은 수많은 빛깔을 뿜으면서 세상을 빛으로 밝게 비춘다. 고딕식 교회 건축은 어두운 측랑에 신성神性을 침투시키기 위해 날카로운 빛이 유리창을 통해 칼처럼 들어오게 하고, 복도를 빛으로 채우기 위해 창문과 장미창을 위한 공간을 넓히며, 부벽과 플라잉 버트레스flying buttress(대형 건물 외벽을 떠받치는 반半아치형 벽돌 또는 석조 구조물*) 때문에 벽을 없앴다. 그리하여 모든 교회는 꿰뚫는 구조를 통해 빛이 한꺼번에 쏟아져 들어올 수 있도록 건축되었다.

십자군 전쟁을 기록한 연대기 작가들은 프랑스 국왕기인 태양의 군기가 펄럭이는 선박, 햇빛에 빛나는 다채로운 문장紋章, 투구를 비추는 햇빛의 유희, 갑옷, 창끝, 행군하는 기사들의 군기와 깃털 장식에 대해 말하고 있으며, 갑옷에서는 연노란색과 밝은 파란색, 주황색과 흰색, 주황색과 분홍색, 분홍색과 흰색, 검은색과 흰색의 조합을 이야기해 준다. 그리고 세밀화는 더 매혹적인 색으로 옷을 입은 기사들과 귀부인들의 행렬을 보여 준다.

빛을 향한 이러한 열정의 기원은 플라톤주의와 신플라톤주의 신학으로 거슬러 올라간다(관념의 태양과 같은 선, 물질의 어둠을 지배하는 형식이 부여한 색의 단순한 아름다움, 빛으로 형상화되는 하느님의 환영, 불, 샘물, 타원형 등). 신학자들은 빛을 형이상학의 원리로 삼는다. 이 시기에 아랍의 영향으로 광학이 발전하는데, 이로써 경이로운 무지개에 대한 관찰과 거울의 기적이 가능해진다. 어떤 경우에 거울은 『신곡』「천국편」에서처럼 신비로운 액체로 나타나는데, 이것은 천국의 모든 하늘에서 다른 방식으로 빛나는 빛의 시詩와 다르지 않고, 심지어는 순백색 장미의 광휘로, 신성한 빛의 저항할 수 없는 환영으로 나타난다.

중세 사람들은 확실히 어두운 분위기에서, 숲과 성의 현관이나 굴뚝으로 간신히 빛이 들어오는 좁은 방에서 살았다. 그러나 하나의 문명은 있는 그대로 판단해야 하며, 또한 그것이 표현되는 방식으로도 판단해야 한다. 그렇지 않다면 우리는 르네상스를 단지 로마의 습격에 대한 공포와 전쟁, 살인, 귀족들이 저지른 대량 학살을 통해서만 보아야 할 것이며, 오늘날 우리가 그것에 대해 알고 있는 것을 모르게 되고, 라파엘로의 〈라 포르나리나La Fornarina〉가 그려지고 피렌체의 교회가 세워진 시기로만 보았을 것이다.

요컨대 소위 암흑기라는 것은 모사라베Mozárabe(이슬람의 지배를 받는 에스파냐 그리스도교도*)의 묵시록, 오스만 왕조의 세밀화, 화려한 성무일과서breviary에 실린 화려한 색과 빛의 이미지를 통해, 혹은 로렌체티Ambrogio Lorenzetti, 두초 혹은 조토의 프레스코화를 통해 빛으로 대체된다.

태양의 수도사가 조명한 세상과 마주하여 유쾌하고 진실한 기쁨이 가득한 중세를 발견하고 싶다면 아시시의 성 프란체스코San Francesco d'Assisi가 쓴 『피조물의 노래 Il Cantico delle creature』를 읽는 것으로도 충분하다.

중세는 디즈니랜드의 성처럼 우뚝 솟은 탑을 가진 성이 있던 시대가 아니다. '암흑'의 시대에서 빛을 재인식했으니, 그 빛의 그림자를 다시 확립하는 것도 타당할 것이다. 이 시대에 대중에게 보급된 『불가타 성서』는 석판화로 표현한 중세를 우리에게 보여 주었다. 즉 『불가타 성서』는 『베리 공작의 호화로운 기도서Les Très Riches Heures du Duc de Berry』 등의 후기(15세기) 세밀화에서 볼 수 있는 이상화된 성처럼, 낭만주의가 상상했던 성들(그 성들은 때로 복원되기보다 재건축되었다)이 꽉 들어찬 중세를 제시해 준 것이다. 이 우화적인 대중매체에서 표현한 중세 성의 모델은 차라리 르네상스 후기에 축조된 루아르Loire의 유명한 성들과 일치한다. 인터넷에서 '영주의 성'에 관한 사이트를 찾아보면, (그 사이트가 정직한 사이트라면) 총안이 있고 화려한 12세기 혹은 16세기 건축물이 나타날 것이다. 16세기 건물은 근대적인 건축물이 아니다.

사실 영주의 성은 구릉 위에 (혹은 일부러 쌓은 제방 위에) 건설되었고, 방어용 참호로 둘러싸인 목조 건축물로 구성되었다. 11세기부터 적의 공격을 더 잘 방어하기 위해 성 안의 뜰을 경계로 하여 제방 주위에 성벽이나 방책을 쌓았다. 적이 공격할 경우에 마을의 백성들은 가축들을 데리고 그 뜰로 피신할 수 있었다. 노르만족은 성벽 안에 큰 탑이나 아성을 건설했는데, 이것은 방어 외에도 영주와 그의 수비대가 머무는 거주지로 이용되었다. 방어용 참호는 점차 물을 가득 채운 수로가 되었으며, 그 위로 이동식 다리를 놓아 통행하게 했다. 그러나 이러한 발전은 점진적으로 이루어진다. 요컨대 중세에는 동화 속의 성은 없었다.

중세는 고전 문화를 무시하지 않았다. 비록 고전 시대의 많은 작가의 작품이 유실되기는 했지만(예를 들어 호메로스 및 그리스 비극 작가들), 중세인들은 베르길리우스, 호라티우스, 티불루스Albius Tibullus, 키케로, 소小 플리니우스, 루카누스, 오비디우스, 스타티우스Publius Papinius Statius, 테렌티우스Publius Terentius Afer, 세네카, 클라우디아누스Claudius Claudianus, 마르치알레Marco Valerio Marziale, 살루스티우스Gaius Sallustius Crispus를 알고 있었다. 물론 이 저자들에 대해 기억하고 있다고 해서 모든 사람들이 그들을 알았다는 것은 아니다. 때때로 도서관이 잘 갖추어진 수도원에서는 유명하지만, 다른 곳에서는 알려지지 않은 작가도 있었다. 그러나 통신이 너무 어렵게 느껴져(그러나 앞으로 보게 될 것이지만, 사람들은 여행을 많이 했다) 학자들이 온갖 수단을 동원하여 귀중한 필사본을 얻으려 했던 시대였기 때문에 지식에 대한 갈증이 있었다. 오리야크의 제르베르Gerbert d'Aurillac의 이야기는 유명하다. 그는 1000년에 교황 실베스테르 2세가 되는데, 그는 누군가에게 편지를 보내 루카누스의 『파르살리아Farsalia』 필사본을 구해 준다면 가죽 혼천의渾天儀를 주겠다고 약속한다. 필사본이 도착하지만, 제르베르는 그 책이 미완성인 것을 알게 된다. 제르베르는 루카누스가 작품을 미완성으로 남긴 줄 몰랐을 뿐 아니라 그사이에 손목을 자르겠다는 네로 황제의 '초대'를 받았기 때문에, 편지 수취인에게 혼천의를 절반만 보낸다. 이 일화는 믿기 어렵지만, 단지 유쾌한 일화에 그치지 않고 그 시대에도 고전 문화를 얼마나 애호했는지에 대해 알려 준다.

고전 작가들을 읽는 방식은 무엇보다도 그리스도교의 입장에서 독서하는 것이었는데, 그 대표적인 경우가 베르길리우스다. 사람들은 그를 예언할 수 있는 마술가로 파악했으며, 그가 『전원시Eclogae』 4권에서 그리스도의 도착을 미리 알려 줄 수 있었다고 생각했다.

중세는 고대 과학을 혐오하지 않았다. 중세가 성경을 반박하지 않기 위해 고전고대의 과학적 발견을 모두 삭제했으리라는 해석의 근원은 19세기 실증주의 논쟁에서 발견할 수 있다. 몇몇 교부 철학자들이 성경을 문자 그대로 엄격하게 읽으려 한 것은 사실이며, 그들은 세상이 임시 예배당 같은 곳이라고 말했다. 예를 들어 14세기에 락탄티우스Lucius Caecilius Firmianus Lactantius는 『신학 체계Institutiones divinae』에서 이러한 근거를 토대로 지구가 둥글다는 이교도의 이론에 반박했는데, 인간이 머리를 숙이고 걸어야 하는 땅이 있으리라는 생각을 수용할 수 없었기 때문이다. 6세기의 비잔티움 지리학자인 인도의 항해자 코스마스Cosmas Indicopleustes가 그와 유사한 생각을 지지했는데, 그는 『그리스도교 지형학Topografia Cristiana』에서 성경의 '임시 예배당'을 늘 염두에 두면서 지구의 평평한 바닥 위에 둥근 아치를 세운 정육면체 모양의 우주를 주의 깊게 그렸다.

신비주의적이고 수학적인 이유 때문에 지구가 둥글다고 생각한 피타고라스의 시대부터, 소크라테스 이전의 몇몇 철학자들을 제외한 그리스인들은 지구가 둥글다는 사실을 이미 알고 있었다. 지구를 360도로 나누었던 프톨레마이오스도 그것을 알고 있었지만, 파르메니데스Parmenides, 에우독소스Eudoxos, 플라톤, 아리스토텔레스, 유클리드, 아르키메데스, 그리고 지구의 자오선을 근사치에 가깝게 계산했던 에라토스테네스Eratosthenes도 이미 그것을 알고 있었다.

중세가 이러한 고대의 개념을 망각했다는 주장이 있다(과학을 연구하는 진지한 역사학자들도 그렇게 주장했다). 이 생각은 일반인들 사이에서도 널리 퍼졌다. 오늘날에도 콜럼버스가 포넨테를 통해 레반테에 도착했을 때 무엇을 보여 주려고 했는지, 또 살라망카의 학자들이 무엇을 적대적으로 거부했는지를 교양 있는 사람에게 물어본다면, 대부분 콜럼버스는 지구가 둥글다고 생각했던 반면에 살라망카의 학자들은 지구가 평평하며 바다로 나아간 돛단배들은 곧 우주의 심연 속으로 곤두박질칠 것이라 생각했다고 대답할 것이다.

사실 성 아우구스티누스를 비롯하여 어느 누구도 락탄티우스에게 많은 관심을 보이지 않았다. 성 아우구스티누스에게는 이 문제가 영적으로 그리 중요한 것 같지 않았지만, 그가 남긴 여러 글을 통해 그가 지구는 둥글다고 생각한 것을 알 수 있다. 때때로 성 아우구스티누스는 지구의 정반대 쪽에서 인간이 살 수 있을지를 진지하게 의심하고는 했다. 그러나 지구의 정반대 쪽에 관해 논쟁했다는 것은 '둥근 지구'라는 모델에 대해 논쟁하고 있었다는 사실을 의미한다.

그리스도교가 지배하는 중세에는 그리스어를 잊고 있었기 때문에, 코스마스가 그리스어로 쓴 책은 1706년에야 라틴어로 번역되었다. 그러므로 중세의 어느 학자도 그를 알지 못했다.

7세기에 세비야의 이시도루스는 과학적으로 완전한 모델은 아니었지만, 어쨌든 적도의 길이를 8만 스타디온stadion(고대 그리스의 길이 단위*)으로 계산했다. 적도의 원에 대해 말하는 사람이라면 틀림없이 지구가 둥글다고 가정한 것이다.

고등학생도 쉽게 추론할 수 있는데, 단테가 지옥의 깔때기에 들어가 다른 쪽으로 나오면서 연옥 기슭에서 미지의 별을 보는데, 이는 그가 지구가 둥글다는 사실을 너무나 잘 알고 있었고 또한 그것을 몰랐던 독자를 위해 글을 썼다는 사실을 의미한다. 오리게네스, 암브로시우스, 베다, 알베르투스 마그누스, 토마스 아퀴나스, 로저 베이컨, 사크로보스코의 요하네스Johannes de Sacrobosco 등 많은 사람들이 동일한 견해를 가지고 있었다.

콜럼버스 시대에 있었던 논쟁은, 살라망카의 학자들이 콜럼버스보다 계산을 더 정확히 했지만 동그란 지구는 콜럼버스가 믿는 것보다 넓기 때문에 지구를 배로 일주하는 것은 정신 나간 행동이라고 생각했기 때문에 제기된 것이었다. 물론 콜럼버스도, 살라망카의 학자들도 유럽과 아시아 사이에 또 다른 대륙이 있으리라는 사실을 의심하지 않았다.

무엇보다 이시도루스의 필사본에 소위 'T 지도'가 등장했다. 지도에서 위쪽은 높은 곳에 있는 아시아를 나타내는데, 왜냐하면 전설에 따르면 지상의 천국은 아시아에 있기 때문이었다. 가로줄에서 한쪽은 흑해를, 다른 한쪽은 나일 강을 나타내고 세로줄은 지중해를 나타내는데, 그러므로 왼쪽에 있는 원의 1/4은 유럽을, 오른쪽에 있는 원의 1/4은 아프리카를 나타낸다. 대양의 거대한 원이 그 주위를 모두 감싸고 있다. 물론 T 지도는 2차원이지만, 지구를 2차원으로 표현한다는 것이 지구가 평평하다고 생각하는 것을 의미하지는 않는다. 그렇지 않다면 오늘날의 지도도 지구가 평평하다고 믿은 결과일 것이다. 이는 지도 제작법의 관습적인 형태와 관련된 문제였는데, 지구의 다른 면을 표현하는 것이 불필요하다고 생각했기 때문이다. 모두가 그곳을 몰랐고, 아마도 사람이 살지 않거나 살 수 없다고 생각했을 것이다. 우리가 아는 바 없는, 달의 다른 면을 표현하지 않는 것처럼 말이다.

마지막으로 중세는 대여행의 시대였다. 그러나 붕괴하는 길, 통과해야 할 숲, 건너야 할 바다의 지류를 앞에 두고 당시의 선체 수리공에게 의지했기 때문에 적당한 지도를 그릴 수 없었다. 지도는 정말 대충 그려졌다. 에브슈토르프Ebstorf 지도(1234)의 복사판을 보면, 저자가 더 고심했던 점은 예루살렘까지 도착하는 방법을 설명하는 것이 아니라 지구 중심에 위치한 예루살렘을 표현하는 것임을 알 수 있다.

마지막으로 신문 가판대에서 판매하는, 시간표가 있는 철도 노선도를 생각해 보라. 밀라노에서 리보르노까지 가는 열차를 타야 한다면(그리고 제노바를 경유해야 한다는 것을 알고 있다면), 환승역들을 명확히 본 그 누구라도 이탈리아의 형태를 정확하게 그려 낼 수는 없을 것이다. 기차역에 가야 하는 사람은 이탈리아의 정확한 형태에는 관심이 없다.

로마인들은 그들이 알고 있는 세상의 모든 도시를 연결하는 일련의 도로를 그려 놓았다. 그러나 이 도로가 '포이팅거 지도Tabula peutingeriana'라 불리는 지도(15세기에 이 지도에 대한 중세 문헌의 기록을 발견했던 사람의 이름을 딴 지도*)에 어떻게 표현되어 있는지 보라. 이 지도는 매우 복잡하다. 윗부분은 유럽을 나타내고 아랫부분은 아프리카를 나타내지만, 우리는 정확히 말해 철도 노선도를 마주하고 있는 상황이나 마찬가지다. 두 제방을 분리하는 강물 같은 것은 지중해일 것이다. 마레 노스트룸Mare Nostrum('우리의 바다'라는 뜻의 라틴어. 고대 로마인이 지중해를 이렇게 불렀다*)을 계속 건너던 로마인들이나 중세 해상 공화국의 항해사들이 지중해가 강처럼 좁다고 생각했을 것이라고 여기는 사람은 아무도 없다. 그들은 대륙의 형태가 아니라 마르세유에서 제노바까지 갈 수 있는 길이 있다는 소식에만 관심을 둔 것이었다.

이제는 프라 안젤리코Fra Angelico가 오르비에토 대성당에 그린 〈최후의 심판Il Cristo giudice tra gli apostoli〉을 보자. 예수가 손에 들고 있는 지구(보통 최고의 권력을 상징한다)는 '뒤집어 놓은 T 지도'를 의미한다. 예수의 시선을 따라가면 그가 세상을 보고 있는 것이 보인다. 그러므로 세상은 우리가 보는 대로가 아니라 예수가 위에서 보는 대로, 그러므로 뒤집혀서 형상화된다. T 지도가 지구 표면 위에 나타난다면, 그것은 구를 2차원적으로 형상화하려 했음을 의미한다. 이 프레스코화가 1447년의 것이기 때문에 중세 후반기의 것이므로 증거가 불충분할 수도 있을 것이다. 그러나 『리베르 플로리두스Liber Floridus』('꽃의 책'이라는 뜻으로 1090-1120년에 람베르트가 집필한 중세 백과사전*)에는 제국의 구가 나오고, 그 표면에도 그와 같은 지도가 있다. 이때가 12세기다.

중세는 아무도 자신이 사는 마을의 경계선을 감히 넘으려 하지 않던 시대가 아니다. 알다시피 중세는 대여행의 시대였는데, 이 사실은 마르코 폴로를 생각하는 것으로 충분하다. 중세 문학은 비록 전설적인 요소가 많이 있기는 하지만, 매혹적인 여행에 대한 보고서로 가득하다. 이탈리아의 해상 공화국을 언급하지 않더라도 아일랜드의 수도사들 및 바이킹들은 위대한 항해사들이었다. 그러나 무엇보다 중세는 순례의 시대였다. 비천한 자들도 예루살렘으로, 산티아고 데 콤포스텔라로, 혹은 성자들의 경이로운 성유물聖遺物이 보관된 유명한 성지로 고행 여행을 완수하기 위해 걸음을 내딛었다. 그리하여 이와 같은 순례자의 활동으로 도로와 대수도원(숙박 기능도 했다)이 건설되었고, 심지어는 여행 도중에 방문할 만한 장소를 알려 주는 매우 상세한 여행 안내서가 집필되기도 했다. 사람들을 끌어들일 만한 성유물을 얻기 위해 종교의 중심지들 사이에 갈등을 빚기도 했다. 이러한 갈등으로 인해 순례는 종교 공동체뿐 아니라 전체 주민들의 이해관계가 얽힌 진정한 산업이 되었다. 그러므로 붉은 수염왕 프리드리히 1세의 재상이었던 라이날트 폰 다셀Rainald von Dassel은 밀라노에서 세 동방박사의 시체를 훔쳐 쾰른 대성당에 안치했다.

중세 사람들은 가까운 중심지로 여행할 기회는 별로 없었지만, 먼 목적지를 향해 위험을 무릅쓰고 여행할 기회는 훨씬 많았다.

중세는 신비주의자와 엄격주의자의 시대만은 아니다. 위대한 성자들과, 의심할 바 없는 교회 권력과 대수도원과 도시 주교들의 시대인 중세는 단지 엄격한 관습으로만 유지되고 일반적인 감각적 기쁨과 육체의 매력에 무관심한 시대는 아니었다.

접근할 수 없는 여인을 향한 순수하지만 강박적인 열정으로 '궁정의 사랑'을 창조한 것도, 만족하지 못하는 숭고한 사랑이자 근대적인 의미의 '낭만적인 사랑'을 창조한 것도, 프로방스 지방의 '트루바두르troubadours'와 독일의 '미네젱거minnesänger'들이다(트루바두르와 미네젱거 모두 음유시인을 가리키는 말로, 지방마다 다르게 부른 것이다*). 이와 동시에 트리스탄과 이졸데, 랜슬롯과 기니비어, 파올로와 프란체스카의 사랑과 같은 이야기가 번창한다. 이 이야기에서 사랑은 단지 정신적인 것이 아니라 오히려 감각의 황홀이자 육체적인 접촉이며, 대학생 시인들은 점잖지 못하게도 성생활을 찬양했다.

사육제의 표현도 점잖거나 절제되지 않았으며, 비록 일 년에 한 번이지만 사육제 기간에는 기층 민중도 규율의 테두리 밖에서 행동할 수 있었다. 농민들을 조롱하는 풍자시도 외설적인 용어나 육체에 관한 다양한 음란한 표현에 인색하지 않았다. 요컨대 중세는 도덕적인 태도를 주장하고 요구하고 설교하는 것과, 위선이라는 베일을 통해서도 감추지 못했던 현실적 태도가 지속적으로 모순을 이루었던 시대다. 한편에서는 신비주의자들이 정숙함을 설교하고 종교인들에게 그것을 요구하지만, 단편 작가들은 성직자와 수도사들을 폭식가와 난봉꾼으로 형상화했다.

다른 한편, 중세의 표현이 왜 진부해지지 않았는지의 이유는 바로 신비주의자들의 태도에서 나타난다. 예를 들어 시토 수도회와 카르투지오 수도회는 특히 12세기에 교회에 화려한 장식을 하거나 사치를 하는 것을 거세게 비난했고, 성 베르나르두스Bernardus Claravalensis와 다른 엄격주의자들은 교회를 신자들의 기도를 방해하는 '불필요한 것'으로 여겼다. 그러나 이와 같은 모든 비난에도 장식의 아름다움과 장식이 주는 기쁨을 부정하지는 못했으며, 그것의 극복할 수 없는 매력을 인지했기 때문에 오히려 갈등이 생겼다. 푸유아의 위그Hugues de Fouilloy는 '경이롭지만 사악한 기쁨mira sed perversa delectatio'에 대해 말한다. 성 베르나르두스는 수도사들이 세속을 떠나면서 무엇을 포기했는지에 대해 설명할 때, 이와 같은 마음 상태를 확인하고 있다. "이제 사람들을 떠난 우리 수도사들은, 그리스도를 위해 세속의 소중하고 아름다운 모든 것을 포기했던 우리들은, 그리스도를 얻기 위해 아름다움으로 빛나는 모든 것을, 감미로운 소리로 귀를 어루만지고, 맛있는 향기가 나고, 달콤한 냄새가 나고, 촉감이 좋은 그 모든 것을, 요컨대 육신을 어루만지던 모든 것을 똥으로 여겼던 우리들은……"(『기욤 대수도원장에게 보내는 변론Apologia ad Guillelmum abbatem』). 강하게 거부하기는 하지만, 거부한 사물에 대한 생생한 느낌과 후회하는 인상이 잘 느껴진다. 그러나 미학적인 감수성을 보여 주는 더 확실한 자료가 『기욤 대수도원장에게 보내는 변론』의 다른 페이지에 나온다. 성 베르나르두스는 너무 넓고 조각상들이 꽤 많은 신전을 비난하면서 비판의 대상으로 삼은 로마 조각상의 이미지를 우리에게 서술하고 있다. 그는 거부하는 것을 묘사할 때 '보고 싶지 않은 것'을 그토록 상세하게 분석했는데, 이것은 그가 보인 경멸감이 얼마나 역설적인지를 드러내 준다.

"작은 예배당의 거대한 높이와 광대한 길이와 헤아릴 수 없는 넓이와 화려한 광택과, 기도자들이 시선을 돌리는 순간에 기도를 방해하는 진귀한 그림에 대해서는 말하지 말자. 사람들의 눈은 금으로 뒤덮인 성유물에 매혹되고, 한편으로는 지갑이 열린다. 성자나 성녀의 너무나 아름다운 초상화가 전시되어 있으며, 성자들은 화려하게 채색될수록 더 위대한 성자로 신뢰를 받는다. …… 사람들은 달려가 입맞춤을 하고, 헌금을 하라는 재촉을 받고, 예배를 드리는 것보다 아름다운 것에 더 감탄한다. …… 사제들이 성무일과를 읽고 있는 수도원에서 저 우스꽝스러운 괴물들과, 볼품없고 이상한 균형미를 지닌 기형성을 보이는 저 모습들은 무엇을 하는 것일까? 저 더러운 원숭이들은 거기서 무엇을 할까? 아니면 포악한 사자들은? 혹은 기괴한 켄타우로스들은? 혹은 반인반수들은? 혹은 반점이 있는 호랑이들은? 혹은 전투하는 병사들은? 혹은 튜바를 들고 있는 사냥꾼들은? 머리 하나에 많은 몸을 달고 있는 것과, 반대로 하나의 몸에 많은 머리를 받치고 있는 것을 볼 수 있다. 한쪽에서는 뱀의 꼬리를 달고 있는 네발짐승이 보이고, 다른 쪽에서는 네발짐승의 머리를 달고 있는 물고기가 보인다. 저쪽에는 얼굴이 말처럼 생기고 엉덩이는 암염소인 짐승이 있고, 이쪽에는 뿔 달린 동물이 말의 엉덩이를 보이고 있다. 말하자면, 여기저기서 이질적인 형태가 너무나 위대하고 너무나 이상한 다양함을 보여 준다. 법전보다는 대리석을 읽는 것이 더 재미있고, 하느님의 율법을 명상하기보다는 하루 종일 이런 형상들을 일일이 보며 감탄하느라 바쁘다."

우리는 이 글에서 시대의 원칙에 따라 아름다운 문체를 만들기 위해 얼마나 연습했는지를 알 수 있다. 그러나 어쨌든 이 글은 성 베르나르두스가 피할 수 없는 매력을 보여 주는 어떤 것에 대해 트집을 잡고 있다는 사실을 드러낸다. 더구나 성 아우구스티누스도 기도하는 동안에 아름다운 종교 음악에 끌리는 것이 계속 두려운 신앙인의 갈등에 대해 이미 말한 바 있다. 성 토마스도 신자의 집중을 방해할 정도로 예리한 기쁨을 유발하기 때문에 예배 도중에 악기를 사용하지 말라고 충고했다.

중세가 늘 여자를 싫어한 것은 아니다. 초기 교회의 신부들은 성을 극도로 혐오해서 어떤 신부들은 스스로 거세를 할 정도였으며, 여자는 항상 죄의 원인으로 지목되었다. 이와 같은 신비주의적인 여성 혐오는 중세의 금욕적인 세계에서 분명하게 나타났는데, 클뤼니의 성 오도Odo de Cluny가 10세기에 쓴 다음의 글에서 충분히 파악할 수 있다. "육체의 아름다움은 모두 피부에 있다. 사실 보이오티아Boeotia(고대 그리스의 도시)의 스라소니처럼 피부 안을 꿰뚫는 능력이 있어 피부 아래에 있는 것을 본다면, 여자들을 보기만 해도 구역질이 날 것이다. 이렇듯 여성의 우아함은 다름 아닌 우범지대이고, 피와 우울함과 담즙이다. 콧구멍과 목, 복부 속에 숨기고 있는 것을 생각해 보라. 온통 지저분한 것인데, …… 토사물이나 똥에 손가락 끝만 닿아도 메스꺼운데 어떻게 배설물 덩어리를 안고 싶을 수 있겠는가!" 수줍어하는 수도사들을 인용하는 것으로는 불충분한데, 왜냐하면 여성 혐오를 보여 주는 가장 잔인한 예들은 조반니 보카치오의 『코르바초Corbaccio』와, 절정기에 이른 16세기 책들에서 발견할 수 있기 때문이다.

그러나 중세는 청신체파清新體派, Dolce Stil Novo 시인들(사랑과 여성의 미를 찬미하는 시를 쓴 시인들*)을 통해서든 궁정 시인들을 통해서든, 여성을 가장 열정적으로 칭송한 시대이기도 하다. 단테가 베아트리체를 신성화한 것을 생각해 보라. 단지 시적이고 세속적인 상상력의 대상만은 아니었는데, 수도원에서도 빙엔의 힐데가르트나 시에나의 카테리나Caterina da Siena 같은 중요한 인물을 기억해야 하기 때문이다. 이 여성들은 군주들과도 관계를 유지했으며, 사람들은 그들의 현명함과 신비주의적인 열정 때문에 그들의 말에 귀를 기울였다. 엘로이즈Heloise는 스승인 아벨라르와 육체적인 관계를 맺었다. 그녀는 수녀가 되기 전에 대학을 다닐 때, 남학생들의 감탄의 대상이었다. 12세기에는 베티시아 고차디니Bettisia Gozzadini가 볼로냐 대학에서 강의를 했고, 14세기에는 빼어난 미모로 학생들의 마음을 어지럽히지 않기 위해 얼굴에 베일을 써야 했던 노벨라 단드레아Novella d'Andrea가 같은 대학에서 강의를 했다.

적어도 「아가서」를 논평해야 했을 때, 신비주의자들도 여성의 매력을 피할 수 없었다. 아무리 비유적으로 이 시를 해석한다 해도 그것은 분명히 육체의 아름다움을 찬양하고 있기 때문이다. 「아가서」는 신앙심이 깊은 수많은 성경 주석가들의 잠을 방해했는데, 그들은 여성의 우아함이 내면의 호감을 불러일으킬 수 있다는 사실을 인정하지 않을 수 없었던 것이다. 호일랜드의 길버트Gilbert of Hoyland는 솔직함과 침착한 진지함으로 이 시를 분석하면서 무의식적으로 장난을 치고 있다는 점을 의심하지 않을 수 없는데, 그는 매력적으로 보이기 위한 여성의 유방의 정확한 비율까지도 정의를 내렸다. 그는 중세 세밀화 속에서 꽉 끼어 유방을 압박하고 들어 올리는 코르셋을 입고 있는 여성이 이상적인 육체에 가장 가깝다고 생각했다. "사실 봉긋 솟고 적당히 볼록하며 눌리지 않고('repressa sed non depressa'라는 이 라틴어 문장은 솔직히 말하자면 수도원의 수사학이 탄생시킨 명문이다), 부드럽게 연결되어 있으며 약간씩 흔들리는 유방은 아름답다"(『아가서 강론Sermones in Canticum』).

천 년 동안 지속된 중세에서는, 우리 시대의 짤막한 글에서도 볼 수 있듯이 정숙함을 표현한 글, 진정한 성 공포증이나 일반적인 세속 생활에 대한 증오를 표현한 글, 그리고 자연과 인생의 조용한 조화를 표현한 글도 발견할 수 있다.

중세만이 화형의 불꽃을 타오르게 한 시대가 아니다. 중세에는 종교적인 이유뿐 아니라 정치적인 동기 때문에도 사람을 불태워 죽였다. 잔 다르크의 재판과 판결을 생각해 보라. 돌치노 수사Fra Dolcino와 같은 이단자들과, 수많은 아이들(대략 200명으로 알려짐)을 성폭행하고 살해한 질 드 레Gilles de Rais와 같은 범죄자들이 화형을 당했다.

그러나 무엇보다도 조르다노 브루노가 캄포 데이 피오리에서 화형을 당했을 때는 중세가 '공식적'으로 종말을 고한 시점에서 108년이 지난 뒤라는 점, 갈릴레오의 재판은 근대가 시작되고 141년이 지난 1633년에 있었다는 점을 기억하는 편이 적절할 것이다. 갈릴레오는 화형을 당하지는 않았지만, 1613년에 줄리오 체사레 바니니Giulio Cesare Vanini가 이단으로 고발당해 톨로사에서 화형당했고, 1630년에는 알레산드로 만초니Alessandro Manzoni가 언급한 것처럼 흑사병 전파자(흑사병이 창궐하던 시대에 흑사병 균을 대문에 칠하고 다니면서 흑사병을 전파시킨다고 의심을 받던 사람을 가리키는 말*)로 고발된 잔자코모 모라Giangiacomo Mora가 밀라노에서 화형을 당했다.

종교재판소에 대한 가장 잔혹한 안내서(주술의 신경증적인 현상을 보여 주는 안내서이자 여성 혐오증과 광신적인 무지를 보여 주는 잔인한 증거)인 크라머Heinrich Kramer와 슈프렝거Jakob Sprenger의 『마녀들의 망치Malleus maleficarum』는 1486년('암흑의 시대'의 '공식적인' 종말을 알리는 해에서 겨우 6년 전)에 나왔고, 르네상스 시기부터 화형과 더불어 마녀들에 대한 가장 무자비한 박해가 이루어졌다.

중세는 정통 교리만 승승장구하던 시대가 아니다. 중세에 대해 널리 알려진 또 다른 생각은 이것이다. 즉 중세는 귀족과 하인을 엄밀히 분리하고, 피라미드 모양의 세속적이고 정신적인 권력 장치에 의해 엄격하게 통제되던 시대였다는 것이다. 참지 못하고 반역을 일으키려는 아래로부터의 사소한 징후도 보이지 않았다. 이것은 논쟁과 반역과 근대의 저항을 참지 못하는 모든 시대의 보수주의자들이 열망하던, '경건한' 중세라는 관념이기도 하다.

영국의 〈대헌장Magna Charta〉이 1215년에 발표되었기 때문에 군주의 권력을 제한하던 때가 중세라는 사실, 게르만 제국에 비해 자치 도시들의 자유를 강조했던 때가 중세라는 사실은 제외하더라도, 중세는 권력자들에 대한 비천한 자들의 일종의 계급투쟁이 처음 나타난 시기다. 이단으로 몰리면서도 세상을 개혁하려는 종교적인 관념이 늘 계급투쟁을 주장했다.

이 모든 것은 중세의 천년왕국설과 관련이 있다. 그러나 천년왕국설을 이해하기 위해서 중세에서는, 아니 그것의 기원이 되는 그리스도교에서는 우리가 역사를 창조한다는 혹은 역사의 방향성을 창조한다는 정의를 발견할 수 있음을 재인식해야 한다. 이교도 문화는 이야기가 없는 문화다. 제우스는 이미 거기에 있다. 인간들과의 사소한 이야기에 얽힌 제우스는 개인의 운명을 바꾸지만, 관계가 계속되는 동안에 자신을 위태롭게 하지는 않는다. 신화는 이미 일어난 것이라는 형식을 전제하고 서술된다. 뒤집을 수 없다. 때때로 신들은 약속을 지키고 사건이 미래에 낳을 결과를 장담하지만(여신은 오디세우스가 집으로 돌아올 것이라고 말한다), 그 사건은 늘 개인이나 집단과 관련된다. 아프로디테가 아이네아스에게 한 민족 전체의 운명을 걸고 약속하는 이야기를 담은 『아이네이스』는 최고의 역사적 프레스코화라 평가할 만하다. 그러나 베르길리우스는 아이네아스에서 아우구스투스로 이어지는 사건만 보증한다. 로마인들의 역사적인 운명에 대한 약속이 있었다. 그 약속은 그것이 기술되는 순간에 이미 실현되었다. 그리고 『전원시』 제4권은 현재와 관련된다(이 작품을 종말론적 자료로 읽고, 베르길리우스가 미래를 긴장감 있게 언급한 내용을 강조하는 것이 중세인들의 숙제였을 것이다).

그러나 역사적으로 보면, 그리스도교적 시각의 기원에는 유대교의 예언주의가 있다. 즉, 그것은 세상의 운명이 아니라 오로지 한 민족의 운명만 주시한다. 그러나 다가올 해방자, 메시아의 약속은 혁명적인 종말론을 내포하고 있다. 그것에 따르면 최후의 사물이 압도적인 힘에 의해 충격을 받아 사실로 드러날 것이고, 기적의 권력을 가진 전사가 로마의 힘을 파괴할 것이다.

그리스도교와 함께 인간의 역사가 시작된다. 창조는 일종의 돌발 사고이고, 원죄는 중요한 매듭이며, 강생과 구원은 일종의 전망이다. 승리한 그리스도의 귀환, 즉 파루시아Parusia(재림), 최후의 심판과 시간의 완성이 전망인 것이다.

역사의식이 태동하자, 그것은 우선 복음사가 성 요한의 묵시록(「요한 묵시록」으로 이하 「묵시록」으로 표기*)이라는 무섭고 비현실적인 텍스트와 함께 형식을 갖추게 되며, 교부학적인 성찰과 더불어 지속되다가 성 아우구스티누스에 이르러 정점에 이른다. 지구상의 제국들이 교체되고 사라졌지만, 시대를 따라가면서 하느님의 도시에 대한 이야기만은 명확하게 설명된다. 이 이야기는 지상의 이야기와 정반대되는 것이며, 지상의 이야기는 그것의 부수적인 현상이거나 그것을 부정한다. 모든 것은 낭만주의와 이상주의 및 마지막으로 마르크스주의를 포함한, 18-19세기에 구체화된 지구의 역사에 대한 자유롭고 세속적인 의식에 정면으로 반대한다. 시작과 끝이 있는 인류의 가변적인 이야기로 역사를 인식하는 의식이 「묵시록」과 함께 태동했다는 점에는 의심의 여지가 없다. 「묵시록」의 예언은 아직도 와야 할 어떤 것과 관련되며, 역사는 하느님과 사탄 사이에서, 천국의 예루살렘과 바빌로니아 사이에서 지속적으로 충돌하는 공간에 대한 것임을 말하고 있다.

그러나 중세가 「묵시록」을 읽는 방식은 두 가지다. 하나는 '정통적인' 해석으로, 그것의 출발점은 성 아우구스티누스의 '하느님의 도시'일 터다. 다른 하나는 혁명적이거나 금욕적인 엄격함을 추구하는 프로그램을 세우기 위해 매 시기마다 「묵시록」을 다시 쓰는 이교도들과 추방자들의 해석이다. 이들은 지상의 도시와 바빌로니아의 대표자들을 점차 교회, 부패한 사제들, 혹은 세속의 권력과 동일시한다. 두 해석 모두 희망과 공포로 혼란을 겪을 것이다. 희망이라 한 것은 「묵시록」이 최후의 구원을 약속하기 때문이다. 심지어는 곧 알아볼 수 있는 지상의 공동체를, 즉 선택받는 자들의 공동체를 약속하고 있다. 이들은 공식적인 교회 안에서 살기도 하지만 교회에 대항하여 교회와 싸우고 학살당하는 집단을 만들기도 한다. 반면, 공포라 한 것은 역사의 최종 해결책으로 가는 길에 이름 없는 공포가 가득하기 때문이다(그리고 성 요한은 아무도 그 공포에서 벗어나지 못한다고 말한다).

중세가 「묵시록」에 매료당한 것은 그 시기의 본질적인 모호함 때문이다. 「묵시록」을 읽고 해석해 보면, 인간 역사의 어느 시기에 사탄이 천 년 동안 갇힌다는 말이 나온다. 사탄이 감금되는 그 시기에 지구에서는 그리스도의 왕국이 실현된다는 것이다. 그리고 악마는 어느 시기에 자유를 찾고, 그러므로 또다시 패배하게 된다. 이

때 어좌에 계신 그리스도가 최후의 심판을 내릴 것이고, 지상의 역사는 완성된다. 그리고 (그 시기가 시작되면) 새 하늘과 새 땅이, 즉 천상의 예루살렘이 내려올 것이다.

「묵시록」을 읽는 첫 번째 방식에 의해서는 다음의 것을 알게 된다. 메시아의 재림과 천 년의 황금시대(사실 이것은 수많은 고대 종교의 약속이었다), 그리고 악마와 그의 거짓 예언자들의 걱정스러운 등장, 적그리스도(점차 악마를 그렇게 부르는 경향이 있다고 전해지는 것처럼), 시대의 종말을 기다려야 한다는 것이다. 그러나 아우구스티누스는 다른 방식으로 읽을 것을 제안한다. 즉 천년왕국은 강생에서 역사의 종말까지의 기간을 의미한다는 것이다. 그러므로 그리스도교도들이 이미 살고 있는 시기가 천년왕국이라는 것이다. 그러나 이럴 경우에 천년왕국에 대한 기다림은 또 다른 기다림으로 대체된다. 즉 사탄의 귀환과 이후에 있을 세상의 종말에 대한 기다림 말이다.

중세에는 이처럼 두 가지 방식으로 「묵시록」의 이야기를 읽을 수 있었는데, 이와 더불어 행복과 불쾌가 교대로 나타나고, 지속적인 기다림과 긴장감이 존재했다. 왜냐하면 그리스도가 이 땅에 천년왕국을 건설하기 위해서든, 아니면 현재의 천년왕국을 종결짓기 위해서든, 어쨌든 그는 와야 하기 때문이다. 나머지는 신비주의자들이 만든 달력의 시간에 대한 논쟁이었다.

중세에 나타난 모든 이단의 뿌리는, 특히 종교적인 충격에서뿐 아니라 부당한 사회로 인한 고통에서 태어난 이단의 뿌리는 천년왕국설에 있었다. 1000년 이전에 인류는 굶주림과 자포자기로 인해 수동적으로 불안을 느끼며 고통스러워했다면, 새로운 1000년에는 사회가 조직되고 도시들은 독립적인 행정구역으로 나타났다. 모든 범위의 사회적 차별이 존재하게 되었다. 즉 부자, 권력자, 전사, 성직자, 숙련공, 룸펜 프롤레타리아 대중 등으로 나뉜 것이다. 이들 대중은 그들이 직접 참여해서 얻어야 하는 더 나은 미래와 관련이 있는 듯이, 「묵시록」을 활발하게 읽기 시작한다. 오직 경제적인 목적으로 조직된 사회 운동이 문제가 아니라 오히려 색깔이 모호한 무정부적-신비주의적인 반발이 문제다. 후자에서는 대부분 공동의 몽상을 기반으로 하여 엄격주의와 방탕함, 정의에 대한 갈증과 사소한 강도질이 결합된다. 땅이 없는 농부, 숙련되지 못한 노동자, 걸인과 방랑자들이 불안한 요소로 작용한다. 무엇이든 혼란을 조장하거나 흥분시키는 자극만 있으면(십자군, 흑사병이나 빈곤에 호소할 수도 있다) 격렬한 반발이 일어났고, 대개는 카리스마 있는 우두머리의 지휘를 받아, 대기하고 있지만 급진적인(때로는 정말로 능동적인) 형태로 변화하는 집단이 형성되었다.

그러므로 100년, 200년이 지나면서 과도한 희망에 사로잡혀 흥분한, 또한 극한의 희생을 할 준비가 되어 있는 광신도들의 집단과, 폭력적이고 난폭한 자들의 집단이 생겨난다. 황금시대를 기다리는 천년왕국설은 왕도 군주도 귀족도 없는 계급 없는 사회가 다가오리라는 믿음을 보여 주는 중세적인 형식이다. 이렇게 민중주의적-공산주의적 경향은 묵시록적인 반향을 통해 콜라 디 리엔초Cola di Rienzo에서 지롤라모 사보나롤라Girolamo Savonarola에 이르는 더 다양한 민중 운동으로 통합된다. 프랑스의 엄격주의자들은 조아키노 다 피오레Gioacchino da Fiore가 설교한 천년왕국설에 따르기 위해 묵시록적인 정신으로 조아키노의 말을 완벽히 습득한다. 14세기에 소위 '형제들'이라 일컬어지는 조아키노의 추종자들은 돌치노 수사와 그의 신봉자들이었다. 이러한 운동의 기원에는 조만간 다가올 세상의 종말, 성령 시대의 도래, 교회의 고위 성직자들 및 적그리스도와 동일시되는 교황이 근본적인 가설로 놓인다.

정통 교리가 지배하던 13세기에, 이탈리아에서 태동한 '채찍 치기 고행자'들의 운동은 「묵시록」에서 영향을 받은 것으로, 이 운동은 혁명적 성향의 무정부주의-신비주의 운동의 형태로 독일에 전파된다. 「묵시록」에 확실히 기원을 두는 것은 자유성령형제단Fratelli del Libero Spirito 혹은 '베긴회Beguines'로, 이들은 13세기부터 유럽으로 확산된다. 그리고 아말리크Amalrich의 추종자들인 아말리크 수도회도 「묵시록」에 기원을 두고 있다. 중세는 이와 같은 반란의 돌풍이 시종일관 불었던 시기이며, 그 속에서 하나의 집단은 엄격주의로 자신을 합법화하면서 유일하게 합법적인 교회와 스스로를 동일시했다(흥미롭게도 이러한 엄격주의는 방종이 된다. 마치 자신이 완벽한 정신을 가지고 있다고 의식하면서 육신의 비참함을 논의할 때면 더욱 사악해지는 것처럼 말이다). 중세가 끝나고 근대의 새벽이 밝을 무렵에 「묵시록」의 천년왕국설은 보헤미아에서 얀 후스Jan Hus를 추종하는 급진적인 당파(후스 추종자)처럼 점점 정치적인 운동과 관련되고, 이후 16세기에는 농민들의 반란과 토마스 뮌처Thomas Müntzer의 설교에 연결된다. 뮌처는 스스로를 "하느님이 적들을 수확하기 위해 날카롭게 간 낫"이라고 묵시록적으로 규정하며, 새 1000년을 평등주의 및 공산주의적인 사회로 생각한다(이런 의미에서 그는 나중에 마르크스주의 사상가들에 의해 재평가된다).

그러나 중세가 가진 또 다른 근본적인 모순에 대해서도 생각해 볼 가치가 있다. 중세는 한편에서는 역사의식 및 미래와 변화에 대한 긴장감을 발전시켰지만, 다른 한편에서는 대부분의 비천한 자들이(물론 수도원의 종교인들도 포함해) 계절의 영원한 순환에 맞춰 생활했고, 하루를 예배 시간 즉 독서기도, 아침기도, 3시경, 6시경, 9시경, 저녁기도, 끝기도에 따라 생활하는 시기였다.

중세는 우리에게 무엇을 남겼나?

겉으로 보면 너무 먼 듯한 그 시대가 남긴 유산 대부분을 우리는 아직도 사용한다. 전력원電力原은 다르지만, 우리는 아직도 수력 제분소와 풍력 제분소를 사용한다. 고대인들과 중국, 혹은 페르시아에서도 이미 제분소를 알고 있기는 했지만, 서양에서는 1000년이 지나서야 개량화되어 보급되었다. 석유가 고갈될 위기를 맞으며 풍력을 진지하게 고려하고 있는 지금, 그 유산을 잘 이용해야 할 것 같다.

중세는 아랍 의학에서 많은 것을 배웠다. 그러나 1316년에 몬디노Mondino de'Liuzzi는 해부학 논문을 발간하고 인간의 시체를 처음 해부함으로써 해부학의 시작을 알리면서, 현대적 의미의 외과 진료를 시작했다.

우리의 풍경에는 아직도 낭만적인 수도원들이 점점이 박혀 있으며, 우리가 사는 도시는 오늘도 신자들이 미사를 드리러 가는 고딕 양식의 장엄한 성당을 간직하고 있다.

중세는 도시국가에 자율성을 부여하고 모든 시민들이 시의 미래에 자율적으로 참여한다는 개념을 만들어 냈으며, 오늘날에도 도시국가 시절에 쓰던 관저에 우리의 행정 당국이 주재하고 있다. 이렇게 똑같은 도시에서 대학이 생겨났다. 최초의 대학이 비록 초기 형태이기는 하지만 1088년 볼로냐에 나타났고, 교수와 학생들로 이루어진 공동체는 교수가 학생에게 경제적으로 의존하게 되면서 국가나 교회의 통제에서 벗어나 세워졌다.

마찬가지로 다양한 형태의 상업 경제가 나타나고, 신용장과 카드와 수표와 함께 은행이 생긴다. 우리 시대의 것인 것처럼 우리가 아직도 사용하고 있는 중세의 발명품은 끝이 없다. 벽난로, (양피지를 대체한) 종이, (레오나르도 피보나치Leonardo Fibonacci의 『주판서Liber Abaci』와 더불어 13세기에 채택된) 아라비아 숫자, 복식부기, 아레초의 귀도Guido d'Arezzo가 만들어 낸 음표, 그리고 누군가가 목록을 작성한 단추, 속옷, 셔츠, 가구의 서랍, 바지, 놀이용 카드, 체스 말 등이 바로 그것이다. 중세부터 우리는 식탁에 앉기 시작했고(로마인들은 누워서 식사를 했다), 포크를 사용하기 시작했다. 그리고 우리 시대가 사용하는 기계 시계의 진정한 시초인, 탈진기를 장착한 시계가 나타났다.

우리는 국가와 교회가 서로를 비난하는 모습을 아직도 자주 보고 있으며, 과거 광신도들의 신비주의적인 테러리즘을 다양한 형태로 경험한다. 우리는 중세로부터 병원을 물려받았으며, 우리 시대의 여행 단체들은 운영을 할 때 아직도 순례 여행의 큰 길에서 영감을 얻는다.

중세는 아랍인들의 연구에서 영감을 받으면서 광학에 많은 관심을 기울였다. 로저 베이컨은 광학이 세상을 변혁시킬 만한 새로운 학문이라고 선언했다. "이 학문은 신학 연구와 세상에 절대 필요하다. …… 시각은 사물의 다양성을 우리에게 모두 보여 주며, 그것 덕분에 마치 경험한 것처럼 모든 사물을 알 수 있는 길이 우리에게 열린다." 유리 제작 장인의 경험과 광학에 대한 연구 덕분에, 우연에 가깝고 기원이 모호하며(발명가가 1317년의 살비노 델리 아르마티Salvino degli Armati라고 말하는 사람이 있는가 하면, 200년대로 거슬러 올라가 알레산드로 델라 스피나Alessandro della Spina라고 말하는 사람도 있다), 그 당시부터 근본적으로 변한 것이 없는 어떤 것이 발명되었다. 그것은 바로 안경이다.

안경은 아직도 사용된다는 점을 차치하더라도, 근대 세계의 발전에 파장이 큰 또 다른 영향을 미쳤다. 사람들은 마흔 살이 넘으면 원시遠視로 고생하는 경향이 있다. 필사본을 한 자 한 자 더듬어 읽던 시대에는 촛불에 의지해 하루의 절반가량 책을 읽었기 때문에, 어느 정도 나이가 지나면 연구자의 활동이 무섭도록 감퇴했을 것이다. 상인과 장인뿐 아니라 연구자들은 안경 덕분에 자신의 능력 범위를 연장하고 확대할 수 있었다. 이는 마치 그 시기의 지적 에너지가 10배까지는 아니더라도 갑자기 2배로 늘어난 것과 같다. 십여 명의 유대인 과학자들이 나치즘을 피해 신대륙으로 도망가서 그곳의 기술과 과학을 풍부하게 만든 것이 미국의 과학 발전에 얼마나 유리하게 작용했는지 생각한다면(결국 원자력을 발견하고 그것을 실제로 사용하게 된 것은 대부분 그들의 공이었다), 안경의 발명이 어떤 의미였을지 조금이나마 가늠해 볼 수 있다.

마지막으로 중세의 마지막 몇십 년 동안에 서양에서는 화약이 나타난다(불꽃을 제조하기 위해 그것을 사용했던 중국인들은 아마도 오래전부터 화약을 알고 있었을 것이다). 그리하여 전술이 변하는데, 루도비코 아리오스토Ludovico Ariosto는 중세가 '공식적인' 종말에 이르기 18년 전에 화승총이라는 새 발명품을 앞에 두고 다음과 같이 노래한다.

비열하고 추악한 발명품이여,

너는 어찌 하여 인간의 심장에서 자리를 찾는가?

너 때문에 군대의 영광은 파괴된다.

너 때문에 무기 제조자는 명예를 잃는다.

너 때문에 가치와 덕성이 줄어드니

최고의 범죄자가 번번이 착하게 보일 정도라네.

그는 더 이상 힘에서도 담력에서도

너와는 비교도 할 수 없도다.

–『광란의 오를란도Orlando furioso』, XI, 26

이렇듯 끔찍한 전조를 기반으로 하여 진짜 근대 시대가 시작된다.

중세는 어떤 의미에서 근본적으로 우리 시대와 다른가?

중세는 사후 세계에 대한 지속적인 긴장뿐 아니라 지상 세계 및 자연에 대한 가상의 감정을 발전시켰다. 중세인은 위험이 가득할 뿐 아니라 놀라운 계시가 충만한 숲으로 세상을 보았고, 눈부시게 기괴한 존재들이 거주하는 먼 나라의 확장으로 지상 세계를 보았다. 중세인은 고전과 무한한 전설에서 이러한 환상을 끌어냈고, 세상에는 개의 머리를 한 사람, 이마 가운데에 눈이 하나만 달린 키클롭스, 머리 없이 가슴에 눈과 입을 달고 있는 괴물 블렘미아이Blemmyae, 뜨거운 햇볕을 가리기 위해 지나치게 튀어나와 있는 아랫입술로 얼굴을 덮고 잠을 자는 괴물들이 살고 있다고 굳게 믿었다. 또한 입이 너무 작아서 귀리 줄기의 작은 구멍을 통해서만 음식을 섭취할 수 있는 괴물, 두 귀로 몸 전체를 덮을 수 있을 정도로 큰 귀를 가진 파노티Panotti, 양처럼 엎드려서 걷는 아르타반티Artabanti, 매부리코에 이마에는 뿌리가 있고 발은 염소와 비슷한 사티로스, 땅에 바로 누울 때면 태양의 열기를 막기 위해 하나뿐인 다리로 그림자를 만드는 스키아포데스Sciapodes 등의 존재를 믿었다.

이 모든 것과 그 외의 것들(성 브렌던이 먼 바다를 항해할 때 상륙했던, 섬 모양의 고래나 보물이 가득한 먼 아시아의 왕국 등과 같이 공상적인 요소가 가득하다)이 경이로운 중세의 목록을 구성했다. 그러나 오직 그것만 있었다면, 이러한 경이는 고대 시대와 헬레

니즘 시대를 매혹했던 경이와 다를 바 없을 것이다. 그러나 중세는 이러한 경이의 목
록을 영적인 계시의 언어로 번역할 수 있었다.

중세 심리학의 이러한 특징에 대해, 『중세의 가을』을 쓴 하위징아Johan Huizinga만
큼 잘 표현한 사람도 없을 것이다. "중세의 정신은 성 바오로가 코린토인들에게 했던
다음 말처럼 어떤 위대한 진실에 대해서도 확신하고 있지 않았다. 'videmus nunc per
speculum et in aenigmate, tunc autem facie ad faciem(우리가 지금은 거울에 비친 모습
처럼 어렴풋이 보지만 그때에는 얼굴과 얼굴을 마주 볼 것입니다).' 어떤 사물의 의미를 그
것의 직접적인 기능 및 외관상의 형태에 제한하는 것은 불합리하며, 모든 사물은 저
세상까지 길게 뻗어 있다는 것을 중세는 결코 잊지 않았다. 이런 생각은 명확하게 말
하지 않은 감각처럼 우리에게 익숙하다. 가령 나뭇잎에 떨어지는 빗소리나 조용한
시간에 탁자 위의 램프 불빛을 보면 우리는 실제 활동을 돕는 일상적인 지각보다 심
오한 지각을 가지게 된다. 때때로 병적인 압박감을 느끼는 상태에서 그런 지각이 나
타날 수 있다. 그런 압박감 때문에 우리는 위협하는 듯한 물건을 보거나, 알아야 하
지만 알 수 없는 신비로운 물건을 본다. 우리의 존재도 세상에 대해 그렇듯이 은밀하
게 감각할 수 있으며, 이것은 자주 우리의 마음을 확실한 평온과 위안으로 채워 줄
것이다."

중세인은 의미, 지연遲延, 초감각, 사물에 현시한 하느님이 깃든 세상에서 실제로
살았다. 사자가 단지 사자만은 아니고, 호두가 단지 호두만은 아니며, 히포크라테스
가 사자처럼 실재하고 상징적인 언어로 계속 말하는 자연 속에서 실제로 살았다. 왜
냐하면 히포크라테스는 실존하지는 않지만 더 우월한 진실을 말하는 기호였고, 세
상 전체는 하느님의 손가락으로 쓴 책에서 나온 그대로 나타나기 때문이었다.

이는 흔히 비현실적인 상황이라고 이야기되었지만, 결국 그리스도교의 '에토스'
와 조화로운 자료 및 새로운 형상을 정교하게 다듬으면서 신화를 만들었던 고대인의
활동을 연장하려는 태도인 것이다. 후기 고전주의가 루키아노스Lukianos의 신들을 호
메로스의 신들로 대체하면서 상실했던 경이에 대한 감각을, 초현실적인 것에 대한
새로운 감수성으로 되살리면서 말이다.

이런 의미에서 중세인은 세상을 구성하는 모든 요소, 즉 돌, 식물, 동물에 신비주
의적인 의미를 부여했다.

이와 같은 태도를 철학적으로 정당화하는 기저에는 두 가지 기원이 있다. 하나

는 신플라톤주의다(신플라톤주의는 위僞 디오니시우스pseudo-Dionysius처럼 2차적인 자료를 통해서 전해졌지만 중세 사상에 지대한 영향을 미친다). 이제 신들의 이름에 대한 문제를 제기할 때, 다시 말해 어떻게 하느님을 정의하고 묘사할지에 대한 문제를 제기할 때, 위 디오니시우스는 이렇게 말한다. 저 멀리 있는 신성은 인식할 수도, 명명할 수도 없고, "침묵의 가장 환한 안개이며, 그것은 가장 빛나는 어둠을 …… 신비롭게 지시한다. …… 육체도, 형상도, 형태도 아니고, 양이나 질 혹은 무게가 없고, 어느 장소에 있는 것이 아니며, 눈으로 보이는 것도 아니고, 촉각을 가지고 있지도 않고, 느끼지도 감수성을 잃지도 않고, 영혼도 지성도 아니고 …… 실체도 아니고, 영원성도 시간도 아니고 …… 어둠도 빛도 아니고, 실수도 진실도 아니다." 신비주의의 찬란한 실어증에 걸린 페이지가 계속 이어진다(『신비주의 신학De mystica theologia』).

그러므로 수용할 수 없는 이러한 신성은 우리에게 직접 말하지 않고 상징을 통해, 혹은 비록 불완전한 방식이지만 우리에게 그 기원을 알려 주는 자연의 여러 모습을 통해 말한다. 그러므로 세상은 (생빅토르의 위그Hugues de Saint-Victor가 암시하는 것처럼) "하느님의 손가락으로 쓴 책"처럼 거대하게 보인다. 생빅토르의 리샤르Richard de Saint-Victor에 의하면, 그 책 안에서 "모든 가시적인 물체는 보이지 않는 선과 유사한 점을 표현한다." 세상을 상징의 집합체로 읽는 것은 앞에서 언급한 위 디오니시우스의 말을 실행하고, 신성한 이름(신성한 이름과 더불어 도덕성, 계시, 인생의 규칙, 인식의 모델)을 정교하게 다듬어 그 이름을 붙일 수 있는 가장 좋은 방식이다. 요하네스 스코투스 에리우게나는 신플라톤주의적 관점에서 이렇게 말했다. "가시적이고 물질적인 것 중에 그 어떤 것도 비물질적이고 눈에 보이지 않는 어떤 것을 의미하지 않는 것은 없다"(『자연 구분론De divisione naturae』).

두 번째 기원은 문헌인데, 아우구스티누스의 글에서 더 확장된 이론화 작업을 발견할 수 있다. "videmus nunc per speculum et in aenigmate(우리가 지금은 거울에 비친 모습처럼 어렴풋이 보지만)"라고 한다면, 성경의 담론 또한 어렴풋할 것이다. 성경이 은유와 그 외 비유적인 표현을 사용한다는 의미에서뿐 아니라, 성경의 사건들 자체도 문자 그대로 읽히는 것이 아니라 오히려 현실에 대한 기호나 그보다 우월한 개념으로 읽힌다는 의미에서 그러하다. 예수의 탄생이나 그의 수난에 대한 세부 묘사처럼 성경에 나오는 몇 가지 사건들은 분명히 문자 그대로 읽기 때문에, 아우구스티누스는 어떤 사건이 문자 그대로의 가치를 지니지 않는지의 문제를 제기하고, 이런 경우를 확인할 수 있도록 다양한 규칙을 제공한다. 즉 사건들이 신앙의 진실이나 좋은 관습을 부정하는 듯이 보일 때, 그 사건들은 다른 것을 의미한다. 성경에 과장된 표현이 넘칠 때, 문자 그대로 빈약한 표현을 내세울 때, 서술을 고집할 만한 이유가 없는데 어떤 것을 기술하느라 너무 힘겨워할 때도 마찬가지다. 마지막으로 고유명사, 수, 전문용어처럼 의미론적으로 빈약한 표현도 분명 부차적인 의미를 지닌다는 것이다.

그러나 성경이 인물, 대상, 사건을 이야기한다면, 또한 돌, 꽃, 자연의 징조를 지명한다면, 그 돌과 그 꽃과 그 괴물과 그 숫자의 의미가 무엇인지는 전통적으로 내려오는 지식에서 찾아보아야 할 것이다. 왜냐하면 아우구스티누스 이후로 중세는 전통에 근거하여 물질적인 세계를 구성하는 모든 요소에 비유적인 의미를 부여하는 규칙을 제대로 갖추기 위해 고유한 '백과사전enciclopedie'을 만들기 시작했기 때문이다. 그리하여 사티로스 혹은 스키아포데스도 정신적인 의미를 획득하게 된다. 결코 볼 수 없다 해도 동물 우화집과 식물도감과 보석에 관한 책에 나오는 동물과 식물 및 돌들이 정신적 의미를 가지게 된다.

이와 같은 백과사전은 (현대의 용어로 분야를 정의하자면) 천체학, 지리학과 민족지학, 인류학과 인간생리학, 동물학, 식물학, 농업, 원예, 천연 약전藥田, 의학, 마술, 광물학, 건축, 조형예술을 취급한다. 무엇보다 당시의 백과사전이 현대의 백과사전과 구별되는 특징은 이것이다. 중세의 백과사전은 실제로 존재하는 것을 기록하기보다는 사람들이 존재한다고 전통적으로 생각하는 것을 (하마와 향신료에도 동일한 공간을 할애하면서) 기록하려고 한다.

그러므로 중세인은 나뭇잎 하나가 바스락거리는 소리에서도 하느님의 말씀을 들을 준비가 되어 있는 '말하는' 세계에서 살고 있던 것이다.

그러나 단 하나의 중세만 있었던 것은 아니다. 12-13세기에는 적어도 세계에서 이러한 상징적인 세계관이 점차 약화되었으며 좀 더 자연주의적인 설명으로 대체되어 갔다. 그러나 중세를 다른 시대와 구분하기 어렵게 하는 것은, 아리스토텔레스의 철학으로 자연을 읽으려 했던 철학자가 신화 속 인물의 이미지를 과소평가하는 기도서나 오래된 필사본도 참고할 수 있었다는 점이다. 실제로 신화 속 인물들을 진지하게 생각하지 않았다고 우리에게 말해 줄 사람은 없다. 더구나 우리 시대에도 실험실에서 나와 손금을 보러 가거나 교령회交靈會에 참석하는 과학자들이 드물지 않다.

중세는 혁신과 전통에 대해 우리와 다른 생각을 하고 있었다. 보다시피 중세와 관련해서, 우리는 "거인의 어깨 위에 선 난쟁이"가 된다. 말하자면 우리는 우리 선조들보다 더 많은 것을 보지만, 그것은 우리가 이전 시대의 담론을 바탕으로 하기 때문이다. 이런 의미에서 근본적으로 혁신하는 꽤 다수의 중세 저자들은 늘 자신 이전에 언급된 것을 논평하고 설명하는 척한다. 아마도 모든 방향으로 향할 수 있는 "밀랍으로 만든 코를 저자가 가지고 있다"고 생각하기 때문에 그렇게 했을 터다. 어쨌든 이런 방식을 설명하는 또 다른 격언은 "새로움은 안 되고, 새롭게는 된다non nova sed nove"이다. 즉 저자는 항상 전통과 다른 것을 말해서는 안 되고 오로지 다른 방식으로만 말해야 한다고 생각하는 것이다.

중세의 저자가 일반적으로 어떤 것이 '진정하다'고 말할 때, 그는 우리가 쓰는 언어학적 의미에서 말하는 것이 아니라(어떤 자료든 그 저자의 것이라 생각되는 사람이 실제로 썼다고 증명되기만 하면 그것은 진정하다), 그 어떤 것이 진실이라고 의도적으로 말하는 것이다. 그러므로 중세인에게는 해석자가 진실이라고 생각하는 것을 주장하는 해석이 진정한 것이다.

이러한 가설을 염두에 두지 않는다면, 신앙과 이성의 관계에 대한, 혹은 신앙의 진실을 말하는 이성적인 증거에 대한 모든 논쟁을 진정한 의미에서 이해할 수 없다. 그러므로 소위 중세의 합리론과 근대의 합리론을 비교하는 것은 심각한 실수다.

중세는 우리 시대와 다른 예술과 미감美感을 가지고 있었다. 예를 들어 우리처럼 예술을 미에 직접 연결하지 않았다. 미는 자연과 세계, 그리고 물론 하느님의 고유한 특성이었으므로, (우리가 미를 인식하고 향유할 수 있도록 하는 심리 과정에 대해서 그러는 것처럼) 많은 중세 저자들은 미의 기준에 대해 오랫동안 매우 상세하게 논의했다. 반면에 중세에 예술은 단순히 하나의 기술이었으며, 규칙에 따라 사물을 좋게 만들 수 있는 능력이었다. 회화나 조각처럼 배의 건조도 예술이었고, 예술품이 그것에 합당한 기능을 충족하기만 하면 아름답다고 볼 수 있었다. 한편, 추함과 기형적인 것과 악을 '아름답게' 표현할 수 있다고 생각한 순간부터 중세인은 예술과 도덕 사이의 관계를 우리 시대와 다르게 생각했다.

자연스럽게 그 당시 내적 생활의 지속적인 모순에 대해 다시 생각해 보자. 신학자에 대한 견해가 달랐고, 시인에 대한 견해가 달랐다. 특히 시인이 양 치는 소녀와의 애정 관계를 오랫동안 유지하는 것을 경멸하지 않는 방랑하는 성직자였다면 말이다. 그 시인은 나중에 그녀의 우아함을 시적으로 노래했을 터다.

'자유학예artes liberales'(논리학과 수사학 외에 시도 있었다)와, 양손을 써야 하는 '노예기술artes serviles'(회화와 조각이 여기에 속한다)을 구분한 것은 효과적이었다. 이것 때문에 우리는 로마네스크 시대의 수많은 조각가들과, 거대한 성당을 고안하고 건축한 수많은 장인들과, 많은 세밀화가들의 이름을 알지 못한다. 조토처럼 몇몇 예술가들의 이름을 신화화하고 모범으로 삼을 정도로 중세가 성숙하기를 기다려야 한다. 자유학예의 경우는 다르다. 그래서 우리는 프로방스 시인들과 기사 소설을 쓴 저자들의 이름을 알고 있다. 단테 같은 시인이 가졌던 고귀한 자의식을 굳이 말하지 않더라도 말이다.

결론을 대신하여

중세가 무엇이 아닌지를, 그리고 중세의 어떤 것을 우리 시대에서도 이용하는지를 말하는 게 쉬운 일처럼 보일 수 있다. 그러나 그 시대와 우리를 분리하는 차이에 대한 재검토는 오랫동안 계속될 수 있다. 우리 아버지들이 살았던 최근의 몇십 년과 우리 시대를 분리하는 수많은 차이를 보았기 때문에, 그 문제는 우리에게 혼란을 주지 않을 것이다.

사실 그 시대는, 그것을 말하지 않는 경우를 제외하면 그 시대 자체와도 늘 달랐다. 우리의 근대 시대는 스스로의 모순을 드러내기를 좋아하지만, 중세는 항상 그것을 감추려고 했다. 중세의 모든 사상은 최상의 상황을 표현하기를 원했고, 하느님의 눈으로 세상을 보는 척했다. 그러나 신학 서적과 신비주의자들의 서적은, 엘로이즈의 강렬한 열정, 질 드 레의 도착증倒錯症, 이졸데의 간통, 돌치노 수사와 그의 박해자들이 행한 만행, 감각의 자유로운 쾌락을 찬양하는 시를 쓴 대학생들, 사육제, 광인의 축제, 주교와 성경과 기도서를 비웃고 패러디하는 민중들의 유쾌함과 화합하기는 어렵다. 세상의 질서 정연한 이미지를 제공하는 필사본을 읽다 보면, 세상을 거꾸로 보여 주고 원숭이에게 주교 옷을 입힌 그림으로 여백을 장식한 것을 어떻게 받아들일 수 있었는지 이해하기 힘들다.

중세인들은 선이 무엇인지 아주 잘 알고 있었고 그것을 강조했지만, 신의 용서를 믿으면 인생이 달라진다는 것도 받아들였다. 결국 중세는 호라티우스의 다음 격언을 거꾸로 뒤집었다. "Lasciva est nobis vita, pagina proba(우리의 글은 외설적이지만,

인생은 정직하다)." 중세는 만행과 욕망과 불경을 공식적으로 보여 준 문명이었다. 동시에 하느님과 하느님의 보상 및 형벌을 믿으면서 그것을 순진하게 위반하기도 하지만, 또한 도덕적인 이상을 추구하면서 경건한 의식에 따라 살았다.

중세는 이론적인 측면에서 마니교의 이원론에 대항하여 싸웠고, 창작 단계에서 악을 (이론적으로) 배제했다. 그러나 중세는 악을 실천했고, 어쨌든 그것을 날마다 시도했으므로, 악이 '우연히' 존재한다는 것에 동의해야 했다. 그러므로 괴물들과 기형아도 창조의 교향곡 속에 편입되어, 멈춤과 침묵이 소리의 아름다움을 높이듯이, 긍정적인 측면을 대조적으로 돋보이게 하므로 아름다운 것으로 평가되었다. 그리하여 일개 개인뿐 아니라 그 시대 자체가 스스로와 화해하는 듯한 인상을 주었을 것이다.

그러나 우리 시대와 거리가 먼 중세 문화가 우리를 위해 준비해 둔 장면 전환 중의 하나를 언급하며 이 글을 끝맺으려 한다. 그러면 우리는 현재 우리가 당면한 문제를 그 당시에는 극복했을지도 모른다는 의구심을 품게 될 것이다.

장면 전환을 만든 사람은 교회의 박사이자 성자인 토마스 아퀴나스다. 성 토마스에게 유산流産이 허용되는지 물어보았다면, 그는 명백하게 아니라고 대답했을 것이다. 마찬가지로 세상이 영원한지 그에게 물어보았다면 그는 아니라고 대답했을 것이다. 요컨대 아베로에스Averroes의 끔찍한 이단이 문제가 되었을 것이다. 우리가 보기에도, 영원한 세상이 절대적인 물질주의를 가정한다는 것은 분명한 듯하다. 그리스도교도는 하느님이 세상을 창조했다는 것을 신앙을 통해 알고 있다. 더구나 성 토마스는 창조주 하느님에 대한 신앙이 어떻게 이성을 혐오하지 않고, 오히려 그것을 재확인하는지 보여 주기 위한 다섯 가지 방법을 연마했다. 그리고 무엇보다도 성 토마스는 『대이교도대전對異敎徒大全, Summa contra gentiles』에서든 소책자인 『세계의 영원성에 관하여De aeternitate mundi』에서든 세계가 영원하지 '않다'는 것을 보여 주는 데 유효한 이성적인 논법은 없음을 깨달았다. 하느님이 세계를 창조했다는 것은 신앙을 통해 믿는 것이기 때문에, 성 토마스는 세계의 영원성(하느님과 영원히 공존한다는 것에 주목하자)이, 세계가 신성한 의지의 창조적인 행위에 의존한다는 사실과 모순되지 않는다는 점을 증명하기 위해 현기증 날 정도로 예리하게 논증했다.

성 토마스는 생명의 시작이라는 문제에 대해서도 역시 공정하고 정직한 태도를 유지했다(이 문제가 유산에 대한 논쟁에 영향을 주는지, 그렇다면 얼마나 영향을 주는지는 생각하지 않은 듯하다).

이것은 하느님이 태초부터 인간의 영혼을 창조했다고 생각하는 오리게네스 Origenes와 함께 시작된, 매우 오래된 논쟁이었다. 이 견해는「창세기」의 표현을 통해서도 곧 논박당했다.「창세기」에는 "그때에 주 하느님께서 흙의 먼지로 사람을 빚으시고, 그 코에 생명의 숨을 불어넣으시니, 사람이 생명체가 되었다"라고 나와 있다. 그러므로 성경에서는 하느님이 먼저 몸을 만들고, 다음에 그것에 영혼을 불어넣는다. 그러나 이 입장은 원죄의 전달에 관한 문제를 제기하게 만들었다. 그래서 테르툴리아누스Tertullianus는 부모의 영혼이 씨앗을 통해 아버지에서 아들로 "이동한다"고 주장했다. 이 입장은 곧 이단으로 규정되었는데, 영혼의 물질적인 기원을 나타내기 때문이었다.

이런 상황에 당황한 사람은 원죄의 전달을 부정하는 펠라기우스파와 논쟁을 벌여야 했던 아우구스티누스였다. 그는 한편으로는 (육체의 영혼유전설에 반대하는) 창조론의 교리를 주장하고, 다른 한편으로는 일종의 정신적인 영혼유전설을 인정했다. 그러나 모든 주석가들은 그의 입장이 매우 왜곡되어 있다고 평가한다. 성 토마스는 물론 창조론자일 것이고, 원죄의 문제를 매우 우아하게 해결할 것이다. 원죄는 자연의 감염처럼 씨앗으로 표현된다(『신학대전Summa Theologiae』, I-II, 81, 1). 그러나 이것은 이성적인 영혼의 해석과는 아무 관련이 없다. 영혼은 육체의 물질에 의존할 수 없기 때문에 창조된 것이다.

성 토마스는 아리스토텔레스 학파의 전통에 따라 식물들이 식물성 영혼을 지니고 있다고 생각했으며, 그 식물성 영혼이 지각기관의 영혼을 통해 동물들에게 흡수되는 반면에 인간은 이성적인 영혼을 통해 이 두 가지 기능을 흡수한다고 생각했다. 이때 이성적인 영혼은 인간에게 지성을 갖추도록 하는 한편, 그리스도교적 의미의 영혼을 갖추도록 한다.

이제 성 토마스는 태아의 형성에 대해 매우 생물학적인 시각을 보여 준다. 하느님은 태아가 일차적으로 식물성 영혼을 획득하고 이윽고 감각적인 영혼을 획득할 때만 태아에게 영혼을 삽입한다는 것이다. 오직 그 순간에만 이미 형성된 육체에서 이성적인 영혼이 창조되는 것이다(『신학대전』, I, 90). 태아는 오직 감각적인 영혼만 지니고 있다(『신학대전』, I, 76, 2 그리고 I, 118, 2). 『대이교도대전』(II, 89)에서 그는 "시작부터 마지막 모습까지 태아에게 주어지는 중간적인 형태 때문에" 발생에는 단계가 있다고 말했다.

그렇기 때문에 『신학대전 부록Supplemento alla Summa Theologiae』에는 오늘날에 혁명적으로 들리는 다음과 같은 주장이 들어 있다. 최후의 심판 이후, 우리의 육신이 하늘의 영광에 참여하도록 망자들의 몸이 부활할 때(아우구스티누스에 의하면, 그때에는 태어나자마자 죽은 신생아들이 최고로 아름답고 완벽한 모습으로 다시 살아날 뿐 아니라, 장애인과 불구자도, 팔이나 눈이 없는 기형아들도 완벽한 인간의 모습을 하고 다시 살아날 것이다), 이 "육신의 부활"에 태아들은 참여하지 못할 것이다. 태아들에게는 아직 이성적인 영혼이 주입되지 않았기 때문에 태아는 인간 존재가 아닌 것이다.

성 토마스의 입장은 오늘날 다양한 교회와 그 주변에서 주장하는 것과는 전혀 다르며, 오늘날의 세속 문화에 속하는 이론에 아주 근접한 듯하다. 이 해묵은 논쟁에서 누가 옳은지를 결정하는 것이 이 글의 목적은 아니다. 그러나 이 일화가 우리에게 '암흑의 시대'에 대해 말할 때는 조심해야 한다고 말하는 것은 확실하다.

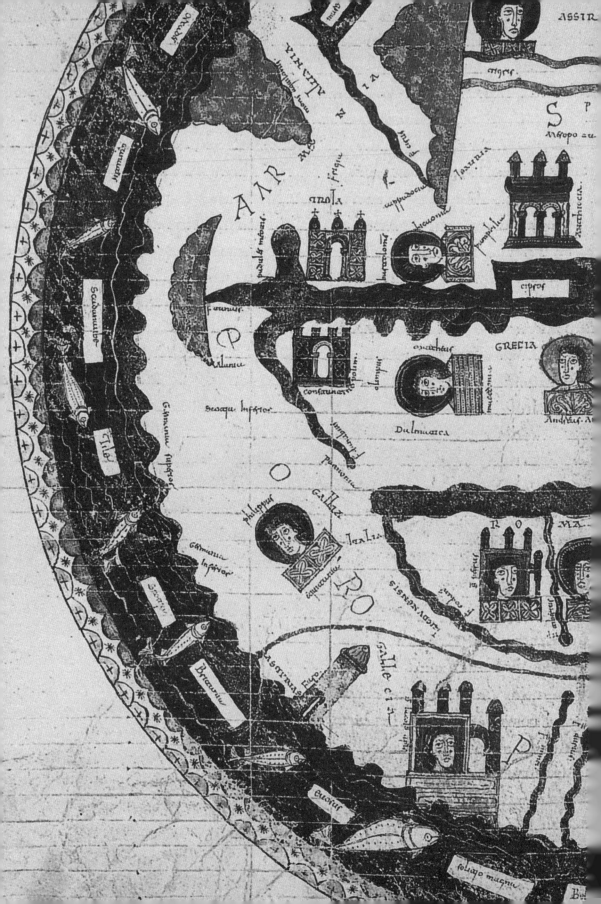

역사
Storia

역사 서문

| 라우라 바를레타Laura Barletta |

유럽의 변화 중세 초기는 눈에 띄게 인구가 감소한 탓에 오랜 쇠퇴기라고 명확하게 정의되는데, 당시의 사건으로 거슬러 올라갈 때면 이미 오래전부터 여러 문제들이 제기되었다. 사실 이 시기는 고대 세계가 쇠퇴하고, 야만족 및 그들의 사회적인 집단 방식과 그들의 언어와 제도와 법률이 점점 새롭게 혼합하는 시대로 이해되기도 한다. 이 시기에는 공동의 종교 문화, 즉 그리스도교(테오도시우스 1세[약 347-395, 379년부터 황제]부터 이미 로마 제국의 국교가 되었다)가 확산되어, 마침내 시민들의 감정을 심오하게 변화시켰다. 정치 생활 및 경제 생활의 무게중심이 지중해에서 북부와 동부로 이동하면서, 앞으로 여러 민족(서고트족, 랑고바르드족, 네우스트리아와 아우스트라시아로 분리된 프랑크족)의 기원이 될 몇몇 공간 주변에서 우리가 알고 있는 유럽이 형성되던 시기다. 동쪽의 경계선이, 우리가 습관적으로 지리학적 경계선으로 여기고 있는 것보다 서쪽으로 더 많이 치우쳐 오랫동안 유지되었을 것이지만 말이다. 또한 이 시대는 새로운 제국인 카롤링거 왕조가 탄생했다가 해체되고, 권력의 집중 현상과 수백 년 동안 계속 영향력을 가졌던 지방분권 세력이 공존하고, 군주와 교황 간의 혹은 국가와 교회 간의 세력 관계가 형성되며, 봉건제와 대토지 소유와 직업의 세습 가능성과 농민들의 노역 등을 기반으로 하는 새로운 사회 및 경제 질서의 구조가 결정되는 오랜 역사적 시기인 것이다. 마지막까지 살아남은 수많은 혁신과 변화 중에서 농민들의 노역은 19세기까지 유럽 대륙을 결합하는 조직력으로 남게 된다. 또한 이 시기에는 수백 년에 걸쳐 이슬람과, 이제는 비잔티움 제국이라고 말하는 편이 더 나은 동로마 제국과, 동쪽의 국경선을 압박했던 야만족들의 새로운 물결에 대항하여 유럽의 정체성이 명확히 드러난다.

역사의 모든 시기를 오로지 현재 사건들을 통해서만 읽을 수 있는 것이 사실이라면, 대중매체와 그것을 날마다 접하는 남자와 여자들 외에, 오늘날의 정치가와 경제학자와 일반적인 학자들이 관심을 가지고 급박하게 제기하는 문제들은 중세와 직접 관련된다.

우리가 중세에 기원을 둔 유럽이 쇠락하고 있는지 혹은 순환하는 문명의 말기를 경험하고 있는지를 묻는 동안, 유럽 문명의 소산이라 할 미국은 지난 시대에 별다른 방해 없이 우위를 차지했다가 이제 주춤거리고 있다. 그리고 몇몇 아시아 나라들은 유럽의 시각에 치우친 역사의 무대에 당당하게 등장하는 것 같다. 물론 세계의 지정학적인 상황에서도 유럽 대륙의 입장을 재정립하는 것은 불가피할 듯싶다.

한 나라에서 다른 나라로, 한 대륙에서 다른 대륙으로 이동하는 것은 단지 개인적인 문제가 아니었으며, 향후에 혹은 당장 이주하도록 자꾸 부추기는 이 시기에는 유럽인들의 정체성 위기도 뚜렷이 나타났다. 이 시기에 관용과 다문화주의와 상호문화주의에 대한 담론에도 불구하고, 뚜렷한 경계가 있지만 안으로는 밀착되어 있고 균일하기를 원하며, 때로는 그렇게 보이기도 하는 환경에 속한 섬들과 같은 집단이 형성되어 있었다.

이와 동시에 민족국가들이 위기에 처하게 되는데, 이를 보여 주는 최초의 토대가 바로 중세의 이 시기에 나타난다. 지역주의 및 지방주의가 연달아 나타나고, 다국적·초국적 조직과 세계화된 경제가 등장하고, 세계적 규모의 빠르거나 일시적인 의사 소통 방식이 나타나면서 민족국가는 공격당하고 있었다. 더구나 이와 같은 소통 방식 덕분에 예전에는 고립되었거나 직접 관련이 없던 생활 체제와 분야에서 서로 접촉했을 뿐 아니라, 그것의 편리성 및 타당성과 특성에 대해, 그것들의 상호 호환성에 대해 새롭게 생각하게 되었다. **위기에 처한 중세의 토대**

첫눈에는 기술과 과학의 발전이 역사적인 단계와 밀접하게 연관되지 않은 듯 보여도 그 영향은 꽤 크다. 기술과 과학은 몇몇 가치와, 인공수정으로 인해 문제가 드러나는 가족의 태도나 죽음에 대한 태도처럼 근본적인 태도를 위태롭게 하고, 특히 인간에 대한 개념, 인간과 비인간의 경계, 더욱 지능적인 기계와 인공적인 요소로 '꽉 찬' 인간 사이의 경계를 위태롭게 한다. 그리하여 흔히들 자연과 종교로, 시간을 초월하여 확실한 기준점에 대한 연구로 돌아가자고 말한다.

한편으로 자연은 그것의 역사와 분리될 수 없음을, 변질되지 않는 원시 자연을 추측할 수 없고 오직 인간의 개입으로 위태롭게 된 자연만을 추측할 수 있다는 사실을 사람들은 망각하려 한다. 숲에 야생동물이 살았고 바다에는 배가 없었으며 교통 체증과 취락지가 거의 없었던 중세조차 변화의 척도를 제시하는 불변의 배경이 될 수 없다는 점도 망각하려고 한다. 타성에 빠진 중세 연구자들이 원하는 것처럼 현재까지 변하지 않는다고 검증한 척도일지라도 불변은 아니다.

다른 한편으로는 유럽의 정체성을 확립할 때 '그리스도교 공동체' 혹은 '그리스도교 사회' 혹은 '그리스도교 공화국' 혹은 '그리스도교 세계'를 형성하면서 종교의 역할이 두드러지게 된다. 19세기부터는 그리스도교가 근본적인 영향을 주었는지 그렇지 않았는지, 그리스도교를 언급하지 않을 것인지, 혹은 최근에 국가 및 공적 생활이 비종교화되어 그리스도교를 위험한 것으로 거부해야 할지, 아니면 다른 뚜렷한 특징을 제쳐 두고 그리스도교가 유럽 헌법에 인용되어야 할 정도로 배타적인 영향을 주었는지에 대해 논쟁이 벌어지고 있다. 이때 자본주의 정신, 혹은 모험심과 정복 정신, 혹은 현실과 자연을 변화시키려는 의지가 일찍 형성된 것이 뚜렷한 특징으로 나타나는데, 이와 같은 발전이 시작된 시기가 중세다.

역사 다시 읽기 많은 사람들이 포스트모던 시대와 탈세속화 시대로, 불확실한 시대로, 그러나 바로 그것 때문에 예전에 간과했던 연구 대상의 과거사와 현재를 다양한 관점에서 면밀히 분석하는 시대로, 상대주의 시대 및 상대주의를 두려워하는 시대로 정의하는 요즈음, 역사 또한 끝없는 진보를 추구한다고 본 단선적인 유럽 중심의 시각을 상실했다. 이제 역사란 단지 부분적으로만 인간의 의지가 결정하고 통제하는 사건들이, 더 제대로 말하자면 수없이 다양하고 때로는 모순적인 의지로 산산조각 난 사건들이 교차하는 다소 우연한 결과처럼 보인다. 즉 긴장과 모순과 부분적인 성공과 실패의 결과처럼 보이는 것이다.

인문주의자들뿐 아니라 다른 사람들도 중세를 고유한 가치가 없는 중간 시대로, 화려한 고전 시대와 르네상스의 고전 회복기 사이에 있는 야만의 시기로, 폭력의 시기로, 빈곤의 시기로 생각하기 때문에, 중세에 대한 평가는 그 같은 경향에서 영향을 받지 않을 수 없다.

계몽주의 시대에는, 봉건제가 탄생했고 계층이 고유한 법률과 규율로 뚜렷하게 분리된 사회라며 중세를 완전히 거부했다. 결국 중세인들은 미리 예정된 길을 더듬어 가면서 구원의 꿈과 희망을 사후 세계로 연기할 뿐이라고 생각했다. 미신과 악습의 속박에서 벗어나서 인류와 합리적인 자연과 보편 이성을 재발견한다는 명목 아래서 말이다. 그런 계몽주의 이후에는 중세란 영성靈性을 재발견한 시기로, 그리스도교

의 종교적 단위가 설립되고 자치 도시 및 국가가 독립한 시기로 재평가되었다. 오늘
날에 와서 중세는 확실한 자리를 찾지 못한 조각들로 분해된 것처럼 보인다.

중세 시대를 구분하기 위한 가설

일반적으로 중세의 시작이라고 보는 날짜는 알다시피 서로마 제국의 마지막 황제인 **언제 시작되었나?**
로물루스 아우구스툴루스Romulus Augustulus(459-476, 475년부터 황제)가 폐위된 476년
이다. 그러나 랑고바르드족이 이탈리아를 침입한 567년 혹은 568년이라고 말하는
사람도 있고, 6세기까지는 고대 후기로 넘기고 그다음 세기부터 비로소 중세 초기
라고 말할 수 있다고 주장하는 사람도 있다. 이슬람교도들이 지중해에 나타나면서
부터, 혹은 7세기와 8세기부터 짧지만 중요한 단절의 시기가 있었다. 앙리 피렌Henri
Pirenne(1862-1935)은 자신의 글에서 고대 세계가 이슬람교도의 등장으로 종말을 맞
았다면서 시대를 다르게 재편했지만 말이다. 카롤루스 대제Carolus Magnus(742-814,
768년부터 왕, 800년부터 황제, 샤를마뉴, 샤를 대제, 또는 카를 대제라고도 함*)가 유럽 대
륙에 부여한 새로운 질서도 마찬가지로 중요하다. 특히 중세의 중심 시기를 9세기에
서 11세기까지로 분류하는 사람이 보기에는, 오랫동안 묵시록적인 의미를 함축하고
있던 1000년조차 시기 구분의 중요성을 부분적으로 상실한 듯하다. 아무튼 5세기에
서 6세기로, 9세기에서 11세기로 이동하는 과정은 이 책에서 논의하는 유럽의 역사
에서 중요한 전환기다.

　기본적인 사건과 참고 서적도 마찬가지로 증가하는 추세다. 장소와 관점에 따라
그것들은 다양하게 평가되기 때문에 다양한 시대 구분을 하게 해 준다. 그뿐 아니라
고대 세계의 변화 말고도 유럽의 성쇠와 정체성을 구성할 때 '야만족'과 침체된 역사
에서 해방된 비잔티움 시민들, 이슬람교도들(이슬람교도는 오늘날에는 명백한 이유 때
문에 특히 관심을 끌고 있다), 혹은 유대인과 같은 소수 민족의 공헌을 강조하고 있다.

　중세 초기의 유럽을 형성하는 데 공헌했던 문명과 민족들의 복잡한 관계, 그리고 **하나의 역사,**
그들의 상호 접촉을 전적으로 고려한다면, 유럽 대륙의 경계선 또한 고정되어 있지 **많은 등장인물**
않으며 장벽으로 꽉 막힌 것이 아니고 산발적인 만남을 통해 가장 먼 지역에 대해서
도 관심을 가질 수 있었던 것으로 보인다.

　야만족의 이동, 이슬람교의 전파, 로마 교회와 동방정교회의 분리, 로마 교회의
우위 등과 같이 유럽과 비잔티움이 한층 뚜렷하게 분리된 결과로 생긴 동양과 서양

의 분리는 중세 초기의 명확한 특징이라고 알려져 있다. 하지만 소통 방식 및 도시 구조의 축소, 항구와 교통의 쇠퇴, 정치적·문화적 측면에서 더욱 소원해진 관계, 학교의 소멸을 고려하여 이루어진 조사를 통해 결론 내려진 동서양의 분리 현상은 사실 그렇게 명확하지는 않았다. 카롤루스 대제와 심지어는 오스만 왕조에서도 콘스탄티노플과 관계를 유지해야 한다고 주장했다는 사실, 잘 알다시피 아랍인들이 유럽인들에게 자신들의 고대 지식과 배움을 전해 주었다는 사실, 다른 그리스도교도들에 대항하는 그리스도교도들에게 도움을 주기 위해 이슬람교도들이 자주 호출되었으며 그들은 같은 신자들에게 대항하기 위해 지역의 권력자들과 자주 협력했다는 사실을 생각하는 것만으로도 충분하다. 또한 무어인들이 이베리아 반도처럼 넓은 영토까지 침투했을 뿐 아니라 힘을 점점 잃으면서 억눌리고 억압당하는 주민들의 호의에 의지했다는 사실, 다른 종교를 믿는 신자들 사이에 결혼하는 경우가 없지 않았다는 중요한 사실도 염두에 두어야 한다.

바로 이러한 부분에서 혁신적인 연구가 진행되고 있는데, 이 연구는 이슬람의 침투 가능성을 보여 주고 오늘날에 가정하는 종교적, 문화적 장벽을 무너뜨리는 데 공헌한다. 그러므로 사회적·정치적으로 다양한 형태와 그것들의 불안정한 특성을 토대로 하는 유럽의 특이한 전통을 강조해야 한다.

서로마 제국의 몰락에서
카롤루스 대제까지

STORIA

로마 제국의 분열

| 필리포 카를라Filippo Carlà |

서로마 제국의 정치적인 붕괴는 이미 3세기부터 나타난 오랜 역사적 과정의 결과이며,
통합되지 않은 자치 지역에서는 제국의 영토가 점점 지역화된 결과다. 로물루스
아우구스툴루스가 476년에 폐위된 것은 이러한 오랜 과도기에 나타난 한순간의 일일
뿐이지만, 사료를 편찬하는 입장에서 보면 어쩌면 가장 눈에 띄는 사건이었을 것이다.

분리주의 경향이 나타나다

중세의 시작을 말하는 관습적인 날짜인 476년에 서로마 제국의 마지막 황제가 폐위
되었으며, 그 직접적인 결과로 서로마 제국의 정치가 붕괴했다. 사실 2세기 전부터
결합되어 있던 제국 안에서 지방분권적인 경향이 나타났다. 즉 '3세기의 위기'가 진 3세기의 위기
행되는 동안에, 특히 갈리에누스 황제(218-268) 치하에서 제국은 3개 지역으로 분할
된다. 서쪽에서는 포스투무스(?-269)의 반란으로 갈리아 제국이 설립되고(갈리아,
이베리아 반도, 브리타니아로 구성됨), 이 제국은 포스투무스와 마리우스(268년부터 황
제), 빅토리누스(?-약 270, 268년부터 황제), 테트리쿠스(?-273, 271년부터 황제)의 치
하에서 13년 동안 지속된다. 그러나 동쪽에서는 경제력과 상업력 덕분에 그곳에 집

중된 진정 고유한 제국인 팔미라Palmyra가 건설되는데, 처음에는 오데나투스(?-267, 258년부터 왕)가 통치를 했고, 뒤이어 바발라투스(?-273, 267년부터 왕)가 왕이 되었지만 자료에 따르면 실제로는 오데나투스의 아내이자 바발라투스의 어머니인 제노비아 여왕(267-273년에 여왕)이 섭정을 했다. 아우렐리아누스 황제(214/215-275, 270년부터 황제)만이 273년에 2개로 '분리되었던' 왕국을 되찾아 제국으로 통일하는 데 성공한다. 이미 그때부터 지방분권적인 경향이 나타나고 점차 자치화되어 비교적 덜 통합된 지역에서는 지역화의 추세가 나타나는데, 4세기에는 그 추세가 더욱 두드러진다. 특정 영토에서만 여러 차례 강탈 현상이 발생하는 것이 그 증거다. 그 목적은 이미 존재하는 황제와 비교하여 동등한 권위를 재인식시키는 것이고 분리주의적인 왕국을 설립하는 것이었다. 예를 들어 갈리아 북부 지역과 브리타니아를 지배하는 카라우시우스(286-293년에 황제)가 반란을 일으켰고, 그가 죽자 그의 영토는 알렉투스(?-296, 293년부터 황제)가 차지했으며, 이를 다시 콘스탄티우스 클로루스(약 250-306, 293년부터 황제), 마그넨티우스(약 303-353, 350년부터 황제), 마그누스 막시무스(335-388, 383년부터 황제), 콘스탄티누스 3세(?-411, 407년부터 황제)가 지배하게 된다.

바가우다이 반란   바가우다이Bagaudae 반란 역시 이러한 상태를 보여 주는 징후다. 일련의 격렬한 폭동은 심각한 여러 단계를 보이며 3-5세기에 갈리아 지방에서 일어난다. 오툉 지역의 파괴, 막시미아누스(약 240-310, 286년부터 황제)의 군사적인 개입, 간헐적으로 일어난 5세기의 격렬한 폭동, 마지막으로 453-454년에 일어난 유명한 일화로 서고트 왕국의 페데리쿠스Federico에게 당한 패전에 이르기까지 폭동이 계속된다. 바가우다이 반란은 민족적인 특성을 뚜렷이 보인다. 즉 그 이름도 켈트족을 기원으로 하는 듯이 보이고, 그 성격도 로마화된 시민 문화에 대립하는 '토착적인' 시골의 정체성을 강하게 띠고 있다.

권력이 재편성되다

게다가 제국의 권력 역시 제국을 조화롭게 다스리기 어려워지고, 경계가 뚜렷한 다른 지역(특히 일반적으로 동로마와 서로마의 차이가 강해진다)의 특수성이 점점 더 분명해지는 현상에 대응하기 위해, 계층이 각각 다른 통치자들 간의 영토 분할을 준비해야 했다. **사두정치와 권력의 분산** 디오클레티아누스(243-313, 284년부터 황제)의 사두四頭정치는 제국을 4개로 분리할 뿐 아니라 지방의 체계를 재조직하여 집정관이 다스리는 현縣과 주교 관구에 결합시킴으로써 분할을 가속화했다. 이것은 거대한 지역에 속한 작은 지역에서 지역적인 특수성을 더 많이 고려할 수 있도록 하는 피라미드 구조를 이룬다. 반면, 콘스탄티우스 2세(317-361, 337년부터 황제)는 처음에는 갈루스를, 나중에는 율리아누스를 황제로 임명하기로 한다. 중앙집권적인 권력은 통치하기도 어렵고, 권력의 찬탈이 쉽다는 것을 알고 있었기 때문이다.

　이윽고 왕좌에 오른 발렌티니아누스 1세(321-375, 364년부터 황제)는 제국의 진정한 분할을 책임지게 되면서 동생인 발렌스(328-378, 364년부터 황제)를 공동 황제로 등극시켰으며 서로마 제국을 견제하기 위해 동로마의 통치권을 넘겨준다. 사료에 따르면, 이러한 분할이 어떻게 395년에 있을 제국의 거대한 분열을 이미 예견하고 있는지, 그리고 제도가 매우 뚜렷하게 둘로 나뉜 현실에 생명력을 어떻게 불어넣었는지를 확실하게 말해 준다. 이와 같이 제도가 둘로 나뉜 현실 속에서 가령 한쪽의 법규는 다른 쪽에서 즉각 효력을 발휘하지 못하며, 군대는 필요한 경우에 예컨대 타국의 문제처럼 특별히 도와 달라는 요청이 있는 경우에 한쪽에서 다른 쪽으로 이동하게 된다. 378년 고트족의 침입 때 그랬던 것처럼 말이다. 그때 그라티아누스가 이끄는 서로마 군대는 발렌스의 요청으로 움직였지만, 제때에 도착하지 못해 아드리아노플의 재앙을 막지 못했다.

　그러므로 테오도시우스 1세(약 347-395, 379년부터 황제)의 압박감은 훨씬 줄게 된다. 그는 죽을 때 두 아들에게 제국을 남겼다. 서로마는 스틸리코의 후견을 받는 작은 아들 호노리우스(384-423, 393년부터 황제)에게, 동로마는 장남인 아르카디우스(약 377-408, 395년부터 황제)에게 남겼다. 테오도시우스의 생각은 발렌티니아누스의 생각과 별반 다르지 않았으며, 비록 수도가 분할되었지만divisis tantum sedibus 제국은 계속 하나임을 천명할 정도였다. 실제로 전환기는 동로마에서 스틸리코의 후견을 거절한 시점이라고 볼 수 있다. 테오도시우스는 양쪽 모두가 스틸리코의 후견을 받기를 원했을 것이다. 후견의 거절은 무장까지 가는, 두 진영 간의 갈등 상황을 야기했다. 이때부터 양쪽의 왕권을 실질적으로 맡은 인물이 없었다는 점도 이 시기가 전환기임을 나타낸 것이라 할 수 있다.

테오도시우스:
동로마 제국과
서로마 제국의 결합

야만족의 정착

아랍의 침입으로 놀라울 정도로 영토가 줄어든 동로마 제국이 7세기에 다양한 변천을 겪으며 중앙집권화된 국가가 되기 시작했다면, 서로마 제국은 빠르게 해체되었다. 정치적, 군사적으로 어려움에 빠진 서로마 제국에서는 알라리크Alaric(약 370-410, 395년부터 왕)가 로마를 약탈했던 410년에 브리타니아를 포기하는 것에 대해 논의했고, 그렇게 버려진 브리타니아를 앵글족, 색슨족, 주트족이 재빨리 침공했다(449년부터). 이들은 국가 조직이 없는 영토에 정착할 수 있었는데, 로마가 유럽 대륙에서 맺은 조약과 유사한 '조약'을 토대로 지역 주민들의 환영을 받았을 것이다.

그러나 유럽 대륙에서 로마-야만족의 왕국들이 발생한 원인은 다르다. 이 왕국

동맹: 제국이 야만족들을 받아들이다

들은 이전에 제국의 일부 지역을 차지한 외국 세력에서 태동한 것이 아니라 '동맹foedera'이라는 형식에 따라 영토에 세워졌다. 이는 로마 제국 초기부터 이용하던 외교 수단이었으며, 이것을 통해 로마는 국경선 외부에 거주하는 게르만족의 내부 문제에 간섭했다. 사실 마르쿠스 아우렐리우스(121-180, 161년부터 황제)는 제국의 토지에 묶여 있던 '소작인들'인 야만족들을 영토 안에 받아들이는 관례를 시작했다. 디오클레티아누스도 그들을 '라이티laeti'(laetus의 복수형으로 로마 제국 후기에 제국의 영토에 거주할 수 있도록 허락받은 야만족들을 지칭한다*)와 '이방인들gentiles'로 환영하는 관례를 따랐는데, 이들은 병역 의무에 얽매인 소작농들로 공유지에 자리를 잡았고, 이전의 야만족들과 달리 민족적으로 굳건한 집단으로 조직되어 있었다. 이와 같은 관습은 5세기에 더욱 발전한 형태인 '동맹'의 근거가 되기도 했다. 그러므로 '동맹'은 제국의 정해진 지역에 야만족이 정착하게 될 것을 미리 예견하는 것이었다. 이 지역에서는 황제 대신 총독이 군주가 되었고, 어느 모로 보나 야만족의 군대는 로마의 '동맹국foederati'(로마 제국 초기의 조약으로 맺어진 군사 동맹국을 의미하며, 로마 시민권도 없고 로마의 지배를 받지도 않았지만, 전시에는 병력을 제공해야 했다*) 군대로 생각되었다. 예를 들어 서고트족은 451년에 로마인들과 함께 카탈라우눔 평원에서 아틸라에 대항해 싸웠다.

왕권의 합법성은 제국에서 파견한 대표자에 의해 부여받았다. 대표자는 그들 공동체 내부에서 '왕rex'이라는 직함 외에 일반적으로 '군사령관magister militum'이라는 로마의 공적인 임무를 맡으면서 구체화되었다. 그러므로 그것은 제국 내부에서만 가능한 현실이었으며, 그 안에 있는 야만적인 요소는 로마에 대해 항상 수적으로 열

세였다. 로마의 재무 구조 및 행정 구조 역시 일반적으로 유지되었는데, 예를 들어 '두케스duces'(dux의 복수형으로 군대를 이끄는 대장을 의미하는 라틴어다*)가 지휘하는 지방 조직은 서고트 왕국에 남아 있었으며, 이들이 임무를 맡는 일이 빈번했다. 그러므로 '둑스dux'와 '코메스comes'(로마 제국의 행정 및 군대의 한 계급으로, '동지'란 뜻의 라틴어다*)라는 로마의 직무에서 프랑크어와 랑고바르드어의 '공작duchi'과 '백작conti'이란 말이 유래했다.

이와 같은 형태의 '동맹' 중에서 가장 중요하고 기억할 만한 것이 있다. 382년에 테오도시우스 1세가 고트족과 체결한 동맹으로, 아드리아노플의 재앙을 맞은 서고트족의 트라키아 정착을 허락한 동맹이다. 411년과 443년에 맺었던 2개의 조약은 2개의 부르군트 왕국에 생기를 불어넣었고, 418년 조약은 서고트족에게(서고트족은 이미 413년에 나르보넨시스에 정착하도록 허용된 바 있다) 노벰포풀라니아Novempopulania 와 나르보넨시스의 몇몇 영토, 수도인 톨로사, 아키타니아를 허용했으며, 이들은 그곳에서 팽창하여 수에비족이 정착한 에스파냐까지 정복하기에 이른다. 435년에 맺은 조약은 나중에 북아프리카의 3개 지역을 점령한 반달족에 의해 파기된다. 마지막으로 로마 제국이 붕괴된 뒤인 456-457년에야 동고트족은 사바 강과 드라바 강 사이에 정착할 수 있었다.

게르만족이 영토에서 행한 지배 방식은 점진적으로 완성되었고, 제국의 권력으로부터 독립해 있었다. 그러나 제국의 권력은 형식적으로 계급 단계의 우위에 있었다. '왕'의 권위는 5세기 내내 제국의 권위에 의해 위임되었다. 예를 들어 화폐를 주조할 때, 특히 금화를 제조할 때 그것을 볼 수 있다. '왕국들regna'은 곧 자국의 화폐를 주조하기 시작하지만, 황제의 이름으로 그렇게 했다. 제국과 갈등을 빚을 때에도 왕의 이름을 동전에 넣지 않았으며, 기껏해야 현재의 제국 통치자를 과거의 통치자로, 예를 들어 최초로 '포이두스foedus'(고대 로마가 하나 이상의 동맹국과 맺은 동맹이나 조약*)를 맺었던 황제의 이름으로 대체했다. 동고트 왕국의 토틸라와 테이아가 아나스타시우스의 이름으로 대체한 솔리두스 금화가 바로 그러하다.

법률 영역에서 볼 때, '왕국들'은 비록 자율적인 법률을 공포하기는 했으나, 로마의 '법ius'과 조화를 이루려는 노력도 함께했다. 2개의 민족을 위한 2개의 다른 법률이 공존하는 첫 단계가 지나자 법규를 라틴어로 편찬했다. 이 법규는 기존의 적용 범위를 뛰어넘어 전체 시민에게 해당되었다. 『알라리크의 적요摘要, Breviarium

제국의 권위에 의존한 야만족 왕국

Alaricianum』(506)와 카시오도루스(약 490-약 583)의 『잡문집Variae』이 중요한 기념비로 남아 있다. 서고트 왕 알라리크 2세(?-507, 484년부터 왕)는 『알라리크의 적요』를 통해 자신의 백성(470년경에 편찬된 『에우리크 법전』이라는 글로 쓴 법전을 처음 갖게 된 백성)에게 『테오도시우스 법전』의 요약본을 주었다. 또한 『잡문집』은 테오도리쿠스 대왕의 법률 활동을 증명하기 위한 칙령과 포고령의 형식을 취하고 있었다. 그의 궁전에 카시오도루스, 보에티우스 및 로마 엘리트에 속하는 다른 사람들이 있었다는 사실은 동고트 왕의 통합 의지를 보여 주는 것으로 자주 주목받았다.

로물루스 아우구스툴루스의 폐위

476년에 이탈리아 주둔군은 '군사령관'인 오레스테스로부터 '연맹'을 인정하는 법령을 얻지 못하자 오도아케르를 왕으로 선출했으며, 오레스테스의 아들인 로물루스 아우구스툴루스(459-476, 475년부터 황제)의 폐위를 진행했다. 아르날도 모밀리아노 Arnaldo Momigliano(1908-1987)가 서술한 것처럼 이 사건은 "잡음 없는 몰락"이었는데, 오랜 시일에 걸쳐 준비한 계략 속에서 이루어진 행위가 틀림없다. 그러므로 그 배후에는 더욱 분명해지는 자율성의 획득과 그것에 대한 바람과 지역 분할에 대한 이야기가, 처음에는 통합되어 있다가 정치적, 경제적 자립을 바라는 일련의 지역으로 해체되었던 지중해 지역의 이야기가 숨어 있다.

| 다음을 참고하라 |
역사 야만족의 이주와 서로마 제국의 종말(70쪽); 유스티니아누스 대제와 서로마 제국의 재탈환(102쪽); 성상 파괴 운동 시기까지의 비잔티움 제국(119쪽)

도시에서 시골로

| 필리포 카를라 |

전통 역사서에서는 시골로 가기 위해 도시를 떠나는 것이 고대 세계의 종말을
나타낸다고 여겼다. 고대 후기 및 중세 초기에 도시 구조의 현실은 매우 복잡하며,
쇠퇴보다는 변화로 설명되었다. 사실 도시와 농촌의 위치를 상호관계에서 결정할 때는
선전적, 정치적, 경제적, 그리스도교적인 동기가 상호 교차한다.

도시의 포기

19세기의 전통 역사서에서는 새로운 봉건제 생산양식에 대한 이론을 제시하면서,
자급자족에 더 단단히 토대를 둔 이른바 '장원제'와 상업의 쇠퇴, 그리고 이와 연결   장원제의
되어 주민이 도시를 포기하고 시골 즉 귀족의 대토지 근처로 이동하는 것을 중세로   탄생
이행하는 명확한 특징 중 하나로 간주했다. 그러므로 도시 중심지에서 주민들이 사
라졌을 것이고, 도시는 부분적으로 성벽 안쪽으로 넓게 분포된 농촌 지역과 더불어
단순한 마을로 변모했을 것이다. 게다가 수공업 및 상업 활동의 자금이 시골로 이동
하면서 도시 경제의 특수성이 사라졌을 것이다. 극도로 도시화된 고대 세계에서 도
시는 도시와 밀접히 연결된 시민 생활 자체를 상징하는 것이었으며, 주변 영토에서
생산된 자원을 소비하고 분류하는 중심지였다(그러므로 '기생하는 도시' 혹은 '생산하는
도시'로 불릴 만하다). 그러나 중세 초기의 중심 세계는 무엇보다 시골이었을 것이다.
본질적으로 말해, 주어진 건물만을 염두에 두는 것이 아니라 정치적, 사회적인 의미
에서 '도시'의 근원적인 정의가 필요하다. 사실 극장과 원형 경기장처럼 고대 도시에
서 전형적으로 등장하던 건물들이 사라진 것은 확실하지만, 도시의 시설이라는 측
면에서가 아니라 문화적인 관점에서 볼 때 그 자료는 중요하다.

감독구

6세기가 되면서 도시에서 사법부와 관공서가 사라지는 등 중요한 변화가 일어나지
만, 중세 초기에 도시는 특히 정치, 행정 분야에 점차 영향을 끼치던 주교들 덕분에   계속 존속하는
눈에 띄는 권력 중심지로 남는다. 제국에서 중요한 행정 도시에 주교들을 취임시킬   도시
수 있는 권한은 로마 시대에는 오리게네스(약 185–약 253)가 지시한 방침에 따라 행

해졌는데, 그 덕분에 도시들은 제도의 붕괴 및 사회적인 변화에도 불구하고 더 강력해진 교회 조직 옆에서 관리 기관 및 행정의 주요 중심지로 남았다. 마찬가지로 도시 공학 및 건축학적 관점에서 볼 때 도시의 그리스도교화는 교회를 건축한다는 의미가 아니라 중심 공간을 창출하고 도시의 방향을 완벽히 재정립한다는 의미에서 도시가 변화하는 징후이며, 또한 고대 도시와 중세 도시 사이의 단절이 더욱 강해진 징후다. 여기저기서 지역 간의 차이가 점점 더 벌어졌는데, 이러한 변화를 보이는 결정적인 전환기는 일반적으로 6-7세기에 걸친 수십 년의 세월이라고 할 수 있다.

쇠퇴에서 변화로

1970년대부터 중세의 고고학이 고고학 분야에서 수행한 역할이 얼마나 중요한지를 재인식해야 한다. 그 덕분에 건축 구조의 개별적인 특성을 통해 도시 공간에 대해, 도시 자체의 공간으로 되돌아간 것에 대해 더욱 올바르게 정의할 수 있었다. 기둥의 구멍처럼 지극히 일시적인 흔적을 더욱 정확하게 확인할 수 있었을 뿐 아니라 그 시기까지 사용되던 연대기를 폭넓게 수정할 수 있었다. 그러므로 논쟁의 범주가 '쇠퇴'에서 '변화'로(동시에 다른 측면에서 보면 '지속성'으로) 이동했다. 세 범주 모두를 건축학적인 측면에서, 주택 공급 혹은 사회적인 측면에서 각각 논리적으로 적용할 수 있지만, 모두를 한꺼번에 적용할 수는 없다.

로마 도시의 변화와 생존

고대 후기의 도시 구조 및 기능에서 변화를 보이는 것은 사실 무시할 수 없는 자료다. 3세기부터 지방의 사법관이 사라지고 참사회가 종교의 지배층으로 채워지자, 도시 중심지의 물리적인 모습이 변화한다. 그리하여 성벽을 건축하거나 재건축하고 종교와 시민의 권력을 행사하는 새로운 본거지가 들어서게 된다. 그와 동시에 개별 도시들의 사법적이고 행정적인 특수성이 사라진다. 이 도시들은 가장 강력한 중앙 권력에 의해 허가를 받아야 했으며, 중앙 권력은 3세기 말에 각 도시에서 화폐를 자율적으로 주조할 수 있는 권리를 박탈한다. 수사학자인 메난드로스Menandros는 디오클레티아누스 시대에 도시의 찬가를 쓰는 올바른 방법을 정의하고 있는 작품이자 그 결과로 도시의 구조를 찬양하는 데 적합한 화려한 수사학을 보여 주고 있는 작품에서, 모든 도시가 어떻게 하나의 법률에 의해 지배를 받는지, 그러므로 어떻게 모든 도시가 동일한지를 강조했다. 하지만 이미 2세기에 겔리우스Aulus Gellius는 식민지와 시 당국을 구분하는 고전적인 의미가 상실되었음을 강조했다. 그러므로 212년 혹은 214년에 카라칼라 황제가 〈안토니누스 칙령〉을 공표하여 제국의 모든 지방에 로마 시민권을 허용하면서, 도시를 다양한 등급으로 차별했던 것이 의미가 없어졌다.

그럼에도 불구하고 특히 331-332년에 이전의 행정적, 사법적 경향을 알려 주는 자료인 오르키스투스Orcistus의 비문(CIL III, 352＝MAMA VII, 305)이 보여 주었던 것 처럼, 4세기에 여전히 시민 생활의 동의어이자 상징으로 간주되었던 것은 도시 자 체의 법령이었다. 오르키스투스 시市는 나콜리아Nacolia에 부속된 '비쿠스vicus'(구역 과 거리를 의미하는 라틴어로 로마 제국의 역사에서 비쿠스는 지방 시민들이 정착했던 곳이 었다*) 서열로 강등당하자, 콘스탄티누스 황제에게 도시의 법령 안으로 복권시켜 줄 것을 요구했다. 오르키스투스 시는 복권의 이유로 다른 무엇보다도 고대 시대에 계 획적으로 설립된 도시라는 점, 과거에 가졌던 자율성, 나콜리아 시로부터 괴롭힘을 당한 점뿐 아니라, 지리적인 위치, 중요한 교차로, 우체국을 비롯해 조각상으로 장 식한 공회당, 수도와 온천에 이르기까지, 심지어는 활발한 경제 활동을 의미하는 물 방앗간에 이르기까지 도시 생활에 필요한 모든 기간시설을 갖춘 점(이것은 로마 제국 초기의 '모범 도시ville-vitrine'의 특성이다)을 제시했다. 그러므로 고대 시대의 도시 중심 지는 이 시대에 이미 쇠퇴한 것이 아니라 오히려 정치적인 논쟁에 활발한 영향을 주 었다. 도시로 정의할 수 있는 중심지의 고유한 '목록'이 재정적인 이유 때문에 디오 클레티아누스(243-313, 284-305년에 황제)에 의해 작성되어 존재했으리라고 추론한 다면, 그 목록에 속한다는 것은 문명의 전파 역할과 이미지에 중요한 전환이 되었을 것이다. 도시라는 칭호 역시 오랫동안 존속했으며, 시민의 자부심을 표현하는 것으 로 이용되었다. 갈리에누스 황제(218-268, 253년부터 황제) 치하에서 주민들이 도시 municipio라고 칭한, 아프리카의 투부르시쿠 부레Thubursicu Bure 시 역시 이 점을 보여 준다. 이 시는 율리아누스(331-363, 361년부터 황제) 치하에서 식민지로 '승격'된다. 그러나 405년에 공표된 〈오노리우스 시민법〉(CTh XI, 20, 3)에서는 키비타스civitates, 무니키피아municipia, 비코스vicos, 카스텔라castella(키비타스는 로마 시민권을, 무니키피 움municipium의 복수형인 무니키피아는 고대 로마에서 라틴 동맹이 해체된 뒤에 로마에 편입 한 자치 도시를, 비코스는 마을을, 카스텔라는 성을 의미한다*)를 나누고 있는데, 이는 위 계 질서를 반영하는 것 같다.

오르키스투스 시의 예

지역적 차이

그러므로 이 분야에서도 지역의 개별적인 영역을 더 확실히 구분해야 할 것이다. 고대 후기의 상황에서 제국의 단일성이 깨지면서 점차 독립적인 왕국들이 탄생하고, 정치 및 경제의 통합도 차차 약해지고, 도시의 역할도 지역마다 달라진다. 갈리아 지방에서는 도시 구조가 다른 지역보다 좀 더 빨리 몰락한다. 행정 중심지는 남지만, 많은 주민들이 그곳을 떠나게 된다. 반면 지역 귀족들이 주로 농촌 지역에 거주하게 되고, 5세기에 이르면 이미 도시들은 주교 권력의 본거지로 점차 기능하게 된다. 아프리카 도시들은 6세기 말-7세기 초에 가서야 완전히 쇠락했다고 말할 수 있다. 에스파냐 도시들도 아프리카 도시들처럼 고대 시대의 도시화에서 보인 특징을 오랫동안 유지한 듯하다. 이탈리아에서는 규모와 활기를 상실한 로마를 제외하고, 카시오도루스(약 490-약 585)가 증명하는 것처럼, 시사 문제를 알릴 때 원로원의 사상을 강력하게 부활시키면서 도시 및 도시의 행정 구조에서 고대 시대의 이상을 유지하고 있었다. 그러나 랑고바르드족이 침입한 지역에서는 이러한 현상이 일시적으로 중단되기도 했다. 동로마 제국은 적어도 7세기까지는 더욱 활발한 도시 구조를 분명히 유지했고, 헤라클리우스(약 575-641, 610년부터 황제)는 개혁을 통해 비잔티움 제국의 행정 구조를 근본적으로 수정했다.

일반적인 경향

증가하는
소도시들

이처럼 앞에서 언급된 차이와 더불어, 5-7세기에는 시골에 흩어져 있는 소도시에 유리하게 도시 구조의 힘이 약해지는 것을 일반적으로 목격할 수 있다. 소도시들은 한편으로는 주변 지역의 경제 활동 중심지가 되지만, 그 범위가 예전보다 매우 축소된다. 다른 한편으로 정치적인 권력이 로마 제국 시대에 비해 더욱 축소되면서 도시가 지역의 현실과 중앙 권력 사이를 매개할 필요가 없어지게 된다. 장인의 활동은 도시 중심지에서 시골로 광범위하게 확대되는데, 시골은 마치 정기적으로 열리는 시장의 본거지처럼 변한다. 마지막으로 특히 갈리아 지방처럼 한정된 지역에 사는 귀족 엘리트 계층은 도시 중심이 아니라 자신들의 소유지에 거주하기를 더 좋아했다. 그리하여 그곳에 수많은 생산 구조를 끌어들였고, 적어도 부분적이나마 경제와 행정의 무게중심을 도시에서 토지로 이동시켰다.

도시 중심지와 관련 있는 시골은 그곳과 다양한 측면에서 관계를 맺고 의존하는 모습을 보여 왔는데, 이제는 둘 사이의 단일성이 해체되는 듯이 보인다. 로마 시대에 도시는 종속되어 있는 영토에 대해 경제, 행정, 종교적인 중심지로서 기능했고, 영토는 경계선을 의미하는 표시였다. 그러나 중세 초기의 도시는 행정 중심지와 관련 없는 영토 확장이란 측면에서 종교 중심지가 되었던 반면, 경제생활의 중추는 농촌으로 이동했다. 도시 중심지에 거주하던 인구의 비율이 로마 시대에는 10-20퍼센트 정도를 차지하는 듯했지만, 향후 수백 년 동안은 그만큼에 이르지 못했다. 그러므로 로마화를 통해 시작되었던 얽히고설킨 도시의 전체 구조가 더욱 복잡하게 겹치고 교차하는 한편, 또 다른 측면에서 렐리아 루지니Lellia Ruggini가 "부정형주의pseudomorfosi"라고 정의한 현상으로 해체된 것이다. 왜냐하면 외부에서 보기에 어떤 구조는 질적으로 변하지 않은 것처럼 보이기 때문이다.

생산의 중심지가 된 농촌

| **다음을 참고하라** |
역사 노예제, 콜로누스, 농노의 예속(65쪽); 도시의 쇠퇴(276쪽); 장원 경제와 지방 영지(280쪽); 소소한 일상들(344쪽)
시각예술 로마의 구상미술(711쪽); 콘스탄티노플(722쪽); 예루살렘(734쪽)

노예제, 콜로누스, 농노의 예속

| 파스쿠알레 로사피오Pasquale Rosafio |

집단으로 조직된 노예들을 바탕으로 하고 로마 제국에서 매우 중요한 몇몇
지역으로 확산된 장원 제도는 고대 후기에 이르면, 식민지 주민들에게 집중된
새로운 생산양식에 자리를 양보한다. 식민지 주민들은 재정적인 이유 때문에
땅에 예속되어 있었다. 콜로누스colonus(로마 제국 말기에 법적으로 토지에 매어 있던
소작인을 가리킨다*)와 농노의 예속을 이어 주는 지속성은 없었으며,
농노는 철저히 변화된 상황에 직면하게 된다.

고대 후기와 장원 제도

두 번째 시각에 따르면 로마와 중세 시대 사이에 있었던 경제의 점진적인 변화는 노

예제, 콜로누스, 농노제를 특징으로 하는 세 단계를 통해 전개되었다. 로마가 지중해로 팽창하던 시기에 빠르고 당당하게 증가했던 노예제는 토지를 이용하는 특이한 노예제 생산양식을 지닌 시골의 장원에 생기를 주었다. 농업에 관한 논문을 쓴 카토, 바로, 콜루멜라Columella는 각각 기원전 2세기, 기원전 1세기 및 기원후 1세기에 걸쳐 살면서, 노예제적인 장원 제도에 대해 매우 꼼꼼하게 서술했다. 노예(세르부스servus)들은 경작할 땅의 크기에 비례해서 그 수가 달랐으며 집단으로 조직되어 있었다. 규모가 더 큰 장원의 경우에 서열상 위에 있는 다른 노예들(모니토레스monitores)의 통제를 받으며 피라미드 하부에 위치했다. 모니토레스도 소유주 혹은 그의 대리인(프로쿠라토르procurator) 앞에서는 사업의 올바른 경영에 직접적으로 책임을 지는 노예(빌리쿠스vilicus)의 지도를 받았다. 문학적인 증거 자료와 고고학적인 증거 자료를 토대로 하면, 연구자들은 노예제 생산양식을 정해진 토지 즉 주로 이탈리아와 다른 주변 지방에 한정하고 있으며 그 시기도 제한하고 있는데, 3세기 초반을 넘지 못한다. 이와 같은 생산양식이 제대로 기능하기 위해서는 임시 고용 노동자를 필요로 했다. 이것은 선택할 수 있는 제도가 아니었으며, 적어도 자유농민들이 로마 제국 영토를 경작하는 동안 내는 지대와 공존하거나 그것을 보완하기도 했다. 그 외 지역의 다양한 관습에 따라 제국의 여러 지역에서 다른 형태의 생산방식이 존재했다. 노예제 생산양식은 3세기에 제국에 닥친 일반적인 위기로 인해 사라지면서 경제적으로 큰 변화를 낳았는데, 이 변화는 너무 커서 고대 후기라는 역사의 새로운 과도기를 설정할 정도였다.

노예들의 노동력(인스트루멘툼instrumentum)으로 구성된 장원이 존재했다는 마지막 증거 자료는 세베루스 황제 시대의 법률가인 도미티우스 울피아누스Domitius Ulpianus로 거슬러 올라간다. 그는 지대를 내는 노예(거의 콜로누스가 된 세르부스)에 대해 언급하기도 했다. 이들은 로마 공화국 말기부터 나타났지만, 시간이 갈수록 점차 확산되었을 것이다. 고대 후기에는 농촌 풍경이 눈에 띄게 변했고, 그 속에서 장원은 중요한 역할을 하지만 그 역할은 과거에 비해 매우 달라졌다. 4세기 농업에 관한 논문을 쓴 루틸리우스 팔라디우스Rutilius Palladius가 고대 후기의 장원을 기술했는데, 그 내용은 고고학적으로 중요한 문헌을 통해 증명된 바 있다. 장원 지역은 자유농민이든 노예농민이든 수많은 인구를 집중시키는 중심지가 되었고, 농민들은 가족과 함께 살면서 각자에게 할당된 땅을 자율적으로 경작했다. 장원의 중심지는 식민지에서

로마 제국 시대에 시골의 장원에 속한 노예

고대 후기: 장원의 새로운 역할

온 과일의 저장 및 경작에 필요한 구조만을 갖추고 있었다. 그리고 일정한 수의 노예들이 그곳에 머물면서 이 구조를 통제하고 관리하는 역할을 맡았을 것이다. 팔라디우스가 그와 유사한 장면을 언급한 바 있다. 그는 농민들이 도시에 가서 장인에게 도움을 요청하느라 이동하는 불편을 줄이기 위해 장원에 장인들이 거주하도록 허락해야 한다고 말했다. 결국 팔라디우스가 서술한 장원과, 고전주의 시대의 작가들이 기술한 장원의 관계가 전복되고 만다. 여러 개로 나뉜 토지는 농민들에게 지대를 받기 위해 임대되었고, 생산구조의 중요한 영역에 종사하게 된 노예들은 이 농민들을 위해 일하게 된다.

그러므로 고대 후기의 농촌에서 노예들은 사라지는 것이 아니라 그들을 이용하는 방식이 변한 것이다. 귀족 부인 멜라니아와 그의 남편인 피니아노는 아프리카, 시칠리아, 캄파니아 및 갈리아의 여러 지방에 흩어진 거대한 사유지를 소유하고 있었는데, 이들의 생활을 기록한 자료를 보면 노예들의 수가 엄청났다. 5세기 초, 부부가 세속 생활을 버리고 수도원에 은신하기로 결심했을 때 8천 명의 노예들이 자유를 얻었고, 인원수가 명확하지 않은 노예들이 피니아노의 형제에게 팔렸다. 이 노예들 중 일부는 소작농이 되었다. 한 영토에 400명의 노예들이 살았는데, 이들은 60개의 거주지(빌룰라이villulae)에 자리를 잡았으며, 한 가족 혹은 그보다 많은 가족으로 분리되었다. 한 가족의 수는 평균 예닐곱 명 정도였다. 농민들과 같은 노예 가족이 경작에 이용된 방식은 콘스탄티누스 대제의 법률집에서도 찾을 수 있다. 그는 사르데냐의 제국의 영토에 거주하는 노예 가족을 떼어 놓지 못하게 했다.

콜로누스 및 농노의 예속

고대 후기의 농민들 또한 이전 시대의 소작인과 비교해 조건이 달라졌다. 사실 그들은 법률적인 측면에서는 자유로운 몸이었지만, 이동의 자유에 제약을 받았다. 이와 같은 현상은 두 부류에 나란히 충격을 주었다. 한편으로는 제국의 소유지에 이용된 농민들이고 다른 한편으로는 개인의 사유지에 종사한 농민들인데, 두 경우 모두 대체로 재정적인 성격과 관련이 있다. 먼저 콘스탄티누스 대제의 법률집에서 농민들이 토지에 예속된 사실을 증명하고 있는데, 319년에 황제는 지대를 내는 농민들에게 다른 직업을 찾기 위해 다른 곳으로 가는 것을 금지했다.

개인 사유지에 소속된 농민들의 경우, 그들의 예속을 보여 주는 첫 문건은 콘스

자유민이지만 토지에 예속된 농민

탄티누스 대제가 332년에 공표한 법령이다. 이 법령에 따르면 도망치는 농민은 그의 인두세를 지불해야 할 책임이 있는 소유주에게 돌아가야 한다. 한편, 농민들이 사유지에 예속된 예는 디오클레티아누스 황제(243-313, 284-305년에 황제)의 재정적인 개혁까지 거슬러 올라간다. 그는 토지 소유에 대한 세금(토지세)을 그 땅에 종사하는 노동자에 대한 세금(인두세)과 결합했다.

인구의 위기 및 재분포

다른 한편으로 3세기의 위기가 인구에 미친 영향 때문에 황제들은 서둘러 타격이 더 큰 지역에 사람들이 다시 살게 하는 정책을 채택한다. 몇몇 자료에 따르면, 포로로 잡힌 야만족들이 강제로 이송되어 자신들의 가족과 함께 황제의 소유지에 정착했고, 나중에는 사유지에 정착했다. 409년에 테오도시우스 2세(401-450, 408년부터 황제)가 발표한 법령에서도 4세기 내내 차례로 수행되었던 이와 같은 조치를 자세히 살펴볼 수 있다. 그 법령으로 스키리 야만족들이 개인들에게 양도되었는데, 이 개인들은 그들을 노예로 전락시킬 수 없었으며 콜로누스의 신분과 다른 신분으로도 대할 수 없었다.

법률적인 '신분'에 대한 정의

제국 농민들의 예속적인 성격과 사유지 농민들의 예속적인 성격의 차이는 4세기 말경에 사라진다. 트라키아에서 인두세capitatio humana를 폐지하되, '원적법原籍法, ius originarium'을 통해 계속 토지세iugatio terrena를 내도록 하는, 즉 농민이 주인의 땅을 떠나지 못하도록 하는 법률이 보여 주는 것처럼 말이다. 그리하여 형용사 '원래의 originalis'라는 단어는 '출생지origo'에 예속된 모든 농민에게 적용되며 예속 자체가 세습됨을 나타내는 데 이용된다. 그러나 '조세tributarius'란 용어의 의미는 모호하다. 이 말은 때때로 제국에서 농민으로 정착한 야만족들과 결합된 것 같기도 하다가도 다른 경우에는 콜로누스의 동의어로 일반적으로 더 많이 나타난다. 이러한 사용법은 서로마 제국과 관련된 문학 작품을 통해 확인된다. 반면에 동로마 제국의 농민들에게는 결코 사용되지 않는다. 그러나 이들은 '감정적으로 토지에 부속된 농노censibus adscripti'로, 나중에는 그리스어 형용사 '땅에 묶인 소작농 신분의enapographoi'와 동일한 뜻을 가진 '땅에 예속된adscripticii'으로 지시된다. 'enapographoi'는 이집트의 파피루스 문서에도 나타난다. '땅에 예속된' 농민들에 관한 상세한 자료는 유스티니아누스 황제(약 481-565, 527년부터 황제)가 제공한다. 그는 한 법률집에서 그들을 비유적으로 노예에 가깝게 묘사하고 있다. 사실 유스티니아누스 황제 치하에서 자유인과 노예를 자주 비교하고는 했다. 유스티니아누스는 법률적인 측면이 아니라 사회적인 측면에서 '땅에 예속된' 농민의 열등한 조건을 강조하려고 했으며, 그들을 '하층민 humiliores'의 범주에서 가장 낮은 신분에 두면서 심지어 노예와 가까운 신분으로 여길 정도였다.

유스티니아누스는 자신의 선황제인 아나스타시우스(약 430-518, 491년부터 황제)의 규정을 인정하면서도 '땅에 예속된' 농민들을 다시 구분한다. 이들의 재산은 '사유재산peculium'으로 간주되었고, 30년 이상 땅에 예속된 뒤 자유의 몸이 된 농민들은 비록 토지를 떠날 수는 없었지만 자신의 재산을 마음대로 처분할 수 있었다. 유스티니아누스의 『신법전Novella』에 따르면 '땅에 예속된' 농민들이 구입하는 모든 것은 그들 주인의 사유재산이 될 뿐 아니라 그들이 다시 자유를 얻는 데 이용될 수도 있었다. 다른 땅에서 나는 지대에 의존하지 않고도 그들이 구입한 토지로 생존할 수 있다면 말이다.

동로마 제국에서나 서로마 제국에서는 법률적인 측면과는 다른 사회적·경제적 **농노 제도**인 측면에서 노예와 농민들을 구별하지 않고 시골에서 활용했기 때문에, 그들의 지위가 가까워졌고 마침내는 사실상 서로 뒤섞였다. 그러나 서로마 제국의 몰락으로 그와 같은 현상이 지속되기는 힘들었다. 연구자들의 견해는 고대 후기의 콜로누스와 중세의 농노 사이의 연속성을 주장하는 쪽과, 그것을 부정하는 쪽으로 정면 대립한다. 비록 오늘날에는 후자의 주장 쪽으로 더 기울지만 말이다. 사실 농노의 노역의 기원과 그것이 확산되는 자연스러운 근거로 장원의 모형을 소개하는 고대 자료가 있지만, 그 흔적이 일시적으로 나타나기 때문에 연속성을 포착하기는 어려울 듯싶다. 이 분야에서 진행된 연구를 통해 로마-야만족 왕국이 형성된 뒤에 존재했던, 다양하고 복잡한 의존 형태를 알게 되었다. 오래전부터 권위 있는 연구를 통해 밝혀진 것처럼 '농노의 노역'이라는 개념 자체는 볼로냐 법률에 정통한 이르네리우스 Irnerius(1055-1125)가 발견한 말을 뒤늦게 조합해서 나온 것이다. 그러므로 이 개념은 이 시기의 역사가 가진 불균일하고 다양한 지역적 상황을 단일하게 정의하기 때문에 맞지 않으며, 경험적으로 볼 때도 적합하지 않다.

| 다음을 참고하라 |
역사 도시에서 시골로(61쪽); 풍경, 환경, 인구(271쪽); 도시의 쇠퇴(276쪽); 장원 경제와 지방 영지(280쪽)

야만족의 이주와 서로마 제국의 종말

| 마시모 폰테실리Massimo Pontesilli |

야만족의 이주는 천 년에 걸친 유목민과 정주민의 충돌로 나타난 일련의 사건들로
읽을 수 있다. 로마 제국 자체는 정치적 안정을 특징으로 하는 광활한 지역에서 형성되었다.
정치적 안정은 북부와 동부 지역의 백성들이 가하는 압박에 대한 반작용으로
나타난 것이다. 제국 및 제국과 인접한 주민들 사이에 특별한 긴장의 순간이
여러 번 있은 뒤에, 375년 도나우 강 지역에서 야만족의 대이동이 시작되었다.
그리하여 서유럽에서는 백 년에 걸친 로마 제국의 단일한 권력이 사라진다.

유목민과 정주민

인구의 유입 및 중세 문명 4-5세기 사이에 서쪽 지중해 지역의 단일한 조직을 쓸어버리는 이주는 정주민(이들은 지중해에서 동중국해까지 이어지는 온화한 날씨 덕분에 광활한 지역에서 농사를 지었다)과 유목민 간의 만남과 충돌이 진행되는 아시아-유럽의 천 년 왕국의 역사에 기록되어 있다. 이때 유목민은 이 넓은 지역의 북쪽을 차지하고 있었지만, 기후와 인구의 특성 등 다양한 원인으로 인해 발전하고 있었고, 정주민들의 토지에 끊임없이 매력을 느꼈다. 이 거대한 영토의 서쪽 지역에서 소위 말하는 인도유럽어족이 더욱 폭넓고 지속적으로 이주했다. 리투아니아의 고고학자이자 언어학자인 마리야 김부타스Marija Gimbutas(1921-1994)가 활발하게 주장했고 오늘날에도 논의하고 있는 가정에 따르면, 이들의 이주는 기원전 5000년에서 기원전 2000년 사이에 우랄-폰토스에서 유럽, 트란스코카시아, 아나톨리아, 이란, 북부 인도를 향해 연속적인 단계로 뻗어나갔다. 이들이 이주하면서 다양한 인도-유럽 문화가 형성되었고, 기원전 1000년 동안에는 중동부 지중해 지역에서 헬레니즘 문명이 점차 나타났다. 마침내 기원전 2세기부터 로마의 군사적 팽창으로 인해 정치적으로 안정된 광활한 지역이 만들어지게 되는데, 이 지역은 헬레니즘 문화를 계승했고, 중북부 유럽 민족의 침투를 받지 않았다. 그러다가 지중해 지역에 의존했던 이 지역은 단 한 번도 조용한 적이 없었던 유목민들의 공격으로 시련을 당하게 되고, 마침내 5세기 초엽부터 서쪽 지역의 모든 것을 포기하게 된다.

'로마 중심적인' 시각을 가진 역사서들은 서로마 제국을 멸망시킨 민족 이동이 가

져온 전쟁과 파괴적인 측면을 강조하면서 이를 '야만족의 침입'이라고 말하는 반면, 어떤 역사서들은 유목민과 정주민 간의 오랜 대결을 역사적으로 창조적인 사건으로 간주하여 이를 '민족 대이동'(게르만족 대이동Völkerwanderung)이라고 말하기도 한다 (특히 19세기부터 오늘날까지 독일어로 쓰인 역사서가 그러하다).

게르만족의 기원과 로마 변경 지대

일반적으로 게르만이라는 이름으로 불리는 침입자들의 기원은 인도유럽어족에 흡수되는 과정에 등장하며, 중동부 유럽을 비롯하여 덴마크 반도 및 스칸디나비아 반도의 남부와 관련이 있다(대략 기원전 3000-기원전 2500). 게르만족은 여기서부터 기원전 2200년 말경에 이미 재이주를 시작하여 발트 해 연안과 북해까지 팽창한다. 기원전 4세기경에 이들은 라인 강 계곡에 도달했고, 켈트족들과 폭력적인 형태로 접촉하게 된다. 어쨌든 이들에 대한 정보를 제공한 카이사르(기원전 102-기원전 44) 시대이전에, 게르만족은 남쪽으로 팽창하여 도나우 강까지 도달한다. 사실 라인 강과 도나우 강은 게르만족의 팽창을 제한하는 역할을 했는데, 처음에는 자연이 준 단순한 국경선으로, 나중에는 로마 군대가 주둔하는 정치적인 경계선(리메스limes)으로 기능했다.

기원전 2세기 말에 이미 로마는 남쪽으로 향하는 게르만족과 접촉한다. 킴브리족과 테우토니족은 위험천만한 진군을 한 뒤, 기원전 102-101년에 가이우스 마리우스Gaius Marius(기원전 157-기원전 86)가 이끄는 군대에 의해 완패한다. 카이사르가 갈리아를 정복하면서 아리오비스투스가 이끄는 수에비족을 괴멸했을 때, 로마는 계속해서 게르만족과 충돌하게 된다. 이 지역을 압박했던 수에비족은 로마 군대의 추격을 당하지 않았다면 갈리아 지방을 정복했을 것이다. 적어도 카이사르는 그렇게 확신했다. 50년 뒤, 엘베 강까지 거주하던 게르만족의 땅을 제국의 지배권에 포함시키려는 로마의 시도는 9년에 아르미니우스Arminius(기원전 18-19)가 지휘하는 반란 세력과 충돌한다. 아르미니우스가 토이토부르크 숲에서 퀸틸리우스 바루스Quinctilius Varus(기원전 50-9)의 세 군대를 전멸시키자, 마침내 티베리우스(기원전 42-37)는 라인 강 동부에 대한 불확실한 정복을 포기했고, 이후에 그곳은 제국의 국경선이 된다. 그사이에 로마의 정복 시도는 수에비족의 두 종족인 마르코만니족과 콰디족을 남동쪽 즉 보헤미아와 모라비아로 이동시켰다.

그러나 발칸 반도 지역에서 로마의 깃발 아래에 통합된 지중해 지역의 주민들은

게르만족과
로마인의
첫 접촉

한 민족 집단을 만나게 되는데, 그 집단 중 사르마티아족과 스키타이족(야지게스족과 록솔라니족)은 계속된 이주 절차에 따라 이 지역 주민들과 수백 년 동안 더불어 지낸다. 그 결과 유목민과 반#유목민들은 폰토스 초원에서 도나우 강의 계곡으로 이주하게 된다.

전쟁과 교섭   물론, 서로를 알게 하고 변화를 주는 요인으로 작용한 상품의 교환과 평화로운 접촉이 없지는 않았다. 하지만 야만족들이 점차 군대의 지원군으로 투입되자, 그들을 위해 전쟁 학교가 설립되었고, 그들은 그곳에서 얻는 정보를 중요하게 생각했다. 그러므로 국경선에 대한 압박을 가볍게 해 주기도 하고 사람들을 죽여 농촌의 인구를 격감시키는 군대를 강화시켜 주기도 하기 때문에, 야만족을 군대에 받아들이는 것이 비록 일시적이기는 하지만 로마에는 이익이 되었다.

제국에 저항하는 야만족: 초기의 습격

'리메스'를 따라 정착한 야만족들은 166년부터 첫 이주를 하려고 했는데, 이는 비스톨라 강 유역에서 흑해를 향해 이동 중인 동부 게르만족이나 고트족 같은 다른 종족의 움직임에서 자극을 받은 것이었다. 그리하여 콰디족과 마르코만니족은 도나우 강의 중류를 침범하기 시작했던 반면, 야지게스족은 다키아 지방의 '리메스'를 침범했다. 169년에 더욱 위험한 습격이 자행되는데, 마르코만니족의 명령을 받아 게르만족이 합류함으로써 판노니아 지방부터 아퀼레이아 지방까지 심각하게 타격을 받았지만, 이들은 마르쿠스 아우렐리우스(121-180, 161년부터 황제)의 군대에 의해 전멸되었다.

상대적으로 평화로운 몇 년의 세월이 지난 뒤, 3세기에는 야만족들의 움직임과 그에 따른 리메스에 대한 압력이 더욱 커지게 된다. 30년대에는 광범위한 공격을 한 리메스에 대한 압력 알라마니족이 아그리 데쿠마테스Agri decumates 지역의 로마 군대를 곤경에 빠뜨렸다. 248년부터는 육지와 바다를 통해 끊임없이 침투했던 고트족이 발칸 반도를 위협하는 주요한 적이 된다. 그리하여 나이수스(니시)에서 퀸틸루스(?-270)는 고트족을 물리치지 못하지만, 라인 강 하류에서는 프랑크족 대연합군이 처음에는 갈리에누스(약 218-278)에 의해 저지당한다. 하지만 고트족은 258년에는 리메스를 무너뜨리는 데 성공하고 갈리아 지방을 통과해 에스파냐까지 진군하지만, 다시 원래 지역으로 쫓겨 간다. 한편 픽트족 연합군Pitti(3-5세기에 중북부 스코틀랜드에 살던 종족들의 연합*)

이 공격을 하고 색슨족('작센족'이라고도 함*)이 바다를 침입해 갈리아 지방의 북부 해안을 공격하는 동안, 북동부 게르마니아에서는 부르군트족과 반달족이 서쪽과 남쪽을 향해 이주하기 시작한다. 로마 제국은 황제 지명指名이 과열 양상을 보이며 연속해서 진행되고, 심지어는 정치적인 결속이 일시적으로 파탄 나는 가운데 군사적인 무정부 상태에서 힘이 약해지면서, 활기 찬 이민족들로 인해 브리타니아에서 이집트까지 혹독한 시련을 겪는다. 그리하여 마침내 일리리아 출신의 황제들과 협력하게 되었다.

제국에 저항하는 야만족: 4–5세기의 침입과 서쪽 지역의 종말

디오클레티아누스(243-313, 284-305년에 황제)와 콘스탄티누스(약 285-337, 306년부터 황제) 치하에서 제국은 평화로운 듯이 보였지만, 이미 아그리 데쿠마테스와 다키아 지방을 포기한 뒤였다. 그 외에도 군대의 야만화가 지속되고 악화되는 동안에 수적으로 더욱 증가한 야만인들은 농민의 자격, 즉 '소작인inquilini' 혹은 '라이티Laeti'로 제국의 국경선 안에 거주하면서 줄어들었던 인구의 공백을 메우게 된다. 그사이인 350년 무렵, 고트족은 이교도 주교인 울필라스Ulfilas(311-약 382)에 의해 아리우스파 그리스도교로 개종하고, 아리우스주의는 프랑크족을 제외한 모든 야만족 사이에 퍼진다. 프랑크족은 나중에 니케아 신조로 개종하게 된다.

4세기 중엽에 긴장이 더욱 커지다가, 이윽고 훈족이 갑자기 등장하면서 상황이 심각하게 변하게 된다. 훈족이 다른 민족들을 밀어붙이면서, 대이동이 시작된다(좁은 의미의 '게르만족 대이동'). 중앙 아시아 초원 지대에서 출발하여 흑해 북쪽 지역으로 침입한 투르크멘 유목민들은 우선 알라니족을 격퇴한 다음, 동고트족의 지배를 무효화한다. 동고트족은 항복하거나 알라니족 및 서고트족과 함께 모이시아 지역으로 도주하여 375년에 발렌스 황제(328-378, 364년부터 황제)에게 제국의 영내로 받아줄 것을 요청한다. 로마 제국이 그렇게 복잡하게 야만족들을 받아들인 사건은 곧 문제를 낳는다. 불안정한 고트족을 무력으로 지배하려던 발렌스 황제의 시도는 아드리아노플 전투에서 혹독한 패배를 맛보게 되고(378), 황제도 그곳에서 사망한다. 테오도시우스 황제(약 347-395, 379년부터 황제)가 서둘러 맺은 평화협정 덕분에 서고트족들의 정착이 더욱 폭넓고 우호적으로 진행된다. 서고트족은 '동맹'의 형태로 트라키아와 모이시아를 점령하게 된다. 어쨌든 서고트족은 로마 제국의 힘을 약화시

훈족의 갑작스러운 출현

키는 정도에서 그치지 않는다. 이들은 발칸 반도를 습격한 뒤에, 401년에는 알라리크(약 370-410, 395년부터 왕) 치하의 이탈리아에 도달한다. 반달족 출신의 로마 총사령관인 스틸리코(약 365-408)에 의해 패배한 알라리크는 로마에 도달하기 위해 408년에 이탈리아를 다시 공격하고, 410년 8월에는 그 유명한 로마 약탈을 자행할 정도로 위협적이 된다. 이때부터 아타울푸스(?-415)의 지배를 받던 고트족이 갈리아 지방으로 향하게 되고, 아퀴타니아를 점령한 다음(413) 에스파냐 국경을 넘어간다. 에스파냐에서는 416-418년에 새로운 서고트 왕인 발리아Wallia(?-419, 410년부터 군주)가 로마의 이름으로 반달족과 알라니족을 무찌른다. 아퀴타니아로 돌아온 서고트족은 자신들의 지배력을 공고히 하여 에우리크Euric(?-484, 447년부터 군주) 왕국을 비롯하여 에스파냐의 많은 지역을 새롭게 지배하게 된다.

서로마 제국의 몰락   그러나 로마 제국의 서쪽에 있는 지역(파르스pars)의 종말이 시작된 날짜는 406년 12월 31일이다. 이때 알라니족, 반달족, 수에비족은 (그리고 이들과 처지가 같은 침략자들과 반란자들 및 판노니아에 밀집한 농민들은) 마인츠 근처의 얼어붙은 라인 강을 통과한 다음에 방해받지 않고 갈리아 지방으로 향한다. 리메스를 방어한 유일한 종족은 다른 부족에 속하는 동맹 관계의 프랑크족이었는데, 스틸리코가 알라리크 때문에 이탈리아에서 군대를 빼낼 수 없었기 때문이다. 침략자들은 갈리아 지방을 약탈한 뒤, 409년에 에스파냐로 내려가고, 그곳에서 영토를 분할하여 정착한다. 아스딩기 반달족Vandali Asdingi과 수에비족은 북서쪽을 점령하고, 실링기 반달족Vandali Silingi은 남쪽을, 알라니족은 중앙을 차지한다. 알라니족과 실링기 반달족은 발리아 왕이 이끄는 서고트족에 의해 전멸된 반면, 가이세리크(약 390-477)가 이끄는 아스딩기 반달족은 아프리카로 들어갔고, 그곳에서 로마 제국에 심각한 손상을 가하면서 막강한 왕국을 건설했다. 함대를 갖춘 가이세리크는 지중해에서 성공적인 동맹 정책 및 확장 정책을 펼치면서, 사르데냐와 코르시카를 견제했고, 시칠리아를 정복했으며, 로마 제국을 무자비하게 약탈했다(455).

훈족이 7년 전에 (보름스를 파괴하고) 라인 강 영토에서 쫓아낸 부르군트족은 443년부터 리옹 지역에 거주할 수 있다는 허락을 로마 제국으로부터 얻어 낸다. 이곳에서 그들은 서쪽으로는 서고트 왕국과 국경선을 접하는, 점차 성장하는 왕국을 건설한다. 북쪽의 갈리아 지방으로는 시아그리우스(약 430-487)가 다스리는 갈리아-로마 왕국이 위치했으며, 이 왕국의 동쪽을 프랑크족이 지배하고 있었다. 이미 오래전부터 로마 군대에게서 해방된 브리타니아를 앵글족, 색슨족, 주트족이 점령했다. 철수한 켈트인들과 잔존한 로마인들은 영국 해협 너머의 아르모리카(현재의 브르타뉴)로 피신했다.

한편 430년부터 훈족은 유럽을 직접적으로 위협한 결과, 아이티우스 장군(약 390-454)의 허락으로 판노니아에 정착하게 된다. 이때부터 아틸라가 이끄는 거대 연합군을 조직한 훈족은 451년 갈리아 지방으로 진격한다. 그러나 아이티우스는 게르만 연합군으로 그들을 물리친다. 이듬해에 아틸라는 이탈리아를 직접 위협하지만 곧 정복을 포기하고 판노니아로 돌아갔고, 얼마 후에 그곳에서 사망했다. 그의 왕국은 오랫동안 살아남지 못한 것이다.

이탈리아 제국의 권력자들은 알라리크의 약탈을 당한 뒤에 야만족 군주들과 동맹을 맺으면서 스스로를 재정비한다. 발렌티니아누스 3세(419-455)는 아이티우스 장군을 제거한다. 한때 스틸리코가 그랬던 것처럼 그 역시 막강한 힘을 지닌 듯이 보였기 때문이다. 그러나 발렌티니아누스 3세 이후로 권력은 더욱 불안정해진다. 야만족 출신의 장군들과, 이제는 전체가 야만화된 군대의 사령관들은 자신들 마음대로 황제를 임명하고 제거했고, 동쪽의 '세데스sedes(권좌)'는 서쪽의 정책에 일정 부분 영향을 미쳤다. 마침내 475년에 오레스테스는 아우구스툴루스라는 별명을 붙인 자신의 어린 아들 로물루스를 황제로 임명하지만, 군대가 반란을 일으키면서 476년 8월 23일에 오도아케르(약 434-493)가 왕으로 추대된다. 오레스테스는 제거되고 로물루스 아우구스툴루스는 폐위되지만, 오도아케르는 스스로 황제로 임명되기를 거부했다. 서쪽의 '세데스'가 존재하지 않게 된 것이다.

| 다음을 참고하라 |
역사 로마 제국의 분열(55쪽); 야만족이 다스리는 왕국, 제국, 공국(97쪽); 유스티니아누스 대제와 서로마 제국의 재탈환(102쪽); 9-10세기의 약탈과 침략(243쪽)
문학과 연극 비잔티움 문화 및 서방과 동방의 관계(605쪽)

게르만 민족

| 알레산드로 카바냐Alessandro Cavagna |

인도유럽어족을 기원으로 하는 게르만 민족은 원래의 정주지를 떠나 수백 년 동안
팽창한 뒤에 4-5세기에 서로마 세계를 또다시 폭력적으로 침입한다. 유럽 역사의
성공적언 발전은 바로 로마의 사회 구조와 게르만족 형식 간의 충돌 및 그에 따른
상호 통합에 의해 좌우되었다.

게르만족의 정착과 팽창

유틀란트
반도에서
러시아 서부까지

게르만 혈통의 민족들이 원래 정착했던 곳은 일반적으로 유틀란트 반도와 스칸디나비
아 반도의 남부였으나, 게르만 종족이 점차 팽창함에 따라 기원전 700-기원전 500년
에는 네덜란드에서 러시아 서부까지 중북부 유럽의 대부분을 차지할 정도로 뻗어
나갔을 것이다. 점차 남쪽으로 확산되었던 게르만 종족은 북부를 향해 팽창하는 로
마 제국과 직접 접촉함으로써 기원전 2세기부터 이동을 멈추었다. 이주민들(콰디족
과 마르코만니족)은 로마 제국과 국경선을 이루는 지역을 향해 1세기와 2세기에도 계
속 밀고 들어왔던 반면, 게르만 민족이 서쪽을 향해 계속 진군한 것은 3세기부터다.
그때 제국 내부를 침투한 고트족은 발칸 반도 및 소아시아 영토를 오랫동안 황폐화
시켰다(238-271). 아마도 손쉬운 습격과 부에 이끌린 듯이 보이는 이 전사들 무리가
처음 남쪽으로 이동한 뒤로, 서고트족, 동고트족, 수에비족, 부르군트족, 알라마니
족, 프랑크족, 랑고바르드족, 반달족, 헤룰리족Heruli, 앵글족, 색슨족, 주트족이 4세
기 말부터 물밀듯이 밀려든다(게르만족 대이동). 그 밖에 게르만 민족의 폭넓은 팽창
으로 인해 중요한 세 어족에서 언어가 세분된다. 즉 북부 지역의 게르만어는 바이킹
의 움직임과 더불어 처음으로 확산되었다가 나중에는 스칸디나비아 반도에서만 쓰
이면서 마지막으로 유입되는 외부 언어와 뚜렷이 구별된다. 그러나 본질적으로 고
트족의 언어를 통해 나타난 동부 지역의 게르만어는 불필라Wulfila(311-약 382)의 성
경 혹은 고트어 성경에 중요한 흔적을 남긴 뒤에, 나중에는 크림 반도에 한정되어 협
소하게 쓰이다가 사라지고 만다. 가장 많은 언어를 생산한 서부 지역의 게르만어는
영국, 작센, 프리슬란트, 고고古高독일어의 고대 방언과 역사적으로 결합했고, 거기

에서 현재의 영어, 네덜란드어, 독일어가 내려왔다.

경제의 변화

게르만 민족이 처음 등장한 시점은 기원전 4세기까지 거슬러 올라갈 수 있다. 마살리아의 피테아스Pytheas of Massalia(지리학자, 기원전 4세기)는 북유럽을 여행하는 중에 게르만 세계와 켈트 세계 사이에 위치한 바르바리쿰barbaricum의 내부가 이질적이라는 것을 인식했다. 사실 게르만 유럽과 켈트 유럽은 언어가 다르고 정착한 지역이 다르기 때문에, 또한 특히 실제로 다른 문화에 속하기 때문에 서로 구별된다. 그러므로 대다수의 켈트족이 역사적으로 매우 빠르게 정착했고 또한 안정된 거주를 이루었다면(스위스의 뇌샤텔 호수 주변에 위치한 마을의 이름에서 딴, 소위 말하는 '라 텐La Tène' 문화가 형성되었다), 다른 한편으로 라인 강과 도나우 강 너머의 세계에서는 불안정한 거주 형태, 집약 농업과 목축업(소위 말하는 '야스토르프Jastorf 문화')의 성행에 기반을 둔 생계형 경제가 기원전 1세기까지 여전히 남아 있는 듯했다. 어쨌든 율리우스 카이사르(기원전 102-기원전 44)나 타키투스Publius Cornelius Tacitus(약 55-117/123)와 같은 라틴 저술가들은 기원전 4세기의 게르만 유럽을 모르고 있었을 것이다. 기원전 3세기 혹은 기원전 4세기 전에 우리가 알고 있는 정보를 기술하고 있지만 말이다. 실제로 서부 게르만 지역에서는 본질적으로 불안정한 경제 형태가 한층 세련된 형태의 토지 개척 및 점유로 점차 대체되었다(두 번 재배하는 윤작, 거름을 비료로 사용하기, 더욱 세련된 도구 등). 그 외에 이러한 농업 방식 및 주거지의 큰 변화는 철의 채취와 제조에 더 유리한 기술이 도입되면서 더욱 강화되었다. 도자기 생산이나 금은 세공을 하는 수공업 활동이 발전하면서 그것이 더욱 강화되었던 것처럼 말이다. 일반적으로 게르만 지역의 실제 농업 혁명에 의해 생활 조건이 점차 개선될 수 있었으며, 이와 더불어 정착지의 중심이 더 확대되었고, 부를 소유한 자와 그렇지 못한 자 사이의 사회적인 차별이 진행되었다. 그사이에 인구가 한 지역에 집중되는데, 이는 두 번째 팽창의 간접 원인이 된다.

게르만 사회와 전쟁

게르만 민족은 오랫동안 심하게 변화한 듯 보였기 때문에 카이사르와 타키투스는 기원전 4세기의 바르바리쿰을 몰랐을 것이다. 사실 1-2세기에 게르만족이 정착한 것은 이미 이전에 있었던 이동의 결과인 반면, 4세기의 민족 이동 자체는 전에는 몰랐던 민족이 팽창한 결과로, 그 결과 서로마 제국을 침투하는 움직임이 활발해진다. 흔히 말하듯이 중부 유럽의 부족들이 로마 제국의 영토를 향해 점차 팽창했다는 의미에서 민족 이동의 변동성을 이해해야 한다면, 이러한 변동성은 게르만 세계의 내적인 동력의 특성을 보여 주는 것이다. 왜냐하면 부족(이 부족에서 유명한 집단들이 전해 내려온 것이다) 간의 연합은 다른 집단에 대한 패권을 놓고 다투는 격렬한 싸움에 따라서도 달라질 수 있기 때문이다.

게르만 사회의 조직　　부족은 오랫동안 게르만 세계의 기본적인 조직이었으며, 그런 방향에서 부족은 친족과 혈통을 묶는 유대 관계였다. 그 밖에 공동의 신화 속에서 서로를 인식하거나 공동의 영역에서 고유한 혈통을 찾았으며, 부족의 본질을 표현하려고 했다. 다른 한편으로 이와 같은 조직은 시민권을 지키기 위한 공동체(혹은 국가)에 소속되는 것을 토대로 한 로마 세계와는 본질적으로 달랐다.

게르만 세계는 실체가 다른 세력의 유입 때문이기도 하지만(그중 그리스도교의 팽창을 언급하지 않을 수 없다), 로마 제국과 인접하고 제국 서쪽의 영토를 계속 점령한 덕분에 근본적인 변화 과정을 겪으면서 내부 조직 체계('군대에 기반을 둔 군주제'로 이행한다)뿐 아니라 물질문화, 전쟁의 본질적인 구조에도 손을 댄다. 첫 번째 측면에서 볼 때 카이사르가 살던 시기에 게르만 민족의 여러 군주들이 왕권을 나누어 가지고 있었고, 타키투스가 신성한 세계와 관련된 왕을 기술했다면, 알다시피 이후에는 군대 **리크스 혹은 쿠닝: 군대의 지도자** 지도자들('리크스reiks' 혹은 '쿠닝kuning')이 출현하는 것이 일반적이다. 그리하여 폭력적인 팽창을 특징으로 하는 시기에 게르만 세계는 바로 이런 지도자들을 왕으로 인식하며, 군권과 행정권, 그리고 대부분의 사법권을 그들에게 집중시킨다. 그 밖에 권력은 이미 '처음부터ab origine' 자유민이던 이들로 이루어진 회합과 함께 시작된 것처럼 보인다. 이 회합은 중세 초기에도 여전히 변하지 않는 역할을 했고, 왕의 결정을 비준하는 임무를 맡았다. 반대로 처음에는 군대 지도자와, 나중에는 왕과 결합되었고 전쟁 성과물로 보상을 받은 전사들만의 집단인 '코미타투스comitatus'는 더욱 중요하다. 이와 같은 귀족정치로 인해 게르만 사회는 호전적인 특징을 보였다. 또한 귀족정치는 다양한 게르만 민족에게 강하고 단결된 공격 집단을 제공했기 때문에 공격 영역에서 중요한 역할을 수행했다.

군대의 전술　　엄격하게 물질적인 관점에서 보자면 매우 제한된 도구로 치러진 전쟁은, 무질서한 폭력이 충돌하고 급습하는 형태를 띠었다. 사실 게르만 민족의 전쟁 장비는 주로 투창, 창, 방패였다. 3세기가 되어서야 로마인들과 오랫동안 접촉한 덕에 검이 매우 중요한 역할을 하는 듯했다. 5세기부터는 투구를 사용하기 시작했다. 그러나 고고학적인 발굴을 통해 확인할 수 있는 것처럼, 갑옷은 대개는 없었다. 그러므로 4세기에 프랑크족과 비잔티움인이 충돌할 때 프랑크족 전사들은 맨가슴에 가죽 바지나 리넨 바지만 입었을 뿐이다. 충돌의 기술이라는 측면에서도 몇백 년의 세월이 흐르는 동안, 획기적인 변화는 거의 없었다. 사르마트-이란-터키와 매우 긴밀하게 접촉한 동쪽 민족들, 즉 고트족, 반달족, 랑고바르드족들은 기병대와 화살의 사용을 더욱 발전시켰다.

종교

아일랜드인의 뒤늦은 개종으로 매우 중요하고 확실한 전망이 우세해졌는데, 그리스도교가 확산되기 전에 게르만족이 믿던 종교와 그 발전에 관한 정보는 불완전하다. 게르만족 신화의 기본 구조를 보면, 아사신족과 바니르신족이 대립한 것처럼 보인다(북유럽 신화에서 신들은 두 개의 거대한 집단, 즉 아사신족과 바니르신족으로 분리된다. 두 단어의 어원에 대해서는 자세히 전하는 바가 없지만, 바니르신족은 풍요와 다산을 상징하고, 아사신족은 차별화된 세계를 상징한다*). 몇몇 연구자들은 이 두 진영의 신들이 처음 충돌한 신화를, 인도유럽어족의 침략자들과 예전에 살던 정주민들 사이에 처음에 실제로 있었던 충돌에 대한 회상으로 보고 있다. 조르주 뒤메질Georges Dumézil(1898-1986)이 받아들인 것처럼, 아사신족은 일반적으로 마법, 전쟁과 연결된 신들이고(특히 전쟁에서 죽은 전사자들을 발할라Walhalla로 데려가는 임무를 맡은 신들로, 신들의 주인인 보탄/오딘, 천둥의 신 토르/도나르가 있다. 또한 타키투스가 로마의 신 마르스와 일치한다고 본 티르/티우도 있다), 바니르신족은 생산과 재생산에 관련한 신들이다(특히 풍요의 신 프레위르, 사랑과 풍요의 여신 프레이야). 타키투스는 『게르마니아』의 짧은 장에서 메르쿠리우스에서 오딘을, 마르스에서 티우를, 제우스에서 토르를, 베누스에서 프레이야를 인지하면서 로마의 신과 게르마니아의 신을 동일시했다. 그와 같은 동화 작용은 어의차용어를 통해 확인되기도 하는데, 4세기에는 신들의 이름에서 요일의 명칭이 만들어졌다. 로마의 '메르쿠리우스의 날Mercurii dies'은 앵글로색슨의 '오딘의 날Wödnesdœg'과 일치하며, 그 말에서 영어의 'Wednesday' 혹은 네

게르만족의 신과 로마의 신

딜란드어의 'Woensdag'가 나왔다. 목요일Iovis dies은 '도나르의 날Donares Tag'로 변하고, 거기서 독일어인 'Donnerstag' 혹은 영어의 'Thursday'가 나왔다. '마르스의 날Martis dies'은 앵글로색슨어로 'Ti wesdœg'가 되고, 거기서 영어인 'Tuesday' 혹은 독일어인 'Dienstag'가 나왔다. 마지막으로 베누스와 프레이야를 결합한 것에서 영어의 'Friday'와 독일어의 'Freitag'가 나왔다.

법률

게르만 법과 로마법 복잡하고 세련된 로마 법률과 게르만 관습법의 통합은 로마–야만족 왕국의 건설이라는 중요한 사건을 나타낸다. 첫 단계에서는 두 진영의 법률이 나란히 살아남음으로써 새로운 지배자들과 로마인들이 서로 통합하지 않고 공존하게 되는데, 법을 본질적으로 구분하려는 근저에는 민족적인 차이점이 존재한다. 5-9세기에 이루어진 법전 편찬은 거의 성공을 거두지 못하며, 새로 생긴 대부분의 영토에서도 마찬가지였다. 여러 권의 법전 중에서 서고트 왕 에우리크(?-484, 447년부터 군주)가 5세기 말에 편찬한 법전을 언급할 수 있을 것이다. 그는 예전의 법규를 하나의 '모음집corpus'으로 묶은 『에우리크 법전Codex Euricianus』을 편찬하도록 한다. 그리고 그의 아들인 알라리크 2세는 『알라리크의 적요』(506), 즉 대개 『테오도시우스 법전』에서 가져온 로마 법률 모음집을 편찬한다. 자신이 다스리는 종족인 부르군트에서 이름을 가져온 군도바트Gundobad(?-516, 480년부터 왕) 왕이 추진한 『군도바트 법전Lex Gundobada』 외에, 소위 『살리카 법전Lex Salica』이라 부르는, 프랑크 살리족의 법전 중 가장 오래된 것은 5세기 말로 거슬러 올라간다. 이 법전은 다양한 법률의 기준과 더불어 여자가 현실적인 권위의 혈통을 계승하는 것을 배제하고 있다.

| **다음을 참고하라** |
역사 9-10세기의 약탈과 침략(243쪽); 작센 왕조와 신성로마 제국(266쪽)
시각예술 카롤링거 왕조 시대의 프랑스, 독일, 이탈리아(832쪽); 독일과 이탈리아의 오토 왕조(840쪽)

슬라브 민족

| 알레산드로 카바냐 |

4세기와 5세기에 수행된 대침략의 주변부에 남아 있던 슬라브 민족은 7세기에
중부 유럽과 동부 유럽 대부분을 점령하면서 팽창하기 시작했다. 고대 시대에 이동하고
정착한 이들에 대항해 지속적인 저항 운동이 시작되었고,
이 운동은 20세기까지 유럽사에 영향을 미친다.

기원, 정착, 이주

슬라브 혈통에 속하는 인도유럽어족이 기원전 1000년에 처음 정착한 지역이 카르파 **슬라브 민족들의 다양한 기원**
티아 산맥의 북부와 동부 지역, 오데르 강과 드네프르 강 사이의 드넓은 분지였다는
사실은 익히 확인된 바 있다. 다른 민족의 문화(트라키아, 사르마트, 게르만, 이란)와 접
촉이 늘 제한되었던 슬라브 민족은 4세기까지는 대체로 서유럽 역사의 주변부에 남
아 있었다. 4세기 중엽부터 민족 내부의 성장 때문이기도 하지만 훈족이 러시아 남
부에 도착한 사실로 인해, 슬라브 민족의 정착 생활도 와해되는 듯했다. 암브로시우
스Ambrosius(약 339-397)는 『루카 복음서 주석서』에서 중부 및 동부 유럽의 정주 문명
이 와해된 중요한 원인을 다음과 같이 생생하게 기술하고 있다. "얼마나 많은 전쟁과
비극적인 소식이 언급되었던가! 훈족이 알라니족을 침입하고, 알라니족이 고트족
을, 고트족이 타이팔족과 사르마트족을 침입했다. 자신들의 본거지에서 추방된 고
트족은 우리가 그랬듯이 일리리아를 침입했으며, 이윽고 우리의 조국 로마를 침입
했다. 이 모든 전쟁의 끝을 아무도 예측할 수 없는데……."

처음에는 훈족에게 격파되고 나중에는 그 뒤를 이어 진격한 아바르족에 의해 몇
몇 지역에서 몰살되었던 슬라브족은 이미 5세기부터 예상되던 대대적인 이주 활동
을 7세기 중엽에 완수하게 된다. 이러한 팽창 활동으로 그리스에서 현재의 동부 독
일까지, 발칸 반도에서 폴란드, 우크라이나, 벨라루스(나중에는 이 세 지역에서 중앙 러
시아에 대한 침입이 시작된다)까지 이르는 지역을 폭넓게 점령하게 된다. 특히 서부 슬
라브족은 게르만족이 버리고 간 광활한 지역에서 평화롭게 팽창해 나갔으며, 몇 세
기 만에 동부 독일 전체를 차지했다. 그리하여 그곳에서 신흥 프랑크 왕국과 충돌하

게 된다. 이때 게르만 민족에게 유리하게 진행된 대략 백 년간의 반작용으로 게르만 유럽과 슬라브 유럽 간의 국경선이 다시 동쪽으로 이동한다.

오랜 기간의 저항을 촉발한 이와 같은 민족 이동은 서부 슬라브족(체코, 폴란드, 슬로바키아), 동부 슬라브족(러시아, 우크라이나, 벨라루스, 리투아니아), 남부 슬라브족(슬로베니아, 크로아티아, 세르비아, 마케도니아, 불가리아) 간의 역사적, 언어학적인 차별화에 지속적으로 영향을 미친다.

슬라브족의 다양성 및 특성: 정착과 경제 형태

유럽의 역사를 인구 측면에서 볼 때, 슬라브 인구의 팽창은 유형학, 관습, 다양한 신체에 영향을 미쳤다. 이 세 요소는 6세기부터 비잔티움 저술가들, 나중에는 아랍 및 유대 저술가들의 작품과 여행기에 명시된 바 있다. 그러므로 카이사레아의 프로코피우스Procopius Caesarensis(약 500~약 565)는 남부 지중해 사람들에게 익숙한 탓에 불그스름한 머리카락을 보고 놀라지 않을 수 없었던 반면, 몇 세기가 지난 뒤에 페르시아의 역사학자이자 지리학자인 이븐 알-파키Ibn al-Faqih(10세기)는 북유럽 민족의 금발과 밝은 피부색을 명확히 기록하고 있다. 이 민족의 남성은 다양한 외모와 더불어 강한 체력을 가졌는데, 이는 중세 유럽에서 오랫동안 인정받았던 전사의 자질과 결합하여 뚜렷한 인상을 남긴다. 10세기의 공동묘지를 고고학적으로 발굴한 결과, 그들의 평균 키가 다른 유럽인의 평균 키(160-180센티미터)보다 더 컸다는 사실이 실제로 확인되었다. 여성의 유형이나 유명인사에 관해서는 흔히 탄력 있는 근육과 강인한 신체를 가졌다고 설명되었는데, 이는 건강과 다산, 비만과 직접 관련이 있다고 여겨졌다. 다양한 의복을 입는 풍습 또한 주석가들의 관심을 끌었다. 역사학자 타키투스가 1세기에 이미 서술한 바 있는 게르만 민족의 전통을 상기해 보자. 여러 슬라브족의 의복은 긴 바지, 대마 혹은 모직 셔츠, 모피, 쓰개, 가죽 장화 혹은 피나무나 자작나무로 만든 장화인데, 이와 같은 원주민의 복장은 나중에 더욱 다양해지며, 남부 문명과 가까울수록 차별화되었다.

슬라브 영토의 다양한 지역(우크라이나, 러시아 남부, 폴란드, 체코슬로바키아, 불가리아, 구舊유고슬라비아)에 대한 고고학적인 분석 덕분에, 오랫동안 그들의 특성으로 전해지는 생활 조건에 대해 매우 확실하게 알 수 있게 되었다. 우크라이나와 폴란드 지역의 집단은 스클라벤족이라는 명칭과 연결되며, 그 명칭에서 슬라브족 공동

붉은 머리카락,
밝은 피부색,
강인한 신체

의 민족이 유래했다. 스클라벤족은 뿔뿔이 흩어진 중심지에서 거주했는데, 보통 '은 신용 구덩이fosse-riparo'라 일컫는, 땅을 파내고 만든 소박하고 수수한 주거 단위로 존재했다는 사실에서 그 특징을 찾을 수 있다. 그 외에 조방농업을 하던 토지가 고갈되어 혹은 가축을 기르기에 적당한 땅을 찾아 이동하면서 반정주半定住 상태를 지속했기 때문에 인류에게 중요한 계층화가 이루어지지 않았다. 또한 일반적으로 화장火葬을 했던 공동묘지 및 주거지가 발굴되면서 그들이 사용한 매우 초라한 식기들이 나오기도 했다. 이는 대다수가 슬라브 혈통인 안트족과 관련된 자료를 분석한 결과와 똑같은 내용을 전하고 있다. 안트족은 5세기에 우크라이나 남동부에 자리를 잡았지만, 7세기부터 뿔뿔이 흩어지면서 잊히게 되었을 것이다. 사실 화장火葬 도구와 기본적인 농기를 통해 이들이 동일한 문화 영역에 속한다는 점을 알 수 있다. 일반적으로 슬라브 민족은 처음 정착할 때부터 곡물의 조방농업(기장, 밀, 호밀, 보리)과 야채(주로 순무) 채집 외에 목축과 낚시 및 사냥에 기반을 둔 경제활동을 했던 것 같다.

반정주 민족

　그러나 슬라브 민족의 사회는 부족 공동체로 구성되거나, 유대가 강한 혈통이나 계보를 통해 결합된 가부장적인 가정으로 구성되었다. 게르만 세계를 통해 알 수 있는 것처럼 하나의 민족은 대개 왕의 명령을 받는 부족들이 모여서 이루어졌다. 마지막으로 슬라브 세계에는 자유민과 더불어 노예도 있었는데, 중세 세계의 수많은 노예들은 바로 동부 슬라브족에서 유래한 것이다.

이교 사상과 그리스도교

그리스도교가 확산되기 전에 있었던 슬라브의 종교와 관련된 정보는 드물었고 이리저리 흩어져 있었다. 왜냐하면 슬라브 민족에 대한 복음화가 점차 진행되고 나서야 (키릴 문자로) 쓰기가 확대되었기 때문이다. 그럼에도 불구하고 그리스도교 진영의 기록 덕분에 슬라브 민족의 신앙에 대해 부분적으로 재조립할 수 있을 듯싶다. 슬라브족의 '판테온'은 우월한 신성에 대한 프로코피우스의 찬양과 결합한 유일신교를 슬라브족 사회와 연결시킨 것으로 단 한 번도 체계적인 형식을 갖추지 못한 듯이 보이는데, 지역의 여러 신들이 공존하는 정령 숭배적인 다신교를 통해 더 잘 표현된다. 특히 키예프의 슬라브족들 사이에서 최고의 신은 천둥의 신인 페룬Perun인데, 번개를 의인화했거나 직접 번개를 만들어 내는 신이다. 그러나 다른 민족들 사이에서는 로드Rod(태양의 신, 하늘의 신, 불의 신)나 벨레스Veles(일반적으로 저승의 신) 같은 형

천둥, 번개, 바람의 신

상이 최고의 신이기도 하다. 이와 같은 형상과 더불어 다른 형상들도 유명한데, 그중 머리가 개인 새나 날개가 달린 개의 형상을 한 풍요의 신 시마르글Simar'gl, 바람의 신인 스트리보그Stribog, 혹은 몇몇 학자들이 슬라브의 모신母神, magna mater이라고 말하는 비의 여신 모코스Mokos도 꼽을 수 있다.

슬라브인들은 9세기까지 본질적으로 이교도들이었던 것 같다. 그 당시에 경쟁적으로 포교 활동을 했던 두 중심지, 즉 로마와 콘스탄티노플의 종교 활동이 더욱 뚜렷해진다. 바로 이러한 측면에서 나중에 러시아, 세르비아, 불가리아가 속하는 정교파와, 로마 그리스도교에 충실한 크로아티아, 슬로베니아, 체코, 슬로바키아, 폴란드의 세계가 분리된다.

슬라브 세계에서는 팽창하던 7세기 이후에 프랑크, 아일랜드, 로마의 선교사들이 비록 활동하기는 했지만, 초기에는 콘스탄티노플 교회의 활동이 더 많은 파급력을 가진 듯이 보인다. 특히 동방 세계에서 정교회가 팽창한 것은 무엇보다도 키릴로스Kyrillos(826/827-869)와 메토디오스Methodios(약 820-885) 형제 및 그 제자들의 활동 덕분이었다. 어쨌든 그리스도교적–동방적 예배 형식에 대한 집착은 정치적인 동기 및 양상과 관련하여 이해해야 할 것이다. 예를 들어 프란시스 드보르니크Francis Dvornik(1893-1975)가 중부 유럽에서 슬라브족이 만든 "첫 번째 위대한 정치 조직"(『유럽 역사 및 문명 속의 슬라브족Gli Slavi nella storia e nella civiltà europea』, 1968)이라 정의했던 대모라비아 왕국에서 콘스탄티노플의 전례를 선택한 것은 도나우 강 유역 및 모라비아 분지에서 가톨릭을 따르는 프랑크족의 점진적인 팽창에 맞서기 위한 모라비아 군주들의 시도와도 관련된다. 마찬가지로 블라디미르 1세(약 956-1015)는 성 소피아 대성당Ayasofya에서 비잔티움의 의식을 보고 매료되었을 뿐 아니라 비잔티움 황제 바실리우스 2세(957-1025)의 누이인 안나 포르피로게니투스Anna Porphyrogenitus(963-1008/1011)와 자신의 결혼으로 키예프 공국을 개종시키겠다는 결심을 확고히 했다. 그러나 이미 9세기부터 교황들이 특히 달마티아 지역에 압력을 행사했고, 크로아티아와 슬로베니아를 개종시켰으며, 966년에 미에슈코 1세(약 930-992)로 하여금 세례를 받도록 했는데, 이로써 폴란드는 처음으로 로마의 의식에 접근하게 된다. 동부 독일의 영토 역시 게르만 농민들에 의해 점차 점령되었으며, 하인리히 1세(약 876-936) 및 오토 대제(912-973, 936년부터 황제) 시기에는 로마 그리스도교의 영향권 안에 들어가게 된다.

| 다음을 참고하라 |
역사 9-10세기의 약탈과 침략(243쪽)

스텝 지대의 민족과 지중해 지역: 훈족, 불가르족

| 움베르토 로베르토Umberto Roberto |

유목민들은 중앙 아시아의 스텝 지대에서 움직이기 시작하여 4-6세기에 중부 유럽에
도착했는데, 이 시기는 로마-야만족 시기에 있었던 민족-문화의 위대한 융합 과정에
비해 덜 중요해 보인다. 훈족과 아바르족은 빠르게 사라질 운명이기는 하지만
위대한 민족을 세우는 데 성공한다. 불가르족(그리고 나중에는 마자르족)만이
유럽 지역에 안정적으로 정착한다.

"야만족 중의 야만족": 훈족, 게르만족, 로마인

6세기 중엽에 고트족 역사학자 요르다네스Jordanes는 훈족의 탄생에 관한 전설을 이 포악한 훈족을
나타내는
기원 전설
렇게 상기하고 있다. 스칸디나비아에서 크림 반도로 이동하는 고트족 중에 마녀들
이 있었다. 고트족의 왕이 마녀들을 쫓아내라고 명령했다. 마녀들은 황폐한 땅에 버
려졌고 사막의 타락한 영혼들과 결혼했다. 다음은 훈족의 포악함을 말해 주는 기원
전설이다. "훈족은 처음에는 늪지대를 떠돌아다녔다. 체구가 작고 침울한 소수만이
인간과 거의 비슷해 보이는데, 인간의 언어와 유사한 어떤 것 때문에 그들이 사람인
것을 알아볼 수 있다"(『게티카Getica』, 24).

　요르다네스는 고트족의 역사를 전해 준다. 그는 로마의 언어인 라틴어로 글을 썼
다. 그의 글은 5-8세기 유럽에서 로마-야만족 시대의 특징인 이례적인 동화 과정을
구체적으로 보여 준다. 게르만족은 사실 로마 제국과 국경선에서 수백 년간 공존해
오다가, 로마 제국을 침범하고 서로마 제국의 지역을 정복하게 된다. 그러나 로마인
들과 야만족들 사이에는 공동의 의지가 있었고, 그것 때문에 서로 만나고 사회적·종
교적으로 침투했으며 정치적인 통일을 이루었다. 요르다네스가 증언하듯, 훈족은
이러한 과정에서 배제된다. 훈족은 (아바르족, 불가르족처럼) 중앙 아시아의 먼 스텝

지역에서 왔다. 그곳은 황량한 공간이 펼쳐진 곳으로, 자연이 인간에게 야만성을 강요하며 인간을 지배하는 곳이다.

게르만족과 달리 훈족은 로마나 도시 생활, 문자 문화, 객관적인 법률, 그리스도교에 그리 매력을 느끼지 못한 듯하다. 자신들의 전통에 만족한 그들은 스텝 지역에서 수백 년간 전해 내려온 선조들의 풍습과 신앙과 고유한 정체성을 유지하기 위해 주변부에 남기로 한다. 로마인들이나 게르만족들은 훈족을 주변적이고 멀리 떨어진 사람들로, 그러므로 포악하고 위험한 존재로, 즉 인류의 야수성을 끝없이 세분한 등급에서 "야만족 중의 야만족"으로 인식한다. 이러한 판단은 암미아누스 마르켈리누스Ammianus Marcellinus(약 330-약 400)의 『레스 게스타이Res gestae』(황제의 업적록이라는 뜻*)에 이미 나와 있다. 가령 그는 훈족과 그들이 기르는 말 사이의 아주 긴밀한 관계를 기술하고 있다. 지극히 야만적인 한 쌍, 즉 동물과 인간의 불안한 잡거雜居에 대한 글이 대부분이다. 아마도 암미아누스는, 훈족에게 포로로 잡혀 있다가 도망쳐서 테오도시우스 1세(약 347-395, 379년부터 황제)의 궁정에서 생활했던 어느 고트족 귀족의 이야기를 듣고 이 민족지의 개요를 작성했을 것이다. 사실 암미아누스는 끔찍한 사건들을 자세히 기술하고 있다.

야만족 중의 야만족

도미노 효과: 훈족과 로마 국경선의 종말

370년대에 훈족은 도나우 강의 하류 지역, 크림 반도, 흑해를 따라 정주하던 고트-알라니족 사람들과 뜻하지 않게 만나게 된다. 침입자들은 단 몇 년 동안 이동하는 중에 많은 민족을 살육하고 정복한다. 그들은 발칸 반도와 카르파티아 산맥 사이의 정복한 영토로 바로 이동하지는 않지만, 그곳에서 혹독한 지배권을 행사했다. 도나우 강 유역의 로마 국경선 근처에 거주하고 있다가 강을 등지고 있어 함정에 빠진 고트 테르빈기족Goti Tervingi은 로마에 도움을 간청한다. 훈족의 노예가 되느니 차라리 부족 전체가 강을 건너게 해 달라고 부탁한 것이다. 발렌스 황제(328-378, 364년부터 황제)는 그들의 부탁을 받아들이고, 그들은 376년 초에 이동한다. 고트족이 40년에 걸쳐 아퀴타니아에 안정적으로 정착한 것은 아드리아노플 전투(378) 및 로마의 약탈(410) 이후의 획기적인 사건이었다. 물론 훈족은 일시적이기는 하지만 도나우 강 유역의 국경선을 파괴한다. 스텝 지대의 신속한 전사들은 도망치는 민족에 대한 일종의 도미노 효과를 통해 도나우 강 근처에 살고 있던 민족들(반달족, 부르군트족, 수에

비족)을 로마로 몰아붙인다. 406년 12월 31일 밤, 이 민족들은 얼어붙은 강을 건넜다고 여러 연대기들은 기술하고 있다. 라인 강의 로마 국경선(아우구스투스 시대에 설립되었다)이 침범당했고 다시는 복구되지 못했다.

그러므로 5세기 초반의 대침입-대이동(게르만족 대이동)은 훈족의 속박에서 벗어나려는 게르만족의 절망적인 시도로 해석할 수 있다. 국경선에서 수년 동안 공생한 뒤, 이들은 집단적으로 지중해 지역으로 도망쳤고 무력으로 길을 열면서 제국으로 들어갔다. 라인 강과 도나우 강 사이의 영토에 흩어져 있던 부족들의 불안한 세계는 실질적으로는 훈족 귀족들이 지배하는 중앙집권적인 독립체로 대체된다. 훈족의 왕인 루아Rua(5세기)와 로마인들의 첫 조약은 422년에 맺어진다.

로마와 훈족 사이의 외교와 전쟁

445년, 루아의 조카인 아틸라는 자신의 형인 블레다를 살해하고 훈족의 유일한 군주가 된다. 훈족의 제국은 게르만 혈통의 동맹군들foederati과 로마 제국에 외교적·군사적으로 대립하고 있었다고 말하는 것이 타당할 듯하다. 그렇다고 중앙집권화되고 단일화한 이 정치 세력의 존재가 로마에 오직 걱정만 안겨 준 것은 아니다. 물론 동로마 제국이나 서로마 제국이 강력한 무기를 갖춘 훈족의 능력을 두려워했고, 위험한 전쟁 끝에 굴욕적인 협정을 맺을 수밖에 없었다. 비싼 값을 치러 평화를 얻는 것은 전쟁 끝에 할 수 있는 유일한 선택권이 되었으며, 제국의 정부는 주저하지 않고 이와 같은 절차에 의존했다. 테오도시우스 2세(401~450, 408년부터 황제)는 단기간에 공물을 3배로 바치라는 요구를 수용했다. 이렇게 값비싼 희생을 치렀음에도 불구하고 훈족과의 외교는 이득을 안겨 주었다. `협정을 맺은 로마`

우선 국제적인 안정을 주었다. 5세기 초반에 로마인들과 훈족이라는 거대한 두 세력이 유럽에 출현한 것이 구체적인 증거다. 로마인들이 훈족의 왕과 협정을 맺기에 이르렀다면, 훈족은 자신들의 지배를 받는 다른 야만족들도 그 조약을 준수할 것이라 확신할 수 있었기 때문이다. 사실 '훈족의 평화pax Hunnica'는 패배한 민족의 완전한 복종에 근거하고 있으며, 아무도 감히 아틸라의 권위에 도전할 수 없었을 것이다. 다른 한편으로는 개인적인 측면에서도 살펴볼 수 있다. 훈족과의 외교에서 경험을 쌓은 자들이나, 그들과 우호 관계를 맺은 자들은 로마 제국에서 권위와 명성을 누렸다. 그들은 귀중한 중재자가 되었고, 개인적인 이익을 위해 이런 자리를 이용했다. `귀중한 중재자들`

454년까지 서로마 제국의 최고 군사령관이었던 아이티우스Flavius Aetius(약 390-454)는 훈족과의 친밀함으로 많은 이득을 본 인물이다. 그는 젊은 시절에 훈족의 인질이었다. 그래서 그들의 언어와 관습을 익혔고, 그쪽 사람들을 사귀었다. 그는 425년에 사령관이 되었고, 선두에 서서 수천 명의 훈족을 로마 제국의 영토 안으로 몸소 이끌었다. 몇 년 뒤에는 제국에 반란을 일으킨 부르군트족을 훈족의 도움을 받아 믿을 수 없을 정도로 가혹하게 전멸시켰다. 아이티우스가 죽은 뒤인 455년에는 그의 호위병이었던 훈족의 장교 2명이 아이티우스를 살해한 발렌티니아누스 3세(419-455, 425년부터 황제)를 학살하여 복수를 했다.

아틸라가 꾸었던 제국의 꿈

정책을 바꾼 아틸라 아틸라가 정책을 바꾸자, 아이티우스 역시 힘을 잃었다. 왕의 명성은 로마인들에 대한 외교 능력과 직결되는 듯했다. 게다가 로마인들의 공물은 왕국이 귀족에게 더 많이 의존하게 했다. 450년대에 이르면 아틸라가 동로마 제국에 요구하는 사항이 더 많아졌다. 테오도시우스 2세는 전쟁을 피하기 위해 망설임 없이 요구 사항을 들어주었다. 그러나 그의 후계자인 마르키아누스(약 390-457, 450년부터 황제)는 조공을 거부했고, 국경선에 군대를 보내 아틸라의 도전을 받아들였다. 결과를 예측할 수 없는 동로마 제국과의 전쟁 때문에, 아틸라는 승리와 전리품을 챙길 기회를 다른 곳에서 찾았다. 그 결과 그는 서로마 제국을 공격하지만, 제국에서 그 공격을 미리 알아채는 황당한 사건이 일어났다.

호노리아와 에우게니우스의 이야기 450년에 갈라 플라키디아(약 390-450)의 딸이고, 두 황제의 누이이자 조카였던 호노리아Justa Grata Honoria(416/417-455년 이전)가 제국의 가문에 스캔들을 일으켰다. 하인인 에우게니우스와 연인이었던 그녀가 무분별한 시선들 때문에 현장에서 체포되었던 것이다. 불행한 두 연인은 처벌을 받았다. 에우게니우스는 고문을 받고 살해되었으며, 젊은 공주는 왕국에 충실한 늙은 원로원 의원과 약혼을 했다. 상처받고 분노한 호노리아는 아틸라에게 자신의 환관을 약혼반지와 함께 보내서 도움을 구했고, 그의 아내가 되겠다고 약속했다. 아틸라는 재빨리 이 기회를 이용했다. 반지가 있으니 호노리아와의 약혼이 성사되었다고 생각한 그는 결혼 지참금으로 로마의 갈리아 지방과 자신의 제국의 합병을 요구했다. 발렌티니아누스 3세와 아이티우스는 단호히 개입하여 이 곤란한 사건을 해결했다. 호노리아와 그녀의 공범들은 혹독한 처벌을 받았고 아틸라의 요구는 묵살되었다.

서로마 제국을 공격하는 '하느님의 채찍': 카탈라우눔 전투

그러므로 아틸라의 야망을 충족하는 길은 전쟁밖에 없었다. 아틸라는 스스로 '하느님의 채찍'이 되어 서로마 제국을 공격했다. 로마인들의 죄를 묻기 위한 일종의 신성한 처벌이라는 것이다. 451년에 훈족은 북부의 갈리아 지방을 침범했다. 아이티우스는 기민하게 반격을 가했으며, 훈족에 맞설 수 있는 모든 세력을 불러 모았다. 카탈라우눔 평원의 전투(451년 7월) 도중에 트루아 근처에서 결정적인 충돌이 발생했다. 전장에서 훈족의 군대에 맞서, 로마인들 및 로마와 동맹을 맺은 야만족 왕국의 군대가 대치했다. 첫 번째 침입의 시대 이후에 완화되었던 게르만족과 훈족 사이의 증오는 이날 하루에 끔찍하게 표출되었다.

역사서들에 따르면, 훈족은 이날 저녁에 심각한 손실을 입은 뒤에 전장을 떠났다. 그러나 로마–야만족 편에서 전사한 사람들 중에는 서고트족의 왕인 테오도리쿠스도 있었다. 이듬해인 452년 봄에 아틸라는 서로마 제국을 침범했다. 훈족의 군대가 포 계곡을 침략하여 도시와 시골을 약탈했다. 이번에는 아이티우스와 이탈리아의 대응이 늦었다. 심지어 교황 레오 1세(약 400-461, 440년부터 교황)도 로마 사절단에 들어가 아틸라에게 목적을 포기하고 왕국으로 돌아가라고 설득했다(설득할 때 전염병과 군인들의 고생도 함께 언급했다).

아틸라 제국의 붕괴: 네다 강의 전투

아틸라는 수많은 패전으로 힘이 약해졌다. 군대의 강요와 공포를 기반으로 세워진 훈족 왕국은 아틸라의 죽음 이후에 와해될 것이 뻔했다. 아틸라는 453년에 세 번째 결혼식 피로연이 있던 다음날 밤에 사망했다. 새 왕은 억압받던 민족들의 수많은 반란에 맞서야 했다. 455년에 연합한 반란군들이 네다 강 근처에서 훈족에게 승리를 했다. 수많은 게르만족들(테오도리쿠스 대왕의 민족들인 헤룰리족, 게피다이족, 동고트족)이 무기를 들고 일어나 자유를 되찾았으며, 로마 제국의 국경선을 향해 진격했다. 훈족의 제국은 와해된다. 중부 유럽과 발칸 반도에 대한 그들의 지배는 번갯불에 콩 볶아 먹듯이 지중해 지역을 파괴하고 공포를 심어 주었던 것만큼 그렇게 빠르게 종결되었다.

도나우 강의 스텝 지역: 아바르족의 출현

대략 1세기가 지난 뒤, 아바르족은 훈족의 영토였던 지역에 강력한 중앙집권 제국을 다시 건설했다. 아바르족 역시 혈통상 훈족에 가까우며, 중앙 아시아 스텝 지역의 토착민이었다. 문화적인 관점에서 볼 때 아바르족은 로마인들이나 게르만족에게는 이방인이자 주변적인 존재였다. 그들도 훈족처럼 고통과 공포를 불러일으켰다. 아바르족이 지중해 지역과 접촉했다는 첫 소식은 유스티니아누스 대제의 궁정에 군사 동맹을 위해 파견된 사절단에 의해 알 수 있었다(558). 동로마 제국은, 등자(아바르족에 의해 유럽에 소개되었다)를 사용하여 전장에서 기동 작전에 능하고 투석기를 써서 전투에서 최고 능력을 보이는 아바르족 기동대의 군사력을 피부로 느꼈다.

발칸 반도를 약탈하는 아바르족과 슬라브족

568년에 최고 우두머리인 카간(군주) 바얀Khagan Baian(562-602)의 명령을 받은 아바르족이 카르파티아 산맥의 분지에 정착하여 토착민들을 종속시키자, 게르만족의 일부는 서로마 제국을 향해 이동할 수밖에 없었다(그중에는 랑고바르드족도 있었다). 연이은 수십 년 동안 다른 많은 민족들, 즉 슬라브족과 게르만족이 광활한 아바르 제국의 신하로 들어간다. 아바르 제국은 훈족처럼 다민족의 특성을 뚜렷이 보여 주었다. 그와 동시에 아바르족은 로마의 국경선을 향해 진군했고, 부유한 도시와 부지런한 농촌이 가득한 발칸 지역을 더 많이 습격했다.

  580년대에 도나우 강 유역에 위치한 중요한 비잔티움 요새들이 많이 함락되었다. 그리하여 626년까지 아바르족은 동로마 제국의 평화를 더욱 위협하게 된다. 아바르족은 슬라브족 무리(아바르족의 신하이며, 상대적인 자치권을 가지고 있었다)와 함께 발칸 반도에 공포를 심어 주었다. 그들은 전리품을 잔뜩 챙겨서 고향으로 돌아갔지만, 그들을 뒤따라간 슬라브족은 로마 영토에서 안정적으로 정착하려고 했다. 또 다른 경우에 비잔티움 제국은 외교 협상을 통해 막대한 양의 금을 지급하여 전쟁을 피할 수 있었으며, 카간의 명성은 전리품과 공물에 비례하여 계속 커졌다.

콘스탄티노플의 대공격과 아바르족의 종말

헤라클리우스(약 575-641, 610년부터 황제) 왕국 초기에 아바르족이 비잔티움 제국에 가하는 압박이 계속 증가했다. 626년에 아바르족은 페르시아 군대와 협정하여 콘스탄티노플을 포위하고 공격하기로 한다. 626년의 대공격은 획기적인 전환을 보여 준 것으로, 8만 명의 아바르 전사들이 5주 동안 콘스탄티노플을 공격했다. 그러나 그것은 대학살이 되었다. 굳건한 성벽과 비잔티움 제국의 완강한 저항은 공격을 약화시켰으며, 원정은 재앙이 되었다. 아바르 제국은 626년에 패배한 뒤에 다시는 일어서지 못했다. 정치적인 결과는 막대했다. 우선 종속된 민족과의 관계뿐 아니라 왕국의 사회적인 구조에도 영향을 미쳤다. 7세기부터 발굴된 장례용품을 고고학적으로 연구한 결과, 아바르족이 패배한 이후에 어떻게 무서운 전사에서 농민으로 변화되었는지를 알 수 있다. 8세기부터 비잔티움 제국은 더 이상 심각한 위협을 두려워하지 않게 된다. 그러나 아바르족의 속박에서 자유로워진 슬라브족 때문에 근심을 얻게 된다. 제국의 서쪽 국경선에서도 아바르족은 국경 지역의 민족들, 즉 랑고바르드족, 바이에른족, 프랑크족과 평화와 안정을 유지한다. 프랑크족의 왕인 카롤루스 대제 (742-814, 768년부터 왕, 800년부터 황제)는 8세기가 시작될 무렵에 아바르족을 공격하고, 단 몇 년 만에 아바르 제국을 파괴한다. 카르파티아 산맥의 분지에서 아바르족이 차지했던 지역은 프랑크족과 불가르족에 의해 분할되었으며, 그들 제국의 다민족, 다문화의 경험은 영원히 사라졌다.

성공적인 융합: 도나우 강 유역의 불가르족과 슬라브족

626년에 콘스탄티노플에서 아바르족이 패배함으로써 발칸 지역에 커다란 변화가 생긴다. 아바르족에게 예속되었던 슬라브족이 반란을 일으켜 무력으로 자유를 쟁취했다. 또한 카스피 해와 흑해 사이의 지역에서 불가르족의 군주인 쿠브라트Kubrat는 비잔티움 제국의 지지를 받아 아바르족의 통제에서 벗어났다. 7세기 중엽부터 불가르족은 남쪽으로 행진을 시작했는데, 터키-몽골 혈통의 집단으로 구성된 그들은 스텝 지역의 유목민이었다. 고대 터키어인 '불가bulgha'는 바로 혼합을 뜻한다. 그들이 도나우 삼각주에 도착하자, 민족 문화의 형성 과정은 더욱 복잡해진다. 사실 유목민의 시조인 이들은 그 지역에 거주하고 있던 슬라브-트라키아 민족과 결합한다. 그리고 몇십 년 사이에 이들은 슬라브 문화에 동화된다. 7세기 말의 비잔티움 제국의 사료는 도나우 강 국경에서 강력한 야만족이 등장한 사실을 기록하고 있다. 처음에는 훈족, 나중에는 아바르족이 그랬듯이, 불가르 유목민도 지중해 지역 근처에서 이동을 멈추었다. 그러나 이들의 운명은 아주 다른 듯하다. 불가르족은 현재까지 존속하

불가르족의 새로운 왕조 는 슬라브–불가리아 '국민'과 왕국을 건설하려는 계획을 실현해 냈다.

불가리아 왕국과 비잔티움의 충돌과 동화

비잔티움 제국은 적대적인 불가리아 왕국을 제거하려고 여러 번 시도했다. 콘스탄티누스 5세(718-775, 741년부터 황제)는 육지와 바다를 통해 그들을 9차례 공격했다. 니케포루스 1세(약 760-811)는 그들을 전멸시키려는 순간에 매복해 있던 자신의 군대와 함께 사망하고 말았다. 불가리아 왕인 크룸Krum(?-814, 793/803년부터 통치)은 니케포루스 1세의 두개골을 술잔으로 만들라고 명했고, 귀족들 앞에서 그 술잔으로 술을 마시고는 했다. 비잔티움 제국의 군대는 불가르족을 제국에 종속시키지 못했지만, 포티우스Photius 총대주교(약 820–약 891)의 외교 덕분에 안정적인 관계를 유지

문화와 종교의 동화 하게 된다. 864년에 불가르족의 왕인 보리스Boris(?-907, 852-889년에 왕)는 그리스정교로 개종하면서 자신의 대부인 미카엘 3세(840-867, 842년부터 황제)의 이름을 따서 자신의 이름을 미하엘Mikhail로 바꾼다. 불가리아 왕국은 자치권과 내부적인 힘을 지니고 있었지만, 비잔티움 제국의 영토 안에 편입되었다. 그리스도교로 개종하고 이제는 전체가 슬라브화된 불가르족은 중앙 아시아 스텝 지역에서 시작했던 긴 여행을 마침내 끝맺는다.

| **다음을 참고하라** |
역사 9-10세기의 약탈과 침략(243쪽)

로마–야만족 왕국

| 파브리치오 마스트로마르티노Fabrizio Mastromartino |

로마의 헤게모니가 붕괴하는 과정은 한 세기가 넘게 이어진다. 그동안 게르만족은 제국의 서쪽 지방에 정착했다. 처음에는 '동맹'을 통해 제국의 중앙 정부와 연결되어 있었던 부르군트족, 동고트족, 서고트족으로 구성된 소위 로마–야만족 왕국은 고대 로마의 질서를 이상적으로 연장한 듯이 행동했다.

제국의 위기와 야만족의 침투

이미 5세기 초부터 제국은 서쪽 지역이 몰락하고 유럽의 동쪽 지역만 유지하는 상 로마 제국의 돌이킬 수 없는 몰락태로 서서히 축소된다. 사실 돌발적인 하나의 사건으로 서로마 제국이 붕괴한 것은 아니었다. 역사학자들은 고대 후기의 마지막 상황을 재정립하는 것은 바로, 로마 역사의 극적이고 혼란스러운 순간을 재정립하는 것이라는 사실에 동의한다. 이제 는 뒤집을 수 없는 로마의 몰락은 수십 년 동안 진행되었으며, 대략 한 세기 이상 끌 었다.

게다가 중앙 정부가 북아프리카 지역, 이베리아 반도, 갈리아 지방, 브리타니아 섬을 포함하는, 제국의 지방에 대한 통제력을 상실한 것은 특히 군대의 혼란이 오랫 동안 지속되면서 가져온 결과였다. 야만족의 침입으로 인한 외적인 요인이 근본적 인 이유이지만, 그와 같은 혼란을 야기한 최초이자 결정적인 요인은 수많은 내적인 요인들에서 찾아야 한다. 내적인 요인에는 비대해진 행정 및 권력 기구에 만연한 부 행정적인 문제와 군사력의 약화패, 상업의 축소, 도시의 쇠퇴, 민족 인구의 감소를 꼽을 수 있다. 이와 같은 내적인 약점과 더불어, 로마인들은 제국의 영토와 그 주민들을 점차 보호할 수 없었다. 주민 들은 대부분 야만족으로 구성된 군대에 의해 보호를 받는 일이 잦아졌다. 이는 게르 만족 병사가 제국의 군인 계급 내부로 침투할 수 있도록 도왔으며, 제국의 서쪽 지역 에 살고 있는 민족들의 안정적인 정착을 예고하는 것이었다.

440년대까지 로마인들은 게르만족의 진군에 격렬하게 저항하려고 했다. 헤룰리 족, 스키리족, 투르킬린기족Turcilingi, 루기족Rugi 등 야만족 부대의 대장인 오도아케르 (약 434-493)는 476년에 서로마 제국의 수도인 라벤나에서 로물루스 아우구스툴루 스를 폐위시키고, 콘스탄티노플에 제국의 깃발을 보냈다. 그러므로 라벤나의 패배는 야만족의 침투 및 서로마 제국의 영토 해체라는 과정을 마지막으로 결정하는 사건이 었다. 영토의 해체는 수십 년 뒤에 시작되지만 말이다.

게르만 왕국: 기원

로마의 권위가 점차 와해되면서 야만족들의 안정적인 공국들이 형성되고, 이 공국 제국의 지방에 거주하는 야만족들은 제국의 지방으로 분리된다. 현재의 스위스에 거주하는 알라마니족, 브리타니 아 섬에 사는 앵글족과 색슨족, 론 강 계곡의 부르군트족, 라인 강 하류의 프랑크족, 이탈리아의 동고트족, 아프리카 지역의 반달족, 프랑스 중부와 나중에는 이베리아 반도에 거주했던 프랑크족이 그들이다. 이와 같은 왕국이 조직된 것은 서로마 제국의 영토 안에서 제국의 권위가 퇴락하고 게르만족이 제국의 국경선 안으로 서서히 침투한 긴 과정의 결과다. 게르만족은 이미 4세기에 전쟁으로 황폐해진 농촌에서 작은 농민 집단과 군인 집단을 형성하면서 로마 제국 지방의 주변부에 거주하기 시작했다. 그러므로 그들은 점차 로마 군대에 속하게 되고, 이윽고 그곳에서 핵심 인물이 되었다. 5세기 초반부터 그들은 동쪽으로 진군하는 훈족에게 밀려나서 갈리아 지방, 이베리아 반도, 이탈리아 반도를 침입하면서 로마인들의 영토 안으로 몰려왔다.

라벤나 정부는 이 지역에 대한 통제력을 이미 5세기 중반부터 상실하기는 했지만, 그 통제력이 새로운 주인인 게르만족의 손으로 완전히 넘어가는 데까지는 오랜 시간이 필요했다. 사실 그들은 서로마 제국의 지방에 정착하면서 처음에는 제국의 연합군이나, 영원한 주둔군 자격으로 정해진 영토 안에 정착할 수 있었던 군사 동맹군 노릇을 했다. 주민에 대한 보호권과 특히 로마 제도의 연속성을 보장받은 것은 나중의 일이었다.

동맹 관계로 유지된 로마의 질서

동맹:
과거의 질서와
새 질서의 협약

이와 같은 '동맹' 관계는 로마 질서의 몰락을 피하거나 적어도 늦추기 위한 절망적인 시도를 보여 준다. 처음에 게르만족은 복잡하게 얽힌 제국의 행정 조직에 편입되면서 로마의 질서에 참여하는 것에 동의했다. 로마 제국은 로마의 전통에 따라 새로운 외국 정부를 그렇게 배치했던 것이다. 서로마 제국의 지방분권적인 제도 덕분에 이러한 배치가 가능했는데, 제국은 자신의 영토를, 지역 통치 제도 전반을 갖춘 각각의 지방으로 분할했던 것이다. 이러한 행정 구역 안에 야만족들이 정착했기 때문에, 로마 제국의 체계를 갖춘 대부분의 공공건물 및 조직은 제국이 멸망하고 새로운 게르만 왕국에 흡수되는 과정에서도 살아남게 된다.

두 개의 질서, 즉 외국의 정권과 낡은 로마의 권력은 그렇게 겹치는 경향이 있으며, 그 결과 고대 질서에서 새로운 권력 조직으로 이행하는 중에도 행정, 화폐, 재정, 사법 등의 체계는 거의 변하지 않았다. 그러므로 이와 같은 이행은 지극히 단계적인 과정을 통해 나타나며, 그 과정은 동일한 영토에 공존하는 야만족 사회 및 로마 사회 중에서 사회적 우위에 있는 쪽의 요구에 의해 진행되었다. 사실 조세 체계의 효율성을 유지하기 위해서는, 또는 두 사회가 우선적으로 특혜를 보고 있는 사유재산 제도를 조직하고 옹호하기 위해서는 게르만족의 호전적인 귀족사회와 로마의 고대 귀족 사이의 협약은 최소한 필요했다.

그러나 이러한 상호 협력 관계가 서로마 제국의 모든 영토에서 실현되지는 않았 다. 알라마니 공국 및 바이에른 공국에서는 야만족의 요소가 절대적인 우위를 차지 하고 있었다. 로마의 관습을 보여 주는 징후가 5세기 동안 점차 사라졌던 브리타니아 지방도 마찬가지였다. 435년에 반달족은 서로마 황제 발렌티니아누스 3세(419-455, 425년부터 황제)의 편에서 연합군의 위치를 확보한 뒤, 아프리카 지역에서 고대 로마 의 원로원 계층에 대한 무력과 학대로 보복을 하면서 전제 정권을 세웠다.

몇몇 예외

로마-야만족 왕국

게르만 공국의 특성과는 뚜렷이 다른 로마적인 요소와, 야만족의 요소가 상호 침투 하는 징후는 매우 다양하다. 그렇기 때문에 부르군트 왕국, 서고트 왕국, 특히 동고 트 왕국을 바로 로마-야만족 왕국(혹은 라틴-게르만 왕국)이라 부를 수 있다. 이때 과 거의 질서와 새로운 정권은 구조적인 특성에서 유사점을 보인다. 무엇보다 로마 귀 족들은 정부와 왕국의 행정에서 높은 요직에 두루 참여함으로써 고대 후기의 로마 체계를 지속시켰다. 그렇게 참여한 효과는 5세기 말에 나온 수많은 입법 관련 저작 에서 찾아볼 수 있다. 부르군트족의 군도바트 왕(?-516, 480년부터 왕)은 『부르군트 의 로마법Lex Romana Burgundiorum』을 법제화했다. 서고트족은 서로마 제국의 호노리 우스 황제(384-423)와 419년에 맺었던 협정을 파기하고, 법률 모음집을 편찬하면서 법률에 대한 고유한 자율성을 선언했다. 이 법률집은 로마의 법 문화가 중세 초기 전 체에 걸쳐 전달되는 데 근본적으로 중요한 점을 보여 주었다. 테오도리쿠스 2세(426-466)가 편찬한 『테오도리쿠스 칙령집Edictum Theoderici regis』과 506년에 알라리크 2세 (?-507)가 법제화한 『서고트의 로마법Lex Romana Visigothorum』이 그 귀중한 예다.

야만족 사회의 로마법

그러나 테오도리쿠스 대왕(약 451-526)의 동고트 왕국과 더불어, 구질서와 신흥 게르만 권력이 완벽하게 융합하면서 유럽 전통에 편입된 야만족 정권이 완전히 실 현된다. 이때 고트족은 왕국의 군대를 엄선하여 오랫동안 준비했지만, 그동안 행정 은 로마 귀족의 손에 아직 남아 있었다. 게다가 테오도리쿠스 자신도 공식적으로는 콘스탄티노플에서 이탈리아 집정관으로 임명한, 제국의 단순한 대리인에 불과할 뿐이었다. 그러므로 새로운 권력 조직은 고대 로마 질서의 전복을 나타내기보다는

이탈리아에 파견된 콘스탄티노플의 대리인, 테오도리쿠스

그것을 정말로 오랫동안 연장하는 것처럼 보인다. 요컨대 지속성이 실현된 것이다. 전통의 지속과 그것에 대한 존중은 동고트족이 권력을 잡아 통치하는 동안에도 고대 후기 문화의 중심지와 학교가 계속 존속한 것에서 찾아볼 수 있다. 그에 대한 최고의 표현이 바로 보에티우스(약 480-약 525)와 카시오도루스(약 490-약 583)의 작품이다.

프랑크 왕국에 대해서는 부분적으로 다른 주장이 있기도 하다. 이 주장은 로마적인 요소가 법전의 제작을 통해 지속한 것으로 보지 않는다. 오히려 법전은 대부분 전통적인 풍습과 관련이 없다. 차라리 496년에 클로비스 왕Clovis(약 466-511)이 그리스도교로 개종한 것을 비롯해서, 신흥 게르만족이 성직과 계급 및 수도회에 보여 준 존중을 통해 지속성을 이야기한다. 바로 종교의 교리와 신앙을 공유한 것과, 그리스도교 전통 및 그 사제들에 대한 헌신에서 지속성을 찾아낸 것이다. 그들에게 특별 관할권과 폭넓은 특권을 주었기에 로마 제국 태생의 고대 귀족사회가 사회적, 경제적인 우위를 오랫동안 점할 수 있었던 것이다.

게르만 왕조의 약점

그리스도교-가톨릭을 믿는 로마적인 특성과 그리스도교-아리우스주의를 신봉한 게르만 민중 간의 종교적인 대립 관계는 야만족 정권이 서로마 제국의 영토에서 뿌리가 깊지 않은 것에 근거한다. 교회는 젤라시오 1세(?-496, 492년부터 교황)의 교리를 신봉함으로써 야만족 정권을 강하게 비판하고, 젤라시오 1세는 왕의 권력보다 교황의 권위가 우위에 있음을 강조했다. 그러나 530년대에 유스티니아누스 대제가 서쪽 지방을 재탈환하기 시작하면서 게르만족의 행군이 중단되기도 했지만, 게르만족의 새로운 행로가 빠르게 무너진 이유는 다른 데 있었다. 우선 로마 귀족사회가 반박한 것이다. 이들은 게르만족의 권위에 적응했음에도 불구하고 콘스탄티노플에 예속되기를 원했다. 게다가 야만족 지휘 계층의 불만도 있었다. 이들은 로마 제국에 자주 순종하는 왕권을 보면서 자신들이 이끄는 주민들의 전쟁에 대한 야심이 배신당했다고 생각했다. 그러므로 서로마 제국에 정착했던 게르만 왕조는 오래 지속될 운명이 아니었다. 실제로 게르만 왕조는 대부분 로마 전통에 대해 무지했고, 결국 덜 문명화된 민족(랑고바르드족처럼)에게 서둘러 자리를 넘겨주게 된다.

유스티니아누스 대제의 재탈환

| 다음을 참고하라 |
역사 9-10세기의 약탈과 침략(243쪽)

야만족이 다스리는 왕국, 제국, 공국

| 움베르토 로베르토 |

    지중해 지역에서 사회적으로든 문화적으로든 서로 접근하고 동화하고 통합하는
과정이 실현되었다면(무엇보다 이 과정은 게르만족 및 슬라브족과 관련되며, 이 지역에서 멀리
떨어진 지역에 위치한 신흥 민족의 탄생 또한 결정짓게 된다), 다른 문명을 통해서는
독자적인 국가 조직이 만들어졌다. 즉 아일랜드의 켈트족, 스칸디나비아의 북부 게르만족,
아프리카의 마우리족이 그들이다. 이들 민족은 주변부에 위치해 있었음에도 불구하고
지리적으로, 문화적으로 매우 먼 거리에 있는 지역까지 영향을 미쳤다.

지중해 지역의 변두리에서

5-9세기에 지중해 지역으로 문화가 다른 민족들이 몰려든다. 이들 무리는 수년 동안 여러 문화의
집합
폭넓은 이주를 한 뒤에 영토에 정착하려고 했다. 서쪽에는 게르만족이, 발칸 반도에
는 슬라브족이 정착하면서 이들은 로마화된 지역의 주민들과 총체적인 동화를 촉진
시켰다. 이 시기의 유럽은 다문화의 경험과 민족국가의 생성 과정을 실험하는 하나
의 거대한 실험실처럼 보인다. 그리스도교와 헬레니즘-로마 문화는 문화들 간의 접
촉을 촉진하는 막강한 도구로 작용했다. 프랑크족을 비롯하여 랑고바르드족, 불가
르족에 이르기까지, 이와 같은 예외적인 통합 과정은 역사적으로 볼 때 로마-야만족
으로 구성된 '민족', 즉 유럽 정체성의 기원이 되는 구조를 만들어 낸다. 이처럼 중요
한 사건들이 지중해 지역 내부에서 발생하는 동안, 이 지역 외부에 위치한 다른 문명
은, 아일랜드, 스칸디나비아, 북아프리카 연안의 경우처럼 독자적인 구조를 갖춘 국
가로 조직된다. 이 민족들은 비록 주변부에 위치했지만, 거대한 지중해 중심 지역에,
다시 말해 로마-야만족 왕국, 동로마 제국, 이슬람 국가에 문화적으로 영향을 주는
데 성공했다.

섬나라의 켈트족과 로마

아일랜드와 그레이트 브리튼의 북부 지역은 로마 제국 외부에 남아 있었다. 카이사르를 본받은 황제들은 웨일스 지역 및 중부와 남부 영국까지만 정복했다. 물론 로마제국 군대의 감시 아래서도 사상과 상품과 사람들의 왕래가 지속되었는데, 이는 이지역 주민들과 로마 제국의 지방 사이에 접촉이 빈번했음을 보여 주는 증거다. 그러나 국경선 주변에 거주하던 이 지역 주민들의 켈트적인 특성은 고스란히 보존되어독특한 방식으로 발달한다.

중세 초기 전반에 걸쳐 잉글랜드 북부와 스코틀랜드에 독자적으로 있었던 켈트족 왕국 및 공국이 그것을 증명해 준다. 비록 출처는 부족하지만, 9세기까지 포스 강북부에 펼쳐진 픽트족 왕국은 특히 중요하다. 아일랜드의 정치적인 분열도 중세까지 이어진 켈트족의 수명에 영향을 미쳤다. 사실 막강한 힘을 지닌 2개의 연맹으로, 즉 섬의 북부에서 타라 왕국을 통치했던 우이 네일Uí Néill 연맹과 남부의 오거너트 Eoganacht 연맹으로 조직된 독자적인 '부족clan'이 존재했다. 브리타니아가 로마 제국의 지배에서 벗어난 뒤, 북부와 아일랜드 주민이 지닌 켈트족의 정체성은 브리타니아 섬의 역사에서 가장 중요한 문화적인 요인들 중 하나를 나타낸다. 사실 406년에로마인들은 속주인 브리타니아를 포기하기로 한다. 스코트족(아일랜드인)과 픽트족같은 북부의 주민들이나, 섬에 정착하기 위해 배를 타고 도착한 게르만족(앵글족과색슨족)이나 영국과 웨일스를 정복하기 위한 영토로 보았다.

유럽을 '정복'한 아일랜드 수도사들: 성 패트릭과 성 콜럼바

아일랜드 해적의 침입 때문에 불행에 처한 희생자들 중에 브리타니아 청년이자 그리스도교도인 성 패트릭Saint Patrick(약 389-약 461, '성 파트리치오'라고도 함*)이 있었다. 노예로 아일랜드에 잡혀간 패트릭은 선교 활동을 시작했고, 그 덕에 아일랜드는 빠르게 그리스도교화되었다. 6세기에 아일랜드는 강력하고 순조로운 수도원 생활의 중심지가 되었고, 아일랜드 외부에서도 활발한 선교 활동을 벌이기 시작했다. 아일랜드 수도사들은 우선 스코트족과 픽트족에게 선교를 펼치면서 그들의 배를 스코틀랜드 북부의 황량한 땅으로 향하게 했다. 가령 스코틀랜드 서쪽 앞바다에 위치한 이오나Iona 섬에서 563년에 성 콜럼바Saint Columba(521-597, '성 콜롬바'라고도 함*)가 수도원을 건립했는데, 이 수도원은 섬이 그리스도교화되는 데 자극제가 되었고 북유럽 전체 문화의 중심지가 되었다. 이오나 섬은 폭넓은 망으로 설립된 수도원들의 일부가 되었으며, 이 수도원들이 다른 유럽 지역에 위치한 아일랜드 수도원을 강력하게 연결했다. 수도원의 팽창 정책은 6-7세기에 걸쳐 급속히 진행되었다. 새로운 수도원들이 계속 건립되었다는 것은 로마-야만족이 점령한 유럽에 아일랜드의 수도원 제도가 급속도로 침투했다는 사실을 의미한다. 노섬브리아의 앵글로 왕국에서는 635년에 멜로스 수도원과 린디스판 수도원이, 프랑크 왕국에서는 뤽세이유 수도원이, 랑고바르드 왕국에서는 614년에 보비오 수도원이 성 콜롬바누스Bobbio Columbanus(약 540-615)에 의해 건립되었으며, 스위스에서는 장크트 갈렌 수도원('성 갈로' 또는 '성 갈루스' 수도원이라고도 함*)이 건립되었다.

'아일랜드의 기적'과 유럽의 문화적 재탄생

아일랜드 출신의 수도사들은 유럽의 여러 지역을 여행하면서 유럽에 특히 중요한 문화유산을 퍼뜨린다. 사실 5세기부터 그리스도교는 문화의 도구로서, 또 로마 제국을 이해하는 도구로서 아일랜드에 전파되었다. 그러므로 복음화를 통해서 그리스 철학과 로마 제국의 법률, 문학, 기술 지식이 섬에 들어온다. 이 지식들은 개종한 새 주민들이 포함된 켈트족의 정체성과 빠르게 융합한다. 그리하여 그리스도교에 대한 독창적이고 풍요로운 해석이 이루어지게 되고, 그리스도교의 메시지는 켈트족의 매우 오래된 전통과 지중해(라틴 및 헬레니즘)의 지식을 결합시킨다. 수도사들이 영국과 유럽 여행을 시작했을 때 이러한 결합 과정이 매우 이례적으로 발전했는데, 이는 문화의 기적과 서사시 사이에 나타난 과도기적 현상이었다. 요컨대 단 한 번도 로마화되지 않았던 땅인 아일랜드가 그리스도교의 원형을 전파하는 동인이 되고, 유럽 영토에 건립된 얽히고설킨 수도원들(지금까지 현존한다) 내부에 라틴 문화를 전파하고 보존하는 도구가 된 것이다. 아일랜드 및 앵글로색슨 성직자들은 로마로 가는 길에서 설교와 교육을 하면서 자신들의 지혜와 문화를 자랑했다. 그뿐 아니다. 7세기에 아일랜드인들은 로마와 독일의 국경선 너머에 거주하던, 아직 이교도들인 게르만 민족의 개종을 추진하기 시작한다. 이 수도사들 및 그들과 경쟁하던 앵글로색슨 수도사들(윌리브로드Willibrod[약 658-739]와 보니파키우스Bonifacius[672/675-754])은 하나의 종교를 전파하면서 로마인들의 후계자가 된다. 이 종교는 로마 제국이 맺은 결실이었고, 테오도시우스 황제 이후부터는 로마 제국의 상징이었다. 결국 아일랜드

고전 시대
지식의 확산

의 '기적'은 카롤루스 대제 시기에 유럽이 문화적으로 재탄생하기 위한 토대가 된다.

바이킹 시대 이전의 스칸디나비아: 고대 후기에서 8세기까지

고립된 지역 스칸디나비아는 5세기에서 8세기까지 이민족의 침입이나 사회적·문화적인 큰 혼란을 겪지 않았지만, 그렇게 고립되었다고 해서 가난하거나 문화 수준이 낮았던 것은 아니다. 예전에는 로마 제국에 비해, 나중에는 로마-야만족 유럽에 비해 주변부적인 특성을 지니고 있었기 때문에, 이 지역 주민들은 게르만 문화의 정체성을 오랜 세월 동안 유지할 수 있었으며, 관습과 풍습과 신앙에서 게르만 북부의 성향이 분명한 '코이네koiné'를 사용했다. 다른 한편, 우리가 알고 있는 고고학적 자료에 따르면 400-700년에 금과 부富가 지중해를 통해 이 지역으로, 특히 스웨덴 남부와 덴마크로 상당히 유입되었다. 이 지역의 성장과 번영은 풍요로운 농업 생산물과 자원의 이용(예를 들어 철)에 의한 것임을 확인할 수 있다. 상업도 중요한 역할을 담당했다. 항구이면서도 시장 기능을 했던 '헬괴Helgö'를 재발견함으로써 아주 먼 지역과도 헬괴에서 무역 관계를 맺을 수 있었으며, 육로와 해로를 통해 상품이 들어올 수 있었다.

부족의 조직화 덴마크, 스웨덴, 노르웨이 및 발트 해 연안의 섬들에 사는 게르만 혈통의 주민들은 주로 부족으로 구성되었다. 가장 중요한 부족은 우플란드Uppland(스웨덴 동부)에 거주했던 스베아르svear 부족이다. 그러나 스칸디나비아 남부에는 예아트족Geats이 거주했다. 이와 유사한 부족들이 노르웨이 서쪽에 거주했다. 이와 같은 부족의 집단은 석조 요새(가령 욀란드Öland 섬에 위치한 그로보리Gråborg)에 사는 왕과 군주, 귀족인 병사들의 지배를 받았다. 스웨덴 남부(벤델Vendel과 발스예르데Valsgärde)에 있는 7-8세기의 풍요로운 무덤은 그 지역의 귀족정치가 얼마나 크게 번성했는지를 보여 준다. 장례 설비는 스칸디나비아 초기 왕국의 형성을 말해 주는 자료가 된다. 이 왕국들은 국내적으로 놀라운 발전을 이룩했을 뿐 아니라, 발트 해 연안 너머의 육지 및 앵글로색슨 영국의 왕국과 프랑크족과도 접촉하기 위해 문호를 개방했다. 이렇게 새롭게 등장한 중앙집권적인 국가는 강력한 군사력을 가진 채 무역과 전쟁에서 진취적인 기상을 보였으며, 4-5세기에 해체된 부족들을 대체했다. 8세기부터는 스칸디나비아 왕국에서 노르만족 혹은 바이킹족(문자 그대로 말하자면 "만에서 만으로 이동하는 자들"을 뜻한다)이 크게 팽창하기 시작했으며, 이 팽창의 물결은 11세기까지 유럽 해안과 러시아 내륙 지역에 혼란을 가져왔다.

지중해의 동력: 마우리족과 아프리카 해안의 도시들

북아프리카에서 로마인들은 마우레타니아 왕국을 지방으로 축소시키면서 그 지역을 두 구역으로, 즉 마우레타니아 카이사리엔시스Mauretania Caesariensis(현재 알제리의 일부 지역)와 마우레타니아 틴지타나Mauretania Tingitana(현재 모로코)로 나누었다. 특히 틴지타나는 국토가 산악 지대이거나 사막이고 도시의 중요한 구조가 없었기 때문에 로마인들은 그 지역을 매우 불안정하게 통치했고, 원주민들인 마우리족과 타협할 수 있는 지점을 찾았다. 로마인들은 초원 지대에 살고 있는 정주민들을 정복한 뒤에, 산악 지대에 거주하는 마우리족과 공생하면서 전쟁과 외교를 번갈아 했다. 전쟁과 외교 사이

마우리족은 부족 단위로 무리 지어 생활했으며, 유능한 기사로 구성되었고, 주로 양치기에 종사했다. 이윽고 그 지역에는 지중해 유역의 많은 지역이 공통으로 가진 정치적·문화적인 상황이 나타난다. 해안 지대 주민들과 산악 지대 주민들 간의 대립이 그것이다. 지중해의 다른 지역에서 그런 것처럼 마우레타니아에서도 해안 지대는 주변이 풍요로운 들판이라 도시가 번영했다. 그러나 농업과 해산물 교역으로 살아가는 이 지역은 산악 지대 주민들의 공격으로 자주 위협을 받았다. 산악 지대 주민들은 반半유목민이었으며, 주로 양치기에 종사했고, 계절이 바뀌면 양 떼와 더불어 이동을 해야 했다. 도시 구조가 없고 한층 야만적인 이곳 주민들은 물물교환을 하기 위해 자주 계곡으로 내려왔지만, 들판과 도시를 공격하기 위해 내려올 때도 있었다. 약탈과 폭력의 형태로 자주 나타나는 공생의 역학 관계였던 것이다. 해안 지대 주민과
산악 지대 주민

대규모의 모든 지중해 국가들은 해안과 산 사이의 갈등에 직면할 수밖에 없었다. 마우리족은 로마 제국부터 이슬람 국가에 이르기까지 아프리카 해안 지역의 통제권 안에 거주하는 주민들에게 위협 요소였다. 고대 후기(3세기 말-5세기)에 로마 당국은 마우리족 지도부에 내륙의 통제권을 양도한다. 로마가 평화와 안정을 위해 권력을 맡긴 이 지도자들은 로마-아프리카 왕국의 군주가 되었고, 이 왕국은 6-7세기에 지중해 연안에서 발전했다. 그곳에서 로마화된 토착민들과 마우리족들이 함께 살았다. 이들은 부분적으로 그리스도교로 개종했고 라틴 속어를 계속 사용했다. 고고학적인 자료를 보면 이들은 로마 시대의 도시 중심적인 생활을 계속 유지하고 있었다. 마우리족 군주들은 반달족과 집요하게 대치했고, 534년부터는 해안의 비잔티움인과도 대립했다. 7세기 무렵이 되어서야 아랍인들이 들어오면서 로마-아프리카의 마지막 왕조가 몰락했고, 마우리족은 이슬람에 복종할 수밖에 없었다.

| 다음을 참고하라 |
역사 야만족의 이주와 서로마 제국의 종말(70쪽)

유스티니아누스 대제와 서로마 제국의 재탈환

| 툴리오 스파뉴올로 비고리타Tullio Spagnuolo Vigorita |

유스티니아누스 대제가 재임한 538년은 서로마 제국의 영토를 재탈환하여
다시 로마의 통일을 이루기 위해 치열한 전쟁을 했던 시기다.
수많은 전쟁에서 승리했음에도 불구하고 인명과 재정 자원 및 활동력의
막대한 손실 때문에 그 결과는 일시적인 것으로 드러났다.

유스티누스, 유스티니아누스, 테오도라

유스티니아누스 대제는 565년 11월 13일과 14일 사이의 밤에 숨을 거두면서 자신
의 명성이 수백 년 동안 지속되리라 믿었을 텐데, 그럴 만한 이유가 있었다. 그는 비
록 스스로의 업적을 여러 번 자랑했고 심지어는 잘생긴 외모까지 자찬하기는 했지
만, 『로마법 대전Corpus Juris Civilis』 3권과 자신의 이름이 연관될 것이라고는 상상하지
못했으며, 그러기를 원하지도 않았다. 이 책에는 무엇보다 로마인들의 법률 지식이
응축되어 있다. 왕국을 통치하던 38년 동안 거의 내내 해결해 나갔던 다른 사업들은
인명과 국력, 재정 자원에 막대한 손실을 입혔으며, 부적절한 결과를 일으키거나 긍
정적인 결과가 나와도 그 효과가 지속되지 못했을 것이다. 건축에서 남긴 몇 가지 경
이로운 업적(그중 가장 유명한 것이 콘스탄티노플에 있는 성 소피아 대성당이다)을 제외한
다면 말이다.

유스티니아누스의 혈통　　페트루스 사바티우스Petrus Sabbatius(유스티니아누스 대제의 본명*)는 481년 4월 1일
과 2일 사이에 타우레시움Tauresium(혹은 타우리시움Taurisium)에서 태어났다. 타우레시
움은 나이수스Naissus(세르비아의 니시)와 스쿠피Scupi(마케도니아의 스코페) 사이의 베
데리아나 요새 근처에 위치한 다키아 메디테라네아Dacia Mediterranea 지방의 한 마을이
다. 이 지역은 451년 칼케돈 공의회에 알려진 그리스도교 신앙 고백을 주로 따랐

고, 라틴어를 사용했다. 유스티니아누스 대제는 자신이 태어난 지역과 밀착되어 있었던 듯이 보인다. 그는 베데리아나에 요새를 세웠고, 타우레시움을 4개의 탑이 있는 요새로 변모시켰다. 또한, 근처에 새로운 도시인 유스티니아나 프리마Justiniana Prima(니시 남부의 45킬로미터 정도에 유물이 있는 것으로 보아 그라드Grad의 카리치Carič 근처일 것이다)를 세웠지만 6세기 말에 이미 쇠퇴했고, 614-615년에 있었던 슬라브족의 침입 이후에는 결국 방치되었을 것이다. 부친에 대해서는 이름이 사바티우스Sabbatius라는 사실만 알려졌을 뿐이며, 아마 트라키아 출신일 듯하다(어머니의 이름은 알려진 바 없지만, 아마 유스티니아누스의 여동생처럼 비질란티아Vigilantia일 것이다). 외삼촌인 유스티누스는 450년 혹은 452년 무렵에 베데리아나에서 가난한 농부의 아들로 태어났으며, 레오 1세(약 401-474, 457년부터 황제)가 통치하는 동안 콘스탄티노플에 왔고, 특히 아나스타시우스 1세(약 430-518, 491년부터 황제) 치하에서 혁혁한 군인 경력을 쌓았다. 518년 7월 8일에서 9일 사이의 밤에 아나스타시우스 1세가 사망하자, 유스티누스는 코메스 엑스쿠비토룸comes excubitorum(코메스는 황제를 측근에서 모시는 가신을, 엑스쿠비토룸은 로마 제국 시대의 야간 근위병 대장을 가리킨다*)이 되어, 황궁의 황실 수비대를 통솔했다. 그는 여러 번의 열정적인 경쟁 끝에 다른 후보자들보다 우위에 섰으며, 7월 10일 경마 시합에서 황제의 훈장을 여러 개 받았다. 유스티누스는, 루피치나에서 에우페미아로 이름을 바꾼 아내에게서 자식을 두지 못했다. 이런 이유 때문에 그는 490년 무렵에 조카들을 콘스탄티노플로 불렀는데, 그들 중에 페트루스 사바티우스도 있었을 것이다. 외삼촌은 조카에게 최고 교육을 받게 했고, 유리한 경력을 쌓도록 도움을 주었다. 518년 사바티우스는 칸디다투스candidatus(황제 근위대의 장교)가 되었으며, 이듬해에는 코메스로 취임한다. 이윽고 그는 기병총감과 보병총감magister equitum et peditum praesentalis을 겸직하고, 521년에는 처음으로 집정관이 된다(528년, 533년, 534년에도 집정관이었을 것이다). 이 연도가 플라비우스 페트루스 사바티우스 유스티니아누스Flavius Petrus Sabbatius Justinianus란 이름을 증명하고 있다. 얼마 후 그는 고귀한 칭호인 파트리키우스patricius를 얻는다.

　이름과 그 외의 정보에도 불구하고, 유스티니아누스가 외삼촌의 양자가 되었다는 말은 확실하지 않다. 오히려 527년 4월 1일, 중병에 걸린 외삼촌은 조카에게 권력을 양도하자는 상원의원들에게 마지못해 동의했을 것이다. 조카는 4월 4일에 고위 성직자들과 상원의원들과 군인들이 보는 앞에서 콘스탄티노플의 총대주교에 의해

황제가 된 유스티니아누스

대관된다. 그러나 그는 히포드롬Hippodrom(로마 시대의 전차 경기장을 동로마 제국에서 부르는 말*)에 모인 국민들 앞에는 나서지 않았는데, 아마도 권력의 신성한 기원을 강조하기 위해서였을 것이다. 527년 5월 1일, 유스티누스는 사망하고, 유스티니아누스가 유일한 황제가 되었다.

유스티니아누스의
황후 테오도라

　그보다 몇 년 전인 525년경에 유스티니아누스는 테오도라(?-548, 527년부터 황후)와 결혼했다. 테오도라는 과거가 미심쩍은 전직 무희였으므로, 유스티니아누스는 상원의원과 그런 부류의 여성 간의 결혼을 금했던 아우구스투스의 옛 법률을 무효화하도록 삼촌을 설득해야 했다(결혼을 반대했던 에우페미아가 사망한 뒤인 523년의 일이었을 것이다). 비록 아들은 얻지 못했지만 그들의 결혼은 굳건한 결합이었으며, 548년 6월 28일 테오도라가 죽을 때까지(아마 암으로 죽었을 것이다) 지속되었다. 일종의 양두정치라고까지 말하기는 어렵지만, 그녀는 남편에게서 정중한 대우를 받았고 제국의 통치에 관심을 보였다. 그녀는 여성의 지위를 개선하는 몇 가지 기준을 촉구했고, 통치자들과 교황들과 관계를 유지했으며, 여러 관리들의 운명에 영향을 미쳤다. 특히 확신에 찬 그리스도 단성론자였던 그녀는 칼케돈 공의회 쪽으로 기우는 남편이 균형을 잡도록 했고, 같은 종교에 속하는 신자들을 지지했다. 때로는 이 신자들이 그녀의 궁에서 수년 동안 피신하기도 했다. 비잔티움 역사가 프로코피우스(약 500-약 565)가 테오도라의 공을 과장했을 수도 있지만, 그에 따르면 니카Nika의 반란(532년 1월에 일어난 반란으로 폭도들이 "니카〔승리〕"를 외쳤기 때문에 이렇게 불린다)이 일어났을 때 테오도라는 도망치려던 남편을 설득하여 나르세스 장군에게 시간을 끌도록 했고, 벨리사리우스와 문두스 장군으로 하여금 히포드롬에 강제로 진입하여 반란을 무력으로 진압하도록 했다(사망자가 3만 명 이상이었을 것이다). 그러나 이 반란은 있을 수 있는 반대파를 찾아내어 타격을 가하기 위해서나, 청색파와 녹색파의 무례함을 약화시키기 위해서 유스티니아누스 자신이 조장한 것일 수도 있다. 이 두 당파는 히포드롬의 파벌 싸움으로 생긴 정치적·군사적인 두 조직인데, 평소에는 반목했다가 반란을 계기로 뭉쳤던 것이다.

　보통의 키에 체격이 좋았던 유스티니아누스는 철저하게 금주를 했고, 음식을 삼갔으며, 잠을 조금 잤다. 그는 콘스탄티노플을 떠난 적이 거의 없을 뿐 아니라, 지칠 줄 모르는 활력을 통치와 신학 문제에 쏟았다. 그를 섭정자로 생각하면 지나친 감이 있지만, 518년부터 그는 삼촌의 활동을 지지하면서 두각을 나타냈다. 아마도 그는 아나스타시우스 황제에게 반란을 일으켰던 비탈리아누스 같은 막강한 적수들의 숙청과 무관하지 않을 것이다. 비탈리아누스는 유스티니아누스가 궁으로 불러 520년에 집정관으로 승진시킨 장군이었다. 또한, 유스티니아누스는 제노와 아나스타시우스의 단성론 우호 정책을 극복하고, 로마와의 재결합에 공헌하기도 했다.

곧은 신념

유일한 아우구스투스Augustus('존엄한 자'를 의미하는 칭호로, 황제의 권한을 행사했다*)로 남은 '신학자'이자 황제였던 유스티니아누스 대제는, 그리스도의 두 본성을 인정하면서 칼케돈 공의회(이 공의회에서 그리스도의 두 본성을 근본적으로 분리하려는 네스토리우스파의 논문은 규탄을 받았다)를 비난했던 자들과 단성론Monophysitismus(그리스도의 인성보다 신성을 중시하는 주장*)을 비난했던 학자들 간의 종교 분쟁을 집요한 열정으로 중재했다. 네스토리우스Nestorius(4세기 말-약 451)와 에우티케스Eutyches(약 378-454년 4월 15일 이후)는 비록 황제가 특히 경배한 마리아에게 하느님의 어머니, 즉 '테오토코스Theotokos'라는 호칭을 주기를 거부한 점에서는 의견이 같았지만 원칙적으로 적대적인 관계였다. 유스티니아누스 대제는 칼케돈 공의회의 권위를 여러 번 승인하면서도, 네스토리우스와 에우티케스의 적대적인 주장뿐 아니라 안티오키아의 세베루스Severus(약 465-538) 같은 온건한 단성론자들도 비난했다. 그러나 그가 주로 시도했던 신학적인 중재 활동은 대체로 단성론자들과 타협하려는 듯이 보였다. 그것은 황후의 영향도 있었을 뿐 아니라, 카파도키아 카이사레아 주교이자 오리게네스의 추종자였던 테오도루스 아스키다Theodorus Ascida, 철학자인 요하네스 필로포누스Johannes Philoponus와 같은 단성론 옹호자들과의 대담 때문이었다. 우선 그는 소위 말하는 신수난 신앙고백문formula teopaschita("삼위일체 중 하나가 육신으로 인해 고통을 당했다")을 받아들이면서 교황 요한 2세에 대한 반대 의사를 표현했다. 이윽고 543-545년에 그는 교회의 권위자로서 쓴 논문에서 네스토리우스교라 의심을 받는 세 저자의 글(소위 '삼장서三章書')을 비난하면서, 공의회에서 그들을 처벌할 것을 결정하고 547년에 억지로 콘스탄티노플에 끌려온 교황 비질리오(?-555)에게 그 처벌을 승인해 줄 것을 제안했다. 결국 564년 말-565년 초에 그는 법령을 공포하여 할리카르나소스의 율리아누스로 거슬러 올라가는 과격한 단성론 교리인 그리스도 수난 불가능론파Aphthartodocetae를 받아들였다. 이 교리에 따르면, 그리스도가 수난 도중에 기꺼이

단성론의 옹호와 네스토리우스파의 반박

이 고통을 받아들였지만, 그리스도의 육신은 성육신成肉身 때부터 부패할 수도, 고통을 느낄 수도 없었다는 것이다.

특히 마지막 두 개의 주장은 교회의 분열을 경험하고 있던 서로마 제국에서나 동방의 교부들 사이에서 격렬한 저항을 불러일으켰다. 그의 실제 행동도 불안정해 보였다. 유스티니아누스 대제 초기에 단성론자들에게 행해진 박해는 529-531년에는 추방자들이 돌아오는 것을 허락할 정도로 완화되었다. 542년에는 단성론자인 에페소스의 요한이 소아시아의 농촌 주민들을 개종시키는 일을 맡기도 했다. 다른 한편으로 유스티니아누스 대제는 처음에는 '동방의 주교 관구comes Orientis'에서 단성론 반대자들에게 가하는 박해를 용인했고, 나중에는 안티오키아의 교부인 에프렘 Ephraem이 그들을 박해하는 것도 용인했다. 535년부터 황제는 이집트에 위치한 단성론자들의 본거지를 공격하려고 했으며, 칼케돈 출신의 교부들을 알렉산드리아에 억류시키기까지 했다. 그러나 이들은 무력을 이용해 버틸 수 있었고, 테오도라의 지지를 받는 에데사의 단성론 주교인 야곱 바라데우스Jacob Baradaeus는 열성적인 선교 활동을 시작했다.

유스티니아누스 대제가 사망한 뒤에 제국은 종교적인 측면에서는 더욱 분열되었다. 요컨대 동방 교부들은 황제가 기회 있을 때마다 혹은 545년에 실시된 법령을 통해서 마치 로마 교부처럼 어느 정도 확실한 주도권을 가지는 것에 대해 괴로워했다. 로마 제국 중에서 규모가 큰 지역, 특히 이집트, 에티오피아, 시리아, 아르메니아에서는 단성론 교회(다양한 자격을 갖기는 했지만)를 널리 인정했다. 유스티니아누스 대제는 자신의 권한이 신권을 대신한다고 확신한 만큼, 정설로 간주하는 신앙을 법률적으로도 강제하려고 했다. 그가 이단자, 이교도, 유대인, 사마리아인에 대해 공표한 법률(대부분 초기에 공표되었다)은 대개는 그들을 개종시켜 제국의 군대와 행정을 그리스도교화하려는 의도로 보인다. 주로 관직에서 그들을 배제하고 재산 소유(즉 사망으로 인한 재산 증여와 수령)를 금지하면서 말이다. 단지 몇 가지 경우(배교 등)나 비밀 조직(특히 마니교도들)에 대해서만 형벌(추방, 재산 몰수, 사형)을 부과했지만, 그것들의 효율성에 대해 생각해 보는 것은 허락되었다. 가톨릭 교회는 대체로 사마리아인들의 파괴된 시나고그synagogue를 이교도들의 예배 장소로 지정했다. 그러나 유대인들은 예배 보는 것을 허용받았다. 시나고그를 새로 짓는 것은 금지했지만, 기존에 있던 것을 보존하고 복구할 수는 있었다. 다만 535년에 아프리카의 선교를 목적으로

유스티니아누스
치하의 박해

유스티니아누스가
사망한 뒤의
종교적 상황

하는 경우만은 제외되었을 것이다. 그러므로 당시 역사학자들이 유스티니아누스 대제가 이교도, 이단자, 사마리아인들에게 탐욕스럽고 맹렬하게 박해를 가했다고 전한 소식은 신중하게 살펴보아야 한다. 매우 심각한 사건들도 있었다. 이교도들이 분리주의 목적으로 529년 봄에 팔레스타인의 카이사레아에서 일으켰던 반란이 유혈 진압되었던 것이다. 528-529년에 많은 이교도들이 박해를 받았다. 콰이스토르 사크리 팔라티quaestor sacri palatii('사법 기구의 우두머리'라는 뜻으로, 지금의 법무부 장관과 비슷하다*)인 토마는 파직되었지만 사형을 당하지는 않았다. 535-537년에 이집트의 필레Philae에 위치한 이시스 사원이 파괴되었고 545-546년에도 유사한 사건들이 있었으며, 562년에는 서적과 조각상이 파괴되기도 했다. 비록 간접적이기는 하지만 가장 오랫동안 이교도들에게 피해를 주었던 타격은 철학 교육과 천문학 관측을 금지한 일이었다. 이는 유스티니아누스가 529년에 아테네로 보낸 칙령에 들어 있는 내용인데, 공식적으로 폐쇄를 명하지는 않았지만 아카데미아의 활동을 영원히 중단하도록 강요했다.

페르시아인들과의 평화와 아프리카의 재탈환

유스티니아누스가 삼촌의 자리를 계승했을 때, 로마 제국은 페르시아인들과 전쟁을 하고 있었다. 이 전쟁은 특히 속국인 캅카스 이베리아의 그리스도교 왕국과 페르시아 왕인 카바드Kavadh의 미리 예정된 왕위 계승권과 관련한 문제로 일어났다. 카바드가 사망하자, 532년 초에 로마인들은 상당한 금액의 배상금을 지불하면서 아들인 호스로Khusraw(?-579)와 "영원한 화평조약"을 요구하는데, 이는 실상은 트자니족 Tzani(폰토스 폴레모니아쿠스Pontus Polemoniacus의 동쪽 내륙 지역에 살던 부족)과 라지카 Lazica 왕국을 통제하여 페르시아 영토를 돌아다니는 중국 비단과 아시아 시장에 확실하게 접근하기 위해서였다.

동쪽 전선에 대해 안심한 유스티니아누스는 반달족이 다스리는 아프리카로 향했다. 그곳에서는 콘스탄티노플에서 맺은 조약에 얽매여 가톨릭에 우호적이던 힐데리크 왕이 폐위되고 그 자리를 겔리메르(?-534년 이후)가 차지하고 있었다. 동방 군사령관magister utriusque militiae per Orientem인 벨리사리우스(약 500-565)는 534년에 겔리메르를 무찌른 다음에 사르데냐, 코르시카, 발레아레스 군도까지 점령했다. 가톨릭 교회는 빼앗겼던 재산을 되찾았다. 특히 패배자들이 속한 이단을 포함하여 여러 이교도들과 아리우스파가 처벌을 받았다. 그 뒤로 불만을 품은 반달족과 임금을 받지 못한 군인들 때문에 고통을 당하던 마우리족이 여러 번 반란을 일으켰으나, 요하네스 트로글리타Ioannes Troglita가 이들을 힘겹게 진압했으며, 548년에는 종교적인 불만을 잠재우는 데 성공했다. 563년에 일어난 또 다른 반란도 진정되었다. 콘스탄티노플로 돌아온 벨리사리우스는 535년의 업적으로 개선장군이 되어 집정관으로 임명되었다.

이탈리아에 도착한 벨리사리우스

로마 제국을 복구하다 반달족과의 싸움에서 번개처럼 빠른 승리를 거둔 것에 만족한 유스티니아누스는 로마 제국을 재통일하려는 계획을 구체화하기 위해 동고트족의 아리우스파 왕국에 대항했다. 526년에 테오도리쿠스가 사망하자, 10세가량의 손자 아탈라릭이 왕위를 물려받았고 그의 어머니인 아말라순타Amalasuntha가 왕국을 다스렸다. 아말라순타는 수많은 고트족 귀족들과 갈등을 빚자 왕국을 유스티니아누스에게 주지만 이윽고 그것을 재고하게 되는데, 아들이 죽고 나서 자신의 사촌인 테오다하드Theodahad가 왕위를 계승하는 데 우호적인 태도를 보였다. 그러나 테오다하드는 그녀를 감옥에 가두고 살해하라고 명했다(535년 4월 30일로 예상). 유스티니아누스 대제는 이 기회를 놓치지 않았다. 그는 고트족으로부터 달마시아를 빼앗기 위해 '일리리쿰 군사령관'을 임명했다. 동방 군사령관인 벨리사리우스는 시칠리아로 파견되었고, 아무런 저항 없이 그곳을 정복했으며, 535년 12월 31일 시라쿠사에 입성했다. 벨리사리우스는 아프리카에 신속하게 군대를 파견한 다음 이탈리아 반도로 올라갔으며, 나폴리를 정복한 다음에 536년 12월에 로마에 입성했다. 테오다하드(폐위된 뒤, 536년 12월에 살해됨)를 대신하여 고트족의 왕으로 선출된 비티게스Witiges는 537년 3월에 로마를 공격하지만 538년 3월에 퇴각했다. 그해 여름 중반에 벨리사리우스는 구원군을 이끌고 온 나르세스와 만났다. 그러나 두 장군 간의 불화는 밀라노가 몰락하는 원인이 된다(539년 2-3월). 나르세스가 군대를 모은 덕분에 벨리사리우스는 중부와 북부 이탈리아를 점령할 수 있었다. 그리고 서로마 제국의 황제가 되어 달라는 고트족의 제안을 수락하는 척하면서 전투를 치르지 않고 라벤나에 입성했다(540년 5월). 베로나를 제외하고 잔존한 베네치아 주둔군은 순순히 항복했다. 그 결과, 고트족은 생명과 재산을 보호받게 된다. 벨리사리우스는 비록 승리를 획득한 것은 아니었지만, 콘스탄티노플에서 큰 환호를 받았다.

흑사병, 그리고 페르시아인과의 전쟁

제국은 이탈리아에서 승리를 거두었음에도 불구하고 곤경에 처한 듯했다. 539-540년에 쿠트리구르 훈족의 무리(원래는 불가르족)는 트라키아, 일리리쿰, 그리스를 두 번 침입하여 황폐화시키면서 수도까지 위협하기에 이르렀다. 541년 이집트에 나타난 가래톳 흑사병이 그해 연말에 콘스탄티노플에 상륙했으며, 그곳에서 542년 내내 흑사병이 창궐했다. 유스티니아누스 대제도 병에 걸렸다. 그는 치료되었지만 제국의 좋은 운명을 믿던 그와 백성들의 믿음은 흔들렸고, 더구나 8월에는 강한 지진까지 도시를 덮쳤다. 그 밖에도 540년 초, 호스로가 남서쪽을 향해 진군하면서 수많은 도시를 약탈했다. 안티오키아까지 약탈당하면서 파괴되었고, 주민들은 노예가 되었다. 황제의 위신이 심각하게 손상되었으며, 황제는 배상금을 지불하고 나서야 페르시아군의 일시적인 후퇴를 얻어 낼 수 있었다. 541년 페르시아인들은 로마의 지배로 고통을 당하는 구바제Gubaze 왕의 제안을 받아들여 라지카를 침략했다. 호스로는 벨리사리우스가 도착한 데다 흑사병이 두렵기도 하여 이듬해에 침략을 중지했다. 그러나 거짓 고발에 연루된 벨리사리우스는 542년 말경에 관직을 박탈당했다. 이듬해 그의 후임자인 마르티누스는 아르메니아에서 대패했다. 544년 호스로는 메소포타미아를 다시 공격하지만 곧 중지했고, 545년에는 거액의 배상금을 받고 5년 동안 휴전하기로 합의했다. 이 조약은 551년에 갱신되었다. 557년에 로마인들은 전쟁이 끊이지 않는 라지카를 통제하기 위해 또 다른 협정을 맺었다. 결국 561년에는 50년 평화조약이 체결되었다. 그러나 로마 제국은 매년 막대한 금액을 바쳐야 했는데, 결과적으로 제국은 페르시아인들에게 종속된 것이다. 무엇보다도 572년에 유스티누스 2세(?-578) 치하에서 반목이 다시 시작되었고, 잠깐 동안 싸움이 중단되기도 했지만 계속 싸움이 있었다. 결국 634년에 동로마 제국을 향해 팽창해 오던 아랍인('아라비아인'이라고도 함*)들이 페르시아 제국과 동로마 제국의 동쪽 지역 대부분을 연이어 점령하게 되었다.

이탈리아에 도착한 나르세스

이탈리아 북부에서 동고트족은 빠르게 재조직되었다. 541년 말에 왕이 된 토틸라

Totila(?-552, 541년부터 왕)는 로마인들을 여러 번 무찌른 다음에 대부분의 남부 지방을 점령했으며, 543년 봄에는 나폴리에 입성했다. 544년 봄에 '코메스 사크리 스타불리comes sacri stabuli'라는 직함으로 이탈리아 최고 사령관을 맡은 벨리사리우스는 가지고 있는 군인의 수도 적고 재정적인 자원도 부족했다. 546년 12월 17일에 토틸라는 로마를 정복하지만 이내 그곳을 포기하고, 벨리사리우스가 다시 정복하도록 했다(547년 4월로 추정). 벨리사리우스는 지원군을 보내 달라는 마지막 요청을 거절당하지만, 황제의 부름을 받았다. 549년 초에 그는 콘스탄티노플로 다시 떠났고, 실질적인 성공을 거두지는 못했지만 명예훈장을 받았다. 562년에는 유스티니아누스 황제에 대한 반역 혐의로 고발되지만, 563년 7월에 혐의를 벗고 풀려났다. 결국 그는 565년 3월에 사망했다.

벨리사리우스의 후임으로 황제의 조카인 게르마누스가 이탈리아에 파견되지만(토틸라가 550년 1월 16일에 다시 로마를 탈환했다), 그는 550년에 세르디카(소피아)에서 병으로 사망했다. 그리하여 페르시아령領 아르메니아 출신의 환관이자 '프라이포시투스 사크리 쿠비쿨리praepositus sacri cubiculi(로마 제국 후기의 황실 관직 중 하나로 환관이 주로 맡았으며 황제의 침실 시종이었다*)인 나르세스(약 479-약 574)가 이탈리아에 파견되었다. 그는 단성론에 우호적이었고 테오도라의 총애를 받았다. 충분한 재정 자원과 강력하게 무장한 군대를 가진 그는 552년 6월 6일 라벤나에 도착하여 로마에서 올라오는 토틸라와 서둘러 대적했다. '부스타 갈로룸Busta Gallorum'이라 불리는 고원 지대(구알도 타디노 근처의 움브리아 지방으로 추정)에서 6월 말경에 전투가 벌어졌을 것이다. 고트족은 패배하고 부상당한 토틸라는 도망치는 도중에 사망했다. 고트족의 새로운 왕이 된 테이아Teia는 캄파니아 지방에서 나르세스에게 진군을 저지당하는데(나르세스가 로마를 정복한 뒤인 7월경으로 추정), 라타리 산맥의 기슭에서 대패하고 사망했다(552년 10월 말경으로 추정). 553년 여름, 프랑크족과 알라마니족으로 구성된 강력한 군대가 특히 남부 지역을 황폐화시키면서 이탈리아로 내려왔다. 두 부족의 대장 중 한 명인 레우타리Leutari는 조국으로 돌아가는 도중에 비토리오 베네토 근처에서 병으로 사망하고, 동생인 부틸리노Butilino는 패하여 카푸아 근처에서 거의 모든 부하들과 함께 살해당했다(554년 가을로 추정). 로마에 재입성한 나르세스는 고트족의 마지막 저항을 힘겹게 물리친 다음, 562년 11월에 베로나와 브레시아를 정복하고 베로나에 정착한 프랑크족을 몰아냈다. 이탈리아 전체가 로마 제국의 수

고트족을 물리치고
이탈리아를
재탈환한 나르세스

중에 들어온 것이다.

많은 명예훈장을 받은 나르세스는 거의 95세의 나이에 로마에서 사망했는데, 그때가 대략 574년이었을 것이다.

유스티니아누스는 554년 8월에 『국본 칙령Pragmatica sanctio』(교황 비질리오가 간 청했다)을 통해 이탈리아에서 법률집을 계속 편찬했다. 이탈리아에 남은 고트족은 토지를 대규모로 소유하고 있었는데, 아리우스파의 토지들은 가톨릭 교회의 토지로 이전되었다. 군부 통솔은 나르세스가 맡았고, 행정은 이탈리아 친위대장praefectus praetorio Italiae이 맡았으며, 시칠리아는 콘스탄티노플에서 지명한 집정관이 통치했다(사르데냐와 코르시카는 아프리카 지역에 속한다). 무엇보다 수십 년 동안 치러진 전쟁 때문에 많은 지역이 황폐화되었으며, 심지어 556년에는 교황 펠라지오까지 이러한 상태를 폭로하기도 했다. 568년 혹은 569년에 랑고바르드족의 왕 알보인Alboin(?-572, 약 560년부터 왕)이 침입을 시작했고, 제국은 단 몇십 년 만에 이탈리아 반도의 요지를 유지하기는 했지만 몇 군데의 땅과 섬으로 축소되고 말았다.

한편, 552년에 유스티니아누스 대제는 1년 전에 서고트의 왕인 아길라Agila에게 반란을 일으켰던 아타나길드Athanagild(?-568)의 요청을 받아들여 에스파냐에 거의 아흔 살이 된 리베리우스의 군대를 파견했다. 제국의 군인들은 이베리아 반도의 남동부 지역을 정복했으며, 이 지역은 에스파냐 군사령관magister militum Spaniae의 지배를 받게 되었다. 그러나 555년에 왕이 된 아타나길드는 이 지역을 재탈환하기 시작했으며, 이 전쟁은 625년 무렵에 끝나게 된다.

아프리카에 빼앗긴 영토를 수복하려는 제국의 시도는 좀 더 안정적으로 수행되었지만, 아랍인들이 아프리카를 정복(711)하면서 끝을 맺고 만다. 그러나 여기서도 요하네스 트로글리타를 칭송했던 프로코피우스와 코리포Corippo(〈요하네스Iohannis〉란 시를 헌정했다)가 증명하듯, 전쟁과 반란 때문에 인구가 감소하고 생활이 궁핍해졌다. 콘스탄티노플의 통치를 받던 서로마 제국의 정치를 다시 통일시키려 했던 유스티니아누스의 계획은 빠르게 와해될 수밖에 없었다.

쇠퇴

서로마 제국에서 페르시아인들에 대한 전쟁이 집중적으로 일어나면서 발칸-도나우강 유역의 수비대가 쇠약해졌고, 이 지역은 539-540년부터 야만족들의 침입을 끊임

유스티니아누스의 법률 편찬

없이 받았다. 559년에 콘스탄티노플의 문 앞까지 침범한 쿠트리구르족은 큰 혼란을 일으켰다. 벨리사리우스가 그들을 물리치기는 했지만, 대부분의 경우에 유스티니아누스는 막대한 보상금으로만 그들을 물러가게 할 수 있었고 협상에서 무능했다. 580년대부터 슬라브족과 불가르족이 발칸 반도에 안정적으로 정착하지만, 이후에 그 지역의 영토는 대부분 소실되었다. 557-558년에 일련의 지진 때문에 성 소피아 대성당의 일부가 붕괴되었으며(558년 5월), 558년에는 또다시 흑사병이 창궐했다. 548년 말-549년 초에, 그리고 562년에 두 번에 걸쳐 일어난 황제에 반대하는 음모에는 저명한 인사들이 연루되었다. 음모가 발각되었음에도 불구하고 책임자들은 처벌되지 않았으며, 오히려 첫 번째 음모를 모의했던 아르메니아의 장군 아르타바네는 550년에 트라키아 군사령관magister militum per Thracias으로 임명되었다. 때로는 잔인했던 황제는 대응력을 상실한 듯했으며, 신도 더 이상 그를 도와주지 않았다.

지진, 음모, 우울: 종말의 시작

콘스탄티노플에서는 불안과 불평이 커지면서 민중 봉기가 늘어났으며, 특히 녹색당과 청색당이 마지막 시기에 이들의 봉기를 선동했다. 542년과 550-551년에 공표한 법률과 559년에 공표한 법률에서 빈곤과 지진과 흑사병의 원인을 동성애자들과 신성모독자들의 죄 많은 행동으로 돌렸는데, 황제는 자신의 무능을 인정하는 듯했다. 성경에 나온 '소돔'에 대한 경고는 신성모독을 하여 재난을 낳았을 것이라고 여겨지는 이들에게 민중의 분노를 돌리려는 의도를 노출하고 있다.

새로운 법

법전의 대규모 편찬 사업이 끝난 뒤에도 라틴어와 그리스어로 공표된 법률(신칙법 novellae constitutiones) 중 일부는 개인들의 소장품으로 남아 있다가 우리에게 전해졌다. 왜냐하면 〈코르디Cordi〉(534년 11월 16일) 헌법에서는 법전을 수집하려는 목적을 가졌다고 언급하고 있으나 이를 실제로 실행하지 않았기 때문이다. 535-541년에 대부분 공표된 법률은 섬세하고 지적인 문체를 보여 주며, 사법(상속, 결혼)과 소송법(상소), 형법(성 범죄나 종교 범죄), 교회조직법(주교, 사제, 수도사, 교회, 수도원의 재산), 행정법(관직 매매, 시민 권력과 군 권력의 통합 등) 분야에서 놀라운 혁신을 소개하고 있다. 542년부터 '새로운 법novellae'은 양적으로나 질적으로나 현저하게 줄어들었다. 그렇다고 해서 542년과 556년에 합의이혼이 불법이라고 규정한 두 개 법률(566년에 이 법은 유스티누스 2세에 의해 폐지되었다)이 중요하지 않은 것은 아니었다. 이와 같

법률의 위대한 혁신

은 쇠퇴는 카파도키아의 요하네스Giovanni di Cappadocia와 트리보니아누스Tribonianus 가 정치에서 사라진 것과 관련이 있다. 이들은 니카의 반란이 일어날 때 잠깐 정치 무대에서 멀어지기는 했지만, 초창기에 제국의 정치를 이끌었다. 531년 1월부터 총 독부 장관이었고 다시 532년부터 또다시 총독부 장관으로 임명되었던 요하네스는 정적인 테오도라의 사망 이후인 548년에 콘스탄티노플로 다시 호출되었지만, 더 이 상 관직을 얻지 못했다. 납세자들에게 지나친 압박을 가하지 않고('아이리콘aerikon[공 기법]'이라는 다소 불가사의하지만 유명한 법이 있기는 했지만), 지출을 억제하고 수입을 늘이기 위해 행정 기구를 합리적으로 편성한 그의 노력의 결과는 페트루스 바르수메 스Petrus Barsumes에 의해 효율적으로 운영되었다. 아우구스투스의 보호를 받았던 페 트루스 바르수메스(프로코피우스에 따르면 열렬한 마니교도였다고 한다)는 542–562년 혹은 아마도 유스티니아누스 황제가 죽을 때까지 동로마 친위대장praefectus praetorio Orientis와 왕실 재산 관리자comes sacrarum largitionum로 두 번 임명된 듯하다. 트리보니 아누스는 529년 9월–532년 1월과 535년 1월부터 콰이스토르 사크리 팔라티로 임 명되었고, 533년 9월–535년 1월에 궁재magister officiorum(중앙 행정부에서 가장 영향력 있는 관리*)로 임명되었으며, 542년 5–12월 사이에 흑사병으로 사망했을 것이다. 그 는 법전을 집대성했으며, 적어도 542년 5월까지는 대부분의 '새로운 법'에서 비범한 사법 지식의 흔적을 깊이 남겼다. 그를 이을 적당한 후임자는 없었을 것이다. 게다 가 평범한 집정관은 제국의 위축으로 영향을 받았다. 541년에 플라비우스 아니키우 스 파우스투스 알비누스 바실리우스Flavius Anicius Faustus Albinus Basilius는 로마 제국의 마지막 집정관이었다. 그 뒤로는 황제가 자신이 취임한 이듬해 1월 삭일(음력 초하룻 날)부터 집정관직을 맡았지만, 1세기 뒤에는 이와 같은 관습도 사라지고 만다.

| 다음을 참고하라 |
역사 야만족의 이주와 서로마 제국의 종말(70쪽)
문학과 연극 비잔티움 문화 및 서방과 동방의 관계(605쪽)

로마법과 유스티니아누스 대제의 법전 편찬

| 루치오 데 조반니Lucio De Giovanni |

로마법은 늘 동일한 특성을 지니지 않았으며, 단 한 번도 법전으로 편찬된 적이 없었다. 5세기에 서로마 제국이 결정적으로 쇠퇴의 길로 접어들자, 동로마 제국에서는 로마 제국의 법률 자료를 편찬하기 시작했다. 그러나 콘스탄티누스 이후로 공표한 제국의 법률에 한정하기 때문에 지극히 일부만 편찬되었다. 그러나 6세기에 동로마 제국 황제인 유스티니아누스는 법률뿐 아니라 로마의 판례까지 포함하여 많은 자료를 한데 모으면서, 매우 귀중한 법률 자산을 후세에 전해 주었다. 이것을 통해 유럽의 수많은 국가는 수백 년 동안 현행법의 토대를 마련할 수 있었다.

법전이 없는 법

410년에 서고트족의 왕인 알라리크가 로마를 공격하여 함락시키고 약탈했을 때(이 **로마인들의** 는 시대적인 사건이었으며 로마 제국의 최종적인 쇠퇴를 알리는 서막이었다), 로마의 법률 **법 관행** 자료를 모아 놓은 공식적인 자료 모음집은 단 한 권도 없었다. 한편, 로마의 법은 무척 길었던 제국의 역사에서 늘 단일한 특성을 보이지는 않았다. 로마의 법은 도시-국가의 시민법ius civile으로 태어났다. 그것은 사법관이 제안하고rogatio 국민에 의해 법제화되는 법lex에 기초하기보다는, 수백 년 동안 부유층에 속하는 법률가들이 활동한 바를 토대로 마련되었다. 이들은 판결을 요구하는 시민들에게 선고를 내릴 때 자신들의 해석interpretatio 작업을 통해 법을 발전시켰다.

법률가들의 견해도 공법公法처럼 공식적으로 편찬되지 않았다. 그러므로 시간이 지나면서 그것을 정확히 기억하지 못하는 일이 생기는 것은 필연이었다. 원로원의 의결i senatus consulta과 사법관들의 법령edicta도 마찬가지였다. 로마의 초대 황제인 아우구스투스(기원전 63-14)가 즉위하고, 이후 그의 후계자들이 왕위를 계승하면서 '군주의 법constitutio principis'이 법 생산의 새로운 출처로 인정받기 시작했을 때도, 그리고 법률가들이 특히 2세기부터 고문이 되고 나중에는 서기국에서 군주의 의지에 법적인 중요성을 부여하는 관리가 되기 위해 스스로의 역할을 변화시키려 했을 때도, 황제들은 자신의 법을 결코 법전으로 모으지 않았다.

그러므로 법이 모호해지고 매우 혼란스러운 상황이 초래되었는데, 고대 문헌에도 그 자취가 남아 있다. 예를 들어 공화정 시대에 키케로(기원전 106-기원전 43)는 무질서하고 산발적인 기준을 한탄했다. 『변론가론De oratore』처럼 저명한 저서의 한 구절에서 그는 법질서 정신을 강조했다. 법질서 정신 속에서 법리학은 난해함과 모호함이 아니라 확실함을 특성으로 하는 "시민법의 완벽한 학문perfecta ars iuris civilis"(1, 42, 190)으로 이해된다는 것이다. 키케로는 다른 저서인 『법률론De legibus』의 한 구절에서는 공식적인 법률 모음집이 없는 문제를 제기하면서(3, 46), 그것을 필사가들에게 부탁해야 하는 점에 대해, 그나마 그것도 "우리의 서기들이 제멋대로 쓴quas apparitores nostri volunt" 것이라는 점에 대해 개탄하고 있다. 규정이 모호하여 해결되지 않은 문제들, 출처의 확실성에 대한 의심이 고대 후기까지 통치 기간 내내 매우 중요한 문제로 떠올랐다. 4세기에 역사가 암미아누스 마르켈리누스(약 330-약 400)와 『전쟁론De rebus bellicis』을 쓴 무명의 저자는 "법의 불일치legum discidia"(30, 4, 11), "법의 모호하고 모순적인 적용confusas legum contrariasque sententias"(21, 1)과 같은 표현으로 정의의 위기를 한탄하고 있는데, 그들의 주장은 시기적으로 멀리 떨어진 키케로의 표현을 상기시킨다.

　　로마 제국에서 공식적인 법규집을 편찬하지 못한 이유는 다양한 측면에서 찾을 수 있다. 로마에서 특히 중요했던 관습mores의 무게 때문인데, 법전을 참조하지 않는 법률상의 전통을 근본적으로 바꿀 수 없었다. 또한 적어도 통치 기간의 초기 몇십 년까지만 해도 법은 특히 법리학적인 의미에서 특징을 가지고 있었다. 그리고 하나의 도시-국가를 위해 만들어졌지만, 보편적이고 국제적인 제국에 적용해야 하는 법을 지속적으로 편찬하기가 곤란했다. 아무튼 아무리 해명해도 로마의 역사에서 거의 마지막까지 규정을 모아 놓은 공식적인 모음집이 전혀 없었다는 사실만은 분명하다.

　　3세기부터 몇몇 법률가들은 설명이 있는 특별한 해설서를 본받아 학교와 법률 집행자들이 쓸 수 있도록 제국의 법률 모음집leges을 개별적으로 준비했다. 『그레고리우스 법전』과 『헤르모게니아누스 법전』 혹은 고대 법리학의 일부나 앞의 두 서적이 참고한 자료집이 그런 경우였다. 429년에 동로마 제국의 테오도시우스 2세(401-450, 408년부터 황제)는 최초로 법전을 집대성하는 사업을 장려했다. 한층 야심 찼던 처음의 계획을 포기하고 힘든 일을 견딘 뒤에, 그는 유명한 『테오도시우스 법전』을 편찬하도록 했다. 이 법전은 오늘날까지 전해지지는 않지만, 그리스도교로 개종한 최초

법전의 첫 편찬과 테오도시우스 법전

의 황제인 콘스탄티누스 황제 때부터 공표된 황제들의 헌법을 포함하고 있었다.

개인이 저술한 법령집이나 테오도시우스 2세의 법령집만 남아 있었다면, 후손들은 로마법에 대해 일부라도 알았을 것이다(이는 거의 모든 독창적인 저서가 유실되었음을 강조할 뿐이다). 그리고 법률가는 로마의 몰락 이후에 몇백 년 동안 유럽에서 있었던 법과는 매우 다른 특성의 법을 제기했을 것이다. 그렇기 때문에 법률의 역사에서 유스티니아누스의 법전(약 482-565)은 매우 중요한 것이었다.

유스티니아누스의 업적

유스티니아누스는 삼촌 유스티누스를 계승하여 527년에 권좌에 올랐다. 강한 개성과 활동력을 지닌 그의 장점은 수준 높은 협력자들을 선택한 것이었다. 총독부 장관인 카파도키아의 요하네스, 콰이스토르 사크리 팔라티인 트리보니아누스, 군사령관인 벨리사리우스와 나르세스는 그보다 이름이 더 많이 알려진 인물들이었다. 유스티니아누스는 야만족들의 손아귀에 떨어진 서로마 제국을 재탈환하는 것을 왕국의 중요한 목표로 삼았다. 또한 신학 논쟁으로 분열된 교회에 정통성의 표시로 평화를 다시 가져오고자 했으며, 로마 법률을 모으고자 했다. 처음 두 개의 목표는 도달하기는 했지만 불안정한 방식이었으며, 오래 지속되지 못했다. 그러나 세 번째 목표는 수행했으며, 그리하여 역사적으로 유스티니아누스는 '입법자'란 별칭을 얻게 되었다.

입법자 유스티니아누스

법전의 편찬은 단계적으로 완성되었으며, 처음에는 완벽하고 일관성 있는 법전의 특성을 지니지는 못했다. 이 법전을 언급할 때 보통 『로마법 대전Corpus iuris civilis』이라 말하지만, 이 명칭은 유스티니아누스가 붙인 것이 아니라 드니 고드프루아Denis Godefroy(1549-1621)가 붙인 것이다. 프랑스 법률가였던 그는 1583년에 준비했던 판에 그와 같은 제목을 붙였다.

권좌에 오른 지 몇 달 만인 528년 2월 13일, 유스티니아누스는 'Haec quae necessaria(이것은 필요한 것이다)'처럼 잘 알려진 단어들로 시작하는 헌법을 공표했다. 그는 법 전문가와 사법 관리들로 구성된 위원회로 하여금 『그레고리우스 법전』, 『헤르모게니아누스 법전』, 『테오도시우스 법전』의 자료를 기반으로 하여 제국의 법률 모음집인 『칙법휘찬敕法彙纂, Codex』을 편찬하도록 했다. 이전의 법률과 이후에 입법되는 법률을 통합시키는 법전인 셈이었다. 유스티니아누스는 『칙법휘찬』의 실용적인 목적을 분명히 밝혔다. 즉 소송 시간을 줄이도록 했고prolixitas litium, 말을 덧붙

유스티니아누스 법전의 기원

이거나 바꾸고, 여러 법규에 흩어져 있는 규정을 단 하나의 조례로 정리하면서 위원회로 하여금 원전을 조합하도록 했다. 『칙법휘찬』은 '수마 레이 푸블리카이Summa rei publicae'라 불리는 법으로, 529년 4월 7일부터 효력을 발휘하기 시작했다.

이듬해, 정확히 말해 530년 12월 15일, 유스티니아누스는 〈데오 아우크토레Deo auctore〉라는 이름으로 유명한 새로운 헌법을 공표했다. 이 법에서 그는 '디게스타 혹은 판덱타이Digesta seu Pandectae'란 명칭을 부여한 고대 법률의 편찬서를 계속 진행시킬 의사를 표명했다. 그는 '콰이스토르'인 트리보니아누스에게 법 내용을 보냈으며, 그와 함께 이 법률 모음집의 지도적 원리를 강조했다. 법치 문화에 조예가 깊은 트리보니아누스는 이 법의 위대한 고안자였을 것이다. 작업을 맡은 위원회는 법학 교수들과 콘스탄티노플 재판소의 변호사들로 구성되었다. 위원회는 로마 법률가들의 원전을 선별하고, 필요하다면 말을 바꾸면서 더 현실적인 부분을 선택하고, 모든 것을 주제에 따라 제목으로 분류한 50권의 책 안에 포함시키는 임무를 맡았다. 이 법전은 일단 완성된다면 그것에 수록된 법리학 구절의 견해는 군주의 입에서 나온 것처럼 완벽한 효력을 가질 것이었다. 새로 생길 모순적인 해석과 법률의 애매한 면을 피하기 위해, 유스티니아누스는 저작에 대한 해석과 주석을 금지시켰다. 위원들의 작업은 매우 신속하게 진행되었다. 겨우 3년 후인 533년 12월 16일, 황제는 '탄타Tanta' 혹은 '데브드브켄Devdwken'이라 불리는 『학설휘찬學說彙纂, Digesta』을 공표했다.

트리보니아누스의 『학설휘찬』

유스티니아누스는 〈데오 아우크토레〉 헌법에서도 원론적인 저작을 밝힌 바 있지만, 우리는 『칙법휘찬』과 『학설휘찬』처럼 그 저작의 법 개론에 대한 정보를 가지고 있지 않다. 그러나 우리에게는 533년 11월 21일에 공표된 〈임페라토리암 Imperatoriam〉 헌법이 있다. 이 헌법은 『법을 배우고 싶은 청년cupida legum iuventus』을 위한 것으로, 이 헌법을 통해 유스티니아누스는 『법학제요法學提要, Institutiones sive Elementa』라 불리는 입문서를 발표했다. 4권의 책으로 나뉘는 이 입문서는 이전에 나온 개론서들을 참고하고 있으며(특히 2세기 법률가인 가이우스의 저서), 법률뿐 아니라 민사 소송과 형사 문제까지 포괄하고 있다. 입문서가 발표되고 약 한 달 뒤에, 그리고 대략 『학설휘찬』의 공표와 동일한 시기인 533년 12월 15일에 유스티니아누스는 〈옴넴Omnem〉 헌법을 공표했다. 황제는 이 법을 통해 법률 연구서들을 심도 깊게 개정하는데, 그의 최종 목표는 당시까지 편찬된 모든 법전을 교육적인 측면에서도 이용하는 것이었다. 이듬해인 534년 11월 16일에 유스티니아누스는 〈코르디Cordi〉라

다른 법률

118

는 이름으로 기억되는 또 다른 헌법을 발표했는데, 이 법에 기반해 기존 법전의 재판인 『신칙법휘찬Codex repetitae praelectionis』을 출간했다. 530년부터 공표한 무수히 많은 획기적인 헌법에 맞게 개정한 것이었다. 이 두 번째 법전을 편찬한 기준은 이전에 공표한 법전과 유사하다. 두 번째 법전은 현재까지 전해지는 첫 번째 법전과는 달리 12권으로 나뉘어 있으며 각각 제목이 있었는데, 책 내부에는 황제들이 각각 발표한 법이 들어 있었다. 그중 가장 오래된 법은 하드리아누스(76-138, 117년부터 황제)로 거슬러 올라간다.

유스티니아누스는 534년부터 565년에 사망할 때까지 법의 다양한 분야에서 혁신적인 수많은 법률을 계속 법제화했다. 〈신칙법Novellae constitutiones〉이라 불리는 이 새로운 헌법들은 공식적으로 묶이지는 않았으나, 어쨌든 개인적인 소장품으로 보관되다 우리 시대까지 전해졌다.

역사적으로 재확립된 유스티니아누스의 법전 편찬

유스티니아누스의 법전 편찬에 관한 연구는 매우 다양한 측면과 연관이 있는데, 특히 『학설휘찬』의 편집 기술과 관련이 있다. 요컨대 위원들이 원전에 가한 보충 설명이나 수정 작업이 그러하다. 후손들에게 매우 귀중한 법률적 유산을 남긴 것이 유스티니아누스의 위대한 업적이다. 그가 남긴 유산은 이후 수백 년 동안 직접적으로든 간접적으로든 많은 유럽 국가 제도의 토대가 되었다. 이와 더불어, 그는 무엇보다도 그것을 법전 형태로 전했다. 알다시피 로마인들은 그런 법전을 결코 알지 못했다. 세월이 지나면서 그와 같은 형식이 체제를 유지시키고 자문을 쉽게 하도록 했음에도 불구하고 말이다. 그러므로 오늘날 그가 편찬했던 법전을 읽는 사람은 이 상황을 염두에 두지 않을 수 없을 것이고, 그것의 역사를 재발견하려 할 때도 그가 남긴 법전에 접근해야 할 것이다. 법전을 구상했던 시기와 편찬했던 시기에 실제로 보여 주었던 것을 되살리고자 애쓰면서 말이다.

| 다음을 참고하라 |
역사 유스티니아누스 대제와 서로마 제국의 재탈환(102쪽); 법적 다양성(233쪽)

성상 파괴 운동 시기까지의 비잔티움 제국

| 토마소 브라치니Tommaso Braccini |

동로마 제국과 동의어인 비잔티움 제국은 초기 몇백 년 동안 놀라운 번영을 이루었다.
유스티니아누스는 권좌에 오른 초기에 제국을 재탈환했고 건물을 올렸는데,
그로 인한 인력과 자원의 고갈은 특히 외세의 위협에 직면하면서 국가적인 결속력을
약화시켰다. 7세기 중반부터 일어난 아랍인의 침입과 슬라브족의 유입은
제국의 생존까지 위협했다.

콘스탄티누스와 그의 왕국

콘스탄티누스 대제(약 285-337)는 경쟁자인 리키니우스Valerius Licinianus Licinius(약 250-
약 324)를 324년에 물리치고 나서 제국의 유일한 지배자가 되었을 때, 자신의 이름
을 세상에 널리 알릴 수 있는 도시를 건설하기로 결심했다. 처음에 몇 차례 망설인
끝에 새 도시의 본거지로 선택한 곳은 아시아와 유럽 사이에 위치하고, 보스포루스
해협과 전략적으로 마주 보고 있으며, 고대 그리스의 식민지였던 비잔티움이었다.
이 도시는 330년 5월 11일에 콘스탄티노플로 이름이 바뀐다. 콘스탄티누스는 도시
를 건설하고 나서 정확히 7년 뒤에 세 아들에게 제국을 남기고 사망했다. 콘스탄티
우스 2세(317-361, 337년부터 황제)는 동쪽 전체를 통치하게 되었고, 20년이 조금 넘
는 기간에 유일한 군주로 남게 되었다. 갈리아, 에스파냐, 브리타니아는 장남인 콘스
탄티누스 2세(317-340)가, 서쪽의 나머지 영토는 콘스탄스(약 325-350)가 통치했다.
콘스탄티우스 2세는 그리스도교를 열성적으로 지지했으며, 325년 니케아 공의회에
서 이미 이단으로 유죄 판결을 받은 아리우스파를 특히 지지했다. 그러나 황제의 사
촌인 율리아누스(331-363)가 361년에 권좌에 오르자 상황은 급격히 변하게 된다. 그
는 그리스도교 신앙 속에서 양육되었지만 그것을 부인했으며(그리하여 배교자Apostata
로 불리게 된다), 그리스도교에 허용되었던 모든 특권을 폐지했고, 여러 측면에서 '인
위적인' 이교주의의 발전을 장려하고 자극하려고 노력했다. 하지만 페르시아로 원
정을 떠난 363년에 목숨을 잃었다.

아드리아노플의 패배와 테오도시우스 왕조의 등극

요비아누스Flavius Jovianus(331-364)의 매우 짧았던 왕조가 끝나자, 고위급 군인들은 또 다른 그리스도교 장교인 발렌티니아누스(321-375)를 새로운 군주로 선택했다. 발렌티니아누스는 동생인 발렌스Valens(328-378)와 제휴하여 그에게 제국의 동쪽을 통치하도록 맡겼다. 대외 정치의 측면에서 볼 때 게르만족과 특히 고트족의 위협이 점점 커지고 있었다. 동부의 스텝 지역에서 밀려온 훈족의 침입을 받은 고트족은 제국의 북쪽과 동쪽 국경선을 오랫동안 압박했다. 고트족은 378년에 아드리아노플에서 제국의 군대를 전멸하고 발렌스를 살해하는 데 성공했다. 발렌티니아누스의 아들이자 서로마 제국의 황제인 그라티아누스Flavius Gratianus(359-약 383)는 히스파니아 출신의 군인이었던 테오도시우스(약 347-395, 379년부터 황제)에게 제국의 동부 지역을 맡겼다. 테오도시우스는 이후 그라티아누스 휘하의 프랑크족 장군들에게서 도움을 받아 매우 힘겹게 발칸 반도의 평화를 이룩했다. 테오도시우스는 결국 로마 군대의 동맹군으로 편성된, 고트족을 대표하는 군인들과 동쪽의 자원을 이용하여 서로마에 자주 간섭을 했다. 야만족 출신의 장군들에게 둘러싸인 발렌티니아누스 후손들의 왕권이 점차 불안해지자 이를 강화하기 위해서였다. 결국 그는 아퀼레이아에서 멀지 않은 프리기도Frigido에서 프랑크족 아르보가스트Arbogast(?-394)와 찬탈자 에우게니우스(약 345-394)의 군대를 물리쳤다.

야만족들의 압박과 테오도시우스

제국의 분리

395년에 황제가 사망하자, 제국은 그의 아들들에 의해 분열되었다. 아르카디우스Flavius Arcadius(약 377-408)에게는 동로마가, 호노리우스Flavius Honorius(384-423)에게는 서로마가 맡겨졌다. 동로마와 서로마는 결국 다양한 측면에서 빠르게 분열되었다. 그러나 두 제국 모두에 밀려드는 게르만족의 존재를 염두에 두어야 했다. 400년, 동로마의 콘스탄티노플에서 고트족의 군사령관인 가이나스가 추방당했다. 점점 커지는 적대감의 물결로 인해 발칸 반도에 주둔한 고트족의 대장인 알라리크가 서로마로 진군했으며, 잘 알려져 있듯이 410년에 그곳에서 로마를 약탈했다. 이런 일련의 사건들 덕분에 제국의 동부 지역에 대한 압박은 눈에 띄게 줄어들었으며, 그리하여 이 지역은 아르카디우스의 아들인 테오도시우스 2세(401-450, 408년부터 황제)가 집권하는 때에 평화의 시기를 오랫동안 보냈다. 이렇게 조용한 상황 덕에 문화생활을 누리는 동안, 이제는 다수가 된 그리스도교가 일련의 상이한 교리 때문에 혼란을 겪었는데, 총대주교가 관할하는 구역 간의 지정학적인 대립이 가져온 결과였다. 마지막으로 테오도시우스 왕조의 다양한 대표자들은 이제 수도로 기틀이 잡힌 콘스탄티노플에 대규모 건축물을 건립하는 사업을 책임지고 있었다. 그리하여 테오도시우스 치하에 막강한 성벽이 콘스탄티노플을 둘러싸게 되었다. 테오도시우스가 사망하고 마르키아누스(약 390-457, 450년부터 황제)와 레오(약 401-474, 457년부터 황제) 왕조가 뒤를 이었다. 이들은 제국의 상류층을 떠받치는 야만족 대장들에 의해 권좌에 오른 중간급 장교들이었다. 그리고 제노Flavius Zeno(약 430-491, 474년부터 황제)의 혼란스러운 왕조가 있었다. 그는 콘스탄티노플에서 수많은 군대를 거느리고 있던 호전적인 민족인 이사우리아족의 대표자였다. 제노의 뒤는 국가 관리인 아나스타시우스 1세(약 430-518, 491년부터 황제)가 이었다. 그는 눈에 띄는 정책과 화폐 개혁으로 제국의 재정을 회복하는 업적을 남겼다.

유스티니아누스의 업적

황궁 수비대는 같은 수비대 안에서 아나스타시우스의 후계자를 선출했다. 그가 바로 유스티누스 1세(450/452-527)인데, 그는 문맹자에다 매우 비천한 출신이었다. 프로코피우스의 증언에 따르면, 유스티누스 1세는 전도유망한 조카인 페트루스 사바티우스를 측근으로 불러들였고, 페트루스 사바티우스는 527년에 유스티니아누스(481-565)란 이름으로 공식적으로 삼촌을 계승했다. 유스티니아누스는 처음부터 활기와 야망을 보였으며, 황후 테오도라가 곁에서 지속적이고 때로는 결정적인 영향을 주고는 했다. 아테네 학파와 이집트 필레 섬의 이시스 사원의 폐쇄와 같은 이교 사상의 마지막 근원지에 대한 대책이 나온 시기가 유스티니아누스 왕조의 초기였다. 또한 이 시기에 로마법을 근대까지 전한 연결 고리가 된 『로마법 대전』(529-534)이 편찬되었고, 도시 건축물이 활발히 건립되었으며(당시에도 유명했던 성 소피아 대성당도 건축되었다), 오랫동안 지속될 전쟁이 시작되었다. 또한 반달족이 이주한 북아프리카와 오랫동안 소모전을 치른 동고트족의 이탈리아처럼, 오래전부터 게르만족이 유입되었던 서로마 제국의 영토를 다시 회복하게 된다.

침략의 시작

유스티니아누스의 조카인 유스티누스 2세(?-578)와, 황궁 수비대의 장교이자 그의 후계자인 티베리우스 2세(?-582)가 통치를 하는 동안에 여러 국경선이 폭발적으로 와해되었다. 판노니아에 거주하게 된 아바르족이 발칸 반도를 압박하기 시작했던 반면, 슬라브족은 그리스까지, 그리고 아마 펠로폰네소스까지 밀고 들어왔을 것이다. 랑고바르드족은 이탈리아에 몰려들었고, 마우리족은 아프리카 속주를 약탈하여 또다시 페르시아와 갈등을 일으켰다. 티베리우스 2세의 사위인 마우리키우스(약 539-602)는 상황에 대한 대책을 모색했다. 한편으로 멀리 있는 국경선(아프리카와 이탈리아)에 대해서는 지방 총독에게 권한을 위임하여, 군권과 공권력을 결합하도록 했다. 한편, 페르시아 전선에서는 내전에 성공적으로 끼어들어 사산 왕조를 교란시켰다. 마우리키우스는 발칸 반도의 국경선에서도 활발한 공격을 펼쳤으며, 특히 비잔티움 군대의 '운영 방식modus operandi'과 전술을 혁신하려고 노력했다. 비록 그 방법이 다른 재정적인 어려움과 더불어 점차 불만을 낳았고, 마침내 602년에 불만이 폭발했지만 말이다. 군대는 백부장 포카스Phocas(?-610)를 황제로 선언한 다음, 콘스탄티노플로 행군했다. 마우리키우스와 그의 자식들을 학살한 포카스는 왕국을 재앙으로 이끌기 시작했다. 내부의 반대파들과 반대파로 추정되는 자들에 대해 마우리키우스의 복수를 한다는 핑계로 야만적인 포악함을 보여 주었던 포카스는 난폭하게 공격해 오는 페르시아인들 앞에서는 무능함의 극치를 보여 주었다.

마우리키우스의
극단적인 시도

헤라클리우스

로마 제국을 종말로 이끌 반란이 아프리카에서 일어났다. 지방 백부장의 아들인 헤라클리우스Heraclius(약 575-641, 610년부터 황제)는 콘스탄티노플에 상륙하여, 610년 10월에 학살자 포카스를 끌어내리기 위해 카르타고에서 배를 탔다. 내전 때문에 손쉽게 진군할 수 있었던 페르시아인들은 614년에 시리아, 팔레스타인, 예루살렘(이들은 진짜 십자가 유물을 예루살렘에서 약탈했다)을 정복했고, 619년에 알렉산드리아와 이집트까지 정복했다. 그동안 발칸 반도로 흩어진 아바르족과 슬라브족은 제국의 수도를 위협하기에 이르렀다. 이와 같은 절망적인 상황 앞에서 헤라클리우스는 적국의 영토에서 전쟁을 치르기로 결심했다. 동맹을 맺은 페르시아인들과 아바르족이 콘스탄티노플을 공격하는 동안, 황제는 아르메니아와 메소포타미아 사이에서 전투를 치른 뒤 627년 말에 니네베에서 페르시아인을 최종적으로 물리쳤다. 그리하여 630년에 헤라클리우스는 예루살렘에 입성하여 진짜 십자가 유물을 다시 가져다 두었다.

내전과 야만족의
침입

페르시아인들에
대한 승리

그러나 이렇게 큰 승리를 거두었다 해서, 제국이 오랜 갈등으로 막대한 손실을 입었고 힘을 소진했다는 사실을 감출 수는 없었다. 헤라클리우스가 단의론monothelitism과 단기론monoenergism 같은 새로운 교리를 체계화하고, 〈에크테시스Ekthesis〉(그리스도의 단의론을 표방한 신앙 성명서*)를 공표하면서 결합 지점을 찾고자 애썼음에도 불구하고, 혼란에 빠진 제국은 대부분이 단성론자들인 재탈환 지역에서 또다시 종교적인 긴장에 휩싸였다. 행정 기구가 그리스식으로 개편되면서 문화적인 관점에서 중요한 변화가 나타났고, 도시 생활이 점차 비사회화되고 세분화되는 경향이 나타났다. 또한 무함마드(약 570-632)의 후계자이자 칼리프인 아부 바크르Abū Bakr는 633년부터 시리아와 트란스요르단을 공격했는데, 그의 지도를 받는 아랍인들이 빠르게 진군한 것도 이와 같은 요인들 때문이었다. 비잔티움 제국은 636년에 야르무크 강에서 패전했다. 심지어 638년에 예루살렘이 함락되면서, 아므르Amr(?-663)가 이끄는 아랍인들은 자신들의 힘을 이집트에 집중할 수 있었다. 이집트는 641년에 패전했다. 헤라클리우스도 641년에 사망했으며, 그 후 3년이 지나서야 당시에 14살이었던 아들인 콘스탄스 2세(630-668)가 안정적으로 왕좌에 오를 수 있었다.

생존을 위한 싸움의 시작

이후의 시기에는 이슬람의 진군을 막으려는 시도가 두드러지게 나타났다. 모든 측면을 고려한 콘스탄스 2세는 제국의 중심을 서로마로 옮길 생각을 진지하게 했고, 궁정을 시칠리아의 부유한 속주인 시라쿠사로 옮겼다. 그곳은 그때까지 전쟁이 일어나지 않았던 곳이다. 군대가 그의 결정에 불만을 표시했고, 콘스탄스 2세는 668년에 아르메니아의 고위 장교에게 살해당했다. 콘스탄스 2세의 아들이자 공동 황제였던 콘스탄티누스 4세(약 650-685)는 아랍인들의 진군에 무능하게 대처했다. 아랍인들의 전술은 명확했다. 에게 해와 마르마라 해에 있는 일련의 교두보를 점령하여 적의 수도를 공격할 대함대에 길을 열어 주는 것이었다. 비잔티움 군인들은 그리스의 화력을 이용했는데, 성분이 무엇인지 알 수 없는 혼합물에 불을 붙이면 물에서도 계속 타올랐다. 그리하여 677년에 대부분의 아라비아 함대를 격퇴하여 콘스탄티노플을 구할 수 있었다. 이와 같은 승리 덕분에 제국 주변의 야만족들의 침입이 상당히 줄어들었고, 제국은 아랍인들이 점령했던 교두보를 회복할 수 있었다. 칼리프인 무아위야 1세Mu'āwiyah I(602-680)는 679년에 연간 상당한 양의 공물을 지불해야 했다.

**발칸 반도의
국경선 상황**

이와 반대로 발칸 반도의 국경선 상황은 악화되었다. 도나우 강을 통과한 불가르족은 콘스탄티누스 4세가 몸소 이끄는 군대를 물리친 다음, 나중에 그들의 이름을 붙이게 될 지역에 영원히 정착했다. 콘스탄티누스의 아들이자 후계자인 유스티니아누스 2세(약 669-711)는 권좌에 오르자 다양한 주민들을 강제로든 자의로든 이주시키는 활동을 벌였고, 대개는 콘스탄티노플과 무장 해제된 영토에 살도록 했으며, 제국의 군대에 새로운 군인들을 공급했다. 이 당시에 비잔티움 제국 치하의 소아시아에 배치된 군대에서는 나중에 '테마'의 제도 때문에 유명해질 '테마tema'란 용어가 이미 사용되었다(현재도 이에 대한 사료를 편찬할 때 논쟁이 있지만, 이 용어를 만든 사람은 헤라클리우스라고 자주 언급되었다). 여기서 '테마'란 정해진 영토에 주둔하는 농민-병사로 구성된 군대의 부대를 지시한다.

692년에 아라비아 군대에게 대패한 유스티니아누스 2세는 재정까지 계속 악화되자 695년에 왕좌에서 물러났다. 연이은 타격을 입은 비잔티움 제국은 국가 및 군대 조직의 힘이 크게 약화되었으며, 마침내 북아프리카를 정복한 아랍인들이 콘스탄티노플을 최종적으로 공격할 때가 되었다고 생각할 정도까지 이르렀다. 적의 공격이 격심한 가운데, 몇 번째 반역자인지 셀 수도 없는 반역자이자 고위 장교인 레오 3세(약 685-741, 717년부터 황제)가 도시를 뚫고 들어가 황제 자리에 올랐다.

| 다음을 참고하라 |
역사 비잔티움 제국의 속국 I(125쪽); 황제들과 성상 파괴 운동(190쪽); 비잔티움 제국과 마케도니아 왕조(194쪽); 비잔티움 제국의 속국 II(198쪽)
과학과 기술 그리스 유산을 복원하려는 첫 시도(437쪽); 그리스-비잔티움 문화 속의 연금술(471쪽)
문학과 연극 비잔티움 문화 및 서방과 동방의 관계(605쪽); 비잔티움의 종교시(660쪽)
시각예술 마케도니아 왕조 시대의 비잔티움 미술(848쪽)

비잔티움 제국의 속국 I

| 토마소 브라치니 |

유스티니아누스의 사령관들로 구성된 원정대는 로마 제국이 탄생할 때부터 제국의
지참금이 되었던 부유한 속국들(시리아와 이집트, 그리고 상대적으로 덜 번성했던 발칸
반도)에 아프리카, 에스파냐 남부, 이탈리아를 추가했다. 그러나 이러한 영토 확장은
지극히 한순간이었다. 이윽고 슬라브족은 발칸 반도로, 랑고바르드족은 이탈리아로
들어갔다. 7세기에 아랍인들은 시리아와 이집트를 단숨에 제압했고, 8세기에는
비잔티움 제국의 영토인 아프리카를 점령하게 된다.

이집트: 교회와 지역의 콥트 문화

비잔티움 제국 이전의 이집트는 특히 문화적·경제적 관점에서 제국의 가장 중요한
속국 중 하나였다. 사실 이집트에서는 해마다 이집트 주민들이 먹어야 할 곡물을 콘
스탄티노플로 이송하는 거대한 화물선이 출항했다. 그리스도교는 매우 일찍 이집트
에 유포되었으며, 잠깐의 박해가 끝난 뒤에는 자유롭게 세력을 확장했다. 그렇다고
해서 상류층 사이에 이교도 신앙을 가진 다소 비밀스러운 추종자들이 남아 있는 것
을 막을 수는 없었다. 알렉산드리아의 총대주교를 중심으로 조직된 교회는 그 나름
의 고유한 특성을 일찍이 발전시켰다. 특히 그리스어가 모든 지역에서 공용어로 남
아 있었음에도 불구하고 지역의 방언, 즉 파라오 시대에 쓰인 고대 이집트어의 계통
을 따른 콥트어로 쓴 문학이 모두 인정받고 있었다. 대부분의 주민들, 특히 콥트어
문화에 속한 주민들은 칼케돈 공의회(451)의 결정을 인지하지 못했으며, 공식적인
성직 계급과 경쟁 관계에 있던 단성론자들의 성직 계급에 힘을 실어 주었다. 그것은
중앙 당국과 꽤 심각한 마찰을 빚었다. 그 밖에 618년에서 628/629년 사이에 페르
시아에 점령당하면서 시민과 군대 조직이 크게 와해되었다. 이 시점을 역사적으로
어떻게 기술할 것인지의 논쟁이 지금도 진행되고 있지만, 중앙 정부에 대한 불만과
페르시아군의 점령에 따른 재앙 때문에 이집트는 아랍인들에게 빠르게 침투당했다.

시리아: 고대 세계의 유지

비잔티움 제국 이전의 시리아도 지방분권적인 경향을 보이는데, 이런 경향은 칼케

돈 공의회에 대한 거부, 단성설의 유포, 또 다른 지역 언어인 시리아어의 발전에서 구체화되었다. 시리아어는 주요 도시 에데사에서 유력한 신학-철학 학파가 탄생하는 데 중요한 문화 수단이 되었다. 540-560년에 걸친 흑사병의 유행과 7세기 초반의 페르시아인들의 점령으로 이 지역의 번영은 손상을 입었다(한때 주장했던 것처럼 그렇게 심각한 손상은 아니었지만 말이다). 그러나 도시 생활은 결코 파괴되지 않았을 뿐 아니라, 오늘날에는 시리아의 고대 후기는 아바스 왕조가 도래한 750년 무렵에 쇠퇴했으리라 생각한다. 사실 칼리프가 다스리는 우마이야 왕조 치하에서 다마스쿠스(안티오키아 총대주교의 본거지이자 고대의 수도로 선호되었다)가 수도였던 것은 그곳이 이전 시기와 본질적으로 연결되어 있었기 때문인 듯하다.

발칸 반도: 슬라브족의 압박

비잔티움 제국 이전 시기(적어도 6세기까지)에 시리아-팔레스타인 및 이집트가 확실한 번영을 누린 것에 비해, 고트족과 아바르족 등의 여러 민족이 압박을 가했고 슬라브족이 빈번히 침입했던 발칸 반도의 상황은 매우 달랐다. 동로마 제국의 전선에서 그랬던 것처럼 이 지역은 7세기에 파괴되었는데, 그때 슬라브족이 펠로폰네소스 반도까지 모든 지역을 점령하고 있었다(칼케돈과 코린토스처럼 상당한 수의 해안 중심지가 비잔티움 제국의 손에 남아 있었다는 사실을 기억해야 한다 해도 말이다). 680-681년에 터키계 유목 민족인 불가르족이 콘스탄티누스 4세를 물리치고 도나우 강 남쪽에 정착할 수 있었다. 불가리아 제국은 로마 제국과 인접한 지역의 이데올로기와 문화에서 직접 영향을 받았을 때부터 빠르게 형성되어 세력을 확장했다. 게다가 비잔티움 제국에 손실을 입히면서 정착하고 있던 수많은 슬라브족을 흡수하여 이내 콘스탄티노플까지 위협하기에 이르렀다.

아프리카 반달족의 종속과 비잔티움 제국 치하의 에스파냐

유스티니아누스 대제의 장군들이 서쪽의 고대 로마 영토에 정착한 야만족 왕국과 전쟁을 치르기 시작했을 때, 최초의 전쟁은 아프리카에 정착한 반달족과의 전쟁이었다. 반달족은 533/534년에 벨리사리우스 장군에게 빠르게 종속되었다. 고고학 유물을 살펴보면 아프리카가 이탈리아, 갈리아, 에스파냐에 기름, 포도주, 가룸garum(생선을 소금에 절여 여러 개월 햇볕을 쬐어 살이 문드러지도록 숙성시킨 다음에 걸러서 사용하는 짙은 색의 액젓*), 도자기를 계속 수출하면서 어떻게 경제적인 번영을 유지했는지를 잘 알 수 있다. 6세기 말엽에 아프리카도 총독 관할구로 조직되었으며, 그곳에서 유일한 사법관이 군대와 행정의 최고 지휘권을 가졌다. 아프리카의 번영을 보여 주는 또 다른 사실은 바로 카르타고에서 총독의 아들인 헤라클리우스의 함대가 출발했다는 점이다. 헤라클리우스는 610년에 포카스를 콘스탄티노플의 왕좌에서 몰아냈다.

7세기 중엽부터 이집트와 키레나이카를 정복한 아랍인들 때문에 아프리카의 총독 관할구는 제국과 직접 연결될 수 없었으며, 아랍인들의 압력은 갈수록 커졌다. 결국 아랍인들은 698년에는 카르타고를, 711년에는 셉템Septem(현재의 세우타)의 해군 기지와 요새를 탈취할 수 있었다. 반달족의 옛 영토 중에서 11세기까지 명목상으로 제국의 통제를 받았던 사르데냐 섬은 비잔티움 제국의 수중에 있었다. 11세기에 사르데냐는 일찍이 제노바인과 피사인들의 추격을 받던 아랍인들의 수중에 들어갔다. 행정적인 측면에서 먼 곳에 위치한, 비잔티움 제국 치하의 에스파냐도 아프리카 속주와 결합되어 있었을 것이다. 550년에 서고트족이 점령했고 624년에 제국이 재탈환한 지중해 유역의 이베리아 반도의 영토는 점차 줄어들었는데, 에스파냐는 그중 일부였다.

이탈리아의 재탈환: 동고트족에 대항한 벨리사리우스

벨리사리우스는 아프리카를 재탈환한 뒤, 535년에 테오도리쿠스의 후계자들에 반대하는 내전을 틈타 동고트족이 지배하는 이탈리아를 침입했다. 처음에 전투는 빠르게 진행되었다(특히 시칠리아는 부상자 없이 정복했다). 벨리사리우스는 536년에 로마를 점령할 수 있었으며, 이듬해에는 동고트족의 왕 비티게스(?-542, 536년부터 왕)가 이끄는 막대한 공격을 방어했다. 540년에 라벤나를 정복하고 나니, 포 강 계곡에 있던 저항군의 약탈이 눈에 띄게 있기는 했지만 이탈리아 전투는 끝난 듯했다. 벨리사리우스는 궁정과의 불화 때문이었는지 콘스탄티노플의 부름을 받았다.

즉시 시행하려고 했던 탐욕스러운 재정 정책은 이미 전쟁으로 혹독한 경험을 한 주민들과, 눈앞에서 돈을 갈취당한 비잔티움 군대의 저항을 불러일으켰다. 동고트족의 새로운 왕 토틸라는 그런 상황을 이용할 줄 알았다. 그는 비잔티움 제국의 군인들이 점차 수가 줄어드는 요새로 피신하도록 압박하면서 짧은 시간에 형세를 뒤집었다. 나르세스 장군의 치하에서 동고트족들이 정당한 권리를 요구할 수 있으려면 10년의 세월이 더 필요했다. 유스티니아누스 대제는 554년에 〈국사조칙Prammatica Sanzione〉을 공표하여 이탈리아가 제국의 본대에 돌아오는 것을 허락했다(그는 원로원의 귀족정치가 남긴 것을 공공연히 지지하려고 노력했다). 그 해에는 북부에서 저항군의 약탈이 몇 차례 있었다. 제국과의 결합 관계에서 이탈리아 반도의 역할은 처음부터 지극히 부차적이었다. 콘스탄티노플에서 파견한 관리들이 통치하는 수많은 속주 중의 한 곳에 불과했던 것이다. 더구나 유스티니아누스 대제와 교황의 의견이 갈수록 충돌한 것도 이유가 될 수 있다.

랑고바르드족의 침입: 알보인 치하에서

568년은 비잔티움 제국 치하의 이탈리아 역사에서 잔인한 해였다. 새로운 황제 유스티누스 2세는 그때까지 총사령관 자격으로 이탈리아를 계속 통치했던 나르세스를 제거하기로 결정했다. 어쩌면 우연은 아닌 듯한데, 동시에 알보인이 이끄는 롬바르디아의 게르만 민족이 프리울리에서부터 이탈리아를 침공했다. 랑고바르드족은 산발적인 저항을 만나기는 했지만, 우선 북부에서 세력을 확장한 다음에 로마의 남쪽으로도 집단 이주를 했다. 마우리키우스는 이탈리아를 지방 총독의 권한 아래에 두고, 특히 랑고바르드족에 적대적인 프랑크족의 지지를 얻으려고 노력하면서(별다른 확신을 가지지 못한 채 이탈리아에 파견대를 보냈다) 상황을 개선하려고 했지만 성공하지 못했다. 그러나 포카스와 헤라클리우스가 통치하는 동안, 랑고바르드족은 제국의 영토를 조금 더 침범할 수 있었다. 베네벤토의 랑고바르드 공국에 특히 반대했던 콘스탄스 2세의 이탈리아 파견대도 아무런 성과를 거두지 못했다. 오히려 시라쿠사로 이동해 거기서 작전을 수행하려고 했던 콘스탄스 2세(그곳에서 그는 668년에 살해되었다)의 결정은, 콘스탄티노플의 직접적인 통치를 받았고 번영을 누리던 시칠리아와는 반대로, 이탈리아 반도에 속한 제국의 영토가 파멸에 처했다는 사실을 명확히 보여 주었다.

레오 3세(약 685-741, 717년부터 황제) 치하의 성상 파괴 운동은 이미 틀어졌던 교황권과의 관계를 더욱 악화시켰다. 게다가 이제 이탈리아에서 실제로 존재하는 유일한 권력이 교황과 랑고바르드 왕조('롬바르디아 왕조'라고도 함*)의 권력이라는 점이 명백해졌다. 아스톨포 왕(?-756, 749년부터 왕)은 마지막으로 총독 관할구의 수도인 라벤나를 정복했고, 교황 스테파노 3세(?-772)는 콘스탄티누스 5세(718-775)에게 몇 번 구원 요청을 한 뒤에야 프랑크족에게 도움을 청할 결심을 했다.

프랑크족의 간섭과 남부를 향한 퇴각

프랑크족의 왕 피핀 3세(약 714-768, 751년부터 왕)는 교황의 초대를 받아들여 754년에 폰티온에서 서로 만났다. 피핀 3세는 아스톨포 왕의 군대를 두 차례 물리쳤으며, 아스톨포 왕에게 비잔티움 제국 총독 관할구의 영토였던 움브리아, 마르케, 로마냐 지방 사이에 위치한 성과 도시들을 교황에게 돌려주도록 강요했다. 콘스탄티노플에서는 이것이 명백한 법의 위반이라고 항의했으며, 피핀 3세로 하여금 교황청보다는 바실레우스basileus(아라비아족에게 정복되기 전까지 페르시아 국왕이나 비잔티움 황제의 칭호로 사용된 단어*)에게 땅을 돌려주도록 유도했지만 허사였다. 그러나 이 시점에서 로마와 프랑크족의 동맹은 매우 굳건했다. 이 동맹의 희생자는 774년에 카롤루스 대제에게 마지막으로 패한 랑고바르드족과 비잔티움이었다. 이탈리아에 남은 비잔티움 제국의 영토는 베네치아 석호의 섬들, 나폴리 공국(이 두 영토 모두 조만간 자치권을 표명하기는 했지만 말이다), 칼라브리아 남부, 풀리아 주에 위치한 갈리폴리(곧 오트란토가 여기에 합세했다)였다.

프랑크 왕국의 편에 선 교황

| 다음을 참고하라 |
역사 성상 파괴 운동 시기까지의 비잔티움 제국(119쪽); 비잔티움 제국과 마케도니아 왕조(194쪽); 비잔티움 제국의 속국 III(198쪽)
과학과 기술 그리스 유산을 복원하려는 첫 시도(437쪽); 그리스–비잔티움 문화 속의 연금술(471쪽)
문학과 연극 비잔티움의 종교시(660쪽)

프랑크 왕국

| 에른스트 에리히 메츠너Ernst Erich Metzner(이탈리아어로 번역: 바르바라 스카르딜리Barbara Scardigli) |

프랑크족은 서유럽의 역사에서 한결같은 역할을 수행했다. 로마 제국이 완만하지만 지속적으로 쇠퇴하는 틈을 타서, 정치 기구를 한층 확고하게 조직하면서 원래의 영토를 넓혀 갔다. 특히 메로빙거 왕조의 통치자들이 그 일을 수행했는데(5세기부터 751년까지), 특히 왕국을 통일한 클로비스 왕은 알라마니족과 서고트족에 손실을 주며 계속 승리를 거두어 명성을 얻었다. 메로빙거 왕조를 이은 카롤링거 왕조는 카를 마르텔과 함께 튀링겐, 알라마니아, 바이에른, 작센 지방, 북부 슈바벤과 인접한 슬라브 지역 등 독일의 거대한 동쪽 영토를 합병했다.

자유로운 민족, 프랑크족

게르만 프랑크(라틴어로는 '프랑키Franci', 고대 독일어로는 '프랑콘Franchon'), 즉 라인 강 하류의 북쪽과 동쪽에 정착한 주민들(카마비Chamavi, 카투아리Chattuarii, 브룩테리Bructeri, 시캄브리Sicambri, 바타비Batavi, 암프시바리Ampsivarii, 우비Ubii, 텐테리Tencteri)의 왕국은 3세기 말-4세기 초에 처음 언급되었을 때부터 서유럽의 역사에서 중요한 요소가 되었다.

프랑크족이 성공한 근본 요소는 3세기 중반 이후로 진행된 서로마 제국의 멈출 수 없는 몰락이었다. 율리아누스 황제는 이미 여러 번 습격을 감행했고, 선봉에 서 있던 살리족을 오늘날의 브라반트에 배치했다. 5세기 동안, 프랑크족은 라인 강 하류에서 강으로 나뉜 국경선limes과 살리 영토의 경계선을 여러 차례 넘었으며, 고대 후기의 방식에 따라 겉으로는 로마 영토를 수호한다는 목적을 내세워 부족의 원래 영토를 확장하면서 남쪽과 서쪽에 정착했다.

이처럼 주민들이 자신의 가치를 일찍 인식한 것, 또 서쪽 국가들이 그들에 대해 대체로 긍정적으로 평가한 것은, 무엇보다도 그리스도교도인 프랑크족이 남쪽의 이웃 주민이자 이교도인 알라마니족에 대해 가지는 우월성을 기반으로 한다. 로마인들은 알라마니족이 프랑크족에 비해 더 위험하다고 평가하고 있었다. 프랑크족이 스스로에게 부여했던 이름의 기원은 여기서 나온다. 형용사 '프랑크frank'는 민첩하고 오만하고 야만적인 사람들의 특성을 암시하며, 갈리아 지방의 영토를 소유한 신흥 귀족들이나 대부분의 로마인들에게 명백히 합법적인 의미를 지니게 되었다. 오늘날에도 그것은 '자유로운'을 의미하며 여전히 사용되고 있다. 이 의미는 프랑크족이 실제로 처한 상황과 일치하며, 로마인들에게 종속되어 있어서 자유롭지 못한 주민들의 상황과 대조를 이루고 있었다.

메로빙거 왕조와 카롤링거 왕조: 위대한 통치 왕조

프랑크족과, 고대 후기 및 중세 초기의 두 왕가에 소속된 군주들의 족보는 확인할 수 있다. 그것은 바로 처음에는 이교도였던 메로빙거 왕조(5세기-751년)의 족보와 이후에 나타난 카롤링거 왕조(7세기부터, 더 정확히 751년부터)의 족보다. '프란키스키 Francisci/프란초젠Franzosen'(즉 프랑크족의 방식을 따르던 자들)은 로마인이 다스릴 때나 프랑크족이 다스릴 때나 갈리아 지방의 후손이었다. 그리고 갈리아 지방은 거의 전체가 미래에는 프랑스가 될 터였다. 프랑코니아의 독일 지역도 옛 정복자들의 이름을 간직하고 있었던 반면, 그들의 우두머리인 카롤루스는 처음에는 동부 프랑크족이 거주했던 지역이자 나중에는 신성로마 제국에서 왕을 선출한 장소이고 전통이 풍부한 수도에 프랑크푸르트 암 마인Frankfurt am Main('프랑크족의 개울'이라는 뜻)이라는 명칭을 붙였다. 자신의 할아버지인 카를 마르텔Karl Martell(684-741)의 자취를 쫓아 엘베 강 너머로, 어쩌면 오데르 강 너머로 왕국을 확장했던 프랑크족의 아주 강력한 왕 카롤루스 대제의 이름은 서쪽 슬라브족 영토에서는 '왕'의 또 다른 명칭이었다(그것에 대한 흔적이 폴란드어 '크롤król'에 남아 있다).

살리족은 로마에 종속된 서쪽 왕국에 정착했다. 이 왕국은 상대적으로 규모가 작아서 처음에는 단결력이 좋았지만, 브라반트에서 솜 강까지 남쪽과 서쪽으로 점차 영토를 확장했다. 500년경에 힐데리히 1세(?-481, 457년부터 왕)의 아들인 클로비스 1세(약 466-511)가 통치하던 시절에는 여전히 여러 메로빙거 국가들이 왕국을 구성하고 있었다. 클로비스 1세가 루아르 강과 남서쪽에 이르는 영토를 정복함으로써, 대부분이 로마 영토이자 가톨릭교도였던 새로운 이스트리아Istria('서쪽의 새로운 왕국')까지 합세해 왕국을 구성하게 되었다. 이렇게 많은 영토를 획득한 클로비스는 수도를 남쪽으로, 즉 수아송에서 파리로 옮겼다.

라인 강 유역의 프랑크족은 마침내 라인 강 양쪽 제방에 정착하면서 우선 쾰른 주변에 동쪽 왕국(아우스트리아Austria/아우스트라시아Austrasia)을 세웠다. 이윽고 5세기에 이 왕국은 영토를 확장했는데, 이는 정복을 통해서일 뿐 아니라 490년 전후로 남

132

쪽에서 다가오는 구세력 및 신흥 세력의 위협에 놀란 듯한, 주로 가톨릭교도들인 지역 주민들(마인츠와 트리어 주변의 라인 강과 모젤 강에 정착한 프랑크인들처럼)의 자발적인 지지 덕분에 가능했다.

클로비스의 개종

클로비스는 랭스에서 그리스도교로 공식적으로 개종하면서(프랑스 골 지방의 하인들과 부르고뉴 출신의 아내가 그리스도교였다), 새로 맞은 매부이자 이탈리아를 통치했던 동고트족의 테오도리쿠스 왕이 신봉한 아리우스파를 비판했다. 그리하여 496-497년 무렵에 이교도 알라마니족에게 승리를 거두고 나자, 동로마 제국까지 그 사실이 퍼졌다. 클로비스는 알라마니족, 특히 프랑스 남부에 정착한 아리우스파 서고트족에 대항하여 마지막으로 큰 성공을 거두어 정복한 뒤에, 507년에는 하느님이 용기를 주는 왕이자 진정한 그리스도교 정신을 표현하고 있다는 명성을 야만족들 사이에서 얻었다. 비록 프랑크족과 갈리아 지방 전역을 지배하기 위해 영토를 확장할 때 썼던 방식에 대해서는 논의의 여지가 있고, 라인 강 유역의 프랑크 영토에서 이전에 개종한 사건이 있었지만 말이다.

511년에 클로비스가 영국 해협의 전투에 참가하고 나서 마흔다섯의 나이에 일찍 사망한 뒤에, 프랑크족의 법(살리족의 법)에 따라 네 명의 자식이 제국을 분할했다. 라인 강의 한 공주가 낳은 아들인 테우데리히 1세Theuderic I(485-533)와 부르고뉴 출신의 그리스도교도인 클로틸드Clotild가 낳은 세 아들인 클로도미르Clodomir(496/497-524), 힐데베르트Hildebert(?-558), 클로타르Chlotar(500-561)는 별다른 갈등 없이 왕국을 분할했다.

클로도미르가 이른 나이에 사망하고 나자 524년에 왕국은 세 개로 분리되며, 그 사이에 동쪽과 남쪽을 향해 새로운 영토 확장을 시작하게 된다. 영토는 아우스트라시아(메로빙거 왕조 때의 분국分國으로 게르만어로 동쪽 나라를 의미하며, 6세기 후반-8세기에 이 지명을 사용했다*), 네우스트리아Neustria(메로빙거 왕조 때 왕국 서부를 동부와 구별하여 부른 이름이다*)와 부르고뉴 제국에 편입되어 이제는 지중해에 접근할 수 있게 되었으며, 이 지역들은 일시적으로 통일되었다가 다시 분열되는 시기를 거치기도 했다.

메로빙거 왕조와 카롤링거 왕조

그러나 메로빙거 왕조의 지배 아래서 프랑크 왕국이 통일되었다는 생각에는 아직도 이견이 많다. 이후에 왕권을 빼앗은 아우스트라시아의 찬탈자들, 소위 말해 피피니디Pipinidi(639년에 사망한 피핀 1세가 붙인 호칭)나 아르눌핑거Arnulfinger(640년경에 사망한 메스의 아르눌프Arnulf de Metz 주교의 이름을 따서 붙인 호칭)의 궁재들, 즉 '마이오레스 도무스maiores domus' (중세 초기의 관직 명칭으로, 특히 7-8세기에 프랑크 왕국의 재상을 지칭했다*)는 자신들의 권력을 정당화하기 위해 유산의 분배와 왕국의 통일에서 오랜 전통으로 상속된 이념에 따랐다. 적어도 에리스탈Héristal로 불리는 피핀 2세가 678년에 테스트리에서 네우스트리아의 반대파들에게 승리를 거둔 뒤에는 말이다.

카를 마르텔 이후로, 카롤링거 왕조는 메로빙거 왕조를 계승한다. 에스파냐에서 출발하여 프랑크 중심부까지 침투한 이슬람교도를, 732년에 투르와 푸아티에에서 최종적으로 물리친 것이 프랑크 카를 왕의 위대한 업적이었다. 카를의 아들인 피핀 3세가 프랑크족 사이에서 미리 제도적으로 정한 관습에 따라 아버지가 보는 앞에서 751년에 수아송에서 즉위한 것뿐 아니라, 의미가 풍부하고 절대적인 혁신을 보여주는 구약 성경에 따라 황제 대관식을 즉시 거행한 것은 바로 그리스도교 정신의 원칙을 수호하기 위한 것이었다.

군사적으로 피핀에게 종속되어 있던 로마와 교황청은 랑고바르드족에게서 보호해 달라는 요청을 했고, 그 요청은 수락되었다. 프랑크족은 교황에게 감사의 표시로 영토를 전하는데 그것이 소위 말하는 '피핀의 증여'였고, 이는 교황 국가의 시작을 알리는 것이었다.

카롤링거 왕조가 시작될 때부터 우리는 마지막 영토 확장을 보게 되는데, 그러나 영토의 확장 이것이 최종적인 영토 확장은 아니었다. 토이데베르트 1세(약 505-548, 534년부터 왕)와 토이데발트(약 535-555, 약 548년부터 왕)가 다스렸던 아우스트라시아의 메로빙거 왕조 초기에는 동부 프랑크 왕국이 탄생함으로써 지정학적인 토대가 무너졌다. 이 왕국은 9세기부터 프랑크 왕국의 가혹한 지배를 받지 않고 게르마니아 왕국이 될 터였다. 차츰 형성되던 언어학적 국경선의 좌우에 위치한 아우스트라시아에 정착한 메로빙거 왕조는 일찍이 영토를 재확장하기 시작했으며, 튀링겐, 알라마니아, 바이에른, 작센 지방, 슈바벤 북부와 인접한 슬라브 지역을 포함하는 동부 독일의 넓은 영토를 합병했다. 이 영토는 왕조의 마지막 후계자들이 통치하는 동안 다시 잃게 될 것이다.

700년부터 윌리브로드와 보니파키우스(본명은 윈프리드Wynfrid)처럼, 프랑크족과 언어적으로 가까운 앵글로색슨 선교사들이 활발한 도움을 주었다. 보니파키우스는 로마의 개혁과 조직화 활동을 한 것 때문에 옛 프랑코니아 출신의 귀족과 성직자의 미움을 받아 754년에 다른 많은 사람들과 순교했다. 그때 프랑크 왕국에 도착한 교황은 생드니에서 왕권에 합법성을 부여하기 위해 도유식을 거행하고 있었다. 피핀은 파리 근처에 위치한 메로빙거 왕조의 왕실 묘지에서 아버지 카를 옆에 묻혔다.

| 다음을 참고하라 |
역사 프랑크 왕국: 카롤루스 대제에서 베르됭 조약까지(220쪽); 프랑크 왕국: 베르됭 조약에서 왕국의 해체까지(224쪽); 9~10세기의 약탈과 침략(243쪽)
시각예술 카롤링거 왕조 시대의 프랑스, 독일, 이탈리아(832쪽)

이탈리아의 랑고바르드족

| 스테파니아 피카리엘로Stefania Picariello |

랑고바르드족의 정복은 고대 후기 이탈리아의 사회 및 경제 질서를 전복시켰다.
이들이 정착하면서 568년부터 도시 체계가 혼란을 겪었다. 충돌과 대화, 상호 인정에
이르기까지 수십 년이 지난 뒤에 가톨릭 교회와 랑고바르드족의 관계는
8세기 말에 다시 악화되었다. 774년 초에 교황의 부름을 받은 프랑크 왕국은
랑고바르드 왕국의 수도를 정복했다.

정복

568년 봄에 알보인 왕의 지휘를 받으며 판노니아(현재의 헝가리)에서 출발한 랑고바르드족은 줄리안 알프스를 통과하여 이탈리아에 도착했다.

8세기 말경에 자기 백성의 역사를 인식했던 랑고바르드족의 수도사 파울루스 부제Paulus Diaconus(약 720~약 799)가 『랑고바르드족의 역사Historia Langobardorum』에서 언급한 바에 따르면, 랑고바르드족의 군대는 파라fara(랑고바르드족이 이주하는 동안에 무기를 지닌 백성을 구분하여 가리키던 단어다*), 즉 조상이 동일한 가문에 속한 전사의 무리로 나뉘어 이탈리아에 도착했다. 이 가문들은 자기 대공들의 지휘를 받으며 독자적으로 이동했으며 새로운 땅에 단계적으로 정착했다. 그러므로 대공들 각자의 결정에 따라 정복이 진행되었는데, 전사들의 수가 전체적으로 부족했으므로 대공들은 단일한 계획에 따라 진군하지 않고 단순하게 비잔티움 제국의 영토 중에서 저항

하는 수가 적은 방향으로 진군했다. 비잔티움 제국은 고트족과 오랫동안 적대 관계에 있었기 때문에 랑고바르드족의 압력에 효율적으로 대항하지도, 반격하지도 못하는 상태였다.

랑고바르드족은 몇 년 만에 중부 및 북부 이탈리아 대부분을 점령했으며, 주로 피에몬테, 프리울리, 트렌티노, 토스카나에 공격을 집중했다. 그러나 다른 무리는 움브리아 지방 중부 및 북부와 피체노 사이에 있는 스폴레토 주변에 정착했고, 그곳에 스폴레토 공국을 세웠다. 사실 비잔티움 제국의 용병들과 같은 몇몇 랑고바르드족은 그리스-고트족 전쟁이 막바지에 이르렀을 때(535-554), 이미 이탈리아에 도착해 있었다. 이들의 무절제한 행동 때문에 이들로부터 빨리 벗어나기 위해 나르세스 장군이 출동한 것처럼 보이지만 말이다. 그러나 몇몇 랑고바르드족은 고향으로 돌아가는 대신, 고트족의 동맹군처럼 554년에 이탈리아에 도착한 알라마니족과 프랑크족의 전사 부대와 합병하기를 원했다. 전쟁이 끝난 뒤, 나르세스는 수비대와 같은 랑고바르드 부족의 몇몇 무리가 베네벤토에 정착하도록 허락했는데, 이들은 거기서 568년에 침략한 군인들을 유인했을 것이고, 그리하여 베네벤토 공국이 탄생했을 것이다.

음모로 희생당한(572) 알보인과 그의 후계자 클레프Cleph(?-574, 572년부터 왕)가 사라지자, 대공들은 그 뒤를 이을 후계자를 정하지 못했고, 족히 10년 동안(574-584) 왕 없이 지냈다. 그때가 소위 말하는 군사적인 무정부 시기였는데, 그동안 군사령관들은 요새화한 도시를 권력 중심지로 만들었으며, 원주민들에게 압력을 행사했다.

고대 후기 이탈리아의 사회 및 경제 질서는 랑고바르드족에게 점령당함으로써 완전히 파괴되었다. 이들은 교회의 재산을 마음대로 약탈하고 빼앗았고, 로마인들을 정치권에서 완전히 배제했고, 로마 지배층을 대표하는 자들을 대량으로 학살했으며, 권력을 손에 넣었다. 사회적인 관점에서 보면 이들은 무기를 지닐 수 있는 남성들, 즉 부족의 회합인 가이레틴크스gairethinx에서 인정받은 아리마니arimanni(무기를 지닌 사내)에게만 충분한 권리를 인정하는 평민-군대처럼 보였다. 그러므로 아리마 평민-군대
니 회합과 대공들과 왕이 권력을 나누어 가졌다. 정착이라는 관점에서 보아도 568년부터 고대 후기의 도시 체계에 혼란이 일어났음을 알 수 있다. 랑고바르드족의 침입은 이미 3-4세기에 이탈리아 반도 대부분에서 시작되었던 쇠퇴의 직접적인 원인이 아니며, 다만 그것을 가속화하고 악화시킨 요소인 듯이 보여도 말이다.

정치의 발전

랑고바르드족은 외부의 습격으로 인한 위협과 내부의 해체 위기로 인해 더 안정적인 정치 조직의 필요성을 느끼고 새로운 왕을 선출해야 한다고 생각했다. 584년에 클레프의 아들인 아우타리Authari(?-590, 584년부터 왕)가 선출되었다. 아우타리는 왕권을 행사할 수 있을 만큼의 경제 기반을 창출하기 위해 재산이 많은 대공들의 도움을 받으면서 왕권 회복 과정을 시작했다. 그의 후계자인 아길룰프Agilulf(?-616, 590년부터 왕)에 의해 왕권의 회복 과정은 더 강화되었다.

무정부 상태에서 왕권의 강화 그들이 시작한 왕권 강화는 공국으로 안전하게 나뉜 왕국에 근거해 새로운 영토 개념이 생긴 것을 의미한다. 공국마다 파라의 대장이 아니라 지위가 낮은 관료들인 스쿨다스키sculdasci와 가스탈디gastaldi가 보좌를 맡고, 공권력을 가지고 있던 왕실 관료인 대공이 다스렸다. 동시에 아길룰프는 라틴 민족이 자신을 신임할 수밖에 없도록 하는 상징적인 선택을 하면서 새로운 정치 구조에 더 많은 로마인들을 등용하려고 했다. 사실 그리스도교도 아내 테오델린다Theodelinda(?-628) 덕분에 그는 당시에 교황 그레고리오 1세(540-604, 590년부터 교황)가 다스렸던 가톨릭 교회와 대화를 시도했으며, 이전에 교회에서 몰수했던 재산을 돌려주고, 도망쳐야 했던 주교들이 다시 자신의 본거지로 돌아가 활동할 수 있도록 했다. 대부분이 이교도들이자 아리우스파들인 랑고바르드족 사이에서 저항이 없지 않았지만 말이다.

교회와의 대화 그러나 이러한 개입과 603년에 아들인 아달로알드Adaloald를 가톨릭 의식에 따라 세례를 시킬 결심을 했음에도 불구하고, 아길룰프가 사망하자 7세기 내내 가톨릭 왕과 아리우스파 왕이 번갈아 가며 왕좌를 차지했고, 가톨릭 우호 노선과 민족주의 노선은 강하게 대립했다. 그리스도교에 대해 관용과 대화의 개방 정책을 편 사람은 아리우스파인 로타리Rothari(?-652, 636년부터 왕)였으며, 그는 테오델린다의 딸이자 그리스도교도인 군데베르가Gundeberga를 아내로 맞았다. 643년에는 그때까지 구전으로만 전해졌던 랑고바르드족의 법률을 처음으로 기록하도록 했으며(《로타리 칙령》), 왕국 안에서 왕의 위치를 강화하면서 법률 체계 및 랑고바르드족 전통의 분명한 역할을 강조했다.

랑고바르드 왕국의 절정과 쇠퇴

리우트프란드Liutprand(?-744, 712년부터 왕)와 더불어 그의 백성들이 그리스도교로 개종하는 일이 실제로 완성되었다. 랑고바르드족과 로마인의 분리 현상은 로마인들 랑고바르드족과
로마인의 통합
이 지배자들의 법률 전통을 받아들이면서 결국 극복되었다. 리우트프란드는 이와 같
은 내적인 응집력을 염두에 두고 교황의 동의를 바라면서 왕국을 이탈리아로 새롭게
팽창시킬 결심을 했으며, 총독 관할구Esarcato와 펜타폴리스를 침입하고 로마의 성문
까지 도착했다. 그러나 리우트프란드는 교황 그레고리오 2세(669-731, 715년부터 교
황)의 개입으로 로마의 정복을 포기해야 했고, 심지어는 로마 공국ducato romano(5세
기부터 752년까지 로마와 라티움 일대에 존속하던 명목상의 비잔티움 제국의 속국*)이 이미
정복한 땅에서마저 물러나야 했다. 그러나 리우트프란드 왕은 비테르보 근처의 수
트리 시를 비잔티움 당국에 돌려주기보다는 교회에 선물로 주기로 했다. 이는 로마
와 주변 영토에 대한 교황의 주권을 사실상 인식했기 때문이다. 아스톨포 왕은 비잔
티움 제국의 지배를 받는 이탈리아 주민들도 자신의 권력 아래에 두려는 의지를 보
였는데, 이는 정치적인 이해관계의 중심 문제가 되었다. 그가 스스로를 부르는 대로
말하자면, '랑고바르드족의 왕rex gentis Langobardorum'은 칙령을 발표하여 부역의 유
형을 통제했는데, 랑고바르드족이든 로마인이든 왕국의 자유민들은 민족적인 혈통
이 아니라 오직 그들이 지닌 부를 기반으로 하여 병역을 제공해야 했다. 이러한 조치
는 사회적·경제적인 측면의 놀라운 효과 외에도 새로운 왕으로 하여금 중요한 도시
들을 정복할 수 있도록 했는데, 무엇보다 이탈리아에서 비잔티움 권력의 중심지라
할 라벤나를 손에 넣을 수 있었다. 로마와의 관계는 더욱 복잡해졌다. 로마에서 교
황 스테파노 2세(?-757, 752년부터 교황)는 피핀 3세에게 도움을 호소하면서, 로마와
로마에 종속된 모든 영토에 대한 사법권을 인정받으려는 아스톨포의 시도에 대항했
다. 스테파노 2세는 피핀 3세에게, 비잔티움 제국의 총독들이 소유하고 있는 영토를
되찾아 로마 교회에 위임하도록 이탈리아에 개입해 달라고 요청했다. 754년에 랑고
바르드 군대가 프랑크 왕국에 패배하자, 아스톨포는 인질을 양도해야 했고 영토 몇
곳을 포기해야 했다. 2년 뒤에 아스톨포는 다시 교황을 상대로 전쟁을 일으켰고, 교
황은 프랑크 왕국에 도움을 요청했다. 또다시 패배한 아스톨포는 라벤나를 교황에
게 양도함으로써 결과적으로 로마 교회의 영토를 확장시켰으며, 자신의 나라가 일
종의 보호국이 되는 것을 감내해야 했다.

데시데리우스Desiderius(?-약 774, 756년부터 왕)가 왕이 되자 상황은 파국으로 치달 쇠퇴와 종말
았다. 그는 바오로 1세(?-767, 757년부터 교황)가 사망하자 새로운 교황의 선출에까

지 참견하려고 했으며, 결국 로마와의 관계를 악화시켰다. 새로 선출된 교황 하드리아노 1세(?-795, 772년부터 교황)는 피핀의 아들 카롤루스 대제가 이끄는 프랑크 왕국에 또다시 도움을 요청하여 데시데리우스에게 대적하기로 결정했다. 카롤루스 대제는 외교를 통해 로마로 팽창하려는 데시데리우스의 목적을 단념하도록 설득했지만 소용이 없었으므로, 군대를 이끌고 로마로 진군했다. 6개월 동안 맹공격을 하고 난 프랑크 왕국은 774년 초에 랑고바르드 왕국의 수도인 파비아를 정복했는데, 이는 랑고바르드 왕국의 독립이 끝났음을 의미했다. 이제 랑고바르드 왕국의 왕은 공식적으로 프랑크 왕국의 왕과 연합했지만, 사실은 그에게 종속된 것이었다.

| **다음을 참고하라** |
역사 야만족이 다스리는 왕국, 제국, 공국(97쪽); 9-10세기의 약탈과 침략(243쪽)
시각예술 랑고바르드족이 지배한 이탈리아(825쪽); 카롤링거 왕조 시대의 프랑스, 독일, 이탈리아(832쪽); 독일과 이탈리아의 오토 왕조(840쪽)

무함마드와 이슬람교의 첫 팽창

| 클라우디오 로 야코노Claudio Lo Jacono |

7세기에 메카에서 이슬람교가 등장하자, 다른 지역에서는 아라비아에 대한 지식이 부족한 까닭에 놀라운 사건이 발생했다. 이슬람교에 대한 지지는 열렬한 선교 활동의 결과일 뿐 아니라, 수많은 전쟁의 결과이기도 하다는 점이 중요하다. 이슬람교도들은 전쟁을 통해 아라비아 반도에 거주하던 이교도, 유대인, 그리스도교도, 마즈다교도를 단시간에 지배하고, 초기의 칼리프들을 통해 페르시아와 서아시아의 백성을 지배했다.

이슬람교의 탄생과 규칙
이슬람교는 7세기 초반에 아라비아의 거대한 마을인 메카에서 첫걸음을 뗐다. 프톨레마이오스가 '마코라바Macoraba'라고 지칭한 그곳은 쿠라이시족이 거주했고, 입방체 모양의 카바 신전 주위에서 발전했다.

이슬람교는 전례가 없을 정도로 빠른 속도로 등장했다. 히자즈 지역을 종교적·군사적으로 정복하는 데 20년이 조금 넘게 걸렸을 뿐이다. 그중 마지막 3년 동안에 아라비아 반도 전체에 걸쳐 등장했고, 7년 후에는 시리아, 비잔티움 제국의 속주인 이집트, 메소포타미아, 페르시아의 서쪽 지역을 안정적으로 정복했고, 651년에는 226년부터 그곳을 통치했던 사산 왕조를 무너뜨렸다.

이렇듯 빠른 속도에 아시아, 아프리카, 유럽은 크게 놀랐다. 아라비아 및 그곳에 거주하던 유목민들이나 토착민들에 대한 정보가 허무맹랑하고 때로는 터무니없었던 것도 그 때문이다. 헤카타이오스, 헤로도토스, 네아르코스, 아리스톤, 크니도스의 아가타르키데스Agatharchides, 디오도루스 시켈로스, 에라토스테네스, 스트라보는 아라비아 사막의 에레모스eremós('광야'를 의미한다*)에 '스케니티Skeniti'가 존재했다는 사실("그들은 천막을 치고 살았다") 이상의 더 많은 것을 알지는 못했다. 그들은 말하자면 베두인족으로 주로 이웃들과 사소한 전쟁과 습격을 일삼았으며, 대개 양이나 당나귀 혹은 낙타를 키웠다.

무함마드(약 570-632, 중세 시대에는 이탈리아어식으로 '마호메트'라고 불렸다)는 히자즈의 도시 중 하나인 메카에서 태어났다. 동방의 많은 사람들처럼 그는 상업에 종사했고, 시리아와 예멘을 여행했다. 그 도시들에서 옷감뿐 아니라 수요가 아주 많았던 아로마(아로마 향, 라벤더, 향료나 발삼 등)가 나왔다. 그것들을 운송하던 대상大商들은 아주 먼 지역들을 연결하여 경제적인 효모 역할뿐 아니라 문화적인 역할도 수행했다. 주로 사바족에서 힘야르족까지 아라비아 남부의 주민들이 먼 지역들을 관리했던 반면, 나바테아인들은 힘야르 왕국에서부터 아라비아 페트라에아Petraea까지 좀 더 북쪽에 위치한 지역을 관리했다.

기원전 2000년부터 '행복한 아라비아Arabia Felix'(알렉산드로스 대왕의 동방 원정 이후로 로마의 지리학자는 아라비아를 '바위의 아라비아'인 시리아, '모래의 아라비아'인 아라비아 반도 내륙, '행복한 아라비아'인 아라비아 반도 남부로 나누어 생각했다*)인 예멘에 살던 사람이 절대 군주 연방국을 준비했다. 그는 문자언어를 만들었고, 거대한 궁전 구조물을 건축했으며, 농업의 발전을 위해 물을 지혜롭고 엄격히 관리했다. 아라비아는 협소했지만, 쉽게 항해할 수 있는 해협을 건너 고대 문화를 발전시킨 땅과 접촉할 수 있었다. 사실 홍해 서쪽에는 강력한 아비시니아 그리스도교 왕국인 악숨 왕국이 세워졌고, 페르시아 만 동쪽에는 이란 고원이 솟아 있으며, 마지막으로 북쪽에는 아

군사 및 종교의 빠른 승리

라비아 반도에서 직접 갈라져 나온 시리아와 메소포타미아가 있었다. 수백 년 전부터 이 각 영토에서는 유대교, 동방 그리스도교, 마즈다교(아후라 마즈다를 최고의 신으로 숭배하는 고대 이란의 종교로 조로아스터교라고도 한다*)가 번성했다.

신흥 종교,
신흥 권력

그러므로 문화적으로 풍요로운 토양에서 610년 무렵에 이슬람교가 싹튼 것이다. 이제 부유해진 선지자 무함마드는 자신이 다신교를 믿는 동료 시민들을 '진정한' 신앙으로 개종시키는 임무를 천사 가브리엘을 통해 하느님(알라)에게서 부여받았다고 확신하고, 힘겨운 포교에 전념했다. 위험이 없지 않았지만, 그는 결국 승리했다.

그 위험은 이슬람교가 수행했던 사회적인 전복에 있었다. 『코란』(하느님에게 직접 귀착되는 '찬양서')은 절대적인 유일신교에 호소할 뿐 아니라 신자들의 새로운 공동체(움마umma)의 탄생을 부추겼다. 이 공동체에서는 종족과 가족의 옛 관계 대신에 뚜렷한 평등주의를 내세우는 신앙 관계가 우선이었으며, 강한 결속력과 매우 사치스러운 특성이 두드러지게 나타났다. 이 모든 면이 옛 권력자들인 쿠라이시 부족을 분노하게 만들었는데, 이들의 특권과 권력이 매우 위태로워졌기 때문이다. 그러므로 이들의 적대감은 불가피했다. 비록 615년에 각 구성원의 안전을 보장하는 뿌리 깊은 도의심과 부족을 강제하는 관습법 때문에 무함마드 일파를 거부하려는 시도가 무효화되는 등, 그들에게 지나치게 반대할 수는 없었지만 말이다.

헤지라와 포교

무함마드는 중요한 후원자들(백부인 아부 탈리브와 아내인 하디자)이 죽은 지 3년 뒤에 주민들과 합의하고 신도들과 북부에 위치한 안식처인 야스리브로 비밀리에 이동했다. 이때 개종이 가능하게 되었다. 무함마드가 백부이자 후견인인 아부 탈리브와 메카의 부유한 미망인인 하디자의 도움을 받아 40년 동안 무역을 했던 조국에서는 개종이 쉽지 않았던 것이다. 그렇게 그는 이주(헤지라Hegira)를 했는데, 이로 인해 부족의 굳건한 관계가 무너지고 안전한 법을 잃게 된다.

야스리브Yathrib(이슬람교도들은 이곳을 마디나트 알-나비Madinat al-Nabi, 즉 '선지자의 도시' 혹은 더 간단히 메디나Medina로 부른다)에서 소수였던 무하지룬Muhajirun(이주자들)의 수는 여러 해가 지나자 그곳에 거주하던 아라비아 이교도들의 개종 덕분에 놀랍도록 증가했다. 그러나 수백 년 전부터 그곳에 살면서 번성했던 이스라엘 사람들은 개종하지 않았다. 무함마드는 이스라엘 사람들을 상대로 지속적인 포교 활동을 펼쳤으며, 대부분의 구약 성경에 등장하는 '예언론'이란 사슬의 마지막 고리로서 자신이 받아들여지면 좋겠다는 헛된 바람을 품고 있었다. 어쨌든 이것은 이슬람교가 초기 단계에서도 유대교에 대해 수행한 교화가 얼마나 두드러졌는지를 보여 준다.

유대교와 마찬가지로, 이슬람교 역시 평화로운 설교 형태뿐 아니라 잔인한 전쟁을 통해서도 명확한 '신의 의지'를 실행한다며 자신들을 정당화했다.

624년 바드르에서, 625년 우후드에서(여기서 이슬람교도들은 혹독한 패배를 맛본다), 그리고 627년 메디나에서 무장한 움마 이야기가 분명하게 전해진다. 움마는 630년에 부유하고 오만 방자한 메카를 굴복시켰고, 후나인에서는 히자즈의 베두인족을 격파했다. 이 모든 것과 더불어 메디나에 거주하던 유대인 집단에 대한 혹독한 탄압이 있었다. 그리하여 마지막으로 남은 유대인 집단인 쿠라이자Qurayza 유대 민족 중에서 성인 남자는 모두 절멸되었고, 아이들과 여자들은 노예로 팔려 갔다.

632년 6월 8일에 무함마드는 계속 살고 있었던 메디나에서 사망했다. 그는 선견지명을 가진 메디나 시민들의 환영이 없었다면 성공할 수 없었음을 잊지 않았다.

후계자들

움마의 정치 지도자 계승권은 이슬람교도들의 천재적인 창의성이 만들어 낸 결과물이다. 이슬람교도들은 『코란』의 지침이나 자신들을 인도할 예언자의 가르침이 없이, 대략 13세기 동안(그중 6세기는 아라비아 왕조의 통치를 받았다) 살아남을 제도를 단시간에 만들어 냈다. 예언자의 절친한 친구이자 동업자인 아부 바크르Abū Bakr(?-634)가 칼리프('khilāfa'에서 나온 단어로 대리인을 뜻한다)가 되었다. 그는 예언자와 동년배였으며, (무함마드의 아내인 하디자 이후로) 무함마드를 믿은 최초의 성인 남자였다. **칼리프 왕조**

그는 칼리프로 재임하는 3년 동안(632-634), 아라비아 반도 전체의 부족을 이슬람교와 메디나에 복종하도록 만들었다. 그보다 먼저 개종한 어떤 부족들은 예언자가 사망한 뒤에 의무를 면제받기도 했다.

이들 부족과 더불어 새로운 칼리프(혹은 신자들의 지휘관) 우마르 1세Umar ibn al-Khattāb(약 581-644)가 634-644년의 십 년 동안 아라비아 외부에서 정복 활동을 시작했으며, 움마의 원시적인 가부장 구조가 처음으로 변하게 되었다.

시리아-팔레스타인과 이집트(비잔티움 제국이 페르시아-사산 제국과 전쟁을 치르고 수십 년이 지난 뒤에 콘스탄티노플에 대한 충성은 현저히 줄어들었다)를 큰 어려움 없이 정복한 다음에 메소포타미아(이제는 사산 왕조에 예속되었다)를 정복했으며, 군대의 강한 저항에도 불구하고 페르시아 서부도 함락했다. 수도인 셀레우키아-크테시폰은 무함마드가 사망한 지 5년 만인 637년에 정복되었다.

움마는 이미 우마르 치하에서 이슬람 신하들과 비이슬람 신하들(유대인, 그리스도교인, 조로아스터인)이 지불한 세금 기록부와 군대 목록, 군대에 지불하는 월급과 전사자들의 유산을 가로챈 퇴역 군인들의 재산을 통해 행정 체계를 갖추기 시작했다.

우마르가 살해되자 우스만 이븐 아판ʿUthmān ibn ʿAffān(약 570-656, 644년부터 재임)이 칼리프가 되었다. 그는 당시까지 믿을 만한 법규집이 없어 외워서 기억해야 했던 『코란』의 표준본을 작성하도록 한 공적을 남겼다.

『코란』의 표준본

그는 족벌주의 정책(하지만 지나친 족벌주의는 아니었고, 이슬람교 이전의 메카에서 자주 등장했던 족벌 중 하나인 바누 우마야Banu Umayya 족벌이 우수한 능력을 가졌기 때문에 그의 정책은 자주 정당화되었다)을 펼쳐 점차 반감을 불러일으켰으며, 통치 말년에는 움마를 그릇되게 통솔하여 결국 살해되기에 이르렀다.

누가 살해를 공모했는지 정확히 알려진 바는 없으나 살해 사건 이후에 있었던 혼란스러운 시기에 예언자의 사촌이자 사위인 알리 이븐 아비 탈리브ʿAlī ibn Abī Tālib(약 600-661)가 칼리프로 선출되었기 때문에, 결국 부당한 모든 의혹이 그에게 쏠릴 수밖에 없었다.

우마르 시절부터 시리아의 총독으로 선출된 바 있는, 우마이야 왕조의 무아위야 1세Muʿāwiya ibn Abī Sufyān(약 602-680)는 656년에 소위 낙타 전투에서 옛 전우 두 명과 사소하게 충돌한 뒤에 새로운 칼리프에게 반대했다(이 전투에는 고위층 인사 중에 예언자의 유명한 미망인인 아이샤Āʾishah가 알리의 패전을 바라며 참가했다). 이후 시핀에서 있었던 충돌(657)은 결정적인 것이 아니었지만, 움마 내부에 발생한 균열은 결코 해결되지 못했으며, 오히려 수니파와 알리를 추종하는 시아파 사이의 계속되는 분쟁의 불씨를 마련했다. 그때부터 두 분파에 격렬하게 반대했던 카와리즈파도 사태를 간과할 수 없게 되었다. 카와리즈파는 알리가 자신들 종파의 신자들을 학살했던 것을 복수할 생각으로 661년에 알리를 암살했다. 그 결과 혼란 속에서 '정통파'라고 지나치게 낙관적으로 정의된 바 있는 최초의 칼리프 왕조가 서둘러 만들어졌으며, 새로운 우마이야 왕조가 불법적으로 권력을 가지게 되었다.

| 다음을 참고하라 |
역사 우마이야 왕조(143쪽)
과학과 기술 그리스의 유산과 이슬람 세계(443쪽)
문학과 연극 이슬람교에 대한 유럽의 인식(612쪽)

우마이야 왕조

| 클라우디오 로 야코노 |

661-750년에 다마스쿠스에서 움마를 관리했다. 새로 탄생한 우마이야 왕조는
유연한 정책을 폈기 때문에 이교도적인 특성이 종파적인 특성에 결코 굴복당하지 않은
사회를 건설할 수 있었다. 중요한 점은 정복당한 민족들에게서 나오는 조세였으며,
이들의 문화는 지속적인 관용 정책을 통해 보상을 받았다. 그러나 경제적인 요인에 대한
지나친 관심 때문에 아랍인이 아닌 개종자들과의 융합은 원만하지 못했다.
이들의 반항이 더욱 커지자 결국 우마이야 왕조는 몰락하고, 아바스 왕조로 대체된다.

새로운 수도 다마스쿠스

반역을 꾀한 우마이야의 시리아 총독인 무아위야와 네 번째 '정통파' 칼리프인 알리
사이의 충돌에서 예언자의 사위이자 사촌이 살해된 뒤로, 어떤 야심과 능력을 지닌
사람이 이슬람 정치 무대를 통치할 수 있는지가 확실해졌다.

무아위야는 알리의 후손들에게서 중립적인 태도를 '사고자' 노력한 뒤에 661-680년
동안 왕국을 다스렸는데, 지난 이십 년간 시리아를 통치한 경험을 자신의 칼리프 왕
조에 불어넣었다. 그는 시리아를 통치하던 시절에 그리스도교도들과 이스라엘인을
포함한 백성들에게서 신뢰와 호평을 얻었던 것이다. 그러나 그의 실용주의는 군대
기구를 강화하도록 했으며, 적대적인 카와리즈파와 알리파로부터 스스로를 방어하
기 위해 군대의 명예를 높였고 호의를 아끼지 않았다. 그러니 무아위야가 자신의 절
대적인 야망을 위해서라면, 이슬람교도들에게 망설임 없이 저항했고 마즈다교를 신
봉했던 페르시아 기사들을 징집했던 것도 어느 정도 의미를 가졌다.

무아위야는 안전을 보장받기 위해 다마스쿠스에 머물면서 새로운 권력 구조를 조

직했다. 그 결과 다마스쿠스가 칼리프의 수도로서 메디나를 대체했다. 이 구조는 미래의 이슬람 세대에게 하나의 본보기로 남게 된다.

우마이야 왕조

왕조의 시작 무아위야가 아들 야지드Yazid(645-683)를 후계자로 삼기로 했을 때, 상황은 악화되었다. 자신의 가문 이름을 따서 우마이야로 불리는 칼리프 세습 왕조를 세우고자 했던 그의 의지는 실제 실적 위주로 평가를 하는 아라비아의 전통적인 원칙에 위배되었다. 헤게모니 집단 내부에서 나이 많은 사람이 우위를 점할 경우, 혈연관계보다 신앙 관계가 우선한다는 이슬람 사회의 원칙은 그 집단의 선善과 결합된 것이었다. 이러한 원칙은 예언자와 지속적으로 교류했고 신앙생활을 오래한 것을 자랑으로 삼았던 '정통파' 시절에 적용된 바 있다.

야지드는 실제로 지도자로서 부적합했는지와 상관없이, 이슬람 역사가들에게 우마이야 왕조의 다른 통치자들처럼 혹독한 비판의 대상이 되었다. 그러나 이 역사가들이 다마스쿠스 귀족들의 반종교적인 특성을 강조했으며, 우마르 2세(약 682-720)를 제외하고는 경건한 이슬람교의 성직복을 결코 입지 않았던 무아위야의 후손들을 비판함으로써 아바스 왕조의 권력자들에게 아첨하는 역사를 썼으리라는 점을 기억해야 한다. 아바스 왕조 권력자의 후계자들은 비록 공식적인 상황이기는 했지만 성직복을 매우 과시하듯이 입고 다녔다. 예언자의 딸 파티마Fātima(약 610-632)와 알리 사이의 작은 아들은 할아버지와의 혈연관계를 이용하여 움마를 통치하기 위해 무아위야의 아들보다 더 많은 호칭을 가지겠다고 요구했는데, 야지드는 아버지가 현명하게 만든 정치, 경제, 군사적인 조직의 권한으로 그 요구를 막았다.

카르발라 학살: 시아파와 수니파의 갈등

예언자의 손자와 그의 가족에 대한 학살 사건이 680년 카르발라에서 일어났다(추종자들은 그의 죽음을 순수한 순교라고 판단한다). 시핀 전투가 이슬람교도의 통일을 가로막는 최초의 잊지 못할 사건을 상징했다면, 카르발라 사건은 움마의 내적 균열을 재촉한 사건이었다. 알리파들은 야지드의 칼리프 왕조를 '가장 경멸해야 할 강탈 집단'으로 평가한다. 비록 대부분의 이슬람교도들은 예언자 가문에 집단적인 지도권이 미리 주어져 있다고는 결코 확신하지 않더라도 말이다. 200년 뒤에 탄생할 시아파와 수니파의 토대는 그렇게 시작되었다.

카르발라의 결과가 우마이야 왕조의 불행을 막아 주지는 못했다. 사실 메카에서는 초기에 예언자의 친밀한 협력자들이었던 사하바Sahaba(동지) 중 한 사람의 아들인 아브드 알라 이븐 알-주바이르Abd Allah ibn al-Zubayr(624-692)가 반란을 일으켰는데, 움마의 상당수가 일찍부터 그를 지지하여 그는 반칼리프주의자로 오랫동안 활동할 수 있었다.

야지드가 자연사하고 뒤이어 아들이자 후계자인 무아위야 2세(661-684)도 사망하자, 무아위야 왕조는 절멸하고 이븐 알-주바이르가 승리한 것처럼 보였다. 그러나 광범위한 무아위야 가문은 가문의 특권을 포기할 생각이 없었으며, 가장 연로한 마르완 이븐 알-하캄Marwan ibn al-Hakam(623-685)을 새로운 칼리프로 정하기로 빠르게 합의했다.

685년 쿠파에서 일어난 반란(알리 이븐 아비 탈리브의 또 다른 아들인 무함마드 이븐 알-하나피야Muhammad ibn al-Hanafiyya의 이름을 빌린 알-무크타르al-Mukhtar가 앞장섰다)은 이미 눈에 띄게 균열한 이슬람 사회를 악화시켰다. 그러나 마르완을 계승한 아들인 아브드 알-말리크 이븐 마르완Abd al-Malik ibn Marwan(646-705)은 유능한 군사적 능력을 발휘하여 몇 년 만에 칼리프 왕조를 통일했으며, 31세의 능력 있는 장군이자 그의 편에 선 쿠파의 총독인 알-하지즈 이븐 유수프al-Hajjaj ibn Yusuf(661-714) 덕분에 결국 692년에 68세의 이븐 알-주바이르에게서 벗어날 수 있었다.

칼리프 왕조의 위업

통일을 이루고 난 뒤에 아브드 알-말리크의 주된 목적은 국가 조직의 재편성이었다. 692-697년에 그는 화폐를 주조시켰다. 비잔티움 제국 및 사산 왕조의 화폐에서 영감을 받아 금화인 '디나르dinar', 은화인 '디르함dirham', 동화인 '필스fils'를 만들었다. 이윽고 그는 잠재적 위험과 불만 요소를 제거하기 위해 북부 출신의 아랍인들에게도 군대의 문을 열어 주었다. 군대 안에서는 아랍 예멘의 가장 선진적인 요소가 우위를 차지하고 있었다. 그 밖에 그는 간첩 활동을 막기도 했던 효율적인 우편 시설인 바리드barid를 조직했다. 그는 또한 국가의 디완diwan(책)에 기록하는 행정 증서에 더 이상 그리스어, 콥트어, 아람어, 유대어를 쓰지 말고 아라비아어만을 쓰도록 명령했다. 그리하여 시리아, 페르시아 및 아라비아 외 지역의 이슬람교도(마왈리mawālī) 문

화폐, 군대, 공용어

법학자들의 결정적인 공헌으로 마침내 적당한 정전이 나오기에 이르렀다.

그렇다고 해서 이스라엘인, 그리스도교도 혹은 마즈다교도의 공헌을 부인하지는 않았다. 오히려 선친과 조부처럼 우마이야 왕조의 행정 책임자로 일한 다마스쿠스의 요한(645-약750)의 예로 알 수 있듯이, 이들은 소위 말하는 '자유로운' 직업에 종사하면서 행정을 계속 발전시켰다.

초기에 움마를 강력하고 뚜렷하게 발전시켰던 것은 정체성에 충격을 주지 않고 흡수할 수 있는 이러한 능력이었는데, 비이슬람권에서 그런 직업을 더 잘 제공할 수 있었다.

화려한 건축   우마이야 왕조는 칼리프 왕조의 건물 외양에도 신경을 썼다. 아브드 알-말리크는 이미 예루살렘에 화려한 바위사원Qubbat al Ṣakhrah을 건축했다. 이슬람교도인 신하들이 메카를 순례하던 이븐 알-주바이르의 적대적인 선동에 영향을 받지 못하도록 하기 위해서였다. 그러나 칼리프 왕조가 위대한 야망에 맞는 기념비를 갖게 된 것은 그의 아들인 알-왈리드 1세al-Walid I(668-715) 때부터다. 다마스쿠스에 있는 무아위야 왕조의 사원들과 카이로우안에 위치한 시디 오크바 사원Sidi Okba은 빈약한 아라비아 유산에 외국의 건축 양식을 결합하면서 뚜렷한 동화력을 지닌 이슬람의, 그러나 전적으로 아라비아적인 시대정신과 문화의 시작을 가장 잘 보여 준다.

강력한 적국인 비잔티움 제국과 접촉한 흔적은 다마스쿠스에 위치한 우마이야 왕조의 사원에 있는 모자이크 작품뿐 아니라 데나리온denarius(로마 공화정과 로마 제국의 화폐 중 하나*)의 주형에서도 찾아볼 수 있다. 이런 접촉이 있었던 것은 우마이야 왕조가 콘스탄티노플보다 세 배나 긴 성벽을 만들겠다는 야심을 가진 동시에, 허황된 바람 때문에 세 차례나 탐험대를 조직했기 때문이다(668, 674-677, 717년). '제2의 로마'를 가지겠다는 꿈이 산산이 부서진 것은 두 번째 공격 중에 만난 '그리스의 불'(화약을 가리킴*) 때문이었다. 사실 로마는 이슬람이 아니라 훨씬 뒤인 776년에 터키 군에 의해서 무너진다.

움마는 북아프리카(아프리카 지방을 라틴어로는 이프리키야Ifriqiya라고 한다)의 동쪽 지역인 호라 산과 중앙 아시아의 트란스옥시아나에서 규모를 키우면서 더욱 큰 성공을 거두었다. 물론 결과적으로 더욱 활발해진 군사 활동 덕분에 이슬람교도들은 **에스파냐와 프랑스에 침투하다**   지브롤터 해협(지브롤터는 베르베르족의 용병 대장인 타리크 이븐 지야드Tāriq ibn Ziyād[약 670-720]의 이름을 땄다)을 통과하여 이베리아 반도에 발을 내딛을 수 있었다. 이슬람교도들은 서고트족을 물리치고 이베리아 반도의 절반 이상을 안정적으로 점령했으며, 이렇듯 새롭게 발전시킨 기지에서 현재의 프랑스까지 뚫고 들어갈 수 있었다. 그러나 732년에 푸아티에 평원에서 카를 마르텔에 의해 저지당했다.

빌라드 알안달루스bilad al-Andalus 즉 알안달루스(이슬람의 지배를 받던 시기의 에스파냐*)에 이슬람교도들이 출현했고, 800년이 넘는 동안에 유럽 문화뿐 아니라 다른 문화에서도 매우 귀중한 유물들이 세워졌다. 이슬람교도들은 주변부에 머무르지 않고 르네상스에도 적지 않은 영향을 미쳤다. 이는 이슬람교도들이 고대 이집트, 이스라엘, 시리아, 그리스, 페르시아, 인도에서 이룩했으나 현재는 잊힌 매우 소중한 지적·기술적 업적을 전달한 덕분이었다.

우마이야 왕조가 이슬람 문화에 확실하게 남긴 예술적·과학적·문명적 공헌(중요한 급배수 설비, 병원, 요양원, 대상大商들의 쉼터 등) 때문에 제대로 칭송을 받을 만하다고 해도, 또한 하자르족과 고대 터키인의 파괴적인 공격처럼 그들이 전적으로 외부 요인 때문에 몰락한 것이 사실이라 해도, 그들이 몰락한 주요 동기가 내부에 뿌리를 두고 있다는 것은 명백하다. 재정의 공정함과 사회 정의를 실현해야 한다는 마왈리의 압박에 그들이 적절하게 대응하지 못한 것이 잘못이었다.

마왈리들은 이론적으로 보편주의를 제시하는 새 신앙을 받아들였음에도 불구하고, 명예롭고 유리한 관공서의 직업에서 본질적으로 배제되었을 뿐 아니라, 불공평하게도 비이슬람교도들의 재정적인 부담을 떠맡았다. 이들은 인두세(지즈야gizya)와 토지세(카라즈kharài)를 부담하고 있었는데, 그것이 비록 견딜 만한 것이었어도 아랍 이슬람교도가 신에 대한 봉사의 의무로 내는 희사(자카트zakat)보다 부담이 컸다.

칼리프 왕조의 해체와 아바스 왕조의 등장

740-743년에 베르베르족이 처음 일으킨 반란으로 북아프리카 서쪽 지역들이 칼리프 왕조에서 떨어져 나온다. 그리하여 칼리프 왕조에는 인구가 더 많은 도시 지역과 해안 지역만 남게 된다. 게다가 소위 말하는 '아바스 왕조의 혁명'이 다마스쿠스에 결정적인 타격을 가한다. 예언자의 숙부인 아바스에게서 내려온 당파는 마왈리의 깊은 근심과 알리파의 힘을 약화시킨 원인을 결합시킬 수 있었다. 그리고 이 당파는 굳건한 비밀 운동을 벌이기 위해 페르시아 출신의 천재적인 자유민인 아부 무슬림 Abu Muslim al-Khurasani(약 700-750)에게 책임을 맡겼다.

아부 무슬림은 오아시스 도시인 메르브에서 활동을 시작했다. 무아위야 시대부터 알리파를 지지하던 5만 가구가 그곳에 유배되었는데, 이들은 페르시아 지역에 편입되었으며 747년에 무력해진 우마이야 군대를 공격하기 위해 70년 동안 세력을 키워 왔다.

공격에 성공한 아바스 세력은 더 힘을 키워 750년 1월에 티그리스 강의 지류인 자브 강에서 결정적인 승리를 거두었다. 우마이야 신자들의 최후 영웅이자 불행한 사령관인 마르완 2세(688-750)가 이집트에서 살해되자 이들의 승리는 확고해졌다.

| 다음을 참고하라 |
역사 무함마드와 이슬람교의 첫 팽창(138쪽); 이슬람교: 아바스 왕조와 파티마 왕조(202쪽); 유럽의 이슬람화(209쪽); 9-10세기의 약탈과 침략(243쪽)
문학과 연극 이슬람교에 대한 유럽의 인식(612쪽)
시각예술 유럽의 이슬람 문화: 에스파냐의 이슬람 문화와 모사라베 미술(817쪽)

그리스도교 교리에 대한 정의와 이단

| 자코모 디 피오레|Giacomo Di Fiore |

유대 공동체를 제외한다면, 그리스도의 가르침을 말하는 공동체는 처음에는
참고할 만한 문헌을 가지지 못했다. 그리고 신빙성과 출처가 의심스러운 저작들
거의 대부분이 나중에 거짓이라는 이유로 거부되었다. 동시에 교회는 다양한 형태로
나타난 교리적인 일탈로 오랫동안 고통을 받았다. 그리스도의 메시지에 대한
해석에서부터 그리스도의 인성과 신성을 인식하는 방식, 교부들과 호교론자들이 반박했고
종교회의에서 비난을 받았던 운명예정설, 은총설처럼 교회의 역사 내내 논의되었던
큰 주제에 이르기까지, 교리적인 일탈 범위는 폭넓었다. 무엇보다도 이단은 소위
'말하는 산파술'을 활용했는데, 이런 거부는 오히려 그리스도교의 교리를 따르는
정통파를 세우고 정의하는 데 도움을 주었다. 바오로도 이렇게 언급한 바 있다.
"하기야 여러분 가운데에 분파도 있어야 참된 이들이 드러날 것입니다"
(「코린토 1서」 11장 19절).

정전의 문제와 초기 이단

초기 그리스도교 공동체는 기준이 되는 독자적이고 자율적인 교리집을 갖추지 못했다. 유대교의 '갈비뼈'에서 태어났다고 볼 수 있는 새 종교는 첫 원전으로 토라Torah를 가지고 있었다. 그것에 예수의 가르침을 특히 언급하고 있는 다수의 서적이 점차 첨가되었다. 그러나 예수는 글로 남긴 것이 전혀 없었다. 신자들의 공동체에서는 유대교의 성경과 함께, 대여섯 권의 원복음서, 어린이 복음서, 고유한 명칭을 지닌 복음서, 「요한 묵시록」, 사도들이나 다소 권위 있는 인물들의 서한집과 「사도행전」이 유포되어 읽혔다. 그러나 이미 1세기 말에 「마태오 복음서」, 「마르코 복음서」, 「루카 복음서」, 「요한 복음서」가 특히 널리 보급되어 숭배 대상이 되었다. 60년부터 작성된 (그리고 흩어져 있던 더 오래된 원전들인) 이 복음서들은 나중에 신약 정전에 속하게 될 것이었다.

신약 정전의 정의

　　신자들 사이에서 돌고 있는 수많은 저작들을 정리하고 그리스도교를 특히 언급하는 성경을 결정해야 한다고 처음 주장한 사람은 폰토스 태생의 마르키온Marcion(약 85-약 160)이었다. 그는 시노페의 주교의 아들이며, 아마 그 역시 주교였을 것이다. 마르키온은 자신의 종교를 유대교와 명확히 구분하면서 새로운 종교의 특성을 주장했다. 당시 유대교 안에서는 모호하게나마 그리스도에 대해 언급하는 종파가 많이 생겨났다. 유대교 집단 출신의 많은 그리스도교도들은 사실 모세의 전통과 연결된 다리를 깨부술 용기가 없었지만, 몇몇 무리는 의식儀式과 문화에 나쁜 영향을 주기도 했다. 그들 중에 에비온파ebionites(유대어로 '가난한 자들'을 의미하는데, 카이사레아의 에우세비우스는 『교회사Storia ecclesiastica』(III, 27)에서 그들을 "지적으로도 가난한 자들"이라고 정의하고 있다)는 나자렛 사람들(유대교 풍습을 따르는 그리스도교도들을 지시하는 일반적인 단어로, 이들은 외전 복음서와 관련된다)처럼 그리스도의 신성을 부정했다. 엘카사이파elcesaites는 베드로가 그랬던 것처럼 마음속에 신앙을 간직하고 있으면 입으로는 신앙을 부인해도 괜찮다고 여겼다. 유대교-그리스도교가 뒤섞인 배경에서 나타난 이러한 종파들과 함께, 「사도행전」에 언급된 바 있는 마법사 시몬(1세기)을 추종했던 시몬파simonians를 덧붙일 필요가 있다. 마법사 시몬은 세례를 받은 뒤의 육신의 사망과 자유로운 사랑을 주장했다. 마법사 시몬의 몇몇 제자들의 이름을 딴 메난드로파menandriani와 사투르니노파saturniniani, 수적으로 우세한 일곱 개 종파, 카인을 숭배한 카인파, 그리스도를 하느님-뱀으로 생각한 뱀파, 「요한 묵시록」에도 언급되고 방탕한 종교 의식에 몰두한 니콜라오스파Nicolaitans도 있었다(중세에 니콜라오스파는 첩을 두는 사제로 정의되었다).

마르키온과 『대조표』　　마르키온은 구약 성경에서 말하는 복수심에 불타는 포악한 유대교 신이 천박하고 단순한 2등급 조물주인 반면에 진정한 신은 신약 성경의 신으로, 그리스도가 다가오는 신의 왕국을 예고했다고 보았다. 마르키온은 금욕 외에도 절제와 엄격한 식사, 보편적인 형제애와 분명하게 대조되는 국가에 대한 무관심을 옹호했다. 예수의 계시에 대해서는 「루카 복음서」의 단 몇 부분과, 사도 바오로의 저작 선집을 수용하면서 예수가 직접 가르친 것만을 인정했다. 그는 현재는 유실된 자신의 『대조표Antitheseis』에 바오로의 글을 모아 두었다. 마르키온의 설교는 파급력이 컸으며, 그는 140년 무렵에 도착한 로마에서도 분파를 선동했다. 그의 가르침에 고취된 교회들은 이슬람교가 도래하기 전의 아라비아 반도와 메소포타미아 지역에서 수백 년 동안 살아남았다. 심지어 『마르키온을 논박한다Contra Marcionem』를 썼던 테르툴리아누스Quintus Septimius Florens Tertullianus(약 160-약 220)까지도 말년에는 몬타누스파montanismo를 포용하면서 자신이 논박했던 입장을 수용했는데, 몬타누스파와 마르키온파는 만나는 지점이 몇 군데 있다.

　　순교자 유스티누스(약 100-약 165)와, 리옹의 주교이지만 스미르나 태생이자 『모든 이단에 반대하여Adversus haereses』라는 중요한 논문을 쓴 리옹의 이레나이우스Irenaeus(약 130-약 200) 같은 권위 있는 작가들을 이단이라고 비난한 마르키온의 논문들은 무엇보다 새로운 종교의 토대가 되는 저작들을 시급히 명시하자는 제안을 했다. 그리스도교의 교리가 만들어지는 과정은 초기에는 특히 동방 교회들이 이를 주도한 것으로 보이며, 문서화되지 않고 규칙 없이 느리게 진행되었다. 그 가운데 중요한 사건은 호교론의 논박을 통해서 일어난 이단과의 싸움과, 시노드synod(가톨릭 교회에서 중요한 문제가 발생할 때 여는 자문 회의*)의 비난이었다. 불행히도 시노드는 이보다 더 과거에 일정한 간격을 두고 소집되었을 때는 당시의 기록이나 증거 자료, 회의록을 전혀 남기지 않았다. **「무라토리 단편」**　신학 성경의 정전에 대한 첫 번째 암시를 담고 있는 『무라토리 단편Frammento del Muratori』(모데나의 위대한 학자인 무라토리가 1724년에 암브로시아나 도서관의 한 사본에서 발견했다)은 대략 2세기로 거슬러 올라간다. 로마 교회에 속한 미지의 저자는 보편적으로 신성하다고 간주하는 책들로 루카, 마태오, 마르코, 요한 복음서를 들었다. 이 복음서들은 예배하는 동안 읽혔다. 그러나 『헤르마스의 목자세 Pastore di Erma』처럼 보편적인 동의를 얻지 못한 서적들은 개인적으로 읽힐 수는 있었어도 예언서 안에 들지는 못했다. 마지막으로 바실리데스(2세기)의 저서나 마르키온 추종자들의 서적처럼 이단이라고 폐기된 서적들이 있었다. 카이사레아의 에우세비우스도 『교회사』에서 이와 유사하게 4권의 책을 보편적으로 수용할 가치가 있다고 했으나, 호몰로구메나Homologumena(정전 성경으로 이의 없이 수용된 책*)와 대치되고 논쟁의 대상이 되는 안틸레고메나Antilegomena(초기 교회가 일반적으로 정전성을 의심했던 신약 성경 중의 일부 책*) 안에 「요한 묵시록」을 집어넣었다.

이러한 전제로부터 2세기에 고대 예배 때 사용한 신약 성경 모음집이 "모든 교회에 제안한 기본적인 작은 서고(그 책들은 공공 독서를 위해 유일하게 추천되었다)"(Trocmé, in H. Puech, *Storia del cristianesimo*, 1983)로 간주될 수 있었다는 지나치게 축소된 추론이 나왔을 것이다. 기준이 되는 그리스도교 성경을 구성하는 느린 단계의 '도착 지점terminus ad quem'을 360년으로 생각할 수 있다. 이 시기에 라오디케아에서 열린 시노드의 59조항은 정전이 아닌 서적을 교회에서 읽는 것을 금했다. 몇 년 후에 우리는 알렉산드리아의 아타나시우스Athanasius가 367년에 쓴 서간집인 「파스칼 편지 39Epistola Pascalis 39」에서 처음으로 신약 성경 27권의 최종 목록을 발견하게 된다. 이 목록은 히포 레기우스 시노드(393)와 카르타고 시노드(397)에서 승인한 것이며, 이후로는 다시 논의된 적이 없다. 마침내 5세기 말에 〈금서 목록Index librorum prohibitorum〉의 진정한 전신이며 〈읽을 수 있는 책과 읽을 수 없는 책De libris recipiendis et non recipiendis〉이라는 제목으로 알려진, 젤라시오 법령으로 추측되는 목록에서 정전 성경에 포함시킬 수 없는 수십 권의 도서 제목이 나열되었다. 테르툴리아누스, 락탄티우스, 아르노비우스의 작품들, 즉 정통파의 신념을 옹호하면서도 교리적인 실수를 저지른 그리스도교 작가들의 작품들도 성경 외전의 목록에 포함되었다.

바오로가 에페소스(성경에서는 에페소)를 방문했을 때, 그리스도교 역사에서 첫 번째 분서가 언급되었다. 요컨대 「사도행전」(19장 19절)에는 마술 서적과 상당히 중요한 상업 서적이 문제시되었다고 정확히 쓰여 있다.

초기 유대교의 이단과 더불어, 궤변이 더 심한 데다 마르키온의 논쟁의 대상이었던 다른 이단들도 발견된다. 이들은 마르키온도 접촉 지점이 있는 그노시스교처럼 신지학神智學적이고 비교秘敎적인 여러 분파와 함께, 고전 그리스 철학의 커다란 전통 속에 편입되었다. 알렉산드리아의 바실리데스가 소속되어 있는 그노시스교 신도들

*라오디케아
시노드의 59조항*

그노시스교

은 선과 악을 나누는 마니교의 이원론적 우주관을 취했다. 그리스도는 요한이 예수라는 이름을 가진, 목수의 비천한 아들에게 세례를 주려는 순간에 그에게 내려온 신성(영겁eone)이다. 그리스도는 예수가 골고타 언덕까지 가서 마지막 숨을 내쉴 때 그를 버린다. 그의 은밀한 가르침은 소수의 입문자들에게만 전달되어야 한다.

몬타누스   놀라운 전파력을 보여 준 다른 이단은 프리기아 출신의 몬타누스(2세기)다. 몬타누스는 자신을, 그리스도교 민중의 원기를 회복시켜 줄 보혜사保惠師(도움을 주는 자, 위로하는 자)라고 선언했다. 카이사레아의 에우세비우스에 따르면, 몬타누스는 "남보다 뛰어나고 싶은 끝없는 욕망 때문에 …… 갑자기 거짓된 황홀경에 빠져서 그것에 도취되었으며, …… 예언을 하면서 이상한 말을 하기 시작"했다. 몬타누스는 방랑 도중 자신을 따르는 추종자들을 모았는데, 그중에 프리실라와 막시밀라라는 두 여성도 스스로 예언가인 척했다. 몬타누스와, 그의 추종자들이 스스로 이름 붙인 프리기아파에 대해서는 그의 전 제자인 에페소스의 아폴로니우스(2세기 말-3세기 초)의 논쟁적인 언급을 기록할 만하다. "말해 보거라. 예언가가 머리를 염색해? 눈썹을 검은색으로 화장해? 예언가가 사치를 좋아할까? 예언가가 체스 게임과 주사위 게임을 할까? 예언가가 돈을 빌릴까?"(카이사레아의 에우세비우스, 『교회사』, V, 6, 13과 18). 사실 몬타누스는 도덕적으로 매우 엄격한 사람으로 그려지는 것 같다. 그는 무엇보다 금욕주의와 포기를 설교했다. 그는 여신 키벨레의 사제이자 연인이고, 자신과 같은 고향 사람인 아티스처럼 스스로 거세했다.

그리스도교 교리집은 이단에 대한 논박과 보조를 맞추어 정교하게 다듬어졌다. 리옹의 이레나이우스는 그리스도교의 통합을 위협하는 수많은 이단에 대하여 『모든 이단에 반대하여』를 썼을 뿐 아니라, 진정한 교리를 설명하기 위하여 『사도적 가르침의 증명Demonstratio apostolicae praedicationis』을 저술하기도 했다. 히포의 아우구스티누스Augustinus Hipponensis(354-430)는 마니교도, 도나투스파, 펠라기우스파에 반대하는 책뿐 아니라, 성경 해설과 윤리학, 영혼의 불멸성을 주제로 삼은 주목할 만한 서적들을 쓰게 된다. 이 중에서 우리는 교부 문학의 근본이 되는 두 서적인 『그리스도교 교양De doctrina christiana』과 『신국론神國論, De Civitate Dei』만 기억할 뿐이다.

이처럼 교리 연구의 초기였던 결정적인 수백 년 동안 수행된, 신학적·지적으로 위대한 논쟁에서는 이단과 정통 간의 경계선은 쉽게 넘을 수 있는 것이었다. 성 유스티누스(약 100-약 165)의 제자인 타티아누스Tatianus Syrus(2세기)가 그런 경우인데, 그는 『디아테세론Diatesseron』에서 4대 복음서를 하나로 통합하려고 했지만, 많은 측면에서 카타리파cathari의 선조들인 엔크라티테스파Encratites, 혹은 호교론자로서 결국 몬타누스파가 된 테르툴리아누스의 그노시스교를 따랐으며, 심지어는 그와 반대로 마니교에 심취했다가 그리스도교로 개종한 아우구스티누스의 그노시스교까지 따랐다.

교부 시대에 강화된 교리와 위대한 이단

원래는 비천한 자들 사이에서 유포되었던 새로운 종교는 지식인과 수사학자, 철학자들을 끌어들이는 데도 성공한다. 이들은 개종한 뒤에 그리스도교 교리를 정교하게 다듬고, 우상 숭배와 이단에 빠지는 일탈을 열성적으로 반대하면서 그 근거를 대기 위해 여태껏 축적한 자신의 교양을 이용했다. 이러한 활동은 아프리카의 호교론자들에게서 특히 두드러진다. 여기서는 아르노비우스의 『제국민에 대하여Adversus nationes』와 그의 친한 친구인 락탄티우스의 『박해자들의 죽음에 관하여De mortibus persecutorum』만을 인용하겠다. 이들은 모두 현재의 튀니지라 할 수 있는 시카 베네리아 출신이다. 이들에 의해서 '거짓말쟁이에다 위선적인 신들'은 신이라는 이름을 빼앗겼다. 사실 카르타고의 테르툴리아누스가 『호교서Apologeticum』(10, 9)에서 쓴 것처럼, 사투르누스를 비롯하여 다른 사람들이 숭배하는 신들은 인간으로 취급당한다. 『이교의 오류에 대하여De errore profanarum religionum』에서 피르미쿠스 마테르누스Julius Firmicus Maternus(337-350년에 활동)는 제우스가 존속 살해범일 뿐 아니라 불사不死의 화신이며 모든 친족들과 근친상간을 했다고 말한다. "그는 어머니와 잠자리를 함께 했고, 여동생과 결혼했으며, 비열함을 완성하기 위해 딸을 강간하려고 했다cum matre concubit, sororem suam duxit uxorem, et ut integrum facinus impleret incesti, filiam quoque animo corruptoris adgressus est."

교리를 공들여 완성하는 데 결정적으로 기여한 자들은 교부들이다. 이와 같은 명칭은 저명한 저자들(이들 중에는 모순적이게도 테르툴리아누스처럼 항상 전적으로 정통파에 속하지는 않았던 인물들도 들어가 있다)과 성직자들(사실 많은 수가 주교였다)을 지시하기 위해 4세기 말에 이미 나타나기 시작했다. 이미 언급한 바 있는 젤라시오 법령은 교부들의 고유한 자질과 특성을 강조하고 있다. 예를 들면, 다음과 같다. "교리의 정통성, 성스러운 삶, 교회의 인정을 받은 자, 고전성, 탁월한 학식doctrina orthodoxa, sanctitas vitae, approbatio ecclesiae, antiquitas, eminens eruditio." 그들 중 많은 사람들은 수백 년이 지난 뒤에(1298년부터 지금까지) 교회 박사로도 정의된다. 신학의 역사 2000년 동안에 인정을 받았던 33명 중에서 1/3 이상이 4세기에 속한다. 그러나 가장 중요한 인물은 의심할 여지없이 히포의 아우구스티누스다.

아리우스파와 삼위일체론　삼위일체론의 쉽지 않은 도그마를 정의하는 일은 알렉산드리아의 장로인 아리우스에 대한 처벌과 맥락을 같이한다. 아리우스에 따르면 그리스도는, 영원하고 나눌 수 없는 성부와 동일시될 수 없다("성자가 존재하지 않았던 때가 있었다"라고 그는 선언했다). 그러므로 성부와 성자는 동일한 실체가 아닌 것이다. 이러한 주장은 십자가상뿐 아니라 그것의 구원 활동도, 결과적으로 그 형상이 물려준 전통과 포교에 몰두하는 교회 자체도 평가절하하기에 이른다. 특별 시노드를 소집한 알렉산드로스 주교에 의해 321년에 파문당해 도망쳐야 했던 아리우스는 콘스탄티누스 대제의 유력한 고문이자 니코메디아의 주교인 에우세비우스의 도움과 보호를 받았다. 아리우스의 교리는, 313년부터 그리스도교도들에게 신앙의 자유를 허용했던 콘스탄티누스 대제가 325년 니케아 공의회를 소집할 정도로 확산되었다. 이 공의회는 거의 동방 주교들로만 구성되었고 교황이 자신을 옹호하는 사제 2명만 보내기는 했지만, 최초의 보편 공의회였다. 나중에 알렉산드리아의 주교로 임명되는 아타나시우스 부제에게 특히 반감을 샀던 아리우스는 후원자인 에우세비우스와 함께 추방되었고, 그의 책들은 불태워졌으며, 그의 교리는 비난을 받았다. 공의회는 성부가 낳고 창조한 그리스도는 성부와 동질(동일 본체omoousios)이라고 결정했다. 그러나 아리우스 지지자들은 다시 우위를 점하게 되었다. 에우세비우스는 궁정에서 다시 호의를 얻게 되고(그가 임종을 맞은 콘스탄티누스에게 세례를 주었을 것이다), 아리우스는 명예 회복을 눈앞에 두고 다시 부름을 받았지만 여행하는 도중인 336년에 사망했다. 그에게 적대적인 전통이 강조하는 바에 따르면, 콘스탄티노플의 어느 화장실에서 죽었던 것이다. 그러나 아리우스파의 행운은 지도자의 죽음과 함께 사라지지 않았으며, 오히려 더욱 확산되었다. 아리우스파 주교이자 고트족인 울필라스Ulfilas(311-약382)가 자신의 동포들을 개종시켰으며, 이들이 몇십 년 뒤에 로마를 약탈한 책임자들이었을 것이다.

비록 일시적으로는 괴멸되었으나 교회의 역사에 재등장했고, 성 아우구스티누스가 열렬히 반대했던 또 다른 이단들은 도나투스파와 펠라기우스파다. 몇 년 동안 논쟁의 대상이 되었던 카르타고의 주교이자 누미디아 출신인 도나투스는 박해 시절(여기서는 디오클레티아누스가 도를 넘은 박해를 가한 303-305년을 가리킨다)에 자신의 종교

도나투스와 성사의 유효성

를 버렸거나 박해자들에게 성경을 주어 불태우게 하면서 비겁한 모습을 보였던 사람들처럼, 배신자들과 무자격 성직자들이 행하는 성사는 효과가 없다고 주장했다. 원래 '양도하다'를 의미했던 'tradere'가 이때부터 '배신하다'란 뜻을 가지게 되었으며, 현재도 그런 뜻으로 쓰인다. 그러므로 도나투스의 신봉자인 페틸리아누스(4세기 말-5세기 초)가 주장하듯이, 무자격자는 세례를 줄 수 없다. 또한 다른 많은 사람들이 이후에도 주장하듯이, 중세의 이단자들이나 신교도들도 마찬가지로 취급되었을 것이다. 도나투스파가 411년 카르타고 공의회 및 431년 아를 공의회에서 여러 차례 이단으로 판결을 받는 동안, 트렌토 공의회는 성사의 유효성은 그것을 집행하는 자에게 의존하는 것(인효적 효력ex opere operantis)이 아니라 그 자체로 가치가 있다(사효적 효력ex opere operato)고 주장했을 것이다.

안티오키아 태생이고, 427년부터 콘스탄티노플의 총대주교를 지낸 네스토리우스Nestorius(4세기 말-약 451)가 이끄는 이단은 교회의 분열을 낳았으며, 근본적으로 그리스도론적인 특성을 지닌다. 그는 그리스도에게 두 개의 본성 즉 신성과 인성이 실재하며, 마리아에게는 '하느님의 어머니'란 호칭도, '신의 어머니Theotokos'(라틴어로 Deipara)란 호칭도 붙일 수 없고, 단지 그리스도의 어머니라고만 할 수 있다고 주장했다. 이러한 갈등 상황에서 경쟁적 대립, 궁정의 음모, 정통 교리에 대한 효과적인 옹호가 뒤섞이게 되었다. 알렉산드리아의 강력한 주교인 키릴로스Kyrillos(약 380-444)는 로마의 주교 및 에페소스의 주교에게서 지지를 받았으며, 테오도시우스 2세(401-450)에게서 에페소스 공의회(431)를 소집할 수 있도록 허락을 받았다. 여기서 네스토리우스의 지지자들이 지각한 틈을 이용해 키릴로스가 네스토리우스를 파문했다. 그러나 네스토리우스의 친구인 요하네스 1세(428-442년에 안티오키아의 총대주교)는 네스토리우스가 도착하자 키릴로스를 파문했다. 이와 같은 혼란스러운 상황에서 황제는 네스토리우스와 키릴로스 모두를 파문했지만, 갈등은 계속되었다. 다음에 열린 칼케돈 공의회(451)에서는 단성설을 거부했으며, 네스토리우스의 논문을 지적하면서 그리스도가 두 가지 본성, 즉 인성과 신성을 가진 유일한 위격位格이라고 선언했다. 불만을 품은 네스토리우스 추종자들은 자치적인 교회를 설립했으며, 이 교회는 이슬람교가 도래하기 전까지 폭넓게 확산될 운명이었다. 즉 민족 교회가 된 페르시아, 아라비아, 시리아, 인도, 심지어는 수백 년 동안 여러 그리스도교 공동체가 살아남은 중국까지 확산되었다. 그때부터 칼케돈 공의회와 단성론자들의 싸움은

네스토리우스와
그리스도의 본성

"많은 사람들이 자신과 다른 종교의 신자들과 교류하느니 차라리 유배와 죽음을 택"할 정도로 맹렬해졌다. 그리고 그들의 광신은 교회를 불태우고 적대자들의 성사를 모독하기에 이르렀다. 이슬람교도들이 제국을 침범했을 때, 단성론자들은 그들을 마치 해방자처럼 환영하고 그리스도교의 적들에게 도시의 문을 열어 주었을 정도로 이런 증오심이 널리 확산되었다"(N. Zernov, *Il cristianesimo orientale*, 1990).

펠라기우스와 원죄 아우구스티누스가 특히 혹독하게 논박했던 이단자인 펠라기우스는 성육신成肉身의 근본이자 교회의 지주라 할 원죄와 구원이라는 주제에 손을 댔다. 브리타니아 출신의 수도사 펠라기우스는 로마에 오랫동안 머물렀으며, 그곳에서 놀랄 만한 근대적인 정신으로 신의 은총에 대한 성찰을 발전시켰다. 궁극적으로 그를 처벌하기 전에 그에 대해 불확실하고 동요하는 태도를 보였던 것도 우연이 아니었다. 브리타니아 출신의 수도사는 인간 존엄성의 본질과 뿌리인 자유 의지를 고양시키는 것이 중요하다고 생각했다. 르네상스는 그 개념을 자랑스럽게 다시 회복하게 될 것이다. "그러므로 나는 우리의 모든 명예로운 본성이 존엄하다고 말할 것이다Hinc, inquam, totus naturae nostrae honor consistit; hinc dignitas." 선택의 자유 또한 그만큼 중요하다. 『라틴 교부 총서Patrologia latina』에 실린, 데메트리아스 수녀에게 보낸 첫 번째 편지의 두 구절에 따르면, 역설적으로 말해 "악을 행할 수 있다는 사실 자체가 선hoc quoque ipsum, quod etiam mala facere possumus, bonum est"(XXX, col. 18, 19)이라는 것이다. 펠라기우스가 인간의 본성에 대해 가졌던 근본적인 낙천주의는, 인간은 신의 은총 없이도 자신만의 수단으로 구원에 오를 수 있다고 생각하도록 했다. 펠라기우스에 따르면, 원죄는 그것을 만들어 냈던 아담만 유일하게 관련된다. 그 뒤에 온 인류는 죄가 없다. 그러므로 세례는 저지르지 않은 죄로부터 인간을 정화하는 것이 아니라 그리스도교 공동체에 그가 입문했다는 점만을 승인하는 것이다. 펠라기우스처럼 독창적이고 용기 있는 사상가를 단죄한 것은 그의 사고에 대한 진지한 분석에서 나왔다기보다는 기회주의적인 평가 때문이었을 것이다. 인간이 스스로 구원받을 수 있다면, 교회와 사제들이 무슨 소용이란 말인가? 원죄의 죗값을 보상하고 인류와 새로운 약속을 체결하기 위한 것이 아니라면, 그리스도가 왜 십자가에서 죽는다는 말인가? 펠라기우스의 낙천주의는 개체 발생적으로 '악에 경도되는 인류massa damnationis'라는 주요한 개념(이 개념은 근본적으로 말해 반성적反性的인 개념인데, 왜냐하면 위태로운 문제 중 하나이기 때문이다)과 충돌한다. 그렇기 때문에 그의 가장 적극적인 변호인을 만나기 위해서는 작센의 수도사 마르틴 루터(1483-1546)가 등장하기까지 천 년이나 기다려야 한다. 카르타고 시노드를 포함하여 여러 차례 열린 시노드에서는 펠라기우스의 교리를 처벌했고, 원죄의 교의를 강조했다.

공동 교리집을 구성하는 시기에, 라틴어 미사를 거행하는 교회와 그리스 및 동방 언어로 미사를 거행하는 교회 간의 느리면서도 지속적인 차이가 발생했다. 초기 교회들 간의 경쟁은 항상 존재했지만, 395년 로마 제국의 분열이 그것을 더욱 악화시켰다. 권력이 집중된 두 중심지인 로마와 콘스탄티노플이 아무런 저항 없이 안티오키아와 알렉산드리아의 총대주교 본거지에 자신들의 우월성을 과시하고자 노력하는 동안, 다른 교회들(마론파, 콥트파, 아르메니아파, 칼데아파, 야곱파 등등)은 불안하고 고통스러운 자치권을 누렸는데, 이들의 자치권은 오늘날까지도 지속되고 있다. **로마와 콘스탄티노플**

부당하게도 성상聖像 파괴가 이단으로 정의되었다. 726년에 이사우리아인인 레오 3세(약 685-741, 717년부터 황제)는 개혁가들의 지지를 받아 성상의 제조, 판매, 숭배를 금지했다. 성상은 미신과 광신을 유발하기 때문에 우상 숭배로 간주되었다. 물론 이와 같은 조치는 명성과 소득에 타격을 받은 수도사와 성직자들의 저항과 반감을 샀다. 레오 3세는 결국 반항하는 자들을 추방했고, 그들의 재산을 몰수했으며, 로마까지 금지령을 확대하려고 했다. 한편 로마에서는 이미 백 년 이상 전부터 교황 그레고리오 1세가 성상 숭배를 허용했으며("성상은 성경을 모르는 자들의 책이다", 『서간집 IX』, 209), 이후 트리엔트에서 그것을 엄숙히 확인했다. 이탈리아로 피신한 많은 반대자들은 이탈리아에 수도원을 세웠으며, 뜻하지 않게 교황과 동맹하게 되었다. 콘스탄티노플과 갈등하던 교황은 상대적인 자치권을 강조했고, 이 자치권은 800년에 카롤루스 대제의 신성로마 황제 대관식과 함께 확인되었을 것이다. **성상 파괴**

마지막으로 교리적인 이탈을 보인 분파 중에서 보고밀파Bogomiles를 언급하고자 한다. 보고밀(10세기)이라는 불가리아 사제의 이름을 딴 것인데, 그리스어로 테오필루스와 같다. 10세기 중엽에 등장한 이 분파는 비잔티움 제국의 국경선을 넘어 프랑키아 남부인 북이탈리아 지역에 뿌리를 내렸으며 카타리파의 운동에 영향을 주었다. 이들의 교리는 이들에 대한 비난자들을 통해서만 알려졌는데, 그 직접적인 출처는 존재하지 않는다. 보고밀파는 본질적으로 정통파의 공식적인 교회를 인정하지 않으며, 자신들이 그리스도의 진정한 추종자라고 주장했다. 그리고 〈주님의 기도(주기도문)〉를 제외하고 찬양과 예배와 기도를 거부했고, 삼위일체와 성사와 성 **보고밀파**

자들과 성상과 성유물의 숭배를 부정했으며, 마니교에 관심을 두었다(A. Dimitar, *Bogomilismo. Un'eresia medievale bulgara*, 1979).

| 다음을 참고하라 |
역사 로마 교회의 성장(158쪽); 로마 교회와 교황들의 세속권(163쪽); 그리스도교의 확산과 개종(168쪽); 황제들과 성상 파괴 운동(190쪽)

로마 교회의 성장

| 마르첼라 라이올라Marcella Raiola |

성직자 조직이 점차 강화되고 그리스도교가 널리 확산되면서 로마사를 '재조명'하는
현상이 나타났으며, 제도적으로는 새로운 논리학이 시작을 알렸다.

고대 세계의 영적인 위기와 '섭리'의 역사

그리스도교의 뿌리 최근의 논쟁들은 유럽의 '그리스도교의 뿌리'가 정치적·문화적 유산을 남긴 로마 신화집에 있다는 점을 부정할 수 없다고 강조한다. 로마는 권력과, 권력에 내재한 이데올로기적 장치의 보편성을 말하는 동의어이자 보증이었다. 사실 4세기부터 교황청은 로마를 새로운 세계교회주의로 밀어 넣었다. '도시urbs'의 신화가 수없이 많이 혼합되면서도 실용적으로 회복되고 있다는 사실을 알려 주는 증상이었던 것이다. 제국을 그리스도교 제국으로 변화시키는 과정에서 고대사의 가장 위대한 혁명가는 콘스탄티누스 대제다("고대법의 혁신가이자 개혁가Novator turbatorque priscarum legum et moris antiquitus recepti", 암미아누스 마르켈리누스, 『레스 게스타이』, XXXI, 21, 10, 8). 313년에 막센티우스(약 278-312)를 이긴 승리자인 콘스탄티누스 대제는 리키니우스(약 250-약 324)와 협상했는데, 신앙의 자유를 공인하기 위해(소위 말하는 〈밀라노 칙령〉) 사두정치 체제인 제국의 여러 지역의 신하들에게만 해당하는 조건을 표준화하려는 것이었다. 이윽고 그는 성직자들clerici을 공적인 의무munera publica에서, 즉 '데쿠리아decuria'(10명의 기병으로 이루어진 분대*)의 활동을 수행해야 하는 의무에서 면제해 주

었다. 그러므로 국가 입장에서 볼 때 종교적인 임무가 행정 활동이나 생산 활동보다 유용하다고 간주되었던 것이다. 그뿐 아니다. 이미 313년에는 아프리카의 총독에게 보낸 편지에서 콘스탄티누스는 공식적으로 인정을 받은 가톨릭 교회ecclesia catholica 와, 성직록을 받지 못하는 이단들haeretici과 분리주의자들schismatici을 구분했다. 그러 므로 규율에 관한 법규집을 만들고 교리의 안정화를 위하여 '정통 신앙을 정의definitio orthodoxae fidei'하기 위한 조건이 제시되었다.

324년부터 단독 황제가 된 콘스탄티누스 대제는 (오늘날의 복잡한 사법권에 비하면 효율적인) 주교들의 사법권(주교중재청문절차episcopalis audientia)을 승인하고 성직자들 clerici이 유언장을 통해 재산bona을 받는 것에 동의하면서 교회 재산을 증식했다. 그 리스도교 제국이 도래함으로써 교회가 인정받았던 여정을 거슬러 올라가는 역사서 를 편찬하게 되었다. 초기 대표자들 중 한 명이 에우세비우스인데, 그는 하늘의 군 주제를 세속적으로 모사analogon한 지상의 군주의 신성한 자격에 대해 이론화했고, 군주의 신성한
자격 교회의 승리에서 정점에 이른 인간의 역사를 섭리학적으로 해석했다. 325년에 '외 부 영역의 주교epískopos ton ektòs', 즉 세속인들의 필요성에 의한 관리자(황제교황주의 와도, 종교를 지배의 도구instrumentum regni로 이용하는 것과도 일정한 거리를 두는 입장)인 콘스탄티누스는 니케아에서 최초의 보편교회 공의회를 주재했다. 이 공의회에서 그 리스도의 인간적인 본성이 거부되면서 성자-로고스Logos를 성부에 종속된, 즉 성부 의 피조물로 보았던 아리우스가 이단으로 금지되었다. 시노드를 통해 삼위일체 교 리(성자는 성부와 동일 본질로 선언된다)가 정전으로 제시되었고, 서방과 이집트와 동 방의 성직자들에 대한 사법권이 로마, 알렉산드리아, 안티오키아의 대주교들에게 주어졌다. 콘스탄티누스 시대의 또 다른 중요한 결과는 330년에 '새로운 로마Nuova Roma', 즉 비잔티움을 세운 것이다. 콘스탄티누스의 후계자들은 337년에 아버지의 유산을 분할했다. 급격한 사건이 일어난 뒤, 아리우스파의 성향을 보인 콘스탄티우 스 2세(317-361, 337년부터 황제)가 우위를 차지했다. 그는 새로운 로마의 위신을 높 였으며, 초정통파 주교인 알렉산드리아의 아타나시우스를 추방했다.

국교와 정통 신앙의 정의: 교황권의 승리

야심 차고 도발적인 충격을 안겨 준 이교도의 복수는 율리아누스(331-363)와 함께 기록되었다. 율리아누스는 신비주의 및 신플라톤주의를 바탕으로 하면서 자선을 통한 그리스도교 단체들의 내적인 결합을 이루어 낼 수 있는 이교도 교회의 창설을 장려했다. 그의 후계자들은 굳건한 외교적 협약(동맹foedera)으로 만들어진 국경선 안에 야만족들을 억류시키지 못했다. 울필라스를 통해 아리우스주의로 개종한 고트족은 로마인들에게 철저한 패배를 안겨 주었다. 발렌스 황제(328-378, 364년부터 황제)는 아드리아노플 전투(378)에서 사망했고, 성 히에로니무스는 제국의 파멸을 슬퍼했다("폐허가 된 로마Romanus orfis ruit", 『서간집』, 60, 16, 1).

로마와 서로마 제국의 정치력과 군사력이 눈에 띄게 쇠락했지만, 위대한 암브로시우스(약 339-397)는 왕성한 주교 활동을 펼쳤다. 그는 아리우스파, 유대교 및 이교도의 주장에 반대한 정통파의 용감한 방어자였고 논객이자 숙련된 주석가였지만, 특히 교회의 자치권인 자유로운 발언parrhesía을 하는 주교의 권리가 보장받고 교회의 규범에 황제가 종속되어야 한다고 지치지 않고 주장한 옹호자였다. 암브로시우스는 테오도시우스 1세가 저지른 살육에 대해 파문(390)이라는 무기까지 사용하면서, 그의 정책에 엄격한 영향을 주었다. 황제에게는 공개 고해가 부과되었다.

테오도시우스 1세는 380년에 이교도 신앙을 금지하면서 그리스도교를 국교로 하
〈테살로니카 칙령〉 는 〈테살로니카 칙령〉을 공포했다. 칙령은 그와 이름이 동일한 후계자인 테오도시우스 2세(401-450, 408년부터 황제)가 편찬한 『테오도시우스 법전』의 도입부인 '헌장constitutio'으로 실렸다(『테오도시우스 법전』, 16, 1, 2). 이 법전에는 세계교회주의적인 교회의 단결을 이제는 평화롭게 재인식함을 나타내는 '제국-교회imperium-ecclesia'의 관계에 대한 법률들이 실려 있다. 이단은 '공공의 범죄'로 처벌되었다. 사실 국가의 안정이 무네라munera(단수형은 무누스munus로 직무, 의무를 뜻한다. 원래 무누스는 로마 시민이 지는 군사적 의무 또는 도로의 건설이나 조세의 부담을 의미했다*)보다는 종교적인 의식에 달린 것이었다면, 이단자는 '공적인 유용성utilitas publica'에 위협을 가하는 것이 확실했다. 정치적인 요소와 종교적인 요소가 서로 침투하는 현상은 고대 후기와 중세 시대의 특징이 된다.

교리에 대한 치밀한 탐색으로 인해 4-5세기에 이르면 서방과 동방은 대립하게 되었으며, 이데올로기적으로 대조적인 입장에 대해 우위를 차지하고 싶은 뚜렷한 열망이 간접적으로 드러났다. 마르키아누스(약 390-457, 450년부터 황제)가 소집한 칼케돈 공의회(451)의 경우가 전형적이다. 이 공의회에서는 교황 레오 1세(약 400-461, 440년부터 교황)의 의도에 따라, 그리스도의 불균형한 두 본성이 뚜렷하게 나누어진다고 주장한 네스토리우스파의 교리가 처벌을 받았다(역사에 따르면, 레오 1세는 로마의 성문 앞에서 아틸라를 멈춰 세운 바로 그 사람이다). 칼케돈 공의회가 보편교회에 대한 교황의 우위권을 공포한 것도 우연이 아니었다. 신들에게 버림받고 서고트족에게 약탈당한(410) 로마는 '하느님의 영원한 도시aeterna civitas Dei'로 부활했다.

로마와 하느님의
영원한 도시

로마-야만족 시대에 교회의 역할: 신성로마 제국

역사적으로 '로마 제국의 몰락'이 결정된 날짜로 언급되는 476년부터 교회는 비잔티움 제국과 로마 원로원과 야만족 사이를 활발히 중재하는 역할을 맡았다. 성 세베리누스와 그의 후계자인 테오도리쿠스 대왕의 축복을 받으며 이탈리아에 도착한 오도아케르는 "가톨릭 신자처럼 헌신하는devotus ac si catholicus" 모습을 보이며 500년에 로마를 방문했다. 4세기 동안 교회는 매우 위태로운 시기를 통과했다. 제노(약 430-491, 474년부터 황제)의 〈헤노티콘Henótikon〉(그리스도의 이중적인 본성에 관한 교리를 집요하게 강조할 때 칼케돈 공의회가 빼놓고 언급하지 않았던 482년 문서)에 아카키우스Acacius 사제가 동의한 탓에 아카키우스 분열이 생겼다. 그리하여 한층 엄격한 로마 가톨릭 귀족사회는 비잔티움 제국의 '이단자들'과 대화하기보다는, 왕국을 안정시키기 위해 아리우스파 고트족인 테오도리쿠스와 협상하기를 원했다. 사실 로마와 비잔티움이 교리의 수준에 대해 화해하고 난 뒤에, 고트족 왕국이 종말을 맞았다. 라우렌티우스와 심마쿠스가 동시에 교황으로 선출된 뒤에 498년에 시작되었던 라우렌티우스의 분열 역시 권력자들 간의 대화를 위태롭게 하자, 유능하고 인내심 강한 테오도리쿠스가 섬세한 외교적 중재에 나설 수밖에 없었다(여섯 차례의 시노드와 여러 번의 음모 끝인 506년에 반反비잔티움 로마 귀족들의 후보자인 심마쿠스가 우선권을 인정받았다).

중재와 보조
사이를 오간
교회

프랑크족의 클로비스 왕이 프랑스에서 이교 신앙을 버리고 그리스도교로 개종하고(489), 에스파냐에 거주하는 서고트족이 가톨릭 주교구와 협력하여 왕국 내부의 화해와 번영을 이루는 동안, 이탈리아에서는 랑고바르드족이 침입하여(568) 로마니타스Romanitas(로마 제국의 순수한 라틴 문화를 말한다*)의 명맥을 유지하고 있던 문화 및 경제-사법 기구를 파괴했으며, 교회의 저항을 물리치고 이탈리아를 파괴하여 굴복시켰다. 비잔티움 제국 총독의 느슨한 활동을 보완하기 위해 국가 권력을 대신 행사했던 교회는 (특히 교황 그레고리오 1세 치하 때) 광활한 토지를 소유했기 때문에, 영

야만족에
대한 중재

토상으로 자치권이 있는 국가처럼 나타나기 시작했다. 그레고리오 1세는 아직도 이교를 숭배하는 민족들 옆에서 광범위한 복음 전도 활동을 시작했으며, 로마의 대주교를 보편교회의 지도자라고 주장했고, 촘촘한 그물을 짜듯 외교 관계에 정성을 기울였다.

603년에 테오델린다와 아우타리 사이의 아들인 아달로알드Adaloald가 랑고바르드 왕조의 후계자가 되었지만, 그렇다고 해서 랑고바르드족이 한꺼번에 개종을 하지는 않았으며, 이후에도 여전히 많은 아리우스파 왕들이 연달아 등극했다. 리우트프란드 왕(?-744, 712년부터 왕)과 더불어 개종이 완성되었다. 왕은 영토를 통일하고자 했고, 펜타폴리스와 총독 관할구를 정복하여 응집력 있는 왕국을 만들고자 했다. 그러나 교황이 그를 제지했고 비잔티움을 침입하여 영토를 회복하라고 설득했

교황의 세속권:
수트리의 기증

다. 결국 수트리 시는 "가장 축복받은 베드로와 바오로"에게, 즉 교회에 반환되었다 (728). 이와 같은 증여는 전통적으로 '세속권'의 탄생을 나타내는 증서로 기록되었는데, 왜냐하면 그 증여는 왕이 한정된 영토에서 교회의 사법권을 공식적으로 인정한 사실과 연결되기 때문이다. 보편주의 차원에서 자신의 권력을 행사하려는 로마 교회의 열망은 이탈리아가 민족적으로 완전한 통합에 이르지 못한 가장 중요한 요인이다. 반면 서고트족이 지배하던 에스파냐는 민족의 융합으로 결속력을 확실히 다졌다. 그러므로 데시데리우스 왕(?-약 774, 756년부터 왕)이 왕국을 강화할 목적으로 전임자들인 리우트프란드와 아스톨포의 계획을 다시 시도했을 때, 교황들은 주저하지 않고 프랑크족에게 교회의 수호자들이란 칭호를 부여했다. 교황 스테파노 2세(?-757, 752년부터 교황)는 피핀 3세와 그의 아들들에게 도유식을 거행했으며, 팽창하는 랑고바르드족에 대항하여 개입해 줄 것을 요구했다. 이 시기에 〈콘스탄티누스의 증여 문서Constitutum Constantinii〉라 불리는 위조 문서가 작성된 것도 우연이 아니었다. 이 문서는 수트리와 다른 영토를 교회에 기증한 근거를 콘스탄티누스 대제에게서 찾도록 했다. 데시데리우스 왕은 15년의 평화를 왕국에 보증했지만, 카를로만 2세(751-771, 768년부터 왕)의 사망으로 균형이 위기를 맞았으며, 교황 하드리아노 1세(?-795, 772년부터 교황)는 미래의 카롤루스 대제에게 교회의 토지를 보호하는 '영광'을 부여했다.

774년에 랑고바르드족이 패배했다. 프랑크 왕국의 수많은 백작들과 신하들이 이탈리아에 거주하게 되었다. 교회는 카롤루스 대제를 도와 권력 이데올로기를 공들

여 다듬었으며, 카롤루스를 그리스도교 황제들의 전통에 포함시켰다. 교황청은 비잔티움 황제의 고유한 특권을 그에게 부여하면서 교회가 비잔티움 황제에게서 해방되기를 바랐다. 다른 한편, 797년부터 이레네Irene(752-803, 797-802년에 여제)가 비잔티움 제국을 통치했는데, 그가 여자란 이유로 왕좌가 비어 있다고들 생각했다. 그녀에게 도움을 구하려 했지만 거절당한 카롤루스 대제는 마치 교회가 보편적이고 신성한 권력의 유일하게 합법적인 근원인 것처럼 교회에 매달렸다. 800년, 교황 레오 3세가 카롤루스를 신성로마 제국의 황제로 즉위시키면서 세속 권력과 종교 권력 간의 논쟁적인 관계가 새로운 시대를 열게 되었다.

카롤루스 대제, 신성로마 제국의 황제

| 다음을 참고하라 |
역사 로마 교회와 교황들의 세속권(163쪽); 황제들과 성상 파괴 운동(190쪽); 철혈 시대의 교황(262쪽)
시각예술 권력 공간(706쪽); 로마의 구상미술(711쪽)

로마 교회와 교황들의 세속권

| 마르첼라 라이올라 |

교회는 유산과 봉헌물을 관리하기 시작했는데, 이것은 조만간 막대한 재산이 되어 주교의 관리를 받게 되었다. '교황령Patrimonium Petri'은 자선 활동을 위해 사용되기도 했지만, 특히 야만족이 이주하는 동안에 점차 강제력이 약해지거나 아예 부재한 국가의 개입을 대신하기 위해 이용되기도 했다. 그리하여 놀랍도록 견고해진 영토와 점차 증가하는 정치 권력을 가진 교황청이 만들어졌다.

'베드로의 의자'와 교황 정치

오늘날의 엄격한 도덕적 판단과 늘 관련되는 '세속권'이라는 표현은 교회를 청빈 사상의 소명과 복음 전도의 의무에서 벗어나도록 하고, '지상의 나라civitas terrena'와 접촉하도록 하여 오염시킨다. 따라서 이 표현은 역사적으로 볼 때 의미론적인 가치와 매우 미묘한 정치적인 취지를 함께 제기했다. 소위 말하는 '제국 교회 시대', 즉 승리한 그리스도교도 공동체가 권력 기구에 편입하여 그 선택권을 지시하기 위해 자신들의 가치를 협상하는 시대가 시작되자, 콘스탄티누스는 이제는 굳건해진 성직자의 계급 제도에 일련의 특권을 허락했다. 이는 나중에 작동하게 될 권력 구조를 조직할 뿐 아니라 권력의 권위까지 인정하게 될 터였다.

데쿠리아의 임무에 대한 면제vacatio muneris publici(『테오도시우스 법전』, XII, 1, 163), 유언장으로 받은 재산bona testamentari을 몰수할 권리, 사법권의 사법관과 경쟁하는 주교들의 민사 사법권(암미아누스 마르켈리누스, 『레스 게스타이』, XXX-XXXXI을 보면, 변호사들의 무지를 폭로하고 있으며, 소송 절차의 검열과 입법서의 선택에 황제가 개입할 것을 촉구하고 있다)도 교회의 사회 활동과 정치 활동을 지탱해 주었다. 교회 조직에서 신분이 높고 주로 백성들에 의해 선출되며 대개 원로원 계층(서로마)이나 그 주변의 귀족 계급 출신인 주교들은 막대한 재산을 경영했다. 3세기부터 도시의 교회들은 부동산을 구입할 권리를 가졌으며, 개종자들이 남긴 재산을 소유했다. 키프리아누스 (약 200-258)는 '베드로의 의자Cathedra Petri'라는 표어를 완성했으며, 야만족의 이주와 경제 위기로 황폐해진 영토에서 교회가 전개할 수 있는 자선 활동 및 원조 활동을 제도화했다.

개종자들의 유산과 부동산

380년에 발표한 〈테살로니카 칙령〉에서 테오도시우스 1세가 정통 신조의 수호자로 지시했던 교황 다마소 1세(약 304-384)는 최초로 '교황 정치'를 실행했고, 권력을 중재했으며, 외교 활동을 전개했다. 학교의 쇠퇴로 주교들이 그리스-로마 문화의 가장 확실한 보유자가 되었지만, 그것의 법률적이고 이론적인 가치는 야만인들에게 전수되었다. 주교들과 새로운 지배자들 간의 상호작용이 지속적으로 평화롭게 실현되는 곳에서 서방의 왕국은 서고트족과 프랑크족의 경우처럼 번성했다. 클로비스는 이교도에서 개종했지만, 다른 야만족들은 자신들의 아리우스주의를 정체성의 표시로 삼았다. 이렇게 융합되지 못한 곳에서 왕국은 위기를 맞았다(고트족, 반달족, 랑고바르드족). 사실 이탈리아의 경우에도 로마의 보편주의적 소명 때문에 로마-게르만 민족이 형성되지 못했다.

라우렌티우스 분열과 교회의 재산권

6세기에 '국가의 중심gremio civilitatis'(Ennodio, *Panegirico 11*, in M.G.H. A.A. 7, cur. F. Vogel, 1961)이던 비잔티움에서 교육을 받은 테오도리쿠스 대왕은 그곳에서 인질로

청년기를 보냈기 때문에 귀족정치와 주교에 대한 존경심이 컸다. 그가 왕국을 다스
리는 동안에 고통스러운 결과를 남긴 사건, 즉 소위 말하는 '라우렌티우스 분열'이
일어났다. 이 사건을 통해 비잔티움과의 치밀한 정치적·교리적 비교에 몰두했던 로
마 교회의 모순이 모두 적나라하게 드러났다. 498년에 가톨릭 귀족사회의 후보자인
심마쿠스와 로마 세속 귀족사회인 비잔티움에 우호적인 후보자인 라우렌티우스가   동시에 선출된
동시에 교황으로 선출되었다. 테오도리쿠스 대왕은 중립적인 입장을 취했고 개입을   두 명의 교황
피했다. 그러나 여러 번 진행된 공의회를 통해 심마쿠스(반대자들은 특별 소송을 통해
무자격자란 이유로 그를 기소하기를 바랐다)가 합법적인 교황으로 선출되는 506년까지
격렬한 충돌을 겪으며 공공질서를 혼란스럽게 했다.

　　라우렌티우스를 지지한 사람들의 요구 뒤에는 많은 문제들이 있었다. 많은 사람
들이 바라던 일로, 고트족이 비잔티움에서 추방되었고 교회의 재산을 관리하는 주
교들의 자치권이 압박을 받았다. 이때 교회의 재산은 대부분 주교들의 이동이나 재
개종을 탄원하고자 했던 귀족들 소유의 부동산이었다. 분열하는 동안에 각 요구의
기본 조건을 콘스탄티누스 시대로 되돌리기 위해 성경 외전 팸플릿이 유포되었다.
그중 〈실베스테르의 증여 문서Constitutum Silvestri〉는 가장 유명한 위조 문서인 〈콘스탄
티누스의 증여 문서〉의 원조가 되는 허위 문서다.

그레고리오 1세의 교황제와 교황 국가의 탄생

그레고리오 1세는 랑고바르드족의 압력을 받으면서 진정 고유한 교황 국가를 세운   국가 권력을
교황이다. 이것을 토대로 후계자들은 자연스럽게 주권을 실현할 수 있었다. 야만족   대신하게 된
의 공격으로 인한 비상 상황, 대학살과 약탈, 유스티니아누스가 재탈환했지만 통치   교황
하지는 않은 이탈리아에서 비잔티움 대표자인 총독이 보여 준 무능함 등은 교황으로
하여금 국가 권력을 대신해 행정적인 역할을 하도록 했으며, 식량 공급 협상을 하는
과정에서 로마 주교의 본거지를 '전권을 가진pleno iure' 정치적 요지로 바꾸도록 했
다. 595년에 그레고리오 1세는 황제의 이름으로 로마와 라벤나를 위협하던 아리울
프Ariulf 공작의 퇴각을 교섭했는데, 그에게 막대한 금액을 제공하면서 약탈의 위협을
막기 위해서는 어떤 전술을 써야 하는지를 비잔티움 총독에게 보여 주었다.

　　그레고리오 1세가 교황으로 있는 동안에 교황령은 로마와 주변 영토를 지키는 유
일한 원천이 되었다. 그는 '교회'가 소유한 시칠리아, 캄파니아, 칼라브리아의 광대

한 토지 관리자들conductores에게서 거금을 받았으며, 그것을 관리했다. 이는 생산성을 늘리고, 원조와 혁신과 복음 전도 활동에 필요한 자금을 조달하기 위해 생각해 낸 전략이었다. 신학자이자 유능한 사상가였던 그는 은둔에 대한 열망에도 불구하고 물질적인 측면과 교리, 규율에서 교회에 도움을 주었다. 그의 행동은 비잔티움 제국의 황제교황주의에 대한 반작용만은 아니었다. 요컨대 그는 야만족들을 역사의 섭리적인 계획 속에 끼어 넣었으며, 그리하여 그들에게 신앙 교육을 시키려 했다. 아우타리와 아길룰프의 아내였던 테오델린다(?-628)는 아들인 아달로알드에게 세례를 받게 하고 603년에 개종했지만, 아리우스파 군주들과 박해자들이 계속 왕좌를 이었다.

수트리의 기증과 교황권의 정치적 합법화

리우트프란드는 랑고바르드인과 로마인 사이의 융합을 시도했고, 랑고바르드인의 개종을 완수했다. 그는 성상 파괴 논쟁으로 인한 긴장된 분위기를 이용하면서 총독 관할구와 비잔티움 제국의 펜타폴리스가 소유한 고대 이탈리아 영토로 진군했다. 로마의 문 앞에서 그는 그레고리오 2세와 마주쳤고, 그레고리오 2세는 그를 부추겨 땅을 수복하도록 했다. 그와 같은 상황에서 수트리 시가 "축복받은 베드로와 바오로"에게 즉 교회에 증여되었으며(728), 이로써 교황들의 세속권의 구체적인 토대와 교

교황 국가의 첫 중심

황 국가의 첫 중심이 세워졌다. 사실 증여는 이전에도 광범위하게 진행되었다. 그러나 수트리의 기증이 중요한 것은, 그것과 더불어 영토의 관리 측면에서 교황의 권리를 정치적으로 인정하게 되었다는 점이다. 하지만 로마 그리스도교는 활동 영역을 고대 이탈리아의 영토 안으로만 한정하기를 거부했으며, '보편성'이라는 스스로의 임무에 걸맞은 국가적 왕국이 탄생할 수 있는 조건이 갖추어질 때까지 기다렸다.

교회의 '세속적 팔'이 된 프랑크 왕국과 신성로마 제국

로마가 '교회의 머리caput ecclesiae'로서 수행한 세계교회주의적인 특성은 프랑크족을 이탈리아에 개입시키는 중요한 동기가 되었다. 처음에는 아스톨포와 대적한 교황 스테파노 2세가, 나중에는 데시데리우스와 대적한 교황 하드리아노 1세가 개입을 부추겼다. 프랑크족은 랑고바르드족보다 신앙이 깊지 않았고, 그 때문에 교황들의 원조 요청은 '베드로의 의자'라는 헤게모니를 인정받기 위한, 혹은 그것을 유지하기 위한 전형적인 정치-전략적 행동으로 인식된다. 카를 마르텔의 아들이자 그의 후

계자인 피핀 3세는 선교사인 성 보니파키우스(그는 프리기아인 옆에서 순교할 터였다)
와 교황 자카리아(?-752, 741년부터 교황)에게서 도유식을 받으면서, 그들에게 프랑
크 왕국의 군주를 선출할 권한을 공식적으로 맡겼다.

이러한 상징적인 행위를 통해 피핀 3세는 스스로 교회의 세속적 팔이 되었으며, 교회의 '세속적 팔'
그 대신 신성한 법을 통해 군주의 권한을 부여받았다. 교황 스테파노 2세도 랑고바
르드족에 대항해 달라는 군사적 요청을 할 때, 피핀의 아들들인 카를로만과 카롤루
스 대제에게 도유식을 행했다.

피핀은 루니-몬셀리체로 이어지는 남쪽의 토지를 교황에게 양도하는 일에 몰두
했다. 그와 같은 상황에서 그 유명한 〈콘스탄티누스의 증여 문서〉도 작성되었을 것 〈콘스탄티누스의
이다. 이 문서는 수트리를 기증하는 근거를 콘스탄티누스 대제로 거슬러 올라가 찾 증여 문서〉
도록 했는데, 교황으로 하여금 타파 대상인 야만족이 주는 영토를 거부하지 못하도
록 하려는 의도였다. 나중에 위대한 인문주의자이자 철학자인 로렌초 발라Lorenzo
Valla(1405-1457)가 엄격한 언어학적·문체론적 분석으로 시작해 이 문서가 가짜였음
을 폭로했다. 아스톨포가 패배하고, 대화에 적극적인 데시데리우스가 왕좌에 오르
면서 상황은 안정되는 듯했다. 카롤루스는 랑고바르드 왕의 딸과 결혼하지만 왕의
또 다른 딸과 결혼했던 카를로만이 사망하자 아내를 버렸고, 그녀는 자녀들과 함께
이탈리아로 송환되었다. 데시데리우스의 공격에 타격을 입은 하드리아노 1세가 카
롤루스의 개입을 요청하자, 카롤루스는 랑고바르드인들을 물리친 뒤에 귀족정치를
통해 식민지를 건설했고, 이탈리아에 봉신 관계를 '수출'했다. 권력자의 자유 사유지
개념(직권과 권한의 분할 가능성 및 분배)과 경쟁을 벌인 봉신 관계는 일반적으로 봉건
제로 정의되는 제도의 기원이 되었다. 학식이 깊은 수사와 주교들은 카롤루스를 교
육했고, 그를 로마 권력의 보편주의적인 차원으로 이끌었다.

800년, 논쟁적인 교황 레오 3세는 신성로마 제국의 탄생을 승인하면서 카롤루스 레오 3세가 황제로
대제를 로마인들의 황제로 세웠다. 이로써 교회는 세계교회주의적인 권력의 유일하 세운 카롤루스
게 합법적인 원천임을 스스로 확인한 것이었다. 이후 수십 년 동안 주교들이 수행한 대제
공무 활동은 선교 활동을 위태롭게 했다. 카리스마 있는 카롤루스는 정치적·문화적
선견지명을 통해 주교들과 하인들을 교육하고 훈련시켰으며, 그런 그가 보증했던 사
업은 주로 제국의 권력을 대표하는 자들과 고위 성직자들을 대표하는 자들 간의 이데
올로기적·정치적 우위를 점하기 위한 격렬한 싸움으로 표현되었다.

| 다음을 참고하라 |
역사 로마 교회의 성장(158쪽); 황제들과 성상 파괴 운동(190쪽)
시각예술 권력 공간(706쪽); 로마의 구상미술(711쪽)

그리스도교의 확산과 개종

| 자코모 디 피오레 |

그리스도가 죽고 나서 그의 제자들은 새로운 종교가 오직 유대인들에게만 가까워야 하는지, 아니면 모든 사람들에게로 눈을 돌려야 하는지의 문제를 제기했다. 타르수스의 바오로가 주도권을 잡았다. 그는 그리스도교가, 유대교에 뿌리를 둔 채 단명한 수많은 종파 중 하나로 전락하는 것을 원하지 않았으며, 예수의 가르침에 따라 자신의 보편적인 소명을 달성하고 싶어 했다.

그리스도교가 전파되면서 두 시기가 뚜렷이 구별된다. 첫 번째 시기는 로마 황제가 박해한 시기이고, 두 번째 시기는 국교로 공인되면서 예배의 자유가 인정된 시기다. 그리스도교는 서방뿐 아니라 동방으로도 점차 진출했으며, 7세기부터 이슬람교도들이 지나간 지방을 잃었을 때처럼 후퇴와 패배를 겪기도 했다. 야만에서 문명으로 점차 이동하면서 동반되었던 유럽의 개종(이런 의미에서 그리스도교는 매력의 중심이 된다)은 이교도의 마지막 군주인 리투아니아의 브와디스와프 2세가 세례를 받았던 14세기 말에 가서야 완성되었다고 말할 수 있다.

복음 활동의 시작

50년 무렵에 열린 소위 예루살렘 공의회(정보를 알 수 있는 최초의 공의회)에서, 시몬 베드로(1세기)가 생각하는 것처럼 새 구원의 메시지를 받는 사람들이 오직 유대인들이어야만 하는지, 아니면 타르수스의 바오로(1세기)가 주장하는 것처럼 이교도들도 포함되어야 하는지의 문제가 제기되었다. 타르수스의 바오로는 자신의 노선이 우위를 점하고 나자 '사람들의 사도'라는 통칭에 걸맞은 선교 전략을 폈으며, 이교도들 혹은 사교도들gentili(신약 성경과 그리스도교 전통에서 그리스도교나 유대교를 믿지 않는 사람들을 가리킨다*)의 복음 전도에 결정적인 자극을 주었다. 지중해 상류 지역에서

타르수스의 바오로: 사람들의 사도

이와 같은 복음 전파를 할 때, 바오로는 주역을 담당했지만 항상 좋은 결과를 가져온 것은 아니었다. 마케도니아의 필리피에서 바오로와 그의 추종자들은 몽둥이로 맞은 다음 감옥에 투옥되었고, 테살로니카에서는 감옥을 피하기 위해 도망쳐야 했다. 세계 7대 기적 중 하나인 아르테미스 신전이 있는 에페소(스)에 도착했을 때는 아르테미스 신전을 은으로 축소해서 만들어 파는 장인들의 반발이 있었다. 그들에게는 새로운 유일신교 지도자들의 성공이 자신들의 파멸을 의미했을 것이다.

그리스의 수도 위로 솟아 있는 언덕들 중의 하나인 아레오파고스에서는 마침내 바오로와 아테네인들 간의 첫 번째 지적 논쟁이 벌어졌다. 이들은 며칠 전부터 스토아 학파 및 에피쿠로스 학파의 철학자들과 도시 광장에서 논쟁을 벌였던 신흥 종교의 설교자가 궁금하여 그의 설교를 들으러 달려왔다. 그러나 바오로가 죽은 자들의 부활에 대해 이야기하기 시작할 때, 의심을 품은 사람들은 자리를 뜨거나 그를 조롱했으며, 결국 바오로는 물러갔다. 「사도행전」(17장 34절)을 신뢰한 사람들 중에는 개종한 이들도 있었는데, 그중 아레오파기테스로 불리는 디오니시우스Dionysios Areopagites는 최초의 아테네 주교였을 것이다. 사실 이 시기보다 훨씬 나중에 나온 서적(5세기)도 디오니시우스의 저작으로 판명되기도 했다.

무엇보다도 신흥 종교는 멈추지 않고 계속 전파되었다. 필리피에서처럼 코린토스에서, 안티오키아에서처럼 프톨레마이스에서, 카이사레아에서처럼 티레에서, 로마에서처럼 포추올리에서 그리스도교 공동체가 번성했다. 그리스도교는 '영원한 구원'이라는 전망 외에도 현실에서 사회복지 사업에도 중점을 두었다(예를 들어 「사도행전」의 한 구절에서는 일용한 양식을 분배하지 않은 과부들에 대한 불쾌함을 언급하고 있다). 적어도 베드로가 지지하는 공동체에서는 이기주의를 인정하지 않고 자산을 공동으로 관리했는데, 자신들 소유의 밭을 판매한 금액의 일부를 숨겼다는 이유로 하나니아스와 그의 아내인 사피라에게 부과했던 끔찍한 형벌이 이를 증명해 준다. 사제들이 기적을 행한 활동이 사실인지는 정확히 알 수 없지만, 새로운 종교의 성공에는 분명히 중요한 공헌을 했다. 사제들은 악을 물리칠 수 있는 듯이 보였으며, 치유를 행하고 악마를 몰아내며 귀신을 쫓았고, 또한 상황에 따라 공포심을 심어 주거나 희망을 주었다. 『입문자 교리 교육De catechizandis rudibus』(5, 9)에서 히포의 아우구스티누스는 "자선의 기반이 되는 건강한 공포심을 유발하는 하느님의 엄격함De ipsa etiam severitate Dei, qua corda mortalium saluberrimo terrore quatiuntur, caritas aedificanda est"을 언

신흥 종교의
중단 없는 승리

급한 바 있다. 그리고 "하느님에 대한 두려운 감정이 없어도 그리스도교도가 될 수 있지만, 이런 일은 드물게 일어난다rarissime quippe accidit, imno vero numquam, ut quisquam veniat volens fieri Christianus, qui non sit aliquo Dei timore perculsus"고 단호히 주장했다.

로마와 그리스도교도

박해 확고하고 차별적인 신흥 종교는 관대한 로마 제국에서조차 초기에는 개종자보다 적들을 더 많이 얻었다. 콘스탄티누스 대제 이전의 거의 모든 로마 황제들은, 전혀 잔혹하지 않거나 잔인하지 않은 황제들이라도 그리스도교도들을 박해했다. 율리우스-클라우디우스 왕조에서 초기 박해가 시작되었다. 수에토니우스(약 69-약 140)가 쓴 『황제전Vite dei dodici Cesari』(XXV)의 유명한 한 구절은 클라우디우스 황제가 "크레스토의 선동에 휩쓸린 유대인들이 계속 무질서를 조장하고 있어서 그들을 로마에서 쫓아냈다Iudaeos impulsore Chresto assidue tumultuantes Roma expulit"고 알려 주었다. 이 구절에서 말하는 '크레스토'가 그리스도와 동일 인물이 아니고 당시에 매우 흔한 이름이었다 해도, 일반인들의 감정은 그리 섬세하지 못해서 유대인들과 그리스도교도들을 똑같이 포악한 동족으로 보았다는 사실은 남는다. 그러므로 타키투스(약 55-117/123)가 『연대기Annali』(XV, 44)에서 쓴 것처럼, 네로 황제(37-68)가 64년 7월에 로마에 불을 지르라고 했을 때 그 책임을 그리스도교도에게 돌린 것도 놀랄 일은 아니다. 사실 그리스도교도들은 몇 년 전에 로마에서 추방된 소란스러운 인종에 속할 뿐 아니라 사람들 사이에서 평판이 나빴다('미움을 받는invisos' 상태였다). 타키투스가 덧붙여 설명하기를, 이미 유대에서 패한 그들의 종파는 발생지뿐 아니라 로마에서도 다시 부흥했다. "로마에서도 도처에 도착하는 혐오스럽고 하찮은 모든 것이 유포되고 찬양되고 있다sed per urbem etiam, quo cuncta undique atrocia aut pudenda confluunt celebranturque." 무엇보다도 보수주의자인 타키투스는 그리스도교도들이 로마에 불을 질렀다는 고발과 관련해서는 죄가 없지만, 자신이 판단하기에 인류에 적대적인 종파를 만든 순간부터 고문을 받아 마땅하다고 주장했다. 상당수의 로마인들도 그와 같은 생각이었다. 그리스도교도들이 무질서를 조장할 뿐 아니라 자신들의 비밀 회합에서 파렴치한 행위와 난잡한 잔치에 몰두하며 어린아이를 먹는다는 소문이 돌았다(E. R. Dodds, *Pagani e cristiani in un'epoca d'angoscia*, 1970).

"주님을 생각하여, 모든 인간 제도에 복종하십시오. 임금에게는 주권자이므로 복종하고, 총독들에게는, 악을 저지르는 자들에게 벌을 주고 선을 행하는 이들에게 상을 주도록 임금이 파견한 사람이므로 복종하십시오. …… 이방인과 나그네로 사는 여러분에게 권고합니다. 영혼을 거슬러 싸움을 벌이는 육적인 욕망들을 멀리하십시오. 이교인들 가운데에 살면서 바르게 처신하십시오. 그래야 악을 저지르는 자들이라고 여러분을 중상하는 그들도 여러분의 착한 행실을 지켜보고, 하느님께서 찾아오시는 날에 그분을 찬양하게 될 것입니다"라고 「베드로1서」에 나와 있듯이, 그리스도교도들은 충실하고 성실한 신하로 신뢰를 얻으려 했다. 그럼에도 불구하고 이교도들은 가장 개방적인 자라 할지라도 그리스도교도를 믿지 못했다. 소小플리니우스가 트라야누스 황제(53-117, 98년부터 황제)에게 보낸 유명한 편지에서 보듯, 당시에 브리타니아를 지배했던 플리니우스는 그리스도교도들에 대해 어떤 태도를 취해야 할지를 물었는데, 이는 황제에게서 인간적인 답장을 받기 위해서였다. 이교도들은 근거도 없이 신흥 종교가 자신들의 세계를 파괴하는 요소라고 보았다. "스토아 학파 철학자인 황제 마르쿠스 아우렐리우스는 그리스도교도들의 말에 귀를 기울이지 않으면서 자신의 생각이 잘못이라고 생각하지 않았다. 사악하고 잔인한 평민들도, 하늘에 나라를 만들었으며 될 수 있으면 시민 생활에서(공연에서, 찬양 의식에서, 군대에서, 사법부에서) 멀리 떨어져 있고, 제단을 파괴하고 우상을 숭배하지 않으며 모든 인류의 공식적인 재앙에서 예언 시기의 징후를 탐색하는 이 파괴자들을 돌팔매질하고 원형 극장과 시장으로 불러내면서도 자신들이 잘못했다고 생각하지 않았다"(G. Falco, *La santa romana repubblica*, 1986).

그러나 이런 박해가 모든 사회 계층에서 신흥 종교 개종자가 서서히 늘어나는 것을 막지는 못했다. 네로에서 도미티아누스(51-96), 데키우스(약 200-251)에서 발레리아누스(?-약 260) 및 디오클레티아누스(243-313)에 이르기까지 빈번했던 박해에도 불구하고 그리스도교도들의 수가 급증한 결과, 313년에는 〈밀라노 칙령〉으로 콘스탄티누스와 리키니우스에게서 종교의 자유를 얻었을 정도다. 박해받던 종교는 그때부터 박해하는 종교로 바뀐다. 346년에는 신들에게 제물을 바치는 자는 사형에 처한다는 칙령이 공표되었다(이 칙령은 438년 『테오도시우스 법전』에 실렸다). 380년에 테오도시우스 1세는 〈테살로니카 칙령〉을 통해 그리스도교가 제국이 인정하는 유일한 종교임을 확인했다. 웅변가인 안티오키아의 리바니오스Libanios(314-391)는 테오도시우스에게 하는 연설(「사원을 지키기 위하여In difesa dei templi」)에서, 형제애를 설교하

박해하는 자와
박해받는 자

지만 도시와 시골에 있는 이교도 사원을 파괴하는 어느 종교 신자들의 모순적인 행동을 고발했다. 그 밖에 성당과 예배가 각양각색의 추종자들entourage에게 살 곳을 준다는 사실도 간과하지 않았다(나중에 교회 및 수도원 주위에서 발전했을, 소위 말하는 종교 경제학과 다르지 않다). 또한 많은 사람들이 참여하는 연회도 신자가 신에게 제공하는 동물 제물의 또 다른 방식이며, 헤카톰베hekatombe(고대 그리스에서 제물로 소 백 마리를 신에게 바치는 제사*)가 거행될 경우에 구역 전체 혹은 공동체 전체가 배고픔에서 벗어났다는 것도 빼놓지 않았다(R. Macmullen, *La diffusione del cristianesimo nell'Impero romano*, 1989).

그리스도교와 제국의 쇠퇴

제국이 쇠퇴 국면에 접어들었을 때 국교가 된 그리스도교는 제국과 운명을 함께했다. 다른 요인들(야만족의 침입, 군사적 무정부 상태, 해이해진 시민의 미덕과 풍습, 권력의 분열)도 있기는 하지만, 몇몇 역사가들이 보기에는 노쇠한 제국의 폐허 위에 조금씩 정착하면서 어떤 식으로든 그것의 권위를 물려받으면서 로마에 치명타를 입힌 것은 바로 신흥 종교였다. 반면 효율적이고 중앙집권적인 국가 조직이 교회를 통제했기

그리스도교와 야만족들

때문에 그리스도교는 그것을 염두에 두어야 했다(황제교황주의). 야만족 주민들도 새로운 종교를 믿는 수가 많아지기 시작했다. 아리우스파 주교인 울필라스를 통해 개종한 고트족을 시작으로, 수백 년이 지나는 동안에 거의 모든 유럽 주민들이 개종을 했다. 실제로 고트족을 개종시키려 했던 최초의 사람들은 그리스도교도들이었지만, 세비야의 이시도루스Isidorus Hispaleusis가 『고트족의 통치사Historia de regibus Gothorum』에서 주장한 것처럼 신흥 종교를 지지했던 자들은 동포들의 박해를 받았다. 초기에 순교한 고트족 중에서 성 사바Sabas the Goth(372년 사망)를 꼽을 수 있는 것처럼 말이다. 게다가 처음 몇 세기 동안에는 교리가 불확실했기 때문에 몇몇 황제들은 아리우스파를 지지했다. 그러므로 서고트족과 동고트족뿐 아니라 게피다이족, 반달족, 알라니족, 루기족, 알라마니족, 튀링겐족, 랑고바르드족이 아리우스파가 되었다. 반면에 당시 에스파냐에 정착했던 수에비족 같은 민족들은 레키아리우스Rechiarius(?-456, 448년부터 왕)의 시기에는 가톨릭을 믿었다가, 몇 년 후에 아리우스파로 갔다가, 다음 세기에는 다시 가톨릭으로 돌아왔다. 카라리코 왕Cararico(5세기)의 아들인 성 마르티누스Martinus는 투르에서 일부러 보내 온 성유물 덕분에 중병을 치유받자, 자신

의 아버지와 모든 백성을 개종시키기로 결심했다. 이와 동일한 시기에 이시도루스의 큰형인 세비야의 레안드로San Leandro de Sevilla(약 540-600)를 통해 서고트족과 그들의 군주들 역시 가톨릭으로 개종했다.

아리우스파에 속한 야만족들은 로마 교황과 콘스탄티노플 황제에게 민족적 정체성을 더욱 강하게 느꼈던 반면, 동고트족이나 랑고바르드족의 경우에는 가톨릭교도와 아리우스파 간의 공생이 가능하다는 것을, 적어도 어떤 시기에는 유용하다는 것을 역사적으로 증명했다. 동고트족의 왕인 테오도리쿠스 대왕과 랑고바르드족의 왕인 아길룰프가 시도한 동화 정책을 떠올리면 될 것이다. 아길룰프는 성 콜룸바누스Bobbio Columbanus(약 540-615)를 통해 보비오 수도원의 건축을 허락했으며, 자신은 개종하지 않았지만 자신의 배우자인 테오델린다 여왕을 기쁘게 하기 위해 아들에게 세례를 받도록 했다. 가톨릭교도였던 여왕은 교황 그레고리오 1세와 많은 서신을 교환했다. 심지어 교황 그레고리오 1세도 "신성모독적인 아리우스파 사제들이 가톨릭교도들을" 박해하지 않았다고 인정했다. 그러나 사실은 "무기를 가진 수많은 랑고바르드의 병사들로 인해 고립되어 동떨어져 있던 이 지역에 대해 그레고리오 1세는 아무것도 몰랐다"(C. Cracco, *Dai Longobardi ai Carolingi*, in *Storia dell'Italia religiosa. L'antichità e il medioevo*, 1993).

유럽은 열띤 복음 전도 활동의 무대였다. 성 패트릭은 아일랜드인들을 개종시키기 시작했고, 이후 아일랜드는 가톨릭교의 본거지가 된다. 성 콜룸바, 성 콜룸바누스, 6세기와 7세기에 걸쳐 살았던 성 갈루스Gallus(약 554-627/628)가 그 뒤를 따랐다. 영국의 경우는 달랐다. 이교도 민족들인 색슨족과 앵글족이 침입했기 때문에 5세기 중엽에 영국은 고립되고 폐쇄적이었다. 마침내 그레고리오 1세의 간청으로 캔터베리의 아우구스티누스Augustinus Cantuariensis 수도사(?-604, 이후 주교로 임명되었고 성인으로 추앙받았다)가 595년에 40명의 동료들과 함께 켄트 왕국에서 출발하여 펠라기우스의 고향에서 다시 복음을 전하기 시작했다. 당시에 섬을 차지하고 있던 여러 왕국에서 점차 가톨릭교를 승인하는 과정에 일어났던 험난하고 때로는 극악한 이야기는 가경자 베다Beda Venerabilis(673-735)의 『잉글랜드 교회사Historia ecclesiastica Anglorum』에 기술되어 있다. 로마에 들른 그레고리오 1세가 브리타니아 출신 노예들의 천사 같은 아름다움에 충격을 받고 '앵글족과 천사들'(이탈리아어로 앵글족은 Angli, 천사는 Angeli이므로 발음이 비슷하다*)에 대한 말장난을 하면서 "그들은 천사 같은 얼

유럽의 복음 전도

굴을 하고 있어서 하늘에 있는 천사들의 공동 상속자가 될 가치가 있다Anglicam habent faciem, et tales Angelorum in coelis decet esse coheredes"(『잉글랜드 교회사』, II, 1)라고 소리친 다음에 선교사들을 파견하기로 결심했을 때, 모든 것이 시작되었다.

프랑크족의 종교화　　무엇보다도 정치사와 미래의 종교사의 무게중심이 프랑크족으로 옮겨 간다. 프랑크족은 원래 갈리아 지방을 점령한 게르만족이었는데, 국가 통일과 중대한 문화적인 동화 과정에서 주역이 된다. 로마의 속주가 되기 전에 다양한 민족들이 정착해 있었다. 이제는 토착민이 된 갈리아족 외에도, 로마화되어 투르의 성 마르티누스Sanctus Martinus Turonensis(약 315–약 397)의 복음 전도를 받았던 서고트족, 부르군트족, 알라마니족, 프랑크족이 나란히 있었다. 프랑크족의 왕인 클로비스는 498년에 알라마니족과 결과가 불확실한 전투를 치르면서 하느님에게 호소했고, 그리스도교를 교육받은 클로틸드는 투박한 중세 라틴어로 투르의 그레고리우스에게 전수받은 다음과 같은 말로 신을 숭배했다. "주께서 내게 이 적들을 물리치도록 허락하신다면 …… 나는 주님을 믿고 주님의 이름으로 세례를 받겠나이다Si mihi victuriam super hos hostes indulseris …… credam tibi et in nomine tuo baptizer." 승리자가 된 클로비스는 자신을 호위하던 3천 명의 병사들과 함께 랭스의 주교인 성 레미기우스Remigius de Reims(약 438–530)에게서 세례를 받았다. 클로비스의 후계자들은 단 몇십 년 만에 갈리아 지방 전체를 정복했으며, 혹독한 시련을 함께 겪은 다른 주민들을 동화시켰다. 메로빙거 왕조는 궁정 집사들이 권력을 침해했을 때 사라지게 되었고, 그 후 카를 마르텔에서 피핀 3세에 이르는 다양한 사건을 통해 카롤링거 제국이 탄생했을 것이다. 그리하여 프랑크족의 왕과 로마의 상호 이해관계를 토대로 한 우호적인 동맹(전자로부터는 군사적인 원조를, 후자로부터는 정당화를 얻었다)은 균열되지 않았다.

이슬람교의 출현　　이 시기에 새로운 종교인 이슬람교가 팔레스타인에서 시리아, 북아프리카, 에스파냐까지 이미 그리스도교화된 영토에서 압도적인 승전들을 거두면서 천천히 모습을 드러냈다. 이슬람교도의 최후 진군을 저지한 것도 바로 프랑크족이었고(732년의 푸아티에 전투), 800년 성탄절 때 교황 레오 3세가 신성로마 제국의 홀을 맡긴 자도 프랑크 군주였다.

이와 같은 역사적 상황에서 집단적인 개종이 자주 있었는데, 대개는 칼의 위협으로 이루어진 것이었다. 색슨족과의 전투에서 승리한 카롤루스 대제는 패배자들을 대상으로 한 〈색슨족에 대한 법령Capitulatio de partibus Saxoniae〉을 강제로 제정했는데,

이에 따르면 가톨릭교로 개종하거나 아니면 죽음뿐이었다. 782년에는 베르덴 학살이 일어났다. 카롤루스 대제의 명령에 반란을 일으켰던 4,500명의 색슨족이 처형되었다. 대략 12년 뒤에 도나우 강을 따라 정착했던 아바르족에 속하는 약탈 부족도 같은 운명을 겪었다. 침략과 약탈을 일삼던 이들은 카롤루스가 조직한 처벌단에 의해 대량으로 학살당했다. 살아남은 소수의 주민들은 뿔뿔이 흩어지지는 않았고, 얼마나 순수한 열정을 보였는지는 알 수 없지만 그리스도교로 개종했다.

영국에서든 유럽 대륙에서든 야만족의 개종에서 중요한 역할을 담당한 자들은 수도승들이었다. "선교사들이나 선교를 책임진 자들은 모두 수도승들이었고 …… 선교사들이 거주하던 곳은 수도원으로 발전하는 경우가 자주 있었다"(H. Jedin, *Storia della Chiesa*, III, 1977). 그러나 플랑드르의 성 아망Saint Amand(약 600-676/684)처럼 선교 여행을 했던 주교들도 덧붙여야 할 것이다. 혹은 그라도 근처에서 활동했던 마르키아누스Marcianus(6세기 말), 데번셔의 귀족 가문 출신이자 신성한 전나무를 베고 그것에서 얻은 대들보로 예배당을 건축하면서 자신을 따르는 수도사들과 함께 작센 지방과 튀링겐과 프리기아를 여행했던 성 보니파키우스도 마찬가지다. 보니파키우스는 지속적인 개종 활동을 벌이지는 않았지만 사람들을 개종시켰고 수도원을 짓기도 했는데, 풀다 수도원도 그가 건축했다. 754년에 80세가량이 된 그는 프리기아의 이교도들에 의해 목이 잘렸다. 영토를 광범위하고 강하게 통제하지 못한 상태에서 이루어진 개종은 오래 지속되지 못한다는 사실이 드러났다. 그리스도교의 예배와 함께 이교도 예배도 지속되었고, 겉으로는 개종했지만 과거의 우상 숭배로 되돌아갔다는 사실을 보여 주는 여러 증거가 있다. 카를 마르텔과 동시대를 살았던 프리기아의 왕 라드보드Radbod(8세기)가 천국보다 지옥이 더 좋다고 말했다는 기록이 있는데, 지옥에 가면 부모와 친척과 조상들을 다시 만날 것이기 때문이다. 서고트의 왕 레오비길드Leovigild(?-586, 567년부터 왕)의 대사인 아길라Agila(?-554)도 이교도의 신과 그리스도교의 신에게 동시에 공평하게 제물을 바치는 게 모순이 아니라고 확신했다.

800년에 교황 레오 3세가 카롤루스 대제에게 신성로마 제국의 관을 씌워 주며 충격을 준 뒤에, 이제는 경쟁자가 된 두 제국의 국경선 주변에 있는 광대한 영토들은 복음 전도에서도 경쟁 대상이 된다. 터키 출신의 민족들이 정착해 있던 불가리아가 대표적인 경우인데, 어떤 시기에 불가리아는 서로마와 동로마 사이를 오가고는 했다. 862년에 보리스 1세(?-907, 852-889년에 왕)는 바이에른의 성직자를 자신의 왕국에 받아들였지만, 몇 년 뒤인 865년에 콘스탄티노플에서 파견한 군대의 위협을 받게 되자 그리스 의례를 따르는 주교에게 세례를 받으면서 비잔티움 성직자도 받아들였다. 그는 불가리아에 총대주교 제도를 시행하기 위해 이듬해에 루도비쿠스 독일왕(약 805-876, 843년부터 왕, '루트비히 2세'라고도 함*) 및 로마와 협상을 시작했는데, 이는 새로 탄생하는 민족 교회에 더 많은 자율권을 부여할 목적이었지만 합의에 이르지는 못했다. 결국 그는 제4회 콘스탄티노플 공의회(869-870)에 대표자들을 파견했는데, 불가리아가 영적인 안내를 로마에게 받아야 하는지 아니면 콘스탄티노플에서 받아야 하는지, 그 최고의 교회 집회에 물어보기 위해서였다. 대부분의 주교들이 동로마 출신이니 어떤 대답이 나올지 의심할 여지가 없던 공의회였는데도 말이다.

슬라브족의 개종 슬라브 민족, 특히 북부의 슬라브족 중에서 소위 말하는 벤드족(이들은 천 년 뒤에야 개종했을 것이다)은 매우 길고 파란만장한 여정을 통해 그리스도교로 개종했다. 긴 목록 중에서 앞부분만 인용하자면, 세르비아족, 크로아티아족, 자클루미티족Zaclumiti, 테르부니오티족Terbunioti, 카날리티족Canaliti 디오클레치아니족Diocleziani, 아렌타니족Arentani의 경우처럼 몇몇 민족들은 자진하여 거대한 그리스도교 집단의 일원이 되고자 했다. 콘스탄티누스 7세(905-959)가 10세기에 진술한 것처럼, 거대한 그리스도교 제국의 국경선에 정착했던 그들은 콘스탄티노플에 복음사가를 보내 달라고 요청했다. 사실 이 민족들은 유력한 이웃과 우정을 쌓으려 했을 뿐 아니라 한층 높은 문명의 수준에 접근하기를 원했다. 요컨대 제국이 가진 높은 수준의 문명에 참여하고 싶은 바람과, 확고히 결합한 정치와 문화와 경제의 총체를 원했던 것이다. 그러므로 야만족과 이민족에 대립하는 '진보한' 민족의 종교인 그리스도교는 우월한 문명 요소가 되었다.

11세기에 라티슬라프 왕Ratislav은 독일의 확장을 막기 위해 테살로니카 출신의 두 형제, 즉 자신의 이름을 본뜬 알파벳을 발명한 키릴로스Kyrillos(826/827-869)와 메토디오스Methodios(약 820-885)를 불렀고, 이들은 모라비아, 판노니아, 불가리아에서 복음을 전파하는 일에 몰두했다. 1000년대 초반이 끝날 무렵에 키예프 공국과 폴란드가 거의 동시에 거대한 그리스도교 집단의 일원이 되었다. 키예프 공국은 콘스탄티노플과 결합했는데, 957년에 올가 여왕Olga(약 890-969)은 세례를 받고 무역 관계를 유지하기 위해 그곳으로 갔다. 게르만의 영향을 받고 있던 불가리아는 개종을 시작했다고 일반적으로 여겨지는 966년부터 라틴 가톨릭교에 편입되었다. 마지막으로 997년 무렵에 멀리 떨어진 아이슬란드에서 끈기 있게 복음을 전파한 탄그브란드 Thangbrand(10세기)도 언급해야 할 것이다.

새로운 1000년이 시작할 무렵, 북유럽 민족들(벤드족, 스칸디나비아, 리투아니아)은 아직 그리스도 공화국respublica christiana 밖에 있었지만 그들도 결국 서서히 그리스도교에 흡수될 것이었다. 라파엘로 모르겐Raffaello Morghen(1896–1983)의 유명한 저서 제목을 빌려 말하자면, 이제 그리스도교의 중세가 현실이 된 것이다.

| **다음을 참고하라** |
역사 그리스도교 교리에 대한 정의와 이단(148쪽); 로마 교회의 성장(158쪽); 로마 교회와 교황들의 세속권(163쪽)

교육과 문화의 새로운 중심지

| 안나 벤베누티Anna Benvenuti |

고대 후기로 오면 대중 교육보다 개인 교육이 줄어들었다. 특히 교회는 수도원 방식의
교육에서 주역을 담당했다. 랍비 학교와 같은 전통을 가지고 있지는 않았지만,
좋은 결과를 얻을 수 있었다. 이윽고 교회는 성직자 신분을 시작하려는, 대개는 문맹인
자들을 위한 종교 교육의 문제에 직면해야 했다. 그 밖에 그리스도교 교육과 전통 규율을
절충하려는 카시오도루스의 시도가 있었지만, 큰 성공을 거두지는 못했다.

고대 후기의 교육과 그리스도교 교육

제국의 마지막 시기에는 국가가 학교 교육에 더 깊이 개입했으며, 수가 제한된 귀족 가문의 특권이었던 자율적인 개인 교습이 점차 한계를 나타냈다. 귀족 계층이 쇠퇴하고 관료적인 군사 지도자 계층이 새롭게 나타나면서 학교 제도의 공적인 성격이 굳어졌던 반면, 지방 단위에서 교육을 통제하는 수준이 결정되었다(중앙 당국의 편에서든 지방자치적인 권한에서든 말이다). 로마–게르만 왕국이 설립되던 때에 만들어진 지역에서도 이런 과정을 볼 수 있는데, 규모가 큰 도시에서 교과 과정, 특히 수사학–

문학 과정이 본질적으로 지속되었다. 고전 문화의 몇 가지 특징을 수정한 상태이기는 했지만 말이다. 유스티니아누스 대제가 복위하면서 국가는 교육을 확고하면서도 효율적으로 통제했다. 공립이 아닌 학교에 부여한 자유로운 교육이 분명한 위기를 맞게 되자 유스티니아누스는 법률로 정한 학교들을 폐교하라고 명했지만, 콘스탄티노플, 로마, 베이루트의 학교처럼 우수한 곳은 보존했다. 유스티니아누스 대제가 공포한 〈관습적인 상벌Prammatica Sanzione〉은 『테오도시우스 법전』이 정한 법률을 재정비하면서 제국 후기에 누렸던 특권을 교사들magistri에게 다시 부여했는데, 이는 고등교육의 목적을 확고히 하려는 것일 뿐 아니라 국가의 행정을 처리하는 관리자 계층을 교육하기 위한 것이었다.

비록 상류층에 제한되기는 했지만 이는 교육을 '공적인 봉사'라고 지속적으로 인식했던 철학이 마지막으로 빛을 발한 것이었다. 이미 5세기로 접어들면서부터 지방 자치적인 제도를 통해 교육을 제공하는 일이 계속 줄어들고 있었으며, 점차 사라지기 시작했다. 교육이 다시 가정의 몫으로 돌아갔던 반면, 교회는 이와 같은 상황을 토대로 하여 제도적으로 중요한 대체 역할을 하기 시작했다. 그리스도교 교회의 교육 제도는 가령 랍비 학교와 같은 학교 전통을 제대로 살리지는 못했지만, 고대 후기의 교육 체계에 오랫동안 참여했기 때문에 많은 경로를 통해 전수된 고유한 문화 전통을 자랑했다. 가정의 풍습에서부터 교리문답 교육에 이르기까지 많은 것이 전수되었고, 교회의 교육 방식은 성 아우구스티누스 같은 교부들이 쓴 저서가 유포되면서 그 나름으로 강화된 설교법과 공동 예배를 통해 확실하게 완성되었다. 성 아우구스티누스의 『그리스도교 교양』은 중세 시대에 '고전'이 되었을 것이다. 게다가 수사학-문법학의 기초를 포함한 로마의 교육 방식이 어떻게 초기 그리스도교의 성경 해석학적인 전통을 완벽하게 지지하고 있는지는 성 아우구스티누스에게서 추론할 수 있다.

수도원 생활과 새로운 교육 중심지의 탄생

무엇보다도 수도원에서 하는 정신적인 경험의 성공이 그리스도교 교육학을 정의하는 데 주된 영향을 주었을 것이다. 수도사는 세속을 포기하고 자신의 문화적 전통과 가치에서 떨어져 나왔다. 예를 들어 이런 의미에서 카시아누스Johannes Cassianus(약 360-430/435)는 『담화집Collationes』에서 젊은 종교인들에게 쓰기를 통해 학교에서 배운 내용을 기억하도록 권유했던 네스토리우스 대주교의 말을 다시 언급하고 있다. 루스페의 풀겐티우스Fulgentius of Ruspe, 아를의 카이사리우스Caesarius of Arles, 그 뒤로는 누르시아의 베네딕투스Benedictus von Nursia로 돌아가 이교도 문화를 잊으라는 훈계인 것이다. 수도사는 오로지 성경과 기도문에 접근하기 위해 읽기를 배워야 하는데, 성경을 해석하여 영적인 의미를 알아내는 것을 목적으로 한다. 4-5세기에 서로마에서든 동로마에서든 한층 중요한 중심 수도원에서 대수도원장들(리귀제Liguge와 투르의 성 마르티누스Sanctus Martinus Turonensis[약 315-약 397]와 아를의 호노라투스Honoratus d'Arles[?-424] 등)은 생각의 빛으로 성경을 연구하기 위해 수도사들의 기초 교육에 몰두했다. 수도원을 평생 '주님을 섬기는 학교Dominici schola servitii'라고 생각한 누르시아의 베네딕투스가 쓴『베네딕투스 규칙Regola』에서도 생각의 빛이 설명된 바 있다. 대수도원장은 형제/제자의 다양한 태도에 관심을 기울이는 아버지이자 스승이다. 수도원을 학교에 비유한 것은 중세 중기의 종교 문학에서도 계속 나타난다.

레랭 수도원의 경험을 통해 주로 설명되는 5세기와 6세기의 수도원 문화는 프로방스에서 부르고뉴까지, 이탈리아, 에스파냐, 아프리카까지 지중해 지역으로 확산되면서 이집트와 팔레스타인 교부들의 모델에서 영감을 받은 수행자의 모델을 수출했다. 수도원 활동이 한창이었던 이 시기에 저술되었던 서적으로부터, 「시편」에 대한 암기와 기도서를 바탕으로 하여 어린아이들에게 읽고 쓰는 법을 교육하는 프로그램이 나왔다. 6-7세의 아동들도 수도원에 들어갔던 것이다. 이것을 토대로 하여 성경 및 표준 도서(종규宗規에 대한 주석), 성경 해석, 성인 문학에 대한 개인적 사색과 독서가 활발해졌다. 이러한 유형의 문화적 의무는 수도원에 도서관이 있어야 한다는 점을 제기하는 것이며, 적당한 필사실scriptoria에서 서적을 복사하는 일을 장려하는 것이었다. 사실 독서를 하면 신에 대한 명상과 묵상이 이루어지는데, 모든 수도원 생활의 목적도 바로 그것이었다.

신성한 문화와 이교 문화

서로마가 수도원 생활이라는 정신적인 실험을 시작하면서 동로마의 정신적 원리주의와 라틴 전통의 균형 잡힌 실용주의 사이에 일종의 타협이 진행된다. 종교 교육을 할 때 고전 세계가 물려준 교육법을 선택하여 이루어진 타협인 것이다. 사실 고전 세계의 교육법은 전례와 성경 해석의 올바른 발전을 위해 채택되었음에도 불구

180

하고, 영적인 경험을 훈련할 때에도 쓰기와 읽기의 중요성을 강조하면서 그것의 전달 가능성과 지속성을 확인시켜 주었다. 이와 같은 문화적인 신진대사를 보여 주는 예가 테오도리쿠스의 협력자이자 로마 귀족인 카시오도루스Flavius Magnus Aurelius Cassiodorus(약 490–약 583)의 경험이다. 테오도리쿠스는 536년에 교황 아가피토 1세(?-536, 535년부터 교황)의 지지를 받아서 모든 전통적인 규율이 그리스도교 문화의 교육과 완벽하게 결합하는 상급 학교를 시도했다. 그리스-고트족 전쟁 이후에 실패한 이 계획은 나중에(550년 이후로) 칼라브리아의 비바리움Vivarium 수도원에서 다시 시도될 것이었다. (필사실에 있는 서적 외에) 고전 문학과 그리스도교 서적이 뒤섞여 있는 도서관을 가정한 수도원 교육은 형태론도 깊이 탐구하면서 철자법과 구두법의 규칙에서도 특별한 발전을 이루었다. 이 규칙은 몇백 년이 지난 뒤, 인문주의가 전성기를 이룰 때 문학 교육에서 다시 제안되었을 것이다. 카시오도루스의 실험이 별 진전이 없던 중부와 북부 이탈리아에서는 나폴리의 루쿨라눔Lucullanum과, 교황이 될 그레고리오 1세가 6세기 말에 지은 로마의 성 안드레아 수도원이 두드러진다. 아프리카 수도사들이 이주하여 부유해진 에스파냐의 수도원도 세비야, 발렌차(세르비타눔Servitanum 수도원), 톨레도, 사라고사에서 이교도 학문에 대한 연구가 지속되었음을 보여 주는 중요한 사례다.

카시오도루스의 학교

주교와 성직자의 학교scholae
6세기부터 세속의 성직자들도 종교 교육에 깊은 관심을 보였다. 이들은 성경을 알고 전례와 음악을 통해 성무를 집행하는 데 필수적인 읽고 쓰는 능력을 장려하기 위해 수도원의 경험에 접근했다. 527년의 톨레도 공의회는 주교의 본거지 옆에 학교를 세우라고 명했는데, 이로써 그곳에서 성직자가 되려고 하는 자들을 교육시킬 교사magister의 출현이 예상되었다. 이는 문학 교육에 관심이 있는 평신도의 접근을 배제하지 않기 위해서였다. 물론 활발한 도시 중심지에 사는 엘리트를 교육하는 데 더 열중했지만 말이다. 베종 공의회(529)에서 평신도에게도 열려 있는 교구의 학교 교육과 관련하여 내린 결정이 증명하듯이, 얼마 뒤에 이런 관심은 농촌 지역으로 확산되었다.

교사의 출현

이 시기로 접어들면서 아일랜드의 수도원에서 중요한 교육 실험이 시작되었다. 이베리아 지역에 세워진 초기 수도원 학교는 이미 7세기 초반의 자료에서도 나타나는데, 성경 해석과 계산 및 문법에 깊은 관심을 나타냈으며, 섬에서 복음 전도를 행한다는 선교적 특성을 보였다. 즉 궁정에서 군사 훈련을 시작한 고위층 청년들이나 신분이 높은 귀족들은 수도원에서 문학 교육을 완수했고, 개인 교습의 전통은 완전히 사라졌다. 콜룸바누스가 갈리아 지방으로 이동하기 전에 선교 활동의 본거지로 삼았던 클로나드Clonard와 뱅거에서, 또는 콜럼바의 가르침이 빛을 발했던 데리와 아이오나에서, 수도사들은 이교도 작가들을 공부시키는 문학 교육을 통해 성경을 읽고 해석했는데, 특히 계산에 대한 연구가 뛰어났다. 아일랜드의 수도원 제도가 널리 확산되면서 이러한 교육 모델은 영국 북부의 린디스판과 휘트비의 수도원들로 이동했다. 휘트비 수도원은 다른 곳보다 훨씬 더 중요한 수도원인데, 일다 수녀원장Ilda(?-688)이 캐드먼Caedmon(7세기)과 같은 시인과 지식인들을 초대하여 수도원에 강한 문화적 특색을 부여했다. 아일랜드에서 종교 교육에 능한 수도원을 이용하여 복음을 전도한 켈트인의 선교 활동은 그레고리오 1세가 장려한 라틴의 선교 활동과 만나 문화적 통합을 이루면서 성공을 거둘 수밖에 없었다. 갈리아 지방에서 그 영향이 명확히 나타났는데, 특히 콜룸바누스가 부르고뉴의 뤽세이유에 도착한 뒤부터 그러했으며, 그곳 북부의 순회 설교에도 영향을 주었을 것이다. 그리하여 콜룸바누스는 남녀 모두를 개종시켰을 뿐 아니라, 프랑크 왕국 교회의 영적인 개혁에 몰두했던 고위 성직자들의 신임도 얻었을 것이다. 콜룸바누스는 이탈리아 북부의 보비오에서 세속의 여행을 끝냈는데, 그곳까지 침투한 켈트의 수도원 문화는 이윽고 중부 지역으로 확산되면서 누르시아의 베네딕투스가 이끄는 수도원 문화와 만났다.

콜룸바누스에서 알퀴누스까지

아일랜드에서 시작된 위대한 종교 혁신은 8-9세기에 영국에서 전성기를 이루었다. 앨드헬름Aldhelm(639?-709)이 두각을 나타냈던 맘스베리에서처럼, 캔터베리에서도, 위어머스Wearmouth에서도, 가경자 베다가 오랫동안 많은 저서를 남기며 교육자 생활을 했던 야로Yarrow에서도, 그의 제자 중에 가장 유명한 알퀴누스가 그를 흉내 내었던 요크에서도 마찬가지였다.

이 시기에 이탈리아의 보비오가 연구와 도서 출판의 중요한 중심지 역할을 굳건히 하는 동안, 노발레사, 파르파, 노난톨라, 몬테카시노의 수도원들은 수도원 교육과 문화의 중심지가 되었다. 메로빙거 왕조 후기에 갈리아 지방에서는 뤽세이유 수도원의 분원들이 나타났다. 코르비, 플뢰리쉬르루아르, 투르의 생마르탱, 생드니에 분원들이 세워지고, 그곳에서 성인전과 전례에 관한 필사본들이 많이 만들어졌다. 독일에서는 앵글로색슨 출신의 보니파키우스(672/675-754)의 복음 활동으로 활기 넘치

수도원 교육의 중심지

는 새로운 제자들이 생겼는데, 이들은 카롤링거 왕조가 르네상스로 나아가는 길을
준비했다.

8-10세기의 학교 부흥

그러나 수도원 교육은 일반적인 교육 체계로서 폭넓은 효과를 낳지 못했고, 특히 농
촌과 교외 지역에서 대개는 문맹 상태였던 성직자들을 모두 담당하지 못했다. 세속
의 관계 당국은 공적인 관심을 보이며 성직자 교육을 한층 일반적으로 재정의했는
데, 이는 8-9세기의 특징인, 학교에 대한 새로운 관심을 보여 주는 것이었다. 우선
관리와 사법관 교육에 권한이 부여되어야 했는데(예를 들어 프랑크족과 서고트족, 혹은
랑고바르드족의 경우), 이는 중요한 학교 전통을 통해서가 아니라 차라리 전문 지식의
전달을 통해, 대개는 견습 기간을 통해 부여되었다. 교회 교육은 이 당시까지 성경
해석과 연구에 비해 부차적인 것으로 취급되었던 자유학예를 가르치는 일에 부분적
이나마 문화적 자율성을 부여했는데, 이는 권한을 가진 학교를 준비하자는 요구에
대한 답이었을 것이다. 교육에 대한 점차 커 가는 대중적인 관심은 수도원 학교 조직
과 세속의 권위가 점점 충돌하는 양상에서도 증명된다. 바이에른의 공작 타실로 3세
Tassilo III(약 742-약 794)가 노이킹Neuching 공의회(772)에 참석하거나, 혹은 피핀 3세
가 메스의 크로데강Chrodegang von Metz(약 712-766)의 규칙을 적용하는 것에 지지를
보낸 것처럼 말이다. 이는 카롤루스 대제만이 이룰 수 있을 '학교의 쇄신renovatio' 계
획을 전제로 하는 것이었다. 종교 회의와 공의회에서도 증명하듯이, 카롤링거 왕조
의 전례서에 나오는 그림은 '하찮은 지식'이 외롭게 추락하는 것을 나타냈다. 그러므
로 특히 종교 진영에서는 사제 역할의 정확한 훈련 때문에 오히려 교리와 전례에서
왜곡과 실수를 일으킬 위험이 있었다. 카롤루스는 개혁 프로그램을 실행하기 위해

개혁 프로그램을 이끈 주요 인물들 히스패닉계의 테오둘푸스Theodulfus(750/760-약 821), 영국의 알퀴누스, 고대 이탈리
아의 파울루스 부제처럼 유럽 수도원에서 명망 높은 인물들을 끌어들였다. 이들은
성 베네딕투스의 『베네딕투스 규칙』을 일반적인 수준에서 채택함으로써 정식 규범
체계를 합리화하는 데 일조했다.

아헨에 설립한 궁정 학교Schola Palatina는 지식을 배우는 체계화된 학교를 미래 세

3학과 4과 대에게 전해 주었다. 이 학교는 문학(3학三學: 문법학, 수사학, 논리학)과 과학(4과四科:
산술학, 기하학, 천문학, 음악학)을 구분했는데, 이는 중세에만 영향을 준 것이 아니었

다. 황제의 비호를 받은 신구 수도원들(투르의 생마르탱, 생방드리유, 로렌의 고르체, 독일의 풀다, 장크트 갈렌, 더 나중에는 라이헤나우 수도원 등)은 문화 부흥의 중심지가 되었다. 그리하여 서적의 출판과 전달이 늘어나면서 고대 시대의 저작뿐 아니라 그 속에 담긴 최고 지식까지 살아남았다. 평신도와 세속인들에게 수도원의 교육 구조를 개방했다는 것은 수도원 사회에서 외부인을 위한 학교를 만들어 냈음을 의미하는데, 이는 수도원 교육의 특성을 보존하기 위함이었다. 이런 의미에서 아니안의 베네딕투스Benedictus de Aniane(약 750-821)는 수도원 학교에서는 일반인만 받기로 하고, 귀족 청년 및 미래의 성직자들을 배제하기로 결정했던 것이다.

플뢰리쉬르루아르 혹은 장크트 갈렌 수도원과 대립한 두 수도원이 문을 열었다. 알퀴누스의 제자인 풀다의 라바누스 마우루스Rabanus Maurus(약 780-856)와 같이 훌륭한 지식인들과 협력한 카롤루스 2세(823-877)와 루도비쿠스 1세 경건왕(778-840)은 통치하는 동안에 교회 교육에 지속적인 관심을 보였다. 라바누스는 『성직자 제도에 관하여De institutione clericorum』에서 카롤링거 왕조 시절에 학교에서 활용한 저자들과 프로그램을 완벽히 보여 준다. 여기에는 세둘리우스(?-859년 이후)와, 특히 요하네스 스코투스 에리우게나와 같이 유럽 대륙에 유배된 뛰어난 스코트족 무리는 차치하더라도, 라이헤나우의 사팔뜨기 발라프리트Walafrid Strabo(808/809-849), 페리에르의 루푸스 세르바투스Lupus Servatus(805-862) 등이 포함되었다. 귀족 계급에 대하여 중요한 교육적 책임을 진 교사들은 사회와 교회 간의 문화적 침투에 기여하면서 지배 계층의 교육에 영향을 주었다. 카롤루스 시대부터 발전한 교육 제도는 10세기 유럽이 정치적, 인구 통계학적으로 위기를 겪었음에도 불구하고 굳건히 버티었다. 노르만족, 헝가리족, 사라센족의 침략으로 시작된 정치적인 혼란 및 폭력의 시대가 지난 뒤, 독일, 특히 작센 지방은 경이로운 지식의 시대를 맞았다. 코르비 수도원의 토대가 되었던 코르바이 수도원에서는 비두킨트Widukind의 명성이 높았고, 간더스하임 수도원에서는 여성(로스비타 수녀)의 목소리에 의해 수도원 문화가 발전했으며, 라이헤나우 및 장크트 갈렌의 중요한 학교들도 있었다. 동쪽으로는 슬라브, 서쪽으로는 아라비아와 국경선이 정해질 때, 유럽은 서로 풍부한 영향을 주고받았다. 카탈루냐에 위치한 수도원들(리폴 수도원, 생 미셸 드 쿡사 수도원)이 이슬람 문화와의 관계에서 한 역할이 그것을 확인시켜 줄 뿐 아니라, 그곳 학교의 출신 중에서 가장 유명한 오리야크의 제르베르, 즉 '마법사 교황' 실베스테르 2세의 경이로운 명성도 그것을 확

문화의
경이로운 시절

인시켜 준다. 갈리아 지방에서 클뤼니 수도원이 여린 뿌리를 내리고 있는 동안, 플뢰리의 성 아보Abbo Floriacensis(940/945-1004)는 생브누아쉬르루아르Saint-Benoît-sur-Loire 수도원에 활기를 불어넣으면서 얽히고설킨 영적인 우정 관계를 확장했으며, 11세기에는 안셀무스Anselmus(1033-1109) 및 르 벡 수도원과 관계를 맺었다.

평신도와 교회의 혁신

교회의 지역적인 구조(주교의 지위, 수도원, 시골 교회)에 토대를 둔 카롤링거 왕조의 교육 개혁이 널리 유포되자, 학교 구조(비록 본질적으로는 종교인들의 교육에 중점을 두었지만)의 관계망이 뚜렷이 확산되었다. 종교 교육의 최종 목적은 카롤루스가 암시한 더 일반적인 목적이 나타나기 시작하면서 수명을 다할 터였다. 그리고 루도비쿠스 1세 경건왕 시대에 이미 교회 구조를 통해 발전한 프로그램에 반해 왕실의 계획이 점차 세워지고 있었다. 제국은 주교들 및 교회에 그들의 공적인 특성을 잊지 않도록 강요했고, 한편으로 교회는 성직자가 아닌 사람들의 학교 입학을 점차 제한해 나갔다. 825년에 로타리오 1세(795-855)는 코르테올로나Corteolona가 항복하자 이탈리아 북부 영토의 도시들의 특성을 파악했는데, 그곳들은 대개 주교의 권한 밖에 있는 왕실 학교가 세워진 중심지였다. 무엇보다 이렇게 틈이 벌어진 상황에서 성직자 학교와, 그에 반해 왕실에서 설립한 학교의 프로그램이나 그 입학자들 사이의 본질적인 차이를 찾는 것은 무의미하다. 평신도의 교육과 성직자의 교육을 가르는 좀 더 명확한 경계선이 나타나기 시작했지만 말이다. 카롤링거 왕조의 공적인 제도의 종말을 보여 주는 위기는 왕실 학교의 조직에도 영향을 주었다. 오스만 왕조 시대에는 공적인 규범의 개입이나 이전 조직의 변화는 나타나지 않았다. 반대로 10-11세기에 주교구를 제도적으로 점차 부각시키고 수도원 문화를 개선하려는 움직임이 나타나고, 이에 따라 11세기가 되면 교회는 또다시 교육에 봉사하게 된다.

| 다음을 참고하라 |
역사 수도원주의(251쪽)
철학 섬의 수도원주의와 중세 문화(403쪽); 철학과 수도원(408쪽)
문학과 연극 수도원 문화와 수도원 문학(551쪽)
시각예술 그리스도교의 종교 공간(689쪽); 권력 공간(706쪽)

카롤루스 대제에서 1000년까지

STORIA

카롤루스 대제와 유럽의 새로운 배치

| 카티아 디 지롤라모Catia Di Girolamo |

카롤루스의 대관식에 대해 많은 암시가 있었지만, 그가 황제 대관식을 올렸다고 해서
800년 성탄절 이전과 이후의 프랑크 왕국을 조직적으로 결속시키는 연속성이 파괴된
것은 아니었다. 로마 제국에 기원을 둔 영토 개념, 개인적인 유대를 중시하는 게르만족,
정치와 종교를 결합하는 권력 이데올로기 등이 융합된 것에서 그 연속성이 나타난다.
이러한 혼합이 미묘한 균형을 이루면서 유럽의 새로운 현실의 토대가 제시되었을 뿐
아니라 미래의 불안정을 야기할 근본적 원인이 제공되기도 했다.

왕조의 교체

메로빙거 왕조는 프랑크족의 정치적, 군사적 침입을 물리치고 6-7세기에 그리스도
교로 개종했다. 그 뒤로 계속된 분열과 불안정으로 왕국의 전통적인 사고방식이 손
상을 입기는 했지만, 이 왕조는 고대 갈리아 지방 전체에 지배력을 확장하면서 강력
한 군사 및 정치 활동을 했다. 지방 권력자들의 강화된 권력도 신하들이 군주 주변을
그물처럼 둘러싸는 구조로 나타났다.

왕조 교체를 위한 바탕은 7세기 말에 마련되었다. 프랑크족의 우세한 가문들 중

186

몇몇은 결혼을 통해 친족 관계를 맺으면서 아르눌프 가문이나 피핀 왕조 혹은 카롤 링거 왕조의 계보를 잇는 혈통을 만들었다. 그리하여 '궁재maior domus'라는 중요한 역할을 대대로 세습할 수 있었고, 부하 군대들의 강력한 구조도 메로빙거 왕조의 왕권을 박탈하는 데 도움을 줄 수 있었다. 특히 에스파냐에 침투한 아랍인들과 대적한 공적으로도 유명해진 카를 마르텔이 이러한 관계를 만들어 냈다.

피핀 3세, 왕권을 찬탈하다   카를 마르텔의 아들인 피핀 3세는 메로빙거 왕조의 마지막 왕을 제거하고 왕좌를 차지했으며, 교황 스테파노 2세가 미사를 집전하여 왕권 찬탈을 축하했던 751년에 왕권 이행을 완성했다. 피핀 3세는 754년과 756년에 라치오 주변의 영토를 위협하던 랑고바르드족을 물리치기 위해 군대를 두 차례 파견하여 교황의 지지에 대해 보답했다. 승리한 피핀 3세는 교황에게 총독구와 펜타폴리스를 넘겨주었다.

카롤루스 대제 통치기에 팽창한 프랑크 왕국

피핀 3세의 아들인 카롤루스 대제는 처음에는 동생인 카를로만(751-771)과 권력을 공유해야 했다. 장남인 카롤루스는 아버지와 함께 도유식을 받았지만, 동생과 함께 왕위를 계승했다. 그는 동생처럼 어머니 베르트라다Bertrada(약 725-783)와 함께 랑고바르드족과의 화평 계획에 참여했는데, 어머니는 두 아들을 데시데리우스 왕의 딸들과 결혼시키려 했다.

왕좌에 앉은 카롤루스 대제   카를로만이 일찍 죽고 조카들이 권리를 포기하면서, 카롤루스는 홀로 왕국을 다스리게 되었다. 랑고바르드족이 다시 이탈리아를 공격하자 그는 이를 영토를 확장하기 위한 기회로 삼았다. 아내(에르망가르드Ermengarde로 알려져 있으나, 이름과 출생 자료는 부정확하다)에게서 멀어진 그는 데시데리우스를 물리친 뒤에 그 왕관을 가졌으며, 토스카나, 스폴레토 공국 및 베네벤토 공국을 새로운 교황령으로 양도했다.

정복 초기에는 랑고바르드족의 정부 구조 및 귀족들의 구성에 변화를 주지 않았지만, 랑고바르드족의 대공들이 반란을 시도하자(특히 베네벤토의 아레키스 2세의 반란) 776년부터 날카로운 변혁을 감행했다. 촘촘한 그물처럼 얽힌 프랑크족 혈통의 봉신과 백작들이 이탈리아 영토에 배치되었다.

왕국의 팽창   무엇보다도 이탈리아 반도는 더 넓게 팽창하는 중세의 전선 중 일부일 뿐이었다. 772년과 804년에 카롤루스는 색슨족과 싸울 잔인한 군대를 북부 지역으로 이끌었는데, 그들을 정치적으로 지배하고 그리스도교로 개종시키기 위해서였다. 그리고

784-785년에는 프리기아를 굴복시켰다. 778년에는 동쪽으로 케른텐 주, 오스트리아, 그리고 이미 왕국에 공물을 바치고 있던 바이에른까지 합병했다. 간접적인 방식이기는 하지만, 모라비아 및 보헤미아 지역까지 그의 영향력이 미친다는 소문이 돌았다. 서쪽 전선에서는 778년부터 이베리아 영토를 침투하기 시작했는데, 에스파냐에 이슬람교도가 침입하는 것을 막기 위해서였다.

778년에 론세스바예스 계곡으로 향하던 카롤루스 군대는 바스크족의 저항(가장 오래된 『롤랑의 노래』는 바스크족의 저항을 무어인들의 저항으로 혼동하고 있다)을 만나 패배했다. 이들의 저항은 중단되지 않았고, 813년에 이스파니카 변경령Marca Hispánica 이 세워졌다.

카롤루스는 이러한 왕성한 활동과 더불어, 프로방스, 부르고뉴 같은 왕국 내부 지역을 효과적으로 통치하기 위해 여러 방법을 지속적으로 시도했다.

카롤루스 대제와 황제의 취임

이미 8세기 말에 카롤루스의 통치권은 사실상 중-서유럽으로 확장되었다. 당시의 문화는 그에게 종교적 가치를 부여하면서 그의 역할을 강조했다. 카롤루스는 알퀴누스와 파울루스 부제와 같은 '카롤링거 왕조의 르네상스 주역들'을 통해 문화를 장려하고 후원했다.

카롤루스는 '로마인의 보호자patricius Romanorum'란 칭호를 얻었는데, 그 칭호는 아 **왕국의** 버지에게서 물려받은 것일 뿐 아니라 교회를 보호하는 특별한 임무와도 연결되어 있 **종교적 가치** 었다. 그의 아들들도 781년에 이미 하드리아노 1세에게서 도유식을 받았다. 그의 주변에 있던 지식인은 성직자들이었다. 이와 같은 상황에서 권력의 새로운 이데올로기를 발전시키기 위한 토대가 성숙했고 종교적인 요소가 결정적 요인이 되었는데, 이를 상징하는 최대 사건이 바로 800년 성탄절 밤에 산 피에트로 대성당에서 있었던 대관식이었다.

이 사건은 합법적인 황제의 호칭을 유일하게 소지하고 있던 비잔티움과의 충돌을 잠재적으로 안고 있었다. 그렇기 때문에 아인하르트Einhard(약 770-840)는 『카롤루스 대제의 생애Vita Karoli』(국내에는 『샤를마뉴의 생애』라는 제목으로 번역되어 있다*)에서 '황제'라는 호칭을 제안한 사람이 교황 레오 3세라고 말한다. 카롤루스 대제는 오히려 레오 3세에게 불쾌감까지 표시하면서 그 호칭에 반대했다는 것이다. 그러나 레오

3세는 로마 귀족 계층에게 냉정하게 거부당한 무능력 상태여서 799년에 로마를 떠나야 했으며, 카롤루스의 도움을 받고서야 다시 로마로 돌아갈 수 있었다. 이런 상태의 레오 3세가 그렇게 중요한 제안을 혼자 했을 리는 없으며, 카롤루스가 의례 준비에 활발히 참여하지 않았을 리도 없다.

카롤루스와 비잔티움의 불화는 또 다른 시기에 우연히 일어난 사건으로 더욱 커졌다. 797년 당시에는 자신의 아들을 폐위시키고 왕위를 찬탈한 이레네가 제국을 지배하고 있었다. 이레네는 오래전부터 콘스탄티노플을 모델로 삼은 중심 도시 아퀴스그라눔Aquisgranum(오늘날의 아헨*)의 건설과 전례, 특전을 제국처럼 공식화하려 했는데, 이에 대한 걸림돌이 바로 카롤루스였다. 동방에서는 카롤루스의 대관식**동로마 제국의 인정** 에 경멸적인 반감을 보였음에도 불구하고, 결국 공인할 수밖에 없었다. 미카일 1세(?-844, 811-813년에 황제)는 프랑크 왕국의 소유였던 달마티아 및 베네치아를 넘겨받는 대신 카롤루스 대제를 인정하게 된다.

카롤링거 왕조 시기의 유럽의 법질서

카롤루스 대제는 대관식 이후로 군사적인 사업을 줄이고 법령 발표를 통해 입법 활동에 열중했다. 주제가 뚜렷하고, 때로는 모든 신하들을 대상으로 하거나 때로는 특별한 몇 명을 대상으로 했던 법령은 현행법을 수정하고 보완하고 대체했다.

통치의 강화 카롤루스 대제는 법령을 통해 통치에 일관성을 유지하려고 했지만, 기존의 법질서를 교란시키지는 않았다. 그 결과 기존의 법과 복합적인 결합을 이루는데, 카롤루스의 아들들에게 맡긴 왕국들은 폭넓게 자율성을 유지했다. 특히 '제국의 분할Divisio imperii'(806)도 마찬가지였다. 그 예는 작은 영토를 가진 채 군인의 임무와 사법관의 임무를 맡은 백작들이 지도하는 위원회, 국경선을 따라 있으며 군사적 자율성을 확고히 지닌 국경 지역, 때로는 강력한 민족적 토대를 가지고 있기에 카롤링거 왕조와 융합하기 어려운 색슨족과 같은 특수한 민족들을 인정해 준 거대한 구역인 공작령 등이다.

공적으로 중요한 직책을 맡은 재임자들은 군주의 가신이거나 가신이 되었고, 군주는 직책과 관련한 명예와 소득으로 얻은 상당한 자산을 봉토로 수여하면서 이들의 충성을 확인했다. 군주의 가문의 재산과 행정력이 미치는 영토 및 봉토는 결국 주요 가문들의 상속권에 편입되고 말았다. 이는 카롤루스 대제가 반대하지 않았던 결과였다. 카롤루스의 목적은 영토에 대한 효율적인 점령을 보장받은 가문과 충성 관계를 맺는 것이었다.

그리고 백작, 후작, 공작에 대한 통제 형태가 예견되었다. 군주는 매년 여러 지역에 순찰사missi dominici(이들도 행정력이 미치는 영토에 소속되어 있었다)를 파견했다. 그들의 존재는 (공직자들의 권한으로부터 면제권을 부여받은 수많은 종교 단체의 존재와 더불어) 통제를 받지 않는 지방 세도가의 증가를 막았다. **순찰사와 궁전**

제국의 조직은 안정되었으며 지역을 돌아다녔던 순회 법정으로 더 완벽해졌다. 이 법정에서 가장 명성이 높았던 구성원들은 왕실 예배당의 고위 성직자(종교 문제를 감독하는 임무도 맡았다), 대법관(사법 활동을 위한 대표자였다), 궁중백宮中伯, conti palatini(재판 활동을 맡았다)이었다.

로마의 유산과 게르만의 전통, 상호 침투하는 왕권과 교권

이와 같은 정부의 구조는 영토에 따른 권력 개념을 보여 주는 로마의 유산과 개인의 유대 관계에 집중한 게르만의 전통을 상호 보완했으며, 카롤루스 대제의 황제 대관식이 있기 전에 이미 대부분 완성되었다. 그러나 새로운 고위층의 가장 중요한 것은 아버지로부터 물려받은 선택권과 더불어 군주가 스스로에게 부여한 종교적 책임감에 있었다. 이 종교적 책임감은 이데올로기와 권력의 의례(동로마의 의례와 달리 교회의 성유식은 민간의 성유식보다 우선했다)뿐 아니라 통치 체제 안에도 안정적으로 들어가 있었다. 사실 세속 권력(왕권regnum)과 교회 권력(교권sacerdotium) 간의 긴밀한 관계를 염두에 두지 않는다면, 카롤링거 왕조의 복잡한 조직을 이해할 수 없다. 영토를 지역으로 구분하는 일은 교구의 구분에 맞추었고, 공무원은 성직자 계급 안에서 신입을 모집했으며, 주교들과 대수도원장은 왕국의 보호 및 통치에 공헌했다. **세속권과 성직권의 통합**

| **다음을 참고하라** |
역사 프랑크 왕국: 카롤루스 대제에서 베르됭 조약까지(220쪽); 프랑크 왕국: 베르됭 조약에서 왕국의 해체까지(224쪽); 카롤링거 왕조 이후의 분립주의(247쪽)
문학과 연극 요크의 알퀴누스와 카롤링거 왕조의 르네상스(562쪽)

황제들과 성상 파괴 운동

| 실비아 론케이|Silvia Ronchey |

8세기 초반, 제국은 널리 확대된 성상 숭배를 더욱 공개적으로 처벌했다.
'수도사들의 정당'이라 정의할 수 있을 정당이 주도하여 제국 안에서
매우 활발한 반대 운동을 펼쳤다. 8세기 중반에 가서야 성상 파괴 운동
(그사이에 더욱 지적인 차원으로 전개되었다)은 최종적으로 실패했다.

성상 파괴주의 논쟁의 시초

단 몇 년 동안 수차례 쿠데타가 일어난 뒤인 717년에 황제 레오 3세가 권좌에 올랐다. 그즈음에 강력한 아랍 세력들이 콘스탄티노플을 또다시 공격하고 있었다. 통과할 수 없는 지상의 성벽, 그리스 화포를 사용하는 함대, 혹독한 겨울 날씨, 칼리프 군대에 입대했던 수많은 그리스도교 군인의 탈영, 불가르족의 도움 등으로 718년 8월에 공격을 막아 낼 수 있었다. 어쨌든 아랍인들은 계속해서 소아시아를 유린했다. 또한 726년에 산토리니 근처에서 끔찍한 화산 폭발이 있었을 때, 관련 자료에 따르면 많은 사람들은 이것을 신이 분노한 일련의 징후라고 믿었다. 레오 3세는 하늘이 분 성상 숭배를
비난한
레오 3세 노한 원인을 성상에 대한 지나친 숭배에서 찾았다고 한다. 그리하여 대궁전의 기념문인 찰케Chalke에 새겨진 그리스도의 형상을 제거하라고 했다. 관련 자료에 따르면 사람들의 저항은 없었다고 한다. 황제는 730년에 성상 숭배를 공개적으로 금지했지만, 십자가의 순수하고 소박한 상징을 숭배하는 것은 장려했다. (근대의 몇몇 역사학자들이 주장한 바에 따르면) 그것은 유대교와 이슬람 사상의 영향 때문이었다. 로마는 그의 제안을 처음에는 비난했다가 나중에는 폐기 처분했다.

레오 3세는 740년에 때맞춰 아크로이노스Akroinos에서 아랍군을 상대로 큰 승리를 거두었고, 이듬해에 사망했다. 그의 아들이자 나중에 코프로니모스Kopronymos로 불렸던 콘스탄티누스 5세는 처남인 아르타바스두스의 반란을 진압한 뒤인 744년에 안정적으로 왕좌에 오를 수 있었다. 그의 처남은 성상 숭배를 옹호했던 자들의 우두머리였다. 그사이에 동방에서는 획기적인 변화가 있었다. 아바스 왕조의 수중에 들어온 칼리프 왕조가 수도를 다마스쿠스에서 바그다드로 이전한 것이었다. 수년 동안

이슬람 세계에 혼란의 시기가 계속되면서 비잔티움 제국의 국경에서 있었던 바그다드의 압박이 눈에 띄게 느슨해졌다. 그 덕에 콘스탄티누스 5세는 아랍인들이 점령하고 있던 국경의 여러 도시들을 빼앗았는데, 특히 서쪽 국경선에 무력으로 개입하여 마케도니아의 슬라브족을 정복했고, 불가르족에 대해서도 여러 번 승리를 거두었다. 그러나 새 황제는 랑고바르드족의 팽창을 우려했기 때문에(751년에 라벤나가 무너졌다) 인력과 재산을 이탈리아에서 이동시키는 것은 적당하지 않다고 생각했지만, 교황 스테파노 2세가 프랑크족(전통적으로 비잔티움 제국과 좋은 관계를 유지했다)의 군주인 피핀에게 도움을 요청한 것을 반대하지 않은 듯했다. 그러므로 지중해 전체에 걸쳐 헤게모니를 가진 '로마'에 대한 꿈은 이미 포기 상태였지만, 이미 7세기부터 드러나기 시작한 현상인 동로마 제국의 부상은 확실해졌다.

히에리아 공의회

콘스탄티누스 5세는 성상 문제와 관련해서는 부친의 행적을 따랐다. 754년 히에리아Hieria 공의회에서 교리에 관한 법령이 공표되었는데, 우상 숭배를 분명하게 처벌한다는 내용이었다. 성상 파괴주의자들 혹은 성상 반대론자들이라 칭해지는 성상에 대한 적대자들의 집단은 무엇보다 군대에 가까웠지만(이 적대자들은 영토에 묶이지 않은 엘리트 계층으로 특히 중앙군tagmata에 가까웠다), 성상 옹호론자들은 주로 수도원(특히 765년에 수많은 박해에 시달린다)과 콘스탄티노플의 옛 귀족 가문(특히 여성들)에 속했다. 역사적으로 길게 진행된, 오래되고 복잡한 논쟁으로 인해 성상 파괴주의에서는 정치적·경제적 동기(대지주들의 지방분권적 경향, 혹은 봉건적 경향에 반대하는 황제들의 중앙집권주의) 혹은 철학적 동기(다시 부활한 아리스토텔레스주의에 대립하는 플라톤주의의 극단적인 발전으로 고무된 성상 반대론자 집단)가 중요해졌다.

성상 파괴주의자,
성상 옹호주의자

이레네와 니케아 공의회

콘스탄티누스 5세의 아들인 레오 4세(750-780, 775년부터 황제)가 통치하는 짧은 기간에 동쪽 국경선에서는 성공적인 일이 연이어 일어났다. 황제의 교리는 성상 반대론을 취했지만, 몇 가지 입장에서는 유연해졌다. 레오 4세가 사망하고 아들인 콘스탄티누스 6세(771-797)가 왕위에 올랐지만 왕의 나이가 어렸기 때문에 어머니 이레네(752-803)가 섭정을 시작했다. 그녀는 더 많은 권력을 가지기 위해 궁정 기구들의 반대에도 불구하고 콘스탄티노플에 특히 많은 성상 옹호론자들의 편을 들었다. 콘스탄티노플에 파견대를 여러 번 보내 아랍군들의 접근을 막는 데 기여했던 중앙군이 격렬하게 반대했지만, 이레네는 787년에 개최한 니케아 공의회에서 성상 숭배 금지령을 풀었다.

그러나 이레네는 성상 파괴주의자들의 압박 때문에 790년에 아들에게 권력을 넘길 수밖에 없었다. 콘스탄티누스 6세는 무능한 군주의 모습을 보였을 뿐 아니라, 자신의 무절제한 결혼식에 반대하는 성상 옹호론자들과도 부딪쳐야 했다. 이레네 역시 권력을 포기하지 않았다. 아들에 대한 불만이 점차 고조되는 것을 이용한 그녀는 797년에 아들의 눈을 멀게 했고, 고대 로마 제국에 대한 비잔티움 '바실레이아 basileia(왕정)'의 특수성을 공개적으로 선언하면서 사실상 왕 즉 '바실레우스basileus'가 되어 권좌로 복귀했다. 이후의 역사는 제국의 정점에 오른 여성 권력의 합법성을 화려하게 증명해 주었다. 한편, 국가의 최고 권력을 여성이 가지고 통치하는 것이 평범하지는 않다는 인식이 있었다. 이레네가 고위 관리인 니케포루스Nicephorus(약 760-811)에 의해 권좌에서 물러나기 전까지 행한 통치는 그 나름으로 훌륭했지만, 적대적인 세력들이 모든 전선에서 공격을 가해 혼란을 자아냈다. 칼리프 왕조에 공물을 다시 바치기 시작했고, 불가르족의 호전적인 칸khan이었던 크룸Krum(?-814)으로 인해 여러 차례 패전을 맛보아야 했다. 지리적으로 멀리 위치한 서쪽 상황도 근심을 주었다. 카롤루스 대제는 800년에 교황에 의해 황제 대관식을 치렀으므로, 사람들은 그가 콘스탄티노플로 진군할까 봐 두려워했다. 오스트리아 반도와 베네치아의 통제권 때문에 아드리아해 상류에서 충돌이 몇 번 일어난 뒤에 니케포루스의 사위인 미카일 1세는 812년에 아퀴스그라눔(아헨)에 대사를 파견했는데, 이는 카롤루스 대제에게 로마인들이 아닌 프랑크족의 칭호인 '바실레우스'를 부여해 주기 위해서였다.

여백 주석: 바실레우스가 된 이레네

두 번째 성상 파괴 운동

더욱 불안해진 제국 내부의 사정과 콘스탄티노플로 향하는 크룸의 진군으로 미카일 1세가 폐위되고, 고위 군인이자 아나톨리아 출신의 전략가인 레오 5세(?-820, 813년부터 황제)가 대관식을 치렀다. 레오 5세는 불가르족을 물리쳤고, 815년에는 무엇보다 군부의 압력에 따르기 위해(자료에 따르면, 성상 옹호로 되돌아간 것과 제국의 붕괴는 관련이 있었다) 히에리아 공의회의 성상 파괴 정책을 다시 채택했다. 이렇게 성상 파

괴 운동의 두 번째 단계가 시작되었다. 이때 수도원 집단의 지도자들에 대한 박해 사
건이 많이 있었음에도 불구하고(예를 들어 제국에서 콘스탄티노플은 성상 파괴 운동에 반
대했던 대표적인 곳으로, 이곳에 위치한 스투디오스 수도원장인 스투디오스의 테오도루스
가 유배되었다), 교리와 신학적인 측면에서 충돌이 있었다. 서로 적대하는 두 집단 모 **신학적,
교리적 충돌**
두 자신들의 입장을 지지하는 고대 문헌을 발굴하고, 소책자와 선전용 책의 제작에
몰두했다. 성상 파괴 운동을 주도하고 로마 제국의 두 번째 혈통lignee을 잇는 강력하
고도 한층 진보한 권력자도 정치 상황을 과거보다 덜 복잡하게 만들지는 못했다. 사
실 814년에 크룸이 사망하고 불가르족이 맹렬히 격퇴되었지만, 레오 5세는 820년에
살해당했다. 이후에 그의 후계자인 미카일 2세(?-829)는 여러 반란의 시도에 맞서게
되었고, 그로 인해 아랍인들이 크레타 섬과 시칠리아 섬을 정복할 수 있었다. 미카
일 2세의 아들인 교양 있는 테오필루스Theophilus(?-842, 829년부터 황제)는 확신에 찬
성상 파괴주의자였는데, 아나톨리아 국경선에서 다시 선제공격을 하려고 했다. 처
음 몇 차례는 성공했지만(이 성공은 칼리프 왕조에 반역을 꾀한 수많은 페르시아인들의 변
절에 의한 것일 수도 있다. 이들의 우두머리는 테오포보Teofobo란 이름으로 세례를 받았다),
이후에는 여러 번 패배를 맛보았다. 그중 심리적으로 볼 때 아모리움Amorium(황제의
가문이 이 도시 출신이었다)을 잃은 것이 파국적이었으며, 포로로 붙잡힌 비잔티움 장
교들의 대량 학살도 있었다(소위 말하는 '아모리움의 순교자들'). 아랍인들의 공격 때문
에 서로마에 도움을 구하는 사절단을 보낸 때도 이 시기였을 것이다.

　　테오필루스가 사망하자, 테오도라 여제(약 800-867)는 어린 미카일 3세(840-867, **테오도라 여제**
842년부터 황제)를 대신해 섭정을 했다. 테오도라는 한편으로는 두 번째 니케아 공의
회의 선언을 수용하기 위해 재빨리 성상 파괴주의를 규탄했고, 다른 한편으로는 자
신의 남편이 전혀 했음 직하지 않은 개종을 했다는 소문을 내어 남편에 대한 추모를
인정받으려 했다. 오랜 섭정 기간에 궁정의 권력 싸움이 없지 않았지만, 동쪽 전선
의 상황은 점차 개선되고 있었다. 아바스 왕조가 갑자기 해체되면서, 해마다 지역 간
의 분쟁이 있을 때 비잔티움 군에 대항하기 위해 파견되었던 지하드 파견대의 성격
이 변했다. 타르수스와 멜리테네 국경선을 지키던 두 이슬람 지휘관이 그 분쟁의 책
임자들이었는데, 이들은 우연하게도 콘스탄티노플이 제기한 정통 교리에 맞서 무장
반란을 일으켰던 바오로파(소아시아 지역에서 이원론적인 그노시스-마니교 집단이 다시
부흥하면서 만들어진 비밀 결사sectae의 명칭)의 도움을 받았다.

포티우스

다른 한편에서는 지적이고 위대한 정치인인 포티우스Photius (약 820-약 891)가 미카일 3세의 왕국을 다스렸다. 그는 선임자인 이그나티오스가 추방된 뒤인 858년에 총대주교가 되었다. 그를 총대주교로 임명한 것을 로마에서는 기계적으로 받아들였는데, 그것이 포티우스와 교황청 간의 심각한 충돌을 야기한 주요 원인이 되었다. 867년에 공의회에서 교황이 이단으로 파문당할 때 충돌은 극에 달했다. 소위 말하는 '포티우스 분열'이 문제를 일으켰지만, 바로 그해에 미카일 3세가 사망하자 마케도니아 사람이라 불린 바실리우스가 왕권을 차지하고 포티우스를 해임했기 때문에, 분열 기간은 짧았다. 그러나 이로 인해 로마와 콘스탄티노플 사이의 불화는 더욱 깊어졌다. 바로 그 시기에 동유럽의 복음주의가 시작되었으며, 키릴로스와 메토디오스가 모라비아에서 펼친 선교 활동이 로마에 의해 타격을 입었다. 그러나 이들의 제자들이 불가리아에 도착하여 이제는 슬라브화된 불가리아 왕국을 동방 그리스도교로 개종시키는 데 결정적인 역할을 했다.

| 다음을 참고하라 |

역사 성상 파괴 운동 시기까지의 비잔티움 제국(119쪽); 그리스도교 교리에 대한 정의와 이단(148쪽); 로마 교회의 성장(158쪽); 로마 교회와 교황들의 세속권(163쪽); 철혈 시대의 교황(262쪽)
시각예술 권력 공간(706쪽)

비잔티움 제국과 마케도니아 왕조

| 토마소 브라치니 |

칼리프 왕조의 세력이 약해지자, 비잔티움 제국은 9세기 중반부터
소위 말하는 '황금시대'로 진입하면서 공격을 감행할 수 있었다. 바실리우스 2세가
발칸 반도와 동방을 정복하면서 제국은 7세기부터 최고로 확장되었다. 이 확장 단계에서
전통적으로 위대한 소아시아 출신 가문들의 공헌이 매우 컸다. 그러나 점차 커지는
이들의 야망은 결국 황제의 권력과 격렬한 충돌을 낳게 된다.

왕조의 창시자: 마케도니아 사람 바실리우스

마케도니아 사람 바실리우스 1세(약 812-886, 867년부터 황제)는 비록 비천한 출신이었지만, 867년에 왕좌에 오를 때 이전에 미리 폭넓게 사귀어 두었던 가신들과 친구들의 도움을 받을 수 있었다. 새 황제는 칼리프 왕조의 세력이 약해진 점, 이슬람 세력의 확장이 일시적으로 정지된 점을 이용할 수 있었으며, 남부 이탈리아와 동방에서 여러 번 이익을 취했다. 이탈리아에서는 루도비쿠스 독일왕과 맺은 동맹을 능숙하게 이용하기도 했다.

　새 군주는 『프로케이론Procheiron』과 『아이사고게Eisagoge』(적어도 이 두 서적의 첫 번째 편집본은 포티우스의 영향을 받았다)를 통해 법률 분야에도 개입했다. 두 서적은 정치적인 계획에 따라 총대주교의 권력과 황제의 권력이 양립하는 일종의 양두 체제를 이론화하고 있다. 이 계획을 통해 더욱 강해진 권력을 획득하고 있던 제3의 요소, 즉 지역의 귀족사회가 등장하게 되었다.

박식한 군주들: 레오 6세와 콘스탄티누스 7세

바실리우스 1세의 아들인 현제賢帝 레오 6세(866-912)에게는 항상 거센 반대 세력이 있었지만, 886년 권좌에 오르면서 시민의 화합을 이루었다. 미카일 3세의 지지자들과 여전히 계속되는 불화를 해소하려는 이 젊은 군주의 제안은 주목을 끌었다. 수년 동안 있던 황제의 네 차례 결혼(일반적으로 두 번의 결혼식만 인정되었다)을 떠들썩하게 반대했던 교회 지도자들과 황제의 관계는 더욱 악화되었다. 황제는 아들의 왕위 계승을 보증하기 위해 네 차례나 결혼을 했던 것이다. 아나톨리아에서 비잔티움 사람들의 지위가 대체로 굳건해지고 있었다면(무엇보다 영토가 더욱 안정되면서 권력의 실세를 쥔 가문들이 성장하는 데 유리해졌는데, 이 가문들은 주로 고위 장교와 같은 군인들이었다), 크레타 섬을 기지로 하는 에게 해의 상황은 이슬람 함대가 침입하는 등 더욱 미묘해졌다.

　레오 6세의 동생인 알렉산드로스(872-913)가 912년에서 913년까지 짧은 기간에 왕국을 다스린 뒤에, 레오 6세의 어린 아들인 포르피로게니투스Porphyrogenitus 혹은 "보라색 방에서 태어난 자"로 유명한 콘스탄티누스 7세(905-959)가 왕위를 계승했다. 섭정이 필요했던 만큼, 흔히 그렇듯 궁정에 존재한 여러 당파 간의 싸움이 일어났다. '콘스탄티누스 7세의 후원자'란 명목을 내세워서 권력을 소유하기 위해 싸웠던 고위

화합을 찾아서

관리들 중에서 해군 총사령관인 로마누스 레카페누스Romanus Lecapenus(870-948, 로마누스 1세)가 우위를 차지할 수 있었다. 그는 919년에 자신의 딸 헬레나와 어린 왕을 결혼시켰고, 920년에는 공동 황제가 되었다. 실질적인 군주였던 로마누스 1세는 궁정 상황이 안정되자, 점점 더 분열하던 이슬람권의 동방 지역 문제에 몰두할 수 있었다. 특히 요하네스 쿠르쿠아스 장군이 944년에 거둔 큰 성공은 획기적인 사건이었다. 그는 주민들을 괴롭혀 매우 고귀한 성유물인 만딜리온mandylion을 수중에 넣었는데, 만딜리온은 흔히 그리스도가 자신의 얼굴을 기적처럼 새겼다고 하는 천을 말한다. 다른 한편, 황제는 대토지 소유자의 팽창을 막고 혹독한 겨울로 시련을 겪는 소규모 토지 소유자의 신분을 '공유지 점유권protimesis' 제도를 통해 보장하려고 노력했다. 그리하여 로마누스 1세는 주요 군대를 징집할 수 있는 사회적 토대를 유지하려고 노력했으며, 자신의 권력을 위협할 수 있는 귀족 가문과 대치했다. 실제로 944년에 합법적인 황제 콘스탄티누스 7세는 로마누스 1세를 바로 그의 아들들과 대립하게 만들었고, 막강한 포카디Focadi 가문에 의지하여 자신을 훼방 놓는 공동 황제를 제거할 수 있었다. 콘스탄티누스 7세도 자신의 아버지 레오 6세처럼 역사적으로는 문인과 학자로 인식된다. 그가 주력한 분야 중 하나가 외교였는데, 그는 러시아와 헝가리를 제국의 세력권 안으로 유인하는 그물망을 구축하여 여러 번 성공을 거두었다.

공동 황제

니케포루스 포카스와 요하네스 1세

959년에 콘스탄티누스 7세의 아들인 로마누스 2세(939-963)가 아버지를 계승했다. 로마누스 2세의 치하에서 장군인 니케포루스 포카스Nicephorus Phocas(약 912-969)가 특히 두각을 보였는데, 그는 크레타 섬을 재탈환했다. 로마누스 2세가 963년에 사망하고, 미망인인 테오파노(약 940-976년 이후)와 어린 두 아들 바실리우스와 콘스탄티누스가 남았다. 그러나 그해에 동로마 제국의 군대는 니케포루스 포카스 장군을 황제로 선언했다. 니케포루스 장군은 약간의 저항을 만났지만 어쨌든 콘스탄티노플을 수중에 넣은 다음, 합법적인 두 후계자들의 권리를 지키려고 노력하기는 했지만 결국 왕관을 받아들였다. 이후 니케포루스와 그의 장군들이 이끄는 비잔티움 군대가 동방에서 혁혁한 공적을 올렸으며, 무엇보다 타르수스와 안티오키아를 재탈환했다. 물론 이 승리는 대가를 치러야 했다. 특히 니케포루스는 자신이 파견한 군대에 필요한 자금을 조달하기 위해 세금을 무겁게 올려서 징수해야 했다. 종교 시설의 토지 소

황제로 인정받은 장군

유를 제한하려고 한 그의 시도는(이것도 재정에 대한 걱정 때문에 시도한 것이었다) 결국
성직자들의 노여움을 샀다. 테오파노 황후가 가담한 음모 때문에 니케포루스는 결국
969년에 아르메니아 출신의 요하네스 치미스케스John I Tzimiskes(약 925-976, 969년부
터 황제, 요하네스 1세)가 지휘한 공모자들에 의해 살해되었고, 요하네스가 그 대신에
왕좌에 앉았다. 그는 서방 상황을 정비한 뒤(러시아가 불가리아를 통해 진군하는 것을
막은 뒤에 새로운 협정을 맺었으며, 독일 황제 오토 2세에게 자신의 조카딸 테오파노를 아내
로 주었다), 동방에 집중했다. 그리하여 시리아 및 팔레스타인에 거주하는 이슬람교
도들의 분열을 이용하고, 칼케돈의 그리스도교도들만이 아닌 모든 그리스도교도들
의 본보기로 스스로 나서면서 예루살렘 인근 지역까지 침입하여 승리를 거두었다.
이렇듯 지속되었던 전쟁 중이던 976년에 그는 돌연 발진티푸스로 사망했다. 당시의
누군가가 가정한 바를 따르자면 독살되었을지도 모른다.

바실리우스 2세

그러므로 권력은 로마누스 2세의 아들이자 마케도니아 왕조의 바실리우스 2세(957-   안정과 확장의
1025)의 수중에 들어갔다. 이렇듯 청년 바실리우스는 초기에 콘스탄티노플 궁에서   시기
자신의 권위를 선언한 뒤에, 곧 소아시아의 위대한 가문 출신인 바르다스 스클레루
스Bardas Skleros(?-991)와 바르다스 포카스Bardas Phocas(약 940-989)의 무서운 반란에
직면해야 했다. 바실리우스 2세는 바르다스 포카스와 대적하기 위해 키예프의 블라
디미르 1세에게 여동생 안나를 아내로 주어야 했다. 그 대신, 블라디미르 1세는 처남
에게 도움을 주기로 했으며, 무엇보다 자신의 호위병과 함께 세례를 받기로 했다. 바
실리우스 2세는 내부 문제를 진정시킨 다음에 불가르족에 대항하는 긴 전쟁에 몰두
할 수 있었는데(990-1018), 이 전쟁은 수백 년이 지난 뒤에 비잔티움 제국의 국경선
을 도나우 강으로 다시 이동시킨 총체적인 승리로 끝났다(강력한 무기 덕분이기도 했고,
비잔티움 제국의 국가 기구 안으로 불가르족 지휘관들을 포용한 덕분이기도 했다). 이후 바실
리우스 2세는 캅카스에서도, 특히 아르메니아에서도 중요한 성과를 거둘 수 있었다.

다른 한편, 1022년에도 그는 아나톨리아에서 포카디 가문 출신이 이끄는 반란
군을 진압해야 했는데, 이는 그가 얼마나 집요하게 소아시아의 거대한 귀족 가문
(디나토이dynatoi)에 대항하고 그러한 법률을 제정했는지를 말해 준다. (〈알렐렌기온
allelengyon〉이라는 재정적인 의무에 관한 법령을 통해) 귀족들이 대토지 소유를 통해 확

장하는 것을 막고, 귀족 혈통 간의 결혼을 통해 결합하는 것을 막으면서 말이다. 역사에서 헤라클리우스 황제 이후로 가장 위대한 군주로 평가받던 바실리우스 2세는, 오늘날에는 불가르족의 학살자라는 뜻의 '불가로크토노스Bulgaroktonos'라 불리면서 더욱 적합한 평가를 받고 있다. 사실 발칸 반도와 캅카스에서 한 위대한 정복은 제국을 유목민들과 분리시켜 중요한 완충국들을 사라지게 만들었다. 또한 아나톨리아 귀족에 대한 박해는 결국 비잔티움 사회 제도 내부에서 최초의 불균형을 가져오고 말았다. 그럼에도 바실리우스 2세 치하에서 제국이 강해짐으로써 거의 40년 동안 국경선들은 침범당하지 않았으며, 오히려 마지막 확장을 위한 공간이 되기도 했다.

| 다음을 참고하라 |
역사 성상 파괴 운동 시기까지의 비잔티움 제국(119쪽); 비잔티움 제국의 속국 II(125쪽); 비잔티움 제국의 속국 II(198쪽)
과학과 기술 그리스 유산을 복원하려는 첫 시도(437쪽); 그리스–비잔티움 문화 속의 연금술(471쪽)
문학과 연극 비잔티움 문화 및 서방과 동방의 관계(605쪽); 비잔티움의 종교시(660쪽)
시각예술 고대 유산과 그리스도교 문화의 구상미술(742쪽)

비잔티움 제국의 속국 II

| 토마소 브라치니 |

비잔티움 제국은 7세기와 8세기에 걸쳐 영토에 큰 손실을 입은 뒤에 남은 속국의
관리를 강화했고(시칠리아를 포기해야 했지만, 남부 이탈리아의 관리는 강화했다),
새로운 확장 지침을 정했다. 그리하여 캅카스와 발칸 지역이 특히 중요해졌는데,
비잔티움 문명이 정치적·종교적인 측면에서 북쪽과 동쪽으로
뻗어 나가기 위한 요지였기 때문이다.

비잔티움 속국인 이탈리아 이야기

751년에 총독 관할구가 와해된 뒤로 이탈리아는 시칠리아 외에 남부 끝에 위치한 몇몇 지역만 비잔티움 제국의 수중에 있었다. 이 지역의 반란에 참여한 아랍인들이 827년부터 시칠리아를 정복하기 시작한 뒤로, 이 최후 영토의 상황은 불안정해졌

시칠리아의
아랍인들

다. 초반에 몇 차례의 저지가 압도적인 성공을 거둔 뒤로 그들의 진군이 늦춰지기는 했지만, 878년의 시라쿠사 붕괴와 902년의 타오르미나 붕괴와 더불어 냉혹한 진군은 계속되었다. 이와 더불어 시칠리아 섬에 대한 정복이 실제로 완결되었다. 시칠리아의 상실은 비잔티움 제국의 남부 전체가 가진 중요성을 돌연 감소시켰을 것이다. 그리하여 비잔티움 남부 지역은 중요한 섬과의 결합 기능을 잃었으므로 더욱 동떨어지고 외로운 주변부가 되고 말았다. 아랍인들은 일단 시칠리아에 교두보를 정한 다음에 타란토와 바리를 점령했다. 그러나 비잔티움의 소규모 영토는 바실리우스 1세가 옥좌에 오를 때까지 그대로 방치되었다. 바실리우스 1세는 매우 왕성한 정책을 펴기 시작했고, 바리를 회복한 뒤로는 유능한 장군 니케포루스 포카스 덕분에 비잔티움에 속한 이탈리아 남부의 국경선이 놀라울 정도로 확장되었다. 이후 과도한 조세 정책이 다시 지역을 불안정한 상태로 몰고 갔으므로, 아랍인들이 다시 침입할 수 있었다(901년에 아랍인들은 레조를 정복했다).

당시 상황이 복잡해지자 독일 황제 오토 대제(912-973, 962년부터 황제)는 비잔티움의 수중에 있던 이탈리아 영토에 대한 소유권을 주장하기 시작했으며, 967-968년에 일련의 전투를 개시하면서 한편으로는 주민의 적대감과도 마주쳐야 했다. 당시 콘스탄티노플 왕좌에 있던 니케포루스 포카스는 즉시 반응을 보였다. 972년에 전쟁은 외교 협정으로 끝났다. 오토 대제는 아들인 오토 2세를 위해 테오파노 공주(약 955-991)를 얻었고, 최고 사령관Katepano 아래로 재정비된 비잔티움 영토인 이탈리아 남부의 소유권 주장을 포기했다. 최고 사령관은 이 영토를 지키기 위해 방어군을 조직해야 했을 것이다. 바리 출신의 귀족 멜루스(?-1020)의 반란 이후, 제국의 상황은 특히 번영하고 있었으므로 관심을 두지 않았던 이탈리아에도 일부 재원을 운반해 두었다. 그리하여 비잔티움 제국은 몇 년 만에 카푸아 공국을 포함하여 롬바르디아 지역의 여러 공국을 통치할 수 있게 되었다. 1038년에는 시칠리아를 재탈환할 목적으로 거창하게 파견대를 조직하기도 했지만, 처음에 순조로운 출발을 보였던 파견대는 실패로 돌아갔다.

이탈리아 남부의 영토 방어

아르메니아와 캅카스

제국이 7세기에 침략을 받고 사실상 아나톨리아 고원으로 축소되었을 때, 아르메니아 지역은 특별히 중요한 곳이 되었다. 당시에 이 지역은 근대의 아르메니아 국가에 비해 영토가 넓었으며, 현재의 터키 북동쪽 지역까지 펼쳐져 있었다. 아르메니아는 고대부터 페르시아와 로마 제국의 영향권에서 벗어나 단일한 왕의 지배를 받은 적이 드물었는데, 4세기 초에는 그리스도교로 개종했으며, 이후에는 칼케돈 공의회의 결정을 대부분 거부하면서 보편교회에서 떨어져 나왔다. 이후 아르메니아의 소규모 공국들은 비잔티움과 칼리프 왕조 사이의 완충국 역할을 했으며, 10-11세기에는 군사 작전과, 특히 비잔티움 제국 내부에 존재하는 지역 귀족의 수많은 대표자들을 포용하는 정책을 펼쳐 비잔티움 속주를 따라 조직된 지역을 제국 내부에서 흡수하도록 했다. 그리하여 제국은 의미심장하게도 동방으로 확장해 나가는 동안에 유스티니아누스 시대의 국경선까지 넘었다. 그러나 이러한 합병 기간은 짧았다. 1071년의 만지케르트 전투 이후로 아르메니아는 이슬람 왕조의 지배를 받고, 결국 제국의 궤도에서 멀어지게 되었기 때문이다.

그리스도교로
개종하고
제국에서
멀어지다

케르손, 비잔티움의 지배를 받게 된 크리미아 반도

흑해 지역에서는 크리미아 반도 남부의 동명 도시 주변에 위치한 케르손(헤르손) Cherson이라는 비잔티움 속주를 언급할 만하다. 먼 곳에 위치한 이 작은 지방은 비잔티움의 지배를 받지 않았던 시기가 있었으며, 13세기에는 트레비존드 제국의 영토에 속했다. 특히 이 지방은 현재의 우크라이나 지역에 교대로 들락거렸던 주민들과 제국 간의 문화 및 상업의 매개 지역으로 중요했다. 주민들은 10세기까지 비잔티움의 강한 동맹군이었던 하자르족과, 이후에는 키예프 공국의 주민들이었다. 전통에 따르면, 키예프의 블라디미르 1세(약 956-1015)가 988년이나 989년에 세례를 받았던 획기적인 사건도 케르손에서 있었다.

발칸 반도

비잔티움 제국은 이 지역에서 9세기 말엽에 또다시 영토를 회복하기 시작했다. 발칸 반도의 남부 지역을 천천히 회복했고, 슬라브 민족은 그리스도교로 개종했다. 불가리아 왕국은 당당하게 독립을 유지하면서 비잔티움 제국에 심각한 위협이 되기는 했지만, '칸' 보리스 1세(?-907, 852년부터 왕)가 864년에 개종하면서 결국 제국의 종교권 안에 편입되었다. 또한 로마 교황과의 일련의 협상이 아무런 소득 없이 끝나면서, 869년에는 신생 불가리아 교회를 통솔하는 대주교를 콘스탄티노플의 총대주교에게서 독립시킬 결심도 했다. 이후 키릴로스(826/827-869)와 메토디오스(약 820-885)의 키릴로스와 메토디오스의 업적 제자들이 모라비아에서 이곳으로 오면서 주민들이 쉽게 개종했다. 두 형제는 슬라브 언어에 적합한 알파벳을 사용했으며, 중요한 교회 서적을 즉시 번역했다. 다른 한편, 비잔티움 제국의 정부 및 성직자 기구의 정상들이 이와 같은 선교 활동을 어떻게 관리하고 계획했는지를 강조하는 것이 중요하다. 비잔티움 제국은 출신이 다른 신하들 혹은 그럴 가능성이 있는 신하들에 대해 매우 개방적이고 수용적인 태도를 유지했는데, 진정 고유한 도가니 속에서 모든 것을 융합시키는, 영리하고 선견지명이 있는 제국의 문화적 팽창과 동화 정책을 따른 것이었다.

이후 불가리아는 몇십 년 동안, 특히 시메온 1세 치하에서 제국의 옆구리를 찌르는 가시 같은 존재가 되었다. 무엇보다도 권력 관계가 변하고 있었다. 혹독한 일련의 전투를 치른 뒤에, 요하네스 1세가, 최종적으로는 바실리우스 2세가 1018년에 불가리아 전체를 굴복시켰다. 불가리아는 두 개의 공국으로 재편성되었는데, 일정한 자 자율권의 쟁취 율권을 보장받았다. 현물로 징세하는 모습에서는 그 나라의 후퇴한 경제를 읽을 수 있다.

라구사

발칸 반도에서는 달마티아의 도시인 에피다우로스에 유배된 자들이 세운 상업 중심지 라구사Ragusa(오늘날의 두브로브니크)에 대해 마지막으로 언급할 것이다. 이 도시는 7세기 초에 아바르족과 슬라브족에 의해 파괴된 바 있었다. 애초부터 명목상으로는 콘스탄티노플에 종속되었던 라구사는 866-867년에 바실리우스 1세의 개입 덕분에 아라비아의 공격을 받지 않았는데, 이때부터 1205년까지 이 도시는 짧은 기간을 제외한 대부분의 시간을 비잔티움의 영향을 받았다. 1205년에 라구사는 베네치아인들의 수중에 들어가 자치 도시-국가로 발전했으며, 마지막까지 우호 관계를 유지했던 콘스탄티노플보다 오래 살아남았다.

| 다음을 참고하라 |
역사 성상 파괴 운동 시기까지의 비잔티움 제국(119쪽); 비잔티움 제국의 속국 I(125쪽); 비잔티움 제국과 마케도니아 왕조(194쪽)
과학과 기술 그리스 유산을 복원하려는 첫 시도(437쪽); 그리스-비잔티움 문화 속의 연금술(471쪽)
문학과 연극 비잔티움 문화 및 서방과 동방의 관계(605쪽); 비잔티움의 종교시(660쪽)
시각예술 마케도니아 왕조 시대의 비잔티움 미술(848쪽)

이슬람교: 아바스 왕조와 파티마 왕조

| 클라우디오 로 야코노Claudio Lo Jacono |

아바스 왕조는 750년부터 1258년까지 통치했으며, 1258년에 마지막 칼리프
왕조가 몽골족에게 학살되면서 막을 내렸다. 5백 년 동안 경제와 문화가 놀랍도록
발전했지만, 알-무타와킬이 자신의 터키 군인들에 의해 살해된 뒤로는
제도가 점진적이고 지속적으로 쇠퇴했다. 민족 국가의 탄생은 부정적인 요인을
드러내기도 했지만, 수없이 증가하는 궁정과 더불어 무엇보다도 예술과 과학이
새롭게 발전할 수 있도록 더 많은 예술품을 주문하도록 했다.

이란적인 특성을 띤 아바스 왕조

아바스 왕조는 우마이야 왕조를 종교에 무관심하다며 비난의 대상으로 삼고 자신들
은 '축복받은 왕조'로 보이기를 바랐다. 그럼에도 알안달루스 왕국을 세울 때, 패배

우마이야 왕조에 대한 살육

한 왕가의 많은 사람들을 살육했다. 이러한 행위는 아바스 왕조가 아랍인들인 우마
이야 왕조와 친척 관계였음에도 불구하고 움마umma(이슬람 공동체*)에 절대적으로
군림한 아랍인들의 지배를 끝내는 것이기도 했는데, 이슬람 사회의 지배권에 비아
랍인 개종자들이 진출했기 때문이다.

새로 탄생한 권력은 본질적으로 이란인들에게 의지했다. 군대 조직은 사실상 페
르시아 북동부 지역에 위치한 호라산 지방의 페르시아-아랍적인 분위기에서 형성
된 탓에 쿠라사니야Khurasaniyya로 불렸을 뿐 아니라 구성원들 대부분이 페르시아인
이었다. 바르마크 가문Barmakids(그들의 추종자인 바르마크Barmak의 이름에서 유래했다)
의 확실한 자질을 통해 효율성을 인정받았던 관료 기관도 페르시아 쪽이었다. 시리
아, 그리스, 콥트 혹은 유대 출신 학자들의 막강한 공헌을 간과해서는 안 되겠지만,
종교를 포함한 문화 자체도 사산 왕조의 종교에서 적지 않은 영향을 받았다.

이슬람교가 퍼지고 1세기가 지난 8세기 말-9세기 초에 종교 서적이 집필되기 시
작했는데, 이 서적들의 기능은 생물학, 지리학, 역사-연대기, 법률을 포괄했다.

페르시아의 토대

노예가 된 국민과 인도 국민(우마이야 왕조 시기인 711-712년에 현재의 파키스탄 지
방인 신드를 정복했고, 무장한 군인이 인도 아대륙에 입성했다)이 알고 있는 지적 유산은
대부분 개종자들이 번역한 묵직한 서책들 덕분이었다. 아랍의 유산은 '예언자의

약으로 알려진 최소한의 민간요법 외에 기본적으로 시와 서사시 및 아랍인들의 계보학으로 구성되어 있었는데, 이 번역 작업 덕분에 빈약한 아랍 유산이 풍요로워졌다.

칼리프 알-만수르al-Manṣūr(약 712-775, 754년부터 칼리프)는 군사적 혹은 경제적 단계뿐 아니라 문화적 단계 등 모든 측면에서 콘스탄티노플에 대항해 가장 권위적인 경쟁 지역이 될 운명인 바그다드를 건설했다(762). 더불어 정치적, 경제적 무게중심이 지중해에서 메소포타미아-이란 지역으로 이동함으로써 칼리프 왕조의 이란적 특성이 두드러졌다.

문화적으로 번성한 칼리프 왕조

하룬 알-라시드Hārūn al-Rashīd(766-809, 786년부터 칼리프)가 사산 왕조의 학교인 준디스하푸르Gundishapur를 모방하여 처음에는 개인적인 모임을 만들었고, 그의 아들인 칼리프 알-마문al-Ma'mūn(786-833)이 그것을 발전시켜 832년에 지혜의 집 즉 바이트 알-히크마Bayt al-Hikma를 만들었는데, 이것을 기억해야 한다. 사산 왕조의 준디스하 푸르Giundishapùr는 병자들을 위한 의료 센터 및 도서관으로서, 또한 그리스와 시리아의 문헌을 중세 페르시아어로 번역하는 중심지로서 조직되었다. 바이트 알-히크마도 다마스쿠스에 세워진 최초의 이슬람 병원을 706년부터 발전시킨 것으로 그리스, 페르시아, 인도의 의학을 실행하고 교육하는 병원이었다. 유럽 최초의 의학 센터가 898년 시에나에 세워진 산타 마리아 델라 스칼라 병원Spedale di Santa Maria della Scala이었던 반면, 우마이야 왕조의 알-왈리드 1세al-Walid I(약 668-715)의 의지로 출현한 이슬람 병원인 바이트 알-히크마는 도처에서 온 50만 권가량의 종교 서적과 일반 서적을 아랍어로 번역하여 일반 도서 목록에 비치한 도서관이기도 했다.

바이트 알-히크마는 수학자와 과학자들이 활동한 천문대이기도 했는데, 이 학자들의 명성은 그리스도교 세계까지 자자했다. '알고리즘algorithm'이란 용어를 만든 알-쿠와리즈미al-Khuwārizmī, 라틴 유럽 세계에서는 알킨두스Alkindus로 유명한 알-킨디al-Kindī, 바누 무사Banū Musā, 후나인 이븐 이스하크Hunayn ibn Isḥāq(라틴어로 요하니티우스Johannitius)로 알려진 9세기의 수학자 형제, 천문학자이자 수학자인 타비트 이븐 쿠라Thābit ibn Qurra, 라틴인들에게 라제스Rhazes로 알려진 알-라지al-Rāzī 등이 그들이었다.

의학, 수학, 천문학

도서관이 하나만 있었던 것은 아니다. 왜냐하면 안달루시아의 우마이야 칼리프인 알-하캄 2세al-Hakam II (915-976, 961년부터 칼리프)가 코르도바에 위치하고 40만 권의 서적을 소장한 도서관을 자랑했는데, 이 도서관은 그의 신하의 도서관보다 규모가 작았다. 반면 카이로의 파티마 왕조(1005-1068)의 다르 알-히크마Dār al-Hikma에는 60만 권의 필사본이 있었다. 이런 도서관들에 비해 동시대의 라틴 그리스도교 세계가 가진 장서는 종교 서적이 대부분으로 그 수도 빈약하기 짝이 없었다.

이슬람 세계의 풍부한 서적은 최상의 종이를 폭넓게 이용했기 때문에 가능했다. 칼리프 왕조는 탈라스 강 전투(751) 이후로 중국인 전쟁 포로들이 전수한 비법 덕분에 종이의 제작 과정을 습득했다. 사마르칸트와 바그다드에 즉시 제지 공장을 세웠는데, 이후에 이것이 이슬람화된 아라비아, 아랍, 페르시아, 인도, 이집트, 시리아, 시칠리아, 알안달루스(이슬람화된 에스파냐) 등 전 세계로 파급된 것은 바르마크 가문의 지혜 덕분이었다.

아바스 왕조의 팽창

동서의 접촉과 교역 아바스 왕조가 동방을 향해 계속 팽창했던 반면, 서쪽 끝의 마그레브와 알안달루스 지역은 칼리프 왕조의 손을 피해 갔다. 그러다 아바스 왕조의 학살에서 살아남은 우마이야 왕조의 아브드 알-라흐만 이븐 무아위야Abd al-Rāḥman ibn Mu'āwiya (731-788)가 756년에 그곳에 정착했다. 옥수스 강 너머의 지역인 트란스옥시아나에서 주로 충돌이 있었는데, 그곳에는 터키의 잡다한 분대가 존재했다. 그러나 9세기부터는 동東투르케스탄 중앙에 놓인 거대한 타림 분지가 관심 지역이 되었을 것인데, 그곳에서 티베트, 몽골, 중국, 심지어는 고려의 문화가 서로 접촉하여 결실을 맺었다.

칼리프 왕조는 기하학의 발전과 더불어 교통이 발전하면서 거대한 물질적 부를 획득할 수 있었으며, 아바스 왕조의 무역은 북아프리카에서 중국까지 확장되었을 정도다. 그리하여 중국의 광둥에 시장이 건설되는데, 이 시장은 늘 갈등을 일으켰다.

알리파'Alids는 처음부터 아바스 왕조의 역할에 대해 문제를 제기했다. 이들은 칼리프 호칭을 법적으로 자신들이 가져가야 마땅하다고 요구했으며, 겉으로 보기에 칼리프 알-마문이 추진하던 재화합 정책이 실패했던 818년 이후에는 시아파의 토대를 무너뜨렸다.

반대자들 800년에 하룬 알-라시드가 엄격한 칼리프 중앙집권주의에 균열을 일으켰다. 그는 상속받은 이프리키야Ifriqiya(현재의 튀니지, 트리폴리타니아)를 이브라힘 이븐 알-아글라브Ibrāhīm ibn al-Aghlab(?-812)에게 양도했다. 이는 카와리지파의 민족적인 반란을 진압하기 위해서였다. 그러나 이와 같은 행동이 덕망 높은 지방분권주의를 보여 주는 본보기로서 해석될 수 있다면, 초기에 학교 건물을 파괴한 일은 8세기 말에 있었던 알-하디al-Hadi(?-786, 785년부터 칼리프)와 그의 동생인 라시드Rashid의 격렬한 대립을 통해, 그리고 알-마흐디al-Mahdi(?-785, 775년부터 칼리프)의 죽음을 통해 이미 증명된 바 있다. 그리고 그 일은 810-813년에 격렬한 내전을 촉발했다. 이 내전으로 라시드의 아들들인 알-아민(787-813, 809년부터 칼리프)과 알-마문이 대립했다. 그들의 아버지는 알-아민에게 칼리프의 지위와 아프리카 및 아시아의 모든 통치권을 물려주려 했고, 둘째에게는 풍요로운 호라산Khorasan을 물려주려고 했는데도 말이다.

알-마문의 승리는 '피로스의 승리'(너무 많은 희생과 대가를 치러서 패배나 다름없는 승리를 가리킨다*)나 다름없었다. 사실 쿠라사니야(대표자들은 스스로를 권력과 동일시하면서 '왕조의 아들Abnā' al-Dawla'이라고 불렀다)가 파괴되고, 라시드의 질투심 때문에 너무나 대중적인 바르마크 가문이 뿌리째 뽑혔기 때문에 새로운 군대를 모집해야 했다. 알-마문의 동생(나중에 알-마문의 후계자가 된다)인 알-무타심al-Mu'taşim(794-842, 833년부터 칼리프)은, 부분적으로는 자유를 주었지만 대개는 예속된 조건에 있던 터키 분대를 이용하는 것이 적절하다고 판단했다. 그리하여 그들 사이의 결속 관계는 매우 효과적인 군사적 힘이 되어 주기는 했지만 절대적으로 개인적이었으며, 대의를 위해 아바스 왕조와 함께 싸워서 윤리적, 정치적으로 강력한 함의를 가졌던 쿠라사니야와 맺은 결속 관계와는 전혀 달랐다. 알-무타심은 새로운 군대가 출범할 때부터 보였던 지나친 자만심 때문에 바그다드 시민들과 멀어졌으며, 새로운 도시 사마라를 기반으로 삼아야 했다. 사마라는 892년까지 아바스 왕조의 수도가 되었다.

터키 분대(실제로는 소그드족, 호라즘 사람, 하자르족, 쿠르드족, 아르메니아족, 아랍 사람, 베르베르족 등이 섞여 있었다)가 과잉으로 가지게 된 권력은 그들이 알-무타와킬al-Mutawakkil(821-861, 847년부터 칼리프)을 억지로 선출한 사실에서 나타났다. 그러나 알-무타와킬은 정치적인 책략을 혼자 힘으로 수행하려고 했던 의지 때문에 목숨을 잃었다.

'신자들의 사령관'이었던 칼리프들은 이후 4백여 년 동안 살아남았지만, 861년에 한 칼리프가 자신의 터키군에게 살해되었을 때 칼리프 왕조의 종말이 시작되었 **몰락의 징후**

다. '신자들의 사령관들'은 자신의 저택에서 시중드는 하인들에게 명령을 내릴 수도 없는, 영원히 잃어버린 움마의 운명을 보여 주는 순수한 상징으로 전락했다. 무엇보다도 지방분권적인 현상을 몰락의 징후로 보아서는 절대 안 된다. 정치적·제도적 측면에서는 이와 같은 몰락을 가정할 수 있다 해도, 사회적·경제적·문화적 측면에서는 어떠한 후퇴도 목격되지 않는다. 더구나 중앙 권력이 자행하는 약탈로 인해 자주 간과되었던 그들의 문제를 마침내 정면으로 마주할 수 있게 되었고, 바르마크 가문 시대 때처럼 잘 조직되어 있지 않던 제국 내부에서 오랫동안 억압되었던 거대하고 구체적인 힘을 해방시킬 수 있는 지대가 외부에 생겨났던 것이다.

칼리프 왕조의 극적인 쇠퇴는 노예 반란으로 나타났다. 869-883년에 메소포타미아 남부 지역을 격렬하게 흔들었던 이 노예 반란은 마지막 승리를 앞두고 진압되었고, 그 결과 많은 사람이 죽고 자원과 성상이 파괴되었다.

북아프리카뿐 아니라 터키 출신의 아흐마드 이븐 툴룬Ahmad ibn Tūlūn(835-884)과 그의 후계자들이 통치했던 이집트 지역도, 756년부터 아바스 왕조에 적대적이었던 알안달루스 지역에 877년에 합병되었다. 북아프리카에서는 909년에 수니파의 아글라브 왕조를 무너뜨린 파티마 왕조가 세워졌다.

파티마 왕조

예언자의 사촌인 알리(약 600-661)를 자신들의 표본으로 삼았던 또 다른 시아파들과 달리, 파티마 왕조는 무함마드의 딸 파티마(?-약663)를 지지했다. 이들은 시리아 출신이었지만 야심 찬 군대를 진군시킬 만한 비옥한 땅을 이프리키야에서 발견했다. 그 땅에서는 아글라브 정권에 적대적인 베르베르족이 파티마 왕조의 비밀 신전에 폭발적인 반응을 보였으며, 909년에 발발했던 알-우르부스al-Urbus 전투에서 파티마 왕조의 최종 승리에 결정적인 영향을 주었다.

파티마 왕조의 이맘imām(무함마드 후계자에게 주어진 칭호*)은 아바스 왕조의 왕위 찬탈자들을 무너뜨리기 위해 동쪽으로 이동해야 했고, 이집트와 시리아를 정복해야 했으며, 마지막 공격을 감행하기 위해 결국은 이라크를 공격해야 했다.

몇 번의 시도 끝에 968년에 마침내 이집트가 정복되었고, 카이로의 요새와 알아즈하르 사원-대학은 이듬해에 알-마흐디아 대신에 새로운 권력의 수도이자 정신적, 종교적 상징이 되었다.

북아프리카 지역이 지리드Zirid 왕조의 베르베르족 가신들에게 맡겨진 반면, 시리아는 다음 여정에서 수많은 어려움을 만났다. 시리아의 경우에 제도적, 민족적, 사회적, 종교적으로 극도로 파편화되었기 때문이다. 이런 상황에서 아랍인, 터키인, 하자르인, 투르크멘인, 셀주크인뿐 아니라 정주민과 유목민, 그리스도교도, 유대인, 이슬람교도(수니파뿐 아니라 시아파)까지 서로 마주하게 되었다. 셀주크인은, 946년에 바그다드를 보호했던 시아파의 부와이흐 왕조를 대신하여 1055년부터 아바스 칼리프 왕조의 강력한 보호자가 되었다.

강력한 셀주크인들은 파티마 왕조의 계획을 좌절시키고 그들을 다마스쿠스에서 몰아내는 데 성공했다. 그리고 예루살렘을 정복하여 1086년에는 아르투크 이븐 에크세브Artuq ibn Ekseb에게 통치를 맡겼다. 파티마 왕조는 1098년에 예루살렘을 급습하는 데 성공했지만 그들의 모든 희망은 좌절되었는데, 전혀 예기치 못하게 십자군 십자군의 방해이 왔기 때문이다. 파티마 왕조는 십자군 전쟁의 동기, 사나운 전사들의 자질, 무겁지만 매우 효율적인 무기를 과소평가했기 때문에 성공하지 못한 반면에, 유럽의 그리스도교도들은 '무적의 상대'라는 명성을 오랫동안 얻었다.

굴복한 파티마 왕조는 더 좋은 시기를 기다려야 했으며, 심지어 1099년에는 유럽에서 온 전사들 때문에 예루살렘을 잃고 남쪽으로 이동해야 했다.

파티마 왕조의 몰락

'이맘' 알-하킴al-Hākim(985-1021, 996년부터 이맘)은 1009년에 예루살렘의 성묘교회 '이맘' 알-하킴를 파괴했다. 나중에 비잔티움 제국이 알-하킴의 후계자에게 동의를 얻어 이 교회를 재건축했다. 파티마 왕조는 알-하킴이 비상식적으로 통치하던 시기에 당시까지 유지되던 이집트 신하들의 호의를 잃기 시작했으며 갑자기 종말을 맞았는데, 그의 누나인 시트 알-물크Sitt al-Mulk가 꾸민 음모 때문이었을 것이다. 1065-1072년에 연이어 일어난 이례적이고 극적인 재앙(빈곤, 흑사병, 가뭄)으로 인해 왕조의 몰락은 가속화되었다.

'이맘' 알-무스탄시르al-Mustanṣir(1029-1094)는 아크레를 다스리는 아르메니아 출신의 통치자 바드르 알-자말리Badr al-Jamālī(1015-1094)에게, 그리고 그가 사망한 뒤에는 그의 아들인 알-아프달al-Afdal에게 군부의 통치를 맡겼는데, 그것이 전혀 효율적이지 않아 결국 파국을 맞았다. 반면 지리드 왕조는 뜻하지 않게 이프리키야에서 독립을 유지하고 있었는데, 아바스 왕조로부터 독립을 기꺼이 인정받기는 했지만, 파티마 왕조의 파괴적인 역습을 받았다. 역습에 자극을 받은 지리드 왕조는 포악한 아랍 유목민들인 바누 술라임족과 바누 힐랄족에 대항했다.

파티마 왕조는 십자군과, 누레딘Nureddin(1118-1174)이 다스리는 수니파의 장기 왕조 사이에서 적절한 처신을 해야 했는데, 서로 적대적이었던 왕족 내부의 관계 때문에 고통을 당하다가 1169년에 결국 누레딘의 신하이자 쿠르드족 출신의 시르쿠 Shīrkūh 재상을 받아들여야 했다. 그리고 두 달 남짓 뒤에 시르쿠가 사망하자 그 자리는 그의 조카인 살라딘Saladin(1138-1193)이 대신했다. 살라딘은 이맘 알-아디드al-'Ādid가 후계자를 남기지 못하고 사망하자 1171년에 파티마 왕조를 멸망시켰다.

왕조의 종말

이 모든 복잡하고 역동적인 상황에서 아바스 왕조는 이익을 얻을 수 없었으며, 945-1055년에 걸쳐 시아파인 부와이흐 왕조로부터, 이후에는 수니파인 터키 셀주크 왕조로부터 치욕스러운 보호를 받았다.

그러나 셀주크 왕국은 만지케르트에서 비잔티움 제국에 결정적인 타격을 주었음에도 불구하고(1071), 훌라구 칸이 이끄는 몽골족이 이슬람화된 동로마 제국을 약탈하지도, 또 '평화의 도시'를 공격하지도 못하도록 했다.

알-무스타심al-Musta'sim(1213-1258)이 살해되자 그를 대신한 자가 터키의 맘루크 Mamlūk(백인 노예 병사*)의 권력을 합법화하기 위해 카이로에 머물렀음에도 불구하고, 626년 이후에 칼리프 제도는 소멸한다. 반면에 술탄이 지배하던 맘루크 왕조를 멸망시킨 오스만투르크 제국의 요구로, 칼리프 제도가 이스탄불에서는 1924년까지 지속되었다. 그해에 오스만 가문에서 칼리프 제도의 소멸을 공식 선언했다.

| 다음을 참고하라 |
역사 무함마드와 이슬람교의 첫 팽창(138쪽); 우마이야 왕조(143쪽); 유럽의 이슬람화(209쪽)

유럽의 이슬람화

| 클라우디오 로 야코노 |

이슬람교도의 유럽 진출은 안정적으로 진행되었다. 2세기 동안 시칠리아를 지배하고
대략 8세기 동안 안달루시아를 지배한 것 외에도 이탈리아 풀리아 지방의 바리와
타란토를 단기간 지배하기도 했고, 아그로폴리에 주둔하거나 캄파니아 지방의 가릴리아노,
프로방스 지방의 프라시네토Frassineto에 군대 식민지를 세우기도 했다.
시칠리아를 정복한 아글라브 왕조는 909년에 파티마 왕조에 의해 밀려났다. 아글라브 왕조
는 아바스 왕조의 칼리프를 몰아내야 한다는 일념으로 1세기가 넘는 동안에
칼비티Kalviti 왕조에게 시칠리아 통치를 맡겼다.

이베리아 반도의 정복

제도적인 통합을 이루지 못한 이슬람 세계는 정치적·종교적으로 서로 적대적인 다
양한 칼리프 왕조(혹은 이맘 왕조)의 역사를 보여 주었다.

이베리아 반도가 첫 번째 주역으로 떠올랐다. 이슬람교도들은 이베리아 반도를
처음 몇 차례 공격한 다음에 711년부터는 카이로우안의 통치자인 무사 이븐 누사이
르Mūsā ibn Nuṣayr(640-716)와, 그의 자유 노예인 베르베르족 출신의 타리크 이븐 지야
드Tariq ibn Ziyad(약 670-720)와 함께 반도를 침입했다. 무사 이븐 누사이르는 7천 명
의 부하들과 함께 지브롤터(그들은 그곳의 요새를 자발 아트-타리크Giabal at-Tāriq[타리
크의 산]라 불렀다)에 상륙했다. 그러고 나서 로데리크가 권좌에 오르면서 왕국 내부
에 조성된 강한 긴장감과, 서고트족이 박해하고 결국 추방시킨 유대인들의 공개적
인 지지를 이용했다. 정복을 완수한 무사 이븐 누사이르는 알안달루스 지방을 만들
었고, 카이로우안의 통치자에게서 독립되어 있던 코르도바에 수도를 세웠다. 패배
한 그리스도교 군대는 도루 강 북쪽으로 퇴각하는 수밖에 없었다. 귀족인 펠라기우
스Pelagius(약 699-737)는 추종자들과 함께 칸타브리아 산과 아스투리아스 산 사이에
숨었는데, 그가 미래의 레온 왕국의 토대가 될 것이었다.

코르도바의 통치자는 20년 뒤에 투르의 성 마르티누스 성당Saint-Martin de Tours이
가진 풍부한 봉헌물과 주변 영토를 강탈하기 위해 피레네 산맥을 넘었지만, 푸아티 푸아티에의 패전
에에서 프랑크 왕국의 카를(684-741)에게 패배했다. 카를은 나중에 마르텔이라는 별

명을 얻었다. 이 사건은 비록 유럽의 정복을 예고하는 것은 아니었지만 이슬람의 자존심에 심한 굴욕감을 안겨 주었을 것이고, 라틴 세계에서 그리스도교의 최고 보호자를 자처했던 카롤링거 왕조의 야망을 막는 근본적인 방패가 되었을 것이다.

승리한 아바스 왕조는 시리아에서 우마이야 가문을 살육했는데, 그때 목숨을 부지한 청년 알-라흐만 이븐 무아위야는 756년에 북아프리카에 위치한 베르베르족 외가에서 은신처와 지지자를 얻었다. 그는 지지자 및 정통 왕조파와 함께 알안달루스에 입성했으며, 격변기에 사실상 독립 상태였던 코르도바 군대를 격퇴했다.

그의 후손은 '아미르amīr'란 소박한 호칭을 쓰기는 했지만, 칼리프 왕조의 요구를 결코 거부하지 못했다. 사실 927년에 아브드 알-라흐만 3세(약 889-961)가 그것에 항의하기는 했지만, 자신들의 제국을 굳건히 해야 했던 아바스 왕조는 가벼운 음모를 통해서만 반항했고 그나마 음모도 실패하기 일쑤였다.

'이주자'란 뜻의 아드다크힐ad-Dākhil이라고 불린 아브드 알-라흐만 1세(731-788)는 자신의 적인 아바스 왕조의 알-만수르al-Manṣūr(약 712-775)에 못지않은 섬세한 정치가였으며, 지배력을 확장하고 공고히 할 수 있는 능력을 갖추었다. 그리하여 자신과 후손들이 756년부터 1031년까지 275년의 기간에 걸쳐 견고한 권력을 유지하도록 했다. 그러나 그리스도교, 이슬람교, 유대교 문화는 서로 융합하여 그보다 더 오랫동안 800년도 넘게 이베리아 반도에서 피어났다. 이에 그리스적인 요소까지 더해지면서 이슬람 정권은 827년부터 1031년까지 204년간 시칠리아를 지배했다. 이슬람교는 시칠리아에서처럼 이베리아 반도에서도 다른 문화에 대해 강력한 상징적 특성을 보여 주었는데, 남부 아랍의 힘야르족, 유대인, 그리스인, 시리아인, 메소포타미아인, 콥트인, 베르베르족, 아프리카인, 페르시아인, 인도인, 터키인, 몽골족, 심지어는 중국인에게 이미 그 점을 보여 준 바 있었다. 이슬람교는 주어지는 모든 것을 도덕적 갈등 없이 결합했다.

알안달루스에서는 이베리아-라틴의 그리스도교 공동체와 좋은 관계를 유지하는 것이 매우 긍정적인 요인이 되었다. 이 공동체는 차라리 이슬람교의 통치를 받기를 원했기 때문이다. 모사라베Mozárabe('아랍인이 되려는 자들'이라는 뜻의 '무스타리브must'arib'에서 온 말로 외향적인 습성 때문이기도 하지만, 아랍어를 함께 사용했기 때문에 그런 경향을 띠었다)는 분주한 가운데서도 조용한 분위기에서 수백 년의 세월을 보냈지만, 9세기에는 예외적인 시기를 보냈다. 이때는 그리스도교의 극단적인 분파가 이슬람 통치자들과 갈등을 일으켰다.

정치적, 경제적, 문화적 혼합도 또한 중요했는데, 그것을 통해 적지 않은 그리스
도교도들이 이슬람교로 개종했고, 이들은 '물라디에스muladíes' ('선택받은 자'란 뜻의
아랍어 'muwallad'에서 나왔다)라 불렸다. 가장 훌륭한 예가 바누 카시Banu Qasi(카시우
스의 자식들)다. 서고트족이 다스리던 시절에 히스패닉계의 마르카 수페리오레Marca
Superiore 가문의 백작인 카시우스Cassius(8세기)가 개종하면서 자신의 지배 지역을 계
속 통치하고 후손들도 새로 재편된 정치적 상황에서 적지 않은 이익을 얻을 수 있
도록 허락받은 순간부터, 바누 카시는 나바라의 그리스도교 가문과 혈연관계를 맺
었다.

알안달루스가 건축, 다양한 학문과 기술, 문학, 신비주의, 철학, 음악, 역사, 지리,
수공업 혹은 전통에 끼친 공헌은 그 뒤에 있었던 유럽의 재탄생에 간과할 수 없는 자
양분이 되었다.

우마이야 왕조의 권력은 그 웅대함에서 아바스 왕조에 필적할 만했다. 특히 10세
기에 토후국이 칼리프 왕조로 바뀌었을 때뿐 아니라, 알만소르Almanzor(약 938-1002)
가 통치했을 때도 그러했다. 알만소르는 978년부터 사망할 때까지 힘없는 칼리프 히
샴 2세(965-1013)에 비해 유능한 통치력을 보였다. 알만소르는 아스투리아스와 레
온과 나바라의 그리스도교도들에게 대항하기 위해 52개의 파견대를 이끌었으며,
985년에는 바르셀로나, 988년에는 레온을 약탈했고, 1년 뒤인 989년에는 산티아고
의 외딴 성지를 콤포스텔라에서 강탈하기 위해 갈리시아로 진군했다. 사람들이 그
곳을 이베리아 반도의 그리스도교도들을 보호하는 마타모로스Matamoros(이슬람교도
의 살해자)의 지역으로 여겼기 때문이다.

그러나 칼리프 왕조는 통제할 수 없는 왕조의 위기와 원로들의 이기주의 때문에
몇 년 만에 해체되었다. 아바스 왕조 시절에 이미 확인된 바 있는 것처럼, 정치적 분
열은 수많은 제도 때문이었다. 그러나 이 많은 제도는 정치적으로는 의미가 없었지
만, 인심이 후한 궁정이 많이 늘었기 때문에 문화를 생산하는 데는 유리했다.

시칠리아의 아랍인들
두 번째 목표는 시칠리아였다. 827년 마차라 근처에 이슬람 함대가 상륙했는데, 그
것은 안정적인 정복을 위해서가 아니라 많은 전리품을 손에 넣기 위해서였다. 그러

212

나 아글라브 왕조의 목적은 바다 너머에 있는 꽤 많은 아랍인과 베르베르족 출신의 호전적인 신하들을 차지하는 것이었다. 800년부터 칼리프 하룬 알-라시드가 불안정한 이프리키야(대략 현재의 튀니지, 트리폴리와 알제리에서 갈라진 지역)의 통치를 위임받았다. 비잔티움 제국의 지배를 받는 시칠리아를 정복하는 일은 단순하지도 신속하지도 않은 작업이었으며, 반세기 이상이 지난 878년이 되어서야 수도인 시라쿠사를 함락시킬 수 있었다.

수도 팔레르모 이슬람교도들은 자신들의 주도主都로 팔레르모를 선택했는데, 로마인들과 비잔티움인들이 물려주었던 대토지를 파괴했고, 라틴적·그리스적·유대인적인 요소와 구조적인 관계를 유지했다. 이 요소에는 시칠리아의 이슬람교가 충분히 흡수하여 수정을 가했던 높은 취향이 포함되어 있었다.

수니파의 아글라브 왕조는 10세기 초에 시아-이스마일파의 파티마 왕조에 의해 지위를 빼앗겼지만, 새로 등장한 귀족들은 시리아와 이집트의 정복에 주로 관심을 보였다. 그 까닭은 그들이 비합법적이라 판단했던, 이라크의 허약한 아바스 왕조를 몰아내기 위해서였다.

그러므로 파티마 왕조는 948년에 충실한 알-하산 이븐 알리 알-칼비al-Ḥasan ibn 'Ali al-Kalbī(?-964)와 그의 후손들(칼비드족)에게 최고 권력을 주었고, 그들은 105년 동안 매우 자율적으로 통치를 했다. 100년이 넘는 동안에 예술과 과학이 발전했고, 현명하고 온건한 행정 덕분에 시칠리아는 다른 이슬람 세계에서 있었던 정치적-종교적 분쟁에 휘말리지 않았다. 그러나 알안달루스처럼 시칠리아에서도 온건한 군주들이 체제를 나누어 가졌는데, 이들은 비좁은 정견을 가지고 있었던 터라 호전적인 노르만 전사들의 야심 찬 계획은 쉽게 실현될 수 있었고, 마침내 시칠리아는 전사들의 손에 넘어갔다.

노르만족 지리적으로 먼 스칸디나비아에서 왔고 문화적 혼종에 실용주의적으로 개방되어 있는 이슬람교도인 노르만족은 유럽의 세 지역에서 이미 유명해져 있었다. 그들이 1061년에 시칠리아에 도착했을 때, 로베르 기스카르Robert Guiscard(약 1010-1085)와 시칠리아 백작 루제로 1세도 시칠리아를 굴복시키기가 쉽지 않았다. 20년이 지난 뒤에야 트리나크리아Trinacria(시칠리아의 별칭*)에 남은 이슬람 왕조의 마지막 땅인 노토와 부테라가 무너졌다. 이때 그리스도교 연대기에서는 베나베르트Benavert로 알려진, 시라쿠사의 이븐 아바드Ibn 'Abbād(?-1086)가 절망적인 방어를 했지만 말이다.

에스파냐의 그리스도교도와 달리, 새로운 지배자는 패배자들의 우월한 기술적·예술적·문학적 지식을 이용했으며, 그리스도교의 귀족사회와 교회의 복수에 굴복하지 않았다. 그들은 도덕주의적 망설임 없이 그것들을 이용했다. 오늘날에 팔레르모의 왕실 예배당이나 치사 성(당시에는 거대한 왕궁의 공원 가운데에 있었다)을 감상할때도 확실히 알 수 있듯이 말이다. 마찬가지로 호엔슈타우펜Hohenstaufen(1165-1197, 1191년부터 황제)과 시칠리아의 코스탄차Costanza I di Sicilia(1154-1198)의 아들이자 루제로 2세의 조카인 황제 페데리코 2세Federico II(1194-1250, 1220년부터 황제)도 그렇게 행동했을 것이다. 루제로 2세는 아랍-이슬람적 취향을 자랑하며 알-무타즈 비-일라al-Mu'tazz bi-llah(신의 은총을 위한 권력자)란 왕의 호칭을 두 개의 언어로 새긴 동전을 주조하도록 했으며, 심지어는 지나치게 이슬람적인 취향을 보여 주는 하렘을 자랑했다.

이탈리아 반도에 출현한 이슬람교

시칠리아에서 이슬람교를 경험한 것과는 비교할 바가 아니지만, 이탈리아 반도(아랍인들의 '위대한 땅')에 이슬람이 출현한 것은 흥미로운 일이다.

풀리아에 세워진 두 개의 토후국과, 북아프리카 및 시칠리아의 이슬람교도들이 거주했던 캄파니아의 식민지에 대해 살펴보자. 당시에 그들은 티레니아 해와 아드리아 해의 여러 섬, 사르데냐, 칼라브리아, 바실리카타, 라치오, 몰리세, 마르케, 움브리아, 토스카나, 리구리아, 피에몬테를 황폐화시켰다. 물론 프랑스의 프로방스 지역도 마찬가지였다. 프라시네토Frassineto(생트로페 근처에 위치한 지역으로 현재의 라 가르드-프레네La Garde-Freinet)에서는 889년 혹은 890-975년에 군부 식민지를 세웠다.

이슬람교도들이 그렇게 정착할 수 있었던 것은 그리스도교를 믿는 그 지역 귀족들의 비틀거리는 권력 놀음에 끼어들 수 있는 능력 덕분이었다. 그리스도교 귀족들은 자신들의 적들을 이용하여 동일 종교를 믿는 자들에게 대항하기를 주저하지 않았고, 적들을 병사로 끌어모았다. 스폴레토의 랑고바르드족 공작인 람베르토Lamberto(약 880-898)나 롬바르디아-베네벤토의 팽창을 막기 원했던 캄파니아 지방의 도시, 혹은 880년에 교황 요한 8세(820-882, 872년부터 교황)의 합병 계획을 무산시키기 위해 시칠리아의 이슬람교도들을 용병으로 모집한 나폴리가 그랬던 것처럼 말이다. 교황은 교황대로 2년 전에 이슬람교도에게 관대하게 휴전을 선언한 대가를 지불해야 했다.

　이슬람교도의 정착은 경제적인 이유 때문에서라도 바로 반대에 부딪치지는 않았다. 무엇보다 이슬람교도들이 주조하거나 가져왔던 많은 양의 금(만쿠조mancuso〔중세 때 이탈리아 반도에서 사용하던 금화나 은화*〕, 아글라브 왕조와 파티마 왕조의 디나르dinàr, 시칠리아와 비잔티움의 타리tarì) 때문이었는데, 이탈리아에는 금이 매우 부족했다. 이는 라틴어와 아랍어를 새긴 동전을 주조했던 롬바르디아, 살레르노, 아말피의 화폐 주조 시기가 잘 증명해 준다.

　마지막으로 풀리아의 이슬람교도들이 예부터 내려온 끔찍하고 파괴적인 대토지 소유제를 폐지한 것이 또 다른 이유가 될 것이다. 이 제도로 인해 수많은 고통과 재난이 발생했으며, 이어서 이탈리아 남부에서도 그런 상태가 지속되었다.

타란토 토후국　안달루시아의 이슬람교도들은 사바Saba라는 정체불명의 사람에게서 명령을 받았으며 크레타 섬으로 유배되었는데, 이들이 비잔티움 제국으로부터 빼앗은 타란토에다 846년에 세운 토후국은 40년을 넘기지 못했다. 883년까지 생존한 주력 부대를 이끈 사령관이 아포이아파르Apoiaffar(아부 자파르Abū Ja'far)라는 사실이 3년 뒤에 밝혀졌다. 851-852년에 이슬람교도가 타란토를 재점령한 사실을 말하고 있는 그리스도교 자료를 토대로 하면, 타란토가 잠시 적의 수중에 들어갔으리라 추론할 수 있을 것이다. 그 밖에는 비잔티움 제국의 레온 아포스티페스Leon Apostyppes가 도시를 재탈환했던 순간, 풀리아의 타란토는 우스만Uthman이란 사람이 지배하고 있었다는 것을 제외하면 우리는 다른 것을 알지 못한다.

바리 토후국　베네벤토 공작의 희생으로 설립한 마지막 토후국은 베르베르족의 마울라mawlā(이슬람교 이전의 아랍 사회에서 해방되었으나 여전히 주인의 보호를 받는 노예를 가리킨다*)인 칼푼Khalfūn이 847년에 바리에 세운 것이다. 그 역시 시칠리아에서 왔을 것이며, 살레르노의 시코놀포Siconolfo di Salerno(?-851)와 비교하면, 라델키 공작을 새긴 동전보다 이전 사람이었다. 그는 랑고바르드 당국을 급습하여 바리를 손에 넣었다. 852년에 칼푼이 죽자 그를 계승한 자는 무파라즈 이븐 살람Mufarraj ibn Sallam(?-857)이었다. 무파라즈 이븐 살람은 아바스 왕조의 칼리프 알-무타와킬에게 토후국을 인정받기 위해 바리에 거대한 회교 사원을 세우고, 주변 영지에 24개의 성을 올린 것으로 유명하다. 아바스 궁정의 격동적인 사건들 때문에 인정받는 과정은 느리게 진행되었다. 그럼에도 불구하고 알-무파라즈가 857년에 살해되고 그 뒤를 베르베르족의 사우단

Sawdān이 계승한 뒤에도 토후국은 명맥을 유지했다. 사우단은 결국 863년에 칼리프 알-무스타인al-Musta'in(?-866)에게서 수년 전에 요청했던 것을 얻어냈다.

그러나 다양한 종류의 폭력과 급습을 일삼았고, 벌이가 좋은 노예 시장에 연루되었던 토후국은 871년 2월 3일에 종말을 맞았다. 중요한 시기에 랑고바르드족 출신인 베네벤토의 아델키Adelchi di Benevento(?-878)와 동맹을 맺은 카롤링거 왕조의 황제 루도비쿠스 2세가 질질 끌었던 군사 작전 이후였다.

882년에 토후국이 아닌데도 군대 주둔지가 된 곳은 아그로폴리였다. 880년에 동생의 공작 직위를 찬탈한 호전적인 주교 아타나시우스 2세Athanasius II(?-872)가 승인하여 나폴리에 요새화된 이슬람교 캠프가 세워졌다(카푸아, 살레르노, 베네벤토, 스폴레토 지역의 경계선이 캄파니아 지방까지 확장되었다). 고위 성직자의 적들을 습격하고 포로 로마노를 약탈하며, 여행자와 주민들에게는 배상금을 부과하기 위해서였다.

아그로폴리 토후국

강한 압력을 받은 아타나시우스 2세는 이슬람교도들을 베수비오 산기슭(레시나, 크레마노, 포르티치, 토레 델 그레코)에서 후퇴하도록 만들지만, 2년 뒤에 이슬람교도들은 살레르노 근처의 아그로폴리에 있었음을 확인할 수 있다. 이슬람교도들은 아글라브 왕조의 한 아미르가 자신들을 칼라브리아에 확실히 정착시키기 위해서 자신들을 우회시킬 때까지 아그로폴리에 있었다. 그러나 이들은 885-886년에 비잔티움의 니케포루스 포카스에게 공격을 받아 몰락하고 말았다. 다음 세기에 태어난 위대한 바실레우스(왕)도 이름이 니케포루스 포카스였다.

883년에 트라에토Traetto 언덕 아래의 가릴리아노 강어귀에서 또 다른 군대가 집단적으로 조직되었다. 가에타의 주민들과 도치빌레Docibile 영사의 허가를 받아 결성된 이슬람교도들의 집단이었다.

이 지역에 이슬람교도들의 가족을 위한 거주지와 사원이 세워졌다. 이곳에서 이슬람 전사들은 나폴리 공작이자 주교인 아타나시우스 2세의 명령으로 카푸아와 살레르노를 쳤으며, 테라 디 라보로의 주민들과 마을들도 혹독하게 공격했다. 그리하여 결국 916년 8월에 이탈리아 왕 베렌가리오Berengario(850/853-924), 비잔티움 여제 조에Zoe(약 880-919년 이후), 카메리노의 공작, 스폴레토의 공작, 프리울리의 공작이 교황 요한 10세(860-928, 914년부터 교황, 직접 전투에 참가했다)의 축복을 받아 십자군의 전신을 결성했는데, 이것이 이슬람교도들의 침입을 막았다.

| 다음을 참고하라 |
역사 비잔티움 제국의 속국 (125쪽); 우마이야 왕조(143쪽)
과학과 기술 그리스의 유산과 이슬람 세계(443쪽)
문학과 연극 이슬람교에 대한 유럽의 인식(612쪽)
시각예술 유럽의 이슬람 문화: 에스파냐의 이슬람 문화와 모사라베 미술(817쪽)

아스투리아스 지방의 그리스도교 왕국

| 줄리오 소다노Giulio Sodano |

이베리아 반도의 북서쪽에 위치한 아스투리아스 지방의 왕국은 이슬람교도의
세력 확장에 저항했던 그리스도교도들에 의해 설립되었다. 아스투리아스의 왕들은
초기에 국가 제도를 정비하는 데 주력했고, 이 왕국은 10세기부터 도루 강을 낀
계곡을 포함해서 반도의 중앙 고원 지대를 중심으로 성장했다. 그 결과 넓은 영토를
지닌 레온 왕국('레온의 왕'은 아스투리아스 왕국에서 왕이 스스로를 지칭했던 명칭이다*)이
탄생하게 되었다. 왕국의 영토를 재정복하는 과정에서 종교는 사회 구성원을
단결시키는 역할을 담당했으며, 특히 콤포스텔라의 성 야곱에 대한 전설을 만들어 냈다.

아스투리아스 왕국의 기원

로마 제국 시기에 이베리아 반도는 로마 제국 주변부의 경계 지방이었으며, 켈트족
인 칸타브리Cantabri 민족과 이후로는 바스크 민족이 살던 지역이었다. 서고트족은
6세기에 이베리아 반도에 도착한 뒤로 북서쪽(갈리아 지방, 바스크 지방 일부와 가스코
뉴 만의 칸타브리아 지역)에서 세력을 확장했다. 그러나 이곳은 곧 로마 제국의 멸망과
더불어 혼란스러운 과도기에 버려진 장소로 남게 되었다. 서고트족은 574-581년에
이 영토를 통합하는 데 성공했지만, 이 장소에서는 지속적인 저항과 독립 운동으로
혼란스러운 상황이 지속되었다. 711년에 아랍인들의 세력이 확장되기 시작하면서
서고트족의 왕이었던 로데리크는 왕국을 부흥시키기 위해 노력했지만 성공하지 못
했다.

톨레도의 서고트족 왕국이 무너지면서, 북서쪽의 아스투리아스 왕국은 이슬람
교도의 세력 확장에 맞선 그리스도교 저항 운동의 중심지가 되었다. 오랫동안 서고

트족에 맞서 싸웠던 그리스도교도들은 이제 다시 이슬람교도에 맞서 싸우기 시작했 다. 이들은 코바동가Covadonga 전투를 통해 이슬람교도의 정치적 지배에서 벗어난 코바동가 전투 산악 지방 중심의 작은 영토를 가지게 되었으며, 이 장소의 명칭에서 아스투리아스 왕국의 이름이 유래했다. 전통적인 사료들은 이 왕국이 718년에 건국된 것으로 전한 다. 이후로 아스투리아스의 왕들은 오비에도에 도읍을 정했으며, 오랜 시간에 걸쳐 산악 지방을 중심으로 다스리면서 이슬람 세력이 대서양 연안의 북부 지방에서만 영 향력을 행사할 수 있도록 영토(갈리아, 아스투리아스, 칸타브리아 지역)를 효율적으로 방어했다.

아스투리아스 왕국 외에도 이베리아 반도의 북쪽 지방에서는 피레네 지방의 영토 를 중심으로 프랑크족의 후원을 받아 좁은 영토를 지닌 왕국들이 독립을 유지할 수 있었다. 이 지역들은 카롤루스 대제의 정복 사업 시기(770-986)였던 795년에 카롤링 거 왕조의 영토로 편입되었다. 카탈루냐 지방의 영지들과 바르셀로나는 801년에 프 랑크 민족에 의해서 이슬람의 지배에서 해방되었고 이후부터 10세기에 걸쳐 독립적 인 지위를 가지게 되었다. 아라곤의 영토에는 1137년 이후에 카탈루냐 지방을 중심 으로 아라곤 왕조가 세워졌다. 나바라 왕국은 9-10세기에 카롤링거 왕조와 코르도 바의 아미르(이슬람 수장의 존칭) 사이의 긴장 관계를 적절히 이용하면서 독립을 유지 할 수 있었다.

고트족과 아스투리아스 왕조의 연속성과 불연속성

역사가들은 오랫동안 고트족과 북부 민족 간의 관계를 놓고 토론했다. 즉 아스투리 서고트족의 개종의 기원 아스 왕조와 톨레도를 중심으로 발전했던 서고트족 왕국 간의 관계를 다루었던 것 이다. 전통적으로는 아스투리아스의 여러 왕조들이 아라곤 지방과 카스틸리오네 지 방에서처럼, 서고트족의 정치적·문화적 전통을 유산으로 상속받았다고 생각했으 며, 여기서 정복의 정당성을 찾았다. 아랍인들은 에스파냐에서 세력을 확장하는 중 에 북부 지역에 거주했던 라틴 문화에 동화된 고트족을 몰아냈고, 서고트족의 귀족 들을 중심으로 한 민중들은 이슬람의 정복에 반감을 가지고 저항 운동을 시작했다. 에스파냐 남부 지방에서 서고트족을 이끌고 영웅처럼 역사에 기록되어 있는 펠라요 Pelayo(약 699-737)는 이후에 아스투리아스 왕국을 건설하는 회합에서 첫 번째 왕으 로 추대되었다.

그러나 최근의 연구들은 이런 연속성을 강조하지 않는다. 사실 초기에 이 영토는 이후의 신화에서 설명하려고 했던 것처럼, 고트 왕국의 후계자들에 의해 잘 정비되었던 것은 아니었으며, 아스투리아스 지방의 민중들과 칸타브리아 지방의 거주자들이 연합한 정부 형태를 띠고 있었다. 서고트족의 문화에서 영향을 받기 시작했던 것은 이후에 남부 지방에 대한 정복 사업을 통해서 남부 도시들(루고Lugo, 아스토르가 Astorga, 레온, 오카Oca)을 다시 점령하면서부터인 듯하다. 이 시기부터 왕국은 아스투리아스-레온 왕국이라는 이름을 가지게 되었고, 과거 고트족의 관습과 정치 체계에서 영향을 받기 시작했다. 레온이 왕국의 새로운 수도가 되면서 톨레도의 서고트족과의 연관성이 짙어지기 시작했으며, 남부 지방에 대한 정복이 시작되면서 고트족과 문화적 연속성을 가지고 있다는 '신화'가 앞에서 설명했던 것처럼 만들어지기 시작했던 것이다.

아스투리아스 왕국과 정복의 시작

이슬람교도가 점령했던 영토의 수복 사업은 오랜 시간에 걸쳐 천천히 이루어졌으며, 앞서 설명했던 것처럼 8세기 중반 이후에 칸타브리아와 피레네 지방에 거주했던 에스파냐-그리스도교도의 작은 집단에서 출발했다. 매우 장시간 동안 진행된 영토의 수복은 각 지역에서 전투들이 벌어지게 했으며, 11세기가 되어서야 서유럽 그리스도교도들에 의해 정치적 목표를 가지고 본격적으로 진행되었다.

아랍인의 점령지와 아스투리아스 왕국의 영토 사이에는 도루 강 유역이 자리 잡고 있었는데, 이곳은 아랍인이나 그리스도교도 그 어느 쪽에 의해서도 점유되지 않았던 지역이었다. 이후에 인구가 증가함에 따라 그리스도교도들이 남부 지방으로 조금씩 거주지를 옮기기 시작하면서 이곳에 다시 사람들이 살기 시작했다. 특히 8-11세기에 그리스도교도는 북쪽에서 남부 지방으로 영토를 조금씩 확장해 가기 시작했다. 사람들이 거의 거주하지 않았던 이 지역은 인구의 증가로 인해서 다시 활기를 되찾기 시작했으며, 고대 로마-서고트족의 중심지들에 다시 주교좌 교회들이 재건되기 시작했다. 10세기에 왕국은 별다른 저항 없이 서쪽의 갈리아 지방과 남동쪽으로 영토를 확장하기 시작했다. 아스투리아스 왕국은 갈리아 지방과 미래의 카스티야 지방의 일부에 모이기 시작했고, 이곳은 레온이라는 이름으로 불리기 시작했다. 알폰소 3세(838-910)의 왕국은 오비에도에서 레온으로 수도를 이전했다. 10세기부터 11세기 초까지 진행된 군사 작전들은 왕국의 지배력을 알프스 중심 지역으로 확장시켰고, 이후로 여러 성들이 지어지면서 이 지방은 카스티야 지방이라고 불리게 되었다. 9세기 말부터 이곳의 성들은 봉건 영주의 지배를 받았고 독립적인 상태를 유지하다가, 1035년에 카스티야 지방에 독립된 왕국이 들어서게 되었다.

비록 10-11세기에 당시 칼리프들이 코르도바에서 진행한 영토 수복 작업의 속도는 어느 정도 느려졌지만, 연대기들은 이 시기를 매우 분명하게 '영토의 수복'이라는 이상으로 설명한다. 코르도바의 칼리프들이 다시 강성해졌던 시기에 985년의 바르셀로나 약탈과 997년의 산티아고 데 콤포스텔라 약탈이 기록되었다. 아랍 통치자였던 알-만수르는 이곳에서 매우 적극적으로 공격을 시작했고, 도시의 성문들을 무너트렸다. 그러나 11세기에는 이런 공격들이 더 이상 힘을 발휘하지 못했다. 다른 한편에서 가스코뉴 만의 해안들은 8-9세기에 노르만인들의 공격을 받고 점령당하기도 했다.

정복 사업의 확장

영토 수복 사업의 이데올로기적 근거는 종교가 큰 요인을 차지했다. 아스투리아스 왕국의 그리스도교도들은 에스파냐의 모사라베인들이 사는 지역을 제외한 장소에서 그리스도교의 권위를 되찾기 시작했다. 8세기 말에 톨레도에서는 대사제였던 엘리프란도Eliprando가 이슬람교도와 다시 화평을 맺고 오비에도에서 그리스도 양자설을 발전시켜 나갔다면, 그리스도교도의 세계는 삼위일체에 기초한 해석을 공고하게 유지해 나갔다. 리에바나의 베아투스Beato de Liébana와 같은 수도사의 「요한 묵시록」의 주석을 통해서, 이 시기의 그리스도교 교리가 종말론적인 사고방식을 가지고 있었다는 사실도 확인할 수 있다. 그 결과, 이후에 민중들은 봉헌을 위하여 산티아고 데 콤포스텔라로 향하는 순례를 시작했다.

산티아고 데 콤포스텔라의 설립

820-830년경에 갈리아 지방의 콤포스텔라Compostela(라틴어로는 Campus stellae)에서 사도 야고보의 유해가 발견되었다. 전통적으로는 은둔 수도사였던 파이오Paio가 813년에 리브레돈 산Libredón을 비추는 별 모양의 낯선 빛에 이끌려 고대 성벽들이 남아 있던 이 장소에 왔다고 설명하지만, 이곳은 아마도 켈트인이나 서고트족이 만든 공동묘지로 보인다. 전설에 따르면, 이리아의 주교였던 데오데미르Theodemir는 이 낯선 현상에 흥미를 느껴 이곳을 방문했고 이곳에서 3구의 시신이 있는 하나의 무덤

성 야고보의
무덤과
교회의 건립

을 발견하게 되는데, 이 중 한 시신의 머리 부분에서 "제베대오와 살로메의 아들인 야고보가 이곳에 있다"는 문구를 찾았다고 전해진다. 곧 이 시신은 사도 야고보로 알려지게 되었으며, 이곳은 순례 중심지가 되었다. 처음에는 아스투리아스 왕국과 갈리아 지방에서 순례자들이 도착했고, 이후에는 전 유럽에서 순례 행렬이 이어졌다. 그러자 이리아의 주교들은 산티아고에 주교좌 교회를 건설하고, 이 장소를 직접 통제하기 시작했다. 알폰소 2세(759-842, 791년부터 왕)는 대형 교회를 주문했고, 893년부터 베네딕투스회(베네딕토회) 수도사들이 이곳에 거주하기 시작했다. 도시의 성곽은 960년경에 노르만인들의 공격을 방어하기 위해서 축조되었지만, 이슬람교도들의 공격이 있던 997년에는 도시를 효과적으로 방어하는 데 실패했다.

성 야고보가 이베리아 반도에서 그리스도교도의 수호성인이 되면서 곧 이슬람교도와의 무력 충돌이 발생하기 시작했다. 전설에서는 전투에서 흰옷을 입고 수많은 '불신자들'을 살해한 인물에 대해서 이야기하는데, 이 주인공을 성 야고보로 묘사했다. 이런 이야기로 인해서 성 야고보는 이후에 '이슬람교도의 살해자'라는 뜻의 '산티아고 마타모로스Santiago Matamoros'라는 별명을 가지게 되었다.

| 다음을 참고하라 |
시각예술 유럽의 이슬람 문화: 에스파냐의 이슬람 문화와 모사라베 미술(817쪽)

프랑크 왕국: 카롤루스 대제에서 베르됭 조약까지

| 에른스트 에리히 메츠너Ernst Erich Metzner
(이탈리아어로 번역 및 감수: 바르바라 스카르딜리) |

중세 초에 메로빙거 왕조와 카롤링거 왕조의 지배를 받던 유럽은 베르됭 조약(834)에 따른 법적 상속 기준에 의해 세 아들에게 왕국을 물려주었다. 그 결과 프랑크 왕국의 중심은 지중해 연안의 로마에서 유럽의 서부 지역으로 점차 이동하게 되었고, 유럽의 새로운 중심지를 건설했다. 이는 이후로 유럽에 최초로 규모가 큰 왕국들이 세워지는 계기를 마련해 주었다.

유럽의 통합을 시도하다

711년에 이슬람교도들은 지중해 남부 지역부터 에스파냐 남부 지역까지 세력을 확 최초의유럽
장했고, 프랑스 남부 지방은 732년부터 아프리카 북부와 에스파냐에서 도착한 사라
센인들과 무어인들로 인해서 고대의 무역로와 도로들을 더 이상 사용할 수 없게 되
었다. 메로빙거 왕조의 클로비스 1세(약 466-511)는 민족 이동기에 프랑스의 갈리
아-로마의 영토를 지배했지만, 이 장소는 독일 지역과 더 많은 영향을 주고받았다.
언어적 특징에서도 고대 수도였던 로마 지역보다 이 지역의 북동쪽에 있는 민족들과
더 많은 유사성을 확인할 수 있다. 당시에 카롤루스 대제는 작센 지방을 정복하고 나
서 북유럽에 거주하던 민족들과 새로운 관계를 맺었다. 그리고 이들은 다시 슬라브
민족과 서쪽에 거주하는 다른 민족과 새롭게 관계를 설정하기 시작했다. 이들은 카
롤루스 대제의 정치적 선택에서 영향을 받았다. 이런 상황은 826년 마인츠에서 덴
마크 왕 하랄이 그리스도교도로 개종했던 실례를 통해 확인할 수 있다. 이후로 스
칸디나비아 지역에서는 성 안스가리오Ansgar의 주도로 그리스도교 문화가 발전했
고, 831년 함부르크에서는 대주교좌 교회가 건립되었다. 그러나 이후 신성로마 제
국이 정치적인 위기를 맞으면서 바이킹족과 슬라브 민족은 독립적이고 정치적인 세
력을 확장하기 시작했다. 프랑크 민족 역시 북부 스칸디나비아의 여러 민족들과 밀
접한 관계를 가지고 있었으며, 과거의 민족적 기원을 강조하며 매우 중요한 지식을
전파했다. 대표적인 예를 들면 '룬rune'은 스칸디나비아 지방에서 유행했던 그리스도
교 작품을 민중시로 옮긴 것이었으며, 고대 작센 지방에서 저술된『헬리안트Heliand』
와 같은 문학 작품은 유럽 북부 지역에서 사용하던 프랑크어로 기술되어 있다.

클로비스 시대의 수도는 파리였다. 클로비스가 파리를 정치적인 중심지로 선택
한 뒤로 이 장소는 카롤루스 대제 시기까지 유럽 북서쪽 제국의 중심지가, 또한 왕들
이 자신의 무덤을 마련하는 곳이 되었다. 사실 카롤루스 대제의 아들이었던 루도비 유럽 통합에
일조한
프랑크 왕조
쿠스 1세 경건왕은 수도를 아헨으로 옮겨 정치적인 기준을 유럽 중부 지역으로 이동
시켜, 독일어를 사용하는 지역을 중심으로 프랑크 왕국의 북동부를 다시 통합하고
자 했다. 그 결과 루도비쿠스 경건왕 시대에는 이미 프랑크 민족은 자신들이 유럽이
라는 사고방식을 가지고 있었다. 이들은 북서쪽에서 독일과 슬라브 지역을 접하고
있었고, 동시에 영국의 섬들과 밀접한 관계를 유지했으며, 남유럽의 라틴 문화와도
긴밀한 관계를 맺고 있었다. 사실 이 시기에 이미 독일어, 로망스어, 슬라브어, 켈트

어, 바스크어를 사용하는 도시민들 간의 소통이 어려워졌으며, 이 언어들을 사용하는 민족 간에 갈등 요인들이 생기기 시작했다. 또한 수도원의 힘이 약화되면서 이런 상황들이 더 많이 발생하기 시작했다.

황제의 유산 상속과 분할: 대립과 불화

루도비쿠스 경건왕의 시대에 이미 신성로마 제국의 역사는 황혼기에 접어들게 되었다. 오랜 기간(768-814)에 걸쳐 왕국을 통치했던 카롤루스 대제의 시대는 '카롤링거 왕국의 전성기'였다. 카롤루스 대제는 813년에 자신의 아들인 루도비쿠스를 자신과 함께 왕국을 통치할 공동 황제로 임명했는데, 루도비쿠스가 유일하게 살아남은 아들이었기 때문에 왕국의 분할을 막을 수 있었다. 그러나 루도비쿠스 경건왕은 카롤루스 대제와 달리, 관습에 따라 여러 아들들에게 왕국을 상속해야 했기 때문에 왕국의 분열을 막기 힘들었다. 당시에 사제로 구성된 왕국의 조언자들은 이미 신성로마 제국 초기부터 왕국에서 매우 중요한 역할을 담당했는데(이런 점에서 루도비쿠스 '경건왕'이라는 이름은 우연한 별명이 아니었다), 이들은 국가의 분할을 반대하고 로마-가톨릭의 전통을 이어받은 보편적인 왕국을 지지하며 이 목적을 달성하기 위해 노력했다.

그러나 다양한 문화를 지닌 통일 왕국은 힘을 가지고 있을 때에만 지탱할 수 있는 것이었다. 이런 점에서 통일 국가를 지지했던 유일한 요소는 사제들의 통합적인 구조와 지지였다. 이런 점은 여러 외부 세력의 공격을 받기 전까지의 신성로마 제국에서는 효과적이었다. 817년 아헨에서는 신성로마 제국의 루도비쿠스 경건왕의 아들이었던 로타리오 1세(795-855)가 황제의 지위를 상속받았다. 그는 아헨을 수도로 정하고, 왕국의 또 다른 상속인이자 자신의 형제들인 아키텐의 피피누스(797-838, 817년부터 왕, 아키텐의 피핀 1세)와 바이에른의 루도비쿠스(약 805-876, 843년부터 왕, 루도비쿠스 독일왕)에 우선하는 황제 지위를 유지했다.

이 형제들 중에서 바이에른의 루도비쿠스는 나중에 루도비쿠스 독일왕('루트비히 2세'라고도 함*)으로 불렸고, 왕국을 상속받은 사람들 중 가장 오래 살아남았다. 왕국의 통일성을 유지하기 위해서 상속 방식을 급격하게 바꾸려는 시도는 성공하지 못했고, 역사의 흐름을 바꿀 수 없었다. 그럼에도 황제의 형제들은 2인자의 지위에 만족하지 못했고, 당시의 관료들 역시 자신의 이권을 포기해야 했던 왕국의 상속 제도에

왕위 계승의 새로운 규칙

반대했다.

 루도비쿠스 경건왕은 이후에 교황을 지지했던 유디트와 두 번째 결혼식을 올렸고, 이 둘 사이에서 대머리왕이라고 불리는 카롤루스(823-877, 875년부터 황제, 카롤루스 2세)가 태어났다. 루도비쿠스 경건왕은 이 네 번째 아들에게도 정치적인 권한을 부여하고자 했지만, 이 시기에는 이미 왕위 계승을 위한 입법 제도가 약화되었고 반대 의견에 부딪쳤다.

 이후에 다양한 정치적 연합이 구성되었고, 그 결과 황제 제도가 유명무실해지기 시작했다. 종교적 지지를 받았던 루도비쿠스 경건왕은 833년에 콜마르의 '위증의 땅'이라고 불리는 뤼겐펠트Lügenfeld에서 자신의 군대가 자신을 배신하는 사건을 만나야 했다. 다행히 자신의 아들 중 한 명의 지지를 받고 세상을 떠난 840년까지 황제의 지위를 유지할 수 있었다. 그러나 이미 이 시기에 권력 투쟁이 심해졌고 황제의 지위는 눈에 띄게 약화되어 갔다. 결국 그가 세상을 떠난 뒤에 군사적인 충돌이 일어났으며, 왕국은 그의 세 아들에 의해 분할되었다. 사실 왕국의 분할을 둘러싼 징후는 카롤루스 대제가 재위했던 시기에서도 관찰할 수 있다. 단일 왕국의
해체

 786년에 동일성을 지닌 집단을 지시하기 위해 '테오디스쿠스theodiscus'(제국에서 독일어를 사용하는 사람들을 지칭하는 용어)라는 단어가 사용되었다. 루도비쿠스 경건왕의 시기에 이 용어는 여러 번 사용되었으며, 공식 문헌 기록에서도 새로운 정체성을 지닌 집단을 지시했다. 842년에 있었던 유명한 맹세에서 흥미로운 점을 확인할 수 있다. 서프랑크 왕국의 카롤루스 대머리왕과 동프랑크 왕국의 영토를 지배하던 루도비쿠스 독일왕은 늙은 황제가 세상을 떠난 840년부터 베르됭 조약이 있던 843년 사이에 라틴어와 독일어라는 두 언어를 공용어로 병용하고 있었다. 물론 이 두 언어는 당시의 상류층 문화에서는 모두 사용되고 있었다. 그러나 상류층이 아닌 계층에서는 이 두 언어를 같이 사용했던 문헌들을 전혀 발견할 수 없다. 이 두 왕은 사실 서로 다른 언어를 사용해서 맹세를 해야 했다. 독일어의 탄생

| 다음을 참고하라 |
역사 프랑크 왕국(130쪽); 프랑크 왕국: 베르됭 조약에서 왕국의 해체까지(224쪽)
시각예술 카롤링거 왕조 시대의 프랑스, 독일, 이탈리아(832쪽)

프랑크 왕국: 베르됭 조약에서 왕국의 해체까지

| 에른스트 에리히 메츠너(이탈리아어로 번역 및 감수: 바르바라 스카르딜리) |

베르됭 조약 이후에 프랑크 왕국은 세 부분(동프랑크, 중프랑크, 서프랑크 왕국)으로 분할되었다. 이 시기에 정치적인 불안이 가속화되었고 유산을 상속받았던 인물들은 서로 무수히 대립했다. 이들은 당시 스칸디나비아의 노르만인과 같은 이민족과의 관계에서 이득을 얻고자 했으며, 그 결과 이후에 노르만인은 노르망디 지방의 주요 세력으로 부상했다. 내부와 외부의 위기로 왕국은 매우 빠른 속도로 쇠퇴를 거듭했다. 그러나 신성로마 제국에서 획득했던 영토의 문화적 통일성은 다시 무너지지 않고 근대에 이르기까지 수세기 동안 지속되었다.

계승과 분할

**베르됭 조약
이후** 843년에 베르됭 조약의 내용에 따라 영토가 분할되었다. 로타리오 1세(795-855)는 이탈리아, 부르고뉴, 프로방스, 로타링기아Lotharingia(현재의 로렌 지방으로 로타리오 1세의 영토라는 의미에서 붙은 지명이다*)와 같은 지역을 분할받았고, 이후에 황제의 명칭을 계승했다. 카롤루스 대머리왕은 서프랑크 왕국의 왕이 되었으며, 이후에 이곳은 프랑스 왕국의 기원이 되었다. 마지막으로 루도비쿠스 독일왕은 동프랑크 왕국의 왕이 되었고, 이후에 이곳은 독일 왕국의 기원이 되었다. 왕국의 영토가 라인 강 동쪽으로 확장되었음에도 불구하고, 왕국은 베르됭 조약에 의해 분할되었다. 동프랑크 왕국은 로타리오와 카롤루스 대머리왕이 계승했던 영토만큼 규모가 크고 인구가 많았지만 문화적으로는 뒤처져 있었다. 이러한 이유 때문에 동프랑크 왕국에서는 오히려 새로운 영적·종교적인 관점이 발전했고 문화를 개혁하기 위한 새로운 동력을 얻게 되었다. 몇 년 안 되어 동프랑크 제국의 영토는 점차 확장되기 시작했다. 로타리우스 1세의 죽음 이후에 영토는 처음에 3명의 계승자들에 따라 세 개로 분할되었다(로타링기아, 부르고뉴, 이탈리아). 그리고 870년경에 로타리오 2세가 죽자 로타링기아 지방은 다시 메르센 조약에 따라 카롤루스 대머리왕과 루도비쿠스 독일왕에 의해 분할되었으나, 880년의 리베몽 조약에 따라 다시 통합되어 동프랑크 제국의 영토에 속하게 되었다.

**스칸디나비아
반도의 노르만족** 오랜 기간에 걸쳐 진행된 스칸디나비아의 노르만인들의 세력 확장과 맞물려, 왕국의 중앙과 서쪽이 약화되기 시작했다. 프랑크 왕국의 루도비쿠스 3세 젊은왕(822-882)이 소쿠르Saucourt에서 노르만인과 싸워 거둔 승리는 동프랑크 왕국의 원조를 받아서 이루어졌다. 이 사건은 881년의 〈루트비히의 노래Ludwigslied〉(루트비히는 루도비쿠스의 독일어식 표기다*)라는 고대 독일어 문학 작품에도 남아 있다. 911년에 결국 노르만인들은 서프랑크 왕국의 영토 내부에 자신들의 영토를 가지게 되었고(이후에 이 장소는 노르망디로 알려지게 되었다), 이러한 상황은 카롤링거 왕조 시기까지 지속되었다.

같은 해에 루도비쿠스 어린이왕(893-911, 899년부터 왕)이 죽자 카롤링거 왕조로 이어져 온 동프랑크 왕국의 혈통은 서프랑크 왕조의 혈통과 분리되었다. 동프랑크 왕국은 그렇게 해서 완전히 분리되었던 것이다.

875년에 로타리오 1세의 장남이자 유일한 황제의 칭호를 계승하고 이탈리아의 왕이 되어야 했던 루도비쿠스 2세가 죽자, 카롤루스 대머리왕은 알프스 산맥을 넘어 이탈리아로 남진했고 이곳에서 스스로에게 황제의 명칭을 부여하며 중프랑크 왕국을 계승했다. 그러나 루도비쿠스 독일왕은 이런 방식으로 황제의 지위를 계승하는 것에 반대했고, 자신의 아들인 바이에른의 카를로만Carloman(약 830-880, 876년부터 왕)이 황제의 지위를 계승하기를 원했다. 그 결과 바이에른의 카를로만은 이탈리아와 독일의 경계 도시인 브레너를 지나 삼촌과 군사적으로 대립했다.

876-877년에 카롤루스 대머리왕은 군대를 동원해서 루도비쿠스 독일왕의 왕국을 통합하려고 시도했지만 877년에 계승자 없이 세상을 떠났다. 사실 루도비쿠스 독일왕은 859년에 교회의 지지를 기반으로 친척들의 공격에서 간신히 자신의 정치적인 지위를 방어하는 데 성공했다. 877년에 카롤루스 대머리왕의 정복 사업은 중단되었지만, 881년부터 루도비쿠스 독일왕의 아들 카롤루스 3세 뚱보왕(839-888, 881년부터 왕)이 권력을 통합하기 위한 계획을 세우고, 동프랑크 왕국과 서프랑크 왕국을 다시 통합하기 위해 노력했다. 이 기획은 몇 년 동안 지속되었으나 결국 성공하지 못했다. 887년 프랑크푸르트에서 독일 군주들이 모여 병과 무능함을 이유로 카롤루스 뚱보왕을 폐위시켰다. 이들은 서유럽에서 프랑크족의 왕이 나오는 것을 반대했고, 896년 프랑크푸르트에서 바이에른의 동프랑크 왕조의 혈통을 잇던 카란타니아의 아르눌프 Arnulf von Kärnten(약 850-899)를 황제로 선출했다. 그는 카를로만의 서자로, 벨기에의 딜르Dijle 강 유역에서 노르만인과의 전투를 지휘했다. 그의 선출은 새로운 독일 역사

분할된
왕국의 정착

226

의 서막을 열었다.

카롤링거 왕조의 느린 해체: 역사적 영향

메로빙거 시대의 프랑크 왕국은 프랑스에서 로망스어를 사용하던 서프랑크 왕국, 독일어를 사용하던 동프랑크 왕국, 프랑스 남부 지방인 부르고뉴 지방을 지나서 위치해 있었으며 랑고바르드-남부 이탈리아어를 사용하던 중프랑크 왕국으로 나눌 수 있었다. 통일성의 상실은 권력자의 의지에 반해 일어난 사건이면서 동시에 지역의 정치적인 입장과 의도에 의해 만들어진 사건이지만(루도비쿠스 경건왕의 시기에 이미 이런 현상을 관찰할 수 있다), 과거의 영화에 대한 기억을 지우지는 못했다. 프랑크 민족의 자긍심, 프랑크 왕국의 위대한 왕들과 전장의 장수에 대한 이야기들은 지속적으로 전해졌으며, 오래된 학교들이 옛 프랑크 왕국의 영토에 세워졌다. 이곳에서 수많은 문학 작품들과 전설로 다루어지던 민중의 이야기, 역사, 이전에 구전 문학의 형태로 전승되던 프랑스·독일·이탈리아의 시들이 기록되었다.

지속되는 프랑크족의 자존심

그러나 8세기경이 되자 프랑크 민족이 권력을 행사했던 이탈리아-랑고바르드족의 영토에서는 프랑크 민족에 대한 소속감이 생겨나지 않았다.

독일 동부 지방의 경우도 민중들은 권력의 통일성이 와해되는 변화를 실감하지 못했다. 오히려 왕의 선출을 통해 새로운 정치적인 권위가 강조되기 시작했다(887년에 프랑크푸르트에서 처음으로 왕을 선출했다). 또한 '독일인의 땅Deutsche Lande', '독일 Deutschland', '독일 제국Deutsches Reich'과 같은 용어들이 곧 등장하면서 이후의 독일인들이나 프랑크 민족에게 중요한 의미를 지니게 되었다.

프랑크 민족에 대한 자긍심과 소중한 기억들을 관찰할 수 있는 주된 장소는 동프랑크 왕국의 영토였다. 이곳에서는 아헨과 같은 과거 수도에서 나타나는 혁신에 대한 강한 열망을 읽을 수 있었으며, 이곳의 권력자들은 자신이 신성로마 제국의 황제 카롤루스 대제의 정치적인 이데올로기를 계승했다는 사실을 보여 주려 했다.

생각보다 더 오랜 기간에 걸쳐 이어진 프랑크 왕국의 계승은 서프랑크 왕국에서도 확인할 수 있다. 카롤루스 대머리왕은 프랑크-프랑스의 전통을 유지하고자 했는데, 이것은 과거의 여러 관습이 지속되는 이유가 되기도 했다. 작명 방식과 머리카락을 땋는 패션은 왕국이 끝날 때까지 지속되었으며, 그리스도교도이자 메로빙거 왕조의 창시자이고 긴 머리를 지니고 있던, 프랑크 민족의 최초 왕인 클로비스의 후예

클로비스의 후예들

이라는 점은 지속적으로 강조되었다. 오늘날에도 클로비스의 수도였던 파리와 갈리아 북부 지방에서는 프랑크 민족의 전통이 아직도 문화와 의상 등에 남아 있다. 반면에 독일어를 사용하는 동프랑크 왕국의 경우에는 프랑크푸르트에서 이와 유사한 상황을 살펴볼 수 있다(프랑크푸르트라는 도시명도 프랑크와 독일이라는 단어가 조합되어 만들어졌다). 프랑크푸르트의 경우는 1848년에 독일 혁명이 일어나면서 수도의 지위를 상실했다. 프랑크푸르트와 아헨은 모두 이 시기에 사회적 중심지의 지위를 베를린과 빈에 내어 주게 되었다. 프랑크 왕국의 동쪽에서는 과거의 메로빙거와 초기 그리스도교의 왕들이 오랫동안 잊히지 않고 문화나 민중적인 이야기나 전설로 전승되었으며, 지역 의상의 전통에도 중요한 영향을 끼쳤다. 이와 관련한 대표적인 실례는, 전설적인 영웅의 이름에 남아 있는 '프랑크인의franco'라는 형용사에서도 확인할 수 있다. '프랑크인 디트리히Hug-Dietrich(franco Dietrich)'는 많이 알려진 시에 등장하는 주인공 이름이다. 메로빙거 왕조의 왕들의 이름이었던 카롤루스, 루도비쿠스, 로타리우스 등은 동프랑크 왕국에서도 반복적으로 사용되었다. 예를 들어 카롤링거 왕조의 초기 왕이던 루도비쿠스 독일왕의 이름은 이후 루도비쿠스 어린이왕처럼 반복해서 사용되었다.

민족주의나 쇼비니즘 같은 과장된 국수주의가 발전했던 양차 세계대전 사이의 시기에, 많은 학자들이 프랑크 민족의 문제를 정치적·학문적 관점에서 단선적으로 다루었다. 이들은 프랑크 민족과 카롤루스 대제가 유럽의 기원이 되었다는 관점을 근거도 확인하지 않은 채 유포시키기 시작했다. 처음에는 프랑스에서 이런 생각이 발전했으나 곧 독일에서도 이런 생각에 동의했고, 마침내 전 유럽에 퍼져 나갔다.

프랑크 왕조의 여러 왕들의 이야기는 이후의 정치적-역사적 관점에서 '유럽'이라 **통합과 분할** 는 개념을 확립했다. 사실 카롤루스 대제의 왕국 이후로 관찰할 수 있는 보편적인 기준과 문화적 다양성과 차이에 의해 이후 유럽의 역사적 사건을 설명할 수 있게 된 점은 분명하다. 이 같은 관점은 수많은 역사적 사건, 역사에 대한 해석, 사회적 긴장감에 의한 정치적 상황 변화에서 중요한 요인을 구성했을 뿐 아니라, 영토의 경계를 구성하는 기준이 되었으며, 언어적·문화적 범위를 설정하도록 했다. 서로 다른 장소의 문명을 기원으로 하는 유럽이 보편적인 성격을 지닌 문명의 주체로 등장했던 것이다.

| 다음을 참고하라 |
역사 프랑크 왕국(130쪽)

봉건 제도

| 주세페 알베르토니|Giuseppe Albertoni |

역사적·법적인 관점에서 사용되는 '봉건 제도'라는 용어는 중세 초에 여러 제도가
통합되었던 과정을 설명하는 중에 등장했다. 프랑크 민족의 왕국에서는 군대에
복무해야 하는 의무를 지닌 봉신의 전통이 발전했지만, 로마와 이민족의 관계,
그리고 게르만계 민족과 다른 이민족의 관계나 켈트족의 경우에서도 이와 유사한 경우를
확인할 수 있다. 봉건 제도는 봉신 제도와 수직적인 경제 제도(은대지/봉토)를
결합한 것으로, 카롤링거 왕조 시대에 효율적으로 정착되었다. 이 시기에 권력자와
봉신의 관계가 강화되었고, 봉신은 권력의 구성과 분할에 참여하기 시작했다.

'봉건 제도'라는 용어의 혼란

중세에 '봉건 제도'라는 용어가 등장한 것은 아니다. 이 용어는 17세기부터 18세기
까지 봉토에 대한 영주의 권한을 설명하기 위해 사용되었고, 이후에는 사회적·법적
지위와 재화의 관계를 설명하는 용어로 활용되었다. 이 용어는 힘겨운 농민의 삶과
비교되었다. 1789년 프랑스 대혁명이 일어나자, 이 용어는 '봉토에 대한 법적 권한'
을 뜻했고 구체제의 특징을 설명하는 용어가 되었다. '봉토에 대한 법적 권한'은 곧
정치적으로 해석과 논쟁의 대상이 되었다. 결국 '봉건 제도'라는 용어는 과거의 제도
를 부정적으로 해석하면서 정치적 논쟁과 공론을 유발시켰고, 이후 역사적-법적 용
어로 받아들여졌다. 이런 상황을 관찰한 귀스타브 플로베르(1821-1880)는『통상 관
념 사전Le Dictionnaire des idées reçues』(1980)에서 봉건 제도를 "명료하게 정의할 수 없는
생각이지만 반대를 위해서 사용된 개념"이라고 기록한 바 있다.

봉건 사회와 봉건 제도

19세기와 20세기 초에 봉건 제도라는 용어는 역사적·정치적 해석과 분석을 통해 의
미를 획득했다. 즉 유럽의 가장 의미심장한 권력의 한 형태로 여겨졌으며 중세에서
기원한 것으로 생각되었다. 그러나 이런 점들이 정말 타당한지는 다시 생각해 볼 필
요가 있다. 실제로 중세의 현실 속에서 봉건 제도는 어떠했을까? 20세기 초에 이 문
제에 답을 제공하려고 노력한 사람 중에는 마르크 블로크Marc Bloch(1886-1944)와 프

랑수아루이 간소프François-Louis Ganshof(1895-1980)가 있다. 블로크는『봉건 사회La Société féodale』(1939-1940), 간소프는『봉건 제도란 무엇인가?Qu'est-ce que la féodalité?』(1944)를 통해서 이 질문에 대한 답을 제시했다.

블로크는 봉건 제도가 일종의 '사회의 전형'이며 개인의 독립적 권한이 발전하는 역사적 과정에서 공권력의 분할과 군인 계급의 사회적 권위를 설명하는 것이었다. 반대로 간소프는 봉건 제도를 더 명확하게 정의한다. 그는 "사회적, 특히 군사적 복 종을 둘러싼 의무 관계를 정의하기 위한 제도들의 총합으로, 자유로운 신분인 봉신 이 영주에게 보내는 지지와, 영주가 봉신에게 가지는 의무"가 결합된 것으로 해석한 다(『봉건 제도란 무엇인가?』). 두 연구자의 관점은 모두 중립적이지만, 블로크의 경우 에는 기존의 전통적인 사관에서 유래한 해석들을 바탕으로 중세 사회를 봉건 사회로 설명하고 있기 때문에, 오늘날에는 많은 사람들이 기술적인 접근 방식에서 간소프 의 관점을 통해 봉건 제도를 설명한다. 특히 블로크의 해석은 역사를 이해하기 위해 새롭게 적용된 방법론적 도구를 통해서 보완되었다. 간소프 역시 봉건 제도에서 나 타난 사회 구성원의 관계가 사회를 해석하는 데 중요하다는 점을 인정했지만, 동시 에 당대의 여러 권력 구조를 고려하여 애매한 해석을 피하는 데 성공했다. 그는 지주 가 중립적으로 영토에 대한 통제권을 수행하며 자유농민에게 권력을 행사했던 9세 기 말의 사회 구성원에 대한 지배 형태를 영토를 통해서 설명했다.

『봉건 제도란 무엇인가?』

봉건 제도를 둘러싼 두 가지 관점

간소프는 중세의 봉건 제도를 프랑크 왕국의 역사적 발전 과정에서 6세기 이후로 지 속적으로 성장했던 제도로 해석하며, 카롤링거 왕조 시대에 빠른 속도로 정착되어 10-13세기에 완성되었다고 설명했다. 다른 관점에서 역사를 해석한 블로크는 봉건 제도를 두 가지로 분류한 뒤에 시대 구분의 필요성을 주장했다. 블로크는 1050년을 기준으로 이전과 이후를 나누었다. 오늘날 대부분의 역사가들은 서로 다른 관점과 접근 방식을 지녔다 하더라도 시대 구분에서는 블로크의 의견을 받아들이고 있다. 오늘날의 연구자들은 1000년을 기준으로 몇십 년간 진행되었던 역사적 과정 중에 봉신제와 토지 소유권(봉토)에 대한 제도가 통합되기 시작했다고 분석한다.

최초의 봉신은 누구인가?

사료에서 봉신이라는 단어는 6세기에 처음 등장했다. 원래 바수스vassus/바살루스 vassallus라는 용어는 켈트어의 '그와스gwas' 라는 단어에서 유래하며 '하인', '소년'이 라는 의미를 가지고 있었다. 이 용어는 메로빙거 왕조의 클로비스가 510년에 공포했 던 『살리족 법전Lex Salica』과 같은 법령집에서 노예 살해에 대한 규정을 다루며 처음 사용되었다. 그래서 오랫동안 연구자들은 이 기록을 바탕으로 봉신이 초기에는 '집 안의 하인'을 의미한다고 생각했고, 영주에게 충성을 서약한 군인 신분의 남자라는 의미를 지닌 봉신 개념은 더 늦은 시기에 등장한다고 보았다. 특히 로마 제국의 경우 나 독일 민족의 법적 전통에서 금지된 노예 사병에 대한 개념은 이런 생각을 보완해 주었다. 그러나 최근 연구에서 『살리족 법전』을 다시 분석하는 과정에서 해석에 대 한 논쟁이 일어났다. 다른 관점의 연구자들은 6세기경의 켈트족의 전통을 예로 들 면서 반半자유인의 지위를 지녔던 '암박티ambacti' 라고 부르는 구성원을 토대로 군인 과 봉신의 관계를 분석했으며, 이전인 5세기 중반에 갈리아 북부 지방에서 로마인들 이 전투력을 보완하는 과정에 갈리아 지방의 죄수를 전쟁에 활용했던 사료를 밝혀 냈다. 또한 이들은 프랑크 민족의 전통에서도 '자유를 가지지 않았던' 군인과 유사한 실례를 발견했다. 최근 연구자들이 제안한 이 관점을 받아들인다면 6세기 초에 봉신 이라는 용어는 이미 군인 신분의 '독립적인' 사회 계급으로 해석할 수도 있다. 그렇 다면 '봉신'이라는 단어는 처음부터 상위 권력자에 소속된 군인이나 로마인들을 '고 객'으로 하여 활동했던 용병과 같은 군사적 의미를 지니고 있다고 볼 수 있고, 이후 로 왕국을 위해 일하는 용병으로 발전했다고 생각할 수도 있다.

하인과 군인 사이

카롤링거 왕조의 봉신

메로빙거 왕조의 초기 시대에는 봉신을 묘사하는 역사적 기록이 거의 없다. 우리는 이후로 프랑크 왕조의 시기에 집필된 사료나 프랑크 왕조의 영토에서 나온 사료를 통해 봉신에 대한 여러 가지 실례를 확인할 수 있다. 모든 연구자들이 이 사료에 대 해 공통적인 해석을 하지는 않지만 카롤링거 왕조에서 봉신의 역할이 중요하다고 본 다. 특히 메로빙거 왕조를 무너트리고 카롤링거 왕조를 열었던 피핀 3세 단신왕이 왕실 행정관과 근위병에게 중요한 임무를 맡겼다는 점을 확인할 수 있다. 이들의 등 장으로 당대의 사회에서 봉신은 더 중요한 의미를 지니며, 사회적·법적 역할이 세분화되면서 봉신에 사회적 계급이 낮은 군인, 중산층, 사회적 상류층이 두루 포함되어 세분화된 법적, 사회적 특징
있던 점도 확인할 수 있다. 8-9세기에 카롤링거 왕조 시대의 삶을 이해할 수 있는
중요한 자료들을 제공하는『프랑크 왕조 연대기Annales regni Francorum』에서는 새로운
사회 주도 계급으로 봉신이 등장했음을 확인할 수 있다. 대표적인 실례로는 757년
에 피핀 3세 단신왕이 콩피에뉴에서 소집한 회합에서 바이에른의 타실로 3세는 지지
자와 함께 참여했으며, "프랑크 민족의 전통에 따라 봉신의 서약을 진행하며 피핀
3세의 손을 맞잡고 그에게 충성의 서약을 했고, 동시에 왕의 아들인 카롤루스와 카
를로만에 대해서도 생드니의 성골을 놓고 맹세했다"는 기록이 남아 있다(*Annales regni
Francorum inde ab a. 741 usque ad a. 829, qui dicuntur Annales Laurissenses maiores et Einhardi*,
ed. F. Kurze, 1895, 2 ed. 1950).

봉신의 서약

여러 역사가들이 타실로 3세가 757년에 충성을 서약했는가에 대해서 의문을 제기
하고 있으며,『프랑크 왕조 연대기』의 저자가 이후에 타실로 3세의 배신을 강조하기
위해 이 이야기를 포함시켰던 것으로 추정하기도 한다. 그러나 어떤 경우든『프랑크
왕조 연대기』가 집필되었던 시기에 상류층 사이에서 봉신이 되기 위한 의식이 존재
했다는 점을 알 수 있다. 봉신이 되기 위해서는 공공장소에서 서약 의식을 거행해야
했는데, 이 의식에는 로마 시대에 서약 의식을 의미하던 몸짓인 손에 손을 겹쳐 올리
는 행위가 포함되어 있었다. 봉신의 이런 서약은 종교적인 상징성을 지닌 성경이나 여러 상징적 가치에서 유래한 의식
성골을 걸고 하는 맹세를 동반해서 강조되기도 했다. 프랑크 민족에게 등장했던 봉
신의 서약은 이후 다양한 상징적인 형식으로 유포되기 시작했다. 봉신의 서약은 로
마, 게르만계 민족들과 켈트족의 전통처럼 다양성을 지닌 법적·사회적 전통을 통해
서 구성되었으며, 군인이라는 면에서는 전사의 전통에서 영향을 받았다. 사실 봉신
의 서약은 계약자 상호 의무 관계에 바탕을 둔다. 영주의 보호와 봉신의 충성은 수직
적인 관계를 구성하며 계약 당사자에게만 적용된다. 다른 사람에게는 적용되지 않
는 이들의 관계는 반란 혹은 죽음을 통해서만 바뀔 수 있었다.

봉신 제도의 확산

타실로 3세의 경우를 통해서 알 수 있는 것은 카롤루스 대제의 재위 기간에 봉신의

사회적 신분이 상승했다는 점이다. 봉신에는 세속적인 경우(공작, 백작, 후작)와 종교적인 경우(주교, 수도원장)가 있으며, 이들은 왕국의 상류층에 속하며, '주군의 신하 vassi dominici'였다. 그리고 봉신들은 곧 봉건 제도의 일부로 변화하기 시작했다. 프랑크 민족의 경우에 새로운 영토 정복 사업은 봉건 제도의 일부였던 군인 계층의 충성심과 결합되었다. 프랑크 민족의 법전에서 기술하는 공권력에 도전하지 않는 한도 안에서 봉신은 사병을 통해 지역 내부의 독자적인 권력을 강화시켰는데, 카롤링거 왕조 시기에 봉신 제도는 권력을 구성하는 데 동의한 관계에 바탕을 두고 있었다.

봉신과 봉토

8세기 중반에는 봉신의 역할은 단순히 군주를 보호하고 수행하는 데 한정된 것이 아니라 정치적 '상대'로 부각되기 시작했다. 봉신이 세상을 떠났을 때 돌려주어야 했던 영지는 소유 기간이 정해져 있는 재산권 형태였으며, 이를 당시 사료는 '은대지'라는 용어로 기록하고 있다. 하지만 9세기가 되면 은대지라는 표현 대신에 '봉토'라는 단어가 등장하기 시작했다(봉토feudum는 프랑크 민족의 단어인 '페우-오드fehu-ôd'에서 유래하며, '완전한 소유'라는 의미를 지니고 있었다). 봉신에게 봉토와 같은 재산권을 인정하는 상황은 카롤루스 대제의 시대에서 시작되었으며, 여러 연구자들은 이 시기가 본격적으로 봉건 제도라는 용어를 사용할 수 있는 시점이라는 점에 동의하고 있다. 봉건 제도는 봉신/은대지(왕실의 입장)와 같은 개념에서 시작했지만, 봉토(봉신의 개인적인 소유)와 결합되어 제도적으로 정착되었던 것이다.

유산이 된 봉토

중산 계급과
협력을 강화하다

루도비쿠스 경건왕의 시대에 카롤링거 왕조 내부의 권력 투쟁이 심화되었고, 그 결과 왕권이 약화되었다. 이후 봉신이 역사의 주체로 활동하게 되고 세력을 확장하는 과정에서 황제의 권력을 대체하기 시작했고, 왕실을 존중하던 예전의 태도도 점차 사라져 갔다. 특히 공적 임무를 수행하는 지역 왕조honores의 등장은 이런 상황을 부채질했다. 퀴에르지Quierzy(877)가 집필했던 유명한 사료는 카롤루스 대머리왕이 사라센들에 대항해서 전쟁을 하기 전에 공식적으로 봉토의 상속을 인정했다는 기록을 남겼다. 전투처럼 공적 직무를 수행하다 사망한 자의 경우에 후손이 그 직무와 권리를 상속할 수 있도록 결정했던 것이다.

9세기 중엽, 봉신–은대지의 관계는 빠른 속도로 발전하기 시작했다. 카롤링거 왕조의 왕들은 자신의 정치적 권한을 강화하기 위한 수단으로서 정치적 관계를 확장하려고 이 제도를 활용했지만, 이 제도는 반대 결과를 만들어 내기도 했다. 여러 왕국의 봉신들이 자신의 이익을 위해 이 제도를 활용했던 것이다. 결국 카롤링거 왕조가 몰락(887)한 뒤에 제국에서 '상속'을 둘러싸고 벌어진 새로운 정치적인 투쟁은 봉건 제도의 이점을 더 활용하는 방향으로 흘러갔다. 더 이상 왕국의 영토를 행정적으로 통제할 수 있는 상황이 아니었기 때문에, 10세기에 이르면 여러 왕들이 개인적 관계를 바탕으로 직무와 재산을 내리고 봉신에게 충성의 서약을 받았다. 그 결과 새로운 사회적 관계에 바탕을 둔 권력의 지평이 구성되기 시작했다.

| 다음을 참고하라 |

역사 노예제, 콜로누스, 농노의 예속(65쪽)

법적 다양성

| 다리오 이폴리토Dario Ippolito |

라틴족과 이민족이 설립한 왕국에서 카롤링거 왕조의 제국에 이르기까지,
중세 유럽의 권력자들은 사회적 관계를 구성하는 데 필요한 동일하고 보편적인 규칙을
자신이 지배하는 영토 전체에 적용하지 않았다. 그 결과 등장한 법적 다양성은 중세 법을
이해할 수 있는 가장 중요한 특징이 되었다. 사회 계급의 위계에 바탕을 둔 보편적인
시스템의 부재와 동일한 법령의 부재로 인한 법적 '다양성'은 교회법, 영지법,
황제의 칙령과 지역의 관습법을 통해서 확인할 수 있다.

중세의 법

중세 유럽의 법의 특징을 이해하려면 국가, 법, 권리의 개념을 분류할 필요가 있다. 사실 서로 밀접한 상호 관계를 지니고 있는 이 용어들은 문화적·정치적 개념으로서 근대성의 중요한 특징을 설명하는 데 더 적합한 개념들이다. 국가에서 독점적으로 법제를 구성하는 데에서 유래한 이 단어들의 관계는 근대 정치 철학자(홉스에서 루소

까지)에 의해서 이론화되었고 이후 구체제의 제도적 틀 속에서 구현되었으며, 성문법 형태로 정착되었다(18-19세기). 공권력에 근거해서 정립된 법률에서 명시하는 권리는 역사적인 흐름 속에서 등장한 것으로, 근대 국가의 출현을 통해서 성립되었다. 이와 달리 중세에 해당하는 모든 시대(그 뒤부터 근대에 이르는 시기까지)에서는 정치적인 권력을 정의하기 위해 법적 제도를 정비했지만, 법이 권리에 선행하지는 않았다.

법적 다양성　　　로마 제국부터 이민족이 세운 왕국, 그리고 이후 카롤링거 왕조에 이르기까지 이 시기의 권력자들은 사회적 삶의 원리를 일반화하고 영토와 사회 구성원에게 체계적이고 보편적으로 적용할 수 있는 법을 만들려는 목적을 가지지 않았다. 이 시기에 제정된 법은 모든 구성원, 모든 영토에 동일한 구속력을 가지고 있지 않았다. 카롤루스 대제의 경우를 보면, 그는 강력한 왕권을 가졌으며 여러 법령을 공포했지만, 정치적 권력을 통합해서 통일성을 지닌 법적 제도를 구현했다고 보기에는 한계가 있다. 그가 공포한 여러 법령들과 규범들(종교적, 행정적, 제도적, 형사법적 법률들)은 국가적 관점에서 피지배 민족에게 모두 적용되는 법 제도를 구성하지 않았으며 새로 입법된 법령들은 부분적인 영향력만을 가지고 있었다. 카롤루스 대제의 정치적 권한은 강화되었지만, 신성로마 제국의 법과 규칙(근대 국가의 패러다임과 비교했을 때 급진적인 부분도 있기는 하지만)은 권력에 대한 황제의 의지를 표명하는 과정에서 다양한 방식으로 생산되었다. 같은 시기에 지역 문화와 연관되어 있던 관습법은 황제가 권력을 위해 공포했던, 봉신의 권한과 의무를 다룬 법령이나 종교법과 동일한 위상을 지니고 있었으며, 당대의 법적 시스템이나 체계에서 부족한 점들을 보완하며 '다양한' 법적 전통을 구성하고 있었다.

법에서 개인의 권리, 라틴족—이민족 왕국에서 법질서

라틴족—이민족의 왕국이 설립되기 시작했던 시기부터 중세 유럽의 사회적·정치적 제도의 체제의 차이에 따라서 법적 다원주의가 발전하기 시작했다. 게르만계 민족들은 5-6세기에 서로마 제국의 여러 영토를 점유하고 권한을 행사하며 독자적인 정치 제도를 구성했지만, 이들의 경우도 사회적 삶을 통제할 수 있는 보편적인 규칙을 구성하고 적용했던 것은 아니었다. 법의 원리는 공적 권리의 문제와 밀접한 관계를 가지지만, 이보다 우선 고려되었던 점은 영토에 대한 효율적인 통제와 이를 위한 융통성 있는 적용이었다. 개인 간의 관계를 다루는 경우에 라틴족—이민족 왕국의 지배자들은 전통적인 규범을 고려했으며, 이는 개인의 권리를 보장하기 위한 법제의 구 개인의 권리와
법의 지역성
성에 적용되었다. 그 결과 근대의 법제와 구분되는 중세에 전형적인 법제의 특징이
등장하는데, 이는 개인의 권리 문제였다. 개인의 권리를 둘러싼 법제는 영토에 적용
되는 법의 원칙에서 벗어나는 경우도 있었던 것이다. 이런 상황에서 영지법은 지역마
다 독립적인 법제로 구성되었으며, 이는 영지 내부의 모든 구성원에게 적용되었다.

그러나 개인의 권리와 연관된 법령의 경우에는 법적 주체가 귀속된 국가에 따라
서 변했으며, 동일한 영지에서 생활하는 경우라도 서로 다른 민족 집단은 서로 다른
법적 질서를 지니고 있었다. 역사적으로 개인의 권리와 연관된 원칙은 국가 공동체
의 법적 정체성을 보존하기 위한 것으로, 동일한 정치적·영토적 공간에서 서로 다른
문명에 속한 민족들이 공존하는 데 바탕을 두고 있었다. 이 시기에 서로 다른 민족들
은 통합되지 않았고, 다른 민족의 사회적인 관습이나 고유한 문화적 전형과 통합하
고자 하는 의지도 가지고 있지 않았다.

이러한 상황은 초기에 라틴족-이민족의 왕국에서 관찰할 수 있다. 게르만계 민족
의 전통적인 법적 권리는 서로 다른 민족의 기원에 따라 다양했다. 프랑크족, 고트
족, 부르군트족의 경우처럼, 이들은 점유했던 지역에서 자신들이 정복한 민족에게
고유한 원칙을 적용하지 않았고, 따라서 한 지역에서도 로마에 기원을 둔 여러 개별
적인 법적 질서가 유지되었다.

중세 초기의 여러 왕국들에서 사회적 삶을 위한 법적인 조직은 하나의 동일한 체
계로 설명할 수 없으며 통계적으로 분석할 수도 없다. 각각의 실험적인 형식들은 시
간과 장소에 따라 다 다르며, 이는 정치적인 권한을 지닌 지배자와 서로 다른 민족의
문제 접근 방식에 따라서 변화했다. 이런 역사적 다양성은 게르만계 군주들의 법령
들에서 확인할 수 있다. 이는 이미 승리를 거둔 민족이 승리의 대상이 되었던 민족의
문화적 전통에서 매력을 느꼈다는 사실을 알려 준다. 로마 문화를 접하면서 법령들 성문법의
필요성
을 글로 표현해야 할 필요성이 생겼고, 이를 위해서 라틴어가 사용되었다. 반면에 이
들이 지닌 민족의 권리는 그 당시까지 복잡한 관습법의 형태를 지니고 있었으며 구
전되었다.

그렇게 해서 5세기 말부터 6세기 초까지 다양한 법전이 등장했다. 『서고트 법전
Lex Visigothorum』, 『부르군트 법전Lex Burgundiorum』이나 클로비스가 프랑크 민족에 적
용하기 위해 공포했던 『살리족 법전Pactus legis Salicae』이 대표적인 실례들이다. 이후

로 643년에 로타리 왕(?-652, 636년부터 왕)은 『칙령Edictum』(이하 〈로타리 칙령〉*)을 통해서 랑고바르드족의 법적 전통을 법제로 구성했다. 같은 맥락에서 7세기부터 영국 군주들은 유럽 대륙의 전통과 달리 지역의 속어(방언)를 활용해서 법전을 공포했다. 서고트족의 왕국이나 부르군트족의 왕국에서 법령의 공포는 로마의 법을 참고했다. 예를 들어서 『부르군트의 로마법Lex Romana Burgundiorum』은 180개의 법령으로 구성되어 있으며, 『테오도시우스 법전』, 『헤르모게니아누스 법전』, 『그레고리우스 법전』과 파울루스의 『격언Sententiae』과 『가이우스의 책Liber Gai』을 참고로 제작된 것이다. 『서고트의 로마법Lex Romana Visigothorum』은 알라리크 2세가 507년에 공포한 것으로, 갈리아 지방의 프랑크족과 이탈리아의 랑고바르드족에게도 적용되었고, 이후로 오랜 세기 동안 서유럽 지역에서 로마법을 이해하기 위한 중요한 사료로 남아 있었다.

이 같은 초국가적 상황이 지속되는 가운데에 600년대 중반에 서고트족 왕국의 킨다수인트 왕Chindasuinth(약 563-653, 642년부터 왕)과 이후의 후계자들은 권리를 개인에서 영토로 적용하는 과정에서 라틴 민족과 게르만계 민족의 문화적·사회적 측면을 통합하려고 시도하기도 했다. 그러나 이런 시도에도 불구하고 서로 다른 민족의 법적인 정체성은 오랫동안 지속되었으며, 서로 다른 민족의 관점이 통합되어 갔음에도 각 민족의 공동체와 법적 유산의 관계는 이후 집단적인 사고방식 속에서 매우 급진적이고 중요한 문화적 체계로 남았다.

프랑크족의 왕국에서 특히 개인적 권리의 원칙은 피지배 민족(라틴 민족과 게르만계 민족)의 서로 다른 점들을 고려하고 있으며, 이는 법적인 다양성으로 이어졌다. 앞서 설명했던 것처럼 당대에 법적인 관점을 실행하거나 공증했던 법조인들(공증인, 계약 대리인, 계약 당사자)에 의해 국가의 여러 지역에 따라 다르게 적용되었다.

관습의 강조와 봉건 제도의 권리

중세의 법적 전통이 다양성을 지닌다는 점은 단순히 국가가 다양한 법을 제정했다는 의미가 아니다. 당대의 법에서 관찰할 수 있는 특징은 관습이 가장 중요한 위상을 지닌다는 점이며, 이는 법제가 지역적 전통과 결합해 발전하는 원인이 되었다. 지역에 따라 법이 구성되는 상황은 중세 유럽에서 법제가 다양하게 구성되고, 여러 가지 다른 관점에서 만들어진 법령이 등장하는 원인이 되었다.

이런 상황에서 법제legis-latio라는 인위적인 수단을 통한 법질서가 아니라 존재론적 관점에서 법iuris-dictio질서가 구성되었고, 사회가 이런 점을 인식하고 받아들였기 때문에 정치적 권위의 요구와 연관된 법적 사료가 적다는 점을 관찰할 수 있다.

중세의 법은 정치적인 권위보다 사회적·물리적 힘과 질서를 직접 반영하고 있으며, 이는 분립주의 전통에서 비롯되었다. 각 지역의 법령에서 발견할 수 있는 것은 관습과 연관된 법적 표현이며, 관습적 용법과 반복되는 태도는 공동체 내부에서 꾸준히 관찰할 수 있다. 관습의 유포와 지속은 사회 구성원들에게 통제력을 가지고 있었으며, 사회 관습적 규약은 곧 법적인 규약으로 인정받았다.

당시 중세 법 관계자들은 관련한 사건의 주체가 지닌 특성에 따라 규범을 적용하려는 사고방식을 지니고 있었으며, 이런 생각의 관점은 관습을 기준으로 일을 처리하게 만들었다. 공증인들은 관습을 증명했고, 법관은 관습을 관찰했으며, 법제를 구성하는 행정관들은 관습을 존중하며 매우 좁은 영역에서 권위를 지녔고 공공의 법질서를 구성했던 구조에 따라 권력자의 명령을 전달했다. 법질서는 긴장감을 유지하면서도 사회의 다원성에 따라 발전했는데, 그 결과 관습의 규약들에 따라 구성된 모자이크처럼 보이며, 지방과 영지와 기관에 따라 각각 다른 특성을 지니고 있다.

관습에 근거해
구성한 법

법과 연관된 사료들 사이에서 가장 잘 기록되어 있고 분명하게 중심을 이루고 있는 관습은 무엇보다도 각 지역에서만 확인할 수 있는 것이 아니며(서로 다른 지역 현실에 따라 중요한 특징을 지니기는 하지만), 공적 지배와 연관된 법에 비해서 주변부에 머물렀던 것도 아니었다. 프랑크족의 메로빙거 왕조에서 태동했지만 9세기부터 카롤링거 왕조에서 발전했고 유럽 전역에 적용되었던 법질서는 봉건 질서를 암시했는데, 이 법질서 안에서 서로 다른 사회 계급에 속한 자유인들은 여러 의무를 지녔다. 봉신은 전쟁이 일어났을 때 상위 계급에 복종할 의무를 지녔으며, 영주는 봉신, 법적 제도, 봉신의 삶을 경제적으로 보장할 의무를 지녔다. 이와 연관된 법제의 근거는 영지와 봉신의 관계 혹은 은대지와 같은 경제적 관계를 통해서 구성되었다.

사회 계급의 관계, 구성원들과 사물을 묶는 봉건 제도의 관계는 독일과 로마의 전통에서 발전했던 법 제도와 결합되었으며, 중세 사회의 문화적 접점을 구성했다. 이런 전통이 확장되고 발전하는 과정에서 분화된 권력은 새로운 질서로 조직되고 재구성되었는데, 이는 계급의 종속적인 관계와 재화를 연관시켰고 특정 계급에 법적 권한과 직무를 부여했다. 이런 새로운 점이 발전하는 과정에서 봉건 제도의 법은 오랜 시간에 걸쳐 관습을 통해 성장해 나갔다.

법제화가 이루어졌다는 점을 알려 주는 증거는 많지 않으며 종종 일화처럼 등장한다. 1037년의 〈밀라노 칙령〉의 경우처럼 당시 가장 중요한 법제 중 하나는 살리족 출신의 콘라트 2세(약 990-1039, 1027년부터 황제)가 봉신들에게(또한 봉신 역시 가신에게) 봉토의 상속을 보장한 것으로, 사실 이 법령이 공포되었을 때 이런 경향은 이미 일반적이었다. 12세기에 들어와서야 롬바르디아 지방에서 봉신의 관습에 대한 최초의 (개인적인) 법령집이 등장했다.

교회와 법

중세의 다양하고 복합적인 법질서가 구성되는 과정에서 교회는 중요한 역할을 담당했다. 교회는 평신도의 생활에 개입했으며 봉건 제도의 영지와 영지의 구성원들의 관계에 끼어들었고 권력의 구성에 참여했다. 또한 사회적 원칙을 적극적으로 형성하는 과정에서 법적인 표현의 조건들을 강화시키면서 공동체 생활을 위한 규율을 지속적으로 제공했다. 교회는 법의 세계에 단순히 도덕적이거나 문화적 헤게모니로서 제한된 영향만 끼쳤던 것이 아니었다. 교회는 그 자체로 독창적이고 독자적인 법질서를 구축했으며, 교회의 규범들은 성직 제도의 구성만큼이나 종교적·윤리적 관점에서 신자들의 공동체에 질서를 부여하는 고해성사와 연관되어 있었다.

교회법   교회법은 종종 '교회법적인canonico'(이 단어는 그리스어 '카논kanon'에서 유래했으며 '규율'을 의미한다)이라는 단어로 설명되는데, 4-5세기에 여러 규율이 누적되면서 그리스도교 시대의 여명기부터 발전했다. 특히 그리스도교의 지도자들은 공의회나 지역 종교회의를 통해서 사회적 삶을 위한 성직자의 규칙들을 보편적인 관점에서나 세부적인 관점에서나 다양한 방식으로 구성했다. 이런 회합들에서 선택하고 정한 해결책들을 포함해서 교회법의 주요한 부분을 구성했던 것은 교황청에서 발행한 결의안들로, 이는 교령집epistolae decretales(교황의 교서들)이라고 불린다. 5세기 중반부터는 수많은 법안들이 일관성 있게 제시되었다.

공의회의 교회법과 교황청의 여러 법안   중세 유럽의 여러 장소에서 서로 다른 공의회와 교황청 문서들의 모음집을 확인할 수 있다. 이런 문서들은 매우 많이 유포되었고, 『히스파나Hispana』(교회 법규서)라는 이름의 수집본은 7세기에 서고트족의 왕국에서 알려졌다. 그리고 『디오니시우스 엑시구스의 교회법Collectio Dionisyana』은 로마에서 5세기부터 6세기까지 구성된 것으로 디오니시우스라는 수도사가 편찬했다. 이 책은 774년에 교황 하드리아노 1세에 의해 카롤루스에게 (원본에 비해 확장된 형태로) 보내졌고, 802년에 아헨의 협약을 통해서 공식적으로 프랑크족의 교회법으로 활용되었다. 이후 몇십 년 동안 이 문서에는 새로운 여러 관점의 해석들이나 위조된 문서들이 포함되기 시작했으며, 이런 문서들 중에서 베네데토 레비타Benedetto Levita의 두루마리와 위僞 이시도루스의 법안은 놀라운 성공을 거두었다. 그러나 내용 중 일부는 조작된 것으로 나중에 삽입된 것이었고, 이런 점은 9-10세기 말에 정비되었던『안셀무스의 교회법Collectio canonum Anselmo dedicta』도 마찬가지였다.

위증의 현상은 내용을 분석하는 과정에서 발견할 수 있는데, 이는 구성원들과 교회의 구성, 재화를 둘러싼 권력의 오랜 투쟁 속에서 늘어났다. 다양한 사회 관계에 따라 권력을 추구하는 과정에서 군주들은 종종 성직자들이 지닌 재화를 통제하거나 스스로 종교적 직무를 맡기도 했다. 반면에 가짜 성직자들은 종교적 권위와 자신들의 부에 대한 소유권을 강화하는 과정에서 관습적인 교회법에 의지하기도 했고 이를 다양한 상황에 맞게 적용했다. 이 같은 상황들은 당대에 여러 가지 이율배반적인 규칙들을 만들어 냈고, 더 나아가 교회의 권력을 위해서 내용을 위증하는 경우도 있었다.

| 다음을 참고하라 |
역사 로마법과 유스티니아누스 대제의 법전 편찬(114쪽)

이탈리아 왕국

| 프란체스코 파올로 토코Francesco Paolo Tocco |

이탈리아 왕국은 프랑크 왕조가 774년에 점령했던 랑고바르드족의 영토 중 일부 지역들을 포함하고 있으며, 887년까지 카롤링거 왕조의 왕들은 이 지역에서 지속적으로 정치적인 권력을 행사했다. 이 시기가 지나고 약 70년 동안 이탈리아 북부의 귀족과 가문에서 왕권을 계승했다(스폴레토, 토스카나, 이브레아, 프리울리 공작령). 또한 이후에 이 장소와 관련된 지역에서도 왕위를 계승했다(카린티아 공작령, 부르고뉴와 프로방스). 그러나 이후에 오토 대제가 정치적인 권력을 행사하면서 이 지역은 다시 신성로마 제국의 일부가 되었다.

베렌가리오 1세 왕국의 역경

887년 카롤루스 뚱보왕의 퇴위로 카롤링거 왕국이 분할되면서 파리의 앙주 백작의 아들인 오도Odo(약 860-898)가 프랑크족의 왕으로 추대되었고, 왕국의 동부 영토는 독일의 왕이 되었던 아르눌프(약 850-899)에게 계승되었다. 이탈리아의 경우는 888년 귀족 회합의 결과로 베렌가리오(850/853-924, 베렌가리오 1세)가 왕으로 추대되었다. 그는 카롤링거 왕조와 먼 친척으로 프리울리의 백작이었다. 그러나 이 결정은 곧 다른 귀족들의 반발을 불러일으켰다. 특히 이탈리아 중부 지방들은 이 결정을 거부했고, 2년 후에 스폴레토의 공작 귀도(?-894)를 왕으로 선출했다. 결국 베렌가리오는 아르눌프에게 도움을 요청했고, 894년에 아르눌프는 이탈리아에 대한 권력을 되찾기 위해 전쟁을 벌였다. 결국 896년에 그는 로마에 입성한 후 교황인 포르모소(약 816-896, 891년부터 교황)에게서 황제로 대관을 받았다. 베렌가리오는 이런 상황에서 스폴레토의 람베르토 2세(귀도의 아들이자 891년에 아버지와 공동 황제로 선출되었다)와 정치적으로 대립했고, 이는 다시 왕국의 분열로 이어졌다. 베렌가리오는 결국 이탈리아 북부 지역과 아다의 동부 지역에 대한 정치적인 통제권을 상실했다. 람베르토는 베렌가리오의 저항에도 밀라노를 점령했지만 그에게 완벽한 패배를 안겨 주지 못했고, 이 시기에 토스카나 백작이었다가 왕위에 오른 아달베르토와 경쟁해야 했다.

898년 람베르토는 아달베르토를 굴복시켰으나 같은 해 10월 15일 사냥하던 중에 사망했다. 그 결과 스폴레토 왕국이 몰락했고, 이후 아르눌프가 세상을 떠나면서 베렌가리오는 독자적으로 이탈리아의 왕위를 되찾을 수 있었다. 그러나 평화는 지속되지 않았다. 890년 아르눌프가 판노니아(현재의 헝가리)에서 방어했던 헝가리 민족이 899년에 다시 이탈리아를 침범하면서 긴 전쟁이 시작되었다. 베렌가리오는 이탈리아 귀족을 규합한 뒤에 전쟁에 나서 첫 전투에서 승리했지만, 같은 해 9월 24일 브렌타에서 패배했고, 다시 이탈리아 북부 지방을 잃었다. 레조 대성당에서 대주교 아조네Azzone가 살해당했고, 당시에 가장 부유한 수도원 중 하나였던 노난톨라Nonantola에서도 수많은 수도사들이 목숨을 잃었다. 짧은 기간에 헝가리 민족은 여러 장소를 폭력적으로 공격하고 약탈했다. 이 시기에 사라센인들도 베렌가리오의 영토에 침입하기 시작했다. 이들은 프로방스의 프라시네토Frassineto를 공략하고 약탈했다.

이탈리아 귀족은 불안정한 상황에서 다시 베렌가리오에게 반기를 들고 프로방스의 왕인 루트비히 3세(880-928)를 왕으로 선출했다. 그는 루트비히 2세의 손자였으

헝가리 민족

며 이미 카롤링거 왕조의 왕이면서 황제로 추대되었던 인물이다. 베렌가리오는 이 상황에서 공동 황제로 901년 로마 대관식에 참여했지만, 처음으로 이탈리아 영토 밖으로 물러나야 했다. 그러나 905년에 루트비히 3세를 공격해 프로방스로 추방하는 데 성공했다.

그러나 베렌가리오는 정치적 성공에도 불구하고 왕국의 북동부 지역만 통제할 수 있었다. 북서부 지역에서 피에몬테 지방의 대부분을 관할했던 이브레아의 백작들이 권력을 소유했다. 이탈리아 중부 지방 중에서 투시아Tuscia와 스폴레토의 공작령은 독자적인 권력을 수행했다. 파다나 평야의 중심지에서는 랑고바르드족의 권력을 계승했던 귀족들이 왕의 권력을 잠식했다. 왕권은 공적인 정치적 관계를 통해서 제한되었지만, 베렌가리오는 가릴리아노에서 힘겹게 사라센인들을 방어하는 데 성공한 후 다시 교황에 의해 황제로 추대되었다.

그러나 이 칭호는 결과적으로 스폴레토-교황령을 중심으로 모인 귀족들과 토스카나 백작의 과부였던 베르타Berta(860/865-925)의 반발을 불러일으켰으며, 그녀는 딸인 에르멘가르다Ermengarda를 이브레아 아달베르토Ivrea Adalberto(약 880-약 930)와 결혼시켰다. 921년 베르타는 베렌가리오에 대항해서 팔라티노 백작인 올데리코Olderico, 랑고바르드의 귀족인 기셀베르토Giselberto와 밀라노의 대주교였던 람베르트를 규합했지만, 베렌가리오는 이들을 공격했다. 얼마 지나지 않아 헝가리 민족이 다시 이탈리아의 영토를 침범하면서 반란을 일으킨 사람들은 곧 어려움을 겪게 되었다. 그러자 기셀베르토는 개인적으로 부르고뉴의 루돌프 2세(880-937)에게 도움을 요청했고, 그에게 이탈리아 왕의 지위를 부여하는 대가로 베렌가리오를 공격하도록 만들었다. 923년 7월 17일 피오랑주올라 다르다에서 루돌프 2세는 베렌가리오의 군대에게서 승리한 후 왕국의 수도였던 파비아를 점령했다. 패배한 왕은 베로나에 은신했지만, 924년 4월 7일 지역의 관료에게 살해되었다. 이보다 며칠 전이었던 3월 12일, 파비아는 루돌프 2세가 부르고뉴로 돌아가고 얼마 되지 않아서 헝가리족에게 약탈당하고 파괴되었다. 그 결과 왕국은 새로운 지도자를 필요로 하게 되어 프로방스의 위그(약 880-947)를 추대했다. 그는 926년 봄에 이탈리아에 도착해서 부르고뉴의 루돌프 2세와 협의한 후 왕의 지위를 수락했다.

베렌가리오의 패배

프로방스의 위그부터 오토 대제까지

위그의 왕국의 특징 중 하나는 지배 계급을 새롭게 구성하고 폭력을 사용해서 왕국을 지배했다는 점이다. 이 과정에서 랑고바르드족이 포함된 신흥 귀족이 등장했는데, 이들은 지역 권력을 소유했지만 원래 카롤링거 왕조의 귀족들과 국제적인 관계를 맺지 않았고 문화적으로도 달랐다. 그러나 이들은 개인적인 충성심과 군대를 통해서 영토에 대한 권력을 효율적으로 획득하는 데 성공했다.

위그는 토스카나 백작이자 자신의 이복형제인 람베르토를 감옥에 가둔 후 자신의 형제인 보소를 백작으로 임명했고, 테발도에게 스폴레토 공작령을 넘겨주었다. 밀라노에서 피아첸차에 이르는 여러 도시에서 자신의 주변 인물들이 주교의 직무를 수행하도록 만들었고, 자신의 아들인 고프레도를 노난톨라의 산 실베스트로 수도원의 원장에 임명했다. 이곳은 이탈리아 왕국에서 가장 부유한 수도원이었다. 이탈리아의 왕인 위그는 자신의 친족들을 내치는 데에도 망설이지 않았다. 936년에는 토스카나 백작령에서 다시 보소를 몰아낸 뒤, 자신의 아들인 우베르토Uberto(후에 그는 스폴레토 공작령을 카메리노Camerino와 분할했고, 팔라티나 공작의 직무를 수행했다)에게 주었고, 940년에는 자신의 아들인 안스카리오Anscario를 죽게 놔두기도 했다.

그러나 945년에 일어난 반란으로 위그는 프로방스 지방으로 돌아가야 했으며, 약 20년간 무력을 사용한 지배는 막을 내렸다. 그는 이탈리아에 병들고 어린 아들 로타리오를 남겨 두었고, 로타리오는 950년경에 후계자 없이 세상을 떠났다. 독일 왕인 작센의 오토 대제의 지위는 그에 의해 이브레아의 백작이었던 베렌가리오 2세(약 900-966)에게 이어졌다. 베렌가리오 2세는 자신의 권력을 강화하기 위해서 로타리오 2세의 과부인 부르고뉴의 아델라이데Adelaide of Burgundy(약 931-999)를 감옥에 가두었다. 이로 인해 오토 대제는 베렌가리오 2세를 신뢰하지 않게 되었으며 아델라이데를 구출한 후에 아달베르토 아토Adalberto Atto(?-988)에게 보냈다. 그는 카노사에 본거지를 두고 있었던 매우 중요한 영주로, 곧 이탈리아로 남하해서 베렌가리오 2세를 패배시킨 후에 이탈리아 후작으로 임명되었다. 그러나 그는 베렌가리오 2세를 이탈리아 왕으로 지지한 사람들의 공격을 받았다. 결국 그는 961년에 오토 대제가 돌아와서 베렌가리오 2세를 완전히 굴복시키고, 962년 2월 2일에 요한 12세(약 937-964, 955년부터 교황)가 오토 대제에게 황제의 관을 씌워 줄 때까지 카노사의 성에서 저항했다.

1년 후에 오토 대제는 베렌가리오 2세를 그의 아내인 빌라Willa와 함께 바이에른 오토 대제의 평화
의 감옥에 가두었고 완벽한 평화를 성취할 수 있었다. 그는 요한 12세가 반기를 든
다는 사실을 알고 자신의 충실한 심복들인 주교들을 이용해 그를 퇴위시켰다. 오토
대제가 교황청과 이탈리아 왕국에 취한 단호한 태도는 이들을 독일 제국에 굴복시켰
음을 보여 주며, 이런 태도는 이브레아의 아르두이노가 독립한 짧은 시기였던 1002-
1004년 동안을 제외하고 변함없었다.

| 다음을 참고하라 |
역사 이탈리아의 랑고바르드족(134쪽)
시각예술 랑고바르드족이 지배한 이탈리아(825쪽); 카롤링거 왕조 시대의 프랑스, 독일, 이탈리아(832쪽); 독
일과 이탈리아의 오토 왕조(840쪽)

9-10세기의 약탈과 침략

| 프란체스코 스토르티Francesco Storti |

9-10세기에 유럽은 새로운 위기에 직면하게 되었다. 북유럽의
스칸디나비아 민족들, 지중해의 아랍인들, 동쪽의 헝가리 민족은 약화된 영토를
공략했으며 여러 장소를 매우 빠르게 점령해 나갔다. 이 시기는 유럽 역사에서
가장 극적인 시기 중 하나였다. 무엇보다도 이러한 침략을 마주하는 과정에서
유럽 대륙의 여러 민족들은 봉건 제도에 바탕을 둔 새로운 사회적-제도적
관계를 발전시켜 나갔다.

바이킹

바이킹이라는 이름은 독일어로 '비크vik'라는 단어에서 파생했으며 일반적으로 스칸 해적과 상인
디나비아에서 활동하던 해적들을 가리켰다. 종종 노르만 민족을 의미하기도 했다
(노르만이라는 단어는 북쪽의 사람들이라는 의미를 지닌다). 이들은 무역과 약탈에 차이
를 두지 않았고, 9세기 초에는 약탈자로서 활약하기 시작했다. 이런 상황이 등장할
수 있는 이유 중 하나는 당시 유럽 전역에서 암울한 시기를 만들어 냈던 여러 역사적

사건이었다. 카롤링거 왕조의 영토는 여러 왕국으로 나뉘어 경쟁자 관계를 형성했고 내부의 권력 투쟁이 지속되었으며, 왕국은 약화되고 이에 따라 왕국의 경계 역시 변화하기 시작했다. 또 다른 요인은 북유럽 사회의 발전과 연관되어 있었고, 이는 북유럽 민족이 세력을 구성할 수 있는 이유가 되었다. 특히 북유럽에서 발전했던 항해술은 다른 민족에 비해서 매우 뛰어났다. 원래 노르만인들의 경우에 항해가로서 항해술을 발전시켰던 것이 아니라 어부로 출발했지만, 5세기에 로마 영토에 게르만계 민족이 정착하고 유럽 내륙에 왕국이 건설되면서 북부에서 남부로 이동할 수 있는 가능성을 얻었다. 이들의 항해술 전통은 독일의 오래된 전사 계급의 전통과 결합되었으며, 이들의 복장 역시 선조들의 전투적인 영혼과 연관되어 있었다. 이런 점으로 인해서 8세기부터 이들은 매우 활발한 활동을 벌였으며, 전사의 위계를 구성하고 한 민족 혹은 일시적으로 여러 민족이 연합하면서 활동 무대를 확장해 나가기 시작했다. 이들은 빠른 속도를 낼 수 있는 궁형의 배를 타고 이동했는데 배의 선두에는 용이 조각되어 있었다. 이는 바다의 영혼에 대항하는 영웅적인 이미지이자 공격을 받는 민족에게 두려움을 안겨 주기 위한 것이었다. 스칸디나비아 반도의 해적들은 매우 다양한 지역의 강과 바다에서 다른 민족들과 투쟁했고, 이 중 몇몇 민족은 이 과정에서 자신들의 운명을 결정짓기도 했다.

특히 덴마크인들은 북해의 해안 지역과 영국 해협에서 활동했고 큰 강을 따라 대륙으로 진출했다. 노르웨이인들은 서쪽으로 나아갔으며, 태평양의 제도, 프랑스와 에스파냐의 연안을 거쳐 아일랜드에 식민지를 건설하고 그린란드와 알래스카에 도착했다. 스웨덴인들은 종종 바랑기아인Varangians이라고도 불리며 슬라브어로는 루스Rus'라고 알려지기도 했던 것처럼, 동쪽을 향해 나아갔다. 이들은 발트 해를 지나 볼가 강, 드비나 강, 드네프르 강을 거쳐 슬라브족과 섞이기 시작했고, 이후 카스피해와 흑해로 진출해서 비잔티움 제국과 연합해 아랍과 무역 경쟁을 벌였다.

노르만 민족, 헝가리 민족, 사라센인: 약탈의 여정

북유럽의 여러 민족들이 공격적으로 유럽을 향해 다가오던 9세기 초에 아랍화된 세계에서도 유럽을 공격하기 시작했다. 이번에도 바다를 통해서 이런 상황이 진행되었다. 유럽인들은 프랑크 왕국들의 변화에 따라, 그리고 지중해 연안에서 성장한 베르베르족과 같은 경우나 아랍인들이 건설한 나라들처럼 여러 종족들의 상황에 따라 쇠퇴하

기 시작했다. 후자의 종족들은 뱃길을 통해서 이탈리아 반도에 도착했고 이곳에서 유
랑하며 새로운 약탈을 자행했다. 바다에서 새로운 부와 재화를 찾기 위해 떠난 민족들
은 종종 이탈리아에 거주하는 민족들을 약탈했고, 이탈리아에서 생활하는 민족들은
이들을 아랍 민족과 구분하지 않고 모두 사라센이라고 불렀다.

　에스파냐, 아프리카, 시칠리아 해안에서 출항하여 이탈리아 남부와 프로방스 지　유럽의약탈
방에 거점을 두었던 사라센인들은 그렇게 해서 9세기부터 10세기까지 집중적인 약
탈을 감행했다. 이는 단순히 해안 지방에 한정한 것이 아니라, 아펜니노 산맥이나 알
프스 산맥에 있는 부유한 수도원들을 약탈했던 것처럼 내륙 깊숙한 지역까지 이르렀
다. 이런 공격적인 이동은 곧 규칙적인 리듬을 지니기 시작했다. 동일한 사건들이 북
유럽에서도 일어났다. 이곳에서는 바이킹의 약탈이 규칙적으로 자행되었다. 약탈자
의 행로는 서로 겹치기도 하고 서로 뒤섞이기도 했는데, 이는 당시 유럽에 스며들었
던 폭력적인 드라마로 역사의 이미지를 구성하고 있다.

　841년에 몇몇 사라센인들은 카푸아를 파괴했고 다른 사라센인들은 아를로 향했
다. 같은 해에 바이킹은 더블린을 공격하고 런던을 약탈했으며 프랑스의 해변 지역
을 노략하며 센 강을 지나 루앙과 생드니까지 도착했다. 844년에는 툴루즈를 공격
했다. 1년 후에 바이킹은 독일의 엘베 강을 지났으며 프리기아 지방에서 약탈을 반
복했다. 프랑스에서는 루아르 강과 센 강을 따라 파리까지 도착했으며, 에스파냐에
서는 세비야 지방까지 이르렀다. 846년 겨울을 쉰 스칸디나비아의 해적들은 다시 프
리기아 지방으로 진출하고 나서 브르타뉴 지방을 공략했고 루아르 강을 따라 지롱드
강, 스헬데 강을 거쳐 갔다. 이탈리아에서 카이르완의 무어인들이 나폴리의 공작이
었던 세르지오가 용감하게 방어했던 폰차를 점령했으며, 이후 미세노Miseno의 성을
정복하고 이세르니아 지방을 거쳐 몬테카시노까지 진출했다. 이들을 또한 오스티아
를 점령했다. 이런 약탈은 점점 더 많이 규칙적으로 진행되었다. 사라센인들은 847년
에 바리를 점령했으며, 848년에는 마르세유를 공격했고, 849년에는 라치오 지방을
지나 루니를 약탈했다. 850년에는 아를도 피해를 입었다. 이런 상황에서 851년에 바
이킹은 다시 프리기아를 공격했고, 스헬데 강, 센 강과 엘베 강 유역을 지나 템스 강
을 따라 이동한 후에 런던을 공격했다.

　이 글에서 설명한 내용은 긴 연대기 중 일부이지만 이런 약탈 행동의 강도가 얼마
나 거셌으며, 이 현상이 얼마나 만연했는지를 알려 준다. 이외에도 북유럽과 남쪽 민

족들의 공격이 잦아지는 와중에 세기의 중반이 되자 공격적인 새 민족이 이동해 오면서 상황은 더 복잡하게 변화하기 시작했다. 그것은 헝가리 민족이었다.

헝가리 민족의 침략 862년에 헝가리 민족이 독일 동부의 경계를 침략했다. 그 뒤로 약 100년간 이 민족은 오늘날의 헝가리 지역인 판노니아에 정착했고(895), 이곳을 중심으로 바이에른, 튀링겐, 작센, 슈바벤, 프랑코니아, 이탈리아를 체계적으로 공격했는데, 단순히 북동쪽을 지난 것이 아니라 여러 경로를 활용했다. 이들은 매우 용맹한 기사들로 구성되어 있었으며 유럽 내부 지역까지 진출했다. 예를 들어 이들은 토스카나, 라치오, 캄파니아 지방까지 도달했다. 카롤루스 대제는 힘겨운 전투를 통해서 서유럽으로 이동하던 아바르족을 멈추게 했으며, 불가리아 민족, 헝가리 민족 혹은 마자르족은 오랜 기간에 걸쳐 비잔티움 제국과 경쟁하면서 이동의 속도를 늦추었다. 이들은 피노 우그리아어족에 속하는 민족들로 터키와 몽고를 이어 주는 평원 지역에 살았는데, 이곳은 유럽과 쉽게 연결되는 지역이었다. 그 결과, 수천 킬로미터나 떨어진 곳에서 시작된 이민족들의 이동과 압박은 이들을 곧 유럽 지역에서 경쟁하도록 만들었다.

결과

노르웨이의 바다에서 아프리카 북부 해안, 대서양에서 카스피 해에 이르는 매우 넓은 지리적 풍경 속에서 서로 다른 주인공들이 진행했던 약탈은 유랑 민족과 반⧫유랑 민족 그리고 유라시아 대륙의 지역에 흥미를 가지고 있던 정착 민족 사이에서 발생 문화의 만남 한, 고대의 변증법적인 관계로만 해석하기는 어렵다. 서로 다른 사람들과 문화의 만남은 폭력적이었음에도 불구하고 이후에 서양 사회의 발전을 가져올 근본적인 결과들을 만들어 냈다. 오토 대제에 의해서 진행된 레히펠트 전투(955)에서 마자르족은 패배했으며, 이후에 그리스도교로 개종한 헝가리 민족은 오랜 세기 동안 전사로 지낸 전통에 힘입어 터키의 공격을 효율적으로 방어했다. 동시에 911년에 스칸디나비아의 지도자였던 롤로Rollo(약 846-약 931)가 카롤루스 단순왕(879-929)에게서 노르망디 지역의 영주 지위를 받으면서 스칸디나비아 민족의 공격적인 성향은 많이 둔화되었다. 이와 동일하게 프랑스인화된 전사들은 국가를 건설하기 위한 안정적인 기획들을 실천에 옮겼고, 결국 영국과 시칠리아에서 노르망디 왕국을 구성했다. 그리고 이들의 영역은 미래에 서유럽으로 확대되었다. 이는 적어도 일부는 상호 교환적인 사건이었다. 약탈의 위험에 대항했던 민족에게서 군사적인 요소가 발전했으며, 공격을 막기 위해 지역 단위로 구성되었던 공공적 권력은 분할되기 시작했다. 이미 이런 일들이 카롤링거 왕조 시대에 일어났으며, 점차 영토의 분할이 이루어지고 이는 다시 유럽을 봉건 제도에 따라 재편되도록 했다. 그리고 유럽인들은 폭력적 사건들에 대응하는 과정에서 바다의 항로를 발견할 수 있었다.

| 다음을 참고하라 |
역사 야만족의 이주와 서로마 제국의 종말(70쪽); 게르만 민족(76쪽); 슬라브 민족(81쪽); 스텝 지대의 민족과 지중해 지역: 훈족, 불가르족(85쪽); 로마-야만족 왕국(92쪽); 야만족이 다스리는 왕국, 제국, 공국(97쪽); 프랑크 왕국(130쪽); 이탈리아의 랑고바르드족(134쪽); 우마이야 왕조(143쪽)

카롤링거 왕조 이후의 분립주의

| 카티아 디 지롤라모 |

카롤루스 제국의 설립이 전통적인 왕국에 대한 프랑크족의 사고방식을 바꾸어 놓았던
것은 아니다. 이후에 후계자들은 영토를 반복적으로 다시 분할했으며,
이는 오랜 시간에 걸쳐 혼란스러운 상황들을 만들어 냈다.
하지만 이 시기의 제국의 역사에서는 지역의 권력이 지속적으로 강화하는 것을
관찰할 수 있으며 이 과정에서 제국의 몰락 과정을 확인할 수 있지만,
다른 한편으로는 매우 오랜 기간에 걸쳐 강력하고 지속적인 유럽의
라틴계-게르만계 민족의 체계와 주인공들을 만날 수 있다.

통일과 전통의 본질: 루도비쿠스 경건왕부터 베르됭 조약까지

806년에 제국의 상속을 분할해 정리했던 칙령Divisio regnorum에도 불구하고, 루도비쿠스 경건왕(약 778-840, 814년부터 왕)은 형제들이 죽었기 때문에 제국의 영토를 모두 소유할 수 있었다. 하지만 그는 제국의 이데올로기를 구성했던 그리스도교의 보호자 임무를 수행하기 위해서 왕국의 통일성을 지속적으로 유지해야 한다고 판단했다. 그렇기 때문에 그는 817년 〈제국 칙령Ordinatio imperii〉을 통해 분할 상속 전통을

배제하고 장남인 로타리오 1세(795-855, 840년부터 황제)에게 황제의 명칭을 부여했다. 그리고 다른 두 아들인 피핀 1세(797-838)와 루도비쿠스 독일왕(약 805-876, 843년부터 왕)에게는 제국의 주변 영토를 상속했다.

하지만 그의 선택은 오히려 통일된 제국이라는 기획이 실패하는 이유가 되었다. 권력에서 배제된 손자였던 베르나르(약 797-818)가 처음으로 반란을 일으켰다. 그리고 이후에 루도비쿠스 경건왕이 두 번째 부인에게서 얻은 아이(미래의 카롤루스 대머리왕)를 유산 상속인 목록에 포함시키면서 왕실 내부의 정쟁은 더 심해졌고, 아들과 아버지, 그리고 종종 형제들이 서로 정략적 선택에 따라 이합집산하면서 권력을 놓고 경주하기 시작했다.

루도비쿠스 경건왕과 피핀 1세가 세상을 떠난 뒤에 이런 상황은 베르됭 조약(843)에 의해서 종결되었다. 이 조약으로 카롤루스 대머리왕과 루도비쿠스 독일왕은 각각 제국의 서쪽 영토와 동쪽 영토를 나누어 소유하게 되었으며, 로타리오 1세는 이탈리아와 로타링기아 지방을 영토로 소유하며 동시에 황제의 명칭을 계승했다.

제국의 내부 영토의 관계

제국의 분할 카롤루스 대머리왕과 루도비쿠스 독일왕은 오랜 시간 동안 신성로마 제국의 영토를 지배했다. 그러나 황제의 지위는 제국을 이끌기에 정치적인 입지가 약했던 로타리오 1세에게 상속되었다. 형제들의 왕국 간에는 서로 영향을 주고받지는 않았지만 이들의 영토는 오랜 시간 동안 공통점을 지니고 있었고, 관습에 따라 황제의 지위는 로타리오 1세의 아들인 루도비쿠스 2세(약 825-875, 855년부터 황제, '루트비히 2세 이탈리아인'이라고도 함*)에게 상속되었다.

루도비쿠스 2세는 장자 없이 죽었기 때문에 황제의 지위는 카롤루스 대머리왕에게 상속되었고 2년 후에 루도비쿠스 독일왕의 아들인 카롤루스 뚱보왕에게 상속되었다. 카롤루스 뚱보왕은 880년에 이탈리아의 왕이라는 지위를 가졌고, 882년에는 독일의 왕이라는 명칭을 얻었으며, 884년에는 프랑스의 왕이 되었다. 그러나 그는 효율적으로 권력을 유지하지 못했다. 즉 노르만족과의 오랜 전쟁에서 패배한 이후로 독일 왕국의 지배권을 둘러싼 투쟁을 겪으며 887년에 폐위되었고 몇 개월 뒤에 세상을 떠났다.

이후 몇십 년간 독일 왕국의 왕권은 독일 귀족 가문들 중심으로 바뀌었다. 이 와 중에 작센 지방의 귀족은 70년 만에 황제의 명칭을 다시 부활시켰지만, 이 시기에 이미 독일과 이탈리아의 영토는 분리되어 있었다.

봉신, 지역 권력의 급격한 분화와 유산 상속

피핀 왕조의 계승 이전에 카롤루스 대제는 봉신 관계를 새롭게 재평가했다. 개인적인 관계의 구성, 이미 영토에서 활약하던 권력자에 대한 통합 과정, 그리고 종교 기관들과의 관계는 융통성 있고 효율적인 정부를 구성하는 도구로서 봉신 관계를 활용했으며, 동시에 귀족들을 성장시키고 프랑스 왕국에서 권력을 증가시키며 프랑크 왕조의 세력을 확장시켰다. 그러나 카롤링거 왕조가 이들과 권력 투쟁을 시작함에 따라서 특정 지역의 권력 관계는 매우 빠른 속도로 지역의 권력을 대변하게 되었으며, 이는 곧 권력의 분화 요인이 되었다. **분열을 조장한 귀족들의 권력**

왕들도 이런 상황이 일어나게 되는 과정에 참여했다. 이들은 연합을 통해서, 특히 봉신 관계에 바탕을 두고 권력을 확장하는 과정에서 재화를 보장했고, 동시에 귀족에 대한 이윤을 보상하는 과정에서 공공재의 고갈을 가져왔다. 이후에 귀족들이 서로 연합하면서 점차 권력을 세속화하고 결과적으로는 왕국의 불안정을 불러왔다.

카롤루스 대머리왕에 의해서 공포되었지만 법전의 제목이 남아 있지 않아서 '퀴에르지Quierzy의 사료'라고 불리는 문헌을 통해 해석할 수 있는 여러 사건들은 이런 과정을 명확하게 드러내 준다. 사라센인들에 대항해서 원정을 가기 전에 카롤루스 대머리왕은 여러 재화에 대한 예비 행정 조치를 구상했는데, 이는 귀족이 이 전투에 참여하면서 잃을 것이 없다는 점을 강조하기 위해서였다. 그러나 유산 상속에 대한 부분은 이미 당시에 많이 퍼져 있었고, 이 법전은 단순히 대영지의 상속을 확정해 주는 것이었다. 그렇게 해서 왕국의 분할이 분명하게 이루어졌으며 이는 재화의 공동 소유 형태로 발전하게 되었다.

복합적인 과정: 다양한 층위, 다양한 방향

중세의 지방주의는 단순히 제국의 분할에 따라 진행되었던 것이 아니며, 왕국 내부에서 다양한 층위로 이루어진 공적인 직무의 분화와 연관되어 있었다.

이런 점을 단순히 재화와 연관된 유산의 양도나 공공 직무의 양도 결과로 보기는 어렵다. 또한 영지 내부에서도 분화의 경향을 확인할 수 있으며, 대영주가 영토를 **독립주의의 증가**

늘 효율적으로 통제할 수는 없었다는 점과 주변의 경계에 속한 영토들이 방치된 경우도 있었다는 점을 기억할 필요가 있다. 이런 방식으로 공권력의 내부에서 작은 권력의 중심지들이 생겨나고, 관료들이 적용하지 않았던 권력을 갉아먹듯이 실제 권력이 지역에서 행사되었던 것이다.

이러한 과정은 대영주가 자신의 직영지에 가까운 영토에 대해 취하는, 과거와 유사하지만 입장을 달리하는 행동에 의해서 복잡해지고 강화되었다. 이 영토가 그들의 법적인 관할권 밖에 있었음에도 불구하고, 대영주들은 개인적인 관계를 만들어내거나 정부의 역할을 수행하면서 원래 지방을 다시 분할하려고 시도했다.

이와 유사한 방식으로 어떤 사람들은 공식적인 직무를 맡지 않았지만, 카롤링거 왕조 이후의 혼란스러운 상황을 이용해서 넓은 영토에 대한 소유를 바탕으로 군사적·법적 기능을 담당하며 공공성을 획득하기도 했다. 이들은 대귀족의 고객으로 활동했다.

21세기 역사학에서는 새로운 거주지(성)가 등장하고 이를 중심으로 영토가 재구성되고 새롭게 편입된 사회적 관계에 의해 형성된 새로운 정치 현실을 '(공적) 권리 **공권 영주제** 를 획득한 영주 제도seigneurie banale', 즉 공권 영주제라고 설명하기도 한다. 충성스러운 신하들은 왕을 지지하고 스스로는 다시 하위 계급에 의해서 지지되는 다양한 조력자로서, 영지에 대한 권한을 행사했으며 경제 제도에 대한 책임을 가지고 있었다(이는 다시 봉급을 받는 관료 계급의 출현을 불러왔다). 이들은 재화의 공동 소유와 직무를 통해 왕조의 발전에 영향을 끼치게 되었다.

최근의 연구 방향: 뒤집어 새롭게 생각하기

로마 제국의 멸망으로 인한 위기라는 생각에서 출발해서, 유럽의 정치가 매우 복합적인 방법에 따라 카롤루스 대제의 왕조에 와서 다시 라틴-독일 민족을 중심으로 구성되었다는 생각은 어느 정도 타당성을 지닌다. 하지만 통합에 대한 이런 시도는 매우 오랫동안 진행되는 여러 순간의 일부일 뿐이며 이런 시도가 단절된 적도 없었다.

이미 카롤루스 대제의 발전은 그 이후에 진행되는 유럽 내부의 라틴-독일 민족의 통합과 복잡한 영토의 구획을 예비하고 있으며, 시간이 흐를수록 카롤루스 왕조의 전통과 더 밀접한 관계를 지닌다. 이렇게 다른 관점에서 보면, 왕국의 해체는 사실은 문화적 통합이며 독립적인 왕국의 완성으로 이어지지 않았음을 알 수 있다. 오히려 당시 영토의 효율적인 지배를 구성하는 문제를 둘러싸고 일어난 매우 힘겹고 폭력적인 사회적 현실에 대한 대답이라고 볼 수 있을 것이다. 적어도 카롤루스 왕조 이후에 영토가 독일과 프랑스와 같은 두 지역으로 구분된 것은 지역적·문화적으로 오랜 기간 지속되었던 전통의 힘을 드러내는 것이며, 결국 종교적이고 상징적이며 이상적인 사고방식이 종언을 맞은 사건이라고 보아야 할 것이다. 이런 점은 이후 역사의 흐름이 지속될수록 더 명확하게 상황을 이해하게 해 준다.

| 다음을 참고하라 |
역사 프랑크 왕국: 카롤루스 대제에서 베르됭 조약까지(220쪽); 프랑크 왕국: 베르됭 조약에서 왕국의 해체까지(224쪽)
시각예술 카롤링거 왕조 시대의 프랑스, 독일, 이탈리아(832쪽)

수도원주의

| 안나 벤베누티 |

수도원의 존재는 이전의 여러 문명에서도 확인할 수 있다. 그리스의 철학적 전통과 인도, 시리아, 유대의 은둔자들은 이후 그리스도교 문명 내부에서 수도원이 발전하는 데 중요한 영향을 끼쳤다. 4세기부터 초기의 은둔자들은 제도적·규범적 발전을 통해 수도원을 설립하기 시작했고, 6세기에는 독신주의에 바탕을 둔 수도 생활이 발전했다. 9세기가 되면 수도원의 여러 규칙들이 절충되는 과정에서 베네딕투스 수도원의 규범과 형식이 완성되었다.

고대 후기-초기 그리스도교 시대의 은둔자 전통

신을 더 잘 이해하기 위해서 지상의 가치(가문 재산의 소유)를 거절하고 세계에서 분리되는 수도원의 경험은 여러 문명에서 확인할 수 있다. 성적인 금욕과 엄격한 삶을 특징으로 하는 살루스Salus(로마 신화에서 건강을 담당했던 여신*)를 연구할 때 사용한 단어인 '은둔자'의 흔적은 그리스의 철학적인 전통에서도 확인할 수 있다. 예를 들어 피타고라스 유파의 경우나 스토아, 아니면 견유학파도 이에 해당한다. 페르시아 문화에서도, 처음에는 불교에 대한 관심에서 비롯했지만 이후로 유대주의에 영향을 끼쳤으며 나중에 시리아 수도원주의와 연관된 메소포타미아의 특징들을 발견할 수 있다. 이런 상황은 이교도와 그리스도교도의 저술가들에게 깊은 인상을 남겼던 인도의 나체 고행자나 나체 브라만의 실천과 문화적인 접점을 만들며 연관되었다. 그리스도교 수도원의 발전에서 매우 중요한 요소는 유대인의 일신론을 구성하던 단계에서 얻은 사막의 유랑 경험과 더불어 구약 성경으로 전해지는 선지자-은둔자의 전통이었다. 이런 점은 요세푸스Flavius Josephus(37/38-100년 이후)나 소 플리니우스(60/61-약 114)의 기록을 통해서, 그리고 쿰란Qumran 공동체가 남긴 『원칙의 설명서 Manuale di disciplina』에서도 일부 전해진다. 이후로 그리스도교도 수도원의 성공과 에세네파Essenes(쿰란 공동체*)의 경험 사이에 세워진 여러 목표들이 기록되어 있다. 고행하는 삶의 엄격한 형태는 신이 제시한 규칙에 대한 명상을 넘어서서 독신과 청렴한 극빈주의에 대한 인식을 그 특징으로 한다.

헬레니즘의 코이네 그리스어를 사용하는 공동체와 유대인 세계의 관습과 태도를 유산으로 상속받았던 그리스도교 세계 사이에는 절충적인 선택(무엇보다도 복음서에서 다루는 그리스도에 대한 생각은 포함되지 않은 것처럼 보이는 선택)이 있었고, 초기에는 유대인과 그리스도교도의 공동체 사이에 종교적인 갈등이 심했던 것은 아니었다. 유대인들 또한 종교적인 카리스마와 영성을 강조하는 지도자들에 의해서 종교적인 금기 사항과 경고를 바탕으로 한 엄격한 삶을 고수했다. 이후로 성 바오로의 행적은 지상의 가치를 경멸하라는 일반적 교훈을 주기 위한 극단적 선택이 아니라 전통적인 입장을 고수하고 있는 것처럼 보이며, 독신주의에 대한 입장도 마찬가지다. 그리스도의 메시아적인 의미를 받아들이면서 동시에 유대인의 은둔 전통에 대한 가치를 약화시켜 나갔다.

그러나 1세기 중반부터 유대인들의 흔적을 따라서 은둔자의 관습을 강조하는 태도가 다시 확산되고 있음을 확인할 수 있다. 이는 다시 은둔과 형식적인 실천의 바탕이 되었다. 무엇보다도 여러 종류의 다양한 이단이 발전하던 시기에 그리스도교의 **은둔주의와 이단** 사유가 엔크라티테스주의Encratites와 그노시스주의Gnosticism에서 영향을 받았다는 점을 확인할 수 있다. 그노시스주의를 해석하는 과정에서 이원론적 토대를 지닌 다양한 종교 이론들을 접할 수 있었으며 이단에 대한 사유들을 발전시켰다. 특히 페르시아의 마니교처럼 이원론적 관점에서 영향을 받은 종교 지도자들의 금욕적이고 귀족적인 삶은 단성론과 순결을 강조하는 그리스도교의 관점 속에서도 육신이 살아가는 지상 세계에서 구원을 목적으로 발전했던 영적 명상의 토대를 제공해 주었다.

은둔자

제국의 쇠퇴 시기인 2-3세기에 민중들의 빈곤은 몇몇 지방에서 국가에 불만을 가지도록 했으며 새로운 종류의 사회적 항의 형태(은둔자)를 발전시켰는데, 이는 영적인 선택과 연관된 행복한 가치로 발전하기 시작했다. 4세기 초에 그리스 세계와 콥트 문화에서 등장했던 '모나코스monachos'라는 단어는 '고독한' 혹은 '독신의'라는 형용사와 동의어였으며, 은둔자의 원리들을 규범의 형태로 확장했던 최초의 경우들이었다.

4세기 중반-5세기에 이집트 북부의 사막에서는 성 아타나시우스Athanasius(295-약 373)의 저서를 통해 잘 알려졌던 성 안토니우스Antonius(약 250-약 356)의 은둔 모델에 영향을 받았던 공동체가 놀라운 성공을 거두고 있었다. 가장 대표적인 중심지는 이집트의 니트리아Nitria였다. 멜라니아, 루피노, 히에로니무스, 카시아누스와 같은 상류 문화에 속한 로마인들은 이곳을 순례 장소로 활용했고, 에바그리우스나 팔라디우스와 같은 카파도키아의 몇몇 영적인 '교부'들은 이곳에 합류하는 것을 멸시하지 않았다. 의외의 방문자들은 최초의 수도사들을 명상가이자 은둔자로서 영웅적인 인물로 묘사하는 이야기들을 만들어 냈고, 『사막 교부들의 명언집Apophthegmata Patrum』과 같은 사료의 성공을 통해서 확인할 수 있는 것처럼 여러 예들을 활용하며 문학적인 전통들을 구성했다.

수행 수도사의 성공

독신주의

이집트의 은둔주의는 사실 매우 짧은 시기에만 지속되었음에도 불구하고 문학적인 성공을 통해서 수도원의 이상에 대한 정의에서 매우 중요한 역할을 담당했을 뿐 아니라, 이후에 독신주의 모델이 세워지는 데 영향을 끼쳤다. 이는 테베 지역에서 파코미우스Pachomius(약 292-약 346)에 의해 발전했으며, 이후에 이집트 북부 지방(알렉산드리아, 스케테Scete, 파이윰, 멘피Menfi, 옥시링쿠스, 헤르모폴리스, 베니 하산, 아시우트 같은 도시들)에서 놀라운 성공을 거두었으며, 지역적인 맥락에 따라서 다양한 형식으로 적용되었다. 지방의 차이를 넘어서서 개인주의적인 경향이나 극단적인 은둔주의는 자기중심주의가 지닌 한계에도 불구하고 은둔 형식의 특징들을 갖추고 있으며, 시리아의 수도원주의를 기록한 역사적인 사료는 그 대표적인 실례를 보여 준다. 그

기둥 수행자와 동굴 수행자

예는 나뭇잎 사이의 가지 돌기나 나무 기둥 위에 앉아 있는 고행자들이었다. 383년 부터 제국은 은둔주의의 다양한 형태들이나 불규칙성을 감소시키기 위한 법제를 제 정하기 시작했고, 이 시기의 규칙들은 이후에 여러 공의회에서 다시 다루어졌다. 특 히 이후의 에페소스 공의회(431)에서 알렉산드리아의 키릴로스를 따르는 여러 수도 사들은 폭력적인 방식을 동원해서까지 고행자들의 삶을 공격했다. 카파도키아 지방 에서 활동했던 주교인 바실리우스Basilius(약 330-379)는 이런 '극단주의자'들의 선택 을 대신해서 균형 잡힌 명상에 바탕을 둔 독신주의를 제안했으며, 동양의 개인적인 은둔주의를 공동체 경험의 형태로 재정비하는 데 공헌했다.

이런 모델의 발전은 매우 놀라운 성공을 거두었으며 사회 조직의 측면에서 의미 있는 방식을 발전시켰고, 수도원의 체계에 문화적인 가치를 부여해 주었다. 이런 현 상은 단순히 산이나 사막의 고독을 배경으로 구성된 것이 아니었으며, 독신주의는 근동 지역에서는 도시의 경계에서 발전했다. 5세기부터는 예를 들어 콘스탄티노플 의 수도원에서 매우 놀라운 발전을 거두었다. 이 수도원들은 도시에서 유입되는 예 비 수도사들이 많았고 공공기금으로 재정을 충당했는데, 이곳 수도사들은 점차 공 적인 기능을 담당하는 역할을 맡기 시작했다. 이들은 종교적인 제의를 주도했으며 때로 병원의 의사였고, 이후에 정치적·종교적으로 매우 중요한 제국의 구성원으로

예루살렘의 수도원

성장했던 것이다. 또한 콘스탄티누스에게서 인정을 받은 후에 그리스도교의 성소가 되었던 예루살렘에서도 여러 수도원 공동체가 발전했다. 또한 팔레스타인 지역에서 는 작은 라브레lavre(유대인의 사막 고행자와 매우 유사한 수도원 형태)가 발전하면서 순 례자들에게 머물 장소와 도움을 제공했다. 이 중에서 5세기의 파란Faran의 공동체는 매우 유명했다. 이들은 다른 지역, 예를 들어 시나이 산의 사막에서 4세기까지 고독 을 즐기던 수도사들과 달리 이상적인 은둔의 전통과 공동체의 전통을 절충했던 대 표적인 실례였다. 이들은 효율적이며 이후에 중요해진 공동체의 조직을 발전시켜 나갔고 제국의 봉헌과 도움으로 재정을 확충했다(예를 들어 산타 카테리나의 멜카이트 Melkite 신도의 수도원).

예루살렘의 주요한 장소에 있었던 급진적인 수도원들은 구약과 신약의 기억들을 재구성했으며, 그리스도교의 은둔 모델을 완성할 수 있는 다양한 고행자의 실례를

문학적으로 제공했다. 이 예들은 이후로 중세 중기와 후기에 서사적 전형의 기초를 구성했을 뿐 아니라 널리 알려졌다. 사실 이 시기(4세기 말)에 팔라디우스의 『초대 사막 수도사들의 이야기Historia Lausiaca』, 에페소스의 요한(?-586)의 『동방 성인의 일 대기Vite dei santi orientali』, 요한 모스쿠스Johannes Moschus의 『영성의 풀밭Prato spirituale』 이 집필되었다. 이들은 이후 요한 클리마쿠스Johannes Climacus(579년 이전-약 649)의 『천국의 계단Scala del Paradiso』의 실례처럼, 수도원과 연관된 고전 문학의 발전에 영 향을 끼쳤다.

비잔티움 제국의 수도원주의

아르메니아와 조지아의 왕국에서 전파된 복음은 비잔티움 제국의 동쪽 경계에 위치 한 캅카스의 산간 지역에서 전형적인 수도원주의로 발전했는데, 이곳은 카파도키아 에서 유래한 독신주의의 영향을 받아 야생적인 특징을 지니고 있었다. 이 지역에서 수도원의 실험은 페르시아 제국에서 발전했던 것처럼 종종 정치적인 반체제 인사들 로 구성되었으며, 종종 지역 권력과 갈등을 빚기도 했다. 이들은 투쟁 상황에서 소수 집단으로 고립되어 그리스도교도들과 공동체에 의해 재정 압박을 받는 가운데에서 도 자신들의 정체성을 강화시켰으며, 서로 다른 형식(그리스도 단성론, 마론교maronita, 멜카이트)을 추구했음에도 지속되다가 이후 아랍 세계가 발전할 때 축소되었다. 종 교 중심지와 밀접한 관계를 지닌 그리스도교도들은 자신들의 문화 전통에 따른 영적 인 지도자로서 주교를 뽑을 때 수도사들 중에서 고르기도 했다.

　7세기에 남아 있던 비잔티움의 영토와 이후의 유산은 시리아와 아르메니아 지방 에서는 잘 유지되지 못했으며, 이후 성상 투쟁으로 위기를 겪었다. 수도원의 경제 적 삶은 오랫동안 진행된 분쟁으로 무너졌으며, 수도원의 재산은 종종 국가에서 군 대를 정비하는 과정에서 압류당했고, 수도원들의 활동은 공적으로 잘 드러나지 않 았다. 특히 754-764년에 이루어진 수도사에 대한 박해는 수도사들의 수를 줄이기 도 했고, 이들이 가지고 있던 여러 기록들이 흩어지거나 소실되었던 이유가 되었 다. 11세기가 되었을 때 남아 있는 전통들이 다시 꽃피기 시작했다. 팔레스타인의 마르 사바Mar Saba와 같은 제국의 경계 밖에서 다시 설립되었던 수도원들은 소아시 아의 동부 지역이나 비잔티움의 영토였던 이탈리아 반도에서는 다마스쿠스의 요한 의 예를 통해 알려졌다.

수도원의 여성

그리스도교 공동체가 은둔자의 전통을 만들어 냈던 고독한 삶의 모델에서 여성은 과부의 경우처럼 경계에 위치했음을 기억한다면, 여성이 은둔 생활에 참여하는 것

을 지지받지 못했음을 알 수 있다. 그러나 '순결'에 대한 사유는 이후 영적 패턴의 분류 체계에서 새로운 가치를 지니기 시작했다. 이미 카르타고의 키프리아누스Thascius Caecilius Cyprianus(약 200-258)는 이런 새로운 가치를 강조했다. 그 이후로도 신에 귀의해서 봉헌했던 성 파울라Saint Paula(347-404)와 그녀의 딸이었던 에우스토키우스Eustochio의 영성적인 대화를 설명한 히에로니무스의 말을 언급하지 않더라도, 알렉산드리아의 아타나시우스Athanasius나 서유럽의 밀라노의 암브로시우스Ambrosius의 은둔 생활에 대한 사유에서 이런 생각을 확인할 수 있다. 또한 니사의 그레고리우스(약 335-약 395)의 형제였던 성녀 마크리나, 또는 누르시아의 베네딕투스(약 480-약 560)의 누이이자 신을 향한 사랑을 설명했던 스콜라 수녀의 경우처럼 여성의 등장을 확인할 수 있다. 교부들에 의해 지지되었던 은둔적인 삶의 모델은 고독한 은둔의 고행을 바탕에 둔 여성들의 활동으로 이어졌다. 예를 들어서 팔라디우스의『초대 사막 수도사들의 이야기』의 유명한 일화들은 초기 독신주의 형태가 놀라운 성공을 거두었다는 점을 전달해 줄 뿐 아니라, 유대인 법의 한계에도 불구하고 남성과 여성 모두가 참여할 수 있는 수도원들의 성공으로 이어졌다는 점도 확인시켜 준다. 무엇보다도 이런 종류의 수도원들은 종교적인 경험 속에서 여성에 대한 특화된 표현들을 제공할 뿐 아니라 성직자 제도가 종교적인 삶을 향한 여성들의 책임과 '활동'을 흡수하고 있었다는 점을 알려 주며, 명상적인 성향의 수도원이 아직 분화되지 않았다는 점도 확인시켜 준다. 여성 수도사들은 자유롭게 여러 장소에서 활동할 수 있었고 고아구호 사업이나 병원에서 혹은 소녀들의 직업 교육 분야에서 다양하게 활동했다. 이런 수도원주의가 도시와 인접한 장소에서 발전했다는 점은 명확하다.

수녀들은 남성 독신주의자나 은둔주의자처럼 극단적인 선택을 하지는 않았다. 하지만 성녀 에우게니아Eugenia, 성녀 에우프로시나Eufrosine, 성녀 마르가리타, 성녀 펠라기아Pelagia, 성녀 테오도라Teodora와 같이 강한 '남성성'을 지닌 여성을 그린 문학적 실례들은 사회적 기억을 통해서 은둔자의 모델이 문학 형태로 전승되었다는 점

을 알려 준다. 또한 이들이 은둔의 경험을 위해서, 또 자유로운 실천을 위해서 남성 의상을 입기도 했다는 점도 전해진다.

서방의 수도원주의

로마 세계처럼, 서유럽의 경우에도 수도원 이전 형태의 전형이 발전하는 과정은 동방의 경우처럼 복음에 완벽하게 헌신하고 싶어 하는 열망에서 비롯되었다. 은둔을 선택한 자들은 지상의 욕구들을 매우 엄격히 제한하고 지상 세계의 가치에서 벗어나 신에 대한 연구를 개인적으로 진행하며 도시 외부와 농촌 지역에서 고독한 삶의 모델을 발전시켜 나갔다. 이 모델은 가족을 단위로 하여 이루어졌다는 실례들을 확인할 수 있다. 4세기부터 이들은 '수도사monachi'라고 정의되기 시작했으며, 그리스어에서 유래한 이 라틴어 단어는 자비, 단신, 성경에 대한 명상에서 발전한 기도로 이루어진 삶을 의미했다. 동방의 경우처럼 서유럽에서도 수도원의 경험은 다양하며 지역마다 차이점을 가지고 있었다. 이는 이탈리아에서 영적인 상황을 받아들였던 여러 주요 인물들에 대한 기록들에서 확인할 수 있으며, 이곳은 도시와 연결된 형태를 지니고 있었다. 예를 들어 성 히에로니무스는 자신의 로마인 친구들의 모임에 대해서 설명하며 382-384년에 원로원 귀족들 사이에서 '가족 간의 관계'에 바탕을 둔 은둔이 '유행'이었다고 전한다. 이들 중에는 영적인 구원을 위해 참여한 여성들도 있었다. 이런 시민 사회 속의 독신주의 전통은 이탈리아의 여러 지방에서도 확인할 수 있다. 에우세비우스Eusebius(?-약 371)는 로마에서 발전했던 수도원 이전의 형태를 베르첼리에서 다시 채택했으며, 이런 점은 성 암브로시우스의 354년 서간문을 통해서 확인할 수 있다. 그는 자신의 교구 성직자에게 수도원주의를 전파했다. 밀라노에서는 투르의 마르티누스가 방 안에서 도시의 고독을 실험했고, 아퀼레이아에서는 루피누스Rufinus가 4세기 남성 독신주의에 대한 기억을 전달했으며, 놀라에서는 파울리누스Paulinus(약 353-431)가 농촌 귀족들 사이에서 수도원의 관습을 전파했다는 기록이 전해진다. 한편으로 이 같은 독신주의는 도시 지역으로 유입되었는데, 이런 점은 티레니아 해 북부에 위치한 여러 섬들에서 신비로운 '사막'의 은둔적 삶의 모델이 성공했던 점과 밀접한 관계가 있다. 갈리나라Gallinara에서 투르의 마르티누스는 은둔주의의 경험을 먼저 실험했고, 이는 마르무티에의 라브레(유대인 은둔 공동체)나 5세기 레린에서의 갈리아-로마 귀족 구성원들의 공동 생활로도 나타났다. 하지만 레린의 경우, 게르만계 이민족이 세력을 확장하면서 이 실험을 취소해야 했다. 이베리아 반도에서는 프리실리아누스주의Priszillianism로 알려진 은둔자의 삶이 유행했고, 이는 이후에 사라고사 공의회(380)와 톨레도 공의회(400)에서 언급했던 이단의 경계를

지역에 따른 은둔주의

넘어선 운동으로 알려졌다. 아가페타이Agapetae 운동은 그리스도교의 정통과 불분명한 경계에서 중심을 잡으며 아프리카 북부 지역에서 발전했고, 이는 도나투스주의 분파가 퍼지는 가운데 발전한 다른 이단이었던 키프리아누스Cyprianus에 대한 논란이 교부들 사이에서 일어나는 이유가 되었다. 이런 불안정한 상황에서 지중해 연안 지역에서는 은둔적인 삶의 형태가 발전해 나갔다. 여러 다양한 종류의 체계 속에서 성 아우구스티누스의 수도원은 중심을 잡으며 성공을 거두었고, 이후로 중세 성직자의 전형처럼 받아들여지기 시작했다.

중세 초기

서유럽 수도원은 주교의 통제와 공의회 및 종교회의의 주의를 받으며 6-7세기에 매우 놀라운 발전을 거듭했고, 은둔자의 더 나은 여러 삶에 대한 규범들을 정리해 나갔다. 종종 매우 명료한 규범을 가지는 경우들이 등장했다. 이 중에서 성 베네딕투스의 『베네딕투스 규칙』(교부와 개인적인 경험의 모델 사이의 상호작용에 바탕을 둔 결실)은 대표적인 경우로 다양한 실천 가능성을 제시했다. 수도원에서 수도원장은 여러 관습의 다양성을 통제했으며(혼성 규칙regula mixta), 이런 점은 독신주의를 둘러싼 다양한 형태의 실험과 다양한 종교적인 삶의 형태를 엄격하게 제한하지는 않은 메로빙거의 성인들의 삶을 통해서 전해진다. 이 성인들은 독신주의를 언급하는 복음서의 교리를 따르는 동시에 주교의 조건 안에서 쉽게 은둔자의 모델을 병행했다.

수도원의 이상을 발전시켜 나가는 중에서, 그리고 제도적인 규범을 구성하는 과정에서 가장 중요한 공헌을 한 이 중 한 명이 대★ 그레고리오 1세(540-604)였다. 그는 자신의 저서들(『대화Dialogi』, 이 책의 2권은 「성 베네딕투스의 삶」과 「욥의 도덕성」을 기술하고 있다)을 통해서 명상적 삶의 모델을 유포시키고 성공을 거두었다. 그는 자신이 주도한 동시대의 선교 활동에 힘입어 영국에서 독신주의를 발전시키는 데 기여했다. 영국에서는 캔터베리의 아우구스티누스(?-604)와 그의 동료들 30명이 베네딕투스회의 규범을 소개했고, 이베리아 반도에서 발전한 활기찬 수도원의 경험을 접할 수 있는 기회를 제공했다. 복음화가 진행되던 경계 지역에서는 주교였던 팔라디우스가 4세기에 성공을 거둔 점을 제외한다면, 성 패트릭(약 389-약 461)의 선교가 수도원-선교 단체의 구성에 매우 중요한 역할을 했다. 예를 들어 아란의 성 엔다Enda di Aran(?-약 530)가 설립한 킬리니Killeany 수도원, 성 피니안Finnian(495-589)이 설립한

은둔적 삶의
규범들

대 그레고리오
1세, 캔터베리의
아우구스티누스,
콜롬바누스

클로나드Clonard 수도원, 그리고 무엇보다도 콜룸바누스가 설립한 뱅거Bangor 수도원의 경우가 이에 해당한다. 이들은 가문의 조직에 바탕을 둔 사회 체계 속에서 활동했으며, 로마의 시청 제도는 건드리지 않고 새로운 성직자 조직을 구성했고, 수도원의 존엄성을 지역 사회에 대한 책임을 지닌 주교의 권위로 전환시키는 데 성공했다. 이 과정에서 교육적인 역할은 중요한 부분을 차지했다. 이런 영국 수도원의 특징 중 하나는 '떠돌이 생활xeniteia'의 영적 경험 혹은 그리스도를 위한 자유 의지가 고립의 형태로 발전될 수 있다고 보았던 것이며, 이런 점은 선교와 복음의 전파에 영향력을 발휘했다. 6-7세기에 이런 성격은 콜룸바누스의 순례에서 구체화되었다. 이후로 갈리아의 메로빙거 왕조와 이탈리아에서는 콜룸바누스의 활동이 보비오의 수도원으로 확장되었고, 이곳에서 그의 제자들은 이베리아 반도의 문화에 유포된 '영성을 위한 새로운 공동체'에 활력을 불어넣었다.

또한 에스파냐에서 수도원의 실험은 7세기에 놀라운 성공을 거두었으며, 이는 세비야의 주교였던 이시도루스와 그레고리오 1세의 사유(이 경우에는 다시 히에로니무스나 아우구스티누스의 영향을 받았다)에 의해서 완성되었다. 당시 상황은 브라가의 성 프루크투오수스Fructuosus의 이름으로 전해지는데, 그는 독신주의를 제안하며 동방의 전통에 바탕을 둔 은둔의 전통이나 브라가의 마르티누스(약 510-580)의 경험을 절충했고, 아일랜드 수도원주의의 발전 과정에 중요한 족적을 남겼다. 에스파냐에서 수도원의 번영은 본질적으로 이베리아 반도의 북서쪽 지역에서 이루어졌으며, 이곳에서는 독일 귀족의 후원을 받았던 중요한 수도원들이 성장했다. 갈리아 지방의 수도원들은 권력의 남용을 제한하면서도 수도원장과 공동체의 관계에 바탕을 둔 엄격한 질서를 강조했다. 이는 11세기까지 에스파냐 지역의 수도원의 가장 중요한 특징이 되었다. 영국 캔터베리에서는 새로운 베네딕투스 수도원이 성장했다. 이 수도원은 로마 문화의 영향 속에서 그리스도교를 믿는 사람의 지역뿐 아니라 아일랜드 선교사의 활동에 바탕을 둔 지역에서 성직 조직 형태를 정리한 뒤, 10-11세기에 본격적인 수도원 운동을 진행했다. 또한 교회법학자의 기능을 발전시키는 가운데, 교회 주교의 권위를 보장했다. 이 같은 수도원주의의 발전과 성직자의 밀접한 관계는 이후 서임 문제들에 영향을 끼쳤고, 영국에서는 로마의 행정 구조에서 벗어나 새로운 행정 체계가 생겨나는 이유가 되었다. 반대로 이런 점은 갈리아, 에스파냐, 혹은 이탈리아처럼 라틴화된 지역의 특징이 되었다. 복음의 전파에서 영향을 받은 수도원의 번

세비야의
이시도루스와
에스파냐

영은 콜룸바누스나 윌리브로드, 혹은 다른 선교사들이나 보니파키우스의 경우처럼, 다양한 행정적인 제안들을 제시했을 뿐 아니라 수도원주의의 다양한 발전 형태를 통해 서로 다른 경험을 가능하게 해 주었다.

10세기부터 11세기까지

수도원 조직이 정비되는 데까지는 9세기 카롤링거 왕조의 문예부흥 시기를 기다려야 했다. 이 시기에 다양한 독신주의 형태를 개혁하고 통일성을 부여하는 과정은 베네딕투스회의 공적인 권위의 발전과 연관되어 있으며, 이 시기에 들어서야 은둔자의 규칙에 바탕을 둔 법적 형태와 엄격함이 갖춰지게 되었다. 규칙들은 수도원의 모든 삶을 세부적으로 통제했다. 이는 루도비쿠스 경건왕의 시기에 발전해서 아니안의 베네딕투스에 의해서 다시 정비되었고, 816년과 818-819년에 아헨에서 다시 법문화되었다. 이는 수도원의 법령집capitularia(카롤링거 왕조 시대의 법령집)에서도 확인할 수 있으며 제국의 모든 영토에 적용되었다. 이 시기에 공적 제도의 위기 속에서 영주들과 수도원들은 지역 권력의 역할을 담당했다. 수많은 수도원들이 스스로의 존재를 통해서 성직자들을 제공하고 재화로 영향력을 미치며 주변 농지를 관할함으로써 독립된 수도원장이 이끄는 단체로 성장했고, 이런 장소는 이후 수도원들의 중심지로 성장했다.

정부조직처럼 수도원장이 수도원에 권력을 행사했던 대형 수도원들은 종종 형제회Congregatio나 수도회Ordo라고 알려진 복잡한 연결망의 중심에서 성장했다. 이후로 대형 수도원들은 교회법적인 연관성을 토대로 그 의미를 구성했던 역사적인 동화 과정을 넘어서, 다양하고 보편적으로 정의하기는 어려운 관습적·법적 결의안들을 생산했다. 10세기경에 아퀴타니아의 공작인 윌리엄 1세(?-918)가 설립했던 클뤼니 수도원의 경우, 중심 건물에서 독립된 다양한 수도원들이 결합되어 있기 때문에 정의하기 어려우며, 일종의 조합 형태를 유지했다. 예를 들면 각 수도원들은 의상의 개혁과 같은 면에서도 독립적이었다. 그리고 동시대에 각 구성원들은 종종 독립적인 관계를 유지하고 있었다. 세기말의 수도원장들, 예를 들어서 오딜로Odilo(961/962-1049) 혹은 위그Hugues de Cluny(1024-1109)는 수도원들의 독립적 권위를 유지시키고자 했고, 12세기 초에 다시 정비될 클뤼니 수도원의 폭넓은 관계에서 군주제의 구조를 활용하려 했다. 교황 칼리스토 2세Callistus II(약 1050-1124, 1119년부터 교황)에 의해

베네딕투스 규칙

수도원장과 형제회

서 도입된 이런 과정에서 여러 수도회의 이름들에는 가치를 부여하지 않았다. 클뤼니 수도원에서 관찰할 수 있는 조직에 바탕을 두고 정비된 제도가 보장하는 강력한 중앙 집중적인 체계는 이후 10세기에 발전하기 시작했던 수도원의 이상적인 모범으로 여겨졌다. 부르고뉴의 대형 수도원은 이들의 영향을 받았으며 또한 다른 여러 중심지였던 브로뉴Brogne, 고르체Gorze, 베르됭의 생반Saint-Vanne di Verdun, 디종의 생베니뉴Saint-Bénigne de Dijon는 독립적으로 11세기 교회 개혁을 주도했던 수도원의 지혜를 모았다. 같은 시기에 성 던스턴Dunstan(924-988)과 그의 동료들은 영국에서『베네딕투스 규칙 개정판Regularis concordia』을 편찬했으며, 이들은 지역 수도원의 서로 다른 제도적인 상황에 동일한 생각을 적용하고자 했다. 반면 독일의 히르사우Hirsau 수도원은 11세기 수도원 개혁에서 가장 급진적이었다.

베네딕투스 수도원의 개혁

이탈리아에서 있었던 새 베네딕투스회의 개혁은 9세기 말의 유산에 기인하며, 독신주의와 극빈주의의 원리를 지닌 은둔자의 전통을 따르고 있다. 예를 들어서 라벤나의 성 로무알두스Romualdus(약 952-1027)는 아펜니노 산맥의 야생의 자연 속에서 추종자들과 함께 카말돌리회를 설립했으며, 페트루스 다미아니Petrus Damiani(1007–1072)처럼 그레고리오의 개혁이 진행되는 시기에 매우 중요한 책임을 가지고 있었다. 이보다 조금 늦은 시기에 토스카나 지방의 고요한 숲에서는 성 요한 괄베르토 Joannes Gualbertus(약 995-1073)가 발롬브로사Vallombrosa에서 자신의 후계자들을 양성했다. 세기말 프랑스의 경우에서도 독신주의 전통과 관련된 요소가 등장했다. 이 과정에서 그랑몽과 샤르트뢰즈에 새로운 은둔자 조직이 등장했고 수도원으로 발전해 나갔다. 이들은 카말돌이나 발롬브로사와 같은 이탈리아의 경우와 달리, 베네딕투스의 관습을 받아들였다. 이 시기에 은둔의 새로운 경험은 곧 시토 수도회의 설립에 영향을 끼쳤는데, 이들은 매우 강한 독신주의 전통을 지지했으며 이를 성 베네딕투스의『베네딕투스 규칙』을 통해서 받아들였다. '군주'로서 지위를 갖는 수도원장은 이곳에서 선출되었고 시토회의 제안은 곧 수도원 법령집의 권위를 대체했다. 반면 수도사들과 독신주의의 관계는 고수되었다. 명상적 삶에 대한 여러 요구들은 수도사의 영적 지위의 분류를 만들어 냈고 현실적이고 실천적인 의미를 부여받으면서 과거 공동체의 통일성 있는 조직 구조를 해체하고 변화시켜 나갔다.

수도원의 전성기

새로운 수도원의 실험은 일반적으로 11세기부터 12세기까지를 특징짓는 인류학적·인구학적인 증가 현상과 밀접한 관계에 있었다. 교회 조직은 매우 폭넓게 수도원과의 관계를 발전시켜 나갔으며 종종 병원 조직과 함께 발전했다. 예를 들어라 셰즈디외La Chaise-Dieu 혹은 티롱Tiron은 개혁을 지지하며 수도원의 과거 중심지에서 새로운 규칙들을 정립해 나갔다. 또한 종종 이중적인 수도원의 탄생도 확인할수 있다. 예를 들어서 퐁트브로Fontevrault 수도원에서는 아르브리셀의 로베르Roberto d'Arbrissel(약 1047-1117)가 남성과 여성 모두에게 열린 수도원의 삶을 실천했지만, 수녀원장에 의해서 관리되었다. 이상적인 수도 생활에 대한 생각이 발전하면서 성직자의 오랜 분야 안에서 두 종교적 세계가 점진적으로 분리되어 새로운 지역 공동체의 분류 체계마저 변화시키면서 발전했는데, 이는 종종 성인의 유해가 있는 중심지에서 이루어졌다(예를 들어서 빈의 성 안토니오, 페리괴의 성 레오나르). 이곳들은 길에서 순례자를 받아들이고 체계적으로 새롭고 작은 안식처hospitia를 구성했는데, 길들이 나 있는 여러 유럽 지역에서 이와 유사한 구조가 만들어졌다.

| 다음을 참고하라 |
역사 교육과 문화의 새로운 중심지(177쪽); 종교적인 삶(335쪽)
철학 섬의 수도원주의와 중세 문화(403쪽); 철학과 수도원(408쪽)
문학과 연극 수도원 문화와 수도원 문학(551쪽)

철혈 시대의 교황

| 마르첼라 라이올라 |

카롤링거 왕조가 몰락하면서 권력이 분산되기 시작했고 왕조 중심지는 쇠퇴했다.
왕실의 중심지와 종교적 중심지들이 쇠퇴하면서 공적 영역에 대한 통제가
불가능해졌고 용병이 등장하게 되었다. 그 결과 10세기에 이탈리아 교황청의 권위는
급격하게 무너지기 시작했으며, 오토 대제(오토 대제)가 등장할 때까지 여러 가문의
귀족들이 독점적으로 교황의 선출에 관여하기 시작했다.

관구와 면죄부: 사유화된 교회 권력

10세기 이탈리아에서도 나타난 제도의 위기는 독립 영주, 시민, 성직자의 권력이 적용되던 중심지의 분화 현상과 연관된다. 카롤루스 대제의 죽음 이후로 루도비쿠스 경건왕의 시대에 오면 이미 퇴행 현상들을 확인할 수 있다. 성직자의 문화적 수준은 낮아졌으며 이들은 통합된 국가의 동반자가 될 수 있는 지식을 더 이상 가지지 못했다. 또한 봉신들은 제국의 영지와 물질적 재화를 관할하기 시작했고, 후계자에게 봉토와 법적 권한을 계승했다. 그러나 이들은 자신에게 귀속된 영지에서 독자적 권력을 지니지 않았고, 영지에 복속된 작은 영지들을 모두 통제하지도 못했다. 이들은 공권력에 대한 권한을 가지지 못했지만 종종 공권력을 행사했다. 특히 수도원, 성직자의 영지에서 이런 일이 벌어졌는데, 봉신들은 공적인 군사 개입districtio에서 벗어나 있는 관구를 가지고 있었다. 카롤링거 왕조의 군주들은 행정적·방어적 필요성 때문에 이런 상황을 자처했으며, 제국 영토가 분할되는 현상은 점차 분명해졌다. 신뢰할 수 있는 귀족에 의해 선출된 주교는 궁정 예배당의 성직자였지만 교회의 권한을 양도할 수 없었으며, 이들에게 폭력을 사용해서 복수하는 것은 신성 모독으로 여겨졌다.

중심 권력이 균열을 일으키는 과정 속에서 새로운 용병들이 등장했고, 용병들 또한 중립성을 추구했다는 점에서 영지 내의 '공권公權, ban'을 가졌다고 볼 수 있다. 이 경우, 봉신이 아닌 경우에도 공적인 기능을 수행할 수 있었다. 권력의 분화 과정은 영지의 분할과 연관되어 있었으며, 이를 지지했던 교회와 제국은 보편성을 유지하면서도 역설적으로 반대 상황으로 발전하게 되었다. 지방 영주제의 발전

10세기 이탈리아와 봉건적 무정부 상태

이탈리아 남부는 제도가 분할되는 과정을 보여 주는 흥미로운 지역이다. 이곳의 대부분은 비잔티움 제국의 관할을 받았으며, 베네벤토의 경우처럼 랑고바르드족의 점령과 세력 확장으로 어려운 시기를 보내고 있었다. 이후에 사라센인들은 전략적으로 여러 장소를 공략했다. 아말피, 가에타, 나폴리는 독립적인 행정권을 가지고 있었던 도시였는데, 이곳에 아랍인이 도착했다. 이들은 902년에 완벽하게 시칠리아를 장악했으며 이탈리아 남부 지방에서 약탈을 지속적으로 감행했다.

교황은 이런 역사적 상황에서 라치오, 움브리아, 마르케 지방을 대상으로 종교의 보편성에 기반하고 있지만 명확하지 않은 기준을 적용해서 권력을 행사했고, 이는 교황과 황제

제국 후계자에게 개입할 권리를 주는 것이었다. 이런 전통은 피핀 3세 단신왕에 의해 마련되었다. 교황 포르모소(약 816-896, 891년부터 교황)의 예를 들면, 그는 카란타니아의 아르눌프의 비호를 받았고, 비잔티움의 관할인 베네치아를 제외한 이탈리아 북부의 왕이었던 람베르토(약 880-898)의 압박에 못 이겨 그를 교황령의 보호자로 인정하고 황제 대관식을 거행해 주었으며, 독일의 왕들로 하여금 이탈리아 왕국을 계승하게 하는 선례를 남겼다.

898년에 일어난 두 권력자의 죽음으로 프리울리의 백작이던 베렌가리오 1세는 귀족 회합을 통해서 이탈리아의 왕으로 선출되었지만, 카롤루스 뚱보왕에 의해 왕위를 박탈당했다. 이후에 그는 헝가리 민족의 약탈자와 오랜 전투를 치르고, 자신의 적수였던 프로방스의 루트비히 맹인왕과 오랜 경합을 벌인 끝에 황제 대관식을 거행했다. 이 시기를 '봉건적 무정부 상태'라고 부른다. 크레모나의 주교였던 리우트프란드는 이 시기의 위기를 다음과 같이 요약하고 있다. 그는 고귀한 이탈리아가 두 왕 모두에게 복종하지 않도록 하기 위해서 두 왕을 모두 선호했다고 썼다. 베렌가리오 1세는 905년에 루트비히에 의해서 권리를 상실했고, 교황 요한 10세는 프로방스의 위그에게 946년까지 왕국에 대한 권리를 부여했다. 이 시기는 작센의 오토 대제가 이탈리아로 진출하기 조금 전이었고, 이후로 961년에 오토 대제는 왕권을 소유했다.

교황청의 몰락: 귀족의 위협에서 〈오토 대제의 특권〉까지

제국의 위기는 교황청이 굴복하는 이유가 되었다. 후원을 받지 못했던 교황청은 더 이상 자신의 권한과, 주교와 사제에 대한 서임권을 행사할 수 있는 경제적·윤리적 밑천을 가질 수 없게 되었다. 그 밖에도 북동부 유럽의 이교도였던 여러 민족의 개종을 위해서, 그리고 카롤링거 왕조의 정복 사업과 더불어 이루어졌던 선교 활동 역시 한계를 지니게 되었다.

내부적인 정치 활동에 주목하면, 교황청은 10세기에 소용돌이치는 정쟁 속에서 귀족들의 볼모가 되었다. 성직자의 영토가 침탈당했고 교황은 여러 특권을 상실했다. 887-962년에 21명이나 되는 교황이 옹립되었으며 이들 중 누구도 정치적 배경에서 자유롭고 독립적인 지위를 누리지 못했다.

불안하고 상징적이고 암울하고 극적인 이 세기의 분위기를 확인하기 위해서 앞서 언급한 포르모소 교황의 경우를 보자. 그의 시신은 죽음 이후에 종교회의에서 선고된 바에 따라서 무덤에서 꺼내져 교황 복식을 입은 채 테베레 강에 버려졌다. 귀족 가문들은 순간적인 자신의 이익이나 외교 관계에서 교황들을 선출하기 시작했으며, 교황은 권력 투쟁 속에서 성쇠를 거듭했다. 이런 상황이 극에 달했던 경우가 로마의 투스콜로Tuscolo 지역이었다. 원로원의 테오필라토의 딸인 마로치아(약 892-937 이전)는 프로방스의 위그와 세 번째 결혼을 했는데, 요한 11세(911-935, 931년부터 교황)의 어머니였다. 이로 인해서 위그는 황제로서 대관할 수 있었다. 그러나 교황의 형제인 알베리쿠스가 민중 봉기를 주도해서 권력을 잡았고 교황은 로마를 떠나야 했다.

그 뒤로 알베리쿠스는 954년에 죽을 때까지 '로마인들의 원로원이자 군주'라는 칭호를 받으며 로마를 지배했고, 군주의 이전 권리를 유지하면서 교황청을 통제했다.

알베리쿠스는 교황의 대관을 여러 권력자 간의 정치적 불화의 원인이며 교황이 권력을 통제하는 수단이자 '권위'의 원천이라고 보았기 때문에, 여러 군주들이 요청했던 로마 대관식을 금지했다. 사실상 제국의 왕좌는 베렌가리오 1세의 죽음(924) 이후로 알베리쿠스가 죽을 때까지 공석으로 남아 있었다. 독일의 오토 대제도 처음 이탈리아를 방문했던 951년에 왕관을 대관하지 못했다. 알베리쿠스가 죽은 후 아들인 옥타비아누스가 955년에 16살의 나이로 권력을 계승했고 요한 12세(약 937-964)의 이름으로 교황이 되었다. 962년 2월, 교황은 오토 대제에게 대관하는 것을 수용했지만, 1년 후 공의회의 동의를 받은 특별한 절차를 거쳐 교황에서 폐위되었다.

동시대인들은 오토 대제를 마치 부활한 카롤루스 대제처럼 생각했고, 여러 사료들은 그가 다시 제국을 재건했다고 언급하고 있다. 오토 대제는 카롤루스 대제처럼 성직자의 종교적 권한을 다시 강화시켰고 이를 통해 시민을 통제할 수 있다고 보았다. 오토 대제는 종교가 사회적으로나 문화적으로나 중요한 역할을 담당한다고 보았기 때문에 성직자를 통제하고자 했다. 그리고 카롤루스 대제처럼 오토 대제 역시 보편적인 '로마'의 가치를 강조했으며, 이에 따라 교황청에 다시 특권을 부여하기를 원했고 스스로가 교회의 보호자로 등장하기를 원했던 것이다.

이런 관점에서 그는 젊은 요한 12세를 교황에서 폐위시켰고 교황청의 선거에 개입했다. 이런 점은 그가 공표한 〈오토 대제의 특권Privilegium Othonis〉(962)을 통해서 확인할 수 있다. 이 문서는 교황 선출 이전에 황제가 교황 후보자의 자질을 평가하고 심사하는 것을 보장했다.

이는 교황에게서 영적인 원천을 얻으면서도 그에게 복종과 무력감을 주기 위한 것으로, 이로써 공권력보다 우위에 있던 종교의 권위는 하락했고 새 시대가 열렸다.

| 다음을 참고하라 |
역사 로마 교회와 교황들의 세속권(163쪽)

작센 왕조와 신성로마 제국

| 카티아 디 지롤라모 |

신성로마 제국이라는 명칭은 종종 카롤루스 대제의 왕국을 지시하는
용어로 사용된다. 특히 이 시기의 종교적 관점과 로마 제국과의 정치적 연속성의
이상을 지시한다. '신성 제국'이라는 표현과 로마의 법적 전통과의 연관성은 사실 이보다
더 늦은 시기였던 12세기 중반에 등장했다. 이때까지 다양한 시기를 관찰할 수 있다.
카롤루스 왕조 이후로 가장 중요한 변화 중 하나는 작센 왕조의 시기였으며,
이 시기에 '황실의 부흥'이라는 용어가 등장했다.

카롤루스 왕조 이후의 시대

카롤링거 왕조 이후로 정쟁의 시기가 길었으며 카롤루스 뚱보왕이 폐위되기까지 했다. 그 시기조차 황제의 권위에 대한 생각은 정치적으로 지역주의처럼 새로운 가능성을 배제하지 않으면서도 기대하지 않았던 황실의 의무를 통해서 정당화되기 시작했다. 성직에 있는 귀족들은 황제의 권력을 통해서 지역의 이해 관계를 보장받고 싶어 했고, 교회 역시 자신의 보편적인 권위를 보장받고 싶어 했다. 황제는 교황의 강력한 보호자였기 때문에 신성함과 특권을 가진다는 생각이 퍼져 나갔다. 그러나 이미 카롤링거 왕조 이전부터 정치적 권력의 균형을 유지하기 어려웠던 지역에서는 황제의 이 같은 역할을 지역 귀족이 담당하기도 했다. 예를 들어서 독일이나 이탈리아처럼 제국에서 떨어져 나왔던 프랑스 카페 왕조의 군주제는 여러 독립적인 권력들을 보증하는 것처럼 여겨졌다.

정치적
독립주의와
보편적 권위

튜턴족의 왕국과 색슨족(작센족)의 공작령

카롤루스 뚱보왕 이후로는 아르눌프(약 850-899), 카롤루스 어린이왕, 프랑켄의 콘라트 1세(?-918), 작센의 하인리히(약 876-936, 919년부터 왕, 하인리히 1세)와 같은 독일의 주요 귀족 가문의 인물들이 왕의 지위를 계승했다. 특히 하인리히 1세가 왕이 될 수 있었던 이유는 당시 왕국의 영토를 약탈하고 공격해서 상황을 어렵게 만들었던 마자르족과의 전쟁 성과를 인정받았기 때문이다. 그는 그 대가로 세금을 받았고 휴전을 이끌어 냈으며, 후에 이들을 엘베 강 동쪽까지 몰아내고 승리를 거두었다 (933년의 운스트루트 전투). 그러나 이후에 덴마크인들에 의해서 그의 세력은 더 이상 확장할 수 없었다.

국가에 관심을 가지는 역사학적 흐름에서는 하인리히 1세의 역할을 강조했다. 그는 독일의 아버지처럼 묘사되었다. 그러나 사실 마자르족의 약탈을 멈추게 한 이는 그가 아니라 그의 아들인 오토 대제였다. 그러나 하인리히의 권력이 상징하는 바는 자신의 왕조를 안정시켰고 이후에 왕좌의 장자 세습을 가능하게 만들었다는 점이다.

황제가 되는 장소: 이탈리아 지역

10세기에 이탈리아의 풍경은 매우 복잡했다. 북부는 베네치아 공화국(공식적으로는 비잔티움의 영토였지만)과 이탈리아 왕국으로 분할되어 있었고, 남부는 교황령과 몬테카시노 수도원의 영토, 산 빈첸초가 지배하는 볼투르노로 나뉘었다. 나폴리, 가에타, 아말피는 비잔티움의 영토였으며, 이곳 사람들은 베네벤토와 살레르노의 랑고바르드족 권력자의 공격을 방어했다. 이탈리아의 남쪽 끝인 풀리아, 바실리카타, 칼라브리아도 비잔티움의 영토에 속했으며, 사라센인들, 비잔티움, 이탈리아의 왕과 작센의 황제들이 이곳에서 종종 권력 투쟁을 벌였다. 시칠리아는 아랍이 점령했다.

이탈리아 왕관의 주인은 스폴레토와 토스카나의 공작, 이브레아와 프리울리의 백작 사이에서 일어난 권력 투쟁의 결과에 따라서 지속적으로 변했다. 프리울리의 베렌가리오 1세 이후에 왕조는 부르고뉴의 공작 루돌프(880-937), 위그(약 880-947), 로타리오 2세(?-950, 945년부터 왕)의 손으로 이어졌다.

로타리오 2세가 세상을 떠난 후 왕국은 다시 이브레아의 베렌가리오 2세(약 900-966)에게 넘어갔고 그는 로타리오 2세의 과부였던 아델라이데를 감옥에 가두었다. 그러나 그의 봉신 중 하나가 그녀를 탈옥시켰고, 그녀는 튜턴족의 왕에게 도움을 청했다. 그렇게 해서 951년 이탈리아에 도착한 오토 대제는 베렌가리오 2세의 왕위를 유지시켰지만 충성의 서약을 하게 했고 자신은 아델라이데와 결혼했다. 이 과정을 통해 그는 이탈리아와 독일의 왕국을 결속시켰다.

그러나 베렌가리오 2세가 자신의 정치적 헤게모니를 확장하기 위한 시도를 지속하자, 교황 요한 12세의 요청으로 다시 이탈리아로 돌아와서 그를 왕좌에서 내쫓고 다시는 앉지 못하게 했다(961). 그리고 몇 년 되지 않아 그는 황제로서 대관식을 가졌다.

오토 대제와 제국의 개혁

독일의 왕으로서 오토 대제는 과감하게 결정하고 실행에 옮겼다. 그는 자신의 가문에서 일으킨 반란을 진압했고, 자신의 지지자를 확보하기 위해서 대영주의 가치를 강조했으며, 영토를 통제하기 위해서 주교의 종교적인 망을 활용했다. 또한 자신의 왕조를 강화시키고 아직 그리스도교화되지 않았던 슬라브족에게 영향력을 행사하기 위해서 교회와 연합했다.

오토 대제는 교회의 보호자로서 여러 번에 걸쳐 로마의 정치적인 사건에 개입했으며 교황의 권위를 약화시켰다. 그는 황제로 대관한 뒤에 요한 12세를 교황에서 폐위시켰으며 교황 선출에 대한 황제의 동의를 제도화했다(《오토 대제의 특권》, 962). 이런 특권은 제국의 개혁으로 이어졌고, 정치적·종교적인 상황은 카롤루스 대제의 정통성을 다시 계승했으며, 세속적인 권력과 종교적인 권력을 결합시켜 보편적인 권력을 구성하고자 했다.

독일과 이탈리아가 결합하고 나자 오토 대제는 이탈리아 남부의 상황에도 개입해야 했다. 그는 베네벤토와 카푸아를 복속시켰고 비잔티움의 영토에 대한 주권을 행사하고자 했다. 그는 이런 시도를 성공시키지 못했지만 자신의 아들인 오토 2세 (955-983, 973년부터 왕)를 비잔티움의 황제였던 요하네스 1세 치미스케스의 딸인 테오파노와 결혼시키는 데는 성공했다.

오토 2세와 오토 3세, 실천적인 규칙과 동방과의 관계

작센 왕조의 약점 오토 대제의 약점은 그가 죽은 973년 이후에 아들과 손자의 왕국에서 모습을 드러냈다. 독일 지역에서 오랜 시기 동안 부재했던 제국은 독일 귀족들의 독립성을 강화시켰다. 로마에서는 반대로 다른 권력과의 힘겨운 투쟁이 계속되었다. 카푸아와 베네벤토의 군주들은 자신의 권력을 회복했고, 사라센인들은 이 영토를 침입하여 오토 2세를 스틸로Stilo에서 패퇴시켰다(983). 새로운 비잔티움의 황제는 치미스케스의 죽음 이후에 비잔티움 황후의 권한을 인정하지 않았고, 이탈리아 영토에 대한 주권을 회복했다.

오토 2세는 지속적으로 어려움을 접했다. 또한 갑자기 찾아온 그의 죽음(983)으로 오토 3세(980-1002)는 3세의 나이로 독일의 왕이 되었고 테오파노와 아델라이데는 그가 황제로 대관할 때(996)까지 섭정을 하며 그 권리를 보장했다.

오토 3세는 종교적 신성을 통해서 자신의 역할에 대한 확신을 가졌으며 자신의 정부 조직에 이를 반영했다. 그는 궁정에 비잔티움의 종교적인 제의를 소개했고 이탈리아의 영토와 교회에 대해서 관심을 가졌다. 오랜 시기 동안 이탈리아의 상황에 간여했고 교황의 선출에도 반복적으로 개입하면서 996년에는 그레고리오 5세(약 972-999)를, 999년에는 오리야크의 제르베르, 즉 실베스테르 2세를 교황으로 선출했다.

오토 3세는 제국의 실제 권력을 활용할 수 있는 방법을 배울 수 있는 시간이 없었다. 작센의 귀족들이 지속했던 강력한 권력, 폭력적인 상황, 급진적인 지방 분립주의 속에서 그는 이들의 관계를 실천적으로 정비하고자 했다. 그러나 오토 3세는 어느 누구도 만족시키지 못했다. 독일인들은 그를 동방과의 문화적인 관계로 인해서 외국인으로 인식했고 이탈리아인들은 이탈리아의 정치적인 상황 속에서 자신의 지역 출신인 왕을 원했다. 이런 불만은 로마의 귀족에 의해서 표출되었고, 그 결과 교황 선출에 대한 영향력을 점차 상실해 갔다. 999년 이탈리아의 봉건 영주들은 반란을 일으켰고 이브레아의 아르두이노Arduino(955-1015)를 추대했다. 로마인들은 1001년에 반복적으로 봉기했고, 결국 오토 3세는 로마를 떠나야 했다. 그는 얼마 되지 않아 후사 없이 세상을 떠났다.

작센 왕조의 마지막 왕: 하인리히 2세

작센의 하인리히 2세(973-1024)는 바이에른 지방의 영주로 1002년에 독일 왕이 되었다. 주교들의 권력으로 지지되던 교회와의 관계에서 벗어나 정치적-영토적 관계를 정립하기 시작했지만, 곧 이탈리아에서 지속적으로 이브레아의 아르두이노에게 패하면서 영향력을 상실하기 시작했다. 아르두이노는 1002년에 이탈리아의 왕이 되었으며 1004년에 자신의 왕조를 열었고 1014년에 황제 대관식을 열었다.

결국 하인리히 2세의 관심은 귀족들이 지니고 있는 권력과 슬라브족의 공격으로 약화된 황실의 권력을 강화시키기 위해서 독일 영토의 내부적인 문제들에 쏠렸다. 그러나 이 왕조는 1024년에 하인리히 2세의 죽음과 더불어 막을 내렸으며 그가 추구하던 프랑크 왕조의 개혁은 이후 오토 3세가 추진한 로마 제국의 개혁으로 대체되었다.

| 다음을 참고하라 |
역사 게르만 민족(76쪽)
시각예술 권력 공간(706쪽)

경제와 사회

STORIA

풍경, 환경, 인구

| 카티아 디 지롤라모 |

중세 초의 여러 세기 동안에 인간의 활동은 움츠러든 것처럼 보였다. 숲과 늪지가
넓게 퍼지고, 도시와 촌락의 규모가 급격하게 줄어들었다. 인구는 이전 로마 제국의
경우와 비교해 볼 때 매우 적은 수로 감소했다. 그러나 오랜 기간의 정체 이후로 무리한
환경이 일상화되었음에도 불구하고 인구가 다시 증가하기 시작했고, 이런 풍경에서
인간의 작업과 존재에 대한 기록이 증가하기 시작했다.

움츠러든 시대

일반적으로 중세는 이전 시기와 비교해 보았을 때 쇠퇴의 여러 징후들을 관찰할 수
있는 풍경에서 출발한다. 비잔티움의 세계가 헬레니즘-로마 문명의 근본적인 흔적
들을 전승하고 있었다면, 서유럽에서는 인구, 활동량, 영토의 조직에서 퇴행의 여러
징후들이 급속도로 증가하기 시작했다.

　고대 후기의 마지막 시기와 비교해 보았을 때 중세 초기가 쇠퇴하는 신호를 보냈
다는 점은 당시 사료들이 많지 않음에도 불구하고 대부분의 연구자들이 동의하는 바
다. 도시와 농촌에서 건축물을 지을 때 쓰던 석재는 목재에 자리를 내어 주었고, 인 **퇴행의 신호들**

간들은 자신을 더 잘 보호할 수 있는 방법을 찾기 위해 광범위한 지역들을 버리게 되었다. 다른 한편으로 사람들이 지속적으로 생활하며 정착지를 유지했던 경우라도 집들과 광장들 사이로 경작지, 목축지, 강둑과 같은 요소가 배치되었고, 이런 점은 도시 성곽 내부의 경우도 마찬가지였다. 강과 수로는 이전처럼 주의 깊게 관리되지 않았으며, 그 결과 늪지대가 많아지게 되었고 여러 장소에 그 흔적을 남겼다. 이 점은 이탈리아의 지명에서도 확인할 수 있는데, 지역의 명칭으로 팔루데Palude(늪), 피시네오Piscineo(연못), 마라네Marane(바다 같은 호수)와 같은 용어들이 사용되었다. 이와 유사한 현상들이 항구나 해안 지방에서도 일어났다. 이 장소들은 다른 지역과 비교해 보았을 때 정도의 차이가 있었지만, 그렇다고 해서 인구 감소와 교역 감소를 막을 수 있었던 것은 아니었다.

이런 환경 속에서 자연은 다시 힘을 쓰기 시작했다. 이 시기에 버려진 농작지가 대표적인 경우들이었다. 물론 경작지의 경우도 사실 농업 체계에 따라서 일 마제세il maggese(5월부터 경작하지 않는 농경지로 이곳은 풀로 덮어 놓았다)라고 부르는 휴작지가 존재했다. 이는 토지의 생산량을 보호하기 위한 것이었으며, 격년마다 토지를 돌려가며 활용하는 시스템으로 정착되었다.

이와 유사한 상황은 숲 지대에서도 확인할 수 있다. 여러 장소의 숲, 특히 유럽 중부와 북부 지역의 경우에 오랫동안 사람들이 거주하지 않는 장소들이 생겨났다. 인간이 활동하는 경계에 위치한 숲은, 그러나 그 범위가 넓어지면서 사람들에게 익숙해지기 시작했다. 그 결과 여러 기록들이 숲을 다루고 있다. 예를 들어 숲은 교양 있는 혹은 민중적인 이미지로 동화와 설화의 연극 무대가 되었다. 숲은 단순히 위험하고 신비로운 장소가 아니었으며, 종종 농부들이 가축들(대부분의 경우는 돼지였다)을 키우기 위해서 통과하는 장소이기도 했고, 사냥(멧돼지, 사슴, 산양)을 위해서 방문하거나 혹은 땔감을 얻거나 먹을 수 있는 식물(구근, 뿌리, 버섯, 줄기채소)을 채취하기 위한 장소이기도 했다. 사실 숲으로 인해서 많은 농부들은 생존의 가능성을 높일 수 있었던 것이다.

긴 쇠퇴기

논쟁의 여지없이 시골 풍경의 가난한 세계에는 이전 로마 제국의 시대에 비해서 훨씬 적은 수의 사람들이 살았다.

인구의 감소는 일반적으로 이민족의 대이동 시기와 겹치지만, 사실 이미 고대 후기에 시작되었고 2-3세기부터 진행되었다. 이 시기에 줄어드는 인구는 사회에 영향을 끼치기 시작했다. 예를 들어 농지를 경작하는 인원이 줄어들었는데, 유일하게 인구 감소를 줄였던 요소는 게르만계 이민족들이 과거 로마 제국의 국경 안에서 활동하기 시작했다는 점이다.

당시의 부족한 인구는 고대 후기 시대의 전쟁과 밀접한 관계가 있다. 4세기부터 이민족들의 이동과 영토에 대한 경합 속에서 라틴-게르만계 왕국들이 성장하기 시작했다. 이탈리아에서는 535년부터 553년까지 일어났던 그리스-고트족의 전쟁과 이후에 랑고바르드족의 세력 확장으로 인해서 일어났던 568년의 전쟁이 있었다.

전쟁이 자주 일어나면서 전염병이 반복해서 창궐했다. 6-8세기에 약 스무 차례에 걸쳐 전염병이 돌았다. 이 같은 기간에 반복적으로 일어났던 전쟁과 전염병은 인구 감소에 매우 큰 영향을 끼쳤다. 유럽의 인구는 거의 비어 버렸다. 살아 있는 사람들은 쇠약해져 있었다. 이들은 이런 상황을 회복할 수 있는 시간을 가지지 못했다. 반복되는 이런 상황 때문에 한 민족에서 얼마나 많은 수의 인구가 감소했는지를 명확하게 분석하는 것은 매우 어려운 일이기도 하다. _{전쟁과 전염병들}

추정에 따르면 이탈리아의 경우에 인구 변화는 다음과 같다. 1세기에 인구는 약 750만 명에 이르렀지만 7세기 초에는 250만 명으로 줄어들었다. 유럽의 경우도 많이 다르지 않다. 3세기경에 약 3천만 명에서 4천만 명 정도였던 인구는 7세기에 지속적으로 줄어들었고 1400만 명에서 1600만 명 정도의 수를 유지했다. 그러나 8세기부터 10세기, 11세기에 인구는 다시 조금씩 증가 추세로 돌아섰다.

인구 감소는 중세의 경제적 상황과 풍경을 특징짓는 도시의 쇠퇴와 교역량의 감소와 손쉽게 연관된다. 그러나 이는 그저 쇠퇴와 감소이지, 역사가들이 오랫동안 생각했던 것처럼 연속성이 사라지거나 중단되었던 것은 아니다. 어떤 순간에도 도시는 스스로의 고유한 특징을 상실하지 않았고 어떤 순간에도 경제와 연관된 활동을 중단한 적은 없었다. 이는 특히 이탈리아의 영토에서 그 실례를 쉽게 찾을 수 있을 것이다. _{교역량의 감소}

농경지에서 활용했던 작업 조직과 기술

인구의 급격한 변화는 당연히 생산 체계에도 중요한 영향을 끼쳤다. 인구 감소는 새로운 혁신을 위한 자극과 의지를 꺾어 버렸다. 결국 노예 제도로 인해 충분한 노동력을 가지고 혁신을 이루었던 로마 제국 시대와는 다르게, 중세에는 로마 시대부터 전승된 농경지에서 새로운 조직이나 혁신을 시도하지 않은 채 농경에 종사했다.

농경　사실 당시의 농경은 2년마다 번갈아 재배하는 돌려짓기 방식(윤작)을 사용했다. 이는 넓은 영토를 가졌지만 인력은 부족했던 중세 초기에 적합한 방식이었다. 그러나 이들이 사용했던 방식을 보면 단순히 이전의 경작물을 뒤집거나 그루터기를 태우는 방식을 제외하고는 다른 비료를 만드는 기술을 가지고 있지 않았다.

이탈리아의 경우에 소규모의 자유농민들이 농사를 짓는 경작지에 대한 기록이 남아 있지만, 중세 생산 모델로 더 잘 알려져 있는 것은 '영지curtis'였다. 대지주가 운영했던 영지는 무엇보다도『국가 재산 조례Capitulare de villis』(카롤링거 왕조 시대에 국가의 재산을 분류한 행정적인 규약과 기록)를 통해서 전해지거나 영지 명세장(대규모의 수도원 재산 목록)을 통해서 이해할 수 있다.

영지의 종류　영지는 둘로 나뉜다. 이 장소들은 각각 다른 세부를 지니고 있으며, 그에 따라 농민들은 다양한 방식으로 농작물을 분류해서 농사를 지었다.

직영지直營地, pars dominica는 지주가 노예praebenda(노예와 그들의 식솔들)나 소작농을 활용해서 직접 관리했던 경우다. 반면 소작지小作地, pars massaricia는 일반적으로 자유 신분의 농부가 운영했으며 그 대가로 토지 이용료manere를 지주에게 지불했다. 소작농은 반대로 지주에게 노동력을 제공하거나 돈 혹은 이 두 가지를 모두 제공해야 했다. 농부들은 결국 노동력을 바치면서(제공하거나operae 또는 부역하는corvées 형태로) 직영지의 운영에 기여했는데, 노동력 제공 시기는 가장 중요한 농사의 일정에 따랐다. 부역은 결국 영지에서 가장 중요한 제도를 구성하고 생산 체계의 핵심 요소였으며, 구성원들의 노동력을 조직하는 방식이었다.

긴 회복기

중세에 대해서 많이 알려진 사실 중 하나는 1000년 이후에 인구가 매우 빠른 속도로 관찰할 수 있을 만큼 급격하게 증가했다는 것이다. 이런 변화를 가져온 요인은 다양한 해석이 가능하다. 무엇보다도 거주지의 변화로 인한 도시의 확장, 도시 외부에 새로운 거주지들이 발전하는 상황을 들 수 있다.

인구 변동의 최초 신호들　그러나 최근의 연구는 농경 방식의 혁신에 의한 급격한 인구 증가라는 관점에 의 문을 제기한다. 무엇보다도 오랜 기간에 걸친 성장을 확실하게 확인할 수 있는 시기는 11세기부터이지만, 8-13세기에 이미 이루어진 변화들이 점진적인 인구 변화를 설명하고 있으며, 이는 이전의 효율적인 자원 사용에서 기인하기 때문이다.

중세 초기의 인구는 매우 적지만, 이는 인구와 자원 사이의 긍정적인 균형을 통해서도 설명할 수 있다. 사실 1000년 이전의 인구 변동은 8-11세기에 일어났는데, 이는 정치와 영토 관계의 재구성, 라틴-게르만 왕국의 성장, 특히 카롤링거 제국의 구성을 통해서 확인할 수 있다. 중세의 가장 어려운 상황은 어느 정도 극복되었으며, 충분한 자원은 점진적이고 굳건한 방식으로 인구를 증가시켜 나갔다.

무엇보다도 카롤링거 왕조의 왕국이 분열하는 와중에 헝가리인, 사라센인, 노르만인들이 9-10세기에 활동하면서 이동하기 시작했다. 이 사건들은 중세의 상황을 호전시키는 시기를 늦추는 요인이 되었다. 10세기 이후가 되어서야 중세 서유럽은 새로운 적들을 물리칠 수 있는 여력이 있거나 이들과 새로운 관계를 정립하는 데 성공했다. 이 과정에서 중세 때 처음으로 인구가 증가하기 시작했다. 약 200여 년 동안 어떤 지역에서는 인구가 2배로 늘었고, 다른 지역에서는 3배가량 늘면서 유럽은 다시 활기를 찾기 시작했다. **1000년 이후: 2배로 증가한 유럽 인구**

증가한 인구는 새롭게 농경지의 확대로 이어졌다. 이미 경작되었던 지역은 이 시기에 이미 높은 생산량을 달성했다. 이런 상황에서 농경법과 농경 도구들이 다시 발전하기 시작했다. 그러나 혁신의 시도들이 모든 장소에서 동일한 방식으로 이루어졌던 것은 아니며, 주로 유럽 중북부 지역에서 더 많은 흥미를 가지고 있었다. 1000년을 맞이해서 인간들이 생활하는 영역이 확장되는 가운데, 중세의 풍경들은 매우 다양해졌다.

| 다음을 참고하라 |
역사 노예제, 콜로누스, 농노의 예속(65쪽); 도시의 쇠퇴(276쪽); 장원 경제와 지방 영지(280쪽); 숲(285쪽); 종교적인 삶(335쪽); 소소한 일상들(344쪽)

도시의 쇠퇴

| 조반니 비톨로Giovanni Vitolo |

수많은 도시가 고대에서 중세로 이행하는 과정 속에서 사라지고 변화했으며, 규모가
축소되기도 했다. 이런 점은 단순히 중세의 위기를 통해서 설명할 수 있는 것은 아니다.
도시는 늘 새로운 시대적 요구 속에서 사회적 기능의 변화에 따라
새로운 공간을 구성하고 활용했다. 이에 따라 도시와 주변 지역의 관계는
늘 새롭게 설정되었으며 이 관계는 당시 공간의 위계에 반영되었다.

여러 가지 원인

**고대 후기의
다양한 도시 구조** 4-6세기에 서로마 제국의 도시 구조는 새롭게 변화하기 시작했다. 고대에 여러 도시
는 다양한 의도에 따라 다른 방식으로 건설되었고, 기원이 다른 만큼 서로 다른 상황
에서 발전하기 시작했다. 이탈리아에는 대규모 도시가 건설되었고, 프랑스와 에스
파냐에서도 대규모 도시가 발전하기는 했지만 지중해 연안 지역에서 멀어질수록 도
시의 규모가 작은 편이었다. 영국의 경우에는 도시라고 부를 만한 장소가 아직 등장
하지 않았다. 고대 로마 제국의 영토 주변에서 발전했던 대부분의 도시는 소실되었
으며, 일부 지역의 경우만 인구가 축소되면서 소규모로 도시의 형태가 유지되기도
했다. 8-9세기에 대부분의 유럽 지역에서는 약 3000헥타르 규모에 5천 명 정도의 인
구가 거주하고 있었다. 그러나 로마는 예외적인 도시였다. 당대 로마에는 1만5천 명
에서 2만 명 정도의 인구가 거주했다. (고대 로마 제국의 수도였던 시기에 로마에는 약
100만 명 정도의 인구가 거주했다.) 로마 제국의 영토 내부에서 규모가 가장 많이 축소
된 도시 중 하나는 볼로냐였다. 물론 이후의 중세 때 도시 규모는 점차 다시 회복되
었다. 랑고바르드족이 이탈리아에서 활동하던 시기에 도시의 규모는 70헥타르에서
약 25헥타르로 줄어들었지만 11세기경이 되면 다시 100헥타르로 확장되었다.

중세 도시의 규모가 축소되었던 원인은 지역에 따라 다르다. 그러나 정도의 차이
**이민족의 이동과
여러 재해** 가 있기는 하지만 이런 상황은 대체로 게르만계 이민족의 대이동과 연관되어 있었
다. 여러 이민족들은 부를 축적하기 위한 목적으로 도시를 약탈했다. 이탈리아의 경
우에 가장 많은 변화를 겪었던 도시들은 랑고바르드족의 점령지와 비잔티움 제국
의 점령지의 경계 지역이었다. 이 두 세력의 경계에 속한 도시들은 지속적으로 일

어났던 여러 전투로 인한 긴장감을 항상 유지하고 있었다. 에밀리아로마냐 지방의 경우에도 이런 일이 빈번하게 일어났다. 387년에 밀라노의 대주교 암브로시우스(약 339-397)는 친구인 파우스티누스에게 보낸 편지에서 오래 반복되는 위기와 전투로 인해 "도시의 반이 파괴되고 시체처럼 변해 버렸다semirutarum urbium cadavera"라고 기록하고 있다. 해안 지대였던 리구리아 지방에서도 유사한 상황들을 관찰할 수 있다. 643년에 랑고바르드족의 왕인 로타리우스(?-652, 636년부터 왕)는 자신에게 저항한 마을의 우물을 파괴하거나 줄일 것을 지속적으로 명령한 바 있다. 캄파니아 지방에 있는 나폴리, 카푸아와 같은 도시나 풀리아 지방의 중북부 지역에서도 유사한 상황들이 반복되었다.

도시 규모가 줄어들었던 또 다른 중요한 요인은 흑사병과 같은 질병이었다. 특히, 165년, 262년, 542-543년에 흑사병이 대규모로 유행했던 기록이 남아 있다. 원래 흑사병은 에티오피아에서 유래한 병으로 이탈리아의 경우에 비잔티움과 고트족의 전쟁 때 창궐했다. 적어도 6-8세기에 약 20차례에 걸쳐 흑사병이 유행했던 것으로 보인다.

중세의 몇몇 지역에서는 여러 천재지변으로 도시가 축소되기도 했다. 수질이 악화되기도 했으며 베네벤토 지방에서는 지진이 발생했고, 리구리아·베네토·에밀리아 지방과 로마의 경우에는 홍수가 일어난 기록이 남아 있으며, 파에스툼의 경우에는 늪지가 형성되었으며, 놀라처럼 화산이 폭발하거나 포추올리처럼 지각 변동을 겪는 곳도 있었다. 이런 사건들은 도시의 규모가 축소되는 계기를 제공했으며 당대를 살아갔던 인간의 힘으로는 극복하기 어려운 경우였다.

도시 공간의 재구성

인구의 감소는 단순히 도시의 규모를 축소시킨 것뿐 아니라 도시 성곽 밖의 공간들과 맺는 관계도 변화시켰다. 도시 내부에서도 농경지와 목축지가 생겨났다. 특히 로마에서 이런 상황을 관찰할 수 있다. 과거 유적들 중에서 콜로세움이나 마르첼로 극장과 같은 경우를 재활용하기는 했지만 이 지역은 점차 고립되었으며, 이 외의 지역은 농경지나 서정적인 자연 풍경들로 가득 채워졌다.

또한 주로 로마에서 관찰할 수 있지만 이탈리아의 다른 여러 장소에서도 볼 수 있는 현상들이 생겨났다. 고대 건축물의 기둥이나 기둥머리, 대리석들이 다른 건물을 **재활용된 건축 자재**

짓기 위해서 다시 사용되었다. 특히 사람들은 종교적 건축물을 장식하기 위해 이를 사용하기도 했으며 새로운 건물을 짓기 위해서 대리석을 태운 후에 시멘트처럼 활용하기도 했다. 이런 상황은 파비아나 베로나도 마찬가지였다. 이러한 현상은 과거에는 고대 도시의 쇠퇴와 건축 기술의 쇠퇴로 설명되었다. 그러나 오늘날에는 이러한 현상이 새로운 사회를 재구성하기 위한 창조적인 표현으로 이해되기 시작하고 있으며, 새로운 사회적 현실에 적합한 방식으로 재구성된 것이거나 영토의 관계를 재구성하는 과정이거나 방어를 위한 필요성, 성인들의 무덤을 중심으로 새롭게 배치된 주교좌 교회 등으로 설명된다. 영토의 재정비는 매우 다양한 방식으로 이루어졌으며 역사 속에서 불규칙하게 일어났기 때문에, 현실에 종종 부합하지 않는 연속성과 규칙성을 통해 역사를 해석했던 역사관으로 인해서 오랜 시간 동안 제대로 평가되지 않았다.

불연속성을 띤 변화들　　오늘날에는 고고학적인 발굴의 결과로 사물의 더 명확한 의미를 확인할 수 있게 되었다. 장소의 기록들을 통해 분석한 결과, 중세에 등장한 쇠퇴기는 매우 길고 저항할 수 없는 것처럼 보였지만 사람들은 이 상황을 극복하기 위해서 노력했고, 결국 회복기에 접어들게 되었다(쿠마Cuma, 놀라, 파에스툼). 도시의 삶은 6세기까지도 지속적으로 이어지고 있었으며, 물질적인 관점에서는 충분하지 못했지만 적어도 이데올로기적 관점에서는 지속되었다. 6세기의 아벨리노 언덕 유적에서는 4세기 말에 버려졌던 건물들에서 여러 제도들과 연관된 명칭들이 발견된다.

최근 연구들을 통해서 도시를 방치하게 되었던 과정과 도시 지역의 규모가 변화했던 과정들을 명확하게 분류할 수 있게 되었고, 고대의 경우와 비교해서 공간의 서로 다른 사용 방식과 점유 상황들을 이해할 수 있게 되었다. 가장 많이 확인할 수 있는 기능적인 변화 과정은 이전의 무덤 혹은 극장, 온천, 포룸(공공 광장)뿐 아니라 거주지와 성벽과 같이 공적인 방식으로 사용되었던 건축물과 공간의 활용이다.

주교좌 교회의 건립　　도시는 종종 그리스도교 제의의 장소를 구성하고 주교좌 교회가 들어서면서 중요한 장소로 알려지기 시작했고, 주교좌 교회들은 로마 시대의 포룸이 있던 장소나 혹은 독립된 장소에 건립되었다. 교회들은 종종 과거의 도시 구조를 변화시켜 나갔지만 새로운 대안이 필요한 것은 아니었다. 주교좌 교회는 적어도 도시의 지속 과정에서 매우 중요한 공헌을 했고 주변의 농민들과 민중들에게 주요한 중심지로 받아들여졌으며, 주변 농경지에서 성직자 조직이 구성되는 과정에서 도시의 교회는 그 수

장이 되었다. 어떤 경우이든 이 장소에서는 의미 있는 전례가 진행되었으며 특히 세
례를 주는 장소로 활용되었다. 이런 상황은 오랫동안 지속되었지만, 몇몇 장소가 사
라지거나 영토가 가진 종교적인 역할의 상실을 막지는 못했다(루니, 로셀레, 파에스
툼, 쿠마, 로크리).

도시 공간의 새로운 위계

이탈리아의 경우에 랑고바르드족이 점령한 도시와 비잔티움 제국이 통제하던 영토
에 속한 도시는 지속적으로 삶의 터전을 제공했으며 사회적인 기능의 변화에 적합하
게 변화해 갔다. 이들이 관심을 둔 도시는 영토를 통제할 수 있는 전략적인 장소였
고, 결과적으로 이곳에는 방어를 위한 두터운 성벽이 들어섰으며 이후 문명의 중심
지로 성장해 나갔다. 특히 몇몇 도시는 오랜 역사의 변동 속에서도 오늘날까지 당
시의 도시 구조를 관찰할 수 있을 정도로 형태를 잘 보존하고 있다(브레셀로Brescello,
쿠마).

그러나 고대이든 중세 초기이든 도시의 변동은 넓은 영토와의 관계에서 더 쉽게   새 도시 기획,
관찰할 수 있다. 한편으로는 지역 도로망의 관계들과 무역의 위기가 연관되어 있으   상업적 위기와
새로운 권력
며, 다른 한편으로는 권력자의 중심지가 이동하거나 도시의 중심부를 점유하던 상   장소의 탄생
류 계층의 거점이 변화하면서 도시가 변화하기도 했다.

나폴리와 카푸아의 경우는 이런 현상을 관찰할 수 있는 대표적인 도시들이다. 이
곳이 발전하게 되었던 이유는 디오클레티아누스 황제(243-313, 284-305년에 황제)가
주변을 정비한 후 이곳에 행정 중심지corrector를 배치한 것이었고, 이후 이곳은 곧 캄
파니아 지방의 새로운 주도가 되었다. 그 결과 지방의 여러 도시 간의 위계가 생겼다.
주변의 작은 도시들은 오히려 규모가 축소된 반면, 카푸아는 번영하기 시작했다. 그
러나 이후 수세기의 역사를 거친 후에 카푸아는 급격한 쇠퇴를 거듭했고, 841년에 방
치된 채 버려졌다가 856년에 더 안전한 지역이라고 여겨졌던 볼투르노Volturno의 입
구처럼 다시 건설되었다. 나폴리의 경우에는 매우 복잡한 역사를 가지고 있으며, 나
르세스(약 479-약 574)의 기록을 반드시 살펴볼 필요가 있다. 535년에 그리스인들과
고트족 사이의 전쟁으로 대량 살상이 일어난 후 이곳에 다시 사람들을 거주시키기
위해서 쿠마, 포추올리, 놀라, 스타비아Stabia, 소렌토의 인구를 이주시켰으며, 그 결
과 다른 중심지들의 인구는 감소했을 것이라는 점을 쉽게 생각해 볼 수 있다. 도시의

위계와 관련한 다른 예들은 여러 지역에서 확인할 수 있으며 아오스타, 아퀼레이아, 체르비아, 키우시Chiusi, 포르미아와 같은 도시의 경우는 과거 로마 이후에 중심지의 역할을 상실했지만, 반대로 루카, 피렌체, 살레르노, 바리와 같은 도시는 중심 도시로 성장을 거듭하게 되었다. 이런 상황에서 분화되고 복잡한 도시의 현실이 기인했으며 오랜 기간이 흐르면서 변화하기 시작했다.

복잡하고 세분화된 상황 각각의 도시는 그 자체로 하나의 고유한 사례가 되며 각각의 이야기들은 다양한 영토의 맥락에서 벗어나 있다. 이탈리아의 일반적인 풍경에서도 이런 점들을 늘 발견할 수 있으며, 서로 다른 역할을 가진 도시의 체계는 랑고바르드족이 점령한 지역에서도, 비잔티움의 통제를 받던 지역에서도 확인할 수 있다. 어느 경우든 8-9세기에 도시의 위계들은 새로운 방식으로 정비되기 시작했고, 기획된 중세 도시 형태의 발전에 중요한 역할을 담당했다. 도시의 역할은 (로마의 경우에) 단순한 소비의 중심지가 아니라 생산과 교환의 장소가 되었다. 그 결과로 주변 영지와의 관계를 통해서 새로운 종류의 상품을 생산하는 계급들이 증가했고, 이는 이후에 새로운 도시의 발전과 활력에 영향을 미쳤다.

| 다음을 참고하라 |

역사 도시에서 시골로(61쪽); 노예제, 콜로누스, 농노의 예속(65쪽)

장원 경제와 지방 영지

| 주세페 알베르토니 |

장원 경제는 카롤링거 왕조 시대에 등장한 대규모 영지의 소유와 운영 체계를 의미한다.
특히 장원은 직영지, 소작지, 공유지와 같은 세 종류의 영지로 구성되어 있었으며,
소작농들은 영주 소유의 직영지에 노동력을 제공할 의무를 지니고 있었다.
장원이 구성되면서 소유권을 지닌 영주는 사회 구성원들을 법적으로 통제하게 되었으며,
이는 소유지 밖에 있는 소규모의 소택지를 운영하는 자유농민에게도 영향을 끼쳤다.
그 결과, 영토와 사회 구성원을 통제하는 특별한 형태인 지방 영지가 등장했다.

장원 경제의 의미

보통 장원 경제는 카롤링거 왕조 시대에 등장한, 대규모 영지를 소유하고 운용하는 경제 체계를 의미하며, 8-9세기에 빠른 속도로 발전했다. 장원은 관리의 주체에 따라 두 가지로 분류할 수 있다. 하나는 소유주가 직접 토지를 관리하고 생산물을 수확하는 '직영지pars dominica'이고, 다른 하나는 소유주가 간접적으로 영지를 통제했던 장소로 자유농민이나 농노가 운영했기 때문에 이들을 부르던 명칭인 '소작농massari'에서 유래한 '소작지pars massaricia'다. 이 두 장소는 같은 방식으로 관리되지 않았으며, 일반적으로 촌락 구조에 따라 작업의 효율성을 위해 마을과 경작지의 경계에 위치한 경우가 많았다. 중세의 토지는 경작 방식에 따라 구조적으로 구분되어 있었으며, 소작농은 특정 시기가 되면 영주의 직영지에 노동력을 제공할 의무를 지녔다.

직영지

장원의 구조에서 직영지는 가장 중요한 역할을 담당했다. 직영지는 소유권자의 생 **생산의 중심지** 산물의 중심지이면서 영지의 중심지caput curtis였다. 이곳에는 영지 혹은 행정 관료의 거주지(행정 공관villicus, 항만 공관scario, 법정 공관iudex)가 들어서 있었고, 옆에는 창고, 천이나 공구를 생산하는 공방, 다양한 역할을 수행하는 하인들(주로 농노 형태로 영지에 노동력을 제공했던 하인들)의 거주지가 배치되어 있었다. 영주가 이들의 생활을 지지했기 때문에 이들을 하인servi prebendari라고 부른다. 이 단어는 '프라이벤다 praebenda'라는 라틴어에서 유래하며 '제공하는 용도의 사물들'이라는 의미를 지니고 있다. 이들은 자신이 맡고 있는 역할에 따라서 다른 종류의 삶을 살아갔지만, "경제적인 선택에서 독자적인 권한을 가지지 않았으며 개인적으로 삶을 선택할 수도 없었다. 음식, 거주, 의상, 작업 도구는 모두 영주가 제공했다"(G. Pasquali, "La condizione degli uomini", in *Uomini e campagne nell'Italia medievale*, 2002).

직영지에서 일하는 하인들은 물론이고 몇몇 자유 신분에 속하는 사람들마저 결국 영주를 위해서 일해야 했으며 영주는 이들에 대한 지배 권한dominatus을 가지고 있었다. 영주는 경제적 관계를 넘어서서 직접 권한을 행사했기 때문에 오늘날의 역사가들은 이곳을 '직영 영지'라고 부른다. 영지를 소유하고 있는 영주 중에는 '공적'인 직무를 지니고 있는 경우도 쉽게 발견할 수 있으며, 이들은 하인들에 대한 법적인 권한을 가지고 있었기 때문에 '영주의 법적 권한iustitia dominica'을 행사했다.

소작지

적어도 초기에는 소작농에 대한 영주의 권한은 간접적인 형태를 띠고 있었다. 소작농은 작은 소택지(만시Mansi, 호바이Hobae)를 운영했으며 자신들의 집과 촌락에 배치된 농지나 촌락 밖의 농지를 경영했다. 영주는 자유농민이나 농노의 가족에게 영지를 지급했는데 이를 소작지라 부른다. 소작농은 법적인 조건 밖에서 영주나 관리인을 위해서 연간 노동력을 제공해야 할 의무를 지니고 있었으며, (드물기는 하지만) 금전을 지급하거나 앞에서 언급했던 것처럼 파종과 수확 같은 특정한 시기에 영주의 직영지에서 노동력을 제공해야 했다. 이들이 제공하는 소작료나 노동력은 '공문서 형태의 계약서libellum'에 명시되었으며, 계약 기간은 대체로 29년이었다. 하지만 농노의 경우에 영주의 소유라는 점에서 계약서를 따로 작성하지 않았으며 영주는 이들을 물건처럼 매매하는 것이 가능했다.

장원 경제와 상업

지금은 받아들여지지 않는 가설이지만, 역사가들은 오랫동안 영지가 영주에게는 과잉의 생산량을 안겨 주었지만 노예와 소작인에게는 매우 힘든 생활을 할 정도로 적은 생산량을 냈다는 사실을 두고 영지의 수익성에 대해서 논쟁을 벌였다. 그러나 오늘날에는 과거 사료를 주의 깊게 분석하고 해석한 결과, 영지의 경제성이 지닌 동적인 관계들에 주목하면서 거주지와 촌락 근처에서 발전했던 지역 시장에서 거래될 정도로 영지는 충분한 생산량을 냈으며, 거래 물품에는 공방에서 제작된 상품도 있었다는 점을 확인했다. 영지의 자연 경제는 이후 물물교환에 바탕을 둔 8세기의 경제 활동의 성장을 가져왔으며, 인구의 증가와 새로운 경작지의 발전으로 상업 분야에 새로운 활기를 불어넣었다.

영지 명세장

영지 내부의 여러 상황은, 9세기 이후에 등장하며 고대 후기의 행정적인 전통에서 유래하는 재산 목록과 기록을 통해서 확인할 수 있다. 재산 목록inventory(그리스어인 '폴리우스polyus'라는 단어는 '다수'를 의미하고, '프티세인ptyssein'이라는 단어는 '주름'을 의미하며, 이 단어는 '접힌 종이'를 뜻한다)의 기원은 목록을 구성하는 서류 형태에서 유래한다. 이 목록에는 물질에 대한 실질적인 내용들이 담겨 있고 주로 성직자가 활용하는 재산 목록으로 전해진다. 성직자들이 주로 활용했던 '영지 명세장'은 카롤링거 왕조 시대부터 확인할 수 있으며, 영지 내부의 수도원에서 발견한 특수한 목록들에 대한 지식을 전달해 준다. 이 목록은 집의 수와 집안 노예, 소작인을 분류하고 특별한 세금들을 설명하며, 소유권과 부역에 대한 내용도 포함하고 있다. 중세의 영지 명세장 중 가장 유명한 것은 생제르맹데프레 수도원의 기록과 이탈리아의 브레시아에 있는 산타 줄리아Santa Giulia 수도원의 기록이다.

『국가 재산 조례』와 영지의 기원에 대한 문제

재산 목록은 영주가 관리하는 영지의 모델을 성직자가 차용했다는 사실을 알려 준다. 또한 다른 사료들인 황실의 외교 문서나 거래 장부는 이 관리 모델이 카롤링거 왕조의 평신도 소유권에 대한 재산 관리 모델로도 많이 유포되어 있었다는 점을 알려 준다. 그렇다면 일반적으로 설명할 수 있는 영지 제도의 기원은 무엇일까? 중세 연구자들 사이에서 가장 많이 받아들여지는 의견은 이 영지 관리 모델이 프랑크 민족의 메로빙거 왕조에서 시작되었다는 것이며, 특히 라인 강 유역과 루아르 강 유역에서 출발하며 새로운 왕조의 재산권 설정과 관련되었다는 것이다.

연구자들은 이런 역사적 맥락에서 넓은 농경지와 관련한 인구 변화를 다루었으며, 이 과정에서 영지 제도가 발전했다고 설명했다. 즉 영지는 고대 후기의 관리의 전통을 포함해서 넓은 영지를 관리하는 촌락 주변의 소작지와 독립된 지역을 통합하며 생산 조직의 중심지로 성장했다는 것이다.

프랑크족의 새로운 제도 개혁은 노동에 임금을 책정하지 않는 부역 제도의 기능 강제노역 적인 요소로 설명할 수 있다.

왕국의 대규모 영지는 후에 성직자와 평신도들에게도 받아들여졌다. 왕실의 영지에 대한 관리는 이후 영지 제도의 구성에서 매우 중요한 의미를 지니는데, 9세기의 『국가 재산 조례』는 이와 연관된 기록이다. 이는 카롤링거 왕조에서 소유한 대규모 농지에서 일어나는 농경과 다른 활동들을 세세하게 기록한 법령이었다.

봉건 영지와 지주 영지

카롤링거 왕조에서 영지 제도는 종종 기존의 봉건 영토에 대한 관리 외에도 새로 획득한 영지에 대한 새로운 관리 체계와 겹치며, 지역에 따라 다양한 형태를 띠었다.

어떤 경우에도 영토에 대한 보편적인 체계를 갖춘 것은 아니며 소규모의 소유권도 공존하고 있었다.

어려운 공존 이런 공존의 상황은 특히 9세기에 공권력의 약화로 이어지는 어려운 상황들을 만들어 냈다. 이 같은 역사적인 맥락에서 지주들은 직영지에 대한 권한뿐 아니라 소작지에 대한 법적인 권력을 점차 가지게 되었고, 이는 '봉건 영지'라고 부르는 장소를 구성하게 만들었다. 영지의 구획은 결과적으로 매우 복잡한 현실을 반영하고 있으며, 영지의 법제는 세부적으로 분류되었고 때로는 통제에 대한 부정적인 결과를 만들어 내기도 했다. 이 때문에 지주들은 자신의 법적 권한을 확장하고, 소지주나 그들의 영지에 적용되는 법적 관점에서 합법성을 확보하고자 했다.

특히 9-10세기에 여러 분쟁 상황들이 등장하며 대지주들은 자신의 거주지를 방어하기 위한 건물들을 세웠고, 이후에 군대를 양성하면서 자신의 권한을 방어하기 시작했다. 자신의 법적인 권한이 적용되는 영토를 구성하면서, 자신의 권한에 속하지 않는 영토와 사회 구성원에 대해서도 통제를 확장했다. 이 과정에서 '지주 영지 territoriale'가 등장했는데, 이는 13세기 유럽의 일반적인 특징 중 하나다.

권력의 통제

공권력 지방 영주의 성공은 영지 안에서 운영되는 직영지를 줄이고 소작농의 생산량을 증가시킨 이윤 추구를 통해 설명할 수 있다. 이런 변화는 영주가 소유한 재산이 소규모 단위, 즉 작은 소유자들로 세분화되었다는 점을 이해할 수 있게 해 준다. 강제력이 증가하는 과정에서 지주였던 영주는 자신의 소유를 통해 권력을 획득할 수 있었다. 특히 이 시기에 적용되었던 장원의 권력은 중세 초에 관료들로 구성된 권력의 통제로 이어졌고, 이는 당시 구성원에 대한 법적·물리적 통제력으로 연결되었다. 이들은 군대를 소집할 수 있었고, 처벌할 수 있는 권력을 소유하게 된 것이다. 이런 점 때문에 많은 역사학자들이 시골 영주를 '공권력을 소유한 영주signoria di banno'라고 부른다. 그가 관할하고 지배하는 영토(자신의 직영지를 제외한 다른 영토를 포함해서)는 그를 마치 카롤링거 왕조의 공작처럼 활동하게 만들었으며, 그에게 법적 권력을 부여했고 처벌의 권위를 가지게 했다. 또한 시골 영주는 교량과 도로의 통행을 통제했고 숙박세(숙박에 대한 세금)나 말에 대한 세금(외양간 이용에 대한 대금)을 거두어들였다. 이런 권한은 종종 다른 세금의 추가로 이어졌는데, 예를 들어 가족이 난방을 위해 사용하는 목재에 대한 세금인 화덕세도 등장했다.

시골 영주는 동일한 시기에 동일한 방식으로 등장하지 않았다. 이들은 종종 봉건 영주나 다른 영토나 사람들에 대한 권력 형태와 공존했다. 그들의 성공은 점차 지역 권력을 증가시켰으며, 이후에 여러 장소에서 성들이 세워지거나 영주를 보호할 수 있는 대저택이 건설되는 현상으로 이어졌다. 이는 동시에 영지의 통제와 방어 도구였고, 대지주의 사회적 통제 수단의 중심이 되었다.

| 다음을 참고하라 |
역사 도시에서 시골로(61쪽); 노예제, 콜로누스, 농노의 예속(65쪽); 봉건 제도(228쪽); 풍경, 환경, 인구(271쪽); 도시의 쇠퇴(276쪽); 숲(285쪽); 제조업과 공방(296쪽)

숲

| 아말리아 파파 시카Amalia Papa Sicca |

클레르보의 베르나르두스는 "책보다 숲에서 더 많은 것을 발견하게 될 것이다. 나무들과 바위들은 어떤 스승도 설명해 주지 않았던 사실들을 당신에게 가르쳐 줄 것이다" 라는 기록을 남겼다. 숲은 고대부터 중세 초기 전체에 걸쳐 민중들의 개인적 삶과 사회적 삶을 위한 매우 중요한 장소였다. 이곳은 동물들의 서식지였으며, 기사들이 활동했던 주요 무대이면서 동시에 사냥터였고 종종 결투와 경쟁을 위한 장소이기도 했다. 또한 이곳은 은둔을 위한 장소이기도 했고, 동시에 산적들이 사는 장소이기도 했다. 또한 숲은 박해나 복수를 두려워하는 사람들에게 자유로운 삶을 보장해 주는 장소였다.

숲과 산림

한때 로마의 정복자들은 넓은 숲을 파괴했지만, 고대 후기에 유럽 대부분의 지역에는 숲과 산림이 가득 채워져 있었다. 지중해 남부 지역의 경우에 로마 제국이 발전하는 과정에서 숲의 일부가 영토로 정비되었지만, 새로운 숲이 다시 생겨나기에는 조금 어려운 환경을 가지고 있었다.

이외에도 중세 초기에 기후 변화와 새로운 환경, 즉 겨울의 추운 기후와 여름의 새로운 자연 유산

긴 장마와 비는 유럽의 숲과 산림을 파괴하기도 했다. 숲과 산림은 여러 자연 변화에 따라 형태를 변화시켜 나갔으며, 풍경도 변하게 되었다. 예를 들어 프랑스의 아르덴 지방의 숲은 다양한 식물 종들의 서식지였으나 습기가 많아지고 비가 많이 내리면서 너도밤나무 숲으로 변하게 되었다.

이탈리아의 경우에는 숲으로 밀집한 지역이었지만, 7세기까지 새로운 농경지를 확보하려는 의도가 지속되면서 숲은 점차 확장된 농경지로 대체되기 시작했다.

남유럽의 일부 지역에는 숲이 다시 들어서기도 했다. 과거 에스파냐의 영토였던 알가르베Algarve(오늘날의 포르투갈)에는 소나무 숲이 들어섰고, 이탈리아의 경우도 피에몬테 지방의 경우에는 알프스에서 파다나 평야 지역에 이르기까지 숲으로 채워져 있었으며, 베네토의 일부 지역은 몇몇 습지를 제외하고 숲과 산림이 차지하고 있었다. 숲은 주변의 여러 지역에 매우 중요한 경제적 원천이 되었다.

드문 산림
관리의 사례 북유럽의 경우에 5-10세기에 걸쳐 산림과 숲의 형태에 큰 변화가 있지 않았으며 산림 경제가 지속적으로 발전했다. 독일 지역이나 켄트, 서식스, 에식스, 이스트앵글리아East-Anglia와 같은 영국의 일부 공작령의 경우가 대표적이다. 예를 들어, 1000년 전후로 워릭Warwick 공작령의 경우에는 남부는 라틴족에 의해서 정비되었지만 북부는 숲으로 가득 차 있었다. 다만 숲의 경계에 있는 주변 마을의 인구가 증가함에 따라 숲을 잠식해 들어가기 시작했다.

산림 경제

산림 경제는 지역 사회와 해당 지역의 정치적 중심지에서 활용하기 위한 원료의 기능과 유용성, 소비에 따라 구성되었다. 산림 경제에서 가장 중요한 재료는 목재였다. 목재는 추운 겨울에 냉기로부터 방어할 수 있는 유일한 수단으로서 난방에 활용되었고, 당시의 가옥 재료로 사용되었을 뿐 아니라 노출된 채 생명을 위협받는 촌락의 거주자들을 보호할 수 있는 유일한 재료였다. 성주나 대지주의 경우도 내부의 난방이나 요리를 위해서 목재를 활용했다.

나무의
중요한 가치 왕이나 영주의 거주지 주변의 영토, 건축물, 궁정은 나무들로 보호되었다. 모든 집들을 석재를 활용해서 지었던 영주의 거주지나 성주들의 성을 제외하고 나머지의 경우는 목재를 활용했다. 그러나 영주나 성주의 경우에도 입구에는 목재를 쌓아 두거나 방벽으로 활용했다. 중세의 궁정에서 목재를 사용한 방벽은 이 시기 거주지의 가장 중요한 특징이다. 목재는 궁정 내부로 들어오는 외부인들의 출입을 막기 위한 매우 중요한 통제 수단이었다. 그러므로 목재로 구성된 방벽에서 목재를 반출하는 행위는 '궁정에 대한 반발'로 매우 엄격한 처벌을 받았다. 숲은 촌락 구조에서 매우 중요한 자원이었고 도시와 주변의 시골 공동체 사이의, 그리고 주요 도시의 성곽 밖에서 거주하는 사람들의 경계를 구성했다.

목재에 가장 적합하고 방벽을 구성하기 위해서 많이 활용되었던 것은 다양한 떡갈나무들이었다. 이에 따라서 가장 중요한 자원들은 영국 떡갈나무, 유럽산 참나무, 기타 참나무, 터키 참나무였다. 떡갈나무는 아펜니노 산맥이나 알프스 일부 지역을 제외하고 중세 초에 이탈리아에서 가장 쉽게 발견할 수 있는 식물 종이 분명했다.

떡갈나무는 오두막을 제작할 수 있는 가장 알맞은 재료일 뿐 아니라, 교량이나 다른 가옥의 제작에도 적합했기 때문에 중요한 경제적 가치를 지니고 있었다. 또한 떡갈나무에서 얻을 수 있는 도토리는 당시 영토에서 쉽게 접할 수 있었으며 중세인들의 가장 중요한 식량 자원이면서 경제적인 가치가 매우 높았던 동물들이나 돼지를 사육하는 재료로 활용되었다.

숲에서는 다양한 품종들을 무수히 발견할 수 있었고 여러 방식으로 목재를 제공받을 수 있었다. 당시의 난방에서 가장 많이 사용되었던 목재는 쉽게 얻을 수 있고 쓰러져서 이미 마른 잣나무들이었다. 잣나무의 열매인 잣은 일반적인 식재료로 활용되었다. 더 가치 있는 열매는 밤으로, 밤은 탄수화물과 식물성 단백질이 풍부하며 높은 열량을 지닌 스프나 음식의 재료로 쓰였다. 또한 밤나무의 목재는 다양한 가구를 제작할 수 있는 재료였다. 숲에서는 꿀과 같은 달콤한 식재료를 구할 수 있었고, 촌락의 여러 거주자들이 이를 채취하기 위해서 무리를 지어 숲을 찾아다녔다. 숲은 다양한 종류의 버섯과 쉽게 채집할 수 있는 딸기, 산딸기, 블루베리도 채취할 수 있는 공간이었다. 또한 사람들은 숲에서 다양한 의약 재료나 종종 마술적인 제의에 활용되었던 허브도 얻었다.

그러나 중세 초에 숲은 단순히 나무와 과실로만 대표되는 곳은 아니었다. 숲은 사냥의 장소였으며 '유령들의 밤 사냥'(유령 사냥꾼이 부하와 환상 속의 사냥개를 몇 마리 데리고 야간에 공중 또는 삼림에서 사냥을 한다는 북유럽의 전설*)의 신비를 제공했다. 숲은 도피와 정적의 장소로 성인들이나 산적들이 활동했고, 이 과정에서 수많은 이야기와 전설을 남겼다.

생계 수단의 숲

중세 초기에 사냥은 단순히 궁정 기사들의 삶과 이야기가 진행되는 사치스러운 활동이 아니라 식량을 얻을 수 있는 매우 중요한 활동이었다. 사슴은 강하고 빠른 동물로 사냥 기술을 보여 줄 수 있었기 때문에 상류 계급의 가장 중요한 사냥감이 되었다. 또한 중세의 육식 문화와 연관해서 사냥은 중요한 역할을 담당했고, 숲은 많은 수의 동물들이 서식하는 지역이었다. 그렇기 때문에 숲은 야생 동물의 자연스러운 서식지일 뿐 아니라 당시 모든 중세인들의 생존과 연관된 매우 중요한 장소였다.

신화와 전설

중세 초기부터 초자연적인 존재들이 밤에 하늘에서 내려와 사냥한다는 '유령들의 밤 사냥'이라고 알려진 이야기들이 등장한다. 켈트족의 전설에서 기원한 유령들의 밤 사냥은 유럽 전역의 밤에 흥미로운 이야깃거리를 제공했으며, 숲과 나무들은 이 이야기가 펼쳐지는 무대였다. 숲과 산림의 신비와 연관된 북유럽 전설들은 이후에 발할라Walhalla의 전설에서 확인할 수 있으며, 이는 『귀신 이야기 책Gespensterbuch』(J. A. Apel, F. Laun, Leipzig, 1811-1816)에도 등장한다. 이는 이후에 다양한 공연 문화와 연관된 이야기를 제공했으며, 대표적인 실례로는 바그너의 4부작(《니벨룽의 반지》를 가리킴*)이나 카를 마리아 폰 베버의 《마탄의 사수》를 생각해 볼 수 있다.

고대 후기와 중세 초기의 숲은 성인들과 은자들의 장소이기도 했다. 이들은 자신을 고립시킨 채 적막이 흐르는 숲과 산림 속 공간들을 돌아다녔다. 이들이 이곳에서 얻었던 경험과 사건들은 이후에 이야기들과 전설들을 만들어 냈으며 이후에 순례자들이 이 장소를 방문하는 이유를 제공하기도 했다. 예를 들어 8세기에 에우스타키우스Eustachius의 전설이 등장한다. 그는 트라야누스 황제(53-117, 98년부터 황제)의 장군이었는데, 전설에 따르면 어느 날 숲에서 사냥을 하는 과정에서 사슴(성스러운 사냥과 관련해서 종종 귀족적으로 여겨지는 동물의 하나)을 만나게 되었는데, 사슴의 뿔 사이에서 밝게 빛나는 십자가를 보았다고 전해진다. 이 이미지에 충격을 받은 후 그는 아내인 테오피스테, 그리고 두 아들인 테오피스투스, 아가피투스와 함께 그리스도교로 개종하기 위한 세례를 받았다.

| 다음을 참고하라 |
역사 풍경, 환경, 인구(271쪽); 도시의 쇠퇴(276쪽)

가축, 야생동물, 상상의 동물

| 아말리아 파파 시카 |

중세 초기 문화에서 현실의 동물과 환상의 동물은 과학적이고 동물학적인 분석 방법이
발전함에 따라 더 많은 이미지로 구성되었다. 중세에는 현실 속에서 동물에 대한 정보를
얻기 어려웠다. 따라서 현실의 동물이나 그 동물들을 관찰하고 상상한 환상 속의
동물들을 알기 쉽게 보여 주는 중세의 이미지들이 많이 남아 있지는 않다. 도상학적이고
문헌학적 관점에서 동물에 대한 최초의 텍스트는 동물 연감으로, 교육적이고
알레고리적인 특성을 지닌 도덕적인 작품들이 남아 있다. 이 책들은 동물의 특징을
설명하거나 동물의 특징에서 비롯한 상징적인 의미를 다루고 있다.

동물 설화집

동물 설화집은 현실의 혹은 상상의 동물에 대한 정보를 설명하는 책으로, 대상이 상징적 가치를
지닌 화려한
설화집
되는 동물들의 특징을 묘사한다. 하지만 생태학적 관점보다 더 의미심장한 부분
은 도덕적인 설명을 곁들여 동물들의 상징적인 가치를 묘사한 부분으로 종종 성경
의 일부를 인용하고 있다. 중세의 동물 설화집 중에서 가장 유명한 저서는 『생리학
Physiologos』으로 그리스어로 쓰였으며, 저자는 알려져 있지 않지만 아마도 이집트의
알렉산드리아에서 2세기 혹은 3세기 초에 집필된 것으로 추정되고 있으며, 5세기경
에 라틴어를 포함한 다양한 언어로 번역되었다. 특히 라틴어판인 『생리학』은 48장
으로 구성되어 있으며, 다양한 동물들을 종교적이고 상징적인 해석의 열쇠로 해석
하고 있다. 예를 들어 사자는 동물의 왕으로 그리스도와 비교되어 있다. 또한 동물
설화집은 가축, 야생동물, 상상의 동물들의 명단을 제공하고 있으며, 신화와 전설로
전해지는 이야기를 부연해 설명하고 있다. 이 중에서 괴물의 경우에는 독립된 분류
체계를 적용하는데, 그 이유는 다른 분류 체계에 속한 동물들과 비교해서 종교적-상
징적인 가치를 설명하는 것이 모호하고 쉽지 않기 때문이었다. 이런 점에서 살펴볼
만한 중세 초기의 다른 중요한 저서로는 8세기에 집필되었던 『다양한 종류의 괴물에
관한 책Liber monstrorum de diversis generis』이 있는데, 괴물에 대한 설명에서 도덕적인 측
면을 매우 강조하고 있다.

다른 유형의 전문 서적으로는 생산에 관한 것이 있는데, 이는 동물을 도상학적 관

점뿐 아니라 과학적이고 상징적인 가치를 지니는 대상으로 분류했다. 어떤 동물들이든 간에 동물들에 대한 서술에는 도상이 곁들여졌고, 중세의 경우에 이해를 돕는 자료로써 다른 분야의 예술, 즉 삽화본, 모자이크, 태피스트리, 회화와 조각 작품을 제공했다.

가축

가축은 고대 후기부터 관찰할 수 있으며, 중세의 경우에는 시골이나 '궁정'에서 만날 수 있다. 이 시기의 가축들은 노동력을 확장하기 위한 수단(당나귀, 말, 소)이거나 식자재(닭, 암소, 돼지, 도살용 동물들), 혹은 반려동물(개, 고양이)로 등장한다.

반려동물　　고양이는 매우 특별한 위치를 가지고 있었으며 종종 가난의 이미지를 동반했다. 고양이를 한 마리도 키울 수 없다는 것은 가난하다는 정보를 보여 주는 것이었다. 은둔한 수사인 요한 부제Giovanni Diacono(?-882)는 그레고리오 1세의 생애를 다룬『삶 Vita』에서 그가 한 마리의 고양이 외에는 아무것도 가지고 있지 않았다는 점을 기술한 바 있다. 고양이는 중세 초기부터 여러 우화나 설화에서 많이 활용했던 동물이었으며, 이런 점은 지금도 찾아볼 수 있다. 예를 들어서『장화 신은 고양이』의 원형은 중세 초기까지 거슬러 올라간다. 또한 이런 동물들은 종종 각자 독립된 이미지를 구성하면서 긍정적인 면과 부정적인 면처럼 양면성을 가지고 있었다. 고양이의 경우에 가난의 이미지를 제외한다면 행운의 고양이는 종종 악마적인 고양이와 결합되어 있으며, 후자의 경우에 고양이의 이미지는 반짝이는 눈, 뻣뻣하고 정전기가 발생하는 털과 연관되어 있었다. 또한 빈곤에 시달리는 경우, 개나 쥐처럼 허기를 달래기 위해 잡아먹기도 했다.

　　개는 고대부터 가장 전형적인 반려동물로 중세 초기에는 동료나 사냥의 동반자로 인식되었으나, 수도원에서는 불결한 동물로 여겨졌는데 육식을 하기 때문이었다. 또한 나중에는 빈곤으로 인한 기아에서 벗어나기 위해 개고기를 먹기도 했다.

식용 가축　　식용으로 가장 높이 평가받았던 동물은 돼지였다. 이 경우에 버릴 게 하나도 없었는데, 기름을 만들어 냈고 다른 모든 식료품에 활용되었으며 숲에서 사육되었다. 목축하는 돼지의 수가 많을수록 높이 평가받기도 했다. 돼지는 다른 동물들에 비해서 더 빠르게 사람들을 만족시킬 수 있는 가축이었다.

　　염소, 산양, 양도 식용을 위해서 가축으로 활용되었다. 닭도 마찬가지였다. 특히 닭은 백색 고기였기 때문에 수도원에서 높은 평가를 받았고, 피가 많지 않았으며 쉽게 소화되었다. 또한 오리와 거위도 사육되었다.

이 밖에도 중세 초기에 거위는 동양의 전통이나 이후 그리스도교 사회의 전통에서 특별한 상징적 의미를 지니고 있었다. 캄피돌리오의 거위들에 대한 잘 알려진 이야기는 이 동물이 고대에는 궁정용이었고 백조와 유사할 뿐 아니라 이후로 오랜 세월 동안 경비용으로 활용되었다고 전한다. 거위는 투르의 성 마르티누스의 동료이자 경비 역할을 담당했다고 전해지며, 12세기에 예루살렘으로 향하는 순례자들에 의해서 경비 역할로 활용되었다. 야생 거위는 크레티앵 드 트루아Chrétien de Troyes(1160–1190)의 『페르스발 혹은 성배 이야기』와 이후에 볼프람 폰 에셴바흐 Wolfram von Eschenbach(약 1170–약 1220)의 『파르치발』과 같은 서사시에서 독수리에 의해 상처 입은 흰 새로 등장하기도 한다.

중세 초기의 문화에서 상징적인 가치를 지니고 있는 다른 동물은 노새였다. 노새는 농촌 공동체에서는 매우 쉽게 볼 수 있는 동물로, 일하기 위한 수단으로 활용되기도 하고, 사회적으로 낮은 계급에 속하는 사람들에게는 식용으로 사용되기도 했다. 인내심이 많고 겸손한 노새는 성경에서 성가족이 이집트로 도피할 때 이들과 함께했으며, 고집이 세고 뒷발질을 하기 때문에 다의적인 의미도 지니고 있었다. 노새(혹은 야생 당나귀)는 고대에는 이동 수단으로 길들여졌지만 이후에 말로 대체되었다. 또한 중세의 여러 민중적인 이야기에 종종 등장한다. 동물에 대한 중세의 이야기들은 노새가 난폭하고 악마같이 부정적인 성격을 지닌 야생 당나귀와 달리, 순종적인 동물이라는 점을 강조하고 있다.

교통수단 혹은 노동력을 위한 가축

말은 일상생활에서 자주 등장하는 동물이었지만, 다양한 용도로 활용될 수 있었기 때문에 소중하게 다루어졌다. 사냥을 위한 동반자이며 귀족들의 스포츠를 위한 경합이나 기사들의 경합에서 필요한 동물이자 기사의 상징이었고, 노쇠하거나 다치거나 더 이상 다른 일들을 수행할 수 없는 경우에는 식량으로 활용되었다.

6–7세기에 소에 대한 기록은 많지 않다. 소들은 야생동물로 살았으며 나중에 구유에 의해 가축으로 사육된 이후보다 크기가 작았다. 사실 7세기에 출간된 『소를 키우는 장소Casae bubulcariciae』라는 문헌에서 처음으로 소를 가축으로 사육하기 시작했다고 설명하고 있으며, 쟁기질에 활용했다고도 기록하고 있다. 황소, 소, 암소는 양보다 적은 수가 사육되었으며, 9–10세기에 농민 집단이나 수도원에서 소에서 우

유를 얻고 쟁기질과 이동 수단에 소를 활용하며 외양간을 사용하면서 그 수가 증가했다.

야생동물

멧돼지 돼지와 같은 종이지만 야생동물로 분류되는 멧돼지는 숲에서 활동했다. 구근, 뿌리, 줄기채소를 먹었으며, 여름철에는 늪에서 생활하는 것을 즐겼다. 멧돼지 고기를 선호했던 사냥꾼들에게는 가장 흥미로운 사냥감이었다.

사자, 늑대, 곰, 사슴, 표범은 야생동물 사이에서 가장 흥미로운 대상이었다. 왜냐하면 이들의 신체적인 형태나 습성이 종종 상징-알레고리적인 가치를 가지고 있었기 때문이다.

사자 사자의 습성이나 공격성을 이해하고 있던 로마인은 사자를 중요한 사냥의 대상으로 인식했다. 특히 『생리학』에서는 사자를 '동물과 금수의 왕'이라고 기록했으며, 종종 상징적으로 그리스도의 이미지와 결합되어 있었다. 사자는 인간들이 자신을 사냥하지 못하도록 종종 꼬리로 흔적들을 지웠는데, 그 결과 인간의 원죄를 지우기 위해서 지상에 내려온 그리스도의 상징이 되었다. 이런 알레고리는 귀족들과 여러 지역에서 매우 중요한 역할을 담당했으며, 도상학적인 측면에서는 종종 제외되기도 했지만 왕실의 지위를 상징하는 이유가 되기도 했다. 중세의 문장학에서 사자는 12세기에 리처드 1세 사자왕(1157-1199, 1189년부터 왕)에게서 확인할 수 있는데, 사자는 그의 상징과 명칭이 되었다.

표범 표범 역시 『생리학』에서 다루어진 동물로, 책에는 이들의 우아함과 매력적인 능력이 묘사되어 있다. 이들은 숨을 쉬며 향을 만들어 내고 혼수상태로 3일 동안 잠을 자는데, 그 때문에 그리스도교와 연관한 알레고리적인 의미에서 같은 시간을 거쳤던 부활의 의미로 이어졌다.

늑대 늑대는 잔인함의 상징으로, 인간처럼 야생동물들을 사냥하고 그 결과를 얻기 위해 냉정하며 공격적인 성향을 가지고 있다. 〈로타리 칙령〉(643년 11월 22일)은 인간과 동물의 관계에 대한 여러 규칙을 목록으로 기술했으며, 늑대, 다른 야생동물이나 가축을 죽였을 때 처해지는 엄격한 금전적인 벌칙을 다루고 있다. 늑대는 곰처럼 인간이 가장 두려워했던 동물로 곰과 유사한 습성을 가지고 있는 것으로 알려졌다.

곰 곰은 몇몇 성인의 이야기와 연관된다. 예를 들어서 성 갈루스(약 554-627/628)는 전설에 따르면 곰으로부터 자신의 수도원 교회를 건설하기 위한 목재를 받았고, 그레고리오 1세의 묘사에 의하면 성 체르보네San Cerbone는 곰들을 길들이는 법을 알고 있었다.

10-11세기에 곰-전사의 이미지는 게르만계 이민족의 이야기와 결합되었다. 또한 별자리의 분류에서 큰곰자리와 연관되면서 가문을 상징하는 문장紋章의 일부로 등장하기 시작했다.

7-8세기의 서사 문학에서 베어울프는 '벌들의 늑대'라고 번역되는데 이는 곧 '곰'에 대한 이야기를 다루고 있는 것처럼 보인다. 왜냐하면 벌꿀을 먹기 때문이다(이 시기에 야생동물을 혼동했던 점을 기억할 필요가 있다).

곰들의 습성은 아리스토텔레스(『동물 이야기Storia degli animali』, 기원전 4세기)와 플리니우스(『박물지Naturalis historia』, 1세기경)에 의해서 기술되어 있다. 이들은 곰을 태어났을 때 젖을 물고 있어야 하는 불완전한 형태의 동물로 설명하고 있으며, 따라서 중세 초기에 인간은 태어날 때 불완전한 영성을 지니고 있기 때문에 세례를 통해 완성되고 정의되어야 한다는 그리스도교도의 경험과 연관된 알레고리의 이미지를 가지게 되었다.

경작되지 않는 지역이나 숲, 산림에서 서식하는 다른 동물들은 덜 위험했으며 종종 다른 동물들의 먹이가 되었다. 이런 동물들로는 족제비, 흰담비, 솔담비, 여우가 있으며, 여우의 경우는 동물들에 대한 중세적 사고에서 악마의 표상으로 활용되기도 했다. 왜냐하면 사냥을 위해서 다른 동물을 속이고 죽이기 때문이다.

사슴은 매우 큰 동물로 야생동물들 중에서 선호되던 사냥감이었으며 이후에 상징적인 의미를 지니게 되었다. 사슴은 〈로타리 칙령〉에서 매우 엄격하게 통제하던 대상으로 황제나 기사들이 큰 사냥개를 몰고 사냥했던 동물이었다. 그러나 다른 계급의 사람들에게도 사슴의 신체는 영광스러운 상징처럼 여겨졌다. 〔사슴〕

중세 초기에 야생동물은 숲이나 산림지에 서식하며 인간보다 더 많은 숫자를 유지하고 있었는데, 모든 야생동물들이 사냥감의 대상이었다. 사람들은 식량을 충당하고 야생동물에게서 스스로를 방어해야 했기 때문에, 사냥은 생존을 위한 중요한 활동이었다.

사슴의 이미지는 중세 초기에 사냥의 대상 외에도 그리스도교의 상징 체계에서 중요한 의미를 지녔다. 「시편」 42장과 「아가」에서 언급되는 사슴은 신을 열망하며 숨을 몰아쉬는 동물로 묘사되었고, 이런 점은 영적인 여정과 연관해 해석되었다. 아리스토텔레스와 플리니우스의 저서는 이후 11세기에 『생리학』과 『케임브리지의 동물록Bestiario di Cambridge』에 다시 인용되었고, 이 책들에서는 서로 다른 관점에서 사슴에 그리스도교적인 가치를 덧붙이고 있다. 사슴은 그렇게 중세 종교 문화의 아이콘으로 변화했던 것이다.

상상의 동물

사이렌, 일각수, 키메라, 불사조, 백산양, 용은 비인간적인 성격을 지니며 전설과 신화에서 환상의 동물로 등장하는 약 400여 개의 피조물 중 일부였다.

이들 중 일부는 괴물로, 8세기에 집필되었던 『다양한 종류의 괴물에 관한 책』에서 다루어지고 있으며, 이 모든 피조물들은 환상적이고 알레고리적인 의미를 강조하며 전승되었던 민중적인 환상에 바탕을 둔 이야기들과 늘 결부되어 있었다.

사이렌   사이렌은 『생리학』에서 배꼽까지는 인간의 형상이지만 그 아랫부분, 즉 다리는 날짐승의 형태를 가지고 있는 동물로 묘사되고 있다. 이들의 노래는 매우 매력적이어서 사람들을 현혹시키고 이에 저항할 수 없다는 기록이 있다. 사이렌의 날짐승 형태는 이후 7세기에 세비야의 이시도루스도 『어원 사전Etymologiae』의 12권에서 다루고 있고, 라바누스 마우루스(약 780-856)도 자신의 『우주론De universo』에서 기술했다. 사이렌의 모습은 이후 『다양한 종류의 괴물에 관한 책』에서 다른 방식으로 설명되는데, 이 경우에는 윗부분은 인간의 형태를 지니지만 아랫부분은 물고기의 형태를 가지고 있는 것처럼 묘사되어 있다. 비단 같지만 뻣뻣하고 견고한 사이렌의 깃털은 반짝이는 비늘로 대체되었다. 또한 사이렌은 아가미로 물에서 숨을 쉴 수 있으며 사치스러운 순수함을 유지했고 이로 인해서 여성적인 허영과 미혹의 상징이 되었다.

일각수   일각수는 성배처럼 활용된 상아 뿔로 인해서 까다롭지만 신비로운 힘을 상징했다. 또한 중세의 알레고리에 많이 활용되었던 일각수는 그리스도와 악마를 표상하는 경우에 모두 사용되면서 모호한 의미를 가지고 있었다. 일각수는 해마의 뿔이 발견되면서 실제로 존재한다고 믿어졌던 유일한 '상상의 동물'이었다. 이와 연관해서 플리니우스는 일각수를 외뿔동물이라고 정의하면서, 말과 크기가 같으며 그 뿔은 의학적, 마술적인 힘을 가지고 있다고 설명했다. 9세기에 콘스탄티노플의 주교였던 포티우스Photius(약 820-약 891)는 크니도스의 크테시아스Ctesias of Cnidus가 5-6세기에 기술했던 서적인 『인디카Indikà』의 일부에 바탕을 두고, 일각수가 커다란 야생 당나귀와 유사하며 이마에서 뿔이 자란다고 설명했다. 또한 그는 이 뿔을 갈면 해독약으로 사용할 수 있고 그렇게 해서 뿔은 악에 대항해서 부활의 의미를 담는 성배처럼 활용될 수 있다고 보았다.

또한 가이우스 율리우스 솔리누스Gaius Julius Solinus(3세기)는 자신의 『특이한 기억의 모음집Collectanea rerum memorabilium』에서 일각수를 괴물 혹은 금수로 다양하게 묘사하면서 세비야의 이시도루스가 『어원 사전』의 12권에서 다루었던 전설의 주인공인 일각수를 다시 해석했으며, 이 부분에서 성모가 일각수를 길들이고 잡을 수 있다고 설명했다. 성모와 일각수에 대한 신화는 중세 이후의 여러 신비를 설명하는 도상학적인 이미지로 종종 활용되었다.

중세의 동물들 중에서 키메라는 많이 다루어지지 않았다. 『생리학』의 경우도 키메라에 대해서 다루지 않았다. 키메라는 『다양한 종류의 괴물에 관한 책』에서 사자의 머리와 산양의 신체, 뱀의 꼬리를 가진 '세 개의 부분으로 구성된 괴물'로 소개된다. 중세의 신비를 다룬 도상에서는 매우 드물게 등장했는데, 불을 뿜어내고 세 형태가 뒤섞인 동물이었다. 키메라

불사조는 붉은 깃을 가진 신비로운 새로 『생리학』에서는 500년 이상을 살며 날갯짓을 할 때마다 늘 새로운 향기를 낸다고 설명했다. 이는 그리스도교의 도상에서는 부활의 상징으로 활용되었으며, 전설에서는 불에 타 재가 된 뒤에 그 안에서 다시 부활하며, 시간이 지나면 이 과정을 다시 되풀이한다고 설명되었다. 불사조

최근의 고고학적인 발굴 결과, 중세 도상에서 백산양은 6-7세기의 조각 작품에 등장하고 있다는 사실이 밝혀졌다. 이 경우에 매우 큰 사슴의 형태에 나선형 뿔을 가지고 있는 것처럼 묘사되어 있다. 그리스도교 세계에서는 그리스도-성스러운 양의 상징으로 등장하며 중세 때 별자리의 일부로 봄의 시작을 알리는 동물이었다. 그러나 문장학에서 백산양은 많이 등장하지 않는다. 백산양

중세 초의 도상에서 중요한 의미를 지닌 상상의 동물 중 하나는 용이었다. 상상속의 잔혹한 괴물처럼 묘사되는 이 동물은 서유럽의 여러 설화와 전설의 주인공이었으며 영국 문화에서 더 많이 발견할 수 있다. 용

환상 속의 동물인 용은 다양한 형태를 가지고 있으며, 당시 방언으로 집필되고 유포되었던 서사 문학의 고대 영웅시에서 영웅의 적으로 등장했다. 8세기에 집필된

『베어울프Beowulf』에서 스칸디나비아의 군주였던 베어울프는 자신의 민족을 괴롭혔던 용과 투쟁했고 용을 살해하는 데 성공했다. 앵글로색슨 문화에 등장하는 용은 (성 콜룸바누스의 이야기를 통해서 전해지는 바에 따르면) 니섹Nisaeg의 괴물로, 565년에 스코틀랜드의 호수에서 수영하던 남성을 죽였다. 이는 네시Nessie의 이야기로 알려졌으며, 이 네스 호의 괴물은 지금까지 우리에게 전해지고 있다. 최종적으로 성 게오르기우스와 용에 대한 그리스도교 이야기가 등장했으며, 이 성인은 젊은 공주를 잡아먹으려던 용을 죽이고 그녀를 구해 냈다. 성 게오르기우스와 용에 대한 이야기는 미카엘 대천사가 루시퍼에 대항한 그리스도교적인 이야기와 지그프리트가 용을 살해한 일화를 다룬 이교도의 이야기를 재해석하는 과정에서 용과의 투쟁을 다루는 설화적인 이야기가 되었던 것이다.

| 다음을 참고하라 |
역사 장원 경제와 지방 영지(280쪽); 숲(285쪽)

제조업과 공방

| 디에고 다비데Diego Davide |

중세 초기에 영지는 자급자족할 필요성이 있었고, 대부분의 물건을 내부에서
생산했지만 효율적인 생산 구조를 가지지 못했다. 이 시기에도 지속적으로 물물교환이
이루어졌으며, 사료들은 중세 때 성공적이었던 지역 박람 행사나 시장을 설명해 준다.
또한 동시대에 사치품의 교역 역시 중단되지 않았으며 이 교역에서 시리아 상인,
프리기아 상인, 유대 상인은 성공을 거두었다. 이 밖에도 이 시기에 인구가
감소한 도시의 내부에서는 개별적인 영지에서 생산하기 어려운 물건을 제작했던
공방을 확인할 수 있다. 이를 전달해 주는 사료는 단편적이지만 중세 초기 장인의
제조 활동을 이해할 수 있는 열쇠를 제공해 주며, 역사가들은 이를 검토하며
이 시기에 조합이 탄생했다고 분석했다.

중세 초기의 경제: 영지 내부의 직인과 유랑하는 직인

고대의 대규모 경제 체제와 달리, 중세 초의 유럽 경제는 농경문화에 바탕을 둔 여러 지역으로 분화되었다. 성과 촌락을 중심으로 성장했던 대규모 영지는 영주가 직접 관할하는 직영지와 소작지로 나누어져 있었으며, 영지를 관리하기 위한 관료들이 등장했다. 영주의 궁정을 중심으로 농업 활동과 생산을 장려하기 위한 사회 간접 시설이 제공되었다. 그러나 이 같은 지역 경제 체제가 폐쇄적이고 자급자족적으로 독립되어 있었다고 보기는 어렵다. 영지에서 모든 상품을 늘 만들어 낼 수 있는 것은 아니었으며, 지역 박람 행사나 지역 시장처럼 모두 소비할 수 없는 잉여 생산물을 교역하기 위한 장소도 필요했다. 이와 연관된 대표적인 경우로 635년에 파리 근교에서 시작되어 8월에 열렸던 농업 박람 행사인 성 디오니시우스 박람 행사, 그리고 이 행사를 보조하기 위해서 775년부터 2월에 열렸던 성 마티아스 박람 행사를 꼽을 수 있을 것이다.

영지 체제의 성공은 영지를 관할하는 소유자의 이윤 추구 활동을 보장해 주었다. 또한 소유자들은 자신의 영지를 모두 직접 관리하지 않고 일부를 소작농들에게 맡기면서 이들의 사회적 조건을 받아들이게 되었고, 소작농들이 토지를 활용하는 대가로 제공한 어느 정도의 재화가 유통되는 결과를 낳았다. 소작농들은 현금이나 생산물로 이 대가를 지불했으며 노동력을 제공할 의무를 지니고 있었다. 필요에 따라서 직영지에 노동력을 제공하거나 직인으로서 활동해야 했으며, 영지에는 물을 이용한 물레방앗간이나 맥주나 포도주를 생산하기 위한 시설이 건설되었다. **농부들의 상황**

또한 성직자가 소유한 영지에서도 동일한 체계가 적용되었다. 성직자의 공동생활에 필요한 공방들이 들어섰고 이 시설들은 새로운 발전의 동인을 제공했다. 수도원의 경우에도 종종 여러 기예를 다루는 공방들의 실례를 확인할 수 있다.

또한 수도사들도 수공업에 종사하는 것을 부끄럽게 여기지 않았고 많은 수의 수도사들이 금속 공예가이거나, 종을 제작하는 주물 공장에서 일하거나, 직물의 생산에 참여하기도 했다. 12세기 말까지 이들은 석재를 사용한 건축물의 제작에 대한 지식을 가지고 있었으며, 베네딕투스 수도원의 수사였던 테오필루스(약 1080-1125년 이후)가 11-12세기의 예술과 기예 분야에 대한 중세의 지식을 정리한 『서로 다른 기예에 관해서De diversis artibus』와 같은 문헌의 저자였다는 사실도 놀라운 일은 아니다. 보비오의 수도원에서 9세기에 제빵, 도살, 석재와 목재 공방, 의상을 제작했던 경우 **장인 역할을 수행한 수도사들**

도 확인할 수 있다. 랭스의 생 레미 수도원의 경우에는 대장장이, 제분가, 어부의 일을 수행했고, 공방의 경우는 슈타펠Staffelsee 수도원이나 장크트 갈렌 수도원에서도 확인할 수 있다.

여러 지역을
순회한 장인들 그러나 이들이 직인으로서 전문적인 활동을 했는지를 설명하기는 쉽지 않으며, 이들이 당시에 어떻게 이 직무를 수행했는지는 전해지지 않는다. 영주의 성을 위한 가구, 농경 활동을 위한 연장들, 테라코타로 제작된 여러 물건, 의상들은 소작지에서도 동일한 상황을 확인할 수 있으며, 때로 이동하는 직인들이 영지와 수도원을 돌며 필요한 상품들을 전문적으로 제작했던 점도 확인할 수 있다. 대장장이, 유리 공예가, 금속 공예가, 주물을 뜨는 사람들, 석재를 제작하는 직인이 지니고 있는 법적인 지위에 대해서는 여러 역사가들이 서로 다른 의견을 제시하고 있다.

노동과 도시

모든 농경지가 영지의 체계에 귀속되었던 것은 아니었다. 중세의 영지는 다양한 생산 방식이 공존하는 장소였으며, 도시 근교에서 종종 확인할 수 있는 것처럼 농민이 소유한 소규모 경작지도 존재했다. 인구가 감소하면서 도시 경계가 축소되고 도시가 지속적으로 쇠퇴하는 징후들을 발견할 수 있지만, 반대로 생각해 보면 경작이 가능한 영토의 증가를 가져왔다. 좋은 조건은 아니었지만 지역 내부의 교역에 대한 필요성이 사라진 것은 아니었고, 영지의 잉여 생산물은 도시를 중심으로 직인이 활동을 지속할 수 있는 이유를 제공했다. 사료를 통해 확인할 수 있는 점은 당시 '중개인 negotiatores'으로 활동했던 상인들과 직인 조합은 직접 은행을 운영하고 발전시켰으며, 이들은 도시에서 자신들의 활동을 지속했다. 또한 주변 영토와의 관계가 세부적으로 정립되면서, 도시의 직인 조합은 독립적인 활동을 보장받았던 것은 아니지만 주변 지역에 대한 영향력을 행사했고 적은 양의 농업 생산물의 교역도 했다.

기예와 공방의
선구자들 이와 연관해서 그레고리오 1세(540-604, 590년부터 교황)의 시대에 활동했던 로마의 염색 공방 조합이나 나폴리의 비누 공방 조합의 경우처럼 직인의 삶을 이해할 수 있는 이들의 사회 계급에 대한 기록도 남아 있다. 이런 점은 교황이 도시의 주교에게 보낸 편지를 통해서 이해할 수 있으며, 이들이 직인 조합의 활동과 관련 있는 여러 문제에 대해서 논쟁을 했던 경우도 있었다. 8세기 피아첸차의 비누 공방에서 종사한 직인은 의무적으로 도시의 권력자에게 세금을 내야 했는데, 이와 유사한 상황에 놓여 있던 1030년의 로마의 농업 조합schola hortolanorum이나 라벤나의 어업 조합schola piscatorum은 중세 말기에 발전했던 기예와 직업 공방과 비교, 분석이 가능한 사회 조직이 중세 초기에도 존재했다는 사실을 설명해 준다.

직인 조합의 기원

6-11세기에 직업의 세계를 통해 접할 수 있는 조직은 역사가들에게 직인 조합에 대한 기원과, 직인 조합과 권력자의 관계에 대한 관심을 불러일으켰다. 이 주제와 연관된 논쟁을 발전시켰던 가설은 네 가지가 있다. 첫 번째 가설은 중세 직인의 전통과 고대 로마 공방collegia의 연속성을 강조한다. 이 가설에서는 직인 조직의 사회적 조건이 공적 권위를 통해 보장받았지만 역사에서 이 흔적을 발견하기는 어려웠다고 주장한다.

이 가설에 바탕을 둔 역사적 분석은 두 번째 가설이 구성되는 근거를 제공했다. 두 번째 가설을 지지하는 역사가들은 중세 직인의 조직과 과거의 연속성을 부정하지는 않지만, 이탈리아 북부 지역에서는 랑고바르드족의 이동 과정에서 연속성이 단절되었으며 남부 지역의 경우는 정치적인 쇠퇴 과정에서 타격을 입었다고 해석했다. 이들은 적어도 랑고바르드족이 점령한 지역에서 공방이 재건되고 권력자의 통제를 받았던 경우에 주목하지만, 이런 사실은 모든 직인 조직에 일반화해서 적용하기 어려우며 주화 제작 공방의 경우에만 확인할 수 있다.

세 번째 가설은 로마 후기에 많이 관찰할 수 있는 계약 관계에 바탕을 둔 불법 조직을 언급하며, 이 조직들은 개인적인 관계에 바탕을 두고 가격을 결정했던 전문 직인의 등장으로 이어졌으며 이들이 직인 조합의 원형을 구성했다고 보는 것이다. 공적인 이윤에 대한 협의 내용은 조합들과 권력자 간의 해결되지 않은 투쟁 관계를 조명하고 있다.

마지막이자 네 번째 가설은 더 조심스러운 입장을 취하며 고대에 기원을 둔 직인 조직 형태가 중세 말과 이후에 다시 큰 성공을 거두었다고 보는 쪽으로, 각각의 개별적 경우의 기원을 살피며 논쟁이 벌어지는 시기의 내부 관계를 분석할 필요가 있다고 주장한다. 과거와의 연속성이나 투쟁을 설명하는 요소들을 찾는 것은 중세 조합들이 12-13세기에 이루어진 도시의 부흥에서 종종 중요한 역할을 했다는 점을 잊게 만든다. 도시의 발전과 기예의 발전은 밀접한 관계가 있다. 이들의 사회적 기능은 단순히 경제적인 측면에서 다루어질 수 있는 것이 아니며, 군대와 도시의 방어와 연관된 점뿐 아니라 (또한 다른 시민의 생산 영역에 대한 봉헌과 조력자 역할도 수행했기 때문

도시 발전과 예술 발전의 연관성

에) 정치적·행정적 관계에 바탕을 둔 사회적인 관점에서도 분석되어야 하며, 이들이 종종 도시 위원회에 조언자로 참여했거나 도시 정부의 기능을 수행했다는 점을 고려 해야 한다.

비잔티움의 공방

역사학자 쥘 니콜Jules Nicole(1841-1921)은 도시의 관리를 다룬 사료인 『도시 관리자 의 책Libro dell'Eparco』을 분석하는 과정에서 비잔티움 제국에서는 국가의 통제를 받 는 조합을 중심으로 직업이 구성되어 있고, 이 조합들에서 생산품의 가격과 거래 방 식을 결정했다고 설명했다. 이 사료는 약 10세기경에 집필된 것으로 추정되며, 서로 다른 조합을 다루는 22개의 장으로 구성되어 있다. 이 조합들에는 공증인, 금속 판 매자, 은행가, 의상과 향수의 유통업자와 판매업자, 초와 비누 제작자, 의약품·고기· 빵·생선·포도주와 같은 물품을 다루는 유통업자가 포함되어 있다. 그러나 의사, 신 발 제작자, 이발사, 재봉사는 중요한 직업임에도 이 목록에서 제외되어 있다. 이 조 합에서 정한 규칙은 대부분 영지로부터 상업적 이윤을 보호하고자 하는 내용이 포함 되어 있다. 영지의 직인이나 상인 역시 도시의 조합 구성원처럼 전문적인 직업을 가 지고 활동했지만 이들에게 동일한 법칙이 적용되었던 것은 아니다.

| 다음을 참고하라 |
역사 풍경, 환경, 인구(271쪽); 도시의 쇠퇴(276쪽); 장원 경제와 지방 영지(280쪽); 상인과 무역로(300쪽); 해 양 무역과 항구들(305쪽); 상업과 통화(311쪽); 유대인들(315쪽)

상인과 무역로

| 디에고 다비데 |

중세 초기에 서유럽의 사회적·경제적 상황은 지속적으로 악화되었다. 유럽에서 도시들이 사라지기 시작했으며 농경지가 감소하고 도로는 방치되었다. 이 때문에 상업 활동을 방해하는 난관들이 증가하고 교역량이 줄어들었다. 도시와 농촌 모두 경제적으로 퇴보했다. 그러나 중세인들은 어려운 상황에서도

새로운 사회를 위한 대안들을 찾아나갔고, 그 결과 11-12세기에 경제 활동은
다시 활기를 띠기 시작했다.

중세 초기, 서유럽의 경제적 상황

7-10세기에 비잔티움 세계에서 문화적·경제적·행정적 제도가 정비되고 발전했을
무렵에, 그리고 아랍 세계에서 새로운 도시가 활기차게 건설되고 있던 시기에, 그리
스도교가 중심을 차지했던 서유럽은 쇠퇴의 기로에 접어들고 있었다. 화려한 고대
의 영화를 뒤로하고 도시는 인구의 감소로 더 이상 사람들이 살지 않는 빈 공간으로 인구의 감소와
변해 갔다. 이전 시기에 교역로의 거점을 구성했던 수많은 도시와 마을이 사라졌다. 퇴행
로마 시대에 각 지역의 도시에서 관할했고 관리했던 도로가 유실되거나 방치되었
다. 버려진 농토가 증가했다. 이와 맞물려서 야생동물의 서식지였던 산림과 숲이 증
가했다. 이는 중세인들이 여분의 식량을 채취했던 장소이자 삶을 위한 재료를 얻을
수 있는 장소이기도 했다. 그 결과로 건설 자재, 도구의 제작에 목재가 폭넓게 활용
되기 시작했다.

　이전 시기와 비교해 보았을 때 상업의 쇠퇴로 인한 상황은 새롭게 등장한 자연 경
제의 발전 과정에서 점차 극복되기 시작했다. 최근 연구자들은 중세 초기에 일부 영
지는 자급자족적인 경제 체제를 유지할 수 있었지만, 또 다른 영지에서는 생산하기
어려운 재화를 교환하거나 공급받아야 할 필요성을 가졌다는 점을 강조한다. 당시
의 여러 사료는 영지와 교회의 관리 구역 안에서 성행했던 지역 규모의 시장과 박람
행사를 기록하고 있다. 또한 특정 지역의 경우에는 영지 사용료를 지불하기 위해 적
지만 상업 활동을 통해서 비용을 벌기도 했고, 공방에서 생산했던 상품을 사용료로
지불하기도 했다는 점을 확인시켜 준다.

　상품의 교환 규모는 질적, 양적인 면에서 적었지만, 소규모 공방에서 제작한 은화
가 지역 시장에서 유통되었음을 확인할 수 있다. 통화 경제에 바탕을 둔 지역 규모의
상업이 발전했다는 점은 유럽의 역사를 이해하는 데 매우 중요하다. 같은 시기에 금
화도 유통되었다. 지역 규모의 상업 활동에서 금화가 활용되었던 것은 아니며, 금화
는 교회나 귀족들이 사용했던 파피루스(공문서를 위한 중요한 재료로 이 당시에는 아직
양피지로 대체되지 않기 때문에 필요했던 물건이었다), 동양에서 유입된 비단·염료·향

신료와 포도주, 펠트, 보석 같은 사치품의 거래에 사용되었다. 이 거래의 주인공들은 유랑 상인들로 1년에서 2년 간격으로 영지를 방문한 후, 상품을 팔고 금화를 지급받았다.

원거리 무역

영지나 성직자의 토지에서 과잉 생산된 물건을 교환하거나 판매하면서 이루어졌던 지역 경제는 평신도나 종교적 생활 공동체의 교역을 위해 활동했던 당대의 상인 negotiatores(중개인)을 통해 형성되었지만, 원거리 무역은 서유럽의 라틴족이 주도한 것이 아니었다. 당시에는 이윤의 추구가 종교적 관점에서 부정적인 의미를 지니고 있었기 때문에 주로 유대인들이 이와 연관된 활동에 종사했다. 중세 유럽에서 사람들은 상업 활동을 부정적으로 바라보는 편이었다. 교회는 성직자의 상업 활동을 제한했으며, 고리대금뿐 아니라 일반적으로 이윤을 얻을 수 있는 모든 활동을 금지했다.

유대 상인들　유대 상인들은 오랫동안 프랑스에서 중국에 이르는 여러 대륙에서 교역 활동을 했으며, 동양으로부터 향수, 향신료, 유색석, 비단을 수입하고 가죽, 펠트, 무기, 노예를 수출했다. 이들이 사용했던 가장 중요한 교역로는 세 종류가 있었다(상인들은 이 교역로의 거점에서 거주하기도 했다). 첫 번째는 프랑스의 중심 도시들, 즉 아를, 나르본, 보르도 지방에서 출발해서 이집트, 시리아, 비잔티움 제국, 홍해, 페르시아 만, 인도와 중국으로 이어졌던 교역로다. 나머지 두 교역로는 같은 방향이지만 해로가 거의 배제된 육로로 구성되어 있었다. 두 번째 교역로는 에스파냐에서 출발해서 아프리카 북부, 다마스쿠스, 바그다드로 연결되었고, 세 번째 교역로는 지금의 우즈베키스탄과 카자흐스탄을 지나가는 길이었다.

아랍 상인들　유대인 외에도 아랍인들이 상업 활동에 참여했다. 이슬람교는 고리대금을 금지했지만 상업 활동을 제한하지 않았으며, 무함마드도 상인 가문에 속했다. 아랍 상인들은 당시 여러 공동체의 수요를 충족시키며 광범위한 지역(코르도바에서 안달루시아, 마그레브 지방의 여러 도시, 카이로, 팔레스타인, 홍해, 인도양)에서 활동했다. 이들은 동일한 종교와 언어를 사용하는 지역에서 동일한 상업적 관습과 법을 적용받았다. 또한 광범위한 지역에 걸쳐 활동했던 만큼 기후적인 차이로 여러 다른 종류의 상품을 취급할 수 있었고, 물물교환 체계를 많이 활용했다.

　아랍의 사료들을 분석해 보면 아랍인들은 전문화된 상업 분야에 종사했다. 일부는 지역 안에서 생필품과 소비재를 거래했다. 이들은 지역에 따른 동일 상품의 가격차를 활용해서 싼값에 생필품을 구입한 후 높은 가격에 팔았다. 또한 상인들은 가게를 운영하며 신용거래를 통해서 상품을 취급하고 다른 장소로 배송하기도 했다. 이에 따라 유통업자들이 상업 활동을 보조했다.

아랍인들은 교역에 주로 물길을 활용했지만 강수량의 변화에 따라 어려움을 겪기도 했다. 낙타를 활용한 육로의 사용은 많은 어려움이 있었다. 로마 제국과 사산 왕조 시대에 활용되었던 도로들이 관리되지 않고 방치되었기 때문이다. 그 결과로 뱃길을 활용한 무역은 역사에서 더 많이 성행했고, 아랍 상인들은 육로로 연결되지 않은 독립된 네 개의 바다인 인도양, 카스피 해, 흑해, 지중해를 중심으로 활동했다.

한편, 북유럽의 경우에 프리기아 지방의 상인들이 상업 활동을 주도했다. 이들은 북해와 라인 강 유역 지방을 중심으로 활동했다. 특히 라인 강은 독일 내부의 여러 지방을 연결해 주었고, 이들은 이 지방의 생선과 원자재를 농산물이나 지역 공방에서 생산된 상품들과 교환했다. 쾰른, 크산텐, 비르텐Birten, 스트라스부르, 뒤스부르크, 보름스, 마인츠와 같은 도시에서 많이 활동했던 프리기아 상인의 중심지는 도르스타트Dorstad였다. 이들은 라인 강의 삼각주가 있는 장소에서 육로를 거쳐 갈리아 지방과 프랑스 서부로 활동 지역을 확장해 갔으며 7세기 이후로는 런던에서도 이들의 존재가 기록되었다. 또한 8세기 이전에 생드니 지역의 시장과 연관된 기록에도 등장한다.

프리기아 상인들

10세기에 프리기아 상인들의 활동은 점차 줄어드는 대신, 스칸디나비아인들이 상업 활동에서 중요한 역할을 담당했다. 이들의 직업은 어부와 상인이었지만 해적이기도 했다. 이들은 평화로운 교역과 더불어 약탈을 감행하기도 했다. 항해술에 뛰어난 재능을 보였고 스웨덴, 덴마크, 노르웨이의 해안에서 영국, 북아일랜드, 아이슬란드, 그린란드를 연결했으며, 이들 중의 일부는 아메리카 대륙의 북부에 도착하기도 했다. '드라카르drakkar'라고 알려진, 바이킹의 좁고 긴 배는 매우 빠르게 이동할 수 있게 만들어 주었고, 859-860년에 지중해까지 활동 영역을 넓힐 수 있는 이유가 되었다. 이들은 카탈루냐, 프로방스, 토스카나 지방에서 약탈을 감행하기도 했다. 또한 이들은 발트 해에서 드비나 강과 드네프르 강을 거쳐 흑해로 나아갔으며, 라도가 호수, 오네가 호수, 볼가 강을 통해 카스피 해로 이동했다. 이곳은 프리기아 상인들의 활동 지역과 겹쳤다. 이들은 물길 외에도 동유럽의 육로를 활용했으며 결과적으로 아랍 지역, 비잔티움 지역, 북유럽을 연결시켰다. 뤼베크, 레리크, 노브고로드와 같은 도시나 일멘 호수, 키예프 지역은 스칸디나비아 상인의 주요 거점이었고, 이들은 이 지역을 통해 발트 해에서 콘스탄티노플과 러시아까지 교역을 진행했다.

비잔티움의 상업

지중해의
교역 장소

8-10세기에 비잔티움 제국의 엄격한 관리 속에서 상품 생산이 증가했고, 상업 활동이 발전하면서 시민들의 이상적인 삶의 조건이 충족되었다. 콘스탄티노플은 지중해 무역의 가장 중요한 거점이 되었고 여러 민족의 상인들이 이곳에서 활동했다. 동시에 코린토스, 트라페주스Trapezus(현재의 트라브존*), 아마스트리스Amastris, 에페소스, 아탈리아Attalia, 테살로니키 같은 근동의 주요 거점에서도 성 데메트리우스의 시장이 열렸다. 또한 황제의 외교적인 수완에 힘입어 이들은 하자르Khazar 민족과도 지속적으로 교역 활동을 벌였다. 이들은 우랄 산맥의 금광에서 캔 금과, 중국에서 건너온 비단 같은 상품을 교역할 수 있었다. 하자르 왕국의 중심지였던 이틸Itil에서 출발한 상품들은 크림 반도의 케르소네소스 항구로 이동했고, 이곳에서 다시 콘스탄티노플을 향해 출발했다. 비잔티움 제국은 아프가니스탄, 페르시아를 통해 아르메니아 상인들과 교역을 했고, 이들을 통해서 인도와 말레이시아의 상품이 도착했다. 또한 흑해를 통한 북유럽과의 교역에 의해 펠트, 밀랍, 호박, 말린 생선이 도착했다. 발칸 반도와 유럽 중부와는 소금, 여러 종류의 광물, 무기, 목재 상품과 노예를 거래했다. 비잔티움 제국은 상품의 수입에 부정적이지 않았으며, 상품에 대한 통관세를 받고 상업 활동을 보장했다. 이민족 상인은 수도에 도착하면 도시의 권력자 앞에서 자신을 소개해야 했으며 이민족 상인을 위한 거주 지역인 미타타mitata라는 장소에서 머물러야 했다. 이후 상품들은 종류별로 도시의 여러 구역에서 판매되었고, 판매는 지역 조합의 규칙을 따라 진행되었다. 9-10세기에 비잔티움 제국은 흑해의 뱃길에 대한 독점권을 행사했다. 10세기경에 이탈리아 비잔티움의 거점이었던 바리의 해군보다 더 뛰어난 항해술을 활용하는 베네치아와 경쟁을 시작했지만, 서유럽과 비잔티움의 뱃길을 통제했고 지속적인 교역 활동을 지지했다.

교역에 대한
베네치아의 특권

그러나 이런 상황은 바실레우스가 노르만인에 대항하기 위해서 베네치아에 원군을 청하면서 변하기 시작했다. 이를 통해서 베네치아는 무역 활동에서 이익을 얻었고, 성장의 기회로 활용했다. 1082년에 비잔티움 제국의 황제였던 알렉시우스 1세(1048/1057-1118, 1081년부터 황제)는 베네치아인들이 콘스탄티노플에 있는 페라 지역의 집, 창고, 공방, 부대 장소를 자유롭게 활용할 수 있게 하는 공식적인 법령을 포고했다. 또한 베네치아인들은 이 지역에서만 자유로운 상업 활동을 보장받았던 것이 아니라 비잔티움 제국의 다른 여러 장소에서도 관세를 면제받았다. 이런 변화는 베네치아의 번영을 보장했지만, 다른 관점에서는 비잔티움 제국의 재정적인 쇠퇴를 가져오는 원인이 되었다. 이 시기에 비잔티움 제국의 통화 가치가 하락하기 시작했고, 재정적인 압박 요인이 증가했던 것이다.

| 다음을 참고하라 |
역사 해양 무역과 항구들(305쪽); 유대인들(315쪽)

해양 무역과 항구들

| 마리아 엘리사 솔다니Maria Elisa Soldani |

고대 후기에 상업 활동은 지중해의 통일성이 무너지고 국가 규모의 항해가
감소하면서 상품의 이동과 수용의 한계로 쇠퇴하기 시작했다. 그러나 뱃길을 통한
상업 활동은 중단되지 않았고 북해에서도 성장의 징후들을 확인할 수 있다.
또한 카롤링거 왕조 시대의 유럽은 이전 상업 활동의 규모와 비교할 수 있을 정도로 다시
성장했다. 이 시기에 상업과 교역의 지평은 이전과 비교해서 급격하게 변화하기 시작했다.

고대 뱃길과 경제 활동의 종말

고대 후기 막바지의 지중해 무역은 400~800년대에 복잡한 역사적 사건의 영향을 받아서 위축되기 시작했고, 이 시기에 고대 경제 활동은 결정적인 타격을 받았다. 로마인들이 '우리들의 바다mare nostrum'라고 불렀던 지중해는 통일성을 잃고 정치적 관계에 따라 크고 작은 영역으로 분할되었다. 그 결과 대규모 교역이 중단되고, 해안을 중심으로 적은 물량의 상품들이 항구에서 인근의 다른 항구로 옮겨지며 거래되기 시작했다. 이 때문에 당대인들의 비관주의와 연관해서 중세를 평가하는 표현 중 하나인 암흑기가 유래했다고 보기도 한다. 그러나 지중해 지역에서 상업 활동이나 해양

축소된
경제 활동

교역로가 사용되지 않았던 적은 한 번도 없었다. 적은 수의 상품들이 지속적으로 지중해를 통해서 거래되었다. 7-8세기에 여러 지역 간의 교역은 대사나 여행자들에 의해서 산발적이지만 지속되었고, 이들은 해안을 따라 이루어진 뱃길을 활용했다. 특히 원거리 무역의 대상인 사치품 교역은 이전 시기처럼 지속되었다. 경우에 따라 달라졌지만, 이 시기의 원거리 무역과 이전 시기의 원거리 무역의 차이는 오히려 사치품의 구입에 대한 수요가 감소했기 때문에 무역량이 감소한 것이라고 볼 수 있다.

분리된 지중해의 관찰권

고대 후기에 유럽, 서아시아, 아프리카 북부와 같은 넓은 영토를 연결하는 로마 제국의 뱃길로 주로 교역되었던 상품은 곡물이었다. 그러나 제국의 분할과 이민족의 이동과 정복 사업으로 지중해의 통일성은 더 이상 보장되지 않았고, 이 때문에 교역량이 감소했다. 이민족의 활동과 해적의 증가로 해양 무역에 활용되었던 대규모의 선박들이 빠르지만 소규모의 선단船團으로 대체되기 시작했다. 로마 제국의 남부 해안과 콘스탄티노플을 연결하며 대규모로 이루어졌던 곡물의 교역은 상품 수요의 감소로 소규모의 짧은 교역로로 대체되었다. 그 결과, 국가 중심의 대규모 무역은 지역 중심의 상업 활동으로 대체되었다.

그럼에도 불구하고 이민족들이 제국의 영토를 정복할 때까지, 5-7세기에 몇몇 항구를 중심으로 한 무역은 지속되었다. 아프리카 북부 해안에서 카르타고를 중심으로 발전했던 뱃길은 이민족이 이 지역을 점령한 뒤에도 지속적으로 활용되었고, 비잔티움 제국이 다시 이 지역을 점령했을 때(535) 항구와 부속 시설을 보수했던 기록도 남아 있다. 그러나 로마 제국의 남부 지역에서, 특히 이집트와 레반트 지역의 경우에 이런 상황은 다양한 방식으로 변하기 시작했고, 지중해 북부 지역에서 볼 수 있는 로마의 해안 도시와 항구가 빠른 속도로 쇠퇴했던 점을 확인할 수 있다.

루틸리우스의 여행

이런 역사적 상황은 갈리아 지방의 나르본 원로원의 구성원이었던 루틸리우스 나마티아누스Rutilius Claudius Namatianus(5세기)의 기록을 통해서 확인할 수 있다. 그는 415-417년에 로마에서 귀향하는 길에 고트족에 의해 점령된 지역 때문에 육로를 이용할 수 없었다. 이 시기에 이탈리아 반도의 해안에서 과거 로마의 영화를 보여 주는 고대 도시들이 쇠퇴하고 역사의 뒤편으로 사라져 가고 있었다. 육로가 막혔기 때문에 루틸리우스는 다른 사람과 함께 뱃길을 선택했다. 더 이상 도로와 교량을 활용할 수 없는 상황이었고 여러 부대 시설이 방치되었기 때문이다. 그러나 6세기부터 갈리아 지방의 나르본과 아를의 항구는 마르세유의 항구로 대체되었다. 7세기까지 티레니아 해의 북부 리구리아 지방에 위치한 제노바가 항구로 활용되었지만 이전에 비해서 활동이 축소되었다. 그러나 루틸리우스는 피사에 도착한 뒤에 활력이 넘치는 항구와 상품의 규모에 놀라움을 표현했다. 피사는 해양 무역로의 중심지로서 과거의 영화를 상실하지 않았고, 랑고바르드족이 지배하던 시기에도 독립적으로 해양 활동을 할 수 있는 능력을 가지고 있었다.

6세기에 로마는 티레니아 해의 가장 중요한 항구 중 하나였다. 로마에 지속적으로 상품이 도착했고 테베레 강을 통해 배들이 이동했다. 이탈리아 반도의 남부 항구 중에는 나폴리와 같은 항구가 유지되고 있었다. 티레니아 해의 제도 중에서는 사르데냐 섬의 칼리아리, 노라, 술치Sulci와 같은 항구가 8세기까지 지속적으로 중요한 거점으로 활용되었다. 시칠리아의 경우에 이 지역을 점령한 반달족은 동방과의 무역에 관심을 가졌지만, 아프리카 북부와의 교역은 벨리사리우스(약 500-565)가 이 지역을 다시 정복한 이후까지 지속적이었다. 시라쿠사와 카타니아는 콘스탄티노플과 뱃길로 연결되어 있었고, 팔레르모는 이탈리아 반도와 교역하기 위한 중심 항구였다. 비잔티움 제국과 랑고바르드족이 경쟁하며 지역을 분할했던 바리 위쪽에 있는 아드리아 해의 항구 중에서는 페스카라, 안코나, 리미니, 라벤나, 아퀼레이아, 그라도가 이스트라 반도의 항구와 연결되어 있었다. 이 항구들은 비잔티움 제국의 영향을 많이 받았다. 한편 비잔티움 제국의 정치적인 중심지였던 라벤나는 402년 이후로 라벤나의 클라세 항구와 포 강이 운하로 연결되면서 경제적으로 번영하기 시작했다.

주요 항구들

아랍의 세력 확장이 상업 분야에 끼친 영향

7-8세기에 다른 중요한 사건은 지중해의 교역 체계에서 일어났던 변화로 아랍인들의 세력이 확장되었다는 점이다. 선지자 무함마드의 설교 이후에 몇십 년도 지나지 않은 짧은 시기에 아랍인들은 북아프리카의 반달족 왕국을 무너트렸고 에스파냐의 서고트족을 몰아냈으며, 오랜 세기 동안 지속되었던 페르시아 왕국과 비잔티움 제국의 영토를 축소시켰다. 아랍인들은 무엇보다도 무역에 뛰어난 재능을 보였고 칼리프의 지배 속에서도 로마 제국의 교역 중심지였던 도시들에서 지속적으로 발전했으며 근동에서 레반트, 인도양으로 진출했다.

사하라 사막을 경유하는 상단商團의 집결지였던 이집트는 칼리프의 무역 제도의

이집트와
알렉산드리아
항구

308

중심지가 되었고, 또 이곳은 비옥한 초승달 지대와 시칠리아를 연결해 주었고 아프리카 북부의 서쪽 해안과 에스파냐를 연결해 주었다. 지중해 북부 해안으로 수출했던 사치품들은 알렉산드리아에서 출발했고, 이 상품들 중에는 극동 지역에서 비단길을 거쳐 도착한 여러 향신료가 포함되어 있었다. 금, 상아, 타조의 깃털은 아프리카 동부 지역에서 유입되었고 이집트에서는 유리와 도기, 보석과 직물을 제조했다. 비잔티움 제국과 이슬람의 영토를 연결해 주는 장소는 아말피였으며, 이곳은 그리스도교 세계와 만나는 칼리프의 북쪽 거점으로 활용되었다. 이 과정에서 베네치아는 더 중요한 역할을 수행하기 시작했다. 이 시기에 베네치아의 선원들은 아직 상인으로 전문적인 활동을 하고 있었던 것은 아니지만 이후에 지중해 전역에서 영향을 끼치기 시작했고, 아프리카 북부, 이탈리아 남부, 시칠리아, 알렉산드리아, 예루살렘과 콘스탄티노플은 이들의 주 무대가 되었다. 9세기부터 시칠리아는 이슬람 영토로 편입되었으며 이곳은 아랍 세계와 이탈리아, 비잔티움 제국을 이어 주는 중요한 거점으로 성장했다.

콘스탄티노플과 에페소스 아랍 세력이 확장되면서 8세기에는 콘스탄티노플과 에페소스에서만 비잔티움 제국 소유의 항구가 유지되었고 다른 항구들은 점차 역사의 뒤편으로 사라져 갔다. 시리아, 이집트의 상실은 비잔티움 제국에 막대한 타격을 입혔고 비잔티움 제국의 세력은 콘스탄티노플 주위로 제한되었다. 그럼에도 불구하고 콘스탄티노플은 가장 중요한 상업과 제조의 중심지로 남았다. 그 이유는 이곳이 지리적인 요충지로 유럽과 아시아를 이어 주는 가교 역할을 했으며 흑해로 들어가는 유일한 지점이었기 때문이다. 이는 상업 활동의 가장 중요한 교역로에 속했다. 이 상업로를 통해서 그리스의 선단은 유럽 북부 지역의 상품들이며 발트 해에서 유입된 노예, 펠트, 밀랍, 준보석인 호박, 말린 생선을 흑해에서 콘스탄티노플로 실어 날랐는데, 이 중에는 동양에서 유입된 상품으로 중국 비단이 포함되어 있었다.

북유럽의 상업 활동

5-7세기에 지중해 동부 지역의 정치적 투쟁 속에서도 알렉산드리아는 대서양을 접하고 있는 에스파냐와 프랑스 해안 도시를 거쳐 영국의 제도와 연결되었다. 중세 유럽의 해양 무역 활동을 정리하기 위해서는 북유럽의 상황에도 주목할 필요가 있다. **북해** 중세 초기에 북유럽의 바다는 경제 활동의 중심 뱃길을 형성하며 서유럽의 중요한

교역 체계를 구성했다. 6세기 말-9세기 말에 이동하던 이민족들은 정착하기 시작했고, 이 지역에서 해적 활동도 줄어들기 시작했다. 북유럽에서 무역과 경제는 본격적으로 발전하기 시작했다. 이 지역에서 활동했던 민족들이 상업 활동에 보인 관심은, 북유럽의 긴 해안을 중심으로 여러 항구와 도시가 건설되었던 점을 통해서 확인할 수 있다. 로마 제국 시대의 중심 도시는 이미 3세기경에 쇠퇴했다. 북유럽 서쪽 지역에서 활동하던 켈트족과, 중부 지역과 동부 지역에서 활동하던 이민족의 거점은 무역이나 물물교환에 영향을 끼쳤다.

최근 연구에 따르면, 이미 간헐적으로 이루어진 외교관의 교환에 뱃길을 활용했던 기록이 남아 있다. 그리고 7세기가 되면 여러 사료에서 전문적인 상인과 새로운 주화가 사용되었다는 기록을 전해 준다. 이 시기에 상업 활동의 발전 원인 중 하나인 교역을 위한 뱃길이 안정되었기 때문이다. 또한 북유럽은 고대에 유행했던 전염병에서 자유로운 지역이었기 때문에 이 지역의 인구가 꾸준히 증가했고, 그 결과 경제적인 번영이 지속되었다. 왕과 귀족 같은 사회적 관계가 정착되면서 안정된 정치 상황은 항구의 번영과 상업 활동을 촉진시켰던 또 다른 이유였다. 이들은 뱃길을 통제하고 상업 활동을 장려했다. 왜냐하면 세관과 지역 이용료는 이들의 재정적인 상황을 호전시켰기 때문이다. 8세기부터 북유럽 민족은 해양 무역의 주인공이 되기 시작했지만, 이들은 종종 폭력을 사용해서 약탈을 감행하기도 했다. 이런 점은 여러 사료에서 확인할 수 있다. 스칸디나비아 반도의 여러 민족들을 '바이킹'이라고 불렀는데, 이들은 동방과의 상업 활동에도 참여했고 지역에 따라서 '루스Rus' 혹은 '바랑기아인 Varangians'이라는 이름으로 알려지기도 했다.

그 결과 로마 제국의 역사에서는 존재하지 않던 항구가 건설되었고 이곳에서 시장이 발전했다. 낭트, 런던, 루앙을 비롯한 영국 남동부 지역이나 뫼즈 강이나 라인 강의 삼각주가 있는 지역에서 발전했던 여러 도시가 이런 새로운 항구를 구성했다. 7-8세기에 아일랜드 해안, 영국 서부 해안, 브르타뉴 지역에 위치한 항구나 갈리아 지방의 항구는 서로 경쟁하며 발전했다. 항해술의 발전으로 부두가 발달했고, 이 지역에서 은화가 발행되었으며, 인근 수도원들은 발전한 이 지역들의 수혜 속에서 은화를 주조하기도 했으며 규모를 확장하고 새로운 중심지와 관계를 개선해 나갔다. 8-9세기 초에 북유럽에서 밀과 목재가 도착했다. 또한 루아르 강, 센 강, 라인 강을 통해 포도주가 거래되었으며 아헨, 파리, 라인 강 유역의 여러 도시에서 제작된 세공

바이킹의 항구들

품과 반半가공품, 재료가 도착했다. 프리기아 지방에서는 아마 천이 유통되었고, 카롤링거 왕조에서 발행한 은화가 점차 유통되기 시작했다. 북유럽에서는 금속 재료, 가죽, 펠트, 생선 기름, 노예, 포유동물인 고래나 해마의 상아를 수출했으며, 발트 해 지역에서는 준보석인 호박을 수출했다.

다시 확보한 교역로와 카롤링거 왕조의 경제

8세기에 정치적 투쟁이 일어나고 각 지역의 영토가 다시 구획되는 과정에서 사회간 접자본 형태의 도로들이 확충되면서 동서양을 연결해 주는 길들이 상인과 여행자에게 다시 제공되었다. 또한 이 시기에 진행된 항해술의 발전, 통합된 통화 경제를 지향했던 카롤링거 왕조의 경제 제도의 정비, 그리고 새로운 문화적 가치의 고양은 상업의 활성화로 이어졌다. 하지만 카롤링거 왕조의 경제는 고대 후기의 경제와는 다른 특징을 지니고 있었다. 700~800년 초에 인구의 증가, 확장되고 안정적인 정치 권력의 재편, 사회적 직업이 재구성되는 과정은 유럽 라틴 지역이 경제적으로 다시 발전하는 계기가 되었다.

또한 해양 기술의 혁신은 배편의 증가를 가져왔다. 예를 들어 기존에 활용되었던 사각돛 대신 삼각돛을 활용하면서 배는 더 빠르게 이동할 수 있었고, 뱃길을 통제하는 것도 더 쉬워졌다. 또한 해안을 중심으로 해류의 흐름을 연구하면서 고대의 경우와 달리 좋지 않은 날씨에도 항해가 가능해졌다. 초기에는 유대인, 프리기아의 상인, 그리스인, 시리아인들이 지중해 북부 항구의 여러 거점에서 무역을 주도했지만, 8세기부터 프랑크 민족의 상인들이 번성하며 상황이 변하기 시작했다.

삼각돛

9세기 초에 지중해의 상업 지역은 넷으로 분류할 수 있다. 이집트, 레반트 지역, 비잔티움 제국, 이탈리아 반도와 에게 해 연안 지역이 이에 해당한다. 특히 에게 해 연안 지역은 당시 비잔티움 제국의 소비문화를 주도하면서 지속적인 물물교환에 바탕을 둔 교역 중심지였다. 그러나 9세기가 되면 농경문화를 중심으로 발전했던 서유럽과 연결된 교역로가 활성화되면서 이 지역과 근동 지역을 연결하는 상업 활동이 발전했다. 상업 활동은 농업의 생산량을 자극하고 증가시켰고, 영지 내부의 상품 제작에도 중요한 영향을 끼쳤다. 지역에서 생산된 상품들은 프랑크족의 영토 내부에서 유행했던 정기 시장을 중심으로 거래되었다. 정기 시장은 사람들이 만나고 재화와 정보를 교환하는 장소였다. 또한 국제적 규모의 교역 시장이 등장하면서 지역 시

국제 교역의 중심지

장도 더 활성화되었다. 대표적 실례는 생드니 시장으로 이곳은 8세기 말-9세기 중반에 지역 상업 활동을 지지하던 여러 시장을 연결해 주는 중심지로 성장했다. 또한 교회에서 부를 축적한 성직자는 전문 상인의 구매자가 되었고, 때로는 성직자를 위해서 상인들이 활동하기도 했다.

이 시기에 베네치아는 원거리 무역의 중심 항구 중 하나였다. 베네치아인들은 코린트 만을 중심으로 경쟁적으로 상업 활동을 했고, 그리스와 연결되는 육로와 에게 해의 뱃길을 모두 활용했다. 또한 포 강을 중심으로 구성된 운하 시스템과 지중해, 동유럽과 연결된 교역로, 도나우 강 유역, 흑해와 비잔티움 제국과 연결된 교역로의 발전은 베네치아의 번영을 가져왔고, 이 지역에서는 종종 노예무역도 성행했다. 또한 베네치아 근처의 라벤나는 비잔티움 제국의 주요 거점이었고, 이로 인해서 코마키오Comacchio부터 그라도까지 이어지는 긴 해안 지역에서도 상업 활동이 번영했다. 이런 상황에서 이탈리아와 유럽 중북부 지역이 통합된 경제권으로 발전했고 알프스 지역과 파다나 평야, 밀라노 근교의 로다노 지방은 베네치아 상인과 코마키오 상인의 주요 활동 무대가 되었다. 이보다 더 북부 지역에서는 남유럽과 바이킹의 세계, 아시아로 연결되는 육로가 교역에 활용되었다. 아드리아 해 연안 부두의 교역로에는 사치품이 유입되었고, 파비아와 같은 도시를 거쳐 프랑크족의 왕실에 판매되었다. 9세기 중반부터 베네치아는 비잔티움 제국과 레반트 지역으로 상업 활동을 확장했다. 또한 지중해 서쪽 지역의 경우에 제노바, 나폴리, 아말피 같은 도시가 성장하기 시작했다.

베네치아와 이탈리아의 항구

| 다음을 참고하라 |
역사 제조업과 공방(296쪽); 상인과 무역로(300쪽); 상업과 통화(311쪽); 라틴계-게르만계 민족이 설립한 여러 왕국의 전쟁과 사회(331쪽); 소소한 일상들(344쪽)

상업과 통화
| 이바나 아이트Ivana Ait |

중세 초에는 도시의 쇠퇴로 통화 사용이 줄었다. 상품들이 지속적으로 생산되었지만

교역은 양적으로 감소했다. 상품의 수요와 공급이 줄면서 통화의 사용도 계속
감소했고, 전문적인 상업 활동이 줄었기 때문에 특정 분야에 상업 활동이 집중되었다.

도시의 쇠퇴와 통화 경제의 축소

쇠퇴의 원인들 서로마 제국의 멸망으로 기존의 행정, 경제, 법 제도는 효력을 상실하게 되었으며,
이런 현상은 느리게 진행되었지만 경제 활동 분야가 급격히 변하는 원인을 제공했
다. 도시나 농촌 지역 모두 상업 활동의 여건이 변하기 시작했고, 과거에 활용되었던
교역로는 방치되었다. 고대의 도시 경제 체제의 쇠퇴가 이 시기의 가장 중요한 특징
이다. 정치, 행정 기능이 효력을 상실하며 중심 도시의 경제적 기능이 눈에 띄게 쇠
퇴했고, 수요가 감소하고 물물교환을 위한 시장의 규모가 줄었으며, 상품을 생산하
는 공방들도 줄어들었다. 물론 상품은 지속적으로 생산되었지만 적은 양의 교역품
만 거래되었다. 재화 수요와 공급의 감소는 통화량의 감소로 이어졌다. 원거리 무역
의 경우에도 지중해의 중심 항구를 활용하는 선박의 수가 줄면서 교역량 역시 지속
적으로 감소할 수밖에 없었다.

고대 세계의 경제적 상황을 더욱 악화시켰던 새로운 현상은 유럽 전역에서 일어
났다. 그것은 이민족의 대이동이었다. 기존 로마 제국의 경계 지역으로 인구가 유입
되었고 북유럽과 동유럽의 경계 지역에서는 새로운 상황들이 전개되었다. 이민족의
유입은 당시 경제 활동에 많은 영향을 끼쳤다. 4-6세기에 지속된 인구의 감소는 동
서양을 잇는 이동 인구가 줄었던 게 가장 중요한 원인이었다. 그러나 북유럽과 동유
럽(오늘날의 독일 지역과 슬라브 민족의 국가들이 있는 지역)의 인구는 이민족의 유입으
로 인해서 다른 유럽 지역에 비해 상대적으로 크게 감소하지는 않았다. 그러나 결과
적으로 이 지역에서는 라틴 문명의 문화적 성격이 약화되고 독일 민족의 문화적 성
격이 강조되기 시작했다.

도시의 위기, 인구의 감소는 상품에 대한 투자를 감소시키는 원인이었으며 결국
영지를 중심으로 생산된 상품들과 토지만 오랫동안 경제적 가치를 유지했다. 유럽
의 모든 지역에서 이루어진 인구 감소는 도시를 중심으로 진행되었고, 결과적으로
농촌은 활동의 중심지가 되었다. 이런 역사적인 맥락에서 가장 중요한 경제 활동은
농경과 영지를 중심으로 오랫동안 진행된 "시골 시장의 분화와 성장, 성과 교회 또

는 수도원을 중심으로 발전했던 물물교환이었으며, 이 장소들을 중심으로 상업적 권리가 분화되었다"(R. Greci, "Nuovi orizzonti di scambio e nuove attività produttive", in *Economie urbane ed etica economica nell'Italia medievale*, 2005).

물물교환 대상의 상품들

봉건 제도의 유럽에서 지역 경제 체제를 구성하는 시장이 성장했는데, 영지의 내부 혹은 영지와 주변 영지 사이에서 교역했던 상품은 가축, 식료품(밀, 소금, 말린 청어), 농기구나 영지 내부에 존재했던 공방에서 장인이 생산한 생필품이었다. 상업 활동의 주체는 '중개인negotiatores'으로 알려진 지역 상인이었다. 이들은 종종 먼 거리를 이동하기 위해 상단을 조직하기도 했다. 예를 들어 이들은 아랍인이 거주했던 에스파냐 지역에서 노예와 거세된 남자를 팔기도 했다.

규모는 각기 달랐지만 먼 거리를 이어 주는 교역로도 등장했다. 이 경우에 교역품들은 대부분 사치품이었다. 미술품, 값비싼 천, 비단, 펠트, 후추 같은 향신료, 마늘, 육두구, 육두구를 말린 향신료(이 경우에 육두구보다 양이 적기 때문에 더 비싼 가격에 거래되었다) 등의 식재료와 포도주에 향을 내기 위한 다양한 향신료도 포함되어 있었다. 또한 상인의 가방 속에는 설탕, 알로에, 백단향 나무, 쪽, 아라비아고무 액, 향, 진주, 유색석, 발삼, 계피, 자주색 염료가 들어가 있었다. 대부분 동양에서 생산되었던 이 물건들은 스칸디나비아 북부 지역과 발트 해 연안 지역을 통해 유럽 내륙으로 유입되었다. 아프리카에서 유입된 상품은 금과 상아였고, 동유럽 지역(리투아니아와 러시아 북부 지역)과는 노예와 펠트를 거래했다. ◀ **무역품들: 사치품과 향신료**

어떤 경우든 상인들은 거래와 물물교환에 집중했고, 전문성을 지니고 특정 분야를 담당했다. 중세 지역의 경제를 구성했던 시장이 최소한의 유통 비용을 요구했다면, 원거리 무역은 해로와 물길을 활용해서 유통 비용을 줄여 나갔다. 포 강과 로다노 강, 센 강, 라인 강, 도나우 강은 효과적으로 활용되었고, 상인은 물길을 통해 쉽게 유럽 대륙에 상품을 유통시켰다. 로베르토 사바티노Roberto Sabatino가 정의한 것처럼 이탈리아 반도의 북부 지방은 '선단의 교역'을 통해서 상업 활동을 발전시켜 나갔다(*La rivoluzione commerciale del Medioevo*, 1975).

서양에서 동양으로 이동했던 상품들은 올리브유(아말피에서 대량으로 수출되었다), 포도주, 꿀, 독일과 이탈리아 북부의 나무와 금속이었다.

여행자들이면서 과학자였고 상업 활동에 종사했던 아랍인들은 그리스도교도와 경제 관계를 지속적으로 발전시켰다. 베네치아와 같은 항구 도시에 도착했던 상인들은 자연스럽게 항해에 필요한 철이나 나무들과 같은 물건과 무기들을 교역했다. 칼리프의 부흥은 서유럽 상품에 대한 수요를 증가시켰고 수출품을 늘어나게 했으며, 서유럽은 종종 주화를 이용해 아랍의 금과 은을 수입했다. 결과적으로 동서양의 교환 체계에서 교역량은 지속적으로 증가했다. 이런 경제 체계는 베네치아의 번영을 이끌었고, 봉건 제도의 시대에 베네치아의 운하는 동방에서 유입된 상품들로 가득 채워졌고, 그 결과 유럽 중부와 북부 지역의 상인들도 교역을 위해 베네치아를 방문하게 되었다.

사용되었던 주화들

당시에 사용되었던 통화량은 시장과 교역의 증가를 확인할 수 있는 근본적이고 중요한 자료를 구성해 준다. 6-7세기에 로마 제국의 제도적 위기와 그로 인한 재정적 어려움으로 인해 주화 사용이 줄어들었고, 주화의 교환 가치도 감소했다. 경우에 따라서 물물교환을 선호하는 경우도 있었다. 그러나 주화가 유통되지 않았던 것은 아니었다. 특히 동전을 제작하는 데 사용했던 재료의 가치는 유지되었다. 금화와 은화의 경우가 이에 해당하며, 중세에 주화의 가치는 얼마나 많은 귀금속의 질량을 가지는지에 따라서 변했다.

금화와 은화

유럽과 근동 지방 사이의 원거리 교역의 경우, 대부분의 교역 대금은 금으로 이루어졌다. 이 경우에 종종 주화의 형태를 지니거나 사각형, 보석의 형태로 가공된 후 교환되기도 했다. 그러나 지역 경제의 경우에 은이 더 많이 사용되었고, 은은 금과 비교해 보았을 때 약 1/10의 가치를 지녔다. 봉건 제도가 발전했던 대부분의 영지에서 은은 대금을 치르기 위해 사용되었다. 그러나 상업 활동을 통해 시장이 다시 성장하면서 확실한 교환 수단을 정립할 필요성이 대두되었고, 그 결과 통화 체계를 정리할 필요가 있었다.

카롤루스 대제의 새로운 주화

794년에 카롤루스 대제는 바르셀로나에서 로마에 이르기까지 동일한 형태를 지닌 주화를 발행하면서 통화 제도를 개혁했다. 이 시기의 주화는 '새로운 주화denarius novus'라고 불리며, 은화였고 1.5그램 정도의 순수한 은을 함유하고 있었다. 이 일은 카롤링거 제국에서 유럽의 여러 지역에 적용되는 통일성 있는 주화를 제작했던 최초의 시도였으며, 로마 제국의 멸망 이후에 등장했던 복잡한 주화의 문제점을 해결하기 위한 것이었다. 이 주화들은 지속적으로 유통되었지만 당시의 복잡한 상황은 더 심해졌다. 이탈리아, 독일 혹은 프랑스에 있는 여러 공방에서 제작한 주화들이 같은 이름을 가지고 있었지만 순수한 은의 함량이 달랐는데, 이는 주화를 다른 주화와 교환할 때 또 다른 문제가 되었다.

중세의 주화 제작 공방의 활동과 제작품들에 대해서는 잘 알려지지 않았다. "그러나 늘 상업 활동의 중심지 근처에서 발견되었고, 지나가는 상인들의 관심을 불러일으켰다"(L. Travaini, *Monete, mercanti e matematica*, 2003). 수도원들은 종종 '주화의 귀족'이 되면서 주화를 생산하는 특권을 지니고 있었다(R. S. Lopez, "An Aristocracy of Money in the Early Middle Age", in *Speculum*, 1953). 그렇게 해서 이전 시기에 주화의 모델을 제공했던 로마와 비잔티움 제국의 주화는 점차 독일 이민족의 군주 이미지가 새겨진 주화로 대체되기 시작했다.

| 다음을 참고하라 |
역사 제조업과 공방(296쪽); 상인과 무역로(300쪽); 해양 무역과 항구들(305쪽); 유대인들(315쪽)

유대인들

| 잔카를로 라체렌차Giancarlo Lacerenza |

5세기부터 10세기 혹은 11세기까지 그리스도교 사회 내부에 등장한 유대인 공동체는 역사를 이해하기 위한 매우 중요한 열쇠를 제공한다. 무엇보다도 사회의 경계에서 활동했던 유대인들이 점차 공적인 영역으로 진출하기 시작했다. 그러나 모든 시기를 이해할 만큼 사료가 충분하지 않기 때문에 각 시대에 대한 연구는 더 필요한 실정이다. 따라서 우선 유대인 공동체의 발전 과정을 살펴보기 위해서 자료들이 많이 남아 있는 몇몇 장소들을 살펴볼 필요가 있다. 이런 지역 중 하나가 이탈리아 남부 지방이다. 이곳에서 유대인 공동체는 잘 알려진 것처럼 번영의 시기를 맞이했다. 초기 유대인은 지중해를 중심으로 활동했지만, 비잔티움 제국의 박해, 아랍 세력의 확장과 맞물려 9세기경이 되면 중부 유럽과 북부 유럽으로 이주하기 시작했다. 그 결과 랑그도크, 프로방스, 라인 강 유역의 지방은 유대인들의 새로운 활동 무대로 변했고, 이는 이후에 유럽에서 아시케나지 유대인Ashkenazi Jews 공동체가 출현하는 현상으로 이어졌다.

사회적 · 법적 위상

5세기 말에서 1000년경까지 유대인과 연관된 역사적 자료는 많지 않으며, 남아 있는 경우에도 매우 일반화된 내용들이라는 사실을 확인할 수 있다. 그러나 유대인의 역사는 길고 복잡하기 때문에 이들이 유럽 사회 내부에서 담당한 역할이나 사회적인 위상을 다시 분석할 필요가 있다. 이미 4세기경에 로마 제국이 그리스도교도 사회로 이행하는 과정에서 유대인 공동체의 출현을 확인할 수 있지만, 이 시기에 유대인 공동체는 사회의 경계로 밀려나게 되었다. 이런 상황은 유대인 공동체가 종교적인 영역 이외의 분야에서 활동하게 했으며 또한 당시 사회 구조에서 유대인의 위상을 확인할 수 있는 기준을 제공해 준다. 5세기에 유대인들은 '사악한 종파nefaria secta'로 알려져 있었지만, 고대에서 영향을 받아 제정된 법은 어느 정도 관용적 입장을 취하고 있었다.

중심이 된 시민들과 주변화된 유대인들

특히 439년에 발행된 『테오도시우스 법전』(16.8, *De iudaeis, caelicolis et samaritanis*)의 경우에는 그리스도교 사회에서 내부의 소수 집단에 양면적으로 접근하는 방식을 보여 준다. 한편으로는 소수 집단의 자주성과 권리를 제한하려 했지만 다른 한편에서는 사회에서 배제하지 않고 유용하게 이용하기 위한 보완 방식을 찾았다. 『테오도시우스 법전』에서 유대주의의 존재에 대한 권리를 보장한 구절인 "유대인의 지위는 다른 법에 의해서 금지되지 않는다Iudaeorum sectam nulla lege prohibitam satis constat"(『테오도시우스 법전』, 16.8.9)는 유대인이 예외 없이 시민의 권리를 지니고 있음을 보장하고 있지만, 반유대인적 관점에서 이들의 행동을 제한하는 이전의 법전과 유사한 분리주의적 관점도 취했다(개종 금지와 다른 종교인과의 혼인 금지).

『테오도시우스 법전』

6-7세기에 동방, 서방, 교황청에서 진행된 권력의 분할은 유대인 문제에 대한 서로 다른 관점들을 만들어 냈다. 예를 들어 이탈리아의 비잔티움 제국의 영토 안에서 유스티니아누스 대제는 법제를 엄격하게 적용한 반면에 랑고바르드족은 자신의 영토에서 느슨하게 적용했는데, 교회에서는 랑고바르드족의 관점을 받아들이지 않았다. 그러나 아랍이 지배하던 시칠리아의 경우에는 유대인들의 활동에 우호적이었다. 그러나 내륙 지방에서 실행된 유스티니아누스 대제의 법령과 이후 세분화된 법안Novellae은 비잔티움 세계 밖에서도 적용되었다. 예를 들어 유대인들은 성직자의 재산을 구입하는 것이 금지되어 있었으며, 비록 명예직에는 오를 수 있었지만 지역 행정관으로 활동할 수 있는 권한은 배제되었다. 이런 법제에 바탕을 두고 교부들에

금기와 수용

의해 전승되었던 반反유대인적 관점은 지속적으로 발전했고, 중세의 모든 시기에 영향을 끼쳤다. 성직자의 권한은 유럽의 역사에서 받아들였던 다양한 체계에 따라 다양한 형태로 내부의 영토에 거주하는 유대인 공동체의 권한을 배제했다. 이 과정에서 유대인들은 강제적으로 설교에 참여해야 했으며, 부활절 이전의 성주간에는 공중에게 모습을 드러내는 것이 금지되었다. 이는 폭력과 사고를 예방하기 위한 것이었다. 주교들의 지속적인 경고와 그레고리오 1세의 복합적인 태도가 이후에 어떻게 적용되었는지는 확인하기 어렵다. 이와 연관된 기록들이 매우 부족하기 때문이다.

인구와 영토, 유대인의 공간

고대 후기와 달리, 유대인의 세계와 그리스도교도의 세계가 지속적으로 분리되면서 중세 초기에는 유대인을 위한 사회적인 공간이 두드러지게 구분되기 시작했다. 사회적·경제적·종교적·문화적 관계와 인구의 비례에 따른 유대인들의 생활 공간은 사회적으로 평등하지 않았다. 이런 측면들은 유럽의 매우 적은 지역에 집중된 사료들에 분석되어 있었다. 특히 지중해 지역은 대표적인 장소였다. 이탈리아 남부 지역과 에스파냐에 많은 사료가 집중되어 있었기 때문에, 당시 상황을 이해하는 관점이 어느 정도 제한을 받기도 한다. 9세기 말엽에 프랑스와 독일의 라인 강 유역에서도 이와 연관된 자료들이 등장하기 시작했다. 5-11세기에 이탈리아 남부 지역(아풀로루카나Apulo-lucana와 살렌토Salento)에서 여러 종류의 문서를 확인할 수 있다.

    고대 후기와 중세 초기에 유대인 공동체가 분리되었던 과정은 바실리카타 주의 베노사Venosa의 묘지에 남겨진 금석문을 통해서 확인할 수 있다. 이를 분석하면 유대인의 카타콤은 3-7세기에 그리스도교도의 카타콤에 인접해 있었는데, 우리는 약 70여 점의 묘비의 기록을 확인할 수 있다. 이 중에서 가장 오래된 기록은 521년으로 거슬러 올라간다. 이는 당시 지역의 공적인 삶에 유대인들이 얼마나 적극적으로 참여했는지를 보여 주는 놀라운 예이자 당시 사회에서 인정받은 무덤으로, 이들이 상류 계급의 일원으로 받아들여졌다는 사실을 알려 준다. 흥미로운 것은 유대인들이 주변 사회에 포함된 것이 아니라 독자적인 지위를 지니고 있었다는 점이며, 이는 히브리어를 사용한 묘비문을 통해서 알 수 있다. 9세기에 다른 지역에서는 유대인들이 그리스어나 라틴어를 사용해서 묘비의 문장을 기술했지만, 이 지역은 히브리어를 사용했던 것이다.

베노사의
묘지에 새겨진
금석문

'암흑의 시기'에 살렌토 지역은 유대인 공동체에 대한 풍부한 자료를 제공해 주고 있다. 특히 타란토, 오리아, 오트란토와 같은 도시에서도 유대인 문화가 전성기를 맞이했다는 점을 확인할 수 있으며 이 지역의 이러한 상황은 이후 수세기 동안 지속되었다. 이런 점은 프로방스의 언어학자였던 야아코브 벤 메이르Ya'aqov ben Meir(약 1100-1171, 라베누 탐Rabbenu Tam이라고 알려져 있다)의 유명한 문구에서도 확인할 수 있다. "바리에서 유대인의 율법서인 토라Torah가 나오고 오트란토에서는 신의 말이 나온다." 이런 점은 전설에서뿐 아니라 12세기에 아브라함 이븐 다우드Abraham ibn Daud(약 1110-약 1180)가 기술했던 『전통의 책Sefer ha-qabbalah』에서도 확인할 수 있다. 그는 푸스타트Fustat, 카이라완Qairawan, 코르도바에 거주하는 유대인들이 풀리아에서 도착했고, 원래 메소포타미아 출신이었지만 바다를 건너 이탈리아 남부 도시인 바리에 도착했다고 설명했다. 이후에 이들 중 일부가 안달루시아의 아랍인들에게 납치된 후 노예로 팔려 갔다. 8-10세기의 풀리아 지방의 사회적·문화적 분위기는 11세기에 아키마즈 벤 팔티엘Achima'az ben Paltiel(1017-1054/1060)이 저술한 『계승의 책Sefer yuchasin』을 통해서 확인할 수 있다. 그의 가문은 원래 오리아에서 활동했지만 이후에 카푸아로 이주했다. 이런 점은 지중해의 유대인들이 이동했던 경로를 설명해 주는데, 이는 9세기 말, 특히 비잔티움 제국의 황제였던 바실리우스 1세가 873년에 주도한 개종에 대한 압력 때문으로 보인다. 이와 연관된 다른 기록으로 약 50년 후인 로마누스 1세(870-948, 920-941년에 황제)의 시대에 해안 지방에서 이슬람의 약탈이 증가하고 있었다고 설명하는 기록에 주목할 필요가 있다. 몇 년 지나지 않아서 이런 상황은 비잔티움 제국의 영토에서 거주하던 유대인 집단이 여러 랑고바르드족의 공작령으로 이주하는 이유가 되었으며, 랑고바르드족이 지배한 영토에 많은 유대인들이 정착하기 시작했다. 한편으로 다른 무리의 유대인들이 고대에 이미 유대인 공동체가 있었던 루카나 라벤나 같은 도시로 이주해서 활동을 지속했다. 이후로 이탈리아 중부 지역과 북부 지역에 도착한 유대인들은 라인 지방의 마인츠나 슈파이어와 같은 도시로 이주하기 시작했다. 이들의 기원은 남유럽에 거주했던 유대인들이었다. 이들 중에서 루카의 칼로니모스Colonimos 가문은 오리아 출신이며, 전통에 따르면 유대인 공동체를 구성했던 중심적인 가문이었다. 이들은 최초의 십자군 원정으로 상황이 변하기 시작했을 때까지 평화롭게 이 지역에서 활동했다.

경제 활동

성직자들은 칼리아리, 아그리젠토, 나폴리와 같은 이탈리아의 몇몇 도시들에 거주했던 유대인들과 얽힌 여러 문제를 가지고 있었다. 그레고리오 1세는 여러 번에 걸친 편지에서 유대인의 경제 활동을 언급하고 있는데, 이 기록은 유대인 지역과 국제 무역에 대해서 설명하고 있다. 예를 들어 6세기 말-7세기 중반에 아직 비잔티움 제국의 영토에 포함되어 있던 나폴리의 유대인 공동체는 국제 무역에 종사하며 전성기를 맞이했다. 그레고리오 1세는 나폴리의 유대인들이 해양로를 점유하고 있으며 이 안에서 노예무역에 종사한다고 보았고, 이 노예들을 구입한 자들이 갈리아 지방의 상인들이라고 기록했다(『서간집』, IV, 9, 596). 카시오도루스(약490-약583)도 당시에 고딕 시기의 순례 상업peregrina commercia까지 퍼져 있던 유대인들의 활동을 나폴리의 실례를 들어 설명한 바 있다(『잡문집』, IV, 5). 그리고 유대인 소유주가 그리스도교도 노예의 소유에 대한 법적·종교적 문제를 제기한 일에 교황들이 여러 번 개입하게 되었다.

결과적으로 중세 초기에 유대인의 활동은 점차 제한되었고 점점 더 특수한 분야로 한정되었다. 특히 수공업에 집중되었다. 예를 들어 유리의 생산이나 직물의 생산은 유대인이 활동하던 주요 직종이었으며, 직물 염색에 많이 종사했다. 이 두 분야는 모두 로마 시대부터 유대인들이 종사했던 직업으로, 고대 후기에 이들의 활동이 정착되었다. 중세 초기에 시칠리아와 에게 해 그리고 지중해 서쪽 지역에 위치한 여러 도시에서 유대인들의 직물과 염색 공장들을 쉽게 관찰할 수 있으며, 이들은 도시 중심지에서 벗어난 외곽에서 활동했는데 이는 여러 유대인 회당의 위치를 통해 확인할 수 있다. 이 작업들은 물과 넓은 공간이 필요했기 때문에 유대인은 도시 변두리나 외곽에서 활동하게 되었고, 그 결과 유대인 거주지는 염색 공장이나 유리 공장과 더불어 도시의 경계에 위치했고 이 직종은 점차 사회적 가치가 적은 천한 직종으로 인식되기 시작했다. 사실 이런 상황은 유대인과 그리스도교도의 관계를 구성하며 이후까지도 영향을 끼쳤다. 12세기 초-13세기에 서양의 그리스도교도들은 점차 상업 분야에서 유대인의 활동을 제한하기 시작했으며 이들이 직접 상품을 생산하는 것도 제한했다. 이 시기는 사실 그리스도교도들에 의해 길드와 공방이 발전하는 시기였고, 유대인들의 축소된 상업 활동은 입었던 의상의 재활용이나 고리대금업으로 제한되기 시작했다. 그 결과 모든 장소에서 동일했던 것은 아니지만 유대인의 직업과 연관

유대인들에게 허용된 활동 범위

된 이미지가 생겨났다. 불행하게도 이와 연관된 많은 기록들, 특히 카이로의 게니자 Genizah(유대인 회당 내부에 위치한 고문서 보관소*)의 기록들은 풍부하지만 큰 도움이 되지는 않는다. 그럼에도 이 기록들은 서양 유대주의의 상황을 간접적으로 이해할 수 있도록 해 준다. 특히 그리스도교의 입장에서 북아프리카와 근동에 거주하는 유대인과 유럽 영토에 거주하는 유대인을 다르게 생각했던 점도 확인할 수 있다.

의학과 역사에 대한 사유

유대인, 이슬람교도, 비잔티움인, 라틴족의 구성원이 살레르노의 의학 학교의 기틀을 다졌다는 기원에 대한 이야기는 의심할 여지없이 지중해 남부 지역의 다문화적 전통을 설명해 준다. 이 점은 중세 초의 가장 중요한 의학 학교가 발전할 수 있는 원동력이 되었다. 이런 전통은 종종 매우 분명하고 사실적으로 묘사되었는데, 특히 전설을 기록한 것으로 보이는 몇몇 문헌에서 등장하는 유대인 의사였던 오리아 출신의 **샤베타이 도놀로**Shabbethai Donnolo(약 913-약 982)를 통해서 확인할 수 있다. 그는 의사, 천문학자, 문헌에 대한 주석가였다. 도놀로는 서유럽에서 히브리어로 의학서를 기술한 최초의 저자였고, 그의 명성은 970년의 『가치 있는 책Sefer ha-yaqar』(『혼합의 책Sefer ha-mirqachot』이라는 제목으로도 알려져 있다)이라는 짧은 저서에서 유래한다. 이 책은 다양한 약의 조제에 대한 내용을 다루고 있으며 그리스어, 라틴어, 방언을 포함한 다양한 단어의 목록을 제공하고 있다. 이 중에서 방언으로 쓰인 부분은 중세 초의 히브리-이탈리아어의 단어들로 구성된 가장 오래된 목록이다. 도놀로의 다른 주요 저서인 『현자의 책Sefer chakmoni』은 946-982년에 집필되었으며, 대우주와 소우주 관계를 행성의 영향 이론melothesia을 통해서 설명하며, 짧은 자서전도 포함하고 있다. 천문학 저서인 『별들의 책Sefer ha-mazzalot』은 부분적으로만 전승되었다. 과학에서 도놀로가 차지하는 위상은 중세 후기 사회의 여러 인물들에 선행하고 있으며, 유대인 중 가장 유명한 물리학자로서 일반적이지 않은 지식과 기술을 다루었다. 여러 가지 언어로 번역된 그의 저서들은 잘 알려져 있지는 않았지만 종종 성직자들의 사유에 대한 근거를 제공하기도 했다. 도놀로가 살아가던 시기였던 중세 초기에는 에스파냐와 시칠리아를 제외한 모든 유럽에서 지식에 대한 패러다임은 아직도 폭넓게 그리스어와 라틴어로 구성된 고전 문화와 연관되어 있었으며, 유대인의 문화와는 가끔 연관되어 있었다. 도놀로는 아랍의 과학을 평가 절하했으며, 지식에 도움을 주지 않는다고 생각하기도 했다. 당시 세계에 대한 유대인의 관점은『요셉의 책Sefer Yosefon』(이 책은『요시폰Yosippon』이라는 이름으로도 알려져 있다)을 통해서 확인할 수 있다. 이 책은 953년에 집필되었고 성경의 전통, 성경의 시대 이후, 고대의 역사를 우아하게 종합하고 있다. 이 책은 후에 플라비우스 요세푸스Flavius Josephus (37/38-100년 이후)가 집필한『유대 고대사Antichità giudaiche』라는 책의 기초가 되었다. 이 책 역시 이탈리아 남부에서 히브리어로 집필되었던 경우다.

| 다음을 참고하라 |
역사 제조업과 공방(296쪽); 상인과 무역로(300쪽); 해양 무역과 항구들(305쪽); 소소한 일상들(344쪽)

귀족

| 주세페 알베르토니 |

중세 초기에 귀족은 사회적 역할 및 직업과 밀접한 관계를 맺었다. 공적인 직무 수행을 통해 왕권에 참여하는 일은 당시의 역사적 맥락을 고려해 볼 때 중요한 의미를 지녔다. 카롤링거 왕조의 경우, 군주들은 혈연관계에 바탕을 둔 충성스러운 소수의 인물로 구성된 공공 집단으로서 귀족을 등장시켰다. 그러나 이후에 찾아온 왕권의 위기는 성이라는 단어에서 시작된 성주의 권한을 발전시키는 계기를 마련했으며, 이들은 지방 권력을 대표하는 귀족으로 성장했다.

라틴 민족과 게르만 민족

중세 초기의 귀족에 관심을 둔 연구자들은 오랫동안 귀족 개념의 기원을 게르만 민족의 군사적 전통을 통해 설명했고, 로마의 법적·사회적 전통과의 차이점을 강조해 왔다.

그러나 최근에 와서 고대 후기 로마인과 게르만 이민족의 관계를 연구하면서 얻은 성과들은 과거의 관점을 버리고 서로 다른 민족의 문화적 변용에 초점을 맞추고 있다.

서로마 제국의 몰락을 가져오고 제국의 영토 내부에 건설되었던 라틴계-게르만계 이민족의 왕국들은 이전에 생각했던 것처럼 '야만적'이지 않았으며, 이들의 사회 구조는 로마의 사회 구조와 절충되고 결합되었다고 보는 것이 더 타당하다. 특히 이민족들은 전사가 엘리트 계급의 중심이라고 여겼지만, 동시에 로마 원로원 제도에서 관찰할 수 있는 귀족의 정치적·행정적 특권을 강조했다는 점에서 로마의 역사적 유산과 밀접하게 관계했다.

이민족 전사들

귀족의 정체성

이런 점을 고려해 보았을 때 프랑크족은 중요한 실례를 제공한다. 프랑크족의 정복 사업은 중세 초기의 사회 구조의 변동에 많은 영향을 끼쳤다. 다른 게르만계 이민족처럼, 프랑크족의 제도 속에서 사회 구성원은 시민의 권리를 지닌 자유 신분과, 법적 권리가 없으며 삶을 선택할 수 있는 권리를 가지지 않은 노예로 구성되었다. 다른 이민족의 자유 신분과 비교해 보았을 때 제도적이고 법적인 관점에서 유사점이 있기는 하지만, 프랑크족의 자유 신분은 동일한 사회 구성원으로 이루어졌던 것이 아니며 봉신, 군인, 왕의 가신처럼 다양한 구성원으로 구성되고 분류되었다. 왕국의 '상류층'을 구성하는 가장 중요한 사회 계급은 왕의 가신들로, 이들은 자신이 수행하는 직무에 따라 귀족의 대우를 받았다. 그러나 이들이 법적인 관점에서 귀족으로 정의되었던 것은 아니다. 예를 들어 510년에 클로비스 1세가 공포한 『살리족 법전』의 경우에 귀족이라는 용어가 등장하지 않았다. 사실 중세 초기에 귀족이라는 용어는 윤리적 측면을 강조하기 위해서 사용했던 단어였으며, 귀족과 다른 자유민에게 서로 다른 살인 배상금(개인의 생명 가치)이 적용되었던 것도 아니었다.

노예, 자유인, 귀족

엘리트 전사 계급과 원로원 귀족

프랑크족은 왕국의 군대 안에서 군사 업무를 담당하는 권리/의무를 지니지만 서로 다른 사회적 조건을 지닌 여러 자유 신분으로 구성되었으며, 다른 이민족들의 경우처럼 서로마 제국의 영토에 고유한 왕국을 건설했을 때부터 이전 전통의 연장선에 있는 정치적·행정적인 관점을 적용했다. 예를 들어 프랑크 왕국Regnum Francorum에서 갈리아-로마의 원로원 귀족들은 자신의 원래 사회적인 신분을 유지했으며 원로원 안에 프랑크인 귀족이 포함되어 있는 게 드문 경우는 아니었다. 오히려 프랑크족은 기존의 귀족 모델로서 이 제도를 받아들였으며, 곧 위대한 인물vir illuster로 공적인 지

위대한 인물들

위를 얻은 인물들은 다른 자유 신분의 구성원과 차별화되기 시작했다. 이 '위대한 인물'들은 공작comites처럼 시민법과 군사적 직무를 수행했으며, 다른 자유 신분의 구성원과 비교되는 공식적인 귀족으로 발전했고, 자신이 지닌 봉토를 통해서 지역에서 가장 중요한 인물로 부상하기 시작했다. 또한 카롤링거 왕조 시기에 '직무를 지닌 귀족'은 시간의 흐름 속에서 혈연관계를 통해 확장되기 시작했고, 귀족 사회의 구조를 변화시켜 나가기 시작했다.

카롤링거 왕조 시대: '제국'의 귀족

7세기부터 카롤링거 가문은 프랑크 왕족의 주요한 직무를 상속하기 시작했고, '궁재'(이탈리아어로 maestro di palazzo, 라틴어로 maior domus)의 지위를 누리며 영토와 군대를 지배하고 관리하기 시작했다. 이들은 봉신을 통해서 상류층을 확장하는 것을 선호했으며 이를 통해 수많은 전사들을 규합했다. 중상 계급에 속한 자유 신분의 구성원들은 군사적인 충성을 대가로 영지의 관리인이 되었고(이 영토를 '은대지'라고 부르며, 9세기에 '봉토'라는 용어가 사용되었다), 이후에 자신의 지위를 상속하기 시작했다. 카롤링거 왕조의 권력자들은 왕국을 구성한 751년 이후에 이렇게 충성을 바치는 인물들 중에서 중요한 종교적·공적 직무를 수행할 이들honores을 선발했다. 이런 선발은 774년에 랑고바르드족의 왕국을 통합했던 카롤루스 대제 시대에 점차 나타났으며, 788년에 바이에른 공국이 점령되었을 때도 동일하게 나타났다. 주요한 직무를 수행하는 구성원은 왕에 대한 '충성'을 서약했던 인물들로, 라인 강, 뫼즈 강, 모젤 강의 중하류에 위치한 지역의 귀족 가문에 소속되어 있었는데 이곳은 카롤링거 왕조의 기원이 되는 장소이기도 했다. 이런 방식으로 '황실'의 귀족들은 세분화되어 조직되기 시작했으며, 서로 다른 지역에서 재화를 관리하고 직무를 수행하기는 했지만 그들 가계의 기원은 동일한 장소에 소속되어 있었다. 이런 귀족에 대해서 잘 알려진 실례를 들자면, 바이에른의 제독이었던 게롤트Gerold(?-799)는 라인 중부 지방의 주요한 가문의 일원이었다. 또한 라인 중부 지방에서 태어난 프리울리의 에리히 Erich of Friuli 공작은 프랑크족에 대항해서 싸웠던 프리울리의 로드가우트Hrodgaud of Friuli(?-776)의 자리에 카롤루스 대제가 임명했던 경우다.

상속되기 시작한 권리와 황실 귀족의 탄생

새로운 도덕적 모델

동시대의 사료들은 게롤트와 에리히가 아바르족과 힘든 전투를 치르다 전사했을 때에도 영웅적인 태도를 취했으며, 여러 주교좌 교회에 재화를 기증했다는 점에서 그리스도교도로서 믿음에 충실했다고 강조하고 있다. 특히 카롤링거 왕조의 문예 부흥을 주도한 아헨의 주교 파올리노 2세Paolino II(?-802)는 당시 유명했던 에리히에 대한 '추도사'를 남겼다. 파올리노와 요크의 알퀴누스처럼 카롤링거 왕조의 여러 지식인들은 글이나 서간문을 통해 제국의 귀족이 가져야 하는 윤리 덕목을 설명했고 이전과 다른 새로운 모델을 제시했다. 이들은 그리스도교의 믿음을 수호하는 경우에만 폭력이 정당화될 수 있다고 설명했다. 그러나 이에 덧붙여 고위 성직자 역시 이 당시에 귀족 가문에 속했던 인물이라는 사실을 기억할 필요가 있다. 카롤링거 왕조의 귀족들과 교회는 밀접한 관계를 유지했다. 이런 점은 귀족들이 '개인적 용도의' 여러 교회와 수도원 교회에 많은 기증을 했다는 점을 통해서도 확인할 수 있다. 이들이 종종 기증했던 교회들은 가문의 기억을 회상할 수 있는 상징적인 장소이자 가문과 교회의 관계를 공고하게 만들 수 있는 접점이었다.

귀족들의 도덕적 원칙

가문

카롤링거 왕조 시대에는 소수의 '가문'들이 귀족의 지위를 가지고 있었으며, 귀족들 사이의 매우 복잡한 친족 관계를 통해 가계를 구성했다. 기본적으로 장자 계승이 원칙이었지만 때로 가문의 권력을 여성에게 상속했으며, 정략결혼은 주요 가문이 결합하는 중요한 수단이었다. 이처럼 여러 가문들은 구성원의 횡적 관계에 의존했고, 강한 결속력을 지니게 되면서 여러 가문이 독립된 한 가문으로 묘사되는 경우도 있었다. 그러나 이런 모든 가문이 대표할 수 있는 명칭을 가진 것은 아니었으며, 근대 연구자들의 편의 때문에 가문의 이름을 붙였던 경우도 있었다. 중세에는 가족 관계에서 인물의 이름을 반복적으로 사용하고 계승했기 때문에 연구자의 입장에서는 복잡한 상황이 만들어지기도 했다. 또한 당시의 귀족들이 뛰어난 업적을 지닌 사람을 골라 조상을 만들어 냈던 경우도 있다. 어떤 경우이든 카롤링거 왕조 안에서 복잡한 가문의 관계와 서열이 구성되었으며, 이는 제국의 영토에서 정치적 권한을 '상속' 받은 자들로 왕을 선택할 때에도 중요한 영향을 끼치기도 했다.

위대한 조상을 지닌 영예

기사, 성주, 성

9세기 중반에 카롤링거 왕조의 귀족 가계는 범위가 넓고 복잡한 구조를 가지고 있었지만, '국제적' 특성을 상실했으며 귀족과 영토의 관계는 강화되었다. 이는 여러 영주가 자신의 직무를 상실하지만 영토는 소유하는 과정을 통해 발전했다. 결과적으로 이는 카롤링거 왕조 이후에 여러 '지역 왕조'가 형성되는 이유가 되었으며, 곧 왕권이 위기를 맞으며 여러 지역의 영토에 대한 통제력이 약화되는 이유가 되었다. 이들은, 처음부터 직무를 지니지 않았지만 왕권이 약화된 틈을 이용해서 자신의 영토에 대한 독점적인 권력을 행사했던 봉건 영주와 비교된다. 새로운 귀족이 등장하면서 권력이 분할되었으며, 지역 권력을 소유하게 된 귀족은 새로운 성을 건설하기 시작했고 가문의 고유한 명칭을 사용하기 시작했다. 성을 중심으로 발전했던 이런 영지에서는 사병이 동원되었고, 이 사병들은 다시 봉신의 맹세를 통해 새로운 사회적 관계를 구성하기 시작했다. 봉신에게 요구되는 의무 중에는 마상 전투가 포함되어 있었고, 이는 이후에 군대의 전략적 기술이 발전하는 이유가 되었다. 이 시기에 기사는 창을 수평으로 들기 시작했다. 군인이지만 새롭게 등장한 엘리트 계급의 확산은 신분 상승의 좋은 기회였고, 기사 문화가 발전하기 시작했다. 유명한 기사들은 성의 영주와 함께 사회의 주요 구성원으로 새로운 신분을 획득할 수 있었고, 이들을 중심으로 다양한 전투 기술이 발전했다. 기사와 귀족 사이의 복잡한 관계와 만남은 이후 중세 후기의 귀족 계급의 발전에 중요한 영향을 끼쳤으며 새로운 법적인 관점에 따라 정의되었다. 이들은 하층 계급과 명확하게 구분될 수 있는 가문의 문장이나 직인을 통해 자신의 정체성을 드러냈다.

권력의 분할과 성의 확산

| 다음을 참고하라 |

역사 풍경, 환경, 인구(271쪽); 도시의 쇠퇴(276쪽); 장원 경제와 지방 영지(280쪽); 극빈자, 순례자, 구호 활동(326쪽); 라틴계–게르만계 민족이 설립한 여러 왕국의 전쟁과 사회(331쪽); 종교적인 삶(335쪽); 축제, 놀이, 의식(349쪽)

극빈자, 순례자, 구호 활동

| 줄리아나 보카다모Giuliana Boccadamo |

그리스도교 공동체가 등장했을 때부터 이미 구호 제도가 형성되었다.
카파도키아의 여러 교부는 '구호의 교부'로 알려져 있었고, 사회 구호 단체를 구성하는 데
이데올로기적 근거를 제공했다. 이들이 실천했던 여러 방법은 근동에서 서유럽으로
수도원주의가 확산되는 과정에서 알려지기 시작했고, 이후 상당한 영향력을 지니고 있었다.

'가난'이라는 용어

가난한 사람의
다양한 유형

중세 사료에서 '가난한 사람/가난한pauper'이라는 용어는 경제적 가치 판단에 한정된 것이 아니라, 여러 부류의 사회 구성원을 지시하는 단어들과 함께 사용되며 그 의미를 구성했다. 예를 들어 기아에 허덕이는 사람들을 향해 '굶주린 가난한 사람pauper famelicus'이라는 단어를 썼으며, 옷이 없는 사람을 가리키기 위해 '의상이 가난한 사람pauper pannosus'이라는 단어를 사용했다. 또한 '가난한 사람'과 '장애인'도 혼용되었는데, 그 이유는 두 부류의 사회 구성원이 모두 재화를 소유하지 못한 사람들이었기 때문이다. 또한 가난한 사람이 된 상황을 설명했던 표현도 사용되었다. 과부나 고아가 대표적인 경우였다. 또한 구호 대상인 신체 장애인을 '결함 있는 가난한 사람pauper infirmus'이라고 표현했고 이 경우에는 다른 분류 체계를 적용했다. 신체 장애인은 시각장애, 절름발이, 청각장애, 정신병자로 나뉘어 있었고, 열병 환자의 경우는 그 자체로 따로 분류되었다. 또한 자유를 잃고 인간으로서 권리를 지니지 못한 노예, 죄수, 정치적 유배자도 가난한 사람이라는 용어를 활용해서 설명했으며, 신념에 따라 개인적인 선택으로 신에게 다가가기 위해서 혹은 다른 여러 필요에 의해 여행했던 사람들을 '가난한 순례자pauper peregrinus'라고 불렀다. '부끄럽게 가난한 사람pauper verecundus'이라는 단어도 있었는데, 이는 귀족이나 부자가 한순간에 자신의 재산을 잃게 되어 가난한 사람이 된 경우였다. 이 밖에도 '그리스도의 극빈자pauper Christi'라는 용어도 있었다. 이 경우는 부자가 구원을 위해 사회에 재산을 환원하고 극빈자가 되는 경우였다. 중세 초기에서 중세 후기로 이행하는 과정에서 극빈자에 대한 분류 체계는 더 세분화되고 명확하게 나누어졌다. 예를 들어 '비열한 자abiectus'

는 극빈자의 모습을 위장하는 사람들을 지시하며 구토를 유발하고 찢어진 의상을 걸치고 폭력적인 행위를 일삼는 사람들을 의미한다.

16세기가 되면 극빈자에 대한 여러 정의들이 정리되었다. 이 시기에 종교적 의미에서 극빈자의 개념은 사라졌지만 경제적으로 가난한 시민, 고아, 과부나 홀몸인 여자, 노인, 가짜 극빈자에 대한 분류가 남게 되었다. 특히 유랑자, 외국인, 사기꾼과 가짜 장애인, 능력은 있지만 일하지 않는 게으른 사람도 극빈자에 분류되었는데, 이들은 구호의 대상이라기보다 사회에서 격리되어야 하는 대상으로 분류되었다.

서유럽, 동유럽의 최초 구호 단체

그리스도교 공동체가 구성되었던 초기 시기부터 구호 활동을 위한 조직이 발전하기 시작했다. 성경에 등장하는 여러 사도와 가난한 사람의 관계에 대한 기록이나 성 바오로(약 10-약 65)가 예루살렘에서 극빈자를 구호했다는 활동은 이에 대한 실례를 제공해 준다. 그리스도교도에게 자선 활동은 신에 대한 믿음을 드러내고 원죄에서 벗어나기 위한 수단이자 신의 은총을 구하는 방법으로 인식되면서, 가난한 사람들에 대한 구호 활동은 일상적인 삶의 일부를 구성했다. 카르타고와 알렉산드리아에서 흑사병이 창궐했을 때 그리스도교도들이 행한 병자 구호 활동에 대한 기록이 전해지기도 한다. 콘스탄티노플에서는 순교자였던 조티쿠스Zoticus와 이후 콘스탄티누스 대제가 열병 환자를 위한 병원을 설립했다는 기록이 남아 있다. 또한 카이세리Kayseri에서는 카파도키아의 교부 중 한 사람이었던 대大 바실리우스(약 330-379)가 극빈자의 교부로 알려졌는데, 그는 368-369년에 구호원을 조직했고 '새로운 도시'를 위한 사회를 실현하고자 했다. 이곳은 '기도원' 근처에 배치되어 있었으며 주교와 종교인의 거주지에 가까웠고, 유랑민, 병자, 극빈자를 보호하고 이들에게 필요한 직업을 훈련할 수 있는 교육 기관과 함께 운영되었다.

동유럽의 경우에 콘스탄티누스 대제의 칙령이 발표된 321년 이후에 교회는 구호 활동에 적극적으로 개입하기 시작했고 사회적으로 다양한 요구에 따라 제도를 구성해 나갔다. 6-7세기에 동로마 제국의 영토에서 일어났던 기근과 전염병은 이미 엄격주의자들로 하여금 382년에 가능성 있는 극빈자pénes와 가능성 없는 극빈자ptochòs를 분류하도록 만들었다. 하지만 유스티니아누스 대제 시대부터 점차 자선 구호 기관이 발전하면서 대상에 대한 구체적인 분류 구조를 구성하게 만들었다. 그

그리스도교와 자선

동유럽의 구호 활동

리스어 단어인 '게로코메이아gerokomeia'는 노인을 지시했으며, '브레포트로페이아 brephotropheia'와 '오르파노트로페이아orphanotropheia'는 태어나서 버려진 아이와 고아를, '노소코메이아nosokomeia'는 병자를 의미했다. 또한 산모와 장애인을 위한 장소를 따로 구성했으며, 극빈자를 위한 고아원들도 발전하기 시작했다. '프토코트로페이아ptochotropheia'와 '크세노도케이아xénodocheia'라고 알려진 이방인과 순례자에게는 최소한의 위생을 제공했다.

　이런 생각, 방법과 자선에 대한 여러 가지 형태들이 동방에서 서방으로 전해졌다. 밀라노의 주교였던 암브로시우스(약 339-397)는 카파도키아의 교부들의 설교를 활용했다. 약자를 보호하는 가장 뛰어난 보호자는 극빈자에게 도움을 주기 위해 '성스러운 꽃병'을 파는 사람들이었다.

　히포의 주교였던 아우구스티누스(354-430)는 로마 제국의 영토였던 아프리카에서 부유한 사람들의 남는 재화가 가난한 사람들에게 필요한 것이라고 설교했다. 교황이었던 레오 1세는 가난한 사람들에 대한 자선이 착한 그리스도교도의 의무라고 주장했다.

서유럽의 구호 활동　서유럽에서 극빈자와 권력자의 관계에 따라 사회가 변화했으며 사회적인 갈등을 만들어 냈다는 점은 우연이 아니었다. 적어도 9세기까지 토지의 소유는 식량에 대한 위기 속에서 부자와 빈자를 나누고 있었다. 그 결과 흑사병이 창궐하던 542-544년에 주교는 문명의 보호자defensor civitatis이자 가난한 사람들의 아버지pater pauperum로 활동하게 되었다. 그의 집은 극빈자의 집이었다. 그렇게 해서 동방에서 들어온 자선 활동은 서방에서도 '종교인'의 제도로 형성되기 시작했고, 과거의 식량 배급소를 대체하는 구호소들이 주교의 비호를 받으며 가난한 자들의 목록을 작성하고 음식을 배급했다. **마트리쿨라이** 6세기가 되면 '마트리쿨라이matriculae(극빈자 후원 목록)'가 등장하는데, 이는 지역 교회의 비용으로 후원하는 극빈자의 목록이었다. 이 목록에 기입된 극빈자들을 '마트리쿨라리matriculari'라고 불렀다. 극빈자에 대한 목록은 470년의 랭스에서, 520년의 레온에서, 522-532년의 라벤나에서, 그리고 교황 그레고리오 1세가 지배하는 로마에서 확인할 수 있다. 그는 첼리오의 수도원 옆에 '트리클리니움 파우페룸 triclinium pauperum'이라고 알려진 극빈자 식당을 설립했다. 그레고리오 1세는 죄수들과 극빈자들을 보호했으며 당시 교회는 '열린 곳간'이라고 불리게 되었다. 마트리쿨라리는 고정된 숫자의 인원에게 일정한 후원을 받았으며, 신에게 헌신하고 그를 돕는다는 조건에 따르고 종종 교회 건축물을 지키며, 미래의 '교구 위원'과 유사한 기능을 지녔으며 그 대가로 구걸할 수 있는 권리를 가지게 되었다.

극빈자에 대한 관심은 다른 역사적 사건들에서도 확인할 수 있다. 예를 들어 하드리아노 1세(?-795, 772년부터 교황), 레오 3세(약 750-816, 795년부터 교황), 니콜라오 1세(810/820-867, 858년부터 교황)는 성 베드로 광장으로 이어지는 수로에 관심을 가지고 네로의 오벨리스크 옆에 욕조를 만들기도 했지만, 동시에 극빈자와 순례자들에게 신선함을 제공하기 위해서 분수들을 보수했다. 수많은 여행기와 여행 안내서들은 이 시대의 상황을 설명해 준다. 333년의 『보르도 여행기Itinerarium Burdigalense』, 4세기 말에 기록된 『에게리아 여행기Itinerarium Egeriae』, 560년경의 『안토니니의 여행기Itinerarium Antonini Placentini』, 679-682년에 여행했던 이오나의 아돔난Adomnán of Iona(624-704)의 『성소에 대하여De Locis sanctis』, 866-870년에 여행했던 브르타뉴의 베르나르두스Bernardo il Bretone의 『여행기Itinerarium』와 같은 이 시기의 기록을 통해 로마로 향하는 순례 행렬이 6-10세기에 증가했음을 알 수 있다. 이 밖에도 다른 여행 책자나 여행 기록도 존재한다. 예를 들어 카롤링거 왕조 시대의 『아인지델른 여행기 Itinerarium Einsidlense』, 990년경에 기술된 캔터베리의 대주교의 『여행기Itinerarium』도 이 시대의 분위기를 전달해 주며, 『스콜라이 페레그리노룸Scholae peregrinorum』은 색슨인(작센인), 프리기아인, 프랑크인, 헝가리인들로 구성된 도보 여행자나 순례자가 묵을 수 있고 도움을 받을 수 있는 로마의 이국인 정착지를 소개하고 있다.

주교좌의 구호소에서 수도원의 구호 사업으로

서유럽에서 교회는 구호를 위한 유일한 제도였다는 점은 잘 알려져 있다. 6-7세기의 공의회들과 이후 카롤링거 왕조의 종교법들에서는 개인적인 봉헌뿐 아니라 공적인 구호 활동과 규범들을 발전시켜 나갔다. 단식의 결과로 남은 것의 3/10이, 그리고 모인 기금의 1/4이 가난한 사람들에게 돌아갔다. 7-9세기에 주교의 사회적인 권한이 줄어들면서 주교의 자선 사업은 쇠퇴하기 시작했다. 그래서 이를 수행할 만한 다른 기관이 필요했고, 동방에서 유래한 수도원들이 이 역할을 대신해서 가난한 사람들과 순례자를 받아들이기 시작했다.

아를의 카이사리우스Caesarius of Arles(약 470-542)는 스승인 율리아누스 포메리우스Julianus Pomerius(5세기)를 통해서 카시아누스Joannes Cassianus(약 360-430/435)의 『담

구호를 담당한 교회

화집Collationes』을 명상하며 부제들을 중심으로 한 수도원의 자선 사업을 발전시켜 나갔다. 이 사업은 레린의 수도원을 통해서 전파된 다음(410)에 마르세유의 산 비토레 수도원까지 퍼져 실천에 옮겨졌다(415). 거의 같은 시기인 500-529년에 『대가의 규범집Regula Magistri』(540년경에 기록된 작자 미상의 수도원 규칙서*)과 누르시아의 베네딕투스의 『베네딕투스 규칙』이 등장했는데, 이 책들은 수도원의 자선과 여행자에게 도움을 주고 있다. 『베네딕투스 규칙』은 나태한 사람들과 노숙자에 대한 불신을 뛰어넘고 있으며, 『대가의 규범집』에서도 동일한 관점을 확인할 수 있다. 이들은 가난한 사람들과 순례자들이 그리스도를 받아들이도록 하기 위해서 많은 관심을 기울였다. 아니안의 성 베네딕투스는 816년경에 기존의 규범에 바탕을 두고 세부적인 내용들을 정리했으며, 무엇보다도 얼마나 많은 사람들이 도움과 접대에 불만을 보였는지에 대해서 문지기들을 통해 취합했다. 가난한 사람들, 도움이 필요한 사람들, 외국인들, 순례자들은 클뤼니 수도원의 설립 문서에 등장하며(909), 10세기의 수도원 개혁 운동에서 중요한 요소가 되었다. 이들에 대한 자선과 보호는 실천으로 옮겨졌다.

수도사들은 그리스도의 가난을 따라 자신이 줄 수 있는 것을 가난한 사람들에게 나누어 주었고, 이들로부터 기쁨, 환희, 자유를 마주했으며, 이들의 발을 씻겨 주었고, 수도원의 문에서부터 이들을 받아들이는 전례와 더불어 이들에게 묵을 곳과 쉴 곳을 제공해 주었다. 수도원의 문은 풍족한 현실 세계와 엄격한 삶의 경계를 허무는 공간이었다. 종종 극빈자들은 먹을 것을 얻기 위해서 문을 통과하거나refectio pauperum 머물 곳을 위해서 문을 통과했으며hospitale pauperum, 클뤼니 수도원의 관례처럼 하루 혹은 하룻밤 동안 보살핌을 받았다. 또한 수도사와 조력자들에게도 문은 열려 있었다. 예를 들어 클뤼니 수도원의 경우에는 한 주 간격으로 수도원 주변에서 기다리는 가난한 병자들을 방문했다.

| 다음을 참고하라 |

역사 도시의 쇠퇴(276쪽); 장원 경제와 지방 영지(280쪽); 귀족(321쪽); 라틴계-게르만계 민족이 설립한 여러 왕국의 전쟁과 사회(331쪽); 종교적인 삶(335쪽); 소소한 일상들(344쪽)

라틴계—게르만계 민족이 설립한 여러 왕국의 전쟁과 사회

| 프란체스코 스토르티Francesco Storti |

5-6세기의 민족 대이동 시기에 자유 신분을 지닌 구성원이면서 전사로 사회 구조를
지탱했던 이민족들은 라틴 문명에서 발전한 군대의 모델과 구조를 도입했고 전쟁 문화를
발전시켜 나갔다. 특히 갈리아 지방에서 활동한 프랑크 민족은 봉신 제도를 활용해서 군인
들의 사회적 지위를 정립했고, 이후로 수세기 동안 지속될 기마 전투의 형태를 고안했다.

전쟁을 위한 사회

중세 유럽에서 전쟁은 사회 변동의 중요한 원인이었다. 라틴계 민족과 게르만계 민
족의 문화적 만남은 사물의 형태, 내용, 사회적 기능을 변화시켰고 기술을 발전시키
는 원인이 되었다. 이런 점은 이후 문화적·사회적 변화의 동인을 구성했다. 전쟁이
일어났던 장소에서 라틴 문화에 동화되었던 사람들과 여러 이민족들이 교류하기 시
작했고, 이후에 중세 사회의 모습이 형성되는 과정에 중요한 영향을 끼쳤다. 변증
법적 성격을 지녔던 당대의 문화 교류에 대한 가치를 평가하기란 쉽지 않지만 적어
도 한 가지는 분명하다. 유럽의 전쟁 문화, 물질문화, 정신적인 가치의 변화에서 이
민족은 중요한 공헌을 했고, '사회학적' 관점에서도 새로운 질서를 만들어 냈다. 기
존의 라틴 문화에서는 전쟁이 국익 추구를 위한 이성적 판단 도구였으나, 게르만 민
족들의 경우에 사회는 그 자체로 전쟁의 필요성에 맞게 구성되어 있었다. 그리스도 **전쟁과 연관된**
교가 발전하던 초기에 등장했던 이교도 혹은 반反유랑 민족뿐 아니라 이후 그리스 **사회와 가족**
도교 신앙을 받아들이고 왕국을 구성한 민족들은 5-6세기에 유럽에 정착했다. 이들
의 전쟁 활동은 그 자체로 사회 구조를 형성했고, 전투의 지휘자와 참여자(코미타투
스comitatus, 트루스티스trustis)는 신뢰를 바탕으로 구성된 관계를 통해서 명령권자(지도
자duces, 왕reges)의 권력을 구성했다. 이 과정에서 군대의 구조는 가문clan을 통해 정
비되었으며, 구성원들은 무엇보다도 가족 중심적 문화 속에서 부자 계승 관계를 통
해 군대 조직의 일원으로 참여하며 사회적 지위를 전승했다. 전사는 자유 신분의 남
성과 동일한 의미를 지니고 있었으며, 개인의 법적·사회적 조건을 규정했고, 권력의
발전 과정뿐 아니라 이름을 만드는 과정에서도 영향을 끼쳤다. "리카르도Riccardo(리

크-하르트Rik-hard : 용맹의 힘), 아르만도Armando (헤리-만Heri-man : 전쟁의 남자), 루지에로Ruggiero (호르트-가르Hort-gar : 영광의 창), 굴리엘모Guglielmo (빌레-헬름Wile-helm : 의지-군모), 게라르도Gerardo (게르-하르트Ger-hard : 강한 창) …… 게르트루데Gertrude (가이레-트루디스Gaire-trudis : 확신의 창), 마틸데Matilde (마흐트-힐디스Macht-hildis : 전쟁의 힘)"와 같은 이름들이 대표적이다(P. Contamine, *La guerra nel Medioevo*, 1986).

전사로 구성된 민족 사람들이 적었던 지역에서 수세기 동안 발전한 전형적인 부족 문화로부터 이민족 전사를 위한 호칭들이 유래했는데, 이들의 공격적인 성향은 'Wut(격분)'라는 단어로 설명할 수 있다. 독일 방언으로는 'woths(냉정함)'라고 알려져 있는 이 단어에서 '보탄wothan(북유럽 전사의 신)'이라는 명칭이 유래되었으며, 이 단어는 힘을 과시하기 위해 전쟁에서 싸우는 광기 어린 상태와 연관되어 있었다. 다음의 설명들을 토대로 이민족 전사와 라틴족의 군인을 구성했던 인원의 '관계적' 특징을 더 쉽게 이해할 수 있다. 민족 대이동 시기에 제국 내부에는 약 50만 명의 인원이 넓은 지역에 분포되어 있었으며, 국경 지역의 경우에 약 1킬로미터당 150/200명의 군인들이 있었다. 반면 게르만 부족의 경우에 15세부터 입대가 가능한 군인들은 2만-3만 명 정도가 좁은 지역에 모여서 활동했다.

라틴족과 게르만계 이민족들의 왕국의 전쟁

콘스탄티누스 대제의 재위 기간에는 이민족의 군사적 특징을 절충해서 군사 조직을 개혁한 적도 있지만, 이민족이 정착하는 과정에서 로마 군사 조직은 유지될 수 없었다. 이런 변화는 매우 급진적이었다. 고대 후기의 로마 제국의 경계나 국경 지역의 도시에서 전문 군인이 지휘하고 통제했던 전쟁은 역사적 변화를 겪으며 다른 문화적 요소가 뒤섞이고 새로운 사회 조직이 형성되는 데 영향을 끼쳤다. 전사로 익숙한 생활을 지속했던 이민족들은 이제 과거 로마 제국의 영토에 가족과 함께 이주했다. 이들은 농민이자 전사이자 작은 지역의 소유주로, 자신들을 대표하는 수장과 더불어 영토를 점유해 나가기 시작했고, 결국 원로원의 귀족과 뒤섞여 넓은 토지를 소유한 영주로 변화하기 시작했다.

5세기 초에 게르만 민족이 사용했던 무기들은 다른 정복 민족 사이에서 퍼져 나갔으며, 다른 시기와 다른 방식으로 그리스도교에 대한 믿음을 공유했던 이민족들은 유사한 무기들을 사용하고 경쟁했다. 하지만 많은 이민족들이 그리스도교에 우호적이었으며, 이민족들과 정착민들은 곧 새로운 사회 구성원으로 통합되기 시작했 **이민족과 정착민의 융합**
다. 이런 사회 변동 속에서 로마 군대의 복잡한 논리적-행정적 구조가 일부 활용되
기도 했다. 예를 들어 에스파냐의 서고트족은 재화와 식량의 분배를 담당했던 행정
관annonarii 제도를 활용하기도 했지만, 군대 조직을 간결하게 정비한 뒤에 로마의 정
교한 행정 조직을 '바눔bannum'(가신 소집 제도)으로 대체했다. 바눔이란 '가신의 소
집'이란 뜻으로 왕이 보낸 특사가 왕국을 돌며 명령을 전달하면 모든 자유 신분의 남
성은 이에 화답해야 할 의무를 지니고 있었다. 로마-이민족의 군대는 로마 군대와
구분되었으며 동일성을 가지지 못했다. 이들은 자신의 영지를 떠나 자신의 사회적
위상과 계급을 보여 줄 수 있는 무기를 지참하고 자식들과 하급 무사들(프랑크족의
하급 무사antrustioni, 에스파냐의 서고트족의 하급 무사gardingi, 영국 색슨 왕국의 시종 무사
gesiths 등)을 동반한 채 전장에 합류했다.

　사실 이 시기에 게르만 지역의 전통적인 무기들이 유행했다. 젊은이들은 전투가 **게르만족의 무기들**
시작되면 방어를 위해서 방패를 활용했고, 갑옷은 사슬들을 연결해서 튜닉 형태로
만들었다. 또한 앞부분이 갈린 도끼는 손에 들거나 혹은 부메랑처럼 던져서 사용했
고, 무거운 창과 치명적이지만 한쪽 칼날만 갈려 있는 검(sax, scramasax), 그리고 활을
사용했다. 검 중에서 양쪽이 모두 갈려 있는 경우는 찾기 어려웠으며, 상류층의 군장
으로는 세밀한 장식을 지닌 투구가 있었고 장식이 풍부한 갑주나 말을 보호하기 위
한 기마 갑주들이 사용되었다.

전쟁의 형식과 봉신 제도의 혁명

사회 구조와 군비의 형태는 전사 계급을 구성하는 요소였다. 일상에서 중세의 군대
를 위해 마련된 다양한 계급과 명령 체계의 지위는, 전쟁이 일어났을 때 개인의 전투
능력에 따라서 결정된다는 점을 기억할 필요가 있다. 전쟁 전략은 매우 단순했으며 **전술**
지휘관들은 집단을 구성해서 싸우고 말을 타고 질주했다. 예를 들어 이전의 쐐기 모
양 대형을 기준으로 기사들은 말을 타고 달리며 적진을 무너트리기 위해 창을 던졌
고, 이후에는 개인적이고 폭력적인 전투의 결과에 따라서 승리자가 정해졌다. 그러
나 중세 초기에 전쟁을 위한 전략이 부재했다고 생각하는 것은 실수할 여지가 있다.
예를 들어 과거 로마의 여러 전략들이나 진영에 대한 지식이 전달되는 데 한계가 있
고 이민족 왕국의 전사들은 이를 활용하지 않았지만, 적어도 6세기 이후의 사료들에

서 설명하는 것처럼 성을 공격하기 위한 여러 도구(투석기를 포함한 여러 종류의 전쟁 도구)를 가지고 있었다.

그러나 이전 시기와 비교할 필요가 있는 것은 아니다. 사회적으로 급격한 변화를 겪고 있던 중세 초기는 전쟁 기술의 양식 면에서는 시간이 지날수록 더 많이 변화했다. 다른 관점에서는, 앞서 언급했던 것처럼 이 시기부터 전쟁 활동은 사회를 변화시켰으며, 바로 그런 점 때문에 군사 영역에서 다양성을 지니고 중요한 변화들이 시작된 것이다. 이런 과정에서 프랑크 민족의 왕국은 가장 중요한 실례들을 남겼다.

에스파냐의 서고트 왕국이나 이탈리아의 동고트족에게서 관찰할 수 있는 극적인 **프랑크 왕국의 경우** 사건들을 제외하더라도, 7-8세기에 프랑크 민족의 왕국은 사회-제도적인 실험실이었으며 특히 군사적인 측면의 변화는 중요한 역할을 했다. 특히 갈리아 지방에 거주하던 게르만계 전사들은 지역의 귀족 문화와 뒤섞이기 시작했고, 사병의 구성과 영지의 관리는 변증법적인 관계를 지니고 전사이자 귀족인 계급을 안정적으로 양성했는데 이는 봉신 제도로 발전해 나갔다. 이런 과정에서 주인공들은 피핀 왕조와 카롤링거 왕조에서 등장했다. 이들은 관계에 기반을 둔 모델을 통해 권력을 유지하고 이를 적용했으며 결과적으로 효율적인 전사 계급(봉신들의 군대)을 구성했다. 이런 점은 유럽 중세 초기의 새로운 군사적 변화 중에서 가장 중요한 요소였다. 부유한 영지의 소유자들은 기존의 군대를 통합할 필요를 가지고 있었고, 이들의 새로운 조직은 과거 군대보다 더 확장된 군비를 요구했다. 철로 제작된 섬세한 전쟁 도구들을 제작했고 매우 값비싼 말들을 활용했는데(당시 한 마리의 전투용 말은 열 마리의 농업용 황소의 가격과 같았다), 특히 봉신들의 군대는 기마 전투 형태를 발전시켰고, 이는 7세기의 스텝 지역에서 유래했지만 이후에 더 효율적이고 치명적인 방법으로 발전했다.

전쟁에 특화된 군인들 결과적으로 말 위에 있는 수많은 전사들은 이민족 군대의 전통을 만들어 내게 되었으며, 이런 점은 카롤루스 대제가 주도한 여러 전투의 기록을 통해 확인할 수 있다. 이들은 왕국의 경계를 넘어서 아바르족과 8세기까지 전쟁을 벌였다. 이들은 15만 명 정도의 군대를 움직였으며 이 중에서 적어도 2만 명은 기사들로 구성되어 있었다. 군인들이 등장하고 당시의 새로운 사회적 계급이 구성되었다. 봉신의 맹약을 거친 기사들은 12세기의 기사와 비교할 수 없다. 이들은 점점 더 전문화되었으며 전쟁 기술을 귀족적으로 변화시켰고 나머지 사회 구성원들과 명확하게 구분되었는데, 이는 앞으로 유럽의 제도적·사회적 형태의 변화들을 이해할 수 있는 출발점이다.

| 다음을 참고하라 |
역사 야만족의 이주와 서로마 제국의 종말(70쪽); 로마―야만족 왕국(92쪽); 야만족이 다스리는 왕국, 제국, 공국(97쪽)

종교적인 삶

| 안나 벤베누티 |

초기에 '종교적인'이라는 용어는 '신에 대한 신심'(라틴어로 pietas)을 가지기 위한 목적으로 기도에 바친 엄격한 삶을 의미했다. 12세기부터 다양한 신앙의 형식을 제도적으로 정비할 필요성이 등장하면서 '종교심'의 개념은 성직자의 삶과 연관된 제도와 지위를 의미하기 시작했다.

신심과 성직 사이에 놓인 종교적인 삶

기호학적 관점에서 본 '종교적인 삶'의 정의는 복음이 전파되던 시대부터 교회법적 권리를 명시하기 시작했던 근대에 이르기까지 오랜 기간을 걸쳐 형성되었다.

'종교심religio'이라는 용어와 이 용어에서 파생된 단어들은 일반적으로 신심pietas 이라는 개념에서 유래한다. 이 용어는 그리스도교가 등장한 초기부터 사용되었고, 복잡한 삶을 대면하는 과정에서 구성된 존재론의 방식을 의미했으며, 성적인 선택 (독신)이나 엄격한 기도에 봉헌한 삶을 지시하는 용어로 사용되었다. '종교심'이라는 단어는 성직자에서 여성(처녀 혹은 과부), 열렬한 기혼자들에 이르기까지 그리스도 교도로 구성된 공동체를 이끌었던 삶의 태도였으나, 정확한 규범적인 정의들로 설명할 수 있었던 것은 아니었다. 이 개념을 이해할 수 있는 사료인 투르의 성 그레고 리우스(538-594)의 『프랑크족의 역사Storia dei Franchi』는 5-6세기에 갈리아와 에스파 냐 지역에서 열렸던 공의회에서 정의했던 '종교적인 삶'에 대한 사회적인 조건의 실 례를 기술한 적이 있다. 또한 마르세유의 살비아누스Salvianus(?-약470)가 450년경에 제사장들과, 신에게 봉헌하는 삶을 실천하기 위해 독신 생활을 유지하면서 공중에 게 영적인 의미를 설명한 사람들religiosi을 구분하기도 했다. 이전에도 히에로니무스

엄격하고 단순한 삶

(약347-약420), 요한 카시아누스(약360-430/435), 아우구스티누스(354-430)도 서로 다른 부분을 강조하면서 종교적인 삶에 대한 고대 세계의 의미를 기록으로 남겼다.

이 시기에 수도원의 규약에서는 '종교적인religiosus'이라는 용어를 기술적으로 설명하면서 이 형용사를 독신주의와 연관된 이상적인 삶의 태도로 다루었다. 그러나 이후 카롤링거 왕조의 개혁을 거치면서 성직자의 삶과 종교적인 신심은 일반적으로 서로 다른 의미를 가지게 되었다. 무엇보다도 역사적인 사료들은 중세 초기에 여러 평신도의 회개와 관련해 '종교적인religiosus'과 '종교적으로religiose'라는 단어가 은둔자의 전통 혹은 순례자의 전통과 연관되어 있다는 점을 알려 준다. 11세기에 성직 제도를 개혁하면서 성직자의 일반적인 삶을 정의할 필요가 있었고, 교회법학자들은 '종교적인 성직자'라는 표현을 매우 엄격하게 활용하며, '종교심'이라는 단어를 복음서 중에서 규범에 대한 내용을 담은 서간문들과 연관해서 해석했다. 그레고리오 교황의 시대에 이 단어의 의미는 평신도와 성직자에게 모두 적용되었다. 또한 12세기부터 활동하기 시작했고 고대의 전통을 존중하고 요약했던 교회법학자들은 이단을 포함한 종교적 제안들에 의해 오히려 자극을 받았던 여러 실험적 제도들을 규제하거나 정의할 필요성을 느끼지 못했던 것으로 보인다.

주요 복음서와의 연관성

여러 종교적 제안의 규범화

종교적인 삶에 대한 규범을 둘러싼 논의는 제4차 라테라노 공의회(1215) 이후에 지속적으로 등장했다. 라테라노 공의회는 종교적인 삶을 정의하기 위한 한계를 구성하고 통제된 다양한 형식을 발전시켰다. 라테라노 공의회는 새로운 종교 단체의 조직을 제한했으며 기존의 규범과 형식에 따라 종교 단체를 비준했고, 교회는 이 과정에서 종교적 상태에 대한 새로운 규범을 성문화하기 시작했다. 13세기 이후에 여러 종교 단체는 매우 힘겹게 인가를 받았고 교황청은 여러 종교적인 실험에 대한 비준을 통해 종교 단체를 제도로 구축했는데, 이는 교황청의 권위를 고양시켰다. 이 과정에서 13세기에 이론적 논의는 더 많이 요구되었다. 특히 종교적인 지위를 성문화하는 과정에서 파리 대학의 여러 교회법학자들은 성문화하는 과정의 사상과 내용을 주도하며 논쟁을 지속했고, 이후로 종교적인 삶의 형식과 정의를 구성하는 데 공헌했다.

성문화된 규범의 필요성

제4차 라테라노 공의회는 전통과 동시대의 제도를 고려했으며, 이후로 법학자들의 이론은 '종교심'이라는 개념을 '규범'이라는 개념과 결합시켰고, 평신도의 다양한 종교적 실험은 점차 통제되고 규범화되었다. 이런 점은 교황청의 문서를 통해서 명확하게 관찰할 수 있다(이 경우에 '종교심' 혹은 '종교적인'이라는 용어는 늘 '규범적인'이라는 형용사를 동반했다). 법과 연관된 용어를 적용하는 과정에서 '종교심'이라는 단어는 '종교적인 상태'뿐 아니라 종교인이 이끄는 규범이나 원칙이라는 의미를 지니기 시작했고, 이런 개념은 중세 후기부터 근대 초기까지 진행된 여러 영성의 선언들이 규범화되었던 과정을 이해할 수 있는 열쇠를 제공해 준다.

반反종교 개혁 시대에 종교적 삶의 분류 방식은 의례적인 투표를 통해 구성된 규범을 받아들였고, 간단한 투표를 통해서 여러 종류의 종교 기관이 지속적으로 증가했다. 근대에 들어와서야 교황 비오 10세(1835-1914, 1903년부터 교황)는 복잡한 종교적인 계보와 형식에 따른 기관들을 '종교인을 위한 성스러운 성省'으로 보는 새로운 제도를 만들어 상황을 정리했다. 언어적 기원에서 '종교적인 삶'이라는 개념은 법적인 분류 체계를 적용시킨 것은 아니지만, 고대 그리스도교 전통의 다양성에 따라 복음을 둘러싼 급진적인 표현들이 발전하기 시작하면서, 12세기 종교법학자들의 제안에 따라 성직자의 삶과 연관된 제도적인 용어로 활용되었던 것이다.

| 다음을 참고하라 |
역사 수도원주의(251쪽); 풍경, 환경, 인구(271쪽); 축제, 놀이, 의식(349쪽)
시각예술 경배를 위한 새 형상의 탄생과 발전(750쪽)

여성들의 권한

| 아드리아나 발레리오Adriana Valerio |

그리스도교가 모든 신자들은 평등하다고 선언하고 있었음에도 불구하고,
고대 후기의 저자들은 여성이 남성에게 종속되며 권력을 행사하기에는 적합하지 않다는
점에 동의했다. 그러나 귀족이나 왕실 구성원이었던 여성들(아내와 어머니)은 가족이나
왕실의 사회적·정치적·경제적인 이익을 보호하는 데 매우 중요한 역할을 담당했고,
대리인 역할을 통해 권력을 행사하기도 했다.

배경

사회나 종교적인 공동체 내부에서 남성과 여성의 역할은 끊임없이 변화했으며, 그리스도교 문화 내부에서 이러한 내용을 설명하는 방식은 복잡한 역사를 이루고 있다. 여성의 지위는 적지 않은 변화를 보이고 있으며, 같은 시기에도 여성에 대한 긍정적인 평가와 부정적인 평가가 횡행하는 가운데, 답을 찾기 어려운 논쟁들을 불러일으켰다. 성경은 모든 신자들이 그리스도 앞에서 평등하다고 설명하고 있으며(「갈라티아서」 3장 28절) 초기 공동체 사회에서 여성의 역할에 대한 여러 긍정적인 이야기들이 유포되기는 했지만, 가부장적이고 위계적인 관계가 지배적이던 여러 민족의 복음화 과정과 사회적·가정적 체계가 교회에 따라 다시 정비되는 과정에서 여성에 대한 다른 가치가 강조되기 시작했다. 콘스탄티누스 대제에 의해 인정받으면서 다시 태어난 그리스도교는 스스로의 정치적인 입지를 구축하는 과정에서 제국의 종교로 인정받았고, 유대인 문화·그리스 철학·로마법과 같은 다양한 문화에서 영향을 받아 오랜 세기 동안 지속될 남성과 여성 이미지를 인류학적인 관점에서 재해석해서 만들어 냈다.

여성의 불완전성   중세의 저자들은 평등함을 주장하기는 했지만 근본적으로 여성의 부족함과 미완성된 이미지를 강조했으며 여성이 남성에게 귀속된다고 말했다. 이들은 그리스 철학과 성경을 통해서 가부장적인 해석을 적용했으며, 서로 다른 관점을 지니기는 하지만 전통적으로 여성은 '불완전한 동반자infirmitas mulieris'라고 보는 것이 적합하다고 주장했다. 이브의 탄생(남성의 갈빗대, 「창세기」 2장 21절)과 이브의 죄("그는 너의 주인이 되리라", 「창세기」 3장 16절)는 여성의 조건을 설명하는 효율적인 모델이 되었다. 또한 성 바오로의 서간문(1세기경)의 구절들인 "여자들은 교회 안에서 잠자코 있어야 합니다"(「코린토 1서」 14장 34절)와 "나는 여자가 남을 가르치거나 남자를 다스리는 것을 허락하지 않습니다"(「티모테오 1서」 2장 12절)에서 여성에 대한 편견과 논란을 확인하면서 신학적이고 원칙적인 근거들을 제시했고, 공공 영역과 법과 관련한 분야에서 여성을 배제했다.

결론적으로 법령보다 자연적 본성에 따라 규정된 여성의 종속적인 지위는 법 분야에서 여성의 활동을 제한하는 이유가 되었고, 여성의 신체적·정신적인 약함이 강조되었다. 세비야의 이시도루스는 『어원 사전』에서 '부드러운mollitia'이라는 단어에서 '아내mulier'라는 단어가 유래했다고 설명하고 있다. 여성이 주도하는 정부는 자연적 본성에 위배되는 것으로 보았으며, 이런 점은 위偽 암브로시우스가 인용했던 「콜로새서」(3장 18절, 4세기)에서도 확인할 수 있다. 이 밖에도 아리스토텔레스는 『정치학』에서 "여성이 권력을 가지면 권력이 부패한다"고 기술한 바 있다(『정치학』, I, c.13).

중세 여성의 권한을 설명하기 위해서 고려해야 하는 요소 중 하나는 중세의 모든 시기에 걸쳐서 왕실 여성의 사회적 조건이 민족, 사회 계급, 도시와 농촌의 역사적 맥락, 특수한 상황에 따라서 지속적으로 변화한다는 점이다. '통제받아야 하는' 여성의 종속적 조건은 여성이 남성의 권위에 기대도록 만들었지만, 귀족의 경우에 여성이 권력을 통제하거나 장악하는 일을 막지는 못했다. 귀족 여성의 경우에는 예외적인 경우들이 많았으며 '관습'에 따라 권력과 활동을 보장받았으며 법의 한계를 넘어서기도 했다. 이런 점은 여성에 대한 이론적 관점, 법적 질서, 일상의 상황들이 서로 다른 의미의 층위를 구성하고 있었으며, 각각의 관점이 항상 일치했던 것은 아니라는 점을 알려 준다. 그 결과 여성의 권력은 다양한 방식으로 구체화되어 역사 속에 등장했고, '남성성을 지닌 여성mulier virilis'의 모델은 여성이 본성을 극복하고 남성이 지닌 권력을 습득하는 것을 정당화했다.

'남성성을 지닌 여성'은 찬양받았고 권력의 정당성과 책임을 지닐 수 있는 이유가 되었다. 결과적으로 이러한 여성에 대한 관점에서 출발하여 중세 귀족 여성은 교회의 재화에 영향력을 끼쳤고, 신앙의 정통성을 담보로 정부 권한에 대한 책임도 가질 수 있었다. 물론 부정적이고 희화화된 방식으로 여성 권력을 비판한 예도 확인할 수 있다. 예를 들어 성경에 등장하는 이제벨 왕비는 이스라엘의 북부 왕국에서 이교도의 종교적인 제의를 강화시켰고(「열왕기 상」 16, 18, 19, 21장; 「열왕기 하」 9장), 이런 묘사는 「요한 묵시록」(2장 20절)에서 거짓된 여성 예언자의 형태로 강조되고 있다. 성경의 이런 기록은 중세의 모든 시기에 여성의 권력을 적절하지 않은 괴물처럼 부정적으로 묘사하기 위해서 지속적으로 인용되었다. 그러나 이와 달리 헬레나 황후(248/249-약 335)의 경우는 반대되는 의견을 위해 활용되었다. 그녀는 아들 콘스탄티누스 대제를 그리스도교도로 개종시켰고 군주를 신앙으로 이끌었으며, 자신을 위해서 권력을 활용하지 않았던 실례로 다루어졌다. 이런 관점에서 복음을 전파하는 여성의 중요한 역할이 강조되었으며, 이후 프랑스의 성녀 클로틸드Clotild, 이탈리아의 테오델린다Theodelinda(?-628, 616년부터 섭정), 러시아의 성녀 올가Olga of Kiev(약 890-969)의 모범이 되었다.

왕실의 여인들

여왕의 지위를 지니고 있던 여인들은 그리스도교의 발전 과정과 맞물려서 수도원
수녀원 내부의 권력을 이용했다. 특히 수녀원은 상징적인 가치를 지니고 있었으며, 권력을
획득하기 위한 중요한 전략의 일부로 활용되었고 왕실과 귀족 사회에서 여성의 특권
과 권위를 안정시키는 데 중요한 역할을 담당했다. 예를 들어 브레시아의 산타 줄리
아 수도원은 프랑크 왕실의 가문과 밀접한 관계를 유지했다. 여성 군주 대부분은 이
후에 수도원장이 되거나 경제적·사회적·종교적 권력을 행사할 수 있었다. 예를 들어
서 귀족이었던 휘트비의 힐다Hilda of Whitby(?-680)는 휘트비 수도원장으로 켈트족 교
회와 로마 교회의 화합을 이끌어 내기도 했다.

왕조에서 권력을 행사한 여성들

마리아 테레사 구에라 메디치Maria Teresa Guerra Medici가 『유럽 근대 정부의 여성들
Donne di governo nell'Europa moderna』(2005)에서 다루었던 것처럼, 중세 사회에서 여성
은 부계적인 관계에 근거를 두고 활동했으며, 가족 관계에 기반을 둔 권력 구조는 여
성들에게 폭력적 수단을 통해 영토와 도시를 통제할 수 있는 가능성을 열어 주었다.
개인적인 이익은 공적인 이익이었고, 법과 통제에 대한 정치적 권리는 영주의 유산
으로 상속되는 것으로 여겨졌다. 권력은 왕조의 부계 승계를 통해 전해졌으며 여성
들은 "권력의 출산 도구이자 결혼을 통한 교환 대상이고, 영토를 획득하거나 혈연관
계를 맺기 위한 수단이며, 권력의 분할과 보호를 위한 도구라는 점에서 왕조의 형성
과 정치적 연속성에서 가장 중요한 요소였다"(『유럽 근대 정부의 여성들』, p. 22). 일반
적으로 여성의 권력은 전쟁 때에는 허용되지 않았지만, 외교 관계에 바탕을 둔 우호
관계, 새로운 동반자의 창출, 종종 있는 가족 내부의 음모를 통해 실현되었다.

사실 모든 왕실 구성원이 권력의 형성, 유산의 상속 과정에 관여했다. 여성은 어
머니, 아내, 딸 역할을 통해 이 관계를 조절했다. 왕조 내부에서 왕의 여인은 왕이 건
강상의 문제나 신체적 장애로 정치에 참여하는 것이 불가능했을 때 섭정이나 대리인
으로서 권한을 행사했다. 특히 어머니는 종종 '섭정'의 지위를 통해 어린 아들을 대
신해서 권력을 행사했고, 남성 형제가 없는 경우에 딸들이 아버지의 권력을 계승하
기도 했다.

여제들 섭정과 같은 여성 권력의 관례들은 유럽 봉건 사회에서 오랫동안 계속 의미 있는
역사적인 흐름으로 등장했다.

여성이 권력을 소유했던 실례는 4세기부터 발견할 수 있다. 예를 들어 아일리아 풀케리아Aelia Pulcheria(399-453)나 갈라 플라키디아Galla Placidia(약 390-450)는 동로마 제국과 서로마 제국에서 권력을 행사했던 실례였다. 전자는 형제였던 테오도시우스 2세를 대신했고, 후자는 아들이었던 발렌티니아누스 3세를 대신했다. 특히 로마 제국과 이민족의 대이동기(6세기)의 역사적인 변동 속에서 어린 아들을 대신해서 권력을 가진 여성은 낯선 사례가 아니었다.

아말라순타Amalasunta(약 498-535)는 동고트족의 테오도리쿠스 대왕의 딸로, 아 아말라순타 버지가 죽은 후 8년 동안 아들인 아탈라릭을 대신해서 섭정했으며, 매우 복잡한 정부 조직을 구성했다. 라틴어와 그리스어에 능했고 문학적 소양을 지니고 있었던 교양 있는 여성인 아말라순타는 프랑크족이나 부르군트족과 경쟁을 해야 했고, 이 과정에서 외교적 수완을 발휘해서 비잔티움 제국과 정치적인 동맹을 성공시켰다. 또한 그녀는 왕국의 라틴 문화의 유산에 대해 우호적인 태도를 취했다. 카시오도루스(약 490-약 583)는 그녀가 '남성적인 특징'을 지니고 있다고 설명했으며, 이런 관점은 곧 여성의 사회적인 지위를 고양시켰다. 이 시기 이후에 '남성성을 지닌 여성' 모델은 문학적인 원형으로 지속적으로 등장한다. 카이사레아의 프로코피우스는 아말라순타가 "현명하게 권력을 통제하고 정의를 유지했으며, 남성처럼 여러 사건을 해결했다"고 기록했다(『고트족의 전쟁De Bello Gothico』, V, 2:2-3). 아말라순타는 아들인 아탈라릭이 세상을 떠나자 테오다하드와 혼인했고 공동 권한을 유지했다. 이는 고트족 사이에서 자신의 사회적인 입지를 강화하기 위한 시도였으나, 여성의 통제에 반감을 가지고 있던 정적에 의해 535년에 살해되었다.

테오도라Theodora(?-548, 527년부터 여제)의 경우는 유스티니아누스 대제의 황후 테오도라 였으며 이후에 여제로 재위했던 경우다. 프로코피우스는 그녀가 로마에 대해 독립적인 활동을 했기 때문에 그녀에 대해서 부정적인 기록을 남겼다. 그녀는 아말라순타의 살해에 동조했고, 유스티니아누스 대제의 힘을 업고 권력을 행사했다. 그러나 그녀는 결단력 있는 결정과 비판적 관점으로 니카의 반란(532)이 일어났을 때 황제를 효율적으로 보호했고 이후에도 성공적으로 군대를 통솔했다. 테오도라의 경우는 단순히 정치적인 권력을 행사했던 것이 아니라 종교적인 권력도 가지고 있었다. 그녀는 단성론자를 지지했고, 동로마 제국의 통일성을 유지하면서 동시에 로마와 우호적인 관계를 이어 가고자 했다.

비잔티움의 그리스도교 문화에서 '테오토코스Theotòkos'('신을 낳은 자'라는 뜻)라는 마리아의 이미지는 매우 중요한 문화적 전형을 구성했는데, 이것은 황권에 여성이 접근하는 것을 허용하는 근거가 되었고 여러 여성들이 강력한 권력자 이미지를 유지 하는 데 도움이 되었다. 이레네(752-803, 797-802년에 여제)의 경우는 레오 4세의 부 인이었으며, 남편이 죽자 아들인 콘스탄티누스 6세를 대신해서 약 10년간 정치적인 권력을 행사했고 정치뿐 아니라 종교에서도 적극적인 권한을 누렸다. 그녀는 니케 아 공의회를 소집하여 이미지에 대한 문화를 정립했다. 성장한 아들은 그녀에게서 멀어졌지만 그녀는 비잔티움 제국의 중요한 결정에 영향을 끼쳤다. 아들인 콘스탄 티누스 6세와 더불어 6년간 왕권을 행사했고 아들을 대리인으로 이용하기도 했으며 권력에서 배제하는 것도 성공했다. 그녀는 약 5년여에 걸쳐 독자적인 권력을 지녔고, 유럽사에서 처음으로 독자적인 여성 군주의 실례로 남았다. 이레네 여제가 활동했던 때는 성직자의 위계가 구성되었던 중요한 시기였고, 경제적·외교적으로도 중대한 시 기였다. 그러나 그녀는 802년에 일어난 반란으로 직위를 박탈당했다.

메로빙거 왕조의 여성 군주였던 브룬힐다Brunhilda of Austrasia(545-613)와 성 발틸 드Saint Balthild of Ascania(?-680)는 아들을 대신해서 권력과 군권을 행사했던 경우다. 서고트족의 브룬힐다는 아들인 힐데베르트 2세가 성인이 될 때까지 부르고뉴 지방 에서 약 40년 동안 권력을 행사했다. 교황 그레고리오 1세와 주고받았던 편지들은 그녀의 정치적인 위상을 알려 주며, 로마 주교의 입장에서 왕실과의 교류를 통해 종 교적인 목적을 달성하고자 했던 정치적인 이해관계를 보여 준다. 투르의 그레고리 우스는 브룬힐다의 개인적인 권력에 대해서 기록했고, 그녀가 주교의 선출에 열정 적으로 개입했으며 권력을 유지하기 위해 종종 고문이나 살해 같은 잔인한 수단을 사용하기도 했다는 점을 전해 준다. 이후에 클로타르 2세Chlothar II(584-629)는 귀족 과 연합해서 그녀를 고문한 후 살해했다.

한편 발틸드는 클로비스 2세(633/634-657, 639년부터 왕)의 부인이었다. 남편이 죽은 후 행정적인 통솔력을 발휘해서 아들 클로타르 3세(약 656-673, 657년부터 왕)를 위해 메로빙거 왕조를 통합하고 우호적인 환경을 조성하는 등 정치적으로 중요한 역 할을 수행했다. 이 과정에서 그녀는 여러 수도원의 건립을 후원했고(그녀는 이 시기에 콜룸바누스 수도회의 발전에 기여했다), 노년에는 파리 근교에 있는 셸Chelles의 왕립수 도원에서 여생을 보냈다. 그녀는 그리스도교 여왕의 모델로 종교 후원자의 이미지

이레네

이민족의
여성 군주들

를 구축했으며 빈자와 병자를 도왔다.

메로빙거 왕조 시기에 성인들의 전기를 소재로 다룬 문헌들 속에서 성녀의 모습을 발견할 수 있는데, 이런 점은 매우 흥미롭다. 여성 귀족이 신에게 귀의하기 위해서 세계와 절연하고 자신의 사회적인 신분을 낮추어 빈민들을 구호하는 것이다. 이런 점에서 라드공드Radegonde(520-587)는 성녀이면서 여왕의 이미지를 구축했다. 그녀는 왕국의 수녀원을 선호했다. 클로타르 1세(500-561, 511년부터 왕)의 부인들 중 한 사람이었지만, 남편이 자신의 형제를 살해하자 그를 떠나 여성 부제처럼 누아용Noyon에서 생활했다. 라드공드

프랑크족의 황제였던 루도비쿠스 독일왕의 권력에 참여했던 안겔베르가Angelberga(약 830-890/891)는 외교와 전쟁에서 매우 중요한 역할을 담당했으며, 권위를 가지고 루도비쿠스와 그의 형제인 로타리오, 그리고 당시 교황이었던 하드리아노 2세와의 논쟁에 참여했다. 그러나 남자아이 대신에 두 명의 여자아이를 낳았기 때문에 루도비쿠스 독일왕의 죽음(876) 이후에 정치적인 지위가 약화되었다. 그녀는 스스로 수도원에 들어갔지만, 카롤루스 대머리왕은 그녀를 독일 감옥에 수감시켰다. 안겔베르가

부르고뉴의 아델라이데(약 931-999)는 로타리오 2세의 부인이었고, 이후에 오토 대제의 부인이었다. 그녀는 외교 분야에서 많은 영향을 끼쳤고 오토 대제와 공동으로 권력을 행사했다. 그녀는 남편을 보좌하며 961-973년에 이탈리아로 남하했고, 과부가 되면서 아들 오토 2세의 섭정으로 권력을 강화시켜 나갔다. 그러나 아들의 죽음 이후에 그녀는 집정관처럼 활동했다. 그녀는 지역 갈등을 중재하는 데 매우 뛰어난 능력을 보였으며, 이런 점은 그녀의 며느리인 테오파노Teofano(약 955-991)의 열정적인 행동과 정치적인 선택으로 이어진다. 테오파노는 비잔티움 출신으로 오토 3세의 이름으로 8년간 섭정의 지위를 누렸다. 테오파노의 죽음 이후에 아델라이데는 황실에 많은 영향을 끼쳤고, 수많은 수도원을 건립하며 종교적으로 중요한 역할을 담당했으며, 클뤼니의 수도원 운동을 후원했다. 그리고 셀츠Seltz의 수도원에서 여생을 보냈으며 죽은 후에 이곳에서 성녀로 추대되었다. 아델라이데

여성이 권력을 행사한 또 다른 특별한 경우는 로마의 '창부 정치'로 알려졌던 사건들이었다. 10세기 중반의 로마에서는 테오필락투스Theophylactus 가문이 권력을 행사하고 있었고, 이 가문에 속한 여성들이 권력 암투를 벌였다. 이들은 아들에게 권력을 이양하기 위해 저열한 경쟁을 벌였고, 로마의 정치적인 상황을 좌지우지했을 뿐

마로치아 아니라 교황 선출에도 개입했다. 마로치아Marozia(약 892-937년 이전)는 교황 세르지오 3세의 정부였으며, 자신의 어머니인 테오도라가 옹립한 교황 요한 10세에 대항해서 자신의 아들인 요한 11세를 옹립했다. 또한 남편이었던 스폴레토의 알베리쿠스Albericus와 사이에서 알베리쿠스 2세(?-954, '로마의 알베리쿠스'라고도 함*)를 출산했는데, 알베리쿠스 2세는 어머니인 마로치아를 감옥에 가두고 약 20년간 로마 권력을 장악했다.

결론적으로 이런 여러 경우들을 검토해 보았을 때, 여성들이 단순히 권력을 교환하기 위한 수동적 도구라고 보기는 어려우며 남성과 다른 방식으로 권력을 통제했다고 보기도 어려울 것이다. 오히려 권력 투쟁들의 결정적인 순간에는 정치적 판단과 직관력 같은 개인적인 성격이 권력을 통제하는 데 더 중요한 것으로 보인다는 점에서, 중세 시기의 성적 차이는 중요한 의미를 지니지 않는다고 할 수 있다.

| **다음을 참고하라** |
역사 장원 경제와 지방 영지(280쪽); 귀족(321쪽); 극빈자, 순례자, 구호 활동(326쪽); 종교적인 삶(335쪽); 소소한 일상들(344쪽)

소소한 일상들

| 실바나 무셀라Silvana Musella |

중세 초기에 생활했던 사람들은 영양학적 관점에서 좋은 음식이라고 보기는 어려웠으나 (사순절과 같은 시기를 제외하고) 충분한 양의 음식을 먹었다. 당시 농부와 같은 남성의 전형적인 의상은 튜닉, 조끼, 외투였으며, 여성은 발목까지 덮는 긴 튜닉을 입었다. 중세를 대표하는 질병은 열병이었다. 교회는 죽음의 제의가 이교 문화와 연관되어 있다고 생각했기 때문에 이에 관심을 두지 않았지만, 7세기 혹은 8세기에 이르기까지 지속적으로 부장용 가구가 생산되었다.

역사적 논의 대상이 된 일상

역사학에서 일상사를 다루기 시작했던 시기는 1940년대였다. 그러나 정치사나 경제사처럼 중요한 사건들을 분류하고 기록하는 데 많은 어려움이 있었다. 또한 현실에 대한 매력적인 묘사와 흥미롭고 다양한 지식들을 둘러싼 기록을 다루기는 했지만, 그 자체는 특정한 질문이 없는 일반적인 서술 형태를 지니고 있었다.

그러나 아날Annales 학파가 등장하면서 도입한 방법과 새로운 역사적 관점은 일상적인 현실의 무게가 전달하는 의미를 분석하기 시작했으며, 역사의 의미를 구성하고 서로 연결시키는 데 성공했다. 아날 학파의 학자들은 물질에 대한 과학적 접근과 생물학의 도움을 받으며 소비의 역사, 식품의 역사와 의상의 역사, 기후의 역사와 질병의 역사와 같은 다양한 분야에 대한 세부적인 논의를 제공한다. 이들의 활동으로 인해서 결국 일상적인 삶에 대한 서사는 주어진 맥락 속에서 다루어지는 민족들의 특정한 삶의 양식들의 방법과 기원, 그리고 물질문화 연구로 나아갔다.

중세 초기의 일상사를 연구하기 위해서는 당대의 사회 구성원이 활용했던 물질 **자연환경** 과 주변 자연 조건을 정리할 필요가 있을 것이다. 또한 이러한 연구를 통해서 자연환경이 만들어 내는 당시 사람들의 삶의 조건과 범위를 파악할 수 있을 것이다. 인간이 자신을 방어하는 방법이나 환경을 지배하기 위해 사용했던 수단은 무엇일까? 당시 많은 사람들이 숲의 경계에서 생활했고 가축을 길렀고 질병이나 기후의 영향을 많이 받았지만, 인간을 위한 도구가 많지는 않았다. 간단한 구조의 주거 공간과 의상은 당시의 자연환경을 고려해 보았을 때 인간을 보호하기에 충분하지 않았다. 중세인들은 주변의 공격을 방어하고 식량을 확보하며 신체를 보호할 수 있는 의상에 대해서 고민했다. 이런 점에서 일상적 삶의 역사는 환경, 음식, 의상이라는 세 요인에 대한 분석에서 출발해야 할 것이다.

환경

현대 기술이 발전한 결과로 등장한 항공사진은 여러 식물의 군락지를 파악할 수 있 **숲과 산림** 는 중요한 수단이 되었고, 이를 통해서 이전 식물의 분포도를 구성할 수 있게 되었다. 이는 단순히 숲의 위치를 확인할 수 있는 기준을 제공하는 것이 아니라, 숲을 구성하고 있는 여러 종류의 식물군을 지역에 따라 분석하는 것을 가능하게 만들어 주었다. 이렇게 서유럽의 식물 분포와 변화의 추이를 추적하는 것이 가능해졌고 중세인이 숲과 어떤 관계를 가지고 있었는지를 이해할 수 있는 중요한 자료도 제공되었다(예를 들어서 역사 속에서 너도밤나무, 자작나무, 전나무는 밤나무로 대체되었다). 숲을 지배할 수 있는 여러 수단이 있었던 것은 아니지만, 숲은 지속적으로 공략의 장소가 되었다. 농부들은 이곳에서 주거지의 난방을 위한 목재를 얻었고, 버섯·밤·견과류를 비롯해서 여러 종류의 과일을 채집했다. 또한 숲은 꿀을 채취할 수 있는 장소였고, 사냥의 공간이기도 했다.

인간이 환경에 대해 벌이는 일상적 투쟁은 인간과 자연의 관계를 지속적으로 변화시켰다. 강물의 범람이나 가뭄은 수확량에 많은 영향을 끼쳤고, 기근에 종종 가축이 죽어 나가기도 했다. '빈곤'은 여러 시대의 다양한 자연적인 사건들을 반영했다. 때로 가죽이나 펠트를 얻기 위한 사냥은 불결한 위생 상태의 식재료를 만들어 내기도 했다. 과거의 사료는 종종 식인에 대한 내용을 포함하기도 했다. 이 시기의 전설이나 동화에 오크 괴물들이 등장했으며, 이 이야기는 숲의 여러 정황을 설명해 준다.

사실 이 시기에 인간이 점유한 장소는 지금과 비교해 보았을 때 매우 적었고 여러 민족들이 넓은 숲에서 생활했는데, 때로 숲은 정치적 경계를 구성했기 때문에 몸을 숨기기 위해서도 활용되었다.

커다란 위기가 닥친 4세기에 평야 지대에서 생활하던 사람들은 전통적인 공동체를 구성하는 삶의 터전 속에서 교회와 무덤 옆의 매우 적은 경지를 경작하고 있었다. 일반적으로 농부와 목동들은 자신의 편의를 위해 촌락을 구성하면서 생활했다.

8세기의 이탈리아의 경우에 평야에서 새로운 촌락이 건설되었고, 이후 이 촌락들은 성을 중심으로 각 지역을 연결했다. 추위와 바람, 비, 눈과 같은 자연 현상과 동물들과의 경쟁은 집의 구조를 강화시켰고 난방 구조를 발전시켰으며, 계절의 변화에서 인간을 보호했다.

이런 역사적 상황에서 가장 많이 활용되었던 자재는 목재였지만 종종 다른 종류의 재료들도 사용되었다. 흙(그 자체로 활용되거나 구운 벽돌의 형태로 사용되었다)과 짚, 윗가지와 같은 재료들이 이 시기에 사용되었다. 석재의 경우에는 대부분 교회나 수도원에서 사용되었으며 11세기에 들어서면 거주지를 위해서도 활용되었다.

이후로 도상학적 자료가 충분히 등장하는데, 이는 중세 초기의 고고학적 유물을 거주지 이해할 수 있는 중요한 실마리가 된다. 오두막을 짓기 위한 구조는 유럽의 여러 지역에서 동일하게 발견된다. 이는 켈트 민족-게르만계 민족의 가족 중심 모델이 발전하던 상황들과 연관될 뿐 아니라, 거주지를 제작하기 위해서 존재했던 이전 농촌 지역의 건축 구조의 전통을 복원하고 있으며, 50여 명 이상의 인간과 동물들을 보호할 수 있는 직사각형의 '큰 홀'을 지닌 농촌의 집들을 관찰할 수 있도록 해 준다. 불을 사용하는 장소는 건축물 외부에 따로 배치되어 있었으며 당시의 난방 구조는 여러 가족들을 보호할 수 있는 정도의 규모를 지니고 있었다. 반면, 도시 거주지의 유형은 다른 경향을 지니고 있었다. 일반적인 경향은 난방 용구를 지닌 독자적인 소규모 가옥들이었다. 그러나 이 시기에 나무, 가죽, 천으로 만든 가구들에 대한 부분은 사료가 부족하기 때문에 자세히 설명할 수 없다.

음식

차고 더운 기후 변화와 여러 다른 자연 요인을 방어하기 위한 중요한 요소 중 하나는 음식이다. 중세의 음식 문화에 대한 최근 연구는 매우 진척되어 있으며 상상이 아닌 결론을 도출하기에 이르렀다. 이전에 생각했던 것과 달리, 몇몇 흉작의 경우를 제외하고 중세 서유럽의 음식은 질적인 관점이 아니라 양적인 관점에서 충분했던 것으로 밝혀졌다. 식품들은 본질적으로 곡류와 다양한 밀가루에 바탕을 두고 구성되었다.

　육류는 매우 드물었으며 종종 구운 요리나 스프 형태로 요리되었다. 어류의 경우도 매우 드물기는 했지만 신선하게 요리하거나 말리거나 소금에 절여 보관했다. 무엇보다도 이 시기를 대표하는 가장 중요한 요리는 스프였으며, 이는 배추, 당근, 양파와 여러 종류의 향신료를 함께 섞어서 만들어졌다. 또한 마른 콩류, 견과류, 밤, 버섯, 유제품과 사순절을 제외한 모든 시기에 달걀을 식재료로 사용했다.

　사과를 제외한 매우 적은 종류의 과일이 재배되었다. 하지만 종종 식탁에서 배나 살구, 자두를 먹었고, 대부분의 과일은 숲에서 자라는 야생종에서 채취했다.

　가장 중요한 음료는 물이었지만 사과주나 맥주 같은 알코올 음료를 마시기도 했다. 또한 포도주를 마시기는 했지만 지금과 달리 보관의 어려움이 있었다. 당시의 기후는 포도를 작물로 재배하기에 충분했으며 포도주의 생산이 가능했다.

의상

의상은 신체를 가리고 추위에서 신체를 방어하기 위한 목적을 가지고 있다. 중세의 경우에 노동을 위한 의상은 매일 입는 일상복이었으며 일상적인 일들을 하기 위한 신체적인 움직임을 고려해서 단순하고 기능적이었다. 노동자들은 남녀 공용으로 앞치마를 활용했는데, 앞치마는 노동의 상징이었으며 처음에는 농촌 지역에서만 사용 **노동복**

되다가 시간이 흐른 뒤에 도시에서도 사용되었다. 중세의 모든 시기에 농부들의 전형적인 의상은 튜닉, 앞치마, 외투였다. 튜닉은 넓은 소매를 가지고 있었으며 모나마를 사용해서 제작했으며, 여기에 모피나 가죽으로 만든 외투와 무거운 바지를 입었다. 이 시대의 경우에 모피가 단순히 상류 계급에서만 사용할 수 있던 전형이라고 보기는 어렵다. 왜냐하면 양이나 염소 가죽은 무거운 천에 비해서 더 경제적이었기 때문이다. 짧은 형태의 외투도 있었는데, 이 경우에는 후드hood(머리 덮개*)가 달려 있거나 없기도 했고 종종 가슴 부분을 덮기 위한 용도였다.

또한 양말도 있었지만 많이 사용되지는 않았다. 발은 발목을 보호할 수 있는 가죽신이나 장화 형태의 가죽신을 신었다. 여성들은 발목까지 오는 튜닉을 입었으며 허리띠를 사용했다. 남성이나 여성 모두 일할 때 모자를 썼고, 맨머리로 일하는 경우는 **색상과 형태** 거의 없었다. 의상들은 일반적으로 회색이나 어두운색이었으며 재료인 모가 지닌 색상을 그대로 사용했다. 염색된 의상들은 매우 많은 비용이 들어갔다. 중세 의상의 특징 중 하나는 계절에 따라서 다른 의상을 입지 않았다는 점이며, 겨울에는 단지 옷을 겹쳐 입었다. 중세 의상을 나타내는 도상들은 왕의 의상은 아니더라도 거의 대부분 상류층의 의상들을 묘사하고 있다. 10세기경부터 종교적인 용도의 의상들을 위해서 유색석이나 자수로 화려하게 장식한 천들을 사용했다.

위생 상태

질병들 중세의 대표적인 질병은 모든 고대에서처럼 열병이었으며, 이 병은 반점과 물집을 동반한 여러 징후들을 수반했다. 또한 열병은 손을 사용할 수 없게 만들었고 점차 후각을 상실하게 만들 뿐 아니라 신체를 움직이지 못하게 했다. 병자들은 거주지에서 분리되어 먼 장소로 이주해야 했고 이들의 집이나 물건들은 불태워졌다. 1000년경에 프랑스와 독일 지역에서 '불타는 악마mal degli ardenti'라고 알려진 낯선 질병이 등장했다. 이는 아마도 오늘날에는 맥각중독증이라고 부르는 질병으로 보이며, 눈에 보이지 않는 균사에 의해서 오염된 호밀에서 유래하는 것으로 여겨진다. 이런 질병이 퍼지게 되면서 당시 사람들은 이를 전염병으로 인식하게 되었다. 이 병은 어지럼증, 두통, 환각 작용, 복통과 열을 동반했다. 또한 쥐와 벌레들을 통해서 옮기는 여러 종류의 전염병도 유행했으며, 이 시기에는 식품원이 다양하지 못했기 때문에 비타민 부족으로 여러 질병이 발생하기도 했다.

외과 수술의 경우에 대부분 생명을 잃었다. 다른 한편으로는 갈레노스Claudios **치료법** Galenos의 의학적인 전통에 따라 여러 종류의 약재를 활용하기도 했다. 그러나 대부분의 치유된 사람들은 고대 이교도들이 남겨 놓은 여러 치료법들을 미신이라고 치부했기 때문에 자신이 성인의 도움으로 나았다고 생각했다.

죽은 자들의 신체와 관련해서, 교회는 이교도의 제사 의식에 주목했지만, 성인이나 성인의 유골을 제외하고는 죽은 자를 위한 전례에 관심을 가지지 않았다. 미신을 금지하기 위해 열린 658년 낭트 공의회의 결정은 사후 7일이나 30일 이후에 죽은 자의 전례를 비롯해 고인을 추억하기 위한 연중행사에 사제들이 참여하는 것을 금지하고 있다. 오늘날 고고학의 연구 결과는 7-8세기까지 부장을 위한 가구들이 여러 지역에서 사용되었다는 점을 알려 준다.

| **다음을 참고하라** |
역사 도시에서 시골로(61쪽); 풍경, 환경, 인구(271쪽); 도시의 쇠퇴(276쪽); 장원 경제와 지방 영지(280쪽); 제조업과 공방(296쪽); 상인과 무역로(300쪽); 상업과 통화(311쪽); 귀족(321쪽); 극빈자, 순례자, 구호 활동(326쪽); 종교적인 삶(335쪽); 여성들의 권한(337쪽)

축제, 놀이, 의식

| 알레산드라 리치|Alessandra Rizzi |

고대 후기에서 중세로 이행하면서 등장한 새로운 그리스도교 문화가 성장하면서 거친 놀이들이 점차 사라졌다. 고대의 놀이 문화는, 고대 전통을 계승한 공연과 놀이가 감소하는 중에도 권력과 민중의 변증법적 관계에 중요성을 부여했던 콘스탄티노플을 비롯한 중세 유럽에서 오랜 기간 전승되었다. 이 시기에 라틴족과 이민족을 통속적인 관점에서 비교해 보면 서로 간의 유사점과 차이점을 확인할 수 있다.

중세의 '유희'
'유희'는 인간의 삶을 구성하는 중요한 문화적 현상으로 사회적인 기능을 통해 설명할 수 있다. 또한 놀이 문화는 역사적·문화적 사건들과 밀접한 관계를 가지고 있다.

호모 루덴스 이 때문에 현대인들은 '호모 사피엔스Homo Sapiens'와 함께 '호모 루덴스Homo Ludens'
라는 개념을 적용하기도 한다. 그리스 문화를 이해하기 위해서 교육적인 성격을 지
닌 유희와 그 형태를 분류하고 분석하는 것처럼, 한 시대의 현실과 스포츠가 펼쳐지
는 공간에 대해서 생각하는 것은 합리적인 방식이며 '일반적인' 접근 방법이다. 단지
중세의 경우에 제의적 성격의 축제, 역사적 의미를 기리는 축제에 대한 종합적이고
세분화된 사건 기록이 부족할 뿐이다. 그렇기 때문에 당시 주도적인 문화에서 놀이
에 대한 평가와 지식, 관심에 대한 가설을 세운 후, 이것이 당대의 사회에서 어느 정
도 유포되었는지를 분석할 필요가 있다. 사실 오랫동안 다루지 않았던 고대에 대한
관점들이 오늘날의 연구에 영향을 끼쳤다는 점은 주의할 필요가 있다.

중세 초기는 제국의 정치적·경제적 위기의 시대였다. 로마 제국의 구성원에 외국
인들이 포함되기 시작했고, 국교로서 그리스도교의 발전 과정은 동시대 문화를 변
화시키는 매우 중요한 요인이 되었으며, 현실을 이해하고 바라보는 방식들을 변화
시켜 나갔다. 새로운 문화 체계는 동시대의 다양한 유희 활동과 오락 같은 놀이 문화
를 고전 문화의 무위無爲, otium라는 개념과 연관해서 생각하도록 이끌었다. 사실 오
비디우스(기원전 43-17/18), 키케로(기원전 106-기원전 43), 세네카(기원전 4-65)와 같
은 로마 지식인들은 무위가 힘든 공적 삶에 활력을 불어넣을 수 있는, 지성적인 관점
놀이의 즐거움에 에서 매우 유용한 경험을 제공한다고 생각했다. 점차 중세에 접어들면서 이런 개념
대한 비판 은 악덕의 형태로 묘사되기 시작했고, 죄의 원인이 된다고 보기 시작했다. 그리고 이
런 무위는 가난을 불러오는 이유라고 생각하게 되었다. 고대에서 중세로 넘어오는
시기에 일어났던 사건은 "무위라는 개념이 직무negotium, labor라는 개념에 종속된 것
이며, 여가loisir 시간이 영적 시간과 기도를 위한 명상적 시간으로 이행"한 것이다(G.
Ortalli, *Tempo libero e medio evo: tra pulsioni ludiche e schemi culturali*, 1995). 교회의 교부들
과 더불어 유희와 연관된 분위기를 감소시켜야 한다는 전통이 나타났다. 예를 들어
테르툴리아누스Tertullianus(2-3세기)는 서커스와 우상 숭배적인 연극을 부정적으로 바
라보며 새 삶을 얻을 수 있는 세례를 강조했으며, 요한 크리소스톰John Chrysostom(약
345-407)은 놀이가 젊은이들에 대한 위험이라고 경고하면서 돈과 시간 낭비라고 비
판했다. 또한 그는 신에게 자신의 삶을 맡긴 그리스도교도가 이런 공공 놀이에 참여
하는 것은 그 자체로 큰 문제라고 설명한 바 있다.

고대의 유산

새로운 문화가 고전 문화의 놀이에 대해 경멸을 표현하고 있음에도 불구하고, 로마의 국가 체제가 남아 있던 비잔티움 제국의 동쪽 지역에서는 공공 공연이 지속되었다. 바실레우스와 민중이 대면할 수 있는 기회로 활용했던 콘스탄티노플의 마상 경기장은 당대의 중요한 의례(군주의 계승식과 승전 행사)와 상류층의 놀이로 좋은 평가를 받았던 공연(마상 경기, 달리기, 운동선수의 경합, 사냥, 사람과 동물이 참여한 서커스, 연극 공연)을 위한 장소였다. 또한 유스티니아누스 대제의 재위 기간(6세기)에는 특별법을 통해서 규정한 연간 공연들이 기획되기도 했다. 이 시기의 서커스는 마상 경기의 실례에서 관찰할 수 있는 것처럼 상징적인 가치를 지니고 정치적인 의도를 강조하고 있었다(고대 후기의 황제는 마치 우주의 질서를 다루는 지배자처럼 묘사되었으며 국가라는 '마차'를 이끄는 사람처럼 표현되었다). 또한 녹색과 청색으로 편을 나누어 진행된 마상 시합이나, 여러 스포츠는 군인 부대처럼 묘사되었다. 로메이Romei(그리스어를 사용하는 로마인들*)의 황제들은 경기가 진행되는 동안에 녹색 혹은 청색 편에 참여하며 개인의 권력을 강조했으며, 시민들의 동의를 구하며 군대의 승리를 기념하기도 했고, 대중적인 지지를 이끌어 낼 수 있는 다양한 행사들을 기획하고 거기에 참여했다. 또한 행사에 참여했던 사람들은 자신이 이 행사를 통해서 정치적인 지지를 표명한다는 사실을 인식하고 있었다. 즉 행사가 단순히 '유희'적인 성격을 지니는 것이 아니라 정치적인 의미를 강화시킨다고 보았던 것이다. 532년에 콘스탄티노플의 마상 경기장에서 일어난 유명한 '니카의 반란'(마상 경기 승리자들의 반란)은 당시 유스티니아누스 대제의 세금 정책에 대한 불만을 표출했던 경우이자 당시 마상 경기장의 시민들에게 동의를 구하면서 전개되었던 실례였다. 다른 관점에서 이후 십자군이 콘스탄티노플을 방문했던 사건들(11세기 말-13세기 초)도 주목할 필요가 있다. 왜냐하면 비잔티움의 공연 문화가 이후 유럽의 봉건 영지에서 열릴 여러 시합을 유행하게 만드는 계기를 제공했기 때문이다.

　사실 비잔티움 제국의 수도는 서로 다른 두 세계의 문화적 차이를 연결해 주며, 근동 문화의 매력을 발산했던 매우 흥미로운 장소였다. 예를 들어 고대에 두 팀으로 나누어 공을 가지고 시합했던 마상 경기tzukanion(이 놀이는 오늘날 폴로 경기의 기원이 된다)는 국가를 지배할 젊은 군주의 교육 프로그램으로 많이 활용되었다. 이 놀이는 페르시아에서 콘스탄티노플로 유입되었던 것으로 추정된다. 7세기경에야 해소된

콘스탄티노플과 공연

두 제국의 장기적인 정치, 군사적 대립은 무엇보다도 "제의적이고 상징적인 형식에 대한 모범을 흡수"하도록 부추겼고, 이 과정에서 놀이들은 그 자체로 역사적인 의미를 지니게 되었다(C. Azzara, *Tzukanion. Un gioco equestre con la palla alla corte di Bisanzio*, 1996). 십자군 원정 이후에 이 놀이는 프랑스 지역(지그재그식 코스chicane)에서도 발전했다. 이런 점은 서로 다른 두 세계의 문화적 유행의 '상호 관계'를 설명해 주는 흥미로운 실례를 제공한다.

로마인들의 놀이의 전승　　서유럽의 경우에 이런 고대 놀이에 대한 부정적인 평가에도 불구하고, 로마에서는 오랜 기간 동안 고대 로마의 놀이들이 지속되었다. 예를 들어 로마에서는 검투사의 시합munera이 계속되었다. 399년의 호노리우스 황제(384-423, 395년부터 황제) 시기에는 이 행사가 기록되어 있었으나, 5세기 초중반부터 이 행사에 너무 많은 비용이 들어간다고 판단하게 되었고, 시합의 질이 떨어지고 공중의 관심이 멀어지면서 검투사 시합은 역사의 한 페이지 속으로 사라지게 되었다. 또한 검투사와 야생동물의 싸움venationes의 경우는 아나스타시우스 1세의 재위 기간이었던 499년의 기록이 남아 있지만, 6세기 중반부터 점차 사라졌다. 이때는 동시에 마상 경기가 줄어들기 시작했던 시기였다. 단지 라벤나의 고트족 황제였던 테오도리쿠스 대왕과 아를의 프랑크족 왕들이 이 놀이를 활용했다. 이들은 라틴 민족의 놀이를 실행하는 과정에서 게르만계 군주들이 과거의 유산을 상속받았다는 정치적인 이미지를 강조했으며, 황제와 민중의 관계에 바탕을 둔 공연의 가치에 중요성을 부여했다.

라틴족/이민족의 문화적 차이는 유희의 방식에도 영향을 끼쳤다. 472년부터 클레르몽Clermont의 주교였던 시도니우스 아폴리나리스Sidonius Apollinaris는 갈리아-로마 귀족들의 놀이와 서고트족의 놀이(사냥, 활쏘기, 군사 기술, 수영, 주사위 놀이, 탁자용 놀이, 공놀이) 사이에 많은 유사성이 있다는 점을 지적한 바 있으며, 이것이 서로 다른 두 민족 사이의 "융화 과정에서 매우 중요한 요소"라고 생각했다(J. M. Carter, *Medieval Games. Sports and Recreations in Feudal Society*, 1992). 물론 다른 역사적 맥락에서 라틴족과 이민족 사이의 교육적인 놀이 활동의 차이에 주목했던 경우도 있다. 비잔티움의 역사가였던 프로코피우스는 로마 문화에 동화된 군주였던 아탈라릭(약 516-534)이 동고트족 귀족들의 반감을 샀던 이유를 설명하면서 그의 어머니인 아말라순타가 적용했던 '교육 프로그램'에 이민족 사회에서 높이 평가했던 군장을 사용한 경기가 빠져 있었기 때문이라고 기술하고 있다.

이민족의 유럽

이민족 사이의 유희에 대해서 설명하기 위해서는 이들이 얼마나 오랜 기간 동안 이교적이고 전통적인 과거를 유지했는지, 그리고 라틴족 문화와 그리스도교 문화를 접했던 기간이 어느 정도였는지를 고려할 필요가 있다. 이와 연관된 기록들은 부족한 편으로, 대체로 로마인들이 기술하여 공격적이고 비판적인 내용들을 담고 있으며, 놀이 자체에 대한 부정확한 지식들에 바탕을 두는 경우가 많다. 게르만 지역에서는 여러 이민족들이 나뉘어 있었지만, 놀이 문화에 대한 일관성을 관찰할 수 있다. 특히 성인 남성, 전사들의 놀이는 당시 사회를 구성하는 매우 중요한 역할을 수행했다. 대체로 이런 놀이는 (말을 타거나 타지 않고) 무기를 사용한 시합으로 자신의 힘을 과시할 수 있는 무거운 무기와 시합을 함께 활용한 놀이였다. 이 놀이의 목적은 매우 기능적이었으며(무기의 사용법을 인지하고 신체적인 효율성을 유지하며 전쟁의 공포를 마주하기 위한 것), 과시적이었다(자신의 능력과 용기를 드러내는 것). 이 놀이의 주인공들은 대부분 게르만계 이민족의 군주들(군대의 수장)이었다. 고트족의 장군이자 비잔티움 제국과 전쟁을 수행했던 토틸라Totila(?-552, 541년부터 왕)는 552년에 구알도 타디노에서 군대를 등지고 말에서 창을 활용한 묘기를 선보였고, 랑고바르드족의 그리모알드 1세Grimoald I(약 600-671)는 활로 비둘기를 떨어트렸으며, 아길룰프는 미래의 신부였던 테오델린다에게 자신을 드러내기 위해서 나무를 뽑아서 힘을 과시하기도 했다. 카롤루스 대제의 경우에는 자신의 전기를 기술했던 아인하르트에게 자신의 뛰어난 운동 능력을 묘사하도록 했다. 그는 말을 다루는 재능, 사냥뿐 아니라 창을 멀리 던지는 것부터 수영 시합까지 기록했다. 마지막으로 루도비쿠스 경건왕에게서 황제 지위를 계승했던 로타리오 1세와 경쟁하기 위해 루도비쿠스 독일왕과 카롤루스 대머리왕이 동맹을 맺은 842년 스트라스부르의 서약은 두 형제의 군대 간의 가짜 격돌 장면을 공연한 뒤에 비준되었다. 이 행사는 배신할 사람에 대한 두 군주의 분노를 약화시키기 위한 것이었다.

남성 전사들을 위한 놀이

문화적인 분위기나 풍경은 놀이 문화의 세부적인 행사를 바꾸었다. 북유럽의 경우에 스칸디나비아의 신화와 신들의 이야기는 수영, 마상 경기를 강조했을 뿐 아니라 얼음 위의 스케이트나 스키의 속도를 강조하기도 했다. 또한 특별한 종류의 놀이에 대해서도 주의를 기울일 필요가 있는데, 예를 들어서 근대 하키의 기원이 되는 것으로 추정되는 크나틀레이쿠르knattleikur(스틱 게임)와 같은 경기도 등장했다. 식량을

경기, 사냥, 연회

얻기 위한 사냥은 종종 여가 활동으로 활용되기도 했으며, 성인 남성과 귀족적인 의미를 지니게 되었고, 서로 다른 이민족 문화 속에서 젊은 전사에게 적합한 경쟁과 교육의 장이 되었다. 이런 점 때문에 사냥은 독일 이외의 지역에서도 성행했다. 사회적인 관계를 위해 활용되었던 중요한 유희 활동의 하나는 연회였다. 많이 먹고 마시는 것은 다른 동료들에게 호감을 불러일으켰지만 동시에 자신의 힘과 능력을 과시하기 위한 행사였다. 축제의 형태를 빌렸으며 기획자(황제, 왕, 군주 등)는 자신의 부와 관용을 과시하고 권력을 강화하기 위해 이런 행사를 활용했다. 결국 연회 장소는 정치적 권력 공간으로 의례의 성격이 강하며, 사회 구성원 간의 동질감을 강조할 뿐 아니라 군주에 대한 충성을 강화하고 반란을 방지하며 의례적 성격을 통해 평화를 공고히 하는 도구로 활용되었다.

이민족 사회에서도 여가를 활용하기 위한 활동 중에 지식과 연관된 놀이가 포함되어 있었다. 예를 들어서 음악이나 시, 특정 민족의 신화나 역사적인 유산을 전승하기 위한 역사적 사건의 기술도 포함되어 있었다. 이런 활동은 이민족의 구전 문화 전통에서 발전했던 것으로, 종종 사회적인 계급의 차이를 드러내기 위한 도구로 활용되었다. 이런 활동에 참여하는 사람은 종종 대표하는 무리에서 주목을 받을 수 있었던 경우였다. 또한 탁자용 놀이들도 관찰할 수 있다. 예를 들면 주사위를 사용하지 않는 서양장기 같은 것들이 이에 해당한다. 헤룰리족의 왕이었던 로돌포 Rodolfo(6세기 초)는 자신의 군대가 랑고바르드족과 운명적인 전투를 진행하는 동안에 탁자용 경기를 했다. 이런 놀이들의 흔적은 7세기 스칸디나비아나 랑고바르드족의 부장 묘지에서 확인할 수 있는 자료들로 종종 출토되고 있으며, 다양한 형식의 서양장기의 특징을 구성하는 근거를 제공해 준다.

이런 놀이들은 역사적 관점에서 상징적이고 문화적인 가치를 지니게 되었다. 중세 켈트족의 문학은 종종 피드켈fidchell(서양장기의 기원이 되는 놀이로 중앙에 왕을 배치하고 서로 다른 말들을 활용해서 진행한다)에 대해서 언급하고 있는데, 이 놀이의 규칙은 경험 많은 두 정적 사이에서 승패를 가르는 목적을 가지고 있었다.

기사 문학이나 전설 속에서 이런 놀이들은 "자신의 승리를 보여 줄 수 있는 놀이 주체의 지혜를 표상"했으며, 영웅성과 왕권을 상징하고 또 자신의 고양된 지성을 드러내기 위한 것이었다(A. Nuti, *Il gioco del fidchell nella letteratura celtica medievale*, 2001).

또한 주사위 놀이(특히 서고트족의 테오도리쿠스가 좋아했던 놀이)도 이민족 사회에

소설, 음악, 탁자용 놀이

서 유행했다. 타키투스(약 55-117/123)는 이 놀이에 대한 게르만계 민족들의 고집 pervicacia을 설명하면서, 그것이 자유를 포함한 모든 것을 상실할 수 있는 잘못된 행위라고 지적했다. 그가 설명하려던 점은 이 놀이가 과거에 주사위를 던져서 자신의 운명을 시험하는 문화와 연관되어 있다는 것으로, 이 놀이를 통해 게르만 왕들은 지속적으로 자신의 운명을 확인하고 그 내용에 대항하지 못하고 있다는 점이었다. 왕들이 이 놀이를 통해서 보았던 것은 "자신의 패배라는 결과를 받아들이기 위한" 근거였으며 동시에 이 놀이에 참여하는 사람은 자신의 자유를 걸고 있다는 점이다(R. Ferroglio, *Ricerche sul gioco e sulla scommessa fino al secolo XIII*, 1998).

| 다음을 참고하라 |
역사 장원 경제와 지방 영지(280쪽); 귀족(321쪽); 종교적인 삶(335쪽); 여성들의 권한(337쪽); 소소한 일상들(344쪽)

중세의 문서

| 카롤리나 벨리Carolina Belli |

중세의 여러 지식을 얻을 수 있는 것은 문헌 자료가 남아 있기 때문이다. 이 시기의 문헌 자료를 읽고 해석하는 데 많은 어려움이 있지만, 오늘날에는 대부분의 중세 문헌 자료들이 해석되어 있다. 그 결과 왕의 경우부터 민중에 속한 중요하지 않은 인물들에 이르기까지 당대 여러 계급의 삶을 다각도에서 흥미롭게 조명할 수 있게 되었다.

중세 초기의 문헌

중세 초기의 경우에 사료적 가치를 지닌 문헌이 부족하여 이 시기를 이해하는 데 어려움이 있다. 역사의 여러 사건을 거치면서 여러 점의 문헌 기록이 이미 소실되었다. 이런 점 때문에 당대의 사회 구조를 이해할 수 있는 법적 기록이나 문헌을 통해 당시의 역사적 상황을 재구성하는 것은 쉽지 않은 일이다. 로마 제국이 쇠퇴하면서 행정 제도는 효력을 잃었고 새롭게 도착한 여러 이민족의 경우에는 문헌 기록을 통해서 역사를 전승하는 문화를 가지지 않았기 때문에, 중세 초기의 역사를 이해하기 위해

부족한
문헌 자료

서는 특수한 엘리트 계급이 기술한 적은 수의 '문헌 사료'에 기댈 수밖에 없다. 라틴어를 읽고 쓸 줄 알았던 적은 수의 인물들은 사제들이었지만, 이들 중에서 법제에 관심을 가지고 기록을 남긴 사람은 매우 적었다. 유럽을 점유했던 여러 이민족의 경우는 여러 세대를 거친 뒤에야 매우 적은 수의 인물들이 문헌 기록을 남겼고, 이들 역시 당시의 법과 제도를 설명하는 것이 아니라 단순한 사건을 기록하는 정도였다. 이런 점에서 공적이든 사적이든 법정 절차의 내용을 기록한 결과 또한 관련 인물의 관점에 따라서 제한적이었다.

문헌사의 경우에도 중세 이탈리아처럼 유럽의 여러 지역에서 확인할 수 있는 상황은 지역에 따라서 매우 다양하고 차이가 있기 때문에, 여러 복잡한 당시 상황을 고려해야 할 필요가 있다. 문화적으로 가장 중요한 중심지는 수도원들이었다. 수도사들은 인내를 가지고 과거의 여러 문서들을 다시 필사했으며, 경험이 많은 오늘날의 문자 전문가들에 의해 읽힐 수 있는 명료한 글자를 사용했다. 그 결과 고전에 대한 **필사본 제작소** 모든 자료들은 아니지만 고전의 일부가 오늘날까지 전해질 수 있었다. 수도원의 필사본 제작 공방의 작업들은 무엇보다 고전의 문학과 법적 사료들을 전해 주고 있는데, 뛰어난 아름다움을 자랑하는 삽화본들은 역사에 대한 흥미로운 정보를 제공해 줄 뿐 아니라 미술사를 이해하기 위해서도 매우 중요한 가치를 지닌다.

외교 문서, 서류철, 회람집

중세의 경우에 필사본, 부활찬송, 수도원의 두루마리 문서들 외에도 수많은 종류의 문서들이 남아 있다. 예를 들어서 정치 문서, 목록, 공증 문서와 법정 문서들이 양피지나 파피루스, 혹은 아말피산産 종이bambagina에 기록되어 남아 있다. 이 문서들은 권력자의 대리인과 고용인, 계약자들의 관계들을 설명해 주고 있으며, 경우에 따라서 자유인의 신분을 지닌 인물이 법정에서 협상한 결과에 대한 기록을 보여 준다. 이런 점은 '우르쿤덴urkunden(문서)'이라는 독일어로 알려져 있는, 군주와 그 민족 혹은 보통 사람들 사이의 법적 기록 혹은 사건 기록이 법적 효력을 부여받는 전통과 관계가 있다. 이 문서들은 형태상으로 역사적 사건에 대한 정보를 전달하거나 기억을 담고 있는 다른 문서들과 유사하지만, 사회적인 기능에서 차이점을 지닌다. 이 문서들은 오늘날의 문서 보관소의 대부분을 차지하는 양피지로 되어 있다. 외교 문서는 가장 오래되고 중요한 문서로 7세기부터 수도원, 수도원 교회 혹은 왕국의 문서 보관소에 보관되어 있으며, 많은 수의 문서들이 여러 역사적 사건에서 파손될 위험을 피해 오늘날까지 살아남았다.

법정 문서, 공증서, 종교 문서

과거의 여러 왕조에서 왕실 사무국의 문헌 담당관이 왕의 칙령이나 공문서를 제작했다. 이들은 왕을 대변해서 공식적으로 외교 문서를 생산했고, 당시 법에 대한 충분한 지식을 가지고 있었기 때문에 법을 해석할 수 있었을 뿐 아니라, 군주의 행정적 지시들 또한 정치적으로 적합한 형태에 맞추어 재구성할 줄 알았다. 또한 이들은 비잔티움 제국, 즉 동로마 제국의 법전을 통해 로마법을 접하고 영향을 받았으며, 전통을 재구성하면서 법적 형식과 규범을 발전시켰다. 이들이 제작했던 여러 종류의 문헌 자료 중에서 특히 외교 문서는 당시 사회를 구성하는 문명들에 관한 다양한 정보를 제공해 준다. 예를 들어 군주가 자신을 묘사하기 위해서 선택한 명칭들(대장dux, 원수princeps, 황제imperator, 집정관consul, 왕rex)은 사회 내부의 계급 구조에서 출발해서 정치적 방식으로 형성된 권력의 기원을 설명해 준다. 예를 들어 랑고바르드족의 경우에 자신들의 통수권자를 '랑고바르드 민중의 대장dux'이라고 불렀는데, 이 명칭은 8세기까지 이들의 사회 구조가 병력 구조에 바탕을 둔 수장인 용병이 이끌었다는 점을 알려 준다. 카롤루스 대제와 그 후예들은 자신에게 '황제imperator'라는 명칭을 적용했는데, 이는 군주의 권한의 기원이 절대 권력을 지닌 통수권자로서 그 정치적 정당성을 로마 제국에서 찾고 있었다는 사실을 알려 준다. 이후에 프리드리히 2세(1194-1250, 1220년부터 황제)는 황제라는 명칭을 가지게 되지만, 그전에는 시칠리아의 왕rex Sicilie이자 동시에 로마의 종교 수장patricius romanorum의 지위를 지녔고 황제의 명칭을 받기 위해서 기다려야 했다. 주요 인물이나 부수적인 인물들에 관한 명칭들을 주의 깊이 관찰해 보면 문서의 주체가 되는 사람들의 사회적인 지위, 특히 봉건 제도 속 관계의 위계가 공적인 영역에 어떻게 적용되고 있는지를 확인할 수 있으며, 이 문서들은 이후의 권리와 영토에 대한 소유의 근거를 제공해 준다는 점도 알수 있다. 이 밖에도 문서들을 통해서 사회 전반에 걸쳐 가문의 문장이나 인장, 혹은 권리를 표명하기 위해 여러 시각 체계를 도입하고 있다는 점도 확인할 수 있다. 문서에 사용되는 용어는 공증인이나 사무국원들에 의해 도입된 체계적인 위계를 지니며, 다른 한편으로는 군주와 봉신, 영주의 관계에 대한 불안한 정의에서부터 국가 간

사회 계급과 명칭

의 관계에 이르기까지 다양한 관점에서 법적·사회적·경제적 삶을 이해할 수 있는 자
료를 제공해 준다.

고대 민족에 대한 생생한 목소리를 들려주는 풍부하고 세부적인 문서들은 법관
에 의해 쓰인 계약서나 공증 서류들로서 개인의 이야기와 사건들을 전달해 주고 있
으며, 오늘날에 남아 있는 대부분의 양피지 서류가 이에 해당한다. 이 문서들을 통해
서 매우 다양한 경우를 다룬 기록을 확인할 수 있다. 예를 들어 토지와 동물의 구매와
판매, 사회적 관계의 갈등 요소, 결혼을 위한 협정, 영혼을 구원하기 위한 봉헌, 죽음
을 목전에 두고 종교적 감수성을 보이는 봉헌 기록들이 포함되어 있고, 상업적 권리
와 연관된 제도의 발전과 변화를 관찰할 수 있다. 중세에 인간의 권리를 담은 문서들

공증인의 과 관련해서 새로 등장한 요소 중 하나는 공증인이었다. 이들은 '계약직 법관'과 함
탄생 께 일했다. 중세 초기에 법적 문서, 공증 서류 중에서 가장 유명한 실례의 하나는 〈카
푸아 칙령Placito di Capua〉이다.

시민 사회와 연관된 여러 문헌과 다양한 종교 문서들이 남아 있으며, 이 문서들은
중세에서 교회의 역할을 이해할 수 있도록 도와준다. 이 문서들은 당시에 발전하던
종교법 형태로 구성되어 있다. '하느님의 종들의 종episcopus servus servorum dei'이라는
문구와 납 인장이 찍혀 있는 교황의 문서, 그리고 두루마리 형식을 지닌 대주교의 문
서는 일반적으로 종교적이고 사회적인 양면 가치를 가지고 있었다. 또한 일반 사제
와 주교의 문서들은 종교의 중심지에서 먼 지역의 종교적인 규범에 대한 내용을 담
고 있으며, 여러 장소에서 확인된다.

문서의 생산

중세 문서의 생산 과정을 이해하기 위해서는 필사에 활용된 도구를 확인할 필요가
있다. 7세기까지는 문서를 위해서 아랍과 시칠리아를 거쳐 들어온 파피루스를 사용
했다. 그러나 아랍 세계의 성장으로 교역이 줄어들자 중요한 서류들을 제작하는 과
정에서 양피지가 사용되었다. 양피지는 다양한 종류의 동물 가죽으로 만들며 많은
비용이 들었다. 중세 후기에는 종이가 보편적으로 사용되기 시작했으며 초기에는
면화를 재료로 종이를 제작했다. 이후 유럽에 유포되어 사용되었던 종이는 처음에
는 아말피에서 생산되었으며 나중에는 파브리아노와 같은 도시에서 대량으로 만들
어졌다.

| 다음을 참고하라 |
역사 로마법과 유스티니아누스 대제의 법전 편찬(114쪽)

철학
Filosofia

철학 서문

| 움베르토 에코 |

시대를 구분하는 일반적인 관점에서 볼 때, 중세 철학은 중세보다 한 세기 전에 이미 시작되었다. 이 시기는 서로마 제국이 멸망한 476년과 일치한다. 성 아우구스티누스(354-430)는 4-5세기 초에 모든 시대를 뛰어넘는 위대한 사상가로 알려져 있었으며, 중세의 철학적 사유가 그에게서 영향을 받았다는 관점은 확실하고 설득력 있다.

교부 시대의 마지막을 장식한 아우구스티누스는 이후로 여러 세기에 걸쳐 영향력을 발휘할 철학적 유산을 남겼다. 만약 우리가 스콜라 학파에 대해 중세를 지배했던 철학의 흐름이라고 단순하게 생각하고 설명한다면, 아마도 도미니쿠스 수도회와 아우구스티누스 수도회, 그리고 이후에 프란체스코 수도회로 구성된 아리스토텔레스주의자 간의 대립으로 스콜라 학파를 설명하게 될 것이다. 사실 아우구스티누스가 제기한 여러 논제들은 이후 스콜라 학파가 발전하는 과정에서 모든 그리스도교 철학자와 신학자에 의해 다루어졌다는 점을 고려해 볼 때, 아우구스티누스가 1000년 이전에 가장 중요한 담론을 형성했다고 보아야 할 것이다.

암흑기의 진실　　로마 제국의 멸망부터 1000년까지의 시기는 중세사에서 가장 다루기 어렵고, 또 오랫동안 '암흑기'와 같은 잘못된 표현으로 설명되었던 시기다. 이 시기에 당대 사회의 기준이었던 로마의 권위가 무너졌으며, 여러 이민족이 유럽에 도착했고, 라틴-게르만계 왕국들이 새롭게 세워졌다. 또한 새로운 유럽 언어가 형성되어 퍼져 나갔고, 동시에 도시 문화의 위기가 시작되었다. 로마의 도로는 쓸모가 없어졌고, 한때 경작지로 사용된 토지는 숲으로 돌아갔으며, 결과적으로 고질적인 기아가 퍼져 나갔다.

이런 어려운 시대상에도 불구하고 1000년을 향해 다가가던 세기말, 아우구스티누스를 포함해서 여러 철학자들은 1000년 이후에 철학자들이 다루게 될 여러 논제들을 제시했다.

이들 중 처음 등장했던 인물은 보에티우스(약 480-약 525)였다. 그는 아리스토텔레스의 저서를 번역하고 논리 정연한 주석을 달았다. 또한 음악에 대한 그의 관심은 이후 스콜라 철학에서 관심 있게 다룬 여러 사유의 출발점이 되었다. 포르피리오스 Porphyrios(233-약 305)의 『아리스토텔레스의 범주론 입문Isagoge』과 같은 보에티우스에 대한 주해서와 번역본들을 보기만 해도 그의 중요성을 알 수 있을 것이다. 이 주해서는 중세 때 우주에 대한 논쟁들을 촉발시켰고 오늘날에도 지식에 대한 여러 문제와 관련된 시사점을 제공해 준다. 또한 대학이 탄생하면서, 포르피리오스의 『아리스토텔레스의 범주론 입문』에 대한 주석이 모든 아카데미아Acadēmeia의 출발점이자 규범을 구성하는 논제를 제시하고 있다는 점도 간과할 수 없다.

동시에 '암흑기'로 알려진 중세의 오랜 기간에 수많은 그리스어 원전이 라틴어로 번역되었다. 이 번역본 중에 플라톤과 플로티노스의 원전에 대한 번역이 포함되어 있던 것은 아니지만, 그리스도교의 관점을 설명하기 위해서 신플라톤주의가 발전하고 활용되었던 점은 주목할 필요가 있다. 이 시기에 위僞 디오니시우스Pseudo-Dionysius the Areopagite(5세기)의 글들은 저술 연대가 의심스러운 데도 불구하고 지속적으로 논의되었으며, 1000년이 끝날 무렵에 요하네스 스코투스 에리우게나(810-880)에 의해 다시 번역되고 폭넓은 주석이 달렸으며, 스콜라 철학의 신학적 관점과 사유에 끊임없이 영향을 끼쳤다. 이 시기에 서구의 문화적 유산을 복원했던 것은 수도원주의였다. 수도원이라는 커다란 공동체가 중세의 신학적·철학적 사유의 근간을 구성하는 원전들을 보관하고 필사하고 주석을 달고 또 새로운 사유로 발전시켰다는 점은 매우 중요하지만, 이외에도 유럽 문화 대부분이 겪었던 위기 속에서 아일랜드의 수도원이 가졌던 문화적 중요성 역시 고려할 필요가 있다.

이 시기에 처음으로 백과사전적인 저서들이 출간되기 시작했는데, 이는 플리니우스(23/24-79)의 『박물지』를 포함해서 헬레니즘 시대의 놀라운 책들과 우화집의 전통에서 비롯한 것이었다. 또한 이 시기에 서로 다른 다양한 문제들이 정리되었다(하지만 이는 사실 당대의 이성적인 관점에서 정리된 것으로, 오늘날의 우리가 생각하는 근대의 이성적인 기준에 늘 부합하지는 않는다). 이와 관련해서 세비야의 이시도루스(약 560-636), 라바누스 마우루스(약 780-856) 혹은 가경자 베다(673-735)의 백과사전적인 저서들은 이후 시기의 백과사전류의 저자들에게 매우 중요한 영향을 끼쳤다. 오늘날에는 이시도루스가 제시했던 독창적이고 논쟁적인 어원학적 관점에 대해서 아이러니한 느낌을 받을 수 있기도 하지만, 이 백과사전이 지구의 둘레와 관련해 받아들일

철학의 변영, 고전 전통의 복원

만한 가설과 결론을 담고 있다는 점에도 주목할 필요가 있다. 이는 우리가 접할 수 있는 수많은 전설들과 달리, 중세인들이 지구가 구로 이루어져 있다는 점을 포함해서 그리스인들이 알고 있었던 지식들을 이해하고 있었다는 사실을 알려 준다.

마지막으로 봉건 제도의 개혁과 카롤링거 왕조가 궁정 학교를 통해서 이룬 문예 부흥과 새로운 교육 제도의 정착이 1000년경, 더 정확하게는 1088년에 볼로냐에서 중세의 특징 중 하나인 대학의 설립으로 이어졌다는 점도 간과해서는 안 된다.

종말론에 대한 긴장감

최초의 중세 철학자로 여겨지는 아우구스티누스는 종말론에 대한 논의를 시작했고 또 이 논의를 매듭지었다. 아우구스티누스는 「요한 묵시록」 20장을 읽었다. 이 부분에서 천사는 지하에 결박해 두었던, 사탄을 상징하는 용을 풀어 주고, 용은 사람을 속이지만 마지막 순간에 패배한다. 그후 최후의 심판이 일어나기 전에 짐승이나 그의 상에 경배하지도 않고 이마와 손에 표를 받지도 않은 사람들이 그리스도와 함께 천 년 동안 다스릴 것이라고 묘사되어 있다. 이제 이 부분은 다음과 같은 두 가지 해석이 가능하다. 첫 번째 관점은 당시 사람들이 살아가던 시대가 아직 사탄이 결박되기 전으로, 첫 번째 부활 즉 그리스도가 왕으로서 복자들과 함께 천 년간 황금시대를 이끌어 가기를 기다리고 있다고 보는 것이다. 두 번째 관점은 아우구스티누스가 자신의 저서였던 『신국론De civitate Dei』에서 설명했던 것처럼, 당대인들은 예수의 수난 이후로 역사가 끝날 때까지의 천 년을 살아가고 있다는 것이다. 결국은 두 번째 경우에 천 년의 기다림은 곧 세계의 종말을 기다리는 상황이 된다. 이런 방식으로 성경의 구절을 해석하게 된다면 1000년을 처음 맞이하게 될 사람들은 종말론에 대한 불안에 휩싸여 있었을 것이다.

역사가의 위증 999년 12월 31일 밤에 인류가 세계 종말을 기다리며 교회에서 밤을 지새우고, 다음날 안도의 찬송가를 불렀다는 이야기를 사람들은 오랫동안 믿었지만, 사실 이런 종류의 이야기는 낭만주의 역사가들이 만들어 낸 전설이다. 당대의 기록은 이런 공포를 다루지 않으며, 이와 연관된 유일한 기록은 16세기의 몇몇 저자의 글에서 확인할 수 있다. 사실 이 시대에 살던 사람들은 언제가 1000년인지도 알지 못했다. 왜냐하면 그리스도의 탄생을 기준으로 시대를 구분하는 달력이 상용화되지 않았으며, 당대 사람들이 그리스도의 탄생을 세계의 시작이라고 여겼던 것도 아니기 때문이다.

물론 오늘날의 연구자들은 이 시대에 처음으로 돌림병에 대한 공포가 만연했고, 일반 민중 사이에서 이단의 냄새를 풍기는 설교자가 등장했다는 점을 알게 되었지만, 사실 공식 문서에서는 당시의 이런 상황을 기록하지 않았다.

어떤 경우든 인간의 멸망과 종말론이라는 주제가 1000년을 맞이하는 마지막 2세기 동안에 '공포'를 불러일으키지 않았다면, 라둘푸스 글라베르(약 985-약 1050)가 설명한 바와 달리 맞이했던 1000년은 세계의 종말로 여겨지지 않았다고 추정해야 할 것이다. 새 1000년이 시작하면서 글라베르가 '교회의 하얀 망토'에 대해 설명했을 때, 이미 중세의 종말론은 다른 방식으로 해석되고 있었다고 보는 것이 더 타당할 것이다.

고대 후기 —중세의 철학

FILOSOFIA

히포 레기우스의 아우구스티누스

| 마시모 파로디Massimo Parodi |

아우구스티누스가 일생 동안 연구했던 주체의 내면, 신과 행복의 관계,
역사적 맥락에 대한 논제는 그에게는 항상 열려 있는 주제였다. 아우구스티누스는
중세의 가장 뛰어난 사상가로 알려져 있으며, 그의 이론적 체계 속에서 신학과 철학은
서로 분리할 수 없는 밀접한 관계를 지닌다.

신학적 · 철학적 사유의 형성기에 쓰인 『고백록』

아우구스티누스의 삶에서 가장 중요한 시기인 히포 레기우스Hippo Regius(오늘날의 알
제리에 있던 도시*)의 주교로 활동했던 때(354-430)에 집필된 『고백록Confessiones』은
그의 사유를 이해할 수 있는 중요한 연구 자료다. 이 시기에 그는 자신의 철학적 여
정 속에서 성숙한 철학자의 모습을 보이면서 정치적·제도적 책임감을 가지고 자신
의 사유를 발전시켰으며, 문학적 특징을 지닌 이 작품을 집필했다. 빼어난 문체, 수
사학에 대한 뛰어난 지식이 적용된 이 책은 아우구스티누스의 저서 중에서 사람들이
가장 많이 읽는 책이다.

탐구에 바친 생   오랫동안 신학자, 철학자, 역사가들은 『고백록』의 자서전적 이야기를 통해 저자

가 자신의 내면과 문화적·종교적 성장의 여정을 효과적으로 설명하는 방식에 주목
했고, 저자의 놀라운 능력에 경탄했다. 아우구스티누스는 395-400년에 처음으로 신
의 은총, 인간의 부활을 논제로 제시하고 사유하기 시작했다. 이런 문제의식이 담긴
『고백록』은 아우구스티누스가 개종에 이르기까지 겪은 여러 일화의 의미를 고찰하
고 삶에 대한 반성을 담고 있는 것으로 볼 수 있다.

아우구스티누스는 아프리카 북부 지방에 있는 소도시인 타가스테Tagaste(오늘날의
수크아라스*)에서 이교도였던 아버지 파트리키우스와 그리스도교도였던 어머니 모
니카 사이에서 태어났다. 그는 처음부터 그리스도교를 전적으로 믿었던 것은 아니
지만 늘 접하여 알고 있었으며, 반대로 그리스도교의 영향에서 전적으로 벗어난 적
도 없었다. 아우구스티누스의 삶의 여정을 돌아보는 아홉 권으로 구성된 『고백록』에
등장하는 일화들은 이성과 신앙의 관계를 다룬 연구사로 이루어져 있으며, 이 두 요
소가 대립하는 것이 아니라 인간 지식의 완성을 향해 나아간다는 점을 알려 준다. 아
우구스티누스는 카르타고와 마다우라에서 수사학과 문법을 공부했다. 이때 그는 키
케로의 글(「호르텐시우스」*)을 접하며 철학에 대한 열정을 가지게 되었고, 성경을 읽
었지만 그리스도교의 교의와 구약 성경의 내용이 다르다고 생각했다. 또한 그리스
도교의 교리가 고대 저자들이 설명한 방법과도 다른 점이 많았기 때문에 성경에 대
한 관심을 가지지 않았다.

이 시기에 아우구스티누스는 성경 대신에 세계를 이성적으로 설명하고 동시에 악
의 문제에 대한 답변을 직접적으로 제시했던 마니교에 관심을 가졌다. 마니교의 신
학적 이론을 정립했던 마니Mani(216-277)는 서로 상반된 원리를 통해 이성적인 방식
으로 세계를 이해할 수 있는 가설을 제시했다. 얼마 후에 아우구스티누스는 고향을
떠나 로마를 방문했고, 이어서 밀라노에서 수사학 교사로 일하면서 마니교에 대한
관심에서 벗어나게 되었다. 아우구스티누스는 밀라노를 방문했을 때 당시 주교였던
암브로시우스(약 339-397)를 만났고, 알레고리 해석에 바탕을 두고 구약 성경을 해
설한 그의 강독을 접할 수 있었다. 아우구스티누스는 암브로시우스의 관점을 높이
평가했다. 그는 곧 플라톤주의를 지지하던 아카데미아파의 회의론적인 관점들에 관
심을 가졌지만, 이후에 플로티노스와 포르피리오스의 신플라톤주의에 관심을 가지
게 되면서 아카데미아파의 관점을 버리고 다시 그리스도교의 철학적 사유에 흥미를
두게 되었다.

이성과 신앙을 다루는 여러 방법 사이에서 방황했던 아우구스티누스의 자전적인 경험은『고백록』의 이야기들에 생동감을 불어넣었으며, 다른 한편으로 그의 철학적 사유의 기반을 구성하는 방법론을 설득력 있게 제시하는 데 기여했다. 아우구스티누스는 존재론적 관점이 진리의 탐구와 밀접한 관계를 가지고 있다고 생각했는데, 이 때문에 그의 작품을 읽을 때 저자의 경험, 신학적 의견과 철학적 관점을 분리해서 설명하기 어렵다. 그가 점진적으로 도출해 내는 결론은 곧 다양한 논쟁을 불러일으켰다. 왜냐하면 어떤 관점과 방법론에 따라 분석했던 논의와 결론이 곧 다른 관점에서 새로운 질문을 이끌어 냈기 때문이다.

아우구스티누스의 철학적 사유의 여정은『고백록』에서 볼 수 있는 것처럼 근본적으로 두 가지 지향점을 추구했다. 첫째는 세계를 바라보는 감각의 외부에서 지식을 만들어 내고 내면의 삶을 관조하는 과정에서 대두된 진리와 행복, 삶에 관한 문제였다. 둘째는 저자의 경험 속에서 펼쳐지는 지식과 영혼에 대한 고민, 이성에 대한 논제로, 아우구스티누스는 이 문제를 세부적으로 다루었다. 후자의 문제는 이성에 대한 사유의 관점을 정리하는 과정에서 아우구스티누스의 신학적·철학적 결론으로 발전하게 되었다.

그는『고백록』에서 자신이 신에 대한 전적인 믿음을 어떻게 가지게 되었고 그리스도교로 어떻게 개종하게 되었는지를 언급하면서, 관점을 끊임없이 바꾸면서도 삶과 사유 안에서 확인할 수 있는 순수한 형상을 설명해 냈다. 자세히 살펴보면『고백록』에서 신앙의 개종 혹은 완성을 설명하는 과정에서 신플라톤주의에 의한 지성적 대화를 활용했다는 점을 확인할 수 있다.

사실 많은 연구자들이 신플라톤주의와 관련된 아우구스티누스의 개종에 대해 논의한다. 이들은 다른 중요한 측면을 감출 위험을 감수하면서까지 그리스도교와 철학에 대한 아우구스티누스의 증언과 관점을 언급하며, 그의 사유 속에서 이 두 요소가 어떻게 조화되는지를 다룬다.

이 문제는 그가 신의 존재에 대해 왜 의심을 품지 않고 확신하게 되었는지를 설명하는 데, 그리고 개종 이후로 그가 설명하는 신의 개념을 분석하는 데 중요하다. 개종의 순간에 그의 관점이 어떻게 변화했는지는 충분히 다루어야 하는 부분인 것이다. 아우구스티누스로 하여금 성경으로 돌아가도록 만들었던 암브로시우스 주교와 신플라톤주의는 그의 철학적 사유에 중요한 영향을 끼쳤던 '사도 바오로의 편지'(1세기)로

그를 이끌었다. 이런 관심들이 이후에 그가 집필한 『고백록』의 이론적 구조를 세우는 기준이 되었다.

여러 '대화'와 철학 저서들

아우구스티누스는 개종한 뒤에 브리안자 지방(더 정확히 말하면 밀라노 근교의 카시키아쿰 농장*)의 저택에서 지냈으며, 『독백Soliloquia』에서 언급했던 것처럼 외적인 만족에 대한 열망(명예, 부, 감각적 즐거움)을 버린 채 순수한 이성과 영혼의 문제에 접근하고 진실을 연구하는 데 투신했다. 아우구스티누스가 어머니였던 모니카나 다른 제자들과 비교도 되지 않을 정도로 뛰어난 철학적 관점을 담은 책이자 신앙에 대한 자신의 관점을 정리한 『행복한 삶De beata vita』과 다른 '대화들'에서 설명했던 것처럼, 아우구스티누스에게 지식에 대한 연구는 선과 행복에 대한 연구와 같은 것이었다.

이성과 신앙의 권위라는 두 주제의 공존은, 플라톤이라는 철학적 전통 속에서 성숙한 회의론적인 관점을 다룬 『아카데미아 학파 반박Contra Academicos』에서 여러 가지 논쟁으로 이어졌다. 아우구스티누스는 진리에 도달하기 위해서 필요하지만 진리를 소유하는 것이 아니라 찾기 위한 충분조건으로서, 어떻게 행복할 수 있는지에 대한 스스로의 질문에서 출발한다. 아우구스티누스는 논리적 사유에 바탕을 둔 빠른 결론보다는 회의론을 적용해서 논의들을 세부적으로 검토해 나갔고, 결과적으로 빠른 결론이 지닐 수 있는 경솔한 관점을 피해 갈 수 있었다.

플라톤이라는 철학적 전통과의 관계

그는 고대인들이 세계를 이해하는 지식으로 분류했던 7개의 자유학예artes liberales의 발전 과정에 주의를 기울이면서, 개인적인 문화가 형성되는 순서를 되돌아본다. 이런 과정을 통해서 그는 자신의 경험의 총체성과 다양한 외부 지식의 질서로 얻은 통일성의 문제를 같이 다룬 『질서론De ordine』을 저술했다. 이러한 관점은 이미 고대에 피타고라스(기원전 6세기)가 다룬 적이 있었다.

아우구스티누스는 아프리카로 돌아가기 전에 로마에서 생활하면서 자신의 철학적 연구 방향에 따라 여러 저서들을 기술했다. 『영혼의 위대함De quantitate animae』에서는 영혼과 관련한 여러 가지 문제를 제기했고, 영성의 문제를 파악하기 위해서 영혼의 위대함이나 신체와의 관계에 집중했다. 지식의 주체이기도 한 영혼은 감각적인 지식을 받아들이는 순간에 순수하게 수동적인 역할에 머물러 있지 않는다. 아우구스티누스는 무엇보다도 신체 속에 있는 영혼에 어떤 일이 벌어지는지를 유념했다. 그렇기 때문에 영혼은 외부의 자극과 분리된 것이 아니며 "신체에서 벌어지는 일에서 영혼이 벗어날 수 없다"(『영혼의 위대함』, 23. 41)는 관점을 제시했고 이를 통해 감각적 지식을 이해할 수 있다고 보았다.

같은 시기에 집필한 『음악론De musica』은 논의를 더 세부적으로 이어 간다. 감각 기관에서 영혼의 작동은 외부 자극에 의해 강조되기도 하고 방해받기도 한다. 그렇게 해서 만족과 불만족이 생겨난다. 이 저서에서 특히 강조했던 부분은 소리에 대한 것으로, 음의 인지와 지성적 판단이 청력에서 비롯한다는 점을 다루고 있다. 아우구스티누스의 분석은 '미학'이라고 정의할 수 있는 기준을 제공하며, 그 안에서 비례, 측량, 조화의 문제를 다루고 있다.

같은 기간에 『자유 의지론De libero arbitrio』을 집필한 아우구스티누스는 인간의 자유에 대해 연구했지만, 인간의 책임감과 행동에 관련한 공간의 문제를 다루는 과정에서 펠라기우스파에 대한 논의로 연결되었기 때문에 곧 자신의 입장을 버렸다.

아프리카로 귀환

그는 어머니 모니카가 죽은 뒤에 아프리카로 돌아와서, 이탈리아 반도에서 집필하기 시작한 논고를 정리하면서 『교사론De magistro』을 완성했다. 이 작품은 '조명설'로 알려져 있는 그의 지식 이론을 만들어 내는 데 기여했다. 이 저서의 앞부분은 언어가 가진 기호의 의미를 세부적으로 분석하고 있으며, 서양 라틴 문화에서는 처음 등장한 '기호학'에 관한 논의를 다루고 있다. 두 번째 부분에서 그는 소통과 교육을 위한 언어 사용에 관심을 가지면서 난해하고도 상반된 이성적인 관점에 다다르게 되었다. 무엇보다 기호를 사용하지 않으면 아무것도 가르칠 수 없다는 점을 먼저 설명한 뒤에, 곧 기호는 그 자체로 의미를 가지기 때문에 가르쳐야 할 대상이 아니라고 설명한다.

이러한 난관은 내적인 스승을 통해서 극복될 수 있다. 그것은 정신이 비출 수 있는 것, 즉 소통하는 만큼 그 의미를 파악할 수 있는 능력에 관한 것으로, 우리가 듣고 이해하는 것을 판단할 가능성을 가지고 있다는 사실을 알고 있다는 점에서 기인한다. 아우구스티누스는 철학과 종교를 연관 지으면서 내적인 스승이 그리스도라고 확정한다. 적어도 (성경에서) 사물을 창조한 '말'이 의미의 시작이며 인간을 만들었을 뿐 아니라 다른 여러 기호 속에서 하나의 기호로 여겨진다는 점에서, 철학적 관점은 다른 관점에서 종교적인 확신으로 이어진다.

그리스도교 신앙과 이교 문화

그리스도교 신앙과 이교도 문화에 대한 문제는 그리스도교가 발전하는 초기에 지속적으로 다루어졌는데, 이전의 문화를 바라보는 그리스도교의 관점이 형성되는 데 아우구스티누스가 중요한 영향을 끼쳤다. 그는 신플라톤주의 철학을 사용하면서 고대 세계에서 유래한 자유학예에 대한 이야기를 편견 없이 제시했다. 이미 『질서론』에서 그는 모든 것을 관통할 수 있는 원리로 이끌어 낼 수 있는 예술의 위계를 설명한 바 있다. 『그리스도교 교양De doctrina christiana』에서 그는 같은 주제를 설명했고, 이후 역사 속에서 성경의 비유를 통해 그리스도교도의 관점이 형성되는 데 중요한 영향을 끼쳤다. 이집트에 유배된 이스라엘 민족이 이집트인의 부와 수단을 통해 자신의 땅으로 돌아갈 수 있었던 것처럼, 그리스도교도들은 세계를 바라보는 새로운 관점을 위해 이교도 문화가 가진 보물을 활용하고 이해함으로써 새로운 의미를 발견할 수 있다는 것이다.

『그리스도교 교양』을 집필하기 시작한 지 얼마 되지 않아서 그는 주교로 임명되었으며(395-396), 사목 활동을 시작했다. 그 순간부터 그는 책임감과 엄격함을 새롭게 다지며, 동시에 존재론적이고 지성적인 새 인생을 살기 시작한다. 아우구스티누스는 『그리스도교 교양』의 집필을 잠시 중단했다가 420년경에 이 작품을 완성했다. 그는 이 작품에서 키케로를 모범으로 삼아 그리스도교의 원리를 고대 수사학적 전통에서 다루었다. 이 저서는 그리스도교 문화를 확장하는 수단으로 활용되었을 뿐 아니라 성경의 해석에도 중요한 영향을 끼쳤다.

『고백록』과 『삼위일체론』, 분석의 과정

『고백록』은 아우구스티누스가 그리스도교로 개종하기까지의 이야기들, 즉 어머니인 모니카의 죽음과 아프리카로 귀환하기까지의 자서전적인 이야기들을 설명한다. 그는 젊은 시절에 자아를 찾아 떠났던 여행을 회고하며 자신이 살아온 삶과 시간의 의미를 이해하려 했으며, 노년에 집필했던 저서들에서 자신이 느끼고 생각했던 문제를 이론적인 관점에서 심도 있게 다루었다.

기억은 단순히 감각에서 유래한 지식의 이미지를 보관하는 장소가 아니며 학문, 감정, 자의식, 정체성을 구성하는 근본이다. 아우구스티누스는 신에 대한 탐구로 나아가는 영원과 진리의 흔적은 기억을 통해서만 찾을 수 있다고 생각했으며, 신은 가장 깊은 내면에 있을 뿐 아니라 동시에 가장 높은 위치에 있다고 보았다. "당신은 내자신의 깊은 내면보다 더 깊은 내면에 계시며 내가 높이 도달할 수 있는 그 높이보다

정체성을
구성하는 기억

더 높이 계셨습니다interior intimo meo et superior summo meo." 그가 이 문장을 통해서 설명하려고 했던 것은, 신이 전적으로 사물에 내재해 있는 것도 아니고 그렇다고 인간의 외부에 존재하거나 다가가기 힘들고 이해할 수 없는 원리도 아니라는 점이었다.

시간 또한 과거와 현재를 연결시켜 주는 기억을 통해서 의미를 지닐 수 있고, 현실은 시간 속에서 드러난다. 그러나 미래는 아직 다가와야 하는 것이기 때문에 존재하지 않는다. 아우구스티누스가 다루는 주제는 시간의 통일성으로, 이는 주체와 밀접한 관계를 맺고 있으며, 영혼의 확장 즉 과거와 미래를 향한 영혼의 확장이라는 개념으로 발전한다. 지혜롭고 문화적인 사람만이 세계와 시간의 흐름 속에서 책임감을 가지고 자신의 경험이 지닌 의미를 구성할 수 있다. 이런 점에서 아우구스티누스는 "자식을 많이 낳고 번성하여 땅을 가득 채우고 지배하여라"(「창세기」 1장 28절)는 성경의 문장을 인용하며 세계를 해석하는 과정을 통해서 세계를 정복할 수 있다고 설명했다.

『고백록』의 마지막 권에서 그는 성경의 중요한 문장들에 주석을 달았다. 이때 그는 인간의 존재를 설명하는 세 가지 요소로 존재, 지식, 의지를 제시했다. 아우구스티누스는 이전에도 연관된 주제를 다루었지만, 이 중에서 특히 의지에 중요한 역할을 부여했다. 그는 필요에 의해 세 요소를 분류했지만, 이것들은 서로 분리할 수 없고 삼위일체와 부합한다고 보았다. 아우구스티누스는 『삼위일체론De Trinitate』을 통해 이 논의를 발전시켜 나갔다. 399년부터 420년까지 집필한 이 책은 삼위일체의 위격(성부, 성자, 성령을 가리킨다*) 간에는 종속적 관계를 맺는다는 아리우스파의 대표적 입장에 반대하고, 삼위일체가 모든 피조물에 적용되며 피조물은 신의 초월성을 나누어 가진다고 주장했다. 그는 그리스도교의 삼위일체를 둘러싼 관점을 지지했고 그 결과 신의 개념을 변화시켰다. 그가 이 주제에 철학적 관점을 적용하는 방식은 매우 놀랍다. 특히 그는 아리스토텔레스의 전통에서 질료나 우유성偶有性이라는 용어를 설명하기 위해 주체(명사)에 설명(술어)을 귀속시킨다. 하지만 그는 신을 설명하는 용어인 '성부, 성자, 성령'은 신에게 귀속되지만, 즉 설명이 대상에 속하기는 하지만 우유성은 적용할 수 없다고 주장했다.

그는 원리를 둘러싼 개념, 즉 신을 둘러싼 개념을 설명하면서 고대 철학에서 질료가 만들어 내는 체계의 절대성을 다루었지만, 신은 질료가 아닌 관계의 분류 체계 속에서 이해할 수 있는 절대성을 가지고 있다고 보았다. 신은 사랑과 같은데, 그 이유

삼위일체의 개념

는 사랑하는 사람과 사랑받는 사람의 관계는 오직 순수한 관계를 통해서만 설명할 수 있는 것이기 때문이다.

인간이 신의 형상을 본뜬 이미지라면, 인간의 본성은 신을 설명하는 삼위일체의 관점을 통해서 설명할 수 있을 것이다. 『삼위일체론』의 두 번째 부분에서는 인간의 의식과 신의 삼위일체 사이의 관계를 심도 있게 논의한다. 그는 주체, 객체, 주체가 바라보는 객체에 대한 관점과 같이 감각적 관점을 분류하면서 더 상위 개념인 기억, 이성, 의지와 같은 요소들에 대한 분석을 시도했고, 이런 각각의 요소들이 인지 과정에서 내면적 관계를 구성해 간다고 생각했다. 삶은 삶의 기원에서 시작한 변화에 따라 각 요소들에 대한 관계를 구성해 나간다.

이미 설명했던 것처럼 인간의 기억을 통해서 여러 학문의 초석을 세울 수 있다. 기억에서 유래한 재료를 다루고 분석하는 것은 지성이며, 의지는 기억과 지성을 연결해 준다. 분석 과정은 대상의 유사성에 바탕을 둔 것이 아니라 관계의 유사성에 의 ^{지식의 도구로} 해서 구성되었고, 이에 따라 지식을 구성했던 다양한 자료나 다른 수준의 존재에 대 ^{사용된 유사성} 해 보편성을 부여할 수 있었다. 그리고 이 과정에서 동반될 수 있는 구분, 비유사성, 완벽한 차이를 넘어서야 할 필요가 없었다. 아우구스티누스는 참된 지식을 찾기 위한 인생의 연구 과정에서 지성적인 도전을 늘 중요하게 다루었으며, 알기 위한 열정은 그로 하여금 성스러운 삼위일체 모델의 논리적 관계를 해석하도록 이끌어 주었다.

주교와 역사

아우구스티누스는 아프리카에 돌아온 뒤로 주교가 되었다. 그는 변화하는 역사적 ^{아우구스티누스} 상황에 대해서 명확하고 결단력 있는 태도를 보여 주었다. 로마와 같은 중심 도시에 ^{주교와} ^{도나투스파} 서나 제국의 변방에서나 권력의 소재가 불분명해지던 당시에 교회는 제도적·정치적 권력을 획득해 나가기 시작했는데, 이런 시대 상황에서 그는 자신이 지닌 사회적 책임을 잘 이해하고 있었다. 특히 아프리카 북부에는 기원이 명확하지 않지만, 콘스탄티누스 대제가 그리스도교를 인정하기 전에 종교 박해가 있었을 때 교회로부터 버림받았기 때문에 교회로 돌아가는 것을 반대했던 도나투스파와 같은 종파 분리 운동이 존재했다. 아우구스티누스는 이들의 신학적 관점을 공격하고 교회 밖에서 이들이 행한 세례를 인정하지 않았으며, 교회의 인가를 받지 않은 사제의 부적절한 종교 제의는 어떤 가치도 지닐 수 없다고 설교했다. 그는 교회를, 죄악과 부패로 가득 찬 세계 속에 여러 성인이 만든 제도라고 해석했다.

　수세기 동안 교회와 관련해서 늘 등장하는 문제 중 하나는 급진적 세력이나 정치 집단이 자신들을 다른 사람보다 앞서 있다거나 더 완벽하다고 생각하는 것이다. 아우구스티누스는 외부의 불완전한 세계로부터 교회에 대한 생각을 방어했고, 교회에 갇혀 있기보다는 사회적 기능을 통해 교회 본연의 정체성을 발견하려 했다. 그러나 아이러니하게도 그는 다음과 같이 말한다. "하늘의 구름 사이에서 천둥소리가 울려 퍼질 때 지상의 모든 장소에 신의 집이 세워지고, 늪지에서는 개구리가 개굴개굴하며 울고 있다. 우리는 그리스도교도다"(『시편 해설Expositio in Psalmos』, 95, 11). 아우구스티누스는 도나투스파와 우호적이고 변증법적인 만남 이후에 국가 권력의 폭력적 사용을 허용하기에 이르렀다. 그러나 근본주의자 같은 입장을 취하지는 않고 역사적인 조건에 의해 만들어진 필요에 따른다고 생각했다.

　아우구스티누스는 공동체의 책임자로 일하기 위해서 역사와 각각의 시대, 사회적 조건의 변화에 민감했다. 이 시기에 로마 제국의 복잡한 상황을 어떻게 인식했는지를 이해하기 위해서 당시에 많이 알려진 순간의 기록을 알아보아야 할 것이다. 알라리크(약 370-410)가 이끄는 고트족의 군대는 410년 8월 24일부터 3일 동안, 천 년의 문명을 이끈 중심지이자 제국이 자신의 문화, 질서, 역사에 대한 정체성을 쌓아올렸던 장소인 로마를 약탈했다. 이와 관련해서 인문학자였던 히에로니무스(약 347-약 420)는 자신의 편지에서 "만약 로마를 파괴할 수 있다면 확신을 줄 수 있는 그 무엇이 더 이상 존재할 수 있을까?"라고 기술한 바 있다. 아우구스티누스는 이러한 상황에 민감하게 반응했으며, 종교적인 관점에서나 제도적·정치적 맥락에서나 이 사건이 지닌 중요성을 알고 있었고, 또한 로마와 문화의 쇠퇴를 경험한 그 순간에 그리스도교의 미래를 위해 중요한 결정을 내려야 한다는 점도 잘 이해하고 있었다.

로마를 약탈한 고트족

　아우구스티누스는 생각의 방향을 뒤집어 그리스도교가 로마 제국에 새로운 규칙을 부여할 수 있는 새로운 것인 듯이 소개했다. 그리고 로마의 쇠망은 로마인이 나쁜 습관과 허영을 가졌고 저술가에 의해 묘사된 위대한 덕목에 충실하지 않았기 때문이라고 보았다. 그리스도교를 방어하기 위한 노력은 매우 위대한 작품인 『신국론』의 집필로 이어졌는데, 이 책에서 로마의 역사를 인류의 역사처럼 다시 살펴보고 있다. 그 안에는 두 부류의 사람들이 뒤섞여 있다. 어떤 사람은 신에 대해 즉 절대적인 것과 덕목에 대해 탐구하고, 다른 사람은 모든 사물 앞에서 자기애에 탐닉하고 지상의

신성로마 제국을 위한 새로운 삶

욕구를 만족시키려고만 한다.

그는 이를 국가와 교회 대신에 '하느님의 도시'와 '지상의 도시'라는 유명한 두 장소로 설명하면서, 살아가면서 이 중 하나를 선택해야 하는 삶의 두 모델로 다룬다. 로마의 전통이 지닌 위대한 가치는 지상의 도시에서 만들어진 것으로 지배에 대한 열망, 명예, 지배욕에 따른 허영을 추구하면서 얻어진 것이다. 『신국론』은 그리스도교와 이교 문화의 관계에 대해, 그리고 로마의 역사에서 출발해서 그리스도교의 전파가 지닌 사회적 기능에 대해 오랜 시간 동안 그가 고민했던 사유의 결과물이었다. 또한 이 책은 새로운 문화 속에서 역사를 철학으로 바라볼 것을 제안한 첫 번째 시도이기도 했다. 이 책에서 아우구스티누스는 발전의 법칙에 바탕을 두고 살아가는 유일한 유기적인 조직으로서 인류를 사유하는 데 성공했으며, 이전의 역사를 다시 돌아보면서 의미를 이해하고 시대의 연속성을 효과적으로 설명할 수 있었다. 모든 시대에 인간들은 두 종류의 도시를 선택하며 살아간다. 이 사실은 카인과 아벨이 대립했던 첫 순간부터 긴장감을 자아냈으며, 이와 유사한 선택을 끊임없이 관찰할 수 있다. 예를 들어 로마의 기원에서 로물루스와 레무스의 상징적인 투쟁처럼 말이다.

은총과 오만

아우구스티누스에게 두 도시 중 하나에 속해야 한다는 논리는 개인의 존재론적 선택에서 중요한 기로이기도 했지만, 다른 한편으로는 관계성에 바탕을 둔 그의 전형적인 논리로 결론을 이끌어 내는 방식이기도 했다. 도시의 선택은 타인과의 관계, 세계에서 재화의 분배와 비례, 새로운 개혁에 대한 열망과 여러 존재 방식에 따라 결정된다. 그러나 그의 사유에서 중심을 차지했던 관계, 비중, 분석, 명상과 같은 요소는 펠라기우스주의자와 논쟁을 벌였던 노년의 아우구스티누스가 쓴 저작에서는 점차 사라져 갔다.

펠라기우스(약 354~약 418)와 그의 추종자, 즉 펠라기우스주의자들은 아우구스티누스나 다른 신학자와는 달리, 아담의 원죄가 인류에게 전승되는 것이 아니며 인간의 본성은 죄를 짓지 않는 것이라고 설명했다. 아우구스티누스는 육체가 만들어지는 과정에서 원죄를 이어받고 있다면서 펠라기우스주의자의 주장을 논박했다. 갓 태어난 아이는 임신 순간에 동반했던 성적 유희의 상징이기 때문에 원죄를 이어받았다고 보았던 것이다. 아우구스티누스는 인간이 악의 상징이며 고립되어 홀로 노력

펠라기우스의 주장에 대한 반박

한다고 해서 이 죄과에서 벗어날 수 없다는 주장을 철학적 관점에서 하기 위해 복잡한 인류학적 이미지를 활용했던 것이다. 펠라기우스주의자는 인간의 내면에는 순수함, 위대함과 같은 가치에 도달할 수 있는 요소가 내재한다고 생각했는데, 이런 사고방식이 유행하자 아우구스티누스는 펠라기우스주의자의 의견에 반박하는 과정에서 자신의 관점을 극단적으로 발전시켜 죄 덩어리로 이루어진 인간상을 제시했다.

아우구스티누스의 이런 방법론적 관점과 사유는 인간과 신의 유사성을 고려하지 않은 것처럼 보인다. 아우구스티누스는 삶을 사유하며 정치적으로 활용할 수 있는 도구, 공감을 구성하는 방식, 이데올로기적 투쟁에 유용한 논제를 통해 종교적 맥락에서 의미를 지닐 수 있는 사상을 발전시켜 나갔다. 그 결과 이전에 그의 사유를 이끈 관계론적인 관점을 넘어서서 원죄, 악, 죽음, 부활 같은 단어가 정의할 수 있는 대상으로 변하게 되었다. 그렇다고 해서 우리 앞에 또 다른 아우구스티누스가 있는 것은 아니다. 브리안자의 별장에 앉아 역사가 전달하는 이야기에 귀 기울이며 세계 속에서 작업하고 세계사에 개입하기를 원했으며 모든 복잡한 것에서 세계를 방어하려던 철학자 아우구스티누스가 있었던 것이다. 펠라기우스주의자는 허영에 빠진 불완전하고 비참한 인간이 스스로를 구원할 수 있다고 본 관점 때문에 종종 비판받았다. 사실 그리스도교에서 겸손의 미덕은 고대 사유에서 유래한 인간의 숙명을 둘러싼 문제에 답변을 내리기 어렵게 만든다. 펠라기우스가 주장했던 것은 아우구스티누스가 받아들이지 않았던 이성의 귀족적인 가치였다.

아우구스티누스는 신이 인간에게 개입한다는 점을 늘 받아들였다. 그가 『교사론』에서 설명했던 내부의 빛(그리스도*)은 지식의 분류 체계에 대한 논의로 발전했다. 또한 구원과 처벌에 대한 종교적 논쟁을 소개하면서 '운명'의 요구에 대한 생각을 논리적으로 발전시켰고, 이 과정에서 신의 도움이 없다면 운명이 요구하는 것을 만족시킬 수 없다고 보았다. 결과적으로 은총과 예정설에 대한 설명이 극적으로 등장했다. 특히 『은총과 자유 의지De gratia et libero arbitrio』, 『훈계와 은총De correptione et gratia』, 『성도들의 예정De praedestinatione sanctorum』, 『항구함의 은사De dono perseverantiae』와 같은 글에서 그가 다룬 이 개념들이 연구의 가설이라기보다 효율적인 논쟁의 도구로 변하고 있다는 점을 확인해 볼 수 있다. 그는 이미 신플라톤주의를 통해 존재의 여러 층위를 설명한 적이 있었고, 이런 관점에서 은총은 인간이 신을 이해하고 사랑하는 수단처럼 작용해야 했다. 즉 영혼은 고양되어야 하며, 이를 위해 영적인 삶을 구성하

신의 은총과 예정설

고 동시에 지식 중심의 활동을 하는 것이다. 만약 열정이 지상의 쾌락만 추구한다면 인간과 신의 관계는 줄어들고, 이 때문에 무질서한 상태로 변하게 된다. 신과 인간의 관계가 파괴되고 유사성이 사라지면, 신의 개입은 더 이상 인간이 신을 바라보는 방식에 연결되지 않을 것이다.

아우구스티누스가 보기에, 어떤 사람들은 행동에 옮기고 어떤 사람들은 행동에 옮기지 않기에, 그리고 어떤 사람들은 자신을 구원하고 어떤 사람들은 자신을 구원하지 않기 때문에 인간을 이해하는 것은 쉬운 문제가 아니었다. 아우구스티누스에게는 이런 차이를 설명하는 것은 물건이 장인匠人에게 왜 자신을 그렇게 만들었는지를 물어보는 것, 혹은 짐승이 신에게 왜 자신을 인간으로 만들지 않았는지를 물어보는 것과 마찬가지였다. 이런 이야기는 인간과 신의 분석적 관계를 바라보는 아우구스티누스의 관점을 잘 드러내는 실례라고 할 수 있다. 고트족이 로마를 약탈하고 다른 이민족들이 점점 히포 레기우스로 다가오는 동안, 즉 로마의 문명이 막을 내리고 그리스도교가 구원의 유일한 도구로 부상했을 때, 아우구스티누스는 자신의 의지로 모든 수단을 강구했으며, 의심을 버리고 확신을 가진 공동체의 삶으로 신자들을 이끌고자 했던 것이다.

| 다음을 참고하라 |
철학 고대인들과 중세(377쪽); 철학과 수도원(408쪽); 에리우게나와 그리스도교 철학의 시작(418쪽)
문학과 연극 문법, 수사학, 변증법(568쪽); 성경, 정전, 외경, 번역, 회람, 주석 문학, 성경시(623쪽)
음악 그리스도교 문화와 음악(859쪽)

고대인들과 중세

| 레나토 데 필리피스Renato De Filippis |

고대의 지식은 고전 사료들을 비교 연구하는 과정에서 발전했다. 그리스와 라틴 철학을 직접 접할 수 있는 고대 문헌과 함께, 신플라톤주의를 지지하던 저자들과 아리스토텔레스의 저서를 둘러싼 주석가들 사이의 간접적인 영향 관계를 다룰 필요가 있다. 또한 이교도의 지식의 결과를 요약해서 새로운 문화적인 요구에 맞게 변형시켰던 백과사전적인 저서의 연구 역시 중세를 이해할 수 있는 매우 중요한 자료를 제공해 준다.

고대 문헌의 존속

그리스도교의
지식과 고전 문화

중세 초기로 분류된 6-9세기에 유럽 문화는 그리스도교와 고전 지식의 만남에서 태어났다. 특별히 엄격한 몇몇 지성인의 경우를 제외하고, 이 시대의 재능 있는 지성인들은 이교도의 문화적 유산에 빚지고 있는데, 이 지식을 새로운 변화에 맞게 발전시켰고 다른 한편에서는 로마 제국의 멸망 이후의 문화적·정치적 해체 속에서 보존하려고 했다. 철학 분야에서 고대 문화는 필사본의 생산과, 필요한 경우에는 고전 텍스트의 번역을 통해 보존되었다. 하지만 그리스어에 대한 무지와 학문의 쇠퇴는 수많은 철학적 저서가 13세기에 '재발견'되기 전까지는 실종 상태에 있게 했다. 중세 초기에 아리스토텔레스의 저서는 6세기에 보에티우스가 번역한 논리학 저서에 한정되어 있었다. 이 번역본은 이후 여러 주석서로 역사 속에 등장한다. 플라톤의 경우에는 신플라톤주의자였던 칼키디우스Calcidius(4세기)의 라틴어 주석서를 통해 단지 『티마이오스』의 일부만 전해졌다. 12세기 중엽에 번역된 『메논』과 『파이돈』은 잘 알려지지 않았는데, 이 저서들은 시칠리아의 부주교였던 엔리코 아리스티포Enrico Aristippo(?-약 1162)에 의해서 번역되었다. 키케로의 『국가론』 6장에 포함된 철학서 「스키피오의 꿈」에 주해를 달았던 마크로비우스Ambrosius Theodosius Macrobius(4-5세기)나 보에티우스와 같은 인물은 신플라톤주의에 대한 당시의 정보를 전달해 준다. 결국 키케로의 철학적·수사학적 글들과, 세네카Lucius Annaeus Seneca(기원전 4-65)의 도덕적 성찰을 다룬 작은 저서들은 중세 초에 부분적으로 알려져 있던 철학 사조(스토아, 에피쿠로스, 아카데미아파의 회의론)에 대한 자료를 제공해 주는 광산이었다.

위 디오니시우스와 신플라톤주의의 영향

중세 초기에 고대 철학의 전승은 모두 그런 것은 아니지만 간접적인 방식으로 전해지기도 했다. 요하네스 스코투스 에리우게나와 같이, 카롤링거 왕조 시대의 철학적

그리스어 번역가
에리우게나

경험은 특별한 점이 있다. 그는 9세기에서는 매우 드물게도 그리스어를 아는 사람이었다. 비잔티움 신학자인 고백자 막시무스Maximus Confessor(약 580-662)의 저서들과 「사도행전」(17장 19-34절)에서 전하는 바로는 디오니시우스(5세기경, 성경에서는 디오니시오*)는 아테네의 판사이자 성 바오로의 담화를 듣고 그리스도교로 개종하기로 결심한 사람인데, 이 사람의 이름으로 전해지는 『디오니시우스 전집』을 번역하고 연구한 이도 에리우게나였다. 위 디오니시우스의 저술은 그리스도교를 해석하는 신플

라톤주의의 관점에서 영향을 받았으며, 중세 초기의 철학적 유파를 형성하는 데 중요한 사료가 되었다. 특히 『신명론De divinis nominibus』에서 논의한 악에 관한 문제는 프로클로스Proklos(412-485)의 편지에서 유래한 것으로, 이는 신플라톤주의 철학의 기준이었던 플로티노스에 의해서 형성된 철학적 유산을 체계적으로 정리한 것이라고 평가받는다. 또한, 위 디오니시우스의 『신비주의 신학』은 가장 근본적인 신이 존재의 이면에 있으며 이를 설명할 수 없다는 신플라톤주의자의 생각을 담고 있으며, 요하네스 에크하르트Johannes Eckhart(약 1260-1328)와 라인 지방의 신비주의자들(신비주의를 신봉했던 독일 도미니쿠스 수도사들*)에게 영향을 주었다. 에리우게나는 위 디오니시우스의 저작을 읽으면서 간접적인 방식이지만 신플라톤주의의 핵심에 접근할 수 있었으며, 종종 그가 썼는지 의심을 받지만 중요한 저서로 평가받는 『자연 구분론De divisione naturae』을 집필할 수 있었다. 신플라톤주의는 철학의 몇몇 근본 문제에 대해서 그리스도교 신앙에 바탕을 둔 대안적이고 이성적인 대답을 제시하고 있다 (특히 유출의 과정으로 본 창조는 신학적인 관점에서 신플라톤주의와 연관된 가장 흥미로운 문제였다).

다른 신플라톤주의의 발전

중세의 여러 저자들이 영감을 얻었던 사상가 중에서 포르피리오스는 가장 중요한 인물로, 플로티노스의 직계 제자였다. 포르피리오스의 짧은 저서인 『아리스토텔레스의 범주론 입문』은 아리스토텔레스의 논리학의 기초를 다루고 있으며, 보에티우스가 라틴어로 번역했다. 이 저서는 교육적인 관점에 한정되어 있기는 하지만 우주에 대한 질문들의 기원을 다루고 있는데, 포르피리오스는 첫 부분에서 이를 직접 설명하지는 않았지만 존재와 이데아의 본성을 다룬 고전 철학의 모든 문제들에서 유래한 해석들을 설명하고 있다. 그 결과, 포르피리오스의 관점은 이후 중세에서 이 문제를 다룬 모든 저서의 바탕을 구성한다. **포르피리오스**

제한적이기는 하지만, 이암블리코스Iamblichos(약 250-약 325) 역시 신플라톤주의를 대변하는 인물이었다. 그의 관점은 플라톤과 피타고라스의 관점을 절충하려고 했으며, 다른 한편으로는 철학과 과학을 연결시키는 체계의 필요성에 대응하여 이교적인 종교의 가르침을 구성하고 있고, 그리스도교도들의 공격을 방어할 수 있는 이성적인 가치 판단에 대해 다루고 있다. 그의 저작들은 플라톤의 철학과 신학적인 **이암블리코스**

관점을 다루고 있다. 이와 관련해서 아리스토텔레스의 저술들은 진실로 이끄는 또 다른 도구였다. 플라톤의 신학자적 이미지와 아리스토텔레스의 논리학자적 이미지는 중세 사상가들에게 많이 알려져 있었다.

요하네스 필로포누스 고대의 철학적 사유를 전달하는 데 중요한 또 다른 인물로는 요하네스 필로포누스Johannes Philoponus(6세기)가 있다. 그의 사유는 중세 초기에 잘못 알려져 있었다. 그는 유아세례를 받은 그리스도교도였지만, 신플라톤주의 사상가였던 암모니우스 헤르미아이Ammonius Hermiae(약 440-약 520)의 제자이자 2세기부터 이집트에서 발전했던 알렉산드리아 학파의 마지막 세대 철학자에 속한다. 529년에 유스티니아누스 대제가 아테네 학당을 닫으면서 이교도 철학의 종말을 선언했을 때, 필로포누스는 『프로클로스에 반박하며 세계의 영원성에 관하여Sull'eternità del mondo contro Proclo』를 저술했다. 이 저서에서 그는 창조에 대한 그리스도교의 생각을 옹호하며 아리스토텔레스의 철학을 논박했다. 그가 다루었던 논제들은 이후에 바뇨레조의 보나벤투라 Bonaventura(약 1221-1274)에 의해서 다시 다루어졌는데, 보나벤투라는 필로포누스의 논의를 아베로에스주의자를 논박하기 위해 사용했다. 필로포누스가 아리스토텔레스의 사상에 단 주석들은 많은 시간이 흐른 뒤에야 주목을 받았지만, 아랍과 유대 철학자들에게 영향을 끼치고 또 이들을 통해 스콜라 학파의 철학자들에게 영향을 주었다.

성경 주석서의 저자이면서 중세에 많이 읽혔던 학교 교재의 저자였던 마리우스 빅토리누스Marius Victorinus(4세기)와 같은 웅변가도 있기는 했지만, 신플라톤주의자들의 저서 중에서 직접적으로 알려졌던 것은 아우구스티누스의 저서들이었다. 이 저서들은 이후 여러 철학적 지식의 통로가 되었다. 일반적으로 플라톤주의와 신플라톤주의는 고대 후기의 그리스 지역에서 주로 다루어진 뒤에 서양의 사유에 영향을 끼쳤다. 중세 연구자였던 에티엔 앙리 질송Étienne Henry Gilson(1884-1978)은 이 시대의 철학적 특징을 설명하면서 '교부들의 플라톤주의'라는 표현을 사용했다(*La Philosophie au moyen-âge*, 1922).

아프로디시아스의 알렉산드로스와 지식의 문제

중세에 영향을 끼쳤던 고대 후기의 철학자는, 12세기까지 알려지지 않았고 신플라톤주의 학파에 속하지 않지만 셉티미우스 세베루스 황제Septimius Severus(146-211)의 통치기인 198년부터 209년까지 아리스토텔레스의 철학을 일반인에게 강

연했던 사람이었다. 그 사람이 바로 아프로디시아스의 알렉산드로스Alexandros of
Aphrodisias(2-3세기)로, 그는 "가장 중요한 아리스토텔레스의 주석가"(G. Reale, *Storia
della filosofia antica*, vol. 4; *Le scuole dell'età imperiale*, 1978)였으며 동시에 '제2의 아리스
토텔레스'라는 명칭이 어울렸던 사람이다. 중세에는 그의 심리학적 이론들이 관심
받기 시작했는데, 그는 원래『영혼에 관하여』와『지성에 관하여』라는 두 권의 저서
로 나누어져 있던 아리스토텔레스의『영혼론De anima』에 주석을 달았다.

> "아리스토텔레스를 따라서"

    논의의 쟁점은 인간 지성의 본성에 대한 것으로, 어떤 방식으로 지식이 형성되는
가라는 점이다. 이 문제에 대해서 아리스토텔레스의 관점이 명확하지 않기 때문에
(이 부분은『영혼에 관하여』의 430a 11을 참조하라) 16세기까지 여러 가능성이 논의되었
으며, 사실 알렉산드로스의 입장 또한 다른 연구자들에게 모두 받아들여지지는 않
는다. 알렉산드로스는『영혼에 관하여』를 해석하면서 세 종류의 지성을 설명했다.
그는 세 종류의 지성을 (1) 추상의 과정을 통해 사물의 형태를 이해하는 순수한 힘
인 물질적 혹은 질료적 지성, (2) 이 힘을 통해 구현한 내용을 재연하는 수동적 지성,
(3) 질료에서 분리된 이성을 허용하고 형태를 이해하는 원인을 구성하는 능동적인
혹은 생산적인 지성으로 분류했다. 알렉산드로스는 마지막 지성을 제1원리로 지칭
하며 다른 모든 사물에 대한 지식의 원인이라고 보았고, 빛이 우리가 볼 수 있는 모
든 이유가 되는 것과 마찬가지라는 예를 들어서 설명했다. 그는 제1원리란 고양되고
완벽한 감각을 이해하기 위한 것이며, 이러한 관계를 이해할 수 없다면 우리가 빛 없
이는 아무것도 볼 수 없는 것과 마찬가지로 스스로를 이해할 수 없을 것이라고 설명
했다. 앞서 언급한 두 가지 지성은 역으로 보면 인간 지성의 두 가지 다른 '계기'를 설
명하는 것으로, 확실한 지식을 이해하기 전과 후의 관계를 다룬다.

> 지성의 문제

    알렉산드로스는 자신의 이 같은 관점을 정리하면서 능동적 지성의 기능을 "물질
적 지성의 지식 조건을 구성하는 원인"처럼 설명했다. 다른 방식으로 설명하면, 그의
관점은 지식 자체의 가능성을 설명한다. 반복되는 경험이 지식을 구성할 수 있는 '고
정된 입장'을 설명할 수 있기 때문이다. 많은 중세 철학자들은 생산적 지성을 일종
의 조명과 같은 것으로 보았다. 인간은 물질적 지성을 통해서 물질에서 형태를 추상
화할 수 있으며, 이러한 변화를 통해 획득한 지성은 사물에 대한 진실한 앎에 도달할
수 있다고 보았던 것이다.

자연주의와 신비주의

아리스토텔레스 연구자들은 반세기 전까지 알렉산드리아 학파의 심리학적 해석을
매우 엄격한 자연주의의 발로로 해석했으며, 그 학파가 인간 지성의 불멸성 개념에
공헌했다는 점을 잊고 있었다. 중세의 여러 사상가들은 필로포누스에서 출발해서
그리스도교의 원리에 배치되는 이러한 측면을 교정하기 위해 노력했다. 알렉산드로
스의 여러 저술을 주의 깊게 분석해 보면 매우 독창적인 방식으로 인간은 스스로를
불멸의 존재로 만들 수 있는 가능성을 가지고 있다고 인정했음을 알 수 있다. 물질적
지성은 자연을 보는 과정에서도 불멸성을 지닌 신이나 신과 유사한 형상으로 향하기
때문이다. 따라서 신체의 죽음을 설명하기 위해서 해결할 수 없는 유일한 요소는 "영
원하고 변할 수 없는 신의 이데아였다. 신의 이데아는 이미 인간의 지성 밖에 놓여
있기 때문에 분석할 수 없는 이데아"라고 보아야 하기 때문이다(G. Movia, *Alessandro
di Afrodisia fra naturalismo e misticismo*, 1970). 이런 점은 알렉산드로스가 플로티노스의
서적에 나타난 신플라톤주의에 대한 해석과 연관성을 가졌음을 드러내 주며, 그의
철학적 관점이 당시의 여러 철학적 사유들을 신비주의적 관점을 통해 발전시킨 것이
라는 사실도 알려 준다(현재 그의 철학적 관점을 '신아리스토텔레스주의'라고 설명하기도
한다).

이런 점은 나중에 신플라톤주의자인 테미스티우스Themistius(약 317–약 388)와 심
플리키우스Simplicius(약 490–약 560)에게 받아들여졌다. 그리고 알렉산드리아에서 발
전했던 논제들은 아랍 철학자들 사이에서 성공을 거둔 뒤에 톨레도에서 번역된『지
성에 관하여』와 그리스와 아랍에서 출판된『영혼에 관하여』의 여러 주석서들, 그리
고 이 서적들에 포함된 알렉산드로스에 대한 주석을 통해 12세기 말의 유럽에 알려
지게 되었다. 이런 모든 사건이 헬레니즘 시대의 철학자가 스콜라 학파의 사유에 영
향을 끼쳤던 과정을 설명해 주는데, 그 결과 지성에 대한 문제가 철학적 사유의 중심
으로 부상하게 되었던 것이다.

백과사전

고대 후기와 중세 초기에 고대의 지식을 "번역, 주석, 조정, 전승"(É. Gilson,
Philosophie au moyen-âge, 1922)할 필요성은 백과사전류의 서적들, 잘 구성된(하지만 때
로는 명확하지 않고 표면적으로만 그랬던) 요약집의 출판으로 이어졌다. 이 여러 저작들

은 당시 지성인들의 필요에 따라 기능적이었으며, 지성에 대한 심도 깊은 연구라기보다는 당시에 지식의 유일한 검토자였던 종교인들의 문화적 소양을 키우기 위한 단순하고 종합적인 저술에 해당했다.

중세의 가장 유명한 백과사전은 아프리카의 변론가였던 마르티아누스 카펠라Martianus Capella의 저서였다. 그의 『필롤로기아와 메르쿠리우스의 결혼De nuptiis Philologiae et Mercurii』은 9권으로 이루어져 있는데, 12세기 말의 박학다식한 학자들에게는 기본서로 신플라톤주의를 전파하는 데 기여했다. 그 외에 많이 사용되었던 또 다른 입문서인 카시오도루스(약 490-약 583)의 『교범Institutiones』은 두 권으로 간단하게 구성되어 종교적인 지식과 이교도인의 지식을 다루고 있다. 고대 지식에 대한 관심은 에스파냐 세비야의 주교였던 이시도루스의 20권짜리 『어원 사전』과 같은 중세 초기의 여러 백과사전적 저서들에서 확인할 수 있다. 이런 종류의 저술이 필요했던 상황은 이후 시대에도 지속적으로 관찰할 수 있다. 8세기 초에는 영국인인 가경자 베다가 『사물의 본성De rerum natura』을 출판했으며, 9세기에는 독일의 주교였던 라바누스 마우루스가 동일한 제목의 책을 출판했다. 마우루스는 이 책을 통해서 '독일의 교사'라는 칭호를 받게 되었다. 고대 지식에서 유래한 여러 정보들은 이런 저서들의 강독을 통해 새로 탄생하는 유럽 문화에 영향을 끼치기 시작했고, 시간이 흐르면서 독자적인 사유를 발전시켰다.

| 다음을 참고하라 |
철학 히포 레기우스의 아우구스티누스(366쪽)
문학과 연극 문법, 수사학, 변증법(568쪽)

비잔티움 시대의 철학

| 마르코 디 브란코Marco Di Branco |

비잔티움 시대의 철학적 사유는 잘 알려져 있지 않지만 매우 흥미롭고 다양한 요소를 포함한다. 초기 비잔티움 시대에는 플라톤의 사상에 대한 연구가 진행되어 '신플라톤주의'가 발전했다면, 중기 비잔티움 시대에는 철학과 신학의 융합 과정을 확인할

수 있다. 13세기부터 비잔티움 세계는 스콜라 학파와 직접적인 영향을 주고받기 시작했으며, 서양 철학의 전통에서 비롯한 여러 요소를 아리스토텔레스의 방법론에 적용시켜 독창적인 사유로 발전시켰다.

위험한 직업: 비잔티움 시대 이전의 철학(4-6세기)

루치아노 칸포라Luciano Canfora(1942-)는 그리스 철학자들의 삶에 관해서 다음과 같이 적절하게 설명한 바 있다. "(적어도 몇몇) 그리스 철학자의 경우를 염두에 둔다면 이 철학자들이 '세계를 변화'시키려는 끊임없는 의지에서 벗어나 단순히 '세계를 해석'하는 데 머물렀다고 말한 마르크스(1818-1883)의 재치 있고 유명한 경구는 사실이 아닌 것처럼 보인다. 오히려 철학을 하는 고대의 발명가는 사실 늘 작업을 하고 있었다"(L. Canfora, *Un mestiere pericoloso. La vita quotidiana dei filosofi greci*, 2000). 고대 후기와 초기 비잔티움 시대의 역사적인 상황을 고려해 보면, 당시 철학의 중심지로 발돋움했던 두 지역에 기반하고 있던 두 철학적 유파인 아테네 아카데미아의 신플라톤주의자와 알렉산드리아 아카데미아의 아리스토텔레스주의자 사이의 갈등이 학문적 사유를 둘러싼 논쟁에서 비롯한 것이 아니라 정치적·종교적 관점과 연관되어 있다는 점을 확인할 수 있다.

신플라톤주의 학파   이 시기에 가장 중요한 철학적 논점은 플라톤의 철학적 사유를 새롭게 해석했던 플로티노스의 관점이었으며, 이후로 포르피리오스와 이암블리코스 같은 저자들이 이와 연관된 철학적 관점을 검토하고 발전시켜 나갔다. 당시 철학자의 커리큘럼에서 빠질 수 없는 중요한 학문적 과정은 5세기 초에 아테네에서 설립되었던 신플라톤주의 아카데미아였다. 이곳은 여러 고대 철학자의 사유를 연구하고 검토했던 중심지로서, 이곳에서 플루타르코스, 시리아누스, 프로클로스, 마리누스, 이시도루스, 에지아Egia와 다마스키오스Damaskios(5-6세기)와 같은 아테네 학자들은 철학에 대한 새로운 연구 지평을 제안했다. 그들은 아리스토텔레스의 철학적 관점에 대한 연구에서 출발해서 플라톤의 이론으로 나아갔고, 다시 플라톤의 철학적 사유에 바탕을 두고 신학적 이론 즉 당시 '신들의 비밀을 누설'하는 방향으로 접근해 갔다(예를 들어 『칼데아 신탁Oracoli caldaici』은 이 시기의 대표적인 저작이었다). 특히 뛰어난 철학자였던 리키아의 프로클로스Proklos(412-485)는 자신이 가장 중요한 철학서로 생각했던 플라톤의 『파르메니데스』에서 유래한 개념들을 토대로, 과학적인 체계로 신학을 연구하려는 기획을 세웠고 실현시켜 나갔다. 그는 플라톤의 경우처럼 단순히 말로만 철학을 이야기하기를 원하지 않았다. 프로클로스는 플라톤의 『국가』에 주석을 달고 국가 제도에 관심을 가졌으며, 소크라테스의 격언을 기억하면서 철학자의 가장 중요한 임무는 도시의 정치에 참여하는 것이라는 신념을 가지고 있었다. 그는 철학자가 도시의 여러 일에 공식적으로 참여했던 그리스 도시국가의 전통에서처럼 '정치적 덕목'을 중요하게 여겼고, 철학자는 정치적 지배 계층과의 관계를 정립해야 한다고 생각했다. 그러나 당시 비잔티움 시대의 정치적 권력자들은 로마의 경우처럼 철학자들의 사유가 지닌 위험성에 깊은 관심을 기울였고, 철학적 교육 내용을 통제하기를 원했다. 당시 베이루트, 알렉산드리아, 아테네와 같이 수사학, 법학, 철학 등 고전 문화의 중심지가 지닌 중요성을 약화시키기 위해서 황제가 직접 후원하는 대학을 설립했다. 그 결과 테오도시우스 2세(401-450, 408년부터 황제)는 425년에 유일한 학문적·제도적 중심지로서 콘스탄티노플 대학을 설립했다. 그러나 5-6세기에 아테네와 알렉산드리아는 당대 철학 연구의 중심지이자 교육의 중심지로 계속 활동했다. 게다가 아테네 아카데미아와 알렉산드리아 아카데미아는 서로 다른 철학적 관점이나 서로 비판적인 관점을 가지고 논쟁했던 관계가 아니었으며, 상호 간에 교사들을 교류하기도 했다. 예를 들어 다마스키오스는 디아도코스Diadochos(전통 계승자*) 프로클로스의 후예로 아테네 아카데미아를 이끌었지만, 그가 철학을 처음 접했던 장소는 알렉산드리아였다.

사실 이 두 학교의 진정한 차이점은 정치와 종교에 대한 관점이었다. 필로포누스(6세기)는 그리스도교에 덜 공격적이었으며, 이후 다비드, 엘리아, 스테파노스와 같은 철학자들은 그리스도교도이기도 했다. 이들과 같은 알렉산드리아의 아카데미아의 일원은 동료들이었던 아테네의 경우와 달리 정치적인 관점에서 매우 신중했으며, 중앙 권력과 좋은 관계를 유지하고자 했다. 반면 아테네의 경우에는 플라톤의 『국가』의 전통을 이어 가면서 자신들과 다른 사회 속에서 자신들의 이교도 문화의 관점을 지속적으로 주장했다.

아리스토텔레스 주의 학파

이런 점에서 알렉산드리아의 철학자들이 자신들의 사유를 방해받지 않고 특별한 문제없이 발전시켜 나갔을 때, 아테네의 아카데미아는 유스티니아누스 대제가 529년에 새로운 법령을 공포하면서 문을 닫아야 했다. 이 법령이 어떻게 반포되었는지를 종교적·문화적·정치적 관점에 따라 다룬 역사서들은 매우 많다. 여기서 확인할 수 있는 것처럼 각 관점들은 매우 중요한 역할을 담당하고 있는데, 특히 공공질서에 대한 통제를 정치적 관점에서 바라본 매우 중요한 역사서들을 확인할 수 있다. 예를 들어서 역사가였던 요하네스 말랄라스Johannes Malalas(6세기)는 이 법령이 비잔티움 황제의 도시 주변에서 다른 방향을 추구하는 철학 교육과 법학nomima 연구를 금지하고 있다는 점을 언급했다. 그렇게 해서 유스티니아누스 대제의 법령이 지닌 실제 의미뿐 아니라 사산 왕조 페르시아의 내부에서 일어났던 유사한 개혁을 어떻게 바라보는지의 관점까지도 중요한 역사적 주제로 등장한다. 그것은 제국의 영토에서 황제의 권위를 통해 일종의 모범과 경험을 제공하는 것에 연관된 문제였는데, 이는 페르시아 왕국에서도 적용되었던, 불안정한 상황을 보완하는 문제였던 것이다.

철학과 신학 사이: 비잔티움 시대 중기(7-12세기)

교부들이 신학적 이론을 완성해 가던 시기에 그리스도교도의 삶에서 가장 흥미 있는 문제 중 하나는 '진정한' 철학을 구성하는 것이었다. 그리스도교의 문화가 발전하는 과정에서 박해를 받았지만 자신의 생각을 전달해서 순교한 인물들이나 이후에 종교적 자유를 정치적으로 인정받은 뒤에 종교적 삶에 매진한 수도사들은 다른 학자들에게 구체적으로 예시적인 방식으로 자신의 생각을 표현하는 것이 '철학자'라고 생각했다. 철학자에 대한 생각을 가장 잘 담고 있는 중요한 사료를 쓴 자는 당시 유명한 교부 중에서 카이사레아의 바실리우스Basilius Caesariensis(약 330-379)와 니사의 그레고리우스Gregorius Nyssenus(약 335-약 395)였다. 이 두 사람은 모두 성인의 전기를 쓴 저자들이었다. 철학자의 의미는 질적인 면에서나 양적인 면에서나 비잔티움 문학 전체에서 중심을 차지했다. 당시에 반드시 공부해야 했던 '언어학적 원칙'에서 보자면 철학이라는 단어는 '고요함에 대한 사랑(고요 속의 사색)'이라는 의미를 가지고 있었는데, 이 단어의 의미는 수도사의 삶에 가장 중요한 기준을 제시했다. 이와 같은 삶의 양식을 통해서 영적인 의미를 사유했던 저자들은 고전 문화에 담긴 철학적 사유의 관점을 전달해 준다.

그리스도교와
이교의 지혜
사이의 관계

만약 철학이 성인의 열전이나 이후 저자들의 글에서 그리스도교적 진리를 종합적으로 다루는 것이었다면, 결국 이들의 논의는 오늘날 신학이라는 이름으로 부르는 것으로 보아야 할 것이다. 이는 이후의 초기 저자들의 철학적 사유가 그리스도교적 입장에서 보았을 때 신학적 관점의 바탕을 구성한다는 점에서 확인할 수 있다. 특히 오리게네스Origenes(약 185-약 253)와 카이사레아의 에우세비우스Eusebius Caesariensis(약 265-339)는 신학이 그리스도를 통해 신의 교리를 설명해야 한다고 보았으며, 카파도키아의 교부들은 삼위일체론을 설명해야 한다고 생각했다. 이러한 논의에서 가장 중요한 주제는 이교도가 고전 문화에서 보여 주었던 지혜를 그리스도교의 역사 속에 어떻게 수용해서 구성해야 하는가 하는 문제였다. 이들은 그리스의 철학적 사유를 검토하고 그 안에 숨어 있는 신의 지혜를 발견해야 했던 것이다. 처음에 이런 생각에 대한 반론이 없었던 것은 아니었다. 엘리트 지성인들이자 성직자들 몇몇은 이런 관점을 비난했다. 무엇보다도 전통적인 관점을 지지했던 사람들은 칼케돈 지방에서 발전했던 그리스도론을 옹호하면서 호메로스, 피타고라스, 아리스토텔레스와 그리스 현자들을 지속적으로 공격했지만, 다른 한편으로는 플라톤이 처음으로 그리스도의 설교를 믿었다는 전설을 구성하기도 했다. 철학에 대한 수사학적 관점이 과소평가되었음에도 불구하고, 요하네스 크리소스토무스Johannes Chrisostomus(약 345-407)는 적지 않은 분야에서 (예를 들어 창조의 신비를 설명하기 위해서) 플라톤과 아리스토텔레스의 권위에 기댔다. 이런 변증법적인 접근은 이론적으로 절충하기 쉽지 않았음에도 불구하고 이후로 신플라톤주의를 둘러싼 논쟁으로 발전했으며, 또 다른 유명한 교부였던 다마스쿠스의 요한(645-약 750)은 논리적인 설명과 용어를 통해 이전의 사료를 정리했던 『변증술Dialettica』에서 고대의 철학적 관점을 신학적 논의에 적용할 수 있는 기반을 마련했다.

　9세기경에 이르면 비잔티움 시대의 인문학자 사이에서 아리스토텔레스에 대한 관심이 지속적으로 나타났다. 특히 주교였던 포티우스(약 820-약 891)는 자신이 종합한 철학적 사유에서 아리스토텔레스의 이론에 대해 의심을 품지 않았다. 기하학자 요한Giovanni Geometra(10세기 말)은 자신의 경구에서 두 철학자의 주장과 특별한 재능을 설명하기는 했지만, 이와 반대되는 경향을 제시하기도 했다. 미카엘 프셀로스Michael Psellos(1018-1078)는 프로클로스, 이암블리코스와 『칼데아 신탁』에 관심을 가진 철학자들이 주장했던 신플라톤주의적 관점을 플라톤/아리스토텔레스의 이론에 대한 대안으로 제시했다. 그가 강조하면서 적용했던 것은 플라톤에 대한 옹호적인 관점으로, 이는 초기 그리스 시대의 철학적 이론들뿐 아니라 그리스도교론에서 본질적인 신학적 관점에도 주의를 기울인다. 프셀로스에 따르면, 세계의 시작을 상정하지 않는 아리스토텔레스의 철학적 관점은 그리스도교의 신학적 관점과 통합될 수 없기 때문에 받아들일 수 없다. 프셀로스가 주장했던 가치 평가의 기준은 아리스토텔레스가 연구했고 보여 주었던 논리학과 물리학적 관점을 넘어서, 플라톤의 철학적·신학적 관점을 선택하는 것이 더 적합하다는 입장에서 출발한다. 프셀로스는 미카엘 케룰라리우스 주교Michael Cerularius(약 1000-1058)가 자신의 저서에서 플라톤과 아리스토텔레스를 통합시킨 관점을 비판했으며, 다른 측면에서는 이교도 철학의 실수를 그리스도교의 신학적 관점에 의해 극복하려고 했다.

그의 이론을 계승했던 요하네스 이탈루스Johannes Italus(11세기경)는 아리스토텔레스와 플라톤, 신플라톤주의자의 이론을 절충하고자 했음에도 불구하고, 아리스토텔레스의 철학적 관점을 비판했던 이전의 시각을 유지했다. 이런 점에서 그는『정교正教의 시노디콘Synodikon dell'ortodossia』과 같은 저서를 통해 플라톤과 아리스토텔레스의 이론적 통합을 비판했는데, 이 저서는 비잔티움 교회의 전례를 만들었던 가장 중요한 사료로 남아 있다.

비잔티움 시대의 신학적·철학적 영역을 지배했던 것은 그 파장에도 불구하고 급진적인 반反고전주의도, 이성적인 철학적 사유도 아니었다. 부연하자면 이 시기의 여러 저자들은 급진적 수도원 활동과 고대 문화에 대한 생각을 결합시켰다. 특히 이 중 일부는 에바그리오 폰티코Evagrio Pontico의 실례처럼 '고대'의 영향을 받았다는 점을 말로 부인하는 경우가 있지만 말이다. 위 디오니시우스가 발전시킨 섬세한 신학적 구성 역시 근본적으로 신플라톤주의 철학의 사유에 관한 이미지였던 것이다.

라틴 문화의 사유에 관한 논쟁에서 미스트라의 유토피아까지: 비잔티움 철학의 황혼기(13-16세기)

비잔티움과
서유럽 교부의
전통

악명 높은 제4차 십자군 전쟁이 끝나고 콘스탄티노플에 라틴 왕국이 설립된 뒤로 (1204-1261), 비잔티움 문화는 서방 스콜라 철학을 직접 접할 수 있었다. 이렇게 해서 이때까지는 실제 근거가 되는 저작에 대한 지식이 없이 궁정 신학자 무리의 공식적인 논쟁을 통해 소수에게만 알려져 있던 라틴 문화의 신학에 대해서 비잔티움 문화권에서도 관심을 가지게 되었다.

이탈리아 남부에 있는 여러 그리스 수도원들에서는 특히 14세기에 이교도 전통을 명상했고, 비잔티움과 이탈리아의 인문주의를 절충한 문화를 발전시켰다. 한편, 비잔티움 제국의 도미니쿠스 수도회의 지부들은 그리스 수도원들과 유사하지만 반대 임무를 수행했다. 이들은 이단의 개종을 위해 수도원을 세웠으며, 토마스 아퀴나스의 라틴어 서적 중 일부를 필요에 따라 그리스어로 번역해서 활용했다. 같은 시기에 황제의 제1조언자였던 데메트리우스 키도네스Demetrius Cydones(약 1325-1399/1400)는 토마스 아퀴나스의 『대이교도대전Summa contra gentiles』을 읽기 위해 라틴어를 배우기로 결심했다. 그 결과 이 저서의 번역이 시작되어 1354년 12월 24일에 완료되었다. 키도네스는 솟아나는 열정을 가지고 토마스 아퀴나스와 아우구스티누스를 비롯해 라틴 문명의 신학자들의 저작을 이어서 번역하기 시작했다.

토마스 아퀴나스에 대한 관심은, 다른 한편으로는 아리스토텔레스의 저작에 대한 관심을 동반했다. 총대주교였으며 신학자인 게나디우스 2세Gennadius II Scholarius(약 1403-1472)는 아리스토텔레스의 철학을 주해한 토마스 아퀴나스 저서의 번역서를 발견했고, 아리스토텔레스를 그리스 철학자 중 가장 뛰어나다고 평가했다. 반면에 이탈리아에 있던 여러 비잔티움 인문주의자들은 아리스토텔레스의 저서를 새로 라틴어로 번역한 책을 연구했다. 이 '철학자'에 대한 열정에서 비롯한 사유는 매우 중요한 의미를 지니고 있으며, 단순한 문화적인 영향 관계에 한정시킬 수 없다. 이를 통해서 페라라-피렌체 공의회(1438-1439)의 신학적·철학적 기초가 마련되었을 뿐 아니라, 이후에 동방정교의 교회와 서방의 교회를 통합시키려는 계기가 마련된 것이다.

문헌학적 관점에서 '비잔티움 시대의 1000년'은 고대 철학의 가장 권위 있는 두 사람인 플라톤과 아리스토텔레스의 관점을 둘러싼 논쟁으로 막을 내렸다. 이미 앞서 언급했던 총대주교였던 게나디우스 2세와 게미스토스 플레톤Geōrgios Gemistos Plētōn(약 1355-1452)은 이런 논의의 중심에 서 있던 인문주의자였다. 플레톤은 펠로폰네소스의 남쪽에 있는 미스트라의 성곽에서 플라톤의 '국가' 개념을 모범으로 삼아 영혼을 고양시키기 위한 위대한 인문학적인 유토피아를 건설하자고 비잔티움 사람들과 자신의 시민들에게 제안했다. 플라톤주의에 대한 플레톤의 관점은 이후의 이탈리아 인문학자들 사이에서 큰 성공을 거두었다(이 인문학자들 중에서 대표적인 인물이 마르실리오 피치노Marsilio Ficino[1433-1499]다). 반면 게나디우스 2세의 아리스토텔레스주의는 이후에 플라톤의 이론적 관점에 계속 의문을 제기하면서 동방정교회의 공식 이데올로기를 구성하는 데 기여했다.

플라톤 혹은
아리스토텔레스

| 다음을 참고하라 |
역사 비잔티움 제국의 속국 II(125쪽); 비잔티움 제국의 속국 III(198쪽)
과학과 기술 그리스 유산을 복원하려는 첫 시도(437쪽); 동방과 서방의 의학(452쪽); 그리스-비잔티움 문화 속의 연금술(471쪽); 비잔티움 제국과 기술(512쪽)
문학과 연극 비잔티움 문화 및 서방과 동방의 관계(605쪽)
시각예술 마케도니아 왕조 시대의 비잔티움 미술(848쪽)

보에티우스: 문명을 전파하기 위한 지식

| 레나토 데 필리피스 |

로렌초 발라가 "최후의 로마인이자 최초의 스콜라 철학자"라고 언급했던 보에티우스는 고대 그리스의 사유와 중세 서양의 사유를 연결시켜 주는 중요한 가교다. 학교에서 오랫동안 철학자뿐 아니라 고대 문헌의 주석가까지 지속적으로 다루고 연구했던, 논리학과 과학의 저자였던 보에티우스는 세상을 떠나기 얼마 전에 유럽 문학사에서 불멸의 고전 중 하나로 인정받는 『철학의 위안De consolatione philosophiae』을 집필했다.

생애

아니키우스 만리우스 세베리누스 보에티우스Anicius Manlius Severinus Boethius(약 480-약 525)는 유럽의 역사적 격변기를 살았다. 서로마 제국이 멸망한 뒤에 그 자리를 차지한 고트족의 테오도리쿠스 대왕(약 451-526, 474년부터 왕)은 자신의 왕국에서 아리우스파의 여러 이민족과 그리스도교로 개종한 로마인 사이의 평화로운 공존을 기획했으나, 결과적으로는 양쪽 모두의 반발에 부딪치게 되었다. 중세 초기에 많은 저자들이 다루었던 것처럼, 정치적인 위기와 이를 둘러싼 생각은 문화적인 쇠퇴로 이어졌다.

원로원과 귀족   로마의 원로원을 이끌었고 권력의 핵심이자 마지막 귀족 가문이었던 심마쿠스Symmachus 가문에서 교육을 받은 보에티우스는 곧 정치적인 경력을 쌓기 시작했으며, 학문과 박학다식한 지식을 발전시킬 수 있는 좋은 기회를 가졌다. 또한 그는 당시에 중요한 철학 유파의 중심지였던 아테네와 알렉산드리아를 여행했다. 철학자 보에티우스는 곧 최고의 명예를 획득했지만, 궁전에서 늙은 테오도리쿠스 왕과 다툰 뒤에 특별한 근거 없이 왕국의 역모죄로 고발당했다. 524년에 재판이 열렸지만 보에티우스는 자신을 변호할 수 있는 기회를 박탈당했고, 당시 이익에 급급한 로마 상원은 그를 버렸다. 그 결과 525년 초에 그는 형장의 이슬로 사라졌다. 보에티우스의 죄목에는 종교적인 명분도 포함되어 있었지만(동로마의 유스티니아누스 황제는 523년에 아리우스파를 인정하지 않는 칙령을 내렸다), 근대인은 보에티우스를 그리스도교 교회의 순교자로 여긴 중세인과 같이 생각하지 않았다. 오히려 단테의 『신곡』을 관찰해 보면, 보에티우스는 토마스 아퀴나스와 다른 철학자들처럼 '태양의 하늘'(「천국편」, X, 121-129)에 등장한다.

보에티우스의 연구 기획

보에티우스가 쓴 것으로 여겨지는 필사본 중에서 5편의 짧은 신학적 논고들(그중 하 저작들 나는 저자가 보에티우스인지 의심스럽지만)은 그리스도교와 삼위일체에 대한 주제를 다루고 있다. 한편, 그가 쓴 과학적 저술은 그리스 지식의 유산을 전파할 의도가 있음을 명확하게 드러낸다. 그는 특히 자유학예에 관심을 가졌으며, 같은 시기에 이교도 저자였던 마르티아누스 카펠라는 자유학예에 대한 입문서『필롤로기아와 메르쿠리우스의 결혼』을 집필했다. 보에티우스는 음악과 산술에 관한 저서, 특히 산술에 관한 저서에서 신피타고라스 학파인 게라사의 니코마코스Nikomachos(1세기)에게서 받은 영향을 드러낸다. 중세 초기에 이 분야에 대한 교육은 공고하게 유지되었다. 하지만 보에티우스의 과학적 저술 영역은 생각보다 넓은 범위를 다루고 있는 뛰어난 것들이었다. 그리스의 신플라톤주의자인 포르피리오스의 영향을 받았던 보에티우스는 플라톤과 아리스토텔레스의 모든 저서를 번역하기로 결심하고, 이 두 사람의 철학은 근본적인 부분에서 서로 일치한다는 점을 보여 주고자 했다.

두 철학자의 저서를 동시에 분석하고 다루겠다는 입장은 신플라톤주의에 대한 당시의 연구 맥락이나, 정치 사회적 쇠퇴에 반발해서 과거의 중요한 문화적 결과물을 재평가하고 구하려는 당시의 분위기와 잘 맞아떨어진다. 이런 이유로 "보에티우스는 당시 '고전'의 인문학적 사유를 서양에 전달했던 위대한 인물이었다"(L. Obertello, *Severino Boezio*, 1974).

철학자로 성숙하기 전에 찾아온 보에티우스의 죽음은 그의 제안을 실현시킬 수 없도록 만들었다. 비록 그가 플라톤의 몇몇 저작을 번역하려고 시도했지만 이 원고는 이후에 소실되었다. 하지만 문학적이면서도 동시에 규칙적인 문헌학적 관점이 잘 반영된 시와, 아리스토텔레스에 대한 변증법적 저술들과, '중세 논리학 교수'라는 명칭을 그에게 부여했던 저서인 『분석론Secondi analitici』이 남아 있다(É. Gilson, *Philosophie au moyen-âge*, 1922). 그의 많은 저술들은 직접적으로나 간접적으로나 포르피리오스나 이암블리코스와 같은 당시의 신플라톤주의 철학에서 영향을 받았던 것으로 보인다. 몇몇 연구자들은 보에티우스가 자신의 주해서를 위해서 그리스의 필사본에 있는 주석들을 베꼈다고 보기도 한다. 하지만 이 철학자의 지성과 놀라운 논리학적 능력을 고려했을 때, 이는 믿을 만한 주장은 아니다. 11세기까지 많은 부분이 남아서 '구舊논리학logica vetus'이라는 이름으로 알려진 그의 저서들은 변증술에 대한 지식을 담고 있다.

『아리스토텔레스의 범주론 입문』과 우주에 대한 문제: 고대 철학에 대한 해석

보에티우스는 포르피리오스의 『아리스토텔레스의 범주론 입문』에 대한 주해서에서 플라톤주의를 옹호했지만, 결론을 짓고 강조하기보다는 견유학파의 관념론부터 아리스토텔레스의 내재론까지 여러 고대 철학자의 입장을 전달했다. 보에티우스의 장점은 서양 라틴 문명에서 다룬 문제를 다시 제시한 것이 아니라 중세 철학의 논점을 위해 가치 있는 자료를 선별해 제시했으며, 개인적으로 해석하고 이해했던 신플라톤주의에 대한 지식을 주석으로 전달했다는 것이다. 『아리스토텔레스의 범주론 입문』에 대한 두 번째 주해서에서 그는 아리스토텔레스에 대한 주석으로 유명한 아프로디시아스의 알렉산드로스(2-3세기)의 관점에 찬성하고 있다. 보에티우스는 아리스토텔레스 철학의 특징인 추상성과 이론적 성격을 고려하여 실재가 물질의 세계에 주어졌다고 보았지만, 지성에 의해 추상화되는 것이 아니라 부분적으로 인식된다고 보았다. 그러나 이후에 보에티우스가 사용한 용어를 분석해 보면, 우주 만물을 지각에 의해 인식할 수 있는 순수한 관념이라고 보았던 플라톤의 영향을 더 많이 받은 것으로 보인다. 사실 보에티우스는 이 문제에 대해 명료한 입장을 표명하지 않았다. 그때문에 중세 저자들은 이 문제에 대한 답변을 제시하기 위해 더 매진하게 되었다.

『철학의 위안』

독창적 사유의 종합 『철학의 위안』은 보에티우스의 뛰어난 재능이 집약된 총 5권의 저서로, 그는 세상을 떠나기 직전에 이 책을 집필했다. 이 책은 고대 메니포스적인 풍자Satura Menippea(기원전 3세기의 그리스 견유학파의 철학자였던 메니포스가 창시한 문체*)를 이용하여 시를 인용한 우아한 산문으로 구성되어 있다. 보에티우스는 철학(필로소피아Filosofia)을 의인화된 여성 이미지로 상상하면서 그녀가 감옥에 있는 자신을 만나러 왔다고 설정했다. 보에티우스는 '철학'이 자신에게 올바른 사람이 겪는 고통을 보여 주었으며, 그 고통 속에서 영혼이 신의 실재를 받아들여야 하는 이유를 설명해 주었다고 묘사했다.

재능 있는 중세 사상가들은 보에티우스의 사유를 구성하는 독특한 제설혼합주의 諸設混閤主義(철학이나 종교 등에서 전통이 다른 유파들을 서로 혼합시키는 것*)로 인해서 그가 다룬 사료들에 주목하지 않았다. 그 대신에 『철학의 위안』을 독창적 사유에 바탕을 둔 철학적 요약본처럼 강독했고, 왜 저자가 그리스도교에 대한 지지를 고백하지 않았는지, 왜 그가 사용했던 창조자라는 용어와 그리스도교의 신이 개념상으로 일치하지 않는지, 왜 그는 글에서 우주의 영원성이라든지 우주의 영혼처럼 이교도의 사고가 반영된 용어를 사용하는지에 대해 끊임없이 질문을 던졌다. 특히 플라톤의 『티마이오스』에 등장하는 우주에 대한 글을 요약하고 인용한, 『철학의 위안』의 세 번째 권에 포함된 「그 영구함에 관하여O qui perpetua」는 많은 비판을 받았다. 중세인이 던진 질문에 대한 대답은, 보에티우스는 스콜라 학파 이후로 여러 세기를 거쳐 이어진 논의의 결론을 제시하는 과정에서 철학적 사유와 신학적 사유를 구분했다는 것이었다. 이는 프로클로스의 철학적 사유를 통해 접했던 신플라톤주의 이론과 연관되어 있다. 보에티우스는 『철학의 위안』의 세 번째 책에서 사피엔차Sapienza(로마의 신학 대학)에서 다루었던 성경에 대한 참고 문헌들을 강조하고 있음에도 불구하고, 오늘날 많은 철학 연구자들이 이런 관점에 동의하고 있다. 결론적으로 이 책은 그리스도교 철학의 새로운 시대적 요구에 따라 고대 철학의 관점을 내면적으로 종합하고 소개했다. 이런 점으로 볼 때 보에티우스는 다른 한편으로 중세의 선구자였다.

보에티우스는 그리스도교 철학자?

악, 은총, 인간의 자유

좀 더 철학적인 관점을 지닌 논제는 마지막 세 권의 책에서 다루고 있다. 앞부분에 해당하는 책들은 사실 보에티우스의 정치적이고 개인적인 관점을 다루고 있는데, 자신을 고발한 정적의 정의롭지 못함을 고발하여 자신을 옹호하고, 지상의 삶에서 포르투나(고대 로마의 운명의 여신)가 하는 역할을 설명한다. 반면에 세 번째 책은 인

394

인간의 행복이 가진 본성 간의 진정한 행복에 대한 질문을 던지고 나서 이를 선의 총체이자 우주의 규칙을 제시한 신과의 합일로 설명한다. 세계의 부를 이루는 어떤 것도 이를 대체할 수 없다. 부, 영광, 명예는 그 자체로 고통을 불러일으키며 쉽게 잃을 수 있는 것이지만, 진리를 찾는 인간은 완벽한 초인간적인 영광의 상황으로 자신을 이끌 수 있다. 이후의 책은 악의 문제를 다루고 있는데, 그는 이 부분에서 정의의 총체인 창조주는 악이 지상에 영향을 끼치도록 놓아두기는 하지만 그것에 관용을 베풀면 안 된다는 관점을 취하고 있다. 철학의 대답은 히포의 아우구스티누스의 논제를 포함하고 있는데, 그의 견해에 따르면 악은 존재론적으로 존재하는 것이 아니며 현실 속에서는 선의 반대인 순수한 무無라고 보았다. 악들은 자신을 신과 철학에서 멀리하고 자신의 행복에 도달하지 못하도록 만드는 것이며, 존재하지 않는 무엇을 넘어서서 인간의 조건과 자신의 존재를 상실하도록 만든다.

운명, 섭리, 인식론적 접근 보에티우스가 철학을 통해 제시했던 가장 중요한 문제는 운명과 섭리의 구분이다. 모든 사건에 대한 우주의 규칙은 신학적 관점에서 고려할 때 섭리라는 단어를 사용할 수 있으며, 사건의 외부에 존재하고 전지전능하며 초시간적인 특성을 지닌다. 반면 운명은 시간 속에 살아가는 피조물에 관한 것으로, 인간은 이성ratio이라는 지식에 도달할 수 있는 도구를 가지고 있지만 신과 같이 완벽한 관점을 소유할 수는 없다(보에티우스는 이런 점을 '지성intelligentia'이라는 용어로 설명한다). 특히 악의 존재는 심오하지만 제대로 설명하는 게 불가능하다. 신에 다가가지 않고는 피조물의 균형을 이루는 비밀을 이해할 수 없기 때문이다. 그는 플라톤의 『국가』를 참고해서 단계적인 인식론을 발전시켰고, 이로 인해서 『철학의 위안』은 중세에 또 다른 철학과 연관된 참고 자료를 전달해 주었다.

보에티우스의 섭리의 개념은 그가 마지막 책에서 다루는 윤리적-형이상학적 문제로 이어진다. 만약 신이 모든 것을 관찰하고 전지전능하다면, 그리고 완벽한 만큼 실패할 가능성이 없다면, 그의 섭리는 미래를 예견할 수 있다는 사실을 알 필요가 있다. 모든 인간의 활동은 예정되어 있으며, 따라서 자유가 없는 착한 사람의 선이나 나쁜 사람의 죄라는 것은 의미가 없다. 이런 경우라면 인간은 철학을 통해서 사물의 이면에 있는 본질을 이해할 수 없을 것이라고 설명한다. 신이 영원한 현재 속에서 인간의 모든 결정을 꿰뚫는 이상, 더 이상 어떤 미래에 대해서도 명상할 필요가 없다. **자유동인과 필요동인** 자유로운 행동은 자유로운 만큼 예견된 것이며 필요한 것은 필요한 만큼 예견된 것이다. 시간 밖에서 사물에 대한 순수한 시선은 동일한 사건이 발생할 가능성을 지니기 전에는 그것에 대한 어떤 조건도 만들어 내지 않는다(이런 점이 '예견'이라는 단어의 원래 의미였다).

『철학의 위안』의 성공

『철학의 위안』은 약 400부 이상의 필사본을 통해서 전해졌다. 중세 유럽의 모든 도 **성공한 저작** 서관은 적어도 이 책 한 부를 소유하고 있었으며, 보에티우스가 전하는 바처럼 중세 인들은 이 책을 중시하고 있었다. 중세의 여러 백과사전 저자들은 이 책을 모르고 있었지만, 어느 정도 시간이 흐르고 나서 카롤루스 대제의 문예부흥 운동이 진행되던 시대에 주인공이자 뛰어난 영국 수도사였던 요크의 알퀴누스(735-804)가 이 책을 발견한 뒤로 곧 여러 지역에 퍼져 나갔다. 9세기에는 최초의 주해서들이 등장했다. 그중에서 가장 유명한 주해서는 오세르의 레미기우스Remi d'Auxerre(약 841-약 908)의 것으로 이후 시대에 꾸준히 참고 대상이 되었다. 카롤링거 왕조 시대의 가장 뛰어난 철학자였던 에리우게나에 의한 주석은 근대 연구자들에게 중요한 사료이며, 『철학의 위안』에 대한 내용뿐 아니라 당대의 신학적인 관점을 알려 주는 자료로 남았다. 중세의 여러 저자들은 보에티우스의 걸작에 대한 주의 깊은 독해에서 시작해서 신플라톤주의 철학의 여러 요소들을 담아내었다. 하지만 「그 영구함에 관하여」에 주석을 달았던 신학자 코르바이의 보보Bovo di Corvey(?-916)와 같이 '위험성'을 강조하며 강독을 권하지 않았던 경우도 있었다.

이 글은 12세기에 샤르트르 학파에서 주로 연구되었으며, 플라톤에 대한 중세 사유를 연구하는 데 매우 중요한 기반이 되었는데, 특히 콩세의 기욤Guillaume de Conches(약 1080-약 1154)은 이전의 연구자와 다른 관점에서 이를 연구했다. 그의 주해는 그리스도교주의를 철학적 관점에 적합하게 변형시켰다. 유럽의 대학이 발전하던 시기에는 『철학의 위안』은 아리스토텔레스주의에 대한 연구로 인해서 점차 관심에서 멀어졌지만, 중세가 끝날 무렵까지 지속적으로 읽혔으며 영감의 중요한 원천으로 남아 있었다.

그 외에도 9세기까지는 지역 언어로도 다루어졌다. 가장 오래된 것은 웨식스의 왕이던 앨프레드 대왕(약 849-약 899, 871년부터 왕)이 앵글로색슨의 방언을 사용해서 작업했던 주석이었는데, 그는 보에티우스의 저서가 당대의 교양 있는 사람들에게 알려져야 한다고 생각했다. 1000년경에 스위스에 있는 장크트갈렌 수도원의 대주교인 노트커 라베오Notker Labeo(약 950-1022)는 독일어로 된 주석을 남겼다. 또한 12세기에 대학에 있는 사람들 이외의 독자들을 위해서 다양한 유럽 언어로 된 산문이나 시의 형태로 번역되었다. 이러한 주석서들은 이탈리아에서는 매우 많은 관심을 받았고, 프랑스에서, 그리고 마지막에는 에스파냐에서 성공을 거두었다. 지역 언어를 사용한 텍스트는 새로운 평신도들의 문화 부흥에 기여했던 첫 작품들이었는데, 제프리 초서Geoffrey Chaucer(1340/1345-1400)가 번역한『철학의 위안』을 실례로 들 수 있을 것이다. 이 책은 이후에『장미 설화Roman de la Rose』의 구조에 영향을 주었다. 또한 단테 역시『신곡』「지옥편」5장에서 파올로와 프란체스카의 이야기를 설명하면서, 운명에 관한 보에티우스의 관점을 제시했다("이보다 큰 고통이 있을까/행복했던 시절을 기억하는/그 가운데에서의 빈곤함이여", vv. 121-123). 이외에도『철학의 위안』은 여러 작가의 문학적 양식에 영향을 끼쳤으며, 철학과 심지어 회화와 조각 분야의 '운명에 관한 도상학'에도 여파를 미쳤다. 그렇게 해서 보에티우스의 사상과 저작은 유럽의 철학적 발전에 중요한 역할을 담당했다.

| 다음을 참고하라 |

철학 그리스도교 문화, 자유학예, 이교도의 지식(396쪽); 에리우게나와 그리스도교 철학의 시작(418쪽)
문학과 연극 고전 시대의 유산과 그리스도교 문화: 보에티우스와 카시오도루스(546쪽); 수도원 문화와 수도원 문학(551쪽); 고전의 전달과 수용(556쪽); 백과사전과 세비야의 이시도루스(591쪽)

그리스도교 문화, 자유학예, 이교도의 지식

| 아르만도 비소뇨Armando Bisogno |

그리스도교 문화는 이교도의 지식을 활용해서 진정한 그리스도교도를 육성하기 위한 교육에 공헌할 수 있는 요소를 연구했다. 당시 로마 제국의 쇠퇴라는 암흑기를 살아가던 지성인들은 이교도의 지식과 그리스도교의 지식을 융합하는 것이 유용하다고 생각했고, 고전 지식을 활용해서 그리스도교도의 교육에 필요한 근본 지식을 정리하고 요약했다. 이러한 시도를 통해 급변하는 역사 속에서도 고대 문화가 보존될 수 있었다.

이교도의 지식과 그리스도교의 지혜

그리스도교 사회의 초기부터 지식인들은 교회의 삶에 활력을 불어넣었다. 이들은 그리스도교도의 교육을 위해서는 어느 정도 위험을 무릅쓰더라도 이교도의 지식을 활용할 필요가 있다고 생각했고, 이를 통해 그리스도교의 메시지를 효율적으로 전파할 수 있다고 보았다. 교부는 이교도 문화에 환상적이고 그릇된 요소가 포함되어 있다고 생각했지만, 동시에 내용과 시각적 표현을 전달하는 데에는 효과적이라고 여겼다. 따라서 이교도 문화는 신자 개인의 문화적 지식을 확장하고, 이단이 사용하는 것과 동일한 수단으로 그들의 공격에 효율적으로 방어할 수 있도록 해 준다고 보았다. 성경의 구절에 따르면, 전쟁 포로인 여인과 결혼하기를 원하는 사람은 여인 스스로 머리카락과 손톱을 깎고 의상을 벗게끔 해야 했다. 성경의 구절처럼, 히에로니무스와 같은 그리스도교의 교부들은 이교도의 지식이 매력적이지만 신앙의 가치에서 멀리 떨어져 있기 때문에 겉으로만 아름답게 보이는 이교도의 허례를 모두 벗겨야 하며, 이런 방식을 통해서만 그리스도교의 지혜에 도달할 수 있다고 설명했다.

이교도의 지식이 단단하지 못한 사유에 영향을 미칠 만큼 매력적인 요소를 가지고 있다는 두려움에도 불구하고, 그리스-로마의 전통에서 유래한 유산과 지식의 많은 부분들이 그리스도교의 지성인들을 교육하는 데 매우 중요한 가치를 지니게 되었다. 그리스도교 시대에 진행된 고대 기술과 신앙의 결합은 로마 제국의 멸망 이후로도 수세기 동안 서양 문화 속에서 고대 유산이 존속할 수 있는 이유가 되었다. 그리스도교의 지식은 수세기 동안 뛰어넘어야 할 경쟁을 거치면서 성경과 초기 교부의 저작을 참조하며 논의를 강화시켜 나갔고, 로마 제도들이 쇠퇴하는 시기에 전 유럽으로 확산되었으며, 때로는 이민족의 새로운 정체성을 만드는 데 기여했다.

정치적인 사건들, 지속적인 군사적 충돌, 중앙집권적 체제의 부재, 공교육 제도의 부재는 교회와 연관된 수도원과 같은 지역적인 제도에서 교육과 문화적 지식의 장소를 종종 담당했던 이유가 되었다. 내부적으로 몇몇 지성인들은 중세 초기의 문화적 중심지에 남겨졌던 고대 문화의 흔적과 교부의 흔적을 잃지 않기 위해서, 여러 다른 전통에서 유래한 수많은 정보를 수집할 필요성을 느끼고 있었다.

이런 태도는 부분적으로는 서양 문화가 발전하는 중에 독창성이 부족한 작품들을 낳기도 했지만, 과거와의 연속성을 제공하기도 했다.

지식의 완성을 향해서

카시오도루스

로마의 귀족이자 정치가인 카시오도루스(약 490–약 583)는 당시 어려운 역사적 변화 속에서 고유한 지식을 보존하고 싶어 했고, 이를 위해서 고트족의 왕들과 협력해야 할 필요가 있다고 생각했다. 그는 550년경에 비잔티움의 새 정복자들에게서 고통을 겪으면서 현재의 칼라브리아 지방에 비바리움Vivarium이라는 새로운 종교 문화 공동체를 세우고, 아흔 살에 세상을 떠날 때까지 이곳에서 지내면서 그 과정을 자신의 저서에 기록했다. 개인적인 양성 과정 안에 공존하는 그리스-라틴 전통에 기초한 기술적 지식과 그리스도교 신앙은 그로 하여금 탁월한 교육적인 목표를 지닌 공동체의 삶에 심취하도록 이끌었다. 또한, 그와 함께했던 수도사들에게는 이상적인 그리스도교도의 지식과 믿음에 대한 확신을 주고 자유학예에 대한 박학다식함을 선사했다. 그리스도교도의 이상적인 교육 문제를 다루기 위한 목적으로 그가 집필한『교범』은 성경을 통한 지식(『성학 교범Institutiones divinarum litterarum』)과 나중에는 이교도의 지식(『속학 교범Institutiones saecularium litterarum』)으로 나뉘어 제시되었다.

중세 초기의 다른 사상가들처럼, 카시오도루스에게도 서로 다른 이 두 과정을 종합할 수 있는 근거는 성속의 모든 지식이 유일한 진리, 즉 신에게서 유래한다는 확신이었다. 이런 관점에서 그리스도교도들은 성경에 대한 명상에 기초해서 기술적인 여러 분야의 입문서들을 연구할 수 있으며, 이 두 관점을 모두 사용해서 교회의 초기 역사에 등장했던 교부의 텍스트를 강독할 수 있다고 생각했다. 카시오도루스는『교범』의 서술 구조 속에서 적용 가능한 연구 방식을 기술하면서 그리스도교도의 교육 과정이 성경에서 출발해야 한다는 생각을 명확히 밝히고 있다. 사실 그는 성경을 강독하고 이해하는 것을 도와줄 수 있는 스승이 없는 고통을 표현했다. 그리고 그리스도교도들이 성경에 주석을 달고 그리스-로마의 전통에서 유래한 다른 분야를 다룰 수 있도록 로마에 공공 학교를 건설하려 했다. 하지만 그리스-고트족의 전쟁 때문에 평화로운 활동이 불가능해지자, 그는『교범』을 집필해서 스승의 역할을 대신하기를 원했다.

카시오도루스는 성경에 대한 지식을 마치 인간 영혼의 고양이자 진보처럼 생각했는데, 이에 따라『교범』의 첫 번째 권에서는 그리스도가 사망했을 때의 나이이기도 한 33이라는 숫자만큼 책 제목을 구성하여 질서 정연하게 기술하고 있다. 앞선 9권은 성경의 다양한 부분들을 기술하고 있다. 이 부분은 카시오도루스가 10권에서 기술했던 것처럼 아주 명료하지는 않지만, 진실을 이해하기 위한 여러 층위를 분석하고 있다. 그가 성경에 접근하는 방식을 이해하기 위해서는 서론에서 출발할 필요가 있다(이 부분에서 그는 아우구스티누스의 『그리스도교 교양』을 다루었다). 그리고 이후에 성경의 신비를 깊이 이해했던 저자들의 글을 해석하고 연구하는 것이 유용하며, 이를 통해 세부적인 각각의 문제를 다룰 수 있다고 설명했다. 또한 성경을 인용한 여러 기술들을 심화 연구하고 나이 든 사람들peritissimi seniores의 지혜를 비교하면서, 젊은 시절에 시작한 연구를 강조하고 오랜 믿음의 경험에서 비롯해야 한다고 주장했다. 카시오도루스는 첫 권의 결론 부분에서 『교범』의 기능적인 가치를 밝히기 위해 여러 개념을 설명한다. 연구는 사실 매우 기술적인 접근 방식을 취하고 있다. 즉 카시오도루스는 자신의 동반자들에게 비바리움은 강과 농장이 있는 이상적인 연구 공간일 뿐 아니라, 필사본들을 엄격하게 정리하는 재제작 작업을 할 수 있는 장소라고 설명했다. 또한 그러한 목적을 위해서 자신이 수도원을 건설한 것이니, 이곳에는 어떤 것도 부족해서는 안 된다고 언급했다. 이곳에는 "철자법 입문서들, 필사본을 제작하기 위한 노동자들, 밤에 연구하기 위한 불빛, 시간을 알려 주는 시계, 그리고 인간을 이해하기 위한 유용한 모든 도구들horarum moduli, qui ad magnas utilitates humani generis noscuntur inventi"이 빠짐없이 배치되어야 한다.

수도사들이 무엇을 어떻게 공부해야 하는지를 설명하는 첫 권은 그리스도교도란 박학다식함을 넘어서 항상 겸손해야 하고 신자로서 책임을 지녀야 한다고 일깨우면서 마무리된다. 이때의 책임에는 수도원장에 대한 복종, 수도원에 잠시 거주하는 사람들에 대한 자비, 성경에 포함된 여러 주제를 연구하고 심화시켜 나가면서 여러 텍스트에서 유래한 가르침을 한 권의 책에 모았던 사람들에 대한 감사가 포함되어 있다.

『교범』의 첫 번째 권을 그리스도의 사망 당시 나이인 33장으로 구성했던 것처럼, 『교범』의 두번째 권은 이 부분에서 설명할 자유학예의 분류(자유 7과를 말한다*)에 따라 7장으로 구성되어 있다. 3학에 속하는 문법학, 수사학, 변증술과, 4과에 속하는 산술학, 음악학, 기하학, 천문학 분야의 일반적인 기초를 기술하면서, 진정한 그리스도교도의 교육을 위해 유용한 여러 분야를 복합적으로 다루고 있다. 각 분야는 짧은 개론과 함께, 진실을 위한 앎에 도달할 수 있는 유용한 도구로 제시되었다. 이는 사실 신의 의지로 창조된 우주에 접근하는 이성적이고 복합적인 방식으로, 가장 적절한 방식을 통해 우주에 접근할 수 있도록 배려한 부분이었다. 그 결과, 카시

『교범』의 두 번째 권과 자유학예

오도루스의 『교범』은 중세 초기의 백과사전적인 저서가 지닌 두 가지 유용성을 담고 있다. 하나는 실용적인 목적이 연구에 기여했다는 점이고, 다른 하나는 이것이 이민족의 유입과 그들의 왕국이 건설되는 역사 속에서 발전했던 종교적인 문화를 (수도원의 관점에서) 심화시켜 나가는 데 유용했다는 점이다. 그의 저작들은 당시의 삶 속에서 문화적 관계를 깊이 있지는 않지만 매우 폭넓게 다루었던 중요한 저술이었다.

마르티아누스 카펠라

『교범』의 두 번째 권에서 자유학예를 세부적으로 연구한 내용은 고대 이교도 문화에서 그리스도교의 지혜로 느리게 이행되었던 원칙을 보여 준다. 그 안에서 그리스도교도를 위한 새 교육의 필요성과 안정적인 고대 지식에 대한 규범이 뒤섞인 부분들

자유학예의 전통

을 쉽게 찾을 수 있기 때문이다. 자유학예에 대한 전통은 이미 기원전 4세기에 등장했고, 이 시기에 여러 학문들은 각각이 다루어야 할 주제에 적용되는 방법론에 따라 정비되었다. 이 전통이 점차 제도적으로 발전했던 것은 기원전 3세기에서 기원전 2세기 사이로, 진정한 문법 입문서(디오니시우스 트락스Dionysius Thrax의 저서 등), 산술 입문서(게라사의 니코마코스의『산술 입문』), 기하학 입문서(유클리드의『기하학 원본』) 등이 출판되었다. 라틴 문화의 전통에서는 키케로와 동시대 인물이었던 마르쿠스 바로Marcus Terentius Varro(기원전 116-기원전 27)가『학문에 대한 9권의 책Disciplinarum libri IX』에서 자유학예에 대한 복합적인 분석을 기록했다. 그는 자유학예를 9개로 확장했고 의학과 건축을 덧붙였다. 여기에 키케로는 실천적이고 기능적인 지식에 대한 관점에 따라 곧 법학을 덧붙였다.

자유학예에 대한 이교적 접근

기원전 1세기에 와서야 학문의 수와 분류는 안정적인 것이 되었다. 그리스도교의 전통에서 자유학예는 처음에는 이질적인 것으로 여겨졌으나 곧 아우구스티누스의 저서에서 반향을 불러일으키면서 중요한 요소로 고려되었고, 여러 다른 입문서들에서 다루어졌다. 이러한 책 중에서『교범』이 집필되기 한 세기 전에 출간된『필롤로기아와 메르쿠리우스의 결혼』이 있었는데, 이 책은 카시오도루스 역시 접했던 것이었다(그는 이 책이 비바리움의 도서관에 없는 것을 한탄했다). 이 책은 카르타고에 살았던 이교도인 마르티아누스 카펠라가 집필한 것으로, 그리스도교도의 관점에서 벗어나 있는 중세 초기의 백과사전을 보여 주는 전형적인 실례다. 오늘날에는 전해지

지 않지만, 기원전 1세기에 바로가 조직한 자유학예의 전통을 라틴 중세 문화에 전승한 책으로, 유용한 도구를 제공하는 9권으로 구성되어 있다. 의학과 건축을 포함하고 있던 바로의 구분과 달리, 『필롤로기아와 메르쿠리우스의 결혼』에서는 자유 7과에 대해 설명하는데, 이는 한 세기 뒤에 카시오도루스가 『교범』의 두 번째 권에서 다시 다루었다. 그러나 마르티아누스의 저서는 카시오도루스의 저서와는 많이 다르다. 그는 단순히 학문과 자유학예에 한정하여 주제를 바라보지 않고, 자신의 이교도적인 교육 덕목에 따라 이교도 문학의 전통 속에서 이 문제에 접근하고 있다. 이 저작의 첫 두 권은 메르쿠리우스에 대해서 설명하는데, 그는 아폴론의 충고를 받아들여 지혜의 여신의 딸인 필롤로기아와 결혼하기로 결심한다. 신의 연회에 도착한 필롤로기아는 뛰어난 인물들이 따르고 있는 메르쿠리우스를 만나게 된다. 그 인물들은 헤라클레이토스, 아리스토텔레스, 플라톤, 오르페우스와 같은 이들이었다. 필롤로기아는 미래의 신랑에게서 7명의 하녀를 선물 받았는데, 이는 자유학예를 의미한다. 이에 따라 『필롤로기아와 메르쿠리우스의 결혼』의 나머지 부분을 7권으로 구성한 뒤에 각각의 상징을 적용시킨다. 마르티아누스는 신화적 이야기 속에서 각 학예의 외모, 의상, 걸음걸이, 말투, 그리고 이와 연관된 태도와 특징을 설명한다. 이러한 방식으로 글을 쓰기 위해 사용할 수 있는 요소들은 문법학으로 이야기된다. 그러나 이 중에서 변증술은 가장 독특한 전문 용어를 사용하기 때문에 종종 이해하기 힘든 모습으로 묘사되어 있다. 『필롤로기아와 메르쿠리우스의 결혼』은 카시오도루스의 『교범』과는 전혀 다른 구성과 의도를 지니고 있다. 자유학예 각각을 설명하는 구조에서나 문학적인 관점에서나 이를 확인할 수 있다.

이 책은 입문서의 기본적인 필요성과 이교도의 기원에 대한 연구를 기획하고 모을 필요성을 만족시키면서 매우 큰 성공을 거두었다. 다른 한편으로 교양 있는 지식인의 능력을 드러냈는데, 마르티아누스는 책의 내부에서 간결한 방식으로 문헌을 정리한 뒤에 7가지 자유학예와 연관된 문제들을 다루고 있다. 또한 명료하게 특징을 설명하고, 지성적인 전문 용어보다 거친 표현을 사용하고 있다. 아우구스티누스에 의해서 시작되었으며 이후로 카시오도루스가 이어서 다루고, 마르티아누스가 이교도의 모델에 따라 구성한 자유학예의 연구 전통은 중세 초기 내내 매우 큰 성공을 거두었다. 카롤링거 왕조의 문화적 맥락에서 카롤루스 대제와 그의 궁정 신학자들을 비롯해 에리우게나는 뛰어난 저작과 주해를 통해서 매우 섬세하고 수준 높은 10-11

책의 성공

세기 문화를 만들어 냈고, 오리야크의 제르베르(약 950-1003, 999년부터 교황)와 플뢰리의 아보Abbo(940/945-1004)와 캔터베리의 안셀무스Anselmus Cantuariensis(1033-1109)는 자유학예를 통해 배운 내용을 자신들의 신학적 저서에 적용하고 있다.

세비야의 이시도루스

『어원 사전』, 의미의 기원에 대한 연구

600년부터 세비야의 주교였던 이시도루스(약 560-636)가 출판한 『어원 사전 Etymologiae』은 카시오도루스의 작업 모델과 가장 유사한 책이다. 저자의 노년기에 20년 동안 작업한 『어원 사전』은 『교범』에 비해서 성경상의 지식과 교양 지식을 구별하지 않는다. 그 대신에 기원origo은 명칭과 이데아를 통해 스스로를 설명하기 때문에 그 안에서 원래의 의미를 파악할 수 있다는 관점을 취하면서, 용어의 어원 etymologia에 대한 연구를 통해 구성한 분류 체계를 사용하며 다양한 지식 분야로 논의를 확장하고 있다. 이시도루스는 이런 목적에 따라 자료를 모으고 고대인들의 문체로 책을 기술했으며, 자신이 배우고 검토할 수 있었던 모든 텍스트들의 강독에 대한 기억을 책에 담았다. 이 책은 이교도의 사료들(플리니우스, 바로, 마르티아누스 카펠라, 루크레티우스, 겔리우스)과 그리스도교도의 사료들(락탄티우스, 암브로시우스, 아우구스티누스, 히에로니무스, 카시오도루스)을 복합적으로 구성해서 소개했지만, 『교범』과 같이 교육적인 의도를 직접 반영하지는 않았다. 즉 『어원 사전』은 그리스도교도의 교육을 위해 유용한 입문서들을 분류하지 않았다. 그는 다양한 정보를 정리하고 참조할 수 있도록, 특정한 단어와 연관해서 자신이 접했던 여러 가지 기록과 저술을 나열했다. 이 책은 관련된 지식을 가지고 있는 지식인들이 관련된 주제에 관한 정보를 찾기 쉽게 만들어졌으며, 이시도루스가 집필한 부분에서는 체계적으로 모아 놓은 인용구와 철학적 사유를 발견할 수 있다.

매우 복합적인 작품 구조

이 책이 서술하고 있는 관점은 매우 복합적이다. 첫 3권은 자유학예와 의학을 다루고 있다. 5권은 법을, 6·7·8권은 종교적인 논의인 성경과 신, 천사들과 교회를 다루고 있다. 8권과 9권은 언어적인 문제(일반적인 언어들과 용어의 어원들)를 논한다. 이 책의 두 번째 목표는 지각의 세계를 다루는 것이다. 인간, 지구, 구조에서 출발하여 전쟁과 놀이로 확장된다. 이런 분류 체계 속에서 『어원 사전』은 이시도루스가 기술할 수 있는 모든 문제를 매우 명료하게 분석하고 있으며, 또한 이시도루스가 삶과 관련한 보편적인 요소들을 복합적이고 완결성 있는 현실적 지평 위에서 제공하려 했다는 점을 증명해 준다. 동시에 이 박학다식한 학자의 책은 당시의 교육과 문화에 대한 귀중한 기록을 보여 주며, 중세 초기의 백과사전이 가진 특징을 이해할 수 있는 실례가 되어 준다. 카시오도루스는 교육적인 요소를 강조했고 마르티아누스는 문학적인 성격을 강조했다면, 이시도루스는 연구, 정의, 정보를 위한 유용한 토대를 구성한 첫 사례 중 하나로, 그가 전하는 정보들은 서양 문화의 오랜 전통 속에서 지식의 보고를 제공했던 것이다.

| 다음을 참고하라 |
철학 보에티우스: 문명을 전파하기 위한 지식(390쪽); 에리우게나와 그리스도교 철학의 시작(418쪽)
문학과 연극 백과사전과 세비야의 이시도루스(591쪽)

섬의 수도원주의와 중세 문화
| 아르만도 비소뇨 |

섬의 수도원주의는 아일랜드와 영국의 섬을 중심으로 발전했다.
이 섬들은 공동체 생활을 유지하면서 라틴어와 사료를 연구하는 중심지가 되었고,
이후 순례자들을 통해서 유럽의 전 대륙에 중세의 모든 지식과 텍스트를 전파하는
문화적 중심지의 발전 모델이 되었다.

아일랜드

아일랜드의 문화적 전통은 로마 제국의 영토 확장과는 관련이 없다. 이는 로마가 이 섬들을 점령했다면 가질 수 있었던 이점과 경제적 부를 오늘날에 와서 생각해 볼 때 이해하기 어려운 점이다. 라틴어와 라틴 문화는 식민지 건설로 직접 도입된 것이 아니라 여러 다른 경로를 통해서 유입되었다. 분명한 사실은 아일랜드가 당시에 여러 무역로의 거점이었다는 점이며, 이미 라틴화된 영국 해안에 종종 등장했던 유명한 해적들의 이야기가 아일랜드 해안에서 출발했다는 점이다. 이런 불분명한 관계는 5세기 초에 시작된 그리스도교의 복음 전파가 더 중요한 의미를 가진다는 점을 강조한다. 아키텐의 프로스페르Prosper Aquitanus (약 390-약 460)가 집필한 『연대기Chronicon』는 복

펠라기우스
주의에 대한
반대 음을 전파하는 사람이 두 가지 임무를 가졌다는 점을 설명하고 있으며, 교황이었던 첼레스티노 1세(?-432, 422년부터 교황)부터 게르마누스Germanus(약 380-448), 팔라디우스Palladius(5세기)에 이르기까지 이들 모두는 429-431년의 영국과 아일랜드에서 펠라기우스주의의 위험과 싸워야 한다고 주장했다. 첼레스티노 1세가 섬에 수도사를 파견했을 때에는 이미 그리스도교가 공식적이지 않은 경로로 전파되어 있었다. 그리스도교의 메시지를 전파하는 통로 역할을 담당했던 라틴어와 라틴 문학은 새로 도착한 지식의 유산을 통해 풍요로워지고 강화되었지만, 동시에 이단의 위험에는 약한 모습을 보이기도 했다.

성 패트릭과
성경 강독 프로스페르가 임무를 수행하던 4세기 말의 몇 년 동안에, 영국 태생의 성 패트릭 Saint Patrick(약 389-약 461, '성 파트리키우스'라고도 함*)이 그리스도교의 메시지와 교회 조직 속에서 주도한 아일랜드 문화가 발전하기 시작했다. 성 패트릭이 직접 집필한 『고백록Confessione』은 문학과 법을 연구했던 로마 후기의 지역 귀족들의 삶을 기록하고 있다. 당시 사회의 교육적 맥락에서는 예외적으로, 성 패트릭은 정확한 라틴어를 구사하지 못했다. 그는 젊은 시절에 아일랜드 해적에게 납치되었고 이후로 문학 작품과 함께, 복음을 전파하기 위한 책을 주로 강독했다. 『고백록』부터 『코로티쿠스의 병사들에게 보내는 편지Lettera a Corotico』까지, 이 책들은 성 패트릭의 개인적인 성향에 대한 기록이자 당대의 문화적 환경에 대한 설명일 뿐 아니라, 저자의 지식 수준을 이해할 수 있는 근거가 되어 준다. 성 패트릭은 성경을 강독하고 종교 제도와 제의의 형태를 분명하게 이해하기 위해 노력했다. 막 그리스도교도로 개종한 이 아일랜드인은 라틴어를 잘 몰랐기 때문에 성경을 이해하기 위해 연구해야 했고, 수도원이라는 제도를 정착시키기 위해 노력해야 했는데, 이런 점이 새로운 교육 제도와 새로운 교회의 핵심이 되었다. 특히 아일랜드인이 가지고 있던 라틴어에 대한 언어적 한계는 새롭게 개종한 그리스도교도에게도 난관이었던 것이다.

라틴어에
대한 연구 그리스도교화된 아일랜드에서는 쉽게 이해할 수 있는 라틴어 구어口語보다 라틴어 문어文語에 대한 관심이 발전했고, 그 결과 글의 형태에 대한 관심도 의미를 가지게 되었다. 그렇게 해서 띄어쓰기, 약호와 구두점이 발달했다. 아마Armagh의 수도원에서 출발해서 5세기 중반에 성 패트릭이 주도했던 수도원을 포함한 아일랜드의 수도원들은 엄격한 도덕적 규범과 대수도원장에 대한 복종 속에서 연구 활동에 집중하며 라틴어와 문어에 대한 지식을 연구했다. 아일랜드 문화가 재구성되는 과정에서,

섬은 곧 박학다식한 순례자들의 목적지가 되었다. 7-9세기의 많은 사람들은 아일랜드를 방문한 것이 자신들의 교육에서 매우 중요한 순간을 차지했다는 증언을 남기고 있다. 카롤루스 대제의 궁정에서 교육을 담당했던 요크의 알퀴누스 역시 스콜라 학파의 뛰어난 학자였던 아일랜드 수도사들의 '박학다식함'을 강조했다. 이와 관련해서 역사서와 도서관에서 확인할 수 있는 명확한 증언은 부족하기 때문에, 아일랜드 수도사들의 학문적 수준이나 알퀴누스가 언급한 이들의 경쟁력이 무엇인지는 사실상 확인하기 어렵다. 하지만 이런 불분명한 상황에서도 그리스도교 문화의 발전을 염두에 두었던 동시대인에게는 아일랜드가 적어도 중세 초기의 문화 중심지였다는 점을 의심할 수는 없다. 당대의 이런 이미지는 아일랜드에서 출발한 복음 전파 운동에 의해 강화되었던 게 분명하다. 막 한 세기 전에 그리스도교화된 섬들에서 스코틀랜드, 영국, 그리고 유럽 본토로 그리스도교의 메시지가 전파되기 시작했던 것이다.

아일랜드인들은 자신과 자신의 문화가 세계의 경계에 위치해 있다고 생각했고, 성 패트릭 역시 『고백록』에서 아일랜드가 세계의 끝이며 그 너머에는 아무도 살지 않는다고 설명했다. 그렇게 먼 지방에 있는 그리스도교도들은 복음을 전파하기 위한 사회적 단체를 조직하고 자신이 살던 장소를 떠나 순례를 통해 신앙의 진원지로 가서 신에게 봉헌하겠다는 생각을 가졌다. 순례를 대하는 아일랜드인의 양면성을 이해할 수 있는 사건은 6세기의 수도사였던 콜룸바누스에 대한 기록에서 확인할 수 있다. 그는 처음에는 자신이 살던 아일랜드의 한 지역을 떠나 섬의 다른 장소에서 복음을 전파하다가 믿음이 유래한 지역으로 옮겨 갔다. 이후에는 프랑스 동쪽의 뤽세이유에서 아일랜드 수도원을 모델로 삼아 새 수도원을 건립하고 이곳을 엄격한 도덕적 기준과 회개의 장소로 삼았으며, 동시에 성경에 대한 연구를 수도사의 의무로 정했다. 그의 경험은 이탈리아에도 영향을 끼쳤다. 그 결과, 랑고바르드족은 피아첸차 근교의 보비오에서 유명한 수도원을 설립했고, 그의 추종자 중 한 사람은 현재의 스위스 장크트갈렌의 위치에 공동체를 만들었다.

순례:
성 콜룸바누스의
경험

7-8세기에 라틴어 구어의 연구 중심지 역할을 했던 수도원의 발전과, 중세 문화 속에서 맡은 수도원의 역할은 이후의 수도원 제도의 장점이 아일랜드에 기원을 두고 있다는 점으로 종종 설명된다. 만약 콜룸바누스의 영향을 의심의 여지없이 인정하고 그의 카리스마와 완고함이 섬 문화의 강력한 권위에서 비롯한 것으로 본다면, 그가 설립한 수도원에서 시작되었을지도 모르는 필사실scriptorium의 탄생과 구조에 관

필사실 역할을
맡은 수도원

심을 가져야 할 것이다. 물론 콜룸바누스가 필사실의 탄생이나 구조에 정말로 중요한 영향을 끼쳤는지를 확신하는 학자도 있고 의심하는 학자도 있지만 말이다. 실제로 콜룸바누스는 자신의 편지나 시詩에서 베르길리우스나 오비디우스의 고전 등에 나오는 경구와 수사학에 대한 지식을 드러내고 있지만, 다른 면에서는 학문적 깊이를 확실히 보여 주지 않는다. 20세기 후반의 역사학 연구를 빌리면, '아일랜드의 기적'은 갈리아 지방을 떠나 이 섬에 도착한 망명자들에게서 비롯했다. 즉 이들이 학예artes 학교를 설립했고 교부 문화를 잘 보존했으며 문헌에 대한 주석을 발전시켰던 게 분명하며, 이런 점은 이후에 순례자들에 의해서 다시 유럽으로 유입되었다는 것이다. 아일랜드에서 출발했던 순례자들은 텍스트와 글을 읽을 수 있는 법칙인 문법을 잘 이해했지만, 교부의 텍스트를 연구하기보다는 복음을 전파했던 수도사의 텍스트를 다루면서 불분명한 주석을 읽었을 가능성이 더 높다. 7세기부터 카롤링거 왕조 시대가 끝날 때까지, 아일랜드인들은 유럽 대륙에서 발전하던 그리스도교 문화를 접하면서 자신의 문화적 지식을 발전시켜 나갔다. 사실 에리우게나처럼 아일랜드 출신의 뛰어난 사람들이, 그리스도교의 교육과 텍스트의 해석에 관심을 가졌던 카롤링거 왕조의 문화 속에서 자신의 사상을 꽃피웠던 점은 우연이 아닐 것이다.

영국

콜룸바누스가 유럽에서 매우 중요한 수도원들을 설립했을 때, 영국에서는 이미 라틴화가 진행되었으며 그리스도교가 전파되어 캔터베리의 대주교인 아우구스티누스Augustinus Cantuariensis(?-604)가 활동하고 있었다. 그는 교양 있는 로마 가문에서 태어났으며, 교황 그레고리오 1세에 의해 영국으로 파견되었다. 색슨족의 정복 이후에 이미 그리스도교로 개종한 이 섬은 이교도의 제전에 정신을 빼앗길 위험에 처해 있었다. 그레고리오 1세는 영국 켄트족의 왕이었던 에설버트Ethelbert(약 522-616)에게 40명의 수도사를 파견했는데, 그들의 수장이 아우구스티누스였다. 그는 캔터베리에 대성당을 지었다. 7세기 말부터 8세기 초까지 이 섬에서 전파된 복음은 문화적 활동을 일깨우며 새로운 결실을 맺기 시작했다.

아우구스티누스가 도착했던 캔터베리와 같은 남부 지역뿐 아니라 이미 아일랜드 수사들이 활동하던 섬의 북부에서도 수도원 학교에서 라틴어 문법, 수사학과 라틴 문화를 일반적으로 연구하기 시작했다. 학교의 이런 발전은 특별한 변화를 가져왔

다. 아일랜드에서처럼 영국의 학교도 새로운 복음을 전파할 수도사를 양성했을 뿐
아니라, 수도원에 맡겨져 교육받던 젊은 귀족들을 키워 내면서 사회적으로도 높은
수준의 문학 작품을 탄생시켰던 것이다.

다른 측면에서 앵글로색슨족의 수도사들은 교황청에 유용한 유산을 만들어 냈다.
이들은 아직 그리스도교의 메시지가 전파되지 않은 땅들에 복음을 전파했던 것이다.
윌리브로드(약 658-739)가 프리기아에서 복음을 전파했는데, 이런 활동은 웨식스에 윌리브로드의
복음 전파
서 교육을 받던 제자인 보니파키우스(672/675-754)에 의해서 지속되었다. 보니파키
우스는 복음 전파 활동을 위해 쓴 자신의 책을 가지고 독일의 여러 지역을 방문했고,
풀다에 수도원을 건설한 뒤에 수도원장으로 활동하다 이곳에서 세상을 떠났다. 이 수
도원 공동체는 나중에 중세의 모든 지식을 전파하는 문화 중심지의 하나로 남았다.

앵글로색슨족의 수도원은 복음을 전파하는 활동을 했을 뿐 아니라 문화 발전에도
기여했는데, 이런 점은 '가경자Venerabilis'라고 불리는 베다의 활동과 저서를 통해서 베다의
문화적 책임
이해할 수 있다. 그는 중세 영국 문화사의 중심인물이다. 베다는 자신의 폭넓은 저서
를 통해 다양한 문화적인 지식을 보여 주었다. 그는 스스로 기술하고 있듯이 오랜 평
화의 시대 속에서 배우고 가르쳤으며, 수도원의 일상 속에서 집필했다. 그의 저서를
강독하면 그가 기술적인 요소의 경쟁력에 관심을 가졌다는 사실을 확인할 수 있다.
그는 여러 교육용 저서를 집필했는데, 그 책들에서는 문법학, 수사학, 음률과 셈법
을 다루고 있다. 이 기술들은 곧 문학과 종교적 노래, 성경과 성인의 전기를 다룬 시
에 적용되었고, 이 주제들은 곧 성경을 고찰한 주제에 대한 관심을 불러일으켰다. 그
의 주해서들은 원전에 충실하지 않지만, 교부의 전통 속에서 유용한 텍스트를 효과
적으로 선별하고 성경의 이야기를 설명했으며, 당대에 유용하고 지성적인 명문집을
만드는 데 기여했다. 베다 이후로 자연에 대한 연구는 오늘날의 관점에서 보기에는
과학적이라고 할 수는 없지만, 성경의 해석에 바탕을 두고 우주를 올바르게 분석하
여 자연의 질서를 해석하는 지식의 기준을 만들어 냈다. 동일한 관점에서 베다는 자
신의 가장 뛰어난 저서인 『잉글랜드 교회사』를 집필했는데, 이 저서는 영국 민족의
문화적 정체성에 대한 여러 가지 귀중한 정보를 전달해 주고 있다. 또한 작가가 선택
한 특정 주제에 대한 논의를 다루고 있을 뿐 아니라, 역사적 사건과 이후의 발전 단
계를 세계의 질서 속에서 복합적으로 기술하고 보여 준다.

철학과 수도원

| 글라우코 마리아 칸타렐라Glauco Maria Cantarella |

3-4세기에 수도원의 삶과 경험은 처음으로 조직적으로 기획되었다.
세상을 등지고 자신의 의지와 열정에 따라 에덴 동산으로 돌아가는 길을 선택한
사람들은 이런 경험 속에서 천상의 삶, 새롭고 영원한 삶을 추구했으며,
이런 선택은 그들에게 두 번째 세례와 같았다.

기원

은둔자의 삶과
진리에 대한
연구

에피쿠로스(기원전 341-기원전 270)는 "숨어서 살라Lathe biosas"는 격언을 남겼다. 열정을 지배하고, 본연의 모습에 도달하기 위해 열정을 뛰어넘고, 그렇게 앎에 도달하게 되는 것이다. 너 자신을 알라gnôthi seautón! 자신과 사물의 본질에 대한 연구, 보이는 외면의 장벽 너머에 있는 자신과 세계에 대한 앎. 수도원주의는 자신에 대한 지식과 앎의 그리스도교 판板으로, 세상에 대한 수많은 질문에 답한다. 헬레니즘-유대의 새 종교가 부여한 문화 속에서 지혜에 대한 연구를 번역하는 것이다. 지식을 위한 사랑, 지식의 연구, 지식의 깊은 필요성들(진실한 지식은 신에 관한 지식이다)은 인간을 고독하고mónos 고립되어éremos 살아가도록 이끄는데, 그중에서 가장 커다란 고립은 사막desertum으로 가는 것이다. 테베 사막에서는 처음으로 명상과 고독을 추구한 은둔의 삶anachorésis의 형태를 발견할 수 있는데, 이곳에 있던 사람의 기록(알렉산드리아의 아타나시우스는 사막의 교부 성 안토니우스의 생애를 저술했다*)이 흥미로운 이유로 전해진다. 우리는 이미 성 히에로니무스가 칼키스 사막에서 스스로를 시험했던 실례에 대해서 알고 있다. 이 소아시아 장소는 여러 은둔 형태들이 뒤섞이고 구성되었던 초기 그리스도교주의의 본산이자 기원으로, 많은 사람들이 방문하는 곳이 되었

다. 고립의 형태들은 다양했다. 덴드리티dendriti나 스틸리티Stiliti (주상 고행자)와 같은 무리들은 키 큰 나무나 기둥으로 둘러싸인 담 속에서 생활했고, 시데로포리siderofori 와 같은 무리들은 쇠로 만든 무거운 흉갑 속에 신체를 가두어 자신을 공동체에서 분리하기도 했다. 이 시기부터 성스러운 인간의 신체라는 생각이 받아들여졌으며, 이후 인간의 신체가 성스러운 장소라는 생각이 지속되었다.

은둔주의와 공동체주의

하지만 고립과 완벽에 대한 추구가 결과를 보증하는 것은 아니다. 고독은 그 자체 **실패의 위험** 로 삶을 영위하는 환경보다 객관적으로 더 힘들고, 때로는 악마가 그 안에서 행위하는 최고의 유혹 장소가 될 수 있는 극단적인 경험이다. 이는 단순히 육체적이고 성性적인 측면뿐 아니라, 특별히 시험을 통과했고 완전해졌다고 느끼도록, 또한 지식 자체와 신적 지혜를 획득했다고 생각하도록 자극하기 때문에 그렇다. 결국 예수 그리스도가 악마에게서 받은 모든 죄악의 시작인 허영의 유혹과 마주한다. 누가 다른 사람에게 '사막'에 간다고 했다고 해서 자신이 찾고자 하는 것을 얻을 수 있다는 확신을 줄 수 있는가? 그리고 또 누가 이런 점을 넘어서 신을 따르는 인간이 같이 살아가는 사람에게 나쁜 영향을 받지 않을지, 성인을 따르는 것이 적합한지를 보증할 수 있는가? 일반적으로 신을 경험하기를 원하는 사람에게 이를 권하는 자는 자신이 설명하는 경험이 단순한 환영이 아니었다고 말할 수 있는가? 이러한 이유로 인해서 은둔주의와 공동체주의가 나뉜다. 수도사는 개인적인 영적 수양 과정을 효율화하기 위해 영적인 도움과 통제력을 스스로 제시하고 실행해야 한다는 점에서 모순적인 존재라고 볼 수 있다. 수도사는 다른 사람이 겪을 수 있는 조건 속에서 지속적이며 새로운 이야기를 스스로 구성해야 하고, 다른 사람에게 자신이 발견한 것을 보증할 수 있어야 하기 때문이다. 이런 점에서 삶의 양식에 대한 잘못된 선택으로 허무에 빠질 수 있기 때문에, 수도사의 삶을 선택하는 것은 극단적이고 중요한 선택이다. 또한 극단적인 선택인 만큼 의심도 존재한다. 수도사들은 인간사에서 벗어나지만 사회를 위한 빛을 향해 지속적으로 나아가야 했던 것이다(루틸리우스 나마티아누스Rutilius Claudius Namatianus는 5세기에 수도사를 '도망가는 빛lucifugi'이라고 정의한 바 있다).

　막 형성되기 시작했던 공동체는 특별한 공간을 스스로 구성했다. 벽은 수도사의 **공동체의 삶** 일상 활동의 연극적 무대들을 나누었으며, 외부 세계와 분리했다(292-346년의 파코미우스 공동체). 둘러싸인 벽은 '클라우스트룸claustrum(수도원)'이라는 라틴어 단어의 기원이 되었다. 수도사들이 모여 있는 공간에서 경험과 지도력을 가진 수도사는 그리스도교의 유대-헬레니즘의 문화적인 전통의 맥락에서 '아바abba'라는 유대어 명칭을 가지게 되었으며, 이 단어는 이후 '아바스abate'라는 단어로 발전했다.

카이사레아의바실리우스가 주도한 동방에서처럼 알렉산드리아의 아타나시우스는 정치적인 유배지였던 트리어에서 활동하면서『성 안토니우스의 생애』를 저술하여 동방 수도원의 경험과 기억을 서유럽에 전하는 데 성공했다. 이 저서는 아리우스파들의 공격으로 상실될 위기에 놓인 자신의 교구를 지키기 위해서 저술한 것이었지만, 금욕적인 수도 생활을 강조하고 있다. 약 20년간 이집트와 팔레스타인에서 생활한 뒤에 콘스탄티노플에서 사제가 되고 나서 갈리아 지방으로 돌아왔던 카시아누스Joannes Cassianus(약 360-430/435)는 5세기 초에 도나우 강의 어귀에 수도원을 설립하고『회수도자들의 제도집De institutis coenobiorum』을 기술했는데, 이 책은 단순한 수도사의 규율이라기보다는 매우 엄격한 통제를 목적으로 하고 있었다.

카시아누스는 아무것도 만들어 내지 않은 대신에 자신이 이전에 경험하고 배웠던 내용들을 엄격하게 정리하는 데 집중했다. 그에 따르면 영혼을 고양하는 일은 아바스라고 부르는 수도원장에 의해서 주도되며, 수도원장은 수도원의 다른 구성원들의 독립성과 자유를 침해하지 않는 선에서 권위를 가진다. 수도원장은 그리스도의 삶을 재현하는 인물이었으며 동시에 복음서의 계율을 실천하는 주인공이었다. 그는 손에 성경을 들고 복종과 안정, 열정의 통제(자유 의지의 부정, 극빈, 자비)를 명령했다. 일반적인 삶은 가능한 한 완벽한 은둔 생활의 완성을 향해 나아가는 도제의 실험과 같다. 통제는 수도원주의의 가장 중요한 특징이 되었다. 중세 전성기에서 진부하지만 중요한 의미가 담긴 실례를 살펴보자면, 수도원에서 수사들을 깨우는 역할을 했던 키르카토레스circatores라고 알려진 수도사들은 저녁 전례에 참여하지 않고 일찍 잠에 들었다.

『베네딕투스 규칙』: 성스럽고도 '새로운' 책

성 베네딕투스의『베네딕투스 규칙Regola』은 그 당시까지 진행되었고 집필되었던 모든 역사의 진정한 기초를 놓았다. 새롭고 중요한 점은 베네딕투스로 인해 수도원 삶의 기반은 대수도원장이 아니라 규율집이 되었다는 것이다.

이 책은 수도원 삶의 근본이 되었고 사람들이 말하는 것처럼 더 잘 정돈된 모델을 만들었기 때문에 '디오니소스'적인 차원을 '아폴론'적인 차원으로 이동시켰다고 할 수 있다. 이 책은 수도사에게 고유한 경험을 통제하는 방법, 따라야 하는 모범들과 도달해야 할 목표에 대해 설명하고 있다. 수도사는 교양이 있어야 한다. 그렇지 않다면 어떻게 신의 말씀에 다가갈 수 있겠는가? 서방에서 신의 말씀은 성 히에로니무스의 라틴어로 표현되고 전승되었다. 이 언어는 유연하고 창조적임에도 불구하고, 분명히 4-5세기의 상류 계층과 교양 있는 계층이 사용한 라틴어였다. 또한 이는 교부의 라틴어를 의미하는데, 바로 이런 사실 때문에 황제와 연관된 계급의 경험과 가치를 전달했으며, 다른 한편으로는 주교들과 도시의 새 지배자들이 소통했던 언어이자 도시와 관할 지역에서 그들의 사목 활동이나 관리를 위해 의미를 전파하는 수단이 되었다('주교 관구'라는 단어는 사실 황제의 관할구를 의미하는 단어였지만, 이런 점이 곧 잊히면서 주교좌 교회에 배당된 지역을 의미하게 되었다). 도시 밖의 넓은 라티푼디아 latifundia(대농장)가 있던 평원이나 숲, 라틴화된 기타 지역(혹은 라틴화되지 않았거나 로마의 영향을 적게 받았거나, 아니면 이민족과 로마 제국 사이의 긴장이 증가하면서 다시 버려지기도 했던 지역)에서는 주교가 활동하지 않았고, 그 대신 이곳은 수도사들의 활동 무대였다. <small>책과 수도원의 삶</small>

라틴화되지 않았던 아일랜드 지역은 중세 초기의 수도원에 대한 경험 중에서 가장 의미심장한 장소였다. 이곳은 이교도나 유대인들에게 알려진 적이 없는 땅이었으며, 순수한 처녀지로 남아 있었기 때문에 그리스도교의 농경지로 관리될 수 있었다. 이 문장은 아일랜드의 수도사였던 콜룸바누스가 보니파시오 4세(608-615년까지 교황)에게 612-615년 사이에 보냈던 내용이다. 콜룸바누스는 매우 능숙한 라틴어를 구사해서 로마의 교황 그레고리오 1세에게 높은 평가를 받았다. 아일랜드의 수도원주의는 수도원의 여러 역사에서 가장 좋은 평가를 받았다. 검소하고 금욕적이었을 뿐 아니라 신의 지식에 도달하기 위해서는 꼭 필요한 신의 말씀과 신이 세계에 남긴 기록을 연구하여 좋은 평가를 받은 것이다. 이런 지식은 신의 말씀의 의미를 새기면서 연례 제의를 구성할 수 있는 기준을 제시해 주었다. 그리고 이를 기준으로 사람들의 활동과 일을 통제할 수 있었다. 이 때문에 당시 부르고뉴의 대주교들과 아일랜드 수도사들 사이의 대립이 불거졌고, 그리스도교를 이끄는 교황과 소통할 필요성을 느끼고 있던 아길룰프와 교황의 관계를 회복할 수 있었는데, 이는 콜룸바누스에 <small>아일랜드의 경험</small>

게도 도움이 되었다.

겸손의 12단계

연구, 명상, 금욕적 실천은 겸손의 실천을 바탕에 두고 신에게 다가가는 중요한 방식이다. '겸손의 12단계dodici gradini dell'umiltà'는 누르시아의 베네딕투스가 제안한 규범에 대해서 설명한다. 수도사는 겸손의 모든 단계를 거친 뒤에야 완벽하고 두려움을 쫓아 버리는 신의 사랑에 도달하게 될 것이다. 수도사는 무엇보다도 겸손해야 한다. 이해와 절제의 능력인 '신중함discretus'(고대 때 착한 사람vir bonus의 가장 중요한 특징으로 일컬었던 것)은 자신을 버리고 자신의 의지를 대수도원장pater-abba의 손에 맡기는 것이었다. "영적인 아버지의 동의 없이 이루어지는 것은 어떤 장점도 없으며 단지 허무하고 자존심만 세우는 것일 뿐이다." 이들은 의도에 대해서도 부정했다. 클뤼니의 오도가 쓴 『삶Vita』은 미망迷妄을 넘어선 성인의 삶에 대해서 설명하고 있으며, 독립적인 수도사가 여러 차례의 후회에 지쳐 깊은 보상을 열망하는 모습을 표현하고 있다. 수도사는 자신과 수도원장의 구원을 연관시키면서 자신의 모든 것을 그에게 넘기고 그의 결정에 따라야 한다는 점을 보여 준다.

클레르보의 베르나르두스Bernardus Claravalensis(1090-1153)는 "그것은 진리를 연구하기 위한 겸손의 길이며, 애덕을 구하고 지혜로움에 참여하는 것이다. 결국 이런 방식을 통해 그리스도의 법의 마지막에 얻게 되는 겸손의 완성이란 진리에 대한 앎이라고 볼 수 있다via humilitatis, qua veritas inquiritur, caritas acquiritur, generationes sapientiae participantur. Denique sicut finis legis Christus, sic perfectio humilitatis cognitio veritatis"고 설명했는

데, 이 말은 약 2세기 뒤에는 "수도원의 삶은 진리와 철학으로 가득 차 있다"(「겸손과 지혜의 관계에 관한 책Liber de gradibus humilitatis et sapientiae」)는 뜻으로 해석되었다. 이런 관점은 12세기까지 포레의 질베르Gilbert de la Porrée(약 1080-1154), 피에르 아벨라르Pierre Abélard(1079-1142)와 변증술에 기초한 여러 철학자들처럼, 사유의 중심에 논리학을 두었던 철학자들에 대항해서 얼마나 완고한 입장을 취했는지를 보여 준다. 수도원의 철학은 변증술에 기초한 철학에 대항했던 것이다. 신에 대한 앎이라는 진정한 지혜sophia에 도달할 수 있는 방법은 (다양한 방식이 존재하지만) 크게 두 가지였다. 프리드리히 황제의 궁정 사료에서 기록하고 있는 브레시아의 아르날도Arnaldo(?-1155)의 경구인 "지식에 대한 열망은 편의 이상의 것이다ut ultra oportunum saperet"처럼,

자신의 위기를 마주하고 중용의 길을 가야 지식을 얻을 수 있다. 변증술이 새로운 혁신의 도구로 여겨졌던 것은 11세기 말로, 이는 어디까지나 번역을 위한 이론적인 관점을 해결하려는 실용적인 이유에서 시작되었다. 이 과정에서도 성 베르나르두스의 실천은 계속 정통 교리로 남아 있었다. 시토회의 수도사들은 자신을 정통 교리의 대변자로 여겼으며 수도원의 원형적인 감각의 기원을 완벽하게 회복했다고 여겼기 때문에 이 논리를 추종했다. 일반적인 성직자들은 변증술을 옹호했다. 이들은 학문을 다루며 다른 학생들에게 영감을 불어넣었다. 그리고 권위에 대한 존경심이 곧 개성을 지우는 것은 아니라고 가르쳤다. 이후에 샤르트르의 베르나르두스(12세기 초)의 유명한 표현인 '거인의 어깨 위의 난쟁이'는 이들 즉 '난쟁이들'이 '거인'을 대면하고 있었음에도 자신의 힘으로 연구하고 생각하는 것을 잊지 않았다는 사실을 깨닫게 해준다. 하지만 이것은 수도사들이 수도원의 삶을 선택하는 이유가 아니었다. 베르나르두스는 자신이 변증술에 뛰어난 능력이 있다는 사실을 알고 있었고, 정치적인 삶과 성직 제도의 규범과 변증술에 관심을 가졌다. 그럼에도 불구하고 한 시대 전에도 그랬던 것처럼, 그에게 더 가치 있던 것은 진리, 지식을 통해 구원에 도달하기 위해 이국적인 삶을 택한 영성의 아이들을 이야기했던(하지만 비이성적으로 설명했던) 성 페트루스 다미아니Petrus Damiani(1007-1072)의 의견이었다. 다미아니는 베네딕투스회에 속했다기보다는 수도원-은둔자의 전통을 개혁하고 해석했던 인물이었다. 그에 따르면 진리에 접근하는 방식은 동일한 삶에 참여하지 않는 사람들에게 강요할 수 없는 것이었다.

베네딕투스 수도사들과 정식 사제들

베네딕투스 수도원은 『베네딕투스 규칙』을 프랑크족의 주교 제도에 유연하고 폭넓게 적용했고, 7-8세기라는 당시의 시대적 요구에 맞게 적절하게 대체하면서, 동일하고 근본적 경험을 수도원을 통해 변함없이 계속 제공했다(5세기에 이미 수도원은 도시 외부 지역을 관할하는 가장 의미 있는 제도였다고 설명한 바 있다). 카롤링거 왕조는 베네딕투스 수도원을 높이 평가했고, 수도원의 경험을 유일하게 실제로 제공한다고 보았다(이와 관련해서 루도비쿠스 경건왕도 같은 평가를 내린 바 있다). 베네딕투스 수도원의 크고 작은 수도원 교회(대개는 카롤링거 왕조의 교회를 모델로 해서 규모가 컸다)는 교양 있는 상류층 귀족을 구성원으로 받아들였으며, 이들에게 뛰어난 바실리카 양식

**클뤼니 수도원,
베네딕투스
수도원의 예**

의 교회, 제의祭儀, 성가대의 메아리가 만들어 내는 성스러운 장소, 성스러운 지식을 다룬 양질의 양피지를 보관하는 장소를 제공했다. 클뤼니 수도원은 가장 대표적이고 적절한 실례였다. 카롤링거 왕조의 전통적인 문화적·역사적 맥락에서 이 수도원은 10-11세기에 가장 잘 조직된 수도원 형태를 지니고 있었다. 클뤼니 수도원은 가장 고귀하고 성스러운 표현으로 가득 차 있었으며 동시에 성스러움을 전달할 수 있는 효율적인 제의를 만들어 냈다. 이 제의는 수직적인 구조를 지니고 있었으며, 순결을 잃지 않은 수도사가 부르는 사자死者에 대한 찬송가로 시작되었다. 여기에는 9세기의 논리적-수사학적 (혹은 신학적) 관점이 반영되어 있다. 이들은 천사처럼 순결하기에 신에게 더 가까이 다가갈 수 있다는 것이다. 클뤼니 수도사들은 새로운 것을 시도하거나 발명하지 않았다. 하지만 가장 효율적이고 지속적인 모범을 재정비했다. 이들은 로마의 종교력(이후 가톨릭 교회의 모범이 되었다)을 클뤼니의 제의에 맞게 변형시켰는데, 가장 대표적인 실례가 11월 2일 '위령의 날'(세상을 떠난 신자를 위한 날*)이다. 당시 수도원장이었던 오딜로Odilo(961/962-1049)는 이 축일을 새로운 발명이라고 설명했다.

**클뤼니 수도원의
전례**

클뤼니 수도원의 찬송가들은 앞꾸밈음, 짧은앞꾸밈음, 떤꾸밈음, 모음 발성과 가성 등 여러 기교를 통해 풍부한 표현을 만들어 냈지만, 이후에 이런 화려한 기교 때문에 시토회 수도사들의 비난을 받았다. 예를 들어 사울의 우울증을 치유한 다윗의 시편을 다룬 찬송가들은 늘 젊고 순결한 성인의 이야기를 다루는 대신에 이 시대의 죄악과 이를 바라보는 우울한 감정을 효과적으로 전달해 주었다(오늘날의 연구를 통해 알려진 바로는, 나이 든 사람이나 병자는 이 제의에 참여하지 않았으며 이들은 공동체와 제의에서 분리되어 있었다). 찬송가는 커다란 제의 행렬과 대규모 수도원 교회 안에서 끝없이 반복되는 제전과 신자들의 기도의 핵심 요소였다. 클뤼니 수도원은 죽은 자들을 중재하는 역할에 특화되어 있음에도 불구하고, 어두운 분위기를 띠었는지는 분명하지 않다. 반대로 클뤼니의 수도사들은 신자의 영혼을 매일 천국으로 이끌어야 하고, 동시에 부탁한 사람들을 두려움에서 벗어나도록 하며, 천국에 대한 확신을 주는 효율적인 기도 방식을 만들어 낼 필요가 있었다. 오딜로의 설교에서 알 수 있는 것처럼, 클뤼니 수도원에서 다룬 죽음의 공포는 영원한 삶의 즐거움과 휴식에 대한 확신도 함께하도록 만들어야 했다. 1030년대에 몇몇 사람들이 종말론적인 느낌을 자아내기는 했지만, 이런 일이 클뤼니 수도원에서는 일어나지 않을 것이라는 확신을 줄 필요가 있었던 것이다. 이들의 철학은 성가대와 그 외의 여러 장치로 만들어 내는 노래와 황홀경을 통한 신과의 합일로 표현될 수 있다. 클뤼니 수도원의 바실리카식 제의는 매일 밤낮을 가리지 않고 끝없이 생산되었고(이를 위해 제의를 담당하는 집단이 따로 있었다), 매일 군중의 멜로디와 기도에 의해 만들어지고 요약된 노래를 통한 신과의 대화는 이들을 고양시켰다. 또한 수도원 교회는 신과 만나는 세계의 중심이자, 성스러운 공간 내부의 기도를 통해 성스러움을 표현하고 이해하여 신에게 다가가는 장소인 동시에 신이 세계로 내려오는 장소가 되어야 했던 것이다. 그러나 클뤼니 수도원의 사례는 9세기에 로마를 중심으로 정비되고 개혁되었던 전례에 포함되지 않았다. 또한 어떤 사람들은 고리대금에 물들지 않은 『베네딕투스 규칙』의 전통적인 순수함을 회복해야 한다고 주장하기도 했다.

　그러나 사실 클뤼니 수도원이 근본적으로 거친 공격을 받았던 것은 아니다. 클뤼니 수도원은 오히려 제도적인 취약함과 내부의 균열을 이용했던 사람들 "곁에서 일했다." 클뤼니 수도원을 직접 공격했던 사람들조차 이곳의 기도가 가진 힘을 두고 논쟁을 벌이지는 않았다. 그들은 오히려 기도의 힘을 판단할 수 있는 근거의 효율성에 대해 토론했다. 이들은 클뤼니 수도원에서 보내는 삶에 대한 환상이나 수도사들의 일상, 수도 과정, 수도원 건축이나 노래에 대해서 더 많이 토론했다. 그렇다면 누가, 또 무엇이 클뤼니 수도원의 수도사들에게 확신을 심어 주었을까? 이들이 비판했던 것은 수도원 삶의 양식이 아니었다. 그렇다면 무엇이 문제였을까?

　클레르보의 베르나르두스가 지휘한 시토회 수사들은, 알려진 것처럼 클뤼니 수도원의 수도사들을 처음으로 비판했던 단체였다. 하지만 수도사들의 은둔적인 경험에 치중한 수도회 모델을 추구했던 카르투지오회의 경우에는 클뤼니 수도원을 공격하지 않았다. 하지만 시토회는 그렇게 했다. 다른 관점에서, 베르나르두스가 이끄는 시토회 수도사들은 베네딕투스 수도회의 삶과 그리스도교인의 일상이 원래의 순수함으로 되돌아가야 한다고 주장했다. 베르나르두스가 반복해서 언급한 것처럼, 시토회 구성원들은 매우 엄격한 삶의 양식을 선택했기 때문에 가장 뛰어나고 독특한 수도사들이었다. 누가 더 금욕적이고 누가 더 『베네딕투스 규칙』에 가까운가? 시토회 수도사들보다 누가 더 순수할 수 있는가? 그들의 순수함은 자비/처녀성의 논리에 근거를 둔 것이 아니라 그들이 선택한 삶의 일관성에 바탕을 두고 있었다. 넓은 관점에서 이 문제에 접근한다면 놀라운 점을 발견할 수 있다. 시토회 수도사들은 흰 수도복을 입고 다양한 문제에서 스캔들을 일으켰다. 이들의 집은 성모 마리아에게 봉헌되었고 매우 엄격하고 본질적인 관점을 유지했지만, 이외에도 더 새로운 점이 있었다. 베르나르두스는 클레르보가 천상에 있는 예루살렘의 삶처럼 성스러움과 영혼을 통합시켰다고 주장했다. "여기에 천국이 있다quae in coelis est." 클레르보의 수도사는 자동적으로 천상의 예루살렘에 거주하는 사람이 되었던 것이다.

결과적으로 시토회는 클뤼니 수도원의 조건들을 재생산한 것이 아닐까? 만일 비판의 이유가 수도자 세계의 주도권 다툼이었다면 이는 불가피했을 것이다(그렇다고 그것이 전부는 아니었다). 하지만 또 다른 반론도 있었다. 만약 사람들이 원했다면 시토회의 항시성을 받아들였을 것이다. 베르나르두스 역시 자신의 수도사들에게 확신이 없다고, 즉 시토회의 삶의 양식, 완고함, 원리, 엄격함이 부활로 들어가는 길임을 보증할 수 없다고 언급했다. 신의 의지는 심오하고 어두우며 이를 바라보는 사람들 누구에게나 예외적이지 않으며, 사람들이 신을 만났을 때에는 신의 사랑보다 더 위대한 것을 볼 수 없다. 단지 명상과 세계에 대한 지식, 예술과 음악 사이의 긴장 속에서 신에게 다가갈 수 있을 뿐이다. 이런 관점에서 시토회는 그레고리오 성가를 세계의 연약함과 신의 필요성을 엄격하고 무겁게 선언하는 기록처럼 개혁했고 변화시켰다. 시토회 수도사들의 철학은 개인적 여정을 통해 신의 섭리를 이해하고 공동체의 엄격한 규율과 삶의 심미적 변화를 추구하는 것이었으며, 이런 점은 클뤼니 수도사들과 비교했을 때 기본적으로 새로운 점은 아니었다. 혹은 (다른 방식으로) 페트루스 다미아니 시대의 폰테 아벨라나Fonte Avellana 수도원 공동체의 은둔자들과 비교해 봐도 마찬가지다. 미와 신비는 양면성을 지니며 수도회나 중세에 한정된 것이 아니다. 그렇다고 수도원의 미학과 신비주의가 모든 즉흥적인 요소를 바탕으로 공간을 구성한 것은 아니며, 오히려 '이성적으로 살기rationabiliter vivere'라는 표어에 따라 공간을 구성했다.

이성은 감동을 포함했고, 통제는 늘 엄격했으며『베네딕투스 규칙』에 대한 관찰, 전통, 문화에 의해서 구성되었다. 이런 관점은 개인이 영성에 입문할 수 있는 여지를 남기지 않았다. 클뤼니 수도원에서도 은둔자들이 있었다. 왜냐하면 은둔주의는 수도원 경험에서 가장 중요한 것으로 여겨졌기 때문이지만, 이는 수도원의 제한된 장소에서만 허용되었다. 또한 독신주의 역시 강조되었는데, 수도원 공동체는 이에 관해서 확신을 가지고 있었다. 이성은 질서를 부여하는 요소였다. 그것은 처음처럼 12세기에도 지속적으로 강조되었고, 수도사들은 독신을 지켜야 했다. 모든 문제를 관통하는 '이성'은 수도원주의의 가장 중요한 특징이었다.

클레르보의 베르나르두스가 아벨라르와 같은 변증술(논리학)의 스승과 철학자를 이단으로 판단하고 나서도 1144년에 클뤼니 수도원에서 그를 다시 수용했던 것도 이성에 대한 사랑 때문이었다. 베르나르두스와 그의 수도사들은 아벨라르를 이단으로 단죄했지만, 정교正敎의 원리를 해석하는 문제를 간과할 수는 없었다. 정교의 원리는 유일한 기준을 가지는 것이 아니었다. 수도사들의 이성과 일반 성직자들의 이성은 서로 다른 방향에서 진리에 접근했다. 일반 성직자들은 아우구스티누스의 오랜 전통을 이어받았으며, 메스의 주교 크로데강은 8세기 초에 '규범'을 정립했다. 사실 수도사들과 성직자들은 의견이 달랐다. 로마의 교황청, 혹은 교황이 성직자들의 위계를 정했을 때 하나의 권위로 신자 공동체를 통제하는 것이 더 쉬웠고, 주교들은 논리학, 수사학, 어원학과 같은 이론적인 도구를 다듬으면서 수도원과 학교를 설립한 바 있다. 우리는 1020년대의 논쟁, 그리고 12세기를 주도했던 정치, 이데올로기, 성직 체계, 논리학이 통합되는 과정을 확인할 수 있다. 중도에 대한 논란은 르망 주교인 클뤼니의 위그Hugues de Cluny(1024-1109)의 평전을 저술했던 라바르댕의 일드베르Hildebert de Lavardin(1056-1133), 투르의 베렝가리우스Berengarius Turonensis(1008-약 1088), 캔터베리의 안셀무스와 같은 사람들이 신학, 법, 권력을 재정의하는 서적을 기술했다는 점에서 확인할 수 있다.

이성은 정교의 원리와 실천 방식을 강화시키지만, 또한 진리에 닿는 길이 다양하다는 놀라운 인상에 도달하게 한다. 그리고 진리는 변증술에 대한 연구를 통해서도 접근할 수 있다. 변증술에 대한 연구는 통제되어야 하는 것이 아니라 논리적인 관점에 따라 예견되어야 하는 것으로, 변증술을 연구하는 사람들은 자신을 대면하고 통제할 집단에 의해 구성되지 않았다. 이 집단은 곧 전문인들이 되었으며, 법률학자와 유사한 임무를 가지게 되었다. 그렇다면 지혜는 나누어질 수 있는 것일까? 철학은 과연 위험한 것일까? 성 베르나르두스는 그렇다고 믿었고, 그리스도교도와 수도사의 삶이 그 자체로 유일한 권위를 가지고 헤게모니를 쥘 수 있다고 확신했다. 12세기는 정치적 헤게모니를 위한 투쟁과 지혜의 형태를 둘러싼 헤게모니가 서로 얽혀 발전했던 시기였다. 클뤼니 수도원장이었던 가경자 페트루스Petrus Venerabilis(약 1094-1156)는 수도원의 경험들이 "서로 다르지만 적대적이지 않다diversi sed non adversi"라

삶에 대한 재정의

는 변증법적 관점을 기술했다. 또한 그는 수도원의 이성은 세계에 대한 지식을 이해하는 데 아직도 유용하며 일반적인 이성은 현실을 이해할 수 있다고 생각했고, 자신들이 현실을 교정하기 위해서 공동으로 대면해야 하는 적들인 이단(광기에 의해 움직이는 이단, 이슬람교도, 유대인)이 성직 제도의 내부 문제보다 더 중요하다고 생각했다. 더 나아가 아벨라르를 단죄했음에도 논리학의 교훈에는 가까이 다가가야 한다고 생각했다. 왜냐하면 논리학이 필요한 도구를 제공해 줄 수 있기 때문이다. 서로 다른 이성의 무게에 압도될 것이다. 로마의 역사적 맥락에서 발전했던 교황청은 이성적 관점이 학문 연구에 특화된 형태들을 분류하고 통제할 수 있다는 생각을 발전시켜 나갔을 뿐 아니라, 접근 방식을 효율적인 관점에서 재평가할 필요성을 느끼게 되었다. 이런 방식으로 로마에서는 모든 베네딕투스회 수도사들이 시토회의 제도적인 모델을 받아들였다. 하지만 미래는 논리학자, 신학자나 법률학자의 몫이었다. 성 베르나르두스의 투쟁 이후로 이제 철학에는 새로운 의미가 부여되었고 새로운 주인공들이 등장했다.

| 다음을 참고하라 |
역사 교육과 문화의 새로운 중심지(177쪽); 수도원주의(251쪽)
철학 히포 레기우스의 아우구스티누스(366쪽); 섬의 수도원주의와 중세 문화(403쪽)
문학과 연극 수도원 문화와 수도원 문학(551쪽); 라틴 시(574쪽)

에리우게나와 그리스도교 철학의 시작

| 아르만도 비소뇨 |

요하네스 스코투스 에리우게나는 중세 초기를 살아가면서, 다양한 문화에 대한 관심에 기초해서 책을 저술했다. 그는 여러 문헌을 정독했고, 라틴어와 그리스어에 능통했으며, 교부의 저서를 잘 이해했을 뿐 아니라 자유학예의 전문가이기도 했다. 그는 9세기 초의 철학적 사유를 집대성했다. 그의 결과물은 나오는 데까지 오랜 시간이 걸렸지만, 중세 초기의 신학적 사유를 탄탄하게 발전시켰다.

생애

요하네스 스코투스 에리우게나Johannes Scotus Eriugena(810-880)의 삶은 명성에 비해 정확한 기록이 없고, 알려진 정보도 많지 않다. '스코투스'라는 형용사는 라틴어인 고대 스코티아Scotia에서 유래한 단어로, 그가 아일랜드계였다는 사실을 알려 준다. 또한 그는 '에리우게나'라는 이름으로 자신을 소개하는 것을 좋아했는데, 이 단어도 그의 고향을 기억하기 위한 것이었다('에리우'라는 단어는 켈트어로 '아일랜드'를 의미한다). 두 단어가 비슷한 어원을 가지고 있음을 고려하면, 요하네스 스코투스라고 부르는 것이 더 좋을 것 같다(그러나 한국어판에서는 에리우게나로 표기했다*). 그의 얼마 되지 않는 전기적 정보 중에서 유일하게 신뢰할 수 있는 자료는 예정론에 대한 토론을 요청받았던 851년의 기록이다. 이때 『예정론De praedestinatione liber』을 집필했고, 그 후에 생드니에 보관되어 있던 위 디오니시우스의 판본을 바탕으로 『아레오파고스 의원의 전집corpus areopagiticum』(『디오니시우스 전집』이라고도 함*)을 그리스어에서 라틴어로 번역했다. 그의 번역은 위 디오니시우스(5세기경)의 저작에 그치지 않았다. 고백자 성 막시무스(약 580-662)의 『성 요한의 불확실성Ambigua ad Johannem』과 『탈라시우스에게 물음Quaestiones ad Thalassium』도 번역했고, 니사의 그레고리우스(약 335-약 395)의 『인간의 작업De opificio hominis』 역시 번역했다. 『카르미나Carmina』를 비롯한 이 모든 번역서들은 카롤루스 대제의 조카였던 카롤루스 대머리왕에게 헌정되었는데, 에리우게나는 그의 궁전 교사로 일했다. 궁전 교사라는 일은 이론적이고 신학적인 면에서 많은 노력을 필요로 했을 뿐 아니라, 에리우게나의 사유를 집대성하고 다섯 권으로 구성된 『자연 구분론De divisione naturae(Periphyseon)』을 탄생시키는 계기가 되었다. 에리우게나는 노년기인 870-880년에 여러 주석서를 편찬하는 데 많은 노력을 기울였다. 그는 이미 번역했던 『디오니시우스 전집』에 대한 주해서인 『천상의 위계에 대한 해설Expositiones in Hierarchiam caelestem』을 출간했고, 성 요한 복음사가에게 헌정하는 『오멜리아Omelia』와 『성경 주해Commentarius』를 준비했지만 세상을 떠나면서 미완의 저작으로 남기게 되었다.

아일랜드 출신의 번역가

다양한 문화의 영향

에리우게나의 저서는 그가 받았던 교육적 관점과 여러 자극들을 다양한 어조로 표현했다는 점에서 종종 독자에게 놀라운 감정을 불러일으킨다. 그의 글 쓰는 방식은 아우구스티누스를 비롯한 모든 라틴 교부의 전통에서 영향을 받았는데, 이는 당시 카롤링거 왕조 시대의 교육을 둘러싼 일반적인 패러다임과 조화를 이룬 것이었다. 또한 그의 문장 양식은 성경을 주의 깊이 분석하는 과정에서 만들어졌다. 에리우게나

독창적인 철학자 는 종종 중세 철학에서 유일무이한 독창적 철학자의 이미지로, 때로는 9세기 초에 알려질 필요가 있었지만 고립되었던 철학자의 이미지로 남아 있다. 그는 카롤루스 대제의 왕국 시기, 즉 카롤링거 제국의 건설자의 후예들이 지배하던 유럽에서 당대 지성인들과 함께 그리스-로마의 전통에서 유래한 문화적 배경을 이해했고, 교부의 문화를 전파하고 보존하려고 노력했으며, 다른 어떤 활동이나 방법론에 우선해서 성경의 강독을 중심으로 사유를 전개하고자 했다.

에리우게나는 카롤링거 왕조의 다른 신학자들처럼 성경의 지식을 가장 중요하게 생각했고, 이미 앞서 설명한 것처럼 아우구스티누스부터 히에로니무스, 암브로시우스, 푸아티에의 힐라리우스Hilarius of Poitiers와 같은 여러 교부들의 저서를 읽었다. 또한 그는 문법학을 잘 알고 있는 교양 있는 강독자였으며, 변증법적 논제를 구성하는 데 재능을 보였다. 이런 재능은 그의 사유 체계 속에서 모든 피조물에 대한 논리적, 형이상학적 발판을 구성했다. 사실 에리우게나의 사상적 독창성은 개인적인 이론 작업에서 기인한다기보다는, 카롤링거 왕조 및 이후에 발전했던 고대 유산과 서양 라틴 문명에서 많이 다루지 않던 또 다른 전통인 비잔티움 시대의 신학적 사유를 포함해 여러 문화적 요소를 통합한 데에서 비롯되었다. 그는 위 디오니시우스와 다른 여러 그리스 교부의 저작을 번역하는 과정에서, 아우구스티누스가 신과 지혜에 관심을 가진 인간의 지성을 통해 강조했던 피조물의 질서를 철학적 사유와 언어로 정립해 발전시켰고, 카롤링거 왕조 시대를 사는 동시대인이 받아들일 수 있는 사상을 성립해 나갔다. 그렇게 에리우게나는 자신의 여러 저서에서 다양한 방식으로 우주를 서술했다. 그의 글에서 우주는 창조주와 피조물을 연결시킬 수 있는, 즉 통일성을 지닌 완벽하고 항시적인 구조물로 묘사되어 있다.

예정론에 대한 토론

에리우게나가 역사에 처음 모습을 드러냈던 최초의 기록이 현재 유일하게 남아 있는 확실한 사료다. 851년에 랭스의 주교 잉크마르Hincmar(약 806-882), 리옹의 주교 파르둘루스Pardulus가 에리우게나에게 당시 오랫동안 지속된 여러 신학자의 논쟁에 참

여해 달라고 요청했다. 오르베의 고트샬크Gottschalk of Orbais(약 801~약 870)는 당시 수도원 전통에서 급진적인 입장을 지니고 있던 박학다식하고 재능 있는 수도사였다. 그는 자신의 글을 통해서 '이중예정설'을 방어했는데, 이를 설명하기 위해서 간결하게 반복되지만 다의성을 지닌 형용사들을 사용했다. 고트샬크는 신의 유일성을 인정하면서도 신의 예정은 구원과 처벌의 양면성을 지닐 수 있다고 주장했다.

에리우게나는 이 논쟁에서 고트샬크의 의견을 논박했는데, 그는 단순히 상대편의 논점이 불완전한 이유를 사람들에게 확신시키기 위해 논쟁의 구조를 나열하거나 교부의 권위에 기대지 않고, 카롤링거 왕조의 기초신학인 변증술을 사용했다. 이때 그가 쓴『예정론』은 총 19장으로 구성되어 있는 책으로, 아일랜드 신학자의 노력과 높은 수준의 철학적 사유 능력을 담은 첫 번째 기록이다. 이 책의 서두에서 그는 아우구스티누스의 의견을 인용하여 진정한 종교와 진정한 철학은 차이가 없다고 주장했다. 그는 모든 진리의 근원은 유일하다는 점을 받아들인다 해도 연구를 통해 신에 관한 모든 것을 재발견할 수 있으며, 모든 학문적 '규범들'이나 주석에도 불구하고 신의 존재가 모든 것의 기원이 될 수 있는 것은 아니라고 설명했다. 그리고 자유학예에 대한 연구의 기본인 이성적 규범은 적절하게 응용된다면 신학적 논제를 전개하는 데 유용하다고 주장했다. 이런 원리를 통해, 에리우게나는 고트샬크의 논제를 두 가지 관점에서 논박한다. 첫째, 인간의 이성은 이중 예정을 받아들일 수 없다. 그것은 존재하지 않는 반대를 상정한 원리가 저지르는 폭력일 뿐이다. 신이 유일하고 간결하다면, 고트샬크가 설명하는 구성 원리처럼 예정된 양면성을 허용할 수 없다. 둘째, 신과 인간의 이성을 연결할 수 있는 가능성은 존엄을 가진다. 만약 신이 선한 것과 악한 것을 포함해서 모든 것을 예정했다면 인간은 중립적인 선택을 내릴 수 없을 것이므로, 중립적 선택은 오히려 이성의 활동에 대한 예찬이다.

예정론에 대한 논박

진정한 종교와 진정한 철학

번역

『예정론』은 다른 사람들과 달리 교부의 권위와 내용에 단순히 기대지 않고 엄격한 논리적인 관점에 따라 논제를 전개했기 때문에, 당시에 마땅히 받아야 했던 좋은 평가를 받지 못했다. 에리우게나에게 논쟁에 참여할 것을 요청했던 사람들은 그의 변증술과 풍부한 논지가 고트샬크의 생각을 반박하기에 비효율적이며, 오히려 신학적 문제에 빠질 위험이 높다고 생각했다. 사실 그들은 변증술이나 이성보다는 교부의 권위와 인용을 통해 간단하게 해결할 수 있는 문제라고 믿었던 것이다.

그러나 당대에 이 책이 호평받지 못했다는 점은 궁정인들이 에리우게나에게 편견

**카롤루스
대머리왕을
위한 번역가**

을 갖게 하지는 못했다. 몇 년 후에 카롤루스 대머리왕은 그에게 『디오니시우스 전집』의 번역을 맡겼다. 이 책은 군주의 아버지였던 루도비쿠스 경건왕이 827년에 비잔티움의 황제였던 미카엘 2세Michele Balbo에게서 받았던 디오니시우스 저서들의 필사본과 함께 있었다. 디오니시우스라는 그리스 철학자는 「사도행전」에 나오는 아테네의 아레오파고스의 의회 이야기에서 등장하는 인물로(「사도행전」에서는 '디오니시오'라고 표기된다*), 중세에 신학을 설명하는 이성의 상징이었던 성 바오로의 논쟁을 듣고 개종했다고 전해진다. 생드니의 수도원장 일뒤앵Hilduin이 처음에 『디오니시우스 전집』의 번역을 맡게 되었는데, 그는 디오니시우스가 보여 준 길고 어려운 철학적 사유를 따라가면서 자신이 이끌던 생드니 수도원의 창립자인 디오니시우스의 가치를 드러내고 싶어 했다(『디오니시우스 전집』에서 가져온 프로클로스 작품에 실린 단어의 언어적 용법에 대한 문헌학적 연구가 근대에 진행되면서 그가 참조했던 전집의 출간본이 디오니시우스의 시대가 아닌 5세기라는 사실을 확인하게 되었다). 하지만 카롤루스 대머리왕은 일뒤앵의 번역이 만족스럽지 않았고, 당시에 그리스어에 대한 지식이 있던 에리우게나에게 라틴어 번역을 새로 맡겼다. 『디오니시우스 전집』에서 다루는 우주는 신플라톤주의적인 관점을 매우 많이 가지고 있다. 존재론적이고 인식론적인 다양한 고귀함에 부합하는 단계로 구분된 위계 구조를 다루고 있으며, 위 디오니시우스의 언어에서 피조물은 신의 규범화되고 복잡한 현현teofania처럼 묘사되어 있다.

『디오니시우스 전집』은 5장으로 구성되었는데(이 중에는 편지 모음집도 포함되어 있었다), 하늘의 위계에 대한 분석(「천상의 위계De coelesti hierarchia」)과 종교 제도에 대한

**디오니시우스가
바라본 우주**

분석(「교리의 성직 위계De ecclesiastica hierarchia」)을 비교하고 있다. 그렇게 묘사된 우주는 신에 의해 제시된 질서를 명확하게 보여 주고 있는데, 이곳에서 초월성은 단언적이고 서술적인 명제(「신명론」)로 설명할 수 없으며, 신비로운 언어(「신비주의 신학De mystica theologia」)를 통해서 다다를 수 있다. 이런 생각에서 신은 피조물에게 사용된 단어의 부정을 통해 설명된다. 에리우게나는 위 디오니시우스의 글로 알려진 『디오니시우스 전집』의 강독과 번역에서 자신의 글 내용, 즉 서구 문화에서 창조주와 피조물의 관계에 대한 명확하고 규범적인 내용을 담아냈다. 이 과정에서 그리스의 다른 사료에 대한 지식, 예를 들어 고백자 막시무스나 니사의 그레고리우스에 대한 지

식이 형성되었다. 에리우게나는 이들의 저술을 접하면서 자연과 성경이 세계에서 신이 모습을 드러내는 두 장소라는 점을 확신했으며, 인간은 자연과 성경을 통해서 보편적인 의미를 다시 이해하고 신과 함께 간결하게 통일성을 구성해야 한다고 생각했다. 목표가 되었던 신의 현현은 그 안에서 이해를 하는 주체와 이해를 받아야 할 대상을 더 이상 구분할 필요가 없도록 만들었다.

『자연 구분론』

주관과 문화적 자극을 담고 있는 이 복합적인 저서는 에리우게나의 마지막 작업으로, 농밀한 신비주의적 경향을 띤다. 하지만 이런 점 때문에 그의 문화적 정체성을 드러내는 요소인 논리적 변증법 구조가 무너지는 것은 아니다. 이 책의 그리스어 제목인 'periphyseon'은 '자연에 관한' 논의를 의미하며, 이 책은 인간의 지성적 능력을 넘어서는 것, 즉 신에 해당하는 만큼 피조물에도 해당하는 정신 속에서 얻은 자료들의 연구 기획을 다루고 있다. 이 작품은 스승nutritor과 제자alumnus가 저녁에 나눈 담화를 담은 다섯 권으로 구성되어 있다. 비교를 특징으로 하고 있는 이 연구는 신과 피조물에 대해서 이야기할 수 있는 용어들을 그때그때 분류하고 있다. 이 책의 도입부에서 스승은 '자연natura'이라는 용어의 개념이 이런 기능을 설명해 줄 수 있다고 조언한다. '자연'이라는 용어의 개념은 기호학적 관점에서 다른 여러 대상들을 포함하고 있으며 명확한 직관을 통해서만 이해할 수 있다. 그는 자연을, 존재하는 모든 것의 총체처럼 다른 사유의 도움 없이 해석할 수 있다고 보았다. 만약 이성적인 주제들로 자연을 분석하려고 시도한다면, 자연을 이해하기 위해서는 단순한 하나의 개념이 아니라 자연을 구성하는 세부 요소를 분석할 필요가 있을 것이다. 신과 피조물의 본성

아리스토텔레스의 관점에 따르면, '자연'이라는 용어는 사실 '종種, species'에 해당하며 이는 다시 '유類, genus'로 분류될 수 있다. 즉 명료하게 종과 유의 관계(즉 차이점)에 대한 용어가 된다. 창조자와 피조물은 서로 합쳐져 있다(다른 관점에서는 분리되어 있다). '창조'의 개념을 생각해 보면 자연은 창조의 과정에서 능동적이거나 수동적인 부분에 따라 구분된다. 이러한 양상에 따라 자연은 다음의 네 가지로 구분된다. 첫 번째는 창조했지만 창조되지 않은 것이다. 두 번째는 창조했고 창조된 것이다. 세 번째는 창조하지 않았지만 창조된 것이다. 네 번째는 창조하지 않았고 창조되지도 않은 것이다. 창조했지만 창조되지 않은 자연은 명확하게 신을 의미하는데, 이것은 능동적 자연, 수동적 자연

『자연 구분론』의 첫 권에서 설명하고 있다. 에리우게나는 위 디오니시우스의 저술들을 번역하면서 얻은 신학적·언어적인 능력을 활용하면서, 인간의 말이 신의 말을 대면했을 때의 어려움을 보여 준다. 사실 이러한 점을 결과적으로 단언할 수 있는 용어들로 설명하는 것은 불가능하지만, 다시 잘 살펴보면 부정적으로 이야기하는 것도 부적절하다. 왜냐하면 신의 공헌을 부정하는 것은 자신의 한계를 드러내는 일이기 때문이다. 결과적으로 에리우게나는 세 번째 신학의 길을 간다. 단순하게 단언할 수 없고 부정할 수 없다면 초월해야 한다. 신은 모든 인간의 감각의 우위에 서 있으며, 결국 언어로 기술할 수 있는 가능성을 초월해 있다.

결과적으로 인간은 신에 대해 이야기하기 위해서 두 가지 길 앞에 서 있게 된다. 하나는 모든 긍정과 부정을 넘어선 신학으로 가거나, 자신을 신이 세계에 남겨 놓은 기호로 이끄는 것이다. 성경과 자연은 사실은 창조주의 선언으로, 성경은 영감의 모든 원천이지만 자연은 신의 현현이다. 창조된 우주는 신의 선언임에도 불구하고 자신의 물질성을 쇠퇴의 조건으로 가지고 있다. 모든 시간 이전에 성취된 최초의 진정한 창조는 신의 지성에 의해서 완성되었으며, 말은 신이 창조한 두 번째 본성이지만 다른 사물을 창조하는 동인이 된다. 왜냐하면 말은 모든 사물에 대한 개념을 지니기 때문이다. 또한 인간은 기원이 되는 원죄 이전에 신의 정신 속에서 개념을 얻었다. 그러나 이 개념은 신의 정신 속에서 등장한 그 모습대로 충실하게 남아 있을 수 없는 조건으로 쇠퇴하게 되는데, 물질세계의 자연의 조건을 지니기 때문이다. 이에 관해서 에리우게나는 신이 그러한 목적으로 창조한 연극 무대라는 니사의 그레고리우스의 의견에 동조한다. 인간 존재는 창조하지 않았지만 창조된 세 번째 자연으로, 이 자연은 결과적으로 신과의 합일이라는 원래 조건에 따라 귀환할 수 있는 것이다. 그렇게 해서 다시 이루어진 통일성의 완벽함은 에리우게나의 네 가지 구성 속에서 의미를 지닌다. 네 번째 자연은 「창세기」에 기술된 것처럼, 신처럼 창조되지도 않았으며 더 이상 창조하지도 않는다.

위 디오니시우스에 대한 주해

그렇게 해서 『자연 구분론』의 사유는 모든 가치를 보여 주었고, 세 가지의 다른 문화적 요소를 동일하게 다룰 수 있는 능력을 드러내었다. 여기서 세 문화적 요소란 카롤링거 왕조 초기에 그리스도교의 교육을 재정비하고 든든한 기둥이 되었던 서양 라틴 문화의 전통, 언어와 논제가 풍부했던 그리스의 신학, 에리우게나가 독창성을 지니고 끊임없이 연구한 성경을 가리킨다. 아일랜드의 신학자가 발전시킨 경쟁력은 사실 성경에 대한 것으로, 종종 위 디오니시우스의 용어를 정확하게 사용하면서 진정한 신학처럼 접근했다. 에리우게나에게 『디오니시우스 전집』은 이교도의 지식과 독창성을 풍부하게 보여 주는 중요한 사료로 영감을 불러일으켰다. 위 디오니시우스의 책은 신의 무한성에 대한 생각이 포함되어 있으며, 신을 부적절한 용어로 기술하려는 시도를 막을 수 있는 신학적 언어의 기원이 되었다. 모든 단언은 사실 그 반대 의미의 부정이다. 신을 설명하려는 모든 공헌은 가장 긍정적이지만, 그에 반대되는 논의에도 적용될 수 있다. 신이 위대하다고 선언하는 것은 내부적으로 위대하지 않은 것이 없다는 관점을 가지고 있으며, 그 결과 영원성을 측정할 수 있는 것으로 여기게 된다.

그렇게 해서 위 디오니시우스의 단어들은 끝없는 영감의 원천이지만, 신에 대한 인간의 지식이 가진 지속적인 긴장을 담게 되었다. 왜냐하면 그것은 피조물의 구조 그 자체이면서 신의 선언이자 이미지였기 때문이다. 각각의 피조물은 자신 안에서 물질의 전형적인 조건을 보여 줌에도 불구하고, 또한 자신 안에 창조주의 빛을 담고 있으며 창조주가 전하는 메시지를 포함하고 있다. 이런 이유로 위 디오니시우스가 기술했던 위계는 천상과 지상에서 피조물이 갖는 복잡한 질서이면서, 에리우게나의 번역 속에서 확인할 수 있는 것처럼 신의 선언의 이미지로 등장한다. '위계'는 인간의 언어에 의해서 즉시 재현되지만 곧 스스로의 한계를 드러내며, 위 디오니시우스가 영감을 얻었던 성경에 대한 명상을 통해 창조주의 사유를 이해할 수 있도록 이끈다. 그렇게 해서 위 디오니시우스의 여러 저작 중 하나를 주해했던 『천상의 위계에 대한 해설』에서 에리우게나는 성경의 구절과 상징, 은유, 알레고리의 이미지를 언급하며, 이것들이 문자 그대로의 지식을 이해하려는 인간에게 유익한 것처럼, 그리고 순수한 신앙에 이르게 되는 길처럼 다루고 있다. 성경은 진리의 지식을 향한 길을 보여 주고, 예언자와 복음사가의 단어는 자연의 여러 부분들을 마치 신과 그의 선언의 발자취처럼 드러낸다.

신성한 이미지를 본뜬 피조물

주해서

에리우게나가 성경을 독해한 내용은 중세의 다른 여러 전통을 미루어 볼 때 매우 중요하다. 그는 카롤링거 시대의 신학적 저술 중에서 가장 흥미로운 저술을 보여 주었으며, 특히 성 요한 복음사가의 글과 모습에 관심을 가졌다. 성 요한의 별명인 '영적인 독수리aquila spiritualis'는 신자들의 귀에 울려 퍼졌으며, 단순한 음이 아니라 성경에 나오는 가장 중요한 단어의 하나로 남게 되었다. 에리우게나가 「요한 복음서 서문에 대한 주해」에서 보여 준 사유는 다른 주해서인 『자연 구분론』의 관점과 밀접하게 연관된다. 이 주해서는 신비로운 중세 초기의 이미지를 매력적으로 잘 담아냈다. 에리우게나는 성 요한의 생을 자신의 사유로 발전시켰으며, 『오멜리아』의 첫 페이지에서 설명한 것처럼, 성 요한이 지식의 상징이자 지성인의 표상이라고 생각했다. 그는 성 요한이 직관을 활용해서 영예롭게 진실에 다가선 인물이었고, 관습적 사유의 논리적이고 이성적인 틀을 넘어섰다고 보았다. 성 요한 복음사가는 하늘 위로 떠받들어졌을 뿐 아니라 모든 인간의 지성을 넘어 최후의 지식에 도달할 수 있는 열쇠였고, 능동적인 앎과 수동적인 앎의 차이를 극복하게 만들었다. 신이 되는 것, 복음사가와 신의 합일은 그리스도의 육화肉化의 신비와 반대 의미를 지니고 있으며, 그것은 다른 인간 존재를 부정하는 지식의 수준으로 이어진다. 그렇게 해서 에리우게나는 『오멜리아』에서, 그리고 복음서의 주해서에서 성경에 다가섬을 통해 믿음의 첫 수준에 이를 수 있다고 보았고, 그 결과 신의 지성의 정체성을 자신 안에서 완결시킬 수 있는 신학적 지식에 이를 수 있다고 여겼다.

　에리우게나의 문체가 지닌 화려함으로 인해서 여러 중세인들이 그를 이단으로 의심했지만, 결론적으로 설명하자면 그의 복잡하고 매력적인 철학적 사유 구조는 피조물과 인간에 대한 섬세하고 풍요로운 묘사에서 비롯한 것이었다. 에리우게나는 신이 말씀으로 세계를 창조한 순간부터 아담의 추방, 육체의 탄생으로 이어지는 역사를 통해 우주의 통일성 있는 원리를 설명하고, 세계의 기원이 되었던 신과 다시 합일되는 과정을 보여 주었다.

| 다음을 참고하라 |

철학 히포 레기우스의 아우구스티누스(366쪽); 보에티우스: 문명을 전파하기 위한 지식(390쪽); 그리스도교 문화, 자유학예, 이교도의 지식(396쪽)

1000년 말의 종말론 문제

| 아르만도 비소뇨 |

중세에서 '최후에 대한 것', 즉 시간의 끝을 다룬 종말론적 주제는 중세 신학의 역사관에
대한 인식을 늘 동반한다. 특히 10-11세기의 여러 교양 있는 지성인들은 관습과 학문의
쇠퇴를 세계의 종말에 대한 징후로 지적했고, 여러 역사서는 마치 악마가 귀환한 것처럼
세계를 묘사했다. 즉 역사를 묘사할 때, 당시의 잔혹한 사건들을 마치
악마가 돌아왔기 때문처럼 표현했던 것이다.

중세 초기와 종말론

종말론은 그리스어로 'éschata(마지막 때의 것)'라는 단어에서 유래한 것으로, 중세 문
화와 철학을 이해할 수 있는 중요한 관점을 제공한다. 초기의 교부 철학이나 이후의
스콜라 철학이 주도했던 그리스도교의 신학은 역사를 지속적으로 해석했다. 시대별
사건의 연속성을 통해 설명되었던 신의 성스러운 역사는 초월적이고 초시간적인 순
간을 상정한다. 사실 신학자들은 시간의 지속을 통해 사건의 전개를 설명한 것이 아
니라, 신의 섭리에 따라 일어나는 예정된 사건의 연관성을 다루었다. 예를 들어, 아   신의 기획
우구스티누스는 성경에서 제시한 시대 구분에 따라 인류의 발전을 설명했고, 세계
사를 여섯 부분으로 나누었다. 그는 그리스도의 수난을 통해 인류의 여섯 번째 시대
가 시작되었다고 설명했다. 그러나 그는 시간의 끝(종말)이 시대의 완성을 의미하지
않는다고 보았고, 중세인이 살아가는 역사의 순간을 긴 기다림의 시기로 설명했다.
중세의 모든 신학자들은 신자에게 영원한 행복으로 나아가는 여정을 알려 주고 그쪽
으로 이끌기 위해, 각기 다른 방법과 형식을 사용해서 인간과 피조물의 삶과 역사를
보여 줄 수 있는 사건을 선택해서 설명했다. 이들은 그리스도교도로서 지녀야 할 도
덕적이고 종교적 모델을 제시하는 것을 목표로 삼았고, 사람들이 마땅히 가져야 할
태도를 강조했다.

　우리는 그리스도교 문화가 구조적으로 다룬 종말론의 요소들을 통해서 각 저자   시간의 끝에
가 개인적 경험과 시대상 속에서 종말(시간의 끝)에 관한 관심을 표출하는 특별한 방   대한 논제
식을 확인할 수 있다. 중세 중 '천 년의 끝'이라는 특별한 시기에 살아가던 사람들에

게 역사적 관점의 역사는 '마지막 때의 것', 즉 종말에 대한 긴장에서 벗어나고자 했던 시도였으며, 때로 이 문제는 천 년 이전의 긴 중세 시기에 다양한 사색 속에서 다른 형식과 결과를 이끌어 내기도 했다. 예를 들어 영국의 수사 베다나 세비야의 주교 이시도루스는 아우구스티누스가 제시했던 세계사의 여섯 시대에 대한 구분을 받아들였지만, 9세기의 에리우게나는 종말론에 대한 다른 관점을 가지고 있었다. 에리우게나는 낡고 쇠퇴하는 관점인 아우구스티누스의 위대한 여섯 시대를, 자신이 그리스어로 위 디오니시우스(5세기)의 작품을 번역하며 이해하게 되었던 신플라톤주의의 철학 용어로 재해석했다. 그 결과 에리우게나의 독창적인 신학 세계가 탄생했다. 그는 세계를 신이 아니라 신의 선언에서 유래한 것으로 보았고, 최후의 날에 세계는 새로운 시작을 위해 다시 신에게로 돌아갈 것이며, 이때 아담의 원죄가 소멸될 것이라고 설명했다. 카롤링거 왕조 시대가 저물어갈 무렵에 활동했던 오세르의 에이릭 Heiric d'Auxerre(841-약 876)은 에리우게나의 신학적 관점을 둘러싼 용어를 분석하고 주석을 달면서, 성 게르마누스의 삶을 다룬 여러 시구에서 성인의 승천과 모든 피조물을 뛰어넘는 신과의 합일을 설명했고, 종말이 찾아왔을 때 모든 피조물은 우주적인 관점에서 신과 합일하게 될 것이라고 기술했다.

종말론과 문화적 쇠퇴

1000년 이후에도 종말론의 논의는 사라지지 않았으며 오히려 발전했다. 종말론은 아우구스티누스가 처음 논의한 뒤로 라틴 신학이 주도했던 문화의 발전 과정에서 빠지지 않고 등장했으며, 10세기부터 11세기에 가장 많이 다루어졌다. 중세의 거의 모든 철학적 사유에서 지속적으로 등장했던 종말론은 다른 한편으로 세기말 인구의 감소로 인한 불안감이 감정으로 표출되었던 주제이기도 했다. 이 논제는 성경에 대한 해석과 밀접한 관계가 있었다. 「요한 묵시록」 20장의 내용을 보게 되면, 천사는 깊은 지하에 결박당해 있던 사탄의 상징인 용을 열쇠로 풀어 준 후에 약 천 년 동안 자유롭게 놔둔다고 한다. 종말론에 대한 논의가 성경에서 출발했기 때문에, 성경의 숫자에 대한 사유는 중요한 의미를 지닌다. 천 년이라는 수는 우주의 변화를 상징하며, 이에 따라 사회적 위기가 발생한다. 중세인들의 생각에 따르면, 그리스도가 십자가에서 순교한 지 천 년이 되는 1033년은 보편적인 우주의 질서에 변화가 생기는 순간이었고, 이런 점은 당시 쇠퇴와 파멸을 암시하는 문화적 현상을 해석하고 사회적 상

황을 설명하는 기준이 되었다. 하지만 곧 천 년이라는 개념을 두고 여러 사람의 의견
이 나뉘기 시작했다. 쇠퇴하는 문화적 현상과 관련한 문제 중에서 교회의 관습과 도
덕성은 여러 사람들이 주의 깊이 다루었던 것이었다. 이미 10세기경에 베르첼리의   부패의 비판과
개혁에 대한
열망
주교 아토네Attone와 베로나의 주교 라테리우스Ratherius(약 890-974)는 부패와 관련된
현상을 '성직 매매simonism'라는 이름으로 비판하며 교회의 근본을 구성하는 여러 가
지 대안을 제시했고, 교회의 쇠퇴를 미연에 방지하고자 했다. 두 사람 모두 고대의
영성으로 돌아갈 것을 주장했는데, 성 베네딕투스의 『베네딕투스 규칙』에는 이런 관
점이 잘 반영되어 있다. 시대적인 맥락과 이들의 주장을 연관해서 생각해 보면, 문예
부흥을 추구한 카롤링거 왕조의 관점에서 고대를 바라본 감정과 이들이 생각한 사회
모델로서의 영성을 대하는 감정이 연관되어 있었다는 점을 유추해 볼 수 있다. 이런
사고방식은 종교적 공동체에서 제시하는 영성 개념과는 구별되었다. 라테리우스는
동시대인들의 의견보다 교부의 문장을 더 선호했고, 교부의 글을 자신의 삶의 동반
자이자 동료라고 생각했다. 한 세기 이상에 걸쳐 카롤루스 시대의 고대 문화가 가진
가치를 재발견했던 인문학자와 추종자들은 종말론을 이상화했다. 예를 들어 알퀴누
스는 고대 이교도의 문화적 관점과 그리스도교의 관점을 극적으로 융합시켰던 인물
로, 그의 추종자들은 1000년 동안 지속된 오랜 부패에서 벗어나기 위한 제도적 방안
과 카롤링거 왕조가 시도했던 정치적 부흥 프로그램이 연관되어 있다고 생각했다.
당시에 이런 역사적 관점을 고수하고 두각을 드러낸 사람이 두 명 있었다. 한 사람은
플뢰리의 아보(940/945-1004)이고 다른 한 사람은 후에 교황 실베스테르 2세(약 950-
1004)로 선출된 오리야크의 제르베르였다. 이 두 사람은 당대의 불안과 기대를 저서
에 담았다. 오토 2세와 그의 아들이자 미래의 오토 3세의 정신적 스승이기도 했던 아
보와 제르베르는 오토 왕조의 정치적 시도를 실현시킬 수 있는 요소를 선별하고 가
르쳤을 뿐 아니라, 동시에 고전과 교부의 문헌을 보존하고 전승을 시도한 인물들이
었다. 그렇게 아보와 제르베르는 자신이 살던 어두운 시대를 대면하고 자신의 가치
를 드러냈던 것이다.

전조와 징후들

인간의 존재에 대한 물음에서 시작된 당시 증언들은 감성적인 영성에 대한 관심을
통해 종말로 다가가는 세계와 시대에 대한 감각을 반영했으며, 또한 동시대의 종말

론에 대한 두려움을 민중의 종교적 관점과 연관시켜 섬세하지 않지만 확장력이 강한 자료로 만들어 냈다. 당시 종말론과 관련한 다양한 증언이 존재했으며, 이러한 증언은 문화와 영성의 쇠퇴를 종말론의 전조로 단순하게 묘사했을 뿐 아니라 비참하고 절박한 역사의 결론으로 향하는 잔혹하고 환상적인 역사적 사건도 묘사했다. 샤반의 아데마르Adémar de Chabannes(989–1043)와 라둘푸스 글라베르는 세련되지는 않지만 즉시 영향을 끼칠 만한 글을 남겼다. 이들은 천 년이라는 변화의 시대에 초기 그리스도교도의 삶과 문화를 발전시켰던 요소를 보존하고 세기말의 두려움을 넘어서려는 의도에서 역사를 증언했다.

**라둘푸스
글라베르**　　라둘푸스의 『연대기Cronache dell'anno Mille』는 이런 근심을 문학적으로 표출한 작품이다. 그는 여러 작은 사건들을 치욕적이고 불운한 종말론적 징후로 읽어 내는데, 이는 당대의 역사적 사건을 바라보는 일반적인 인식을 드러낸다.

　　라둘푸스가 남긴 문화적 공헌에도 불구하고, 이 내용을 접한 동시대인들이 그가 설명한 것을 액면 그대로 받아들이고 1000년을 종말로 주목했다고 볼 만한 가능성은 많지 않다. 당시 연대기들이 개인적 삶과 연관된 역사를 객관적으로 기술하는 데 관심을 가졌다고 보기 어렵기 때문이다. 역사에 대한 당시의 관심은 특별하고 예외적인 경우였다. 라둘푸스는 『연대기』에서 사건을 유형별로 분류하고 나열하면서, 이전 시대의 모범적인 질서와 가치를 강조하기 위해 당시의 세기말적 징후를 절박하게 설명하고, 이를 통해 당시의 도덕적·정치적 쇠퇴를 고발했던 것이다. 그렇게 라둘푸스는 당시 제도, 정치, 문화의 질서를 불안하게 만드는 모든 요소를 부정적으로 해석했다.

　　그가 관찰한 공존 구조의 파괴, 무책임한 삶을 살아가는 무능력한 인간의 손에 놀아나는 권력, 고귀한 연구의 전통을 무가치한 것으로 여기는 시대상은 마치 그리스도의 수난 이후로 1000년이 되는 이 시기에 종말의 징후처럼 보였다. 라둘푸스
**빌가르두스의
이야기**　는 문법 연구에 자긍심을 가졌지만 글을 잘 쓰지는 못한 라벤나 사람인 빌가르두스Vilgardus의 경우를 예로 든다. 어느 날 악마가 빌가르두스에게 책과 연구에 바친 그의 노력을 치하하기 위해 베르길리우스, 호라티우스, 유베날리스와 같은 고대 저자의 모습을 소개해 주었다. 이런 환영에 현혹된 빌가르두스는 신자에게는 단지 시인의 말만 가치 있다고 설교하며 자신의 삶을 이단으로 이끌었다. 라둘푸스의 눈에는 이는 「요한 묵시록」에 나오는, 사탄이 자유를 되찾는 모습과 다를 바 없었다. 라둘푸스

는 1000년이 다가오는 시점에서 의미 없는 사람들이 세계를 이끌고 있다고 강조하며, 성경에서 언급했던 것을 올바르게 해석하고 당시의 위험을 증언하며 역사적 사건을 제대로 이해하여 사탄이 세계를 이끄는 것을 막아야 했다고 한탄했다. 그는 이런 시대상을 강조하기 위해서 교회 내부의 변화(눈물을 흘리는 십자고상, 늑대가 차지한 대성당), 우주적 사건(일식, 서로 투쟁하는 혹성과 행성들)을 기술했고, 동시에 규범과 법이 적용되지 않게 변해 버린 사회 구조의 이미지들을 다루었다. 이를 통해 그는 천년의 불안을 표출하고 인간의 추한 모습이 우주의 무질서로 이어진다는 점을 지적하고자 했다. 마치 행성들이 더 이상 가야 할 길을 가지 않는 것처럼, 인간들 역시 규칙에서 벗어나 당시에 관찰할 수 있는 징후처럼 쇠퇴하고 있다는 것이다. 그는 그리스도의 죽음 이후로 1000년이 흐른 1033년의 대흉년이 인간을 짐승처럼 굶주리게 만들고 납치, 근친상간, 폭력, 부정으로 이끌었다고 말하고, 이 세대의 죄악 중에서 가장 심각한 것은 이미 라테리우스가 언급했던 인간의 탐욕과 성직 매매라고 지적했다.

결론을 내리자면 라테리우스, 아보, 제르베르와 같은 사람들이 당시 제도의 해체, 문화와 지식의 쇠퇴라는 위험을 막고자 했다면, 라둘푸스는 자신의 저서에서 같은 문제를 민감하게 다루기는 했지만 당시에 일반화된 이미지를 통해 역사 속의 부패와 폭력, 고통스러운 전조를 묘사하며 또 다른 천년왕국설을 주장했던 것이다.

| 다음을 참고하라 |
역사 도시에서 시골로(61쪽); 도시의 쇠퇴(276쪽); 종교적인 삶(335쪽)

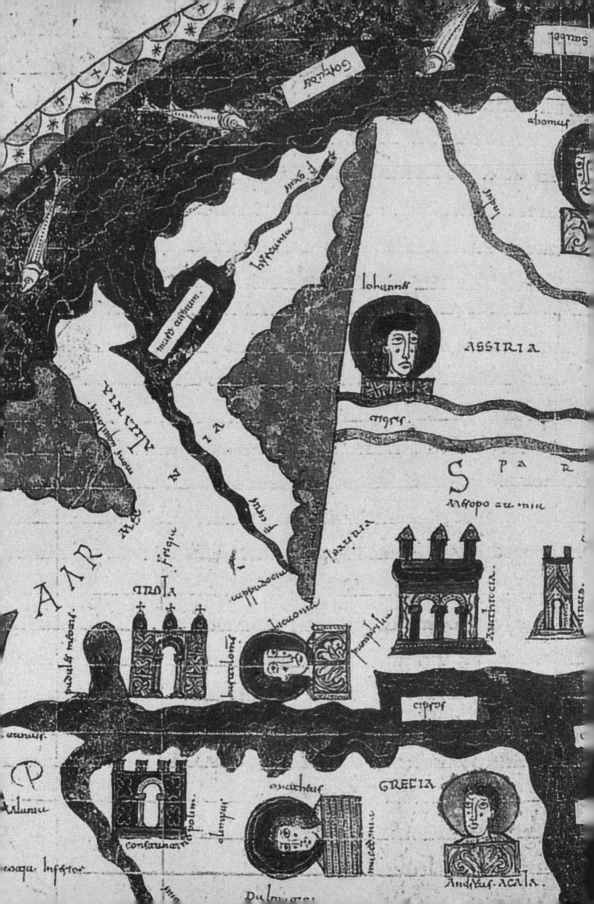

과학과 기술
Scienze e tecniche

과학과 기술 서문

| 피에트로 코르시|Pietro Corsi |

'로마 제국의 쇠망'만큼 학자들이 지속적으로 토론해 왔던 흥미로운 주제는 많지 않다. 이 가운데 많이 다루어졌던 논의 중 하나는 로마 제국의 사회 제도가 무너진 뒤, 수세기에 걸쳐 과학과 기술에 관한 복잡한 지식이 여러 주석서에 기록되고 오늘날까지 전해졌던 과정을 분석하는 것이다. 이 시기에 로물루스 아우구스툴루스(459-476, 475년부터 황제)의 쇠망과 여러 이민족의 반복적인 이동으로 인해 문화적 중심지가 사라지면서 과학과 기술을 둘러싼 전통과 지식이 퇴보하기 시작했다. 이는 이탈리아 반도의 상황을 들여다보면 쉽게 확인할 수 있으며 어느 지역을 다루더라도 쇠퇴의 징후를 발견할 수 있을 것이다. 인구는 감소했고, 결과적으로 무역량이 줄어들고 광물, 수로, 농업, 건축 기술이 쇠퇴했으며, 무엇보다도 로마의 실례에서 관찰할 수 있는 것처럼 제국의 주요 도시에서 발전했던 문화적·지성적 맥락이 사라지면서 로마 제국의 중심지였던 이탈리아의 역사적 역할도 상실하게 되었다. 이제 더 이상 로마는 이탈리아, 지중해 연안 지역, 이집트, 근동 지역을 포함해서 과학과 기술에 관한 지식을 생산하는 문화적 중심지가 아니었으며, 중세 초기의 다른 지역과 비교했을 때에도 특이점을 찾을 수 없다.

물론 로마는 중세에 다른 지역과 다른 예외적인 성격도 가지고 있었다. 로마의 전통에서 비롯한 지식의 구성과 전달 방식은 그 자체로 중요한 역사를 구성한다. 이탈리아 반도에서 벌어진 문화적·정치적 퇴보는 교회가 사회에 끼치는 영향력이 증가하는 계기를 제공했다. 527년 톨레도 공의회 이후로 주교좌 교회에 부설 학교를 비롯한 여러 공공 기관이 설립되었으며, 이곳들을 중심으로 고대 문화를 백과사전식 요약본으로 정리해 가면서 과거의 철학, 과학, 기술에 대한 지식과 사회적 기억을 기록으로 남겼다. 한편, 교회의 연중 전례를 위한 달력의 필요성은 이후에 복잡한 천문학과 점성술에 대한 연구를 발전시켰다. 6세기 초부터 수도원과 주교좌 교회가 있는 장소에 인구가 집중되기 시작했으며, 결과적으로 자생적인 경제 체제를 기반으로 성장한 소도시에서 과학과 지성을 탐구하는 공동체들이 생겨났다. 특히 베네딕투스 수도회의 경우에 '기도와 일'이라는 규칙과 더불어 자료가 풍부한 도서관이 건립되었고, 같은 시기에 도구를 제작하기 위해 광물학과 연관한 기술이 발전하기도 했다. 또한 이탈리아 반도와 전 유럽으로 퍼져 나가서 여러 거점에 있던 콜롬바누스 수도회의 교회들도 문화적으로 중요한 역할을 담당했다. 9세기 카롤링거 왕조의 발전은 비교적 짧은 기간에 프랑크 민족의 궁정과 유럽의 여러 문화적 중심지의 관계를 재구성했다.

유럽 이외의 지역에서 발전한 과학

5-10세기의 이탈리아 반도에서는 기술과 농경을 비롯한 여러 분야가 혁신을 포기하고 과학이 쇠퇴하는 현상을 관찰할 수 있다. 하지만 최근 20년간 이루어진 연구를 토대로 유럽 지역에 한정하지 않고 지중해나 근동을 포함해서 생각해 본다면, 새로운 분야에 대한 관심과 연구가 증가했다는 점을 확인할 수 있다. 또한 서유럽 로마 제국의 영토에서 주교의 관할 구역이 증가했는데, 이들의 학문적인 연구는 여러 지역에서 성공을 거두고 있었다. 또한 아일랜드와 에스파냐를 포함한 유럽 내부에서도 그리스 로마의 기술과 철학적 사유의 전통을 계승한 자연의 연구들을 확인할 수 있으며, 백과사전적 이론서의 출판을 고려해 본다면 고대 세계의 지식 중심지와 비교해 볼 때도 과학과 기술이 쇠퇴했다고 단정 지을 수는 없다. 이집트의 알렉산드리아는 **알렉산드리아의 전통** 약 3세기 동안 비잔티움 제국이 지배했던 지중해 연안의 고대 세계에서 문화적 중심지였다. 이슬람 세력이 641년에 알렉산드리아를 점령했지만, 그렇다고 해서 정치적 영향력의 상실이 곧 과학과 기술의 쇠퇴를 의미한다고 보기는 어렵다. 이곳을 점령했던 이슬람인들은 7세기부터 8세기까지 다른 지역에서처럼 이곳의 종교와 도시의 문화에 대한 자유를 보장했을 뿐 아니라 그리스의 유산이었던 헬레니즘 문화의 과학과 기술의 지식에 흥미를 가지고 있었다. 과학과 의학은 아랍 세계에서 중요한 전통을 구성하고 있었고, 아랍인들의 전통은 고대 세계에서 전승되었던 지식의 연속성을 보장했을 뿐 아니라 혁신도 가져왔다. 아랍 세계의 많은 학자들이 그리스와 라틴 문화에서 유래한 철학, 의학, 수학, 자연과학 분야의 서적을 정확한 제목으로 기록하면서 아랍어로 번역했다. 또한 이들이 번역한 서적에는 유럽의 서적뿐 아니라 인도

를 정복하면서 획득한 수많은 서적도 포함되어 있었다. 지중해 연안, 이집트에서 시리아로, 그리고 페르시아에서 에스파냐로 이르는 넓은 지역에서 관찰할 수 있는, 천문학적·수학적·의학적 관심에서 발전한 과학 지식의 분화 과정은 지금도 연구가 필요한 주제들이다.

아랍의 과학   아랍의 과학은 8-10세기에 발전했으며 과거에 대한 중요하고 많은 기록들을 남겼는데, 인도와도 지식을 활발히 교류했던 역사적 기록을 확인할 수 있다. 인도에서 유입된 과학 지식에는 한편으로 중국에서 유래한 지식도 포함되어 있었다. 최근 아랍 과학사의 연구자들에게서 시작된 초국가적 연구는 14-17세기에 아랍의 과학 수준이 서양의 모든 과학 분야보다 앞서 있다는 점을 보여 주며 종종 당혹감을 불러일으키기도 한다. 예를 들어 현재를 살아가는 우리로서는 상상하기 어려울 수도 있지만, 아프가니스탄의 경우는 당대에 과학적 지식의 중심지였으며 9-10세기에 수학과 천문학 분야에서 놀랄 만한 새로운 혁신을 이루어 냈다.

　동양 과학사를 다룰 때처럼 서양 과학사의 경우에도 과학적 연구의 출발점으로, 우리가 생각하는 과학 개념이 이 시대의 과학 개념과 다르다는 사실을 이해할 필요가 있다. 이슬람 세계처럼 지중해 세계의 경우도 천문학과 점성술은 서로 구분하기 어렵고, 약학, 의학, 화학, 연금술, 윤리적 관점은 다양한 시도로 인해 복합적인 분야를 구성하고 있었다. 동로마 제국의 수도 비잔티움(콘스탄티노플)의 경우, 중세 초기에 기술과 의학 분야가 발달했다. 강력한 왕국으로 발전하던 아랍 세계와 정치적·군사적으로 경쟁하는 과정이 필사본과 사물의 교역을 통한 지식의 교류를 막은 것은 아니었다. 이 시기에 비잔티움과 바그다드는 인도, 중국과 같이 지리적으로 먼 거리에 있는 지역과 과학, 기술의 교류를 이끌어 냈던 교역의 양대 중심지였다. 이미 고대 세계에서도 관찰할 수 있는, 유럽-아시아 대륙을 무대로 펼쳐진 여러 지역 문화의 교류는 9-10세기에 인도, 페르시아, 그리스의 수많은 서적들을 일부분이든 요약을 했든 간에 번역하도록 만들었으며, 그 결과 다양한 문화와 과학적 지식이 종합되었다.

수학: 고대의 전통

SCIENZE E TECNICHE

그리스 유산을 복원하려는 첫 시도

| 조르조 스트라노Giorgio Strano |

고대 후기에는 성경에 바탕을 둔 우주의 새로운 개념이 프톨레마이오스의 개념처럼
세분화되고 더 '과학적인' 모델을 대체했다. 그리스도교 세계의 중심으로 여겨진
예루살렘의 상징적인 중심성과 부활을 위한 여정에서 다루어졌던 근본적인 문화
기호들은 지도를 통해서 확인할 수 있다. 특히 이 시대의 지도는 윤리적인 관점에서
구성된 상징적 기호와 내용을 보여 준다. 동시에 이 시대가 탐험이나 먼 거리에 있는
여러 지역과의 무역에 관심이 많지 않았던 사실도 알려 준다.

윤리적이고 상징적인 지도

코스마스Cosmas(6세기)의 『그리스도교 지형학Topographia christiana』에서 관찰할 수 있
는 우주에 대한 생각은 중세 그리스도교 사회에서는 종교가 가장 중심적인 요소로
고려되었다는 점을 확인시켜 준다. 지도의 제작과 재현 영역에서 살펴볼 수 있는 것
처럼 이런 사고방식 속에서 모든 감각적인 요소는 도덕적인 설명을 필요로 했다. 2세
기 중엽에 천문학뿐 아니라 다른 분야에도 관심을 가졌던 프톨레마이오스는 『지리
학La geografia』에서 지상에 위치하는 지역들을 묘사하고 보여 주었다. 그는 이 시도
에서 지도 제작에 유용한 두 가지 투시 방식을 도입했다. 즉 자오선으로 구성된 격자

구조 속에서 모든 대륙과 바다를 위도와 경도에 따라 적절하게 배치했다.

그리스의 과학에서 시도했던 이 두 가지 투시 방식의 기준을 적용한 지도 제작법은 곧 잊혔다. 그 자리에는 성경의 설명에 바탕을 둔 세계의 종합적인 재현이 들어섰고 사람들은 곧 이 지도에서 부활의 길을 읽으려 했다.

리에바나의 베아투스가 제작한 지도

중세의 가장 오래된 지도 중 하나는 776년에 에스파냐 수도사 리에바나의 베아투스Beatus of Liébana (?-798)가 저술한 『요한 묵시록 주해서Commento all'Apocalisse di San Giovanni』에 등장한다. 원본이 소실된 이 지도는 약 10세기경에 제작된 복사본으로 전해진다. 이 지도에서 보여 주는 대륙의 묘사 방식은 중세 지도 제작의 목적을 이해할 수 있도록 만들어 준다. 베아투스의 지도는 무엇보다도 대륙의 여러 장소를 마치 부활을 위한 여정과 「창세기」의 무대처럼 다루고 있다. 동쪽의 가장 윗부분에는 지상의 낙원이 묘사되어 있는데, 이곳에서 아담과 하와라는 인류의 조상이 쫓겨났다. 또한 성경의 무대가 되는 여러 중동 도시들이 주의 깊게 묘사되어 있는데, 홍해는 붉은 바다로 표시되어 있고, 지도의 중심부에는 예루살렘이 인류의 부활을 약속하는 장소로 묘사되어 있다. 그리고 마지막으로 남쪽 끝의 오른편에는 알려지지 않은 땅이 놓여 있다. 이 부분이 포함된 이유는 예수가 사도들에게 "땅의 네 모퉁이"까지 가서 설교하라고 명했기 때문이다. 교부들이 세계를 사각형이라고 생각했던 것과는 달리, 베아투스는 이 '네 모퉁이'가 네 개의 대륙을 은유적으로 의미한다고 해석했고, 그 결과 다른 대륙 하나를 더 발견해야 한다고 믿었기 때문이다.

〈T-O 지도〉

도덕적인 목적으로 제작된 지도는 가장 기초적인 지도 형태를 만들어 낸 후, 곧 유럽으로 퍼져 나갔다. 9세기부터 사용된 〈T-O 지도〉는 세 대륙을 관습적이고 매우 간결하게 표현하고 있다. 이 지도에서 세 대륙은 커다란 'O'자형(그리스의 바다의 신인 오케아누스Oceanus의 약자*)처럼 보이는 바다에 의해 둘러싸여 있다. 또한 지중해, 타나이스 강(현재 러시아의 돈 강), 나일 강이 대륙을 커다란 'T'자형으로 구획하고 있다. 유럽과 아프리카가 'T'자의 수직 부분의 양편에 위치해 있고, 지중해가 지도의 아래 왼편과 오른편을 둘러싸고 있다. 아시아는 지도의 윗부분인 반을 차지하고 있으며 나일 강과 타나이스 강이 유럽과 아프리카로부터 아시아를 나누고 있다. 지도의 중심 부분에는 다시 한 번 그리스도교의 가장 중요한 장소인 예루살렘 도시가 묘사되어 있다.

이런 지도들에는 대륙 표면에 적용할 수 있는 경도와 위도가 사용되지 않았다. 사실 이 당시 사람들은 탐험과 같은 여행이나 먼 나라들과의 교역에 관심을 가지지 않았다. 종교적 삶이 중심이 되었을 때, 그리스 혹은 알렉산드리아의 과학적 유산은 중요한 유산으로 평가받지 못했지만 종교적 삶을 설명하기 위해서 필요한 지식 중 하나였다. 그리스도의 삶을 기준으로 구성된 종교적 제의에서 이 같은 유산이 배제되지 않고 중요한 의미를 부여하는 데 이용되었던 점은 당시 그리스도교 중심의 문화를 이해하고자 할 때 흥미로운 관점을 제공한다. 전례력과 그리스도교도의 주요 축 **전례력** 일의 배치에서 관찰할 수 있는 것은 당시 그리스의 과학적 지식에 대해서 부정적인 관점을 취한 것은 아니라는 점이다. 그뿐 아니라 그리스도교의 몇몇 축제들은 이교도의 축제와 같은 날짜에 배치되었는데, 이로써 이전의 종교적인 유산을 상속받으면서 동시에 이교도의 종교적 제의에 대한 기억을 한 번에 지워 내고 있다. 예를 들어 성탄절은 12월 25일로 정해졌고(이는 이교도의 종교에서 겨울 축제 기간에 해당한다), 성 요한 축일은 6월 24일로 정해졌다(이는 이교도의 종교에서 여름 축제 기간에 해당한다).

다른 한편으로 부활절과 같이 날짜가 바뀔 수 있는 축제는 니케아 공의회에서 천 **부활절에 대한** 문학적 지식을 고려해 1년을 325일로 정하면서 이를 기준으로 배치하게 되었다. 예 **기획** 수가 십자가에 못 박혔을 때 일어난 일식의 기적을 염두에 두고, 공의회의 참석자들은 일식을 관찰할 수 없는 기간인 봄에 부활절을 배치했다. 그 결과 이들은 부활절의 날짜를, 3월 21일이 지나고 만나는 첫 번째 보름달 이후의 첫 일요일로 선택했다. 이 날짜는 춘분이 시작하는 순간이었다. 특별한 천문학적 지식은 우주에 대한 그리스의 생각을 무너뜨리고 싶었던 교부들에게도 그 결과를 받아들일 수밖에 없던 지식이었고, 교부들 역시 우주에 대한 그리스 시대의 논의를 바탕으로 여러 가지 종교적 문제를 검토해야 했다.

알렉산드리아의 잃어버린 지식

그리스 지식의 연구자들은 자신의 겸허하고 열린 사유의 결과를, 철학과 과학을 통 **겸허한 사유** 해 인간 영혼의 완성을 추구하는 것이 신의 가르침에 위배되지 않는다고 보았던 사람들과 공유했다. 여러 교부들이 신자에게 그리스 지식의 부정적인 이미지를 강조했던 것과 달리, 알렉산드리아의 클레멘스Titus Flavius Clemens (2-3세기경), 오리게네스 (약 185-약 253), 히포의 아우구스티누스(354-430)는 과거의 지식을 대하는 흥미로운 사례들을 보여 준다. 특히 몇몇 수도원처럼 신학적 사유의 중심지에서도 그리스의 과학은 흥미로운 연구 주제였으며, 6세기 초부터 그리스도교 문화가 주도적인 문화로 발전하며 단정 지었던 관점과는 다른 독자적인 문화를 발전시켰던 실례를 찾아볼 수 있다. 그러나 이러한 작업 방식은 역사적·사회적 문제로부터 자유롭지 못했다. 무엇보다도 5세기 이후에 그리스의 지식을 전파했던 중심 도시였던 알렉산드리아가 지중해에 끼치는 영향력이 현저히 줄어들었다. 프로클로스(412-485)와 같이 플라톤의 사유를 발전시켰던 사람들이나 심플리키우스(약 490-약 560)와 같이 아리스토텔레스의 사유에 관심을 가졌던 인물들은 그리스와 페르시아에서 가장 비옥한 문화적 환경을 발견했다. 이들은 로마 제국의 변방 지역들과 당시 동로마 제국의 영토를 구성했던 여러 장소를 방문했다. 아리스토텔레스의 주해서를 집필했던 요하네스 필로포누스(6세기)의 경우에는 그리스도교의 공격에서 그리스의 과학을 방어하기 위해 알렉산드리아에 남아서 활동하기도 했다. 그럼에도 불구하고 원래 실험적인 성격을 가지며 수학, 기하학을 중심으로 독창적이고 혁신적인 의미를 담았던 알렉산드리아의 과학적 전통은 점차 사라지고 잊혀 갔다. 한편, 서양 수도원 문화의 경우에는 그리스의 과학적 지식을 일부만 해석하거나 단편적인 부분만 전승해서 고대의 지식을 있는 그대로 보존하지 못했다.

백과사전적 작업들　수세기 동안 대大 플리니우스(23/24-79)의 『박물지』를 모범으로 삼아 기술한 수많은 백과사전적 저서나 편찬물은 수학의 전파에 중요한 영향을 끼쳤다. 특히 보에티우스(약 480-약 525)는 아리스토텔레스의 몇몇 저서를 번역했고, 게라사의 니코마코스(1세기), 『기하학 원본』을 기술한 유클리드(기원전 3세기), 천문학에 대한 저서를 남겼던 프톨레마이오스(2세기)는 그리스 수학의 중요한 발견들을 다시 기술하고 주석을 남겼다. 기본적인 개념과 방법을 전하는 저서들은 독자의 쉬운 이해를 돕고, 연산하는 방식, 달력과 별자리를 이해할 수 있는 천문학적 지식, 토지에 대한 지식을 확장시켜 일상생활에 유용하게 만들었다. 보에티우스의 저서들은 극단적으로 단순한 산술 개념과 방법을 적용했음에도 불구하고 다른 한편으로는 그리스 과학에 대한 라틴 세계의 관심을 생생하게 전달하고 있으며, 이러한 원리를 이해하기 위한 서적에 대한 지식을 전파했다.

3학과 4과　수학을 7개의 자유학예에 포함시켰던 것은 마르쿠스 바로(기원전 116-기원전 27)였다. 후에 마르티아누스 카펠라(5세기)는 『필롤로기아와 메르쿠리우스의 결혼』에서 이런 관점을 반복했다. 무엇보다도 세비야의 주교였던 이시도루스는 『어원 사전』에서 그리스도교 문화가 과거의 교과 모범을 두 부분으로 분류해서 전승, 발전시켰다고 기술했다. 한 부분인 중세의 3학(문법학, 수사학, 논리학)은 인문학을 다루고 있으며, 다른 한 부분인 4과(산술학, 기하학, 천문학, 음악학)는 수학적 원리를 다룬다고 보았다.

『어원 사전』에서 이시도루스는 그리스의 문헌학적 교육 과정도 복원했다. 그는 우주를, 그 중심에 지구가 있는 원형의 수레바퀴 모양이라고 상상했다. 이러한 논의에 힘입어 이시도루스는 '대척지對蹠地'의 존재를 비교했다(대척지는 단어 그대로 '반대편 다리'라는 뜻을 지닌다). 즉 알려져 있는 세 대륙의 반대편에 있는 미지의 땅의 민족들을 가정했던 것이다. 이 문제는 평범한 문제가 아니었다. 이와 반대로 코스마스는 성경에서 사용하는 '위'와 '아래'의 개념을 검토한 뒤에 '위와 아래'에 살고 있는 민족의 존재를 부정했으며, 지구의 '아랫부분'이 존재하지 않는다고 설명했다. `대척지`

이시도루스는 자신의 다른 저서인 『사물의 본성』에서 지구 주변을 돌고 있는 천체의 회전이 밤과 낮을 만들어 낸다고 설명했다. 그는 일반적으로 천구의 본질적인 개념을 확정 짓는 선에서 넘어서서, 천체의 별들과 지구의 관계를 분석하고 더 세부적으로 별들이 생산하는 영향과 혹성들이 살아 있는 사람들에게 끼치는 영향의 문제를 다루었다. 한편, 그는 다른 교회의 교부들처럼 점성술에 의미를 부여하지 않았다. 행성이 지상의 존재에 영향을 끼친다는 생각은 이미 신이 부여한 인간의 중립적 위치를 부정하기 때문이다. 그럼에도 불구하고 이시도루스는 별과 혹성이 식물의 환경이나 인간의 신체에 영향을 줄 수 있다는 생각을 전달했다. 그의 규칙과 주장은, 중세 기간 내내 질병의 발생과 관리에 초점을 맞추어 행성(대우주)과 인간의 신체(소우주)의 관계가 지닌 비밀을 발견하려는 연구가 발전하는 데 기여했다. `대우주와 소우주`

로마 제국의 오랜 주변 지역들은 그리스의 과학적 지식을 연구하기에 어느 정도는 적합한 장소였다. 문화적인 관심을 가졌던 사람들 중에는 에스파냐의 수도원이나 잉글랜드의 수도원에서 활동하던, 예를 들어 가경자 베다(673-735)와 요크의 알퀴누스(735-804), 그리고 독일 수도원을 중심으로 활동했으며 마인츠의 대주교였던 라바누스 마우루스(약 780-856)를 들 수 있다. 이 저자들이 관심을 가졌던 사료는 교부의 저작들과 라틴어 주석본들이었다. 베다의 경우에는 일반적으로 우주의 개념에 관심을 가졌고 동시에 달력을 정립하는 방법에 연관된 자료를 다루었지만, 이것은 `가경자 베다`

시간이 지날수록 더 복잡한 문제가 되었다. 베다는 『사물의 본성』에서 대 플리니우스의 『박물지』나 이시도루스의 『사물의 본성』을 모범으로 삼아 우주의 개념을 기술했고, 원소 개념과, 둥근 지구와 7개의 천체를 구성하는 행성들로 이루어진 우주의 모델을 제시했다. 이런 점은 천체의 띠를 7개의 행성을 통해 설명하면서 구성한 고대 세계의 순서와는 다르다. 그 순서를 보면 공기, 에테르, 올림포스, 화성, 행성, 천사와 삼위일체의 공간으로 이어진다. 「창세기」에서 언급한 물의 층은 행성의 층 위에 배치되어 아리스토텔레스의 4원소인 흙, 물, 공기, 불에 의해 창조된 물질과 영적인 창조물을 분리한다. 세계의 물질과 관련한 현상들은 이 4원소의 지속적인 결합이 만들어 내는 인과 관계를 통해 이해할 수 있는 배열을 감추고 있다.

베다 역시 밤낮이 생기는 이유를 지구 주변에 있는 천구의 회전 때문이라고 설명하며, 천체에 의한 통일성 있는 단순한 회전이 아니라 원구를 감싸고 있는 다른 원구가 만들어 내는 기하학적 구성의 결과로 7개의 행성이 만들어 내는 복잡한 운동을 주장했던 프톨레마이오스의 개념에 더 가까운 의견을 나타냈다. 천체에 대한 기본적인 생각은 베다로 하여금 부활절의 날짜와 시간의 흐름을 측정하는 문제에서 독창적인 생각을 발전시키도록 했다. 그는 이런 문제를 725년에 자신의 가장 중요한 과학적인 저서였던 『절기 계산De temporum ratione』에서 기술했다. 그는 자신이 고려했던 감각적 현상을 보편적인 규칙으로 환원하려는 시도를 했다. 이 책을 통해서 태양과 달의 운동이 어떻게 일식과 월식을 만들어 내는지를 기술했고, 고대에 아테네의 메톤Meton (기원전 5세기)이 관찰했던 19년의 기간을 기준으로 해와 달의 운동을 관찰한 뒤에 바닷물의 조석의 차이를 설명했다.

베다의 저서들은 카롤링거 왕조 시대에 부흥한 유럽의 과학 문화를 설명해 준다. 9세기부터 자연현상을 관찰하고 탐구할 수 있으며 수학적인 노력으로 확인할 수 있다는 생각에 기반해서 지구와 천구가 원구 형태로 만들어졌다는 인식이 생겨났다. 당시의 새로운 환경, 즉 상업의 발달로 상품의 교환이 활발해지고 여러 축제들을 그리스도교적인 시간에 따라 배치하는 데 지식이 필요해지면서, 지식을 경험적 방식으로 구성·적용하는 것이 긍정적 평가를 받았다. 그 결과 당시 지식인들은 산술과 천체의 변화에 대한 연구에 많은 관심을 가지게 되었다. 하지만 10세기에 이르면 교부들은 수학을 통해 자연현상의 변화를 연구하고 성경과 연관해 도덕적인 의미를 부여하기 위한 기본 지식을 구성했다. 이런 점은 999년에 실베스테르 2세라는 이름으로 교황이 되었던 오리야크의 제르베르를 통해서 확인할 수 있다. 그는 그리스도교의 관점에서 세계의 문제를 현실과 신앙의 문제로 다루었다. 이 과정에서 에스파냐의 수학적 전통을 연구했고, 천체의 운동과 지상의 변화들을 토대로 세계관을 구성했다.

| 다음을 참고하라 |
역사 비잔티움 제국의 속국 ‖(125쪽); 비잔티움 제국의 속국 ‖(198쪽)
철학 비잔티움 시대의 철학(383쪽)
과학과 기술 동방과 서방의 의학(452쪽); 그리스–비잔티움 문화 속의 연금술(471쪽); 비잔티움 제국과 기술(512쪽)
문학과 연극 비잔티움 문화 및 서방과 동방의 관계(605쪽); 비잔티움의 종교시(660쪽)

그리스의 유산과 이슬람 세계

| 조르조 스트라노 |

7세기경의 근동 지역에서 이슬람교는 급격히 세력을 확장했다. 아랍인들은
그리스의 문화적 유산을 사료를 통해 직접 다루었다. 이슬람인들은 로마 문명이나
인도 북부 문명처럼 새로운 지식을 권력의 도구로 활용했으며,
동시에 그것에 귀중한 문화적 가치를 부여했다.

번역과 새로운 연구: 바그다드의 '지혜의 집'

7세기 중반에 지중해의 동쪽 지역에서는 아랍 문화의 성장이 두드러졌다. 이슬람교도들은 신앙을 위해 동로마 제국의 영토를 정복했으며, 당시 그리스 문화의 원리가 보존되어 있던 이 장소들을 통해서 서구 라틴 문화의 전통을 접할 수 있었다. 그러나 750년경에 영토 확장의 의지보다 정복한 지역에서 정치적 권한을 키우는 데 더 관심을 가졌던 여러 칼리프들은 문학과 과학 분야에 주목했다. 이 시기에 이슬람의 현자들은 두 가지 경로로 그리스의 과학에 대한 문헌을 접할 수 있었다. 한 가지 방법은 당시 비잔티움 제국의 중심 도시들에 남아 있던 그리스어 원본이었으며, 다른 방 *정치적 권력 수단으로서의 문화*

법은 네스토리우스교도들이 그리스의 원본을 시리아어로 번역한 2차 사료였다. 네스토리우스교도들은 6-7세기에 페르시아 동쪽 지방에 위치한 준디스하푸르와 같은 도시에서 활동했고, 이곳은 당시 중요한 문화적 중심지로 성장했다. 이슬람의 현자들은 칼리프들이 원하는 방향에 따라 이 지역에서 발견한 그리스의 과학 서적을 아랍어로 번역했다.

수학과 천문학 이슬람교도 영토의 전략적인 위치는 여러 문화권들을 접할 수 있는 장소였고, 이것이 인도 북부 지방과도 지식의 교환이 가능했던 이유다. 그 결과 수학 분야가 매우 빠른 속도로 발전하게 되었다. 750년경에 새 이슬람 수도가 된 바그다드에서 칼리프 알-만수르(약 712-775)는 인도에서 가져온 천문학 저서를 아랍어로 번역할 것을 775년경에 명했고, 이 책은 오늘날에는 『신딘드Sindhind』라는 명칭으로 알려져 있다. 이 책을 통해서 아랍 세계는 시간의 측정과 관련한 천문학적 지식과 지리에 관심을 가지게 되었다. 이 문제는 여러 칼리프에게 관심 대상이 되었을 뿐 아니라, 종교적인 전례와 연관해서는 여러 종교인들과 일반인들의 주목을 받았다. 『신딘드』의 번역은 이후 780년에 천체의 행성이 지상에 미치는 영향과 점성술의 내용을 다룬 『테트라비블로스Tetrabiblos』(『사원四元의 수數』라고도 함*)가 그리스어에서 아랍어로 번역되는 계기가 되었다. 칼리프 하룬 알-라시드(766-809)의 재위 기간에는 유클리드의 『기하학 원본』의 일부가 번역되었으며, 9세기 초에 칼리프 알-마문(786-833)은 바그다드에 번역과 연구를 위한 '지혜의 집Dār al-Hikmah'을 설립했다. 이곳에 알렉산드리아에서 가장 유명한 도서관이 설립되었으며 아랍 연구자들은 수많은 그리스어 서적들을 번역했다. 특히 이곳에서 번역되었던 그리스어 원서들은 동로마 제국, 즉 비잔티움 제국의 서적들이었다. 이 과정에서 플라톤의 여러 저서들이 먼저 번역되었고, 이후로 아리스토텔레스의 저서들과 이 두 철학자의 철학적 사유에 대한 여러 권의 주해서들이 번역되었다.

지혜의 집은 이슬람 과학을 발전시켰던 여러 인물을 환대했을 뿐 아니라 몇 세기 뒤에는 서양 라틴 문화권의 지식인들도 환영했다.

무함마드 이븐 무사 알-콰리즈미Muḥammad ibn Mūsā al-Khwārizmī(약 780-약 850)는 천문학과 수학에 대한 여러 저서들의 저자였으며, 모든 서유럽에서 사용하게 될 중요한 산술과 대수에 대한 짧은 글들을 남겼다. 이런 짧은 글들 사이에 인도 수의 체계가 포함되어 있었고, 그 결과 10진법(1, 2, 3, 4……)에 기반을 둔 인도 방식을 '아랍'의 숫자로 활용했다. 알-콰리즈미 역시 이런 방식의 중요성을 잘 알고 있었다. '아랍'의 숫자 체계로 알려졌던 이 수의 체계는 그리스어에서는 1, 10, 100, 1000 단위로 다시 분류되었다. 알-콰리즈미의 이름이 잘못 알려지고 변형되는 가운데에 '알고리즘algorithm'이라는 단어가 등장했는데, 이는 계산의 체계를 의미한다. 같은 방식으로 알-콰리즈미가 저술했던 『이항과 환산에 의한 계산Al-jabr wa'l muqābalah』에서 언급했던 개념에서 '대수algebra'라는 용어가 생겨났다. 알-콰리즈미는 대수의 내용을 쉽게 이해할 수 있는 명확한 문제들을 실례로 제시했으며 그 결과 '대수의 아버지'라는 대수의 아버지
칭호를 받게 되었다.

타비트 이븐-쿠라의 번역 학교와 이슬람의 주요 수학서

타비트 이븐-쿠라Thābit ibn-Qurra(약 826~901)는 그리스와 시리아에서 처음으로 그리스의 주요 수학서들을 수집하고 번역 학교를 만들었던 사람이다. 이 중에는 프톨레마이오스의 중요한 천문학 저작이었던 『천문학 집대성』이 포함되어 있었는데, 이 책은 후에 '알마지스티Al-magisti'('가장 위대한'이라는 형용사)에서 유래한 『알마게스트 『알마게스트』
Almagest』라는 제목으로 서유럽에 알려지게 되었다. 끊임없는 번역 활동은 상실되거나 부분적으로만 전해졌을지도 모르는 고대의 여러 철학적·과학적인 저술들을 아랍어로 보존하는 데 기여했다. 하지만 이븐-쿠라를 포함해서 이슬람 연구자들은 무엇보다도 서양 라틴 문명에서 이미 잊힌 수학 지식을 전승할 수 있도록 만들었다. 재능 있는 이슬람 지식인들은 초기에 문화적인 지식의 동화 과정을 거치고 나서 독창적인 저서나 평론을 저술했는데, 그 전에 그리스의 수학을 분석하고 각주를 달면서 유클리드, 아폴로니오스Apollonios of Perga(기원전 262~기원전 190), 아르키메데스Archimedes(기원전 287~기원전 212), 프톨레마이오스와 같은 그리스의 대표 수학자들보다 더 명료하고 새로운 대안들을 제시했다.

천체 현상을 그에 적합한 천문학적 도구로 관찰하여 우주에 대한 이론을 구성하기 전에 새로운 사유 학파를 결성했던 이슬람의 수학자들은 10세기경에도 여전히 그리스의 가장 뛰어난 천문학자 프톨레마이오스에 의해 완성된 천문학적 지식을 자세하게 검토했다. 『알마게스트』에서 설명하는 그리스의 기하학적 지식과 도표를 활용해서 행성의 위치를 추정했던 알-콰리즈미, 프톨레마이오스가 한층 엄격한 기하학적 계산을 위해서 사용했던 모델과 도구를 차용했던 무함마드 알-바타니

Muhammad al-Battani(약 850-929), 아브드 알–라흐만 알–수피Abd al-Rahman al-Sufi(903-986)와 같은 이슬람 수학자들은 별자리에 대한 프톨레마이오스의 저술을 바탕으로 주관적인 해석을 담아서 행성의 위치와 움직임을 다시 분석했다.

알렉산드리아의 문화적 전성기에 이슬람의 연구자들은 분석적인 여러 저술들을 통해서 그리스의 천문학자들에게서 발견할 수 있는 정밀한 수학적 계산을 넘어설 수 있었다. 10진법에 바탕을 둔 산술과 기본적인 대수를 통해서 새로운 수학적 개념을 적용하기도 했다. 이븐-쿠라의 경우에는 내용을 알고 있었는지 분명하지 않지만, 적어도 알-바타니나 이보다 조금 늦게 등장한 아불–와파Abu'l-Wafa(10세기, '알부카시스'라고도 함*)의 경우는 인도에서 발전한 수학적 방법을 바탕으로 삼각법에 대한 내용을 이해하고 적용했다. 프톨레마이오스는 천동설을 검증하기 위해서 여러 기하학적 법칙들을 통한 원의 반지름을 활용했다. 그는 계산을 더 편하게 하기 위해서 원 둘레를 일정한 간격으로 나눈 점들을 잇는 현의 길이를 도표로 정리해 놓았다.

대수 방정식   9세기 이후에 이슬람의 천문학자들은 삼각형의 가로, 세로, 빗변의 수학적 관계를 분석했는데, 이는 오늘날에 사인, 코사인, 탄젠트와 시컨트, 코시컨트, 코탄젠트의 기원이 되는 개념이었다. 이슬람의 수학자들은 1/4도의 차이에 따라 소수점에 이르는 여러 가지 길이를 분석했다. 이들의 연구는 수학을 종교적인 관점에서 사용하는 일을 금기시하지 않고 오히려 종교력을 정리하고 구성하는 데 도움을 주었는데, 이는 이후 중세 이슬람 문화의 번영을 가져왔던 중요한 요소 중의 하나였다.

| 다음을 참고하라 |
역사 우마이야 왕조(143쪽); 이슬람교: 아바스 왕조와 파티마 왕조(202쪽); 유럽의 이슬람화(209쪽)
과학과 기술 고대와 갈레노스를 대하는 시리아와 아랍 언어권의 전통(455쪽); 텍스트에서 실천으로: 이슬람 세계의 약학, 병원, 수술(461쪽); 실천에서 텍스트로: 아랍 의학의 거장들(467쪽); 아랍의 연금술(481쪽); 이슬람의 기술 문화: 새로운 기술, 번역, 놀라운 수공품(506쪽)
문학과 연극 비잔티움 문화 및 서방과 동방의 관계(605쪽); 이슬람교에 대한 유럽의 인식(612쪽)
시각예술 유럽의 이슬람 문화: 에스파냐의 이슬람 문화와 모사라베 미술(817쪽)

의학:
신체, 건강, 치료에 대한 지식

SCIENZE E TECNICHE

그리스도교 세계의 신체, 건강, 질병

| 마리아 콘포르티|Maria Conforti |

중세 초기가 시작할 무렵에 그리스도교의 전파로 새로운 변화가 나타나기 시작했지만,
의학적인 지식과 믿음은 사회적인 인식 대상이 아니었다. 갈레노스와 히포크라테스는
이 시기에도 중요한 참고 대상이었다. 이후로 금욕주의, 성적 절제와 같은 그리스도교적
사고방식은 새로운 변화를 가져왔고 인간에 대한 접근 방식을 변화시켰으며,
고대의 이론과 다른 차이섬을 만들어 내는 이유가 되었다. 그 결과 질병에 대한
규정도 급진적으로 변했다. 자연에 대항한다는 질병의 관점은 원죄에서 비롯한
인간의 연약함의 증거로 바뀌었다.

고대 세계와의 연속성과 불연속성

역사가인 아르날도 모밀리아노가 언급했던 것처럼, 한 중세인에게 로마 제국의 멸
망이 가져왔던 역사적 단절에 대해 설명한다면 깜짝 놀랄 것이다. 왜냐하면 그는 제
국이 끝났다고는 단 한 번도 생각해 보지 않았을 것이기 때문이다. 중세 초기에 의학
적 신념과 인식은 그리스도교의 영성의 도래로 변화하기 시작했지만, 고대의 지식
과 많은 차이점이 있었던 것은 아니다. 히포크라테스나 갈레노스와 같은 사람이 남
긴 텍스트는 중세에도 중요성을 가지고 있었으며, 이교도의 지식인이 그랬던 것처

히포크라테스의
의학

럼 교부나 이들의 추종자 역시 그 텍스트를 읽고 그 내용을 적용했다. 히포크라테스의 의학적 지식이 고대에서 중세로 전파되면서 인간에 대한 이론, 즉 신체 기관을 둘러싼 체액, 각 부분들의 연관성 속에 형성된 특질과 특성, 우주와의 관계에 대한 생각이 형성되었다. 피와 공기, 점액과 습기, 노란 담즙과 열, 검은 담즙과 흙의 관계는 대표적인 실례일 것이다. 또한 하나의 기질에서 다른 기질로 이행하는 것은 나이와 성에 따라 조건 지워졌으며 신체적인 특성과 개인의 도덕적 특성을 결정했다. 중세인들은 앞서 언급한 것처럼 각 부분의 불균형이 이후에 병적인 이상을 만들어 낸다고 보았다.

갈레노스   갈레노스Claudios Galenos(약 129~약 201)는 로마 제국 황제의 의사로 그리스어 교육을 받은 인물이었다. 신체에 대한 그의 생각은 신체 각 부분의 기능(재생, 감각, 사고)을 결정하는 생기 혹은 영혼과 같은 '보이지 않는' 전체에 대한 논의로 이어졌다. 이는 이전의 체액 이론에서 불완전하게 다루고 있었던 점이다. 정신과 유사한 영적 존재, 철학의 아리스토텔레스주의, 갈레노스의 생물학은 신학적 관점과 결합되었으며, 이런 특성은 이후 문화의 발전 과정에서 의학 분야의 더 특별한 논제로 여겨졌다. 하지만 고대 문화를 지키려는 입장은 이론적인 측면에서만 등장한 것이 아니라 의학적 실험에서도 등장하여 고대의 전통을 수세기에 걸쳐 발전시켜 나갔다. 예를 들어 온천을 이용한 치료라든지 치유를 위한 성지 방문은 고대에서 중세로 이행하는 과정에서 한 번도 배제되거나 버려지지 않았다. 여러 가지 실례 중 가장 적절한 예로는 로마의 티베리나 섬을 들 수 있다.

점진적이지만 확실하게 로마 제국의 영토(라틴, 그리스, 유대, 시리아)로 확장되었던 그리스도교에는 이전에 존재하던 문화와 종교가 뒤섞여 있었지만, 중요한 변화도 나타났다. 고대 의학을 계승하기는 했지만 그리스의 히포크라테스나 로마의 갈레노스와는 다르게 영성과 인류학적 관점에서 그것에 접근했던 것이다. 그리스도교의 몇몇 교리는 고대의 의학과 신체에 대한 연구 과정에서 절충할 수 없는 부분을 가지고 있었다. 이 중에서 죽은 '육체'의 부활과 같은 점을 생각해 볼 수 있다. 음식의 소화 메커니즘에 관한 설명은 어렵고 풀리지 않는 문제였지만(한 개체가 음식으로 먹는 동물들이 먹었던 영양분들은 어떤 원리로 도달하게 되는가?), 이론적 층위에서 다시 대답을 제안했다. 육체를 기능과 가치를 지닌 것으로 인식하는 문제에서 발생한 변화는, 고대에는 '개인적인' 문제였던 금욕과 성적 절제가 새로운 시민 공동체의 중요한

문제가 되었다는 점이다. 고대 후기의 엘리트들은 삶에 대해서 균형 잡힌 신념을 가
지고 있었고, 이 안에서 성생활과 임신은 본질적인 부분을 구성했다. 그러나 이런 점
은 인간의 영혼을 강조하는 관점들과는 대조적이었다. 후자의 관점은 영혼이 육체   **육체와 영혼**
에 필요한 부분들을 정리해 가며 통제하고 운영한다고 보았다.

　금욕주의는 모든 관점을 뒤집지는 않았지만 남성과 여성 신체의 차이에 관한 고
대 인류학적 관점 중의 하나를 무시했다. 남성은 열과 불을 상징하는 뛰어난 존재이
며 여성은 차갑고 음습한 성격의 신체를 지닌 차상위 존재로, 이런 점은 이후 의학의
체액 이론에서 주로 다루어졌다. 성별에 따라 신체에 접근하는 이러한 고대 방식은
곧 잊혔으며, 시간이 흐르면서 재해석되기는 했지만 그리스도의 어머니인 성모 마
리아의 등장으로 인해서 변화하기 시작했다.

　동방의 남성 수도원에서 제시한 실례는 곧 독신주의로 발전했는데, 이것은 성직
자와는 대조적이었다. 이곳들은 이 과정에서 남성적인 측면을 '거세'했으며 적은 음
식과 성적인 관계를 배제한 교육을 제공했다. 반대로 고대 그리스에서 남성의 성적
특징은 그 자체로 남성에게 '열'을 제공하는 근원이었다. 또한 그리스도교의 도덕성   **의학과 윤리**
이 '구성되는 과정'에서 약재도 사용되었고, '결혼'은 성적인 욕망을 제거하기 위한
적당한 '치유' 방식이었다. 또한 섬세한 단식을 통해 육체의 한계를 실험하고 통제하
기를 원했거나 예언에 대한 메커니즘을 정립하기를 원했다.

질병에 대한 변화된 관점

사회적 관점에서 폭넓게 생각해 본다면 질병도 역사와 문화에 따라 그 의미가 변했
다. 고대 의사들에게 질병은 병자와 함께 자연의 본성에 대항해서 주어진 도구로 투
쟁해야만 하는 대상이었다. 하지만 그리스도교도의 시대에 질병은 원죄로 인한 연약   **질병과 죄**
함을 보여 주는 실례로 개인이 극복해야 할 상황이었으며, 극단적인 경우에 순교와
유사한 방식으로 세상을 떠나야 하기도 했다. 초기 그리스도교도들은 종종 처방전
의 사용에 대해서 논쟁을 벌였으며 부적이나 펜던트 같은 '마술적인' 대상의 사용을
거부했다. 일반적으로 의사나 간병인 사이에서 그리스도교가 전파되었다는 기록은
남아 있지 않다. 역사 속에서 일반적으로 설명해 왔던 것처럼, 이들은 교양 있는 이
교도 엘리트층에 속했으며 종교적인 열정과 믿음보다 절충적이고 조화로운 지식에
바탕을 둔 분석 방식에 더 익숙했다. 갈레노스는 (그 출처가 불분명하기는 하지만) 그

리스도교도들이 죽음을 등한시하고 성적인 금욕을 추구한다고 기록하고 있다. 또한 기적에 대한 믿음이 전파되면서 많은 사람들이 치유를 위한 의사와 간병인의 대안으로 기적을 생각했다. 간병에 대한 전문가의 의지가 절대로 줄어들지 않았는데도 불구하고, 많은 경우에 영혼의 건강이 육체의 건강에 비해서 중요하게 생각되면서 상황이 변하게 되었다. 하지만 동유럽에서는 간병을 거부하는 대신에 사회적 문제로 다루면서 빠른 속도로 간병과 자비의 개념을 결합시키고 긍정적인 새로운 문화적 태도를 만들어 냈다. 이는 이후에 구원자 그리스도의 이미지와 의사의 이미지가 유사해지는 경우를 발생시키기도 했다. 또한 이슬람 세계는 의학적인 지식과 종교적 관점으로 구성된 사회였지만, 극소수의 예외적인 경우를 제외하고는 특별한 문제를 만들어 내지 않았다.

| 다음을 참고하라 |
과학과 기술 치유와 자비: 고대 후기부터 중세까지 환자의 간병(450쪽); 동방과 서방의 의학(452쪽); 실천에서 텍스트로: 아랍 의학의 거장들(467쪽)

치유와 자비: 고대 후기부터 중세까지 환자의 간병

| 마리아 콘포르티 |

이상 세계를 꿈꾸던 고대 도시에서는 '자비'의 감정이 불필요했다면, 중세 초기에는 '극빈자'에 대한 이미지가 등장하면서 상황이 달라졌다. 약자에 대한 관심과 도움은 발전하는 그리스도교의 사고방식에서 비롯되었다. 6세기경에 동로마 제국에서 병원이 등장했다. 그러나 서유럽의 경우와 달리 동로마 제국의 병원은 극빈자와 노숙자를 구제하기 위한 기관이 아니라 부분적이나마 진단과 치료가 가능한 장소였다.

병원의 탄생: 사회적 약자에 대한 그리스도교의 관심

공동체에 소속된 병자와 사회적 약자를 돕는 방식으로서 '자비caritas' 같은 교의를 적용하고 있는 교리는 그리스도교가 확산되는 중요한 이유 중 하나였다. 이 과정에서

'빈자povero'라는 개념이 등장했고 이들의 사회적인 지위가 분류되었다. 이런 점은
고대 도시의 이상적인 세계에는 없었던 것으로, 제국에 빠른 속도로 퍼져 나갔던 새
로운 감정이었고 고대 후기의 정치적·경제적·문화적 소용돌이 속에서 강조되었다.
이 새로운 교리가 구체화된 계기는, 고대와 비교해 보았을 때 새롭고 독자적인 성격
을 지닌 제도인 병원의 등장이었다. 서방에 비해 더 풍족하고 평화로운 장소로 남았
던 동로마 제국에서 6세기부터 병원이 등장하고 발전했으며, 여러 종교인들이 유스 **비잔티움의 병원**
티니아누스 대제의 인가를 받아 병원을 세웠다. 동로마 제국에 세워진 병원은 서방
의 경우처럼 노숙자와 빈자를 단순히 구제한 것이 아니라 자비와 관련한 다른 여러
기관에 선행해 등장했으며, 7세기경에는 독자적인 성격을 드러냈다. 유대인의 회당
이나 공동체 같은 집단에서 후원했는데, 같은 시기에 등장한 유사한 기관은 새로운
모델의 성공을 증명하는 역사적인 자료다.

안과 혹은 여성용 치료 구역과 같이 부분적으로 특화된 분야를 도입했을 뿐 아니
라 (의사뿐 아니라 간호사와 간병인, 재정 담당자와 같은) 전문 직종의 종사자가 일했던
병원은 진단과 치료를 보조했고, 다양한 사회 계급의 구성원을 대상으로 긴 입원 기
간을 허용하기도 했다. 여러 중심 도시에 등장한 간호사 조합hypourgoi은 병원이 다
양한 수준에서 의학을 실제로 다루는 특화된 전문가들의 양성에 공헌했다는 점을 알
려 주는 증거다. 고대의 의사와 간병인은 사실 환자를 직접 관리했으며 몇몇 경우에
는 공방을 조직하기도 했다. 하지만 여러 다른 환자들을 보조하고 빈자와 같은 환자
의 사회 계급을 분화시키는 일은 필요한 것이면서 병원 업무를 공적 영역에 확대 적
용시키는 존엄한 일이었으며, 동시에 의사라는 직업의 전문화 과정을 뒷받침할 수
있는 중요하고 새로운 의미를 띠었다. 드디어 의사들은 병원에서 사회적으로 장려
되었던 직무를 안정적으로 수행할 수 있는 기회와 가능성을 가지게 되었던 것이다.

비잔티움 시대의 문헌 기록은 다양한 병원의 실례를 다루고 이와 관련한 주석을
남기고 있다. 하지만 병원이 교육적인 장소를 제공했는지에 관해서는 아직도 토론
해야 하는 부분이다. 사실 중세 후기인 13-15세기에 남아 있는 기록처럼 초기 병원
이 의사들의 교육 장소로도 활용되었던 복합적인 장소였는지에 관해서는 여러 역사
가(T. S. Miller)가 다룬 것처럼 의심의 여지가 있다. 비잔티움 병원이 발전하는 과정
은 빈자라는 사회적 계급과 밀접한 관계가 있음에도 불구하고, 이와 관련한 다양한
역사적 논의는 지금도 진행되고 있다. 이 논의 중에서 병원은 여러 주요 도시에서 실 **병원과 도시**

제적이든 상징적이든 중요한 장소였지만 농촌과 여러 도시 성곽 밖에서는 찾기 어려웠다는 점은 강조할 만한 가치가 있다. 분명한 것은 비잔티움의 의사들은 대개는 사회적으로 높이 평가되지는 않았지만 괜찮은 사회적 직무를 담당하고 있었으며, 특별한 경우에는 황실의 궁전 다음으로 매우 높은 수준의 교육을 받았다는 점이다.

서방에서 병원은 반대로 짧은 기간 동안 지속되었고 도시의 삶에서 관찰할 수 있는 경제적인 어려움과 관련되어 있었으며 빈자와 순례자를 위한 보조적 장치였다. 병원 제도는 연속성을 지니지 못하고 여러 번 시대적 단절을 겪었기는 하지만 페르시아, 특히 이슬람 제국과 같은 근동 지방의 문화 속에서 발전하기 시작했다.

| 다음을 참고하라 |
과학과 기술 그리스도교 세계의 신체, 건강, 질병(447쪽); 동방과 서방의 의학(452쪽); 실천에서 텍스트로: 아랍 의학의 거장들(467쪽)

동방과 서방의 의학

| 마리아 콘포르티 |

동방과 서방의 고대 후기의 의학은 죽음을 부를 정도로 선입견이 많았던 분야였다. 비록 의학 기록이 처음에는 안과 혹은 혈관 의학처럼 실제로 특별한 분야에서 관찰한 결과물(이는 나중에 아랍인들에게 받아들여졌다)임에도 불구하고, 갈레노스의 의학 체계 이후로는 성공이 지속적으로 반복되었으며 그 내용은 양피지에 기록된 의학적 문헌으로 요약되었다. 실제 적용 과정과 연관된 수많은 '간소한' 텍스트, 약의 조제 목록, 주석과 특별한 경우에 대한 기록, 병원의 경험에 대한 기록들이 최근에 다시 주목받기 시작했음에도 불구하고 아직도 정리하고 출판될 기록이 많이 남아 있다.

갈레노스의 의학 체계와 비잔티움 지역의 의사들

비잔티움 제국의 문화는 대체로 고대 그리스 문화가 축소된 형태로, 일반적으로 '동방적'이지 않은 특성의 가치는 덜 평가되고 그리스와 로마 문화의 융합으로 설명되고는 한다. 다른 측면에서는 15세기 말까지 의학과 과학 분야에서 주목할 만한 결과를 만들어 냈던 비잔티움 문화의 긴 지속 기간을 고려하지 않는 경우도 있다. 다양한 언어와 서로 다른 흥미로운 내용으로 채워져 있는 저술의 한 분야로서 의학 관련 문헌의 생산은 당시 다양한 실습 과정과 서로 다른 수준의 전문성을 갖춘 의사들이 있었다는 사실을 전해 준다. 이 같은 의학 관련 문헌의 저자들로는 콘스탄티노플에 있는 병원에서 활동했던 뛰어난 의사들뿐 아니라 고대 유산을 연구하고 실험했던 의사들, 그리고 단순한 간병인이나 허풍쟁이도 있었다. 서적을 정리하는 시스템, 고대의 의학적 지식과 연관된 자료의 정리는 비잔티움의 의학 문화에서 가장 중요한 요소들을 구성했고, 이집트 알렉산드리아 학파의 의학-과학적 교육 과정에 연속성을 부여했다. 의학적 지식의 전승과 복사본의 제작이 계속 이루어졌던 것은 아니지만, 힘든 노력 끝에 과거의 정보를 다시 정리하고 실제 치료에 선별해서 적용했다. 이 과정에서 중세 유럽에서 매우 유행했던 '주해서'들이 등장했다. 이는 단순한 해설이 아니라 분석과 실험을 반영하고 있었으며 동시에 소실될 뻔한 여러 서적의 내용을 전해 준다. 갈레노스의 경우에는 의학적으로 이론과 임상 실험을 구분하지 않았는데, 고대 의학의 기원은 4세기경의 알렉산드리아로 거슬러 올라간다.

4-7세기에 몇몇 의사들은 저술을 통해서 서구 의학의 전통을 정립하면서 앞서 언급했던 풍부한 자료를 소실시키지 않고 고대 문화에서 중세 초기로 이행하는 과정에서 매우 중요한 역할을 담당했는데, 특히 비잔티움 시대의 의학적 지식의 여러 원칙을 구성했다. 페르가몬의 오리바시우스Oribasius of Pergamon(약 325-396년 이후)는 갈 **오리바시우스** 레노스와 동시대 사람으로 의학적 지식에 많은 관심을 가졌으며, 이교도의 지식인 중에서 마지막 세대에 속했던 인물이었다. 그는 율리아누스 황제의 친구이자 의사로 일했고, 그리스도교 이전의 종교를 복원하고자 했지만 페르시아 군대와의 전투에서 세상을 떠났다. 오리바시우스의 주요 저서로는 『의학 전집Collectiones Medicae』이 남아 있으며, 이 책에서 그는 약 70권의 고대 의학 서적과 갈레노스의 저서들을 정리해서 기록하고 있다. 오리바시우스의 의무는 헬레니즘에 우호적이었던 율리아누스 황제와 함께 이교도의 전통을 복원하는 것이었다. 이런 관점에서 의학은 매우 중요한 역할을 담당했는데, 신의 은총에 대한 선언이자 이와 연관해 황제에게는 지상의 권력을 확보할 수 있는 또 다른 수단이 되기도 했다. 오리바시우스는 고대의 의술을 종종 이데올로기적이고 매우 정밀한 내용으로 서술하고 있으며, 냉정하게 경험적인 관점과 이를 통해서 관찰했던 내용을 이론과 함께 검토하고 있다. 하지만 『의학 전집』은

다른 관점에서 의사들에게 필요한 부분을 충족시켜 주었다. 이 책은 의사들에게 매우 뛰어난 임상 기록을 제공했는데, 그것은 당대의 의사들에게는 매우 큰 행운이었다고 볼 수 있다.

트랄레스의
알렉산드로스

유스티니아누스 대제의 재위 기간에 터키에서 태어났던 트랄레스의 알렉산드로스Alexander of Tralles(약 525-약 605)는 비잔티움의 교양 있는 귀족 가문 출신으로 지중해를 여행하고 나서 로마를 방문했다. 그가 언제 태어났고 죽었는지는 분명하지 않지만 7세기의 원칙을 고안했다. 그가 저술한 여러 저서 중에서 가장 유명한 책은 『임상의학Therapeutica』으로, 전통적인 병리학과 치료법을 '머리에서 발끝까지a capite ad calcem' 기술했으며 병리학적 관점을 취했고 치료법을 순차적으로 나열했다. 이 책에서 저자의 의도는 무엇보다도 적용 가능한 안내서를 만드는 것이었으며, 이 책에 실린 고대 의학의 지식 목록들은 새로운 방식의 실천적인 분석 과정과 공존하고 있다. 이전의 히포크라테스-갈레노스가 취한 이성적인 전통의 관점에서는 비판받았던 마법과 같은 관점은 고대 후기의 정신세계에서 자리를 잡게 되었다.

아이기나의
파울루스

아이기나의 파울루스Paulus Aegineta(약 620-약 680)에 관해서는 많이 알려져 있지 않지만, 그는 알렉산드리아 학파의 마지막 주인공들 중 한 명으로 아랍이 이 장소를 점령하기 조금 전에 활동했던 사람이다. 그의 의학서인 『의학 개요Epitome』는 16세기에 들어와서야 오리바시우스의 텍스트를 활용해서 라틴어로 번역되었는데, 백과사전적인 구조를 가지고 있고 갈레노스의 의학 이론과 밀접한 관계에 있었다. 하지만 파울루스의 명성은 오랫동안 지속되었고 18세기의 영국 의사였던 존 프렌드John Freind에 의해서도 언급된 바 있다. 존 프렌드는 외과 수술을 위한 방법을 설명하는데, 이 부분은 『의학 개요』 6권에서 다루었던 내용이다. 이런 세부적인 수술을 시행하는 것은 매우 어려운 일이었지만(복강 천자술, 쇄석술), 그리스 의학의 외과 수술 문화는 아랍의 의학에 전달되어 발달했다.

이런 인물들 이후에 이들처럼 작업했던 사람들이 없었던 것은 아니다. 아랍 문화에서는 수많은 안내서가 인기를 끌었고, 이 중에서 의학적이고 철학적인 지식을 잘 종합했던 저작들과 인간의 본성에 대한 플라톤적인 연구, 식물학이나 약학, 농경서와 같은 실천적인 연구는 수많은 서적을 만들어 냈는데, 이는 의사들뿐 아니라 환자들에게도 인기를 끌었다.

서방 의학과 라벤나 학파

서방의 경우는 전혀 다르다. 처음 1000년까지는 카시오도루스 등의 지성인과 함께 글이 확산되고 지식은 개인적인 전승처럼 전달되었다. 이후 6세기가 되어야 라벤나 학파를 언급할 수 있을 정도다. 라벤나 학파는 어느 정도 알렉산드리아 학파의 실례를 모범으로 삼아 발전했다. 병자에 대한 보조 활동, 한정적이기는 하지만 몇몇 의학 서적의 유입, 그리고 실제적인 약학·식물학·의학의 재료학과 같은 분야의 발전은 '수도원 의학'으로 알려진 종교 단체의 주교좌 교회 내부에서 이루어졌고, 사실보다 과장된 명성을 만들어 냈다. 같은 시기에 비잔티움, 페르시아, 이슬람 문화에서 시도했던 풍요로운 번역과 비교해 보았을 때, 서방은 고대 문화에 대한 기억을 간직했지만 점차 그 중요성을 잃어 갔다.

| 다음을 참고하라 |
역사 비잔티움 제국의 속국 I(125쪽); 비잔티움 제국의 속국 II(198쪽)
철학 비잔티움 시대의 철학(383쪽)
과학과 기술 그리스 유산을 복원하려는 첫 시도(437쪽); 그리스-비잔티움 문화 속의 연금술(471쪽); 비잔티움 제국과 기술(512쪽)
문학과 연극 비잔티움 문화 및 서방과 동방의 관계(605쪽)
시각예술 마케도니아 왕조 시대의 비잔티움 미술(848쪽)

고대와 갈레노스를 대하는 시리아와 아랍 언어권의 전통
| 마리아 콘포르티 |

아랍의 의학은 단 하나의 전형을 가지지 않았다. 각 지역적 전통에 따라 다양한 측면을 가지고 페르시아나 인도와 같은 고대 문명의 기술들을 습득했다. 아랍 의학사의 중요한 순간은 642년 알렉산드리아의 정복으로, 이 시기에 습득한 책들은 의학과 과학에 대한 것들로 곧 아랍어로 번역되었다. 이러한 번역 작업이 진행되면서 고대 서적이 복원되었고 그 일부가 시리아어로 재번역되었다. 무엇보다도 갈레노스주의의 등장은 이슬람 문화의 절충주의를 보여 주는 가장 좋은 실례라고 할 수 있다.

아랍 의학의 전형과 역할

아랍 의학(혹은 이슬람 의학)은 특정한 민족 혹은 종교적 확신과 연관되는 것이 아니

라 이슬람 영토에 속한 다양한 민족과 문화들과 융합되어 있다. 즉, 아랍 의학은 단

일한 전형으로 설명할 수 없다. 다양한 지역의 문화적 전통과 서로 다른 시대의 정보

들이 절충되어 있기 때문이다. 7-16세기에 걸쳐 힌두스탄부터 에스파냐에 이르는

다양한 저서들의 연구는 너무나 풍부하지만 아직까지 완결되지 않았다. 또한 11-12

세기에 해당하는 주요 저서들의 경우에는 문헌학적인 연구도 아직 이루어지지 않았

다. 아랍 의학의 가치에 대한 평가는 아직도 오랜 세월 동안 쌓여 왔던 편견을 넘어

설 필요가 있다. 특히 르네상스 인문주의에서 출발했던 고대 서적들의 '부흥'이 가진

독창성을 강조하기 위해서, 아랍 의학은 여러 과학적 혁신을 이루어 냈음에도 불구

하고 평가절하되었다. 그럼에도 불구하고 아랍의 서적들은 고대 저서들이 서유럽에

전해지는 과정의 통로로서 다시 필사되고 번역되면서 중세와 르네상스 시대의 지식

이 형성되는 데 매우 중요한 역할을 했다. 아랍 서적은 학술적인 특징을 지니는 것이

아니라 이론과 실천 과정을 적절하게 조화시켰으며, 고전주의 시대의 고전에서 발

견할 수 없는 새로운 방식으로 페르시아, 인도와 같은 다양한 문화에서 얻은 지식들

을 매우 효율적이고 독창적으로 재구성했다. 또한 이슬람인, 그리스도교도, 유대인,

조로아스터교도들과 다른 여러 민족 혹은 집단의 문화적 전통과 신체적 특징을 고려

하면서 의학적 치료 과정을 통제하고 통합하는 데 성공했다.

아라비아 반도에는 역사적으로 말라리아나 녹내장 같은 특수한 질병이 존재했

다. 이슬람 시기 이전의 문화에서도 이미 의학적 지식과 수술에 대한 지식을 확인할

수 있다. 즉, 이슬람교의 등장이 치료를 위한 방법이나 신념을 변화시켰던 것은 아니

었다. 무함마드(약 570-632)의 원리는 의학과 소독에 대한 내용을 설명해 주었으며,

『하디스Hadith』에 실린 '예언자'의 의학(사실 이 내용은 8-9세기에 기록된 것으로 추정되

지만)과 '헬레니즘의 영향을 받은' 이교도들의 의학은 서로 전혀 다른 새로운 전통을

구성하면서 아랍 문화에서 매우 중요한 요소가 되었다. 종교적 관점에서 의술은 이

미 알고 있는 의학적 지식을 포함하고 있으며, 무엇보다도 14-15세기에 전성기를 맞

이했다. 이 중에서 『하디스』를 해석하는 데 가장 어려운 점 중 하나는 전염에 대한

문제인데, 몇몇 서적에서는 이를 받아들이고 다른 서적에서는 받아들이지 않는다.

경우에 따라 정치적 권력자들은 14세기경에 지중해에서 유행했던 환자의 격리와 도

시의 방제 체계를 사용했다.

7세기: 그리스 문화의 융합

아랍의 과학 안에서 의학 분야의 새로운 혁신이 일어났던 순간은 7세기였다. 642년
에 알렉산드리아가 정복되고 나서 유명한 철학-과학 학교는 약 반세기 동안 지속적
으로 활동했다. 아랍 세계의 정복 이후에 코이네koinē(5세기경에 사용된 그리스어) 문   **그리스의 전통**
화와 그리스어는 그 당시까지는 지중해 세계를 지배했지만 곧 영향력을 잃어 가기
시작했고, 그리스 저서들을 국가적인 공용어로 번역할 필요가 생겼다. 그리스 문화
에 관한 철학, 과학, 의학 서적들이 먼저 번역되기 시작했으며, 이는 그리스도교도
문화에 우선 적용되었고 이후에 이슬람 문화에도 전파되기 시작했다.

이슬람 문화의 헬레니즘화는 바그다드를 수도로 삼고 칼리프의 중심지로 자리매
김한 9세기에 절정에 도달했다. 칼리프였던 알-마문은 과학과 철학의 아카데미아
였던 '지혜의 집'을 설립했다. 번역가들 중에는 매우 유명한 후나인 이븐 이스하크
Hunayn ibn 'Ishāq(809-873/877)가 있었다. 그는 아랍 세계의 네스토리우스파 그리스도
교도로 그리스어, 아랍어, 시리아어를 모두 구사할 줄 알았고, 수많은 의학 서적들
을 번역 대상으로 삼았다. 이런 번역가들에는 이슬람 문화에서 소수를 구성했던 그
리스도교도와 유대인들도 포함되어 있었다. 후나인은 의사로서 활동했던 것은 아니
지만 아랍 문화의 의학적인 지식을 다루었던 최초의 인물로 알려져 있다. 알-라지al-
Razi(865-925/934, '라제스Rhazes'라고도 함*)가 언급했던 신비로운 인물인 아룬Ahrun도
있기는 하지만, 사실 그 전에 의사나 치료사 역할을 했던 인물들은 많지 않으며 정확
한 정보도 남아 있지 않다. 아마도 그는 그리스인이거나 유대인이었을 것이다. 그 이
전에 혹은 아이기나의 파울루스와 동시대에 그의 저서는 아랍어로 번역되었지만 소
실되었다. 아룬은 아마도 천연두에 대한 정확한 지식을 제공했을 것으로 추정되며
여러 질병을 분류하고 여러 증상을 기준으로 병에 대한 분류 체계를 구성했던 것으
로 보이는데, 이는 비잔티움 시대의 백과사전적인 서적들과는 다른 점이 있었던 것
으로 추측된다.

후나인의 번역 방식은 매우 효율적이었다. 그는 신뢰할 수 있는 여러 서적을 구
한 뒤에 다양한 방식의 필사본들을 정리했으며, 이후에 이 정보를 아랍 서적의 형
태로 유럽에 전했다. 그의 명성은 그가 번역했던 책들이 아닌 다른 서적과 더불어

알려졌다. 이 중에서 가장 뛰어나고 흥미로운 그의 저서는 아랍 과학을 다룬 『고안 Invenzione』으로 단어를 의미에 따라서 정리했으며 매우 종합적이고 간결한 서적이었다. 그의 번역서에는 갈레노스의 주요 책들이 포함되어 있었는데, 후나인은 약 129권의 서적을 언급했다. 그는 이 서적들의 내용을 정리하고 전체적인 분석을 아랍어와 시리아어로 제공했다. 출처가 불분명한 서적도 있기는 했지만 이 과정에서 페르가몬 지방 의사들의 작업이 아랍어로 읽을 수 있도록 9세기에 번역되었고 활용되던 것이다.

체계적으로 정리된 갈레노스주의는 아랍 문화의 소산으로 이후 서유럽에 전해졌는데, 6-7세기에 알렉산드리아에서 갈레노스의 이론들을 정리한 개요집인 『알렉산드리아 개요Summaria Alexandrinorum』의 영향을 받았다. 이 개요집은 서구에 매우 중요한 족적을 남겼으며, 『입문서Isagoge』가 요하네스의 작업으로 알려졌던 것처럼 갈레노스의 이론을 간결한 형태로 구성했다. 갈레노스는 아랍 의학에 체액 이론, 신진대사와 연관된 생리학, 세 가지 방식의 소화 이론과 혈액 순환 체계, 약을 사용하는 4가지 단계, 신체 기관의 신학적-기능적 사고방식, 보편적인 이성에 대한 개념을 전했다. 또한 이슬람 세계에 히포크라테스의 이론도 전해졌지만, 엄밀하게 설명하면 이는 갈레노스가 해석했던 히포크라테스에 대한 내용이거나 알렉산드리아의 여러 주해서에서 해석했던 내용들이었다. 특히 〈선서Giuramento〉는 잘 알려져 있는데, 의사들에게 〈히포크라테스의 선서〉가 요구되었다. 히포크라테스의 여러 저서를 분류하고 찾기 위한 작업이 지속되었지만, 그가 남긴 의학 개설서들은 충분히 번역되지 못했다. 예를 들어 부인 과학에 대한 부분은 전혀 번역되지 않았다. 『아포리즘』을 비롯한 다른 저작들도 있었지만, 이는 종종 갈레노스의 주석을 통해서 전해진 것이지 히포크라테스가 남긴 원전에서 기인한 것은 아니었다.

그리스어 서적의 번역은 갈레노스의 저서에만 한정된 것이 아니었다. 이 시기에 페다니우스 디오스코리데스Pedanius Dioskorides의 『약물에 대하여De materia medica』 (77년경)가 번역되었다. 이것은 고대의 약물을 가장 폭넓게 다루었던 책으로, 원래 총 5권으로 번역되었지만 이후에 독을 가지고 있는 동식물에 관한 책 2권이 덧붙여졌다. 이 책들은 뛰어난 문양으로 시작하는 필사본이었다. 또한 갈레노스의 의학 체계에 포함되지 않는 서적들도 번역되었는데, 이런 책들은 갈레노스의 의학적 관점의 대안으로 표현되었다. 에페소스의 루푸스Rufus of Ephesus는 트라야누스 황제(53-

117)의 재위 기간에 활동했고, 필라그리우스Philagrius는 4세기의 의사로 내장 기관의 질병을, 크리톤Critone은 『코스메티카Kosmetika』(1-2세기)를 통해서 피부병을 정리했다. 또한 안틸루스Antillus가 수술에 대해 쓴 책이 2세기에 번역되었고, 갈레노스 이전 시대에 살았던 외과 의사 플라토네Platone는 소작법燒灼法(상처를 불로 지지는 치료법)에 대해서 잘 알고 있었다. 또한 소변 검사와 연관된 여러 저서들도 출간되었다.

번역된 비잔티움 서적들도 이 시기의 의학적 발전을 설명할 수 있는 중요한 저서들이었다. 오리바시우스, 아미다의 아에티우스Aëtius, 트랄레스의 알렉산드로스와 아이기나의 파울루스는 아랍인들에게 비잔티움 문화의 병리학과 외과 수술에 관한 주제를 다룬 분류적인 의학서를 전해 주었다. 특히 트랄레스의 알렉산드로스는 마법에 관한 논제를 전해 주었다. 9세기에 아랍 도서관들은 그리스어로 저술되었던 수많은 의학 서적을 소장하고 있었다. 그 결과 매우 짧은 시간 동안 놀라운 결실들을 맺을 수 있었다. 이런 서적 중에서 중요한 책으로는 알렉산드리아의 위대한 해부학자들(에라시스트라토스Erasistratos, 헤로필로스Herophilos)과 아레타이우스Aretaeus, 에페소스의 소라노스Soranus of Ephesus[도판 18]의 저작이 포함되어 있었다. 여러 편찬물들

다른 문화와의 접촉: 시리아와 페르시아

아랍인들은 단순히 그리스어 서적만 번역한 것이 아니라 근동 지역의 다양한 언어로 번역되었던 여러 의학 서적도 함께 복원하고 전승했다. 그리스어 텍스트의 대부분은 이미 시리아어로 번역되었다. 초기에 레샤이나의 세르기우스Sergius of Reshaina(?-536)는 알렉산드리아에서 공부하면서 갈레노스의 서적 여러 권을 번역한 바 있다. 이후 8세기에 다시 그리스어 서적들이 아랍어로 번역되기 시작했다. 그러나 이때는 그리스어에서 아랍어로 직접 번역된 것이 아니라 시리아어에서 아랍어로 번역되었으며, 다양한 형태로 논제를 정리하고 전승했다. 시리아어로 구성된 원전들 사이에는 유명한 『요아니스 세라피오니스의 실습Practica Joannis Serapionis』이 포함되어 있으며, 이 책은 이후에 아랍어에서 라틴어로 번역되었다. 아랍인들은 매우 뛰어난 언어학적 전통을 가지고 있었으며 페르시아 언어인 팔라비어도 알고 있었는데, 페르시아는 다른 관점에서 그리스의 의학 문화와 더 밀접한 관계를 가지고 있었다. 그리스고전 시대와 동시대에 속하는 아케메네스 왕조에서 활동했던 그리스인들로는 크로토네의 데모케데스Democedes of Croton(기원전 6세기)와 크니도스의 크테시아스Ctésïas of Cnidus(기원전 5세기)가 있었다. 사산 왕조 시기에 샤푸르 1세(241-272)는 인도에서 유래한 과학, 의학 서적을 수집했을 뿐 아니라 동로마 제국의 서적들도 수집했다. 페르시아의 의학 문화는 무엇보다도 인간을 구분하는 네 가지 유형을 조로아스터의 전통적인 고전 체계에 따라서 분류하고 있다.

사산 왕조의 의학

사산 왕조는 매우 공격적으로 영토를 확장했지만 조로아스터교 신자들과 유대인들에게 관용을 베풀었다. 그 결과 비잔티움, 로마, 인도, 아랍과 같은 다문화적 요소가 절충되고 영향을 주고받았을 뿐 아니라 동양, 특히 인도의 지식에도 접근하기 시작했다. 이와 동시에 의학 재료와 약학에 대한 수많은 의학 서적들이 출간되었다. 우리는 이 목록들을 아랍어로 된 『대안 치료법Succedanea』이라는 책에서 발견할 수 있다. 아마도 이 책은 그리스 의사였던 피타고라스의 저서로 추정되며, '단순한 치료법' 부분에서 인도에서 유래한 약의 종류를 설명했는데 이 중에는 그리스에는 알려지지 않은 바나나와 같은 식물도 포함되어 있었다. 알-라지가 언급한 '고대 의학'의 저서는 인도에서 유래한 다양한 목록을 다시 제공했다. 아프로디시아스의 크세노크라테스Xenocrates of Aphrodisias가 쓴 흥미로운 마법서들은 1세기경에 유행했다. 850년경에 알리 이븐 살 알-타바리Ali ibn Sahl al-Tabari(839~약 870)는 매우 정확하게 이 목록을 서술하고 있으며, 인도의 약학을 받아들이지 않았음에도 그것이 그리스와 아랍과 다른 다섯 가지 요소를 설명하고 있다. 그는 이 과정에서 인도의 약학이 세 개의 기질과 여섯 가지의 원소로 구성되어 있다고 설명했다. 이 같은 그의 지식은 당시 아랍어나 페르시아어로 번역되었던 인도 서적에서 비롯한 것이다.

수용과 동화 과정은 모호성을 만들어 내기도 했다. 특히 의학 재료에 관해서는 더 그랬다. 이외에도 텍스트가 이슬람 문화에 편입되는 과정에서 여러 문제가 등장했다. 특히 (예를 들어 포도주나 돼지고기를 치료의 목적으로 사용하는 것과 같이) 종교적인 관점에서 적용할 수 없는 내용들도 있었다.

9세기의 아랍 의학은 이런 관점에서 매우 복합적이지만 풍부한 내용을 가지고 있었다. 갈레노스의 의학적 관점이나 여러 문화를 절충한 의학적 지식은 다양한 지역의 여러 저자들에게 새로운 요소들을 제공해 주었다. 결국 갈레노스는 의학적인 권위로 받아들여지게 되었고, 그의 저작에 대한 관심이 오랫동안 지속되면서 치유를 위한 그의 실험적인 방법이 다시 수용되고 새로운 지식의 전통으로 적용되었다(M. Ullmann, *Die Medizin im Islam*, 1970).

텍스트에서 실천으로: 이슬람 세계의 약학, 병원, 수술

| 마리아 콘포르티 |

아랍의 의학은 페르시아와 인도 전통과의 관계를 통해 고대 문화에 대한 지식을
확장시켰으며 안내서와 정리 요약집을 출간했다. 이는 오랜 서구 역사 비평 속에서
평가절하했던 부분이다. 또한 의사와 간병인의 교육이라는 관점에서도 아랍 세계는
서구의 경우와 비교할 수 있고 연구할 수 있는 흥미로운 점을 제공한다.

이슬람 의학서들

아랍 의학이 가지고 있던 매우 중요한 특징 중 하나는 개설서 혹은 일람표와 같은 형 **이론과 실천**
식을 사용했던 것으로, 이는 갈레노스의 의학 체계를 유용성의 관점에서 '활용 가능
한' 방식으로 적용한 것이다. 서로 다른 텍스트와 서적들이 통사적 혹은 공시적 관점
에서 비교·제작되면서 발전했고, 이로써 잘 알려진 의학적 시술의 필요성에 화답할
수 있었다. 병자의 실제 치료 과정은 매우 세심한 주의를 요구하기 때문에 아랍의 의
술이 서적을 중심으로 전승되는 반복적인 내용으로 되어 있다는 점은 16세기 유럽
에서 가진 문화적 편견을 만들어 냈다. 그러나 사실 이슬람의 의학은 매우 오랜 역사
를 가지고 있고 여러 지역의 문화적인 복합성을 띠고 있기 때문에 이렇게 단순한 관
점으로 요약할 수 없다.

가장 빠르게 발전했던 분야 중 하나는 의학 재료와 약학이었는데, 이는 디오스코 **약학과**
리데스의 『약물에 대하여』에서 비롯되었다. 고대의 의학 재료는 페르시아와 인도 의 **처방전들**
술의 전통과 독창적인 접근 방식을 통해서 풍부한 결실을 만들어 냈다. 그 결과 고대
세계에서 사용하지 않던 몇몇 약에 대한 설명이 나타났고 새로운 의학적 기법이 적
용되었으며, 다른 관점에서 대안적인 새로운 의학 재료를 통해 어려운 문제를 해소

하기도 했다. 이런 점에서 보았을 때 이 책은 단순한 식물학에 대한 정보가 아니라 직접 실험한 임상 자료로 구성되어 있었다. 하지만 아랍 문화권에서도 직접 식물들을 관찰하며 의학 지식을 구성했던 경우도 있었으며, 그 결과 삽화를 동반한 서적이 출판되었다. 예를 들어 알-수리al-Suri(?-1241)의 저서와 같은 경우가 남아 있다. 말라가의 이븐 알-바이타르Ibn al-Baytār(약 1197-1248)는 이집트로 이주했다가 다마스쿠스에 정착했던 뛰어난 식물학자로, 알-수리의 제자였으며 약학과 연관된 매우 뛰어난 저서들을 저술했다. 아랍 세계에서 가장 많이 사용되었던 간단한 의약품에는 설탕이 포함되어 있었는데, 이것은 사탕수수를 관리하고 다듬어서 설탕을 생산했던 페르시아를 정복한 이후에 아랍이 얻은 '혁명적인' 상품이었다. 설탕은 (시럽이나 음료 형태로) 다른 여러 특별한 약재의 유통 기간을 늘릴 수 있었다. 다른 약재료 중에서 매우 유용했던 것은 종교적 관점에서 의학적인 사용이 금지되어 있었던 포도주였다.

전문적인 분야에서 약사의 역할은 향료/약재상이나 시럽 혹은 음료를 제작하는 사람과는 달랐다. 약의 제조 과정은 직간접적으로 의사, 약사, 식물학자, 향료 연구가와 연관되어 있었다. 약사가 당시 어떤 교육 과정을 밟았는지에 대해 정확하게 알려져 있는 것은 없지만, 13-14세기에 도시에서는 무흐타시브muhtasib라는 행정관이 간병 활동, 혹은 공방이나 특수한 분야에 속한 인물들을 관리했다.

아랍 문화에서 약학이 가지는 특별한 성격 중 하나는 실험적인 의약품의 수집(이 중에는 알-라지의 저서도 포함되어 있었다)이었다. 이 시기에는 외과 수술보다 약재를 사용한 치료 방식을 더 좋아했으며, 또한 간단한 약재의 사용을 더 선호했다. 이런 점은 이후 르네상스 외과 의사들에게서 많은 비판을 받았다. 그렇게 해서 알-비루니 al-Biruni(973-1048년 이후)와 같은 당대의 유명한 약사는 음식이 가장 뛰어난 약재라고 언급하기도 했다.

무엇보다도 약학은 갈레노스의 저작인 『의약품의 구성에 관하여De compositione medicamentorum(secundum locos & per genera)』와 밀접한 관계를 가졌다. 약학에 대한 이론은 9세기경에 흥미롭게 발전하기 시작했다. 이 시기에 수학자였던 알-킨디al-Kindi(?-약 873)는 처음으로 약에 관심을 가졌고 약으로 활용될 수 있는 것이라면 기하학적인 특징에 따라 분류할 수 있어야 한다고 생각했다. 그의 생각은 병원의 경험과 연관되지 않았음에도 불구하고, 약재는 그 자체로 연구되어야 하고 각각의 효과를 설명하기 위해서 기하학을 사용해야 한다는 주장은 고대 세계에 비해서 새로운 점이었다. 사실 이런 논제와 연관된 이론은 빌라 노바의 아르날두스Arnaldus de Villa Nova(약 1240-약 1311)에 의해 다시 다루어졌다. 그리고 아베로에스Averroes(1126-1198)는 신체에 영향을 끼칠 수 있는 약의 최소 분량을 검토했다. 왜냐하면 약성에 대해서 설명할 필요가 있었기 때문이다. 이런 논쟁은 단순히 약의 효능에 멈춰 있던 것이 아니라 단순한 내용물에서 복합적으로 구성되는 약품의 효과에 대한 연구로 확장되었다. 또한 사용하는 약재의 분량에 대한 분석은 이후 약재의 제작에도 중요한 영향을 끼쳤다. 아랍 약학의 역사적 발전 과정에서 중요한 부분의 하나는 치료법이었다. 아랍인들은 화학과 증류를 통해서 인간의 '생물학적' 특징을 분석하고 사유할 수 있었는데, 이와 관련해서는 이전 시기에는 집필된 책이 없었다. 마사와이흐Masawaiyh(776-857)는 아랍 사료에는 등장하지 않지만 서유럽에서 단순한 약재의 사용과 조합에 있어서 의심할 여지가 없는 권위자로 알려져 있었다.

의사의 양성과 간병 장소

전문적인 관점에서 보자면, 의사 역시 충분한 문화적 소양을 가지고 있었음에도 불구하고 학문 분야를 분류하고 설명했던 백과사전에서 의학 분야의 학문적 위치는 명확하지 않았다. 의사들은 올바른 윤리적 관점과 존재론적 지식을 가져야 했다. 당시에 무흐타시브가 의사들에게 〈히포크라테스의 선서〉를 요구했다는 점은 이런 사실을 잘 알려 준다. 고전기에 집필된 이 글은 오랜 시기 동안, 그리고 서로 다른 문화 속에서 지속적으로 사용되었으며 우리 시대까지 전해졌다. 또한 의사 집단이 스스로를 통제하고 규칙을 부여하면서 다양한 수준에 따라 발전했다는 점을 알려 줄 수 있는 실례다. 의학과 연관된 문화는 매우 폭넓은 공중을 대상으로 한다. 의사에 반대하는 사람들과 의사들에게 여러 대가를 지불했던 다양한 기록들은 역설적으로 이 직업이 전문 직종으로 사회 속에서 성공을 거두었을 뿐 아니라 이들의 일이 사회적인 긴장감 속에서 발전하고 있었음을 보여 준다. 아랍 의사들이 어떤 교육을 받았는지에 대해서는 잘 알려져 있지 않지만, 이들은 텍스트를 공부했을 뿐 아니라 병자를 직접 관찰하고 치료하기 위한 견습 활동에도 참여했다. 그러나 의사를 위한 정규 학교가 있었던 것은 아니며, 이들은 종종 병원처럼 공공장소에서 활동했음에도 불구하고 개인적인 사제 관계를 통해서 의사 교육을 받았다. 이슬람 지역에서는 공공 제도로서의 병원이 이전 비잔티움 문화에서 발전한 뒤로 놀라울 정도로 성장했다.

의사의
사회적 성공

비마리스탄bimaristan(병자들의 집 혹은 장소라는 뜻)은 이슬람 세계에서 병원을 지시하는 표현으로 페르시아어에서 유래했다. 전설처럼 보이지만 진실을 담고 있는 기록에 따르면, 이 제도는 사산 왕조의 의학 아카데미아가 있었던 도시인 준디스하푸르의 병원을 본보기로 삼아 구성되었다. 그리스도교 의사들은 이곳에서 아랍, 페르시아, 인도, 그리스 등의 서로 다른 의학적 전통을 접하면서 일했다. 9세기에는 바그다드에 병원이 설립되었고 이는 다른 여러 도시에서 병원의 본보기가 되었다. 이런 형태의 병원은 수도와 다른 여러 지역, 그리고 (아프리카와 에스파냐에 비하면 적은 규모를 가지고 있었던) 아시아에서 특히 발전해 나갔다. 알-라지가 아랍 병원 제도의 형성에 직접 참여했다는 전설도 있지만, 일단 이 제도가 비잔티움이나 동양 세계에 있던 유사한 제도를 참조했다는 점은 명확해 보인다. 이 제도는 이슬람의 의학 세계에 새로운 혁신을 가져왔다.

12세기 중반에 다마스쿠스에서 누리족의 비마리스탄이 설립되었다. 이곳은 병원이자 동시에 종교적인 장소였고, 특수한 도서관이 설치된 의학 학교를 가지고 있었다. 이곳에서 의학의 수업은 우선 여러 서적들을 공부한 뒤에 병원에서 실습하는 형태로 구성되어 있었다. 이는 매우 중요한 변화를 가져왔고 그 자체로서 제도적으로 교육적인 역할을 하게 되었다. 이후에 카이로에서 알-만수리al-Mansuri는 다마스쿠스의 제도를 본보기로 하여 남녀 모두가 들어갈 수 있는 병원을 설립했다. 하지만 의학의 경우는 당시에 다른 제도를 통해서도 수준 높은 동일한 교육을 받을 수 있었다. 이 중에는 비마리스탄을 후원하기 위해 알-무스탄시리야al-Mustansiriyya가 바그다드에 세운 마드라사madrasa(학교)가 포함되어 있었다. 이곳에서는 약학을 배울 수도 있었으며, 병원 제도의 본질적인 기능에 해당하지는 않지만 관리 체계에 대한 교육, 그리고 교양 있는 간병인들을 양성하기 위한 강의도 있었다. 그 결과 당시에 의학적 혁신이 일어났다.

아랍 병원에서 일했던 직업은 생리학 의사, 안과 의사, 외과 의사 겸 치과 의사, 조수(행정 및 간병을 위한 인력)의 네 가지로 나눌 수 있다. 병원들은 종종 방문자들을 위한 외부 진료소를 가지고 있었으며 입원실도 있었다. 병원이라는 제도가 널리 퍼져 나감에 따라서 건축물도 특정한 기능에 맞는 형태로 기획되었는데, 이런 점은 지금까지도 병원에 적용되기 때문에 우리가 병원을 방문할 때마다 확인할 수 있다. 아랍 병원의 혁신은 교육적인 기능을 가졌다는 것만이 아니었다. 아랍 병원은 처음으

로 정신병자에게 입원 치료를 행했고 그들을 다른 환자들과 분리했다. 그리고 아랍 정신 질환들
인들은 '광기'를 음악과 약을 사용해서 치유했다. 광기 혹은 우울증melancholia(문자
그대로 '검은 담즙의 과잉'이라는 의미를 가지고 있으며 아랍의 질병 분류학은 고전의 분류
법을 따르고 있다)에 관한 여러 권의 서적이 있다. 특히 10세기에 튀니지의 카이로우
안에서 활동했던 뛰어난 의사였던 이스하크 이븐 이르만Ishaq ibn Irman은 에페소스의
루푸스(1세기), 정신적인 질병을 심리적인 분석을 통해 새로운 방향으로 접근했던
아레타이우스Aretaeus(2/3세기)를 포함해서 여러 그리스 저자의 저작들을 다시 정리
했다.

임상 의학

임상 의학의 발전 과정을 살펴보면, 서유럽의 중세에서 그랬던 것처럼 과거에서 전
승된 의학적 지식의 권위로 인해서 병원에서 직접 환자를 관찰하는 데 어려움을 겪
었던 점을 확인할 수 있다. 특히 여러 아랍 의사들은 고대의 경우와 달리 병리학과
관련한 기록을 적게 하고 있음을 확인할 수 있다. 우리의 관점에서 보자면 그리스어
서적을 통해서 얻은 지식과, 고대와는 다른 지역의 풍토병들에 대한 경험 사이에서
중심을 잡기는 매우 어려웠을 것이며, 무엇보다도 실제 관찰에서 그 의미를 이해하
는 게 힘들었던 것으로 보인다. 예외적인 경우도 있다. 전통적인 병리학의 원인을 분
석하는 과정에서 기생충이나 피부병의 원인인 진드기를 확인할 수 있었다. 무엇보다 기생충들
도 메디나충이라는 기생충이 피부에서 성장하는 것으로 해석했다. 이미 아이기나의
파울루스는 벌레를 통해서 전이되는 질병에 대해서 잘 알고 있었으며, 갈레노스는
신경의 작용에 대해서 자문한 바 있다. 10세기에 쿠스타 이븐 루카Qusṭā ibn Lūqā(820–
912)는 소화 기관에 기생하는 기생충의 성질에 대해 분석했다.

알-라지는 18세기 유럽에서 여러 번 등장했던 질병인 천연두에 대해 분석하고 기 천연두
술했다. 그는 천연두를 고대에 알려지지 않았던 홍역처럼 생각했으며, 많은 사람들
이 걸리는 풍토병으로 얼굴에 많은 상흔을 남긴다고 보았다. 전염에 대한 이론 역시
고대의 관점을 따랐다. 몇몇 수의학 책에서 이 질병의 메커니즘과 방어를 위한 여러
방식에 대해 설명하고 있지만, 고대의 관점을 따르는 전염 이론에서는 이를 "공기,
물, 장소"에 의해 여러 기질이 섞여서 나타나는 질병으로 보았다. 아랍 의사들의 경
우에도 오랜 기간 동안 지중해에 나타나지 않았던 흑사병에 대한 관점이 유럽의 경

우와 크게 다르지 않았으며, 이븐 알-카티브Ibn al-Khaṭīb(1313-1374)의 경우처럼 소수의 의사들은 도시의 관리자들이 병자들을 분리하고 고립하여 다른 사람들을 보호해야 한다고 설명했다.

외과 수술   아랍 의학의 특별한 관심사 중 하나는 외과 수술이었다. 남아 있는 사료들의 내용과 연대를 추정해 보았을 때, 아랍 의학의 외과 수술은 그리스의 사료를 통해서 지식을 확장했고 특히 아이기나의 파울루스의 영향을 받았던 것으로 보인다. 그들이 서술하고 있는 수술은 사실 실제로 적용하기는 매우 어렵다. 일반적으로 환자가 사망하지 않을 정도로만 혹은 분명한 경우에만 외과 수술이 활용되었다. 이런 관점에서 여러 서적에 등장하는 외과 수술에 대한 설명은 이론적인 부분이 더 많다. 신빙성이 많지 않기 때문에 사료를 잘못 읽고 해석한 것으로 보이는데, 아랍 사람들은 복강술을 다루지는 않았지만 기관절제술이나 제왕절개술을 시행했다고는 알려져 있다. 하지만 이런 형태의 외과 수술은 적극적으로 활용되지 않았으며, 골절이나 화상의 경우도 마찬가지였지만 치료는 지속적으로 이루어졌다. 예외는 안과 수술이었는데 이 분야에서 아랍 의사들은 매우 뛰어난 능력을 보여 주었다.

아랍 세계는 해부학에 대해서 잘 알고 있지 못했다. 왜냐하면 해부에 대한 과정 자체가 종교적인 관점에서 윤리적으로 금지되었기 때문이다. 물론 13세기 이집트의 기근으로 수많은 사람들이 죽고 나서 부장되지 않은 뼈들을 통해서 직접 해부학적인 지식을 확장했던 경우가 아예 없었던 것은 아니다(그 결과 아래턱뼈가 두 부분으로 나뉘어 있다는 갈레노스의 설명이 수정되었다). 한편, 폐순환에 대한 아랍의 지식은 매우 뛰어난 성과였다. 이 지식은 이븐 알-나피스Ibn al-Nafis(1213-1288)와 이후 16세기에 미카엘 세르베투스Michael Servetus(1511-1553)에 의해서 다시 다루어졌는데, 이는 경험에 바탕을 둔 분석이 아니라 이론적인 관점에서 접근했던 부분이기 때문에 갈레노스가 설명한 생리학 구조를 바꾸었던 것은 아니다.

| 다음을 참고하라 |
과학과 기술 그리스의 유산과 이슬람 세계(443쪽); 고대와 갈레노스를 대하는 시리아와 아랍 언어권의 전통(455쪽); 실천에서 텍스트로: 아랍 의학의 거장들(467쪽); 아랍의 연금술(481쪽); 이슬람의 기술 문화: 새로운 기술, 번역, 놀라운 수공품(506쪽)
문학과 연극 이슬람교에 대한 유럽의 인식(612쪽)

실천에서 텍스트로: 아랍 의학의 거장들

| 마리아 콘포르티 |

이슬람 지역을 특징짓는 문화적·종교적 풍요로움은 아랍의 의학 문헌에서도 발견할
수 있다. 아랍의 의학 문헌은 갈레노스의 생각을 구조적으로 정리했지만 곧 독자적인
특성을 가지기 시작했는데, 이런 점은 후나인 이븐 이스하크부터 알-라지, 할리 아바스,
아비케나, 아벤조아르, 아베로에스와 같은 저자를 통해서 알 수 있다.

전통과 발전 사이

아랍에서는 해부학이 발전하지 못하고 생리학이 형성되지 못하는 가운데에 갈레노스
의 의학 체계가 남아 있었는데, 그 체계는 병자의 신체 기관의 균형을 잡고 재구성하
는 치료에 바탕을 둔 기질과 영혼 연구에 집중되었으며, 삶의 양식과 관련한 치료법
을 적용했다. 하지만 갈레노스 의학의 이성적 시도와 비교해 보았을 때, 새로운 관점
으로서 연금술적인 치료법 및 의학과 점성술의 관계에 대한 관심이 고조되었다.   의학과 마법

아랍 의학 서적은 다양한 문헌들을 통해서 전해졌는데, 이는 이슬람 문화 지역의
문화적·종교적·지리적 풍요로움을 보여 준다.

초기 의학 서적의 저자 중에서 후나인 이븐 이스하크는 고서의 번역 작업으로 알   백과사전적
려져 있기도 했다. 서양에서『갈레노스의 의술 입문Isagoge in artem parvam Galeni』이라   저술들
는 제목으로 알려진 후나인의 책은 그의 백과사전적 작업의 시작이 아니었다. 그는
안과, 치과, 식이요법의 실제 치료에 대한 책의 저자였다. 후나인은 네스토리우스파
그리스도교도('경교도景敎徒'라고도 함*)였다. 반면 쿠스타 이븐 루카는 멜카이트 그리
스도교도였다. 그의 저작은 알-라지의 작업을 계승했으며 임상학적 경우와 감정과
치료법을 개인적으로 구성하고 있다. 고대 아랍 의학 황금기의 뛰어난 의사 중에서
페르시아의 라제스Rhazes(본명은 알-라지이지만 서양에는 라제스로 더 알려졌다)는 철학,
연금술, 음악을 교육받았던 사람이다. 그는 바그다드에서 여러 개의 병원을 운영했
고『알-만수리에 대한 책Kitab al-Mansuri』이라고 알려진 의학 서적을 저술했는데, 이는
그의 가장 유명한 저작이자 아랍 의학의 구조를 잘 보여 주는 실례다. 하지만 더 흥
미로운 저서는『의학 보고Kitab al-Hawi』(라틴어로는 Continens)라는 23권의 책으로, 병

리학과 치료법, 임상과 진단의 여러 케이스를 다루고 있으며 그의 제자들에 의해 출간되었다. 이 책은 이후에 아랍 의학에 많은 영향을 끼쳤고, 후에 서양 임상의학의 발전에도 중요한 역할을 했다. 알-라지는 히포크라테스의 권위를 회복시켰으며, 전통에 바탕을 둔 관점을 전개하기는 했지만 '모든 갈레노스주의'를 비판하고 새로운 의학의 발전을 위해서는 갈레노스의 모든 권위를 넘어야 한다고 단언했다.

알리 이븐 알-아바스 알-마주시Ali ibn al-Abbas al-Majusi(?-982/995)는 라틴어로 할리 아바스Haly Abbas로 알려졌으며 조로아스터교 신자였던 이란인이었다. 그는 그저 한 권의 책이 아니라 이후에 아비케나Avicenna(980-1037, '이븐 시나Ibn Sīnā'라고도 함*)의 『의학 정전Canon』처럼 알렉산드리아의 영향을 받아 백과사전적이고 구조적인 저서를 집필했던 의사였다.

그와 동시대인이지만 이슬람 지역의 반대쪽 끝인 에스파냐의 코르도바에 살았고, 전혀 다른 의학 영역에 종사했던 의사인 아부 알-카심 알-자라위Abu al-Qasim al-Zahrawi(936-1013)는 라틴어로 알부카시스Albucasis로 알려져 있다. 그는 『의술의 방법론Kitab al Tasrif』이라는 30권 책의 저자로 알려져 있으며, 아이기나의 파울루스와 더불어 매우 뛰어난 외과 임상 경험을 정리했던 저자였다. 그는 이후 서양 외과의 발전에 영향을 끼쳤고, 특히 기 드 숄리아크Guy de Chauliac(약 1300-1368)에게 중요한 영감을 주었다.

아비케나와 아벤조아르

가장 유명한 아랍 의사는 라틴어로 아비케나라고 알려졌던 이븐 시나로, 그는 인간 생리학을 발전시킨 고대 의학과 갈레노스에 관한 지식을 전달하는 통로였으며, 갈레노스의 텍스트를 "충실하지만 변형된"(Jacquart) 관점에서 읽었다. '충실한' 관점이라고 설명한 이유는 그가 갈레노스의 글을 인용하고 주석을 달았기 때문이며, '변형된' 관점이라고 설명한 이유는 그가 고대 저자의 문장을 아랍의 의학 체계에 맞게 적용했기 때문이다. 알-라지처럼 중앙아시아의 중심지였던 부하라에서 태어난 아비케나는 의학뿐만 아니라 철학 분야를 포함한 다양한 교육을 받았다. 아비케나는 다작 했던 작가였으며 그의 명성은 『의학 정전』으로 알려진 저서에서 비롯되었다. 이 책은 수많은 세월 동안 참고되었던 두꺼운 책으로 '백과사전의 최종본'이라는 명칭을 받을 자격이 있다. 그의 구조적인 접근 방식은 이후 할리 아바스의 요약본을 통해서

『의학 정전』

더 잘 알려지게 되었다.

아비케나는 자신이 참조한 사료를 모두 설명하지는 않았으며, 의학 이론과 실기를 구분하지 않는 것이 그의 '규범적인' 작업을 설명하는 특징이 되었다. 원어 제목인 '카논Canon'은 사실 법에서 사용되는 용어다. 살펴보았던 것처럼 아비케나는 자신이 개인적으로 관찰한 내용이나 연구한 특별한 케이스를 책에 포함시켰다. "이 책의 구조는 병원에서 이루어지는 치료의 논리적 과정에서 유래했다"(M. Mc Vaugh). 다섯 권으로 된 이 책은 해부학, 생리학, 약학, 치료법, 열이나 복합적인 약들이 만들어 내는, 그야말로 '머리부터 발끝까지'에 해당하는 병리학을 다루고 있다.

이 책은 갈레노스의 이론과, 아랍 및 시리아 지방에서 의학과 밀접한 관계에 있던 아리스토텔레스주의를 매우 뛰어난 방식으로 융합시켰다. 예를 들어 이븐 알-나피스는 『의학 정전』에 대한 주석서에서 폐순환을 묘사하고 있다. 『의학 정전』은 12세기에 게라르도 다 크레모나Gerardo da Cremona(1114-1187)에 의해 번역되고 안드레아 알파고Andrea Alpago(약 1450-1521)에 의해 교정되었는데, 알파고는 다마스쿠스에 있는 베네치아의 공사관에서 일하던 사람이었다. 그의 중요성은 학문적인 의학 이론서만큼이나 16세기까지 지속되었다.

아비케나가 일했던 하마단Hamadan(고대의 에크바타나)에서 멀리 떨어진 안달루시아 지역에서는 아비케나를 비판했던 사람들도 등장했다. 이 중에서 사제였던 이븐 주르Ibn Zuhr(1091-1161)는 라틴어로 아벤조아르Avenzoar라고 알려져 있던 의사이자 세비야 지방의 의사 가문에 속해 있던 사람이다. 『치료와 식이요법에 관한 참고서Al-Taysīr fial-mudāwāt wa at-tadbīr』라는 병리학 저서는 히브리어와 라틴어로 번역되었는데, 이 저서에는 의학의 특수 분야에 대한 관심이 담겨 있다. 아벤조아르의 저서는 종종 에스파냐의 또 다른 아랍 의사이며 철학자로 알려진 아베로에스Averroes의 작품이라고 알려지기도 했다. 아베로에스가 저술한 『의학Colliget』이라는 책은 의학적 질서에 대한 다양한 관점을 포함하고 있다. 이 책은 코르도바에서 활동하다 후에 이집트에서 활동했으며 라틴어로 마이모니데Maimonide라고 알려졌고, 폭넓게 갈레노스와 다른 저자에 대한 주석을 달았던 이븐 마이문Ibn Maymun(1135-1204)이라는 유대인의 저서에 영향을 끼쳤다. 그리스 문화에서 비롯한 (매우 혁신적인) 의학적-철학적 유산은 이미 13세기, 혹은 그 이전부터 법의학에 대한 관심으로 변했으며, 의학과 철학의 관계에 바탕을 둔 아리스토텔레스주의의 전통은 시간이 흐르면서 의학과 법령의

비판자들

관계로 대체되었다.

연금술과 화학

SCIENZE E TECNICHE

그리스−비잔티움 문화 속의 연금술

| 안드레아 베르나르도니Andrea Bernardoni |

연금술은 살아 숨 쉬는 유기체를 구성하는 재료를 더 나은 상태로 변화시킬 수 있는 이론과 실기 분야로, 매우 오랜 학문적 전통을 가지고 있다. 연금술은 예술과 과학, 발명의 시대를 살았던 헤르메스 트리스메기스투스의 저서에서 유래했다.

연금술의 기원과 의미

연금술은 인간이 자연에서 일어나는 변성을 통제할 수 있다는 생각에 기반을 둔 이론적이고 실천적인 학문이었다. 특히 경제적 가치가 낮은 동, 주석, 납, 철과 같은 금속을 금이나 은처럼 경제적인 가치가 높은 귀금속으로 변화시키는 것이 가능하다는 관점은 연금술이 발전하는 계기를 제공하기도 했다. 그러나 연금술이 단순히 경제적 관점 혹은 공방의 실험만을 의미한 것은 아니었다. 연금술의 실험은 세계에 대한 개념, 즉 사물을 구성하는 물질과 그 특성을 폭넓게 다루는 이론적 사유에 바탕을 두었지만, 실천적 과정에서는 그리스의 자연주의 또는 그노시스교의 교리까지 그 기원이 거슬러 올라갈 수 있다. 사실 연금술은 양면성을 지닌 학문이기도 했다. 한편으로 '철학의 돌' 혹은 '엘릭시르elixir'(불로장생, 만병통치의 효험이 있는 것으로 여겨지는 영약*)를 활용해서 금속을 다른 금속으로 변화시킨다거나 인간의 신체적 노화를 막을 수 있는 불로불사의 약을 위해 구체적인 재료를 준비하고 실험했지만, 다른 한편으로는 인간의 능력을 넘어서서 사물의 입자에 대한 연구이자 비의적이며 신비주의적인 방법에 바탕을 둔 실험을 시도했다. 금속의 변성이란 인간의 노화, 삶의 한계, 비순수성을 극복하고 완벽한 인간으로 태어날 수 있는 '재생'이라는 상징적인 성격을 지니고 있었다.

연금술의 어원　'연금술alchimia'이라는 단어의 어원에 대해서는 여러 가지 서로 다른 의견들을 확인할 수 있다. 몇몇 연구자들은 이 단어가 아랍어의 'kimiya'에서 유래하는 것으로 보았는데, 이 단어는 나일 강의 계곡에서 발견할 수 있는 '검은 흙'이라는 뜻을 지닌 이집트어인 'kmt' 혹은 'chem'이라는 단어를 기원으로 한다. 다른 무리의 연구자들은 연금술의 기원이 되는 'kem'이라는 단어를 연금술의 실험 단계에서 비롯한 것이라고 보았다. 연금술 실험은 크게 세 과정으로 이루어져 있다. 첫 단계가 니그레도nigredo(흑마술)를 사용해서 각 물질의 요소를 정제하고 정련하는 초기 단계로 이를 '켐kem'이라고 부른다고 설명했다. 이어지는 두 번째와 세 번째 과정은 알베도albedo(백마술)와 루베도rubedo(적마술)로, 알베도는 각각의 요소가 숭고함을 통해 순수하게 변화하는 과정이며 루베도는 연금술의 변성이 일어나는 마지막 과정을 지칭한다. 마지막으로 다른 해석은 어쩌면 가장 설득력이 있는 주장으로 보이는데, 'kimiya'라는 용어가 그리스어 동사 'cheo'에서 유래한다는 것이다. cheo라는 동사는 '(금속을) 녹이고 걸러 내다'라는 의미를 가지고 있다.

　연금술에 대한 전통적인 설명을 따르면 이 학문의 기원은 고대의 신비로운 학자 헤르메스 트리스메기스투스Hermes Trismegistus가 과학과 자유학예에 관해서 쓴 저서들로 거슬러 올라간다. 12세기 중반에 체스터의 로버트Robert of Chester(약 1150년에 활동)가 처음으로 모리에노Morieno(유대인 마리아, 7-8세기)의 『주석서Testamentum』와 같은 연금술과 연관된 서적을 아랍에서 번역했다. 이 책은 헤르메스의 저서들을 설명했고 성경의 인물인 에녹과 노아도 등장시켰다. 이 책의 설명에 따르면 노아의 대홍수 이후에 이집트 왕을 3배라는 의미를 지닌 트리플리체triplice라고 불렀는데, 그 이유는 왕, 철학자, 선지자의 역할을 동시에 수행했기 때문이다. 금속을 변성시킬 수 있다는 매우 오래된 고대의 전통과 신성한 기원은 연금술사가 완벽한 물질을 인위적으로 생산할 수 있다는 믿음으로 이어졌으며, 이런 점은 알렉산드리아의 전통에서 발견할 수 있는 연금술의 저서에서 명확하게 살펴볼 수 있다.

그리스-비잔티움 시대의 연금술이라는 전통의 전성기를 열었던 인물은 멘데스의 볼루스Bolus of Mendes(위僞 데모크리토스, 기원전 2세기)로, 그는 연금술이 철학적인 의미를 가지고 있다고 보았다. 또 다른 주요한 인물은 파노폴리스의 조시모스Zosimos of Panopolis(3/4세기)로 그는 반대로 신비로운 종교적 의미를 강조하고 있다. 화학 기술과 연관된 이 시기의 두 양피지가 발견되었는데, 이는 『레이던의 파피루스』와 『스 **주요 저서들** 톡홀름의 파피루스』로 알려져 있다. 이 두 두루마리 양피지는 염색, 금속학, 유리 공예, 안료의 준비 과정과 수정을 둘러싼 다양한 목록을 제공했으며, 중세의 화학적 처방전을 위한 기본적인 근거를 제시해 주었다.

조시모스의 저서들은 사료의 부족으로 원작인지 확인할 수 없지만 비잔티움 시대의 필사본들이 남아 있고, 일부분이 아랍어와 시리아어로 번역되어 보존되어 있다. 이 저작corpus은 약 28권의 작업 과정(케이로크메타Cheiròkmeta)으로 나뉘어 구성되어 있으며, 각각의 책들은 저자가 인간의 구원이라는 보편적인 기획에 따라 시도했던 연금술 실험에 대한 기억을 기록하고 있다. 조시모스의 저작들은 이외에도 비잔티움과 아랍의 모든 저자들에 대한 중요한 설명을 해 주며, 헬레니즘 시대의 연금술을 이해할 수 있는 매우 중요한 자료를 제공해 준다. 조시모스는 연금술의 신화적 기원에 대해서도 설명했다. 그에 따르면 변성의 비밀은 투명하고 '신성한 물'(황)로 이는 신성을 드러내기 위한 도구다. 황은 변성 과정에서 현재의 물질이 원래의 물질과 동일한 성질을 가질 수 있도록 허용하는 불변의 요소를 구성한다.

그러므로 변성이란 반복되는 증류와 승화 과정을 거쳐 금속을 차이가 없는 상태에 도달시킨 후, 변성의 동인을 제공해서 금속의 종류를 바꾸는 것이다. 물질의 변성이 일어나는 과정은 금속이 '고문당하고' '죽고' 마지막으로 '다시 삶을 가져와서' 새로운 정체성을 가지는 환영의 형상을 통해서 설명된다. 조시모스는 처음으로 금속의 변성을 인간의 신체적 변화와 연관해서 설명했던 연금술사였다. 그는 육체를 소유한 인간은 운명과 악령의 전리품인 별자리의 흐름과 조건에서 영향을 받지만, 진정한 창조를 경험한 인간(영적 인간)은 사물을 통해 신성을 이해할 수 있다고 보았다. 조시모스가 연금술에 남긴 중요한 공헌 중 하나는 특별한 화학적 과정을 통해서 우주의 물질에 대한 구원의 원리를 이해할 수 있다는 생각이었다. 그의 저작들에서는 금속의 동일한 성분을 바꿀 수 있는 용제의 생산에 입문하기 위한 구체적인 실험 기록을 확인할 수 있다.

현재 확인할 수 있는 조시모스의 추종자이자 연금술의 저자들은 고대에 기원을 둔 연금술의 비밀을 이해하기 위해 수많은 문헌을 연구했던 박학다식한 인물들이었지만, 동시에 실험을 통해 연구를 진행했던 진정한 의미의 연금술사들이었다. 이들이 남긴 저서들에서는 고대 연금술사의 문헌을 통해 연금술의 비밀에 도달할 수 있다는 확신을 읽을 수 있으며, 조시모스 이후에 번역된 비잔티움의 연금술 서적에서는 연금술의 최종 목적이 금속의 변성에 한정되는 것이 아니라 인간 영혼의 완성에 다가가려는 것이라는 비의적인 성격들을 확인할 수 있다. 물론 이런 생각은 이미 조시모스의 저서에서도 확인할 수 있지만 특히 4세기의 시네시우스Synesius(약370-413)와 올림피오도루스Olympiodorus(360/385-약425)와 같은 인물들의 저서에서도 확인할 수 있다. 특히 이 책들에서는 연금술에 대한 과학적 관점이 그리스도교의 신비와 자연의 철학적 사유를 다루는 물질에 대한 과학이라는 흥미로운 주제에 비해 부차적으로 다루어지고 있음을 알 수 있다. 또한 시네시우스와 올림피오도루스는 자신의 주해서를 통해 헬레니즘 이전의 저자들인 멘데스의 볼루스나 유대인 마리아와 같은 인물의 정보를 전해 주었다. 또한 이들의 생각을 서술하는 과정에서 헤르메스, 이시스와 클레오파트라와 같은 신화와 현실 사이에서 연금술의 사유가 어떻게 발전해 갔는지를 이해할 수 있는 사료를 제공했다.

알렉산드리아의 스테파노스

조시모스 이후에 가장 중요한 비잔티움의 연금술 저자 중 한 사람은 알렉산드리아의 스테파노스Stephanos of Alexandria(550/555-622)였다. 그는 기하학, 산술, 천문학, 음악을 강의했던 박학다식한 학자로서, 플라톤과 아리스토텔레스의 저서들에 대해 주석을 달았으며 헤라클리우스 황제(약575-641)의 왕국에서 610년부터 641년까지 활동했다. 이 시기는 예루살렘에 다시 그리스도교가 전파되었던 시기였고, 그는 연금술의 연구에 매진했다. 전통적으로 스테파노스는 비잔티움 연금술을 아랍 세계에 전해 주었던 핵심 인물이었다. 모리에노는『주석서』에서 헤라클리우스 황제가 재위하던 시기에 비잔티움의 예술과 '아드파르Adfar'라는 이슬람식 이름으로도 알려진 연금술사 스테파노스에 대해서 설명했다.

스테파노스의 저서로 알려진 책 중에는 천문학과 연금술에 관한 것들이 포함되어 있다. 그중에서 『성스럽고 위대한 기예Sull'arte grande e sacra』와 『금의 생산 Sulla fabbricazione dell'oro』, 『테오도로에게 보내는 스테파노스의 편지Lettera di Stefano a Teodoro』에서는 7세기까지 발전했던 연금술의 이론을 확인할 수 있다. 이 글들에 포함된 내용이 원전인지 아닌지는 확신할 수 없지만, 이 글들은 비잔티움 전통에서 쓰인 연금술에 관한 책들 중에서 드물게 모든 부분이 보존된 필사본이며, 비잔티움의 연금술에 대한 종합적이고 흥미로운 관찰을 가능하게 만들어 준다. **남아 있는 필사본**

스테파노스의 저작에서는 대우주(세계)와 소우주(인간)의 관계에 바탕을 둔 연금 **연금술적 세계관** 술적인 세계관을 관찰할 수 있다. 이는 자연이 모든 것의 기원이라는 확신에 바탕을 두고 있으며(우주와 모든 생물학적 존재의 선언들), 모든 것들이 완성을 향해 나아간다고 생각했다. 동일자는 다양해지고 차이점은 다시 동일자가 된다. 이런 우주론의 기원은 멘데스의 볼루스(위 데모크리토스)가 저술했던 『신비의 물리학Physika kai Mystika』에서 영향을 받은 것이다. 스테파노스의 저작에서는 무엇보다도 새로운 방식의 은유와 생각을 확인할 수 있으며, 이는 이전 연금술의 문화적 전통에서는 찾기 어려운 것이었다. 예를 들어 달빛을 인간의 얼굴에서 관찰할 수 있는 비밀스러운 가면처럼 다룬다거나, 꽃을 상징적으로 비유해서 연금술 실험의 명상을 이끌어 내는 부분은 조시모스의 신비주의에서 영향을 받은 점이 명확하지만, 동시에 이암블리코스와 프로클로스가 주장한 바 있는 신플라톤주의 전통과의 연관성을 드러내 주는 부분이다.

스테파노스에게는 연금술이라는 것은 철학적 연구로 인간의 지성에 의해 신의 지성, 즉 창조의 신비에 대한 지식을 이해하는 것이었다. 그는 기존의 모든 이론들에 대한 분석을 통해서 영혼을 교육하는 것을 연구 목적으로 설정했으며, 모든 물질을 넘어 물질이 가진 비물질적인 원칙에 도달하고자 했다. 스테파노스는 우주의 원리를 '마그네시아magnesia'라는 용어를 통해 설명하면서 자연의 발전 과정을 재생산하 **마그네시아** 는 것이 가능하며 일반 금속을 금으로 변화시키는 것이 가능하다고 보았다. '마그네시아'는 스테파노스가 『신비의 물리학』에서 다룬 내용에 증류와 관련한 점을 덧붙이면서 사용된 용어였지만, 실험실의 기술적 관점이라기보다 철학적 관점에서 접근했던 개념이었고, 달에 의해 상징적인 의미가 부여된 신비로운 성분이었다.

| 다음을 참고하라 |
역사 비잔티움 제국의 속국 I(125쪽); 비잔티움 제국의 속국 II(198쪽)

광물학과 금속학

| 안드레아 베르나르도니 |

서로마 제국의 몰락(476) 이후에 유럽에 닥친 경제적인 위기는 인구의 감소와 도시의
위기를 가져왔다. 3세기부터 무역량이 줄면서 동시에 경작지도 급격하게 줄어들게 되었다.
이 시기에 쇠퇴의 징후는 기술적인 지식의 발전과 보존에 나쁜 영향을 끼쳤으며, 그 결과
수도원 내부에서 직인의 기예와 실제 활동이 힘겹게 보존되었다.

침체와 발전

금속을 다루는 기술
금속학은 광산의 주물 공장이나 공방에서 지속적으로 다루어졌다. 이 시기와 관련해
서 알려져 있는 사료는 많이 부족하지만 그것들에 따르면, 농기구, 무기, 주화와 같
이 금속을 제작하는 일은 줄어들기는 했지만 정치적·경제적 위기에 비해서는 지속
적으로 생산되었다. 영국의 왕들이나 카롤링거 왕조의 왕들이 8-10세기에 금화, 은
화, 동화를 주조했다는 사실이 밝혀졌지만, 이 생산물들이 광산에서 채굴한 것인지
아니면 사용하던 다른 사물을 녹여서 다시 주조한 것인지는 알려져 있지 않다. 하지
만 광산에서 채굴했던 금속 중 하나가 확실한 것은 철이었다. 철은 매우 풍부했고 광
물에서 추출하는 과정이 다른 광물에 비해서 쉽고 간단했다. 중세 초기의 경우를 살
펴보면, 유럽 대륙의 여러 장소에서 철의 산지를 만날 수 있다(갈리아, 라인란트, 작센,
보헤미아, 토스카나, 에스파냐). 또한 9세기부터 철로 제작한 생산품들은 베네치아에
서 동방으로 수출되었다. 그러나 '동'과 관련한 광물학 혹은 금속학은 철과 달리 제
작 전통이 단절되었다. 그 이유는 놋쇠를 생산하기 위한 아연이 부족했기 때문이며,

이런 점은 15세기에 알프스 동부와 유럽 북부에서 새로운 광산을 발견할 때까지 지속되었다.

영국에 은광과 납을 채굴할 수 있는 광산이 있었다는 기록이 있으며, 이 지역에는 납을 분리하기 위한 제철소와 은을 채굴하고 분리할 수 있는 공방이 있었다. 중세 초기에 납은 수요가 지속적으로 있었으며 건축물의 지붕을 위해서 사용했을 뿐 아니라 기둥과 아키트레이브Architrave와 같은 부분을 장식하기 위한 용도로도 사용되었다.

중세 초기에 가장 활동적이었던 광산은 유럽 중부 지방에 있던 것들이었고, 작센 지방의 광부들은 유럽의 다른 지역에서 사용하게 될 다양한 채굴 장비들을 고안해 사용했다. 오늘날의 체코 공화국에 위치한 셈니츠Schemnitz에서는 745년에, 하르츠 지방의 고슬라르Goslar에서는 970년에, 그리고 작센 지방의 프라이베르크에서는 1170년에 광산이 문을 열었다. 중세 초기의 채굴 기술과 탄광 구조는 그렇게 효율적이지 못했으며 깊이가 있는 것도 아니었고, 대부분의 과정은 단지 물로 씻는 것이었다. 에스파냐의 카르타헤나의 광산을 예로 들면, 길이가 약 150-200m 정도의 규모를 가지고 있었지만, 깊이는 2세기경에는 가장 깊은 곳이 약 10-15m 정도였으며 이보다 더 깊은 곳에 있는 광물은 기술력의 부족과 물을 침투할 공간의 부족으로 채굴되지 않았다. {.margin: 채굴}

이 시기에 주물 기법도 쇠퇴했다. 고대에 비해서 중세에는 동을 재료로 다룬 간접적인 주물 기법이 사라졌다. 하지만 철의 주조법은 고대에도 알려져 있지 않았고 중세에는 화로의 낮은 불꽃에서 제련해서 사용했다. 그러나 최근의 연구에 따르면 예외도 존재한다. 대표적인 경우가 7세기경에 바이킹이 금속을 다루는 방법으로 이들은 다양한 장신구를 생산하기 위해서 간접적인 주물 기법을 사용했다. {.margin: 주물 기법}

연금술의 도구와 금속에 대한 지식

아랍 문화에서 화학은 기술적으로 발전했을 뿐 아니라 문화적으로도 매우 중요한 역할을 담당했다. 아랍인들은 염화암모늄, 붕사, 나트륨, 칼륨, 초석, 사탕수수의 당糖 등을 발견했다. 8세기부터 오늘날의 이라크 지역은 화학 발전의 중심지이면서 유리와 도예 산업을 발전시켰고, 그 결과 증류에 적합한 여러 도구를 활용할 수 있었다. 아랍의 여러 저자들이 사용하는 '증류'라는 용어는 오늘날의 어법에 비해서 더 넓은 의미를 가지고 있었다. 증류는 액체나 유체에 들어 있는 광물이나 식물에서 특정 성 {.margin: 증류}

분을 추출하거나 걸러 내는 과정을 모두 포함하고 있었다.

가장 세밀하고 종합적으로 당시 작업장 환경과 함께 여러 정보를 전달해 주는 사
료로는 알-라지가 쓴 『비밀의 책』이 있다. 이 책에서 언급하는 것처럼 콰르qarʿ(냄비)
와 안비크anbiq(분출구를 가진 증류기), 콰빌라qabilah(저장 용기)는 액체를 증류시키
기 위한 가장 기본적인 도구였다. 유리나 법랑을 입힌 테라코타는 화학 반응을 방지
하기 위해서 외부와 내용물을 분리하는 기본적인 도구였다. 증류기는 보통 테라코
타의 용기 위편에서 연결되어 있었고(호리병박 형태의 용기), 이는 동시에 증류를 위
한 용매와 같은 높이에 물을 담고 있는 가압기와 연결되었다. 이러한 증류 도구는 가
열기와 물을 사용한 냉각기로 구성되어 증류된 가스가 공기 중으로 사라지는 것을
방지했다. 그런 뒤에 설화석고를 이용해서 각 도구의 연결 부분을 이어 준 후, 진흙,
쌀, 소금, 머리카락을 반죽해서 만든 봉니封泥, lute를 사용해서 물질이 새어 나가는 것
을 막았다. 알-라지는 의학 서적을 저술하면서 증류에 필요한 도수를 인간의 신체와 비
교하기도 했다. 그는 증류할 물질이 담긴 용기를 인간의 위장에 비유했으며, 가압기는
인간의 머리에, 그리고 증류된 내용물을 얻기 위한 용기는 인간의 코에 비유했다.

유리와
테라코타를
사용한
분석 도구들

회취법   금속을 다루는 장인들이 고대부터 사용했던 기술은 회취법灰吹法, cupellation으로 연
금술사도 이 기법을 적절하게 활용했다. 이는 납 성분을 산소와 결합시키는 특별한
화학 반응 작용이다. 다시 말해 금속의 녹는점을 활용해서 순수한 성분을 얻는 방식
으로, 주로 금과 은처럼 귀금속 작업에 사용되었지만 종종 다른 금속의 시금試金을
위해서도 활용되었다. 이를 위해서 다공성多孔性 도가니에 금속을 넣고 가열해서 내
용물을 얻었다. 이 도가니에 납과 귀금속을 함께 넣고 모든 물질이 다 녹을 때까지
가열한다. 그러고 나서 공기와 접하게 만들면, 납 성분은 산화 작용을 일으키며 일산
화납을 만들어 내는데 이는 금을 제외한 다른 금속의 산화물들을 함께 녹이는 특징
을 가지고 있다. 일산화납과 함께 용융된 금속 산화물은 도가니의 작은 구멍들에 스
며들거나 공기 중에서 확산 반응을 일으키며, 염기물로 제거될 수 있다. 금이나 금-
은의 용융액이 남을 때까지 이 과정을 계속 반복한다. 이후 과정은 순수한 금을 채취
하기 위한 것으로 함께 녹아 있는 은을 제거하는 단계다. 금속 산화물을 발견하기 전
에는 이 작업이 금-은의 용융액을 도가니에 넣고 소금과 보리의 겨와 함께 녹인 후에
납의 경우처럼 은을 염화물로 변화시켜 도가니에서 이를 흡수한 뒤에 순수한 성분의
금만 채취하는 방식이었다.

고대부터 연금술사가 금속 공방에서 발전시켜 나갔던 금속의 공정으로는 하소법 **하소법** 煆燒法, calcination이 있다. 이 과정은 금속에 열을 가해서 산화 과정을 거친 후에 나온 금속을 가루로 만드는 것이다. 금속을 가루로 만드는 것은 매우 중요한 변성 과정에 속한다. 이는 그 당시의 지식으로 자연을 구성하는 사물을 해체할 수 있음을 경험적으로 보여 주는 것으로, 금속의 경우에 금속을 구성하는 기본 성분으로 되돌려 놓는 가장 효과적인 방법이었다. 금속을 '땅'(산화물의 가루)으로 바꿀 수 있다는 것은 다시 금속을 만들 수 있다는 의미로, 이후에 연금술사는 이 가루들을 적절하게 혼합해서 금도 생산할 수 있다고 믿었다.

하소법처럼 고대의 장인들이 순수한 물질을 확인하고 얻는 작업 과정은 승화昇華 **승화** 였다. 이는 화학적인 과정에 의해 강한 불로 물질을 가열하여 고체를 가스 상태로 만들거나 가스를 빠른 속도로 냉각해서 결정을 얻는 과정이다. 물질의 가역성을 관찰했던 연금술사들은 이를 토대로 사물의 변성에 대한 신념을 가질 수 있었다.

| **다음을 참고하라** |
과학과 기술 그리스–비잔티움 문화 속의 연금술(471쪽); 『마파이 클라비쿨라』와 처방전의 전통(479쪽); 아랍의 연금술(481쪽)

『마파이 클라비쿨라』와 처방전의 전통

| 안드레아 베르나르도니 |

처방전의 필사본을 둘러싼 전통은 고대 후기부터 중세에 이르는 실험적인 화학에 대한 지식을 이해할 수 있는 중요한 자료가 되어 준다. 그중에서 중세의 첫 세기에 가장 중요한 처방전은 『마파이 클라비쿨라』로, 이 필사본은 모자이크 작업에 사용된 유색석의 생산, 천을 부드럽게 만드는 화학적 물질, 가죽의 염색, 금니서金泥書와 금속학에 대한 지식을 처방전처럼 다루고 있다.

자연의 비밀을 푸는 열쇠
광물을 다루는 몇 점 남아 있지 않는 기록이나 고고학적 유물들을 통해서 전해지는 당시의 지식들 이외에도, 이 시기에 적절한 용어는 아니지만 오늘날의 화학 분야를 포함하고 있는 중세 초기의 가장 중요한 사료는 『마파이 클라비쿨라Mappae Clavicula』다. 이 책은 비트루비우스(기원전 1세기)와 파벤티누스Marcus Cetius Faventinus(4세기)의 몇몇 문장을 포함하고 있는, 비잔티움 제국에서 출간했던 '처방전' 형태를 띠고 있는 서적이었다. 사실 이 제목은 오늘날에 어떤 관점에서 해석해야 할지 어려운 점이 있다. 라틴어로 '마파mappa'라는 단어는 냅킨, 천, 패브릭, 종이라는 의미를 가지고 있으며, '클라비쿨라clavicula'라는 단어는 작은 열쇠를 뜻한다. 이 두 용어는 서로 아무런 연관이 없는 것처럼 보인다. 이런 언어상의 문제는 그리스어에서 라틴어로 단어를 옮기는 과정에서 비롯한 실수로 추정된다. mappa는 그리스어로 '케이로마크톤keiromakton'에 해당하지만, 여기에서 k의 위치가 바뀌는 단어인 '케이로크메톤keirokmeton'은 '입문서'를 의미하기 때문이다. 후자의 단어는 고대 그리스어에서는 여러 처방전을 포함한 서적을 의미한다. '클라비쿨라'라는 단어는 조시모스가 쓴 『기예의 열쇠Chiave delle arti』라는 연금술 서적과 미카엘 프셀로스(1018-1078)의 편지에 등장한다. 이 글들은 모두 '열쇠' 즉 '클라비쿨라'라는 단어를 헤르메스 트리스메기스투스의 글에서 보았다고 설명하는데, 이 '클라비쿨라'라는 용어는 12세기에 프롤로그와 같은 의미를 부여하기 위해서 사용했던 것으로 보이며, 저자는 다른 성스러운 책들의 비밀을 밝히기 위해서 처방전의 목록을 기술했다고 적고 있다.

『마파이 클라비쿨라』의 중심 논제는 모자이크로 활용하기 위한 인공석의 염색 과정이지만 사실 매우 폭넓은 화학 작용을 설명하고 있으며, 천의 염색, 가죽의 무두질과 염색 과정, 혹은 글씨에 금이나 은을 붙이는 법이나 금속 제조 기법, 다른 여러 화학물의 제작을 둘러싼 내용을 담고 있다. 고대 처방전들에서 가장 중요한 부분은 물질의 기원에 따라서 재료를 분류하고 있다는 점이다. 서로 다른 장소에서 생산된 것은 같은 성분을 지녔더라도 전혀 다른 성질을 가지고 있다고 보았기 때문이다.

『마파이 클라비쿨라』는 사실 유사한 과정을 담고 있는 여러 권의 삽화본 내용을 포함하고 있다. 『루카의 삽화본Compositiones Lucenses』이라고도 알려져 있는 『벽의 구성과 색Compositiones ad tingendas musiva』(7-9세기로 추정)과 『마드리드의 삽화본 Compositiones matritenses』(12세기)으로, 두 번째 서적의 경우에 그 기원은 다른 삽화본으로 거슬러 올라간다. 이런 책들은 원래 연금술과 연관된 문화적 전통에서 영향을 받았으며 헬레니즘 후기까지 거슬러 올라가는데, 가장 오래된 유사한 서적으로는

화학 분야의 '처방전'

비밀을 밝히기 위한 '열쇠'

다른 삽화본들

『레이던의 파피루스』와 『스톡홀름의 파피루스』가 남아 있다. 이 두 처방전의 기원은 4세기로 올라가며, 둘 다 같은 책에서 떨어져 나온 것으로 추정된다. 이 책이 쓰였던 장소와 의도에 관해서는 다양한 가설이 성립되었는데, 대개는 자연 물질들의 위조에 대한 책이라고 가정하고 있다.

무엇보다도 이 서적의 우아한 필치는 이것이 공방이 아닌 수도원의 도서관을 위해 제작되었다는 점을 보여 주고 있으며, 이 때문에 공방의 전통에 따라 구성된 것이 아니라 그리스-비잔티움 시대의 연금술 전통을 반영하고 있는 것으로 볼 수 있다. 이 서적이 서유럽으로 전해졌던 시기는 중세 초기로 보이며, 시간이 흐르면서 원전에 속했던 이론적인 틀과 처방전들이 줄어들고 이 중에서 몇몇 처방전만 이 책의 권위를 위해 남겨졌던 것으로 보인다. 수도원의 도서관에 있던 이 처방전은 시간이 흘러가는 동안에 공방에도 잘 알려지기 시작했는데, 이와 연관된 가장 오래된 증언이 라이헤나우의 베네딕투스 수도원 도서관에서 발견된 『마파이 클라비쿨라』였다. 이 장소는 카롤링거 왕조 시대에 고전 문화의 연구와 기예를 다루던 가장 중요한 문화적 중심지 중 하나였다. 처방전은 중세에 유행했으며 기예를 둘러싼 여러 비밀을 다룬 문학 작품의 전통을 구성하게 되었다.

'처방전과 수도원'

| 다음을 참고하라 |
과학과 기술 동방과 서방의 의학(452쪽); 고대와 갈레노스를 대하는 시리아와 아랍 언어권의 전통(455쪽); 그리스-비잔티움 문화 속의 연금술(471쪽); 광물학과 금속학(476쪽); 아랍의 연금술(481쪽); 자비르 이븐 하이얀(487쪽); 아부 바크르 알-라지(492쪽); 무함마드 이븐 우마일(494쪽)

아랍의 연금술

| 안드레아 베르나르도니 |

다마스쿠스나 바그다드와 같이 당시에 태동하던 아랍 문화의 새로운 중심지들에서 과학과 예술은 놀라운 발전을 거듭했다. 이런 문화적 상황에서 물질의 구성 요소들의 구성에 대한 새로운 여러 이론들이 제시되면서 이후에 발전할 연금술의 토양을 마련했고, 13세기부터 유럽에서도 물질의 변성에 대한 연구가 발전하기 시작했다.

이슬람 세계에서 연금술의 기원

10세기의 아랍 문헌들을 검토했을 때 이븐 알-나딤Ibn al-Nadīm(10세기)이 기술한『목
록서Kitab al-Fihrist』와 같은 책의 목록은 초기 연금술에 대한 연구가 660-704년에 할리
드 이븐 야지드Khālid ibn Yazīd가 살던 왕조에서 유행했다는 사실을 확인할 수 있도록
해 준다. 동시에 이때 알렉산드리아와 비잔티움의 여러 철학서와 과학서의 번역 작
업이 이루어졌다는 사실도 알려 준다. 할리드는 모리에노Morieno의 지도를 받아 연금
술을 공부했으며, 모리에노는 비잔티움의 연금술사였던 스테파노스의 제자였다. 할
리드가 쓴 가장 유명한 책들로는『부적의 책Il libro degli amuleti』,『크고 작은 로톨로의
두루마리들I grandi e i piccoli libri del Rotolo』,『예술에 관한 증언Il libro del testamento sull'arte』,
『지혜의 정원Il Giardino della sapienza』이 있으며,『지혜의 정원』의 경우에는 이슬람의
문헌학자인 하기 할리파Haggi Khalifa가 약 2315개의 문장으로 재구성한 바 있다.

    모리에노의『연금술의 구성에 관한 책Liber de compositione alchimiae』은『주석서
Testamentum』라는 제목으로 더 잘 알려져 있으며, 아랍 세계에 지식이 전달되기 이전
에 지중해의 문화적 중심지에 대한 설명을 포함하고 있다. 모리에노는 사실 로마 출
신으로 비잔티움에서 알렉산드리아의 스테파노스의 제자였으며, 예루살렘에서 연
금술사로 활동하다 바그다드에 도착한 뒤로 할리드 국왕을 위해 변성의 기술을 강의
했다. 이런 경력 과정을 볼 때 비잔티움의 연금술이 매우 중요한 역할을 했음을 추정
할 수 있다.

    알-나딤은 서로 다른 저자들이 철학과 연금술을 다룬 약 45권의 서책 목록을 소
개하면서 아랍 세계의 연금술이 발전하는 데 기여했다. 이 여러 책들의 저자 중에
는 티아나의 아폴로니오스Apollōnios ho Tyaneus(30/40-?), 데모크리토스(기원전 460-
기원전 약 370), 플라톤, 파노폴리스의 조시모스, 펠라기우스와 같은 유명한 그리
스인들이 포함되어 있었다.『목록서』에도 연금술을 다룬 52명의 유명한 철학자들
의 이름이 기록되어 있는데, 이 중에는 헤르메스 트리스메기스투스, 아가토다이몬
Agathodaimon, 오스타네스Osthanes, 유대인 마리아가 포함되어 있다.

    연금술을 다룬 책에서 그리스 저자들의 이름을 포함하고 있는 것은 아랍 저술가
들의 특징으로, 이러한 책들은 9-10세기에 가장 많이 출간되었으며 서유럽에서는
『철학자들의 회합Turba phylosophorum』이라는 제목의 책이 큰 성공을 거두었다. 이 책
에서는 연금술의 기원을 설명하고 있으며, 어느 시기인지 분명하지는 않지만 고대

할리드 이븐 야지드의 연금술 책들

다른 연금술사들

연금술의 기원을 설명하는 책들

의 가장 뛰어난 지식인들(헤르메스 트리스메기스투스, 피타고라스, 소크라테스, 아리스토텔레스, 데모크리토스)의 여러 이론을 연금술의 논제들을 통합하기 위해 사용했다.『철학자들의 회합』은 13세기에 처음으로 라틴어본으로 등장하고 있으며 첫 번째 인쇄본은 1572년 바젤에서 출간되었다. 라틴어본의 필사 과정을 볼 때 이 책이 아랍어에서 번역되었다는 점을 확인할 수 있지만, 내용을 검토해 보면 문화적인 전통은 그리스-비잔티움에 그 기원을 두고 있다는 사실을 알 수 있다. 독일 역사학자인 율리우스 루스카Julius Ruska(1867-1949)는 그리스의 연금술 전통에 대한 번역 과정을 비교하는 과정에서 『철학자들의 회합』의 아랍 텍스트의 기원이 그리스 자연 철학의 문화적 맥락과 연관되어 있다는 가설을 발전시켰다. 마르틴 플레스너Martin Plessner(1900-1973)는 이후에 이 책의 완성본을 문헌학적으로 구성하는 과정에서 저술 연대가 900년 이전으로 거슬러 올라가기 어렵다는 점을 확인했으며, 그 근거로 이 책에 서유럽의 우마일이 저술한 『수은과 별 모양의 땅에 대한 책』이 인용되어 있다는 점을 들었다.

『철학자들의 회합』에서 언급하는 철학과 연금술의 연관성은, 아마도 철학의 근거를 연금술 이론을 통해서 분류하고 문서화해서 변성 과정으로 보여 주고, 또 연금술사들이 분류한 화학적 변화 과정에서 연금술의 우주관을 밝혀내고자 했던 피타고라스의 목적에서 비롯한 것으로 보인다. 주제, 개념, 알레고리는 헬레니즘-비잔티움의 문화적 전통 속에서 발전했고, 그 과정에서 증류, 산화마그네슘, 수은, 철학자의 고무, 규공작석硅孔雀石, 독, 살아 있는 물이라고 알려진 황이 발견되었다.『철학자들의 회합』에는 또한 교육과 지식의 전승 내용도 담겨 있다. 이 과정에서 이미 철학적 관점과 연금술의 관점이 분리되어 있었다. 각각의 학생들은 비의와 연관된 단어들을 배워야 했고, 자신의 무지를 숨기기 위해서 변성 과정을 만들어 내는 실험을 해야 했다.

피타고라스의 영향

『철학자들의 회합』에 등장하는 철학자들에게 생성의 비밀은 4원소(불, 물, 공기, 흙)로 구성되는데, 이는 태양의 열기를 통한 대우주적 증류 과정에 의해 모든 피조물들의 삶을 관장하는 영혼을 추출할 수 있다는 믿음을 반영하고 있다. 대우주가 변화하는 과정의 통일성은 달걀에 대한 은유를 통해서 설명했고,『철학자들의 회합』의 철학자들은 대상을 구성하는 4원소를 통합할 수 있는 재료를 보여 주고자 했다. 이 재료는 증류 과정을 통해서 얻을 수 있으며, 모든 사물의 삶의 원칙으로서, 그리고 영혼에서 신체를 분리시킬 수 있는 유일한 존재로서 돌출점punctus saliens과 같은 배아를 가진다고 보았다.

아랍 연금술은 당시 이슬람의 영토 확장과 연관된 경제적·사회적 변화를 따라서 발전했다. 특히 이집트, 시리아, 페르시아의 점령으로 다마스쿠스와 바그다드와 같은 새로운 문화적 중심지가 태동했고, 이곳들은 곧 새로운 지식과 서로 다른 기원을 가진 여러 문화 교류의 중심지가 되었다. 바그다드의 예를 들면, 우마이야 왕조의 칼리프였던 알-마문(786-833)은 813-833년 동안 재위했으며, 이때 지혜의 집이 설립되었다. 이 짧은 기간에 이곳은 곧 연구의 중심지이자 교육의 중심지가 되었고, 그리스, 시리아 출신의 여러 철학자와 의사들의 활동지가 되었다. 이들은 이슬람 문화에 비잔티움과 알렉산드리아의 전통을 소개했다. 동양의 유산을 확인하는 것은 이에 비해서 조금 더 어렵다. 하지만 아랍의 사료를 토대로 분석해 보면 아랍의 도시 중에서 하란은 동양 문화를 수용했던 중요한 중심지로 보인다. 아랍이 이곳을 점령했을 때, 하란에는 헤르메스라는 선지자가 이끌던 종교 단체가 있었다. 이들은 이원론에 바탕을 둔 연금술의 전통과 달리 현실을 일원론적인 관점에서 분석하고 있었다. 그리고 천체를 자연주의적으로 바라보는 동양의 전통, 신플라톤주의와 신피타고라스주의의 영향을 받았다.

발리누스의 작품

『창조의 비밀들에 관한 책』 칼리프 알-마문이 지배하던 시기에 아랍어로 『창조의 비밀들에 관한 책Kitab Sirr al-haliqua』(이후에 'Libro dei segreti della creazione'라는 제목의 라틴어본으로 번역되었다)이 출간되었다. 이 책의 저자는 티아나의 아폴로니오스로 아랍어로는 발리누스Balinus(7-8세기)로 알려져 있었다. 그는 모든 자연을 생산하는 원인들에 대해 설명하고자 했다. 이 저작은 아랍의 철학과 연금술의 발전을 이해하는 데 매우 중요한 책이지만, 역사 속에서 오랜 시간 동안 이 책의 저자를 두고 많은 논쟁이 일어났다. 발리누스를 티아나의 아폴로니오스라고 볼 수 있는지도 분명하지 않다. 아랍 세계에서 의학과 연금술에 대한 여러 주요 저서의 저자였던 알-라지는 『창조의 비밀들에 관한 책』이 칼리프 알-마문의 시대에 쓰였다고 설명했다. 하지만 오늘날의 연구에 따르면 이 책은 그보다 더 오랜 역사를 가지고 있다.

『창조의 비밀들에 관한 책』은 수은과 황의 결합으로 만들어진 금속 종류에 관한 이론을 처음으로 발전시켰다. 시간이 흐르면서 다시 편집되고 발전해서 『자비르 전집Corpus jabiriano』에 실린 이 이론은 아랍의 연금술과 금속 화학의 발전에 지대한 영향을 끼쳤다. 이후에 이 책은 서유럽에서 많이 참조되었는데, 아리스토텔레스의 관점이나 원소 개념에 대한 또 다른 이론적인 대안을 제공했고, 18세기의 라부아지에 Antoine Laurent Lavoisier(1743-1794)의 저작에 이르기까지 금속 성분에 관한 여러 논쟁에 영향을 끼쳤다.

우주에 대해 설명하면서 우주 안에서 이루어지는 모든 변성은 '화학'적인 특성을 지닌다고 보았던 『창조의 비밀들에 관한 책』은 붕사와 암모니아염과 같은 물질을 통해서 경험적으로 금속 종류의 변성을 연구한 시도들을 발전시켰다.

발리누스의 우주론은 피조물의 열의 원칙에 바탕을 두고 있으며, 이는 신과 밀접한 관계를 가진다. 이는 모든 자연들을 생산한다. 열은 운동을 통해서 극단적으로 열기와 냉기로 나뉘며, 물질에는 가진 열의 정도에 따라서 다양한 농도를 가지는 태초 물질의 구성 요소가 담겨 있다.

발리누스는 은유적인 언어로 글을 썼으며 열기와 냉기라는 서로 상반된 두 원칙의 결합을 통해서 건조함과 습기 같은 다른 특성들을 설명했다. 또한 이는 처음 두 원소의 관계에서 만들어진 산물이 아니라 비의적인 수준에 따른 방사물이라고 생각했다. 그는 이런 비밀스러운 과정과 선언(예를 들어 건조함은 열과 냉기의 과정을 통해서 등장하며 차가움과 더불어 태초의 흙을 만들어 내는 힘이었다)을 반복하면서 모든 복합적인 자연의 신비를 설명할 수 있다고 보았다. 정의되지 않았지만 일반적인 모든 사물의 근원은 서로 다른 대칭 요소(예를 들어 열기와 냉기)가 결합한 결과로, 발리누스에 따르면 엘릭시르라고 알려진 유동적인 액체가 물질로 모습을 드러낸 것이라고 보았다. 이런 점은 그가 조시모스의 이론에 기대고 있다는 점을 보여 주며, 다른 관점에서는 스토아 학파에서 언급했던 우주의 유동pneuma이라는 개념과 유대인 마리아로 거슬러 올라가는 증류의 기술에 대한 고찰을 자신의 이론에 대한 바탕으로 삼고 있음을 보여 준다. 그의 우주론은 무엇보다도 그리스-비잔티움 전통을 넘어서서 연금술 과정을 설명하면서 증류와 승화를 통해 대우주의 차원을 이해하고 모든 현실의 발전 과정을 설명할 수 있다는 생각에 이르게 된다.

발리누스의 저술에 등장하는 또 다른 중요한 사유의 관점 중 하나는 헤르메스 트리스메기스투스의 저서로 알려진 『에메랄드 석판Tavola smaragdina』이라는 가장 오래된 서적에 대한 색인을 싣고 있다는 점이다. 연금술의 전통에서 『에메랄드 석판』은 에메랄드의 파편에 적혀 있던 것으로, 아브라함의 아내였던 사라가 헤르메스 트리

신비로운 사상과
문화적 관점들

「에메랄드 석판」

스메기스투스의 무덤에서 발견한 것으로 알려졌다. 이 서적이 1세기까지 거슬러 올라간다는 점을 확인할 수 없음에도 불구하고, 헤르메스의 전성기를 다룬 몇 권의 서적에서는 이것을 티아나의 아폴로니오스 혹은 알렉산드로스 대왕이 발견했던 것으로 기록하기도 한다. 한 세기 전에 존 에릭 홈야드John Eric Holmyard, 율리우스 루스카, 폴 크라우스Paul Kraus와 같은 연구자들은 가장 오래된 사료가 아랍 세계에 기원을 두고 있으며, 『창조의 비밀들에 관한 책』은 티아나의 아폴로니오스의 시대까지 거슬러 올라갈 수 없고 아마도 813년부터 833년까지 재위했던 칼리프 알-마문의 시대에 등장했던 것으로 보고 있다. 『창조의 비밀들에 관한 책』의 저술 시기에 대한 정확한 역사적 기록을 확인할 수 있는 것은 아니지만, 이 책은 그리스어 원전을 시리아어로 번역한 책을 다시 아랍어로 번역했던 것으로 추정된다.

연금술과 우주의 형성

헤르메스가 기술한 것으로 알려진 짧은 서적인 『에메랄드 석판』은 저작의 구성이 우주의 형성과 평행선을 그리면서, 연금술적인 우주관에 대한 주요한 사유의 원칙을 연금술의 실험과 연관해서 설명하고 있다. 특히 천체의 사물들과 지상의 사물들의 관계를 구성했던 저자는 아마도 이 둘이 같은 기원을 가지고 있을 것이라고 보았다. 헤르메스에게 종의 변성은 대우주와 소우주 모두 동일한 보편적인 영혼에 의해서 발전했기 때문에 가능한 것이었다. 우주의 영혼의 힘은 철학의 돌 혹은 엘릭시르와 같은 고체를 만들어 냈으며, 이는 다시 종의 변성을 가져온다고 설명했다. 헤르메스는 연금술사의 가장 중요한 도구가 불이며, 불을 통해 물질과 기술을 통제할 수 있다고 생각했다. 그리고 태양의 열기를 관찰하고 적용한다면 우주의 발전 과정을 재생산할 수 있는 모델을 구성하고 사물의 변성을 이끌어 낼 수 있다고 보았다. 이 기술은 창조 과정을 관찰할 수 있도록 만들어 주며, 더 나아가 여러 원소로 구성된 사물을 다시 각각의 원소로 되돌릴 수 있는 방법으로 증류를 제시해 주었다. 연금술과 기술의 관계에 대한 연구는 이후 연금술의 발전에서 중요한 역할을 담당했다. 서유럽에서 연금술이라는 학문은 13세기부터 등장하기 시작하며, 이는 알베르투스 마그누스Albertus Magnus(약 1200-1280)의 『광물에 관하여De mineralibus』, 게베르(자비르 이븐 하이얀의 라틴어 이름)의 『완전성의 총체Summa perfectionis』, 그리고 르네상스 시대에는 레오나르도 다 빈치(1452-1519), 반노초 비링구초Vannoccio Biringuccio(1480?-1539)와 베네데토 바르키Benedetto Varchi(1502-1565) 등의 저자를 통해서 발전해 나갔다.

| 다음을 참고하라 |
과학과 기술 그리스의 유산과 이슬람 세계(443쪽); 고대와 갈레노스를 대하는 시리아와 아랍 언어권의 전통
(455쪽); 텍스트에서 실천으로: 이슬람 세계의 약학, 병원, 수술(461쪽); 실천에서 텍스트로: 아랍 의학의 거
장들(467쪽); 그리스-비잔티움 문화 속의 연금술(471쪽); 아부 바크르 알-라지(492쪽); 무함마드 이븐 우마
일(494쪽); 이슬람의 기술 문화: 새로운 기술, 번역, 놀라운 수공품(506쪽)
문학과 연극 이슬람교에 대한 유럽의 인식(612쪽)

자비르 이븐 하이얀

| 안드레아 베르나르도니 |

자비르는 이슬람 문화의 연금술사 중에서 가장 중요하고 유력한 사람이었다.
그는 비록 출처가 명확하지 않지만 200편 이상의 글을 남겼으며, 『완전성의 총체』와 같은
몇몇 저서는 이후 유럽에서 끊임없이 출판되었다. 금속에 대한 그의 이론, 그리고 황과
수은이라는 두 요소를 물질의 기원으로 보았던 그의 관점은 물질에 대한 아리스토텔레스의
이론의 대안으로, 18세기 라부아지에가 화학 혁명을 성취하기 전까지 물질의 구조에
대한 생동감 넘치는 논쟁을 불러일으켰다.

신비와 현실 사이의 『자비르 전집』

자비르 이븐 하이얀Jābir ibn Hayyān(약 721-약 815, '게베르Geber'라고도 함*)은 아랍의 모
든 연금술의 전통을 대변할 수 있는 특별한 과학자였다. 그는 투스Tus(오늘날의 라자
비 호라산 지방의 투스)에서 태어났으며 일생의 대부분을 유프라테스 강 하류에 위치
했던 도시인 쿠파Kūfah에서 살았다. 1940년대까지 『자비르 전집』에 약 2천 권의 책 **2천 권
이상의 책들**
들이 포함되어 있었던 것으로 보았지만, 오늘날에 와서 독일 역사학자인 폴 크라우
스가 이 전집이 실제로는 한 아랍 과학자의 저작이 아니라 그의 추종자들이었던 이
스마일파와 하산의 비밀 집단에서 쓴 것이라는 사실을 추론해 냈고, 10세기까지 이
학자의 원칙이 발전하고 보완되었다는 점을 밝혀냈다. 라틴어를 사용했던 서유럽에
서 자비르는 너무나 유명했으며, 유럽에 연금술을 전파하고 발전시켰던 수많은 텍
스트의 저자로 알려졌다. 이 책들에는 『완전성의 발견에 관한 책Liber de investigatione
perfectionis』, 『진리의 발견에 관한 책Liber de inventione veritatis』, 『증류법Liber fornacum』,

『게베르의 주석서Testamentum Geberi』, 그리고 『완전성의 총체』가 있지만, 마지막 책은 윌리엄 뉴먼William Newman의 연구에 의해서 13세기에 활동했던 타란토의 파울루스 라는 프랑스 수도사의 저작으로 밝혀졌다.

사실 『자비르 전집』 중에서 어느 부분이 8-10세기에 집필되었는지를 확인하는 것은 현실적으로 불가능하다. 이 텍스트들 중에서 가장 중요한 부분은 『에메랄드 석판』에 바탕을 둔 112권으로, 이것은 바르마크라는 페르시아의 권력자 가문을 위해 쓰였다. 이후에 70권은 라틴어로 지속적으로 번역되었는데, 이 중 10권에는 자비르의 연금술에 대한 참고 문헌이 적혀 있다. 『저울의 책Libri della bilancia』은 연금술에 대한 그의 재능을 보여 주는 책이다. 자비르가 쓴 언어는 종종 비의적이고 환영을 묘사하는 방식을 취했지만 부호나 알레고리를 사용하지는 않았다. 그는 연금술의 신비를 독자에게 전할 때 서로 분리된 논제라든지 반복, 재인용과 같은 인위적인 방식을 사용하지 않았다.

연금술에 대한 양적 접근

존재론적 차원과
언어적 차원

자비르의 화학-연금술의 기원은 언어적 차원과 존재론적 차원의 종합을 추구하는 이론을 통해서 질료와 질료의 변성 과정을 이해하고 해석하는 과정에서 시작한다. 이 이론에 따르면 언어는 관습적인 것이 아니라 영혼의 자연적인 의도이며, 이름들은 존재의 다양한 현실들의 핵심인 사물들의 정신적 재현이다. 그러므로 언어나 구성하고 있는 질료로 환원할 수 있는 가능성은 언어와 존재 사이의 존재론적 등가성에 대한 믿음에 바탕을 두고 있다. 자비르는 명칭과 질료들이 서로 밀접한 관계를 가지고 있다고 보면서, 구성 성분의 관계를 연구하는 학문의 언어적인 분석과 변성을 둘러싼 연금술의 연구 주제를 화학의 입장에서 연결시켰다. 그는 연금술의 다양한 실험들을 통해서, 그리고 사물의 이름들을 언어적으로 분석함으로써, 창조자는 영혼의 운동을 통해 새로운 물질을 만들어 낼 수 있으며 사물의 진화와 구성 성분의 변화도 이끌어 낼 수 있다고 보았다.

자비르가 집필한 『70의 책Kitab al-Rahma』은 이후에 'Liber Misericordiae'라는 제목의 라틴어 책으로 번역되었다. 자비르는 이 책에서 연금술의 전통에서 사용하는 용어를 통해 대우주와 소우주의 관계, 즉 인간과 세계의 일관성을 설명했다. 이런 생각은 대우주와 소우주의 중간 과정을 보여 줄 수 있다는 점에서 이후의 연금술이 '세

차원의 창조creatura tertia' 라는 점을 증명해 주었다. 연금술에 대한 이러한 이국적인 사유는 체계적인 분류와 기준을 바탕으로 시도되었던 실험적인 연금술과 대조를 이룬다.

저울 이론

자비르는 구성 성분의 계수학적인 연구를 시도했고, 이를 통해서 각 성분들이 연금 수와 성분 술에서 자연의 양적인 분석으로 이어져 '저울 이론'을 구성한다고 설명했다. 이 이론에 따르면 각각의 구성 성분들은 처음에는 스스로의 양적인 관계에 따라 구성되며, 비록 그 본성이 양적으로 분석될 수 있으며 구성 요소와 성분도 수적인 분석을 통해 정의될 수 있음에도 불구하고, 그 구성 성분들은 양적인 덩어리로 영향을 끼치는 것이 아니라 화학적 변성 과정을 통해서 변화하고 있다고 설명했다. 자비르에게 있어서 1, 3, 5, 8, 28과 같은 수의 나열은 매우 중요한 의미를 가지고 있으며, 특히 17은 계열을 구성하는 수를 분석해 보았을 때 첫 번째 네 숫자의 합이다. 폴 크라우스와 헨리 스테이플턴Henry Ernest Stapleton의 해석에 따르면, 이 수는 '마술적인 사각형'을 이루고 있으며 이 수의 총합은 45다. 만약 눈에 보이는 대로 이 사각형을 분석하면 수는 두 집단으로 나뉠 수 있으며, 한쪽 집단은 1, 3, 5, 8로 총합이 17이 되며 4, 9, 2, 7, 6으로 구성된 다른 집단은 총합이 28이 된다. 이런 마술적인 사각형은 3세기의 신플라톤주의의 전통에서도 알려져 있었으며 아마도 그보다 더 오랜 기원을 갖는 것으로 보이는데, 이러한 '의미심장한 수'는 자비르가 수-알파벳 모델에 바탕을 두고 금속의 구성을 설명하기 위해서 적용했던 것으로 보인다.

이런 방법론에 바탕을 두고 사물의 구성 성분을 수적인 특징으로 분류했던 자비르는 근원이 되는 재료의 이론을 발전시켰으며, 이때 전통적인 아리스토텔레스의 4원소 개념을 적용하고자 했던 것으로 보인다. 첫 번째로 사물은 근원이 되는 4원소에 따라 구성되며(열기, 냉기, 건기, 습기), 이 각각의 요소는 사물에 통합되어 (열기를 지닌, 냉기를 지닌, 건기를 지닌, 습기를 지닌) 첫 번째 자연의 복합물을 구성한다. 이 요소들의 결합은 나중에 다시 4원소(불, 물, 공기, 흙)를 만들어 낸다.

황과 수은 이론

금속의 구성과 관련해서, 자연은 두 내부 요소와, 그것과 다른 두 외부 요소로 결합되어 있다. 예를 들면 납은 외부적으로는 차가움과 건조함을 가지고 있지만 내부에는 열과 습기를 가지고 있고, 금은 외부에는 뜨거움과 습함을, 내부에는 차가움과 건조함을 가지고 있다. 자비르의 이러한 광물학 구성 체계에서는 각각의 흙과 연관된 성분들은 양, 본질, 건조함, 열의 정도를 변화시키는 황과 결합하고, 다른 측면에서는 냉기와 습기를 생산하는 수은과 결합해서 만들어진다고 보고 있다. 금속에 대한 이런 개념은 자비르가 연금술과 화학의 발전에 끼친 가장 중요한 공헌 중 하나였다. 비록 이러한 사유 체계는 티아나의 아폴로니오스의 저작에 기원을 두고 있음에도 불구하고 『자비르 전집』을 통해서 처음에는 이슬람 세계에서 알려졌고 이후에 서유럽 세계에 전파되었다.

금속의 원칙 자비르가 '금속의 원칙'으로 분석했던 황과 수은은 이런 이름들로 지시될 수 있는 현실의 구성 성분과 일치하지 않는다. 그는 황과 수은을 '가설적인 존재'로 다루고 있으며, 그 둘에서 자연에 존재하는 가장 뛰어난 결합 과정을 발견했다고 보았다. 다양한 금속의 종류는 순수한 수은과 황이 각각 다르게 포함되어 있는 비례와 정도에 따라 결정된다. 이 경우에 황과 수은은 가장 순수한 물질을 구성하며 서로 늘 평행 관계를 이루는데, 그 결과로 얻은 것은 금이다. 금은 가장 고귀한 금속으로 광물학의 체계에서 가장 중요한 부분을 구성했다. 다른 금속은 시간이 지나면 부패하는 성격을 가지는데, 그 이유는 그것들의 구성 성분 안에 불순물을 포함하고 있으며 구성 성분이 불균형하기 때문이라고 생각했다. 이런 이론을 바탕으로 자비르는 인간이 이 과정에 개입하고 물질의 변형 과정에 개입해서 자연에서 관찰할 수 있는 구성 성분을 변성하고 변화시킬 수 있고, 이를 실험을 통해서 증명할 수 있다고 보았다. 이런 모든 실험 이전에 무엇보다도 금속의 평행한 질서에 대한 지식을 알고 있어야 하는데, 이런 점은 저울 이론을 통해서 이해할 수 있다. 각각의 구성 성분을 '양적인' 관점에서 분석한 뒤에야 물질의 구성에 포함된 네 가지 본성에 따라 금속의 변성 과정을 이끌어 낼 수 있다. 그는 처음에는 금속을 구성하는 기본 요소를 분류하고 해체해야 하며, 그 결과 엘릭시르를 추출하고 이를 다시 유기체 혹은 무기체에 적용한 뒤에 이것들을 원하는 방식의 금속 성분이 가진 적합한 비율에 따라 재구성하는 것이 가능하다고 보았다.

질료의 분류와 변성

자비르는 세 종류로 분류한 무기물 체계를 제시했다.

1) 사물이 씌워져 있지만 열을 가하면 증발하는 영혼들

2) 밝고 광택을 가지며 열을 가하면 녹고, 다시 섞을 수 있는 유동성을 가진 금속들

3) 서로 섞을 수 없지만 가루로 만들 수 있는, 녹일 수 있거나 없는 물질들

자비르가 남긴 서적은 단순히 금속의 변성만을 다루고 있는 것이 아니라 일반 화학의 기술을 적용할 수 있는 다양한 실험 목록도 제공한다. 이 중에는 염색, 철강 제련, 산성 물질의 증류, 방수 천의 제작, 유리의 생산 과정에 대한 방법이 포함되어 있다. 자비르는 동, 철, 수은의 산화물이나 납의 붉은색 혹은 노란색 산화물에 대한 지식을 가지고 있었다. 그는 또한 비소 산화물을 발견했으며(흰색 결정의 비소), 이를 청동 제품의 제작에 활용할 줄 알았다. 그는 세 종류의 백반, 녹반綠礬, 암모니아염, 붕사, 초석, 일반적인 염분을 추출하는 방법에 대해서도 알고 있었다. 또한 승화물을 만드는 과정, 질산은, 수은의 붉은 산화물, 용제에 녹아 있는 금의 염화물에 대한 설명 역시 자비르의 이름과 함께 역사 속에 등장했다. 자비르는 염산과 질산을 통해 산화물을 증류시키는 방식과, 칼륨과 나트륨과 같은 염기성 탄소 화합물의 용법에 대해서도 설명했다. 그가 기술하고 사용한 기본적인 화학 실험에는 배소법, 승화, 용해, 여과, 결정화 실험과 야금술의 회취법, 그리고 순도가 높은 금의 채취법과 같은 내용들이 포함되어 있었다.

이외에도 자비르는 도가니의 기능과 구조를 보여 주면서 이 과정을, 서로 다른 음식들을 에너지로 변화시키는 과정인 인간 신체의 소화 과정에 비유해서 설명했다. 그가 언급했던 물질의 다양한 변성 이론은 곧 후대에 알-라지의 저서에 등장하고 있으며, 라틴어를 사용했던 서유럽에서는 로저 베이컨Roger Bacon(1214/1220-1292)에 의해서 발전했다.

산화물과 산들

| 다음을 참고하라 |

과학과 기술 고대와 갈레노스를 대하는 시리아와 아랍 언어권의 전통(455쪽); 그리스-비잔티움 문화 속의 연금술(471쪽); 『마파이 클라비쿨라』와 처방전의 전통(479쪽); 아랍의 연금술(481쪽); 아부 바크르 알-라지(492쪽); 무함마드 이븐 우마일(494쪽); 이슬람의 기술 문화: 새로운 기술, 번역, 놀라운 수공품(506쪽)
문학과 연극 이슬람교에 대한 유럽의 인식(612쪽)

아부 바크르 알-라지

| 안드레아 베르나르도니 |

알-라지 저작의 출간은 연금술의 역사, 특히 자연과학과 관련해 중요한 순간이었다.
신비롭고 이국적인 요소를 배제하고 종교와 분리된 지식으로서 접근한 그의 태도는
금속의 변성을 순수한 기술적인 요소로 사유하도록 이끌었으며, 연구실의 실험적 기술이
발전하도록 자극했을 뿐 아니라, 자연을 구성하는 물질을 분류하도록 만들었다.

질료의 변화와 구조

아부 바크르 알-라지 베크르 무함마드 이븐 자카리야Abu Bakr al-Razi Bekr Muhammad
ibn Zakariyya(865-925/934)는 알-라지라는 이름으로 알려져 있으며, 라틴어로 라제스
Rhazes나 '라이Rayy(고대의 라가이Rhagae 지역)의 인물'이라고 불렸다. 후자의 명칭은
그가 태어난 테헤란 인근 도시의 이름을 딴 것이었다. 다재다능한 의사이자 과학자
였던 그의 저작들은 종교에서 독립된 지식을 발전시켰고, 분류와 실험에 관심을 가
지면서 연금술에 대한 신비로운 관점에서 벗어날 수 있었다. 알-라지의 의학서는 아
비케나의 『의학 정전』과 더불어, 서양에서도 중세 내내 의학 교육 과정의 중요한 참
고서가 되었다. 알-라지는 또한 연금술 서적으로 중요한 가치를 지니며 라틴 문화에
서 가장 유명한 그의 저작인『알루미늄과 염에 대한 책Liber de aluminibus et salibus』의 저
자로 여겨진다. 연금술에 관한 그의 주요 저서는『비밀의 책Libro dei segreti』(부바카리
스의 목소리가 담긴 비밀의 책Libro secretorum de voce Bubacaris)이다.

알-라지는 자비르의 저울 이론을 받아들이지 않고 아리스토텔레스의 '물질에 대
한 4원소 이론'(흙, 물, 공기, 불)을 다시 도입했다. 이 요소들은 모든 물질의 기초가
된다. 이 이론을 다시 도입했던 이유는 이것이 종의 변화를 설명할 수 있다고 보았기
때문이다.

알-라지에게 연금술의 주제는 금속의 변성을 넘어서서 일반적인 돌과 유리를 유
색석과 보석으로 변화시킬 수 있게 해 주는 것이었다. 변성을 둘러싼 모든 작업은
알-라지가 불분명하게 설명하고 있는 '철학의 돌' 혹은 엘릭시르를 통해서 이루어진
다. 그는 자비르의 황-수은 이론을 받아들였고 여기에 소금과 같은 다른 요소를 포

함시켜 처음으로 금속을 구성하는 세 가지 요소를 제시하고 사유했다. 르네상스 시 대에 이런 생각은 파라켈수스Paracelsus(1493-1541)의 저서에서 다시 다루어지며 발전하게 된다. 금속을 구성하는 세 가지 요소

알-라지는 이론적 사유보다 실험을 더 선호했으며, 자신의『비밀의 책』에서 사용해야 할 도구를 포함해서 화학적 재료를 명료하게 분류하고 다루는 법을 설명했다. 그가 제시한 모든 금속 목록은 다양한 광물들을 포함하고 있다. 헨리 스테이플턴에 따르면 이 목록에는 황철석, 공작석, 청금석, 석고, 터키 에메랄드, 방연석, 휘안석, 명반, 황화철, 탄산나트륨, 붕사 염화수소, 탄산칼륨, 진사, 탄산납, 산화납, 일산화납, 산화철, 산화납, 그리스의 녹청(산화동), 식초가 포함되어 있다. 또한 알-라지가 가성 소다와 글리세린에 대해서 알고 있었을 가능성은 매우 높지만, 그의 저서에서는 황산과 초석(질소)에 대해서는 전혀 다루지 않았다.

자연에 있는 물질의 분류

연금술에 사용되는 물질은 세 가지로 분류된 자연 세계의 모든 물질을 포함한다. 알-라지는 물질이 어떻게 분류되어야 하는지에 관한 도표를 제공했다.

1) 지질학 혹은 광물학적 요소
   ① 영혼: 수은, 암모니아염, 웅황, 계관석, 황
   ② 물체: 금, 은, 동, 철, 납, 주석, 아연
   ③ 석재: 황철, 철 산화물, 아연 산화물, 남동석, 공작석, 터키석, 적철석, 납 황화물, 운모, 석면, 석고, 유리
   ④ 명반: 검은색, 흰색, 녹색, 노란색, 빨간색
   ⑤ 붕사: 붕사석, 천연 탄산소다, 소다석
   ⑥ 염: 소금기, 소금, 암염, 소다, 소변의 염, 소석회, 황간黃肝, 소다 염 등
2) 식물 요소(의사들에 의해서 매우 드물게 사용되는 요소)
3) 동물 요소: 머리카락, 긴 머리, 해골, 뇌, 담즙, 피, 우유, 소변, 달걀, 각질, 조개껍질
4) 다른 재료에서 추출한 요소: 일산화납, 붉은 납, 주석 산화물, 그리스의 청석, 석회로 만든 동, 철단鐵丹, 진사, 백연, 규소, 가성 소다, 유황, 합금을 위한 금속들 등

화학 실험 도구와 금속 실험

서양의 라틴 문화에서처럼 알-라지도 여러 화학 도구를 나열한 후, 이를 연금술-금속 실험실의 기초로 여겼다. 이 중에서 다음과 같은 것을 찾아볼 수 있다.

1) 주물 도구: 제련을 위한 흙, 분무기, 도가니, 호리병 모양의 증류 병botus barbatus, 쇳물 바가지siviere, 혀 혹은 낫 모양의 주걱, 망치, 철판, 아궁이
2) 증류 도구: 플라스크, 가열 그릇aludel, 호리병 모양의 증류 병, 받침 달린 잔, 대형 솥, 솥, 법랑 그릇
3) 작업실 도구: 모래 성분을 포함한 가열 도구, 중탕용 도구, 다양한 종류의 여과 기와 건조용 기구 및 가열기

또한 알-라지는 변성을 하기 위한 실험 과정에 적용할 수 있는 다양한 단계를 명확하게 설명한다. 무엇보다도 먼저 물질들에 증류법을 반복 적용해서 제련하고 갈아서 주철을 만든 후에 밀랍 형태로 잘 반죽하고 산성 용액에 녹인다. 알-라지의 실험 목록에서 사용하는 '날카로운 물acqua acuta'이라는 단어는 이후로 산을 지시하는 용어로 사용되었으며, 알칼리 혹은 염기성 물질과 반응하는 수용액을 의미하게 되었다. 용해 과정을 통해서 잘 섞어 녹인 물질은 이후에 금속이나 광물을 변성시키는 엘릭시르를 만들어 내는 응고 과정을 거친다. 알-라지의 실험실 연구는 이후에 약학 분야에서 기술의 발전에 기여하게 되었다.

| 다음을 참고하라 |
과학과 기술 그리스의 유산과 이슬람 세계(443쪽); 동방과 서방의 의학(452쪽); 그리스–비잔티움 문화 속의 연금술(471쪽); 아랍의 연금술(481쪽); 자비르 이븐 하이얀(487쪽); 무함마드 이븐 우마일(494쪽)
문학과 연극 이슬람교에 대한 유럽의 인식(612쪽)

무함마드 이븐 우마일

| 안드레아 베르나르도니 |

우마일은 알레고리와 신비를 바탕으로 한 연금술에 대한 관점을 제시했다.
그는 자연의 변화를 이끌어 내는 두 가지 요소로 해와 달에 주목했고, 이 두 요소가

모든 자연적인 요소를 생성하고 변화시킨다고 보았다. 이는 14세기부터 15세기까지 유럽의 연금술에서 놀라운 성공을 거두었던 주제다.

해와 달의 혼인

아랍 연금술의 발전에서 중요한 인물 중 한 사람인 무함마드 이븐 우마일Muhammad ibn Umayl(약 900–약 960)은『커지는 달에게 보내는 해의 편지Risalat al-shams wa-l-holal』로 알려져 있으며, 이 저작에 대한 주석서인『수은과 별 모양의 땅에 대한 책kitab al-ma al-waraqi wa-l-ard al-nai-miyya』도 저술했다. 이후에 이 책들은 각각 라틴어본인『커지는 달에게 보내는 해의 편지Epistola solis ad lunam crescentem』와『화학서Tabula chemica』로 번역되었다. 우마일의 저서들은 연금술의 내부에 알레고리적인 요소들을 도입했는데, 이는 역사 속에서 매우 중요한 요소로 지속되었다. 이 책들은 고대 저자들에 대한 수많은 주석들을 포함하고 있으며 그리스-비잔티움 문화에 기원을 둔 연금술적인 지식을 아랍의 연금술로 가져온 매우 의미심장한 실례다. 우마일의 작업은 해와 달의 혼인이라는 신비롭고 알레고리적인 모티프를 중심으로 작동한다. 이 주제는 라틴 문화의 연금술, 특히 14-15세기에 큰 성공을 거두었으며, 후에 '서로 상반된 것들의 결합coniunctio oppositorum'이라는 생각으로 발전했다. 이런 생각에 바탕을 두고 질료들의 변성은 남성-여성, 열기-냉기와 같은 서로 상반된 두 원리를 어떤 식으로 조합하는가에 따라 결정된다고 보았다. **상반된 사물의 결합을 다룬 알레고리적 모티프**

『커지는 달에게 보내는 해의 편지』의 서론은 금속의 변성을 알레고리로 설명하고 있으며, '철학의 돌'을 생산하는 과정들은 상징적이고 연금술적인 방법을 빌려서 해설한다. 우마일은 고대 신전을 방문하기 위해서 두 번에 걸쳐 이집트를 찾았으며, 신전 안에서 회랑의 천장에 있는 그림을 관찰했다. 이 그림에는 날 준비를 하고 있는 9마리의 독수리가 그려졌는데, 이 독수리들은 화살을 쏘기 위해 시위를 당긴 활을 발톱에 쥐고 있었다. 이 회랑에서 인간은 매우 보기 드물게 아름다운 의상을 걸치고 앉아 있었는데, 이 중에서 나이 든 사람은 책처럼 열린 석판 위에 앉아 있는 등 마치 알레고리로 가득 찬 듯한 이미지를 구성했다. 우마일은 이 이미지를 상징적인 관점에서 보았고, 모든 것을 철학의 돌을 얻기 위한 과정(고정, 승화, 응고 등)에 대한 꿈처럼 해석했다. 이 이미지에서는 철학의 돌을 구현하기 위한 단계에 있는 화학적 원소들(동, 은, 황, 망가니즈 등)을 관찰할 수 있었고, 두 마리의 새가 위아래로(아랫부분에 있는 새는 날개가 잘려 있었다) 배치되어 있었지만 가슴 부분이 붙어 있는 중심부는 순환에 대한 생각을 제공한다고 보았다. 이 이미지는 연금술의 상징 중에서 **둘이지만 하나인 것** '둘이지만 하나'인 상징을 만들어 냈는데, 이것은 종종 다른 상징체계에서도 등장하는 것이었다. 우마일은 서론 부분에서 자신이 동굴에서 명상하면서 떠올렸던 이미지인 상징 체계를 설명하기 위해 반구 형태로 448편의 시를 기록했으며, 이를 부연하기 위해서 산문 형태로 주석을 달아 놓았다.

| 다음을 참고하라 |
과학과 기술 그리스의 유산과 이슬람 세계(443쪽); 그리스-비잔티움 문화 속의 연금술(471쪽); 아랍의 연금술(481쪽); 자비르 이븐 하이얀(487쪽); 아부 바크르 알-라지(492쪽)
문학과 연극 이슬람교에 대한 유럽의 인식(612쪽)

기술:
혁신, 재발견, 발명

SCIENZE E TECNICHE

기예에 대한 고찰

| 조반니 디 파스콸레|Giovanni Di Pasquale |

우리는 역사 속에서 기계술에 대한 다양한 관점을 발견할 수 있다. 고대 세계에서는
기계술을 다룰 때 완전한 지식인지, 가능한 지식인지에 따라 과학과 기술을 분류했다면,
헬레니즘 시대에 과학과 기술은 존엄한 기예와 비천한 기예로 분류되었다.
기원전 1세기경에 키케로는 직인의 직업을 존엄하지 않다고 생각했지만, 5세기 후에
카시오도루스는 자연에 대한 지식을 바탕으로 기능술의 유용성을 강조하며 옹호했다.

제국의 경제적 · 정치적 위기와 수도원의 저항 운동

서로마 제국이 위기를 겪은 476년에 로마 제국의 영토 경계에서 서로 다른 이민족들   쇠퇴와 위기
끼리 경쟁을 하기 시작했다. 하지만 이러한 쇠퇴의 징후는 이전에 시작되었다. 디오
클레티아누스 황제(243-313, 284-305년에 황제)는 로마 제국을 동로마와 서로마로 분
할하여 부활을 추구했다. 후에 콘스탄티누스 대제와 테오도시우스 1세(약 347-395,
379년부터 황제)는 그리스도교를 국가의 종교로 공식적으로 인정하고 로마의 부활을
꿈꾸었지만, 거대한 제도에 효율적인 기준을 제공하지 못했다. 이 시대가 보여 주는
것처럼 이민족의 대이동은 로마 제국의 쇠퇴를 촉진시켰다. 전쟁은 실패했고 인구

가 줄어들었으며 군대와 의원들은 더 이상 제국을 통제하지 못했고, 여러 기념 조형물이 파괴되어 이제 기둥과 장식들만 폐허 속에 남겨지게 되었다. 파울루스 부제副祭 Paulus Diaconus(약720-799)는 500년대 중반에 동양에서 유럽에 도착한 흑사병에 대한 잊을 수 없는 기록을 남겼다. 경제적인 쇠퇴는 곧 고대에 꽃피었던 과학 문화의 쇠퇴로 이어졌다. 유스테니아누스 대제는 529년에 아테네의 아카데미아와 학교를 폐쇄했고, 알렉산드리아의 도서관과 박물관은 641년에 아랍인에 의해서 파괴되었다.

학예와
기예의 존속

이런 역사적 상황 속에서 서양에는 기술에 대한 지식은 근근이 전해졌다. 수도원과 공동체 생활 속의 실천은 직인의 기술과 노동에 대한 가치를 재발견하도록 만들었다. 제의의 의무들은 읽고 쓰기 그리고 동시에 실천의 긍정적인 가치를 강조했고, 그 결과 기술에 대한 우호적인 분위기가 형성되었다. 수도원 내부에서 성경을 분석할 뿐 아니라 제의와 관련 없는 다른 여러 제도적인 필요성에 따라 '기예'도 탐구하는 연구 공동체가 생겨났다. 몬테카시노 수도원은 529년에 성 베네딕투스의 의견을 반영해서 발전하기 시작했고, 수도사들은 지성적, 육체적, 영성적 활동(기도)을 조화로운 방식으로 수행해야 했다. 이는 곧 베네딕투스 수도회의 원칙이 되었다.

5-10세기에, 원전들의 출간이 줄어드는 것과 오랜 세월 동안 쌓여 왔던 지식이 사라지는 것을 막으려는 시도가 등장했다. 백과사전의 편찬은 서유럽의 상류층을 중심으로 고전 문화와의 관계를 복원했다. 대 플리니우스, 갈레노스, 비트루비우스, 프톨레마이오스의 사유는 이 문헌들을 통해서 전해질 수 있었고, 동시에 적지 않은 자연주의, 과학적이고 기술적인 정보들이 전승될 수 있었다. 『박물지』에 나타난 대 플리니우스의 체계는 당대의 문화적 관점에 따라 재정리되었으며, 자연의 다양성에 대한 연구는 성경에 대한 해석과 신의 은총을 드러내는 데 유용했다. 중세 초기의 수도원에서 이루어진 과학적 활동은 고대가 남긴 서적과 교부의 명상들을 중심으로 정리·편집되었는데, 그 속에는 동시대 문화가 함께 반영되어 있었다. 이 저서들에는 적지 않은 기술적인 주제가 포함되어 있었을 뿐 아니라 다른 부분에서는 수도원에 유용한 지식도 포함되어 있었다. 수공예에 대한 생각은 고대의 고전주의와 밀접한 관계가 있으며, 당시 귀족과 철학자들 사이에서 유행했던 아리스토텔레스의 전통을 다시 만날 수 있는 소재이기도 했다. 기예artes는 생산 활동과 연관된 모든 노동을 지시하는 용어였으며, 헬레니즘 시기에 존엄한 기예와 비천한 기예로 구분되었다. 기원전 1세기에 키케로는 『의무론De officiis』에서 "노동자들은 쇠퇴하는 직업을 수행한다. 노동은

고대 전통의
회복

귀족과 아무런 상관없는 기호일 뿐이다. 적어도 이후에 재료의 기호들을 만족시키는 직업에 대한 가치 평가는 재고될 필요가 있다"(1, 150-151)고 기술한 바 있다. 키케로는 이와 다른 자유학예로 법, 농경, 건축에 대한 가치를 제시했다. 마르쿠스 바로는 기원전 1세기 말에 집필한 『학문에 대한 9권의 책』(자유학예를 다룬 총 9권의 백과사전*)에서 고대인들이 이미 위대한 지혜를 가지고 있었으며 7개의 자유학예에 의학과 건축학을 포함시켰다고 적고 있다.

다시 생각해 보면 고대인들은 노동과 같은 활동을 평가절하하거나 부정적으로 바라보지 않았다. 이런 생각은 모든 현명한 자들은 인간이 원시 상태에서 벗어나 발전할 수 있는 여러 가지 기술을 고안해야 한다고 했던 철학자 포시도니우스Posidónĭus(기원전 약 135-기원전 약 50)의 주장을 통해서 확인해 볼 수 있다.

중세 초기에 일어난 '기예와 학예'의 분화

자유학예의 7가지 과목은 이미 고대 세계부터 등장했지만 중세 초기에 들어오면서 더 엄격한 방식으로 적용되었다. 5세기에 아프리카에서 활동했던 문법학자 마르티아누스 카펠라는 『필롤로기아와 메르쿠리우스의 결혼』에서 메르쿠리우스와 결혼하는 날에 필롤로기아의 궁정을 찾은 7명의 인물로 의인화하여 7개의 자유학예를 소개하고 있다. 여기서 카펠라는 7개의 자유학예의 원칙을 현자의 모습으로 표현하고 있는데, 이 책이 중세 초기에 매우 큰 성공을 거두면서 12-13세기에 대성당을 장식하기 위해 작업했던 예술가와 조각가들에게도 영향을 끼쳤다. 카펠라가 자유학예에서 의학과 건축을 배제했다면, 히포의 아우구스티누스는 반대로 농경, 항해, 의학을 매우 가치 있는 학문적 지식으로 분류했다. 왜냐하면 이런 지식은 곧 신의 작품들의 가치를 이해할 수 있는 능력을 함양시켜 주기 때문이다. 아우구스티누스는 자신의 유명한 『신국론』(22, 24)에서 모든 예술이 인간의 지성에 속하며 이런 지식들은 단지 두 가지 방식으로 분류할 수 있다고 보았다. 그 두 방식은 바로 필요한 학문과 기호를 위한 학문으로 후자의 경우는 위험한 학문이라고 생각했다.

칼라브리아의 비바리움 수도원을 설립했으며 고전에 대한 지식이 높았던 카시오도루스는 수공예가 자연에 대한 지식에 공헌한다고 확신했다. 기술에 많은 관심을 가졌던 카시오도루스는 천구의, 물시계, 오랜 시간 동안 사용할 수 있는 기름등을 연구했는데, 이런 물건은 이미 헬레니즘의 과학 서적에 등장했다. 그는 테오도리쿠스

7가지의 자유학예

기예

황제에게 쓴 뛰어난 편지에서 부르군트족의 왕을 위해 보에티우스에게 해시계와 물
시계의 수리를 맡겨 달라고 부탁했다. 카시오도루스는 보에티우스가 고전을 번역하
고 연구한 성과에 경탄하면서, 자연의 신비를 밝히고 그 자연을 모방해서 기술에 적
용하는 기술자의 능력을 높이 평가했다.

이런 사고방식은 세비야의 이시도루스의 경우에도 크게 다르지 않았다. 그 역시
기술이 물리학의 일부로 천문학, 의학과 동일한 지위를 가지고 있다고 생각했으며,
이것이 4학을 구성한다고 말했다. 그의 『어원 사전』은 분량이 많은 백과사전적인 저
술로, 여기서 이시도루스는 단어들의 의미가 사물의 본성을 이해할 수 있는 열쇠라
고 생각했다. 특히 그는 의학을 마치 제2의 철학처럼 중요하게 생각했으며, 의학이
모든 자유학예를 통합할 수 있다고 보았다. 이시도루스의 저서 중 일부는 자연에 대
한 분석을 담고 있으며, 여기서 인간, 동물, 지구와 그 일부에 대한 모든 단어들의 목
록을 제공하고자 했다. 중세에 큰 성공을 거두었던 『어원 사전』에서 이시도루스는
각각의 주제에서 사용하고 있는 용어들을 매우 간결한 방식으로 분석했다. 그리고
각 단어의 기원을 통해서 독창적으로 지식의 원칙을 이해시키고자 했다. 기술에 새
롭게 부여된 명성은 이후 라바누스 마우루스의 저술에서도 확인할 수 있다. 독일의
박학다식한 학자이면서 풀다의 베네딕투스 수도원의 교사였고 독일에서 고전 문
화와 그리스도교를 전파했던 이 뛰어난 저자는 수많은 저서를 남겼는데, 이 중에는
22권으로 구성된 『사물의 본성De rerum naturis』이 포함되어 있었다. 이 책은 세비야의
이시도루스가 집필했던 저서처럼 보편적인 백과사전 형태를 띠고 있다.

라바누스는 『어원 사전』의 내용과 그리스도교의 사유를 연결시키는 과정에서 중
세 최초의 알레고리 사전을 편찬했다. 라바누스는 이시도루스에 비해서 기술학을
돌, 금속, 나무와 관련한 전통적인 생산 기술을 통해서 설명하고자 했다.

요하네스 스코투스 에리우게나는 '수공 예술arti meccaniche'이라는 표현을 사용하
면서, 필롤로기아가 메르쿠리우스의 은총에 힘입어 배운 7개의 수공 예술에 대해서
설명했던 카펠라의 저서에 대한 주석을 달았다. 이 책에서 에리우게나는 자유학예
를 통해 개인의 모습을 설명했지만, 첫 번째는 인간의 생산물을 통한 설명이었고 두
번째가 영혼에 관한 설명이었다.

| 다음을 참고하라 |
과학과 기술 중세 초기의 기술서: 농경과 건축(501쪽); 이슬람의 기술 문화: 새로운 기술, 번역, 놀라운 수공품(506쪽); 비잔티움 제국과 기술(512쪽)

중세 초기의 기술서: 농경과 건축

| 조반니 디 파스콸레 |

중세 초기는 수많은 기술서들이 출판된 시대였다. 기원전 1세기경에 콜루멜라가 과학의 위계 속에서 농경에 대한 저서를 펴낸 후, 건축을 다룬 팔라디오의 저서가 등장했다. 이 저서는 비트루비우스의 저서를 참조해서 새로운 종교 건축물을 건설하기 위한 근거를 제공했다. 마지막으로 프론티누스의 기념비적인 저서는 카시오도루스의 저서를 참조한 것으로 수로의 유지 보수에 대한 유용한 정보들을 전달한다.

농경

1000년 전에 서유럽에서 이민족이 확산되면서 로마의 문명이 점차 사라져 갔다. 도시는 폐허가 되어 갔고 인구도 급격하게 감소했다. 로마 제국 때 사람들이 다니던 대로는 버려졌고, 로마의 도로를 포장하던 방법과 건축 기술뿐 아니라 금속을 다루는 기술도 퇴보했다. 농경 기술도 조금씩 사라져 갔고, 그 결과 넓은 농지는 다시 숲으로 바뀌기 시작했다.

숲이라든지 농경지가 환상적인 이야기의 무대로 다루어졌다는 점은 우연이 아니었다. 종종 종교적인 성인의 전설과 결합되어 이상한 축제들이 일어나는 이곳에서 농부는 손에서 놓친 낫을 찾기 위해 혹은 우물에 빠진 낫을 꺼내기 위해 갑자기 등장하기도 하는데, 이런 이야기들은 당시 철의 중요성을 보여 주는 실례다. 영양실조와 전염병이 인구를 급격히 감소시켰다. 무엇보다도 중세 초기에는 고대의 농업 기술을 매우 힘겹게 복원해 갔다. 이 작업은 농경에 대한 교훈적 지식들이 그리스-로마 시대의 몇몇 원전 저작들에 남겨져 있었기 때문에 가능했다.

고대 세계에서 농경술은 농지를 관리하는 것과 관련한 여러 문제를 다루었다. 예를 들어서 동물의 습성, 농경 작업을 위한 도구들, 그리고 일하는 방법처럼 다양한

고대 세계의 농경

논제가 포함되어 있었다. 농경술에 관한 서적들은 기원전 1세기 이후에 농부가 생활하던 포도밭, 정원, 농지, 농사, 목축에 대해 설명하고 있으며, 당대의 다양한 삶을 구성해서 보여 줄 뿐 아니라 이론적이고 실천적인 여러 기술에 대한 정보로 가득 채워져 있다. 1세기에 루키우스 콜루멜라Lucius Junius Moderatus Columella는 농경을 과학적 학문 영역으로 다루고 싶어 했고, 농지의 주인으로서 알아야 될 가치가 있는 모든 것들을 높이 평가했으며 이를 저술로 남겼다. 무엇보다도 중세 초기의 저서 중에서 4세기에 상류층 저술가였던 루틸리우스 타우루스 아이밀리아누스 팔라디우스 Rutilius Taurus Aemilianus Palladius가 저술한 『농경론집Opus agriculturae』은 매우 큰 성공을 거두었다.

팔라디우스는 1년 12달 동안 이루어지는 농사의 순서를 기준으로 농업에 관한 내용들을 분류한 후 설명했고, 여기에 동물의 치유에 관한 책인 『수의학에 관하여De veterinaria medicina』와 이와 관련한 시詩인 〈접목의 노래Carmen de insitione〉를 덧붙였다. 15세기 전에 약 127종의 필사본이 존재했는데 이는 팔라디우스의 책이 큰 성공을 거두었다는 사실을 알려 준다.

농경 지식의 회복 이런 종류의 문학 작품에 속하는 또 다른 글은 18세기에 다시 정리된 『제국의 마을에 관하여De villis vel de curtis imperialibus』로, 이 책은 카롤루스 대제의 수도였던 엑스라샤펠Aix-la-Chapelle 지역의 밭, 숲, 포도밭, 경작지에 대해 묘사하고 있으며 각 지역에서 작물이 잘 자라게 하는 방식을 폭넓게 기술하고 있다. 이와 같은 관점에서 라이헤나우의 수도원장이 기획한 이상적인 수도원은 야채를 기를 수 있는 정원, 과실수와 약초가 있는 공간이었다. 이와 유사한 관심이 사팔뜨기 발라프리트Walafrid Strabo(808/809-849)에게도 있었는데, 그는 838년에 라이헤나우의 대수도원장으로 임명되었으며, 『원예술에 관한 책De cultura hortorum』을 통해 약용 식물과 채소를 기르는 것을 추천했다. 848년에 프륌의 반달베르트Wandalbert de Prüm가 로타리우스 황제에게 헌정한 시였던 〈12개월 동안의 기후와 농경, 명칭, 단어에 관하여De mensium duodecim nominibus signis culturis aerisque qualitatibus〉는 라인란트 지방에서 달을 기준으로 연간 이루어져야 하는 농사일의 목록을 포함하고 있다. 아브랑슈Avranches에서 발견된 삽화본인 『강이나 바다의 깊이에 관하여De profonditate maris vel fluminis probanda』의 경우에는 라틴 문명에서 유래하는 전통을 확인할 수 있다. 이 삽화본은 흐르는 물의 깊이를 측량하는 법을 다루고 있는데, 무거운 물체를 줄에 묶어 바닥으로 던진 후에 떠오르는 시간을 측정하고, 이 작업을 여러 장소에서 되풀이해서 깊이의 평균값을 계산하는 방식이었다. 이는 당시의 문화적 관점에서 볼 때 낯선 것이 아니었지만 시각을 측정할 수 있는 적절한 방법을 찾는 어려움에 직면해야 했다. 이외에도 중세의 여러 농경술에 대한 논의를 살펴보기 위해서는 20권으로 구성되어 있는 『농경서Geoponica』를 주목할 필요가 있다. 이 책은 빈도니우스 아나톨리우스Vindonius Anatolius(약 350), 알렉산드리아의 디디모Dydimo di Alessandria(약 500), 카시아누스 바수스Cassianus Bassus(약 600)를 포함한 10세기 이전의 여러 서적의 정보들을 절충하고 요약하고 있다. 『농경서』는 여러 종류의 밀의 재배, 올리브유와 포도주를 만들기 위한 계절별 작업 목록, 재배하는 채소를 해충으로부터 보호하는 방법이나 말, 소, 양, 낙타, 돼지, 벌, 물고기를 키우는 방법 등 다양한 내용을 다루고 있다.

중세 초기에 나온 소수의 문헌들은 서로 다른 지역에 적용할 수 있는 보편적인 기준을 제공하려 했으며, 새롭게 점령하거나 소유하게 된 지역에 보편적인 기준이라고 생각했던 고대의 농경술을 적용하고 싶어 했다. 그러나 오랫동안 경작되지 않고 버려진 지역과 확장된 숲은 과거의 유산인 고대 농경 기법을 적용하기 어렵거나 부적합한 것으로 만들었다. 그 결과 북유럽을 중심으로 봉토와 수도원에서는 농경에 대한 과거의 유산과 기법, 도구를 새롭게 변화시켜 나갔으며, 1000년의 여명기에 유럽에서는 새로운 농사 풍경들이 등장하기 시작했다.

각 지역에 적용할 수 있는 기준

건축

중세 초기에 사람들이 많은 노력을 기울였던 분야 중 하나가 건축이었고, 비트루비우스의 텍스트는 새로운 종교 건축물을 제작하기 위한 기초가 되었다. 기원전 1세기부터 기원후 1세기까지 비트루비우스의 놀라운 프로젝트(기원전 1세기)는 이성적인 관점에서 건축의 원리를 설명하고자 했으며, 『건축서De architectura』를 통해서 기준과 규범을 제공했다. 이후 이 저서는 놀라운 성공을 거두며 널리 알려졌다. 로마 제국 말기에 이 책에 대한 파벤티누스Marcus Cetius Faventinus(4세기경?)의 주해서가 『개인 용도의 건축학 요약집Artis architectonicae privatis usibus adbreviatus liber』이라는 제목으로 출판되었으며, 이 책은 개인 건축물을 대하는 비트루비우스 저서의 관점을 여러 장에서 설명하고 있다.

안드레아 팔라디오Andrea Palladio, 시도니우스 아폴리나리스, 카시오도루스 역시

비트루비우스의 저서 중 일부를 다시 다루었다. 하지만 무엇보다도 세비야의 이시
도루스는 『어원 사전』의 19장에서 건축에 대한 흥미로운 의견을 개진했다. 이시도
건축의 3요소 루스는 '배치, 건설, 미'와 같은 세 요소로 건축을 설명하고 있는데, 이런 점은 그가
비트루비우스의 저서를 참조했다는 점을 알려 준다. 그럼에도 불구하고 '배치'를 "각
부분의 배열 혹은 건축물을 구성하는 근거"(XIX, 9)라고 해석하거나 '미'를 "장식이
나 꾸미기 위해 건축물에 덧붙여지는 모든 것"(XIX, 11)이라고 본 점은 그가 다루는
내용이 비트루비우스의 설명과 다르다는 점을 확인시켜 준다. 이런 차이점은 중세
에 비트루비우스의 저작을 검토하고 주석을 달았던 라바누스 마우루스에게도 영향
을 끼쳤다. 그가 『우주론De universo』에서 설명했던 "건축물을 구성하는 것은 3가지로,
배치, 건설, 미다"(21, 2)라는 문구는 이시도루스의 관찰을 참조했다는 사실을 알려
준다.

비트루비우스의 『건축서』는 중세 초기에 이미 잘 알려져 있던 서적이었는데, 이
사실은 여러 도서관에 남아 있는 필사본을 통해서 알 수 있다. 이 중에서 중요한 필
사본들이 라이헤나우, 뮈르바슈Murbach, 밤베르크, 레겐스부르크, 풀다, 장크트 갈
렌, 멜크와 같은 유럽의 주요 도시에 보관되어 있다. 특히 풀다의 수도원에서 고전을
전공했던 아인하르트(약770-840)의 『건축서』는 기억할 만한 가치가 있다. 그는 이후
에 황제를 위한 건축물의 기획과 관련해 일을 했으며, 비트루비우스가 제안한 기술
적인 용어들에 대한 어려움을 토론한 바 있다. 또한 아인하르트는 슈타인바흐와 헤
센의 젤리겐슈타트에 있는 바실리카를 건축하는 데 비트루비우스의 책을 많이 참조
했던 것으로 보인다. 다른 관점에서 아인하르트의 저작은 매우 유용한 실천적인 주
제를 다루고 있다. 아인하르트의 책은 건축 기술 외에도 수로, 일기, 천문, 투시도법,
기계학에 관한 매우 흥미로운 정보를 제공해 준다.

이미 10세기에 비트루비우스의 『건축서』는 전체가 필사되어 많이 알려져 있었는
비트루비우스에 데, 이 저서의 일부가 『비트루비우스의 색인Appendix vitruviana』이라는 명칭으로 함께
대한 색인들 엮이기도 했고 따로 분책되기도 했다.

10세기 중반에 슐레트슈타트Schlettstadt에서 제작했던 필사본의 경우는 비트루
비우스의 저서뿐 아니라 파벤티누스의 저서도 참고했으며, 빌라 건축을 설명할 때
는 팔라디오의 건축서를 요약했고, 구조에 적합한 치수에 대한 논의와 세계 7대 불
가사의로 알려진 고대 건축물의 일부까지 설명했다. 또한 주두를 포함한 기둥 도안

을 다루고 있는데, 기둥의 크기와 위치는 건축물의 하중을 지지하기 위한 핵심적인 기술을 필요로 한다. 이와 관련한 흥미로운 자료 중 하나는 『열주의 대칭성Symmetria columnarum』이다. 또한 그리스의 연금술 서적을 번역한 『마파이 클라비쿨라』는 공방에서 다루는 예술 기법에 대한 내용을 소개했고, 『구성Compositiones』은 수로와 연관된 건설 기술을 다루고 있다.

한편, 『비트루비우스의 색인』에서 흥미로운 점 중 하나는 금속의 밀도와 무게를 다루는 내용으로, 비트루비우스의 원전에서 중요하게 취급하지 않았던 왕관에 얽힌 아르키메데스의 일화를 설명하고 있다는 것이다(『건축서』, IX, 서문). 이 부분은 소실되어 오늘날에는 전해지지 않는 원전에 속해 있던 것으로 보이며, 1세기 말의 로마에서 활동했던 알렉산드리아 출신의 메넬라우스Menelaus가 금속의 질량을 측정하기 위해 적절한 방법을 보여 주고 금속의 부피와 관련해서 밀도를 설명했던 내용과 연관되어 있는 것으로 추정된다. 동일한 문제를 시詩인 〈도량형의 노래Carmen de ponderibus et mensuris〉의 103-110행에서 확인할 수 있는데, 여기서는 무게를 분석하기 위한 도구를 설명하고 있다. 시의 저자에 대해서는 논란이 있었다. 과거에 이 시의 저자는 피시아노Pisciano라고 알려졌지만 오늘날의 연구 결과는 레미우스 파비누스 Remmius Favinus로 추정하고 있다. 레미우스 파비누스는 4-6세기에 메넬라우스가 설명한 적이 있던 바와 동일한 작업 과정을 접했던 것으로 보인다.

> **특수한 물질의 질량 측정**

사실 이런 관점은 당시에 새로운 것이 아니었다. 이미 400년경에 시네시우스 Synesius(약 370-413)가 알렉산드리아의 히파티아Hypatiā(4-5세기)에게 보냈던 편지에서 이 작업에 사용되었던 도구에 대해 다루고 있음을 확인할 수 있다. 병환으로 누워 있던 시네시우스는 히파티아에게 다른 요소가 섞인 물을 마시지 않기 위해 적절한 물의 무게를 확인할 수 있는 도구가 있는지를 문의했다. 시네시우스가 언급했던 도구는 '우드로스코페이온udroskopeion'으로, 이 장치가 오늘날에 사용되는 증류기라는 점을 확인할 수 있으며, 의학 분야뿐 아니라 이미 기계 분야의 연구에서도 이를 다루고 있다는 점을 알 수 있다.

중세에 로마 시대의 또 다른 글이 알려져 있었다. 섹스투스 율리우스 프론티누스 Sextus Julius Frontinus가 저술한 『로마 수도론De aquaeductibus urbis Romae』으로, 대규모의 수로를 관리하기 위해 필요한 정보를 다루고 있다. 중세 초기에도 이 저서에 대해서 지속적으로 관심을 가지고 있었고, 마실 용도의 온천수가 있는 지역을 관리했다. 로

> **수로와 온천**

마 시대의 온천은 도시 문명의 상징으로 여겨졌지만, 중세의 기술적인 한계로 목욕탕 건축물이 점차 사라지기 시작했다. 카시오도루스는 이와 관련해 고대 후기 온천을 둘러싼 문화적 기록을 남기고 있다. 동고트족의 아탈라릭(약 516-534)의 요청으로 쓴 편지에서 카시오도루스는 바이아Baia 지방의 자연 풍경에 대해서 설명했다. 하지만 이후로 이곳에는 인간의 손에 의해서 건축된 온천 목욕탕들이 들어서게 되면서 다양한 자연의 풍경을 더 이상 관찰할 수 없게 되었다. 당시에 온천을 방문하는 것은 신체적 즐거움보다 정신적인 즐거움과 연관되어 있었다. 그러나 시간이 흐르면서 그리스도교도의 가치와 이미지가 점차 고대 이교도의 신화를 대체하기 시작했고, 건강을 위한 온천은 신의 은총으로 여겨지기 시작했다.

| 다음을 참고하라 |
철학 보에티우스: 문명을 전파하기 위한 지식(391쪽); 그리스도교 문화, 자유학예, 이교도의 지식(396쪽)
과학과 기술 기예에 대한 고찰(497쪽); 이슬람의 기술 문화: 새로운 기술, 번역, 놀라운 수공품(506쪽); 비잔티움 제국과 기술(512쪽)

이슬람의 기술 문화: 새로운 기술, 번역, 놀라운 수공품

| 조반니 디 파스콸레 |

서양에서 이슬람 문화가 확장된 시기는 고대와 르네상스를 이어 주는 기술적·과학적 지식의 발전이라는 측면에서 매우 중요했다. 아랍의 문화 공동체는 지중해 연안의 여러 민족을 접하면서 유럽 수공 기술을 발전시켰고, 그리스 원전을 해석하고 고대 세계의 지식을 복원하는 데 기여했다. 이 문명이 발전시킨 수공 기술의 결실인 매우 놀라운 아랍 수공품들은 중세 서양의 궁정에 놀라움을 불러일으켰다.

서방의 이슬람인, 동방의 서양인

아랍 문화는 아랍인들이 접했던 여러 민족들에게서 모았던 지식을 바탕으로 발전해 갔다. 이들은 비잔티움, 시리아와 유대인의 여러 지식들을 종합했으며 그리스와 헬레니즘 시대의 텍스트들에 대해서도 잘 알고 있었다. 아랍 문화의 역사적 역할은 헬레니즘 시대의 문화에 대한 여러 정보와 지식을 세밀하게 전해 주고 있다는 점이다. 또한 아랍 문화는 연금술, 수학, 천문학 분야에서 독창적이고 매우 뛰어난 발전을 거듭했다.

이후 유럽에도 근동 지역으로부터 새로운 시도들과 생산물들이 전해졌다. 특히 의학과 약학 분야, 염색 기술, 정밀하고 정확한 측량과 관측 기구와 같은 것들이 들어왔다. 이런 사실은 당시 다양한 종류의 별자리 지도나 연금술 도구들, 천구의를 통해서 이해할 수 있다.

아랍의 지식은 유럽에 위치한 아랍 문화의 중심지들, 특히 톨레도와 코르도바를 거쳐서 들어왔으며 곧 라틴어로 번역되었다. 아랍의 장인들과 기술자들은 여러 장소를 오갔으며 에스파냐와 시칠리아를 많이 방문했다. 이들은 늘 새로운 재료와 물건들을 가지고 다녔으며 늘 새로운 기술들을 구현했다. 아랍의 장식미술, 금속과 유리, 도예, 그리고 직조 기술은 당시 서유럽에는 알려지지 않았던 것이다. 반짝이는 법랑으로 제작된 그릇은 서유럽에서 인기 있는 품목이었다. 이런 그릇은 불에서도 잘 변하지 않고 다양한 실험을 하는 데 매우 유용했다. 매우 뛰어난 금속 그릇을 제조하는 기술의 발전은 아랍 연금술사들의 연구를 위해서도 매우 유용했으며 큰 성공을 거두었다.

아랍인의 기술과 생산품

벽과 바닥을 장식하는 양모 카펫의 제조 기술은 이슬람 전통 문화를 구성하는 요소로 알려졌고 그렇게 만들어진 카펫은 다마스쿠스라고 불렸다. 이 명칭은 다마스쿠스라는 도시의 명칭에서 유래한 것이다. 또한 '타페타taffeta'는 페르시아어 'taftah'에서 유래한 단어로 카이로의 포스타트Fostat 공방에서 제조되었다는 의미를 가지고 있다. 또한 이집트는 아마 생산의 중심지였으며, 메소포타미아는 양모 제품의 제작 기술을 발전시켜 나갔고, 페르시아는 면의 생산으로 유명했다.

문화적 교류는 예루살렘을 방문한 서유럽 여행자들을 통해서도 발전했다. 순례자들은 유해, 기억, 아름다운 삽화본이나 귀중한 천을 들고 유럽으로 돌아갔다. 사실 6-7세기에 콘스탄티노플의 직조자들은 중국에서 들어오는 매우 많은 비단 천을 사용해서 작업했다. 이후에 이슬람이 이 지역을 점령하게 되면서 천을 생산하는 이집트와 시리아 역시 비잔티움과 더불어 매우 유명한 중심지로 발전했다.

문화와 재화의 교류

이런 귀한 천들은 단지 서유럽 귀족들의 의상만 장식했던 것은 아니었으며 때로는 성인의 성골을 싸는 장식품으로 사용되기도 했다. 또한 장식 천의 문양들이 유행하면서 중세 유럽의 조각의 소재에도 영향을 끼치기 시작했다. 예를 들어서 독수리, 날개 달린 용이나 그리핀griffin(사자의 몸에 독수리의 머리와 날개를 가진 상상의 동물*)과 같은 것들이 동양 천을 장식할 때 주로 사용되었던 이미지다.

이슬람, 동서양의 문화 교류

아랍 문화는 매우 넓은 지역에 분포하는 학자 집단이 만들어 낸 결실로, 이슬람의 영토만큼이나 넓고 다양한 장소에서 뛰어난 인물들이 배출되었다. 파키스탄에서 에스파냐에 이르는 지역은 정치적·경제적으로 이슬람의 지배를 받고 아랍어를 공용어로 사용하면서 문화적으로 발전하기 시작했고, 이란의 경우는 페르시아어를 사용했지만 아랍 문화에 속했다.

　　이런 관점에서 과학사를 연구하는 학자인 알도 미엘리Aldo Mieli(1879-1950)의 다음과 같은 설명은 다시 생각해 볼 가치가 있다. "아랍이라는 단어가 만약 여러 칼리프들이 이슬람 왕국을 건설하기 위해 행한 정복과 그 결과로 획득한 영토에서 유래한 직간접적인 영향을 모두 포함한다면, 이후의 이슬람 문화와 구분할 필요가 있다"(*La science arabe et son rôle dans l'évolution scientifique mondiale*, 1966).

　　이슬람의 문화는 역사적으로 중동과 서유럽 문화를 끊임없이 교류시키는 과정에서 성장했다. 처음에 이슬람 문화가 발전하기 시작했을 때 비잔티움 제국은 아랍 문화와 관계가 있었다. 비잔티움 제국에도 이미 시리아어를 쓰는 많은 사람들이 포함되어 있었으며, 3세기부터 서아시아 지역에서 그리스어가 사용되었다. 반대로 4세기에 콘스탄티노플의 네스토리우스파 사람들은 페르시아 남서부에 정착했고 이곳에서 준디스하푸르와 교류했으며, 이곳에서 플라톤, 아리스토텔레스, 유클리드, 아르키메데스, 알렉산드리아의 헤론과 프톨레마이오스, 갈레노스와 히포크라테스의 서적들을 번역했다.

　　7세기에 아랍인들은 지중해로 진출했으며, 네스토리우스파 사람들이 그랬던 것처럼 이곳에서 비잔티움과 페르시아의 고전적인 유산들을 접했다. 이런 점에서 준디스하푸르의 왕립 아카데미아는 529년에 아테네의 아카데미아가 문을 닫게 되면서 수많은 신플라톤주의 철학자들의 피난처가 되었고, 곧 이슬람 제국의 과학 중심지로 성장했다. 그리고 이곳에서 뛰어난 재능을 가진 인물들은 수도였던 다마스쿠스로 이주해 갔다.

이슬람 문화가 최고의 번영을 맞이했던 시기는 아바스 왕조 시대로, 아바스 가문 **최고 전성기**
은 페르시아에 기원을 두었지만 후대의 칼리프가 당시 수도였던 바그다드로 이주
했다. 이미 750-850년에 여러 권의 책들이 시리아어로 번역되어 있었지만 이후 약
백 년 후에는 고전적인 과학·철학 분야를 다룬 여러 저서들이 아랍어로 번역되었다.
828년 바그다드에 천문대가 설치되면서 이곳은 여러 지성인들의 문화적 중심지가
되었다. 832년에는 칼리프 알-마문이 번역을 후원하며 큰 도서관과 교육 기관을 설
립했으며, 이후 이곳은 타비트 이븐 쿠라와 후나인 이븐 이스하크 등 수많은 그리스
어 기술서들을 아랍어로 번역했던 학자들을 배출했다.

이 시기에 아랍어로 번역된 그리스어 서적으로는 아리스토텔레스의 저서, 갈레
노스의 의학서, 프톨레마이오스의 천문학서, 알렉산드리아의 헤론의 기술서, 비잔
티움의 필론의 『기체 역학La Pneumatica』, 히포크라테스의 저술들, 그리고 다른 여러
수학서와 과학서들이 있었다. 이런 번역으로 인해서 수많은 저서들이 이후에 라틴
어로 번역되면서 서유럽에 다시 전해질 수 있었다.

고대 과학과 기술서들은 연구자들과 번역자들에 의해 아랍의 과학과 철학을 발전 **연구와 번역**
시켰고, 아랍어에서 현재까지도 사용하는 여러 용어들을 만들어 냈다. 또한 아랍 문
화에서 연금술은 매우 뛰어난 발전을 거듭했으며 인도와 중국 문화와 교류하는 과정
에서 수학도 매우 놀랍게 발전하기 시작했다.

수많은 번역들은 종이의 도입과도 밀접한 관계에 있었다. 종이는 당시의 양피지 **종이의 유포**
에 비해서 저렴하면서 강한 재료였고, 중국에서 사마르칸트로 7세기경에 유입되었
다. 이후에 795년부터 바그다드에서도 종이를 생산했다. 이 과정에서 칼리프의 역
할은 적지 않았으며, 이들은 수많은 그리스 필사본들을 구입한 후 바그다드에서 진
행된 수많은 번역본들을 후원했던 문화의 주인공들이었다.

아랍의 놀라운 기계술

아랍 문화에서 또 논의할 만한 주요 주제는 이미 10세기 이전부터 지속되었던 기계
기술 분야에 대한 공헌이었다. 크테시비우스Ctesibius(3세기경), 비잔티움의 필론, 알
렉산드리아의 헤론은 기계를 다룬 그리스 문서들corpus 때문에 비잔티움 제국을 방
문했고, 이후에 사산 왕조의 페르시아를 찾아갔다. 이 장소들은 고대의 여러 문화적
요소들이 뒤섞여 있고 비잔티움, 시리아, 이란, 인도, 중국의 독창적인 문화를 접할

수 있는 곳들로서, 이곳들의 문화적 기원이 정확하게 어떤 문화에서 비롯되었는지는 확인하기 어렵다. 이처럼 다양한 문화의 영향을 절충하고 발전시켰던 아랍의 기계술을 바탕으로 세 형제였던 바누 무사Banū Mūsā(무사 샤키르Mūsā Shākir의 아들들)가 쓴 『기술서Libro dei meccanismi ingegnosi』는 매우 중요한 문화적 선언이었다.

800년대에 활동했던 바누 무사는 바그다드에서 공부했으며 이곳에서 기하학, 수학, 기술, 천문학과 음악을 연구했다. 이들은 상인이었지만 동시에 문화를 후원했고, 종종 콘스탄티노플을 방문해서 구입할 만한 기술적인 과학 텍스트를 찾았다.

이들의 저작에서 가장 핵심적인 부분은 액체를 관리하는 기술로, 이들이 기술한 기계들은 약 10개의 수로를 관리하기 위한 부속의 결합으로 설명할 수 있다. 물의 흐름은 밸브가 있는 여러 개의 물통과 물길을 바꾸는 통들에 의해서 조절되었다. 이 저작에 묘사된 분수는 기본적으로 압력에 대한 헬레니즘의 이론에 바탕을 두고 이를 최대한으로 활용한 결과였다. 이 장치에는 하나의 통에서 다른 하나의 통으로 액체가 이동하면서 만들어지는 압력의 최대치가 적용되었다. 큰 성공을 거두었던 바누 무사의 저서들은 매우 중요한 두 가지 기술적 고안물을 보여 준다. 그중 하나인 원뿔형 밸브는 기술서에 항상 등장했고 레오나르도 다 빈치의 스케치와 더불어 유럽에 알려졌으며, 이후 16세기에는 아고스티노 라멜리Agostino Ramelli(1531-약 1600)의 작업으로도 잘 알려졌다. 다른 하나는 L자형 크랭크로, 약 200년 전에 나무로 만든 L자형 연결 고리가 사용된 바 있다. 물을 조절하기 위한 기계들은 계속 복잡해졌고 물의 낙수량을 조절하는 다양한 방법이 적용되었는데, 이는 이후 근동 아랍 왕실의 자부심이 되었다.

10세기 말에 무함마드 이븐 아흐마드Muhammad ibn Ahmad가 저술했던 『과학의 열쇠들Le chiavi delle scienze』은 기술적인 도구를 구성하기 위해 사용했던 서로 다른 요소들을 기록하고 있다. 이 책이 시계를 보여 주지는 않지만 시계의 각 부분들을 기능에 맞게 제시하고 있었다. 바누 무사의 저작에서도 물을 이용한 시계는 모습을 드러내지 않지만, 책에 소개된 기계적 부분들은 시계 부품과 동일한 원리를 가지고 있다. 이외에도 기름등은 몇 부분들을 바꿔서 시계로 사용할 수도 있었다.

다른 관점에서 이런 방식의 기술은 단순히 자동화 기계를 만들어 냈다기보다 당시에 알려져 있던, 압력을 이용한 고안물들을 만들어 낸 것이었다. 알렉산드리아에서 크테시비우스, 비잔티움의 필론, 알렉산드리아의 헤론과 같은 연구자들은 유속을 이용해 시간을 조절할 수 있는, 기계적 통제가 가능한 도구를 연구했다. 알렉산드리아의 기계술은 이슬람 문명에 지식을 전승했으며, 이를 토대로 고안한 도구들은 이후에 서유럽에서 매우 놀라운 인상을 주었다. 이와 관련해서 807년에 카롤루스 대제의 궁전을 방문했던 대사인 하룬 알-라시드는 선물을 가지고 왔는데, 이 중에는 물로 작동하는 아름다운 시계가 포함되어 있었다. 아인하르트는 카롤링거 왕조의 공식적인 역사가로 이 놀라운 고안물에 대한 경탄을 적으면서, 매시간이 이 도구 속에 있는 물방울에 의해서 기록되며 그렇게 해서 시간을 측정하는 것이 가능하다고 설명하고 있다. 또한 12시가 되면 12개의 모든 문이 열리고 기사들이 영웅적으로 나온다고 기록하고 있다.

> 물로
> 작동하는 시계

카롤루스 대제의 궁전에서 일어난 이 놀라운 기술력에 대한 경탄은 서유럽에서 새로운 문명에 관심을 가지는 계기를 마련해 주었다. 한 세기 뒤에 베렌가리오 2세(약 900-966)의 대사였던 크레모나의 리우트프란드Liutprando da Cremona(약 920-972)는 비잔티움 황제의 궁전에서 보았던 자동으로 움직이는 기계에 대한 놀라움을 기록했다. 이는 여러 새들이 있는 청동 나무로, 서로 다른 새들은 각기 다른 노래들을 만들어 내고 있다고 서술했다. 그리고 이 나무 둥치의 뒤편에 있는 두 개의 기계로 구성된 사자 동상은 꼬리를 움직이고 소리를 만들어 낸다고 기록했다. 리우트프란드의 역사서에 기록된 내용에 따르면, 이런 방식으로 동물들과 황제의 권좌는 끝없이 움직이는 상징을 제공했다(『심판Antapodosis』, VI, 5). 작은 기계로 만든 새들이 노래하도록 만드는 기술은 근동의 기술력을 추월하고 있었다. 사실 트리스탄과 이졸데의 이야기를 소재로 한 1200년대 글은 이와 유사한 기계 장치에 대해 언급하면서 스스로 움직이는 기계 개의 모습에 대해서 기록한 바 있다.

> 황제의 자동 기계

필요한 시간이 지난 뒤에 원하는 효과를 내기 위해서 각 부분을 적절한 크기로 구성하는 정확성은 기술의 역사에서 매우 중요한 역할을 담당했고, 이런 정확성은 이후 시계나 자동으로 움직이는 천구의와 같은 발명품에도 적용되었다.

| 다음을 참고하라 |
과학과 기술 텍스트에서 실천으로: 이슬람 세계의 약학, 병원, 수술(461쪽); 실천에서 텍스트로: 아랍 의학의 거장들(467쪽); 아랍의 연금술(481쪽); 기예에 대한 고찰(497쪽); 중세 초기의 기술서: 농경과 건축(501쪽)

비잔티움 제국과 기술

| 조반니 디 파스콸레 |

서유럽의 중세에 해당하는 시기에 극동 아시아에 사는 민족들은 문화적인 전성기를
누리고 기술적인 발전을 거듭했는데, 이런 문화가 유럽에 새로운 지식들을 전달했다.
이러한 지식의 경유에서 지리적으로 중요한 장소가 비잔티움의 도시들이었다.
정치적·경제적 중심지였던 비잔티움은 헬레니즘의 문화적 전통에 동양에서
유래한 지식을 결합했으며, 이 중에서 건축과 전쟁 기술은 매우 독창적이었다.

여러 문명의 통로였던 비잔티움

기술 분야는 단선적인 역사를 가지지 않는다. 또한 실용적 혹은 이론적인 기술의 정
확한 연대를 추정하는 것은 쉽지 않으며, 때로 한 장소에서 많이 등장했던 생산물이
다른 문화권에서는 이미 다른 시기에 제작된 경우도 쉽게 찾아볼 수 있다. 유럽의 중
세에 해당하는 시기에 극동 아시아 지역의 민족들은 문화적으로 전성기를 맞이하고
있었으며, 이곳에서 유럽으로 여러 지식과 기술이 유입되었다. 극동에서 유럽으로
기술이 전파된 과정에서 비잔티움과 이슬람 문화는 매우 중요한 역할을 담당했다.

　콘스탄티누스 대제의 그리스도교 제국은 새로운 수도를 원했고 그 결과 비잔티움
을 선택했는데, 이곳은 유럽과 아시아 사이에서 전략적으로 매우 중요한 장소였다.
330년에 이 장소는 콘스탄티노플이 되었고, 황제의 기획에 따르면 이곳은 제2의 로
마가 되어야 했다. 서유럽에서는 그리스도교가 발전하는 과정에서 라틴어를 중심으
로 새로운 문화적 전통을 확립해 갔다면, 동방의 비잔티움을 중심으로는 황제와 귀
족 사회가 지속되면서 이민족과 가톨릭 교회에 대항해서 로마 제국의 전통을 계승

<small>헬레니즘과
근동의 정신</small>　했다. 정치적·군사적·경제적으로 가장 중요한 장소였던 비잔티움에서 헬레니즘의
문화적 전통과 동양의 정신이 결합했다. 도서관에서 알렉산드리아의 기술과 위대한
시대의 여러 저작들의 지식이 정리되고 확장되어 나갔다면, 건축과 예술은 매우 독
창적인 방식으로 수도를 꾸며 나가기 시작했다.

<small>건축물에
대한 설명</small>　특히 건축-예술에 관한 문학 장르는 유스티니아누스 대제 시기에 전성기를 맞이
했고, '에크프라시스ekphrasis' 즉 건축물의 문학적 서술은 새 수도의 다양한 건축물
을 설명하는 여러 글들에서 확인할 수 있다. 카이사레아의 프로코피우스는 6세기에

활동하면서 유스티니아누스 대제 왕국의 마지막 시기에 황제를 위해서 여러 기념비적인 건축물을 제작했다. 그가 이 시기에 쓴 『건축론De aedificibus』은 유스티니아누스 대제 시대에 이미 명성을 획득했다. 프로코피우스는 성 소피아 대성당을 기술하는 과정에서 형태의 비례나 기획의 기하학적 요소에 대해서 명확하게 설명하고 있을 뿐 아니라, 빛의 사용에 대해서도 많은 관심을 보였다. 그는 당시의 건축물들에 넓은 창문을 사용해서 뛰어난 채광 효과를 거두었다. 이 같은 방식의 빛에 대한 묘사는 완공식이 끝나고 얼마 지나지 않았던 시기인 563년에 궁정 의전관 파울루스Paulus Silentiarius(?-580)가 쓴 『성 소피아 대성당에 대한 기술Descrizione della chiesa di Santa Sofia』에서 확인해 볼 수 있다. 이러한 묘사는 사실 고대부터 전해지는 기술적-건축적 문학의 전통을 이어받았지만, 이 저서에서는 형상과 구조, 장식에 대한 새로운 감각을 확인할 수 있다. 이렇게 새로운 건축적 혁신은 중세 건축물의 시작을 알렸다.

『전쟁술』

다른 관점에서 흥미로운 기록이 많이 남아 있으며 문학적인 수준에서도 뛰어난 사료가 전해지는 분야는 전쟁술이다. 고대 후기에 서유럽에서 가장 잘 알려진 전쟁서는 플라비우스 베게티우스 레나투스Flavius Vegetius Renatus(4-5세기)의 저서들과 익명의 저자가 쓴 『전쟁술De rebus bellicis』이었다. 『전쟁술』은 국경의 약화와 이민족으로 인한 위험에서 벗어나기 위한 방법으로 군대의 기술적인 변화를 요구했다. 4-5세기경에 베게티우스가 정리한 『군사 개론Epitome rei militaris』은 로마인들로 하여금 제국을 건설하도록 이끌었던 다양한 전쟁 기술에 대해서 서술하고 있다. 이 책에 실린 다양하고 복합적인 여러 주제들, 전쟁 기술과 관련한 내부의 다양한 실례들, 병장기의 활용법은 군사적으로 중요한 정보를 전달해 주었으며, 그 결과 르네상스 시대에 이르기까지 서유럽 세계에서 매우 중요한 서적 중 하나로 알려졌다.

　　한편, 또 다른 익명의 저자가 4세기 중반에 집필한 『전쟁 도구에 관하여De rebus bellicis』는 과거에 대한 지식만을 전달하는 것이 아니라 군대의 기계적인 무장과 연관된 다양한 기술을 보여 주고 있다. '리부르나liburna'는 네 마리의 소가 끄는 바퀴 달린 이동차였고, '아스코게피루스ascogefyrus'는 이동이 가능한 사다리였으며, '발리스타 풀미날리스ballista fulminalis'는 적은 수의 인원으로도 작동이 가능한 발사 장비였다. 이런 전쟁 장비들은 북유럽의 이민족들에게는 그렇게 중요한 것이 아니었지만, 황

새로운 전쟁술

제가 이끄는 동양에서는 매우 중요한 논의들을 만들어 냈다.

　유스티니아누스 대제의 시기에 익명의 저자들이 전략과 공성법攻城法에 대해 다룬 두 권의 저작이 남아 있다. 또한 10세기의 현제 레오 6세(866-912, 886년부터 황제)와 콘스탄티누스 7세Constantinus VII Porphyrogenitus(905-959, 912년부터 황제)는 알렉산드리아의 전통적인 전쟁 기법에서 벗어나 새로운 시도를 했다. 특히 비잔티움의 헤론(기원전 10-약 70)이 쓴 전쟁서들은 고대와의 연속성을 잘 드러내 준다. 그의 이름은『농경서』와『전쟁의 기술에 관하여Trattato sull'arte della guerra』의 저자로 남아 있고, 이 책들이 쓰인 시기는 900년대 중반으로 거슬러 올라간다. 이 저서들은 고대 기술의 발전 과정을 설명해 주는 가장 중요한 사료에 속했다.

　비잔티움의 헤론은 1세기 중반에 이집트의 도시에서 생활하며 여러 편의 글들을 남겼다. 그는『전쟁의 기술에 관하여』에서 다마스쿠스의 아폴로도루스(2세기경)의 저서를 참고했다고 밝히면서, 헬레니즘 시기에 기계 제작을 다룬 여러 복잡한 논고들을 매우 간결한 문체로 정리했다. 이외에도 기술적인 도안들을 다루었고 소통을 위한 이미지의 힘에 주목했으며 매우 효율적으로 작동하는 기계의 복잡한 세부를 전달했다. 헤론의 책은 아폴로도루스의『공성론』과 비교했을 때에는 도안이 2차원적이고 평면적이지만, 기타 서적들에 비해서는 3차원적인 도안을 활용해서 입체적인 느낌을 효율적으로 전달할 뿐 아니라 옆에 인물을 배치해서 실제 크기까지 전해 준다. 책을 읽어야 할 가장 이상적인 독자는 군대의 수장으로, 헤론은 자신의 책이 적의 성을 점령하는 데 편의를 제공해 줄 수 있다고 생각했다. 특별한 부분은 타격형 공성 기계로, 다양한 크기와 형태가 설명되어 있으며 군인들이 성벽까지 옮길 수 있도록 바퀴가 달려 있었다. 헤론은 적의 성벽까지 타격형 공성 기계를 옮기면 이후에 도시로 관통하는 동굴을 팔 수 있는데, 이는 과거의 기계들로는 성공할 수 없었던 일이라고 설명했다. 중세 때 이 저서의 성공은『농경서』와 함께『전쟁의 기술에 관하여』의 필사본들이 시칠리아를 지배했던 노르만 왕들의 도서관에서도 발견된다는 점을 통해 확인할 수 있으며, 이후에 샤를 1세(1226-1285)가 이 책을 교황 클레멘스 4세(약 1200-1268, 1265년부터 교황)에게 선물했다. 이 책은 좋은 평가를 받았고 여러 사람들이 이 책을 구하고 싶어 했으며, 오랜 역사적 세월을 거친 뒤인 17세기 초에 바티칸 도서관에서 다시 소장하게 되었다.

　950년에 익명의 저자가 방어하는 입장에서 전쟁 전략을 다룬『포위 공격을 견

『전쟁의 기술에 관하여』

딜 수 있는 방법에 관하여De obsidione toleranda』를 기술했다. 이 저서는 아리아노스 Arrianos(약 95-180), 폴리비오스Polybios(기원전 약 200-기원전 약 118), 플라비우스 요세푸스Flavius Josephus(37/38-100년 이후)의 글을 참고하고 있다. 오래 지속되는 방어 기간에도 변함없이 성을 안전하게 지키는 방법으로, 적들에 의해 훼손된 주변 지역의 **성을 지키는 방법** 병자와 노약자와 아이 문제를 포함해 기아 문제를 해결할 수 있는 방식을 제안하고 있다. 또한 공방에서 제작한 재료들의 보관, 건축적으로 벽의 두께를 늘리고 안전하게 만들 수 있는 기술, 무너지거나 파손되는 경우에 빠른 속도를 이를 보수할 수 있는 방법을 제공하고 있다. 이 글에서 걱정하는 것은 비잔티움의 헤론의 저서에서 확인할 수 있었던 것처럼, 적들이 벽에 접근해서 자신을 보호하고 동시에 땅굴을 파서 성벽을 파손하는 경우였다. 1000년 전에 비잔티움 제국에서 저술된 전쟁론 중에서 중요한 저서는 니케포루스 우라누스Nicephorus Uranus의 『전략Taktika』으로, 999년 안티오키아 지방 행정관의 요청으로 저술되었다. 그는 시리아의 전쟁에 참여했고 이 과정에서 전쟁을 위한 기계들에 관심을 가지게 되었으며, 빠르게 이동할 수 있는 재료를 사용해야 한다고 주장했다. 전통에 기초해서 성을 공격할 때 방어를 하면서 성벽 아래로 도착한 군인들이 땅굴을 파는 방법을 다시 언급했지만, 그의 저술에서는 새로운 점도 확인할 수 있다. 그는 날카로운 도구를 활용해서 성벽 아래에 구멍을 뚫은 뒤에 그 안에 '폭약'처럼 불을 피워 윗부분의 구조를 파괴해야 한다고 설명하고 있다.

저자는 새로운 논고들을 저술하는 과정에서 과거 기록의 지식에 바탕을 두고 새로운 이미지의 목록과 비잔티움 전쟁술에 대한 글들을 구성하고 있지만, 인간의 교활함이 기계 기술보다 중요하다는 점을 강조하고 있다.

비잔티움의 적들에게 놀라움을 안겨 주었던 전쟁 무기 중 하나는 '그리스의 불 **'그리스의 불'** Greek fire'로 알려져 있는 화약이었다. 이는 과거의 해전에서 주로 사용하던 것으로 그리스 화약은 오랜 시간 동안 전승되었다. 적진을 불태울 수 있는 가능성은 이미 오래전에 알려져 있었다. 헤로도토스Herodotos(기원전 484-기원전 424)는 페르시아인들이 480년경에 아테네를 점령하면서 화살에 천을 감아 불을 붙여 발사했다는 기록을 남겼다. 투키디데스Thukydides(기원전 약 460-기원전 약 400)는 기원전 479년의 플라타이아이 전투와 기원전 424년의 델리움 전투에서 적진에 불을 붙이기 위해서 역청을 섞은 재료를 사용했다고 전하고 있다. 역청과 불을 피울 수 있는 여러 재료들은 페르시아와 그리스 지역에 모두 잘 알려져 있었다. 하지만 재료들의 종류는 대부분 비슷했다. '그리스의 불'을 문학에서 처음 기록한 내용은 673년경으로 거슬러 올라가며, 그 저자는 건축가였던 칼리니쿠스Callinicus(7세기)로 알려져 있다. 그가 제작했던 여러 가지 재료들에 대해서는 잘 알려진 바가 없지만, 적어도 이 시기에 액체나 가루를 활용해서 빠르게 불을 일으킬 수 있는 재료를 연구했다는 점을 확인할 수 있다. 당시에는 근동 지역에서 구입할 수 있는 석유와 초석, 유황, 탄소를 사용해서 둥근 모양의 포환을 만든 뒤에 적진에 발사하기 전에 불을 붙였던 것으로 추정되며, 이 불은 물로는 꺼지지 않았다. 또한 정확하게 목표에 적중시키기 위해서 납으로 된 길고 좁은 관을 활용하기도 했고, 적에게 겁을 주기 위해서 키메라나 용과 같은 신화 속의 동물들을 조각하기도 했다. 바티칸 도서관에서 소장하고 있는 삽화본의 이미지는 현제 레오 6세가 '통을 실은 선박'이라고 설명했던 바와 일치하는 것으로 보인다. 선두 윗부분에 움직이는 관을 설치하고 펌프를 활용해서 '불타는 액체'를 앞부분으로 보냈다.

| 다음을 참고하라 |
역사 비잔티움 제국의 속국 II(125쪽); 비잔티움 제국의 속국 III(198쪽)
철학 비잔티움 시대의 철학(383쪽)
과학과 기술 그리스 유산을 복원하려는 첫 시도(437쪽); 동방과 서방의 의학(452쪽); 그리스-비잔티움 문화 속의 연금술(471쪽); 기예에 대한 고찰(497쪽); 중세 초기의 기술서: 농경과 건축(501쪽)
문학과 연극 비잔티움 문화 및 서방과 동방의 관계(605쪽)
시각예술 마케도니아 왕조 시대의 비잔티움 미술(848쪽)

중국의 과학과 기술

| 이사이아 이아나코네Isaia Iannaccone |

중국의 중세는 유럽보다 약 250년을 앞섰다. 불완전한 정치적 상황과 이후의 전쟁,
그리고 몇 세기 이후에 양나라에 의해 발전한 시기가 이에 해당한다. 이 시기에 화폐 경제,
과학과 기술이 발달했다. 또한 5-10세기에 놀라운 기술적, 의학적 발전이 이루어졌다.
이 시기에 인쇄술이 번영했으며 최초의 기계식 시계가 발명되었고, 이후로 유럽에서
참조하게 될 여러 가지 의학적 관점이 발전했다.

중국 왕조의 역사

476년에 라벤나에서 이민족 출신의 오도아케르가 로물루스 아우구스툴루스 황제를 폐위하면서 유럽 중세의 시작을 알렸을 때, 중국의 중세는 한나라가 기원전 220년에 멸망하고 분열과 혼란의 시기를 맞이하게 되면서 이미 시작되었으며 이런 상황은 581년이 되어서야 정리되었다. 이 시기에 서로 다른 왕조에 의해서 영토가 분할되었으나 영토의 경계는 분명하지 않았고 수많은 투쟁이 벌어졌다. 북부의 경우에 이민족들에 의해서 16개의 왕국(16국*)이 성쇠를 거듭했다. 5개의 이민족(5호胡 즉 흉노, 갈, 선비, 저, 강을 가리킨다*)의 주도로 시작된 역사적 분열은 이후 북위北魏에 의해서 다시 통합되었다. 중국의 남부에서도 여러 차례에 걸쳐 왕국의 흥망성쇠가 반복되었다. 양쯔 강 유역에서 난징을 수도로 삼았던 6개의 왕국(6조朝를 가리킨다*), 즉 오吳·동진東晉·송宋·제齊·양梁·진陳이 등장했다. 이후로 이런 상황은 다시 2개의 왕조에 의해서 통합되었다. 수나라(581-618)와 당나라(618-907)로, 모두 군사 정변에 의해 성립되었던 왕조였다. 그러나 외부의 전투에서 패배하고(751년에 아랍인들과 벌였던 탈라스 전투) 내부에서 여러 차례 반란이 일어나면서(안사의 난, 황소의 난), 당나라는 점차 쇠퇴의 기로에 놓이게 되었으며 다시 중국의 영토가 분열되었다. 이런 상황은 송나라(960-1279)가 960년에 중국 영토를 다시 통합하면서 정리되었다.

5호 16국의 짧은 연대기

6세기의 통화 경제와 과학의 발전(양나라 시대)

통화 경제의 발전을 설명하기 위한 오늘날의 가설 중 하나는 과학과 연관된 기술과 개념의 결합이 통화 경제에 발전과 혁신을 가져왔다는 것이다. 중국에서 과학의 수준을 확인할 수 있는 지표인 통화 경제는 5-10세기에 발전해 나갔다. 중국의 경우에 가장 흥미로운 시기는 남조의 6조 중 하나였던 양梁나라(502-557)가 지배하고 있을 때였다. 양나라 때 양적, 질적으로 발전한 주화가 주조되어 유통되기 시작하면서 혼란을 가져왔고(예를 들어 공식적인 주화와 위조 혹은 사용하지 않게 된 주화가 함께 유통되었다), 국가의 입장에서는 통화 정책에 심혈을 기울이고 주화의 제작과 유통에 많은 관심을 가지기 시작했다.

양나라 시대에 과학사에서 일어난 가장 중요한 논쟁 중 하나는 세 가지 우주론에 대한 것이었으며, 이는 문화사적 관점에서나 중국 천문학의 기준을 제공했다는 점에서나 매우 중요한 결과를 가져왔다. 세 가지 우주론 중에서 개천蓋天은 사각형

세 가지의 우주론

의 땅을 덮고 있는 반구형의 하늘을 상정하고 있으며, 혼천渾天은 원구 형태의 우주 가운데에 물에 떠 있는 땅의 형태를 상정하고 있다. 한편, 선야宣夜는 우주가 무한한 진공의 공간으로 구성되어 있다고 설명했다. 가장 흥미로운 논쟁은 520년까지 일어났는데, 『수서隋書』와 『천문지天文志』는 양 무제가 525년경에 혼천설 대신에 개천설을 공식적으로 인정했다고 전한다. 하지만 중국의 경우는 유럽과 달리, 과학 이론 자체에 대해서 화형이나 법적인 탄압을 가한 적이 없다는 사실을 기억할 필요가 있다.

물시계 이 시기에 물시계 역시 놀라운 발전을 거두었다. 남아 있는 고전적인 입문서는 매우 복잡한 물시계의 형태를 제시하고 있는데, 이 도구는 더 정확하고 믿을 수 있는 계측을 위한 것이었다. 506년에 수학자이면서 천문학자이자 『천문록天文錄』의 저자였던 조훤지祖暅之는 당시 정확하지 않던 물시계의 기준이 될 수 있도록 황실의 물시계를 수리하라는 명령을 받았다. 물시계의 정확성은 떨어지는 물방울의 양을 조절하는 것에 의해 결정되기 때문에 물이 통과하는 부분을 통제할 필요가 있었고, 조훤지는 기술적으로 매우 뛰어난 해결책을 제시했다. 그는 (청동 물통 두 개를 설치하는 전통적인 방식 대신에) 청동 물통을 삼단으로 배치했고, 뚜껑을 덮어서 물에 다른 성분이 들어가는 것을 막고 물이 통과하는 부분을 용머리 형상을 한 수도꼭지 형태로 제작했다. 그리고 물통 하나는 낮의 시간을 재기 위해서, 다른 하나는 밤의 시간을 재기 위해서 사용했다. 조훤지는 중간의 물통으로 물의 이동량을 통제해 더 정확한 물의 양이 마지막 통에 도착하게 하여, 시보時報를 위한 정확한 시간을 표시하도록 만들었다.

시간의 측정 시간 측정 장치에 대한 관심뿐 아니라 사물을 측량하는 단위도 통일되었다. 중국에서 고전적인 시간 측정 단위는 각刻(14분 24초)이었고 하루는 100각으로 나뉘었다. 하지만 이후 12시간으로 구분되면서 '시時'라는 단위가 사용되었다. 동주(기원전 5-4세기) 때에는 이 두 시간 단위가 각각 사용되었다. 양나라 때 들어와서야 무제武帝는 하루를 나누는 이 두 체계의 관계를 정립하기 시작했다(507). 100은 12로 나뉠 수 없기 때문에 그는 각의 기준이 되는 수를 96으로 줄이도록 명했고, 이를 하루의 단위로 정했다. 그렇게 해서 하루는 12시와 96각으로 구분될 수 있었다. 544년에는 96각이 108각으로 대체되었는데, 이는 고대에서 유래한 숫자에 대한 중국적 관념에 더 부합하는 것으로 역시 12로 나누어떨어질 수 있었다. 양나라의 해결책은 수학적으로 시간의 단위를 통합한 것으로 수세기 동안 계속 사용되었다. 10세기 중반이 되어서 야 시간에 관한 단위가 다시 정리되었다(5조 시대).

천문학 분야에서 양나라는 서로 다른 기준의 천체학 도표를 사용했다. 특히 그중 하나가 『수서隋書』에 등장한다. 550년경에 나무로 제작된 대형 천구의가 있었다는 기록이 남아 있는데, 천축天軸과 자오권과 천상적도권天常赤道圈이 배치되어 있었고 28각과 별들을 확인할 수 있었다고 한다. 또한 천구의를 둘러싼 다른 한 띠는 지구를 의미하는 것이었다고 한다. 양나라의 천구의는 이후 시대에 천문 기구를 제작할 때 기준이 되었다.

또한 양나라는 달력의 정비에도 관심을 가졌다. 왕조 초기에 받아들였던 달력은 **달력** 하승천何承天이 만들었던 원가력元嘉曆으로, 443년 송宋나라 때 제정된 후로 양 무제까지 사용되었다. 양나라에서는 510년부터 대명력大明曆을 사용하기 시작했는데, 이는 조충지祖沖之(429-500, 원주율의 계산으로 유명한 수학자로 관료를 뽑는 시험을 위한 수학서를 집필했으나 이 책은 현재 전해지지 않는다)가 462년에 만든 것으로 세차歲差의 영향을 고려해서 윤년 주기를 도입했다. 또한 유작劉焯(544-610)의 달력도 매우 중요한데, 이 달력은 양나라 이후에 쓰였지만 과학적 근원은 양나라의 연구 결과에 기대고 있다. 그의 달력인 황극력皇極曆은 604년에 공식적인 달력이 되었는데, 유작은 조충지가 이미 언급했던 방식을 다시 활용했다. 600년경에 유작은 지일至日을 정확하게 계산하기 위해서 해시계의 바늘이 만들어 내는 그늘을 정확하게 조절하는 일을 했다.

양나라 때 중국인들은 지리학을 지역과 민족에 대한 연구와 지식에 필요한 학문 **지리학** 이라고 생각했고 결과적으로 많은 성과를 거둘 수 있었다. 그렇게 해서 중국에서 '직공도職貢圖'(이민족을 묘사한 그림)라고 알려진 장르가 처음 등장했는데, 그 접근 방식은 오늘날의 지리학·인류학의 연구 방식과 비교할 수 있다. 이 같은 종류의 첫 서적은 550년에 출간되었으며 우 황제의 계승자였던 양의 원제元帝가 편찬을 명했다. 또한 지리학 연구 과정에서 양나라 때 존재하는 기록들이 정리 편찬되었다. 왕조 말기에 지리서地理書가 제작되었는데, 이 서적은 이전 시기였던 기 왕조에서 모아 왔던 사료들을 백과사전적인 형태로 제작한 것으로 160여 편의 기존 지리서가 포함되어 있었다. 양나라의 학자들이 관심을 가졌던 것은 지리서에 대한 자료의 확충과 정리였다. 이 책이 지리 정보를 담은 이런 종류의 서적으로는 최초라는 점을 고려해 보면 이는 매우 중요한 작업이라고 할 수 있다. 『지경도地鏡圖』와 같이 돌 위에 새겨져 있는 지도를 탁본으로 뜨고 글을 서술했던 서적 역시 매우 흥미롭다. 이 책은 광물의 분포지, 지리에 따른 식물의 서식지를 기록하고 있으며, 양나라 때 매우 흥미로운 사료로서 이후에도 유사한 작업이 계속 진행되었다. 사실 이런 지리서들은 송나라의 흥미로운 여러 지도들의 모범이라고 볼 수 있다. 또한 이 중에서 가장 중요한 지리서의 정보는 16세기경에 이시진李時珍이 『본초강목本草綱目』을 기술할 때 사료로서 다루었다.

후량 때 차륜선車輪船의 형태를 띤 배가 사용되었다(이 방식은 리양이 포위된 573년에 고안된 것으로 알려져 있다). 또한 양의 원제가 재위하던 시기(552-554)에 육지에서 바람의 힘을 빌리기 위해 돛을 설치한 마차도 사용되었다.

5-10세기의 기계 발명과 의학적 발견

화약 화약, 탄약 혹은 흑색 화약은 다른 질산 혼합물에 비해 연소 속도가 매우 빠른 초석(KNO_3, 질산칼륨), 황철석(FeS_2)을 공기 중에 구워서 얻은 황과 숯의 혼합물이다. 서양에서 처음으로 화약이 언급되었던 것은 1240년 아부 무함마드 알-말라키 이븐 알-바이타르Abu Muhammad al-Malaqi ibn al-Baytar(약 1197-1248)의 저서였다. 808년에는 중국 당나라에서 사용했던 표현을 번역해서 '중국의 눈'이라고 기록했는데, 이런 표현은 도교학자였던 청허자淸虛子의 『연홍신진지보집성鉛汞甲辰至寶集成』(납과 수은, 나무, 금속, 보물을 집대성한 목록)에 등장한다. 청허자의 공식에 따르면 약 57그램의 황과 57그램의 초석과 10그램의 잘 말린 태생초를 섞어서 화약을 만든다. 태생초는 사실 탄소 성분이 풍부한 식물이다. 이후에 청허자가 제시한 실험으로 제조된 화약은 매우 빠른 속도로 불이 붙고 타오르기는 하지만 폭발력을 지니고 있지는 않았다.

『진원묘도요략眞元妙道要略』은 850년에 정사원鄭思遠이 저술했다는 기록이 남아 있기는 하지만 여러 저자들이 기술한 것으로 보인다. 매우 '위험한' 35개의 제조법으로 구성되어 있는데, 이것은 도교학자들이 조심스럽게 준비해서 실행했던 실험 목록이었다. 여기서는 청허자의 공식에 등장한 태생초가 잘 말린 꿀로 대체되었다. 이런 방식으로 '불꽃'을 만들어 냈으나 이는 사람들과 집들을 태울 수 있기 때문에 많이 사용되지는 않았다. 그러나 이미 850년에 중국에서는 탄약이 만들어졌던 것이다.

904-975년에 검은 탄약이 창의 형태로 전쟁에서 사용되었던 기록이 남아 있다. 이 무기는 대나무 통에 탄약을 담은 후에 불을 붙이고 속도를 빠르게 해서 쏘아 보내

는 방식이었다. 이후의 다양한 실험들은 초석을 활용해서 탄약의 폭발력을 점점 더
증가시켰으며 11세기부터 폭탄과 실제로 사용할 수 있는 총기가 제작되기 시작했다.

이 시기에는 또한 조합이 가능한 활자술이 등장했다. 특히 중국의 경우, 고대에 **활자술의**
진흙을 아교에 개어서 활자로 사용했던 기록이 남아 있다. 이런 방식의 활자술은 아 **발전 과정**
마도 수메르나 바빌론에서 유래한 것으로 보인다. 이후에 제의 용구나 화병에 양각
으로 문자를 새기는 기법이 발전했으며, 청동을 주조해서 활자를 제작하게 되었다.
또한 돌 위에 글씨를 새겨서 판화처럼 찍어 내기도 했는데, 이는 활자술과 기술적으
로 별 차이가 없다. 중국에서 불교의 발전과 더불어 활자술과 연관된 다양한 방식이
고안되었다. 6세기경에 종교적인 이미지를 찍어 내기 위한 인쇄술이 발전하기 시작
했으며, 형상을 찍기 위한 도장 형태가 사용되기도 했다. 먹을 묻힌 뒤에 종이에 압
착시켜서 형상을 찍어 내는 방식이었다. 이는 매우 경제적이고 빠른 제작 속도를 가
지고 있기 때문에, 이런 방식을 활용해서 동일한 이야기를 다룬 여러 복사본들을 만
들어 낼 수 있었다.

중국 최초의 인쇄본은 704-751년 사이에 제작되었으며 목판에 새겨진 형태를 찍
은 것이었다. 이 기법을 사용해서 찍었던 최초의 책은 『금강반야바라밀경金剛般若波羅
蜜經』으로, 한국 경주의 불국사에서 발견되었다. 이 인쇄본은 현재 영국박물관에 보
관되어 있으며, 1907년에 아우렐 스타인Aurel Stein이 둔황에서 찾은 이와 유사한 인쇄
본도 같은 박물관에 소장되어 있다. 『금강반야바라밀경』은 천신과 제자들이 함께 있
는 부처의 형상이 묘사된 도입부와 더불어 세로 530cm, 가로 27cm로 구성되어 있
는 두루마리본이었다(이 부분은 우리 학자들의 주장과 다르며 일부 오류도 보인다. 경주
불국사에서 발견된 세계 최초의 인쇄본은 신라인들이 704-751년 사이에 제작한 『무구정광대
다라니경無垢淨光大陀羅尼經』으로 중국 학자들은 이것이 중국인이 제작해서 신라인에게 준 것
이라고 주장하고 있다. 둔황에서 발견되어 영국박물관에 소장되어 있는 『금강반야바라밀경』
은 868년에 제작된 것이다*). 매우 짧은 시기에 종교 서적의 제작에 사용되었던 이 기법
은 곧 다른 서적의 생산에도 기여하게 되었다. 처음에는 달력들이 제작되었고, 이후
에 847년과 851년에는 유홍劉洪의 전기가, 10세기 중반에는 화응和凝의 시집이, 913
년에는 도교의 인물인 노자의 주석서가 출판되었다. 이 시대를 마감했던 가장 중요
한 인쇄본 중의 하나는 중국 정치가인 풍도馮道가 953년에 편찬했던 서적(『구경九經』
을 가리킨다*)으로 고전 11편이 실려 있다.

일반적으로 목판본의 제작에는 재질이 매끄럽고 조밀해서 오래 보존할 수 있는 배나무가 사용되었으며 대추나무가 대신하기도 했다. 양면에 판각을 한 나무 조각들을 한 달 동안 물에 불렸고 이후에 그늘에서 건조시킨 후 식물성 기름을 먹이고 수염풀로 광을 냈다. 활판인쇄술의 발명은 필승畢昇이 만든 교니활자膠泥活字에서 시작된 것으로 9세기로 거슬러 올라간다.

기계식 시계들　　또한 이 시기에는 기계식 시계의 제작도 발전하기 시작했다. 725년에 처음 이 고안물을 만들었던 이는 승려이자 수학자였던 일행一行 선사(683-727)였다. 바퀴 형태로 물을 사용해서 움직였고 천구 형태를 빌려서 제작했다(천구의 중심에 배치한 것은 지구로 추정된다). 한 바퀴의 회전은 24시간에 해당했다. 외부에 있는 두 개의 구가 달과 태양을 나타내고 있으며 각각 서로 다른 띠에 배치되어 있었다. 달은 동쪽으로 13도가 기울여져 움직였고 태양은 같은 방향으로 움직였으며, 29번의 회전 이후에 천구의 움직임이 끝나면서 태양과 달이 만나는 형태였다. 각각의 구가 365번 회전하면 태양은 움직이게 하는 띠에 의해 고정되고, 이렇게 한 번의 회전을 마치는 것이었다. 물을 움직이는 그릇은 시간을 구성하고, 바퀴, 축, 다양한 기계 장치들은 시계 기능을 정확하게 수행했다. 이 기구는 이외에도 종과 심벌즈 형태를 도입해서 매시간, 그리고 15분의 간격으로 소리를 냈다. 이 고안물은 철로 제작되었으며, 톱니바퀴를 사용했던 기계의 형태를 띠었다. 730년에 일행 선사가 제작한 시계는 관원의 시험에 사용하기 위한 것이었다. 이외에도 당대의 수많은 시계 장치가 소실되었지만, 976년에 장사훈張思訓은 다른 형태로 매우 효율적인 시계를 만들었다. 그는 물 대신 수은을 사용해서 겨울에도 얼지 않도록 했다. 이 기구는 약 3미터 높이의 탑에 배치되었다. 이 시계 역시 24시간으로 구성되며, 행성들은 오랜 회전을 하고 각 시간은 12간지를 지시하며 시간을 표시했다. 서양에서는 1271년에 사크로보스코의 요하네스가 행성에 대해 쓴 주석에서 로베르투스 안글리쿠스Robertus Anglicus가 남긴 기록에 따르면 당시 몇몇 기술자들이 하루 시간을 표시할 수 있는 원형의 시계를 제작했다고 한다. 그러나 1310년이 되어야 진정한 의미의 기계식 시계가 유럽에 등장했다. 기계식 시계는 976년에 장사훈이 제작했던 것으로 톱니바퀴 형태로 움직임을 전달하는 방식이었다.

천문학에 대한 최초의 연구는 635년에 출간되었던 진 왕조의 역사서에서 태양의 반대 방향으로 유성의 긴 꼬리가 나타난다는 기록으로 남아 있다. 당시 중국에서는 태양의 기가 매우 강하기 때문에 태양의 '생명력의 숨결'이 유성의 꼬리 방향을 만들어 낸다고 생각했다.

이미 고대 중국에서 주물을 위한 주철이 사용되었고, 주철을 제조하기 위해서 연로에서 목탄을 태워 철광석을 철로 환원시켰다(1863년에 마르틴 지멘스Martin Siemens는 이 과정을 기술적으로 설명했다). 이 기술은 이미 5세기 중국에서 등장했으며 이후 사료들에서 강한 칼과 무기를 제조하는 데 매우 유용한 기술로 기록되었다.

또한 기술자였던 이춘李春은 610년에 처음으로 아치형을 활용한 다리인 조주교趙州橋를 건설했다. 이 다리는 아직도 샤오허[洨河]에 남아 있다. 이 다리는 석재를 사용했고 약 64.4m의 길이를 가지고 있으며 아치가 무게를 지지하고 있다. 다리의 양 측면 끝부분에 있는 두 개의 구멍은 중량을 덜고, 다리에 신축성을 부여할 뿐 아니라 유속에 대한 저항을 줄이기 때문에 매우 효율적이었다. 유럽의 경우에 이와 같은 아치를 사용한 교각 형태는 프랑스의 론 강에 있는 생테스프리Saint-Esprit 다리나 영국의 버리 세인트 에드먼즈Bury Saint Edmunds 수도원의 다리에서 확인할 수 있는 것처럼 13세기가 되어야 제작되었다.

또한 중국의 의학 역시 다른 지역보다 더 빠르게 발전하고 있었다. 650년경에 당 _{의학} 나라의 유명한 의사였던 손사막孫思邈(581-682)은 갑상선종과 갑상선 결절, 낭포를 구분할 줄 알았으며, 그보다 조금 후대의 인물이던 왕도王燾(670-755)는 갑상선 질병을 치료하기 위한 처방전을 매우 많이 남겼다. 왕도는 대추의 기름기를 빼고 말려서 가루를 낸 환단還丹을 만들고 환자에게 이를 삼키도록 했다. 또 다른 처방전은 양의 갑상선에서 지방을 제거한 후 환자에게 이를 마시게 하는 것이었다.

다른 중요한 사건은 재상이었던 왕단王旦(957-1027)이 자신의 자녀들이 천연두로 _{예방법} 계속 사망하고 아들 한 명만 남게 되자 의사와 도교 선인仙人에게 천연두 치료법을 찾게 한 것이다. 그렇게 해서 처음으로 천연두를 예방하기 위한 인두법人痘法이 등장했다. 인두법을 시행하는 기술은 점차 발전해 나갔다. 인두법은 천연두에 걸린 병자의 고름을 채취하여 말려 가루로 만들고 젖은 천에 이 가루를 넣고 물에 적셔서 사람의 코에 넣었던 것이었다. 그 결과 코를 통해서 천연두에 가볍게 걸렸다가 낫는 방식이었다. 980년에 학승學僧 찬녕贊寧(919-1001)이 쓴『물류상감지物類相感志』에서는 다음과 같은 문구를 발견할 수 있다. "열병을 앓는 병자가 가족 중에 있다면 그와 접촉했던 사람들의 옷을 빨리 모아서 수증기에 삶아야 한다. 그런 방식으로 다른 가족은 병을 피할 수 있다."

수학 마지막으로 덧붙일 만한 내용으로는 당나라 시기인 625년에 수학자였던 왕효통
王孝通이 $x^3 + ax^2 - b = 0$의 형태를 지닌 3차 방정식의 해법을 제시했다는 점이다. 그러
나 그의 방식은 양수에 대한 해답만을 다루고 있었다.

| 다음을 참고하라 |
과학과 기술 동방과 서방의 의학(452쪽); 그리스-비잔티움 문화 속의 연금술(471쪽); 아랍의 연금술(481
쪽); 지구의 이미지(528쪽)

지구의 연구: 물리학과 지리학

SCIENZE E TECNICHE

교부의 관점으로 본 천구와 지구

| 조르조 스트라노 |

그리스도교가 전파되고 로마 제국이 쇠락하면서 그리스의 과학은 비도덕적인 것으로 취급되었다. 그리스의 과학적인 사고방식은 이교도의 제전과 연관되어 있거나, 인간의 존재를 사랑하지 않고 순수한 물질주의를 담고 있는 세계를 창조한 신에 대한 숭배와 연결되어 있었다. 당시에 그리스도교도가 주류 과학에 제기한 여러 반박들은 무엇보다도 이민족의 세력 확장으로 인해 로마 제국이 무너지는 시대의 초반에 등장했다.

초기 교부들은 그리스의 지식 내용에 의심을 품거나 급진적인 방식으로 비판했다.

그리스의 우주론에 대한 부정

그리스도교가 전파되면서 사람들은 유일한 지식의 근원인 성경 내용을 통해 다른 모든 것을 설명하고자 했고, 이런 점에서 유대인들의 세계 창조 신화와 관련되지 않은 경험적이고 이론적인 우주관에 대한 설명이 배제되기 시작했다. 특히 천체와 지구의 형태, 그리고 이 둘의 관계는 다시 고려되기 시작했다. 아브데라 출신의 데모크리토스(기원전 약 460-기원전 약 370)가 언급한 원자론이나 아리스토텔레스가 제시한 중심을 가진 투명한 행성들의 구조, 혹은 프톨레마이오스(2세기)가 설명하고자 했던 지구 중심 체계는 차이가 그리 크지 않았다. 하지만 중세에 들어와서 신자의 입장에서 성경 내용과 배치되는 경우가 발생하면 그리스의 우주론은 그 내용과 상관없이 부정의 대상이 되었다. 이런 맥락에서 수세기 동안 그리스 과학과 지식이 형성되고 전파되는 데 매우 중요한 역할을 했던 이집트의 알렉산드리아에서 발전한 문화적 전통과 기본적인 결과물들은 다시 논의의 중심에 놓이게 되었다.

지구의 형태 가장 먼저 부정했던 개념은 지구의 크기와 형태에 관한 것이었다. 그리스 세계에서 이 개념은 전통적으로 알렉산드리아 출신의 에라토스테네스(기원전 270-기원전 196)에 의해서 성립되었던 지구 크기의 측량과 연관되어 있었다. 그럼에도 불구하고 락탄티우스(약 240-약 320)의 관점에서 발전한 그리스도교의 사유 방식은 지구가 구형이라는 사실을 부정하고 있으며, 결과적으로 무거운 물체가 지구 중심으로 떨어진다는 아리스토텔레스의 결론도 부정하고 있다. 바실리우스Basilius(약 330-379)의 경우에는 천체의 구형이 유대교의 천지 창조 신화에 부합하지 않기 때문에 반대했다. 왜냐하면 구형으로 된 우주는 구약 성경의 「창세기」 첫 부분에서 언급된 '윗부분의 물'을 담을 수 없는 형태이기 때문이다. 상층부에 배치된 물은 우주에 대한 교부의 사유에서 매우 중요한 부분을 차지했다. 상층부의 물은 태양, 달, 별들의 열기를 조절하는 역할을 하며, 그렇지 않다면 지구는 불타 버렸을 것이다. 그들은 이 물이 아래로 쏟아지게 되면서 노아의 홍수가 일어났다고 생각했고, 미래에 심판의 날이 오면 이 물이 모든 행성의 불들을 끄게 될 것이라고 믿었다.

그리스도교의 새로운 이론

그리스도교의 우주관 4세기 말에 그리스도교 저술가들은 알렉산드리아 학파의 천문학적 전통에서 발전했던 지구중심설에 반대하면서 여러 가설을 제안했다. 타르수스의 주교였던 디오도루스Diodorus(330-394)는 천막 모양의 우주를 제안하면서 지구가 가장 아랫부분에 배치되어 있다고 주장했다. 그는 알렉산드리아 학파의 전통에서 언급하는 여덟 개의 하늘과 하늘을 도는 행성들(달, 수성, 금성, 태양, 목성, 화성, 토성)과 고정된 별들이 존재하지 않는다고 보았다. 그 대신에 그는 두 개의 하늘을 가정했고 천체가 원이 아니라 돔의 형태로 이루어져 있다고 생각했다. 그는 첫 번째 하늘이 지구의 지붕 같은 형태를 취하고 있으며 아랫부분에 물이 있는데, 강, 호수, 바다, 대양과 같은 물이 유럽, 아시아, 아프리카를 둘러싸고 있다고 보았다. 첫 번째 하늘 위편에는 다시 물이 배치되어 있고, 이 물이 다시 두 번째 하늘의 바닥을 구성하고 있는 식이었다. 그는 두 번째 하늘에 신과 천사가 거주하고 있다고 생각했다.

몹수에스티아의 주교 테오도로(약350-약428)는 우주가 천막 형태를 지니고 있다는 생각을 지지했다. 그는 천체 운동이 기하학적 원칙에 따라 구성되는 것이 아니라 신의 의지와 천사가 규칙을 만들고 움직이게 한다고 생각했다. 이런 우주의 체계는 인도의 항해자 코스마스Cosmas Indicopleustes의 저작(6세기)에 잘 표현되었다. 『그리스도교 지형학』에서 그는 오랫동안 항해하면서 쌓았던 자신의 경험을 무시하면서 아리스토텔레스와 프톨레마이오스의 천문학적 생각을 반박하고 무너트리고자 했다. 지구는 너무나 무겁기 때문에 우주의 중심에서 움직일 수 없고 가장 아랫부분에 남아 있어야 하며, 바로 이런 이유로 지구나 천체는 둥근 형태로 구성될 수 없다고 보았다. 이외에도 그는 지구가 만약 둥근 형태를 가지고 있다면 지구는 천지 창조가 일어난 시점에서 물을 담을 수도 없으며 노아의 대홍수 때에도 물이 지상을 덮을 수 없었을 것이라고 설명했다.

인도의 항해자 코스마스

진정한 우주의 형태는 구약 성경에 나온 모세의 삶에서 언급된 바 있는 세계의 모습으로 사막에 지었던 천막 형태를 닮았다. 그 결과 지구는 정방형 형태로 되어 있으며, 동서의 길이가 남북의 길이에 비해서 두 배 더 길고 대양이 세 개의 대륙을 둘러싸고 있으며 대양 너머에는 다른 대륙이 있다. 이 대륙은 노아의 대홍수가 일어나기 전에 문명의 중심이자 지상 천국이었으나, 대홍수 시기에 노아는 방주를 타고 자신이 구한 피조물들과 함께 대양을 건너서 지금의 대륙에 정착해서 살게 되었다. 대양을 품은 대륙은 다시 네 개로 구성된 우주의 벽면을 가지고 있으며, 이 네 개의 벽면은 평평한 천장을 받치고 이 천장에는 물이 담겨 있다. 이 하늘 아래로 인간과 천사들이 최후의 심판을 기다리며 살고 있으며, 최후의 심판이 다가오면 천사들은 이 하늘 위편으로 복자들을 데리고 가서 신과 영원한 삶을 함께하게 할 것이다.

대양의 형태

코스마스는 또한 그리스의 과학자들이 실험했던 물리학적, 수학적 모델에 대해서도 여러 가지 설명을 제공했다. 태양, 달, 행성 그리고 천체의 모든 별들은 지구 위에서 움직이며 천사들은 이 이동을 관장한다. 지구는 높은 산맥을 가지고 있고 남동쪽을 향해서 점차 낮아진다. 이 기울어진 대지는 몇몇 강들 특히 티그리스 강과 유프라테스 강의 흐름을 만들어 낸다. 그리고 이곳에 레반트Levant가 위치해 있는데 이곳은 전투의 경험을 가지고 있었다. 또한 태양은 새벽과 황혼 사이에 정해진 길을 따라

행성과 별들

이동한다. 태양을 관리하는 천사는 항상 수평 방향으로 움직인다. 태양의 이 움직임은 모두 인간이 기울어진 대륙에서 살기 때문에 일어나는 일이다. 커다란 산맥은 밤과 낮을 설명하기 위한 요소였다. 즉 밤이 찾아오는 이유는 천사가 태양을 북쪽 끝에 있는 지역으로 옮긴 후에 산 뒤로 보내 버렸기 때문이다.

계절의 변화 또한 계절의 변화와 주기의 차이는, 즉 낮이 여름에는 길고 겨울에는 짧아지는 이유는 다음과 같이 설명했다. 같은 천사가 태양이 비치는 시간을 짧게 하면 겨울이 되고 길게 하면 여름이 된다. 이런 방식으로 겨울밤에는 태양을 산 뒤에 오랫동안 놓아두고, 여름에는 짧게 놓아둔다는 것이다.

세계에 대한 이런 생각에는 코스마스가 여러 지역을 여행하면서 겪었던 물질에 대한 경험이 담겨 있다. 그는 성경의 기록에 대한 믿음을 가지고 교부들이 발전시킨 생각을 수용했는데, 이런 점은 이후 7세기에 지리학이나 우주론과 같은 분야를 다룬 여러 그리스도교도 저자들의 책에서 받아들여지고 인용되었다.

무엇보다도 이탈리아 중부에 로마 제국이 있었던 것처럼 이곳이 세계의 중심이라는 생각이 사실로 받아들여지게 되면서, 대지와 우주가 이곳을 중심으로 천막 형태로 구성되었다는 생각은 9세기까지 여러 추종자들을 양산했다.

| **다음을 참고하라** |
과학과 기술 그리스 유산을 복원하려는 첫 시도(437쪽); 지구의 이미지(528쪽)

지구의 이미지

| 조반니 디 파스콸레 |

미지의 새로운 장소에 대한 동경과 탐험은 지식의 발전을 자극한다. 중세를 살아가던 사람들 역시 이런 자극에서 벗어나 있었던 것은 아니다. 그들은 대서양 너머의 새로운 대지를 발견하려 했다. 새로운 대륙이 발견될 때마다 사람들은 지구의 이미지를 변화시켜야 할 필요가 생겼다. 결과적으로 지구의 이미지는 상징적인 지도, 새롭게 추가되는 여러 '도로들'의 표시에 의해 바뀌게 되었다.

북유럽 민족이 성취한 지리상의 발견과 정보의 전달

중세 초기에는 로마 제국이 가지고 있던 정치적·문화적 통일성을 상실하면서 지리적 발견에 대한 정보의 전달과 소통이 쉽지 않았다. 중세의 몇몇 여행자들(비잔티움 여행자, 아일랜드 항해사, 대서양에서 활동했던 바이킹)은 미지의 대륙을 발견하고자 했지만, 이와 관련한 지식은 소수의 인물에게만 한정되었기 때문에 당시 세계에 대한 지식이 증가했다고 보기는 어렵다.

대표적인 예를 들면, 1000년 전에 북유럽의 여러 해양 민족들은 탐험을 통해 아일랜드, 그린란드, 아메리카를 발견했지만, 이런 내용은 많은 시간이 흐른 뒤에야 문학 작품 속에 기록되어 전승되었다. 북유럽의 여러 민족들은 천체 관측의, 사분의, 나침판 없이 대서양과 투쟁하며 서유럽에 알려져 있는 경계를 넘어 나아갔다. 그 당시에 어떤 사람도 끝없이 넓게 펼쳐진 바다 너머에서 무엇을 발견할 수 있을지를 미리 알지 못했다. **아메리카의 첫 발견**

아일랜드를 거점으로 출항했다는 기록들이 최초의 사료들로 남아 있는데, 이 사람들은 나무 구조물에 서너 장의 가죽을 싼 소규모 배였던 '쿠라크curach'를 타고 떠났다. 쿠라크는 인간이 제작한 배 중에서 가장 가볍고 사용하기 쉬우며, 물에 가라앉지 않는 재료를 사용한 것이다. 500년경에 루피오 페스토 아비에노Rufio Festo Avieno의 라틴어 시詩에서 처음으로 쿠라크라는 배가 등장했지만, 사실 이보다 훨씬 전부터 오랫동안 사용되었던 배의 종류로, 북유럽 민족들 사이에서는 사회적으로나 경제적으로나 중요한 역할을 담당했다. 쿠라크는 켈트족의 역사와 밀접한 관계를 가지고 있으며, 5세기경에 성 패트릭이 아일랜드에서 출발해서 영국 서부 해안에 상륙했을 때 사용했고, 시도니우스 아폴리나리스(약 430-약 479)는 북유럽의 해적들이 바다를 가로지를 때 많이 사용했다고 기록했다. 쿠라크 외에도 중앙부에 사각형의 돛을 달고 항해했으며 철을 사용한 방향타를 지닌 더 큰 배에 대한 기록도 남아 있다. 그러나 아일랜드의 은둔 수사들은 고립된 장소를 발견하고 명상하기 위해서 쿠라크를 사용했고, 그 결과로 헤브리디스 제도, 오크니 제도, 셰틀랜드 제도, 페로 제도를 발견했다. **쿠라크**

수도사였던 디퀼Dicuil(9세기경)은 카롤루스 대제를 위해 일했던 지성인으로, 825년에 페로 제도의 섬으로 동료 수도사들을 파견했던 기록을 남겼다. 이외에도 당시의 수도사로 항해했던 인물로는 성 브렌던Saint Brendan(약 484-약 578)이 있으며, 그는 6세기 중반에 헤브리디스 제도에 도착했으며 여러 번에 걸쳐 바다를 가로질렀다. 바다 선원들의 수호성인이기도 한 이 성인은 영국의 고지도 속에서 마치 환상의 섬처럼 묘사되었던 성 브렌던 섬에 대해서 기록했는데, 이 섬은 오랫동안 지도에서 자취를 감추었다가 19세기가 되어서야 다시 등장했다.

8세기 말에 바이킹이 아일랜드에 도착하면서 '쿠라크'의 시대는 막을 내렸다. 795년에 수도사 디퀼이 '쿠라크'를 타고 여행했던 기록이 남아 있기는 하지만, 아일랜드 수도사들이 평화롭게 바다를 건너 여행하던 시기는 끝났다. 아일랜드 수도사들이 그린란드에 도착했는지는 알 수 없지만, 적어도 노르웨이인들은 이곳에 도착했다. 그린란드는 바이킹의 근거지가 되었고, 이들의 가장 오랜 여행 기록이자 신뢰할 만한 사료인 『그린란드의 전설Groenlandinga saga』은 바이킹이 이곳을 출발해서 아메리카의 해안을 향해 항해했다고 기록하고 있다. 이 이야기는 12세기에 정리되고 완성되었지만, 이미 이전 시기의 이야기들에서 유래하고 있다. 노르웨이 농부의 아들 비야르니 헤르욜프손Bjarni Herjolfsson은 매우 뛰어난 선원이었고 바다를 잘 알고 있었다. 그는 태양의 방향, 바람의 힘을 빌려 대양과 투쟁했고 그린란드에서 출발해서 아메리카 북부 해안에 도착할 수 있었다.

지리학, 수학, 탐험 기록

우리는 중세 초기의 백과사전적 저술에서 지리에 관한 정보들을 발견할 수 있다. 가경자 베다는 세계의 창조를 설명하면서 세비야의 이시도루스의 저서를 참고했고, 여러 지역의 특징을 설명하기 위해서 행성, 일식, 자전, 기후, 풍향, 바다, 계절의 변화 같은 요소를 도입했다. 한편, 라바누스 마우루스는 842-846년에 저술했던 『사물의 본성』에서 몇몇 지역에서 관찰할 수 있는 대기 현상을 다루며, 바다, 해변, 항구, 사막과 같은 장소를 성경에 등장하는 여러 민족에 대한 지식과 관련해서 설명했다. 요하네스 스코투스 에리우게나는 867년에 스승과 제자의 대화 형식으로 구성된 『자연 구분론』을 저술했고, 헬레니즘 시대의 수학적 지식을 근거로 지리 측량법과 지리학의 여러 논제를 다루었다. 이 책에는 알렉산드리아의 에라토스테네스가 시도했던 지구 크기의 측량법도 실려 있다. 이외에도 여행자의 기록에서도 지리 정보를 발견할 수 있다. 예를 들어 『성소에 관하여De locis sanctis』라는 책은 670년경에 예루살렘을 방문했던 프랑크족 주교였던 아르쿨프Arcul의 여행을 다루며, 7세기 아일랜드

성인이었던 아돔난Adomnán의 설명을 덧붙이고 있다. 7세기 중반에 이스트리아의 아이티쿠스Aethicus Ister가 저술했던『세계에 대한 기술Chosmographia id est mundi scriptura』은 상상 속에서 세계를 여행하며 지구의 구조와 우주의 세부에서 접할 수 있는 요소를 설명하고 있다. 9세기에는 아일랜드의 수도사 디퀼이『세계 측량에 관하여Liber de mensura orbis terrae』를 저술했다. 그는 율리우스 호노리우스Julius Honorius의 저작이었던 『지역 측량에 관하여De mensuratio provinciarum』에서 영향을 받았고, 강, 호수, 산에 대한 정보를 종합해서 각 지역의 차이를 독자에게 설명했다.

대지 형태의 묘사: 상징적 지도, 여행용 지도

지리학 분야에서 고대 유산을 통해서 물려받은 문제 중 하나는 대지의 형태를 묘사하는 법이었다. 고대 피타고라스 학파의 학자들은 지구가 여러 행성들의 체계 속에 배치되어 있는 구球라고 생각했다. 헬레니즘-로마 시대의 철학자들, 천문학자들, 지리학자들은 이런 관점을 받아들였으며, 중세 초기의 학자들은 이런 관점을 두 가지 모델에 따라 설명했다.

첫 번째 모델은 지리학자였던 말로스의 크라테스Kratēs Mallōtēs(기원전 2세기)에 의해 설명되었다. 그는 '사각형의 땅orbis quadratus'을 언급하며 물이 대지를 네 부분으로 구획하고 있다고 보았다. 크라테스는 북쪽에는 두 개의 대륙이, 남쪽에는 다른 두 개의 대륙이 위치해 있다고 설명했고, 지중해로 둘러싸여 있는 대륙의 반대편인 '안티포데스antípodes'에는 머리가 아래에 달린 사람들이 살고 있다고 믿었다. 사각형의 땅

두 번째 모델은 대지를 T자 모양의 대륙으로 구성했다. 이 모델에 따르면 세계는 지중해와 나일 강을 기준으로 분리되어 있으며 각각의 분리된 대륙은 총 세 개(아시아, 아프리카, 리비아라고 표기되어 있는 지역과 유럽으로 오늘날의 대륙 구분과 일치한다)로, 이 대륙을 둘러싼 바다 너머에 또 다른 대륙이 둘러싸고 있다고 보았다. 이런 방식으로 대륙에 대해서 설명했던 가장 오래된 사료는 세비야의 이시도루스가 기술했던『사물의 본성』이라는 중세 유럽에서 가장 많이 알려진 텍스트로, 이 책 때문에 여러 학자들이 지구가 평평하다고 믿게 되었다. T자 모양의 대륙

물론 모호한 형태를 제시한 경우도 있었다. 이는 두 그리스도교도 저자의 저술에서 비롯되었다. 그중 한 명인 락탄티우스는『신의 교훈Institutiones divinae』에서 성경의 기록을 참고하여 세계가 사각형 형태를 가지고 있다고 설명했다. 몇 년 후에 비잔티 지구 형태에 대한 여러 의견들

움 사람이었던 인도의 항해자 코스마스는 『그리스도교 지형학』[도판 58]에서 지구가 평평하고 넓은 사각 면을 가진 육면체의 형태라고 보았으며, 북쪽의 원뿔형 산에서 작은 태양이 돌고 있다고 설명했다. 다른 한편, 7세기에 세비야의 이시도루스는 시리아의 지리학자였던 아파메이아의 포시도니우스Posidonius of Apameia(기원전 약 135–기원전 약 50)의 계산을 토대로 지구의 크기가 약 18만 스타디아stadia(고대 그리스의 체육 경기 때 거리를 재기 위해 사용한 길이의 단위*)에 해당한다고 보았다. 이시도루스는 '지상의 수레바퀴'에 의거해서, 그리고 포시도니우스는 구의 원주를 감안해서 이런 계산을 만들어 냈지만 당시 대부분의 지식인들은 이런 관점을 인정하지 않았다.

상징적인 지도들   이런 측면에서 T자형 지도는 당시에 지구의 모든 모습을 담은 것이었다기보다는 지리학적 관점에서 벗어난 상징적인 지도였다는 사실을 추정할 수 있다. 같은 방식으로 여행자의 편의와는 관계없이 일부 지역을 다루고 있는 지도가 제작되기도 했다. 이 중에서 중세의 지역 지도로서 남아 있는 가장 오래된 지도는 〈포이팅거 지도Tabula Peutingeriana〉다. 이 지도의 이름은, 가로 약 7m에 세로 34cm의 양피지 두루마리 형태를 띤 이 지도를 1507년에 받았던 아우크스부르크의 콘라트 포이팅거Konrad Peutinger의 이름에서 유래되었다. 현재 빈 국립도서관에는 11장이 소장되어 있으며, 지중해를 접하고 있는 가장 서쪽 편에 해당하는 첫 번째 지도는 소실되었다. 이 지도를 제작한 시기는 고대 후기로 거슬러 올라가며, 로마로 가는 길을 간단하게 정리하고 있다. 사실 독자는 이 지도를 통해서 당시 도시, 호수, 강, 산, 지역의 경계에 대한 다양한 특징을 확인할 수 있다. 이 지도가 제작되기 조금 전 시기에 지리학자였던 스트라보Strabo(기원전 63–21)는 자신의 저서인 『지리학Geografia』(I, 16)에서 지리학이 이론적인 작업이 아니라 반대로 인간이 영토를 관리하기 위한 유용하고 실용적인 분야라고 언급했다.

명백한 한계에도 불구하고 이런 여러 사료들을 통해서 지속적으로 발전하고 있던 학문의 원리를 확인할 수 있다.

고대 지도의 경우에는 성경에 바탕을 두거나 성경을 해석하는 과정에서 생겨난 상징적이고 기하학적 구조를 반영하고 있었던 반면, 중세 초기의 지도들은 과거의 두 가지 요소를 적절하게 활용하고 있지만 실용적인 기능과 상징적인 기능을 모두 가지고 있다고 볼 수 있다. 그러므로 이런 지도의 목적은 단순히 물리적 현실을 묘사하거나 성경에서 비롯한 상징적 형태를 다룬다기보다는 여행자가 한 장소에서 다른 장소로 이동하는 과정에서 만나는 도시, 민족, 강들의 정보를 제공하는 쪽으로 점차 변해 갔다. 하지만 이 지도들에서도 종종 상징적인 관점에서 세계의 중심을 예루살렘으로 제시하는 경우를 만날 수 있다. 바로 이런 측면에서 중세의 지도들은 오늘날에 와서 인간과 장소에 대한 매우 귀중한 역사적 기록이 되며, 여기서 영토의 변화와 각 도시의 경제 발전 형태를 설명하는 상징들과 도로를 확인할 수 있다.

| 다음을 참고하라 |
과학과 기술 중국의 과학과 기술(516쪽); 4세기의 시간, 창조, 공간, 움직임: 심플리키우스와 필로포누스(533쪽)

4세기의 시간, 창조, 공간, 움직임: 심플리키우스와 필로포누스

| 안토니오 클레리쿠치오Antonio Clericuzio |

중세 초기에 간행된 아리스토텔레스의 주해서들은 물리학의 근본 개념을 철학적 관점에서 다루고 있다. 신플라톤주의 철학자인 심플리키우스와 요하네스 필로포누스는 그리스도교의 종교적 관점에서 우주의 기원과 천지 창조에 연관시켜 자연의 사물들과 질서를 분석했으며, 이 과정에서 운동을 설명한 아리스토텔레스의 철학적 관점을 비판했다.

아리스토텔레스 저서의 주해서들

중세 초기에 시간, 공간, 운동의 개념에 대한 철학적이고 과학적인 논쟁이 있었고, 그 결과로 신의 개념, 신과 자연물의 관계를 둘러싼 의미 분석이 이어졌는데, 이는 문화적으로 중요한 영향력을 지니기 시작했다. 플라톤주의, 아리스토텔레스주의는 철학적이고 과학적인 사유의 본질적인 관점을 형성했으며, 창조론과 단성론의 개념에 따라 재해석되었고, 종종 새로운 방식이 등장하면서 비판의 대상이 되기도 했다. 이 시기에 아리스토텔레스가 남긴 저서의 주해서들은 물리학의 원칙을 두고 논쟁을 벌였고, 이후 약 천 년 동안 지속된 여러 논쟁에서 인용되었다. 이 주해서들의 주요 목적은 원전을 문학, 신학, 철학, 과학의 관점에 따라 해석하는 것이었고, 편의에 따

개념의 정리와 주해서들

라 명제들을 분류해서 제시했다. 명제는 저자의 사유를 분석한 후에 주석을 달기 위한 요약문이었다. 아리스토텔레스 저서의 주해서를 남긴 여러 저자들은 철학적 목적 혹은 교육적인 목적에서 종종 스타게이로스 출신의 이 철학자(아리스토텔레스*)의 생각과 다른 방식으로 책 내용을 설명했다. 아프로디시아스의 알렉산드로스는 아리스토텔레스의 저서에 대한 가장 오래된 주해서를 남겼다. 그는 2세기경에 태어나 아테네 학당에서 수학했으며 아리스토텔레스의 관점을 다른 철학적 사유로부터 변론했다. 이후로 아리스토텔레스의 저서에 대한 가장 유명한 주석가는 신플라톤주의를 지지했던 심플리키우스(6세기경)로, 그는 플라톤과 아리스토텔레스의 이론이 서로 부합한다는 점을 보여 주기 위해서 주해서를 집필했다.

한편, 알렉산드리아의 요하네스 필로포누스는 6세기에 아리스토텔레스의 저작에 대한 주해서를 남긴 그리스도교도 저술가였다. 그는 수많은 철학적·신학적 사유를 저술하는 과정에서 아리스토텔레스의 철학적 개념을 둘러싼 논쟁을 촉발시켰다. 필로포누스는 아리스토텔레스가 다루었던 시간, 공간, 운동에 대한 이론을 통해 신과 자연에 대한 그리스도교의 철학적 관점을 설정하려고 시도했다.

신, 시간, 우주

529년에 유스티니아누스 대제는 심플리키우스가 강의를 하고 있던 아테네 학당을 폐쇄하는 법안을 통과시켰다. 이 시기에 필로포누스는 세계의 영원을 주제로 프로클로스(412-485)의 의견을 반박하는 논쟁적인 저서를 남겼다. 그는 '무로부터의 창조creatio ex nihilo'를 주장했으며, 이는 신이 자신의 권능으로 고안한 것이기 때문에 모든 자연의 동인에 우선한다고 주장했다. 그는 이 주장을 위해서 플라톤과 아리스토텔레스의 철학적 사유에 등장하는 '외부'의 개념을 참조했다. 플라톤은 신-창조자가 무정형의 물질을 만들기는 했지만 그것을 창조한 것은 아니라고 설명했고, 아리스토텔레스는 비존재에서 만들어질 수 있는 것은 아무것도 없다고 설명하면서 '천체'가 신의 물질이자 영원성을 지닌 것이라고 해석했다. 이런 생각에 대해서 필로포누스는 신만이 전지전능한 힘을 가지고 있다고 설명했고, 신 이외에 우주에 있는 모든 물체는 제한된 힘과 지속성을 지닌다고 해석했다. 그는 무에서 유로 창조가 이루어졌다는 창조론을 주장했으나, 이후에 심플리키우스는 그의 해석에 반론을 제시했다. 심플리키우스는 신이 처음에 아무것도 만들지 않았다가 어느 순간 갑자기 여러

무로부터의 창조

피조물을 창조하고 나서 우주에 개입하지 않는다면 신의 개입이 없어도 원래 우주는 존재할 수 있는 것이라고 설명하며, 창조론이 철학적으로 불가능한 개념이라고 반박했다. 당시 그리스도교도 철학자들 사이에서 심플리키우스와 같은 이교도 철학자의 주장이 받아들여졌다는 점은 주목할 필요가 있다. 그러나 모든 그리스도교도 철학자들이 우주가 탄생 순간을 가졌다고 생각하지는 않았다. 철학자이자 주교였던 키레네의 시네시우스(약 370-413)는 플라톤의 철학적 사유에서 영향을 받았으며 우주가 시작과 끝을 가지지 않는다고 생각했다. 그러나 창조론을 주장했던 필로포누스는 피조물에 대한 철학적 개념이 시간의 개념에 일치한다고 주장했다. 그는 플라톤의 『티마이오스』에서 주장하는 것처럼 우주는 시간과 함께 만들어지며 그 이전에는 적용할 수 없는 개념이라고 주장했다.

필로포누스는 이후에 세계의 영원성에 대한 아리스토텔레스의 이론에 대해서도 논박했다. 그는 세계의 영원성과 무한성의 개념이 일치하는 것을 보여 주기 위해서 아리스토텔레스가 사용하는 것과 같은 개념을 활용했다. 필로포누스는 우주가 영원하다면 시간의 흐름 속에서 개별자가 변화하는 것처럼 영겁 속에 작용하는 무한한 존재를 허용해야 한다고 설명했다. 그러나 아리스토텔레스는 영겁 속에서 작동하는 존재를 부정했고 이 의견이 맞다면 우주는 시작과 끝을 가진다고 주장했다. 결국 필로포누스는 신의 존재를 설명하면서, 창조는 세계와 분리된 신의 자유 의지의 산물이라고 주장했다. 그에 따르면 어떤 운동이나 물체도 영원할 수 없다. 왜냐하면 우주는 완결된 물질이기 때문이며 그 자체로 영원한 존재가 될 수 있는 힘을 가지고 있지 못하다.

시간과 세계의 영원성

필로포누스는 아리스토텔레스가 천구의 물체들을 설명하기 위해 도입했던 '에테르Äther'와 같이 변화하지 않고 부패하지 않는 제5원소를 부정했다. 필로포누스에 따르면 별의 크기와 빛은 별을 구성하는 물질의 입자에 의해서 결정된다. 아리스토텔레스가 주장했던 것과 달리, 필로포누스는 지상에서 관찰할 수 있는 불처럼, 천구의 별들이 불을 일으킬 수 있고 연소할 수 있는 물질로 구성되어 있다고 설명했다. 그리고 구성된 대상 안에는 행성들도 포함되는데, 이는 시간의 흐름에 따라 부패의 과정을 맞이하게 된다. 세계의 영원성을 부정하면서 천체의 행성들의 불변성을 반박했던 필로포누스는 아리스토텔레스의 『기상학Meteore』에 관한 주해에서 천구와 지상의 변화를 일으킨 공통적인 원인을 찾고자 했다. 천체의 행성들이 가진 속성은 지상의 대상에서도 찾을 수 있다. 필로포누스의 이런 개념에 대해서, 심플리키우스는 천구에 대한 고대의 관찰을 통해서 천체의 불변성을 다시 주장했다. 이러한 자료들은 변하지 않는 행성의 움직임과 불변하는 위치를 점유하고 있는 별들의 위치를 알려주는 것이었다. 이외에도 심플리키우스는 필로포누스가 생각하는 것처럼 천체의 행성들의 물질이 지상의 물질과 동일하다면, 일정한 질서를 가지고 있는 천체는 한 요소가 다른 요소에 작용하면서 혼돈과 파괴를 당연히 가져왔을 것이라고 논박했다. 심플리키우스의 관점에 대응하는 필로포누스의 대답은 천체의 대상들의 움직임은 매우 오랜 시간에 걸쳐 일어나는 것이기 때문에 인간은 아직 그것에 대한 정확한 정보와 경험을 가지지 못하고 있다는 것이었다.

운동에 관한 이론들

운동에 대한 이론 역시 아리스토텔레스의 물리학의 핵심 주제이며, 필로포누스는 이 부분을 논쟁에 부쳤다. 아리스토텔레스에 의하면 운동은 원동력을 필요로 하며, 움직임은 저항을 필요로 한다. 아리스토텔레스에게 있어서 속도라는 것은 무게에 비례하며, 무게는 물질을 구성하고 있는 요소들의 조합에 따라서 결정된다. 그리고 자연 속에서 동일한 무게의 사물이라도 사물의 구성 요소들의 저항에 따라 속도가 변한다. 그러므로 아리스토텔레스의 개념은 다음과 같이 설명할 수 있다. 만약에 외부에서 물질에 가하는 힘이 운동을 막는 저항 값을 충분히 넘어선다면 운동이 일어날 수 있다. 그렇다면 속도는 외부에서 가해지는 힘과 저항 사이의 관계로 정의할 수 있다. 한편 아리스토텔레스의 관점에 따르면, 진공의 경우에 저항이 0인 것이라고 할 수 있지만 다른 관점에서 보면 외부의 힘에 따라 이동하고 저항에 따라 멈추는 물리학의 체계로 설명할 수 없기 때문에, 또 이 경우에는 운동도 설명할 수 없기 때문에 진공은 불가능한 것이다. 필로포누스는 낙하하는 물체의 속도가 물체의 무게에 비례한다는 아리스토텔레스의 관점을 논박했다. 즉 그는 무거운 물체가 더 빨리 떨어진다는 아리스토텔레스의 주장에 반박하면서, 이후에 갈릴레오 갈릴레이(1564-1642)가 했던 것과 동일한 낙하 실험을 했다. 필로포누스는 서로 다른 무게의 물체를 동시에 떨어트려서 시간의 차이 없이 지면에 도달하는 것을 동시대 사람들에게 보여 주었다. 필로포누스의 주장에 따르면, 운동을 설명할 수 있는 기본적인 관점은 외부에서 주어지는 원동력과 특정한 공간을 가로지를 수 있는 시간으로 이는 원동력에 비례한다. 이 시간에 저항을 만들어 내는 부가적인 시간이 덧붙여졌다. 저항 수단에 의한 지연은 물체가 진공 상태에 놓여 있다면 제거되어야 할 것이었다. 필로포누스는 아리스토텔레스의 의견을 반대하며 진공의 공간이 존재한다면 운동은 변하지 않는 속도를 가지게 될 것이라고 주장했다. 필로포누스는 실제로 진공의 존재에 대해서 주장하지는 않았지만 아리스토텔레스의 공간 개념을 비판했으며, 진공을 순수한 차원이자 어떤 물질적인 입자도 없는 공간이라고 설명하면서 사물처럼 대상으로 고려되거나 내부의 질적 차이를 지닐 수 없다고 지적했다. 지상 사물의 높고 낮음은 공간 내부의 성질이라고 할 수 없다. 사물이 위에서 아래로 움직이는 것은 자연 공간에서 일어나는 법칙을 따르기보다 창조자가 사물을 만들고 배치했던 장소로 돌아가려는 경향에 의한 것이었다.

필로포누스는 포물선 운동에 대한 아리스토텔레스의 이론을 부정하고, 이 문제에 관해서 중세와 르네상스의 논쟁에 영향을 끼친 새로운 대안을 제시했다. 아리스토텔레스에 따르면 지상에 속한 모든 물체(즉, 달의 궤도 아래에 있는 모든 물질, 지상 위의 물질, 이 사이의 모든 물질)는 그것들이 속해야 하는 자연 공간에 놓으려는 경향을 가지고 있다. 그렇기 때문에 대상은 자연스러운 장소에서 벗어나면 '자연스럽게' 다시 원래의 장소로 돌아가려고 한다. 예컨대 무거운 물체가 높이 던져질 때 이 운동은 자연스러운 것이 아니라 아리스토텔레스가 설명하는 것처럼 '폭력적인' 것으로, 아래편을 향한 자연스러운 운동을 만들어 내기 위해서 물체의 궤적이 변하게 된다. 자연의 움직임들에서 움직임의 힘들(혹은 원동력)은 움직이는 대상 내부에 담겨 있지만, 외부에서 가해지는 힘에 의한 폭력적 움직임의 경우에는 대상이 운동하려면 지속적으로 힘이 가해져야 한다. 이 경우에, 즉 던져진 대상이 운동하는 경우에 원동력에서는 멀어졌지만 운동을 설명하기 위해서 움직이는 대상에 힘을 가하는 요소가 늘 필요하다. 그러므로 아리스토텔레스의 개념에서 물질의 원동력은 운동이 일어나는 공기 속에서 운동의 대상과 지속적으로 접촉해야 하는 것이다. 필로포누스는 아리스토텔레스처럼 공기가 움직임에 대한 저항을 만들어 낸다는 사실에서 자신의 주장을 시작한다. 즉 공기는 움직임을 지속하지 못하게 만드는 원인이 된다. 이런 점은 필로포누스의 여러 저서에서도 반복적으로 설명되는 부분이다. 두 번째로 그는 물체를 던졌을 때 원동력이 물체에 적용되는지 아니면 공기에 적용되는지를 질문한다. 이와 관련한 필로포누스의 대답은 당연히 원동력이 공기가 아니라 물체에 적용되는 것

아리스토텔레스
이론을 반박한
필로포누스

이며 공기가 간섭한다고 해도 돌의 운동을 상상할 수 있다는 것이다. 필로포누스는 보이지 않는 숨겨진 힘(이후에 이것은 임페투스impetus라는 개념으로 발전했다)이 수단이 아닌 대상에 담겨 있게 되고, 이 힘이 공기의 저항으로 인해서 소진될 때까지 운동을 만들어 낸다고 설명했다.

물질과 공간

필로포누스는 프로클로스의 주장을 반박하면서 아리스토텔레스의 『형이상학』을 둘러싼 논쟁에서 제1질료를 3차원으로 확장 가능한 것으로 정의했다. 그는 형상을 가능한 모든 방식으로 추상화하면 3차원의 실체substance가 남는다고 설명했다. 이와 관련해서 그는 아리스토텔레스의 철학적 관점에 대해 두 가지 반론을 제시했다. 첫째로 제1질료는 형상에서 분리될 수 없고 그 자체로 인식될 수 없다. 둘째로 아리스토텔레스에 따르면 외연은 우연의 개념과 관련되어 있기 때문에 그 자체인 질료로서 정의할 수 없다. 다시 설명하면 아리스토텔레스에 의하면 외연은 형상을 통해 본질을 드러내는 것이지, 그 반대의 경우는 가능하지 않은 것이다. 그래서 필로포누스는 제1질료를 모든 형상의 기원으로 보고, 3차원의 외연은 정의될 수 없으며 그 특성도 설명될 수 없다고 말했다. 그는 3차원으로 구성된 사물의 외연은 우연한 속성이 아니라 중요한 의미를 지니지만 제1질료에 의해 결정된다고 생각했다. 마치 불이라는 속성에서 열을 설명할 수 있는 것처럼 말이다. 그렇게 해서 그는 3차원의 외연이 그 자체로 형상을 정의해야 한다고 주장했다.

필로포누스는 장소에 대한 아리스토텔레스의 개념도 논박했다. 아리스토텔레스의 장소는 정지된 형상의 경계이며, 움직이지 않는 제1형상이 점유한 영역의 경계를 통해 설명될 수 있다. 이런 점은 형상과 구별된 공간을 정의할 수 없도록 만든다. 이와 달리 필로포누스는 장소를 형상들의 3차원 외연으로 해석하며, 형상과 구분할 수 있는 공간의 존재를 인정한다.

철학과 신학, 필로포누스의 사상적 영향

삼위일체와 우주

필로포누스는 553년부터 약 20년 동안 그리스도의 본성과 삼위일체에 관한 신학적 논쟁에 참여했고, 그리스도 단성론을 지지했다. 그러나 교회는 칼케돈 공의회(451)와 콘스탄티노플 공의회(553)에서 그리스도의 인성人性을 인정하지 않고 신성神性만

인정했고, 그리스도 단성론을 이단으로 선고했다. 그러자 필로포누스는 삼위일체를 구성하는 각각의 위격이 서로 다른 본질을 지니며 모두 신성을 지닌다고 주장했다. 그는 논리적으로 우주라는 개념이 정신 속에서만 존재할 수 있다고 보았다. 또한 삼위일체는 보편적인 개념이기 때문에 그 의미를 인간의 정신 속에서 이해할 수 있다고 설명했다. 같은 방식으로 그는 개체가 종에 속해 있는 것처럼 삼위일체를 구성하는 세 위격이 신의 본성을 나누지만 신에 속해 있다고 생각했다.

교회는 681년에 그의 주장을 이단이라고 선고했고, 그 결과 필로포누스의 저서들은 오랜 시간이 흐른 뒤에야 다시 서양 문화에 영향을 끼쳤다. 이슬람 철학자이자 과학자였던 알-킨디(?-약 873)는 세계의 영원성을 설명하는 과정에서 영감을 얻었던 필로포누스의 저서에 대한 주석을 남겼다. 또한 장 뷔리당Jean Buridan(약 1290-약 1358)과 니콜 오렘Nicole Oresme(1323-1382)은 필로포누스가 제시한 운동 개념을 추종했으며, 추동력에 대한 이론적 작업을 위해 그의 개념을 활용했다. 르네상스 시대에 프란체스코 파트리치Francesco Patrizi(1529-1597)는 물질과 공간에 대한 생각을 설명하며 필로포누스를 인용했고, 17세기에 갈릴레이는 '운동'에 대한 아리스토텔레스의 생각을 정리하면서 필로포누스에 대한 주석을 남겼다.

| 다음을 참고하라 |
과학과 기술 중국의 과학과 기술(516쪽); 지구의 이미지(528쪽)
문학과 연극 고전 시대의 유산과 그리스도교 문화: 보에티우스와 카시오도루스(546쪽); 요크의 알퀴누스와 카롤링거 왕조의 르네상스(562쪽)

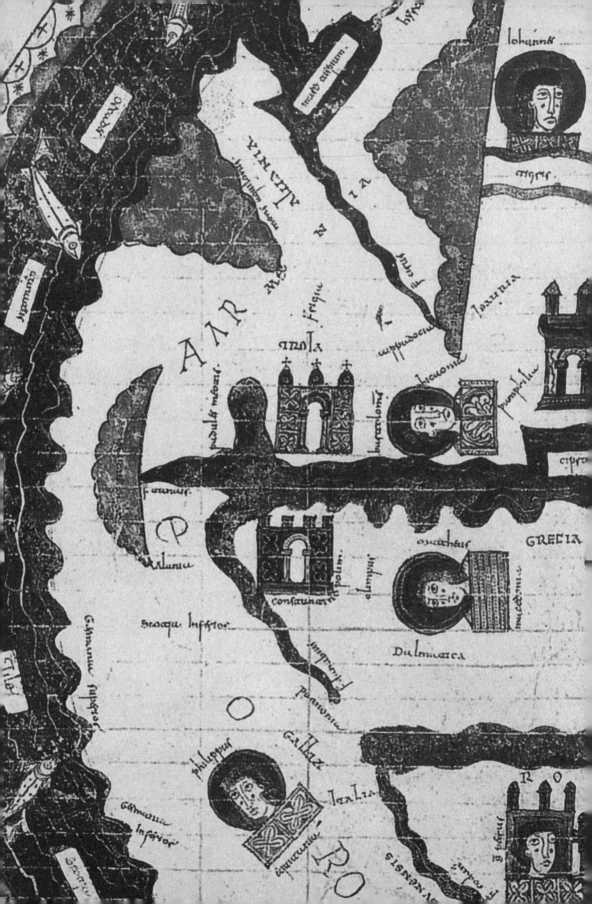

문학과 연극
Letteratura e teatro

문학과 연극 서문

| 에치오 라이몬디Ezio Raimondi, 주세페 레다Giuseppe Ledda |

「지옥편」 4곡에서 단테와 '벨라 스콜라bella scola'의 고대 시인들이 림보limbo에서 만나는 장면은 20세기 최고의 문학 비평가 중 한 사람인 에른스트 쿠르티우스Ernst Robert Curtius(1886-1956)에게는 놀라운 것을 폭로하는 일화다. 새로운 그리스도교 문화와 고전 문학의 유산을 서로 비교해 왔던 그 지난하고 오래된 과정이 이 장면에서 완성되고 있기 때문이다. 요컨대 이 과정에서 그리스도교 정신과 고대 문학은 융합되면서 유럽 전통의 토대를 세웠다.

그리스도교 문화와 고전 전통

그러나 이 과정은 복잡하고 대립적인데, 더 많은 것을 수용한 시기도 있었고 저항하고 대립한 시기도 있었다. 문화적·문학적·고전 수사학적 유산을 보존하면서도 한편으로 그것을 새로운 그리스도교 문화의 요구에 맞추는 표현법을 연구하며 어렵게 균형을 잡고 있던 사람들은 교부들과 4-6세기의 최고 지식인들이었다. 성경을 라틴어로 번역한 히에로니무스(약 347-약 420)는 고전 문화에 깊이 심취했음에도 불구하고 그것의 자율성을 인정하지 않았으며, 엄밀한 의미의 그리스도교 담론을 문장으로 만들 때만 그것의 정당성을 인정했다. 히에로니무스와 동시대를 살았던 아우구스티누스(354-430)는 고대 문학 및 수사학적 전통과 교리의 유용성을 인정하는 데 더욱 개방적인 태도를 보였다. 그러므로 그리스도교 지식인인 아우구스티누스 역시 그것을 알 수밖에 없었다. 그가 기도를 올렸던 성상은 유대인들이 이집트에서 도망칠 때 훔쳤던 귀중품 중 하나였다. 마찬가지로 그리스도교도들도 고전 시대의 귀중한 수사학적 문화를 빌려 와야 했고, 성경을 해석하고 새로운 그리스도교 문학을 구성하기 위해 그것을 이용해야 했다.

고대인들의 지식을 모으고, 새로운 그리스도교 정신을 위할 뿐 아니라 공적 생활의 요구를 위해 그 지식을 효율적으로 수정하는 종합적인 연구는 6세기에 수행되었는데, 이런 연구는 특히 철학, 논리학, 수학에 관해 연구한 보에티우스(약 480-약

525)와 국가 행정을 기록할 때 이용할 수도 있는 문법 및 수사학에 특히 관심을 두었던 카시오도루스(약490-약583)에 의해 이루어졌다.

저항하는 단계와 이용하는 단계가 교차하는 가운데, 고전 시대의 유산에 대해 개방적인 태도를 보인 또 다른 긍정적인 시기는 알퀴누스(735-804)와 그의 협력자들이 교육을 재정비한 카롤링거 왕조의 개혁 시기였다. 그러나 카롤링거 왕조의 개혁이 놀라운 장점을 가지기는 했지만, 오늘날에는 그리스도교 전통이 중재하고 보완했던 고전 시대 유산과의 관계를 카롤링거 왕조가 중요하게 생각했다는 점에 대해서는 재평가하려는 경향이 있다. 이와 같은 한계에도 불구하고 카롤링거 왕조의 도서관에는 고전이 있었고, 그리스도교 서적뿐 아니라 수많은 주요 고전 서적도 활발히 필사되었던 점을 주목해야 한다.

고전 문학은 뛰어난 언어와 수사학 때문에 신중한 관심과 모방의 대상이 되었다. 언어 예술을 교육하는 일이 고전 강독에 대한 찬양이었다는 점은 우연이 아니다. 문법과 수사학을 안내하는 논문에서는 고전 작가들에게서 가져온 예문이 제시되었으며, 심지어는 이교도적인 예시를 성경과 그리스도교 작가들이 선택적이거나 보완적으로 사용한 예시로 교체하려는 시도가 카롤링거 왕조 시대에 시작되기도 했다.

이 시기에 시민의 가치를 더욱 드러내는 수사학과 문법, 그리고 신학 논쟁의 내부에 점차 침투해 가던 변증법을 심오하게 그리스도교화하는 작업이 한층 정교화되었다. 이와 더불어 언어 예술도 그 창조적인 힘 때문에 연구되기도 했으며, 그로 인해 문법학자 비르길리우스Virgilius Maro Grammaticus가 6세기에 수행한 것처럼 섬세한 메타 문법적인 실험과 성찰을 할 기회가 제공되기도 했다.

중세 초기의 문학을 관통하는 다양한 시 작품 활동을 살펴보면, 당시의 위대한 이교도 시 작품(6세기를 넘어가지는 않았다)과 더불어 이미 5-6세기에 위대한 그리스도교 시도 나왔다. 즉 아프리카의 드라콘티우스Dracontius(5세기 말), 갈리아의 아비투스Avitus(5/6세기)와 베난티우스 포르투나투스Venantius Fortunatus(약 530-약 600), 이탈리아의 엔노디우스Magnus Felix Ennodius(474-521) 등의 시가 있었다. 또한, 영국, 웨일스 및 아일랜드 사이에 있던 켈트의 수도원에서는 어휘뿐 아니라 구문론에서도 언어학적인 실험과 난해한 표현을 즐기는 시도 발전했다. 무엇보다 7세기에 나온 유명한 아일랜드의 작품집인 『시민 한담閑談, Hisperica famina』이 그것을 증명하고 있다. '카롤링거 왕조의 르네상스'가 진행되는 동안에 모든 시적 장르에서 보인 강렬한 생명력 역시 고전 시대의 시에서 심오한 영향을 받고 있었다.

그러나 고전적인 요소와 더불어 중세 초기 문학의 다성적多聲的 특성은 게르만 민중이 물려받은 전설과 신화 및 역사적인 유산 덕분에 풍부해졌다. 특히 서사시와 역사 기록 문학에서 중요한 유산을 물려받았는데, 『발타리우스Waltharius』(9-10세기)와 같이 그리스도교적 요소와 '야만적 요소'를 포함하고 있는 놀라운 걸작으로 그 발전이 정점에 이르렀으며, 이후에는 『니벨룽겐의 노래Nibelungenlied』까지 등장하게 되었다.

성경의 중요성

성경과 관련한 다양한 문학 활동이 더욱 활발해지면서, 생명력 넘치는 중세 초기 문화의 또 다른 중심이 세워졌다. 성경은 정전을 정의 내리고 가장 올바른 텍스트를 연구하는 데 필요한 언어학적 연구의 대상이자 위대한 번역 사업의 대상이기도 했다. 가장 결정적인 번역은 4-5세기에 작업된 히에로니무스의 번역판인데, 처음에는 다

소 저항이 있었지만, 그의 번역판은 『불가타 성서Vulgata』란 명칭을 얻었을 정도로 교회에서 일반적으로 사용되었다. 그리고 성경에 대한 또 다른 형태의 문학적 표현이 점차 늘어났다. 중요한 지식인들이 지속적인 성경 독해 및 해석 작업을 통해 좋은 평가를 받기도 했는데, 권위 있는 주석 문학이 그것을 증명해 준다. 그뿐 아니라 설교도 성경에 대한 논평에 주로 집중되었다. 신학과 신비주의와 관련한 저작은 성경에서 기본 요소들을 찾았지만, 때로 신플라톤주의에서 낯설고 다양한 암시를 받기도 했다. 고대 이교도의 서사시를 대체하는 그리스도교의 '서사시epos'를 쓰려는 의지는 성경에서 풍부한 주제를 발견했고, 성경에 기술된 종교적·역사적 이야기를 서사적 언어로 다시 써서 위대한 시를 창조할 수 있는 가능성을 만났다. 또한 라틴 세계에서든 비잔티움 세계에서든 의식儀式과 노래에 관련한 성가학 또한 성경에서 자양분을 계속 얻었다.

그러나 성경을 읽고 해석하는 경험은 현실을 읽고 이해하기 위한 열쇠도 제공해 주었다. 사실 성경은 다양한 의미를 보유하고 있는 텍스트로 이해되었다. 문학적·역사적 의미뿐 아니라 때때로 상징적이거나 도덕적인 혹은 신비한 것으로 인식되는 수많은 우의적 의미를 보유한 것이다.

이와 마찬가지로 하느님이 쓴 또 다른 책이라 할 자연은 기호의 총체로 구성되었

다고 여겨졌는데, 이때 기호는 기호를 능가하며, 신앙의 진실, 신의 신비, 영적인 현실과 관련한 의미를 전달하는 것으로 해석되어야 했다. 그러나 이때 기호는 도덕적인 의미를 담고 있을 수도 있으며, 긍정적인 본보기로 제시될 수 있는 성스럽고 올바른 인간의 태도를, 혹은 피해야 할 본보기로 제시될 수 있는 죄인의 태도를 상징적으로 표현할 수도 있다. 자연의 현실에 대한 이와 같은 우의적인 접근법 덕분에 그리 **우의적인 해석** 스의 『생리학Fisiologo』(3세기)부터 중세에 점차 확산되었던 백과사전, 동물 설화집, 식물 표본집 및 귀금속 표본집에 이르기까지 '자연과학적' 문학이 발달했다. 그러므로 '자연과학' 혹은 '백과사전'에 대한 알레고리즘allegorism('우의적 해석'을 말한다*)은 성경의 알레고리즘과는 다르지만, 성경에서 이중적인 영감과 합법성을 발견했다. 성경에서 '현실'로 확대되는 알레고리적 해석 방식에서, 자연과학적 성찰의 출발점을 제공하는 신성한 언어 자체에서 말이다. 사실 자연적 현실을 인식하려는 의지는 그와 같은 인식이 성경보다 훌륭한 이해와 해석으로 제시되지 않는다면 독자적인 합법성을 갖지 못했다. 사실 성경에 인용된 자연적·지리적 현실과 자연, 식물, 동물을 이해하려면 알레고리가 필요했으며, 여기서 자연과학적 문학의 합법성과 필요성이 나왔다.

이 시기가 보여 준 문학적·도상학적 경이로움에 대한 강렬한 요구는 성경에서 출발하지는 않았지만, 굳건한 합법화와 비교를 위한 용어를 성경에서 찾은 것은 확실하다. 피안의 세계에서 영혼의 상태를 정교하게 표현하기를 원한 상상 문학이 바오로의 '휴거raptus'와 「요한 묵시록」과 같은 성경의 예에서 출발하여 고유한 구조를 세우려고 한 것도 우연이 아니다.

성경의 모범 사례, 특히 그리스도에 대한 모방이 성인전聖人傳의 토대가 되었지만, **성자들의** 성자의 일생을 다룬 책들은 사제의 요구에 부합하고 살아 있는 본보기를 제공해야 **생애를** **다룬 책** 했기 때문에 역사적·문화적으로 다양한 상황에 용의주도하게 적용되었다.

이교도 전통뿐 아니라 백성의 방종을 표현하는 것이라 하여 그리스도교 작가들이 처음에는 반대했던 연극조차 시간이 지나면서 이용되었다. 성경 내용이 적절하게 바뀌어 무대에서 공연될 수도 있었고, 전파와 침투의 새로운 수단이 될 수도 있었다. 전례典禮 자체는 성극聖劇의 형태로 점차 굳어지기 시작했다.

고대 세계의 유산과
새로운 그리스도교 문화

LETTERATURA E TEATRO

고전 시대의 유산과 그리스도교 문화: 보에티우스와 카시오도루스

| 파트리치아 스토파치|Patrizia Stoppacci |

그리스도교도들은 처음부터 고대 그리스·로마 시대에서 물려받은 지식에
대해 비판적인 입장을 취했다. 나중에 그것의 확실한 교육적인 가치를 인식한
아우구스티누스와, 문화적인 중재를 수행한 보에티우스와 카시오도루스 덕분에
교육은 그리스도교화되었으며, 결국 '자유학예'는
중세 라틴 작가들의 교육에 크게 공헌했다.

고대의 지식

기원전 1세기에 후기 헬레니즘 시대의 학교에서 영향을 받아 라틴 시대의 학교 제도
에 7학과, 즉 자유학예artes liberales(자유로운 인간에게 맞는 것이므로 자유로운 학예)가
수용되었는데, 이는 모든 고등 교과목을, 특히 철학을 배우기 위한 교양 기초의 토대
가 되었다. 이 7학과에 대한 최초의 간략한 이론화는 테렌티우스 바로가 쓴 『학문에
대한 9권의 책』이 증명해 주었지만, 이 책은 유실되었다.

　이후 수백 년 동안 그리스도교도들은 일반적으로는 고대 학교에 대해서, 특히 자
유학예에 대해서 한층 비판적인 태도를 취했다. 그러나 『그리스도교 교양』에서 나
타난 아우구스티누스(354-430)의 사상은 자유학예가 그리스도의 지혜를 원하는 자

**아우구스티누스
와 자유학예**

에게 줄 수 있는 교육적인 가치를 지적했기 때문에 고대 지식의 전달에서 일대 전환점이 되었다. 이와 같은 맥락에서 교육이 그리스도교화되었고 결국 자유학예는 새로운 의미를 획득했는데, 왜냐하면 이교도 저자들을 연구할 때 이용했던 것과 동일한 분석 방법을 구약과 신약 성경에도 적용하도록 했기 때문이다.

마르티아누스 카펠라(5세기에 살았던 이교도 저자)가 저술한 교육에 관한 설명서인 『필롤로기아와 메르쿠리우스의 결혼』에서 이 7학과는 결국 6세기와 7세기에 일반적인 학과의 '커리큘럼'에 통합되었다. 그리고 보에티우스 및 카시오도루스의 노력 덕분에 전통적으로 3학trivium(문법학, 수사학, 변증학) 및 4과quadrivium(산술학, 음악학, 기하학, 천문학)로 나뉘었다. 이와 같은 새로운 문화적 분위기에서 그리스도교 작가들은 고대인들이 중세 초기에 물려준 지식을 마지못해 다시 보아야 했고 그것과 비교해야 했다.

보에티우스

원로원 가문 출신인 보에티우스(약480-약525)는 심마쿠스Quintus Aurelius Symmachus(?-526)의 딸과 결혼했으며, 집정관consul(510)과 궁재magister officiorum(522)의 관직을 거치는 등 '명예로운 경력cursus honorum'(전통적인 엘리트 과정을 가리킴*)을 밟았다. 카시오도루스와 마찬가지로, 보에티우스 또한 동고트족 지배자들과 화합 및 대화 정책을 시도했지만, 그의 시도는 실패했다. 그는 비잔티움 황제 유스티니아누스 대제와 원로원 의원인 알비누스Albinus와 접촉한 것 때문에 반역죄로 테오도리쿠스(약 451-526)에 의해 체포되었는데, 파비아 감옥에 투옥되었다가 525년에 사형당했다. 그의 비극적인 죽음은 테오도리쿠스가 시도했고 보에티우스 및 카시오도루스가 정치적·개인적으로 중재했던, 로마와 고트족의 평화로운 공생 및 접근 정책이 끝났음을 의미했다.

보에티우스는 라틴 문학에서든 그리스 문학에서든 최고의 교육을 받았지만, 다른 무엇보다도 그리스도교도였다. 그의 사상 근저에는 아우구스티누스가 있었지만, 그의 목적은 아리스토텔레스의 방법론을 적용하여 그리스도교 신학 전통을 해석하는 일이었다. 이와 같은 전망에서 그는 원대하고 야심 찬 문화 프로그램을 생각하고 **문화 프로그램** 있었다. 고대의 지식을 단계별로 세 개로 뚜렷이 구분하여 후대에 전수하는 것이었다. 그 세 단계는 다음과 같다. 자유학예에 관한 저술의 초고를 작성하기, 플라톤과 아리스토텔레스의 철학서를 라틴어로 번역하기, 마지막으로 이 두 철학자의 사상을 (신플라톤주의자들의 방식에 따라) 그리스도교 사상과 조화시키기.

번역 그의 프로젝트는 500-510년에 마리우스 빅토리누스(4세기)가 이미 번역한 바 있는 포르피리오스의 『아리스토텔레스의 범주론 입문』에 대한 주석과 함께 시작되었다. 이후 보에티우스는 4과(그로 인해 이과 과목을 지시할 때 이 용어를 쓰게 되었다)에 연구를 집중하면서 『산술 입문De institutione arithmetica』, 『음악 입문De institutione musica』(1세기의 저자인 게라사의 니코마코스의 저서를 토대로 함), 『기하학 입문De institutione geometrica』(기원전 3세기의 유클리드에게서 영향을 받음), 『천문학 입문De institutione astronomica』(2세기의 프톨레마이오스에게서 영향을 받음)을 저술했다. 512-523년에는 두 번째 단계의 계획에 착수했다. 즉 아리스토텔레스의 '구舊논리학Logica vetus'(『범주론Categoriae』, 『해석에 관하여Peri hermeneias』, 『분석론 전서Analytica priora』, 『분석론 후서Analytica posteriora』, 『변증론Topica』, 『궤변론Sophistici elenchi』)에서 시작하여 플라톤과 아리스토텔레스의 '문집corpus'을 라틴어로 번역하는 것이었다. 그는 또한 논리학에 관한 논문을 썼다. 『범주론적 삼단 논법 입문De syllogismis categoricis』, 『가설적 삼단 논법 De hypotheticis syllogismis』, 『분류De divisione』, 『주제의 차이De differentiis topicis』가 바로 그것이다.

이와 같은 문집은 중세 학교에 이성의 요소를 알려 주었다는 점에서 가치가 있다. 이 요소들은 11세기 이후부터 철학 및 신학을 연구하는 새로운 방법의 토대가 되었다. 서양에서 12세기까지는 보에티우스의 번역 작업이 아리스토텔레스 철학에 접근하는 유일한 열쇠였을 것이다(12세기에는 그리스어에서 아랍어로 번역하는 새로운 열풍이 시작될 것이었다). 그가 정교하게 다듬은 전문적인 언어는 (신조어와 전문어가 풍부한 어휘 목록, 그리고 철학적인 사색의 특징을 잘 보여 주는 종합적인 구문과 더불어) 오랫동안 존속되었다.

보에티우스의 가장 유명한 저작은 사형 집행을 기다리며 파비아의 감옥에서 쓴 **『철학의 위안』** 『철학의 위안』이다. 다섯 권으로 구성된 이 저작은 마르티아누스 카펠라의 질서 정연한 족적을 따르며 산문과 운문을 혼합한 형식으로, 플라톤 철학에 기반을 둔 대화록이다. 세속의 재산을 부당하게 잃은 데다 죽음마저 닥쳐오는 상황에 한탄하는 보에티우스 앞에 철학을 의인화한 아름다운 여신이 나타난다. 철학의 여신은 부당한 대우를 받는 것에 대해서는 위로할 필요가 없다고 말하면서 신의 섭리가 지배하는 자연계를 다시 언급한다. 이 저작은 로마 시대 지식인의 정신적인 유언장으로 간주되는데, 세속 생활을 이해하는 데 유용한 비결을 중세에 제공해 주었다. 이 책에는 그리스도 및 성경에 대해 어떤 언급도 없다. 그러나 핵심은 보에티우스가 그리스도교도인지 아닌지가 아니라(그는 물론 그리스도교도였다), 합리론과 철학의 필요성에 따라 신념을 조절하는 능력이었다. 권력의 형태와 문화 사이의 관계도 그가 직면한 문제였다. 요컨대 테오도리쿠스 치하에서도 로마 문화는 지배적인 문화가 되지 않을 수 없었다.

카시오도루스

카시오도루스(약 490-약 583)의 인생 이야기도 보에티우스와 비슷하지만, 후반 과정은 달랐다. 칼라브리아 귀족 가문(시리아 출신)에서 태어난 그는 테오도리쿠스 왕(약 451-526) 밑에서 정치적·행정적 경력을 쌓기 시작했으며, 514년에 정규 집정관consul ordinarius이 되면서 '명예로운 경력'을 밟았다. 525년에 보에티우스가 사망하자 왕의 부름을 받아 그 대신 궁재직을 맡았으며, 539년(비티게스Vitiges 치하)까지 충성을 다했다. 535년에는 교황 아가피토 1세(?-536, 535년부터 교황)와 협력하여 로마에 로마-그리스도교 상급 학교를 개교하려고 했지만, 그리스-고트족 전쟁(535-553)이 일어나면서 포기해야 했다. 카시오도루스의 계획은 백지화되었고, 그는 콘스탄티노플에 유배되었는데, 그곳에서 교황 비질리오(?-555, 537년부터 교황)와 함께 10년 넘게 머물렀다. 554년 이후로 이탈리아에 돌아온 그는 비바리움의 가족 영지(스퀼라체 근처의 카탄차로)로 물러났으며, 그곳에 수도원 공동체를 세워 말년을 보냈다(93세를 넘 **비바리움 공동체** 기고 사망했다).

비바리움에서 카시오도루스는 수도원 제도와 로마-그리스도교 문화를 융합하려고 했다. 이때 수도사로서 그는 지적인 활동을 했다. 새로운 논문을 쓰고 그리스어 서적을 번역하거나 원고를 필사하면서 규칙적인 생활을 했다. 한편, 비바리움은 문화의 안전지대이기도 했다. 그는 세상의 변화를 피하고 현재에 유린당하는 과거의 유산을 구하기 위해 그곳에 은둔한 것이었다.

카시오도루스는 방대한 분량의 저작을 남겼으며, 그 범위도 다양한 장르를 아우르고 있었다(주석, 신학, 역사, 문법). 530년경에 그는 12권으로 구성된 『고트족의 역사Historia Gothorum』를 썼는데, 이 책에서 그는 로마 인종과 고트족을 융합하는 정치적 이상을 염원했다. 이 저서에 대해서는 비잔티움 역사가 요르다네스Jordanes(6세기)가 쓴 요약본만 남아 있다(『게티카Getica』). 역사서로는 에우세비우스 히에로니무스의 저서에 근거한 『연대기Chronica』가 있으며, 가장 나중에 집필한 『교회사 3부작 Historia ecclesiastica tripartita』은 소크라테스, 소조메노스, 테오도레투스의 저서를 요약한 것으로 카시오도루스의 제자인 스콜라 학파의 에피파니우스(5-6세기)가 라틴어로 번역했다.

538년에 카시오도루스는 왕실 문서국의 관리인 자격으로 동고트족 왕들에게 쓴 편지를 다시 정리했으며, 12권으로 구성된 그 책의 제목을 『잡문집Variae』(문서의 문체가 뛰어나 그 분야의 모범이 되었다)이라 했다. 비바리움 시기의 초기에는 「시편」에 대한 주석서인 『시편 해설Expositio psalmorum』을 집필했다. 학술서 중에는 유실된 『문법서Codex de grammatica』(도나투스의 『학예Artes』, 마리우스 플로티우스 사제Marius Plotius Sacerdos의 『구조De schematibus』 등 문법에 대한 글들을 모은 선집)와 93세에 작성한 철자법 논문집으로 가장 유명한 『철자법De orthographia』이 있다. 마지막 책에서는 안나이우스 코르누투스Lucius Annaeus Cornutus, 벨리우스 롱구스Velius Longus, 쿠르티우스 발레리아누스Curtius Valerianus, 파피리아누스Papirianus, 마르티리우스Martirius, 카이셀리우스 빈덱스Caesellius Vindex, 에우티케스Eutyches, 프리스키아누스Priscianus 등 8명의 '프리스키 아르티그라피prisci artigraphi'에서 발췌한 12소절을 모아 두었다.

「교범」　그러나 카시오도루스에게 명성을 준 저작은 2권으로 분리된 『교범』인데, 각각 『성학 교범』(33장으로 구성)과 『속학 교범』(7장으로 구성)으로 이루어져 있었다. 이 책은 마르티아누스 카펠라와 보에티우스가 이미 예상한 바 있는 3학과 4과의 분리를 공언하면서 스콜라 철학의 마지막 정전이라는 가치를 지닌다. 지식을 높이기 위해 찾아볼 수 있는 간단한 참고 문헌 목록을 독자에게 제공하는 이 저작은 성경과 '인문학humanae litterae'의 기초 개념을 잊지 않도록 비바리움의 수도사들에게 알려 주는 지적인 개론서다. 글을 전달하는 측면에서 볼 때 안내서가 되는 이 저작은 여러 번 개작을 했기 때문에 편집의 역사가 복잡하다. R. A. B. 마이너스Mynors 출판사의 편집본(소위 말하는 '주요 교정본recensio maior')으로 오늘날에 우리가 읽는 2권의 교정본은 지금까지 남아 있는 백 권이 넘는 필사본 중에서 오직 세 권의 필사본에 대해서만 보증을 한다. 그러나 일반적으로 다른 두 필사본이 독자적으로, 더 많이 편집되어 유포되었다는 것이 기록으로 전해진다. 가령 두 번째 교정본에 대한 평가가 두 번이나 있었는데, 이는 수많은 수정본이 있는 것으로 볼 때 특이한 점이다. 반면, 세비야의 이시도루스와 부제 파울루스(약 720-799)가 인용하고 있는 세 번째 교정본은 유실되었다.

| **다음을 참고하라** |
철학 보에티우스: 문명을 전파하기 위한 지식(390쪽); 그리스도교 문화, 자유학예, 이교도의 지식(396쪽); 에리우게나와 그리스도교 철학의 시작(418쪽)
문학과 연극 백과사전과 세비야의 이시도루스(591쪽)
음악 보에티우스와 학문으로서의 음악(865쪽)

수도원 문화와 수도원 문학

| 피에르루이지 리치아르델로Pierluigi Licciardello |

중세의 수도원 제도는 연속성은 없지만 동방과 서방의 수도원 전통에 포함되며, 전통을
혁신하면서도 그것을 충실하게 따랐다. 성경 강독에서 묵상으로 이어지는 수도사의
영적인 여행은 일종의 신비주의 신학인데, 중세 절정기에 하느님에 대한 이성적인
탐구를 한 스콜라 신학이 그것에 대립한다. 수도원 신학의 중심에는 하느님에 대한 사랑
및 그분과의 신비로운 결합이 있었을 뿐 아니라, 이론적 측면에서는 무시되던
문학 문화도 실제로는 발전했다.

문화와 영성靈性을 오가는 중세 수도원 제도

수도원 제도는 영혼과 육체, 정신과 물질, 하느님과 세상의 이원론을 분명히 지각하면서 이러한 모순에서 탄생했다. 자신 안에서 복음을 완성하려는 수도사는 세상을 포기함으로써 그와 같은 모순을 해결했다. 세속에서 멀어져 회개하고 기도하면서 하느님을 무조건적으로 탐구하면서 말이다. 수도원 제도는 적어도 4세기부터 오늘날까지(몇몇 사람에 따르면 모든 시대의 종교에서 불변하는 요소다) 교회사를 관통하는 영적인 선택이었다.

중세의 수도원 제도는 고대 후기의 수도원 전통과 굳게 관련되어 있었다. 과거의 경험과 결코 단절된 적이 없이 항상 지속되고 있었던 것이다. 교부 시대의 그리스 및

라틴의 위대한 수도원 저자들은 중세 수도원 제도의 원천이 되었다. 『교부의 말씀 Parole dei Padri』(『교부의 말씀Apophtegmata Patrum』, 『교부의 말Dicta Patrum』), 알렉산드리아의 아타나시우스(295-약 373)가 쓴 『성 안토니우스의 생애』, 요한 클리마쿠스(579년 이전-약 649)의 『천국의 계단Scala del Paradiso』, 라틴어 번역판에서는 성 히에로니무스가 썼다고 하는 『교부들의 생애Vite dei Padri』가 가장 많이 읽힌 그리스어 저작들이었다. 라틴 작가들 중에는 히포의 성 아우구스티누스, 그리고 장 르클레르크Jean Leclercq(1911-1993)가 '욕망의 박사doctor desiderii'라 칭한, 수도원 신비 체험에 대한 위대한 해석자인 교황 그레고리오 1세가 있었다.

문법학과 종말론 중세의 수도원 제도는 겉으로 보기에 대립적인 두 개의 경향으로, 즉 '문법학'과 '종말론', 문학에 대한 사랑과 하느님에 대한 탐구로 구분되어 나타났다(장 르클레르크). 수도사는 하느님에 대한 탐구를 목표로 하는데, 그것에는 문화가 필요 없다. 오히려 그리스도는 무지한 어부들을 제자로 선택했다. '현명한 무지Docta ignorantia'는 수도사가 취할 자세다. 즉 세속의 문화에는 무지하지만 하느님의 가르침은 잘 알고 있다. 그러므로 '학문scientia'과 '지혜sapientia'는 서로 대립한다. 그러나 중세 수도사는 문학적 문화를 알고 이용했다. 수도원 학교에서 초심자로서 그것을 공부했고, 자주 작품을 썼으며, 교사로서 혹은 필사가로서 일했다.

수도원 신학

중세 초기에는 12세기까지 수도원 문화가 우위를 점하고 있었다. 수도원은 서양의 가장 중요한 문화 중심지였다(몬테카시노, 보비오, 풀다, 클뤼니를 생각해 보라). 육신에 대한 경멸, 금욕적인 고행, 기도에 근거한 수도원의 영성靈性이 지배적이었다. 수도원 신학은 성경에서, 즉 내면의 성찰, 명상meditatio에 실마리를 주는 강독lectio에서 출발한다. **묵상, 사랑, 지식** 성찰은 기도oratio이기도 하다. 이런 태도는 하느님에 대한 묵상contemplatio으로 이어진다. '묵상'은 수도원 정신을 말하는 중요한 단어다. 하느님을 위해 모든 것을 버렸으니, 숭고한 거리를 유지하면서 그분을 '만나고자' 한다. 하느님은 사랑하고 욕망하는 대상이었다. 일종의 영적인 인식인 사랑은 감상적이며, 그분께 올라가기 위한 유일한 길이었다.

11-12세기에 상황이 변하면서 신학의 새로운 방법론, 즉 스콜라 철학이 탄생했다. 신에 대한 감상적인 체험을 지적인 탐구가 대신했다. 출발점은 늘 성경이지만,

그것은 하느님에 대한 논리적인 문제를, 즉 지적이고 변증법적인 용어로 해결하는 문제quaestio를 소개할 때 이용했다. 문제의 해결solutio은 신에 대한 이성적인 인식에 한 걸음 다가선 것임을 의미했다.

중세에 수도원 문학이 존재했을까?

우리가 그 당시 문학에서 볼 수 있는 것과 유사한 유형을 수도사들이 집필했느냐의 의미에서 본다면, 중세 수도원 문학은 존재하지 않았다. 그러나 우리가 이미 말한 바 있는 수도원의 근본적인 입장은 있었다. 요컨대 문학을 통해 하느님을 탐구하려는 경향은 있었으며, 선호하는 유형도 있었다.

수도사들은 성경의 신비를 조사하는 것을 좋아했는데, 명료하고 결정적인 설명에 도달하기 위해서가 아니라 새로운 영적인 의미를 발견하기 위해서, 인간사의 위대한 신비 속으로 늘 새롭게 들어가기 위해서였다. 그렇기 때문에 수도사들이 애호한 문학 유형은 주석이었다. 수도사의 주석은 성경의 영적인 의미를 발견하는 것이 목표였는데, 그것이 내면세계의 자양분이 되었기 때문이다. "논쟁하기보다는 기도하면서", 잠겨 있는 신비의 문을 존경하는 마음으로 두드리면서, 하느님의 말씀에 최고의 경의를 표하면서 주석이 진행되었을 것이다. 가령 카롤링거 왕조의 위대한 주석가 중의 한 사람은 라바누스 마우루스(약 780-856)였다.

그는 주석 형식을 특히 좋아했는데, 편지, 대화록, 일기, 회담conlationes, 유명 문장 모음집(명문집, 선집), 성인전처럼 개인적인 경험을 표현할 수 있었기 때문이다. 성인전에서 '수도사의 본보기'는 때때로 종교 생활의 다른 형태들과 결합하기도 했는데, 가령 주교의 임무를 엿볼 수도 있었다. 수도사들은 사료 편찬도 좋아했다. 수도원의 역사이든, 지역이나 우주를 배경으로 하는 연대기이든, 역사에 대한 하느님의 섭리가 현실에서 발전하도록 서술했다. 성경 주석의 종류들

한 자리를 차지할 만한 또 다른 분야는 전례典禮였으며, 그것을 위해 수도사들은 매우 많은 글을 썼다. 수도원 또한 전례 의식에 집중했으며 그것을 따랐다. 수도원 사무실에서 있었던 공연은 정해진 시간에(아침부터 저녁까지) 합창으로 진행되었고, 강독(성경이나 교과서)과 시편 및 다른 노래 공연(찬송가, 응창應唱 송가와 시구로 진행되는 응답 송가)이 교대로 진행되는 것을 염두에 두고 있었다. 수도사들이 성체성사와 특별한 축제(수도원의 수호성인의 축일, 그리스도 및 성모 마리아 축제)를 위해, 글을 쓰 전례

는 순수한 기쁨을 위해 전례서를 쓰는 것은 자연스러운 일이었다. 그들의 글은 하느님에 대한 찬양을 주제로 하는 지속적인 변주곡이었다. 그러므로 신학적인 성찰은 없어도, 작시법 연습은 있었다.

고행과 신비주의   수도원 언어의 중요한 주제는 금욕-열망-하느님에게로 향하는 상승이라는 고행적 과정이 주를 이루었다. 금욕을 해 황폐해진 내면에 성령이 내려와 인간에게 활기를 불어넣어 주고, 새롭게 태어나게 한다. 신비로운 눈물은 하느님으로 충만한 인간을 압도하는 형언할 수 없는 기쁨을 뜨겁고 구체적으로 표현하는 것이다. 신비로운 결합은 빛, 열기, 설명할 수 없는 기쁨, 열정의 불꽃, 신랑신부의 육체적인 결합으로 기술되었다. 「시편」 55장 7-8절에 따르면 하느님에게 접근하는 것은 신앙에 날개를 달아 이루어지는 비행과 같다. "아, 내가 비둘기처럼 날개를 지녔다면 날아가 쉬련마는. 정녕 멀리 달아나 광야에 머물련마는." 모든 것을 포기하는 희생적 삶에도 불구하고 수도원은 천국의 정원으로, 하느님에게 입성하기 위한 황금의 길via aurea로, 혹은 천국의 예루살렘, 즉 성자들의 영원한 도시를 예견하는 세속의 장소로 찬양되었다. 이와 같은 이미지는 성경에서 가져온 것인데, 성경은 외워서 인용하는 기본 텍스트였다. 그것은 동시에 그것을 쓴 저자를 추억하는 것이었으며, 회상을 통한 경이로운 추억 놀이에 빠지는 것이었다.

규칙, 관습, 법률집

중세 수도원 제도에서 생산된 법규는 상당히 많았다. 이 경우에도 고대의 규칙은 부정되지 않았고, 새로운 시대의 감수성에 맞게 새롭게 수정되었다. 서양에서 가장 많이 따른 『베네딕투스 규칙』은 누르시아의 성 베네딕투스(약 480-약 560)의 것인데, 익명의 저자가 이전에 쓴 『대가의 규범집Regola del Maestro』을 수정한 것이었다. 이 책의 중심 내용은 기도와 노동의 지혜로운 교체다('기도와 노동ora et labora'은 나중에 공식적으로 요약된다). 하루의 일과가 다양한 활동으로 명시되었다. 명상하는 개인적인 차원과 더불어 실천적인(사회적인 것도 포함하여) 차원의 가치를 높이기 위해서였다. 베네딕투스가 예상한 수도원은 경제적인 측면뿐 아니라 영적인 측면에서도 자족적인 소도시였다. 한 명 혹은 그 이상의 수도사들은 사제였으며, 목자처럼 공동체를 돌보는 일을 맡았다. 수도원에서 수도사는 독립되어 있었고 하느님과 사적인 관계를 가졌으며, 동시에 대수도원장이 '아버지'가 되는 가정의 일원이었다. 요컨대 일상생활의 수직적이고(개인적이고) 수평적인(공동체적인) 차원이 굳어졌던 것이다. 수도원 가족의 책임자인 대수도원장은 신중하고 현명한 아버지였고, 혹독한 가르침을 주었다가도 온화한 이해를 베풀었으며, 공동체의 진정한 핵심이었다. 그 밖에 베네딕투스의 인류학은 정신에 비해 육신의 가치를 저하하고(플라톤의 방식), 기도와 내적인 고행을 강조하는 수도원 제도의 전형적인 인류학이었다. 『베네딕투스 규칙』이 보여주는 균형감, 대조적인 입장을 화합하는 전망의 제시 덕분에 이 책은 서양 문화에 기반이 되는 서적이 될 수 있었다.

『베네딕투스 규칙』에 대한 평가는 이른 시기부터 있었다. 가령 8세기에는 파울루스 부제(약 720-799)가, 9세기에는 생미엘의 스마라그드Smaragde de Saint-Mihiel(?-826년 이후)가 평가를 남겼다. 11-12세기에 수도원 개혁 운동은 지역의 관습을 문서로 남겼는데, 이는 규칙서를 보완하고 있었다. 그것은 『베네딕투스 규칙』 자체를 규칙서와 관례집 개혁한 것이었다. 910년 부르고뉴에 세워진 클뤼니 수도원은 이탈리아, 프랑스, 에스파냐의 많은 수도원에 『관례집Consuetudini』을 전달했으며, 이 서적은 지역에 따라 이해되고 수정되었다. 사막에 거주하는 신부들의 은둔 전통이 라벤나의 성 로무알두스(약 952-1027)의 장려로 카말돌리에서 되살아났으며, 11세기 말에는 부수도원장 로돌포 1세Rodolfo I(1074-1088년에 부수도원장)가 『관례집Costituzioni』을 남겼다. 은둔 운동은 쾰른의 성 브루노Bruno von köln(약 1030-1101)가 1084년에 세운 카르투지오 수도회에서 발전했다. 카르투지오회의 첫 규범집은 부수도원장 기고Ghigo 혹은 귀고Guigo(1083-1136)가 쓴 『관례집Consuetudini』이다. 창설자인 성 요한 구알베르토Giovanni Gualberto(약 995-1073)가 죽은 뒤에 발롬브로사 수도회는 곧 글로 작성한 『관례집』을 채택했다. 프랑스 귀족 몰렘의 로베르Robert de Molesme(1028-1111)가 1098년에 시토에 수도원을 세웠는데, 그곳에서 수도원 건설에 도움을 준 책은 『사랑의 헌장Charta charitatis』이었다. 이를 통해 '연합 형식'이라는 수도회의 새로운 본보기가 조직되었는데, 여러 수도원 사이의 사랑에 기초한 상호 화합에 집중했다.

| 다음을 참고하라 |
역사 교육과 문화의 새로운 중심지(177쪽); 수도원주의(251쪽)
철학 섬의 수도원주의와 중세 문화(403쪽); 철학과 수도원(408쪽)
문학과 연극 교황 그레고리오 1세와 성인전(639쪽)

고전의 전달과 수용

| 엘리자베타 바르톨리|Elisabetta Bartoli |

중세 초기에 고전 작품의 수용과 전달은 전적으로 그리스도교 문화라는 여과 장치를
통해 이루어졌다. 어쨌든 항상 읽고 좋아하기는 했던 고전 작품에 대한 의혹과 비판의
태도는 조금씩 줄어들고 고전 시대의 유산을 복구하기 시작했다. 이 작업은 그리스도교
문화의 정체성이 최고조에 달했던 카롤링거 왕조 때 이루어졌는데, 이교도의 고전
문화와의 관계를 통해 더욱 폭넓은 해결책을 찾기 위한 것이었다.

5-7세기에 살아남기 어려웠던 고전 작품

4세기 전반에 걸쳐, 그리고 5세기에는 부분적으로 고전주의가 계속 강렬한 흔적을
남겼다. 수많은 귀족 모임, 여러 학교, 몇몇 수도원의 필사실scriptoria은 더 많은 라틴
어 작품들의 조사와 전달에 열중했다. 이 시기에는 소수의 필사본만이 전해졌는데,
그중에는 베르길리우스의 필사본 몇 권, 테렌티우스의 작품 한 권, 키케로의 작품을
단편적으로 적어 놓은 복기지複記紙, palimpsest(원문을 전부 또는 일부를 지우고 그 위에 새
로 쓴 두루마리나 낱장 형태의 필사본*) 몇 장, 소小 플리니우스와 루카누스와 오비디우
스의 작품이 있었다. 그러나 그들이 보여 준 정확성은 물려받은 고전 작품의 생명력
을 전해 주기에 충분한 것이었고, 글에 대한 수정이 있었기 때문에 수정 작업의 기준
도 충분히 제시될 수 있었다. 히포의 아우구스티누스 같은 이 시기의 위대한 작가들
은 넓은 도서관을 가지고 있었고, 문화 교육에서 고전 문학은 여전히 중요했다. 그러
나 카시오도루스가 부정확한 철자를 참기 힘들어했고 '원고의 결함mendositas codicum'
에 대해 아주 민감했던 것을 보면, 상황이 점차 변하고 있었음을 알 수 있다. (보에티
우스는 말할 것도 없고) 정치에서 물러난 카시오도루스도 이교도 저자들의 저서를 계
속 읽었을 것이다. 이 저서들은 그의 공부에 토대가 되었지만, 이제는 정치적·문화
적 이유 때문에 사라질 위험에 처했다.

　　5-6세기에는 베르길리우스의 필사본 5권(세 권만 완전함), 리비우스의 작품 2권,
테렌티우스의 작품 1권만 살아남았다. 그러나 아우구스티누스의 필사본 15권, 암브
로시우스의 필사본 5권만 우리에게 전해진 것으로 보아 그리스도교 서적의 운명도
크게 다르지 않았다. 현재 우리가 가진 고전 중에서 많은 작품들이 오늘날에는 전해

소수만 전해진 고전 작품들

지지 않은 고대 후기 필사본을 필사한 카롤링거 왕조의 복사본에서 나온 것이다.

'저자들auctores'의 유산은 그리스어를 읽을 수 있는 능력이 점차 사라지고 있었기 때문에 심각하게 축소되었다. 이 시기보다 조금 전에 나온 번역판이 있다. 예를 들어 빅토리누스(4세기)는 플로티노스와 포르피리오스의 작품을 번역했고, 칼키디우스(4세기)는 플라톤의 저작을 번역했고, 히에로니무스(약 347-약 420)는 그리스 교부들의 작품을 번역했다. 그러나 6세기 중엽 이후로 이와 같은 번역 작업은 거의 중단되었으며, (10세기의 나폴리 같은 지역이나 비잔티움 제국의 지배를 받던 지방을 제외하고) 12세기에 가서야 번역이 다시 시작되었다.

중세를 통틀어 고전의 수용은 그리스도교 문화라는 여과 장치를 통해 일어난다. 처음에는 그리스도교 문화와 이교도의 고전 문학은 전적으로 대립했다. 이 시기의 저자들은 아타나시우스(295-약 373)와 카시아누스(약 360-430/435) 혹은 아를의 체사리오(약 470-542)처럼 기도에 전념하기 위해 문학 연구를 거부하기도 했다. 체사리오는 담화의 '소박함rusticitas'에 깊이 호소하면서 이교도 고전 문학이 형식에 열중한 것에 반대했다.

그리스도교 저자들은 이교도 문학을 토대로 공부를 했기 때문에 이교도 문학에 대한 애호 현상이 강했다. 그러나 테르툴리아누스Tertullianus(약 160-약 220)와 암브로시우스가 이교도 문학을 '약탈하는 것'을 자연스럽게 생각했던 반면, 매우 교양이 높았던 히에로니무스(『서간집Epistola』 22)처럼 다른 저자들은 두 문화가 화해할 수 없다고 주장했다.

하지만 그리스도교의 거의 모든 문학 장르는 결국 이교도 문학의 도움을 받으며 발전했다. 산문, 설교법, 교리 논쟁은 플로티노스, 포르피리오스, 키케로에게서 많은 빛을 졌다. 중세 문학이 윤리학과 수사학 사이에서 인식했던 강한 결속도 그들에게서 배운 것이었다. 서간문 역시 마찬가지였으며, 가장 나중에 이루어졌던 '글 쓰는 기술ars dictandi'의 이론화 작업은 틀림없이 고전 수사학에 대한 키케로의 저술에서 영향을 받은 것이었다. 중세 사료 편찬의 놀라운 결과 역시 고전 역사가들이 없었다면 생각할 수도 없었을 것이다. 예를 들어 『왐바의 역사Historia Wambae』는 살루스티우스 방식의 논문인 반면, 파울루스 부제의 역사서는 중세의 역사가들 외에 베르길리우스의 영향을 받았으며, 아인하르트도 수에토니우스(약 69-약 140)를 본보기로 삼았다.

이교도 문화의 생명력

다른 측면에서 볼 때, 문법과 수사학에 몰두했던 저자들이 이교도 작품을 참고한 것은 항상 성경 주석을 통해서였다. 『은율De arte metrica』과 『비유와 전의De schematibus et tropis』에서 가경자 베다(673-735)는 성경과 그리스도교 저자들이 발췌한 구절만을 배타적으로 이용했다. 세비야의 이시도루스는 축혼가 혹은 찬송가나 애가와 마찬가지로 고전 문헌에도 유포되어 있는 표현 형식보다 연대기적으로, 발생론적으로 앞선 표현이 이미 성경에 있다고 주장했다.

이시도루스는 고대 수사학의 모호한 특성이 시뿐 아니라 성경 해석학에도 유용하다고 생각했다. 그러면서도 그는 시간에 따른 문화적인 감정의 가치를 옹호하여, '고대적antiqui'이고 '노련한veterani' 베르길리우스와 루카누스 같은 이교도들 대신에 새로운('근대적인') 그리스도교 시인들을 내세울 것을 강조했다. "그러므로 이교도 시인들에게 봉사하는 것을 중단하라desine gentilibus ergo inservire poetis." 문화와 더불어 언어 또한 발전하고 있었으며, 중세의 라틴어는 고전 시대의 라틴어와 더 이상 동일하지 않았다. 도나투스(4세기)의 문법학이 계속 생명을 유지하고, 프리스키아누스 Caesariensis Priscianus(5세기 말)의 『문법 개론서Institutiones grammaticae』가 알퀴누스에 의해 재발견되었던 반면, 파울루스 부제가 카롤루스 대제를 위해 작성한 『단어의 의미 De verborum significatu』처럼 새로운 어휘집도 나왔다.

전집과 선집 | 고전 텍스트가 늘 축약본으로 전달된 것은 아니었다. 고전 작품들은 단편적으로 전해졌고, 명시구名詩句의 경우처럼 중요한 시 모음집과 대전大全, 선집으로 탈문맥화되었다. 이는 고전을 인용하는 사람이 원전을 잘 알고 있음을 뜻하는 요소를 직접 표시하지 않고, 매개적인 글만을 자주 언급했기 때문이다. 비록 이 매개 글이 문법학자 베르길리우스처럼 문학 작품에서 참고한 고전 작품의 독창적인 생명력을 손상시키지는 않았더라도 말이다.

그 밖에 유대교의 성경 해석학에서 유래한 새로운 우의적인 해석은, 단어에 대한 지나친 관심 때문에 원전의 완전한 전통의 전달을 가로막기는 했지만, 고전 문학이 유산으로 물려준 이미지를 혁신했다. 즉 스타티우스(40-96)의 작품에 대한 풀겐티우스Fulgentius(465-533)의 주석이나, 마크로비우스(4/5세기)의 『스키피오의 꿈Somnium Scipionis』에 대한 주석처럼 우의적인 해석이 시작되었으며, 베르길리우스의 작품을 '그리스도교' 시인의 것이라는 입장에서 해석하기도 했는데, 이는 오랫동안 성공을 거둘 터였다.

카롤링거 왕조 때 이루어진 고전 작가들과의 대화

카롤링거 왕조 때 고전 작가들에 대한 연구 및 라틴 문학에 대한 관심은 아우구스투스 황제 시절의 로마가 카롤루스 대제와 그의 지식인 '군단entourage'에게 보여 주었던 본보기 역할을 통해 강한 자극을 받았다는 것은 널리 알려진 견해다. 이것이 틀린 말은 아니지만 편파적으로 축소된 면이 있다. 왜냐하면 카롤링거 왕조의 문화를 카롤루스 대제의 궁정에만 배타적으로 집중시키고, 고전주의 신호를 발전시켰다고 해석하는 것은 신중하지 못하기 때문이다. 아퀴스그라나Aquisgrana(오늘날의 아헨*)는 문학 생산의 중심지였지만, 그곳에서만 문학을 생산한 것은 아니다. 투르의 필사실scriptorium과 코르비의 필사실이 나누어서 막대한 필사 활동을 했다. 리비우스의『푸테아누스Puteanus』의 필사본에 대한 귀중한 복사본과 살루스티우스의 필사본도 후자의 필사실에서 나왔을 것이다. 사실 "고전주의자의 노력이 카롤링거 왕조의 문화에서 중요하지만, 그 왕조의 근본적인 성격을 표현하지는 않았다. 아인하르트와 알퀴누스 같은 작가들은 그리스도교 유산을 토대로 교육을 받았으며, 6-7세기에 그리스도교 유산은 앨드헬름Aldhelm(639?-709)과 베난티우스Venantius(약 540-약 600)의 작품 등으로 완성되었는데, 이 작품들은 라틴어가 모국어가 아니었던 대중들을 위한 것이었다"(Godman, "Il periodo carolingio", in *Lo spazio letterario del Medioevo*, 1995).

어쨌든 고전 작가들과의 대화는 카롤링거 왕조의 작가들을 통해서도 계속되었다. 팔라티누스 도서관의 도서 목록에 포함된『Diez B. Sant. 66』의 필사본이 증명하는 것처럼 말이다. 이 도서관에는 베르길리우스, 루카누스, 스타티우스의『테바이스Tebaide』, 테렌티우스, 유베날리스, 티불루스, 호라티우스의『시론Arte poetica』, 클라우디아누스, 『프로세르피나의 납치Il rapimento di Proserpina』, 『루피누스에게A Rufino』, 『에우트로피우스에 반대하다Contro Eutropio』, 『고트족 전쟁La guerra gotica』, 『길도의 반란La guerra gildonica』, 마르티알리스, 율리우스 빅토르Gaius Julius Victor, 세르비우스Servius, 키케로의『카틸리나에 반대하다Contro Catilina』, 『데이오타루스 왕을 위하여Per il re Deiotaro』, 『베레스에 반대하며In verrem』, 살루스티우스의 저서들이 있었다.

고전 유산을 구입하려는 계획적인 노력은 문크 올센Munk Olsen이 공들여 연구한, 필사본의 유포와 관련된 자료의 양을 통해 확인된다. 트라우베Traube(1861-1907)의 구분(8-9세기=베르길리우스 시기, 10-11세기=호라티우스 시기, 12-13세기=오비디우스 시기)에 전적으로 동의할 수 없다 해도, 9세기 전반에 걸쳐 베르길리우스가 독보적

지속적인 대화

인 우위를 점하고 있었다는 점은 인정해야 할 것이다. 그는 루카누스, 유베날리스, 테렌티우스를 제외하고, 일련의 군소 고전 작가들보다 두드러졌다. 10세기로 가면서 베르길리우스는 여전히 살아남았지만, 점차 호라티우스의 작품이 많이 필사되기 시작했으며, 테렌티우스, 유베날리스, 스타티우스, 페르시우스의 작품들도 계속 필사되고 있었다. 11세기가 되면 호라티우스가 베르길리우스를 능가했고, 페르시우스 및 유베날리스와 함께 가장 많이 필사되기에 이르렀다. 12세기에 가장 많이 필사된 작가들로는 루카누스, 살루스티우스, 스타티우스가 있었고, 특히 오비디우스의 『변신 이야기Metamorfosi』가 자주 필사되었다.

카롤링거 왕조 시대의 필사본은 질적으로나 양적으로나 활발히 생산되었다. 왕조의 언어학자들은 지금은 유실된 리비우스의 필사본이나 9세기에 투르에서 필사된 『농경시Georgiche』처럼 자신들의 도표에 있는 필사본보다 더욱 믿을 만한 견본을 우리에게 알려 주었다. 카시오도루스가 예견한 바 있고, 학교 교육의 토대로서 고대 및 고대 후기의 고전 작품을 강독한 알퀴누스의 프로그램은 주석과 해설에 처음으로 관심을 보인 것이며, 또한 정전에 속했다. 1086년의 『강의 기술Ars lectoria』과 같은 서적에서 언급한 정전 작가들은 키케로, 루카누스, 베르길리우스, 호라티우스, 호메로스, 스타티우스, 유베날리스, 페르시우스, 오비디우스, 테렌티우스, 보에티우스의 필사본이 유포된 시기를 확인시켜 주고 있다. 반대로 학교의 정전에 들어가지 못한 고대 시대의 작품들(마르티알리스 유형)은 9세기 및 이후의 필사본에서 더 많이 언급되었다.

알퀴누스의 정전

개방하기와 악마 만들기: 10-11세기에 필사된 고전 작품
고전 문학의 수용은 그리스도교 문화의 자기 긍정 과정에 따라 중세 초기에 활발해졌다. 요하네스 스코투스 에리우게나는 신화를 거부하기는 했지만, 신화가 신의 요구를 따르는 친절한 사람들의 열망을 표현한다는 점은 인정했다. 비록 완전한 평화 관계는 아니지만, 이제 그리스도교 신앙은 이교도 문화를 표현하는 시와 사상에 공간을 남겨 주었다.

카롤링거 왕조 시기에 고전 문학을 다시 인정하고 난 뒤인 10세기는 그와 같은 문화유산을 자기 자신을 이해하기 위한 수단으로 성찰하는 시기였다(레오나르디 Leonardi). 그러나 11세기에 수도원에서 주교좌 교회의 학교로 자리를 옮긴 지식이 점차 세속화되자, 수도원 문화는 고전 문학에 대해 폐쇄적인 반응을 보이기 시작했다. 베르길리우스, 호라티우스 및 유베날리스가 악마의 모습을 하고 있는 라둘푸스 글라베르의 『연대기』처럼 말이다. 혹은 『영적인 여정에 관하여De cursu spirituali』에서 고전 작가들, 특히 루카누스와 고통스러운 관계를 맺으며 위기에 빠진 장크트 에메람의 오틀로Otloh von Sankt Emmeram(약 1010-약 1070)처럼 말이다. 또한 이교도 철학자들에게 엄격함을 보이면서도 키케로와 시인들의 시를 즐겁게 읽었던 학창 시절을 추억하는 페트루스 다미아니처럼 말이다.

| 다음을 참고하라 |
철학 보에티우스: 문명을 전파하기 위한 지식(390쪽)
문학과 연극 문법, 수사학, 변증법(568쪽); 사료 편찬(586쪽)

학교, 언어, 문화

LETTERATURA E TEATRO

요크의 알퀴누스와 카롤링거 왕조의 르네상스

| 프란체스코 스텔라Francesco Stella |

'카롤링거 왕조의 르네상스'란 명칭으로 알려진 사법적·예술적·문화적·정치적 분야의
위대한 개혁 활동은 유럽사의 많은 측면에 중요한 영향을 끼치지 않을 수 없었다.
카롤루스 대제와 더불어 개혁을 고취시키고 공식적인 문서를 담당했던 지식인은
804년 투르에서 사망한 요크의 알퀴누스다.

요크의 교육 및 학교의 신화

730-740년에 노섬브리아 데이라Deira 지역(영국 중동부)에서 태어난 알퀴누스는 가
족에 의해 요크에 맡겨졌고, 그곳에서 교사가 되었다. 알퀴누스는 자신이 자라난 그
곳 생활에 대한 가장 중요한 시인 〈요크 교회의 성자들De sanctis Euboricensis ecclesiae〉을
쓰면서 도시 및 교회 공동체의 역사를 서술하는 새로운 문학 장르를 시도했다. 이 시
는 집단적인 정체성 내부에 개인적인 정체성의 개성을 부여하는 과정을 밟는 교육에
관한 서사시다. 알퀴누스는 학교에서 책과 문어文語를 통해 신앙을 받아들였는데, 카
롤루스 개혁 기간 내내 문어를 강조했으며, 지식을 전달하고 사람들을 지적이고 영
적인 매듭으로 결합하는 것이 글쓰기란 점을 끊임없이 반복했다. 수많은 수도원, 주
교 궁, 교구, 도서관, 카롤링거 왕조 시대에 지어졌거나 복원된 저택과 궁정 등을 연

글쓰기의
중요성과 가치

결하는 관계망을 만들어 책이나 선물에 대한 정보 및 지령을 교환하기 위해서는 글쓰기가 중요했다. 이 관계망의 유대감은 유럽 절반의 수도원과 교회에 있는 200편가량의 금석문과(그중에는 교황 하드리아노 1세를 위한 비문도 있는데, 이것은 지금도 바티칸에 가면 읽을 수 있다), 알퀴누스가 270명이 넘는 수취인에게 보낸 거의 300통가량의 편지가 증명해 준다. 이 편지들은 오랫동안 편지 작성의 본보기로 남았으며, 경험하지 않은 세상을 또렷하고 생생하게 이미지화하여 우리에게 보여 준다.

카롤루스 궁정

카롤루스 대제 시절에 왕조의 본거지는 여러 곳이었는데(현재의 아헨인 아쿠스그라나 혹은 콩피에뉴), 그곳들에서 카롤루스 궁정은 일종의 국제적인 아카데미아였다. 이 탈리아(아퀼레이아의 파울리누스 2세Paulinus II of Aquileia, 파울루스 부제, 피사의 피에트로 Pietro da Pisa), 에스파냐(테오둘푸스), 영국(알퀴누스, 엑서터의 조지프Joseph of Exeter, 위그보드Wigbodo), 아일랜드(던갈Dungal, 디퀼, 클레멘트Clement)의 많은 지식인들이 그곳에 초청받았다. 그리하여 '카롤링거 왕조의 르네상스'의 토대를 마련했다. 제1세대의 지도자는 알퀴누스였다. 그는 학교(소위 말하는 아카데미아 팔라티나Accademia Palatina)를 위해 가장 성공한 논문(문법, 수사학, 수학, 철자법에 관한 논문도 있었을 것이다)을 썼다. 학교에서 좀 더 중요한 역할을 담당한 그의 제자들은 나중에 수도원과 주교단을 이끌었을 것이다(마인츠의 라바누스 마우루스, 잘츠부르크의 아르노Arno).

카롤루스 대제와의 협력과 '레노바티오'

『알퀴누스의 생애Vita Alcuini』로 보았을 때, 카롤루스 대제와의 우정은 알퀴누스가 781년에 시작했던 이탈리아 여행으로 거슬러 올라간다. 알퀴누스는 그때 파르마에서 프랑크족의 왕 카롤루스를 만났다. 이미 랑고바르드족의 왕이자 로마 귀족이 된 카롤루스는 파울루스 부제, 피사의 피에트로와 같은 유명한 교사들을 궁으로 모으기 시작했다. 알퀴누스는 "타인의 발전에 봉사하고 싶은 바람" 때문에 그와 협력하기로 결심했다.

카롤루스의 궁정에서 그리스도교 제국이라는 개념을 공식화한 자가 바로 그였다. 그것은 카롤루스 왕국에 통일의 이상적인 토대를 제공했으며, 나중에는 옳든 그르든 신성로마 제국의 이상으로 발전했다. 하지만 알퀴누스는 또한 색슨족을 강제

로 개종시킨 왕을 용기 있게 비판한 유일한 사람이었다. 특히 그는 문화 정책을 정교
하게 다듬는 일에 결정적인 공헌을 했다. 이전 시대의 더 좋은 경험(아일랜드, 히스파
니아, 롬바르디아, 메로빙거의 소위 '전기 르네상스')을 발전시키면서 왕국이 공유하는 소
통의 기준을 개혁했고, 공동 교육 프로그램을 제안했다. 인문주의자들이 '로마 문자
체antiqua'로 채택했고 오늘날에도 인쇄의 서체로 이용하고 있는 '카롤루스'의 순수한
서체도 완성되었다. 그리하여 로마-야만족 시기에 되는 대로 쓰였던 지방 언어인 수
많은 지역 라틴어 중에서 법률과 규범, 학교 교과서에 사용될 공식 라틴어가 나오게
되었다. 이와 같은 작업을 발표한 법령 뒤에는 알퀴누스가 있었으리라 짐작되는데,
프랑스 교회 및 그 의례의 개혁을 말해 주는 유명한 문서는『훈계Admonitio generalis』
(789)와 〈발전하는 글자에 관한 편지Epistula de litteris colendis〉였다. 후자의 문서는 편지
(794-796)에 관한 성명서인데, 부유하지 않은 계층 및 여성들을 위해서도 연구를 장
려하는 정책과 관련이 있으며, 빈번한 검열의 결과를 조사하는 일도 병행되었다. 카
롤루스의 몇몇 후임자들도 계속 따랐던 이와 같은 정책은 알퀴누스의 끝없는 기획력
뿐 아니라 카롤루스의 순수한 호기심과 확신까지도 반영하는 것이었다. 카롤루스는
왕궁의 지식인들에게 문법이나 신학의 문제를 제기했으며, 그들과 함께, 심지어 아
퀴스그라나에서 온천욕을 하는 동안에도 철학 문제에 대해 논쟁을 했다.

'레노바티오renovatio(쇄신)' 정책으로 막대한 독서 활동 및 원전의 필사와 교환에
관심이 늘게 되었으며, 그 결과 8세기 초에 남아 있던 필사본은 1800권이었으나 9세
기가 되자 8000권 정도가 되었다. 그뿐 아니다. 알퀴누스는 아퀼레이아의 파울리누
스 2세와 함께 에스파냐의 이단(양자론)과 싸우기 위해 신학 사상의 토대를 공식화
했으며, 테오둘푸스(750/760-약 821)와 함께 비잔티움의 성상 파괴 논리를 이길 수
있는 논증을 제시했다. 그의 논증은 서양의 종교 예술이 폭발적인 자유를 누리도록
하기 위한 결정적인 첫걸음이라 할 수 있다. 이것은 비잔티움의 성상 파괴주의와 구
별되는 점이었다. 그의『삼위일체론De trinitate』은 16세기까지 유럽에 가장 널리 유포
된 신학 입문서 중 하나였다. 9세기 이후에 사용된 성경 원전 역시 카롤루스 자신이
알퀴누스와 테오둘푸스에게 주문한『불가타 성서』를 언어학적으로 고친 교정본을
부분적으로 활용했을 것이다.

지적인 생산

이처럼 글쓰기, 논쟁, 편지 교환 및 입법 활동이 활발히 진행되면서, 768년(카롤루스 대제가 왕좌에 오른 해)에서 888년(카롤링거 왕조의 마지막 황제가 사망한 해) 사이에 '카롤링거 왕조의 르네상스'라 불렸던 현상이 발생했다. 장자크 앙페르Jean-Jacques Ampére(1800-1864)가 『12세기 이전의 프랑스 문학사Histoire littéraire de la France avant le XIIe siècle』에서 처음으로 그와 같이 정의했는데, 이 정의는 역사적 자료에 대한 평가 외에도 당시의 주역들이 표방한 자의식에 기초하고 있었다. 이들은 문화적인 활력 및 특별한 팽창의 시대를 열었을 뿐 아니라, 아테네에서 로마로, 카롤루스의 프랑스로 '학문의 이전translatio studiorum'을 이루었다고 확신했던 것이다. 그리하여 학교 및 문화 연구소(요크의 북부에서 남부를 거쳐 캔터베리, 코르비, 투르, 생드니, 플뢰리, 오세르, 로르슈, 에히터나흐, 풀다, 장크트갈렌, 라이헤나우, 잘츠부르크, 베로나, 보비오, 아퀼레이아, 몬테카시노)가 증가했고, 더불어 필사본의 생산도 늘어났다(5만 부 정도로 추산된다. 그러므로 피에르 리셰Pierre Riché에 따르면 "유럽 문화가 카롤링거 왕조에 진 빚은 어마어마하다"). 또한 미술 및 건축에도 중요한 영향을 미쳤을 것이다. 카롤링거 왕조의
르네상스

　전례도 개혁되어 전례서 및 전례 순서가 로마식으로 표준화되었으며, 큰 도약을 이룬 결과로 〈임하소서, 성령이여Veni sancte Spiritus〉, 〈오, 고귀한 로마O Roma nobilis〉, 〈영광, 찬미Gloria laus et honor〉, 〈당신의 종들이Ut queant laxis〉처럼 유명한 찬송가가 작곡되었을 뿐 아니라, 은유와 속창續唱(〈할렐루야〉에 들어가 있는 시적이고 음악적인 요소)과 같은 새로운 방식과 기보법이 탄생했다.

　지적인 문학 작품의 생산은 어느 수준에 이르러, 자료가 남아 있지 않으나 4-5세기부터는 활발한 수준에 도달했지만 12세기까지는 그 이상을 넘어서지 못했다. 알퀴누스와 신플라톤주의 철학자 요하네스 스코투스 에리우게나를 제외하면 기념비적인 인물이 없었지만, 수많은 문화 연구소의 발전과 활발한 문화적 정교화 작업이 그 모자람을 보충했다. 이와 같은 파노라마의 정점에서 아퀼레이아의 파울리누스 2세, 테오둘푸스, 고트샬크, 에리우게나의 신학 논문들이 나왔고, 알퀴누스와 그의 동시대인인 위그보드, 제자인 라바누스 마우루스, 그들보다 후대의 인물인 뤽세이유의 안겔로무스Angelomus of Luxeuil가 성경 주석을 체계화했으며, 오세르와 랑에 학교가 세워졌다(이곳들에서는 전적으로 발굴을 통해 문학 연구가 이루어졌다). 큰 성공을 거둔 매력적인 작품 『랑고바르드족의 역사Historia Langobardorum』를 저술한 파 수많은
문화 중심지

울루스 부제, 카롤루스 대제의 전기(『카롤루스 대제의 생애Vita Karoli』)를 썼고 성유물 절도에 대한 매혹적인 글(『성 마르켈리누스와 베드로의 유해 이송과 기적들De translatione et miraculis sanctorum suorum Marcellini et Petri』)을 쓴 아인하르트도 있었다. 또한 시와 산문으로 쓴 환상 문학, 설교 모음집과 교육 입문서가 있었다. 음악 이론(생타망의 후크발트Hucbald de Saint-Amand, 프륌의 레기노Regino von Prüm, 레오메의 오렐리앙Aurélien de Réomé), 성인전(알퀴누스, 사팔뜨기 발라프리트, 오세르의 에이릭, 조반니 임모니데Giovanni Immonide 및 많은 익명의 저자들이 쓰거나 시로 바꾼 성자들의 이야기), 고전 필사본의 발견과 원전의 재구성에 관심을 보인 초기 인문주의자로 간주되는 페리에르의 루프 Loup de Ferrières(805-862)의 서간 문학, 아들 기욤을 위한 예의범절 안내서를 매우 감상적으로 쓴 귀부인인 두오다Dhuoda(802-843년 이후)의 작품이 있었다. 이 시기에는 독일(바이센부르크의 오트프리트Otfrid von Weissenburg와 더불어), 프랑스(『에울랄리아의 속창Sequenza di Eulalia』과 더불어), 앵글로색슨(「창세기」 및 다른 성경시, 『베어울프』의 초고와 더불어)의 속어 문학이 시작되었다. 더불어 813년에 투르 공의회에서는 프랑스어와 독일어로 쓴 설교집을 처음으로 인정했다.

시

카롤링거 왕조의 르네상스를 둘러싼 역사 기술적인 논쟁은 뚜렷한 입장 차이를 확인하기는 했지만, 결국 한 지점으로 집중하는 듯했다. 즉 '르네상스'란 표현은 적어도 라틴시를 말할 때 정확히 사용될 수 있다. 모두 출판된 것은 아니지만 3,200쪽에 달하는 글이 우리에게 전해졌으며, 이 운동의 주역들은 그것을 한 시대의 문화적 표현의 정점으로서 끊임없이 인정했고 설명했다. 제1세대에서는 베르길리우스 혹은 클라우디아누스에게 영감을 받아 쓴 황제에 대한 서사시 형식이 복원되었다(『카롤루스 대제와 교황 레오Karolus Magnus et Leo papa』와 『아일랜드 망명Hibernicus Exul』). 또한 요크의 알퀴누스에 대한 시나 파울루스 부제가 쓴 메스의 주교들에 대한 시처럼 새로운 서사시가 발전했고, 칼푸르니우스와 네메시아누스를 본받아 쓴 장원의 목가시(오툉의 모두앵Modoin de Autun, 안질베르토)뿐 아니라 시민시(판사들에 대해 쓴 테오둘푸스의 단시나 카롤루스 대제의 죽음에 대해 작곡한 〈플랑크투스Planctus〉), 관객이 연극에 참여하는 형식으로 다시 쓴 성경(아퀼레이아의 파울리누스), 고백록, 찬송가, 수수께끼처럼 사적인 관계 및 궁정 생활과 관련한 시, '소식'시詩, 우정시, 묘사적 혹은 향수적 서정시

주제, 방법, 인물

등도 발달했다. 문화 제도에서 장르의 구심점으로 인정받은 시의 역할에 대한 성찰이 매우 중요해졌다(파울루스 부제, 테오둘푸스, 모두앵, 알퀴누스 및 다른 많은 사람들이 성찰했다). 두 번째 세대(루도비쿠스 경건왕 주변으로 모인 사람들)와 더불어 집단적인 문학 생산은 와해되지만, 서사시는 계속 쓰였다(에르몰두스 니겔루스Ermoldus Nigellus의 『루도비쿠스 경건왕의 공적Le gesta di Ludovico』, 사팔뜨기 발라프리트의 『테오도리쿠스 대왕의 조각상La statua di Teodorico』). 그리하여 가장 중요한 두 인물인 사팔뜨기 발라프리트(808/809-849)와 고트샬크(약 801-약 870)가 등장하게 되었다. 사팔뜨기 발라프리트는 저세상에 대한 최초의 환상시인 『베틴의 환영Visio Wettini』과 카롤링거 왕조 사람의 문명화 노력을 상징하는 정원 손질에 관한 매우 훌륭한 시 〈원예술園藝術에 관하여De cultura hortorum〉를 썼다. 운명 예정설 때문에 박해를 받은 바 있는 천재적인 신학 이론가인 고트샬크는 규칙적인 운율을 넣은 초기 시와 더불어 섬세한 서정시를 지었는데, 이는 노래로 작곡되어 빠르게 유포되었다. 요하네스 스코투스 에리우게나는 독창적인 언어 실험적 시를 써서 에즈라 파운드Ezra Pound(1885-1972)를 기쁘게 했다.

카롤루스 대머리왕(823-877)과 로타리우스 1세(795-855) 사이에 활동한 제3세대는 제국의 해체를 목격했기 때문에 때로는 역행하는 서사시로 제국을 그리워하거나(시인 삭소Saxo의 『카롤루스 대제의 공적Le imprese di Carlo Magno』), 때로는 새로운 침입자들로 인해 불안해하며 제국을 바라보았다(노르만족의 파리 침입을 다룬 생제르맹 출신의 아보의 시). 그러나 한층 더 역설적이고 패러디적인 시가 발전하기도 했고(세둘리우스 스코투스Sedulius Scottus, 익명의 아일랜드 시인들의 풍자시), 환상 소설(상스의 아우드라두스Audradus), 다시 부활한 '스콜라 철학적인' 서정시(〈카르미나 켄툴렌시아Carmina Centulensia〉), 속창(말더듬이 노트커Notker il Balbuziente의 매우 세련된 〈찬미가Liber hymnorum〉)이 탄생하기도 했다. 현대시처럼 음절의 기준에 토대를 둔 운율시가 새로 탄생한 반면, 카롤링거 왕조 초기의 서정시의 전통(아퀼레이아의 파울리누스)과 더불어 조반니 임모니데의 『키프리아누스의 만찬』이 증명하는 연극적인 전통도 이어 나갔다. '고전의 부흥'이라는 스콜라 철학의 진부한 목표를 뛰어넘는 혁명은 수많은 새로운 측면을 포용했으며, 그 결과 본보기가 되는 중요한 작품 목록이 이후의 시기에 **새로운 모범 목록** 전달되었고, 문화의 재형성에 대한 자의식도 발전했다.

| 다음을 참고하라 |
문학과 연극 알레고리와 자연(596쪽)
시각예술 카롤링거 왕조 시대의 프랑스, 독일, 이탈리아(832쪽)

문법, 수사학, 변증법

| 프란체스코 스텔라 |

카롤링거 왕조 시대에 학교 교육의 토대가 된 '3학'을 구성하는 교양 과목은 고대 후기의
입문서들을 재평가하여 복구하고 체계화하는 단계를 거친다. 그뿐 아니라 더 이상
라틴어를 모국어로 쓰지 않는 대중의 새로운 요구, 정치-종교 기관의 소통을 표준화할
필요, 그리스도교 문화와의 관계를 재공식화하는 단계 또한 거친다.

카롤링거 왕조 시대의 언어학적 임무

카롤루스 대제와 그의 지식인, 그리고 교사 모임이 발전시킨 철자법과 언어의 개혁
은 서양사에서 가장 영향력 있는 문화 정책 작업 중 하나로 간주된다. 유럽 전체와
제국을 내부적으로 연결하기 위해 절대적으로 필요한 소통 도구를 표준화했고, 더
불어 로망스어의 단일한 변화를 중단시키고 이중으로 발전하는 구조를 만들어 냈
구어와 문어 다. 즉 한편으로는 수백 년 동안 고유한 문법과 고유한 학습 체계가 없었던 구어口語
와, 다른 한편으로 국제적으로 유일하게 공식적인 소통 수단이었으나 민중들이 현
장에서 사용하는 혁신성이 없었던 학교의 라틴어가 그것이다.

　이 같은 개혁은 종교적인 동기 외에 정치적이고 행정적인 동기도 있었는데 그 증
거를 우리는 789년에 나온 『훈계』에서, 그리고 카롤링거 왕조의 개혁을 보여 주는
선언서인 〈발전하는 글자에 관한 편지〉에서 찾아볼 수 있다.

교육의 수단

사실 카롤링거 왕조의 학교는 종교적인 소통보다 더 큰 문제에 직면하게 된다. 즉 각
자 켈트 문화·게르만 문화를 가졌고, 웨일스어·아일랜드어·고대 독일어·프랑스어를
사용하는 백성들을 라틴어로 교육하는 일이었다. 라틴어가 남긴 문법은 이 목적에

맞지 않았는데, 모국어로 라틴어를 쓰는 백성들을 대상으로 했기 때문이다. 가장 널 새로운 라틴 문법서
리 유포된 문법서 중 하나인 도나투스Donatus(4세기)의 『소문법론Ars Minor』은 품사의
형태보다는 품사의 특성을 주로 취급하고 있다. 그러나 『대문법론Ars maior』은 문자,
음절이나 음보 같은 말의 하위 단위나 화술 같은 상위 단위에 집중한다. 고대 후기의
다른 문법학자들도 그와 동일한 본보기를 따르고 있다. 카리시우스Charisius, 디오메
데스Diomedes, 콘센티우스Consentius, 프로부스Probus가 도시테오스Dositheos, 스카우루
스Scaurus, 아우다케audace, 아스프로Aspro, 아우구스티누스보다는 어형론을 더 많이
가르쳤지만 말이다. 심지어 이미 언어의 기본 형식을 습득한 학생들조차 '과목artes'
보다 더 초보적인 문법의 종류인 '규칙regulae'을 공부했다(예를 들어 프리스키아누스가
500년경에 쓴 『명사, 대명사, 동사 개요Institutio de nomine, pronomine et verbo』).

　카롤링거 왕조의 필사본에서 발견된 『명사의 기원Declinationes nominum』이나 『동사
의 변화Coniugationes verborum』를 통해, 혹은 『아르스 아스포리Ars Asporii』(6세기 말)처
럼 영국 제국과 아일랜드에서 나온 소위 '섬나라 문법서', 또는 보니파키우스와 타투
이노스Tatuino의 카롤링거 왕조 최초의 문법책들을 통해, 혹은 어형과 동사의 변화표
를 제시하면서 도나투스가 완성한 『아르스 암비아넨시스Ars Ambianensis』를 통해 기술
적인 해결을 했다. 카롤루스 대제가 다스리던 수십 년의 왕국에서 이 같은 작품들이
더욱 유포되었는데, 특히 아우구스티누스(354-430)의 『문법 요약집Ars breviata』 및 아
스프로, 도나투스, 스카우루스의 책들이 에우티케스Eutyches 혹은 포카스의 '규칙'처
럼 매우 대중적이었던 반면, 9세기에는 프리스키아누스의 책이 유명했다.

베르길리우스 마로의 공상문법

카롤링거 왕조가 정상화되기 전에 자기 이름이 베르길리우스 마로Publius Vergilius Maro
라고 말한 7세기 프랑스 작가의 작품에서 일종의 공상문법fantagrammatica이 이례적
인 발전을 이루었다는 기록이 있었다. 더불어 미지의 문법학자 불카노Vulcano의 저작
에는 시인 베르길리우스가 아니라 도나투스(4세기)의 제자인 베르길리우스, 12개의
라틴어를 창조한 아시아의 베르길리우스, 스승으로 알려진 자칭 아이네아스Aenēās
를 만난 마로에 대한 언급도 실려 있었다. 일부러 그랬든 혹은 충동적이든 이 인물
의 이상한 점은 이름에만 있는 것이 아니다. 그의 연구도 마찬가지다. 즉 『개요서
Epitomi』(15권 중 12권이 전해진다)는 대명사나 동사처럼 전통적인 언어학 논제뿐 아니

라 '음소의 분절scinderatio fonorum'과 같은 현상과, 세비야의 이시도루스의 다소 환상적인 어원론에 대해 관심을 가지고 있다. 8권의 『서간집Epistole』은 기교적인 책으로 제시되지만, 문법학자 두 명이 'I·ego'의 호격에 대해 14일 동안 논쟁한 이야기나 기동상起動相(막 시작되는 동작*)에 대한 집단 논쟁처럼 흥미로운 일화를 전하고 있다. 모두 권위 있는 이야기를 근거로 하고 있지만, 거의 거짓이다. 그럼에도 카롤링거 왕조 이전의 아일랜드 학교에서는 이런 노작들을 진정한 라틴어 입문서로 삼아서 역사의 역설을 보여 주었다.

역사의 역설

카롤링거 왕조의 연구 성과

그러나 카롤링거 왕조의 문화적 특징은 새로운 시대의 요구에 따라 새롭게 수정하고 재구성한 전통적인 자료를 종합하여 출판했다는 점이다. 카롤루스 궁정에서 이탈리아인인 피사의 피에트로와 파울루스 부제는 각각 문법 입문서를 썼다. 후자가 쓴 책은 도나투스의 『소문법론』의 구절을 수정한 판본을 토대로 했으며, 『명사의 파생어 Declinationes nominum』(한 권의 필사본이 바티칸 궁전, Lat. 1746에 남아 있으며 로르슈에서 가져왔다)를 참고하여 그 책을 완성했다. 반면, 피에트로는 도나투스 책에서 이미 제시된 바 있으며 그 시기에 유행한 선문답 형식을 재도입했으며, 섬나라의 자료들을 토대로 하여 그 자료들을 완성했다. 한 무리의 아일랜드 교사들도 이탈리아 공동체를 따라 했는데, 그중 클레멘테 스코토Clemente Scoto(8-9세기)는 문법에 치중했고, 익명의 저자는 '아르스 베르넨시스Ars Bernensis'에 치중했다. 9세기에는 상대적으로 새로운 접근법이 확산되었는데, 규칙에 따라 선문답 형식으로 문법을 분석하는 방식이었다. "'regina'의 품사는 무엇인가? 명사. 명사가 무엇인가? 하나의 품사. 명사의 특성은 무엇인가? 여섯 가지: 품질, 어원, 종류, 수, 복합/단순, 격格. 그것의 어원은 무엇인가? 'rex' 등등." 익명의 저자가 쓴 수많은 저서들뿐 아니라 생제르맹의 우수아르Usuard 같은 교사들이 편찬한 자료에서 제시하고 있는 분석적인 문법은 르네상스 및 그 이후까지 언어 입문의 중요한 형식이 되었다.

문법의 분석

구문론의 발견과 알퀴누스의 공헌

카롤링거 왕조의 문법에서 새롭게 등장한 또 다른 사실이 구문론의 재발견이라는 것에는 모두 동의하는 바다. 프리스키아누스가 『문법 개론서』의 20권을 쓸 때까지 고대 시대에는 문법을 연구한 입문서가 없었다. 투르 수도원에서 이 저작의 가치가 평가되었는데, 8-9세기에 제작된 14권의 입문서 필사본 중에서 3권이 이 수도원에서 작성되었다. 사실 투르의 대수도원장 알퀴누스는 『8품사에 대한 색슨인과 프랑크인의 대화Dialogus Franconis et Saxonis de octo partibus orationis』라고 알려진 자신의 『문법서 Grammatica』에서 사용한 기본 개념을 프리스키아누스에게서 가져왔다. 이 책에서 그는 프리스키아누스의 해석을 도나투스의 몇 가지 가르침과 비교하고 있다. 그러나 무엇보다도 그는 『문법 개론서』에서 문장 모음집을 뽑아냈는데, 그것은 이후 수백 년 동안 널리 유포될 터이고, 11세기 아인셤의 앨프릭Aelfric of Eynsham이 작성한 문법서의 토대가 되었다. 알퀴누스 이후 세대의 위대한 두 지식인인 라바누스 마우루스 (약 780-856)와 그의 제자인 사팔뜨기 발라프리트(808/809-849)가 알퀴누스의 본보기를 따랐다.

문법의 종교적 · 문화적 가치

카롤링거 왕조의 교육 프로그램의 구심점이었던 문법을 재평가했다는 사실은, 원전을 베끼고 이해할 수 있다는 기본적인 가능성(성경에 대한 올바른 해석과 동화를 목적으로 한다)을 인식하고 있던 앞서 언급한 '공식' 자료가 증명하고 있다. 또한 개혁에 앞장섰던 알퀴누스의 논문도 그것을 증명하고 있다. 알퀴누스는 『진정한 철학 논쟁 Disputatio de vera philosophia』에서 문법을 "말을 잘하기 위한 학문으로, 교양 과목의 기본이자 근원"으로 정의하고 있으며, 이교도 서적에 토대를 둔 기술적인 과목이지만 그리스도교 문화 제도의 근본으로 제시하고 있다. 이와 더불어 그것의 언어를 습득한 이교도 문학의 유산과, 이교도 원전의 '비도덕적' 내용을 공유할 수 없는 그리스도교 신앙 사이의 잠재적인 갈등이라는 문제가 제기되었다. 그 문제는 교부 시대와 중세 전체에 걸쳐 존재했다. 이와 같은 방해 요소는 생미엘의 스마라그드가 쓴 『도나투스 주석Commento a Donato』(약 805)과 같은 논문에서 예리하고 명확하게 밝히고 있다. 스마라그드는 '원리주의적인' 반박의 중요한 논지를 언급하고 있다. 즉 "문법 과목에서는 하느님을 읽지도 하느님을 명명하지도 못한다. 오로지 이교도의 본보기와 이름만 나와 있다." 언제나 그러하듯이 유대인들이 이집트에서 도망치면서 가져와 자신의 신앙을 위해 사용한 황금 물건에 대한 아우구스티누스의 글이 탈출구로 제시된다. 그러나 스마라그드는 톨레도의 훌리앙Julián de Toledo(642-약 690)을 본받

문화의 토대가 되는 문법학

아 이와 같은 권위 있는 변명을 기억하면서도, 고전의 예증을 성경이나 그리스도교 시인들의 글로 교체해 인용하면서 새로운 길을 체계적으로 모색했다.

알퀴누스는 신학 및 주석 문화에서 최고봉에 이른 그리스도교 교육의 상징인 솔로몬 신전의 기둥을 문법이 속해 있는 '이교도의' 일곱 교양 과목과 비교하면서, 좀 더 구조적이면서도 세련된 공식적인 방법론을 제공한다. 이렇듯 문화적인 갈등을 해결하려는 개념은 폭넓게 보급되었으며, 어쨌든 학문의 기술에 대한 이론적인 토대가 중요하다는 인식을 낳게 되었다. 카롤루스 대머리왕과 로타리우스 1세가 통치하던 시기에 아일랜드의 교사였던 세둘리우스 스코투스 또한 이 점을 확인했다. 그는 인간 존재의 8가지 근본적인 기능을 표현할 터인 8품사에 대한 인류학적인 해석

구체적인 예문 을 발전시켰다. 문법적인 '예문exempla'과 그와 관련된 이론을 그리스도교화함으로써 문법의 연습 문제를 성경의 주석과 연결하는 다리가 놓이는데, 특히 요하네스 스코투스 에리우게나의 저작에서 그것을 확인할 수 있다. 또한 고트샬크가 증명해 보이는 것처럼 그 다리는 신학과도 연결된다. 전치사 'in'에 대한 소논문을 썼던 고트샬크는 운명 예정설에 대한 분쟁에서 언어학 이론을 이용했다.

수사학과 그것의 교육적 가치

알퀴누스는 문법 입문서라 할『8품사에 대한 색슨인과 프랑크인의 대화』를 쓴 뒤, 3학(즉 고전 시대 학교의 기초 3과목)에 대한 교과서를 완성할 생각으로『수사학De rhetorica』, 더 자세히 말할 의도로『수사학 및 덕에 관한 논쟁Disputatio de rhetorica et de virtutibus』, 색슨인과 프랑크인을 알퀴누스와 카롤루스 대제와 동일시한『변증법De

말 잘하는 학문 dialectica』을 썼다. 연설문을 잘 작성하는 학문인 수사학은 통치자의 도덕적인 특권을 주로 취급하고 있으며, 이와 더불어 세비야의 이시도루스의 백과사전에서 배웠던 과목의 정의도 병행하고 있다. 이 정의는 알퀴누스의 제자이자 마인츠의 주교이며, 카롤링거 왕조의 위대한 백과사전 편집자인 라바누스 마우루스가『성직자 제도De institutione clericorum』에서 재인용한 바 있다. "수사학은 정치적인 문제를 잘 말하는 학문이고, 웅변은 올바르고 선한 목적을 가지도록 설득할 수 있는 능력이다"(『어원사전』, 11, 1, 1). 이런 상황이고 보니 군주에 대해 충고하는 논문들(『군주의 교본Specula principum』은 마키아벨리에게로 안내하는 카롤링거 왕조의 새 저술서다)이 더 이해하기 쉽다. 스마라그드가 루도비쿠스 경건왕을 위해 쓴『왕의 길Via Regia』, 오를레앙의 요나

Jonas d'Orléans(?-841/843)가 루도비쿠스 경건왕의 아들인 피핀을 위해 쓴 『왕국의 제도De institutione regia』처럼 말이다. 또한 랭스의 주교 잉크마르(약 806-882)가 카롤루스 대머리왕을 위해 쓴 『왕의 사람들과 왕실 기관De regis persona et regio ministerio』, 세둘리우스 스코투스가 로타리우스 1세를 위해 쓴 『그리스도교 통치자De rectoribus christianis』도 있다. 그러나 서간문 과목을 학습하는 과정에서 수사학보다 더욱 기교적인 수준이 특징으로 나타난다. 그것에 관한 최초의 논문은 11세기 말에 가서야 등장할 것이지만, 페리에르의 루프가 쓴 편지 필사본의 여백에 적힌 교육적인 메모에서 서간문 과목이 있었음을 알 수 있다. 어떤 스승이 편지의 각 부분을 살펴본 흔적이 있었던 것이다.

변증법과 지적인 논쟁

처음에 수사학 연구가 이렇게 다시 활기를 띠기 시작하자, 변증법도 다시 연구되었다. 변증법은 사고의 논리와 철학적 논지의 문장을 유형화하는 것을 가르치는 것으로, 중세에 살던 보에티우스는 성 아우구스티누스가 썼으리라 생각되는 『변증법De dialectica』이란 논문에, 특히 중세에 가장 널리 유포된 마르티아누스 카펠라의 『필롤로기아와 메르쿠리우스의 결혼』의 네 번째 책에서 전달했던 아리스토텔레스의 인식론에 얽매여 있었다. 카롤링거 왕조 시절에 이와 같은 원전을 학교에서 복구한 것은 이단 신학(양자론, 세 수도회의 분열, '성자로부터Filioque' 논쟁의 문제, 표상에 관한 논쟁, 운명 예정설)에 대한 지적인 논쟁을 자극하기 위해서였다. 황제들이 궁정과 협력하는 교사들에게 제시하는 특별한 문제에 대한 이런 논쟁에서 변증법은 기술적인 도구를 제공했다. 예를 들어 『무無와 어둠De nihilo et tenebris』에 대한 투르의 프레데기스Fredegis of Tours(9세기)의 성찰이 그런 경우다. 그는 리옹의 아고바르Agobard de Lyon, 오를레앙의 테오둘푸스, 아니안의 베네딕투스, 트루아의 프루덴티우스Prudentius de Troyes의 논쟁적인 반응을 불러일으켰다. 카롤링거 왕조에서 최고의 방법을 제공한 자는 여전히 알퀴누스였다. 그는 『알비누스의 설교Dicta Albini』에서 변증법적인 기술을 통해 삼위일체, 하느님의 존재, 인간의 창조와 같이 복잡한 신학적인 문제에 직면하는데, 빡빡한 선문답을 쉬지 않고 반복해서 그와 같은 상황에 이르게 된 것이다. 라바누스 마우루스가 『성직자 제도』에서 변증법을 "가르치기와 배우기를 가르치는, 과목 중의 과목 중의 과목"으로 정의했는데, 이후에 그의 학생들과 모방자들은 그를 따랐을 것이다. 그러므로 카롤링거 왕조 시대의 스콜라 철학은 문화적 도약을 위한 계획을 실현했으며, 글쓰기 및 언어학의 표준화 단계이든 정치적인 마무리 단계이든 철학적인 논의 단계 이든, 말을 통한 의사소통의 도약에 본질적인 토대를 두었다.

| 다음을 참고하라 |
철학 히포 레기우스의 아우구스티누스(366쪽)
문학과 연극 고전의 전달과 수용(556쪽); 백과사전과 세비야의 이시도루스(591쪽); 유럽 언어를 향하여: 최초의 증거(619쪽)

라틴 시

| 프란체스코 스텔라 |

고전주의 및 낭만주의와 연계된 스콜라 철학의 연구 방법은 중세 초기의 시 문화를
오랜 기간에 걸쳐 제거했는데, 이는 정교하게 수정한 신학과의 확고한 관계,
그리고 사회적인 상황과의 지속적인 대화를 통해 이루어졌다. 파울 춤토르Paul Zumthor,
한스 로베르트 야우스Hans Robert Jauss, 페터 드론케Peter Dronke,
구스타보 비나이Gustavo Vinay가 진행한 20세기 후반의 미학은 문학사 최초로 아일랜드,
영국, 독일이 함께 참여한 중세 초기의 문학 작품 생산의 가치를 회복시켰다.

마지막 이교도 시

중세 초기의 이교도 문학은 시도니우스 아폴리나리스(약 430-약 479) 및 막시미아누스(약 6세기)와 함께 마지막 개성을 표현했다. 처음에는 로마의 집정관이자 장관이었다가 나중에 클레르몽페랑의 주교가 되었던 시도니우스는 주교가 되기 전에 운문 자료가 풍부한 『서간집』 9권 외에도 클라우디아누스풍의 공식 찬가가 포함된 24편의 〈카르미나Carmina〉, 기념 축사 및 특별한 경우에 쓴 다른 작품들을 남겼다. 그는 중심을 벗어난 다양한 어휘(소위 말하는 '매우 귀중한 고대 갈리아어')뿐 아니라, '야만족'의 야만성에 비해 로마 정신의 강렬한 감정으로 강조되고 오랜 생각 끝에 나온 모호한 문체를 중세의 일부 풍조에 전달했다. 막시미아누스는 노인의 우울함과 감

수성을 통해 이와 같은 경험을 관찰하면서 로마의 에로틱한 시 전통을 혁신했으며, 미묘한 주제를 표현하기 위한 놀라운 신선함 및 신중한 개방 정신으로 전통적인 표현 방식을 되살려 낼 수 있었다. 그의 작품을 열심히 읽은 유명한 독자는 우고 포스콜로Ugo Foscolo(1778-1827)인데, 포스콜로는 두 번째 소네트에서 막시미아누스의 시 두 연을 모방했다. "나는 과거의 내가 아니다. 우리의 많은 부분은 사라졌다 / 남은 것은 무기력과 눈물뿐Non sum qui fueram: periit pars maxima nostri; / hoc quoque quod superest languor et horror habent." 이 두 작가 외에 다른 이교도 시 작품은 『소메즈 선집Anthologia Salmasiana』(17세기 초에 파리의 필사본을 연구한 프랑스 인문주의자 클로드 소메즈Claude Saumaise의 이름을 땄다)에 들어 있다. 이 선집에는 이전 시대의 작품이 부분적으로 포함되어 있는데, 특히 트라사문트Thrasamund(496-523년에 왕) 왕국의 짧은 '반달족 르네상스' 시기인 5-6세기에 카르타고의 시인들이 공들여 수정한 스콜라 철학의 실험적 작품 및 고전 시대의 수많은 풍자시들이 들어 있다. 일상생활에 집중하여 활발한 시를 썼던 룩소리우스Luxorius(6세기)의 시도 그와 동일한 분위기를 보이고 있으며, 연대는 불확실하지만 늦은 시기(6세기)에 활동했을 심포시우스Symphosius는 3연 6행의 시로 된 100편의 수수께끼를 남겼는데, 이것은 중세의 모든 수수께끼의 본보기가 되었을 것이다. 한편, 마르티아누스 카펠라의 백과사전인 『필롤로기아와 메르쿠리우스의 결혼』도 시 작품으로 보아야 한다. 이 책에서는 7개의 교양 과목에 대해 설명할 때 다양하고 진귀한 운율의 시를 자주 인용하는데, 이 시들은 활력이 넘치는 실험정신과 놀라운 독창성을 보여 준다.

로마-야만족 왕국의 그리스도교 시

아프리카의 학교에서는 드라콘티우스Dracontius(5세기 말)의 시가 발전했다. 그는 특히 당시와 같은 과도기에 전형적으로 나타나는 양면적인 작품을 썼다. 한편으로는 이교도 신화인 '로물레아Romulea'에 대한 작품 10편을 썼고, 다른 한편으로는 3권으로 구성된 그리스도교 시 『하느님의 찬양에 관하여De laudibus Dei』를 썼다. 후자의 시는 세상의 창조(I권)와 (분노와 자비를 통해) 역사에 개입한 하느님(II권)에 대한 일화의 우월성을, 이교도 영웅의 업적과 비교하여 이야기한다. 그리하여 그리스도교의 입장에서 제국의 찬양을 해석하고 있으며, 생생한 이야기와 강력한 시적 특성을 보여 주는 「창세기」를 운문으로 번역하고 있다. 아프리카의 또 다른 시인인 플라비우

아프리카의 시

스 크레스코니우스 코리푸스Flavius Cresconius Corippus(6세기)는 유스티누스 황제를 다룬 〈유스티누스 황제를 찬양하며In laudem Iustini〉, 마우리족에 대항하여 싸운 비잔티움 제국의 장군 요하네스 트로글리타Ioannes Troglita의 군사적 업적을 노래한 훌륭한 시 『요하네스Iohannis』를 남겼다. 이 두 시는 반로마적인 아우구스티누스의 사상 및 드라콘티우스의 정치 철학과 대립하는 지극히 로마 중심적인 이데올로기를 동시에 내포하고 있다.

갈리아의 시　　6세기의 시 작업은 갈리아에서 정점에 달했다. 성경 서사시인 『성령의 역사적 업적De Spiritalis historiae gestis』을 쓴 아비투스(5-6세기), 특히 트레비소 근처의 발도비아데네에서 태어났으나 프랑스의 투르와, 나중에 주교가 된 곳인 푸아티에에서 활동했던 베난티우스 포르투나투스(약 540-약 600)가 있었다. 베난티우스는 축혼가(결혼 축가)에서 풍자시 및 역사 이야기에 이르기까지 모든 장르를 포함해 300편 이상의 시를 썼다. 이 시집에는 유럽의 강을 통과한 여행기인 『자신의 항해에 관하여 De navigio suo』, 메로빙거 가문 사이의 전쟁을 다룬 극적인 일화인 『튀링겐의 파괴 De excidio Thuringiae』가 포함되어 있다. 그의 걸작은 『성 마르티누스의 생애Vita di San Martino』인데, 성 마르티누스는 그리스도교도들의 새로운 본보기가 되는 영웅으로 추앙받았다. 그러나 그의 시의 특징은 귀족 여성이나 수녀들에 대한 정신적인 사랑이다. 이것은 그리스도교적인 의미에서 사랑의 비가와 관련한 표현법을 다시 이용하는 것으로, 사랑을 주제로 한 11-12세기의 시에 '품격 있는' 어휘를 제공하게 된다. 유스티누스 황제가 라드공드 왕비(520-587)에게 하사한 바 있는 성십자가 유물을 주제로 작성한 찬송가 〈왕의 깃발Vexilla regis prodeunt〉도 그의 작품이다. 토마스 아퀴나스가 수정한 〈판제 린구아Pange lingua〉(성체聖體를 찬양하기 위해 노래하는 성가*)처럼, 이 주제는 단테가 『신곡』에서 인용하기도 했다.

이탈리아와 에스파냐　　이탈리아에서 중요한 작가로는 세련된 수사학 학교의 대표자인 파비아의 엔노디우스, 「사도행전」에 대한 서사시를 쓴 그의 제자 아라토르Arator(약 480-약 550), 프루덴티우스의 『디토카이온Dittochaeon』을 모델로 하고 교회의 그림을 넣은 24편의 삼행시화詩畵인 『신약과 구약의 역사Historiae testamenti veteris et novi』를 쓴 루스티코 엘피디오Rustico Elpidio가 있다. 그러나 이탈리아에서도 아프리카와 마찬가지로 가장 관심을 끈 시인은 철학자 보에티우스였을 것이다. 보에티우스는 자신의 『철학의 위안』에 대한 성찰을 매우 우아한 시로 써서 서정적으로 해석했다. 에스파냐에서 카롤링거 왕조의 발전에 가장 큰 영향을 준 인물은 톨레도의 에우게니우스Eugenius(?-657)였다.

섬나라 학교와 수수께끼를 향한 사랑

아일랜드에는 콜룸바누스의 서정시가 남아 있지만, 가장 중요한 작품은 7세기 중엽 아일랜드의 사례
에 켈트(웨일스, 아일랜드, 영국)의 수도원 작가들이 쓴, 운율과 압운이 있는 산문으로
구성된 14개의 수수께끼 모음집인『시민 한담』과『찬미가』다. 후자의 작품은 이해하
기 어려운 언어적인 혼합pastiche에 라틴 신조어, 그리스어, 진귀한 단어, 셈족이나 켈
트족의 어휘를 섞었다. 이해하기 어렵지만 하늘, 바다, 불, 들판, 바람, 군중, 서쪽 궁
전의 12가지 악습, '하루의 규칙'과 같은 요소나 상황, 수도원 생활의 방법, 일화 등
이 나와 있다. 언어학적인 실험이 강한 교과서인 듯한데, 섬나라 학교 및 시에 넓게
확산되어 있는 수수께끼 취향이 잘 드러나 있다. 에우세비우스, 보니파키우스의 문
장이라 추정되는 수수께끼 모음집부터,『잉글랜드 수수께끼Aenigmata Anglica』라는 제
목의 프로토 카롤링거 왕조의 모음집까지 그와 같은 취향을 증명하고 있다. 이 작품
들로부터 '히스페리쿰hispericum 문체'(기원이 불분명하거나 여러 기원을 갖는 단어와 라
틴어를 혼합하는 것을 말한다*)란 명칭이 나오게 되었는데, 중세 전체를 관통하는 비
관습적이고 인공적인 글쓰기 형식을 말한다. 이는 10세기에 큰 발전을 이루는데,
라틴어가 아닌 어휘, 신조어, 비대칭에다 의미가 거의 맞지 않는 문장 구조를 특징
으로 한다.

705년에 셔번의 주교가 된, 아일랜드인의 제자인 앨드헬름이 영국에 학교를 세운 영국의 사례
다. 그의 활동으로 영국 섬의 문화 중심지가 아일랜드에서 영국으로 이동한다. 고대
후기 작가들의 작품에 대한 폭넓은 독서를 토대로 앨드헬름은 시이기도 하고 산문이
기도 한『동정童貞에 관하여De virginitate』를 썼는데, 이후 그리스도교 시의 본보기가 되
는 이 작품은 대화 형식으로 이루어진 작시법 입문서이기도 하다. 이 책은 '아키르키
우스에게 보내는 편지Epistola ad Acircium'라는 제목으로 따로 장을 만들어 수수께끼에
대해 말하고 있는데(아키르키우스는 노섬브리아 왕국의 앨드프리스Aldfrith 왕이다), 100편
의 수수께끼는 학교 연습용 수수께끼를 시적인 장르로 변화시키고 있으며, 신학을
날카롭게 설명하고 서정시의 단편을 강조하기도 한다. 그는『동정에 관하여』덕분
에,『커스버트의 생애Vita Cuthberti』와 단시와『심판의 날De die iudicii』을 쓴 가경자 베다
와 함께 그리스도교 고전주의의 대표자가 된다.

카롤링거 왕조 시대

시는 무엇보다 카롤링거 왕조 시대에 '재생'의 정의를 정당화하는 문화적인 표현이었다. 열정적인 학교 교육과, 고전 작가들보다는 고대 후기 작가들(유벤쿠스Juvencus, 세둘리우스, 아비투스, 베난티우스)을 복원한 덕분에 무엇보다 여러 나라(현재의 이탈리아, 아일랜드, 영국, 에스파냐, 독일, 스위스, 프랑스)에서 새로운 문학 계층이 태어났으며, 이렇게 지리적으로 구분되는 폭넓은 대중을 교육한 덕분에 사회적·문화적인 새 요구가 등장했다. 그리하여 대개 양적인 기준에서 중요한 시(근대 시대의 편집본으로 3천 쪽이 넘는다)가 생산되었으며, 중세뿐 아니라 라틴 시대에도 큰 성공을 거두었던 장르가 탄생하거나 재탄생했다.

더욱 발전한 장르

학습 도구로 시작하여 사회적 놀이가 된 수수께끼 외에도 여행 지도(알퀴누스, 파울루스 부제), 궁정 입장권(안질베르토, 테오둘푸스), 역사 서사시(『카롤루스 대제와 교황 레오』), 학교와 우정을 노래한 목가시(알퀴누스, 오툉의 모두앵, 고트샬크), 성자들의 규칙적인 일상(알퀴누스, 발라프리트와 익명의 시인들), 한 존재의 우월성을 표현하기 위해 다른 존재와 대립(백합과 장미, 맥주와 포도주 등)하는 싸움이나 '충돌conflictus'과 같은 민간 규칙을 적은 '교양 있는' 법전(알퀴누스, 세둘리우스 스코투스), 저세상의 환영(첫 예가 젊은 사팔뜨기 발라프리트가 쓴 『베틴의 환영』이다), 지혜의 잔에 대한 탐색처럼 켈트족 신화를 그리스도교적으로 재해석한 경우(상스의 아우드라두스의 『인생의 원천에 관하여De fonte vitae』), 장례를 위한 〈애도시planctus〉(익명의 작가가 카롤루스 대제에 대해 쓴 애도시와 876년경에 코르바이의 아지오Agio di Corvey가 대화 형식으로 쓴 애도시 등), 회개와 고해시(아퀼레이아의 파울리누스, 고트샬크), 혹은 성경에 대한 요약시(알퀴누스, 테오둘푸스, 파올로 알바로Paolo Albaro), 종교적인 패러디(『키프리아누스의 만찬』. 이 책을 통해 요하네스 부제는 876년 로마에서 고대 후기의 유명한 성경 패러디를 시로 쓰고 연극으로 공연했다), 화초와 정원에 대한 단시(사팔뜨기 발라프리트의 『정원 Hortulus』), 경구(파울루스 부제, 알퀴누스, 라바누스, 다른 많은 사람들), 신학적 묵상(요하네스 스코투스)과 교양시(테오둘푸스, 『데 이우디키부스De iudicibus』), 속창(말더듬이 노트커)과 율동이 들어간 노래(아퀼레이아의 파울리누스, 고트샬크 및 다른 사람들)가 있다.

카르미나 피구라타

오프타티아누스 포르피리우스Optatianus Porfyrius(4세기)를 본보기로 한 시각적인 시 혹은 '카르미나 피구라타carmina figurata'(사물의 형체를 띤 시각적인 시를 가리킨다*)는 내부에 이미지를 넣거나 형상을 만들어 내는 방식으로 쓴 글에서 놀라운 성공을 거두었으며, 카롤링거 왕조가 글쓰기를 통해 추구했던 강렬한 상징적·아이콘적 가치를 확인시켜 주었다. 그중에는 위그보드, 『십자가 찬양에 관하여De Laudibus crucis』의 전체를 '교차시versus intexti'의 연속으로 엮은 라바누스 마우루스, 10세기 말의 에우게니우스 불가리우스Eugenius Vulgarius가 있다. 그러나 연애 및 신화에 관한 주제는 빠져 있었다.

10세기

어떤 비평에서 '철의 세기'라고 명명한 이 시기는 문화 중심지가 수적으로 감소하고 문학 작품을 생산하는 복잡한 관계가 무력해졌다. 그뿐 아니라 익명의 작가들이 쓴 중요한 작품들과 위대한 작가들이 출현한 시기이기도 하다. 색슨 지방에서는 연극사에서 매우 중요한 인물인 로스비타Hrotsvitha Gandeshemensis(약 935-1000)가 중요하지 않은 인물들에게 호기심이나 호의를 보이면서 성인들의 생애를 유쾌하게 노래한 일련의 단시, 오토 3세 및 수도원의 역사(간더스하임Gandersheim 수도원)에 대한 역사 단시를 썼다. 반면 프랑스에서 랭스의 플로도아르Flodoard de Reims(약 893-966)는 교회사에 대해 대략 2만 행에 달하는 방대한 시 『그리스도의 승리에 관하여De triumphis Christi』를 썼으며, 냉철한 역사학자인 크레모나의 리우트프란드 역시 『심판Antapodosis』을 냉정하고 효과적인 산문으로 가득 채우면서 부록으로 시를 넣기도 했다.

　그러나 이 시기에 새로운 것은 이야기 형식의 영웅시인데, 이것은 그리스도교 문 **영웅시** 화의 가치 및 요소와 전혀 관련 없는 인물들과 독일 기사라는 인물형을 라틴 문학사에 데려온 것이었다. 즉 장크트 갈렌의 에크하르트 1세(약 910-973)가 썼으리라는 추정에 많은 의혹이 있는 작품인 『발타리우스Waltharius』는 베르길리우스(기원전 70-기원전 19)를 본보기로 하여 1453행의 시로 이루어져 있다. 이 작품은 라틴 시에서는 처음으로 아틸라(?-453)의 인질인 아키타니아 왕의 아들 발터와, 부르고뉴 왕의 딸이자 그의 연인인 힐데군트와 프랑크족의 제후인 하겐의 이야기를 기술하고 있다. 군터로 인해 훈족과의 조약이 결렬된 뒤에 프랑크족의 새로운 왕인 하겐은 도망치고, 발터는 아틸라의 딸과의 결혼식을 거부한다. 결혼식은 왕이 발터를 그의 백성들과 묶어 두기 위해 모의한 것이었다. 힐데군트와 약속을 정한 군터와 발터 역시 프랑크족의 보물과 아틸라의 무기를 가지고 도망친다. 그러나 도주하는 도중에 발터는 군터와 갈등을 겪게 되고 나중에는 하겐과 갈등하게 되는데, 하겐은 결투에 발터를 대신 세워야 했지만, 결국 '정의의 손manufortis'인 발터의 우위를 인식하면서 영웅들은 모두 살게 된다.

이탈리아에서는 베로나의 조반니Giovanni di Verona라는 사람이 당시 이탈리아 역사를 눈에 띄게 다룬『베렌가리오 황제의 공적Gesta Berengarii』을 썼는데, 이탈리아의 왕 베렌가리오 1세(850/853-924)의 이야기를 6행시로 이루어진 4권의 책에 담은 것이다. 황제로 재임한 짧은 기간에 그는 스폴레토의 공작인 귀도(?-894, 889년부터 왕, 891년부터 황제), 아들인 람베르토(약 880-898, 891년부터 황제), 부르고뉴의 루돌프 2세(?-936, 923년부터 왕)와 갈등했다.

로레나에서는 호라티우스(기원전 약 65-기원전 약 8)에게서 많은 영향을 받은『죄수의 도망Ecbasis captivi』이 나왔는데, 레오니누스풍의 6행시, 다시 말해 내재율이 있는 1170편의 시로 구성되어 있다. 이 작품은 의인화된 동물(송아지, 고슴도치, 늑대, 수달, 사자, 새)이 등장하는 "서사 희곡"(레오나르디) 혹은 최초의 풍자 소설로 평가된다. 또한,〈어부 비틴Within piscator〉은 요나처럼 고래에게 잡아먹힌 어부의 이야기를 기술하고 있다. 어부가 떠났던 해변으로 고래가 밀려오자, 마을 사람들은 고래가 악마인 줄 알고 죽여서 고래 고기를 나누려 했다. 그때 어부가 칼로 고래 배를 가르고 무사히 나올 수 있었다. 이 행복한 결말은 은혜로운 결과를 가져온 행렬에 의해 확인된다.

| 다음을 참고하라 |
문학과 연극 중세 라틴 시대의 역사 서사시와 서사시(581쪽); 라틴 성가(653쪽)

중세 라틴 시대의 역사 서사시와 서사시

| 로베르토 감베리니Roberto Gamberini |

형식적인 면에서 베르길리우스의 영향을 많이 받은 중세 초기의 라틴 서사시의 특징은
자유로움에 있었다. 고전 시대의 시적 소재들은 주제 및 서술 방식이 새로운 영역에서
자유롭게 재이용되었다. 성경 서사시에서 고대 후기의 전통이 계속 이어지는 동안,
성인전 및 동시대 역사를 주제로 하는 영웅시가 탄생했고,
그중에는 도시 이야기와 지역 이야기도 있었다.
라틴 문학에서 처음 등장하는 게르만족의 영웅 소설과 민간의 민속 전통
낭송 레퍼토리를 문학으로 복원한 덕에 더욱 의미 있는 혁신이 이루어진다.

장르

중세의 라틴 서사시epos는 정확한 이론적 정의가 확인되지 않은 장르다. 그것의 주
된 특징은 『아이네이스』의 흔적을 토대로 기술되었다는 점과 함께, 주제의 범위를
중요한 방식으로 확장하면서 그것으로부터 자유롭게 거리를 유지한 점이다. 사실
서사시는 소위 '혼합 장르genus mixtum'에 속하는 일련의 다른 장르들과 더불어, 베르 **베르길리우스의
길리우스를 모방하는 중세의 시로 정의되었다. 혼합 장르는 길이는 달라도 문체는 영향**
동일하다. 즉 영웅 찬가, 찬미시, 동시대의 역사적 논쟁에 대한 시, 6행시, 에필리온
epyllion, 에필리온 연작시, 로망스 등이 그 예다. 그러나 이 작품들을 명확하게 구분할
필요가 있다. '넓은 의미에서는' 이 작품들을 서사시라고 할 수 있다. 비록 베르길리
우스의 작품을 본보기로 하고 있지만, 교육적인 장르에 속하기 때문이다(예를 들면,
아라토르의 〈사도행전에 관하여De actibus apostolorum〉). 혹은 영웅들의 무용담을 노래하
지 않은 6행시라고도 할 수 있다. 사실 진정하고 고유한 서사시의 특징은 시를 쓸 때
적용한 문체적인 수단(다양한 표현, 사건, 담화, 기술, 직유, 목록, 보충 설명excursus, 서정
적 여담 등)이 아니라, 인간과 신의 영광스러운 행적에 관련한 논지를 한결같이 제시
하고 있다는 점이다. 독서를 위해서나 대중이 노래하기 위해서 텍스트가 널리 읽혔
다는 점이, 중세의 다른 모든 시와 공유할 수 없는 특징인 것이다.

　서사시 형식을 가진 모든 작품이 본보기로 삼은 것은 중세의 많은 6행시처럼 주
로 베르길리우스의 작품이었지만, 소수이더라도 다른 작가들의 작품도 있었다. 그

중에는 루카누스(39-65), 스타티우스(40-96), 프루덴티우스(348-405년 이후)가 있었다. 그러나 실리우스 이탈리쿠스Silius Italicus(26-101)나 가이우스 발레리우스 플라쿠스Gaius Valerius Flaccus(?-약 90)처럼 필사본이 많이 유포되지 않은 작가들은 알려지지 않았다.

성경 서사시와 성인전 서사시

신약과 구약 성경을 운문이나 서사시로 쓴 많은 작품들은 고대 후기의 전통을 계승하며, 서사시의 정의에 중요한 역할을 했다.

전사들 및 용병 대장과 더불어, 그리스도교 시대의 새로운 영웅은 성자다. 성인전의 수많은 시들은 전투적이지 않지만 진정 영광스러운 성자들의 업적에 집중했다. 그중 몇몇 작품은 베난티우스 포르투나투스의 『성 마르티누스의 생애』처럼 '서사시'라는 명칭만 빌려 온 반면, 다른 작품들은 근대 비평가들에 의해 모든 효과를 갖춘 서사시로 평가를 받는다. 예를 들어 비티고보 수도원 10주년(10세기)을 맞이하여 라이헤나우의 부르하르트Burchard von Reichenau(10세기)가 대수도원장의 배우자로 의인화시킨 수도원과 시인의 극적인 대화 형식으로 쓴 〈비티고보 수도원의 업적Gesta Witigowonis abbatis〉처럼 말이다. 랭스의 플로도아르가 쓴 『그리스도의 승리에 관하여』도 서사시인데, 19권의 책과 19,939행으로 이루어진 이 작품은 사도 시대부터 저자의 시대(936-약 939)까지 팔레스타인, 안티오키아, 이탈리아에 살았던 주교, 순교자, 수도사, 성녀들의 공훈을 노래하고 있다.

역사시

중세 초기에 당대 역사를 주제로 한 작품들도 많았는데, 북아프리카의 마우리족에 대항하는 요하네스 트로글리타 장군의 전투에 대해서 쓴 플라비우스 크레스코니우스 코리푸스(6세기)의 『요하네스』처럼 칭송을 목적으로 만든 작품들이었다. 규모도, 유포된 지역도 다양한 카롤링거 왕조 시대의 여러 작품들도 그런 방식을 따랐다. 그중에는 카롤루스 대제의 영향으로 777년에 일어난 색슨족의 개종 이야기를 말하는 75편의 6행시 〈색슨족의 개종에 대한 노래Carmen de conversione Saxonum〉, 카롤루스 대제가 바이에른의 공작 타실로 3세에게 거둔 승리를 다룬 가장 널리 유포된 서사시 『아일랜드의 망명』(8세기)의 일부로서 영웅을 칭송하는 대화 형식의 작품, 이탈리아 왕이자 카롤루스 대제의 아들인 피핀(777-810, 781년부터 왕)이 796년 여름에 아바르족과 싸워 승리한 것을 감사하고 칭송하는 노래인 〈아바르족과 싸워 이긴 피핀 왕에 대한 노래De Pippini regis victoria Avarica〉 등이 있었다. 특히, 제2의 아이네이아스인 카롤루스 대제의 업적과 생애를 강조했던 4권짜리 시집의 3부인 『카롤루스 대제와 교황 레오』가 가장 중요한 작품이다. 536편의 6행시는 제2의 로마인 아퀴스그라나의 건설 과정, 교황 레오 3세가 799년 4월 25일에 공격받은 이후, 그와 프랑크족의 왕이 파더보른에서 만난 이야기를 기술하고 있다. 『카롤루스 대제와 교황 레오』와는 다르게, 시인 삭소(약 1140-약 1210)의 『카롤루스 대제의 공적』은 일부가 아니라 전권이 전해진다. 5권 중 네 번째 책은 771년부터 카롤루스 대제의 이야기를 말하고 있는 반면, 다섯 번째 책은 인물 자체에 대한 찬양이 주를 이룬다. 그러나 안질베르토의 짧막한 노래 〈퐁트누아 전투의 운율Rhythmus de pugna Fontanetica〉은 저자가 목격한 증거에 따라 퐁트누아 전투를 이야기하고 있다. 이 전투 도중인 841년 6월 25일에 황제 로타리우스 1세와 아키텐의 피핀 2세(약 823-864)는 루도비쿠스 독일왕 및 카롤루스 2세 대머리왕과 충돌했다.

새로운
아이네이아스,
카롤루스 대제

카롤루스 2세 대머리왕에게 헌정된 〈프랑크 왕조의 기원 찬가Carmen de exordio gentis Francorum〉는 서사시의 구조를 따르지 않고 있는데, 844년 무렵에 이 작품을 쓴 익명의 시인은 카롤루스 왕가의 혈통을 영웅에 대한 찬양시로 노래하고 있다. 세둘리우스 스코투스의 〈노르만족의 패배에 관하여De strage Normannorum〉도 서사시 형식이 보이지 않는 찬송가 형식의 짧은 찬양시인 반면, 에르몰두스 니겔루스Ermoldus Nigellus(9세기, '검은 에르몰두스'라고도 함*)의 『루도비쿠스 1세에게 경의를 표하여In honorem Hludowici Christianissimi Caesaris Augusti』는 비록 찬양하기 위해 쓴 것이지만, 루도비쿠스 1세 경건왕이 781-826년에 이룩한 공적을 2649행으로 기술하고 있는 진정한 서사시다. 카롤링거 왕조의 서사시 전통은 이탈리아 왕 베렌가리오 1세가 왕국의 정복을 위해 스폴레토의 귀도 2세, 스폴레토의 람베르토, 프로방스의 위그에 대항한 싸움에 대해 기술하고 있는 〈베렌가리오 황제의 공적Gesta Berengarii imperatoris〉 및 로스비타의 『오토 대제의 공적Gesta Ottonis I』과 더불어 이후 시대에도 계속 이어졌다. 후자의 작품은 하인리히 1세에서 오토 2세의 유년기까지 오토 왕조의 역사를 기술하고 있다.

도시 및 지방의 서사시

시대가 지나가면서 위대한 왕과 왕조에 대한 역사시와 나란히, 각 도시 및 주교 관구, 수도원의 이야기를 증언하는 서사시가 더욱 풍부하게 발전했다. 메스의 주교들이 6행시로 쓴 수도원 이야기인『메스 시의 주교에 대항하여Versus de episcopis Mettensis civitatis』(8세기)나 가장 유명한『바이킹이 파리를 공격하다Bella Parisiacae urbis』처럼 말이다. 후자의 작품에서 885-886년에 파리 공격을 직접 목격한 생제르맹의 아보는 896년에 끝난 노르만족과의 전쟁을 기술하고 있다. 요크의 알퀴누스가 쓴『린디스판 수도원의 파괴에 관하여De clade Lindisfarnensis monasterii』는 수도원 서사시인데, 애가 조의 2행 연구로 793년에 바이킹이 쳐들어와 린디스판 수도원을 파괴한 일을 서술하고 있다. 에딜불포Edilvulfo(9세기)가 쓴『린디스판의 성 베드로 수도원장 찬가Carmen de abbatibus et viris piis coenobii Sancti Petri in insula Linsdisfarnensi』는 에안문드Eanmund(8세기)의 수도원 건립, 수도원을 모범적으로 운영했던 대수도원장의 행적을 통한 수도원의 발전, 수도사들의 작품, 저자 자신이 목격한 환영 등을 이야기하고 있다. 로스비타의『간더스하임 수도원의 기원Primordia coenobii Gandeshemensis』도 수도원 서사시에 속하는데, 간더스하임 수도원의 창립 및 846-919년에 걸친 초기 몇십 년의 역사를 기술하고 있다.

영웅 전설과 기타 전설

가장 독창적인 시는 두말할 것도 없이 게르만족 전설과 민담을 통해 제작된 구술 작품들이다. 문학성이 특히 돋보이는 작품은 무수히 많은 연구자들이 연구했지만 확실하게 밝히지 못했던 익명의 저자(장크트 갈렌의 에크하르트라고 추정하고 있다)

가 9세기 혹은 10세기에 쓴『발타리우스』다. 이 시는 부르고뉴 왕의 딸이자 발터의 약혼녀인 힐데군트, 지비코네 왕의 아들인 군터 대신 프랑크족 왕이 보낸 하겐과 함께, 아틸라의 인질로 있는 젊은 전사이자 아키타니아 왕의 아들인 발터의 이야기를 하고 있다. 지비코네 왕이 사망하자, 군터는 아버지가 체결했던 훈족과의 동맹을 파기하고, 아틸라 왕궁에서 도망친 하겐은 군터에게 간다. 얼마 후에 발터와 힐데군트도, 아틸라가 패배한 백성에게서 담보로 받았던 보물을 가지고 도망친다. 훈족 왕국의 국경선을 통과한 발터와 힐데군트는 자신의 아버지가 지불한 보물을 손에 넣기를 바라는 군터의 공격을 받는다. 군터의 12명의 전우들과 차례로 결투를 벌인 발터는 그들을 하나씩 물리치고, 마침내 군터 및 군터를 도우러 달려온 하겐과 싸울 상황에 처하게 된다. 마지막 싸움에서 발터는 팔 하나를, 군터는 다리 하나를, 하겐은 눈 하나를 잃는다. 그러자 세 사람은 싸움을 중단하기로 결정하고, 힐데군트가 그들의 상처를 치료해 준다. 각자 입은 상처에 대해 서로 농담을 한 그들은 조국으로 돌아가기 전에 보물을 나눠 갖는다. 군터와 하겐은 프랑크 왕국으로 향하고, 발터와 힐데군트는 결혼식을 올릴 아키타니아로 간다.

　　이 시와는 기원과 분위기가 다른 작품인 〈왕의 무훈De gesta re〉은 자유를 되찾기 위 **〈왕의 무훈〉** 한 선원들의 투쟁과 고래가 완전히 삼켜 버린 함대의 모험을 서술하고 있는 『시민 한담』의 증거 자료 중 하나에서 전해졌다. 미시의 레탈두스Letaldus of Micy(약 950-약 1010)가 쓴 〈어부 비틴〉에서도 이와 유사한 주제가 발견된다. 이 시는 배를 타고 바다로 나갔다가 고래에게 잡아먹힌 로체스터의 어부 비틴에 대해 이야기하고 있다. 바다 괴물의 배 속에서 비틴은 횃불을 만들어 배의 잔해에 불을 붙인다. 고래는 괴로워하며 몸을 식히기 위해 물 아래로 가라앉지만, 비틴은 칼로 고래 배 속을 찌른다. 그리하여 비틴은 고래의 심장까지 도달한다. 배가 고픈 비틴은 고래의 살을 잘라 꼬챙이에 꿰어 구워서 자신을 잡아먹은 것을 그렇게 먹는다. 나흘간의 사투 끝에 죽음에 임박한 고래는 로체스터 해변에서 탈진한다. 그러자 그곳의 시민들이 달려와 고래를 조각조각 잘라 나누어 가진다. 고래 배 속에 있던 비틴이 도움을 청하지만, 사람들은 그의 목소리에 놀라서 마을로 도망치고, 주교 행렬과 함께 돌아온다. 해변에 도착한 주교는 고래 배 속에 있는 존재를 향해 귀신 쫓는 주문을 외운다. 비틴은 자신의 상황을 설명하고 다시 도움을 청한다. 그와 같은 마을에 살던 시민들이 그의 말을 이해하고 그를 꺼내 주고, 함께 의기양양하게 마을로 돌아간다. 집으로 돌아간 어부는 드디어 아내를 안고, 오랫동안 행복하게 산다. 이 작품에 대한 해석에는 논란이 많다. 영웅시로 해석할 것인지, 아니면 단순한 지적인 유희로, 민족의 전통과 그리스도교를 혼합한 텍스트로, 유쾌한 시로, 성인전으로 해석할 것인지 말이다. 그러나 최근의 연구에서는, 이전의 체계적인 문학이 확실하게 설명하지 못한 문제 중 몇 가지를 해결하는 자서전으로 해석할 수 있다고 말한다.

환영과 전통

사팔뜨기 발라프리트가 운문으로 쓴 『베틴의 환영』처럼 지옥의 환영을 주제로 쓴 시들은 서사시를, 특히 아이네이아스가 지옥으로 내려가는 것을 기술한 『아이네이스』 6권을 본보기로 삼았다. 이 작품은 라이헤나우에서 수도사이자 교사인 베틴이 저세상에서 한 여행을 이야기한다. 베틴은 천사와 함께 저세상을 통과하면서 유명한 복자들과 지옥의 영혼들을 만난다.

때때로 고대 소설이 서사시로, 즉 서사시의 구조 및 문체에 따라 개작되는 경우도 있다. 『아폴로니오의 행적Gesta Apollonii』과 같은 작품들은 형식적으로만 서사시로, 그 외의 모든 특성상 라틴 중세 초기에 매우 드물게 나왔던 장르인 소설의 범주에 들어간다.

| 다음을 참고하라 |
문학과 연극 성경, 정전, 외경, 번역, 회람, 주석 문학, 성경시(623쪽)

사료 편찬

| 피에르루이지 리치아르델로 |

중세인에게 역사는 섭리가 지배하는 신성한 이야기였다. 무엇보다 왕국의 발전을 설명하기 위한 성경 주석이 보여 주는 것처럼 정치적인 관심이 빠지지 않았다. 중세 초기에 가장 흔히 이용된 세 가지 문학적 장르는 역사, 연대기, 연감이었다. 6-9세기에 공개적으로 알려지지는 않았지만, 역사 속에 '야만인들을 배치해야' 하는 고민 속에서 '인종에 대한' 사료 편찬이 있었다. 반면에 8-9세기 사이에 편찬된 한층 독창적인 사료는 연대기였으며, 그것이 보여 준 교회의 역사는 교회의 정치적인 분열과 일치했다.

중세의 역사 개념이 가진 특징

중세는 고대 후기 문명에서 세 가지의 시간 개념을 물려받았다.

시간의 세 가지 개념

첫 번째는 그리스도의 성육신 때부터 계산한 세기 및 해의 시간으로, 직선적인 시간 개념이다. 그것은 연속적이지만 동일하지 않은 시간이다. 성육신, 즉 역사에 침입한 신은 시간에 감각과 의미를 부여하기 위해 그것을 두 개로 분리한다. 이것이 바로 사료 편찬에서 볼 수 있는 시간이다.

두 번째는 순환적인 시간으로, 주기적으로 새로워지고 영원히 회귀하는 시간이자(미르체아 엘리아데Mircea Eliade) 전례의 시간이다. 신앙의 신비가 해마다, 주마다 반복되는 것에서 직선적인 시간 개념은 폐기된다. 즉 시간은 그 자체로 회귀하여 끝나며, 번번이 새로운 진로가 다시 시작된다.

세 번째는 종말론적 시간 개념이다. 끝없이 확장된 현재에서 역사와 시간을 폐기하는 것이다. 현재에서 하느님이 오시는 심판의 날이 되면 망자들의 부활과 영원한 삶이 완성될 터이다. 그러므로 중세의 인간에게 역사는 더 심오한 의미에서 보면 구원의 역사다. 역사는 다양한 여정에서, 다양한 시간과 장소에서, 인류를 위한 하느님의 계획의 실현을 보여 준다.

역사적 사건을 독해하는 방식은 윤리적이었을 것이다. 역사적 사건은 내적인 의미를 가진 외부의 포장으로 인식되었다. "역사의 진실에서 영적인 지성의 의미를 포착하라"고 세비야의 성 레안드로San Leandro de Sevilla(약 540-600)가 6세기에 말했다. 역사는 인간에게 유용한 가르침을 주어야 했으며, 선조들의 모범은 후손들에게 본보기로 이용되었다.

이 같은 도덕주의적이고 구원론적인 장치가 있다고 해서 중세의 역사가들이 어떤 통찰력도 가지지 못한 채로 연속하는 몇 가지 체계에 따라 시대를 분류하지 못한 것도(물론 분류할 때 성경에서 자주 영감을 받았다), 왕국과 백성의 특이성과 관습 및 정치적인 사건에 흥미를 보이지 않은 것도 아니었다. 성경에서 이야기하는 예언자 다니엘의 환영(「다니엘서」 2장 31-45절)부터 시작하는, 4개의 군주제가 연속하는 체계는 정치사를 총체적으로 해석하려는 시도다. 즉 금, 은, 철, 청동으로 구성된 조각상은 바빌로니아 제국에서 로마 제국으로 이어지는 고대 제국의 연속으로 해석된다. 「요한 묵시록」의 이야기에 따라 바다에서 출현한 네 마리의 짐승도 그렇게 해석된다. 이런 의미에서 가장 독창적인 체계는 성 아우구스티누스(354-430)의 체계인데, 12세기에 프라이징의 오토Otto von Freising(약 1114-1158)가 그 체계를 다시 취한다. 즉 역사는 하느님의 도시와 인간의 도시로 분리된다. 이 도시들은 복음서를 내면으로 신봉하는 것에 따라 나눈 두 개의 인간성이 각각 소속되어 있는 영역인 것이다. 이 이론은 성 아우구스티누스의 제자인 파울루스 오로시우스Paulus Orosius(4세기)를 통해 단순화되어 중세에 널리 유포된다.

하느님의 도시와 인간의 도시

역사서의 종류와 유형

역사, 연대기, 연감 사료 편찬에 도전하고 싶은 중세의 저술가에게는 세 개의 길이 있다. 즉 역사, 연대기, 연감을 작성하는 것이다. 이론적으로 보면 역사는 이야기를 선호하고, 연대기는 연대표를 선호하고, 연감은 해가 갈수록 정확한 보고서를 선호한다. 역사는 어떤 하나의 관점에서 사건의 전개를 관찰하고 이해한다. 어떤 식으로든 사건 자체를 해석해야 한다. 반대로 연대기는 절대적인 연대표를 제공해야 하며, 주요한 사건들에 대해 믿을 수 있는 정확한 시간을 강조해야 하지만, 해석할 때 보이는 과도한 망설임은 없어야 한다. 최소한 세비야의 이시도루스나 가경자 베다의 연표가 이와 같은 종류에 근접한다. 현재 우리가 보기에는 이름과 날짜의 건조한 목록만 나열하고 있지만 말이다. 이와 같은 두 형식 모두 고전 시대에서 선례를 찾을 수 있다.

그러나 연감의 탄생은 앞의 두 형식보다는 독창적이다. 사실 영국 성공회와 수도원에서는 교회력의 날짜로 정해지지 않은 축제, 특히 부활절(부활절 연표)의 계산법에 유용한 연표를 이용하는 것이 관습이었다. 시간이 지나면서 기억을 통해 전해지는 주요한 사건들을 연도 옆에 기록하는 관습이 생겨났다. 이것은 첫 번째 작성자가 죽은 뒤에도 계속 이어졌다. 그렇게 연감이, 즉 연속적으로 사건을 기록하는 '명백히 개방적인 작품'이 탄생하는데, 이것은 해석하려는 의도가 없으며 지역 역사를 알려주는 매우 흥미로운 출처다.

이 모든 분류는 오직 이론적으로만 유효한데, 베르나르 게네Bernard Guenée가 지적한 것처럼 현실적으로는 세 종류가 지속적으로 혼합하거나 혼동된다. 세계의 연대기는 차츰 지역의 연대기로 변형된다.

중요한 작가와 작품

야만족의 역사 중세 초기의 사료 편찬은 '야만족을 배치하려는' 새로운 고민과 함께 시작되었다(아르날도 모밀리아노Arnaldo Momigliano). 혹은 정치적으로 분열된 서방의 역사에서 로마-야만족 왕국이 수행한 역할과 중요성을 설명해야 했다.

이탈리아에 정착한 동고트족에 대한 사료로는 요르다네스(6세기)의 『게티카』가 전해지는 반면, 테오도리쿠스 치하에서 장관으로 있었던 로마의 원로원 의원인 카시오도루스의 『고트족의 역사』(약 525)는 유실되었다. 에스파냐를 침략한 야만족의 역사는 어원학 백과사전(『어원 사전』) 및 『연대기』를 쓴 저자로 더 유명한 세비야의 이시도루스 주교가 썼다. 『고트족, 반달족, 수에비족의 역사Historia de regibus Gothorum, Vandalorum et Suevorum』에서 이시도루스는 게르만 민족의 새로운 이동을 로마의 유산으로 보았다. 그러나 『프랑크족의 역사』는 성인전 작가로도 유명한 투르의 주교 그레고리우스의 저작이다. 그의 저작은 고전 시대의 본보기를 따르지 않았으며, 자신의 도시에만 주로 집중하는 협소한 시각으로 본 관찰과 일화가 많다.

야만족에 관한 또 다른 '인종적' 역사서는 다음 세대까지 내려간다. 영국에서는 가경자 베다가 자기 나라 백성의 역사를 썼고, 제목을 『잉글랜드 교회사』로 지었다. 정치적으로 호전적이고 서로 적대적인 일곱 왕국으로 분리된 국민, 역사가 없는 젊은 국민에게 오직 교회만이 소속감을 줄 수 있다는 내용이다. 그러므로 앵글족의 역사는 교회의 역사인데, 그 주역들 중에서 우리는 선교사, 주교, 대수도원장이나 노섬브리아의 왕 오스왈드Oswald of Northumbria(약 605-642)와 같은 그리스도교 왕을 만날 수 있다. 이교도에 대항하여 전투를 치르다 642년에 사망한 오스왈드 왕은 조국의 그리스도교를 위해 자신의 피를 바치고 순교한 가톨릭 왕이었다. 이탈리아에서는 프리울리 공작 가문인 파울루스 부제가 『랑고바르드족의 역사』를 썼다. 파울루스 부제가 글을 썼던 시기는 역사적으로 미묘한 때였는데, 랑고바르드 왕국이 종말을 고하면서 카롤루스 대제의 제국에 이탈리아가 결합하는 초기였기 때문이다. 그러므로 파울루스의 역사책은 "살아남기 위한 신화"(구스타보 비나이)로 정의되었다. 정치적 헤게모니를 상실한 민족의 생존은 기억력을 되찾아서 잊히지 않으려는 절망적인 시도를 통해 가능하기 때문이다. 마찬가지로 몬테카시노의 에르켐페르토Erchemperto di Montecassino가 9세기 말에 쓴 『베네벤토 공국의 랑고바르드족 역사 Historia Langobardorum Beneventanorum』는 한 민족의 기원에 대한 기억을 뒤늦게 복구한 것이다.

이미 언급한 것처럼 연대기 제작은 원래 영국 성공회 및 수도원과 연결되어 있었으며, 제작 장소의 최초 지명을 알려 준다. 시간이 흐르면서 그 장소에는 유일하게 남은 개정 필사본이 보관되어 있는 경우가 많다. 독일의 풀다, 볼펜뷔텔, 트리어, 로르슈, 스위스의 장크트 갈렌(『장크트 갈렌 수도원 이야기Vicende del monastero di San Gallo』), 프랑스의 메스, 생타망, 로베스Lobbes에서 8-9세기에 연감이 제작되었다. 모두 카롤루스 제국의 핵심 지역에 위치해 있다. 카롤루스의 궁정에서 면밀히 검토한 교회 연감을 보고 편집한 『프랑크 왕국 연감Annali del Regno dei Franchi』은 좀 더 공식적인 특성을 보인다. 830-882년의 일들을 기록한 프랑스의 생베르탱 수도원Abbaye de Saint-Bertin의 『연감』(9세기 말)도 유사한 작업을 통한 것이다. 이 연감의 편집에는 카롤루스 2세 대머리왕의 궁전에 속한 위대한 성직자이자 대주교인 랭스의 잉크마르가 참여했다.

그러므로 중세 초기의 연감은 적어도 주요한 단계(9세기)에서 카롤링거 왕조의 권력과 강하게 결합되어 있었다. 당시의 연감은 왕조의 상승 및 빠른 몰락을 목격하면서 그것을 기술하고 있다.

'당대의 사건에 대한 저널리즘'으로 활용된 또 다른 종류의 역사책을 만나려면 서양에서 통합적인 이데올로기를 제시할 수 있는, 중앙집권적이고 보편적인 또 다른 권력이 나타나기를 기다려야 할 것이다. 독일의 오토 왕조(962-1002)가 그러한데, 지식인들이 칭송하는 정치사, 즉 드높일 수 있는 새로운 '신화' 쓰기에 필요한 자료를 제공하기 위해 로마 제국의 이상을 혁신했다. 코르바이의 비두킨트Widukind von Corvey(?-약 973)의 『색슨족 업적을 기록한 책Libri delle imprese dei Sassoni』, 간더스하임의 로스비타가 6행시로 쓴 『오토 대제의 공적』 혹은 메르제부르크의 티트마르 Thietmar von Merseburg(975-1018)의 『연대기Cronaca』가 그 같은 종류의 역사책이다.

교회의 역사　　세계에 통일성을 부여할 수 있는 '보편적인 교회'라는 이데올로기가 종말을 맞으면서, 중세 초기에는 교회사란 장르가 연구자들에 의해 사라졌다. 그러므로 지방에서 권력을 가진 수많은 교회의 역사가 보편 교회사를 대신했다. 10세기에는 지방 세력보다 약간 더 강한 세력이 교황권 자체였던 것처럼 말이다. 로마에서 『교황 연대표Liber Pontificalis』를 쓰는 작업이 수세기 동안 계속되면서, 원래의 핵심 요소와 시대마다 다른 문학의 본질이 결합되었다. 가장 오래된 소식을 전하는 교황 재임 시기에 내려진 간단한 지시 사항의 개요부터 9세기의 진정 고유한 전기에 이르기까지 그러했다. 그러나 모든 것은 병렬적이고 순차적으로 배열되어 있었다. 로마의 예는 다른 교회에서 모방한 표준이었을 것이다. 라벤나에서 출간한 『라벤나 교회의 교황 전기』는 아녤로Agnello 주교가 로마 교회로부터 라벤나 교회의 자치권을 요구하기 위해 9세기에 집필한 것이다. 살레르노의 『살레르노 연대기Cronaca di Salerno』(약 975), 나폴리의 『나폴리 주교사Storia dei vescovi di Napoli』(9세기 말-10세기 초)는 이탈리아에서 가장 중요한 교회들이 교회 자치권에 대해 기억해야 했다는 것을 보여 주는, 놀라운 문학성을 띤 증거 자료다. 프랑스에서 랭스의 플로도아르가 쓴 『랭스 교회사Historia

Remensis Ecclesiae』는 구전과 더불어 기록으로 전해지는 매우 폭넓은 자료집corpus을 토대로 했다. 소위 말하는『주교의 업적Gesta episcoporum』도 지역 교회의 역사이며, 그것의 가장 오래된 본보기는 파울루스 부제가 쓴『메스 주교들의 역사Liber de episcopis Mettensibus』(784)다. 그는 이미『랑고바르드족의 역사』를 쓴 바 있다.

| 다음을 참고하라 |
문학과 연극 고전의 전달과 수용(556쪽)

백과사전과 세비야의 이시도루스

| 파트리치아 스토파치 |

그리스-로마가 남긴 문화유산이 붕괴되고 유실되는 일반적인 현상 속에서 고대가
남긴 모든 지식을 조직적으로 복구하고 재정리해야 한다는 요구가 확산되었다. 당시에
중요한 세 사람이 이와 같은 절박한 요구를 수행했다. 보에티우스, 카시오도루스,
그리고 특히 가장 위대한 이이자 중세 초기의 백과사전『어원 사전』을
저술한 세비야의 이시도루스가 그들이다.

과거의 회복

고대의 지식을 회복하고 종합하려는 움직임에 도움을 주는 독창적인 문학 작품이 뜸해졌다는 것은 6-7세기 문화의 전반적인 특징이다. 모든 지식을 학과artes 혹은 학설 disciplinae 형식으로 요약하고 그것에 유기적 특성을 부여하려는 소명은 '자유학예artes liberales' (그리스어로 enkyklion paideia, 즉 '일반 교양')의 특징이다.

로마 제국이 몰락할 때 살아남은 그리스-로마의 모든 문화유산은 무수히 많고 복잡한 저작들 속으로 흩어졌으며, 그것에 대해 간단히 요약한 개념과 지식만을 들을 수 있던 사람들은 실제 저작들을 읽을 수 없었다. 그리하여 고대의 모든 지식(바로, 켈수스, 플리니우스, 수에토니우스, 문법학자 세르비우스Maurus Servius Honoratus, 솔리누스Gaius Julius Solinus, 겔리우스Aulus Gellius, 마크로비우스, 노니우스 마르켈루스Nonius

요약본: 간단한 종합서

Marcellus, 마르티아누스 카펠라)을 복구하여 재정리해야 했다. 문화 전통의 해체라는 일반적인 현상에서 그것을 구하기 위해서, 학교 기구를 다시 일으켜 세우기 위해서, 특히 그리스도교의 새로운 요구에 대처하기 위해서였다. 또한 성경에 대한 이해를 돕고, 가톨릭교도들과 아리우스교도들 간의 논쟁을 통해 신학적인 진실을 보존하며, 정치적-목자적 책임을 부여받거나 새로운 지식을 교정하는 데 몰두한 사람들에게 그리스도교 역사를 풍부하게 했던 모든 요소(교리, 신학, 전례, 주석, 그리스도교 문학)를 전달하려는 것이었다.

정치 권력을 재분배하고 재조직하는 일반적인 과정에서 지식의 유지 및 전수에 관한 책임은 전적으로 교회 및 수도원 제도에 위임되었다. 그러므로 종교가 문화 영역에도 영향을 미치게 되었다. '교부들Patres'이 추구했던 고대 지식의 전달 과정을 이끈 신학적인 목적은 고대 문화를 종합적으로 복구하려는 것이었다. 이 작업은 이전 로마 제국의 여러 지역에서 활동했던 지식인들에 의해 산발적으로 이루어졌다.

비록 그들의 학식이 모집한 자료의 질보다는 양에 편향되어 있다 해도, 보에티우스, 카시오도루스, 세비야의 이시도루스의 경험은 새롭게 등장한 공동의 세계관에 의미를 부여하려는 시도임을 알 수 있다. 중세 그리스도교 문화는 오랫동안 그들의 노력을 이용할 것이었다. 세 학자 모두 지식의 질서 정연한 전달에 다양한 방식으로 공헌하기는 했지만, 폭넓은 관심 분야 및 업적으로 본다면 세비야의 이시도루스만이 백과사전의 저자로서 완벽한 자격을 가진다 할 수 있다. 사회, 정치, 문화적인 분야에 그들이 참여함으로써, 남아 있는 고대 문화(비잔티움의 동방과 라틴의 서방을 상황에 따라 분리한다)와 뒤이은 중세 문화의 발전을 결합하는 필연적인 연결 고리가 만들어진 셈이다.

세비야의 이시도루스는 언어와 사물의 기원에 대한 조사에 전념하면서 당시 문화가 새로운 의식을 획득할 수 있는 근거를 발견했으며, 그리하여 하나의 계획을 완수했다. 아우구스티누스와 함께 착수했고, 보에티우스와 카시오도루스 및 베다와 함께 계속 진행했던 그 계획은 오직 그리스도교에만 복무하는 고전 문화 및 학문을 만들어 냈다.

세비야의 이시도루스
중세의 가장 대표적인 지식인은 레안드로(576년부터 세비야의 주교였으며, 아리우스교도였던 동고트족을 그리스도교로 개종시킨 책임자였다)의 동생인 이시도루스였다. 카르타헤나 출신의 로마 가문에서 태어난 이시도루스는 형에 의해 양육되었는데, 형은 그에게 폭넓고 논리적인 교육을 시키고자 했다. 600년경에 이시도루스는 주교로 임명되었고, 그 후 40년 동안 이베리아 반도 교회의 재정비 및 가톨릭 신앙의 강화에 전념했으며, 중세 초기 법전의 중요한 원천인 『히스파나Hispana』(교황 하드리아노 1세가 로마 교회의 교회 법규서를 편집하도록 명하여 만들어졌다*)라는 정전을 수집하기도 했다. 그가 평생 추구했던 정치적·문화적 의무는 외로운 지식인의 그것이 아니었으며, 신흥 게르만 왕국 대신에 로마 제국을 추억하는 사람의 그것은 더욱 아니었다. 카시오도루스의 정치적 이상을 진정으로 계승한 유일한 학자였던 그는 고트족에게서 현재의 수호자와 미래 민족 국가의 창설자들을 발견했다.

이시도루스는 독창적인 사고와 비판 정신을 소유한 사상가라기보다는 끈질긴 독 **방대한 지식을 가진 역사 편찬자** 서 덕분에 견고한 문학적·학술적인 소양을 얻은 자로, 그 누구보다 뛰어나게 고대의 지식을 관리할 수 있었던 편집자였다. 그는 고대 시대가 유산으로 남긴 서적을 끈질기게 연구하고 수집하면서 철학적이고 지적으로 왕성한 작업을 수행했다. 일반적으로 보에티우스 및 카시오도루스에 비해 지적인 능력이 낮다고 평가를 받는 이시도루스는 진정한 정치적 참여를 통한 계획을 실현했다. 무엇보다 그 계획은 책상에서 생각해 내는 활기 없는 성과로 그치는 것이 아니라, 새로운 지배 계급의 교육을 위해 문화를 체계화하자는 유기적인 제안이었다. 사실 고대의 회복은 그 자체가 목적이 아니었으며, 단 하나의 절박함을 가지고 있었다. 즉 신세대에게 이해하기 쉽고 동화할 수 있는 형식으로 고대의 지식에 접근하는 수단을 제공하는 것이었다.

이시도루스의 연구 성과는 범위가 넓으며 다양한 문학 장르를 포함했다(성경 주석, 신학, 자연과학, 사료 편찬 등). 그러나 장르는 다양하지만 거기서 일관성을 유지하고 있었다. 사라고사의 브라울리오Braulio de Zaragoza(?-651)가 작성한 이시도루스의 작품 목록은 그의 철저한 연구 활동을 보여 주지만, 연대순으로 정리할 수 없다. 왜냐하면 단지 몇몇 작품만 신뢰할 만한 시일을 추정할 수 있기 때문이다.

『사물의 본성』(613-621)은 성경 및 아라투스Aratus, 히기누스Gaius Julius Hyginus, 유스티누스, 루카누스, 살루스티우스에 근거한 학술 논문이다. 이 저작과 내용이 유사한 것은 『피조물의 질서De ordine creaturarum』다. 다음의 세 역사서도 마찬가지다. 즉 『고트족, 반달족, 수에비족의 역사』(624), 『연대기Chronica』(아우구스티누스가 시대를 여섯 개로 구분한 것을 따르면서 세계의 기원에서 615년까지의 역사를 요약하고 있다), 투누나의 빅토르Victor Tunnunensis(?–570)와 히다티우스Hydatius(400–약 469)의 책을 자료 삼아 쓴 『위인전De viris illustribus』(616–618)이 그것이다.

이시도루스의 저작 중 가장 중요한 것은 3권의 백과사전이다. 이 책들은 고대 후기 문법과 관련한 제목으로 장을 명확히 나누고 있다. 유의어, 동의어 및 어원의 차이가 그것이다.

2권으로 구성된 『단어의 차이De differentiis verborum』에서는 인간과 짐승의 차이, 악마와 천사와 인간의 차이 등과 더불어 동음이의어나 의미가 유사한 단어의 목록을 제시하고 그것을 분석한다.

2권으로 구성된 『동의어Synonyma』(『죄지은 영혼의 통곡De lamentatione animae peccatricis』으로도 알려졌다)에서는 문법적인 요구와 정신적인 문제에 대해 논술하고 있다(첫 번째 책은 사람과 이성ratio 간의 대화 형식이다). 이 책의 목적은 언어 연구가, 고전 문화에 대한 사랑과 그리스도교의 신앙심이 상호 간에 완벽하게 침투하는 과정에서 인간의 도덕적인 완성을 위해 절대 필요한 길잡이임을 보여 주려는 것이었다.

『어원 사전』, 중세의 탁월한 백과사전

서문이 없다는 점에서 알 수 있듯이, 저자의 죽음으로 미완성으로 남은 『어원 사전 Etymologiae』(혹은 『기원Origines』)은 이전 시대의 모든 학술적–문학적 저작을 논리적으로 총합한 것이다. 그리하여 7과목의 자유학예의 강제적인 한계를 뛰어넘고 무한 **고대 지식의 총체** 한 범위의 지식으로 연구를 확장하면서, 고대 지식에 대한 중세 초기의 가장 위대한 '절정summa'으로 남았다. 이 책에는 2개의 다른 편집본이 있었다. 하나는 이시도루스 자신이 3권의 책으로 편집하여 시세부토 왕Sisebuto(?–621)에게 헌정한 것이고, 다른 하나는 사라고사의 브라울리오가 20권으로 나눈 것이다. 후자의 판본은 새롭게 편집되어 목차를 다음과 같이 재구성했다. 문법(I), 수사학과 변증법(II), 산술·기하학·음악·천문학(III), 의학·법·회계(IV-V), 종교(VI-VIII), 언어와 민족(IX), 어려운 용어 사전(X), 인간과 괴물(XI), 동물(XII), 우주(XIII), 지리(XIV), 건축(XV), 지질학(XVI), 농업(XVII), 전쟁과 놀이(XVIII), 복장과 운송수단(XIX), 식량과 식기(XX).

20년 동안 연구하고 끊임없이 활동한 결과로, 작업의 범위는 방대하다. 그러나 글에 나타나는 '단절'(실수, 왜곡, 순진함)이 그의 놀라운 노력을 배신한다. 작업 방식은 체계적이다. 진실하고 고유하며 구체적인 설명을 하기 위해 모든 용어마다 어원부터 연구하기 시작한다(책의 제목도 그것에서 나온 것이다).

'어원학'을 이용한 것이 전적으로 새로운 방식은 아닌데, 바로가 『라틴어에 관하여De lingua latina』에서 이미 적용한 적이 있었기 때문이다. 그러나 백과사전적인 범위로 작품을 쓴 것은 매우 독창적이다. 그리하여 단어가 인식론적인 기능을 한다는 점을, 다시 말해 한 단어와 그것이 지시하는 것 사이에 필연적인 결합이 있다는 점을 확신하면서 현실에 대한 인식 원리로서 어원학을 이용하고 있다.

이시도루스가 참고한 출전은 고대와 동시대, 그리스도교와 이교, 문학, 기술, 학술서 등 방대하다(바로, 켈수스, 키케로, 살루스티우스, 퀸틸리아누스, 베르길리우스, 오비디우스, 마르티알리스, 루크레티우스, 수에토니우스, 플리니우스, 겔리우스, 마르티아누스 카펠라, 암브로시우스, 아우구스티누스, 락탄티우스, 보에티우스, 카시오도루스, 세르비우스). 비록 2차 혹은 3차 자료라 해도 그는 과거의 모든 자료를 직접 강독했다. 그 밖에 수동적으로 수용하거나 맹목적으로 추종하는 문장을 발췌하여 한 자 한 자 필사했다. 그러다 보니 이시도루스가 제시하는 정보가 단순하고 항상 믿을 만하지는 않지만 말이다.

가장 많이 필사되고 유포된 저작인 『어원 사전』은 12세기까지 가장 큰 성공을 거두면서 중세 최고의 백과사전으로 남았으며, 라바누스 마우루스의 『사물의 본성』과 요하네스 스코투스 에리우게나의 『자연 구분론』처럼 카롤링거 왕조 시대의 다른 백과사전적 논문들도 이것을 뛰어넘지 못했다.

요컨대 이시도루스의 저작은 뒤로 후퇴하는 것이 아니라 앞서 간다고 말할 수 있다. 그에게는 로마에 대한 강렬한 열정이 있었지만, 실상 향수를 불러일으키는 불모의 유토피아를 위한 자리는 없었다. 반대로 유기적이고 기능적인 문화적 제안을 했는데, 가까운 미래의 지도자 계층(평신도와 성직자들)과 신세대의 교육을 위해서였다.

| 다음을 참고하라 |

철학 보에티우스: 문명을 전파하기 위한 지식(390쪽); 그리스도교 문화, 자유학예, 이교도의 지식(396쪽)

문학과 연극 고전 시대의 유산과 그리스도교 문화: 보에티우스와 카시오도루스(546쪽); 고전의 전달과 수용(556쪽); 문법, 수사학, 변증법(568쪽)

596

알레고리와 자연

| 이레네 자바테로Irene Zavattero |

중세의 특징은 우주를 바라보는 상징적이고 은유적인 시각이다. 자연은 초월적인
차원을 제기하는 상징의 총체로 인식되었고, 자연을 구성하는 요소들(동물, 식물,
돌)은 그 특성을 통해 지상을 초월한 호소에 형식을 부여할 임무를 지녔다. 성경에
포함된 상징을 해석하는 데에는 일종의 '성경의 알레고리즘'과 더불어 '백과사전의
알레고리즘'이 있었다. 후자는 자연의 도덕적 혹은 정신적인 의미를 설명해 주었는데,
그것을 말해 주는 것이 중세의 식물 표본집과 귀금속 표본집, 동물 설화집이다.

알레고리란 무엇인가?

'알레고리'를 뜻하는 그리스어는 'állos'(다른)와 'agoréuein'(시장의 광장인 아고라에서
공개적으로 말하다)을 합친 말로 "다른 것을 말하다"라는 의미를 갖는다. 주로 수사적
인 표현을 말하는데, 그것 자체로는 즉시 이해될 수 없으며, 문자적인 의미와 다른
추상적인 개념이 구체적인 이미지를 통해 표현된다. 그러한 이미지를 자연에서 떠
올리게 되는 만큼, 사람, 생명이 있거나 없는 존재, 어떤 행동은 다른 어떤 것을 지시
하는 기호가 된다. 그러므로 알레고리는 상징적 혹은 비유적 이미지를 통해 '말하는
또 다른 방식'을 의미한다.

알레고리즘과 상징주의

근대의 서구 전통과 달리, 중세인들에게 알레고리와 상징은 동의어다(U. Eco, *Arte e
bellezza nell'estetica medievale*, 1987). 신플라톤주의 형이상학이 배어 있는 교부 전통에
서 중세는 상징 체계로, 인간에게 윤리 및 종교적 질서의 진실을 제시하는 하느님의
비유적인 언어로 우주를 인식하는 우주관을 물려받았다. 신성의 흔적은 자연에서
연구되었다. 동물, 채소, 광물을 단순히 서술한 것이 아니라, 그것들의 본성을 알기
위해 분석했을 뿐 아니라 그 속에서 신성한 의미를 발견하기도 했다. 이와 같은 '형
이상학적 범汎기호 작용pansemiosi metafisica'은 요하네스 스코투스 에리우게나가 『자
연 구분론』에서 했던 유명한 주장에서 잘 나타난다. 그에 따르면 "물질적이고 가시
적인 것 중에 무형적이고 관념적인 어떤 것을 의미하지 않는 것은 없다."

성경의 알레고리즘과 백과사전의 알레고리즘

교부 철학에서 구약 성경을 주해하는 과정에서 나온 알레고리즘, 즉 성경의 알레고리즘은 중세에 아우구스티누스(354-430)가 『그리스도교 교양』에서 말한 가르침을 따르면서 성경의 '수사학적'(말씀에 의한in verbis) 의미뿐 아니라 '역사적'(사실에 의한 in factis) 의미까지 고려하는 경향을 통해 풍요로워졌다. 성경의 알레고리즘이란 성경의 네 가지 의미, 즉 서술된 사건의 문자적 혹은 역사적 의미, 신성한 역사를 은유적으로 보여 주는 우의적 의미, 성경에서 이승의 삶을 위한 가르침을 끌어내는 도덕적 의미, 성경에서 인간의 마지막 목적에 대해 강조한 것을 설명하는 신비적 의미를 말한다. 성경의 역사적 알레고리를 드러내기 위해서 당시에는 사물, 자연의 기적, 성경에 기술된 사건의 정신적인 의미와 이야기를 제공하는 백과사전적 지식(백과사전의 알레고리즘)을 이용했다. 그 두 가지 방식의 알레고리즘은 중세에 공존했다. 전자는 헥사이메론hexaemeron(천지 창조 6일간의 이야기*) 문학에서, 후자는 중세의 백과사전 전통에서 나타났는데, 동물 설화집, 식물 표본집, 귀금속 표본집은 후자의 전통을 보여 주는 최고의 상징적 표현이다.

헥사이메론 문학

헥사이메론 문학은 「창세기」에 기술된 천지 창조 이야기에 바탕을 둔 중세 그리스도교 문학으로, 6일 동안 창조된 우주와 세계에 대한 신학적이고 우주론적인 함의를 우의적으로 논평하고 있다. 이와 같은 문학 장르는 카이사레아의 바실리우스의 『헥사이메론Hexaemeron』과 함께 시작되었으며, 고대 후기의 그리스도교 문학에서도 암브로시우스의 『헥사이메론』과 아우구스티누스의 『창세기의 문자적 의미De Genesi ad litteram』와 같은 예가 나왔다.

헥사이메론: 성경에 서술된 창조

    시나이 산에 위치한 성 카타리나 수도원의 수도원장이자 그리스 수도사인 시나이의 아나스타시우스Anastasius Sinaïta(약 640-약 700)가 쓴 『헥사이메론』은 비잔티움 시대의 한층 폭넓은 신비주의 알레고리를 보여 준다. 아나스타시우스는 「창세기」의 첫 세 장에 대해 신비적인 해석을 제공한다. 그는 성경, 예언가들, 성 바오로의 서간 구절을 인용하면서 성경을 문자 그대로만 독서하는 것을 경계하고 있으며, 진정한 정신적 의미를 수용하기 위해서 말씀을 통해 성경에 접근하라고 충고한다. 아나스타시우스에 따르면, 「창세기」의 저자인 예언자 모세는 성령을 통해 천지 창조뿐 아니라 그리스도의 도래로 실현되는 '새로운 창조'를 공부했다. 그러므로 아담은 구원자를 상징하고, 그의 영원한 신부인 하와는 교회를 상징한다. 이 알레고리 덕분에 아나스타시우스는 '새로운 모세'라는 별명을 얻을 만했다. 그의 『헥사이메론』은 니사의 그레고리우스가 쓴 유명한 주석서인 『모세의 생애De vita Mosis』와 달리, 하느님과 영적으로 결합한 개인의 영혼은 고려하지 않고 오히려 그리스도의 신부인 교회 전체를 신성을 향한 신비로운 고행 과정에서 서술하고 있다.

중세 초기의 백과사전

이시도루스 베다, 라바누스 마우루스

중세 백과사전의 출발점은 세비야의 이시도루스가 쓴 『어원 사전』이었다. 이 저작은 지식의 다양한 범위를 교육적으로 기술하고 있지만, 깊이는 없다. 책을 쓴 목적이 동질적인 세계관을 회복하기 위해 단어의 어원을 분석하여 고대 및 그리스도교 지식을 종합하는 것이었기 때문이다. 이시도루스뿐 아니라, 대 플리니우스의 『박물지』에서 영감을 받은 가경자 베다는 『사물의 본성』을 저술했는데, 여기서 방대한 성경 지식을 이용하여 세계의 배치를 기술하고 있다. 베다에 따르면, 지식을 체계화하는 유일한 목적은 우의적으로 해석해야 하는 상징이 가득한 성경을 신자가 이해하도록 하는 것이다. 라바누스 마우루스의 『사물의 본성』은 현실에 대한 심오하고 우의적인 시각을 제공하는 최초의 백과사전이다. 라바누스는 이시도루스의 저작에 근거하고 있지만 동시에 그것과 거리를 두고 있는데, 동물과 식물 및 사물의 상징적 가치를 우의적으로 읽음으로써 자연의 외관 저편에 존재하는 현실을 해석하려는 열망을 따르기 위해서 성경 해석 문학에 도달한 교부들의 자료를 이용하고 있기 때문이다.

그러므로 백과사전적 문화의 전제 조건은 자연을, 신성의 계시를 보여 주는 거울로 여기는 것이다. 그리고 현자의 임무는 하느님과 사물 사이의 관계를 포착하는 것이다. 자연을 그 자체로 알고 싶어 하는 바람은 위험한 '호기심curiositas'이었을 것이다.

『생리학』

백과사전 장르를 대표하는 것은 『생리학Physiologos』이라는 논문이다. 이집트 알렉산드리아에서 2세기 말에서 3세기 초의 수십 년에 걸쳐 미지의 저자가 그리스어로 쓴 것인데, 중세의 귀금속 표본집, 식물 표본집, 동물 설화집이 이 저서에서 유래했다.

48장으로 구성된 이 저서는 중세에 가장 널리 필사되고 가장 많이 이용된 '자연 이야기'로서, 「신명기」와 「레위기」에서 주로 가져온 글귀를 인용하여 우의적으로 기술한 상상의 혹은 현실의 다양한 동물들의 특성을 제시한다. 중세의 동물 설화집에서 다시 반복되는 그리스도교적 동물 유형학은 『생리학』의 교육적-도덕적 기술을 토대로 한다. 그러므로 동물들의 현실적이거나 우화적인 특성은 그리스도와 악마, 덕성과 악덕을 나타내는 종교적 상징이 되었다. 이 48개의 장은 중세에 특히 식물(식물 표본집)과 돌(귀금속 표본집)에 집중한 모음집으로 발전했다.

동물 설화집

중세의 동물 설화집은 『생리학』을 주해한 것이거나 번역한 것이었다. 4세기부터 이 책은 (에티오피아어, 아르메니아어, 시리아어로 번역된 것 외에도) 라틴어로 번역되었으며, 11세기부터는 로망스어 및 독일어로도 번역되었다. 처음 라틴어로 번역된 뒤에 여러 개정판이 나왔는데, 요하네스 크리소스토무스에게 헌정된 동물 설화집이지만 1000년 무렵에 프랑스에서 작성되었으리라 추측되는 『요하네스 크리소스토무스가 말한 동물의 성격Dicta Johannis Chrysostomi de naturis bestiarum』과, 11세기에 북부 혹은 중부 이탈리아에서 활동한 대수도원장이 라틴어 운율로 썼으리라 추정되는 『테오발트의 생리학Physiologus Theobaldi』이 대표적이다. 12세기의 유명한 동물 설화집은 『동물과 기타 것들De bestiis et aliis rebus』(오랫동안 생빅토르의 위그Hugues de Saint-Victor의 저작으로 인식되었다)인 반면, 1150년경에 푸유아의 위그Hugues de Fouilloy(약 1100-약 1172)는 새에 관한 우의적인 논문인 『새들에 관하여De avibus』를 저술했다. 7-8세기에 아일랜드 사람이 썼으리라 추정되는 『다양한 종류의 괴물에 관한 책Liber monstrorum de diversis generibus』도 널리 유포되었는데, 세 권으로 구성된 이 책은 각각 인간 괴물, 지상 및 해양 동물, 뱀에 관련한 괴물에 대해 기술하고 있다. 프랑스어로 쓰인 저서 중에서 가장 유명한 것은 13세기 중반에 보베의 피에르Pierre de Beauvais가 저술한 『우화집Bestiaire』으로, 동물들의 본성에 대해 도덕적인 관점에서 말하고 있는 최후의 프랑스 동물 설화집이다. 이것과 동일한 시기에 리샤르 드 푸르니발Richard de Fournival(약 1201-약 1260)의 저서처럼 소위 말하는 『사랑의 동물 설화집Bestiari d'amore』이 탄생했다. 이 저서의 생리학적인 자료는 에로틱한 의미를 제기한다. 이탈리아에서 나온 『생리학』의 라틴어 편집본에는 중세 백과사전에서 얻은 참고 자료가 풍부하게

폭넓게
확산된 장르

실려 있었으며(잉글랜드의 바르톨로메우스Bartholomeus Anglicus의 유명한『사물의 성질De proprietatibus rerum』처럼), 그 결과 14세기의 유일한 필사본으로 유명한『구비오의 도덕적인 동물 설화집Bestiario moralizzato di Gubbio』과 같은 서적이 나왔다. 독일에서『생리학』은 널리 확산되었다. 고대 독일어 및 고대 아이슬란드어로 번역되었으며, 특히 고대 영어판인『앵글로색슨 생리학』은 9세기에 나왔을 터인데, 이 저서 이후에 게르만어 지역에서든 로망스어 지역에서든 각종 속어판이 등장했다.

동물 설화집이 설정하는 전제 조건은 동물과 인간의 끝없는 비교이며, 그 목적은 명백히 도덕적이고 교육적이다. 왜냐하면 상상의 것이라 할지라도 동물의 현실은 신성을 상징하며, 그러므로 그 현실에서 감춰진 심오한 의미를 찾아야 한다. 교리 교수 및 신자들의 도덕 교육을 위해 사제는 이와 같은 '신성한 동물학'에 도달했다. 한 동물의 신체적인 성질 및 행동의 특징을 서술한 다음에 이 같은 요소에서 도덕성을, 다시 말해 정신적인 특징을 끌어낸다. 가령 사냥꾼이 접근하는 소리를 들으면 자신의 흔적을 지우는 사자는 자신의 신성한 본성을 숨긴 그리스도를 상징하고, 죽어서 태어난 사자 새끼가 3일째 되는 날에 아빠 사자의 한숨에 다시 깨어난 것은 예수 그리스도가 인류를 구원하기 위해 하느님에 의해 부활한 사건을 연상시킨다. 유니콘 같은 환상 동물도 그리스도를 상징하는데, 놀라운 힘을 가지고 있고 이마 중앙에 뿔이 하나 있는 이 동물은 아무도 사냥할 수 없고 처녀의 가슴으로 영양을 공급받는다. 구원의 뿔을 상징하는 그리스도 또한 누구의 지배도 받지 않으며 동정녀 마리아의 배 속에서 태어났다.

귀금속 표본집과 식물 표본집

식물(예를 들어 페리덱시온 나무albero peridexion나 생명의 나무)과 돌(예를 들어 다이아몬드)에 대해 다룬『생리학』에는 백과사전에서 얻은 자료가 풍부하게 실려 있는데, 중세는 그것에서 실마리를 얻어 식물 표본집과 귀금속 표본집을 작성했다. 각각의 책에서 식물과 화초는 마술적 범주에 따라 해석되고 분류되었으며, 돌은 부적과 치료라는 놀라운 성질로 설명되었다. 돌과 식물이 항상 이러한 도덕성과 연관된 것은 아니었으며, 중요한 것은 종교적인 의미의 우의적인 해석이었다. 식물 표본집은 진정 중요한 처방전으로, 귀금속 표본집은 의학적인 광물학으로 자주 여겨졌다.

| 다음을 참고하라 |
문학과 연극 요크의 알퀴누스와 카롤링거 왕조의 르네상스(562쪽); 중세 문학에 나타난 기적(601쪽)

중세 문학에 나타난 기적

| 프란체스코 스텔라 |

우리가 경이로운 것 혹은 환상적인 것이라고 호칭하는 것은 중세인들에게 초자연적인 차원을 의미했으며, 그것도 그 나름대로 현실의 형식 중 하나로 인식되었다. 자크 르 고프Jacques Le Goff(1924-)가 수행한 최근의 연구는 환상적인 지리학과 식물 표본집이 증명하고 있는 초자연적인 경이(미라빌리스mirabilis)와, 민속적이고 악마적인 신앙이 자주 출현하는 마술적인 경이(마기쿠스magicus)와, 특히 성자들의 생애가 증명하고 있는 그리스도교적인 경이(미라쿨로수스miraculosus)와 그것을 연결 짓고 있다.

고대적 특성에서 그리스도교로

고대 문화에서 기적이란 주제는 특히 점占과 관련한 논제로(키케로[기원전 106-기원전 43]), 또는 정치 이론과 미신 사이의 관계와 관련한 논제로 제시되었다(스트라보[기원전 63-21]). 아니면 대 플리니우스(1세기)의 백과사전 혹은 솔리누스(3세기)의 『기적 모음집Collectanea rerum mirabilium』에서 '패러독스paradoxa'와 관련한 그리스어 저작들을 모아 둔, 이국적인 호기심을 나타내는 레퍼토리로 제시되었다. 중세 시대에는 솔리누스의 저작을 새롭게 개정하고 수정할 정도로, 그것에 관심을 보였다.

그리스도교 문화는 기적으로 나타난 것에 대해 처음에는 합리주의적 불신을 보였는데, 나중에는 그것을 악마적인 현상으로 분류하거나 성경과 복음의 전통에 따라 신의 행동이 자연에 표현된 것으로 받아들였다. 『신국론』에서 아우구스티누스(354-430)는 "우리가 알고 있는 자연에 대립하여" 발생하는 것이지만, 현실을 좀 더 심오하게 인식하면 이해할 수 있는 것으로 기적을 정의하면서 그 주제에 정면으로 마주한다. 요컨대 기적은 하느님이 자연에 개입할 수 있다는 가능성을 알리는 역할을 하는 것이다('기적prodigia'의 어원이 '예언하다', '보이기monstra'의 어원이 '나타내다', '점 portenta'의 어원이 '예시하다'를 뜻한다). 신의 계획을 깊이 이해할 수 없기 때문에 우리

기적, 보이기, 점: 자연에 개입하는 하느님

는 단 하나의 존재를 기괴하거나 무섭다고 판단한다. 인간이 무엇과 연관되어 있는지 혹은 어떤 존재와 일치하는지 이해하지 못하기 때문이다(『신국론』, 16, 8). 이와 같은 사고는 중세 예술가 및 인간의 신념에 심오하게 영향을 끼쳤다. 중세에 모든 현상은 신성의 표시로 설명될 수 있었고, 또한 그렇게 되어야 했다. 괴물도, 존재하지 않는 동물도, 죽은 자의 말이나 악귀의 얼굴도 일관되고 간결한 것으로 제시된 사물의 질서 속에 편입할 수 있었다. 이와 같은 질서에서 가시적인 모든 형식은 그 자체로 의미가 있었고, 또한 최후의 의미와 타인을 위한 메시지를 대변하는 대변자가 되었다.

아우구스티누스로부터 2백 년이 지난 뒤에 세비야의 이시도루스는 고전적이고 그리스도교적인 지식을 종합하기 위해 『어원 사전』의 두 장을 괴물과 기적에 할애했으며, '포르텐툼portentum' (움브리아 지방에서 뱀을 출산했던 여성처럼 '변모하는 것')과 '포르텐투오숨portentuosum' (여섯 손가락을 가진 신생아처럼 '가벼운 변화와 관련한 것')을 구분하고, 그것들의 방대한 유형의 예를 제시했다.

경이로운 것에 대한 강한 유혹

중세에 필사본과 예술사에서 중요한 흔적을 남긴 바 있는 이와 같은 조사 목록은 늘 지식인들과 구매자들의 호기심을 끌었다. 이국적인 것과 '다른 것'으로 탈출할 수 있는 가장 적절한 수단이기도 했을 뿐 아니라, 지적인 측면에서는 일관적이고 유사해야 하는 문화 제도 속에서 차이를 해석하는 문제를 제기했기 때문이다. 그리하여 일반적으로 일상생활 및 심오한 신념에 강한 영향을 주기도 했는데, 크리스토퍼 콜럼버스(1451-1506, 본명은 크리스토포로 콜롬보Cristoforo Colombo*)를 아메리카 대륙으로 이끈 것이 동방의 환상적인 영해 이야기였을 정도다. 미국의 지명은 아직도 중세의 상상력을 흔적으로 보존하고 있기도 하다. 엘도라도와 아마존 강이 그 예다. 19세기 문학 및 예술 작품뿐 아니라 그림 형제에서 이탈로 칼비노Italo Calvino(1923-1985)에 이르는 작가들까지, 또 아동 문학에 쏟아부은 방대한 우화적 유산의 낭만적 상상력의 뿌리는 대부분 중세의 문헌에서 발견할 수 있다.

경이로운 것의 범주

최근에 자크 르 고프처럼 인류학적 관점에 민감한 중세 학자들은 경이로운 것에 대한 중세의 목록을 오늘날까지 전해지는 자료들에 의해 많이 연구했다. 이들은 이와 같은 현상을 통해 '상상력immaginario'의 범주를 공들여 연구하면서 그것의 공간(성, 수도원, 궁정, 숲, 바다, 도시, 저승세계)과 문화적 특성(성경, 고전, 켈트족, 게르만족) 및 표현 형식(꿈, 환상, 학술 논문, 지리에 대한 기술, 정치적 상징학)을 탐구했다. 이와 같은 연구 덕분에 중세 중기 및 후기의 자료를 바탕으로 이제는 널리 알려진 다음과 같은 구분을 하기에 이르렀다. 고대 저자 및 유럽 민속학이 전하는 서력기원 이전의 경이로운 것들, 즉 미라빌리스mirabilis(악마적인 자연의 초자연성), 마기쿠스magicus(성자의 형상을 통해 중재되는 것으로, 역사에 개입하는 신을 기술하고, 기적적인 것의 영역이 아니라 자연적이거나 혹은 어쨌든 예상할 수 있는 것의 영역에서 제기되는 그리스도교의 경이로운 것), 미라쿨로수스miraculosus가 바로 그것이다. 이 범주는 츠베탕 토도로프Tzvetan Todorov(1939-)가 깊이 연구한 바 있는 '환상적인 것'의 범주와 혼합되었다. 토도로프는 자신의 범주에 요르기스 볼트루사이티스Jurgis Baltrušaitis(1873-1944)의 역사-예술적 조사뿐 아니라, 빅토르 위고(1802-1885), 루이스 캐럴(1832-1898), 존 로널드 톨킨(1892-1973)의 문학 작품까지 포함시킨다. 『나니아 연대기』에서 『반지의 제왕』 및 뱀파이어 혹은 요정에 이르는 '기묘한 신화'의 복합체인 것이다. 이는 중세에서 영감을 얻은 것이며, 오늘날에도 새로운 모험담과 왕성하게 성장하는 문학 및 영화 산업에 자양분을 공급하면서 막대한 성공을 거두고 있다.

(측주) 미라빌리스, 마기쿠스, 미라쿨로수스

경이로운 것을 다룬 서적의 종류

무엇보다 글 영역에서 자료를 제시하는 것이 특히 11-12세기부터 복잡해졌다. 그때 구전으로 전해지던 비非라틴어 문화가 라틴어 서적으로 모양을 갖추게 되었다. 로마네스크 양식의 주두 혹은 「요한 묵시록」의 필사본 세밀화의 만화경 형식을 제외하면, 중세 초기에 이 분야는 중세 중기 때처럼 '기적의 책libri miraculorum'이나 환상 이야기 시리즈이자 진정한 '기적 모음집'을 발간하지는 않았지만, 근본적으로 중요한 네 가지 유형을 다음과 같이 제시했다.

　-여행담. 이 시기에 여행담은 아일랜드에서 『성 브렌던의 항해Navigatio sancti Brendani』와 같은 걸작을 탄생시켰다. 많은 언어로 번역된 이 작품에는 동료들과 배를 타고 천국을 찾아 떠날 결심을 한 성 브렌던 수도원장의 경이로운 이야기가 서술되어 있다. 섬을 떠나 고래 등으로, 일시적이면서 지속적인 풍요가 있는 수도원으로, 바다 한가운데에 있는 빛나는 수정 기둥으로, 새들의 섬으로, 수많은 계단이 있는 지

옥으로 자신을 데려가는 일련의 모험을 거쳐서 그는 천국에 도착한다. 누군가는 그가 도착한 그곳이 사실은 래브라도였을 것이라고 생각했지만 말이다. 브렌던은, 지옥에서 토요일만 나올 수 있고 나머지 요일에는 날마다 다른 형벌을 받아야 하는 불쌍한 유다를 도왔다.

 −성인전. 성인전은 성자들이 행한 기적을 통해 그리스도교의 경이로움을 기술하는데, 교황 그레고리오 1세의 『대화Dialogi』가 중세 초기의 최고 걸작이다.

 −저승에 대한 환영. 「요한 묵시록」과 「에녹서」에서 볼 수 있는 성경의 본보기는 「바오로의 환영Visio Pauli」과 같은 성경 외전으로, 혹은 성인전의 일화(여전히 그레고리오 1세)로, 혹은 아일랜드를 배경으로 하는 『성 푸르세우스의 환영Visio Fursei』과 같은 특별한 작품으로 발전했다. 가경자 베다는 이것에서 영향을 받아 『잉글랜드 교회사』의 한 장에서 우선 연옥을 서술했고, 『바론티우스의 환영Visio Baronti』(678년에 나왔으며, 저승세계로 가는 여행을 최초로 다루었다)에서도 저세상을 기술했다. 그러나 카롤링거 왕조 시대의 정치적인 전망 속에서 『불쌍한 여인의 환영Visio cuiusdam pauperculae mulieris』에서는 루도비쿠스 1세 경건왕이, 사팔뜨기 발라프리트의 『베틴의 환영』에서는 카롤루스 대제와 동시대 인물들이 처벌을 받거나 구원을 받았다. 발라프리트의 작품은 저승세계에 대해 최초로 운문으로 쓴 것이며, 긴 여정을 지나 단테의 『신곡』에 도달할 것이었다.

 −자연에 대한 상상력. 이는 2-5세기에 알렉산드리아에서 그리스어 원본을 라틴어로 번역한 『생리학』에 특히 영향을 주었다. 이 저작은 식물과 동물의 정신적인 의미를 설명하고 있다(자신의 살을 새끼들에게 먹이는 펠리컨은 그리스도를 상징하고, 불사조는 자신이 탄 재에서 다시 태어난다). 자연에 대한 상상력 또한 경이로운 피조물의 목록을 두 권의 책(『괴물』과 『맹수』)으로 열거한 『괴물에 관한 책Liber monstrorum』에도 영향을 주었다. 8세기에 앵글로색슨 저자가 저술했으리라 생각되는 이 책은 1829년의 파이드로스 우화에 대한 필사본에서, 이후에는 다른 세 권의 필사본에서 발견되었다. 이 책은 사이렌('세이렌'이라고도 함*), 파우누스, 키클로페스, 키노케팔로이, 고르곤, 외다리 괴물, 헤르마프로디토스, 피그미, 머리 셋 달린 괴물, 하르피아아, 미노타우로스, 트리톤, 아바리몬, 거인, 여러 말을 하는 괴물polyglot을 이야기하고 있다. 그밖에 다소 환상적인 다른 존재에 대해서도 이야기하고 있다. 그중 게테족의 왕 히겔락Hygelac은 『베어울프』에 나오는 인물로, 권위 있는 출처를 통해 증명된 현상도 창

작의 소재로 사용할 수 있다는 것을 알기 때문에 독자의 요구를 만족시키기 위해 작품에 등장시켰다. 중세 후기의 동물 설화집에서 체계화되는 이와 같은 유형의 상상력은 귀스타브 플로베르(1821-1880)의 『성 앙투안의 유혹』, 혹은 호르헤 보르헤스 (1899-1980)의 『상상동물 이야기Manual de zoologia fantastica』에 이르는 유럽 문학과 예술에 깊은 영향을 주었다. 자연에 대한 상상력은 어떤 식으로든 세계에 대한 서술을 포함하고 있는데, 중세 초기에는 미지의 저자가 쓴 『우주지Cosmographia』가 자주 인용되었다. 위 히에로니무스Pseudo-Hieronymus(7세기)의 필사본 등을 통해 전승된 이 저자는 세계를 여행하는 주인공인 '이스트리아의 아이티쿠스Aethicus Yster'라고 불리기도 했고, 7세기에 활동한 아일랜드의 변덕스러운 문법학자 베르길리우스라고 여겨지기도 했지만, 최근에는 카롤링거 왕조 이전의 앵글로색슨족 학교의 인물로 거슬러 올라가고 있다. 이 『우주지』가 전해 주는 여러 소식 중 몇 가지 요소는 중세에 와서 『알렉산드로스 대왕의 소설Romanzo di Alessandro』에 포함될 소지가 있었다.

| **다음을 참고하라** |
문학과 연극 알레고리와 자연(596쪽)

비잔티움 문화 및 서방과 동방의 관계

| 잔프랑코 아고스티Gianfranco Agosti |

비잔티움 문화의 특징은 고전의 전통과 그리스도교 이데올로기의 결합으로, 특히 7세기 이후에 이 둘은 '안티테제antithese'가 아니라 서로를 보완한다. 중세 초기의 서방에는 풍부한 문학 작품과 역사서와 철학서가 그리 많이 들어오지 않았지만, 11세기부터는 그리스어 서적을 라틴어로 활발히 번역했고, 문화적인 교류도 잦아졌다.

비잔티움 문화: 중세를 통한 '여행'

비잔티움에서 문화가 생산되는 통시적인 장면과 국가의 역사적인 장면은 무리 없이 일치한다. 성상 파괴 운동(726-842)으로 커다란 단절이 있었지만 말이다. 성상 파괴 운동으로 첫 번째 단계, 즉 후기 고대 및 초기 비잔티움 시대의 단계(세르게이 아베린 체프Sergei Sergeevic Averincev가 '고대-비잔티움'이라고 정의한 시대)가 끝나는데, 이 초기 단계는 유스티니아누스 대제의 고전주의와 위대한 종교시의 창작에서 그 특징을 찾아볼 수 있다(527-641년의 특히 결실이 풍부했던 시기). 성상 파괴 운동이 끝나자 9-11세기에 재생의 시기가 뒤따른다(920-1057년의 마케도니아 왕조 시대와 일치하는 시기). 이전 시대에 비해 지적인 활기는 감소되었지만, 콤네노스 왕조(1081-1185) 치하에서 서방, 특히 베네치아와의 관계가 활발해졌다. 라틴 제국(1204-1261)의 몰락 이후에 수도를 니케아로 옮기면서 팔라이올로고스 왕조(1261-1453)의 마지막 '재생'이 이루어졌다.

다문화 도시인 비잔티움은 다양한 언어로, 즉 그리스어뿐 아니라 콥트어, 시리아어, 아르메니아어, 조지아어, 교회 슬라브어, 그리고 라틴어로도 문학 작품을 썼고 예술 활동을 했다. 고대 후기는 비잔티움 문화의 발전을 이해하기 위해 중요한 시기다. 사실 5-6세기에 그리스도교는 비록 힘들기는 했지만 헬레니즘과의 이데올로기적 대립을 극복했으며, 고대 고전 문화의 구조 및 문학 장르와 표현 방법을 채택했다. 그리하여 비잔티움 문화에 내재한 두 개의 영혼이 결합하게 된다. 비잔티움 문화의 특징은 '외부' 문화를 더 이상 비난하지 않는 태도뿐 아니라 고대 전통과 그리스도교 전통의 특이한 융합에 있다.

고대 전통과 그리스도교 전통

비잔티움에서는 문학 문화이든 상징적 문화이든 모든 문화를 수용했으며, 계속 부활시켰다. 요컨대 고전주의와 그것이 부활하는 순간은 그리스도교 문화에 대립하는 고전성을 회복하는 순간이 아니라, 그리스도교의 관점에서 지식을 습득하고 그것을 재정의하는 순간이었다. 한편으로 고전의 유산을 보존하고(이는 1453년 이후로 고전 서적을 서방에 전달하기 위한 중요한 방식이었다) 연구하고 체계화하는 태도를 보였는데, 이 태도는 10세기에 풍부한 결과물을 보여 주었던 백과사전주의와 서적의 편집에서 나타난다. 사실 마케도니아 시대의 문화적 부흥은 소문자의 사용(말하자면 대문자에서 소문자로 문학 작품을 썼는데, 이때 단어가 분리되었고 발음 구별 기호가 사용되었다) 및 라틴어 쓰기와도 관련 있는 고전의 전통을 문헌학적이고 지적으로 회복하는 일이었다. 그처럼 고전을 활발하게 복원할 때 나타나는 특성은 고대 필사본의 발견과 새로운 판본 및 백과사전(『수이다스Suidas』 및 콘스탄티누스 7세의 저작)의 발견이었고, 위대한 고전 작가의 원고를 필사하고 연구하는 것이었다(학자들과 함께 호

대문자와 소문자

메로스의 작품을 최초로 완벽하게 필사한 것도 10세기의 일이었다). 또한 필사 활동(유명한 필사본『팔라티나 선집Anthologia Palatina』도 이때 나왔다)과 포티우스의『총서Biblioteca』에 명확한 증거가 남아 있는 독서 활동을 실천한 지식인 회합도 구성되었다. 과거의 복구는 미카엘 프셀로스, 테살로니키의 주교 에우스타티오스Eustathios(?-1194, 호메로스의 시에 대해 2권의 기념비적인 주석서를 저술했다), 요하네스 트제트제스Ioannes Tzetzes(약 1110-1180/1185), 박식한 수도사인 막시무스 플라누데스Maximus Planudes(약 1260-1310, 고대 풍자시를 알려 주는 주요 자료 중 하나인『플라누데스 선집Antologia Planudea』을 편집했다), 데메트리우스 트리클리니우스Demetrius Triclinius(14세기에 에우리피데스의 비극과 고대 서정시 작시법의 최고 전문가)와 같은 위대한 지식인들 및 문헌학자들과 더불어 계속 진행되었다.

그러나 다른 한편으로 비잔티움의 고전주의 문화는 경쟁적인 모방(고대 문화에 대한 모방은 상류층 언어로 쓰인 비잔티움 문학을 이해하기 위한 열쇠가 되었다)과 수사학적 구조를 상징화하여 이용하는 태도와 함께 부활했다. 표현 단계에서 보면 아티카 양식은 상류층 문학을 위해 고상한 언어를 이용하면서 상징화되었고, 또 다른 문학 및 표현 형식에서는 다양한 수준의 언어를 이용했다. 양층 언어 현상diglossia(개인이나 한 사회가 두 개의 언어를 쓰는 현상*)이라기보다는 비잔티움 문학에서 문학 장르와도 관련지어 다양한 수준의 언어와 양식을 쓴 것인데, 이에 대해 언급할 필요가 있다.

위에서 강조한 특성은 비잔티움 문학이 실천한 장르에서 재발견되는데, 우선 고전적인 작시법과 언어로 쓴 시(찬양-역사 서사시, 신화시, 풍자시epigram) 및 종교시(찬송가는 비잔티움의 가장 고상한 문화적 창작품일 것이다)에서 그러하다. 이후 산문에서 작품들이 풍요롭게 생산된다. 즉 신학, 교리, 금욕, 성인전과 관련한 문학 작품이 나왔고, 수사학 작품과 역사책이 나왔다.

예를 들어 비잔티움에서 역사서의 편찬은 고전의 본보기, 특히 투키디데스 역사서편찬 Thukydides(기원전 약 460-기원전 약 400, 펠로폰네소스 전쟁을 기술한 역사가)를 모방한 것처럼 영원한 근본적 특징, 중단 없는 연속성, 수사학의 존재, 일관된 행동에 근거한 설명을 제시했다. 유스티니아누스 대제 시대에 좀 더 중요한 인물들은 공식적인 역사가일 뿐 아니라 황제에 대한 혹독한 비판자이기도 했던 카이사레아의 프로코피우스(약 500-565)와 유스티니아누스 대제에 대한 작품을 썼던 아가티아스Agathias(536-582)였다. 6-7세기에는 테오필락투스 시모카타Theophylactus Simocatta를 기억해야 한다. 그 이후에는 수많은 연대기 작가들이 있는데, 그중 질적인 면에서 훌륭한 역사가는 미카엘 프셀로스(976-1077년의 세월을 아우르는 『연대기Cronografia』를 저술했다)였다. 콤네노스 왕조 시기는 아버지에 대한 서사시인 『알렉시아스Alexias』를 쓴 안나 콤네나 Anna Comnena(1083-약 1150)를 통해 알려졌다. 이 책은 매우 중요한 역사적 자료이며, 누구보다 수준 높은 해석과 문체로 전기 역사(1118-1206)를 저술한 니케타스 코니아테스Niketas Choniates(1150/1155-1215)에 의해 계속 저술되었다. 니케아 왕국은 게오르기오스 아크로폴리테스Georgios Akropolitês(1217-1282)에 의해 기술되었던 반면, 팔라이올로고스 시대는 그나마 니케포루스 그레고라스Nicephorus Gregoras(1296-1360)에 의해 기억되었다. 연대기 또한 중단 없는 전통을 이어 가고 있었는데, 요하네스 말랄라스(6세기에 활동한 역사가로 이 시기에 계시의 역할을 하는 이교도 역사가 부활한다)부터 요하네스 스킬리체스Ioannes Skylitzes(약 1110-1180/1185), 요하네스 조나라스Ioannes Zonaras(11-12세기)에 이르는 역사가들을 통해서였다. 사소한 것이기는 하지만 풍자적인 작품과 기술-과학적 산문(수학, 의학, 천문학 저술)도 있었다.

성인전   방대한 분량의 성인전은 교부 철학이 이미 정교하게 발전시킨 본보기와 수사학적 체계를 다시 취하면서 의뢰자에 따라 그것을 다양한 수준의 문체로 개작했다. 지나치게 수준이 낮은 대중적인 성인전이 유포되면서 마케도니아 왕조 시대에 이르면 번역자 시메온Symeon Metaphrastes(10/11세기)이 그것을 다시 썼다. 그는 중급 정도의 우아한 그리스어로 『성인 축일 달력Menologium』을 정교하게 수정했다. 성인전은 교육적인 가치 때문에 대중과 지식인이 호의를 보였던 장르다.

에로틱한 로망스   12세기에는 의뢰자들의 요구가 중요했던 만큼, 에로틱한 이야기가 약강격iambus 형태로 다시 쓰인다. 테오도루스 프로드로무스Theodorus Prodromus(약 1115-약 1160)의 『로단테와 도시클레스Rodante e Dosicle』, 콘스탄티누스 마나세스Constantine Manasses(약 1143-약 1180), 니케타스 에우게니아누스Nicetas Eugenianus(12세기)의 『드로실라와 카리클레Drosilla e Caricle』가 그 예다. 그리고 고대의 본보기에 따라 산문으로도 쓰였다. 그 예가 에우마치오 마크렘볼리타Eumazio Macrembolita의 『이스메네와 이스메니오스 Ismene e Ismenio』로 이 책은 아킬레스 타티우스Achilles Tatius에게 영감을 받은 것이다. 비잔티움의 귀족 사회에 서방의 양식이 유입되면서 '기사 로망스romances'가 방언으로 개정되어야 했는데, 그중 『플로리오와 플라치아플로라Florio e Plaziaflora』와 『임베리오와 마르가로나Imberio e Margarona』와 같은 몇몇 작품은 서방의 모범에 바탕을 둔 것이 틀림없다.

그리스도교와 고전 문화의 융합은 비잔티움의 철학을 지배하는 암호나 마찬가지 **철학**
다. 비잔티움 초기에 다마스쿠스의 요한(645-약 750)처럼 성상 찬양에 찬성한 신학
자들, 위 디오니시우스(5세기)처럼 그리스도교의 신플라톤주의에서 매우 중요한 인
물들이 있었다. 그러나 특히 마케도니아 르네상스 시기(이 시기에 플라톤주의 철학자
들의 원고를 필사했다)부터 아리스토텔레스 철학을 주장하는 학자들과 신플라톤 철학
을 주장하는 학자들 간의 논쟁이 발전했다. 미카엘 프셀로스의 신플라톤주의는 아
리스토텔레스를 복원하는 길을 준비했다. 14세기에 니케포로스 코움노스Nikephoros
Choumnos(?-1330), 테오도루스 메토키테스Theodorus Metochites(약 1260-1332)와 같은
뛰어난 인물들이 아리스토텔레스주의 철학자가 될 터였다. 비잔티움에서 마지막으
로 철학이 융성한 시기인 15세기에는 게미스토스 플레톤의 신플라톤주의 학파가 있
었다.

비잔티움과 서방

비잔티움과 서방의 관계의 역사는 우선 손실의 역사였는데, 비잔티움 측에서 항상
화합을 깼으며 관계를 단절하는 상황도 있었다(종교적인 문제 때문이기도 했다). 그러
나 다시 협력을 시작하여 더욱 강한 관계를 유지하기도 했다. 요컨대 성상 파괴 운동
(성상을 숭배하는 자는 처벌했다)이 서로를 소원하게 만들었던 반면, 콤네노스 왕조 시
기부터 두 세계의 관계가 점차 강화되기 시작했으며 지적인 교류도 지속적으로 이루
어졌다.

유스티니아누스 대제의 제국에서는 두 개의 언어를 사용했다. 『문법 개론서』뿐
아니라 아나스타시우스 1세(약 430-518)를 위한 칭송시를 썼던 문법학자 프리스키
아누스(5세기 말), 혹은 요하네스 트로글리타 장군(546-548년에 마우리족과의 전투를
지휘했다)을 위한 서사시와 유스티누스 2세(?-578)를 위한 칭송시를 썼던 코리푸스
(6세기)처럼, 6세기에 콘스탄티노플에서 작업하던 라틴 작가들이 있었다. 도서 보급
상황도 콘스탄티노플에 라틴어 필사본이 있었다는 사실을 증명한다.

중세 초기의 이탈리아에서는 로마 세계의 특징으로 나타났던 그리스-라틴어 언어
학과 문화적인 통일성이 와해되었다. 라벤나가 있기는 했지만, 교황 그레고리오 1세
시기에 이미 그리스어는 로마를 제외하면 힘을 잃기 시작했다. 로마에서는 7-8세기

에 성상 파괴 운동 때문에 비잔티움에서 추방된 그리스-동방 수도사들이 존재한 덕분에 헬레니즘의 문화적 환경이 성립되었다. 그리스 혹은 이탈리아-그리스 출신의 교황들도 있었다. 당시에 문화 활동의 특징은 성인전 작품을 그리스어로 번역하거나, 교회의 공식적인 작품이나 성인전을 번역한 것이었다(자카리아 교황이 번역한 그 레고리오 1세의 『대화』). 또한 그리스어 도서들이 유포된 것도 또 다른 특징인데, 그 덕분에 9세기에는 사서였던 아나스타시우스의 번역 활동이 매우 활발해졌다.

그리스어
도서의 보급

9세기 말-10세기에 로마에서는 그리스-라틴 문화의 형태가 약해졌던 반면에 그리스 문화는 남부, 특히 시칠리아에서 더욱 확고하게 자리를 잡았는데, 시칠리아에서는 풍부한 문학 작품이 생산되었다. 아랍의 정복 이후에 그 문화는 칼라브리아로 이동했는데, 이곳에서는 로사노의 성 닐로 수도원Monastero di San Nilo di Rossano이 도서 제작과 문화적인 자극 면에서 뚜렷한 특징을 보였으며, 그로타페라타까지 도서 (전례서와 종교서뿐 아니라 과학서와 기술서까지)를 유포시켰다.

7-11세기에 걸친 수세기 동안에 서방의 나머지 지역에서는 그리스어에 대해서, 본질적으로 소수이며 불확실한 언어학 요소, 두 언어로 글쓰기, 초보적인 단어-그림의 도구로 제한해 인식하고 있었다. 고대 그리스의 '지식sapientia'에 대해 일반적으로 감탄하고 있었고, 그것에 대한 뚜렷한 증거도 있지만 말이다. 카롤링거 왕조의 고대 후기에 사용된 두 언어의 어휘나 『헤르메네우마타Hermeneumata』(초급 수준의 안내서)에 대한 재발견도, 필사본도 상황을 개선하지는 못했다. 라틴어로 필사하는 과정에서 일반적으로 그리스어 단어를 인식했다는 사실이 보여 주는 것처럼 말이다. 그리스어는 "상징적인 메시지, 특징이 있거나 장식적인 신성한 기호, 공식적인 어휘, 학문적으로 상투적인 문구, 세련된 인용, 모호한 회상, 심지어는 '애교'"에도 남아 있었다.

종교적이고 상징적인 가치 때문에 위 디오니시우스의 필사본이 프랑스에 있었다는 언급을 한 바 있다. 이 작품은 비잔티움 황제인 미카엘 2세(?-829, 820년부터 황제)와 테오필루스 황제가 루도비쿠스 1세 경건왕에게 기증한 것이었다. 카롤루스 2세 대머리왕의 궁정에서 위 디오니시우스 및 니사의 그레고리우스의 신학 서적과 고백자 막시무스의 저작을 번역했던 요하네스 스코투스 에리우게나의 활동은 예외적인 것이었다. 중세 초기에 중·남부 이탈리아와 나머지 서방 국가가 서로 태도의(그러므로 지식의) 차이를 보인 것은 교리의 대립(처음으로 대립한 것은 9세기에 '성자로부터

Filioque'(863) 논쟁과 관련 있는 포티우스의 불화 때문이었다. 이후에는 화해하려는 시도에도 불구하고 진정되지 않았고 1054년에 또 불화가 있었다)뿐 아니라 그리스인들에 대한 일 반적인 불신 때문이었다. 크레모나의 리우트프란드 주교처럼 콘스탄티노플의 궁정을 잘 알고 있었던 학자들도 그와 같은 불신을 보였던 것이다.

게다가 비잔티움에서도 라틴인에 대해 유사한 불신을 보였는데, 고대 후기부터 그와 같은 경향을 보이기 시작했다(이 시기에는 언어학적으로 더 정확하게 함축하는 점이 있었다. 즉 라틴어는 실용적인 목적을 위해 습득되었고, 교부 문학은 주로 번역에만 매달렸다). 중세 초기의 로마에서는 풍부한 작품이 생산된 이후인 12세기가 되어서야 다시 두 언어 간의 대화가 시작되었다. 콤네노스 왕조 시대에는 피사의 부르군디오 Burgundio da Pisa(약 1110-1193), 토스카나의 레오네Leone il Toscano(12세기), 우고 에테리아노Ugo Eteriano(12세기)가 로마 교회 및 서방 왕국과의 관계 때문에 문화의 중개자 역할을 담당했다. 이때부터 그리스어 서적을 라틴어로, 라틴어 서적을 그리스어로 번역하는 작업이 활발히 이루어졌다. 서방에서는 그리스를 방문했고, 그리스어 서적을 능숙하게 번역한 뫼르베케의 기욤Guillaume de Moerbeke(약 1215-1286)의 활동이 두드러졌다. 팔라이올로고스 왕조 치하에서는 반反터키 역할을 하는 서방과의 동맹을 위해서도 서방 철학 및 로마 교회와의 관계가 문제로 대두되었다. 즉 팔라이올로고스 왕조 초기(1261-1341)에는 아우구스티누스, 보에티우스뿐 아니라 오비디우스와 같은 고전 시대 라틴 문학을 번역했던 막시무스 플라누데스의 활동이 두드러졌다. 서방에서 그리스어 문헌을 최초로 번역한 사람들 중에 속하는 데메트리우스 키도네스(약 1325-1399/1400)는 교회의 재통일과 토마스주의를 주장했다.

남부 이탈리아에서 그리스 문화를 번역한 것에도 주목해야 한다. 1160년 무렵의 시칠리아에서는 엔리코 아리스티포(?-약 1162) 덕분에 과학자들과 플라톤의 저서를 활발히 번역하게 되었다. 남부 이탈리아에서 그리스 문화는 13세기에 새롭게 번성했다. 위대한 고전 작가들의 작품들이 (특히 카솔레의 산 니콜라 수도원Monastero di San Nicola di Casole에서) 번역되었고, 유명한 시인 단체가 증명하듯 문학 활동도 활발했다. 이들의 시는 라우렌치아나 도서관Biblioteca Medicea Laurenziana(5. 10)에 보관되어 있다(조반니 그라소Giovanni Grasso, 네타리오Nettario, 오트란토의 니콜라오스Nicola di Otranto, 갈리폴리의 조르조Giorgio di Gallipoli, 팔레르모의 에우게니우스Eugenio di Palermo, 오트란토의 루제로Ruggero di Otranto). 학식이 깊은 시인들은 정력적이고 열정적인 세속시와 종교시를 썼으며, 또한 기벨린당Ghibellines('황제당'이라고도 함*)이었던 갈리폴리의 조르조(13세기)가 로마의 자랑이었던 페데리코 2세(1194-1250)를 열렬히 찬양하는 시를 쓴 것처럼 정치 활동에 관련된 시도 썼다.

| 다음을 참고하라 |
역사 야만족의 이주와 서로마 제국의 종말(70쪽); 유스티니아누스 대제와 서로마 제국의 재탈환(102쪽); 성상 파괴 운동 시기까지의 비잔티움 제국(119쪽); 비잔티움 제국의 속국 II(125쪽); 비잔티움 제국과 마케도니아 왕조(194쪽); 비잔티움 제국의 속국 III(198쪽)
과학과 기술 아랍의 연금술(481쪽)
문학과 연극 비잔티움의 종교시(660쪽)
시각예술 콘스탄티노플(722쪽)

이슬람교에 대한 유럽의 인식
| 프란체스코 스텔라 |

유럽은 '이슬람' 혹은 '이슬람교도'라는 용어를 16세기가 되어서야 사용하기 시작했다. 그 대신에 중세는 아랍인, 무어인, 사라센 혹은 이스마엘파(아브라함과 하가르 사이에서 낳은 자식인 이스마엘에서 유래했다), 하가르의 후예(하가르에서 유래했다)처럼 성경으로 거슬러 올라가는 이름과 이스라엘이 맞서 싸운 백성들의 이름(아말렉의 후손)을 선호했다. 세비야의 이시도루스의 『어원 사전』에서는 두 가지 명칭 모두를 사용했다. "하가르는 이스마엘을 낳고, 하가르의 후손들은 이스마엘에게서 이름을 가져왔다. 최근에 그들은 사라센으로 불렸다."

비잔티움: 다마스쿠스의 요한
이슬람에 대한 초기의 정보는 아랍인들이 632년 이후로 팽창하던 초기 몇십 년 동안에 그들이 정복한 영토에 살았던 비잔티움 작가들에게서 얻은 것이었다. 가장 널리 알려진 이슬람 지식인은 그리스도교 신학자인 유한나 이븐 만수르 이븐 사르준Yuhanna ibn Mansur ibn Sarjun인데, 서방에는 다마스쿠스의 요한으로 알려졌다. '이단의 책'으로 불린 『지식의 원천Fonte della conoscenza』의 100번째 항(진위 여부에 대한 논쟁이 있다)에는 무함마드가 거짓 예언자로 제시되었다. 무함마드는 성경을 공부하고 아

리우스파의 수도사를 만난 뒤에 하느님의 계시를 바탕으로 자신의 이단을 세웠다는
데, 다마스쿠스의 요한은 이 일화를 그를 조롱하기 위한 구실로 삼았다.

프랑스: 요크의 알퀴누스

프랑스에서 이 주제에 대해 언급한 유일한 저작『펠릭스와 사라센의 논쟁Disputatio
Felicis cum Sarraceno』이었던 것 같다. 카롤루스 대제의 조언자인 요크의 알퀴누스가 썼
다고 알려져 있지만 이 책은 현재 전해지지 않는다. 카롤링거 왕조는 코르도바의 아
미르amīr(아랍어로 사령관, 총독을 의미하며, 통치자의 칭호로 사용되었다*) 및 프랑스와
이탈리아 해안을 침범했던 사라센 해적들과 갈등하기도 했고, 카롤루스 대제에게
코끼리를 선물했던 바그다드 아바스 왕조의 칼리프인 하룬 알-라시드(766-809)와는
외교적인 접촉을 갖기도 했다. 그러나 카롤링거 왕조 지식인들의 문헌에는 이와 같
은 언급은 거의 없었으며, 이슬람은 특별히 부각되지 않았다.

에스파냐: 진정한 현자이자 지도자인 무함마드

이미 반쯤은 이슬람화된 에스파냐에서 제작된 역사서는 더 많은 자료를 제공해 준
다.『741년 연대기Cronaca del 741』는 사라센들이 비잔티움 영토를 침략한 이야기를
자세하게 기술했으며, 사라센의 지도자로 지목한 무함마드에 대해서는 "그의 백성
들 중 가장 고귀한 부족에서 태어났으며, 미래의 사건을 예지할 수 있는 매우 현명한
사람"이고, 하느님의 예언자이자 사도로 존경받고 있다고 간단히 언급했다. 이 연대
기에서 카를 마르텔(684-741)의 승리(732년이나 734년에 푸아티에가 아니라 현재의 투
르 근처인 무세Moussais에서 싸웠을 것이다)가 민족적 용어로 정확하게 기술되었다. 이
용어에 따르면 프랑크족은 처음에는 '아우스트라시아의 민족'으로 불렸다가, 나중
에는 '북방 민족'으로, 전투가 있던 시기에는 마침내 '유럽인Europenses'으로 불렸다.
이는 중세 역사책에서는 거의 쓰지 않았던 용어였다.

711년이 되면서 아랍이 에스파냐를 침입했다. 사라센은 1492년에 재정복당할
때까지 오랫동안 에스파냐에 머물렀다. 야만족 용병인 타리크 이븐 지야드Tāriq ibn
Ziyād(약 670-720)는 아프리카 통치자인 무사 이븐 누사이르Mūsā ibn Nuṣair(640-716)
와 함께 해협을 건넜고, 그 해협의 이름을 지었다(지브롤터, 즉 '타리크의 산Gebel-al-
Tariq'). 그는 서고트 왕조가 지배하는 왕국을 침공했는데, 그 당시 서고트 왕조는 심

각한 정치적 위기를 겪고 있었다.

모사라베의 위기: 코르도바의 순교자들

안달루시아에서는 사회·정치적으로 새 지역의 구조에 다양하게 통합되었으나 주로 두 개의 언어를 사용하고 두 개의 문화와 접하는 그리스도교 지식인들을 '모사라베 Mozárabe', 아랍어로는 '무스타리브mustarib'라고 불렀는데, '아랍인이 되기를 열망하는 자들'을 의미했을 것이다. 평화적인 종속(세금은 지불해야 했다)에서 몇 가지 예외적인 경우가 있었는데, 그중 가장 널리 알려진 사건은 코르도바에서 있었던 집단적인 저항이었다. 그곳에서 50명의 순교자들은 신성 모독에 대한 책임을 주장하여 이슬람 당국을 자극하면서 죽음의 위협에 맞섰다. 이들 집단의 주동자는 성 에울로기오San Eulogio de Córdoba(?-859)로, 적과 협력하는 그리스도교 도당과도 충돌했다. 톨레도의 주교였던 에울로기오는 처형당하기 전에 『성스러운 기록Memoriale sanctorum』에서 반란의 모든 과정을 이야기했다. 그의 전기(『에울로기오의 생애Vita Eulogii』)는 그의 친구인 파울루스 알바루스Paulus Alvarus(약 780-약 860)가 썼다. 평신도에 유대인이었을 그는 모사라베의 갈등에 대한 더 많은 정보를 제공하는 작품을 썼다. 『놀라운 목록Indiculus luminosus』이란 제목의 열정적인 반이슬람 소논문으로, 여기서 라틴어 글쓰기는 개인적이고도 집단적인 정체성을 말해 주는 도구를 의미했다. 마지막 구절에서 알바루스는 아랍 문화와 아랍어 및 아랍 노래(압운을 지킨 세련된 시들이 궁정시의 기원에 영향을 주었을 것이다)에 지나치게 열중하는 코르도바의 젊은이들이 라틴어 교육을 거부하는 것에 슬퍼하고 있다.

로스비타와 성 펠라기우스의 이야기

이슬람교도의 권력에 저항한 또 다른 경우는 문학서에서 증명하고 있는데, 바로 청년 펠라기우스Pelagius의 이야기다. 간더스하임의 수녀인 로스비타가 시를 통해 그것을 이야기하고 있다. 그녀는 중세 초기에서 유일한 '연극' 작품이 되는 유명한 희곡적인 대화문을 썼다. 귀족 가문 출신인 듯한 로스비타는 950년 오스만 왕조의 궁정에서 아브드 알-라흐만 3세의 대리인들과 우연히 만났을 것이다. 사절단에 속해 있던 그리스도교 주교인 엘비라의 레체몬도Recemondo di Elvira는 칼리프의 애정 어린 관심을 받았으나 동성애를 격렬히 거부하고 순교한 말쑥한 외모의 그리스도교 청년인

성 에울로기오의 반란

로스비타의 단시

펠라기우스의 이야기를 그녀에게 해 주었을 것이다. 로스비타가 414편의 6행시로 이국적이고 흥미롭게 써 내려간 외설적인 일화인 『펠라기우스의 수난Passio Pelagii』은 코르도바에 대한 유명한 찬미로 시작된다. 펠라기우스의 이야기는 외교적인 접촉을 통해 독일로 전파되었지만, 아브드 알−라흐만의 편지에 인용되었듯이 코란 앞에서 불신을 보인 오스만 왕조의 고관들과 그들이 표시한 적대감 때문에 외교 관계는 무산되고 말았다.

무함마드의 초기 전기들: 에울로기오의 정보

서방에서는 교리와 신학의 대립으로 인해, 비잔티움 문화에서 그랬던 것처럼 무함마드에 대한 이야기가 뒤늦게 발견되었다. 초기의 수백 년 동안에는 무함마드를 비난하는 전기가 유일한 형식이었다. 우리가 알고 있는 첫 번째 전기는 에울로기오가 레이라 수도원Monastero di Leyra을 여행하던 중에 발견한 것인데, 그는 『호교론Liber apologeticus』의 16장에서 그것을 다시 언급했다. 그는 무함마드와 미망인 하디자의 결혼, 코란을 전해 준 가브리엘, 무함마드와 자이나브(제자인 자이드와 이혼했다)의 결혼을 부정적인 어조로 기술했다. 무함마드가 뚜렷한 활동을 보였던 시기를 그리스도의 생애에 맞추어 만들기 위해, 무함마드의 죽음은 전적으로 그리스도교적인 전설에 따라 서술되었다. 즉 무함마드는 죽음이 다가오자 자신이 사흘 후에 다시 태어날 것이라고 설교했다. 그러나 사흘이 지나 시체가 부패하자 고약한 냄새에 이끌린 개들이 그의 옆구리를 물어뜯었다. 이슬람교의 경전에도 예언자 무함마드의 죽음은 다른 방식으로 서술되어 있을 뿐, 부활에 대한 언급이 없는 게 확실하다.

무함마드를 비난하는 전기

우연히 발견된 전기

이와 비슷한 어조가 파울루스 알바루스와 서신 왕래를 했던 세비야의 요한John of Seville의 편지에서 발견되었던 반면, 9세기 중엽에 교황청에서 활동했고 그리스어에 정통했던 사서 아나스타시우스(800/817-879)의 라틴어 저작에는 무함마드의 전기에 대한 자료가 언급되었다. 사실 그는 비잔티움 역사학자 테오파네스Theophanes(약 752-818)의 『연대기』를 라틴어로 번역할 때 무함마드에 대한 소식도 번역했다. 이 책에서는 유목민 이스마엘파의 한 부족에서 태어난 무함마드가 아랍 사라센의 사령관이자 가짜 예언자로 그려졌다. 가난한 고아였던 그는 친척이자 부유한 미망인인

일화와 윤색

하디자의 일을 도와주었으며, 유대인들과 그리스도교도들과 만나고 이집트와 팔레스타인을 낙타로 오가며 상업을 했다. 무함마드의 아내가 된 하디자는 남편이 간질 때문에 고생하는 것을 알고는 두려움을 갖는다. 그러나 무함마드는 그것이 천사 가브리엘의 계시라고 속이고, 이단 수도사가 권위적으로 그의 거짓말에 확신을 더해주었다. 그리하여 그 소문이 그의 아내를 통해 모든 부족에게 퍼지게 되었다. 그러자 유대인들은 그를 기다렸던 메시아로 생각했으며, 10명의 유대인들이 유대교를 버리고 그를 따르면서 그에게 성경 지식을 전수했다. 테오파네스는 지극히 단순하게 이슬람교 교리를 설명했다(꿀과 포도주의 천국, 이교도를 살해하는 자를 위한 끝없는 기쁨, 이웃에 대한 의무적인 동정). 이 내용은 11세기 역사서 모음집에서 널리 유포되었던, 무함마드에 대한 기본 정보다. 장블루의 시게베르투스Sigebertus Gemblacensis(약 1030-1112)의 『연대기Chronica』와 플뢰리의 위그Hugues de Fleury(?-1118/1135)의 『연대기 혹은 교회사Chronicon sive Historia Ecclesiastica』 등과 같이 저마다 고유한 색채를 보이는 역사 모음집처럼 말이다.

무함마드에 대한 시

십자군 출정 초기인 11세기 무렵에 성경에 얽매이지 않는 고유한 자율성을 가진 무함마드의 라틴어 전기가 최초로 등장했는데, 이는 유럽 최초로 특별히 무함마드에게 집중한 역사책이었다. 마인츠의 서기관 엠브리코Embricho가 1090-1112년에 쓴 『무함마드의 생애Vita Machumeti』로서, 비록 역사적인 가치는 없지만 이슬람교의 창시자를 기술해야 한다는 요구를 확인한 것이었고, 그러므로 주인공으로서 그의 고귀함을 인정한 것이었다. 이 책에서 무함마드를 교육한 수도사는 이름이 없는 그리스도교 마법사인데, 그는 자신이 완벽하게 조종하는 무함마드와 함께 공동의 주인공으로 등장한다. 코란의 16장과 103장에서 무함마드는 외국인 스승을 교묘히 비방하는 자들을 언급하고 있다. 여기에 등장하는 이 인물은 9세기 무렵에 시리아어로 작성되고 12세기에 라틴어로 번역된 서적, 즉 '교육하는 수도사'를 뜻하는 아랍어에서 이름을 가져온 『바히라의 묵시록Apocalisse di Bahira』에서 특히 그 가치를 인정받았다. 다른 역사서는 그를 세르지오라고 부르거나 이단의 창시자인 네스토리우스와 시대착오적으로 동일시하거나, 사도 시절에 니콜라오스파를 창설한 부제 니콜라오스와 동일시하기도 했다. 이름은 다르지만 동일한 인물을 기술하는 역사서가 계속 등장

엠브리코의 저작

했다. 즉 제자인 무함마드에게 자신의 권력 야망을 이입한 교회에서 출세하고 싶은 욕구 불만에 사로잡힌 종교가로서 말이다.

콩피에뉴의 수도사이며 샤르트르의 생마르탱 대수도원장이 된 고티에Gautier de **고티에의 저술** Compiègne('발테리우스Walterius'라고도 한다)의 전기는 더욱 훌륭하고 독창적이다. 그는 마르무티에에서 1131-1137년에 교육을 받는 동안에 상스 출신의 이교도로부터 무함마드의 이야기를 전해 들었다. 이 이교도는 개종한 이슬람교도에게서 그 이야기를 들었다. 고티에는 그 이야기를 〈무함마드의 휴식Otia de Machomete〉이란 제목의 단시로 썼고, 나중에『무함마드 소설Roman de Mahomet』에서 프랑스어로 다시 썼다. 고티에는 일종의 즐거운 호감을 가지고 인물을 다루면서, 소설적인 인물과 장면을 구성하기 위해 전통적인 단서를 다시 이용했다. 엠브리코가 쓴 책에도 나오듯이, 무함마드는 죽은 후에 놀랍게도 최후의 기적을 베풀었다. 그의 관이 자석놀이 덕분에 허공에 떠 있었고, 그것을 본 신자들은 충격을 받았다.

페트루스 알폰시: 이슬람교와 그리스도교의 비교

11세기에 새로 읽은 아랍 책에 근거하여 한층 조직적으로 책을 쓴 인물은 페트루스 알폰시Petrus Alphonsi(1062-1110)다. 아마도 개종한 에스파냐계 유대인이었을 그는 유명한 소설 모음집인『성직자의 규율Disciplina clericalis』을 썼는데, 이 책은 보카치오 및 제프리 초서에 이르는 중세 후기 단편소설의 발전에 깊은 영향을 주었을 것이다. 페트루스는『유대인에 대한 대화Dialogus adversus ludaeos』의 한 장에서 이슬람교 교리를 왜곡하여 설명하고 있다. 그의 설명은 9세기 아바스 왕조의 궁을 배경으로 하여 네스토리우스파의 그리스도인(아브드 알-마시 알-킨디Abd al-Masih al-Kindi가 틀림없다)과 이슬람교도 간의 대화를 담은『리살라트 알-킨디Risalat al-Kindi』처럼, 아랍어로 쓴 그리스도교 문헌을 토대로 한 것이었다. 페트루스는 그리스도교 신앙을 반론한 이슬람교의 주장에 반박했는데, 이것은 순수하게 전설적인 단계에서 신학적인 단계로 이동할 수 있을 정도로 성숙한 비교를 할 수 있음을 보여 주는 것이었다. 마법사 무함마드에 대한 이야기적인 요소들, 그의 정치적인 경력 및 새로운 사상은 나중에 페트루스 혹은 엠브리코가 다시 취급하게 될 것이고, 이들의 역사책은 이후에 노장의 기베르Guibert de Nogent(1053-1124)의『프랑크인들을 통한 신의 행적Gesta Dei per Francos』, 르네상스 시기까지 읽혔던 보베의 뱅상Vincent de Beauvais(약 1190-1264)의

『역사의 거울Speculum historiale』처럼 많은 사람들이 읽는 역사책 혹은 백과사전의 원천이 되었다. 그 밖에 십자군을 선동하는 글과 속어로 쓴 시(무함마드를 혹독하게 취급했던 단테의『신곡』처럼)의 원천이기도 했다.

가경자 피에르와 라틴어 코란

코란이 서방의 언어로 처음 번역된 것은 철학자 아벨라르와 엘로이즈의 친구이자 클뤼니 수도원장인 가경자 피에르Pierre le Vénérable(약 1092-1156, '클뤼니의 피에르'라고도 함)의 생각 때문이었다. 피에르는 알폰소 7세(1105-1157, 1135년부터 황제)를 알현하기 위해 에스파냐를 여행하는 동안에 두 언어를 할 줄 아는 번역가들, 즉 케턴의 로버트Robert of Ketton, 카린티아의 헤르만Hermann von Carinthia, 톨레도의 페드로Pedro de Toledo를 소집했으며, 그들 곁에 자신의 비서인 푸아티에의 피에르와 이름이 무함마드인 아랍인 한 명을 두었다. 피에르는 이들에게 이슬람교에 관한 서적을 라틴어로 번역하라고 했는데, 그래서 나온 것이 코란 번역판도 포함되어 있는『콜렉티오 톨레타나Collectio Toletana』(이탈리아 남부에서 발견된 5권짜리 법전*)였다. 동일한 시기에 피에르는『모든 이단과 악마 같은 사라센 종파Summa totius haeresis ac diabolicae sectae Sarracenorum』를 쓰면서 이슬람교도에 대한 연구에 집중했다. 이 저작과 함께 여러 필사본들은 그가 클레르보의 시토회 수도원장이자 친구이며 템플 기사단의 지도자인 베르나르두스에게 1143년에 쓴 유명한 편지를 언급하고 있다. 편지에서 피에르는 친구에게 사라센들에 대한 책을 쓸 것을 권하고 있다. 그러나 베르나르두스는 피에르가 원하는 책을 쓰지 않았다. 그리하여 10년이 지난 후인 1156년에 피에르 자신이『사라센 종파에 대하여Adversus sectam Saracenorum』를 썼는데, 이 책은 '지적인 십자군'이라 정의하는 십자군의 가장 확실한 기념비가 된다. 피에르의 예외적인 위치를 평가하려면 이슬람교도에게 직접 말하고 있는 첫 번째 단락의 몇 줄만 읽어 보는 것으로 충분할 것이다. "나는 당신들을 공격한다. 우리 병사들처럼 무기로 하는 것이 아니라 말로, 무력이 아니라 논리로, 증오가 아니라 사랑으로."

가경자 피에르의 지적인 십자군

| 다음을 참고하라 |
역사 무함마드와 이슬람교의 첫 팽창(138쪽); 우마이야 왕조(143쪽); 이슬람교: 아바스 왕조와 파티마 왕조(202쪽); 유럽의 이슬람화(209쪽)
과학과 기술 그리스의 유산과 이슬람 세계(443쪽); 고대와 갈레노스를 대하는 시리아와 아랍 언어권의 전통(455쪽); 텍스트에서 실천으로: 이슬람 세계의 약학, 병원, 수술(461쪽); 아랍의 연금술(481쪽); 이슬람의 기

술 문화: 새로운 기술, 번역, 놀라운 수공품(506쪽)
시각예술 유럽의 이슬람 문화: 에스파냐의 이슬람 문화와 모사라베 미술(817쪽)

유럽 언어를 향하여: 최초의 증거

| 주세피나 브루네티|Giuseppina Brunetti |

현재의 유럽 언어는 중세 초기가 끝나고 중세 후기가 시작될 무렵에 그 윤곽을 드러내고 있었다. 대부분의 유럽어는 인도유럽어족이다. 사실 유럽어에는 8개의 언어 집단이 존재한다. 그중 가장 중요한 집단이 로망스어, 게르만어, 슬라브어다. 그리고 켈트어, 발틱어 및 고립된 언어(그리스어와 알바니아어), 마지막으로 인도아리아어가 있다. 인도유럽어족이 아닌 전통을 갖는 다른 집단 중에는 다양한 피노-우그리아어, 바스크어, 터키 구어, 몽골어, 셈어(몰타어)가 있다. 개혁과 지속, 유지와 변화를 오가며 계속 발전한 방언이 근대 언어(라틴어와 달리 이탈리아어를 포함하는 다양한 로망스어)로 결정되기까지 오랜 과정을 겪은 것이다.

라틴의 단일성과 차별화

투르 공의회(813)의 17조에서 속어를 '로마 농촌 언어rustica romana lingua'라고 공식 인정함으로써, 로마 제국에서 갈라져 나와 형성된 여러 지역은 양층 언어 상태 diglossia(한 사회의 언어가 격식적인 상위 변이형과 일상적인 하위 변이형으로 공존하는 것을 말한다*)에서 이중 언어 사용bilingualism(한 사회 안에서 두 언어가 차별받지 않고 동등한 권리를 누리며 사용되는 것을 말한다*)의 과정을 겪었다. 즉 고대어인 라틴어와 동등한 지위에서 처음으로 '농촌'과 '로마'라는 단어로 지시한 복잡한 언어적 현실이 새롭게 대두된 것이다. 그러므로 양층 언어로 표현될 수 있는 종속의 어두운 상태를 벗어난 것이다. 양층 언어는 동일한 사람이 같은 환경에서 사용할 때 위계적인 순서가 정해진 두 개의 언어 체계가 공존하는 것을 말한다. 즉 한 언어(이 경우는 라틴어)는 고급 수준의 소통(법률 서식, 문학 형식 등)을 위해 사용하고, 다른 언어(이 경우는 로마 시골 언어)는 익숙하거나 비공식적이고 사적인 생활권 안에서 사용한다. 그런 의미에서 아인하르트가 독일어를 모국어로 가진 카롤루스 대제에 대해 언급한 구절을 떠올려

양층 언어에서
이중 언어로

보자. "그분의 언어(즉 '조국의 언어patrio sermone')에 만족하지 않으시고, 외국어('외국어peregrinis linguis') 배우기에 전념하셨다. 외국어 중에서도 라틴어에in quibus latina 정통하셨는데, 라틴어로 모국어 못지않게 표현할 수 있을 정도였다"(『카롤루스 대제의 생애』, 25).

　나중에 간단히 '문법'이라 칭했던 라틴어만 당시에는 문법어로서 위엄을 지니고 있었다. 다시 말해 정확한 문어의 구조를 지니고 있었다. 그리고 '학자litteratus'(어원은 '문학litterae'이다)는 자신의 의견을 고대 언어인 라틴어로 쓸 수 있는 사람이었다(말로 하는 '고전' 라틴어는 이와 관련 있는 현상임이 틀림없다). 사실 11세기 전까지 글을 속어로 쓰는 일은 거의 없었다. 아일랜드와 같은 몇몇 지역에서는 오감 문자로 쓴 글이 4세기부터 있었고, 이미 7세기에 라틴어 알파벳으로 게일어의 음성을 표현했지만 말이다.

　제국의 여러 지역에서 쓰는 언어는 항상 있었는데 그것은 아직도 라틴어였지만 (단일성), 모든 지역에서 라틴어는 다양한 방식으로 쇠퇴했다. 게다가 이미 고대에 라틴어가 절대적인 것은 아니었다. 예를 들어 로마(정확히 우르베Urbe) 라틴어의 '세련됨urbanitas'은 '소박함rusticitas'(시골 라틴어) 혹은 '외래성peregrinitas'(속국의 라틴어)과 대립하고 있었다. 구어나 문어나 문체도 지역마다 달랐다. 예컨대 리비우스(기원전 약 59-17)의 '파타비니타스Patavinitas'(현재의 이탈리아 파도바인 파타비움에서 쓰던 고유한 방언*)나 키케로가 가족에게 보내는 편지에서 사용한 위상어, 세네카의 이베리아어 강세에서 알 수 있다. 그러므로 이탈리아 반도에서도 대륙의 다른 곳에서도 라틴어의 단일성이 절대적인 것은 아니었다. 적어도 2세기 말부터는 '야만인처럼 말하기 barbare loqui'라는 용어가 생겨났다. 로마화하는 방식의 유형과 토대가 다양했기 때문에 그 실현도 다양하게 진행될 수 있었다. 가령 스위스의 장크트 갈렌에서 'debere(해야 한다)' 대신에 'tepere'를, 'presbiter(성직자)' 대신에 'bresbiter'를, 'aedificium(건물)' 대신에 'etefficium' 등을 쓴 경우를 흔히 발견할 수 있었을 것이다. 발전하는 속도 또한 달랐기 때문에 다양한 라틴어들이 서로 멀어졌다. 그리하여 오늘날에는 수많은 지역이 상이한 로망스어 사용 지역과 일치하도록 정확히 구분되었고, 그 지역마다 상용하던 지배적인 방언도 구분되었다. 한편으로는 차별화를 향한 지방 분권적인 자극과 평준화를 향한 중앙 집권적인 경향(이는 예를 들어 문법과 글쓰기 교육을 통해 실행되었다) 사이의 대립이 모든 언어학적 현실의 특징이었다. 로마 제국이 몰락

라틴어의 다양성

하면서 정치–문화의 중심지가 와해되며 지방주의적 경향이 강조되었고, 형용사 '도시의urbanus'와 '시골의rusticus'에 부합하던 가치도 전도되기에 이르렀다. 이후에 후자의 형용사는 (언어학적–문학적 측면에서 소위 말하는 '하위 언어sermo humilis'와 유사하게) 소통 자체의 기준을 지시할 것이었다. 그와 같은 라틴어를 연구하기 위한 사료는 저마다 다른 특징을 가졌다. 『키론의 물 요법Mulomedicina Chironis』(4세기), 417–418년의 『에테리아의 순례기Peregrinatio Aetheriae』, 『프로부스의 부록Appendix Probi』(3세기) 등이 그 예다.

라틴어와 속어

그러므로 중세 초기에 라틴어에서(그리고 '시골의 라틴어 문장'에서) 속어와 속어 문학 전통이 점차 발전하는 변화가 나타난다. 새로운 현실을 보여 주는 명백한 단어는 '저속한volgare'이란 단어다. 이 단어가 공통어에서는 전적으로 부정적인 함의를 떠맡았다면, 이제는 언어학적인(나중에는 문학적인, 대체로 말해 문화적인) 집합체를, 혹은 1000년 무렵에 다른 지역의 명확히 다른 상황에서 구성된 집합체를 지시하기 위해 중립적인 성격을 유지했다. 그 결과 '저속한'은 '라틴적'과 대립하는 모든 것이 되었지만, 초기에 가졌던 분명한 차별성을 내포하고는 있었다. 예를 들어 '저속한'(어원은 '대중volgo')이 명백히 사회학적인 자격이라면(높은/엘리트의 대 낮은/ 민중적인, 저명한 대 비천한/일상적인 등과 같이 대립쌍도 가졌다), 그 범주는 중세 유럽 사회 같은 상황에서는 해석하기 매우 어려울 것이다. 연대를 껑충 뛰어넘어도 민족 정체성과 언어가 일치하기 어렵다는 것을 충분히 생각할 수 있다. 예를 들어 12–13세기에 프랑스 카페 왕조의 왕은 프로방스 사람과 플랑드르 사람을 함께 다스렸으며, 프랑스어를 말하는 모든 사람들을 통치한 것이 아니었다. 영국의 플랜태저넷 왕가의 왕은 콘월의 켈트족과 웨일스족, 노르만족, 색슨족 및 아일랜드인뿐 아니라 프랑스인, 브리타니아인, 프로방스인도 다스렸다. 이베리아 반도에서 아라곤 왕은 아랍인들과 유대인 외에 에스파냐어로 말하는 민중뿐만 아니라 프로방스인과 카탈로니아인도 다스렸다. 민족성이 역사적인 현상인 것처럼, 민족적인 감정과 국가적인 외형, 즉 민족과 언어가 평행하게 일치하는 과정 또한 느렸다.

언어와
민족적 정체성

유럽어를 보여 주는 초기 증거

로마 제국의 공식적인 몰락부터 카롤링거 왕조까지 300년이 지난 뒤, 카롤링거 왕조에 앵글로색슨 및 아일랜드 학자들이 유입되면서 라틴어와 속어 어법은 (신라틴어든 게르만어든) 뚜렷이 구분되는 언어로 연구되었다. 두 언어의 상호적인 충돌은 그런 식으로 제한되었으며, 마침내 순수한 라틴어 규범을 복구하면서 오히려 라틴어가 아닌 것에서 한층 정확한 표현과 정의를 발견할 수 있었다. 앵글로색슨 지역처럼 게르만 지역에서도 8-9세기에 초기 증거가 나타나는데, 그 예가 (『힐데브란트의 노래 Hildebrandslied』의 고대 서사시 구절은 제외하고) 모두 전례 및 교리 학습이나 학교와 관련된 라틴어 서적의 번역이나 주석이었다. 11세기에는 노르웨이어(혹은 고대 아이슬란드어)가 발달했으며, 평준화된 영어의 등장을 알리는 초기 증거는 11세기 말로 거슬러 올라간다. 켈트 문화에서는 9세기부터 고대 아일랜드어와 고대 콘월어로 쓴 서적 및 주석이 나타났고, 그 이후에는 다양한 종류의 게일어가 등장했다. 슬라브 문화에서는 9-10세기에 고대 러시아어 전통이 시작되었고, 10세기에는 슬로베니아어로 쓰인 첫 번째 문헌이 나왔으며, 피노-우그리아어족에서는 헝가리어로 쓴 최초의 문헌이 등장했다. 마지막으로 바스크어를 증명하는 최초의 주석은 10세기에 있었다.

프랑스에서는 〈스트라스부르 서약Sacramenta Argentariae〉(842)과 베르뎅 조약(843)이 로망스어와 독일어에 공식 언어의 위엄을 부여한 것이었으며, 정치적으로 매우 중요한 문서에서 그것을 증명한 예다. 이탈리아에서는 10세기에 로망스어를 증명하는 최초의 문헌인 『플라치티Placiti』가 있었다. 논쟁의 여지가 있는 〈베로나의 수수께끼Indovinello veronese〉(8세기 말에 제작된 모사라베 필사본에 실린 후기 라틴어 글로 '반半속어'로 정의되었다. 이 글은 라틴어와 속어의 차이를 이해한 듯한 사람이 일부러 쓴 순수 라틴어 표현 옆에 쓰여 있다)는 제외하기로 한다.

| 다음을 참고하라 |
문학과 연극 문법, 수사학, 변증법(568쪽)

성경 문학과 종교 문학의 종류

LETTERATURA E TEATRO

성경, 정전, 외경, 번역, 회람, 주석 문학, 성경시

| 프란체스코 스텔라 |

중세 서방에서 성경Bibbia(어원은 '책'을 뜻하는 그리스어인 biblia)에 대한 지식은
교부들(암브로시우스, 히에로니무스, 아우구스티누스, 그레고리우스)의 저서, 학교 교육과
수도원, 교회 및 전례 문화와 더불어 중요한 기준점이었으며, 법률서, 지식인들의 저서,
예술 작품에 결정적인 영향을 주었다.

정전과 번역

고대 후기에 성경의 개념에 일치하는 서적들(Biblia sacra, Bibliotheca, Sacra Scriptura,
Testamenta)은 끊임없이 변하고 발전하는 자료로, 단일하게 결정하기 어려운 것이었
다. 367년에 알렉산드리아의 아타나시우스는 신약 성경의 정전을 정했고, 몇 년 뒤
에 로마에서 교황 다마소 1세가 주재한 공의회에서는 성경 72권을 엮은 가톨릭 정
전을 최종적으로 협약했다(나중에 신교도들이 소위 말하는 제2정전들, 즉 「유딧기」, 「토빗
기」, 「마카베오기」, 「지혜서」, 「집회서」, 「바룩서」, 「예레미야서」, 「수산나 이야기」, 「에스테르
기」의 그리스어판 일부, 「아자르야의 기도와 세 젊은 성자들의 노래」가 포함되었다).

　실제로 이 정전 목록들은 책마다 수시로 달라졌다. 4세기 말에 사용된 판본은
72명이 번역에 참여한 그리스어판인데(알렉산드리아 정전), 여기에는 유대교 성경에

그리스어로 된 제2정전 몇 권이 더 추가되었다(팔레스타인 정전). 그럼에도 『페시타 Peshitta』(아르메니아어, 조지아어, 보헤이리케boheiriche)라 불리는 시리아어 번역본, 울필라스 주교(311-약 382)의 콥트어 신약 성경, 유래에 따라 『베투스 라티나Vetus Latina』, 『아프라Afra』 혹은 『이스파나Hispana』로 명명하여 지역의 그리스도교 공동체에서 사용하던 일부 라틴어 번역판(이것은 교회의 라틴 교부들이 많이 인용한 성경 혹은 고대 필사본들을 토대로 오늘날에 복원되었다)이 유포되었다. 그 당시에 다마소는 비서인 스트리돈의 히에로니무스에게 공식적인 번역판을 준비하라는 임무를 맡겼고, 그래서 나온 것이 『불가타 성서』다.

카롤루스 대제의 개정판   히에로니무스의 번역판은 점차 '옛날 판'을 대체했으며, 카롤링거 왕조 이후에야 호평을 얻을 수 있었다. 사실 이 시기에 카롤루스 대제는 『훈계』에서 성경을 비판적으로 재교정하라고 촉구했는데, 자신이 통치하는 모든 영토의 전례에서 기준이 되는 유일한 성경을 확실하게 보증하기 위해서였다. 『불가타 성서』를 토대로 하는 이같은 문헌학 사업을 통해 많은 필사본 견본이 발견되었고, 그 덕에 투르의 알퀴누스가 자신의 필사실에서 진행했던 작업도 알려지게 되었다(현재 런던에 있는 무티에-그랑발Moutier-Grandval 성경과 로마의 발리첼리아나Vallicelliana 성경은 현재 피렌체의 라우렌치아나 도서관에 소장된 코덱스 아미아티누스Codex Amiatinus에 따라 작성된 최초의 완전한 성경 필사본이었다). 그러나 생메스맹Saint-Mesmin 혹은 미시Micy 수도원의 작업실에서 일하던 테오둘푸스 주교도, 그리고 코르비 혹은 메스 수도원의 작업실에서도 성경을 철학적으로 재교정했던 흔적을 남겼다. 카롤링거 왕조의 노력으로 한층 정확하고 완벽한 텍스트가 나오기는 했지만, '합의를 통한' 간행본은 아니었다. 그것은 12-13세기에 파리 대학교의 교정 작업을 통해서만 이루어질 수 있었으며, 모든 성경을 최초로 시구로 분리했던 스티븐 랭턴Stephen Langton(1150-1228)과 같은 인물을 통해서 가능했다. 마지막으로 9세기에 나온 중요한 번역본은 그리스어에서 고 슬라브어paleoslavo로 번역한 것인데, 키릴로스(826/827-869)와 메토디오스(약 820-885)가 번역했다. 대모라비아 왕국의 전도사들이었던 이들은 슬라브 정교회의 전례 및 언어학적 전통의 창시자였다. 그러나 라틴 전통이 우세했거나 혹은 언어의 발전이 없었던 유럽의 다른 지역에서 성경의 방언 번역판이 나오려면, 14세기에 있었던 위클리프의 종교 개혁이나 15세기에 있었던 루터의 종교 개혁을 기다려야 했다. 아인셤의 앨프릭이 번역한 앵글로색슨적 「창세기」, 장크트 갈렌의 노트커 라베오(약 950-

1022)가 고대 독일어로 번역한 「시편」과 「욥기」, 에버스베르크의 빌리람Williram von Ebersberg(11세기)가 『불가타 성서』 원전 옆에 나란히 둔 「아가」의 프랑코니아어 번역-주석판과 같은 개별적인 성경은 제외하고 말이다.

교리 학습을 성경의 대중적인 이해에 기반을 둔 페트뤼스 발데스Petrus Valdes(약 1140-약 1217)의 실험은 알비파 혹은 카타리파가 사용한 프로방스어 번역판이 그랬던 것처럼, 필사본이 전수되자 사라지고 말았다. 그러나 루이 9세(1214-1270, 1226년부터 왕) 치하에서 파리 대학교가 번역한 최초의 프랑스어 완역판 성경이 제작되었다. 이 시기에 카스티야의 왕 알폰소 10세와 더불어 프랑스어 번역판이 번역되기 시작하여, 아라곤의 왕 알폰소 3세가 통치하는 동안에는 카탈루냐어로도 번역되었다. 반면에 이탈리아에서는 1320-1330년이 되어서야 도메니코 카발카Domenico Cavalca(1270-1342)가 번역한 속어판 성경(「사도행전」)이 나왔다. 많은 이단들이 동시대의 언어로 성경을 읽는 것에 관심을 보이자, 교회와 행정 당국은 그것에 반감을 자주 표출했다. 1229년 툴루즈 시노드에서는 로마 교회와 무관한 단체를 조직한다는 의심 때문에 속어판 종교 서적을 소지하는 것을 금지하기에 이르렀다. 1233년에는 아라곤의 하이메 1세(1208-1276)가, 1350년과 1369년에는 황제 카를 4세(1316-1378, 1355년부터 황제)가 그와 유사한 엄중한 금지 조치를 내리지만, 그다지 큰 성공은 거두지 못했다.

외경

'외경apokrypha'이라는 용어는 그리스어인 'krypto(감추다)'에서 유래했으며, '감추고 멀리 두는 것'을 의미한다. 중세 서방의 어휘 사전에서 그 단어는 '비밀secreta' 혹은 '숨겨진reconditia' 혹은 '불가사의한occulta'을 뜻했다. 그러므로 원래 그 개념은 정전의 문제가 아니라 접근성의 문제를 언급한 것이었다. 비밀주의는 위험한 내용이 아니라 그 내용의 출처가 불분명한 것에서 나온다. 아우구스티누스가 『파우스투스에 대한 반박Contra Faustum』에서 "그것들의 미지의 출처가 교부들에게는 확실하지 않았다earum occulta origo non claruit patribus"라고 쓴 것처럼 말이다. 출처 때문에 중세 초기에 가장 많이 읽힌 백과사전인 세비야의 이시도루스의 『어원 사전』에서는 외경을 "의심을 불러일으키기 때문에quia in dubium veniunt"(VI 2, 51) 비밀 서적으로 정의한다. 즉 그것들의 권위에 대해, 그러므로 그것들이 전하는 것의 신빙성에 대해 의심했던 것이다.

의심을 불러일으키는 불분명한 출처

정전주의라는 측면에서 볼 때, 400년의 톨레도 공의회에서 정전에 대한 첫 번째 판결이 내려졌다. 그리고 405년에 인노첸시오 1세(?-417)는 교황령을 발표했고, 이후 수백 년 동안 시노드에서 더 많은 판결이 내려졌다. 〈수용할 수 있는 책과 수용할 수 없는 책에 대한 법령Decretum de libris recipiendis et non recipiendis〉에서는 이 책들이 구체적으로 어떤 것인지 정하고 있다. 이것은 교황 젤라시오 1세가 발포한 법령인데, 7세기의 갈리아에서 그것과 유사한 것이 작성되었고, 9세기에는 교회가 공식적으로 그것을 받아들였다. 법령에는 (이단이나 분리주의자들에게서 나온 것이기 때문에) '외경'이라 정의하여 거부한 책들이 많이 있었을 뿐 아니라, 「토마스 행전」, 「야고보 서간」처럼 중세 문화에 깊은 영향을 주게 될 서적들도 많았다. 성경 정전과 전혀 무관하지만 호교론자인 테르툴리아누스, 락탄티우스, 시인 코모디아누스Commodianus의 작품처럼 지적인 수준에서 권위 있는 책은 말할 것도 없었다. 사실 교양 있는 대중의 인

진흙 속에
묻힌 금

식은 다양하면서도 불확실했다. 이미 히에로니무스는 외경들 중에서 "진흙 속에 묻힌 금"을 찾으려는 유혹을 경계하면서, 무엇보다 예수나 사도들의 기적에 대해 서술하고 있는 것을 외경에서 발굴해 내려는 의도에서 그와 같은 표현이 흔히 쓰였다고 말했다. 예를 들어 프랑스 역사의 아버지인 투르의 그레고리우스가 4세기에 그와 같은 실천을 제시한 바 있다. 그는 「안드레아 행전」에서 이교도적인 잡담을 몰아내고 그가 행한 기적을 캐내는 것을 제한하자고 제안했다. 외경에 대한 중세인들의 태도는 「마리아 탄생 복음서Libellus de Nativitate Sanctae Mariae」의 작성자를 통해 확인되었다. 이 작품은 「마태오 복음서」를 축소한 「위僞 마태오 복음서」로 히에로니무스의 저작이라고 잘못 알려졌는데, 이 작품의 서문으로 실린 편지에서 "히에로니무스가 썼거나 혹은 히에로니무스가 쓴 것처럼 그럴듯하게 썼을 수도 있을 것"이라고 언급했을 뿐이다. 그러므로 교회는 인정하지 않았지만 널리 유포된 작품에서 신앙의 진실을 찾으려 할 때, 진본의 문제가 있었다. 이런 작품들은 복음서와 행전의 서술적 공백을 메울 때 유용했다. 가장 대중적인 장르 중에서 그리스도의 죽음과 부활 사이에 일어난 신비로운 사건을 이야기하는 묵시록이 있었다. 특히 「바오로의 환영」과, 지옥을 방문한 그리스도의 이야기를 자세하게 기술한 「니코데모 복음서」가 그 예다.

이 같은 모호함은 신학 논쟁의 기원이 되었다. 자신의 대성당에 소장된 책 중에서 성모 마리아와 관련한 책을 수집했던 랭스의 주교 잉크마르가 위僞 젤라시오의 교황령Decreto에서 영감을 받은 코르베이의 라트람누스Ratramnus Corbeiensis(약 800 약 868)

와 했던 논쟁처럼 말이다. 이 논쟁에서 잉크마르는 정전 성경이 부분적으로 모호하게 남겨 두었던 사건과 인물을 보완하는 정보를 주어야 한다는 입장을 대변하는 것 같았다. 이후의 많은 신학자들이 반복해서 채택한 해결책은 '전체적인 외경in totum reiicienda'과 '부분적인 외경non penitus abominanda'을 구분하는 것이었다. 신학 논쟁에서 권위 있는 출처로 인용할 수 없음에도 불구하고, 외경을 "부분적으로 비밀 내용을 포함한 책으로 공식적으로 읽을 수는 없지만" 개인적으로 읽을 수 있다고 생각했다. 그동안 수많은 변화와 구분이 있었지만, 그것이 나머지 중세 시대에 있었던 중요한 인식이었다. 그러므로 중세 후기 백과사전파의 대표자였던 보베의 뱅상은 『외경 옹호론Apologia de apocriphis』을 쓸 정도였으며, 심지어 성 바오로와 성 야고보의 서간 및 야코부스 데 보라지네Jacobus de Voragine (1228-1298)의 『황금 전설Legenda aurea』에서도 외경의 존재를 허용하고 교회에서 사용하는 게 옳다고 주장했다. 『황금 전설』은 성인전을 집성한 것으로 유럽에서 폭넓은 대중성을 확보했을 뿐 아니라 문학과 도상학에 심오한 영향을 주었으며, 어떤 경우에는 성인전의 원천으로 외경을 인용하기도 했다.

전체적인 외경과
부분적인 외경

주석

대부분의 중세 초기에 신학적인 사색의 중요한 내용이자 도구는 성경에 대한 논평 혹은 주석(즉 '설명')이었다. 주석은 중세의 지식인들이 더욱 활발하게 참여한 분야다. 성경뿐 아니라 현실의 모든 인물들이나 사건 혹은 현상에 한 가지 혹은 더 많은 의미를 부여하려는 노력은 세상과 인생을 해석하려는 중세의 시도에 정교한 실마리를 제공해 주었다. 이 같은 노력의 결과는 상대적으로 잘 알려졌고 교부 시대에는 연구도 되었지만, 카롤링거 왕조 및 그 이후 시대에는 부분적으로 탐구되지 않은 채로 남아 있었다. 그 시대에는 서적이 거의 출간되지 않았으며, 대부분의 책이 당시의 언어로 번역되지 않았다.

중세 시기는 카시오도루스의 『시편 해설』과 함께 문을 열었다. 이 책은 "그리스도교 신학과 이교도 문화(혹은 더 자세히 말한다면 백과사전적 문화)를 지속적으로 비교"(레오나르디)한 아우구스티누스를 본보기로 삼았다는 특징을 가졌다. 즉 이 책은 자유학예가 성경의 이해 및 그리스도교 학문의 교육을 위한 중요한 도구였음을 말해 준다. 이 책에서 카시오도루스는 이후 학교에서 사용하게 될 체계에 따라 글 일부를 결합한다. 여기서 체계란 분할divisio, 구조의 통합, 설명expositio, 내용의 마무리conclusio를 말한다. 카시오도루스는 이미 아우구스티누스를 본받아 더 많은 의미가 공존할 수 있도록 했다. 그 의미들이란, 이야기의 역사적이거나 문자적인 의미in tellegentia secundum historicam lectionem, 정신적인 의미intellegentia spiritualis(이 경우에는 우의적인 해석, 비유적인 즉 도덕적인 해석, 상징적이거나 유형학적인 해석을 통해 정의된다), 마지막으로 인간의 역사 및 하느님이라는 궁극의 실재와 관련한 신비주의적 의미를 말한다. 예를 들어 이와 같은 방식에서 볼 때 노아의 방주를 홍수로부터 구조되는 수단으로, 혹은 악으로부터 도망치는 피난처를 제공하는 교회의 우의적 예시로 읽을 수 있다(모형 대형의 쌍으로 배열하면 방주-교회). 홍해는 그리스도의 피의 상징이거나 우의이고, 에덴의 나무는 십자가의 나무를, 카인은 유다를 상기시킨다. 신약-구약의 축에 항상 근거하여 수행되는 독특하고 개방적인 관계 체계 안에서 이런 도식이 성립한다.

그러므로 체계적이지 않은 신학의 체계화, 특별한 용어, 서한집 등의 유산이 발전하는데, 이는 중세 초기 문화의 수도원 상황의 특징을 보여 준다. 주석은 처음부터 문학 장르가 지닌 특수성을 보여 주었다. 사실 카시오도루스는『교범』의 제1권('기초Fondamenti')에서 성경 다음에 성경의 의미를 통찰한 학자들의 목록을 작성했다. 그것은 바로 주석 방법에 대한 스승들이자 안내자들introductores(예컨대『그리스도교 교양』을 쓴 아우구스티누스), 교부들인 히에로니무스와 암브로시우스 같은 해설자들expositores이자 주석가들의 목록인 것이다. 이후 시대에 더욱 확산된 방법론 중 **방법론과 의미** 에는 위僞 멜리토Pseudo-Melito(6세기)의『성경의 열쇠Scripturarum claves』뿐 아니라 리옹의 에우케리우스Eucherius of Lyon의『지적인 정신을 표현하는 방법Formulae spiritalis intellegantiae』(8세기에 나온 총서), 거룩한 역사가 있는 지명의 어원학 및 우의적 의미를 다룬 히에로니무스의『유대인이 거주하는 지명과 위치에 관하여De situ et nominibus locorum Hebraicorum』, 그리고 그와 유사한 위僞 베다Pseudo-Beda의『유대인 이름에 관한 해석Interpretatio nominum Hebraicoroum』이 있다.

수도사였고 나중에 교황이 된 그레고리오 대제에 의해, 주석은 결정적인 전환기를 맞이하면서 정신적이고 목자적인 목적을 추구하게 되는데, 이는 중세 절정기에 다시 등장할 터였다. 그레고리오 대제의 저서를 보면 그가 성경 해석의 역사적 변화에 대해 충분히 인식하고 있음을 알 수 있다. 그러나 로마-야만족 왕국이 다스리던 시기에는 지식을 스콜라 학문적 방식으로 체계화하려는 요구가 있었으며, 그 결과 세비야의 이시도루스의 종합에 이르렀다. 그는 성경 인물의 우의적 의미에 대해 논 한『성경 인명에 대한 우의적인 설명Allegoriae quaedam Sacrae Scripturae』과『구약 성경의 문제Quaestiones in Vetus Testamentum』(혹은『영적인 신비에 관한 설명Mysticorum expositiones sacramentorum』)를 저술했다. 바로 이 시기에 아일랜드의 주석이 발전했는데, 이에 대 해서는 베른하르트 비스코프Bernhard Bischoff(1906-1991)가 철저히 연구했다. 아일랜 드 주석은 일반적인 주석 방식의 공존, 위대한 대가들의 부재, 학교의 주석 방식과의 구조적인 결합으로 나타난다. 결국 이시도루스에 비해 해석의 문제를 동떨어진 문 제로, 개별 문구에 대한 해설로 축소하게 되었다. 8세기의 성경 주석에서 눈에 띄는 인물은 영국인이었지만, 그는 섬의 문화를 통해 공부한 것이 아니라「마르코 복음 서」,「루카 복음서」,「사도행전」및 구약 성경 중의 역사서 몇 권(「창세기」,「탈출기」, 「에즈라기」,「열왕기」,「느헤미야기」,「토빗기」)에 대한 일련의 주석을 철저히 이용했던 교부 철학을 통해 공부했다. 그가 바로 영국사의 아버지로 간주되는 가경자 베다다. 베다는 필사본의 여백에 자신이 찾은 자료의 출처를 기입하던 초기 연구자들 중의 한 사람이었으며, 카롤링거 왕조 시기에 큰 성공을 거둘 방법을 발전시켰다. 아마도 그는, 문화나 이단에 대한 갈등은 없었지만 성경의 복잡한 의미를 제시했던 시대를 위해 최초로 주석이라는 방식으로 저술을 했을 것이다.

이시도루스의 종합서

　교부 철학의 유산을 다듬던 카롤링거 왕조의 주석가들은 지식을 체계화하는 중 요한 역할을 재인식하고 있었으며, 그리하여 가톨릭 전통 및 중세 문화에 대해 명확 히 알게 되었다. 이와 같은 성경 해석을 위한 노력을 오늘날에는 자율적인 문화의 결 과로 파악하고 있는데, 종교적인 의미에서 볼 때 양적인 측면에서도 카롤루스 르네 상스가 특별히 공헌한 것은 이와 같은 자율성 덕분이었다. 이 시기에는 고대의 내용 을 담고 있는 필사본들을, 교부 철학적인 내용을 추가한 20권의 필사본으로 번역했 다고 추산하고 있다. 라바누스 마우루스는 유명한 필사본인『성직자 제도』에 대한 주석 작업을 광범위하고 통합적으로 점검했다. 이러한 '해설자들expositores'의 새로운 혁신은 우선 인용 방식을 바꾸었다는 점이다. 교부들은 논평한 긴 글을 자신들끼리 서로 비교하도록 했는데, 그렇게 해서 충실하고 동일하며 특히 완벽한 인용 목록이 나오게 되었다. 그러므로 성경에 대한 논문을 완성하지 못한 교부들의 논평을 보완 하려는 경향까지 생겼다. 몇몇 연구자들은 그 같은 방식을 단순한 편집으로 평가했

인용과 논평

던 반면, 최근의 연구들은 이와 같은 글 모음을 "성경에 대한 특별한 강독이 아니라 순수한 해석의 전통을 회복하고자 하는 다양한 문화적 요구의 표현"(칸텔리Cantelli)이라고 평가하고 있다. 이와 같은 노력이 얼마나 철저했는지는 리옹의 플로루스Florus de Lyon(?-약 860)의 경우를 보면 가늠할 수 있다. 그는 성 아우구스티누스의 저서만을 참고하여 '바오로의 서간'에 대한 논평을 적었다. 그러나 아우구스티누스는 성 바오로에 대한 논평을 따로 한 적이 결코 없었으므로, 플로루스는 히포의 천재가 쓴 수많은 다른 저작에서 성 바오로와 관련된 4천 구절의 문장을 구별해 실어야 했다. 이 작업은 학교와 주석의 역사에서 질적인 도약을 예비하는 일종의 문화 사업이었던 것이다.

그리하여 비판적으로 수집하여 배치하고 의식적으로 따르게 하는 얽히고설킨 해석 방식이 만들어지는데, 이것은 특히 시를 평행하게 배치하는 것(이전 시대에 논평이 없던 시구를, 논평이 있는 유사한 시구를 참고하여 설명할 때 유용했다)과 명사의 어원학에 영향을 주었으며, 그와 더불어 기법과 방법론에 대한 성찰도 따라왔다. 이 분야에서 가장 영향력 있는 대가들의 제1세대는 최근에 발견되어 공개된 트리어의 위그보드, 요크의 알퀴누스, 토리노의 클라우디오Claudio I di Torino(약 780-828) 등인데, 이들은 특히 원전 모음집collectanea에 몰두했다. 그다음 세대인 라바누스 마우루스와 뤽세이유의 안겔로무스(9세기)는 다양하게 해석되는 의미에 따라 자료의 순서를 배열하면서 개정 작업을 완수했다. 830년 이후의 세대는 선배들이 종합해 두었던 것으로 작업할 수 있었고, 더 많은 개성을 발휘해 비교하고 논쟁의 깊이를 심화시킬 수 있었다. 오세르의 에몽Haymon d'Auxerre과 코르비의 파스카시우스 라드베르투스Paschasius Radbertus(9세기에 활동했다. 파스카시우스는 해석학을 역사 및 정치 서적의 독서에 적용했고, 동시에 문체론과 수사학에도 응용했다), 특히 요하네스 스코투스 에리우게나가 이 세대에 속한다. 요하네스 스코투스 에리우게나는 위 디오니시우스(5세기)의 신학적 제안을 발전시키면서 신학 및 우주학 교육을 위해 「요한 복음서」에 관심을 보였다. 이와 같은 거대한 작업을 토대로 하여 성경의 완전한 해석 모음집을 작성하기 시작했고, 이것은 랑의 안셀무스Anselmus Laudunensis(약 1050-1117)의 학교에서 그 유명한 **표준 주석** '표준 주석Glossa ordinaria'이 될 것이었다. 한때 사팔뜨기 발라프리트의 저서라고 추정되는 이 책은 근대 시대까지 성경을 이해하기 위한 보편적인 열쇠로 남았다.

성경시詩

고대 후기 및 중세의 문화적 생산에서 성경의 파급력은 오늘날 우리가 '문학'이라고 부르는 데 익숙한 분야에서도 중요한 척도가 되었다. 윌리엄 블레이크(1757-1827)가 구약과 신약 성경을 "거대한 예술 코드"라고 말했듯이 성경시의 영원한 하이퍼텍스트hypertext는 성경일 뿐 아니라, 고대 시대에 성경과 시의 관계는 비록 간접적이고 매개적인 방식이지만 작품을 지탱하는 하나의 축이었다. 성경에 시적인 부분이 있기 때문에(모세의 노래, 성가, 「욥기」, 「예레미야서」, 「애가」), 초기 그리스도교 시대부터 시와 성경 사이의 일대일 관계가 성립되었다. 「시편」의 저자 다윗은 하느님을 찬양하는 그리스도교 시인의 본보기인 동시에 새로운 시의 대상이 되었고, 그 시는 그리스-라틴 문화의 체계에 맞는 언어로 번역되었다. 이런 관계는 빠르게 장르 및 예표론typology으로 구축되었으며, 예표론 내부에서는 '성경시'라고 더욱 직접적으로 정의할 수 있는 세부 내용이 결정되었다. 요컨대 성경을 대상이자 출처로 삼는 시인 것이다. 역사적 중요성 때문에 성경시는 호메로스의 서사시와 카롤루스-아서 왕의 서사시 이후로 유럽 시에서 세 번째 신화적 주기에 해당한다. 그러나 이와 관련된 작품의 수와 범위는 가장 컸다.

성경과 시

처음에는 찬송가와 찬미가가 주로 쓰였다. 찬미가 중에는 파피루스에서 발견된 몇 개의 연습 문장부터 에우도키아(393-460) 황후의 시문, 시리아 라오디케아의 아폴리나리스Apollinaris of Laodicea(4세기)가 썼다고 추정되는 찬송가, 이집트 시인인 파노폴리스의 논노스Nonnos of Panopolis(5세기)가 쓴 「요한 복음서」 찬송가가 있었다. 서방에서는 그리스도교를 주제로 하며, 소위 '베르길리우스의 시문'을 바탕에 둔 전통이 서서히 형성되고 있었다. 이 시문이란 성경의 일화들을 기술하거나 종교적인 논제를 취급하기 위해 베르길리우스의 시를 이용하고 짜깁기하여 작성한 것이었다. 르네상스까지 많은 사람들이 읽던 시문은 360년경에 쓰인 프로바Proba(?-432)의 시문이었다. 이와 같은 작시 연습이 성경 내용을 전달할 수 있는 교양 있는 대중에게 친숙한 시적인 언어를 창조하는 데 기여했던 반면, 라틴어 성경시의 전통은 유벤쿠스Juvencus의 『복음서Evangeliorum libri』(약 330)를 토대로 만들어졌다. 유벤쿠스는 에스파냐의 성직자로 추정되는데, 복음서를 3219행의 시로 다시 썼다. 시인 키프리아누스가 6행시로 쓴 〈구약 7경Eptateuco〉과 위僞 힐라리오Pseudo-Ilario의 〈마카베오기에 관하여De Macchabeis〉 및 〈복음서에 관하여De Evangelio〉와 같은 '아주 짧은 서

소통 수단으로서 시

사시microepos'도 그와 같은 유형에 속한다. 코엘리우스 세둘리우스Coelius Sedulius(5세기, 한 부분은 구약 성경에 대해, 세 부분은 복음서에 대해 쓴 〈목가Carmen Paschale〉), 마리오 비토레Mario Vittore(「창세기」에 집중한 〈알레티아Alethia〉), 그리고 특히 드라콘티우스(5세기 말)의 수정 작업은 한층 자유롭고 한층 개방적인 주석 혹은 서정시의 발전을 가져왔다. 드라콘티우스는『하느님의 찬양에 관하여』(5세기 말)에서 인간의 역사(이 경우에는 로마사)를 다시 읽고 자신의 죄를 스스로 고백하면서 세상에서 성경이 창작된 것에 대해 매우 감동적이면서도 지적인 글을 썼다. 이렇게 발전하는 과정에는 균열이 없었기 때문에 좁은 의미에서 보자면 이 시기는 중세 초기에 속한다. 사실 6세기 초에 비엔의 아비투스Avitus of Vienne(5/6세기)는 서사적인 호흡을 가지고 창세기, 대홍수, 홍해의 통과에 대해 다룬 5권의 책인『성령의 역사적 업적De spiritalis historiae gestibus』을 썼다. 지리적으로, 학문적으로 많이 축소함으로써 얻어지는 강력한 서술 방식과 문체의 세련된 암시를 보여 주면서 말이다. 동일한 시기에 아라토르는 처음으로 「사도행전」을 가지고 작업을 시도했다.『사도행전에 관하여』는 서사시의 문체와 화합할 수 있을 정도의 발전을 이루었지만, 특히 이 작품은 저자가 산문 이야기에 대한 우의적인 설명과 운문 이야기를 교대로 선택했다는 점에서 혁명적이었다.

말라가의 세베로Severo di Malaga(6세기)가 쓴『복음시Metrum in Evangelia』의 8, 9, 10권에 나오는 긴 시가 트리어 필사본을 통해 최근에 출판되었다. 그러나 카롤링거 왕조 이전의 중세 초기에는 이러한 중요한 서적이 나오지 않았다. 요컨대 중요한 사건은 캐드먼Cædmon(7세기)과 관련된 것이다. 반문맹 상태의 목자였다가 나중에 영국의 휘트비에서 수도사가 된 그는 어느 번역가가 이야기하는 성경 내용을 방언시로 구술 번역했다. 이 일화를 전한 베다는 이 영국 시인이 암송한 구절을 라틴어로 옮겼으며, 영국 시인이 암송한 시는 나중에 문서로 발견되었다. 그러나 게오르기오스 피시데스(7세기)가 약강격 시로 쓴『헥사이메론』은 다른 측면에서 중요하다. 이 작품은 그리스어 성경 주석의 걸작인 카이사레아의 바실리우스의『헥사이메론』에서 영감을 받은, 비잔티움 문학의 기념비적인 시다.

카롤링거 왕조 시대에는 그리스도교 학교 및 교양 있는 대중을 위해 이교도 서사시(베르길리우스, 오비디우스, 루카누스, 클라우디아누스)가 엮인 전집corpus을 대체할 운문 자료집을 만들 필요가 없었다. 그 대신 성경 전체Versus de bibliotheca 혹은 복음서(리옹의 플로루스의『우리의 그리스도 하느님이 고대에 이룬 기적과 위치Oratio cum commemoratione antiquorum miraculorum Christi Dei nostri』)의 내용을 그대로 이야기하지 않고 요약하거나, 신학 내용을 과장하기 위해 거룩한 역사의 여러 시기를 조명하여 '바꿔 말하기paraphrase'(어떤 말이나 글을 더 쉽게 이해할 수 있도록 다른 말이나 글로 바꿔 말하는 기법*)로 축소판(상스의 아우드라두스, 요하네스 스코투스 에리우게나)을 만들었다. 동일한 시기에 고대 영문학(캐드먼, 『창세기 A』, 『창세기 B』, 『탈출기』, 『다니엘서』, 옥스퍼드, 6월 11일의 필사본), 고대 독문학(색슨족의 『헬리안트』, 베소브룬의 『천지 창조』, 최후의 심판에 관한 『무스필리Muspilli』, 오트프리트의 『복음서Evangelienbuch』로 모두 9세기 작품이다. 오트프리트 같은 몇몇 작가들은 카롤링거 왕조 시대에 라바누스 마우루스의 학교에서 수학했다)이 처음 생겨난 것도 성경시 덕분이었다. 이 시기에 아비투스와 아라토르의 작품에 이미 나타났듯이 성경 구절에 대한 주석을 결합하는 작업은 더욱 활발해졌으며, 심지어는 시의 대상과 수사학적으로 새로운 코드에까지 주석을 다는 등 의미 작용의 과정을 밝히게 되었다.

이후 시대에 성경시(이는 성극의 연극적인 발전과는 무관하다)는 라틴어뿐 아니라 다른 언어로, 특히 더욱 야심 찬 새로운 형식으로 확산되었다. 10세기에는 아마도 〈테오둘루스의 목가시Ecloga Theoduli〉가 집필되었을 것이다. 스콜라 철학에서 큰 성공을 거둔 이 작품에서 거짓에 관한 신화적 이야기는 4행시 대 4행시로 진실에 관한 성경 이야기와 대립된다. 동일한 시기에 클뤼니의 오도가 쓴 〈속죄Occupatio〉는 모호하고 실험적인 문체를 실험했는데, 아일랜드 학교의 취향에서 영향을 받았을 것이다. 그러나 11세기에는 위대한 종교시가 다시 쓰이기 시작했다. 아우크스부르크의 하인리히Heinrici Augustensis가 천지 창조에 대해 쓴 〈이브의 비가Planctus Evae〉, 보베의 풀코이오Fulcoio di Beauvais가 그리스도와 교회의 결합 및 두 성경에 대해 쓴 〈결합에 관하여De nuptiis〉 등이 그것이다. 반면에 이후 시대에는 서술에서 '바꿔 말하기'가 다시 융성한다. 이는 자코포 산나차로Jacopo Sannazaro(1455-1530)가 여전히 라틴어로 쓴 『성모 마리아의 출산에 관하여De partu Virginis』, 토르콰토 타소Torquato Tasso의 『창조된 세계Il mondo creato』, 기욤 뒤 바르타스Seigneur Du Bartas(1544-1590)의 『성주간聖週間, La Sepmaine』, 존 밀턴(1608-1674)의 『실낙원』, 클롭슈토크Friedrich Gottlieb Klopstock(1724-1803)의 『메시아』와 같은 서양의 걸작에 이르는 전통이 되었다.

이 장르는 무한한 실험의 영역으로서 수많은 형식을 특징으로 갖게 되었다. 즉 서사시에서 서정시, 기도, 갈등하는 두 실체의 싸움, 기억하기에 편한 전래 동요, 감동적인 각색, 신학의 지성화, 해석적 혹은 우의적 기호학에 이르는 특징 등을 갖는 것이다.

| 다음을 참고하라 |
철학 히포 레기우스의 아우구스티누스(366쪽)
문학과 연극 중세 라틴 시대의 역사 서사시와 서사시(581쪽); 종교 산문의 형식: 신학, 신비주의, 설교(634쪽); 교황 그레고리오 1세와 성인전(639쪽); 가경자 베다(648쪽)

종교 산문의 형식: 신학, 신비주의, 설교

| 파트리치아 스토파치 |

중세 초기의 몇 세기 동안에 신성한 산문은 성경의 주석에 대한 논문에만 거의 한정되었다. 교리-교의에 대한 심의 및 새로운 이단 논쟁이 일어나면서 신학과 설교에 관한 서적의 출판이 새로운 자극을 받았다. 신비주의와 관련한 서적은 상대적으로 덜 관심을 받았지만, 중세 후기에는 다른 분야보다 더 많이 발전하게 될 터였다.

주석

중세 초기의 수세기 동안에 성경(그리스도교의 정체성을 말하는 탁월한 책)과 교부들의 교리 및 전례는 인간과 신에 대한 성찰과 관련한 논쟁에서 중요한 위치를 차지했으며, 그들이 남긴 유산은 중세 초기 작가들의 교육에 밑거름이 되었다.

주석으로서 신학   중세 초기에 중세 신학은 여전히 주석이었다. 교부 시대 및 중세 초기에는 성경 해석이 '설교sermo'(이는 전례서 낭독과 연관된다)와 '주해commentum'(이는 성경의 모든 낱말을 조사하는 것이다)를 통해 표현되었던 반면, 카롤링거 왕조 시대에는 학교(문화적으로 특별한 만남이 있는 장소)에서 새로운 해석학적인 방법을 발전시키게 되었다. 즉 주석집catena(여백에 필사해 놓은 일련의 주석을 모아 놓은 선집), 주해glossa(글의 행간이나 주변에 삽입한 논평), (문학적이고 종교적인) 의미의 체계, 교부들의 저작에서 뽑은 사화집詞華集, florilegium, 요약본compendia이 그것이다. 성경의 모든 책들이 동일한 기준으로 주해되지는 않았다. 7세기까지 역사서 및 예언자에 관한 전기는 특별한 조사

의 대상이 아니었던 반면, 「시편」(수련 수사는 수련 기간 동안 「시편」에 대해 공부했다),
「아가」 및 「요한 묵시록」은 체계적으로 읽혔다.

　카시오도루스는 콘스탄티노플에 유배되었던 시기에 『시편 해설』의 초판을 썼던
반면, 풍부한 참고 도서를 인용하고 있는 재판은 비바리움 시기의 초기에 쓴 듯하
다. 세 권(아우구스티누스의 『시편 강해Enarrationes in psalmos』를 모범으로 삼아 각각 50편
씩 나눴다)으로 구분된 이 주석서는 주석에 직접 관련된 것(그리스도에 중심을 둔 주제
로 「시편」을 해석하고 있다) 외에 수사학과 문법에도 관심을 보이고 있다. 성경을 문학
적으로 접근하는 것은 작품 전체를 강하게 암시하는 요인이 되므로(고대 수학의 상
징과 은유에 대해 많이 언급하고 있다), 그레고리오 1세의 『욥기 교훈Moralia in Iob』을 언
급하고 있는 편지에 나오듯이, 논쟁을 유발할 정도였다. 이베리아 반도에 있던 세비
야의 이시도루스는 주석서 2권을 썼다. 『성경에 대한 우의적이고 유형학적인 주석
Quaestiones in Vetus Testamentum』과 『성경 인명에 대한 우의적인 설명』이 그것이다. 리
에바나의 베아투스는 12권으로 된 주석서인 『요한 묵시록 주해서』를 썼다. 이 주해
서는 중세 교부 문학(이시도루스, 리옹의 이레나이우스Irenaeus Lugdunensis, 티코니우스
Tyconius, 하드루메툼의 프리마시우스Primasius of Hadrumetum, 엘비라의 그레고리오Gregorio di
Elvira, 베자의 아프린기우스Apringius of Béjà)의 공통점을 뛰어넘는 지적 자료를 보여 준
다. 놀라운 것은 책에 수많은 암호로 들어가 있는 장식적인 장치들이다. 영국의 가
경자 베다는 서방 교회에서 가장 위대한 성경 해석자였다. 그의 주석서(이 책은 교
부들의 발췌본을 진실하고 고유하게 다룬 주석의 연속으로 구성되어 있다)는 구약
성경의 1/3(「창세기」, 「사무엘기」, 「열왕기」, 「에즈라기」, 「느헤미야기」, 「아가」, 「토빗기」)
과 신약 성경의 절반(「마르코 복음서」, 「루카 복음서」, 「사도행전」, '신자들에게 보낸 서간
들', 「요한 묵시록」)을 조사하고 있다. 프랑크 왕국의 암브로시우스 아우트페르투스
Ambrosius Autpertus(?-781)는 『묵시록 주석Commentarium in Apocalypsin』(하드루메툼의 프
리마시우스를 포함하여 교부들의 주석서를 자세하게 편집한 것)에서 영성靈性에 관한 가장
중요한 주제를 논하고 있다.

신학

수백 년이 지나면서 주석서와 더불어 신학 서적이 편찬되었는데, 그 수가 더욱 늘어
났을 뿐 아니라 주제 및 논제가 더욱 복잡해지면서 새로운 교리 및 이단 운동이 확산

되었다. 4세기에는 알렉산드리아의 클레멘스(2-3세기), 오리게네스(약 185-약 253), 나지안주스의 그레고리우스(325/330-389), 카이사레아의 바실리우스(약 330-379), 그리고 나중에는 고백자 막시무스(약 580-662)의 저작들이 동방에서 서방으로 들어왔다. 그러나 무엇보다 니사의 그레고리우스와 더불어, 그리스 교부들의 신비주의 및 신학적 교리가 성숙기에 진입하게 된다. 신플라톤주의를 흡수한 이교도 출신인 데다가 폭넓은 교육을 받은 그들은 그리스도교가 아닌 요소들을 주저하지 않고 수용했으며, 플로티노스의 일자론에 근거한 형이상학적인 체계를 간직했고 '로고스'의 범주를 그리스도교에 적용했다. 그러므로 그리스도교는 신성한 지혜의 이상적인 종합이자 '총합summa'으로 나타난다.

　　라틴 중세는 서방 교회의 네 박사들에 대한 성찰 덕분에 동방 교부들, 즉 암브로시우스, 아우구스티누스, 히에로니무스, 그레고리오 1세의 종교적인 교리를 물려받아서 그것을 수정했다. 또한 요한 카시아누스(약 360-430/435)의 공헌도 토대가 되었다. 라틴 교부들 덕분에 그리스도교는 신플라톤주의를 점차 포기하게 된다. 특히 그리스 전통에서 떨어져 나온 아우구스티누스는 이교도 신학과 대립하여 성경으로 가르침을 주는 '신성한 교리sacra doctrina'를 제시했다. 그러나 아우구스티누스에게서 지성과 신앙 지성과 신앙 사이의 비교와 조화는 여전히 실현해야 할 계획이었다면, 중세 초기에는 보에티우스의 저작이 그리스도교와 신플라톤주의의 신학적인 종합을 위한 최초의 구체적인 작업이었다. 보에티우스의 사상은 『신학 논고집Opuscula sacra』(『에우티케스파 및 네스토리우스파 반박Liber contra Eutychen et Nestorium』, 『가톨릭 신앙De fide catholica』, 『삼위일체론De trinitate』과 두 편의 논문인 「7일 주기De hebdomadibus」와 「아버지이냐, 아들이냐Utrum Pater et Filius」)에 제시되어 있다. 『신학 논고집』에서 저자는 그리스도교 교의敎義에 직면할 때 그리스 철학이 추론하는 범주를 이용했으며, 그리스도교 지식이 철학을 이용하는 방법을 보여 주었다. 철학이 신앙에 일치하는 논제를 제공할 수 있기 때문이다(「7일 주기」는 수학적인 방식을 적용한 위대한 신학 논문이다).

　　「영혼에 관하여」라는 제목의 그리스도교 심리학에 관한 짤막한 논문은 카시오도루스의 종교적인 개종의 완성을 보여 준다. 아우구스티누스와 클라우디아누스 마메르투스Claudianus Mamertus(?-474)의 사상을 토대로 하고, 『잡문집』의 13번째 책으로 추가된 이 논문은 인간 영혼의 특별한 활동으로 합리성을 제시하면서 그 영혼을 통해 인간의 사상이 영적인 상승에 도달할 수 있다는 것을 명확히 보여 준다. 요컨대

'이성ratio'은 영혼의 영적인 활동인 것이고, 영혼은 이성에게 진실을 인식할 수 있도록 한다는 것이다. 하지만 그는 종말론적인 해결을 보려는 그리스도교 교리의 중요한 문제에 직면하게 되었다.

그레고리오 1세는 복합적인 양상을 보이는 지적이고 종교적인 활동에서 늘 성경을 기준점으로 삼았다. 그에게 성경은 주석의 대상이며, 하느님에 대한 모든 담론의 원천이자 버팀목이고, 수도원 생활의 토대였다(수도원 생활은 신성한 말에 대한 끊임없는 이해와 수용을 통해서만 가능했다). 이와 같은 관점에서 그레고리오는 성직자들을 위한 종교 생활의 규범서가 되는『목회 규율Regula pastoralis』을 썼다. 또한 35권의 책으로 구성한『욥기 교훈』에서는 성경에 대한 3중의 해석적 독서를, 즉 문학적, 신비주의적, 도덕적 독서를 제시하고 있다.『에제키엘서 강론집 12권XXII homiliae in Hiezechihelem』에서는 예언의 개념을 재평가하고 있는데(설교자praedicator의 형상 속에서 구체화된다), 이 유일한 차원을 통해 교회는 역사 속에서 인간을 이끌 수 있다.

이시도루스의『신학 명제에 관한 책 3권Sententiarum libri tres』(여러 교부들의 서적을 참고삼아 작성한 교리, 도덕, 규율의 문제에 대한 신학 안내서),『교회 성무론De ecclesiasticis officiis』(성직자들의 업무와 역할에 대한 설명서),『유대인에 반대한 가톨릭 신앙De fide catholica contra Iudaeos』(신학 및 윤리서)도 신학 저서다.

그러나 격렬한 이단 논쟁과 관련한 교리적인 문제, 혹은 서적에 집중한 신학 서적의 생산에 새로운 박차를 가한 시기는 8세기 말-9세기였다. 해묵은 문제였던 운명 예정설(아우구스티누스가 이미 직면했던 문제)에 당시 대부분의 저술가들이 휘말리게 되었다. 오르베의 고트샬크는 이단 사상 때문에 랭스의 잉크마르에 의해 처벌을 받았다. 잉크마르는「셋이 아니라 하나인 신성De una et non trina deitate」이라는 논문으로 적대자와 논쟁을 했으며, 리옹의 플로루스와 요하네스 스코투스 에리우게나(810-880)의 저작들도 논쟁에 기여했다. 그러나 요하네스 스코투스 에리우게나의『예정론』은 고트샬크의 입장에 완전히 반대하는 것 같지는 않다.

서고트족 출신인 오를레앙의 테오둘푸스는「성령에 관하여De Spiritu Sancto」란 논문으로 양자론에 대한 논쟁에 참가했다. 이 논문에서 그는 성부와 성자에서 성령이 발현한다(니케아 신경의 유명한 '성자로부터' 논쟁)는 것을 설파하는 서방의 입장을 주장하면서 비잔티움 교리에 반박한다. 라바누스 마우루스는 독단론적인 논문인「영혼에 관하여」를 썼지만, 사팔뜨기 발라프리트는『표준 주석Glossa ordinaria』을 작성하는 일을 맡지만 제대로 하지 못했다. 이 작업은 이후 12세기에 라온 학파에서 활동하던 학자들에 의해 다시 이루어진다.

신비주의 신학

지적 성찰을 통해 신비로운 경험의 가능성을 그리스도교도 개인에게 확장한 아우구스티누스와, 개인에게 그리스도교도의 활동을 강조한 그레고리오 1세 때문에 그리스도교도의 삶과 세상 사이에 존재하는 이원론은 끊임없는 종말론적 긴장감을 유지하게 되었고, 이는 라틴 교회의 특성으로 계속 남았다.

위 디오니시우스(5세기)는 마지막 플라톤주의자 중 한 사람이었다. 그의 논문들은 그리스도교적인 요소가 거의 없으며, 순수하게 사색적인 신비주의를 주장하고 있다(『신비주의 신학De mystica theologia』). 그의 부정적인 신학은 특히 천사에 대한 교리, 신비에 관한 성찰에 중요한 공헌을 했다. 그와 같은 성찰에서 긍정적인 방식과 부정적인 방식이 결합했다. 아일랜드 출신의 요하네스 스코투스 에리우게나는 니사의 그레고리우스, 고백자 막시무스, 위 디오니시우스의 저작을 번역하면서 동방 교부들의 사상을 전파하는 데 공헌했다. 그는 『요한 복음서 서문의 강론집Homilia super Prologum Iohannis』과 『요한 복음서 강론집Commentum in Evangelium Iohannis』을 썼으며, 5권으로 구성된 『자연 구분론』에서는 하느님의 발현으로서 자연이라는 신플라톤주의적 개념을 제시한다. 그가 생각하기에 겉으로 드러난 신앙의 진실과 철학적 지식은 대립하지 않는데, 왜냐하면 둘 모두 최후의 진실, 즉 신성한 진실을 알게 해주기 때문이다.

하느님의 발현으로서 자연

설교

설교sermo 혹은 강론homilia은 예배 혹은 전례를 보는 동안에 신자들 앞에서 읽는 성경 논평이며, 교부들(암브로시우스, 히에로니무스, 아우구스티누스, 그레고리오 1세, 베다, 알퀴누스)의 '권위auctoritas'를 바탕으로 한다. 6세기부터 설교 모음집이 성 베네딕투스의 『베네딕투스 규칙』과 함께 서방에서 사용되었으며, 특히 그레고리오 1세의 『복음서에 대한 설교 40편Homiliae XL in Evangelia』(공식적인 암송을 위한 것)과 730-735년에 사용한 베다의 『복음 설교집Homiliae Evangelii』이 널리 확산되었다.

카롤루스 대제의 요청을 받은 롬바르디아의 파울루스 부제는 서방 교회에서 공식적으로 채택한 첫 번째 『설교집Homiliarium』의 준비에 몰두했다. 이 설교집은 교부의 저작들에서 모은 설교 244편을 '1년 주기로per circulum anni' 순서대로 모아 두었다. 이 모음집은 이전의 모든 설교집(아를의 체사리오, 비엔의 아비투스, 베다, 리옹의 플로루스)을 대신하게 되었고, 커다란 성공을 거두어 20세기까지 사용되었다.

| 다음을 참고하라 |
문학과 연극 성경, 정전, 외경, 번역, 회람, 주석 문학, 성경시(623쪽)

교황 그레고리오 1세와 성인전

| 피에르루이지 리치아르델로 |

그레고리오 1세는 위대한 교회 조직자이자 정치가인 동시에 문학가였다. 그는 성경 주석, 서간문, 교훈적인 문학 등 다방면에 걸쳐 작품을 남겼다. 중세 초기의 성인전은 순교자, 수도사, 주교 등 다양한 성인의 본보기를 제시했다. 그레고리오 1세의 『대화』는 당시 이탈리아 성인들이 행한 기적을 주로 다루고 있는데, 누르시아의 성 베네딕투스가 1순위였다. 그레고리오 1세는 모두가 이해할 수 있는 중급 수준의 언어로 농민들에게 친밀한 영적인 교회의 주인공들을 등장시켰다.

생애

로마에서 가장 고귀한 가문 중 하나에서 태어난 그레고리오(540-604, 590년부터 교황)는 고전 학파의 규범에 따라 교육을 받았으며, 법률을 공부하고 로마 보편주의를 계속 간직했다. 그는 빠르게 정치적 출세를 했다. 35세에는 로마의 통치자가 되지만, 갑자기 인생을 바꿨다. 공적 생활을 그만둔 그는 산탄드레아 알 첼리오 수도원 Monastero di Sant'Andrea al Celio(성 안드레아 수도원)으로 물러나 종교 연구에 몰두했다. 그러나 교회는 그를 교황 대사로 임명하여 콘스탄티노플에 파견했으며, 590년에는 교황으로 선출되었다. 그는 자신이 통치하는 14년 동안 다양한 정치, 문화적인 활동을 통해 교회의 모습을 바꿨다. 성직자의 재산 구조를 개조하고, 랑고바르드족, 앵글족, 서고트족을 그리스도교로 개종시켰으며('그레고리오 성가'가 시작된 것도 그의 업적이다), 방대한 문학 작품을 남겼다. 그리하여 그는 당대의 중요한 작가의 반열에 오르게 되었다.

문학 작품

그가 남긴 풍부한 서간집은 교회의 삶에 관한 다양한 주제를 논하고 있다. 그것은 중세 유럽의 종교 생활이 보여 주는 물질적이고 도덕적인 조건을 연구하는 데 매우 중요한 사료가 된다. 선교사로 보낸 캔터베리의 주교 아우구스티누스에게 보낸 그의 유명한 편지를 생각해 보라. 편지에서 그레고리오는 이전의 신앙을 없애지 말고 그것을 대체하는 새로운 종교를 민중들에게 주기 위해 이교도 사원을 파괴하지 말고 그리스도교 교회로 전환하라고 했다.

『욥기 교훈Moralia in Iob』 또는 『욥기에 대한 도덕론 논평Commenti morali su Giobbe』은 「욥기」에 대한 긴 주석이다. 올바른 사람이 불행을 당해 시련을 겪고 고통과 가난으로 굴욕을 당하지만 자신의 하느님에게 늘 복종하는 이 이야기에서, 그레고리오는 교회와 당시 사람들을 위한 모범을 읽어 낸다. 다른 주석 작품인 『에제키엘서 강론집』은 유대인이 메소포타미아로 추방되는 비극적인 순간에 쓰인 성경의 예언서에 대한 논평이다. 그레고리오의 마지막 주석서인 『복음서에 대한 설교 40편』은 도입부가 특이할 뿐 아니라 어조도 다르다. 교황이 미사를 올릴 때 로마의 백성들에게 효율적으로 연설한 설교를 주로 다룬다. 요컨대 비서가 필사하여 암호 형식으로 전달한 설교였던 것이다.

주석가 그레고리오 성경 주석가 그레고리오의 환상적이고 복합적인 해석은 대개는 도덕적인, 즉 영적인 명령이다. 그레고리오는 성 아우구스티누스(354-430)를 따르면서, 불행에 처한 인간을 위로하고 그들을 약속의 땅인 하늘나라로 인도할 수 있는 하느님의 목소리를 찾고 있다. 그레고리오는 신비로운 삶을 이해한 스승이자, 명상과 행동을 지혜롭게 오가면서 하느님에 대해 내면적으로 탐구했던 스승이었다. 이런 의미에서 볼 때 그는 수도원의 정신세계를 이끈 아버지였을 것이다.

「목회 규율」 완벽한 사제에 대한 안내서로 나온 『목회 규율』은 다른 것보다 축소되었지만 매우 중요한 저작이다. 이 저작은 일반적으로 교육서이지만, 그레고리오의 정신세계 및 그의 신비주의적 교리를 담고 있다. 사실 그레고리오에 의하면 사제는 하느님에 대한 사적인 연구와 공동체를 위한 공적인 봉사 사이에서 끊임없이 균형을 유지해야 한다. 즉 사색적인 삶과 활동적인 삶 사이의 균형 말이다.

그레고리오의 가장 유명한 작품일 듯한 『대화』(593)는 중세 초기 성인전의 장르에 속한다.

중세 초기의 성인전

중세 초기의 성인전은 고대 후기의 성인전을 이어받았으며, 그것의 중요한 종류, 즉 순교록, 전기(『예수의 수난』이나 『예수의 생애』), 기적 모음집 등을 따랐다. 순교록은 종교적인 글쓰기를 종합하는 형식으로, 교회력 안에서 성인을 확인하기 위해 부족하나마 필요한 자료가 되었다.

중세 초기에는 왜곡이 많은 모호한 기억이나 집단적인 기억을 포함하여, 일반적이고 진부한 줄거리를 바탕으로 한 고대 문헌을 베끼면서 초대 그리스도교도들의 순교를 그린 『수난Passioni』 이야기를 계속 대량으로 집필했다. 그것은 일종의 모방 문학으로 독창성 대신에 규격화된 본보기에 집중했다. 명백하게 고대 세계에 토대를 둔 서적을 합법화하기 위해서였다. 삶을 희생한 그리스도에 대한 모방을 이상적으로 보여 주는 동시대 순교자들도 부족하지 않았다. 이탈리아는 랑고바르드족의 침입을 받았고(568-604년 사이), 7-8세기에 영국과 독일에서 선교사들이 활동했으며, 9세기에는 아랍인들이 에스파냐를 침입했다. 그러나 종교가 사회생활과 정치생활을 담보하는 요소가 되기 시작한 경우는 드물었다.

중세 초기에 활동하던 성인들의 생애는 두 가지 측면에서 신성의 우월한 본보기 수도사 성인를 보여 준다. 수도원과 주교 생활이 그것이다. 수도원을 배경으로 하는 성인전은 정착 생활(유럽 대륙의 본보기)과 포교 활동(섬나라의 본보기), 즉 명상적인 삶과 활동적인 삶으로 나뉜다. 대표적인 섬나라인 영국과 아일랜드에서는 이교도들에게 복음을 전도해야 한다는 사명감에 근거한다. 이것 때문에 아일랜드의 성 패트릭(약 389-약 461)과 성 콜롬바누스(약 540-615), 영국의 보니파키우스(672/675-754)와 윌리브로드(약 658-739)는 조국을 떠나 서방의 땅을 통과했다. 아일랜드의 수도원 운동은 금욕적인 참회와 강렬한 기도를 가르쳤다. 특히 필사본의 복사에 주력하는 손작업을 높이 평가하고, 로마 전례에 반대하는 지역 교회의 전통을 옹호했다. 가장 흥미로운 섬나라 서적은 『성 브렌던의 항해』다. 이 책에서 선교사의 이상은 현실과 상상력이 뒤섞인 환상적인 바다 여행으로 표현된다. 이때 역사와 지리는 배제되며, 망자들의 세계는 산 자들의 세계와 끊임없이 소통하면서 상호 침투한다.

주교 성인   그러나 주교 성인들의 『생애』에는 중세 초기 교회가 서방에서 겪은 모든 역사적 어려움이 표현되어 있다. 즉 여전히 이교도 세계(특히 농촌)에서 복음을 전파해야 했고, 이단과 투쟁해야 했으며, 특히 게르만 민족 사이에 유포된 아리우스주의로 인해 힘들었으며, 세속 권력의 오만과 적군의 침입으로부터 도시민들을 보호하는 일도 해야 했다. 특히 성직자가 지도층에 합법적으로 소속되어 공적인 임무를 수행하는 갈리아 지역에서 성자는 그리스도교 민중의 예언자 역할까지 했다. 자연과 초자연적인 적대 세력으로부터 그들을 보호하고, 역사 안에서는 온순하고 선한 복음의 이상과 괴리된 독단으로 자신의 권위를 제시했다.

성인전에는 기적과, 신성의 경이로운 증거가 자주 등장한다. 기적담이 수집되고 자율적인 형식으로 유포된다. 악마에 의해 혹은 죄지은 인간에 의해 사물의 자연적인 질서가 교란되면 기적이 나타나 그 질서를 보호한다. 그리고 성인은 지상과 신성을 중재하여 사물의 질서를 회복시킨다. 성자는 항상 신성함을 중재하는 매개자이며, 자신을 믿고 따르는 신자들을 보호하기 위해 초자연적인 능력을 지니고 있다. 이것에서 민중을 보호해야 한다는 요구가 포착된다. 그것은 인간보다 큰 힘에 대항하는 안전 의식인데, 이는 중세 초기의 정신세계를 보여 주는 여러 특징 중 하나다.

성유물   기적과 더불어 성유물에 대한 숭배가 더욱 활발해진다. 성직자는 처음에 이것에 반감을 보였지만, 점차 지지하다가 결국 이를 지도하게 된다. 성유물은 성인의 사실성을 손으로 만져 볼 수 있는 징표이며, 기적을 수행할 수 있는 불가사의한 대상이다. 성유물은 숭배의 대상이자 교환의 대상이며, 선물의 대상이자 절도의 대상이다. 성유물을 위해 새로운 교회를 건설하고, 그것에서 교회의 위엄과 합법성이 나온다. 9세기에 카롤루스 대제의 전기를 쓴 아인하르트는 성 마르첼리노와 성 베드로의 유물을 로마에서 아퀴스그라나까지 옮긴 일에 대한 보고서를 썼다. 이는 생생한 감동이 담긴 이야기이며, 새로운 수도에 설립한 교회의 성유물을 더 많이 보태려는 카롤루스 대제가 임무를 맡긴 흥미진진한 야간 절도 행각의 기록이었다.

그레고리오 1세의 『대화』

그레고리오 1세의 『대화』는 생존해 있거나 얼마 전에 사망한 성인들이 이탈리아에서 수행한 기적 모음집이다. 그레고리오의 목적은 고트족과 랑고바르드족 때문에 이탈리아가 얼마나 혼란스러운지를 보여 주려는 것이다. 많은 사람들이 세상의 종말이 임박하기를 기다리는 절망적인 나라에서, 성인들의 지속적인 행적은 신의 섭리가 역사에 계속 작용한다는 것을 증명한다. 그레고리오가 말하는 성인들은 요술쟁이이며 자연을 지배한다. 그레고리오가 묘사한 성인들은 심오한 의미에서 예언가, 즉 여러 사건들을 보고 하느님의 섭리를 읽을 수 있고 세상에서 그분의 도구가 될 수 있는 자들이다. 성인들은 도시가 더 이상 기준점이 되지 못하고 그 역할을 시골로 넘긴 이탈리아에서 기적을 행한다. 전쟁과 질병이 창궐하고, 일상적으로 접할 수 있고 사악하며 때로는 인간적으로 순진하기도 한 악마들이 하느님의 백성을 위협한다. 하느님은 무방비 상태로 혼자 있을 뿐이다. 하느님의 사람들인 성인들만 그분의 편에서 개입한다. 성인들은 새로운 영적인 교회, 민중에게 예언을 하는 교회의 영웅들이다. 제도적인 위계질서에 늘 편입되지는 않는 교회 말이다.

『대화』의 두 번째 책은 누르시아의 성 베네딕투스에게만 집중되어 있는데, 이것이 그레고리오가 쓴 첫 번째 자서전인 셈이다. 베네딕투스는 모든 성자들의 본보기를 보여 주며, 그레고리오 교회의 역사적인 필연성을 제시하고 있다. 그는 중부 이탈리아 및 수비아코, 몬테카시노에서 활동한 은둔자이자 수도사이며 예언가이자 선교사다. 몬테카시노에 도착한 그는 그 도시가 이교도 신을 숭배하는 것을 보고 설교를 한다. 그는 아폴론 신전을 파괴하고 그곳에 나중에 위대한 베네딕투스 교단이 될 교단의 첫 수도원을 건설한다.

문학적인 관점에서 볼 때 『대화』는 작가인 그레고리오의 걸작이다. 그는 '서술 narratio'과 '제시expositio'를, 즉 이론과 실천을 번갈아 보여 주는데, 단순한 이야기를 통해 신앙의 심오한 진실을 전달한다. 다른 방식이었다면 문맹의 백성들은 그것을 이해하지 못했을 것이다. 그리하여 그는 당대 사회의 매우 강한 문화적 차별을 극복할 수 있었고, 다양하고 폭넓은 대중에게 호소할 수 있었다.

| 다음을 참고하라 |
문학과 연극 수도원 문화와 수도원 문학(551쪽)

성인들과
신의 섭리

환상 문학과 저승세계에 대한 묘사

| 주세페 레다 |

중세 초기에 성경을 암시하는 몇 부분을 비롯하여, 특히 외경 「묵시록」(그중에서는
「바오로의 환영」이 가장 눈에 띈다) 등 저승세계의 환영을 표현하는 문학 작품이 확산된다.
환영에 대해 말하는 것, 즉 겉으로 보기에는 죽은 상태이거나 열에 들뜬 상태에서
꿈을 꾸는 동안에 영혼이 하는 여행은 처음에는 훨씬 광범위한 작품에 삽입되었다가,
나중에는 완전히 독립적인 작품이 된다. 다른 세상에 대한 묘사는 종교적인 계몽 수단일
뿐 아니라 정치적인 투쟁의 도구 및 시의 주제가 된다.

성경 이전의 기록과 외경 「묵시록」

지옥과 천국 죽음 이후의 영혼의 상태는 성경에 충분히 언급되어 있지만, 신약 성경은 저승세계를 다룬 문학의 토대가 되는 기본 장소 2곳을 제시한다. 「요한 묵시록」은 최후의 심판과 인간들의 영원한 운명에 대한 묘사로 끝난다. 즉 죄인들은 "불과 유황이 타오르는 못"에 던져지고, 선한 자들은 천국의 예루살렘으로 올라간다. 이때 예루살렘은 신의 영광을 환하게 비추는 것으로 서술될 뿐 아니라 귀금속으로 장식한 황금 건물과 더불어 벽옥碧玉으로 지은 담으로 둘러싸여 있다. 또 다른 중요한 성경 텍스트는 산 사람이 저승세계를 경험할 수 있는 가능성을 보여 준다. 요컨대 성 바오로(1세기)는 코린토 신자들에게 보낸 「코린토 2서」에서 셋째 하늘까지 들어 올려졌다가 "발설할 수 없는 말씀을" 들었다고 이야기한다.

이렇게 성경은 저승세계에 대한 몇 가지 암시를 제공하기는 하지만, 완벽하고 광범위한 서술은 아니다. 2-4세기에 외경 「묵시록」에서 일부이기는 하지만 그리스도교 서적이 발견되며, 그전의 시대로 거슬러 올라가는 서적들도 있다. 「에즈라 4서」, 「베드로 묵시록」, 「에녹서」가 그것이다.

성경에서 바오로는 침묵하고 있지만 외경은 바오로의 환영에 대해 말하고 있는데, 이는 우선 그리스어로 쓰였다가(「바오로 묵시록」, 3세기) 이후에 많은 다른 언어 **「바오로의 환영」** 로 쓰였다. 라틴어로 쓰인 것은 길이가 다른 다양한 판이 알려졌는데, 「바오로의 환영」이란 제목으로 유포되었다. 그리스어 원본에 가장 가깝고 길이가 긴 판본은 머리말에서 타르수스의 바오로의 집 아래에 매장된 상자에서 책을 발견했다고 이야기한

다. 그 밖에 「코린토 2서」에서는 신성한 비밀을 누설하지 말라는 금기가 나오는데, 그것에서 벗어나기 위해 「바오로의 환영」은 발설해서는 안 되는 몇 가지 신비로운 계시만 금지하고 있으며, 대천사 미카엘이 바오로에게 환영의 나머지 부분을 모두 유포하라는 명령을 내렸다고 말한다. 그리하여 천국에 대해 자세히 설명하고 있다. 천국에서 사도 바오로는 여러 명의 예언자들을 만났고, 천국과 천사 및 천상의 예루살렘을 보았다. 그 밖에 바오로는 방금 사망한 사람의 영혼이 받는 심판도 목격했고, 나중에는 안내를 받아 지옥도 방문했다. 지옥에서 죄인들은 자신들의 죄에 따라 처벌을 받는데, 이와 같은 환영은 나중에 단테의 작품에서 다시 등장하게 된다. 대개 몸의 여러 부분이 불의 강에 잠기는 형벌을 받지만, 죄인을 삼키는 괴물 용, 죄인을 괴롭히는 뱀과 벌레, 사람을 집어던지는 악취가 진동하는 우물도 빠짐없이 등장한다. 더 많이 유포되었던 짧은 판본에는 천국 부분은 빠져 있고 지옥편만 있다.

환영과 성인전

그리스도교 문학이 등장하기 시작한 초기의 수백 년 동안에 사후세계에 대한 환영이라는 주제는 대개 천국에 국한되었고, 그것도 성인전 이야기에서만 나왔다. 특히 사형 집행을 기다리는 동안에 자신들을 기다리는 천국에 대한 환영으로 위로를 얻는 순교자 이야기가 많았다. 『페르페투아와 펠리키타스의 수난Passione di Perpetua e Felicita』(3세기)과 『마리아노와 자코모의 수난Passione di Mariano e Giacomo』(4세기)이 그 본보기다.

히에로니무스는 한 편지(『서간집』 22, 에우스토키우스에게 보내는 편지)에서 극심한 고열에 시달리다 죽음에 임박한 상태에서 보았던 환영에 대해 이야기한다. 그는 신의 재판소에 끌려가고 그곳에서 자신의 죄 때문에 형벌을 선고받는다. 그러나 더 이상 죄를 짓지 않겠다고 약속한 그는 속죄를 위해 다시 생명을 얻는다. 술피키우스 세베루스Sulpicius Severus(약 360-약 420)도 『성 마르티누스의 생애』에서 다시 채택한 바 있는 이 주제는 나중에 환상 문학에서 자주 이용될 것이었다.

명백히 드러난 서술 체계에 따르면, 주인공은 겉으로는 죽은 듯이 보이는 상태가 되지만 몇 시간 뒤에 다시 살아나 주변 사람에게 저승세계를 여행했던 이야기를 한다. 이와 같은 체계가 그레고리오 1세의 『대화』에 고정되어 있다. 이를 통해 서술과 관련된 세부 사항이 확산된다. 즉 복자들은 꽃이 만발하고 향기가 나는 초록빛 정원

고정된 체계와 「대화」

에 머물며 호화로운 황금 저택에서 즐겁게 살 수 있지만, 죄인들은 악취가 진동하는 강물이 흐르는 불꽃 지옥에 갇혀 있다. 그 밖에 영혼에 대한 판결은 비좁은 다리를 통과하는 동안에 수행된다. 죄인들은 불꽃 속으로 떨어지지만, 선한 자들은 천국에 가기 위해 그곳을 뛰어넘는다. 그리고 다리는 천사와 악마들이 영혼을 가지기 위해 서로 싸우는 무대이기도 하다.

　　이와 같은 주제 중 몇 가지는 투르의 그레고리우스가 쓴 성인전인 『프랑크족의 역사』에 나오는 환영에서 이미 사용된 바 있는데, 특히 눈에 띄는 책은 「순니울포의 환영Visione di Sunniulfo」과 「살비우스의 환영Visione di Salvio」이다. 후자의 책은 익숙한 요소를 다시 취하고 있지만, 그 길이와 자율성이 신선하다.

『성 푸르세우스의 생애』에 나타난 새 요소

　　그레고리우스가 보여 준 본보기는 일찍이 아일랜드를 배경으로 하는 『성 푸르세우스의 생애Vita di san Fursa』(7세기 중엽)에서도 나타난다. 주인공은 치명적인 듯한 질병으로 고열에 시달리는 사흘 동안에 환영을 두 번 본다. 첫 번째 환영에서 푸르세우스는 천국으로 인도되지만, 두 번째 환영에서는 자신의 영혼을 가지기 위해 천사와 악마가 서로 논쟁하는 장면을 목격한다. 그 밖에 푸르세우스는, 설교를 통해 발전시켜야 할 주제에 대한 지침을 전해 주는 죽은 사제들을 만난다. 이렇게 해서 저승세계에 대한 환영은 주인공이 수행해야 할 임무를 나타내는 기회를 제공하며, 그가 지상에서 수행할 과제가 신성하다는 것을 증명한다.

유럽에 유포된 환영

7세기 무렵에 환상 문학은 성숙해진다. 이 시기까지 환영 이야기는 늘 훨씬 방대한 작품 속에 포함된 부분이었지만, 갈리아 지방에서 나온 익명 저자의 『바론토의 환영Visione di Baronto』은 전적으로 새로운 극적 요소와 풍부한 묘사력 때문에 독자적인 텍스트가 된다. 서술적 구조는 다른 작품과 마찬가지로 병에 걸린 수도사의 영혼이 저승세계로 안내되는 형식을 띤다. 바론토는 천국의 네 단계를 거친 다음에 지옥을 방문한다. 그는 저승세계의 여러 장소에서 역사적으로 유명한 수많은 인물들을 만나는데, 이들은 뚜렷한 성격을 보여 준다.

독자적인 장르가 되다

　　유럽에 환상 문학이 유포되었음을 보여 주는 또 다른 문헌은 7세기 말에 에스파냐 비에르소Bierzo 수도원의 대수도원장이자 섬세한 문학가인 발레리우스Valerius가 쓴 『격언Dicta』이다. 이 작품에서 그는 저승세계에 관한 세 개의 환영을 삽입하고 있는데, 주인공들이 하는 이야기를 들었다고 확신하고 있다. 베다의 환영은 이미 알려진 특성을 띠고 있지만, 한 환영에서는 처음으로 연옥을 등장시킨다. 교부들, 특히 **연옥을 최초로** 히에로니무스, 아우구스티누스와 그레고리오 1세는 완전히 착하지도 완전히 사악 **다룬 환영** 하지도 않으며, 죽기 전에 죄를 뉘우쳤으나 형벌이 필요한 자들을 위한 일시적인 형벌과 연옥의 불꽃이 존재한다는 것을 암시한다. 그러나 여기서는 이 주제가 저승세계에 대한 환영 속에 포함된다. 지옥-연옥-천국의 3분할은 아직 없으며, 지옥과 천국으로 양분되어 나타난다. 그러므로 지옥은 영원한 형벌 외에 일시적인 형벌의 처벌 장소도 제시하는데, 이곳은 참을 수 없는 추위와 더위가 교차하며 이는 최후의 심판 날까지 계속될 것이다. 천국으로 가려면 선하지만 완벽하지 않은 영혼이 기다리는 지역을 지나가야 한다. 일시적인 형벌의 형태에 대한 관심은, 독일의 복음 활동에서 주역을 담당했던 앵글로색슨계의 성직자 보니파키우스의 서간집에 제시된 환영에서도 자주 나타난다.

'정치적' 환영

카롤링거 왕조 시대에 저승세계의 환영은 적용할 만한 새 분야를 발견하게 된다. 저승세계의 구조가 아니라 여러 지역, 즉 지옥, '연옥'(이 개념은 아직은 완벽하게 정의되지 않았다), 천국에 정치적으로 중요한 인물들을 배치하는 데 관심을 가지면서 '정치적'이라 정의할 수 있는 일련의 환영이 9세기에 나타난다. 카롤링거 왕조의 다양한 분파와 당파에 소속된 대표자들이었던 죽은 정치가들이 저승세계에서 '신성한' 관점에 따라 판결받는 모습은 현실 정치의 투쟁에 영향을 끼쳤다. 하이토Heito (763-836)의 『베틴의 환영』, 랭스의 잉크마르의 작품으로 추정되는 『로트카르의 환영Visione di Rotchar』, 『베르놀드의 환영Visione di Bernoldo』, 『위대한 카롤루스의 환영Visione di Carlo il Grosso』이 같은 맥락에 속한다.

특별한 관심을 끄는 것은 『베틴의 환영』인데, 이 작품은 최초로 세 단계로 분할된 **세 단계로 분할된** 저승세계를 제시한다. 지옥, 연옥, 천국으로 구분되는 저승세계는 이후에 일반적인 **저승세계** 표준이 된다. 사실 연옥의 위치는 정확하지 않지만, 저승세계에서 일시적으로 형벌을 받는 일련의 장소를 말하며, 이 형벌은 심판의 날이 지나면 사라진다. 카롤루스 대제도 일시적인 형벌을 받아야 하는 영혼들에 끼어 있다. 죄와 피안의 세계에서 받는 형벌 간의 상응을 주의 깊게 지시한 점은 주목할 만하다. 다행히도 『베틴의 환영』

에 대한 시가 있는데, 사팔뜨기 발라프리트가 젊은 시절에 남긴 작품으로, 중세 최초로 저승세계의 환영을 시로 표현했다.

바다 너머의 저승세계: 『성 브렌던의 항해』

『성 브렌던의 항해』는 지금까지 조사한 유형과는 다른 특성을 보인다. 영혼의 환영이나 영혼의 여행을 다루지 않는 대신, 아일랜드의 주교인 브렌던(약 484-약 578)이 복자들의 거처를 찾기 위해 수도원 수도사들과 함께 떠난 진짜 바다 여행을 말한다. 이 작품은 '항해imrama'를 다룬 켈트족의 장르, 즉 서쪽으로 항해하는 해상 여행에 대한 이야기에 속하며, 저승세계에 대한 켈트족의 신앙에 근거한다. 이때 저승세계는 지상 아래 혹은 위에 수직적으로 위치하는 것이 아니라 바다 너머의 지표면에, 멀리 있어 도달할 수 없는 섬에 위치한다.

　　라틴어 산문 판본은 9세기로 거슬러 올라간다. 이후로 이 작품은 유럽에서 많은 속어로 쓰였던 반면(11-14세기), 앵글로노르만 시인인 베네다이트Benedeit는 12세기에 이 작품을 시로 개작했다.

| 다음을 참고하라 |
문학과 연극 교황 그레고리오 1세와 성인전(639쪽)
음악 환영과 신체, 춤의 경험(892쪽)

가경자 베다

| 파트리치아 스토파치 |

7-8세기에 그레이트 브리튼Great Britain의 문화 및 문학 전체를 지배한 이는 가경자 베다라는 인물이다. 지식의 다양한 분야(성인전, 주석, 문법학, 시학)와 관련된 작품을 쓴 베다는 중세 초기의 중요한 민속학적 역사서 중 하나인 『잉글랜드 교회사』로 특히 유명하다.

교육

7-8세기에 그레이트 브리튼에서는 단연 가경자 베다가 우위를 차지한다. 7세에 재속 수사로 들어가 위어머스(노섬브리아)의 베네딕투스회 수도원에서 교육을 받은 그는 베네딕트 비스콥Benedict Biscop(약 628-약 690)과 체올프리드Ceolfrid의 지도로 공부를 시작했고, 그들에게서 책에 대한 열정과 고대 지식(그가 아는 지식 대부분은 위어머스-재로Wearmouth-Jarrow의 쌍둥이 수도원 도서관에 소장된 책에서 나왔다)을 물려받았다. 그는 라틴어 외에 그리스와 유대어를 알았다.

베다는 재로 수도원 안에서 평생을 보내면서 결코 외출을 하지 않았으며, 공부, 교육, 저술 활동에 몰두했다(자신의 유일한 관심사는 "늘 배우고 늘 가르치고 늘 글을 쓰는 것semper aut discere aut docere aut scribere"이라고 그는 썼다). 엄격한 스승 덕분에 그는 방대하면서도 서로 연관된 교육을 받게 되었으며, 그리하여 산문에서 시, 주석에서 역사서, 철자법에서 설교학, 자연과학에서 연대기, 교육학에서 성인전에 이르는 작품을 쓰게 된다(『잉글랜드 교회사』에 제시된 그의 작품 목록은 불완전하고 연대순이 아니지만, 귀중한 자료다).

배우기, 가르치기, 쓰기

베다의 지식은 놀라울 정도로 방대하지만, 그를 사색가로 여기거나 세비야의 이시도루스처럼 백과사전 편찬자 사이에 두는 일은 잘못일 것이다. 이시도루스는 체계적인 편집을 통해 전통적인 지식 분야를 확장해야 한다는 일념으로 작품을 썼지만, 베다는 주제에 대한 성찰을 결코 멈추지 않았으며, 교부들의 번역과 관련된 서적을 모두 독파함으로써 비판적인 시각을 보여 주었다. 그는 고대 후기 혹은 그리스 도교 저자들뿐 아니라 키케로, 소 플리니우스, 대 플리니우스, 베르길리우스, 루크레티우스, 마르티알리스, 페르시우스, 오비디우스, 호라티우스, 솔리누스, 테렌티우스, 베게티우스, 클라우디아누스와 같은 고전 작가들도 저작에 인용하고 있다. 아무튼 인간의 모든 지식을 유기적으로 재정리하려는 의지는 베다의 개성을 뚜렷이 보여 주는 것이다. 그의 작품의 핵심이 신학과 주석학이라는 점에는 논란의 여지가 없지만 말이다. 그러므로 로마의 선교사들인 캔터베리의 테오도르Theodore of Canterbury(약 620-약 690)와 캔터베리의 아드리아노Adrian of Canterbury(?-710)가 그레이트 브리튼으로 가져왔고 베네딕트 비스콥이 자신의 제자들에게 전해 준 로마의 문화적 전통에 대해, 베다는 절박하게 동의한다.

베다의 작품을 완벽하게 조사하는 것은 불가능하기에, 여기서는 문학 장르에 따라 세분할 것이다.

성인전

『순교록』 베다가 남긴 가장 중요한 성인전은 『순교록Martyrologium』으로, 이 작품은 후대 작가들 (플로루스와 우수아르)에게 심오한 영향을 준 최초의 '역사 속 순교자 열전'이다. 가톨릭 교회가 추모하는 모든 선교사와 성자들을 위해 짧은 개요(고대의 『성인들의 생애와 수난vitae sanctorum e passiones』에서 영감을 받은 114편의 구절)를 실었는데, 성인의 생애와 순교를 간단히 이야기하고 있다. 그 밖에 『성 펠리치스의 생애Vita sancti Felicis』, 『성 아나스타시우스의 수난Passio sancti Anastasii』, 『성 커스버트의 생애Vita sancti Cuthberti』 등이 있다. 세 번째 작품은 린디스판의 익명의 수도사가 쓴 『전기』에서 영감을 받은 1500편의 헥사이메론 시집으로, 이후 몇 년 뒤에 산문으로 쓴 『커스버트의 생애』가 나왔다. 풍부한 자료를 제공하고 있는 이 작품은 역사 성인전의 길을 열었다.

지적이고 교육적인 작품

『철자법』과 수도원의 필사실scriptoria에서 필사를 담당하는 수도사들을 위해, 베다는 실용적이고
『운율』 교육적인 입문서인 『철자법』을 썼다. 알파벳 사전 형식을 취한 이 책의 목적은 서책에 대한 올바른 필사와 라틴어 철자법에서 불확실한 것에 대한 지침을 제공하는 것이다. 카리시우스, 도나투스, 세르비우스, 빅토리누스, 프리스키아누스, 카시오도루스, 위僞 카프로pseudo Capro, 아그레치오Agrecio 등의 철자법 논문을 토대로 하고 있으며, 자주 교류했던 요크의 알퀴누스가 쓴 『철자법』이 가장 중요한 참고 문헌이 되었다(두 서적의 혼합판이 남아 있는데, 알퀴누스의 『철자법』은 전체가 수록되어 있고 그 사이에 베다의 입문서 구절이 들어 있다). 『운율』은 시작 및 일정한 분량의 시(운율을 맞춘 시도 언급되어 있다)에 관한 논문으로 그리스도교 라틴 시인들의 작품을 인용하고 있으며, 8-15세기의 수백 년 동안 작시법의 표준 입문서가 되었다. 이 작품의 부록에는 '비유와 비유적 표현에 관하여De schematibus et tropis'가 수록되어 있는데, 고대 수사학의 비유 및 표현에 대한 연구를 소개하고 있으며, 성경에서 추린 예문으로 이를 강조하고 있다(카시오도루스를 본보기로 한다).

자연과학, 계산 및 연대기

짤막한 논문인 『사물의 본성』(약 706)은 자연과학을 연구한 것으로, 자연 현상과 우주론에 대한 작은 백과사전이다. 세비야의 이시도루스의 『사물의 본성』과, 수백 권의 필사본을 통해 전해지고 있는 대 플리니우스의 『박물지』에서 영향을 받았다.

연대기와 계산에 대한 연구는 다음과 같은 세 논문을 통해 이루어진다. 연대기의 개념(이시도루스, 플리니우스, 『스키피오의 꿈』에 대한 마크로비우스의 논평을 참고하고 있다)을 제공하는 짤막한 『절기De temporibus』(703), 큰 성공을 거둔 계산 논문인 『절기 계산』(725년에 저술되었으며, 여기서는 250편 이상의 증거가 제시된다), 아우구스티누스가 창안하고 나중에 이시도루스가 다시 다루었던 세상 개념에 베다가 2개의 시대를 덧붙여 6개의 시대 구분을 토대로 한 「대연대기Chronica maiora」(725)가 그것이다. 부활절 계산에 대한 '언쟁querelle'에서 최종으로 디오니시오스의 계산을 인정하고 있기 때문에, 역사적인 관점에서 볼 때 이 세 논문은 매우 중요하다.

성경 주석과 설교학

중세 신학이 오로지 성경 주석에만 몰두하던 시대에 베다는 교부 시대 말기부터 서양 교회에서 성경에 대한 가장 위대한 해석자였다. 발췌문(교부들에게서 발췌한 진정고유한 '성경 주석서catenae')에 대한 논평과 해석은 구약 성경(「창세기」, 「사무엘기」, 「열왕기」, 「에즈라기」, 「느헤미야기」, 「아가」, 「토빗기」)의 1/3과 신약 성경(「마르코 복음서」, 「루카 복음서」, 「사도행전」, 「서간」들, 「요한 묵시록」)의 절반을 다루고 있다. 그 밖에 그는 2권의 『복음 설교집』(730-735)을 남겼다.

사료 편찬과 시집

『수도원장들의 생애Historia abbatum』는 위어머스-재로의 수도원장들의 이야기를 주로 다루고 있으며, 특히 베네딕트 비스콥과 체올프리드의 이야기를 담고 있다. 그러나 베다의 가장 중요한 작품은 5권으로 구성된 『잉글랜드 교회사』(731)다. 율리우스 카이사르(기원전 100-기원전 44)가 그레이트 브리튼에 도착한 시점에서 시작하여 저자가 살던 시기에 이르기까지, 섬에 그리스도교가 전파된 여정을 다루고 있다. 교황 그레고리오 1세의 명을 받아 597년에 임무를 수행한 캔터베리의 아우구스티누스에서 시작하여 캔터베리의 테오도르와 668년에 캔터베리의 아드리아노가 도착

『잉글랜드 교회사』

할 때까지 영국 교회의 탄생과 조직화를 역사적으로 서술하고 있다. 더불어 수도원 장과 주교, 그리고 영국 7왕국의 정치적 핵심 인물 간의 관계도 재구성하고 있다. 캐드먼(7세기)과 앨드헬름의 시적 비유에 특별한 관심을 보이면서 학교와 교육, 문학 활동의 발전에 주목한다. 그리하여 베다는 현재 역사를 결합하는 것은 오직 라틴 문화이고, 교회가 그것을 대변한다고 인식했다. 이 작품은 베다의 저작 목록과 이력서 curriculum vitae로 끝맺는다.

앞에서 말한 베다의 저작은 본질적으로 연대기이며, 질다, 오로시우스, 에우세비우스, 히에로니무스, 헤제시푸스Hegesippus, 마르켈리누스 코메스Marcellinus Comes, 에우트로피우스Eutropius 등 수많은 저자들의 저작을 인용하고 있다. 그러나 베다가 자료를 보관하고 있는 교회(캔터베리 등)에 직접 편지를 써서 입수한 문서 보관서의 자료들은 매우 중요한데, 그가 그 자료를 통해 자신의 이야기의 과학적인 근거를 제시하고 근대적인 의미에서 수용할 수 있도록 했기 때문이다. 투르의 그레고리우스와 파울루스 부제의 역사서와 더불어, 중세 초기의 민속학적 역사서 중에서 가장 훌륭한 책으로 평가를 받는『잉글랜드 교회사』는 그저 한 국민의 역사만이 아니다. 그것은 영국인의 역사보다 광범위한 상황에서 재검토한 영국 교회의 이야기인 것이다. 사실 이 책에는 영국 교회의 초기 발전상(아일랜드로부터 강한 영향을 받았다), 로마의 당파가 우세했던 휘트비 공의회(664) 이후의 전개 상황, 당파의 내분으로 갈등하던 상황이 서술되어 있다. 로마 및 교황청과의 관계도 소홀히 취급하지 않았다. 2권은 교황 그레고리오 1세의 문학서에 대한 논평과 더불어 그의 전기도 상세하게 기술하고 있다.

베다에 대해 연구가 덜 된 분야는 시와 관련된 분야인데, 그가 남긴 시집으로는 『경구집Liber epigrammatum』,『찬미가Liber hymnorum』, 163행으로 구성된 헥사이메론 시집인『심판의 날』이 있다.

| 다음을 참고하라 |
문학과 연극 성경, 정전, 외경, 번역, 회람, 주석 문학, 성경시(623쪽); 종교 산문의 형식: 신학, 신비주의, 설교 (634쪽)

라틴 성가

| 자코모 바로피오Giacomo Baroffio |

4세기부터 노래로 표현하는 기도시의 초기 형태가 나타나는데, 그것의 가장 발전한
형식이 전례 성가일 것이다. 12세기가 되어서야 로마 교회는 성가를 모으기 시작했지만,
행렬 의식처럼 찬양이 필요한 상황에서도 성가가 필요해진다. 이와 같은 표현 양식과
더불어 중세 초기에는 추도시와 속창이 있었다. 속창은 카롤링거 왕조 시대에
프랑크족의 전례에서 로마의 의식을 이용하면서 나온 요구에
부합하기 위해 도입되었다.

기도시에서 노래하는 기도시로

4세기 말에 서양의 라틴 문화권에는 특별한 시 형식, 즉 "찬송시poesia salmodica"(볼프
람 폰 덴 스타이넨Wolfram von den Steinen)의 초기 증거가 나타난다. 이후로 찬송시는 전
례 성가로 발전한다. 푸아티에의 힐라리우스는 니케아 공의회(325)에서 인정한 신 푸아티에의
힐라리우스와
성 암브로시우스
학을 방어하기 위해 서정시가 주는 영감에 주의를 기울인다. 광범위한 찬송가 입문
서(모든 연은 알파벳 순서에 따라 시작된다)인 『죽은 사람들의 영혼 앞에서Ante saecula qui
manens』에서는 복잡한 교리와 어려운 언어 때문에 작시법을 보급했는데, 이로써 찬
송시를 전례에 사용하는 게 손쉬워진다.

밀라노의 주교인 암브로시우스의 작품은 매우 다르다. 그의 작품이라 인정받는
12편의 시에서 그는 매끄러운 작시 구조를 선택하는데, 이는 4행마다 2보격 약강격
弱强格(단음과 장음이 서로 교차하는 8음절시)을 이루는 8연으로 구성된다. 암브로시우
스는 심오한 신학적 내용을 표현하고 그리스도에 대한 열정적인 신앙을 구체화하기
위해, 놀랍도록 예리한 힘을 발휘하여 선택한 이미지를 뛰어난 솜씨로 삽입한다. 매
일 새벽 찬양 기도에서 암브로시우스 공동체는 빛의 하느님을 노래하면서 2인칭으
로 하느님께 직접 요청하고 있다.

Splendor paternae gloriae	찬란한 주의 영광
de luce lucem proferens	빛을 통해 빛을 비추네
lux lucis et fons luminis	빛 중의 빛이고 밝음의 원천이며

654

diem dies illumina　　　　　나를 빛나게 하는 날이라네

가르바냐티Garbagnati판(1897, 4, 7)에 나온 성 암브로시오 성가의 멜로디 논평 2편(겨울과 여름).
밀라노 전례서에서 나타나는 특징인 롬바르디아식 고딕 개념을 다시 취하고 있다.

작시는 작시의 성공에 공헌하는 음악과 함께 탄생했다. 암브로시오 성가(성 암브로시우스가 만들었기 때문에 붙은 이름*)는 집회를 열도록 했고, 전 유럽 땅에 빠르게 전파되었으며, 가장 친숙한 본보기가 되었다. 그 결과 찬송가가 계속 작곡된다.

음악과 연주　성가음악과 관련하여 여전히 해결되지 않은 두 가지 문제가 있다. 암브로시오 성가뿐 아니라 대부분의 중세 성가는 멜로디가 구별되지 않는다. 작사자가 그 멜로디를 만들었다고 할 수는 있겠지만 말이다. 특별한 경우가 아니라면 멜로디를 만든 사람은 가사를 쓴 사람과 같으며, 작곡가가 누군지 알 수 있는 경우는 없었다. 연주를 할 경우에도 가사의 음절에 일치하는 길고 짧은 음표에 따라, 또 서로 다른 멜로디 음의 길이에 따라 성가를 불렀을 가능성을 배제할 수 없다. 그에 대한 증거는 부족하다. 시기적으로 가장 오래된 출처 중 하나는 14세기 말까지 거슬러 올라가는데, 모호한 방식이지만 성가의 운율적 요소를 그림으로 보여 준다. 오리스타노 필사본 Codice d'Oristano(참사회실Aula Capitolare, P. XIII, 25r)에는 짧은 음표(마름모)와 긴 음표(정사각형)가 교차되어 있는 것을 볼 수 있다.

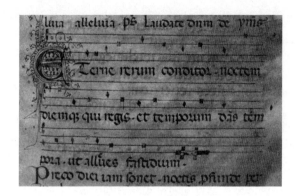

오리스타노 필사본(참사회실, P. XIII, 25r)

대부분 암브로시우스의 고전적인 라틴어풍과 연관되지만, 아우렐리우스 클레멘 스 프루덴티우스Aurelius Clemens Prudentius(348-405년 이후)는 성가를 만든 또 다른 그 리스도교 시인이다. 에스파냐 출신인 프루덴티우스는 2권의 성가집을 창작했다. 하 루의 시간에 따라 12편의 성가를 구성한 『매일 찬가Cathemerinon』와 순교자들을 기린 14편의 성가로 이루어진 『영예로운 관Peristephanon』이 그것이다. 8-10세기에 각기 다 른 판본의 시들이 프루덴티우스 찬송가의 전집으로 구성되었는데, 이것이 전례에서 사용되었다. 성 암브로시우스의 영향을 받은 흔적이 수요일 찬양 예배에서 불렸을 성가처럼, 가사에 나타난다.

프루덴티우스

Ales diei nuntius	하루의 날개를 단 전령이
lucem propinquam praecinit	가까운 빛을 노래한다
nos excitator mentium	그는 정신을 깨우고
iam Christus ad vitam vocat	우리를 생명으로 이끄는 그리스도

프루덴티우스와 동시대에 살았던 시인 코엘리우스 세둘리우스(5세기)는 소시집 을 남겼는데, '암브로시우스풍'의 시 23편으로 이루어졌으며 예수 그리스도의 생애 를 이야기하고 있다. 앞부분의 시는 원래 시에서 발췌한 것으로 크리스마스(〈일출 의 문 앞에서A solis ortus cardine〉)와 주현절(〈원수 헤로데Hostis Herodes impie〉)을 축하하기 위해 널리 퍼진 2편의 성가로 만들었다. 여기서 처음으로 원래의 텍스트를 2개 혹은

코엘리우스 세둘리우스

6개의 부분으로 나누는 과정이 생겨났는데, 이는 성가 및 찬송가와 관련된 현상이다.

행렬 성가

누르시아의 성 베네딕투스가 창설한 수도원 교단 및 대성당의 예배 관계자들은 찬송가 제작을 환영했다. 로마 교회는 성가를 원하지 않았거나 가끔 실험하다가 곧 포기했을 것이다. 로마에서 성가는 12세기 말이 되어서야 불리기 시작했다. 그렇다고 해서 축하하는 다른 자리에서 통상적으로 인정했던 문학-음악 장르를 금지한 것은 아니었다. 가령 성가는 수많은 행렬 의식의 일부가 되었고, 전파 과정에서 구조적인 변화를 겪었다. 보통 행렬 성가는 후렴구 때문에 전례에서 부르는 성가와 구별된다. 후렴구는 솔리스트의 구절과 번갈아 가며 노래를 부르는 집회자가 쉽게 배워 외울 수 있었다.

가장 널리 유포된 행렬 성가 중 일부는 현재의 전례에서도 등장하는데, 그중에는 발도비아데네Valdobbiadene 태생이고 푸아티에 주교였던 베난티우스 포르투나투스의 시를 가져와 만든 성가가 여러 곡 있었다. 특히 성 십자가를 찬양하는 성가(〈베네딕타 십자가가 빛난다, 왕의 깃발이 전진한다Crux benedicta nitet, Vexilla regis prodeunt〉)를 언급할 만하지만, 부활절 행렬시 〈주님의 날 경축Salve festa dies〉이 그의 시인지는 불확실하다. 성 금요일의 십자가 숭배를 위해 선택한 성가인 〈내 혀는 영광스러운 승리를 노래하리Pange lingua gloriosi proelium certaminis〉에서 각운이 한 음절 적은 4보격 약강격 운율은 행진하는 로마 군중이 '광장을 향해versus quadratus' 부르는 절박한 리듬을 반향한다.

> Pange lingua gloriosi proelium certaminis
>
> et super crucis tropeum dic triumphum nobilem
>
> qualiter redemptor orbis immolatus vicerit
>
> 찬양하라, 오, 언어여, 영광스러운 승전을
>
> 말하라, 십자가 앞에서 고귀한 승리를
>
> 세상의 구원자께서 희생자였음에도, 어떻게 승리를 거두셨는지

몇 세기가 지난 뒤에 페트루스 다미아니(1007-1072)는 베난티우스의 작품에서

영감을 받는다. 다미아니는 〈하느님의 유일한 희망Unica spes hominum〉 모음집 XCIII
의 운율을 위해 십자가 찬송가인 〈베네딕타 십자가가 빛난다〉를 본보기로 삼았다.
이 시는 모든 연을 시작하고 끝내는 단어가 동일하다. 다미아니의 운율 중에서 〈하
느님의 유일한 희망〉은 음악 없이 전승되었다. 이 음악은 〈베네딕타 십자가가 빛난
다〉 성가를 필사한 전통을 통해 어느 정도 복구할 수 있다.

Unica spes hominum crux o venerabile signum

omnibus esto salus unica spes hominum

인간의 유일한 희망이신, 오, 훌륭한 신호여

모두에게 구원이 되소서, 사람들의 유일한 희망이 되소서

독창곡 〈베르수스〉

아퀼레이아의 대주교인 파울리누스 2세(?-802)는 최고의 시적 전통 안에 자리 잡
고 있다. 카롤링거 왕조의 궁정에서 찬사를 받은 시인이자 신학자인 파울리누스
는 나중에는 피에르 아벨라르Pierre Abélard (1079-1142)가 발전시킨 장르인 플랑투스
planctus(탄식이나 슬픔을 표현하는 시 혹은 노래로, 중세 때부터 유행한 문학 형식이었다*)를
비롯한 성가의 운율, 찬송가에서 참회와 같은 다양한 상황을 위한 〈베르수스Versus〉
에 이르기까지 다양한 시적 장르를 섭렵했다. 당시에 그의 많은 시가 전례에서 사
용되었다. 가장 유명한 구절인 "자선과 사랑이 있는 곳, 바로 그곳에 하느님이 계신
다Ubi caritas est vera (et amor) ibi Deus est"라는 후렴구와 더불어, 796년 무렵에 치비달레
에서 열린 공의회를 위해 작곡한 〈베르수스〉들이 파울리누스의 작품이다. 오를레앙
의 주교인 테오둘푸스는 부활절 기간을 위한 시와 2편의 비가인 〈왕이 도착할 때In
adventu regis〉를 썼는데, 그는 행렬용 〈베르수스〉를 기억하고 있었다. 이것은 중세부

터 현재까지 종려주일에 연주된다. 영광과 환영의 찬가는 다양한 멜로디와 더불어 전승되었다. 그중 이탈리아에 널리 퍼진 멜로디는 다음과 같다.

Gloria laus et honor tibi sit rex Christe redemptor

cui puerile decus prompsit osanna pium

오, 왕이시여, 구원자이신 그리스도여, 당신께 영광과 찬미와 명예를

젊은 열광이 당신께 경건한 호산나를 외칩니다

속창

카롤링거 왕조의 전례에서 혁신을 이루어 이내 도처에 유포된 바 있는 형식은 속창 sequéntia이다. 그것은 성가와 명백한 관계를 가진다. 두 노래 모두 연으로 나뉜다. 찬송가의 모든 연이 동일한 작시 구조(a a a……)를 가지는 반면, 어느 정도 실험적인 시기가 지나자 속창은 고유한 최종 형식에 도달한다. 그것은 쌍을 이루는 연인데(aa bb cc……), 그와 더불어 도입부와 동떨어진 하나의 연이 나오고, 마지막에 하나의 연을 덧붙인다(a bb cc dd ……z). 결과적으로 찬송가에서 모든 연은 오직 하나의 멜로디로 불리는 반면, 속창에서 한 쌍으로 된 각 연들은 고유한 멜로디를 가진다.

8세기 말에 프랑크 왕국에서는 속창을 통해 다음과 같은 강한 두 요구에 응답하고자 했다. 1) 성경 구절로 만든 노래가 지배적이었던 성체 전례에서 새로운 작품을 제시하여 더 직접적인 언어로 문화적·미적 감수성과 신학을 표현할 수 있다는 가능성을 제공한다. 속창은 당시까지 말없는 멜로디로 표현되었던 인간 정신의 심오한 내용에 목소리를 부여했다. 2) 그 밖에 속창으로 〈할렐루야〉 다음에 삽입하는 아주 긴 멜리스마melisma(1음절에 다수의 음표를 넣는 장식적인 성악 양식*) 속창과, 멜리스마의 다른 부분을 구술 형태로 암송하는 전통을 쉽게 만든다. 그리하여 새로운 가사의 음절을 보칼리제vocalise(모음으로 하는 발성 연습*)의 단일한 음조 아래에 삽입하도록 한다.

속창은 가사에서 그 진로를 표시하는 몇 가지 특성을 보인다. 오래된 작품에서 모든 연은 할렐루야의 반향을 길게 지속하기 위한 듯이 모음 'a'로 끝난다. 말더듬이 노트커와 다른 속창 작사가들은 보칼리제를 전수하는 네우마neuma 양식의 음조 수와 각 말의 음절 수를 일치시키려고 노력했을 정도다.

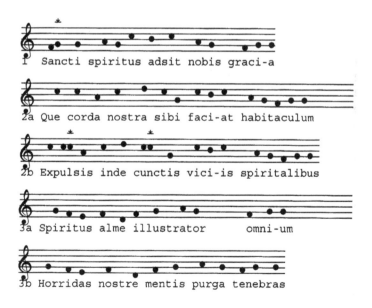

긴 여정이 끝나갈 무렵인 12세기에 파리 문화 및 생빅토르Saint-Victor 학파는 속창

에 깊은 영향을 준다. 연이 8음절과 7음절로 구성되어 일련의 압운을 제시했고, 당시 까지만 해도 드물었던 멜로디의 도약이 빈번해졌다.

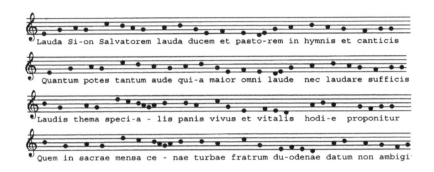

| 다음을 참고하라 |
문학과 연극 교황 그레고리오 1세와 성인전(639쪽); 비잔티움의 종교시(660쪽)

비잔티움의 종교시

| 잔프랑코 아고스티 |

비잔티움의 종교시가 남긴 큰 혁신이 성가 형식의 시라는 것은 의심의 여지가 없다. 이 시는 음의 강약을 리듬의 기초로 삼는 작시법으로 만들어졌고 전례에 이용될 경우에는 음악을 함께 연주할 수 있는 매우 섬세한 구조를 가졌다. 그러나 고전주의 전통을 따르는 운율 및 양식과 결합하거나, 신학적인 성찰이나 경건한 감정과 뒤섞인 다른 시 형식도 많았다. 비잔티움의 모든 종교시는 성경 지식의 재건이자 명상이다. 성경은 정신적인 고양과 명상 및 시적 변주를 위한 마르지 않는 샘이나 마찬가지이기 때문이다.

전통 형식을 따르는 시

비잔티움의 종교시가 추구한 이데올로기적·미적 가설은 고대 후기(3-6세기) 혹은 고대-비잔티움 시대(세르게이 아베린세프Sergei Sergeevic Averincev[1937-2004]의 정의를 따르면)로 거슬러 올라간다. 그 당시의 그리스도교 문화는 지나치게 이교주의와 타협하는 듯이 보이는 시에 대해 더 이상 부정하지 않았으며, 비문碑文과 지혜시 및 예언시(일부는 고대 유대교를 기원으로 하고 일부는 그리스도교를 기원으로 하는 14권의 책으로 구성된『시빌의 신탁Oracula Sibyllina』)의 제작으로 시작되었던 전통을 다시 취하면서 고전주의 운율로 시를 짓기 시작했다. 2행 연구와 헥사이메론 시뿐 아니라 세련 고전적인 운율을
따른 종교시 된 3보격 자전시, 비가, 풍자시를 쓰기도 했던 나지안주스의 그레고리우스의 풍부하고 매우 다양한 시 작품을 배제한다면, 고대 후기의 그리스도교 시는 거의 모두 성경 서사시, 즉 성경을 헥사이메론으로 바꿔 말하는 장르(라틴 서양에서 매우 폭넓게 실행되었던 장르)에 속한다. 4세기 이집트에서는 몇 가지 시 형식이 시도된 뒤에 전면에 등장했고, 우리에게는 최근에 출판된 파피루스 필사본(환상 문학 텍스트, 성가, 고쳐 쓴 성경이 담긴『보드머 파피루스Bodmer Papyri』의 29-36)으로 알려진 5세기의 성경 시인들은『시편 직역Metafrasi dei Salmi』(아폴리나리스의 작품으로 잘못 알려짐)의 저자처럼 구약과 신약 성경을 호메로스풍으로 고쳐 쓰는 일에 몰두했다. 혹은 테오도시우스 2세의 교양 있는 아내 에우도키아가 유실된 구약 성경의 첫 8서 중「즈카르야서」와「다니엘서」를 직역한 작품을 호메로스풍으로 고쳐 쓰기도 했다.

이데올로기적 전제 조건은 교양 있는 이교도와의 대화를 통해 호메로스를 그리스 그리스도교화된
호메로스 도교화하는 것이었다. 그러므로 에우도키아와 다른 시인들은 센토cento('이것저것 모아 엮음'이란 뜻으로 여러 작가 또는 여러 작품을 발췌해서 만든 문학 작품이나 음악 작품을 가리킨다*)를 만들기에 이른다. 이 작품집에서는『일리아스』와『오디세이아』에서 추려 낸 전체 시행이나 반행半行을 이용하여 예수의 생애를 노래하고 있다. 이후에 에우리피데스 작품에 기초한 3보격으로 그리스도의 수난과 비탄을 노래한 센토,『고통받는 그리스도Christus Patiens』에서 이와 같은 시도가 다시 시행되지만, 연대와 작가는 불확실하다(4세기에서 11-12세기 사이에 지어졌다).

고대 후기의 가장 중요한 시인인 파노폴리스의 논노스(5세기)가 쓴『다시 쓰는 요 『다시 쓰는
요한 복음서』 한 복음서』는 전혀 다른 방향을 취한다. 그는 성경 주석에 대한 강한 의무감으로 문체에 신경을 쓰면서 끈질긴 문체와 지나친 수식으로 제4복음서를 다시 썼다. 630년대에 헤라클리우스 황제에게 경의를 표하기 위해 서사-역사시와 교조주의 시를 썼던 게오르기오스 피시데스(7세기)는 12음절로 된〈천지 창조 논평Esamerone〉(약강 3보격을 추구한 비잔티움적인 발전을 보여 준다)을 작성한다. 이것은 「시편」 103편에 대한 설교이자, 천지 창조 이야기로 하느님을 찬양하는 우주론적인 장시長詩다. 이후 수백 년 동안 성경 바꿔 말하기는 산발적으로 나타난다. 라자로 혜성(『팔라티나 선집』, 15, 40)에 관한 57편의 6보격 시처럼『팔라티나 선집』에 포함된 9세기의 몇몇 풍자시를 제외하면, 이 같은 문학 장르에서는 현제 레오 6세가 두각을 보인다. 그는 「욥기」에 대한 6보격 단시를 썼는데, 그것은 성경의 바꿔 말하기이자 요약일 뿐 아니라 인내와 덕성을 비난하는 시이기도 하다.

성경에 관한 시들 비잔티움 시대 중기 및 후기에는 오히려 라자로의 우화집과 이그나티오스 부제 Ignatios the Deacon(약 780-약 850)의 대식가 이야기를 다시 쓴 것처럼, 성경에 대한 시가 발견된다. 테오도루스 프로드로무스의 『4행시 모음집Tetrastici』은 구약과 신약 성경에 대한 일종의 요약본으로 교육적인 목적을 지닌다. 미카엘 프셀로스는 「시편」과 「아가」에 대한 15음절 시를 썼다. 크산토포울로스Nikephoros Kallistos Xanthopoulos(13-14세기)는 구약 성경에 대한 12음절 시를 담은 역사서인『개요Sinossi』를 썼다. 레오네 코이로스팍테Leone Choirosfacte(약 840-920)의 『천 년 지복설 신학Teologia Chiliastica』(1000편의 12음절 시) 같은 신학 서적도 뒤지지 않았다.

풍자시 비잔티움에서 새로운 길을 발견한 고대 장르 중에는 풍자시가 있다. 나지안주스의 그레고리우스의 풍자시는 주로 장례와 관련되었는데, 이후 그의 풍자시는 『팔라티나 선집』의 8번째 책이 되었고, 유스티니아누스 대제 시절(527-565, 그리스도교 풍자시 선집이『팔라티나 선집』의 첫 번째 책에 있다)에는 그 장르가 다시 부흥했다. 게오르기오스 피시데스에서 시작하여 이후 9세기 및 10세기에는 풍자시가 발전했고, 그 결과 그것은 진정 유효한 장르가 되었다. 비가 조의 2행 연구 및 3음보/12음절 시로 쓰는 풍자시는 그리스도교의 의미에서 고대 장르를 혁신했으며, 복음사가들과 「시편」 작가인 다윗, 성자들과 그들의 아이콘을 찬양했다. 또한 예술적 기념비나 필사본에 그린 이미지와 더불어 에크프라시스ekphrasis 풍자시 혹은 장례 풍자시가 널리 확산되었다. 풍자시 작가 중에 두각을 나타낸 작가들은 스투디오스의 테오도루스Theodorus the Studites(759-826), 코스탄티노 로디오Costantino Rodio(10세기)다. 그리고 코스탄티노 로디오는 다른 필사가들인 기하학자 요한Giovanni Geometra(10세기), 요한 마우로포우스John Mauropous(약 990-1075), 마누엘 필레스Manuel Philes(약 1275-1345)와 더불어 그 유명한 하이델베르크판『팔라티나 선집』의 필사본 작업에 참여했다.

마지막으로 아나크레온Anacreon의 작품처럼 가벼운 시와 관련된 장르가 비잔티움 아나크레온풍에 새로운 영성靈性을 도입했으며, 이 장르는 신학적 요소뿐 아니라 심지어는 비명碑銘에서도 사용되었다. 아나크레온풍(유명한 바르베리아노Barberiano의 필사본도 포함된다)의 작가들 중에는 예루살렘의 대주교인 소프로니우스Sophronius(?-638)가 두드러졌다. 미켈레 신첼로Michele Sincello(761-846)는 성상의 복원을 주장했다는 점에서 아나크레온의 모방자였다(843).

찬송가학

비잔티움에서 종교시의 특징을 가장 잘 보여 주는 혁신적인 연구 성과는 바로 찬송 찬송가학의 발전가학이다. 이 학문 분야 역시 전례 성가가 문학적인 특성을 보이던 고대 후기로 거슬러 올라간다. 그리스도교 시대 초기부터 성가는 신약 성경의 노래를 바탕으로 창작되었다(예를 들어 〈성모 찬가Magnificat〉, Lc. 1, 46-55 혹은 「에페소」, 1장 3-14절). 초기에는 전통적인 운율을 토대로 실험을 했다. 알렉산드리아의 클레멘스가 지은 『교육자Pedagogo』는 구원자를 향해 약약강격으로 쓴 긴 성가로 끝난다. 3-4세기에 올림포스의 메토디우스Methodius of Olympus(?-약 311)는 『향연Simposio』(순결에 대한 대화록이며, 플라톤의 「대화」를 모방했다)의 마지막 부분에 24연의 약강격 4음보로 이루어진 '처녀들의 노래partenio'를 알파벳 아크로스티코acrostico(각 줄의 머리글자를 붙이면 말이 되는 시*)와 더불어 제시하고 있다. 약강격이나 약약강격의 교송 혹은 〈은혜로운 빛이여Phos Hilaron〉(아직도 그리스 교회에서 불린다)처럼 나중에 큰 성공을 거둔 성가도 이 시기로 거슬러 올라간다. 키레네의 시네시우스가 도리스 방언과 서정적 운율로 쓴 9편의 성가는 매우 세련되고 복잡한 형식을 취하며, 그리스도교에 나타난 신플라톤주의의 시적 단계를 가장 성숙하게 반영하고 있다. 그것은 전례가 아니라 기도를 목적으로 하는 성가다. 나중에 비잔티움에서 발전할 것이며, 새 신학자 시메온Simeon the New Theologian(949-1022)의 신비주의 시에서 최고 성과를 거둘 것이었다.

나지안주스의 그레고리우스의 시집에도 음의 강약을 리듬의 기초로 삼은 성가 음의 강약을 리듬으로 삼은 성가2편인 〈저녁 성가Inno vespertino〉와 〈처녀들에 대한 훈계Esortazione alle vergini〉가 있는데, 이는 이후 수백 년 동안 이어진 새로운 형식의 전주곡이었다. 5세기에는 이미 트로파리온troparion(「시편」을 낭독하는 사이에 불리는 기도문*)이 크게 발전했다. 이 기도 문은 원래 성가와 찬미가를 부를 때 끼워서 암송하는 노래였으며, 이후에는 길이와 강세의 위치에 따라 음악 연주에 적당한 다양한 '예배 노래cola'의 운율 형식으로 발전했다. 이런 노래들의 내용은 성경을 시적으로 바꾼 것들이었지만, 유스티니아누스 대제가 썼으리라 추정하는 트로파리온처럼 교리를 표현할 수도 있었다.

콘타키온 트로파리온에서 한층 복합적인 구조가 발생하는데, 아마도 고대 시리아의 시(4세기 시리아의 가장 위대한 시인인 에데사의 에프렘Ephrem di Edessa)에서 영향을 받았을 터이다. 그것은 콘타키온kontakion 구조를 가진 것으로, 일련의 스탄차stanza(4행 이상의 각운이 있는 시구*)다. 이때 스탄차는 이전의 스탄차와 동일한 운율-음악적인 체계를 반복하며, 후렴구efimnion로 끝난다. 연은 독창자가 노래하는 반면, 후렴은 집회자들이 부른다. 콘타키온의 구조는 다양한 운율-음악 체계나 동일한 후렴구와 더불어 '서두의 스탄차cuculion'로 풍부해진다. 그 밖에 스탄차는 모든 스탄차의 머리글자로 만든 아크로스티코를 통해 연결된다. 아크로스티코는 알파벳순이거나 저자의 이름을 만들거나 혹은 논평하고 있는 성경 구절을 지시한다(콘타키온이 나오기 전에 축일 및 음정과 더불어 필사본이 전하는 정보). 시리아 태생이지만 유스티니아누스 대제 시대에 콘스탄티노플에서 활동했던 작곡가 로마누스(6세기)는 콘타키온을 최고로 완벽하게 만들었으며, 은유적이고 상상력이 풍부한 언어를 통해 시적으로 매우 세련되고 출중한 표현력과 극적인 요소를 넣은 진정 음악적인 설교문을 작성했다. 로마누스가 작곡한 콘타키온은 80곡 정도 되는데, 구약 및 신약 성경에서 영감을 받았고 때로는 그리스도의 지상 생활에서 영감을 받기도 했다. 비잔티움의 가장 유명한 전례곡인 〈아카티스토스 성가Inno acatisto〉('서서 부르는 성가')도 비잔티움 초기로 거슬러 올라간다. 이 성가는 알파벳순으로 된 아크로스티코와 24연으로 구성되어 있으며, 유년기의 그리스도와 마리아 찬양을 번갈아 가며 부르는 2개의 후렴구로 이루어진다. 언어학 자료와 음악 부호, 견해, 예표론을 현명하게 이용하여 〈아카티스토스 성가〉를 걸작으로 만들었다.

카논 7세기에는 콘타키온에서 새롭고 더욱 복합적인 형식이 발전하게 되는데, 설교조이고 서술적인 특성 대신에 서정적이고 경건한 전례에 필요한 긴 작품인 카논canon이 그것이다. 카논에서는 음악이 중요한 역할을 한다. 9곡의 성경 찬송가를 암송하는 아침 미사에 삽입된 트로파리온은 연이 더 많은 일련의 송시頌詩(각각의 성경 찬송가에 대응하는 하나의 송시)를 구성하는 데 도움을 준다. 전반부의 스탄차(헤이르모스

Heirmos)는 각 송시로 이어지는 모든 연을 위해 운율과 멜로디의 본보기가 된다. 9곡의 트로파리온(9편의 성경 송시를 암시한다)으로 구성된 송시의 전반부는 한층 세련된 하나의 곡목으로 이동한다(4곡의 트로파리온으로, 다음에는 각 송시마다 3곡의 트로파리온으로 구성되는데 이것은 9세기부터 성모 마리아 혹은 삼위일체와 관련된 다른 트로파리온으로 끝났다). 변주곡뿐 아니라 다양한 모방 및 본보기가 되는 시를 다시 이용함으로써 얻는 더 많은 가능성 덕분에 카논은 성공한다. 카논의 오래된 전개 과정은 시리아 팔레스타인의 환경, 특히 산 사바 수도원과 관련된다. 이 수도원 출신인 크레타의 안드레아Andrea di Creta(약 660-740)는 무엇보다 250곡의 트로파리온이 실린『그란데 카논Grande Canone』을 썼으며, 그와 동시대를 살았던 다마스쿠스의 요한과 마이우마의 코스마스Cosmas of Maiuma(약 675-752)는 표현력이 강렬하고 신학적으로도 복잡한 성가를 썼다. 성상 파괴 운동 이후에 신학자이자 수도원 개혁자이며 많은 작품을 남긴 시인이고 풍자시와 콘타키온도 지은 저자인 스투디오스의 테오도루스는 많은 카논을 작곡했다. 비잔티움의 가장 유명한 여성 시인이자, 세속적인 시와 카논과 성가 모음집을 저술한 카시아Cassia(9세기)도 성가를 작곡했다. 성가 작곡가 요셉Joseph the Hymnographer(?-886)의 경이로운 작품도 9세기에 나왔는데, 그는 이미 앞선 시대의 송시 첫 번째 연을 재사용했다. 이것은 요한 마우로포우스와 같은 주요 인물과 더불어 이후에도 지속되었던 관습이었다. 그는 그리스도 및 성모 마리아 외에 여러 성자들에 관한 카논을 작곡했다. 이후에는 새로운 곡을 작곡하기보다는 막대한 성가 유산을 전례 업무를 위해 체계화하는 작업이 이어졌다. 찬송가 운율에 맞는 전례 달력도 만들었다(예를 들면 11세기의 미틸레네의 크리스토포로스Christophoros Mitylenaios의 달력). 어쨌든 테오도루스 메토키테스와 같은 저명한 지식인들은 찬송가 작곡에 계속 몰두했다. 수많은 성가들이 언어학적·신학적으로 복잡했기 때문에 주석 작업이 활발해졌고, 에우스타티오스(?-1194) 같은 지식인들도 그 일에 참여했다.

카논에서 일련의 소규모 전례-음악 장르가 발전했는데, 그중 참회시katanuktikà가 특히 두드러졌다. 참회시는 내면의 대화라는 형식에 따라 구조화된 참회적인 성찰을 의미하는데, 속어로도 암송되었다.

| 다음을 참고하라 |

역사 성상 파괴 운동 시기까지의 비잔티움 제국(119쪽); 비잔티움 제국의 속국 I(125쪽); 비잔티움 제국의 속국 II(198쪽)

과학과 기술 그리스 유산을 복원하려는 첫 시도(437쪽); 그리스–비잔티움 문화 속의 연금술(471쪽)

문학과 연극 비잔티움 문화 및 서방과 동방의 관계(605쪽); 교황 그레고리오 1세와 성인전(639쪽); 라틴 성가(653쪽)

연극

LETTERATURA E TEATRO

대립과 저항의 연극: 배우들의 개종

| 루치아노 보토니Luciano Bottoni |

서로마 제국이 몰락하는 수백 년 동안에 교부들의 고발과 파문에 도전하던 대표적인
장르인 연극 전통이 살아남았다. 무언극 배우의 신체적 매력은 법령과 판결에 저항했고,
삶과 연극이 연결되듯이 그리스도교로 개종하는 것에 반항했다. 로마-야만족 왕국에
복음이 전파되면서 모든 연극과 연극배우들이 종교와 사회에서 배제되었다.

이교도 연극의 쇠퇴와 망각

고대 세계의 사회적·문화적 붕괴로 나타난 서로마 제국의 몰락은 로마 제국 시절에
화려하게 꽃피었던 공연과 연극 형식의 느리지만 가차 없는 소멸을 가져왔다. 검투
사들의 싸움에서 전차 경주, '모의 해전naumachie'에서 '사냥venationes' 시범 경기에 이
르는 공연 놀이는 처음에는 그리스도교 공동체로부터, 나중에는 교회로부터 윤리적
반감을 사서 소멸되었다. 가벼운 희극이나 귀족적인 비극을 공연할 때 운율을 넣어
낭독하던 노래인 '멜로스melos'와 음악이 사라졌다. 오케스트라(신포니아synphonia)는
밀려나 '무용수들saltatores'이나 팬터마임 배우들과 함께 하게 되었다. 로마 시대의 공
연 체제가 쇠퇴하고 서서히 사라지면서 대표적인 모든 전통과 축제-연극의 우상 숭
배적인 의례주의가 수백 년 동안 침묵과 망각 속으로 사라졌다. 그러나 그것의 미신

적인 요소(특히 팬터마임 배우의 활동)는 살아남았는데, 그럼에도 교부들의 고발과 논쟁 및 다툼이 있을 때 얻을 수 있는 정보를 통해서만 재구성될 수 있었다.

교회의 저주 476년에 중세가 운명적인 출발점을 지나고 몇십 년 후, 아를의 체사리오는 열성적인 설교를 통해 '이교도' 공연의 주제를 다루었으며(『설교집Sermones』, 12, 4), 그것에 영원한 탄핵의 봉인을 씌웠다. 악습에 젖어 정직하지 못한 수많은 다른 미신들과 마찬가지로, 공연 역시 '악마의 허세pompae diaboli', 즉 악마의 허영과 장치 및 활동으로 정의되었다. 그러나 로물루스 아우구스툴루스의 폐위 이전에 로마 제국 시절의 연극 형식 및 공연에 대한 저주는 큰 반향을 불러일으켰다. 서로마 제국의 해체와 함께 그것들이 소멸되었다면, 그것에 영향을 끼친 것은 야만족의 침입이나 불안정한 상황의 새로운 왕조들이 아니라 그리스도교 교회의 타협 없는 반감이었다. 그리스도교도의 의무는 연극을 전면적으로 거부하는 태도로서 이교도들과 구분되는 것이었다. 연극에 대한 금지는 하느님을 통한 것인데, 왜냐하면 모욕적인 변장, 얼굴과 목소리의 변조, 거짓으로 꾸민 감정과 애정을 통해 그분의 창조적인 활동을 무례하게 모방하기 때문이었다. 그러나 이와 같은 모방 형식, 변장과 가면, 행위의 암시, 육체적인 매력이 그것을 이론적으로 억압하려는 모든 시도와 도덕적인 처벌에 강하게 반발했다.

380년 〈테살로니키 칙령〉이 그리스도교를 국교로 장려했고 10년 후에 테오도시우스 2세가 그것을 유일한 종교로 선언했음에도 불구하고, 콘스탄티노플의 대주교인 요하네스 크리소스토무스는 아리우스의 추종자들이 전례를 올리는 공간에다 팬터마임의 모방적인 표현 양식과 과도한 물질성, 과장된 파토스를 도입한다고 고발했다. "저들은 자신들을 마치 광인처럼 보이도록 하면서 흥분하고, 몸을 흔들고, 이상한 소리를 내고, 성령과 맞지 않는 방식으로 자신을 표현한다. 저들은 성스러운 곳에 무언극과 무용수들의 관행을 소개한다."

팬터마임의 매력

무언극 연습 무언극 배우는 원시적인 관습을 흉내 내는 후계자로 여겨졌으며, 그들은 특히 해석을 몸과 행동으로 표현했다. 그러므로 팬터마임 공연은 배우의 저속한 행동과 조롱 섞인 정치적 암시(드라마적인 구성에서는 놀라운 사건이 된다)를 완화시키는 반면, 감상적이고 환상적인 부분에서는 음악과 춤의 도움을 받았다. 무언극을 팬터마임에 접목하자 바보 남편과, 교활한 유혹자의 함정에 빠진 믿지 못할 아내라는 평범한 구성에 환상과 신성이 부여되었다. 나중에 팬터마임 연극은 드라마 원문을 읽는 합창대원이나 합창단에게 요구하는 원래의 순서도 완화시켰다. 반면 무대에는 '맨발의 연극fabula planipedaria', 즉 무언극의 주연 남자 배우 혹은 무언극의 주연 여자 배우가 맨발로 등장하는데, 이들은 모든 인물과 그들의 변화하는 심리를 표현할 수 있다. 신화적인 영감이 우위를 차지할 때, 관객의 관심은 흉내를 내는 연극의 아름다움과 우아함뿐 아니라 동성애 혹은 이성애 장면을 거리낌 없이 보여 주는 일종의 포르노그래피적인 볼거리에도 지속적으로 자극을 받는다.

그러므로 크리소스토무스 대주교의 신랄한 비유는 놀랍기는 하지만 이해할 만하다. 결국 팬터마임 연극의 명백한 힘은 일종의 자극적인 황홀trance이나 법열과 같은 종교 의식을 방해하는 것이었다. 그러나 일상적인 사회관계 자체는 다양한 계층에 속한 역할들, 즉 세상이라는 거대한 극장의 역할들이 지닌 관습과 이중성에서 자유롭지는 못했다.

더구나 크리소스토무스 대주교 자신도 삶과 연극이 사회 계층의 덧없고 허상적인 본질을 그 자체로 거울처럼 반영한다는 점을 선언하면서 인간 본성의 거의 타고난 연극성을 인식했다. "연극에서처럼 저녁이 되면 관객들은 자리를 떠나고, 배우들은 무대 밖으로 나와 그들의 무대 장치를 내려놓는다. 모든 사람들 앞에서 왕이고 대장이었던 자들이 이제 그들 본연의 모습을 보이듯, 모든 사람들은 가난과 부유함의 가면을 벗어 놓고 이승을 떠난다"(크리소스토무스, 『나자로에 관하여De Lazaro』).

유목민처럼 흩어진 연극성

4-7세기에 유럽의 다양한 민족들에게 복음이 전파되었고, 로마-야만족 왕국들은 그리스도교로 개종했다. 그러므로 교회는 로마 전통에서 유럽 민족들이 새로운 왕조를 지지하기 위해 제공했던 중앙집권적인 방식과 조직 기구를 물려받았다. 결과적으로 모든 문화 및 예술 활동은, 모든 주교좌 성당 안에서 활동하는 주교 학교부터 다양한 수도원 교단의 대수도원에 이르기까지, 교회 구조의 유산이 되었다. 앞에서 살펴본 것처럼, 종교와 사회의 배제는 연기자의 죄 많은 순응주의와 그 직종에 타격을 주었다. 손가락으로 말하고 외설적이지만 어떤 이야기라도 흉내 낼 수 있는 행위를 하는 무언극은 무용수, 곡예사, 음악 합창단과 욕망과 유혹을 보여 주는 훈련을

흩어진
연극배우 가족 하는 팬터마임과 더불어 도시의 닫힌 무대를 떠나야 했다. 이들은 미리 정해진 텍스트에 얽매이는 대신, 즉흥극에 의지하는 '흩어진 연극성'으로 살아남았다. 세속의 의식의 상징학과 성체성사의 기도에 은밀하게 들어갈 수 있는 연극성으로 말이다. 그것은 나중에 가서야 재담꾼의 목소리와 말을 만나면서 대중의 기대 수준에 맞는 즉흥적인 목소리 문화와 결합하여 창조적인 전前 텍스트에 작용하게 된다.

대중적인 축제에서 시장으로 대중의 부름을 받거나 결혼식이나 연회를 연 궁정에 개인적인 부름을 받아 떠돌아다니며 살아남은 이들의 유목민 생활만이 민중 연극의 무대scaenici를 힘겹게 살아남도록 했다. 공연을 할 수 있는 기회나 자리를 찾느라 늘 흩어져 다니는 무언극 가족은 공식적인 검열로 인한 처벌이나 명령 및 파문을 모호하게나마 피할 수 있는 절차를 이용하면서 심지어 수도원과 주교좌 성당까지 들어가는 일도 마다하지 않았다.

| 다음을 참고하라 |
역사 축제, 놀이, 의식(349쪽)
문학과 연극 중세 초기 연극의 흔적(670쪽)
음악 환영과 신체, 춤의 경험(892쪽)

·

중세 초기 연극의 흔적

| 루치아노 보토니 |

주교 학교도 파괴적인 카니발 의식과 연관된 계절 축제의 이교도적 전통에서 영향을 받았다. 요컨대 젊은 성직자들은 연회의 무언극이나 콘트라스토contrasto(대화체 시*)에 활기를 주기 위해 팬터마임 배우나 일반 배우로 변장하는 것을 가치 있다고 생각했다. 어릿광대 극에 매우 우호적인 방랑하는 성직자들과 대립한 것은 로스비타의 단조로운 극작술drammaturgia이다(10세기 말). 로스비타는 간더스하임 수도원에서 사죄와 기적을 보여 주는 그리스도교 드라마 6편을 테렌티우스의 방식에 따라 저술한 바 있다.

주교 학교와 계절 축제의 전통

파괴적인 행동을 허용하는 이교도 의식에 동화되면서 봄에 열리는 코르노마니아 축제Cornomannia와 같은 계절 축제가 영향을 받았다. 이 축제는 부활절 이후의 첫 번째 토요일에 지위가 낮은 젊은 성직자들(1년 내내 엄격한 규율을 지켜야 했다)로 하여금 로마의 라테라노 궁 앞의 풀밭에서 그동안 억압했던 해학적인 활기를 자유롭게 해방시키도록 했다. 종교인들과 세속인들, 교구민들 및 가장 행렬 의상을 입은 사람들이 한데 뒤섞인 가운데, 갑작스러운 풍자 공연이 이루어졌다. 정해진 의식에 따라 합창 학교의 부수도원장이 먼저 학생들의 조롱을 받으며 당나귀를 탄다. 이윽고 찬양의 노래로 분위기가 더욱 유쾌해지고, 중간에 우스꽝스러운 무대가 연출되며, 거꾸로 놓은 안장 위에 앉은 사제장이 당나귀 머리에 달아 놓은 동전 접시에 다가가려고 애쓰면서 앞으로 나아간다. 마지막으로 사제들과 성당지기들(그중 대장은 호밀을 뿔 모양으로 만들어 머리에 쓴다)이 튀김과 과자를 나눠 준 뒤에 자신들의 18개 교구를 끌고루 행렬한다. 교황이 선물을 주고받는 동안(전통적인 선물 중에는 혼잡한 군중 가운데로 도망치는 여우가 있다), 그들은 집집마다 축복을 전한다.

신성함에 사실 풍자가 가미되면서, 일반 신자들에게 항상 열려 있는 유일한 대중적인 공간인 교회에도 연극이 도입되기 시작했다(새로운 환경에 적응한 이교도 사원에서는 더 자주 나타났다). 특히 성직자, 집사, 사제가 참석하는 유사 예배 축제(무죄한 어린이들의 순교 축일은 12월 28일, 성 스테파노 첫 순교자 축일은 12월 26일, 성 요한 사도 복음사가 축일은 12월 27일) 때에는 이교도 전통과 문화를 수용하려는 의도에서 성소 내부를 기괴한 가장 행렬, 가면무도회, 하위 성직자들의 즉흥극에 개방했다.

당시에 '12월의 자유libertates decembris'를 얻은 방탕한 정신은 '동자 주교episcopus puerorum'를 선출하여 광기의 허구적인 승리를 축하하면서 위반, 전복, 하극상을 보이는 축제 분위기의 전례를 회복했다. 무죄한 어린이들의 순교 축일에서는 불경한 고위 성직자가 신성한 법복에 목장牧杖을 들고 주교관을 쓴 채 주교좌에 오른다. 그는 신성한 봉사를 흉내 내는 동안에 가면을 쓰고 춤을 추거나 외설적인 후렴구를 반복하면서 함께 합창을 하는 사제들과 성직자들의 불경과 광기를 축복한다. 그들은 달리고 뜀을 뛰고 춤을 춘 다음에 향로에 향을 피우는 대신 가죽 조각과 더 자극적인 향을 내는 것을 태우고, 주저하지 않고 발가벗는다. 이 기회에 배우로 변신한 젊은 성직자들이 배우들의 연극적인 행위를 통해 공인되지 않은 실제 결속력을 확실히 느

축제와
방탕한 정신

끼도록 서둘러 '즉흥극ludi theatrales'을 도입했다. 813년 투르 공의회에서 정한 7번 법규는 "비열한 배우들의 파렴치함과 공연의 폭력성을 피하고, 다른 사제들이 그와 같은 행위를 삼가도록 하기 위해" 젊은이들에게 경고를 했다.

보통 젊은 성직자들이 어릿광대로 변장했지만, 축제 때는 팬터마임 배우들과 떠도는 집단이 침범을 해도, 또 신자들이 지나치게 자유롭게 공연을 해도 막지 않았다. 826년 로마 공의회에서 축일의 연회와 관련해 정한 15번 법규는 계속해 팬터마임 배우처럼 행동하는 가짜 신도들에 대해 경고할 정도였다. "성스러운 축일과 성자들의 탄신일에 교회에 오는 것을 좋아하는 여인들이 있다. 이들은 마땅히 해야 할 일을 하기 위해서가 아니라 음란한 리듬에 맞춰 노래하고 춤을 추고, 이교도들처럼 행동하면서 춤춘다."

유사 예배 축제와 교회의 하극상 놀이와 도시 당국도 정면으로 대립하지 않았다. 에케하르트Ekkehard(약 900-973, 현재의 스위스 장크트 갈렌 수도원의 합창단 지휘자)의 『연대기Cronaca』에는 콘라트 1세(?-918)가 젊은 수도사들의 신앙심을 포상하기 위해 그들에게 911년 성탄절 기간에 사흘간 '연극ad ludendum'을 허락했다는 기록이 있을 정도다. 이후 시대에는 유사 예배 축제와 이교도들이 즐긴 매달 초하루 축제의 파괴적인 유산이 퇴폐적인 전례 의식에서 신자들과 성직자들과 어릿광대들을 불러 모으며 광인들의 축제를 절정에 이르게 했다.

광인들의 축제

요크의 수도사 알퀴누스는 아퀴스그라나 궁정에서 서방 문화를 회복하려는 계획을 고전 시대의 종교적 근거에 단호하게 적용시키고, 초자연적인 궁정 학교scuola palatina를 활성화시켰다. 그럼에도 불구하고 연극을 공연하는 세속인들과 성직자들에게 경고를 했는데(791년의 편지에서는 그는 이렇게 한탄한다. "집 안에 배우와 어릿광대와 곡예사들을 들이는 자는 얼마나 많은 악마적인 영혼이 침입하는지 알지 못합니다"), 이는 원하던 효과를 거두지 못했다.

윤리적인 동시에 문화적인 온건 정책은 카롤루스 대제의 후계자인 루도비쿠스 1세를 추종한 것인데, 그의 전기 작가는 이렇게 말했다. "그분은 결코 웃음소리를 내지 않았다. 큰 규모의 축제에서 연극의 음악가들이 대중을 즐겁게 하고, 어릿광대와 무언극 배우가 리라 연주자 및 무용수들과 함께 그분 앞에 놓인 탁자 근처에 있을 때, 백성들은 그분 앞에서 적당히 웃었지만 그분은 웃을 때 결코 흰 이를 드러내지 않았다."

카롤링거 왕조 시절의 연극 형식: 대화체와 유쾌한 무언극

카롤링거 왕조의 르네상스 시절에 주교 학교에서는 라틴어를 습득할 때조차 주석을
달고 연구했던 테렌티우스의 고전주의 연극을 회복하려는 분명한 계획에 따랐다.

그렇게 자주 테렌티우스의 작품을 읽었기 때문에 아마도 익명의 대화체 시인 콘 **고대 연극의 회복**
트라스토contrasto 〈테렌티우스와 비평가Terenzio e il critico〉가 탄생했을 것이다. 이 시는
몸짓을 통해 표현하는 놀이를 허용하고 찡그린 얼굴과 몸짓, 농담으로 그 놀이를 강
조하는 축제에서 학생들 사이에서 암송했을 법한 논쟁으로 되어 있다. 조롱을 일삼
는 청년이 텅 빈 무대에 들어와서 명령을 내리기 시작한다. "구태의연하고 따분한 충
고는 그만 기억해. 오, 테렌티우스! 관두란 말이야. 꺼져 버려, 늙은 시인아. 당신의
시는 지겨워. 당신의 그 잔소리를 그만하라고. 당신의 시가 아름답다는 말은 (중략)
이젠 옛말! 이만큼의 가치도 없어." 빗나간 어조와 시간과 공간의 지시가 장면을 만
들어 내는 이 독백은 뒤에서 손뼉 치는 경멸적인 행동을 할 정도로 자극적이다. 이
행동은 팬터마임 배우의 조롱 섞인 농담을 반복하는 것이다. 이 시점에서 남을 믿지
못하는 테렌티우스가 성난 우월감과 반감을 보이며 책을 들고 무대에 얼굴을 내밀지
않을 수 없다. "누가 그런 말을 했지? 그렇게 천박하게 나를 조롱했던 그 불쌍한 놈
은 어디에서 온 놈이야?" 학생들 사이에서 암송했을 법한 이 시는 66행에서 멈춘다.
이 시에 나타난 무대의 몸짓은 연극성과 무언극적인 성격을 보여 준다. 이것은 이미
엘리트 문화와 고대 연극에 대한 그들의 열정에 영향을 주었다.

카롤링거 왕조 시절, 처음에는 연극배우와 팬터마임 배우의 즉흥성에 의지했던
중세 초기의 연극성이 고정되기 시작하여 텍스트로 다시 나타나기 시작한다. 원본
이 4-7세기에 나온 듯한 〈키프리아누스의 만찬Cena Cypriani〉처럼, 성공을 거둔 유쾌 **〈키프리아누스의**
한 무언극도 그러했다. 익명의 저자가 쓴 이 무언극은 '마임fabula saltica'의 특성을 보 **만찬〉**
인다. 한 사람이 몸짓으로 보이는 행동과 춤의 도움을 받으면서 암송해야 하는 텍스
트다. 이 작품의 지속적인 성공으로 궁정 학교의 교사인 라바누스 마우루스가 855년
경에 이것을 다시 소개했는데, 이때는 로타리우스 2세가 다스리는 카롤링거 왕조의
궁정에서 24개의 장면으로 분리된 상태였다. 876년에는 집사인 조반니 임모니데가
교황청에서 공연을 하기 위해 그 작품을 시로 다시 썼다.

희극 배우 크레센티우스Crescentius의 지휘를 받아 노래하고 춤추는 개별적인 장면
들이 관객들에게 기쁨을 준다. 이 배우는 말을 더듬으면서, 표현하고 있는 행위의 불

674

경하고 우습고 그로테스크한 성격을 강조한다. 요르단 강가에 위치한 카나에서 요엘 왕이 베푼 혼인 잔치가 구실을 제공한다. 잔치에는 신약 및 구약 성경에서 연대에 신경 쓰지 않고 자유롭게 데려온 인물들이 일찌감치 모인다. 그들을 구분하려면 성경 이야기와 관련한 패러디적인 요소나 역설적인 요소를 읽는 세심함이 있어야 한다. 아담 옆의 하와는 무화과 나뭇잎 위에 자리를 잡아 앉고, 목동인 아벨은 우유 통 위에, 노아는 방주 위에, 베드로는 옥좌 위에 앉는다. 삼손에게는 기둥이 제공되고, 불행한 욥은 대변으로 만족해야 한다. 식전 음료를 먹을 때 패러디는 더욱 나아가는데, 이때 다윗을 하프 옆에 두는 동안 헤로디아는 춤의 스텝을 밟는다. 하와는, 쾌락을 쫓는 군중이 저녁 식사용 의상을 기다리면서 옷을 벗기 전에 무화과 열매를 훔친다. 식사 준비를 도울 때, 이사악은 목재를 가져오고 아브라함은 송아지를 가져오는데, 송아지를 죽이는 일은 카인이 맡는 반면 헤로데는 송아지의 피를 뿌린다. 연회 도중에 소동이 일어나는데, 이사악이 새끼 염소 고기를 먹고, 토빗이 구운 생선을 먹은 일이 발각되기 때문이다. 헤로디아가 가져온 접시에서는 요한을 위한 머리와 베드로를 위한 귀가 나오고, 하와에게서는 갈비뼈가, 엘리세바에게서는 자궁vulvam이 나온다.

성직자들(모두 성경에 정통한 전문가들) 앞에서 헌주獻酒를 공연하는 순간이 되면 카니발적이고 불경한 분위기가 고조된다. 노아는 취해서 잠을 자고, 야곱은 남의 술잔을 마시고, 요나가 물을 탄 포도주 때문에 소동이 일어난다.

방랑하는 신학생들과 풍자-패러디 공연

불규칙한 대중들에 뒤섞인 '방랑하는 신학생들clerici vagantes'도, 전문적으로 떠도는 팬터마임 배우들과, 수도원과 학교에서 교육받은 공식적인 연출법 사이에 위치해 있었다. 유럽의 거리를 돌아다니는 하위 계급에 속하는 젊은 성직자들은 카롤링거 왕조 당국에 놀라움을 안겨 주면서 많은 공연을 했다. 814년에 발간된 어느 법규집에서는 누구라도 "주교의 동의 없이 떠도는 수도사와 신학생들"을 집에 들이지 말라고 제안한다. 이것은 효과 없는 금지 조항이었다. 왜냐하면 930년에는 부주교와 지구장과 임원 사제들에게 "불량스러운 신학생들"의 뿌리를 뽑으라고 강조했기 때문이다. 적어도 "그들에게서 성직자 삭발의 흔적이 남지 않도록" 말이다.

때로는 새로운 학교나 대학에 혹은 영주와 군주가 연회를 베푸는 궁정으로 가야 한다는 이유 때문에 급박해지고, 때로는 젊은 모험 정신에 자극을 받거나 살아남아야 한다는 현실적인 필요에 절박해지고, 때로는 고위 성직자들과 논쟁을 하거나 정의를 거부하기도 했던 방랑하는 신학자들은 우연히 만나는 익살극, 유쾌한 농담, 외설적인 어릿광대 극, 예배 패러디에 자신들의 넘치는 활기와 예술적인 영감을 제공했다. 사랑과 사기를 일삼고 연극배우, 어릿광대, 직업적인 악사와 기꺼이 교류하면서 말이다. 교회에서 이탈한 이 청년들은 성경 속의 예언가들을 회상하는 대신, 연극적인 예배를 조롱하면서 이렇게 노래한다. "최초의 인간, 아담, 말해 봐/너는 사과 때문에 속았지." 두 번째 가수는 몸짓을 취하고 흉내 내면서 첫 번째 가수에게 대답한다. "나는 하느님의 집에서 쫓겨났지/나의 여인이 나를 속였지/사과를 배부르게 먹으니/천국을 빼앗아 갔지." 보이렌Beuren의 바이에른 수도원에 소장된 유명한 시집 『카르미니 부라나Carmini Burana(세속의 노래)』의 〈게임장Officium Lusorum〉에서 나온 말이다.

열정이 넘치는
무질서한 민중

〈젊음을 즐기자Gaudeamus igitur〉(중세부터 유럽의 대학에서 각종 축제나 행사 때 불렀던 노래*)라는 축하 노래도 익살 광대극과 더불어 방랑하는 신학자들이 불렀다. 이 노래는 일시적으로 향수를 자극하는 음조가 일으키는 순간적인 쾌락으로 관객을 초대한다. 요컨대 이 모든 것은 중세 초기 공연과 그 주역들이 전반적으로 중세 문화에 동화된 것을 의미한다. 그 과정에서 나중에는 더욱 고립된 길을 걷게 된다.

로스비타: 테렌티우스의 형식에 맞춘 기적의 연극

10세기에 색슨족 출신 황제들의 바람으로 고대 로마를 찬양하기 시작한 그리스도교는 큰 규모의 수도원에서 문화 활동에 새로운 열의를 보이기 시작한다. 장크트 갈렌에서는 베르길리우스의 『전원시Eclogae』와 테렌티우스의 『안드로스에서 온 아가씨Andria』가 독일어로 번역된다. 동시에 그리스도의 텅 빈 무덤을 보고 있는 세 명의 마리아에게 천사가 물어보는 〈누구를 찾으세요?Quem queritis?〉는 〈무덤에 가서Visitatio sepulchri〉와 함께, 초반에 노래를 부르고 시를 낭독하며 대화하는 장면에 전례 의식이 도입된다. 이후에는 이것에 덧붙여서 종교적인 성극 공연이 이어지게 된다.

간더스하임 수도원에서 로스비타 수녀(약 935-1000)는 라틴어로 6편의 그리스도교 연극을 썼다. 즉 『성인전Acta sanctorum』과 『교부들의 생애』에서 영감을 받아 『갈리카누스Gallicanus』, 『둘키티우스Dulcitius』, 『칼리마쿠스Callimachus』, 『아브라함Abraha』,

『파프누티우스Pafnutius』, 『지혜Sapientia』를 썼다. 그러나 특징 있는 인물들과 우아하고 간결한 문체를 위해 테렌티우스의 드라마적 모범을 모방했다.

로스비타는 큰 용기를 내어 서문에서 이렇게 선언한다. "간더스하임의 강한 목소리"가 "그리스도교의 순결한 성녀들이 보인 놀라운 순수함을" 칭찬하기 위해 부름을 받았으니, 그 교훈적인 목적을 위해 "고대인들이 뻔뻔한 여자들의 비열한 음란함을 표현하기 위해 이용했던 것과 동일한 작시법을" 사용하려는 선택은 합법적이다. 작품의 여주인공을 옹호하기 위해(또 자신의 까다로운 문체를 옹호하기 위해) 그녀는 주저 없이 이렇게 선언한다. "연인들의 달콤한 말은 유혹을 하는 데 적당한 만큼 신성한 도움을 주는 영광도 크다. (중략) 특히 나약한 여성이 승리하고 힘센 남성이 힘이 약해져 허둥거릴 때 그렇다."

전통적인 색슨족 문화의 공동체적 특성과 로스비타의 종교적인 열정은 성별을 구분하지 않았다. 로스비타는 그 나름의 방식으로 여성적인 글쓰기를 시작하는데, 그것은 억지로(자신의 미모 때문에) 악의 길에 들어섰지만, 변화한 자신의 에로틱한 측면은 항상 정화되고 구원받으며 사악한 박해자들의 순교나 스스로의 순교를 이룰 수 있는 주제와 결합된다. 『아브라함』에서 쾌락에 빠진 청년의 유혹을 받은 순결한 마리아는 은둔하며 자신을 키운 아저씨의 기도에도 불구하고 사창가로 도망친다. 한편, 용이 위협하는 꿈을 꾸다 잠에서 깬 아브라함은 변장을 하고 사창가로 가서 그녀를 소유하고 싶은 척한다. 그러나 신분을 밝힌 그는 그녀를 구원하기 위해 사막으로 데려가서 벌을 받도록 한다. 이제 그녀는 "너무나 큰 죄 때문에 절망의 구렁에 빠졌다는 것을" 알고 있다. 그러나 그녀는 하느님이 기다린다는 것도 알고 있다. 『칼리마쿠스』에서는 절세미인인 드루시아나가 결혼을 앞두고 함정에 빠졌으며 죽음을 맞이한다. 남편 칼리마쿠스가 시체를 가져가기 위해 무덤 파는 사람을 물리칠 때, 무덤에서 용이 나와 그를 죽인다. 그러나 칼리마쿠스는 성 요한의 도움으로 부활하고 정신을 차린 그는 죄를 뉘우치고 개종한다.

악덕과 폭력, 기적과 순교, 구원을 오가는 이와 같은 인생의 부침은 에로틱하고 구원을 받는 반전이 있으며, 떠들썩한 연대기적 도약을 통해 우주 전체를 묵시록적으로 끌어들이면서 시간과 공간 속에서 뒤얽히게 한다. 6권으로 구성된 로스비타의 성인전 모음집은 테렌티우스를 모범으로 하는 이교도 연극에 대적할 수 있는 최초의 그리스도교 극작술Dramaturgy이었다. 그것은 세심하게 쓴 텍스트를 토대로 말

여성적인 글쓰기

을 표현하는 극작술을 미리 예감한 것이다. 6편의 작품 중 적어도 『칼리마쿠스』는 (순결, 개종, 순교의 기본적인 이야기와 더불어) 수도원에서 공식적으로 읽을 수 있는 작품이었으며, 12세기에 공연된 것 같다. 이후 1489년에는 로렌초 데메디치Lorenzo de' Medici(1449–1492)가 『성 요한과 성 바오로의 초상Rappresentazione dei santissimi Giovanni e Paolo』을 쓰기 위해 그것을 이용한 것 같다.

| 다음을 참고하라 |
시각예술 경배를 위한 새 형상의 탄생과 발전(750쪽)
음악 신성한 단성 음악과 초기의 다성 음악(876쪽); 환영과 신체, 춤의 경험(892쪽)

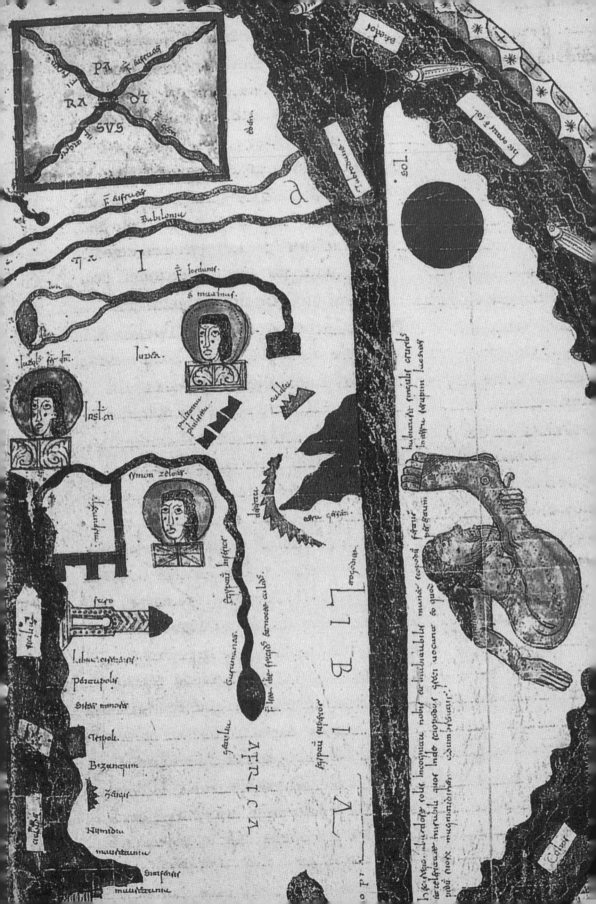

시각예술
Arti visive

시각예술 서문

| 발렌티노 파체\Valentino Pace |

313년에 콘스탄티누스 대제(약 285-337, 306년부터 황제)와 리키니우스 황제(약 250-약 324, 308년부터 황제)는 함께 〈밀라노 칙령〉을 공포하고 그리스도교도의 공식적인 대외 활동을 인정했다. 결과적으로 종교 건축물이 공공장소로서 건립되기 시작했으며, 그 내부와 외부를 장식하는 과정에서 구상미술 분야의 혁신을 가져오게 되었다.

그리스도교를 위한 종교 건축 이 시기에 그리스도교도들은 처음으로 신앙의 전례에 적합한 기능적인 공간을 구성하고 이를 구조에 반영한 건축물을 소유할 수 있게 되었다. 〈밀라노 칙령〉 이전의 그리스도교도들은 개인 건물의 좁은 공간이나 일반인들이 방문하기를 꺼리던 카타콤 같은 지하 묘지에서 종교 전례를 진행했다. 그러나 〈밀라노 칙령〉 이후에는 이전의 로마 제국에서 건립되었던 이교도 신전과 경쟁할 수 있을 정도로 대형 공공 건축물을 세우기 시작했다.

21세기를 살아가는 우리가 313년 〈밀라노 칙령〉부터 테오도시우스 1세의 칙령으로 이교도의 종교 제전이 금지된 4세기까지 몇십 년 동안 무슨 일이 일어났는지를 확인하고 당시 상황을 이해하는 것은 쉬운 문제가 아니다. 그러나 당대를 살아갔던 개인이 어떤 종교를 가지고 있었는지 간에 이 시기에 로마의 중심부에서 그리스도교가 발전하고 있었다는 사실을 부정할 수는 없을 것이다. 이런 점은 오늘날까지 로마에 남아 있는 기념비적 조형성을 지닌 종교 건축의 여러 예를 통해서 확인할 수 있다. 당시 사회상을 고려해 보았을 때, 역사 속에서 처음으로 자유로운 활동을 보장받았던 그리스도교도가 지닌 포교의 열정은 상상하기 그리 어렵지 않으며 그 결과 신자 수가 증가하게 되었다. 이 과정에서 그리스도교도들은 과거 자신의 삶의 일부였던 이교도의 흔적을 점차 지워 나갔다.

로마 제국의 주요 도시였던 로마와 밀라노 같은 장소뿐 아니라 제국의 소도시에서도 새로운 건물들이 기획되기 시작했으며, 그리스도교도들은 새로 개종한 귀족들의 지지를 바탕으로 이교도의 상징적 기호와 흔적을 그리스도교의 이미지로 대체해 나갔다. 5세기경에 그리스도교도들은 이교도의 신전과 건물을 부정적인 시선으로 바라보았고, 결국 수많은 건물이 철거되었다. 이 과정에서 그리스도교도들은 이전 문화를 대표하는 여러 건축물들을 파괴했다. 이런 역사적 사건은 후대인들이 이 시기에 파손된 건물을 재건해서 공식적 혹은 개인적 용도로 재활용하기 위해 로마 시대의 건축에 관심을 가지고 연구하는 계기를 제공했다.

이 시대의 그리스도교 미술을 어떤 방식으로든 이해하기 위해서는 사제와 신자의 관계에 바탕을 둔 공식적·종교적 관점의 의사소통 구조를 분석할 필요가 있다. 사제는 신자에게 메시지를 기호로서 전달하기 위해서 작품을 주문했고, 이 과정에서 그리스도교 미술의 다양한 표현 양식들이 발전했기 때문이다.

그리스도교 도상의 다양성

그리스도교 구상미술의 표현을 이해하려면 '신'과 여러 '성인'을 다루는 관습적인 이미지가 어떻게 만들어졌으며, 사회에서 보편적인 기호 체계를 어떻게 구성하게 되었는지, 그 과정을 살펴볼 필요가 있다. 오늘날에는 최소한의 종교 교육이 다양한 이미지를 이해할 수 있는 기준을 제공해 주지만, 그리스도교 종교 미술의 이미지가 처음 등장했을 때에는 지금처럼 누구나 쉽게 이해할 수 있는 이미지가 아니었다. 당시에 소통을 위한 보편적인 기호로서 의미를 획득하기 위해 사용했던 방법은 기존의 전통적인 이미지를 차용하거나 변형시키는 것이었다. 대표적인 예를 들면 그리스도 그리스도의 얼굴 는 머리카락이 어깨까지 흘러내리고 긴 수염을 지닌 모습으로 묘사되고는 한다. 이 도상은 이교도의 신인 제우스 혹은 유피테르의 모습에서 유래한 것이거나, 그리스도교 철학자가 아닌 그리스의 철학자인 아스클레피오스의 모습에서 유래한 것이다. 또한 성 베드로는 사각형의 얼굴에 긴 수염을 기르고 있는 이미지를 지니며, 이는 "내(그리스도)가 이 반석 위에 내 교회를 세울 터인즉"(「마태오 복음서」 16장 18절)이라는 성경 구절에서 비롯되었다. 또 다른 예를 들면, 대머리에 긴 수염을 지닌 인물로 묘사되는 성 바오로는 그리스 로마 철학자의 전형적인 모습에서 유래한 것이다. 물론 이런 전형들이 초기에 고안되었을 때는 체계적이고 완결된 기호로 활용되었던 것은 아니며, 4세기가 되어서야 점차 사회적으로 공유할 수 있는 의미를 획득하게 되었다. 그리스도교 도상 체계가 미완성 단계를 거쳤다는 점은 359년에 제작된 〈유니우스 바수스의 석관Quello di Junius Bassus)에서 관찰할 수 있다. 이 작품의 수준을 고려할 때 문화적으로 교양 있는 상류층 인물이 주문한 것으로 생각해 볼 수 있다. 하지만 이 석관에서는 앞서 설명한 성 베드로와 성 바오로의 전형적인 이미지가 뒤바뀌어 묘사된 것을 확인할 수 있다.

또 다른 흥미로운 점은 그리스도교의 종교적 이미지와 로마 황제를 재현한 이미지가 유사하다는 점이다. 이는 황제의 이미지가 '신성화'되는 과정을 겪었기 때문이다. 황제를 상징하는 색인 금색과 자주색은 사제의 의상에 많이 사용되었다. 그러나 시간이 흐르면서 황제에게 신성을 부여하기 위해서 종교적 이미지를 활용하는 경우도 발견할 수 있다. 예를 들어 도미티아누스 황제(51-96, 81년부터 황제)가 건립한 로마〈개선문〉의 장식에서는 승천하는 그리스도의 모습처럼 독수리를 잡고 하늘로 오르는 티투스 황제(39-81, 79년부터 황제)의 이미지를 관찰할 수 있다.

기억과 서사

초기 그리스도교 미술의 특징은 그리스 문화의 유산에서 비롯된 조화로운 형상과 고전성이라고 볼 수 있다. 물론 그리스 로마 시대의 작품과 차이점을 가지지만, 그 차이점은 단순히 종교적인 요소가 반영되었다는 점 때문이 아니라 새로운 표현 방식을 다룬 당시 로마 미술의 영향을 받았다는 점에서 비롯되었다. 콘스탄티누스 대제가 건립한〈개선문〉과 당시 그리스도교도가 주문하고 제작했던 석관 부조는 당시 조각가들이 새로운 주문자의 요구에 따라 새로운 표현 방식을 적용했던 대표적인 예였다. 특히 콘스탄티누스 대제의〈개선문〉은 각 부분의 제작 시기가 다르기 때문에, 다양한 형태와 기법의 변화를 관찰할 수 있는 흥미로운 작품이다. 특히〈개선문〉의 부조 일부에서는 표현 방법보다 내용의 전달에 초점을 맞추고 있는 양식적인 변화를 확인할 수 있다. 문화적 기호의 성격을 띤 이미지는 이후로 르네상스 시대에 이르기까지 그리스도교 미술에 지속적으로 적용되었다.

〈개선문〉의 부조에서는 콘스탄티누스 대제가 막센티우스 황제(약 278-312, 306년부터 황제)에게 승리를 거둔 전쟁 이야기를 교훈적으로 설명하려는 목적에서 각각의 장면들을 시간에 따라 순차적으로 배치하고 있다. 특히 프레델라predella (수직면에 붙어 있는 부조로 나중에 이 용어는 제단화의 구조를 설명하기 위해서도 사용되었다*)의 이미지는 감상자의 시점 거리를 고려해서 원경에 비해 중경의 이미지를 더 작게 묘사하고 있다.

각 장면은 감상자 시선의 이동에 따라 콘스탄티누스 대제가 밀라노에서 출발하여 로마의 포룸에 입성하기까지 여러 사건을 순서대로 묘사했고, 로마 시민에게 황제에 대한 존경심을 심어 주고 역사적 교훈을 설명하기 위한 목적을 가지고 있었다.

콘스탄티누스 대제의 〈개선문〉에서 비롯된 그리스도교 황제의 신화는 이후에 로마에서 출토된 청동 기마상의 파손을 막기도 했다(현재 로마의 카피톨리니 박물관에 보관되어 있는 이 기마상은 역사 속에서 콘스탄티누스 대제의 기마상으로 알려져 있었기 때문에 파괴되지 않았지만, 후대의 연구 결과로 마르쿠스 아우렐리우스 황제의 기마상이라는 점이 확인되었다). 이런 사실은 그리스도교도들이 이미지가 교훈적이고 설득력을 지니기 때문에 그것이 전달하는 내용을 중요하게 여겼다는 점을 알려 준다. 콘스탄티누스 대제의 〈개선문〉처럼 그리스도교 종교 미술품의 표현 방식과 구조를 고려해 보았을 때, 우리는 트라야누스 황제(53-117, 98년부터 황제)의 기념주, 마르쿠스 아우렐리우스(121-180, 161년부터 황제)의 기념주, 그리고 베네벤토에 있는 트라야누스 황제의 〈개선문〉이나 테살로니키에 있는 갈레리우스 황제(약 250-311, 305년부터 황제)의 〈개선문〉과 같이 이교도 세계에서 관찰할 수 있는 작품의 표현 방식이 그리스도교도에게 역사 이야기를 후대에 전달하는 중요한 기준을 제공했다는 점을 확인할 수 있다. 이처럼 그리스 미술에서 출발해서 로마의 미술을 구성했던 문화적 유산은 그리스도교도의 시대에도 연속성을 부정할 수 없다. 만약 그리스도교도의 문화가 로마 제국 시대의 이미지의 표현 방식을 수용하지 않았다면, 오늘날의 그리스도교 미술은 유대인 문화처럼 신의 이미지를 부정하고(「탈출기」 20장 4절, 「신명기」 5장 8절) 신의 이미지를 재현하지 않았을지도 모를 일이다.

설득력을 지닌 이미지

은밀한 이미지: 조각과 도상

그러나 초기 그리스도교 종교 미술인 로마의 산타 마리아 마조레 성당Basilica di Santa Maria Maggiore[도판 72]이나 라벤나에 있는 산타폴리나레 누오보 성당Basilica di Sant' Apollinare Nuovo(성 아폴리나레 신성당) 등의 건축물, 기념 조각, 석관은 장면을 순차적으로 배열하는 서사 구조를 채택하기보다 각각의 이미지에 상징적인 의미를 부여하고자 했다. 특히 초기에 봉헌과 제의를 위해서 이야기를 배열하는 경우는 많지 않았다. 조각의 경우에 콘스탄티누스 대제가 로마의 라테라노 대성당에 기증했던 작품으로 그리스도, 사도, 천사를 소재로 한 은 조각 작품이 남아 있다. 이 작품은 원래 제단으로 이어지는 공간의 입구에 배치되어 있다가 이후에 철거되었는데도 오늘날까지 전해지는데, 그 이유는 당시 그리스도교도들이 이 작품을 신을 재현한 조각이 아니라 성골 보관함으로 여겼고, 그렇기 때문에 신성한 의미를 전달하면서도 우상 숭배의 문제를 피해 간다고 생각했기 때문이다. 이와 유사한 걸작으로는 콩크의 생 트푸아 성당Église Sainte-Foy의 종교 조각품[도판 12]이 있으며, 이 작품은 9세기 말 혹은 그 이후(최소한 1105년 이전)에 제작된 것으로 추정된다. 당시 그리스도의 도상은 지나치게 전능하고 위엄 있는 창조주의 모습이나 희생을 강조하기 위해 비극적인 드라마처럼 죽어 가는 모습을 강조하는 데 치우치지 않았다. 현존하는 가장 오래된 기념비적 조형성을 지닌 십자가는 쾰른 대성당에 보관되어 있으며 지금도 신자의 봉헌을 받고 있다. 이 십자가는 게로 대주교Gero von Köln가 쾰른 대성당을 위해 주문한 것으로(976년 이전), 〈십자가에 못 박힌 그리스도〉라는 제목을 가지고 있다.

회화의 경우, 공적 용도이거나 사적 용도이거나 신앙을 시각적으로 증언하는 가치를 지니고 있다는 생각이 발전했다. 이 장에서 설명하려는 것은 이야기의 서사 구조를 묘사한 회화 작품이 아니라 봉헌물로서 상징적인 이콘icon(성화)에 관한 것이다. 사실 '이콘'이라는 단어는 비잔티움 제국의 구상미술품을 떠오르게 한다. 이런 생각은 문화적·역사적 맥락을 고려했을 때 어느 정도 타당하다. 동로마 제국의 수도와 영토에서 이콘은 문화적으로 중요한 역할을 담당했지만, 종교적인 이미지를 허용했던 787-815년 동안을 제외하고 726-843년에 성상 파괴 운동이 지속되면서 논란의 대상이 되었다. 이 시기의 이콘은 오늘날에 생각하는 것처럼 패널화에 한정된 것이 아니라 벽화, 모자이크, 프레스코화와 같은 대규모 작품도 포함되어 있었다. 즉, 오늘날의 어법에서 사용하는 것처럼 단순히 영성에 기여하는 신앙의 대상으로서 소규모의 이미지가 아니었던 것이다. 사실 6세기 전에는 소규모 패널화는 제작되지 않았다. 당시 공공장소에 배치된 이콘의 예는 로마의 산타 마리아 안티쿠아 성당Chiesa di Santa Maria Antiqua이나 테살로니키의 산 데메트리오 성당Chiesa di San Demetrio(성 데메트리우스 성당)에서 확인할 수 있다.

당시에 '성모의 무릎에 앉아 있는 그리스도'(동방정교회에서 마리아는 '신의 어머니'로 매우 중요한 가치를 지닌다)와 같은 도상은 신앙에서 중요한 봉헌물이었다. 이 시기에 이콘은 사람들에게 반복적인 양식이라는 의미가 아니라 그리스도와 성인의 이미지를 경배한다는 의미를 가지고 있었다. 사실 이콘을 양식화된 이미지로 바라보는 것은 비잔티움 미술의 이미지를 서유럽 문화의 기준에서 잘못 해석했기 때문에 만들어진 개념이었다. 우리가 만약 1000년까지 비잔티움 성화의 발전 과정과 서유럽의 종교적 이미지를 체계적으로 비교한다면, 오늘날에 사용하는 '이콘의'라는 형용사가 지닌 의미를 더 잘 이해할 수 있을 뿐 아니라 '이콘'이라는 명사의 의미를 다시 고찰할 기회를 가지게 될 것이다.

환영

우리가 살아가는 시대뿐 아니라 이후에도 마찬가지겠지만, 사람들은 종종 한 시대의 문화를 역사를 보는 관점에 따라 일반화해서 설명하고는 한다. 이런 사실은 비잔티움 문화에 대한 관습적인 생각들에서도 확인할 수 있다. 예를 들어 많은 사람들이 배경에 금색을 사용한 미술품을 보면, 리트머스 종이의 실험 결과처럼 망설이지 않고 '비잔티움 미술'에 속한다고 설명한다. 물론 배경의 금색은 '신성한 빛'이라는 종교적 의미를 지니고 있으며 비잔티움 문화에서 많이 사용되었지만, 다른 관점에서 고대 후기 미술의 양식적 경향과도 밀접한 관계가 있다. 예를 들어 밀라노의 산 로렌초 지역에 있는 산타퀼리노 예배당Cappella di Sant'Aquilino의 익랑翼廊에서 만날 수 있는 작은 애프스apse (하나의 건물이나 방에 부속해 있는 반원 혹은 다각형 모양의 내부 공간*)는 4세기 말에 제작된 작품이다. 또한 로마 근교 도시인 산타 사비나에서 만날 수 있는 두 개의 성당에 등장하는 여성 이미지 역시 금색 배경을 활용하고 있다. 두 예 모두 제작 연대가 432년 전으로 비잔티움 문화에 속하는 작품들이라고 보기는 어렵다. 과거에 수세기 동안 지속된 그리스 일부와 지중해 연안의 벽화를 생각해 볼 때, 서유럽에서 관찰할 수 있는 애프스의 모자이크 작품의 금색 배경이 키프로스 섬, 시나이, 테살로니키, 콘스탄티노플에서 만날 수 있는 '비잔티움' 벽화를 먼저 떠오르게 하는 것은 사실이다. 그러나 동유럽에서는 금색 배경이 상징적인 의미를 표현하는 반면, 서유럽에서 금색은 현실과 다른 추상적인 느낌을 이미지에 부여하기 위한 방식이었다는 사실을 고려할 필요가 있다.

모자이크의 금색 배경의 용법

성화의 금색 배경을 자동적으로 보스포루스 해협의 수도였던 콘스탄티노플의 문화라고 보아서는 안 되며, 동시에 그리스도교 초기 미술에서 이와 유사한 방식의 그림을 그렸던 로마의 문화로 보아서도 안 될 것이다. 예를 들어 로마의 라테라노 대성당 근방에 있으며 트리클리니움triclinium (안락의자가 붙어 있는 식탁*)의 곡선 형태를 지닌 산타 프라세데 성당Basilica di Santa Prassede 안에 있는 산 제노네 예배당Sacello di San Zenone의 경우는 이런 점을 확인할 수 있는 대표적인 예이지만 18세기에 파손되었다.

비잔티움 제국의 영토와 다르게 서유럽 중세 초기의 구상 이미지는 추상적인 표현과 연관되어 있으며, 에스파냐와 유럽의 여러 섬 지역까지 영향을 끼쳤다. 영국의 섬들이나 에스파냐, 프랑스에서 제작한 양피지에서 관찰할 수 있는 상상력은 현실의 모방적 재현과 구분되는 정신적인 의미를 표현하고 있다(어쩌면 이런 표현 방식에서 그들의 '근대성'을 엿볼 수 있을지도 모른다). 이 시기에 중세 미술의 뛰어난 걸작들이 출현했던 것은 우연이 아니었다. 예를 들어 리에바나의 베아투스(?-798)와 같은 삽화가가 묵시록의 내용을 재현한 삽화본의 이미지[도판 33]는 너무나 매력적이다. 상상력에 바탕을 둔 시각적 환영에 대한 표현이, 시각적 환영을 가장 효율적으로 표현했던 그리스도교 문학 작품과 경쟁할 수 있을 정도로 뛰어나기 때문이다.

이미지의 힘: 단절과 연속성

고전주의에서 벗어난 표현 방식은 시리아-팔레스타인에서 관찰할 수 있는 것처럼 이미지의 재현 방식에 관심이 많았던 동로마 제국의 수도 콘스탄티노플과 그 영토에서 발전하기보다는, 서유럽에서 다양한 수준과 방식을 보여 준 작품들에서 확인할 수 있다. 서유럽의 여러 섬에서 제작된 삽화본, 이탈리아의 캄파니아와 프리울리 지방, 또는 서고트족의 활동 무대였던 에스파냐의 지중해 연안 지역에서 제작된 조각 작품들은 흥미로운 예다. 이런 관점에서 접근했을 때 문화사, 미술사, 혹은 역사학에서 언급하는 카롤링거 왕조의 '문예 부흥'이 가진 가치를 판단할 수 있다.

이를 설명하기 위해서는 정치적인 적대 세력이자 패배를 안겨 주기도 했던 랑고바르드족 세계의 경험에서 발전했다는 점도 언급할 필요가 있다. 우리 눈에는 거의 불가능해 보이겠지만, 랑고바르드 민족이 주도권을 가졌던 시기에 그들은 구상미술과는 전혀 다른 작품을 제작했다. 하지만 주교나 왕실 같은 상류 계급의 주문자들도 랑고바르드 민족의 작품을 높이 평가했다. 예를 들면 라트키스Ratchis의 제단 조각, 시구알도Sigualdo의 석판 부조, 칼리스토Callisto의 세례반 등이 있는데, 이 작품들은 프리울리 지방의 치비달레Cividale에 있는 8세기의 유적들과 템피에토Tempietto(작은 신전)에서 만날 수 있다. 이탈리아 북부의 작은 도시인 카스텔세프리오에서 볼 수 있는 산타 마리아 포리스 포르타스 성당Chiesa di Santa Maria foris portas[도판 56], 혹은 프리울리 지방의 작은 도시인 치비달레에서 볼 수 있는 템피에토의 작품들은 고전주의적인 환영이 효과적으로 표현되어 있다는 점에서 카롤링거 왕조와의 문화적 영향 관계를 유추해 볼 수 있다. 예를 들어 이 작품들은 대관식에서 활용했던 것으로 알려진 '카롤링거 왕조'의 복음서(빈 소장)의 고전주의적 환영과 유사한 점이 있다. 하지만 비잔티움 제국의 경우에 이런 표현 방식, 즉 고전주의적 환영은 작품을 표현하기 위해서 늘 고려되었다. 이 같은 표현 방식은 당시 정치적인 지위를 강조하기 위해서 많이 사용되고는 했다. 예를 들어서 오토 2세(955-983, 973년부터 황제)와 비잔티움의 요하네스 1세 치미스케스(약 925-976, 969년부터 황제)의 손녀였던 테오파노(약 955-991, 973년부터 여제)의 972년 결혼을 떠올릴 수 있다.

중세 유럽의 이 놀라운 이야기는 '오토 왕조의 미술'로 알려졌으며 10세기 말-11세기 초의 경향으로 정착되었는데, 다른 한편으로는 삽화가 있는 필사본을 통해 비잔티움의 영향을 받았다. 하지만 더 주목받고 유명한 작품들로는 다음과 같은 예를 들 수 있을 것이다. 이미 언급했던 것처럼 게로의 십자가는 자연스러움과 표현력을 고려해 보았을 때 지오토의 십자가들과 쌍벽을 이룬다. 또한 라이헤나우 오버첼 Oberzell에 있는 장크트 게오르크 성당Kirche Sankt Georg(성 게오르기우스 성당)은 많은 부분이 파손되어 있음에도 매우 뛰어난 이미지들을 보여 준다. 중앙 신랑身廊의 벽에 위치한 네 단계의 장면이 보여 주는 교훈적인 내용은, 수세기 이후에 아시시의 산 프란체스코 성당의 신랑에 묘사된 성 프란체스코의 이야기와 비교할 수 있을 것이다. 그리고 몇몇 뛰어난 예만 언급하자면 제의용 가구와 의장艤裝의 풍요로움을 보여 주는 〈에센의 황금 성모Madonna d'oro di Essen〉[도판 11](973-약 982)나 〈로타리오의 십자가Croce di Lotario〉[도판 5](이 명칭에는 특별한 의미가 없다. 왜냐하면 오토 3세의 시대에 제작되었기 때문이다)가 있다. 〈로타리오의 십자가〉의 중심에서는 놀랍게도 카메오로 출현한 아우구스티누스 황제를 발견할 수 있다. 물론 이런 점은 이 작품에서만 발견할 수 있는 경우는 아니다. 〈헤르만의 십자가Hermann-Ida-Kreuz〉(1056년 이전)에서도 그리스도의 얼굴을 새로 제작하지 않고 로마 시대 조각인 리비아의 두상을 사용하고 있다. 흥미롭고 놀라운 이런 경우들은 21세기를 사는 우리의 경우와 비교해 보았을 때, 당시 주문자, 예술가, 후원자, 신자들이 다른 사고방식을 가지고 있었다는 점을 알려 준다.

4세기의 공적 작품의 시작에서 10세기 말과 11세기 초의 대규모 작업과 작품들에

본질적인 그리스도교 미술 이르기까지, 유럽과 비잔티움 예술은 사실 본질적으로 '그리스도교 미술'이다. 이러한 표현이 당대의 모든 지역을 설명할 수는 없다 하더라도(왜냐하면 에스파냐와 시칠리아의 경우는 소수의 일부 작품들로 분류되기는 하지만 '이슬람'적이며, 다른 경우에는 이교도를 위한 작품들도 있기 때문에) 신앙을 둘러싼 근본적인 발전 과정을 보여 주는 정신적 구조를 관찰하게 해 준다. 이런 점을 관찰할 수 있는 흥미롭고 뛰어난 실례로는 콘스탄티누스 7세(905-959, 912년부터 황제)의 대관식 장면을 다룬 상아 세각細刻 작품이 있는데, 이 작품에서 그는 신에 의해 대관받는 황제의 모습으로 묘사되어 있다. 그리고 이후의 상아 세각 작품 중에서 오토 2세의 경우도 비슷한 방식으로 구성된 장면을 확인할 수 있다. 혹은 수도사 리우타르도Liutardo가 봉헌한 복음서들[도판 64] (아헨 대성당 성물 보관소Aachener Domschatzkammer)의 종이 위에 그려진 젊은 오토 3세는 의인화된 대지의 이미지 위편의 왕좌에 앉아 있는 모습으로 묘사되어 있는데, 신의 손은 그에게 왕관을 주고 있으며 네 복음사가들은 그를 둘러싸고 있다. 네 복음사가는 자신의 신체와 심장 위로 자신들이 쓴 복음서 두루마리를 쥐고 있으며, 그 곁에는 두 백작들이 무릎을 꿇고 있고 아래쪽에는 군인과 사제들이 줄지어 서 있다.

중세 문화는 첫 1000년의 수세기 동안에 통일성 있는 포물선(이 용어는 역사를 고려하지 않고 주관적인 의견들을 만들어 내는 잘못을 저지른다)을 그린 것이 아니라, 근본적으로 그리스·로마의 전통적인 표현 방식을 예술품의 사회적 기능에 따라 적절히 차용했으며, 또한 형태적으로는 유사하지만 중세의 각 시기에 따른 소통의 문화 형식을 만족시키려는 필요성에 따라 변화해 나갔다. 그리스·로마 시대의 유산과 교훈에서 형태의 표현 방식을 발전시켰던 것이지, 예술품의 사회적 기능이 변화했던 것은 아니었다. 중세에서 주도적이었던 기호에서 관찰할 수 있는 점은 이교도 문화에서 **고대의 연속성** 그리스도교 문화로 이동할 때 고전 문화와 연속성을 유지했다는 것이다.

여러
건축 공간

ARTI VISIVE

그리스도교의 종교 공간

| 루이지 카를로 스키아비|Luigi Carlo Schiavi |

〈밀라노 칙령〉이 발표되기 전까지는 진정한 그리스도교 건축물에 대해 설명하는
것이 불가능하다. 이전 시기에 신자들은 경우에 따라 거주 장소를 돌면서 종교 모임을
가졌다. 313년 이후로 그리스도교도들은 로마, 예루살렘, 콘스탄티노플에 새로운
종교 건축을 발주했고, 이 건물들은 이후로 콘스탄티누스 시대의 건축 모범이 되었다.
5세기에는 대부분의 도시 성벽 안에 새로운 '교구'인 바실리카가 건립되었으며, 후에
이곳에 도시 외곽의 공동묘지에 묻혀 있던 성인의 유해가 안치되었다. 로마의 바실리카
양식을 기초로 하여 세 개의 신랑, 동쪽의 애프스로 구성된 종교 건축의 형태는 다양한
공간을 만들어 내며 모든 지중해 연안 지역으로 퍼져 나갔다. 서양에서 로마 제국의
쇠망과 이민족의 대이동은 새로운 상황을 만들어 냈지만, 건축 방식이라는 측면에서는
고대 후기와 항상 연관되어 있었다. 예술 후원에 바탕을 둔 카롤루스 대제와 그
후계자들의 정치는 8-9세기에 주교좌 교회와 수도원의 복잡한 발전으로 이어졌고,
이후 시대에 인기를 끌었던 새로운 건축 유형으로 정의되었다.

초기 그리스도교의 공간

313년에 〈밀라노 칙령〉이 발효되고 교회의 평화가 도래하면서 제의와 축제와 관련
된 건축 형태가 등장하기 전까지는 진정한 그리스도교 건축에 대해서 설명하는 것

이 불가능하다. 성 바오로의 편지에 나타나고 복음서의 사도들이 강조했던 것처럼 그리스도교 공동체의 모임은 2세기 초까지 주로 가정집 공간을 활용했다. 이곳은 특별한 특징을 가지지 않은 작은 공간이었으며 전례용 제구祭具의 종류도 적었다. 단지 그리스도교의 성체성사용 책상agapai이나 단순한 나무책상trapeza이 배치되어 있었을 뿐이다. 물론 전례 공간을 기획하고 실현하는 데 무관심했던 당시의 경향은 교회가 영성을 위해 모인 신자 공동체이므로 다른 이교도의 제전에서처럼 신전과 제단이 중요하지 않다는 신학적인 관점에서 유래했다. 이 시기에 이교도의 신전은 여러 기록에서 관찰할 수 있듯이 여러 종류의 제단을 배치했던 사회적으로 열린 공간이었다. 그러나 역사적 맥락에서 생각해 보았을 때, 교회는 콘스탄티누스 대제의 시대까지 오랜 시간 동안 법적으로 공식 활동을 할 수 없었기 때문에 간결한 전례 공간을 가졌다고도 설명할 수 있다.

　　2세기 중반 이후부터 시간이 지날수록 도시 공동체에서는 사제의 위계가 강해지기 시작했으며 제의의 종류도 분화되어 갔고(강독, 성찬식, 세례), 이와 관련해서 적합한 장소가 필요하게 되었다. 그 결과 미사를 위한 장소, 예비 신자용 장소, 세례용 장소, 고해소가 포함되어 있는 '교회의 집(도무스 에클레시아이domus ecclesiae)'이라는 전례 공간이 발전했다('도무스 에클레시아이'라는 용어는 이후로 그리스도교의 '교회'를 의미하게 되었으며, 오늘날에 와서는 로망스어 계통의 언어에서 쉽게 접할 수 있다). 이곳은 전례와 신앙을 보존하는 저항의 중심지였다.

**도무스
에클레시아이**

　　당시에 이 공간을 어떤 명칭으로 불렀는지는 분명하지 않고, 또 어떤 법적 상태를 가지고 있었는지도 확인하기 쉽지 않지만 이 공간의 법적 소유권자는 공동체였던 것으로 추정된다. 새로운 전례가 등장하면서 이전의 공간은 종종 필요에 따라 변형되었다. 또한 당시에 여러 지방의 건축이 각각 다른 특성을 지녔기 때문에 보편적이고 동일한 전형을 구성할 수 없었다. 그러나 로마 제국의 동쪽 경계에 해당하는 시리아의 도우라 에우로포스Doura Europos에 남아 있는 검소한 건축물은 초기 그리스도교 교회 건축에 대해 생각해 볼 수 있는 여지를 제공한다. 도시 중심부의 여러 주거용 건축물들이 도시를 방어하는 성벽을 강화하기 위해 철거되었던 200년대 초부터 257년까지 이 장소는 검소한 다른 거주지와 건축적으로 쉽게 구분되지는 않았을 것이다. 그러나 사제와 신자, 그리고 예비 신자를 위한 공간, 성찬의 전례를 위한 공간, 교리문답의 과정을 보여 주는 도안을 반영한 세례반이 놓인 세례 공간이 구분되었다는 점에서 새로운 종교 건축의 유형을 지니고 있었다. 3세기경에는 여러 지역에서 이와 유사한 건축물 구조가 나타났다. 특히 로마 제국의 대도시인 로마에서 도무스의 규모는 점차 확장되기 시작했다. 또한 과거 도시 중심부에 가난한 계급이 거주하던 '섬처럼' 고립된 구역에 지어진 도무스들에서도 여러 층으로 규모가 확장된 경우를 쉽게 발견할 수 있다.

4세기 초에 그리스도교도들의 열정적인 포교의 결과로 신자와 도무스가 늘어나기는 했지만, 그렇다고 해서 누구나 알아볼 수 있는 상징성을 지닌 종교 건축의 전형이 확립된 것은 아니었다. 예외적으로 근동 지역(안티오키아 지방, 니코메디아)에서 기념비적인 조형성을 지닌 건물이 기획된 경우가 있었지만, 이 교회는 디오클레티아누스 황제(243-313, 284-305년에 황제)가 재위했던 기간의 박해에 대한 역사적 기억을 보상하려는 심리가 반영되었던 것으로 보인다. 당대 건축물의 평면도가 남아 있는 것은 아니지만 여러 사료의 기록들을 종합해 보았을 때, 이 시기의 그리스도교 종교 공간은 신성한 공간으로 점차 의미를 확장하기 시작했으며, 313년 이전에도 관찰할 수 있는 직사각형 평면을 적용하여 예루살렘이 있는 방향인 동쪽으로 건물들을 배치하는 것을 선호했으며, 일부 공간에 사제가 사용하는 전례용 제구를 배치했다는 점을 확인할 수 있다.

콘스탄티누스 대제의 시대

콘스탄티누스 대제의 개입으로 이루어진 혁신의 규모는 이전에는 유사한 예를 찾을 수 없다. 종교의 공식적인 인정과 제국의 보호는 곧 관용적인 후원으로 이어졌고, 제국의 감독 기관 속에 종교인들이 배치되었다. 또한 로마, 트리어, 콘스탄티노플, 예루살렘과 같은 여러 도시에서 새로운 건축물의 발주가 이어졌고, 이 건물들은 이후 그리스도교 종교 건축의 모범이 되었다. 교황 실베스테르 1세(?-335, 314년부터 교황)의 시대에 로마의 주교좌 교회로 건립되었던 라테라노 대성당은 이후로 모든 그리스도교 바실리카의 전형이 되었다. 오랜 시간이 지난 뒤에 건축가였던 프란체스코 보로미니Francesco Borromini(1599-1667)가 콘스탄티누스 시대에 지었던 이 교회를 리모델링했지만, 이 교회는 당시의 모습을 일부 가지고 있으며 이전의 회화 작품을 통해서 기존의 모습도 확인할 수 있다. 바실리카는 5개의 신랑(90×55m)을 가지고 있었으며, 크고 넓은 애프스에 성직자를 위한 세부 공간과 제단도 놓여 있었다. 애프

라테라노 대성당

스 앞쪽에는 박공fastigium이 배치되어 있었으며 4개의 도금된 청동 기둥이 이 공간을 강조하고 있었다(현재 연구 중인 가설에 따르면 17세기 산티시모 사크라멘토 성당Chiesa del Santissimo Sacramento의 제단에서 이 4개의 청동 기둥을 재활용했다고 한다). 또한 대들보 아래로 반원형 아치가 놓였으며 윗부분에는 그리스도와 사도들의 모습이 장식된 팀파눔tympanum이 배치되어 있었다. 박공의 사용은 로마 건축물의 조형성을 반영했던 것으로(스플리트에 있는 디오클레티아누스 황제의 팔라초를 참조하라), 바실리카의 상징적 의미를 황제의 접견실에서 그리스도의 접견실로 변화시켰다. 교회에서 서쪽 입구를 향한 신랑의 기둥은 나무 지붕을 받치고 있으며, 이 지붕 부분은 다른 부분에 비해서 더 높게 배치되어 작은 창문들을 통해 빛이 들어올 수 있었다. 옆에 배치된 작은 신랑에는 작은 크기의 방들이 열을 지어 배치되어 있었다. 동쪽 파사드는 3개의 문을 가지고 있었던 것으로 추정된다(그러나 이와 연관된 고고학적 증거가 남아 있는 것은 아니다). 또한 파사드에는 4세기 로마 교회들에서 쉽게 찾아볼 수 있는 아트리움atrium이 배치되어 있었다. 간결하지만 큰 규모의 건물 외벽은 내부 공간의 장엄함을 연상시켰다.

4세기 초를 살았던 그리스도교도들에게 이 건물은 몇십 년 전의 그리스도교 종교 건축물에 비해 놀라운 것이었다. 새 방식으로 지어진 건축은 교회의 새로운 공식적 지위를 과시했고, 과거 로마 제국처럼 통합된 정치 이데올로기를 반영하고 있었다. 이런 점에서 고대 건축물 양식의 도입은 필수 불가결한 일이었으며, 콘스탄티누스 대제 시대에 모든 교회의 건축 유형으로 유행했던 바실리카는 고대 황제들의 접견실, 즉 만남과 교역의 공간이자 법적 판단이 이루어지는 공간의 특성을 보존하면서도 다양한 기능을 추가한 공간으로 발전하면서 당시의 종교적 갈증을 풀어 줄 수 있었다. 종종 사각형의 평면을 지니고 끝 부분에 애프스를 가지고 있던 로마 시대의 바실리카는 이후에 종교적인 필요성에 따라 다양한 방식으로 변화되하서 전례에 적합한 공간으로 변형되었고, 황제와 주교와 사제의 전례를 위한 공간으로 거듭났다. 그렇게 해서 그리스도교 문화의 기능을 반영한 바실리카라는 건축 유형이 탄생했던 것이다.

최초의 세례당 5세기 중반에 라테라노 대성당의 북서쪽에 처음으로 외부의 세례당이 설립되었다. 내부에 회랑을 지닌 팔각형의 건축 구조는 로마의 마우솔레움Mausoleum(황제의 무덤*)을 본보기로 제작되었으며 최초로 중앙 집중식 평면이 적용된 종교 건축물이었다. 세례당은 성 바오로의 「로마 신자들에게 보낸 서간」의 내용에 바탕을 두고 있으며(「로마」 6장 4절), 세례 성사를 통해 낡은 삶을 버리고 구원을 받는다는 의미를 상징적으로 구현했던 공간이었다. 중앙 집중식 평면, 특히 팔각형의 평면이 유행했던 것은 당시 유럽에 잘 알려져 있던, 밀라노의 주교 암브로시우스가 건립했던 산 조반니 세례당의 형태에서 비롯한 것으로 보인다. 하지만 다양한 변형도 관찰할 수 있다. 외부는 사각형에 내부는 팔각형 평면을 지닌 경우도 관찰할 수 있고, 회랑이 외부에 있거나 종종 내·외부에 회랑이 아예 없는 경우도 찾아볼 수 있다. 몇몇 지역에서는 세례당에 다른 형태를 적용하기도 했다. 사각형 혹은 직사각형 형태로 내부에 애프스가 있는 경우도 있고 없는 경우도 있었다. 또한 세례를 받는 사람들의 종교 제의에서 가장 중요한 세례반의 경우도 다양한 형태를 지니고 있었다. 팔각형의 세례반을 선호하기는 했지만, 종종 십자형(아헨), 긴 타원형(스베이틀라), 혹은 육각형(그라도, 로멜로)과 같이 다양한 형태도 찾아볼 수 있다.

4세기

라테라노 대성당의 모델은 지역에 따라 다양한 특성을 보이기보다는, 주문자와 4세기에 여러 형태로 발전하던 특별한 제의에 따라 다양한 형태를 띠기 시작했다. 5개의 신랑을 가진 초기 그리스도교 대성당의 예는 밀라노, 베르첼리, 파비아, 산타 마리아 카푸아 베테레, 라벤나, 그리고 이탈리아 반도 밖에서는 아프리카 북부의 리오네(지에밀라Djémila), 콘스탄티노플, 예루살렘에서 발견할 수 있다. 나중에 유스티니아누스 대제가 기획한 교회로 대체된 콘스탄티노플의 성 소피아 대성당('아야소피아 Ayasofya'라고도 함*)과 예루살렘의 순교자 기념 교회(마르티리움Martyrium)는 모두 콘스탄티누스 대제가 주문한 것으로, 공공 거리에 늘어선 입구, 회랑, 그리고 갤러리를 지닌 5개의 신랑이 있는 건축물들이었다. 하지만 콘스탄티누스 대제가 비용을 내지 않았기 때문에 두 건축물의 나머지 부분에 대해서는 남아 있는 사료가 없다. 성 소피아 대성당[도판 51, 52]은 로마 제국의 새로운 수도였던 콘스탄티노플을 대표하는 대성당이자 로마의 성 베드로 대성당 이후에 두 번째로 중요한 대성당이었다. 이후에 지어진 또 다른 중요한 성당인 예루살렘의 마르티리움은 그리스도의 죽음과 부활이 일어나서 그리스도교도에게는 가장 성스러운 장소에 지어졌다.

4세기에 대부분의 중요한 도시에서 그리스도교 공동체가 안정적으로 자리를 잡

바실리카 양식의 유행

도시의
대성당과
시골의
교구 교회

았다. 이에 따라 주교와 전례 공간인 도무스 에클레시아이에서 출발해서 구성된 대성당의 복잡한 성찬 전례는 제의를 위한 다른 공간을 만들어 냈고, 여러 거주 공간은 사회적 교류 공간과 접견실로 활용되었다. 초기의 유일한 제의는 그리스도교 공동체의 유일한 목회자로 여겨졌던 주교가 사제단의 신부와 부제에게 도움을 받아 진행했던 제의였다. 도시 성곽 외부에서는 복음을 전하는 작은 교구 교회가 종교적 중심지로 발전했는데 이곳은 대성당과 동일한 기능을 가지고 있었다.

일상 전례와
주일 전례

이 시기에 대성당의 건축 구조를 비교해 보면 일상 전례와 주일 전례가 구분되어 있는 경우도 확인할 수 있다. 아헨, 밀라노, 트리어, 제네바, 살로나, 그리고 또 다른 여러 장소에서 제의를 위한 두 공간을 발견할 수 있다(이후로 세 번째 제의 공간으로 세례당이 추가되었다). 이 두 공간은 과거에는 예비 신자를 위한 공간으로 잘못 해석되었거나 성찬의 전례를 구성하는 두 순간에 따라 신자를 분류했던 공간으로 생각되기도 했지만, 사실은 주중과 주일의 전례에 따라 구분되었던 장소였다. 양면성을 띤 제의 공간과 이와 관련한 세례당의 위치는 규칙이 아니라, 여러 지역의 제의적 특성과 도시 공간 유형에 따라 변화했다. 북부 이탈리아와 같은 몇몇 지역(브레시아, 그라도)에서 2개의 공간은 여러 번에 걸쳐 재건축되었고, 그 기능과 내부 구조가 변화되었음에도 불구하고 오랫동안 지속되어 오늘날까지 남아 있다.

마르티리움

313년 이후에는 대성당이 도시에서 정기적인 종교 의례를 위한 유일한 장소였다면, 이후에 점차 종교적인 용도로 세워진 마르티리움martyrium(순교자에게 헌정하는 기념당*)이라는 건축물이 신자들에 의해서 가치를 부여받으며 등장했다. 지하 무덤과 도시 외곽의 카타콤은 우리가 생각하는 것과 달리 초기 그리스도교 시대에 신자들의 회합 장소가 아니라 데키우스 황제(201-251, 249년부터 황제), 발레리아누스 황제(약 200-260년 이후, 253년부터 황제), 디오클레티아누스 황제의 박해 시대에 믿음을 지키려 했던 순교자의 무덤이었다.

순교 성인들에
대한 전례

이런 기억을 토대로 일반적인 형태의 부장 공간은 곧 성인에 대한 경배 공간으로 발전했다. 그들의 무덤은 작은 방(마르티리아martyria)으로 구성되어 있었고, 애프스 형태로 제작된 방에는 트리코라trichora라고 부르는 제대祭臺가, 그리고 3세기 말에는 제단이 설치되었다. 이후에 세 개의 신랑으로 덮인 마르티리움이라고 불리는 공간이

로마에 건설되고 나서, 신자들 사이에서는 죽은 뒤에 순교자의 무덤 다음에ad sanctos 묻히고 싶다는 생각이 퍼져 나갔다. 마르티리움은 무덤과 구분되는 개인적인 연회 공간을 가지며, 성인의 축일에 중심 의례가 진행되는 제단이 있는 장소였다. 몇몇 바 실리카의 경우에 로마의 카타콤과 연결되어 있었다는 점에서 당시 부장 미술의 실례 를 보여 준다(로마의 노멘타나 거리에 있는 산타녜세 성당Basilica di Sant'Agnese). 또한 개인 예배 공간으로 구성된 새로운 건축, 종종 황실의 마우솔레움과 같은 여러 바실리카 (산타 코스탄차 성당Santa Costanza)는 측면의 신랑에서 시작해서 애프스를 둘러가는 반 원형 회랑 형태를 도입했다. 성인의 무덤은 건축물 외부의 독립 공간에 남아 있었다. 도시 공동체의 종교적 삶에서 가장 중요한 무덤 위에 건설된 바실리카는 곧 '교구'의 의미를 가지게 되었고, 이 장소를 기념하고 보호하기 위해서 사제가 거주하게 되었 다. 모든 제국에서 주교들은 점차 교회의 지하 묘지를 관리하기 시작했고, 지역 성인 의 무덤 곁에서 생활하며 이 장소가 도시를 수호한다고 생각하기 시작했다.

예를 들어 밀라노에서 암브로시우스 주교는 385년경에 3개의 신랑이 있는 '순례 밀라노의 예 자 바실리카'(현재 산탐브로조 성당Basilica di Sant'Ambrogio)를 건립했고, 교회의 서쪽에 놓여 있는 비토레Vittore의 무덤 위에 작은 마르티리움을 지었으며, 제단 아래에는 다 른 두 성인인 성 제르바시우스와 성 프로타시우스의 유해를 묻었다. 초기 그리스도 교 시대에 대성당 옆에 있으면서 가장 중요한 제의를 행한 건축물은 순교자의 바실 리카로서, 봉헌을 받는 장소의 기능을 가지며 이후로 그리스도교 종교 건축물에 중 요한 영향을 끼쳤다. 초기에는 봉헌을 위한 작은 건축물이거나 경당(예배당)의 형태 였지만, 이미 4세기 초반에 몇몇 건축물은 규모가 커지며 동방에서 발견할 수 있는 단순한 기억 전승 공간이 아니라 제의가 펼쳐지는 교회 기능을 수행하기 시작했다.

로마에서 성 베드로의 무덤과 성 바오로의 무덤은 콘스탄티누스 시대에 이미 라 로마의 예 테라노 대성당의 바실리카를 본보기로 삼아 5개의 신랑을 지닌 대규모의 바실리카 로 변화했고, 그 끝에 애프스를 배치하여 신자의 공간과 성골이 보관된 구역이자 성 직자의 공간으로 마르티리움을 분리했던 점을 확인할 수 있다.

예루살렘에서는 아나스타시스Anastasis(부활 성당*)처럼 둥근 형태를 지닌 순교자 예루살렘의 예 교회가 많이 건설되었으며, 이 교회에는 신성한 느낌을 상징적으로 부여하기 위해 서 헬레니즘-로마 영웅들의 무덤으로 제작되었던 건축의 전형인 마우솔레움의 중앙 집중식 평면을 적용했다. 임보몬Imbomon이라고 알려진, 올리브 산의 승천 교회, 베들레헴의 동굴, 요사팟Jehoshaphat의 계곡에 있는 성모 무덤은 대표적인 예다.

원형, 팔각형, 다각형(히에라폴리스, 피에이라의 셀레우키아Seleucia di Pieira)의 평면이 적용된 순교자 교회는 에게 해 연안 지방이나 소아시아 지역에서 유행했고, 이탈리아에서도 두 장소가 예로 남아 있다. 밀라노의 산 로렌초 마조레 성당Basilica di San Lorenzo Maggiore은 5세기에 왕실을 위한 교회로 건설되었으며, 황제의 거주지와 연결되어 있고 두 겹으로 지어진 벽 사이에 회랑이 있는 건축물로 제작되었다. 원래의 궁륭은 12세기 초와 1575년경에 두 번 증축되었고, 사각형 부분에 탑이 있는 십자형 평면을 가지고 있었던 것으로 보인다. 또 다른 경우는 유스티니아누스 대제가 반도의 거점으로 사용했던 라벤나에서 525-548년에 건립되었던 산 비탈레 성당Basilica di San Vitale으로, 이후에 중세 교회의 모범이 되었던 고전적인 전통을 관찰할 수 있는 예로 남아 있다. 이 건축물은 조화로운 비례와 건축적 세부를 지니며, 앞서 설명한 것처럼 2개의 벽을 가진 회랑으로 둘러싸인 팔각형 공간으로 설계되었는데, 기둥으로 둘러싸인 공간의 중심부에는 성인의 유골이 보존되어 있으며 동쪽 편에는 사제를 위한 애프스가 배치되어 있다. 일반적으로 서방에서 순교자를 위한 공간은 십자형 평면 같은 단순한 구조를 가지고 있지만(밀라노의 산 나자로 성당Basilica di San Nazaro, 코모의 산타본디오 성당Basilica di Sant'Abbondio, 베로나의 산토 스테파노 성당Chiesa di Santo Stefano), 산 비탈레 성당의 모범이 되었던 것은, 콘스탄티누스 대제가 주문했던 교회로 사제를 위해 그리고 마우솔레움 형태로 지어졌던 그리스식 십자가 평면을 지닌 콘스탄티노플의 성전이었다. 무엇보다도 4세기 말부터 성소와 제의 장소는 더 밀접하게 연관되었고, 성인의 유골을 무덤에서 가져와서 주 제단 공간의 아랫부분에 안치하기 시작했다. 그렇게 해서 마르티리움과 교회가 합쳐진 순교자 교회가 탄생한 것이다.

5–6세기

5세기경에 대부분의 도시 성벽 내부에 '교구'를 담당하는 여러 바실리카들이 건설되기 시작했다. 이는 대성당을 보조하는 역할을 담당했으며 그곳에서 사제가 종교적 제의를 담당했다. 이미 4세기 중반에 로마에서는 교황청의 지지를 여러 번 받고 수많은 공동체들의 요구를 담은 새로운 교구 성당이 설립되었고, 이곳에서 한 사람 혹은 여러 명의 사제들이 이 지역에 거주하는 신도를 이끌었다. 최근 몇 십 년간의 고고학적 연구 결과로 여러 교구좌 교회가 콘스탄티누스 대제 이전 시기에 있었던 도무스 에클레시아이와 같은 장소에 있었을 것이라는 해석이 잘못되었다는 점을 확인할 수 있었다. 오히려 교구 교회는 교회의 평화 이후에 새로운 공동체 중심지로 발전했던 공간으로, 규격화된 3개의 신랑을 지닌 바실리카 건축물로 제작되었고, 중앙 신랑에는 커다란 창문과 반원형의 애프스, 그리고 입구에는 사각형의 주랑 현관이 설치되었다. 반면에 산 클레멘테 성당Basilica di San Clemente은 313년 이전의 그리스도교도 공동체가 사용하던 건축물 위에 바실리카가 지어진 매우 드문 경우로 남아 있다.

적어도 6세기부터 성인의 성골은 지하 묘지에서 도시의 교구 교회로 계획적으로 이전되었고, 신자들은 성벽 밖에 시신을 안장하는 것을 의무로 한 로마의 규칙을 어기면서 자신이 성인의 유골이 있는 장소에 같이 묻히기를 원했다. 모든 지역에 교구 교회와 성지가 지어졌고, 동시에 수도원 교회들도 등장했다. 이 교회들은 매우 검소하고 간결한 방식으로 3개의 신랑과 동쪽의 애프스를 지닌 바실리카 양식의 교회를 모범으로 삼았다. 다양하게 적용된 평면은 로마 제국의 정치적인 분할의 결과였던 지방 건축의 양식에 따라 점차 분화되었다. 문화적 토대, 지역 건축 규범, 대도시의 영향, 특별한 종교 제의는 지역마다 다른 평면과 다른 건축 기법이 적용되는 이유였다. 그렇게 해서 폭넓고 다양한 형태의 선택을 찾아볼 수 있다. 콘스탄티노플과 에게 해 연안 지역의 예를 들면 바실리카는 신랑의 갤러리들로 풍요로워졌다. 후에 로마에서는 6세기 말~7세기에 신랑의 공간과 활용법이 발전했고(산 로렌초 푸오리 레 무라 성당Basilica di San Lorenzo fuori le mura, 산타녜세 성당), 어떤 경우는 반원형에 다각형의 외벽을 가지기도 했는데 이는 이후에 라벤나와 포레치에서 모방했다. 아헨, 그라도, 폴라와 이탈리아 북부의 여러 도시(카스텔세프리오 등)의 바실리카 교회는 동편의 사각형 벽 안에 애프스나 반원으로 제작된 '사제석synthronon'이 배치되어 있다. 또한 일반적으로 '성구실diaconicon'이나 '성찬대prothesis'가 배치된 장소 역시 다양하다. 그것들은 그리스 지역에서는 종종 서쪽의 교회 입구에, 소아시아 지역에서는 이미 5세기 중반에 라벤나에서 관찰할 수 있는 것처럼(복음사가 성 요한 성당Basilica di San Giovanni Evangelista) 애프스 측면에 위치해 있었다. 아나톨리아와 아르메니아에서 교회들은 커다란 돌을 사용해서 십자 궁륭 형태를 취했다(빈 비르 킬리세Bin Bir Kilise). 그리고 기둥에서는 단순한 주두 혹은 분할된 장식을 사용했다. 시리아에서는 이미 5세

지방 건축물의 다양성

기 말에 3개의 애프스를 설치한 3개의 신랑이 있는 공간이 기획되었다(게라사, 콸라트 시만Qalat Siman). 이 같은 건축 유형은 6세기 서구 건축 유형이 포레치의 에우프라시우스 성당Eufrazijeva Bazilika를 통해 전해졌던 것이다. 그러나 시리아에 현존하는 교회의 경우를 볼 때 파사드의 양편에 배치되었던 2개의 탑은 많이 적용되어 있지 않으며, 성인의 유해와 성물은 종종 작은 측랑의 끝 부분에 위치해 있다. 반면 서유럽, 그리스의 일부 지방과 아프리카 북부 지방에서 성인의 유해와 성물은 제단과 고해소 아래의 지하 납골당에 배치되었는데, 이는 마르티리움의 전통에서 비롯된 것이다. 프랑스와 이탈리아 북부 지방의 경우에 소규모의 마르티리움이 건립되었는데, 때로는 교회가 지어진 뒤에 증축될 때는 애프스에 연결되기도 했으며, 이곳에 주교들의 무덤을 함께 배치하기도 했다(베로나의 성녀 토스카와 테우테리아 성당Chiesa delle Sante Tosca e Teuteria, 비첸차의 성 펠리체와 포르투나토 성당Basilica dei Santi Felice e Fortunato). 아프리카에서 무덤은 애프스의 반대편에도 설치되었다(하이드라Haidra 지역). 제단과 성직자를 위한 방들의 위치에는 다양한 해결 방식이 적용되었다. 그리스에서는 중앙의 신랑에서 중요한 제의가 진행되었고 교회 중간에 설교를 위한 설교대가 배치되었다(종종 소아시아에서도 이와 유사한 경우를 확인할 수 있다). 또한 이곳에서 사제석bema이 한 단 높이 만든 통로solea 끝에 높게 배치되어 있는 경우를 확인할 수 있다. 서유럽에서는 사제석이 동쪽에 위치한 애프스의 뒤편에 낮은 높이로 배치되어 있고, 경계를 구획하는 낮은 담이 설치되었다. 그리고 애프스 아래에 배치된 제단과 사제석은 신자석이 있는 본당 회중석을 바라보도록 배치되었다. 시리아의 경우에 사제실synthronon은 종종 교회의 중간 부분에 애프스를 바라보도록 배치되어 있으며, 사제는 성경 강독이나 일상 업무를 위해서 이 공간을 활용했다(루사파Rusafa).

새 필요성과 새 건축적 고안

수많은 예들을 계속 설명할 수 있겠지만, 무엇보다도 중요한 점은 이후에 제의용 건축 형태가 변형되는 과정은 이미 이 시기에 나타난 전례의 종교적 기능을 충족시키기 위한 것이라는 점이다. 사제의 일상 업무와 전례는 합창석과 같은 제단 주변 공간의 확장으로 이어졌다. 5세기에 제단은 의무적으로 성인의 유해 혹은 성물이 놓인 공간으로 발전했다. 특히 여러 순례 방식과 봉헌을 위한 건축 형태가 제단 아래의 지하 납골당으로 발전했다. 특히 한 명 이상의 성인의 유해와 성물의 수집과 전시는 6-7세기에 개인을 위한 소규모 미사를 집전할 수 있는 여러 제단이 설치된 공간의 발전을 가져왔고, 사제석의 공간은 이에 따라 적합한 형태로 배치되어 있었다.

서방에서 서로마 제국의 붕괴, 영토를 오랫동안 확장하고 점유한 게르만 민족, 그리고 로마와 이들 문화의 융합과 그리스도교회는 필요 불가결하게 5세기의 건축적인 전통과 관련될 수밖에 없다. 서고트족이 지배한 에스파냐와 이탈리아, 아프리카 북부 지역의 건축물에서는 7세기부터 사제를 위한 공간을 작은 규모로 배치했다. 이 경우에 사제석은 대부분 사각형의 공간을 가지고 있으며, 공간을 구획하는 낮은 벽은 시각적으로 거슬리지 않도록 조심스럽게 제작되었다.

5세기에 프랑스의 여러 중심지에 건설된 대규모의 바실리카(리옹의 대성당)와 제국 말기의 건축적인 전통은 3개의 신랑을 지니지만 회랑이 없는 바실리카 양식(투르의 생마르탱 성당Basilique Saint-Martin)을 적용했다. 6-7세기의 메로빙거 왕조는 중요한 성지를 건설했다(생제르맹데프레Saint-Germain-des-Prés, 생제르맹도세르Saint-Germain-d'Auxerre). 또한 중요한 수도원을 건설했는데, 종종 수도원 교회는 매우 검소하고 직사각형 모양인 미사 공간을 가지고 있었다. 몇몇 건축물에서는 벽에 붙은 기둥을 사용해서 아치 모양을 적용한 예를 찾아볼 수 있으며(빈의 생피에르 교회Église Saint-Pierre, 그르노블의 생 로랑 교회Saint Laurent의 납골당), 지역 교회의 발전을 위해 다양한 방식의 중요한 건축 기법을 활용했다.

이탈리아 랑고바르드 민족의 시대

이탈리아 반도에서 비잔티움 문화는 남부 지방에 많은 영향을 끼쳤다. 아드리아 해 연안 지역과 라벤나는 로마의 건축적 전통과 밀접한 관계를 가지고 있었으며, 이는 569년에 랑고바르드 민족이 이 장소를 점령했을 때에도 종교 건축의 형태를 결정하는 중요한 요인이었다. 이와 관련해서 노체라 수페리오레Nocera Superiore의 세례당(6세기 중반), 760년경에 아레키스 2세Arechis II(734-787)에 의해서 별 모양으로 기획되었던 베네벤토의 산타 소피아 교회, 남아 있지는 않지만 6개의 기둥 위에 돔을 설치했던 원형 평면을 지닌 파비아의 페르티카의 산타 마리아 성당Chiesa di Santa Maria in Pertica 등 중앙 집중식 평면이 적용된 교회들의 예를 확인할 수 있다. 이후 베네딕투스 수도회와 연관하여 여러 교회를 건립했으며(노난톨라 교회Abbazia di Nonantola, 파비아의 산 피에트로 인 치엘 도로 성당Basilica di San Pietro in Ciel d'Oro, 몬테 아미아타의 산 살바토레 성당Basilica di San Salvatore, 몬테카시노 교회Abbazia di Montecassino, 볼투르노의 산 빈첸초 교회Abbazia di San Vincenzo 등), 이 건축물 중에는 3개의 신랑 혹은 T자형 평

랑고바르드족의 새로운 건축 형태

면이 적용된 경우(브레시아의 산 살바토레 성당, 레게나Reghena의 산타 마리아 디 세스토 교회Abbazia di Santa Maria di Sesto)나 3개의 애프스를 지닌 경우(트리노 베르첼레세Trino Vercellese, 레노Leno, 시르미오네Sirmione, 파비아의 산타 마리아 테오도테 교회Santa Maria Teodote)도 포함되어 있다.

8세기경에는 랑고바르드 민족의 중심지에서 엘리트 계급이 주문했던 섬세하고 놀라운 도상을 확인할 수 있다. 이탈리아 반도를 포함해서 고전 미술을 계획적으로 복구하고 새로운 이미지의 문화를 발전시켰던 사건은 774년 이후의 카롤링거 왕조의 문예 부흥이었지만, 랑고바르드 민족의 왕이었던 리우트프란드(?-744, 712년부터 왕)의 주문으로 인해서도 문예 부흥이라고 표현할 만한 이미지들이 등장했다. 특히 치비달레에 위치해 있는 템피에토 디 산타 마리아 인 발레Tempietto di Santa Maria in Valle[도판 10](템피에토는 '작은 신전'이라는 뜻이다*)는 대표적인 경우로, 남아 있는 몇몇 걸작의 연대를 추정하는 데 어려움을 만들어 내기도 했다. 이곳은 십자 아치, 아키트 레이브, 기둥을 통해 세 부분으로 나뉜 공간 구조를 지니고 있으며, 입구에 배치된 성녀들의 이미지와 이 작품과 연결된 회화 작품, 아치 모양의 상인방에 배치된 설화 석고 장식은 매우 뛰어난 작업 수준을 보여 준다.

카롤링거 왕조 시대

피핀 3세 단신왕(약 714-768, 751년부터 왕)과 카롤루스 대제는 종교적·문화적 정책을 통해서 다른 방식이기는 하지만 효율적인 접근 방식으로 건축과 예술에 영향을 끼쳤다. 특히 로마 교회와 갈리아 지방의 교회의 종교 전례가 통합되는 과정은 왕국의 새로운 질서가 발전하고 있다는 점을 알려 준다. 이 시기에 성직자와 사제 간의 위계가 재정립되었으며, 영성을 위해 사제에게 수도원과 같은 공동체의 삶을 제안했던 메스의 프랑크족 주교 크로데강(약 712-766)이 이 과정에서 중요한 역할을 담당했다. 이 시대에 카롤링거 왕조와 프랑크족의 귀족들이기도 했던 다른 주교들의 밀접한 관계는 정치적인 권력과 종교적인 권력의 협력을 가능하게 만들었다. 8-9세기에 약 10개 이상의 대성당들이 다시 정립되고 보수되었으며, 무엇보다도 약 100여 개이상의 수도원들이 설립되어 고전 문화를 연구하고 보존했다. 수도원장들은 종종 왕실의 친척이자 궁정인들이 맡았다. 또한 이탈리아에서도 카롤링거 왕조의 지지를 받았던 베네딕투스 수도원이 설립되었고, 784년에는 밀라노의 성 암브로시우스의 수도원, 베로나의 산 제노 수도원Monastero di San Zeno, 치바테의 수도원이 설립되었으며, 볼투르노에 있는 파르파Farfa와 산 빈첸초San Vincenzo에 있는 수도원들이 발전했다.

카롤루스대제와 루도비쿠스 1세 경건왕의 재위 기간에 북유럽에서는 놀라운 규모 **북유럽의** 의 주교좌 교회가 설립되어 새로운 건축적인 해결책을 두고 실험을 거듭했고, 이는 이 **수도원 교회** 후의 건축물에 많은 영향을 끼쳤다. 한편, 로마의 종교 제의를 받아들이는 과정에서 성 베드로 대성당의 중요한 역할을 고려했던 만큼이나 건축 분야에서도 모범으로 콘스탄티누스 대제와 실베스테르 교황의 로마 건축물들을 고려했다.

라트가르Ratgar(790-817) 수도원장은 독일 지역에 복음을 전파했던 성 보니파키우스의 무덤을 풀다 대성당에 안치하는 과정에서 성 베드로 대성당의 경우처럼 서쪽 애프스에서 이어지는 익랑翼廊을 적용했다. 로마 바티칸의 바실리카 양식을 활용하려던 의도는 수도원의 연대기에 종종 등장하는 '로마식 태도more romano'라는 구절을 통해서도 확인할 수 있다. 결과적으로 서방 건축에서 애프스와 연결된 익랑을 설치한 건물들이 재등장했고, 이런 평면 기획안은 동일한 시기에 로마에서도 여러 교회에 적용되었다(산타 프라세데 성당, 산타 아나스타시아 교회Abbazia di Santa Anastasia, 몬테카시노의 지술포 주교좌 교회Chiesa Abbaziale di Gisulfo). 하지만 무엇보다 이 건축적인 전형은 독일에서 9세기경에 지어진 건축물(젤리겐슈타트Seligenstadt, 파더보른Paderborn)과 이후에 제작된 교회(마인츠, 밤베르크, 아우크스부르크의 대성당의 서쪽 익랑, 헤르스펠트와 슈트라스부르크의 동쪽 익랑)의 모범으로도 사용되었다.

풀다 대성당의 경우를 보면, 동쪽 애프스는 그리스도와 성모에게 봉헌되어 있으며, 중앙 회중석 양쪽 반대편에 각각 배치된 애프스는 2개의 전례 공간을 구성하고 있다. 이와 유사한 도상은 쾰른 대성당이나 수도원 교회들(아가우네Agaune의 생모리스 교회Saint-Maurice, 8세기 말의 파더보른의 산 살바토레 성당)에서도 발견할 수 있다. 또한 제단 양쪽에 위치한 합창석은 이후 오토 왕조(특히 작센 왕조) 시대에 지어진 교회(힐데스하임의 성 미하엘 교회St. Michaeliskirche)와 이후 이탈리아의 교회들에서 많이 발견할 수 있는 특징이다. 이런 점을 기록하고 있는 유일한 사료는 장크트 갈렌 수도원에 있는 양피지에 기록된 유명한 평면도로, 이는 고즈베르투스Gozbertus 수도원장이 830년경에 기획했던 내용을 담고 있으며 당시 혁신적이고 규칙적인 수도원의 구조를 이해할 수 있도록 해 준다. 이 문서는 카롤링거 왕조 시대의 '전례에 따른 수도원의 공간 분할'을 설명해 주고, 수도원 교회와 다른 부분들이 긴 정방형 평면의 배치에 따라 유기적으로 정리되어 있음을 보여 주며, 또 업무를 위한 3개의 코어core(건물 중앙에 공통 시설들이 집중되는 부분*)를 가지고 있다는 점을 확인시켜 준다. 주 제단의 아래에 배치된 성골은 측면의 복도를 따라서 볼 수 있으며, 이 공간은 다시 사각형 공간에 위치한 고해소의 중앙 공간으로 연결되어 있다. 사실 이는 반원형 복도를 가진 지하 납골당의 형식이 발전한 것으로, 특히 7세기에 로마에서 애프스를 둘러싼 회랑의 형태로 나아갔다. 이는 그레고리오 1세의 주문으로 성 베드로 대성당에 기획된 지하 납골당을 떠올리게 한다. 사제석 아래에 배치된 성골 숭배의 제의와 연관된 진정한 초기 지하 납골당(제네바의 성 제르바시우스 교회, 동방의 호르바트 베라코트Horvat Berachot의 교회, 레호보트의 팔레스타인 교회들)은 약 5-6세기에 등장한다.

복잡해진 평면도와 발전하는 건축 기술

하지만 카롤링거 왕조 시대에 늘어나는 성골을 배치하기 위해서 독창적이면서 다양한 형태의 평면도들이 기획되었으며, 이렇게 복잡한 기획은 점차 발전하는 건축 기술, 즉 벽면과 궁륭 구조에 대한 연구를 통해서 완성되었다. 신자와 사제의 공간을 구획하기 위한 필요성은 제단의 사제석에 대한 새로운 시도로 이어졌으며, 이곳에 배치된 성골의 가치를 통해 강조되었다.

또한 적어도 특수한 전례 중에 신자와 사제의 공간을 구분하기 위한 시도들은 10-11세기에 다양한 기념 조형물의 발전을 이끌어 냈다(생미셸 드 쿡사 교회Saint-Michel de Cuxa). 또한 교회의 동쪽 바깥 부분에 설치된 1층 혹은 복층 구조의 외부 지하 납골당도 발견할 수 있고(레겐스부르크의 장크트 에메란 교회Sankt Emmeran), 혹은 측면 예배당을 따라 2단의 높이로 구성되어 있는 애프스 주변에 배치된 회랑을 동반한 사제석도 찾아볼 수 있다(투루뉘Tournus의 교회).

플라비니의 생피에르 교회Saint-Pierre(864-878)가 건축된 지 몇 년 후에 지어졌던 생제르맹도세르(841-859)는 복층으로 구성된 원형 공간을 가지고 있다. 지하 납골당의 평면도를 보면 고해실은 하나의 복도와 3개의 신랑으로 둘러싸인 사각형 형태를 지니며, 동쪽 애프스는 반원형 회랑이 둘러싼 로톤다rotonda(원형의 건물이나 방을 가리킴*)와 연결된다. 이와 동일한 방식이 합창석에도 적용되어 있다.

결국 성골의 가치를 드러내는 또 다른 극적인 방식은 790년경에 센툴라Centula의 주교였던 안길베르트Angilbert(약 745-814)에 의해서 도입되었다. 그는 자신의 주교좌 교회를 위해 2개의 중심 부분을 결합한 평면도를 적용했다. 한쪽에는 3개의 신랑을 가진 바실리카 형태의 건축물이 있고, 이 건물은 양편에 익랑을 가진 2개의 중심 공간을 보유하는데, 각각의 중심 공간에는 2개의 큰 탑이 있다. 동쪽에는 성 리카리우스Saint Richarius의 성소가 배치되어 있으며, 서쪽 부분은 3개의 층으로 구성되어 있다. 1층(사료에서는 이 부분을 지하 납골당, 즉 지하 묘지로 설명하고 있다)은 십자 궁륭으로 설계되어 교회 입구를 구성하고 있으며, 이곳에 교회의 주요 성인의 유해와 약 25개의 그리스도교 성인의 성물capsa maior이 보관되어 있다. 위층에 있는 설교단은 회랑을 마주 보는 형태로 배치되어 있고 그리스도의 제단도 발견할 수 있다. 이곳은 진정한 의미에서 연중 전례가 진행되는 교회 역할을 담당하며, 부활절의 성삼일 기간을 위한 핵심 공간이었다. 이는 일명 '서향 구조westwerk'를 반영한 전형으로, 카롤링거 왕조 시대에 곧 다른 지역에도 적용되었다(민덴, 랭스, 폰타넬레Fontanelle).

이 교회들을 건축한 공방의 기법은 이후로 오토 왕조와 다른 로마네스크 시대의 왕조들에 많은 영향을 끼쳤고, 지속적으로 교회 건축의 전형으로 남아 있었다. 오늘날에 이와 연관된 역사적 건축물로는 작센의 코르바이Corvey 수도원 건물이 남아 있으며, 873년에 건립된 성 스테판 수도원 교회에서도 서향 구조를 관찰할 수 있다. 이 건축물은 완공되기 약 20년 전에 축성되었다. 10세기의 베르덴에 건립된 성 살바토르 수도원의 건축물은 943년에 축성되었고, 앞부분은 교회와 분리되어 각각의 공간으로 구획되어 있다. 이곳은 카롤링거 왕조의 전례 공간의 전형에 가장 잘 부합하며, 중앙부가 복층으로 구성되어 있다는 점만 다르다.

| 다음을 참고하라 |
시각예술 서유럽의 그리스도교 도상 프로그램(774쪽); 동로마의 그리스도교 도상 프로그램(797쪽)

유대교의 종교 공간
| 루이지 카를로 스키아비 |

그리스도교 종교 건축물의 기원과 마찬가지로, 유대교 종교 건축은 5세기까지 개인의
거주 건물 안에 포함되어 있는 좁은 방이었다. 3세기에 이르러서야 갈릴리 지방에서
바실리카 양식의 평면을 적용한 유대인 회당 건축물의 존재를 확인할 수 있다.
이후로 유대인 회당은 그리스도교 교회의 양식과 유사성을 유지하며 새로운 건축
유형을 발전시켜 나갔다. 아치 장식이 있는 3개의 신랑을 지닌 직사각형 평면이 많이
적용되었는데, 신도들이 예루살렘을 향해 기도할 수 있게 동쪽에 있는 애프스의 형태에
'토라Torah'를 배치했으며, 반대쪽에 높은 성경 강독대를 놓았다. 건축물의 간결한
구조는 내부의 호화로운 회화 작품이나 모자이크 도안 장식과 대조적이다.

유대인 종교 건축의 기원

시나고그: 유대인 회당을 가리키는 '시나고그synagogue'라는 단어의 기원은 '베이트 케네세트
회합 장소 Beit Kenneset'라는 히브리어를 그리스어로 번역한 것으로 '집회의 방'이라는 의미를 가
지고 있다. 우선 중세 유대인의 종교 건축의 역사를 이해하려면 시리아와 팔레스타
인 지역의 예를 관찰할 필요가 있다. 5세기 이전의 전례 공간은 거주 공간 속에 포함
되어 있었는데, 이런 점은 콘스탄티누스 대제 이전의 그리스도교 종교 공간의 경우
와 비슷하다. 당시에는 형태와 기능으로 나뉜 것이 아니라 사적인 거주 공간을 구성
하는 여러 개의 단순한 방으로 되어 있었다. 의미 있는 예로 우리가 알고 있는 초기
종교 건축(도무스 에클레시아이)의 공간은 도우라 에우로포스(오늘날의 시리아에 있다)
로, 작은 중정을 둘러싼 작은 방들이 복합적으로 구성되어 있었다. 245년경에 유대
인 회당의 규모가 확장되었으며 긴 회랑이 생겨났는데, 구약 성경의 이야기를 다룬
이미지가 긴 벽을 장식하고 있는 것을 오늘날에 확인해 볼 수 있다. 70년 이후에 예
루살렘의 두 번째 성전이 무너졌을 때 당시에 전해진 랍비의 의견은 매우 중요했다.
기록에 따르면 당시 유대인 회당들은 예루살렘을 향해 있어야 하며, 반대편 출입구
에는 토라(히브리 경전)의 「신명기」에 있는 글귀를 기록하여 보관하는 작은 나무 혹
은 금속 용기인 메주자mezuzah를 걸어 놓아야 한다고 피력했다.

회당은 또한 회합, 권력자의 모임, 혹은 제도적 모임의 중심지이기도 했다. 5-8

세기에 팔레스타인과 갈릴리에서 회당의 형태는 초기 그리스도교 시대의 바실리 **바실리카**
카 양식과 매우 유사한 점을 가졌다. 사실 이미 갈릴리의 유대인 회당(가파르나움 **양식의 평면**
Capernaum의 경우)에서 이미 2세기에 바실리카 양식의 평면을 도입했다는 점이 역사
적 기록으로 남아 있으며, 몇몇 연구자들은 이 건물을 지역의 그리스도교 초기 교회
건축물의 영향을 직접적으로 받았던 경우로 보기도 한다. 유대인 회당은 많은 경우
에 직사각형의 내실을 가지고 있고 규모가 큰 애프스가 동쪽에 위치해 있는데, 이곳
에 성경의 교리 두루마리가 있는 아치 모양의 가구(성궤Aron ha Kodesh)를 배치했다.
강독자는 두루마리의 글을 아치 앞이나 실내 공간의 중심부에 위치한 장소나 강독대
(비마bimah 혹은 테바tevah)에서 읽었다. 이 장소에는 끊임없이 불을 밝히는 등ner tamid
이 있어, 예루살렘 성전에 있는 7개의 촛대로 구성된 메노라Menorah를 연상시킨다.
해당 지역에서 허용되는 경우에 종교 공간은 현관 형태로 구성된 회랑을 통해서 도
시 공간을 구획했다. 중세에는 매우 규칙적으로 여성을 위한 공간과 남성을 위한 공
간이 구분되는 경우를 찾아볼 수 있는데, 이는 마트로네오matroneo(여성 전용석)나 독
립 공간에서 제의가 진행되었던 점을 통해서 확인할 수 있다. 『탈무드』에 기술되어
있는 것처럼 유대인 회당은 도시에서 가장 눈에 띄는 장소여야 했다. 고고학적 연구
를 통해서 3-8세기의 유대인 회당에 대한 여러 기록을 확인하는 것이 가능하다. 가
장 오래된 기록은 갈릴리 지방의 회당들로 예리코의 회당보다 더 오래되었다. 베이
트 알파Beit Alfa의 유대인 회당(517-528)처럼, 종종 검소한 건축 형태는 우아한 벽 장
식과 대조를 이루고 있다.

이후에 등장한 서방의 여러 모범

서방의 중부 유럽에서 유대인 회당 공간은 하나 혹은 2개의 신랑으로 구성되었고, 천 **양식의 발전**
장 구조에는 여러 가지 기법이 적용되었다. 1000년 이후에는 지역의 건축물과 형태
가 유사한 회당이 지역 건축 기법을 적용해서 건설되었다. 보름스Worms의 유대인 회
당은 중요한 의미를 지닌 예다. 1034년에 제작되었고 처음에는 하나의 신랑만을 가
지고 있었다. 로마네스크 시대가 끝날 무렵인 1175년에 같은 도시에 있던 대성당
만큼이나 기념비적인 건축물이 제작되었는데, 1213년에 두 번째 신랑이 덧붙여지
고 오래된 공간은 여성 전용 공간으로 활용되었으며 수직 양식이 적용된 것을 확인
할 수 있다. 2개의 신랑을 지닌 중요한 건축적 예는 프라하(1280), 라티스보나(1227

년 이전, 오늘날의 레겐스부르크*), 그리고 중세가 끝날 무렵의 크라쿠프(15세기)에서 관찰할 수 있다. 또한 하나의 신랑을 가진 회당 건축도 발견할 수 있다(1096년의 슈피라Spira〔오늘날의 슈파이어*〕, 밤베르크, 레이프니크Leipnick, 밀텐베르크). 에스파냐에 남아 있는 건축 역시 매우 흥미롭다. 이 경우에는 제의에 적합한 건축 구조와 모레스키moreschi 양식이 절충된 공간을 만들어 내고 있다. 세비야에는 23개의 유대인 회당이 있고, 이에 대한 의미 있는 연구가 진행되었다. 또한 다른 중요한 예는 톨레도의 유대인 회당들이다. 가장 오래된 회당(12세기 말)은 5개의 신랑을 가지고 있으며, 아치를 받치고 있는 팔각 기둥과 말발굽 아치(모르족 아치) 장식으로 공간을 나누고 있으며, 설화석고를 사용하여 제작한 격자 장식 주두를 간직하고 있다. 높은 수준의 예술적 가치를 지닌 예는 톨레도에 지어진 두 번째 유대인 회당(트란시토티 transito)으로, 1357년에 건설되었고 나무 지붕으로 덮여 있으며 화려한 모자이크 장식과 창문, 공간을 구획하는 설화석고 벽으로 꾸며져 있다.

| 다음을 참고하라 |
시각예술 예루살렘(734쪽)

권력 공간

| 루이지 카를로 스키아비 |

군주의 궁전, 접견 장소, 관리를 위한 공공건물은 모두 중세에 권력을 재현하는 것과 연관되어 있는 건축물이다. 공간의 해결 방식은 각기 다르지만 대개는 로마 제국의 건축물을 모범으로 삼아 제작되었다. 이런 전형은 6-8세기의 건물에서 주로 관찰할 수 있으며, 종종 종교적 권력의 중심지에서도 살펴볼 수 있다(예를 들어 포레치에 있는 주교좌 교회를 생각해 볼 수 있을 것이다). 이런 건축물 역시 콘스탄티누스의 재위 기간에 관찰할 수 있는 공공 관리 건축물의 영향을 받은 것이다. 새로운 로마-이민족의 군주들은 로마의 공공건물에 터를 잡고 자신의 지배를 정당화하려 했다. 북유럽에서 카롤링거 왕조가 넓은 공간에 대규모의 새로운 건축물들을 짓기 시작했을 때, 새롭게 기획된 건축물들에는 이전에 관찰할 수 없는 형태도 포함되어 있었으며, 고전적이고 전형적인 거주 건축은 자유로운 방식으로 선택되고 조합되었다. 가장 잘 알려진 예는

아헨에 있는 건물로, 그중에서도 유명한 왕실 예배당의 경우는 가장 대표적인 예로 잘 보존되어 있다. 이 장소는 권력을 효율적으로 선언하고 전파하기 위한 이상적인 형태로 기획되었다. 로마에 있는 라테라노 대성당 역시 레오 3세에 의해서 8세기경에 폭넓게 보수·증축되었던 경우다.

팔라초

중세에 팔라초palazzo는 군대가 주둔하거나 권력을 재현하던 대표적인 공간이었다. **정치 권력의 중심지** 팔라초는 권력자의 거주 공간이자 접견 장소였고, 입법의 공간이자 행정적인 문제를 안정적으로 처리하는 장소였다. 대부분의 경우에 팔라초 옆에는 왕실 예배당 Cappella Palatina이 건설되었다. 이곳은 왕국의 제의를 담당했으며 왕권의 기원으로서 신과 왕의 관계를 설명하는 공간이자 왕의 개인적인 종교 제의를 위한 장소였다. 건축적 관점에서 팔라초는 공공장소 혹은 사유장소라는 용도에 맞게 다양한 기획을 적용하고 실현했지만, 로마 황제의 팔라초는 가장 중요한 모범으로 여겨졌으며 중세 건축에서 중립적이고 보편적인 왕권의 상징이 되었다.

같은 시기에 교회 역시 도시 환경 속에서 권위를 표현하는 장소였으며, 이런 사실은 기념비적 성격이 반영된 건축물의 조형적 특징을 통해서 확인할 수 있다. 콘스탄티누스 대제 시대에 이미 성직자가 공공 행정에 관심을 가지기 시작했으며 서로마 제국의 멸망 이후에는 교회가 정부나 시청 역할을 겸하기 시작했다. 제국의 여러 도시와 로마에서 '성직자의 집domus episcopalis'과 같은 건축물이 늘어나기 시작했으며, **성직자의 권력 공간** 이는 주교의 권력이 가진 이중성 즉 정치적 권력과 종교적 권력을 모두 상징하는 건물이었다. 일반적으로 도시 성벽 안에 건설된 주교좌 교회는 1개 혹은 2개의 공간으로 나뉜 제의 장소와 세례당, 주거 건축물과 성직자를 위한 건축물, 그리고 황제의 공공 건축에서 발전한 재현 공간으로 구성되어 있다. 고대 후기의 양식을 유지하면서 동시에 종교 건축의 접견실을 지닌 완벽한 예로는 이스트리아 지방의 포레치의 주교좌 교회가 있으며 이는 에우프라시우스 주교(6세기 중엽)에 의해 건립되었다. 막시미아누스 황제 시기에 수도였던 밀라노의 경우에는 중심가를 두고 양분된 권력 형태를 웅변한다. 남서쪽에는 황실의 거주지가 모여 있었으나 중세 초기에 점차 해체되어 1000년경에는 단지 떠도는 기억만 남아 있는 곳이 되었다. 지금은 단지 장소의 명칭 속에서만 역사의 기억을 전달한다(산 조르조 인 팔라초 성당Chiesa di San Giorgio in Palazzo). 반대로 북동쪽에서는 암브로시우스 주교부터 카롤링거 왕조, 그리고 이후에 아리베르토 주교Ariberto(약 975-1045, 1018년부터 대주교)가 지배하던 시기까지 대주교의 정치적 권력이 성장하면서 도시도 함께 발전해 나갔다.

6세기 초에 비잔티움의 아나스타시우스 1세(약 430-518, 491년부터 황제)는 갈리아 지방의 지배권을 클로비스 1세(약 466-511, 481년부터 왕)에게 위임했으며, 그에게 팔라초를 이용할 수 있는 권한을 부여했다. 새로운 로마-이민족의 왕들은 로마의 공공건물이었던 팔라초에서 생활하면서 자신의 권력에 대한 정당성을 보여 주려고 했다. 테오도리쿠스 왕은 라벤나에서 호노리우스(384-423, 393년부터 황제)의 팔라초를 수리했으며, 산타폴리나레 누오보 성당의 벽화에 자신의 모습을 남겼다. 몬차 Monza에 있는 테오델린다 여제(?-628, 616년부터 섭정)의 팔라초에 관해 알려진 것은

복구와 새로운 건립 거의 없지만, 새로운 건축물은 코르테올로나Corteolona의 경우처럼 시골에 있는 왕실 별장curtes regiae으로 사용되었던 것으로 추정된다. 왕의 중앙 팔라초는 종종 백작령의 건축물의 모범이 되었으며, 카롤링거 왕조 이후의 시기에는 공작령의 건축물의 모범으로 활용되었다. 중앙 권력의 쇠퇴로 9-10세기에 지방 영주의 권한이 강화되면서 정치적 이데올로기가 담긴 종교 건축물처럼 기념비적 건축물이 다양하게 건설되었고, 동시에 방어의 필요성에 따라 새로운 건축 모델들이 형성되기 시작했다.

북유럽

이탈리아에서 카롤링거 왕조는 공공건물을 지속적으로 보수했으며 종교 제도를 정비하면서 대성당의 중요성을 강조했다. 그 결과 대성당을 중심으로 도시 경관에 대

카롤링거 왕조의 팔라초, 진정한 정치적 선언 한 정비가 이어졌다. 한편, 북유럽 지역에서 카롤링거 왕조는 정치적 권력의 중심 도시에 대규모의 팔라초를 건설했다. 이는 왕국의 권위와 경제적 힘을 과시하고 동시에 전략적인 요충지를 선점하기 위한 것이었다. 양식적인 측면에서 이 시기에 지어진 건축물은 여러 고전 건축의 다양한 형태적 유형과 재현 방식을 각양각색의 방식으로 자유롭게 조합했으며, 그 과정에서 새로운 왕조의 새로운 건축 전통이 고안되었다. 결과적으로 팔라초는 정치적 이데올로기를 선전하는 이미지를 만들어 내었고, 이런 점은 이후 오토 왕조 시대에 지어졌던 팔라초에서도 관찰할 수 있다. 파더보른이나 잉겔하임과 같은 당대를 대표하는 지역의 고고학적 발굴과 현재까지 완벽하게 보존되어 있는 아헨의 팔라초를 참조했을 때, 카롤링거 왕조의 왕실 주거 건축

은 '제2의 로마'를 추구했다는 점을 알 수 있다. 9-11세기에 기획되고 건설되었던 왕실 예배당을 비롯한 여러 건축물들에서는 왕조의 권위를 보여 주기 위한 여러 세부적 요소가 반복해 사용되었다는 점을 확인할 수 있다(리에주의 복음사가 성 요한 성당〔972-1008〕, 오트마르셰임Ottmarsheim의 성모 마리아 성당〔1030-1049〕). 아헨의 경우는 남쪽에 종교적 기능을 지닌 건축물을 배치했고 북쪽에는 거주—접견실 역할을 하고 정치적 기능을 담당하는 건물을 배치했다. 즉 종교와 정치를 담당하는 장소를 분리했던 것이다. 왕실의 거주 공간은 애프스를 지닌 사각형의 대형 장소(47.5×20.8m)로 기획되었던 점으로 보아 트리어에 있던 콘스탄티누스 대제의 왕실 성당을 차용했던 것으로 보이며, 바실리카의 양쪽 끝 부분에 접견실을 배치했다. 남쪽에 배치된 긴 포르티코portico(열주랑)는 양편으로 긴 팔의 형태를 지닌 복층 건물을 구성하고, 공간이 닫혀 있는 서쪽 공간은 다시 왕실 예배당과 연결되었다. 서쪽은 열주가 있는 아트리움으로 이어지고, 서향 구조를 지닌 예배당의 바깥쪽에는 팔각형의 평면을 지닌 16개의 측면이 모습을 드러내며, 윗부분에는 쿠폴라cupola(돔dome과 같은 말*)가 배치되어 있다. 내부는 연속성을 지닌 회랑으로 다시 둘러싸여 있다. 한편 마트로네오(여성 전용석)는 2열 주두 장식이 이끄는 아치에 의해서 분리되어 있다.

카롤루스 대제는 건축물을 짓기 위해 교황청과 협의한 후에 로마와 라벤나에서 가져온 건축 재료를 재활용했고, 이 공간에 맞는 고전적인 가구를 생산했다. 공간을 구획하기 위해서 설치한 낮은 경계 벽에는 동을 사용해 장식했는데, 이 이미지는 카롤링거 왕조의 문예 부흥을 설명하는 여러 상징적 의미를 지닌 자료 중 하나로 남아 있다. 쿠폴라에서 이어지는 벽에는 「묵시록」을 참조해서 천상의 예루살렘을 이끄는 그리스도의 이미지가 흥미롭게 묘사되어 있으며, 이 이미지에서 황제의 상징을 시각적으로 재현한 세부를 확인할 수 있다. 이 작품에서 그리스도의 권좌는 마트로네오가 배치된 서편 경간 부분에서 발견할 수 있다.

카롤루스 대제와 문예 부흥

같은 시기에 로마 교황청은 〈콘스탄티누스의 증여 문서〉라는 위증 사료를 통해 보편적이고 독자적인 권력에 대한 소유욕을 드러냈으며, 라테라노 대성당을 대대적으로 보수했다. 9세기에 이곳과 관련해 어원학적으로 왕실의 건축물이라는 의미를 지닌 대주교좌 교회를 가리키는 '파트리아르키움patriarchium'이라는 단어의 사용을 자제했지만, 교황 요한 7세(?-707, 705년부터 교황)는 8세기 초에 아우구스티누스 황제의 권위를 상징적으로 드러내는 장소였던 팔라초에서 거주하고자 했고, 교황 자

교황의 팔라초들

카리아(?-752, 741년부터 교황)와 교황 하드리아노 1세(?-795, 772년부터 교황)는 교회의 로지아loggia를 확장하여 공공성을 확보하고자 했다. 또한 이 시기에 아름다운 세부 장식을 지닌 여러 새로운 건물을 신축했다. 8세기가 끝날 무렵에 교황 레오 3세(약 750-816, 795년부터 교황)는 두 번에 걸쳐 로마 황제, 교황, 카롤링거 왕조의 이미지를 중복 적용한 건물을 신축했다. 첫 번째 건축물은 1588년에 철거되었지만, 기록에 따르면 11개의 애프스를 지닌 사각형의 평면을 적용했으며 끝 부분에 큰 애프스를 배치했고 양편에 5개의 애프스를 나누어 배치했다. 이 건축물은 콘스탄티노플에 위치한 황제의 팔라초가 지닌 '19개의 권좌'를 모범으로 삼아 제작한 것이다. 두 번째 건축물(798-799)은 라테라노 대성당에 있는 건축물의 동쪽 거주 공간으로, 이곳에는 교황의 정치적 권력을 상징할 수 있는 도상을 배치했다. 이 경우는 콘스탄티노플과 아헨의 건축물을 모범으로 참조했으며 애프스의 반구 왼편에 사제의 역할을 다룬 이미지 연작을 기획했는데, 이 장면에서 그리스도는 콘스탄티누스 대제에게는 군기를, 그리고 성 베드로에게는 영대領帶를 넘겨주는 모습으로 묘사되어 있다. 오른쪽으로 이어지는 다른 그림에서 성 베드로는 레오 교황에게는 영대를, 카롤루스 대제에게는 다시 콘스탄티누스의 군기를 전하고 있다. 이 이미지는 교회를 지키는 고대 황제의 이미지를 활용하고 있으며, 역사적으로 위증된 사료로 밝혀졌지만 콘스탄티누스 대제가 권력을 교황에게 넘겼다는 이야기를 연상시킨다.

| 다음을 참고하라 |

역사 로마 교회의 성장(158쪽); 로마 교회와 교황들의 세속권(163쪽); 황제들과 성상 파괴 운동(190쪽); 철혈 시대의 교황(262쪽)

도시와 조형물

ARTI VISIVE

로마의 구상미술

| 조르자 폴리오Giorgia Pollio |

로마 제국 시기에서 중세로 이행했던 몇 세기 동안 로마에서는 성 베드로 대성당,
성 바오로 대성당, 라테라노 대성당처럼 고대 후기의 영향을 받은 기념비적인
조형 건축 중심으로 예술적 선언이 있었다. 또한 그리스도교의
새로운 중심지였던 동로마 제국에서 밀려든 새로운 문화적 영향이
균형 잡힌 변증법적 관계를 만들어 내면서 발전했다.

로마 제정기에서 그리스도교 시대의 로마로

그리스도교도에게 자유로운 종교 활동을 보장했던 313년 〈밀라노 칙령〉 이후로 콘
스탄티누스 대제의 재위 기간에 로마에 지어진 그리스도교도 건축물 중에는 고대의
모습을 확인할 수 있는 경우가 많지 않다. 풍요롭고 다양한 장식의 흔적은 콘스탄티
누스를 위해 지어진 마우솔레움, 그리고 337-351년에 지어졌고 361년에 활용되었
던, 콘스탄티누스 대제의 딸인 코스탄차Costanza(약 318-354)의 마우솔레움에서 살펴
볼 수 있다.

　중앙 집중식 평면을 지니고 있으며, 내부에 회랑이 있고 회랑 위의 둥근 천장에서
모자이크 장식을 발견할 수 있는 이 건물에서는 기하학적 장식이 있는 장소와 형상

을 위한 장소가 함께 유기적인 이미지를 구성하고 있다. 이는 지중해에 퍼져 있던 부장 미술과 연관이 있고, 그 기원을 헬레니즘 문화에서 찾을 수 있다. 측면에 놓인 2개의 벽감 위의 반원 장식에는 그리스도교의 주제를 다룬 모자이크가 각각 배치되어 있는데, 이는 이후에 여러 번 수복되었다. 한쪽에는 '그리스도가 성 베드로에게 열쇠를 주는 장면Traditio clavium'이, 다른 쪽에는 '성 바오로가 참석한 자리에서 그리스도가 성 베드로에게 율법을 주는 모습Traditio legis'이 묘사되어 있다. 두 성인이 주인공이라는 점이 명백한 가운데, 특히 성 베드로의 모습은 로마 교회의 권위를 설명하고 있다. 아마도 같은 시기에 '그리스도가 성 베드로에게 열쇠를 주는 장면'은 바티칸의 성 베드로 대성당의 애프스에 있던 암시적인 이전 장식을 대체한 것으로 보인다.

황제의 개종과 그에 따른 필사본 제작

황제 가족이 공식적으로 그리스도교도로 개종한 일은 새로운 종교가 귀족층에 전파되는 데 기여했다. 귀족을 위해 제작되었던 것으로 추정되는 필사본인『크베들린부르크 이탈라Quedlinburger Itala』[도판 2](베를린 국립도서관, 프로이센 문화유산, Theol. Lat. f. 485)는 가장 오래된 라틴어 성경 중에서「사무엘기」와「열왕기」에 대한 내용이 기록되어 있으며 화려하게 장식되어 있다. 이 필사본은『바티칸의 베르길리우스 Virgilio Vaticano』(바티칸 도서관, ms Vat. Lat. 3225)와 같은 필사본 양식과 비교해 보았을 때 유사점들이 있기 때문에 4-5세기 로마의 공방에서 제작된 것으로 추정된다.『바티칸의 베르길리우스』에는〈아이네이스〉와〈농경시〉와 삽화가 실려 있다. 이 두 필사본의 이미지에서는 아직도 1세기경의 회화 양식의 영향을 발견할 수 있지만, 공간 개념은 바뀌어 마치 액자 속에 여러 주인공들이 빽빽하게 서 있는 것처럼 보인다.

그리스도교도를 위한 필사본과 이교도를 위한 필사본을 같은 공방에서 작업했던 것처럼, 조각 공방에서도 그리스도교도와 이교도를 위한 석관을 같이 제작했다. 이질적인 사람들의 다양한 요구를 수렴하여 작품을 제작할 수 있는 장인 집단이 있었다는 사실은 고난도의 작품을 제작할 수 있는 가능성을 제시한다. 사실『크베들린부르크 이탈라』와『바티칸의 베르길리우스』를 같이 제작한 공방에서 산타 마리아 마조레 성당의 모자이크 스케치를 작업했을 가능성도 있다. 건축물에 남겨진 문구에서 확인할 수 있는 것처럼, 교황 식스토 3세(?-440, 432년부터 교황)의 시대에 건설한 이 성당은 콘스탄티노플로 이미 이주한 황제가 주문한 것이 아니라 교황이 주문했던 초기 작품의 중요한 예다.

산타 마리아 마조레 성당의 제작 방식

오늘날에 복원한 중앙 신랑과 측면 신랑을 구획하고 있는 직선형 엔타블러처와

이오니아 양식의 주두는 원래의 기획에 따라 고전적인 느낌을 불러일으키지만, 기둥들은 1600년대에 복원한 것이다. 신랑의 긴 벽은 모자이크 장식으로 이어져 있으며 이 부분은 구약 성경의 이야기를 다루고 있는 가장 오래된 부분이다. 처음에 이 모자이크 작품들은 마치 설화석고로 만든 액자 안에 들어간 것처럼 각각 배치되어 있었던 것으로 보인다. 이 연작은 아브라함, 이사악, 야곱, 모세, 여호수아와 같은 지도자에 의해서 이끌어졌던 신의 민족이 가진 서사시의 역사적인 진실을 성스럽게 묘사하고 있다. 애프스의 아치 부분에는 또 다른 성경 일화가 장식되어 있다. 이 장면은 신약 성경을 다루고 있으며, 금색 배경 위에 묘사된 이야기들과 만나서 종교적 의미를 확장하고 있다. 이 부분에는 그리스도의 유년 시절 이야기[도판 74]가 묘사되어 있으며, 특히 신의 어머니가 왕실 의상을 입고 있다. 이 장면은 그리스도의 신성을 부정했던 네스토리우스 이단 교파에 반대했던 에페소스 공의회(431)의 신학 교리를 이미지로 번역한 부분이다. 하지만 원래의 애프스에 있던 소재를 둘러싼 논의는 아직도 진행되고 있다. 원래의 애프스는 교황 니콜라오 4세(1227-1297, 1288년부터 교황)의 시대에 바실리카의 익랑을 증축하는 과정에서 파손되었기 때문이다.

교황 레오 1세(약 400-461, 440년부터 교황)는 식스토 3세의 후임으로 구약과 신약의 이야기를 사용해서 유사한 회화 연작을 두 바실리카 교회의 주 신랑에 제작하도록 지시했다. 사도 이름을 딴 이 두 바실리카 교회는 콘스탄티누스 대제의 재위 때 건설되었던 바티칸의 성 베드로 대성당과 이보다 조금 늦은 시기에 지어졌던 성 바오로 대성당Basilica di San Paolo fuori le Mura으로, 성 바오로 대성당은 테오도시우스 1세 황제, 호노리우스 황제, 발렌티니아누스 2세(371-392, 375년부터 황제)의 염원이 담겨 있는 검소한 작은 교회였다. 성 베드로 대성당과 성 바오로 대성당

물론 성 베드로 대성당의 회화 연작은 르네상스 시대에 바실리카를 증축하는 과정에서 소실되었고, 성 바오로 대성당의 작품은 기적적으로 19세기까지 보존되어 있었지만 1823년의 화재로 소실되었다. 이 작품들의 복사본이 기록으로 남겨져 있는데, 고대 회화 연작의 복사본은 로마의 주교좌 교회인 라테라노 대성당의 이미지와 더불어, 두 사도좌 교회에 남겨진 중세 이미지를 연구하는 데 매우 중요한 가치를 지닌다. 라테라노 대성당의 경우에는 상징적인 두 회화 연작 이후에 제작된, 그리스도와 사도들이 묘사된 모자이크가 남아 있다.

그리스도의 출현부터 최후의 심판까지를 다룬 「묵시록」의 주제에서 비롯된 신 산티 코스마 에 다미아노 성당

의 현현 이야기는 6세기경에 산티 코스마 에 다미아노 성당Basilica dei Santi Cosma e Damiano(성 코스마와 성 다미아노 성당)의 애프스 부분의 모자이크로 전해진다. 이 교회는 포로 델라 파체Foro della Pace에 위치해 있다. 이 장소는 고대 도시의 중심지였다가 사용되지 않았고, 이후에 고트족의 테오도리쿠스 황제가 펠릭스 4세(?-530, 526년부터 교황)에게 남긴 것이었다. 이 모자이크에서 금색의 토가를 입고 승리한 모습을 한 그리스도는 성 베드로와 성 바오로 사이에 묘사되어 있으며, 이 성인들은 다시 성 코스마와 성 다미아노의 성스러운 모습에, 그리고 그 바깥쪽의 성 테오도로와 이 연작을 주문한 교황에게 둘러싸여 있다. 오늘날에 남아 있는 이미지는 17세기에 다시 그린 것이지만, 오랜 세월에 걸쳐 배치되어 있던 전통적인 장소를 통해서 맥락을 다시 구성하고 있다. 이 작품은 붉은 구름이 만들어 내는 색조와 짙은 청색의 하늘을 배경으로 천국의 풍경을 표현하고 있다. 인물의 자세에서 비롯된 그림자의 형태는 아직도 신체의 무게를 느낄 수 있게 해 주며, 큰 눈을 가진 현자와 같은 얼굴 표정은 로마 후기의 초상화의 영향을 보여 주며, 조각 작품에서 발견할 수 있는 양감도 느끼게 해 준다. 그렇게 이 작품은 이곳에 오랜 세월 동안 남아 있었다.

그리스도교 사회의 재구성: 순교자 이미지의 위기와 반향

로마의 역사 중 가장 논란이 많은 부분 중 하나는 약 20년간 진행된 그리스-고트족의 전쟁 시기(537-553)에 일어난 일로, 로마는 시간이 흐를수록 제국의 수많은 다른 도시와 별반 차이가 없이 쇠퇴했고 제국의 수도가 라벤나로 이전했던 것이다. 이제 로마는 궁전의 관심 밖으로 벗어났으며, 이에 성 베드로와 성 바오로의 성골을 비롯해서 수많은 순교자의 성골을 소유하고 있는 점을 적극적으로 활용하며 과거의 권위를 회복하고자 노력했다.

산 로렌초 성당   그렇게 펠라지오 2세(?-590, 579년부터 교황)는 성 라우렌티우스의 무덤이 있는 곳에 바실리카(산 로렌초 성당*)를 건설하면서 다른 순교자의 유해에 대한 축원을 내렸다. 1200년대에 건물을 확장하는 과정에서 원래의 애프스는 파손되었지만 이와 연관된 모자이크 작품이 있던 주변의 아치는 그대로 남았다. 여기서 그리스도는 하늘의 천구 위에 앉아 있으며 옆에는 성 베드로와 성 바오로가 있고, 이들은 다시 교회의 이름이 된 성 라우렌티우스(이탈리아어로 산 로렌초*)를 감싸고 있다. 이들은 교회를 주문했던 교황 펠라지오 2세에게 교회를 소개하는 몸짓을 하고 있으며, 반대편에는 성 스테파노와 성 히폴리투스가 묘사되어 있다. 이들의 성골은 같은 지하 묘지에 보관되어 있었다. 성 라우렌티우스의 얼굴, 그리고 무엇보다 펠라지오 2세의 얼굴은 로마 초상화의 전통이 가지고 있는 생동감을 잘 계승해서 표현하고 있다.

금색 배경에 분리되어 묘사된 인물들의 모습에서는 비잔티움 미학의 영향을 받아 로마 구상미술의 시각 언어가 변화했다는 사실을 확인할 수 있다. 이런 변화는 아마 도 반‡지하 공간의 그림자 속에 있는 금색 모자이크 장식에 빛을 받는 효과를 강화 시키려는 목적에서 기인했을 것이다.

그레고리오 1세는 시간이 얼마 지나지 않아 성 베드로의 무덤에 직접 개입하기로 **성 베드로의 무덤** 결심하고 이곳에 순례자들이 쉽게 방문할 수 있는 형태인 반원형 평면을 적용한 지 하 납골당을 건설했다. 이 작업은 아마도 펠라지오 2세의 기획보다 더 경제적이었을 것이지만 더 강력한 상징적인 가치를 가지고 있었다. 열정적인 그레고리오 1세는 넓 은 관점에서 목자로서의 활동을 고려하며 영국의 섬에서 살던 민중을 그리스도교도 로 만들려고 시도했다. 아마도 처음에는 선교사가 제의를 집행하는 데 필요한 제구 를 가지고 파견되었을 것인데, 그중에는 필요에 의해서 가져간 성경 필사본들도 포 함되어 있었다. 캔터베리의 아우구스티누스의 복음서에 대한 마지막 증언(케임브리 지, CCC 286)에는 복음사가 성 루카의 초상화와 신약의 여러 연작 이야기가 포함되 어 있었는데, 아마도 도시의 바실리카의 이미지를 많이 활용했을 것이며, 동시에 로 마의 시각적 표현 언어가 마니카Manica를 넘어 전파되는 데 공헌했을 것이다.

609년에 포카스 황제(약 547-610, 602년부터 황제)가 교회에 관할권을 넘겨주면서 고대 조형 건축물의 상징인 판테온도 성모에게 봉헌된 그리스도교의 제의 장소로 **판테온** 변경되었다. 아직도 이 건물에 남아 있는 〈성모자Madonna con Bambino〉가 이 시기에 제작되었던 것으로 추정된다. 삼나무 판 위에 엔카우스토 기법encausto(납화법*)을 사 용해서 그렸던 이미지는 아마 전신을 다 그렸던 것일 수도 있다고 가정할 만한데, 이 가정을 받아들인다면 그림의 규모는 어느 정도 컸을 것으로 보인다.

이 작품이 로마에서 제작되었는지 콘스탄티노플에서 가져왔는지는 아직 논란이 끊이지 않고 있지만, 적어도 타당성 있는 역사적 논의를 고려해 볼 때 609년경에 제 작되었던 것으로 보인다. 로마에 있는 고대의 성모 마리아의 또 다른 이미지는 수많 은 논의를 불러일으켰다. 아마도 6세기경에 그려졌던 것으로 추정되는 산타 마리아 마조레 성당의 〈로마인의 수호자Salus populi romani〉로, 12세기에 덧칠되었기 때문에 판단을 내리기 어렵다. 이 작품을 6세기로 추정한다면 이 시기는 산티 코스마 에 다 미아노 성당의 모자이크 작품이 제작된 지 조금 지나서 만들어졌던 것이다. 한 세기 후에 오늘날에는 산타 프란체스카 로마나 성당에 보관되어 있는 산타 마리아 안티쿠아 성당의 〈성모자〉 도상이 제작되었다. 근대에 와서 복원 과정을 거치면서 덧칠한 부분을 제거하자, 일부이기는 하지만 원작의 장엄함을 보여 줄 수 있는 정도로 충분히 변화했다. 이 패널의 독특한 크기는 지역에서 제작되었을 것이라는 주장을 제기하게 한다.

로마, '동쪽에서 온 사람들'의 순례

7세기에 로마에는 여러 '동방'에서 온 인물들과 종교 단체들이 모여 있었다. 이 시기부터 수백 년간 로마에는 교회의 반석으로 알려진 성 베드로 대성당을 순례하기 위한 순례자들이 도착했다. 또한 아랍인들이 예루살렘을 점령하면서 이 지역에 있던 수도회들이 이주해 왔다. 순례자들의 수가 늘어날수록 로마는 경제적으로도 발전하기 시작했으며 국제적인 장소로 도약하게 되었다.

교황의 주문 　 달마티아 출신의 교황이었던 요한 4세(약 580-642, 640년부터 교황)는 예루살렘에 있던 성인들의 유해와 물건을 보관하기 위해서 라테라노 대성당의 세례당과 연결된 긴 경배 공간을 만들고자 했다. 이후에 요한 4세의 후계자였던 테오도로 1세(?-649, 642년부터 교황)가 이 장소를 완공했으며, 승천과 관련 있는 도상을 다룬 여러 가지 소재를 활용해서 내부의 모자이크를 장식했다. 애프스의 둥근 부분에는 그리스도와 그 양쪽으로 대천사가 묘사되어 있다. 이는 옆에 있는 바실리카의 애프스 부분에 묘사된 이미지에 대한 오마주다. 반면 그리스도가 묘사된 반원형 벽의 중앙 부분에는 성모와 성 바오로, 그리고 로마의 수호성인으로 여겨지는 성 베드로가 함께 재현되어 있다.

　테오도로 1세는 예루살렘에서 태어났으며 산토 스테파노 로톤도Santo Stefano Rotondo에 있는 산티 프리모 에 펠리치아노 예배당Chiesa dei Santi Primo e Feliciano(성 프리모와 성 펠리치아노 성당)의 벽화에 매우 드문 이미지를 주문했다. 교회의 이름이기도 한 성 프리모와 성 펠리치아노의 성골은 예루살렘의 묘지에서 가져와서 이 교회에 보관되어 있으며, 교회의 벽화 속에서 이 두 사람은 둥근 원 안에 그려진 그리스도의 이미지와 연결되어 있는 보석 십자가의 양쪽에 묘사되어 있다. 이곳에는 원작이 아니라 이후에 복제된 물건들이 보관되어 있는데, 이는 예루살렘을 순례했던 여행자들이 가져온 것으로 밀라노 근교의 몬차에 있는 대성당 성물 보관소Tesoro del Duomo에 보관된 아름다운 물건과 비교할 수 있다.

또한 638년에 아랍인들이 예루살렘을 점령하자 이주했던 수도원 공동체의 예도 이 시기에 찾아볼 수 있다. 아벤티노 언덕에 있는 산 사바 성당Basilica di San Saba의 가장 오래된 구역의 발굴 작업에서는 그리스어가 적힌 연작 중 여러 장이 출토되었다.

요한 7세(?–707, 705년부터 교황)는 또 다른 그리스인의 후손이었으며,『교황 연대표Liber Pontificalis』와 같이 당시의 중요한 기록에 실린 그의 전기를 통해서 행적을 확인할 수 있다. 그는 8세기 초에 성모에 대한 종교적 제의를 위해 이미지 여러 점을 주문했다. 그는 산타 마리아 안티쿠아 성당처럼 성모에게 봉헌된 교회를 정비했으며, 7세기 중반에 이곳의 사제석을 장식했던 이전의 회화 연작을 새로운 그리스도교 도상으로 교체해 장식했다. 이 부분에서 우리는 〈십자가에 대한 경배Adorazione della Croce〉와 같은 작품을 관찰할 수 있다. 성모에 대한 경배 문화

또한 그가 주문한 작품 중에는 〈관용의 성모Madonna della Clemenza〉[도판 13]로도 알려져 있는, 여왕처럼 묘사된 성모의 모습도 포함되어 있다. 이 그림은 오늘날에 산타 마리아 인 트라스테베레 성당Chiesa di Santa Maria in Trastevere에 보관되어 있는 패널화다. 마지막으로 요한 7세는 신약 성경의 내용 중에서 성모와 관련된 장면들을 묘사한 이미지들 사이에 배치되어 있는 〈여왕인 성모Madonna Regina〉와 같은 우아한 조형물을 부장 예배당을 위해서 주문했다. 이 예배당은 자신을 위한 무덤으로 기획되었으며, 기도하는 성모의 모습은 죽은 이들의 영혼을 구원하기 위해서 신과의 관계를 중재하고 있다. 원래 성 베드로 대성당의 자리에 있던 건축물은 르네상스 시기에 리모델링 과정에서 철거되었지만, 이와 관련한 정보는 이후에 제작되었던 복제품들을 통해서 확인할 수 있다. 이 모자이크 작품에 관한 문헌 기록은 많이 남아 있지 않으며 유사한 도상도 많이 남아 있지 않지만, 다행히 피렌체의 산 마르코 대성당Basilica di San Marco에 보관된 〈여왕인 성모〉를 통해서 이 당시 성모에 관한 도상을 확인할 수 있다.

726년에 레오 3세가 지배하던 비잔티움 제국은 성상 파괴의 위기를 맞으며 신학적인 논쟁으로 황제에게 적대감을 가졌던 로마 교황청과 정치적으로 분리되었다. 콘스탄티노플의 작품과 작품의 구조를 둘러싸고 교황청에서 제시했던 연작들에 대 성상 파괴 운동, 로마와 콘스탄티노플

한 논쟁은 정교회의 입장에 서서 로마를 중심으로 발전했던 교회의 주도권에서 벗어나려는 목적을 가지고 있었다. 이런 점은 반反도상학적인 선언을 통해서 해석할 수 있는데, 이런 움직임은 특히 교황 바오로 1세(?-767, 757년부터 교황)의 시기에 두드러졌으며, 그리스 수도원의 가장 중요한 중심지로 한 세기 동안 성장했던 산타 마리아 안티쿠아 성당의 회중석 왼편 벽에 장식된 이미지들에 대한 반도상학적 공격으로 이어졌다. 이 작품에는 권좌의 그리스도 옆에 신학적 이론을 제시했던 그리스 교부들이 배치되어 있었으며 이들은 그리스어로 적혀 있는 이름을 통해서 확인할 수 있는데, 이는 정교회에 대한 방어이자 성경적인 재현에 대한 중요성을 제시했다. 교황 바오로 1세의 시대에는 애프스 부분에 성상 숭배를 집약해서 반영한 도상인 커다란 그리스도 이미지가 재현되어 있었는데, 당시 상황을 검토해 본다면 매우 큰 규모를 자랑하던 모자이크 작품으로 추정된다.

이 작품보다 몇 년 전인 자카리아 교황(?-752, 741년부터 교황) 시대에 테오도투스Theodotus는 교황령의 임명을 받고 자신과 가족을 위해서 산타 마리아 안티쿠아 성당에 회화 연작으로 둘러싸인 묘지가 있는 예배당을 설치했다. 이 작품은 봉헌 이미지의 연작으로 채워져 있으며 벽의 도상들은 테오도투스와 그의 가족들을 묘사하고 있는데, 이는 예배당 벽면의 벽감에 있는 십자가상에서 완결되었다. 다른 부분들에는 예배당의 수호성인인 성녀 율리타와 성 퀴리코의 이야기가 묘사되어 있었다. 어머니와 아들 사이인 이 두 성인은 통에 담겨 불에 타는 가혹한 고문을 당하고 있는데, 이러한 모습은 신을 위해 영웅적으로 순교하는 모습을 드러내기 위한 것이었다. 이 이미지의 양식에서는 로마 팔레스타인의 이미지에서 이어지는 전통을 확인할 수 있으며, 이런 점은 십자가의 그리스도가 입고 있는 콜로비움colobium(팔이 없는 튜닉의 일종*)과 같은 긴 의상을 통해서 나타난다. 같은 방식으로 라타 교구의 산타 마리아 성당Basilica di Santa Maria in Via Lata의 방에서 떼어 낸 그림 연작의 양식을 확인할 수 있는데, 이 작품들은 현재 크립타 발비 박물관Museo della Crypta Balbi에 보관되어 있다. 이 연작에 등장한 성 에라스무스의 순교 이미지는 당시 성인 전기에 묘사된 이야기로 민중적인 인기가 있었다.

교황 권위의 형성

교황청은 로마 제국과 지속적인 긴장 관계에 놓인 상태에서 랑고바르드 민족의 새로 운 공격으로부터 로마를 적절하게 방어하기 위해서, 프랑크 민족의 왕을 새로운 보 호자로 끌어들였다. 새로운 동맹은 안정의 시대를 열었고 이때 도시의 여러 부분과 건축물이 다시 관리되고 재건되었다. 카롤루스 대제가 로마 교황청의 주도로 800년 에 황제로 즉위하는 대관식을 치르기 전에, 하드리아노 1세는 『교황 연대표』를 정리 하고 고대 바실리카의 윗부분을 대대적으로 보수하기 위해서 왕에게 많은 비용을 요 청했다.

프랑크족의
보호를 원했던
교황

콘스탄티누스가 신화적 근거를 제공해서 만들어 낸 신성로마 제국의 발명은 고 대 힘의 관계를 변화시켰으며, 교황의 권위에 대한 지상 권력의 독립성을 확정 지었 다. 이런 점은 교황 레오 3세가 주문하여 제작된 작품으로, 라테라노 대성당의 팔라 초 접견실의 세 면을 꾸미고 있는 모자이크를 통해 효율적으로 관찰할 수 있다. 이 건축물은 파괴되었지만 모자이크는 보존되어 18세기에 현재 장소로 이전했다. 그러 나 이후에 지속적인 보수 과정을 통해 원본의 역사성을 잃어버리고 새 작품처럼 남 게 되었다. 하지만 남아 있는 이 모자이크에서 두 집단으로 나누어진 인물들을 관찰 할 수 있다. 첫 번째 부분에서 그리스도는 콘스탄티누스에게는 군기를, 교황 실베스 테르 1세로 해석되기도 하는 성 베드로에게는 열쇠를 건네고 있다. 두 번째 부분에 서는 성 베드로가 열쇠를 레오 3세에게, 군기를 카롤루스 대제에게 건네고 있다.

파스칼 1세(?-824, 817년부터 교황)와 더불어 이 시기에 교황청의 주문량이 증가했 다. 교황은 주변의 카타콤에서 시작된 순교한 성인 성골의 확인에 박차를 가하면서 경우에 따라 발견된 장소와 이어지도록 교회를 증축했는데, 이런 점은 산타 마리아 인 돔니카 성당Basilica di Santa Maria in Domnica, 산타 프라세데 성당, 산타 체칠리아 성 당Basilica di Santa Cecilia에서 그 예를 찾아볼 수 있다. 산타 마리아 인 돔니카 성당은 3 개의 애프스를 지닌 건축물로 반세기 전의 근동에서 유래한 건축 모범을 보여 주는 산탄젤로 인 페스케리아 성당Chiesa di Sant'Angelo in Pescheria의 영향을 받았고, 이런 점 은 이후 교황 하드리아노 1세 시대에 설립된 산타 마리아 인 코스메딘 성당Basilica di Santa Maria in Cosmedin에서도 확인할 수 있다. 그렇게 해서 이전에 이와 유사한 예를 비잔티움의 문화적 전통에서만 발견할 수 있는 〈권좌의 성모자Madonna in trono con il Bambino〉[도판 79]가 중앙의 애프스 부분에 배치되었고, 성모 주변에서 경배하는 천사

절정에 이른
교황청 건축물

들의 행렬은 배경에 배치되어 다양한 색채로 묘사되었는데, 이는 교황 요한 7세 시기에 산타 마리아 안티쿠아 성당의 애프스 부분에 그려진 천사들의 묘사 방식을 떠오르게 한다. 정면에 있는 사각형의 주랑 현관, 익랑과 고리 모양의 평면을 지닌 지하 납골당은 성 베드로 대성당의 구조를 작은 규모로 적용한 것이다. 그렇게 해서 성 베드로 대성당처럼 마우솔레움에 둘러싸여 있는 산타 프라세데 성당에는 교황의 어머니인 테오도라에게 바치는 '죽은 자를 위한 예배당'이 설치되었다. 성 제노에게 봉헌된 예배당은 그리스도의 도래와 관련한 도상학적 주제를 다루고 있다. 십자형 궁륭으로 된 이 공간의 중앙에는 성직자 계급의 위계에 따라 승리의 그리스도가 클리페오clipeo(고대 방패에서 유래한 원 모양의 틀*)에 묘사되어 있고, 그 주변을 4명의 천사가 둘러싸고 있다. 금색의 배경은 모든 인물을 강조하고 그들의 다양한 색채를 빛나게 하는 역할을 담당한다.

카롤링거 왕조의 글과 삽화본 카롤링거 왕조의 시각 언어는 로마에 천천히 퍼져 나갔는데 이는 왕들이 교황에게 주었던 여러 점의 필사본에서 비롯되었다. 이 중에서 몇몇 필사본은 카롤루스 대머리왕이 875년 로마에서 열린 황제 대관식에서 기증한 『성 바오로의 성경』과 같이 삽화를 포함하고 있었다. 이 성경은 성 바오로 대성당에 놓여 있던 것이었다. 870년대에 카롤루스 대제의 필사본 공방에서 제작된 카롤링거 왕조의 서체를 로마에서 발견할 수 있다. 도시에서 제작되었던 카롤링거 왕조의 필사본 중 하나는 『규범집』[도판19](로마, 발리첼리아나 도서관Biblioteca Vallicelliana, A5, ff. 14v-15r)으로, 사도들이 포함된 2장의 이미지로 구성되어 있으며, 글을 동반하는 이미지의 선이 갖는 긴장감과 특징은 랭스의 양식적인 특징을 잘 보여 준다. 생동감 넘치는 형상들은 천사들을 동반하는 〈십자가에 대한 경배〉의 주인공들로, 팔롬바라 사비나Palombara Sabina 근교에 있는 아르젠텔라Argentella의 산 조반니 수도원 교회의 정면부에 배치되어 있으며, 파르파Farfa의 왕립수도원의 소유지 경계 부분에 지어졌던 건물을 위해 제작했던 것으로 추정된다. 건립 시기를 추정하기는 어렵고 이와 관련된 논쟁들이 있기는 하지만, 이 회화 자료는 로마에서 카롤링거 왕조와 연관된 이 시기의 유일한 역사적 기록으로 남아 있다. 따라서 남아 있는 작품들이 많지 않기 때문에 이 작품을 역사적으로 설명하는 데에는 한계가 있다.

그리스어 삽화본과 동로마의 영향을 받은 회화 9세기에 로마의 회화를 위한 모범들은 동유럽에서 영향을 받았지만, 로마의 '자연스러운' 형상이 발전하기 시작했다. 7세기 말부터 8-9세기에 도시의 필사실scriptoria

은 삽화가 있고 그리스어로 된 여러 필사본을 생산했다. 예를 들어서 『욥기』(바티칸 시국, BAV, Vat. gr. 749)는 9세기에 로마에서 제작된 것으로 보인다. 이 책에서 관찰할 수 있는 양식은 이 시기에 산 클레멘테 성당의 신랑 오른편의 반월창에 묘사된 이미지인 〈지옥으로의 하강Discesa agli Inferi〉[도판 60]과 유사한 점을 발견할 수 있다. 이곳에서 젊고 수염이 없는 모습의 그리스도는 사탄을 밟고 나이 든 아담을 구출하고 있다. 이 장면에 등장하는 인물들은 성 치릴로와 869년에 로마에서 세상을 떠난 슬라브의 사제들인데, 이들은 산 클레멘테 성당에 묻혀 있다. 이 회화는 결국 이들의 무덤을 장식하는 용도로 사용되었던 것이다. 아마도 동일한 공방에서 제작한 것으로 추정되는 산타 마리아 데 세쿤디체리오 성당Chiesa di Santa Maria de Secundicerio의 여러 연작들은 교황 요한 8세 시대에 이교도의 신전이 있던 장소에 건립된 건물에 묘사된 것으로, 오늘날에는 산타 마리아 에지치아카 성당Chiesa di Santa Maria Egiziaca으로 알려져 있으며, 평신도였지만 세쿤디체리오secundicerio(6–12세기경의 왕실 법관으로, 교회에 관한 다양한 일들을 담당했고 교황의 선출에도 참가했던 지위다*)가 되었던 스테파노Stefano가 주문했다. 이 그림 연작은 바실리우스와 마리아 에지치아카Maria Egiziaca('이집트의 마리'라고도 함*)와 같은 동유럽 성인들에게도 헌정되었으며 비잔티움의 필사본에서 영향을 받았던 것으로 보인다.

10세기에 새로운 위기가 찾아왔다. 이 시기에 교황이 직접 주문한 중요한 작품이 점차 줄어들었지만 평신도와 수도원의 주문이 증가하기 시작했다. 예를 들어 평신도였던 페트루스 메디쿠스Petrus Medicus는 팔라라Pallara의 산타 마리아 성당의 복잡한 회화 연작을 주문했으며, 이후에 이곳은 팔라티노의 산 세바스티아노 성당Chiesa di San Sebastiano으로 알려졌다. 이 작품들은 역사적인 연대를 비교 분석한 결과, 10세기에 제작된 것으로 알려졌으며 970년대에서 980년대 사이의 작품으로 추정된다. 선택한 주제는 이전 로마의 도상들과 연속성을 가지고 있다. 그렇게 해서 애프스는 대천사들과 여러 성인들에게 둘러싸인 〈여왕인 성모〉를 묘사하거나 성경 일화를 서술하며, 종종 신약이나 순교자의 이야기들, 예를 들어 성 조티쿠스와 성 세바스티아누스의 경우처럼 교회의 수호성인들에 대한 이야기들을 등장시킨다. 팔라라의 산타 마리아 성당에 있는 회화 작품들은 아마도 10세기보다 이전 세기에 만들어졌을 형태의 해결 방식과 주제를 다시 확인하고 검토할 수 있는 자료이며, 무엇보다도 11세기부터 로마 교회에 의해서 의도적으로 진행된 초기 그리스도교 미술의 개혁에 대한

10세기에
찾아온 위기

722

필요성을 반영한 것으로 보인다.

| 다음을 참고하라 |
역사 도시에서 시골로(61쪽); 로마 교회의 성장(158쪽); 로마 교회와 교황들의 세속권(163쪽)

콘스탄티노플
| 안드레아 파리베니Andrea Paribeni |

콘스탄티누스 대제는 크리소폴리스에서 적수 리키니우스 황제에게 승리를 거둔 지
몇 주 지나지 않아 새로운 도시를 건설할 결심을 했으며, 새로운 수도로 비잔티움을
선택했다. 선택받지 못한 다른 대도시의 반대를 안고 이 도시가 실질적인 수도로
발돋움하기 위해서는 새롭게 혁신되어야 했다. 그 결과 왕실의 새로운 권위에 부합하는
도시 기획을 통해 도시 전체가 새롭게 변화되었다. 초기에 그리스도교 조형물은
제한되어 있었으나, 5세기부터 콘스탄티노플은 동로마 제국의 진정한 그리스도교
중심지가 가진 특징을 보여 주기 시작했다. 테오도시우스 황제의 재위 기간에 도시의
면적이 확장되었다. 반면에 유스티니아누스 대제는 콘스탄티노플의 종교적·문화적
조형물을 새롭게 개조했으며, 콘스탄티노플을 자신의 정치적 유토피아처럼 선언했다.
이 시기 이후에 도시의 정체기가 찾아왔는데, 그 이유는 전염병의 발생으로 인구가
갑자기 줄었기 때문이다. 그 결과 9세기에 바실리우스 1세의 시기가 되어서야
새로운 부흥의 계기를 찾을 수 있었다.

수도의 탄생
콘스탄티누스 대제(약 285-337, 306년부터 황제)는 324년 11월에 적수였던 리키니우
스 황제(약 250-약 324, 308년부터 황제)와 크리소폴리스에서 전투를 치르고 2개월 후
에 새로운 수도를 건설하기로 결심했다. 이전에 발칸 반도와 트라키아 지방의 여러
도시에서 거주한 적이 있는 황제의 선택은 비잔티움이었다. 이곳은 메가라 지방의
고대 식민지로 세베루스 황제의 재위 기간에 발전했으며, 여러 개의 성벽, 아케이드
가 있는 광장, 3세기경에 건설된 호화로운 온천장이 있었지만 알렉산드리아나 안티
오키아처럼 동방의 대도시의 문화적 장점이나 역사성과는 거리가 먼, 적은 인구가

살던 도시였다. 그렇다면 어떤 점이 콘스탄티누스 대제로 하여금 보스포루스 해협을 마주 보는 마르마라 해의 북쪽 곶에 위치한 이 도시를 콘스탄티노플, 즉 비잔티움 제국의 미래 수도이자 새로운 로마로 건설하도록 만들었을까?

이를 이해하기 위해서는 리키니우스 황제에게서 거둔 승리를 기록한 고대 사료부터 콘스탄티노플의 탄생에 이르는 사료를 살펴보는 것이 의미 있을 것이다. 사료들에서 알 수 있는 관련성은 단순히 시간의 흐름에 따른 것이 아니라 인과 관계에 바탕을 두고 있다는 점이다. 고대 비잔티움은 로마의 권위를 계승한 도시였다(셉티미우스 세베루스가 페스케니우스 니게르와 싸웠던 장소로, 이는 콘스탄티누스가 리키니우스의 군대에 맞선 입장과 동일한 관계를 지니고 있다). 반대로 콘스탄티노플은 로마 제국을 통일한 상징적인 도시이지만 고대 로마를 단순히 대체하는 것이 아니라 동서양의 만남을 이룩한 장소로서, 모든 제도와 형태적인 구성의 기원이 되었던 모태 도시라는 개념과 연관되어 있었다. 왜 비잔티움을 선택했나?

콘스탄티노플은 수도의 선택에서 배제된 로마 영토 내부의 다른 도시들의 반발에 부딪치고 4세기부터 '새로운 로마'를 위한 기념 조형물의 제작비로 경제적 부담이 늘게 되면서, 점진적이지만 장기적 기획을 통해 로마를 대체해 나갔다(물론 기존의 로마는 늘 중요한 도시로 계속 남게 되었지만 말이다). 또한 콘스탄티노플은 동방정교의 중심지로 로마의 그리스도교적 전통과 동등한 종교적 위상을 인정받게 되었다(381년의 콘스탄티노플 공의회).

콘스탄티누스 대제의 기념 조형물

324년 11월–330년 5월 11일(도시의 공식적인 낙성식)에 미래의 수도를 위한 형태가 열정적으로 기획되었다. 무엇보다도 황제의 관점에서 이 도시는 성벽 안이 곧 거주지로, 그 거주지에 주민들이 있다는 점에서 긍정적인 측면을 가지고 있었다. 콘스탄티누스 대제의 성곽은 이전 비잔티움의 성곽에 비해 3배가 넘는 규모를 가지고 있었다. 도시의 내부에는 주요 도로가 설치되어 있고, 도시의 기획이 마무리될 무렵에는 고대 도시의 성곽 안쪽에 접견실과 관공서 건축물이 배치되었다. 마상 시합장은 원래는 셉티미우스 세베루스가 주문한 것으로, 콘스탄티누스 대제는 이것을 길이 450미터로 확장했으며 단단한 기초에 구성한 직사각형의 양쪽 끝에 반원형 공간을 배치했다. 중간 부분에는 제국의 여러 장소에서 가져온 수많은 조각상과 조각들을 배치했 작은 도시에 필요한 강한 성벽고(예를 들어 뱀처럼 휘어진 청동 제단은 아테네인이 기원전 479년에 페르시아와 붙은 플라타이아 전투의 승리를 기원하기 위해 델포이의 제단에 바쳤던 것이다), 남동쪽에는 황제가 공중에게 모습을 드러내는 로지아 역할을 담당했던 카티스마kathisma가 배치되어 있었다.

다양한 배치와
공공장소 아우구스테이온Augusteion 광장에서 마상 시합장을 바라보면 수많은 기둥이 있는 넓은 길을 볼 수 있으며, 메제Mese(공중목욕탕)는 타원형의 포룸으로 이어지고 콘스탄티누스의 포룸은 고대 도시와 새로 넓힌 도시의 경계에 세워져 있었다. 광장의 특별한 구조는 동방 도시(게라사, 아파메이아Apameia)의 평면도와 유사하며, 도시 공간을 구획하고 조화롭게 정리하고 기획할 필요성을 설명해 준다. 공간을 두 부분으로 나누는 기념주가 있는 포룸에는 한때 여러 조각들과 상원처럼 다양한 공공건물이 건설되어 있었다. 오늘날까지 남아 있는 주두는 7개로, 조각을 낸 붉은색 반암으로 제작되어 있고 오스만 제국 시대에 제작된 벽으로 인해 무거운 느낌을 지니고 있다. 또한 이 7개의 주두는 한때 아폴로 헬리오스Apollo Helios(머리에는 빛나는 왕관을 쓰고 오른손에는 창을 들고 있으며 왼편에는 행운의 여신인 티케의 둥근 천구를 들고 있다)를 모델로 제작된 콘스탄티누스 대제의 청동상 위에 있었지만, 1105년에 비바람을 동반한 태풍으로 쓰러졌고 이후로 마누엘 1세 콤네누스Manuel I Comnenus(1118-1180, 1143년부터 황제)의 주문으로 십자가 위에 붙어 있다. 이 기념비적 조형물의 종교적 성격은 모호하며 그리스도교의 황제는 이교도의 신상처럼 묘사되었다. 멜히오르 로리흐Melchior Lorich(16세기 중반)의 스케치를 통해 전해지는 기념주의 아랫부분의 부조 장식으로 보아, 콘스탄티누스 대제는 아마 이곳에 모든 초자연적인 영역으로부터 도시를 보호하기 위해 그리스도교의 성물(십자가에 사용된 못, 그리스도의 빵의 기적 후 남아 있던 빵)뿐 아니라 이교도의 부적(그리스에 점령당한 트로이의 팔라스 여신)도 설치했던 것으로 보인다. 메제는 그 뒤의 콘스탄티누스 포룸으로 이어지며 포룸의 교차로 부분에서 또 다른 광장이 나타난다. 기록에 따르면 이 광장의 이름은 필라델피온Philadelphion으로, 이곳에는 4두 정치를 기념하기 위한 조각과 반암으로 제작된 다른 조각이 설치되어 있었다. 이 중에서 4두 정치를 기념하기 위한 조각은 현재 베네치아의 산 마르코 광장에서 만날 수 있다. 필라델피온은 337년에 다시 콘스탄티누스 대제가 묻힌 마우솔레움으로 연결되었다. 이 기념 조형물은 산티 아포스톨리 성당Chiesa dei Santi Apostoli과 연결되어 있었지만 오늘날에는 남아 있지 않으며, 메흐메

드 2세(1432-1481)는 콘스탄티노플을 점령한 이후에 이곳에 복합적인 모스크를 지었다.

과거에 생각했던 것과 달리, 콘스탄티누스 대제는 아마도 4두 정치 시대의 전통에 충실했던 것으로 보이며(이와 관련해서는 스플리트에 있는 디오클레티아누스 황제의 마우솔레움과 동시에 로마의 산타 코스탄차 묘당Mausoleo di Santa Costanza의 둥근 조형물이나 산텔레나Sant'Elena의 조형 건축을 떠올릴 수 있을 것이다), 자신을 위해서 사도들의 기념비로 둘러싸인 마우솔레움을 기획했던 것 같다. 반대로 콘스탄티우스 2세(317-361, 337년부터 황제)는 이곳에 사도에게 봉헌하는 십자 평면의 교회를 세우고자 했던 것으로 추정되며, 360년에 성 루카와 성 안드레아의 성골을 받았다. 만약 산티아포스톨리 성당이 콘스탄티우스 2세 시대에 위치를 이동했다면 에우세비우스(약 265-339)의 설명처럼 수많은 성지와 순교자들의 위대한 성소聖所가 콘스탄티노플에서 빛나고 있어야 하지 않을까? 수많은 성소와 순교자의 지성소를 지닌 수도 그러나 현재 콘스탄티누스 대제의 이름과 관련된 확실한 그리스도교 종교 건축물로는 성 이레네Sant'Irene 성당(아들 콘스탄티우스 2세가 주문했고 이후에 성 소피아 대성당이라는 이름으로 알려졌으며, 그전에는 메갈레 에클레시아Megale Ekklesia라는 공동체가 있었다)과 성벽 근방에 위치한 순교자를 위한 2개의 바실리카이자 동일한 이름의 저수지 옆에 있는 산 모치오San Mocio 성당, 코르노 도로Corno d'Oro의 강변에 있는 산타카치오Sant'Acacio 성당이 있을 따름이다.

하지만 이런 관점에서 그리스도교의 수도라는 콘스탄티노플의 전통적 이미지는 어떤 면에서는 로마의 이교도적인 색채와 대조를 이루는 것처럼 보인다. 콘스탄티누스 대제와 그의 후계자들은 콘스탄티누스의 도시를 우선 로마와 연관 지어 고대의 기념물로 치장된 기념 공간 속에서 황제의 권력을 재현하고 표현했으며, 기념주로 가득한 건축물과 길(이것은 새로운 수도의 빈 공간을 채워 줄 다섯 번째 건축적 요소였던 게 분명하다)로 채웠다. 그렇게 해서 제국의 모든 도시에도 퍼지게 된 고대의 유명한 조각 수집품과 공공장소로 기획된 마상 시합장, 제욱시포스Zeuxippos의 고대 온천은 단순히 도시를 장식하기 위한 것이 아니라, 황제의 새로운 권위를 드러내고 콘스탄티노플과 로마를 잇는 관계를 고정시켜 주는 것이었다. 이는 제도적인 관점에서나 이전에 살펴본 것처럼 건축물의 시각 요소(상원, 황제의 팔라초, 마상 시합장)의 측면에서나 마찬가지였다.

포룸과 열주가 늘어서 있는 도로: 4–5세기의 합의된 공간

새로운 로마의 기획 콘스탄티누스 대제의 후예들은 새로운 로마의 기획을 지속적으로 실현해 나갔다. 4세기 후반부터 5세기 초까지 몇십 년 동안 새로운 기반 시설이 건설되었고, 도시의 공공장소에 여러 기념 조형물들이 기획되어 배치되었다. 테오도시우스 1세가 권력을 행사했던 393년에 제막식을 가졌던 테오도시우스의 포룸Forum Tauri은 콘스탄티누스 대제가 건설한 포룸과 필라델피온의 중간에 있는 넓은 대지 위에 지어졌으며, 이 장소를 기획하는 과정에서 언덕을 인위적으로 깎아 정리했고 거기서 나온 흙으로 바다를 메웠다. 결과적으로 테오도시우스 황제의 시대에 새로운 항구로 활용되는 장소Kainopolis가 생겨난 것이다. 이 장소에 대한 논의 가운데 포룸의 중심이 되는 광장의 확장과 관련한 여러 연구에서 공통적으로 주목하고 있는 점은 잎 장식이 있는 주두와 아치로 구성된 통로를 통해 메제와 연결되어 있으며, 늘어서 있는 대리석 열주의 아랫부분에서는 마치 곤봉처럼 손으로 감싸 쥔 모양의 장식을 확인할 수 있다는 것이다. 이런 장식은 당시에 헤라클레스의 이미지를 반영한 것으로 보이며, 테오도시우스 황제의 시기에 헤라클레스는 정치적인 이미지를 띠어 황제의 권력을 선전하기 위해서 활용된 바 있다.

기념 조형물 또한 테오도시우스의 포룸은 '지고한 황제Optimus Princeps'(트라야누스 황제가 전쟁에서 승리한 뒤에 원로원으로부터 받았던 칭호*)였던 트라야누스 황제의 경우처럼 공회당, 기마상, 황제의 기념주 같은 요소를 활용해서 공공장소에서 전달할 메시지를 구성했다. 테오도시우스 황제가 주문한 기념주는 트라야누스 황제의 기념주를 모범으로 삼았으며, 연속된 이미지로 이야기를 구성했던 부조 작품을 통해서 '바실레우스'(비잔티움 제국의 황제)가 실행했던 전쟁 이야기를 정교하게 구성해서 전달하고 있다. 16세기에 이 기념주는 파손되었지만 그 일부가 오늘날까지 전해지며, 다른 부분은 술탄 바야지트 2세(1481-1512)가 하맘Hamam(공중목욕탕*)을 건설할 때 활용되었고, 현재 루브르 박물관에 기념주의 스케치가 한 점 남아 있다. 이 스케치는 원래 젠틸레 벨리니Gentile Bellini(1429-1507)가 이곳을 방문했을 때 그렸던 작품을 이후에 바티스타 프랑코Battista Franco가 복사해서 그렸던 작품이다.

이 스케치를 통해 확인할 수 있는 점은 배경 공간을 여유 있게 활용하고 있다는 것과 인물의 동세가 부드럽게 표현되었으며 얼굴 부분이 때로는 추상적인 느낌을 준다는 것이다. 사실 이런 점은 테오도시우스 황제의 재위 기간에 제작된 여러 조각 작품에서 쉽게 관찰할 수 있는 특징이다. 테오도시우스의 포룸에서 발견된 〈아르카디우스의 두상〉이나 자리귀첼Sarigüzel 지역에서 발견된 작고 우아한 석관이 이 시기의 대표적인 작품이다. 이 작품들은 현재 이스탄불 고고학박물관Istanbul Arkeoloji Müzesi에 보존되어 있다. 이외에도 투트모세 3세의 오벨리스크의 기단 장식 조각은 당시의 중요한 경향을 확인할 수 있는 자료로 남아 있다. 이 작품은 테베의 아몬 신전을 장식했지만, 390년경에 테오도시우스 1세가 이 조각을 수도로 옮겼고 당시 마상 시합장을 장식하기 위해서 이 오벨리스크를 활용했다. 오벨리스크와 지상을 연결하는 기단에는 황제가 앉아 있는 발코니 쪽으로는 라틴어 문장이, 그리고 반대편에 앉아 있는 관람객 쪽으로는 그리스어 문장이 있어 작품 이미지와 주인공들이 구성하는 이야기의 시기와 행동들을 부연 설명하고 있다. 또한 문장이 없는 다른 부분들에는 한쪽에는 누워 있는 오벨리스크를 세우는 장면이, 반대쪽에는 기공식을 위한 경기와 놀이 장면들이 묘사되어 있다. 맨 아래 기단의 윗부분에는 법정에 앉은 황제가 신하들에 의해 둘러싸여 있는 모습이 매우 적절한 크기로 묘사되어 있으며, 이민족을 포함한 수많은 인파에게 존경을 받고 있는 황제의 모습이 이어지고 있다.

메제의 북쪽 부분에 있는 마지막 포룸은 아르카디우스 포룸으로 가이나스Gainas가 이끄는 고트족에게 승리(약 400)를 거둔 후에 건설되었으며, 421년에 황제의 아들이었던 테오도시우스 2세가 황제의 조각상을 배치하면서 완성되었다. 이 기념 조형물은 1715년에 안전을 이유로 철거되었지만, 과거의 여러 스케치들과 토대를 구성하던 부분이 남아 있기 때문에 오늘날에 여러 정보들을 준다. 이곳에 여러 그리스도교 도상들이 새겨진 부조가 포함되어 있었다는 점은 매우 흥미로운 일이며(예를 들어 천사들의 모습이 '크리스몬chrismon' 부분에 남아 있다), 이후에 황제의 군대가 이민족에게 거두었던 승전보와 방어진을 재현한 상징적인 이미지를 구성하고 있었다.

콘스탄티노플의 교회들: 점진적인 그리스도교화

지금까지 이어진 우리의 논의에서 종교 건축물을 다루지 않았던 이유가 있다. 알려진 기록을 재구성해 보면 수도에 있는 그리스도교 조형물의 존재는 매우 제한적이었다. 425-428년은 도시 형태에 관해 많은 내용을 전달해 주는 『콘스탄티노플 도시에 대한 소식Notitia urbis constantinopolitanae』이 출판되었던 시기인데, 이때도 도시 전체에 있는 교회의 수는 매우 적었다. 반대로 온천, 개인 욕탕, 그리고 황제의 가족 구성

적은 수의
교회 건축물

원과 귀족들의 거주지와 팔라초에 대한 정보는 매우 많이 남아 있다. 단지 5세기가 지나면서 콘스탄티노플의 도시 구조는 풀케리아Pulcheria(399-453)와 같은 신앙심 깊은 후원자에 의해서 새로운 계기를 맞이하게 되면서 동방 그리스도교의 중심지로 발돋움할 수 있는 특징을 가지게 되었다. 귀족이자 집정관이었던 스투디오Studio가 아코이메티파Acoemeti 수도사들에게 제공하기 위해서 453년에 자신의 건물에 건설한 산 조반니 성당을 제외하고는 다른 모든 건축물에 대해서 전하는 사료가 없다. 이 교회는 다른 콘스탄티노플의 교회, 예를 들어 테오토코스 찰코프라테이아Theotokos Chalkoprateia 교회처럼 사각형의 중앙 신랑이 있는 넓은 공간에 외부에는 애프스 형태의 돔이 설치되어 있었다. 오늘날에 이 건물은 석재와 석회를 섞고 벽돌을 올렸던, 전형적인 벽 쌓는 기술을 확인할 수 있을 정도의 상태로만 남아 있다.

테오도시우스 2세의 시대: 콘스탄티노플의 도시 기획 최종 단계

테오도시우스 황제의 성곽

콘스탄티노플을 방어하기 위한 해자와 중간에 23m의 높이를 지닌 탑이 배치된 도시의 성곽은 석재와 석회, 벽돌을 사용한 전형적인 기법으로 만들어졌으며, 마르마라 해에서 골든 혼Golden Horn까지 약 7km가량 이어진다. 이 기획은 아르카디우스 왕조의 마지막 시기에 공사를 시작했지만 테오도시우스 2세의 재위 기간에 완공되었다. 후에 마누엘 1세 콤네누스가 왕궁을 보호하기 위한 외벽을 고안하는 과정에서 북서쪽 성곽을 재정비했던 부분을 제외한다면, 이미 이 시기에 오늘날의 콘스탄티노플의 도시 구조가 완성되었던 것으로 볼 수 있다. 도시의 성곽 중에서 〈황금의 문Porta Aurea〉은 군사 도로로 건설되었던 에그나티아 가도Via Egnatia로 이어지며 이 길은 곧 메제로 알려진 공중목욕탕으로 연결되는데, 황제와 가신이 사용했던 도로였다. 이 문은 〈개선문〉을 연상시키는 3개의 아치로 구성되고, 대리석 장식뿐 아니라 금으로 도금된 청동 조각과 같은 조형물이 배치되어 있었다. 위쪽의 사각형 문장에는 코끼리 형상이 장식되어 있었다. (사실 몇몇 연구자들은 이 문이 〈개선문〉의 기능을 지니고 있었고, 테오도시우스 1세의 시대에 건설되고 나서 조카인 테오도시우스 2세가 성벽을 연결시키려 할 때 재활용되었던 것으로 해석하기도 한다.) 어느 쪽이든 간에 테오도시우스 2세의 재위 기간에 이루어진 도시의 정비와 확장은 콘스탄티노플의 전략적 측면에서 중요한 의미를 지닌다.

도시의 전략적 발전

이 시기에 인구의 변화는 크지 않았다. 콘스탄티노플의 권력자들은 넓은 영토에 비해 상대적으로 적은 인원으로 스스로를 방어할 수 있는 도시를 구축했다. 이 안에는 귀족의 팔라초, 수도원뿐 아니라 넓은 크기의 저수조(모치오Mocio, 아이티오스Aetios, 아스파르Aspar)와 농경지도 포함되어 있었다. 특히 도시는 주변 수로나 농경지와는 독립적으로 구성되었는데 이런 점은 긴 수성守城 기간을 대비한 것이었다. 고대 도시의 중심부에 배치된 수로는 매우 정교하며, 이는 유스티니아누스 대제의 재위 기간에 건설했던 두 개의 수로를 통해 확인할 수 있다. 첫 번째 수로는 앞부분에 있는 중정을 정비하는 과정에서 바실리카를 재건할 때 제작되었으며 약 140×70m의 규모를 지니고 있다. 이곳은 터키어로 예레바탄 사라이Yerebatan Saray('물에 잠긴 팔라초'라는 뜻*)라고 알려져 있는데, 336개의 기둥 위에 우아한 아치 궁륭이 배치되어 있으며 마술적이고 귀족적인 분위기를 뿜어낸다. 수조를 구성하고 있는 복잡한 대리석 작품, 주변의 여러 창고에서 옮겨지고 재활용된 주두와 기둥, 기단들은 매력적인 분위기를 만들어 낸다. 이 재료들은 대체로 두 장소에서 유래한 것으로 추정되는데, 하나는 세베루스 황제 시대의 스토아stoa를 구성하고 있었던 것들로 이후에 아마도 메제를 위해 재활용된 듯하다. 다른 하나는 콘스탄티누스의 포룸(오늘날의 고고학박물관이 있는 장소)에서 가져온 것이다. 구성하고 있는 재료의 종류는 모두 다르지만, 건축적인 대담함은 터키어로 알려진 다른 작품들과 유사성을 지니고 있다. 빈 비르 디렉Bin bir direk('수천의 그리고 하나의 기둥'이라는 뜻*)이라는 이름을 가진 다른 저수조는 사료를 통해서 보았을 때 필록세노스의 저수조Cistern of Philoxenos로 보인다. 이곳을 건설할 때 사용되었던 대리석 기둥에서는 수많은 대리석 제작자의 표식들을 확인할 수 있으며, 장식적인 통일성은 부족하지만 여러 개의 기둥을 올려 쌓는 기법을 적용해서 약 15m가량의 높이를 지닌 열주들이 448년에 배치되었다.

유스티니아누스 대제의 개혁

유스티니아누스 대제가 종교 건축과 시민 건축을 재건했던 시기에 놀라운 규모의 작품들이 제작되었다. 하지만 이 작품들은 이후에 니카의 반란 시기에 파괴되었다(532년 1월). 원래 이 작품들은 유스티니아누스 대제의 정치적인 이상향을 드러내며 동시에 새로운 수도의 개혁을 정치적으로 선언했던 작품들이었다. 아우구스투스(기원전 63-14, 기원전 27년부터 황제)의 유명한 경구에 기대 비유한다면 건축물의 주문자였던 유스티니아누스 대제는 간결한 지붕의 건축물들이 있는 도시를 수많은 돔들

지붕을 대신한 돔

로 가득 찬 도시로 변화시켰다. 산티 세르조 에 바코 성당Chiesa dei Santi Sergio e Bacco, 성 소피아 대성당, 성 이레네 성당은 혁신적이지만 웅변적인 방식으로 서 있고, 재료에 대한 부분에서는 많은 정보를 주지는 않지만 많은 사료들이 남아 있다. 특히 프로코피우스가 남겨 놓은『건축론』에 많은 기록들이 실려 있는데, 이는 당시 황제의 에우에르제티즘euergetism(개인이 공공의 이익을 위해 제공하는 이익*)을 이해할 수 있게 해 준다. 유스티니아누스 대제가 처음 주문했던 건축물들은 기존의 전통적인 바실리카 형태를 지니고 있었다. 이런 점은 프로코피우스가 설명했던 성 베드로와 성 바오로 대성당Basilica dei Santi Pietro e Paolo의 설립에서 관찰할 수 있다. 이 교회는 미래의 바실레우스인 그가 권좌에 오르기 전에 거주했던 호르미스다스Hormisdas 팔라초 안에 위치해 있다. 하지만 그는 산티 세르조 에 바코 성당(오늘날의 소 아야소피아Küçük Ayasofya)에서 주문자로서 새로운 작업 방식을 선택했다. 이 건축은 다른 방식의 상부 구조물을 가지고 있으며 외부에는 사각형의 틀 형태가 적용되어 있고 다각형의 애프스가 배치되어 있다. 이 부분은 팔각형 구조가 직선과 곡선 형태를 지닌 기둥과 복제된 기둥으로 꾸며졌고, 각각의 부분이 아키트레이브로 이어진다. 윗부분에는 회랑이 배치되어 있고, 다시 그 위편에는 평평하거나 볼록한 반원으로 구성된 16개의 구조물 위에 쿠폴라가 놓여 있다. 교회의 풍부하고 우아한 특징은 최근에 있었던 복원 작업에 의해서 잘 알려지게 되었으며, 기둥들의 화려한 색채와 주두의 풍부한 장식, 유스티니아누스 대제와 테오도라(?-548)가 연관된 설립 기록이 아키트레이브 부분에 새겨져 있다. 하지만 이 건축물은 527-536년으로 추정되는 명확한 연대에도 불구하고 연구자들 사이에서 건축물의 본성에 대한 논쟁들을 만들어 내고 있다. 이후에 지어지게 되는 아헨의 예배당과 형태상 유사점을 지니고 있는 왕실 예배당은 테오도라가 동방의 영토에서 탄압받는 단성론주의 수도사를 보호하고 정교와 화해를 이끌어 내기 위한 목적과 연관되어 있는 것일까?

산티 세르조 에 바코 성당   산티 세르조 에 바코 성당의 돔 형태와 평면도는 크리소트리클리노스Chrysotriklinos(황금 접견실*)라고 알려진 건축물과 유사점이 있으며, 이곳은 이후 유스티누스 2세(?-578, 565년부터 황제)의 그란데 팔라초Grande Palazzo[도판 70](이 건축물은 유스티니아누스 교회의 '왕실palatina'적 특성을 전혀 나타내지 않았다)와도 비슷한 점이 있다. 하지만 이 시기의 주요 건축물과 다른 점도 있는데, 이는 특히 사각형의 방 위에 돔과 삼각궁륭이 놓여 있기 때문이다.

성 소피아 대성당 외에 아포스톨레이온Apostoleion의 재건 과정에서도 정방형의 십자가 형태와 에페소스의 복음사가 성 요한 성당에서 볼 수 있는 것과 유사한 5개의 돔이 적용되어 있는데, 이런 점은 이후에 베네치아의 산 마르코 성당에도 적용되었다.

황제가 지배하던 지역 밖에서도 수많은 주문자들이 봉헌과 선전을 목적으로 종교 건축물들을 제작했으며, 이런 점은 건축물의 혁신을 가져왔고 다시 장식적인 부분들을 변화시켰다. 아니키아 율리아나Anicia Juliana(462-528)는 테오도시우스 왕조의 가계에 속하는 인물로, 아레오빈두스Areobindus(502-512년에 활동)와 결혼하기 전에 그의 아들인 올리브리우스Olybrius를 위해 산 폴리에욱토 성당Chiesa di San Polieucto의 기념비적인 건축물을 재건했는데, 이때 정치적이고 종교적인 특징을 활용했다. 이 교회는 1964-1969년 사이에 발견되었는데, 높은 벽면을 가지고 있는 등 양식적인 특징들에 따르면 508-512년에, 혹은 라테리치 기록물esame dei bolli laterizi에 기반하면 517-521년에 건설되었다는 사실이 밝혀졌다. 끊임없이 새로운 건물들이 지어지던 시기에 이 건축물은 성 이레네 성당과 유사하게 직사각형의 평면 형태를 취하며 삼각 궁륭이 받치는 돔을 활용하고 있는데, 최근의 고고학적인 분석 결과로 원래는 돔이 아니라 평면 형태의 지붕이었다는 사실이 밝혀졌다. 이곳에는 놀라운 조각 작품들이 베네치아의 〈아크레의 기둥Pillars of Acre〉처럼 부서진 채 남아 있지만, 여러 재료들을 사용한 다양한 기념 조형물의 예를 보여 준다. 이런 점은 장식적인 고안물과 건축물의 구조 사이에 차이점이 있었다는 점을 알려 주며, 당시 고전 전통의 도상과 사산 왕조의 도상들이 다양한 방식으로 절충되었다는 점도 확인시켜 준다.

경배를 위해 지어진 성곽 외부의 건축물

쇠퇴하는 수도: 6-9세기의 콘스탄티노플

유스티니아누스 대제 시대의 건축은 종교 건축의 새로운 기획 및 보수와 연관되어 있으며, 콘스탄티노플에서 새로운 기념비적 조형성을 강조하고 확장시켰다. 잔혹한 전염병으로 인한 인구 감소, 아랍 세계의 발전에 따른 이집트와 근동 영토의 상실, 여러 장소를 구성하던 중요한 작품의 손실 등 역사의 오랜 정체기를 이를 통해서 극복하고자 했다. 이러한 변화는 매우 우연한 계기들을 통해서 시작되었다. 예를 들어서 성 이레네 성당의 보수 작업은 740년의 지진에 의한 파손 때문에 이루어졌다(이 건축물의 보수는 사료의 연대를 검토해 비교한 결과, 753년 이후로 추정되고 있다). 혹은 수로의 보수 작업은 아바르족이 침입(626)한 콘스탄티누스 5세(718-775, 741년부터 황

인구의 감소와 이민족의 확장

제) 시대에 이루어졌으며, 768년에 건기가 찾아오면서 보수 작업이 다시 진행되었다. 당시에는 다른 성상 파괴 시기의 황제들처럼 블라케르나이Blachernae의 테오토코스 성당Chiesa della Theotokos의 종교적인 이미지들과 살라 델 밀리온Sala del Milion의 종교적인 이미지들을 파괴했으며, 이를 동물, 식물, 기하학적 문양의 모자이크로 대체했다. 우리는 콘스탄티누스 5세와 이후의 테오필루스(?-842, 829년부터 황제) 시대에도 도시를 방어하기 위해서 해안의 성벽을 보수했던 기록들이 남아 있다는 점도 기억할 필요가 있다.

중세 도시의 변화로 인해 몇몇 지역은 예전에 가지고 있던 중요한 공공장소의 기능을 버리고 농경지가 되었으며, 이전의 이교도 종교 건축물은 교회로 재정비되었다. 예를 들어 마상 시합장 옆에 위치해 있었던 안티오코Antioco의 팔라초는 6세기 말에 칼케도니아 지방에서 가져온 성 에우페미아Sant'Euphemia의 유골과 성물을 보관하기 위해서 교회로 재정비되기도 했다. 황제의 팔라초 역시 유스티니아누스 대제 시기의 새로운 정비 사업을 거쳐서 프로폰티스Propontis(마르마라 해의 고대 명칭*)의 방향으로 확장되었고, 크기를 점차 줄이더라도 장소의 기능을 매우 효율적으로 통제하고자 했는데, 이곳에는 몇몇 장소에서 관찰할 수 있는 장식들과 연관되어 있는 농경, 사냥, 신화와 같은 이야기를 다루는 모자이크 장식들이 남아 있다. 포카스의 니케포루스 2세(912-969, 963년부터 황제)는 크리소트리클리노스 근처 지역의 팔라초들을 정비했으며, 그 결과 바다 근처에 있는 성곽들의 규모가 감소했다. 반대로 테오필루스 시대에는 새로운 거주지들이 조성되기 시작했으며, 브리야스Bryas(오늘날의 말테페Maltepe*)의 경우처럼 칼리프들의 여러 건축물들이 비잔티움 제국의 영토를 바꾸었던 것과 같은 역사적인 기록들이 전해진다.

마케도니아 왕조

테오필루스 황제와 바실리우스 1세(약 812-886, 867년부터 황제)의 시대에 문화 부흥의 여러 신호들을 확인할 수 있다. 이 시대의 특성을 이해하기 위해서는 당시의 사료를 검토할 필요가 있는데, 『바실리우스 1세의 전기Vita Basilii』는 마케도니아 왕조의 가장 중요한 문화적 후원자에 대한 정보를 제공한다. 이 책은 콘스탄티노플에 있었던 교회 31곳의 목록을 제공하고 있으며, 바실리우스 1세의 재위 기간에 이루어졌던 보수 공사와 왕궁 옆에 새롭게 건립된 종교 건축물들을 설명해 준다. 이러한 내용들은 당시 건축물의 부흥에 대한 내용을 전달해 준다. 즉 공적이든 사적이든 종교 건축물이 지어졌는데, 이 현상이 엘리트 문화의 특징을 잘 반영하고 있었다는 점을 알려 줄 뿐 아니라, 당시 왕조와의 관련성을 드러내며 공간의 구획과 도상학적 기획들에 대해서도 설명해 준다. 또한 이러한 기획 중 일부는 여전히 유스티니아누스 대제의 시대와 연관되어 있다는 사실도 확인시켜 준다.

이런 새로운 '부흥'의 시대에 과거의 영광스러운 모델은 중요한 참고 자료가 되었으며, 그 결과 이 시대의 새로운 고안과 시도를 발견하기는 어렵다. 특히 9세기에 기념 조형물의 부재는 새로운 건축물을 설명하기 어렵게 만들지만, 오늘날에 와서는 아티크 무스타파 파사 카미Atik Mustafa Pasa Camii 교회에서 시작해서 9세기 중반 이후에 도시 북서쪽에 지어졌던 건축물에 대한 정보를 확인할 수 있다. 바실리우스 1세 시대에 네아 에클레시아Nea Ekklesia('새로운 교회'라는 의미를 지닌 바실리카 교회*)라고 알려진 건축물은 황제를 위한 팔라초 내부에 지어졌고, 다양한 장식에 대한 정보를 확인시켜 주며, 전체적으로 5개의 쿠폴라를 가지고 있었다. 이 건축의 평면은 다른 여러 종교 건축물의 형태를 반영하고 있다. 이런 점은 907년에 건설되었던 수도원 교회였던 코스탄티노 리프스 성당Chiesa di Costantino Lips을 통해서 확인할 수 있다. 궁정의 엘리트 계층을 위해서 지어졌으며 당시 황제였던 레오 6세 시기에 기공식이 이루어졌다. 코스탄티노 리프스 성당의 북쪽은 그리스식 십자 평면을 가지고 있으며 5개의 쿠폴라로 이루어져 있고 질적 혹은 양적인 면에서도 풍부한 장식과 기법이 적용되어 있는데, 이후 몇 차례에 걸친 복원 작업의 결과로 모습을 드러냈다. 이곳에 사용된 대리석들은 이전 건축물의 일부를 재활용했던 것으로, 시지쿠스Cyzicus의 과거 도시들에서 유래한 것이다. 장식들은 6세기경에 발전했던 양식화된 형태와 모범을 따르고 있다(산 폴리에욱토 성당). 초기 비잔티움 교회의 입구처럼 화려한 색상으로 꾸며진 입구가 배치되어 있고, 상아 장식의 모티프들을 활용한 기둥과 오푸스 세크틸레opus sectile와 같은 모자이크 기법을 통해 제작된 이콘이 있는데, 이곳에 묘사된 성인들은 매우 개인적이며 건축 공간에 명확하게 배치되어 있다. 이런 점은 쿠폴라가 있는 회랑에 설치된 작은 예배당에서도 확인할 수 있다.

귀족과 황실의 주문들이 많아지는 가운데, 제도적 관점에서 발주된 작품들도 등장했다. 예를 들어서 카울레아스Kauleas의 수도원이나 스틸리아노 자우트세Stiliano Zautse의 수도원의 건물들은 레오 6세가 주문한 것들로 문학적 서사를 담은 다양한

과거를 통한 혁신

이미지들ekphraseis을 확인할 수 있다. 이 건물들은 10세기에 건립되었던 가장 중요한 종교 건물이자 로마누스 1세(약 870-948, 920년부터 황제)가 주문해서 920년에 지어진 미렐라이온Myrelaion 수도원에 영향을 주었다. 로마누스 1세는 막 황제로 즉위했을 때 5세기에 지어졌던 로톤다 형태의 건물을 다시 시공했다. 고대 콘스탄티노플에서 건설되었던 건축물을 바탕으로 해서 중세 비잔티움에서 새로운 문화를 다시 한번 열고 있다는 사실을 보여 주는 작품이라고 볼 수 있다.

| 다음을 참고하라 |
역사 도시에서 시골로(61쪽)
문학과 연극 비잔티움 문화 및 서방과 동방의 관계(605쪽)

예루살렘
| 루이지 카를로 스키아비 |

예루살렘은 그리스도교 문화를 이해하기 위한 핵심 장소로서, 로마 제국이 도시를
지배하던 시기부터 이미 순례자의 방문이 이어졌다. 니케아 공의회가 열린 뒤에
예루살렘의 각 지역에서 발견할 수 있는, 그리스도의 인간적 삶과 관련 있는 상징적
장소를 선별해서 교회와 바실리카를 지었다. 그리스도교 안에서 성인의 유골에 대한
경배가 확산되면서 예루살렘에서 등장했던 제의이자 일정한 주기에 따라 반복되는
복잡한 제의는 곧 그리스도교 세계의 모범이 되었다.

예루살렘과 로마 제국이 관리하던 골고타 언덕

그리스도의
죽음 이후의
변화

그리스도교 문화에서 예루살렘이 중요한 이유는 이 도시에서 그리스도의 수난, 죽음, 부활이라는 사건이 모두 일어났기 때문이다. 이런 장소들 중에서 다마스쿠스 거리 서쪽 벽 밖에 있는 골고타 언덕은 갈바리아Galvaria('그리스도가 십자가에 못 박힌 땅'이라는 뜻*)라고도 알려져 있다. 그리스도가 십자가에 못 박혀 순교한 시기는 기원후 30년경이다. 세 편의 유사한 이야기가 기록되어 있는 복음서와 성 요한의 복음서의 내용에 따르면 이 장소는 도시 변두리에 위치해 있으며, 이곳에 있는 무덤은 바위를

파서 만든 검소한 크기의 방 모양을 띠고 있었다. 기록에 따르면 안쪽에 죽은 자를 위한 석대石臺와 왼쪽에 작은 공간인 아르코솔리움arcosólium(로마 지하 묘지에서 관찰할 수 있는 석관을 보관하는 묘실*)이 배치되어 있었고 입구는 둥근 돌로 막혀 있었다. 이런 점은 제2신전 시대의 예루살렘에서 유대인의 무덤이 지닌 특징이다. 헤로데 대왕(기원전 73-기원전 4, 기원전 37년부터 왕)의 조카였던 헤로데 아그리파 1세(기원전 10-44, 37년부터 왕)의 시기에 건설된 도시의 성벽은 갈바리아 지역을 포함하고 있었는데, 이곳은 다른 주거 건축물이 들어서지 않고 고고학적 유적처럼 남아 있었다. 로마 제국에서 이곳을 관리하기 시작한 지 22년이 지나서 일어난 민중 봉기는 곧 티투스 황제(39-81, 79년부터 황제)의 군대에 의해서 진압되었으며, 70년에 이곳의 도시가 불타고 성전이 파괴되었다가 이후에 성전이 다시 건축되었다. 하드리아누스 황제(76-138, 117년부터 황제)의 재위기인 130년경에 예루살렘은 다시 재건되었고 아일리아 카피톨리나Aelia Capitolina라고 불렸다.

이 도시는 카르도cardo와 데쿠마누스decumanus라고 부르는 두 대로大路를 축으로 당시 로마에서 관례적이던 도시 기획 형태인 팔각형의 평면을 반영했으며, 두 대로의 중심에는 이교도 종교 제의의 중심지였던 테트라필론tetrapylon이라고도 부르는 포럼을 배치했다. 개종하지 않은 유대인이든, 그리스도교로 개종한 유대인이든 아일리아Aelia를 방문하는 것이 금지되어 있었지만, 이미 2세기 후반부터 여러 사람들이 하드리아누스 황제가 건설한 이교 제전의 건축물에 의해서 지워진 자신들의 종교적 흔적을 찾기 위해 이곳을 방문하기 시작했다. 즉, 그리스도교 사회는 그리스도가 십자가에서 고통을 받고 묻혔던 장소에 대한 기억을 지울 수 없었던 것이다. 이 시기부터 실제로 골고타 언덕은 지역 순례의 목적지가 되었고, 135년경부터 무덤에 대한 기억은 지속적으로 후대에 전해졌다. 로마에서 사도 성 베드로의 무덤이 있는 바티칸의 장소에 작은 건축물이 지어졌던 것처럼, 예루살렘의 경우도 콘스탄티누스 대제의 재위 기간에 여러 성인들의 기억을 담은 구전의 전통을 토대로 장소를 '재발견'하고 나서 이곳에 기념비적인 종교 건축물을 지었다. 160년경에 하드리아누스 황제에 의해서 기억이 지워진 지 얼마 지나지 않아 사르디스의 주교였던 멜리토Melito(?-190)는 『유월절에 관하여Peri Pascha』에서 갈바리아의 위치를 설명했다. 한 세기가 지난 후, 카파도키아의 카이사레아의 주교였던 에우세비우스(약 265-339)는 『지명 사전Onomastikon』에서 이 지역의 저항 운동을 떠올리면서 갈바리아의 존재를 다시

지우기 어려운 기억

확인했다.

예루살렘 성지의 건설

325년 니케아 공의회에서 예루살렘의 주교였던 마카리우스Macarius(314-335년에 주
교)는 하드리아누스 황제 시기의 카피톨리움capitolium을 해체할 수 있는 허가를 받았
고, 다른 사람의 의견처럼 이곳이 그리스도가 십자가에 매달려 순교한 장소라는 점
을 확인했다. 명확하지는 않지만 세부적인 내용을 기록했던 에우세비우스는 콘스탄
티누스 대제에 의해서 시작된 고고학적 사업에 대해서 설명했으며, 이곳에서 골고
타 언덕의 버팀벽과 무덤을 발견했다고 기록하고 있다.

　　콘스탄티누스 대제의 어머니인 헬레나는 이 사업을 후원했으며 326년에 예루살
렘을 방문했는데, 이때 그녀가 로마의 산타 크로체 성당Chiesa palatina di Santa Croce(성
십자가 성당)을 위해서 가져왔던 커다란 십자가와 못에 대한 전설이 생겨났다. 이 전
설은 5세기 이후에 만들어져서 퍼져 나갔다. 콘스탄티누스 대제는 그리스도가 죽
고 부활한 장소에 '모든 바실리카 중에서 가장 아름다운' 바실리카를 지어 이곳을 기

교회로 변화한
성소들

리고 싶어 했다. 사실 이 바실리카는 2개의 교회를 합친 것으로, 하나는 마르티리움
Martyrium이라고 부르는 장소에 5개의 신랑과 애프스로 구성된 건물이며, 다른 하나
는 그리스도의 무덤 근처에서 둥근 구멍이 난 둥근 평면에 회랑ambulatory을 지닌 건
축물인 아나스타시스Anastasis였다. 아나스타시스가 제작된 지 2세기 후의 예루살렘
에서는 그리스도의 일생을 기억하고 증언하기 위한 수많은 교회가 건립되었다. 에
우세비우스가 전하는 기록에 따르면, 그리스도가 사도들에게 믿음의 신비를 설교했
던 올리브 산 위에는 헬레나가 원했기 때문에 회랑과 연결된 3개의 신랑을 지닌 교
회가 세워졌다. 4세기 전에는 민중 신앙에서 그리스도의 승천 장소로 알려진 곳이면
서 올리브 산의 교회에서 멀지 않은 장소에 로마의 귀부인인 포이메니아Poemenia의
주문으로 둥근 평면의 건축물(임보몬)이 들어섰다가 이후에 교회가 되었다.

　　7세기의 순례자 아르쿨프Arculf는 여행에 대한 기록을 남겼는데(아돔난Adomnan이
『성지들De locis sanctis』에서 복사해 기록해 두었다), 이 기록에서 회랑에 둘러싸이고 내
부 공간은 개방되어 있는 둥근 평면의 건축물을 묘사하고 있다. 4-5세기에 시온에서
는 여러 번에 걸쳐 산타 마리아 성당이 증축되었다. 이곳은 성모의 안식dormitio Virginis
에 대한 기억과 관련 있으며, 동시에 사도들이 모여 있을 때 성령을 받았던 주현절

제도의 중심지였다. 450년경에 테오도시우스 2세의 신부였던 아일리아 에우도키아 황후Aelia Eudocia(393-460)는 수많은 종교 건축물을 주문했으며 이 중에는 실로암의 바실리카 교회가 포함되어 있다. 이 장소는 후에 그리스도교도들에게 장님을 치유한 기적이 일어났던 곳으로 알려졌다(「요한 복음서」9장 7절).

예루살렘의 제의

이렇듯이 밀집한 교회는 주기적이고 특별한 종교 제의의 주 무대가 되었고, 이후 4세기 말에 서방의 혹은 갈리아 지방의 순례자로 추정되는 에게리아Egeria는 이와 연관된 많은 기록을 남겼다. 아나스타시스와 마르티리움의 두 교회는 두 부분을 합쳐 구성된 대성당의 두 공간으로 되어 있으며, 각각 다른 기능을 가졌다. 5개의 신랑이 있는 바실리카는 일요일에 미사를 집전하는 장소로, 주교가 임무를 수행하는 곳이자 신자들에게는 항상 열린 공간이었다. 종교 제의가 진행되는 해에서 가장 중요한 축전 형태는 매우 극적이었다. 예루살렘의 그리스도교 공동체에서만 가능한 일이었겠지만, 성주간 동안에는 사건이 일어난 동일한 장소에서 성경 이야기를 경험했다. 모든 민중이 참여하고 주교와 성직자들이 이끄는 제의 행렬은 한 교회에서 다른 교회로 움직였고, 밤낮으로 이어지는 성경 이야기를 최대한 정확한 연속성에 의해 재구성해 따라갔다. 예를 들어 성스러운 목요일과 금요일 밤에 수많은 인파의 순례자들은 올리브 산의 동굴에 있는 바실리카와 임보몬, 그리고 겟세마니 동산의 아고니아Agonia를 가득 메웠다. 5세기 이후에 시온 산의 여러 여정의 중간 지점들은 「마태오 복음서」의 내용에 근거해서 최후의 심판의 환영, 그리스도의 체포, 유대의 관리자 앞의 법정에 갔던 사건들의 무대가 되었다. 성전으로 내려가는 길에서 신자들은 마르티리움과 아나스타시스 사이에 위치한 골고타 언덕의 십자가를 경배한다. 아침부터 제6시경(오늘날의 정오)까지 민중들은 성물 앞에 줄을 서서 그것을 만지고 입 맞춘다.

성주간의 전례

예루살렘의 도시에서 만날 수 있는 여러 복음서의 수많은 장소들은 유사한 제의 행렬로 인해 민중을 이야기에 빠져들게 했고, 다른 한편으로 그리스도교의 성물과 성골이 끝없이 생산되도록 만들었다. 순례자 베르나르도Bernardo는 870년에 이미 약 20여 개의 교회, 수도원, 수행자를 위한 건축물이 들어서 있는 올리브 산을 방문하고 기록을 남겼다. 이 장소에는 간음한 여인을 예수에게 데리고 왔으며 또한 바리사

복음서에 등장하는 장소들

이('바리새파'라고도 함*)를 쫓아냈다는 기록이 새겨져 있다. 시온 산에서 4세기에 카야파의 집, 한나스의 집, 그리고 그리스도를 채찍질한 기둥을 발견했다고 전해지며, 몇몇 순례자들은 이곳에서 그리스도의 피를 보았다고 했다. 또한 시온 산에서는 최후의 만찬의 장소와 성 베드로가 그리스도를 부정했던 장소와 닭이 울었을 때 뉘우치며 울었던 장소(베드로 통곡 교회Chiesa di San Pietro in Gallicantu의 수도원), 그리고 산타 시온 성당Chiesa della Santa Sion에서는 가시관과 예수의 다리를 씻었던 큰 그릇도 발견할 수 있다.

| **다음을 참고하라** |
역사 도시에서 시골로(61쪽)
시각예술 유대교의 종교 공간(704쪽)

라벤나의 산 비탈레 성당

| 프란체스카 차고Francesca Zago |

서방의 신성로마 제국의 수도였던 라벤나는 수많은 종교 건축물을 발견할 수 있을 뿐 아니라 초기 그리스도교 건축을 이해하는 데 중요한 도시다. 산 비탈레 성당은 로마 건축물을 모범으로 삼은 건축물의 구조와 예술적 생산의 완벽한 예를 제공하며, 동시에 내부 장식에서는 대도시의 문화적 영향도 나타낸다.

서로마 제국의 수도 라벤나

동로마와 서로마 사이의 경계에 위치한 라벤나는 호노리우스 황제가 밀라노에서 수도를 이전하면서 서로마 제국의 수도가 되었다(402). 이후에 그의 여동생인 갈라 플라키디아Galla Placidia(약 390-450)의 섭정을 받다가 그녀의 아들인 젊은 발렌티니아누스 3세(419-455, 425년부터 황제)의 관할 아래 놓였다. 테오도리쿠스 황제가 콘스탄티노플에서 도착하면서 상황이 바뀌게 되었지만 그는 라벤나를 동고트족의 수도로 삼지는 않았다. 라벤나는 그리스-고트족의 전쟁(535-554) 중인 540년에 유스티니아누스 대제에게 점령당해 다시 동로마 제국의 영토가 되었는데, 이 시기에 지역을 관할하기 위한 건축물이 들어섰고 751년까지 이탈리아 관할 지구로 관리되었다. 751년에는 아스톨포(?-756, 749년부터 왕)가 이끈 랑고바르드족에 의해 점령당했다.

아스톨포가 황제가 되기를 시도하던 시기에 라벤나에는 수많은 종교 건축물이 건립되었으며, 5-6세기에 건설된 초기 그리스도교 건축의 예들을 오늘날까지 남겼다. 네온Neon 세례당, 테오도리쿠스 황제가 아리아인의 제의에 따라 지었던 건축물, 대성당과 대성당의 세례당 등이 있으며, 테오도리쿠스 황제의 왕실 바실리카는 이후에 산타폴리나레 누오보 성당이 되었다. 산 비탈레 성당은 동방과 서방의 관계 속에서 양쪽의 영향과 기여를 받아서 제작된 건축물로 이 두 세계의 절충을 성공적으로 보여 주는 중요한 예다. 이 교회는 산타 크로체 성당과 갈라 플라키디아의 마우솔레움 근방에 지어졌으며, 5세기에 검소한 공간을 확장했고 순교자였던 성 비탈리스에게 봉헌되었다. 이곳은 성 비탈리스가 순교한 장소였다. 안드레아 아넬로Andrea Agnello(801-850)는 라벤나의 역사서를 쓰면서 교회의 법적 기증자는 라벤나의 에클레시오 주교Ecclesio(522-532년에 주교)였다고 기술하지만, 실제로 이 교회가 지어진 것으로 추정되는 때는 비토레 주교Vittore(537-544년에 주교)와 폴라의 막시미아누스 Maximianus(?-556, 546년부터 대주교)가 활동하던 시기였다. 막시미아누스는 최초의 라벤나 대주교였으며 547년에 이곳에다 축성을 했다. 은행가 줄리아노Giuliano argentarius 는 그리스 출신의 은행가로 이곳에 건물을 짓기 위해서 2만6천 솔리두스의 금화를 후원했고, 같은 방식으로 라벤나의 다른 두 교회인 산 미켈레 인 아프리치스코 성당 Chiesa di San Michele in Africisco과 산타폴리나레 인 클라세 성당Basilica di Sant'Apollinare in Classe도 건립되었다.

초기 그리스도교 시대의 뛰어난 건축물

동서양의 가교 역할을 한 산 비탈레 성당

팔각형의 평면이 적용된 산 비탈레 성당은 근동 건축물의 예를 참조한 것이자 로마 건축물의 전형이기도 하다. 이런 점은 네로 황제(37-68, 54년부터 황제)가 지었던 도무스 아우레아Domus aurea에서 확인할 수 있다.

이 건물의 외부는 2개의 팔각 구조물이 겹친 모습이며, 내부의 가장 높고 좁은 부분은 둥근 피라미드 형태의 천장을 지니고 있다. 이 쿠폴라는 2개의 도기 관으로 되어 있는데 이는 지중해 아프리카의 전형적인 건축물에서 찾아볼 수 있는 것이다. 사제실은 다각형 공간으로 콘스탄티노플의 건축물에서 많이 확인할 수 있으며, 보

로마 팔라초의 모범

물관의 분할된 공간으로 이어져 있다. 현재의 입구는 직사각형 모양의 나르텍스 narthex(교회 건축에서 현관 홀을 가리킴*)로 팔각형의 모서리를 취하고 있으며, 외부에는 2개의 탑에 여성 전용석(마트로네오)이 배치되었다. 내부의 수직성은 주목할 만하다. 라벤나 건축의 모범에 따르는 것처럼 벽돌로 제작되었는데, 이 경우에 콘스탄티노플에서 사용하는 길고 폭이 좁은 벽돌을 사용하고 있다. 내부는 8개의 다각형 기둥이 호박주추tamburo를 받치고 있으며 그 위로 쿠폴라가 양옆의 기둥들에 의해 세워져 있고, 반원형의 담화실exedra은 삼중 예첨창으로 장식된 여성 전용석이 있는 회랑을 향하고 있다. 이는 비잔티움 건축 공간을 참조한 것으로 산 비탈레 성당과 유명한 성 소피아 대성당, 산티 세르조 에 바코 성당, 성 이레네 성당의 경우와 유사한 점이다. 또한 내부의 조각 장식에서도 대도시의 영향을 발견할 수 있는데, 주두 장식을 제작할 때 같은 도구(송곳)를 이용하거나 공간을 기획하기 위한 낮은 벽에 동일한 재료를 사용하고 있다. 반면 사제석 위의 벽면과 볼트에서 발견할 수 있는 삼중 예첨창 아래의 아치에서는 기하학적이며 식물 형태를 활용한 설화석고 장식을 발견할 수 있는데, 이는 페르시아 사산 왕조의 미술에서 영향을 받은 것으로 보인다.

모자이크와 대리석: 주현절의 축전

내부 장식 커다란 〈개선문〉에 의해 사제석과 애프스 부분으로 인도되는데, 이곳은 귀중한 벽장식과 대리석 장식으로 꾸며져 있다. 제단에서 가장 중요한 부분은 주현절과 관련된 주제로 장식되어 있으며, 모자이크들은 깊은 의미를 만들어 내고 있다. 그리스도의 육화, 죽음, 부활 등 그리스도를 통해서 이루어진 구원의 주제들이 등장한다. 일부가 보수되었지만 '만물의 주pantokrator' 이신 그리스도는 신의 권위를 잘 드러내며 사제석을 꾸미는 아치 중앙에서 중요한 메시지를 전달해 준다. 그 옆을 사도들이 장식하고 있다. '창조주Kosmokrator' 이신 젊은 그리스도는 애프스 부분의 둥근 지구 위로 모습을 드러내며, 2명의 천사들의 보좌를 받으면서 순교자인 비탈리스와 모범이 될 교회를 봉헌하는 에클레시오에게 왕관을 씌우고 있는 모습으로 재현되어 있다. 「묵시록」의 이야기를 꾸미는 부분에서 〈하느님의 어린 양Agnus Dei〉의 모습이 별들로 가득 차 있는 하늘에 등장하며, 그리스도의 재림이 일어나는 순간을 강조하고 있다. 사제석에 위치한 2개의 반월창에는 주현절의 이야기들이 강조되어 있다. 원편에는 이사악의 희생 장면이 그리스도의 희생에 선행하여 묘사되어 있으며, 3명의 천사들은 삼위일체의 의미를 강조하고 아브라함은 이들에게 연회를 제공하고 있다. 오른편에는 반대로 아벨과 멜키체덱의 희생에 대한 이야기가 묘사되어 있다. 선지자와 복음사가들의 모습은 구약 성경과 신약 성경의 내용에 따라 그려져서 이들에게 도래한 구원의 이야기를 전달해 준다.

모세에게 헌정된 이야기 연작에서 신의 이미지는 메시아의 도래를 알려 주며, 그 곁에는 법전을 받고 있는 모세와 다른 한편에는 불타는 나무가 묘사되어 있다. 이 연작은 2점의 황제 이미지로 마무리되는데, 이들은 도시의 입성(이 축제는 6세기 이후에 시작되었다)과 같은 종교적인 행렬을 구성하고 있다. 이 장면 속에는 종교적인 전래가 시작되었을 때 성배와 성체를 담는 그릇을 들고 들어오는 아우구스투스 황제와 여왕의 모습이 재현되어 있다. 다른 편에는 유스티니아누스 대제 시대의 궁정인들(행렬의 앞부분에 등장하는 사제 중 한 사람은 막시미아누스 주교로 확인되었다)과 테오도라(?-548, 527년부터 여제)와 그녀의 시종들이 묘사되어 있다. 프리즈를 장식한 군주의 여러 표상들은 신에 대한 복종과 연관해서 과거 비잔티움 제국의 종교 의례에서 능동적이고 중요한 부분을 차지했으며, 종교와 정치 사이의 상호 관계를 드러냈다. 바실레우스의 보라색 클라미스chlamys(어깨끈이 있는 겉옷*)는 황제의 '신성'을 드러내는 표현이며 동시에 지상의 신 같은 대변자의 위치를 강조하고, 또한 정교회의 전통을 드러내는 요소였다. 하지만 테오도라의 클라미스는 왕실에 대한 복종이라는 개념을 섬세하게 설명하고 있으며, 성경의 이야기와 분리되어 있지만 세 동방 박사의 경배 장면이나 외투 장식에서 유사점을 찾을 수 있다.

산 비탈레 성당은 '신국Civitas Dei'처럼 구성된 건축이자 그리스도의 승리를 메시지로 담고 있지만 동시에 라벤나의 교회가 지닌 권력을 강조하는데, 바로 산타폴리나레 누오보 성당에서 이미 표현되었던 황실의 권위를 다루고 있는 것이다. 이런 점은 이탈리아에서 비잔티움의 정체성을 매우 뛰어난 방식으로 구현했던 기념 조형물이라는 사실을 보여 주지만, 시대적인 한계를 넘어 정치적이고 문화적인 상황들을 잘 설명해 주는 예로도 남아 있다. 무엇보다도 라벤나의 공방은 건축을 위한 구조적인 지식에 동방과 서방을 넘나드는 형태들을 매우 효율적으로 절충할 수 있었다.

| 다음을 참고하라 |
시각예술 전례용 가구(758쪽); 전례서와 제기(767쪽)

벽, 책, 제의 용구와 가구: 구상미술의 프로그램

ARTI VISIVE

고대 유산과 그리스도교 문화의 구상미술

| 조르자 폴리오 |

> 고대 후기 미술과 초기 그리스도교 미술은 종종 당대의 기념 건축물과 조형미술
> 작품에서 관찰할 수 있는 것처럼 문화적 연속성을 지니며 구분되지 않는다.

연속성과 작품 제작의 연관 관계

뛰어난 고고학자이자 고대 미술사 연구자였던 라누치오 비안키 반디넬리Ranuccio Bianchi Bandinelli(1900-1975)는 『로마, 고대 미술의 종말Roma, la fine dell'arte antica』 (Milano, Rizzoli, 1970, p.88)에서 시대적·물질적·미학적 맥락을 다시 다루며, 고대 후기 미술과 초기 그리스도교 미술의 구분을 둘러싼 문제를 제기했다. 그는 이러한 내용을 315년에 로마 상원이 황제에게 헌정한 콘스탄티누스의 〈개선문〉을 통해 증언한다.

콘스탄티누스 대제의 〈개선문〉

이 기념 조형물은 다양성varietas이라는 미학적 관점에 따라 다른 작품에서 분리시킨 조각 부조를 재배치하여 조립한 것이다. 당대에 제작된 유일한 조각은 콘스탄티누스 대제의 〈개선문〉 아랫부분의 띠를 구성하는 네 면의 서사적인 부조로, 오늘날의 해석 방식에 따르면 아래에서 위로 이야기가 전개되고 있다. 이 부조는 콘스탄티

누스 대제가 거둔 승리를 기념하고 있으며, 북쪽 면의 정면 부분에서는 황제를 나타내는 수사학적 전형인 '연설oratio'과 '관용 정신liberalitas'에 대한 내용을 담고 있다. 헬레니즘 문화에 기원을 두고 자연스러운 표현과 세부 묘사를 추구한 공식적인 작품들과 비교해 볼 때, 이곳에서 이야기를 서술하는 성스러운 장면들은 원근법을 무시하고 정면에서 황제를 묘사하는 방식을 취하며, 여러 인물들을 집단으로 묶어 병렬로 그려 내고 있다. 또한 계급에 따라 크기를 달리 표현했는데, 이는 당시에 구호가 된 메시지를 효율적으로 전달하는 민중 미술에서 영향을 받았던 것으로 보인다. 인물을 조합하는 이런 방식이나 서사 구조는 같은 시기에 그리스도교 모티프를 활용한 석관의 부조 작품들에서 다시 발견할 수 있다. '병렬로 배치한 두상'으로 알려진 이런 유형의 몇 가지 예를 찾아보면, 피오 크리스티아노 박물관Museo Pio Cristiano(바티칸 시국)과 로마 국립박물관에 있는 부조들을 들 수 있다. 이 부조들은 같은 공방에서 유래한 것이 아님에도 불구하고 마치 동일한 모범을 따라 제작한 것처럼, 콘스탄티누스의 〈개선문〉에 묘사된 부조의 표현 방식과 유사한 점이 있다.

이와 유사한 석관의 부조들이 성 베드로 대성당에 남아 있다. 성 베드로의 무덤은 콘스탄티누스 대제 스스로가 원해서 바티칸에 설립한 커다란 바실리카 건축에 포함되어 있으며, 그리스도의 대리인으로 임명된 사도가 세운 제1의 로마 교회로 남았다. 바로 이 시기에 그리스도교의 인물 표현 목록은 이미지를 불신한 유대인의 전통과는 달리, 성경의 모든 이야기를 요약할 수 있도록 환원시킨 상징적 기호들을 사용하고 있었다. 성경 이야기들의 흐름이 석관에 묘사되었고 구조적 형태의 조건으로 발전했다. 이 시기에 제작된 석관들은 다양한 이야기를 담기 위해서 세 줄로 구획해 이미지를 배치하고 있다. 로마에서 제작된 2점의 석관이 대표적인 예다. 한 점은 〈교의적 석관Sarcofago Dogmatico〉이라고 부르는 작품으로 성 바오로 대성당의 무덤에서 발견되었으며 오늘날에는 피오 크리스티아노 박물관에 보관되어 있다. 또 다른 작품은 〈아델피아의 석관Sarcofago di Adelfia〉이라고 부르며 시라쿠사의 산 조반니 San Giovanni a Siracusa 무덤에서 출토되어 이 지역의 고고학박물관에 보관되어 있다. 〈아델피아의 석관〉에서 아델피아는 주문자의 이름으로 상류 계층에 속하는 주문자 clarissima femina라는 점이 분명하다. 이런 사실은 석관의 윗부분에 새겨진 명문에 쓰여 있듯이 이 석관이 매우 사치스러웠다는 점에서 확인할 수 있다. 또한 이 작품은 처음 제작되었을 당시에 여러 가지 색으로 장식되었던 보기 드문 석관 중 한 점이다.

그리스도교도의 무덤과 석관

석관은 구약 성경의 이야기를 묘사하고 있는데, 세 명의 바빌론 젊은이들이 네부카드네자르의 금 상에 경배하는 것을 거부하는 장면이다. 이는 디오클레티아누스 황제의 그리스도교도 박해 시대에 알려진 대중적인 소재였다. 다른 부분에서는 그리스도의 마술적인 권위를 강조한 이야기에서 나온 그리스도교 도상 장면들, 예를 들어 나병 환자의 치유나 카나의 혼인 잔치의 기적, 빵과 물고기를 늘렸던 기적 이야기를 다루고 있다. 하지만 연속적인 장면 배치에도 불구하고 이야기의 배치나 서사 구조는 특별한 연속성을 갖지 않는다. 단지 석관 중심부에 배치된 초상화로 알 수 있는 두 구의 시신을 위해 신성한 부활을 염원하는 이야기의 예를 미술관처럼 볼 수 있도록 만들었을 따름이다.

엘리트가 주문한 작품들　　엘리트 귀족층 사이에서 전파된 그리스도교는 그리스도교와 이교도에서 공통적인 의미를 가지는 장면을 같이 묘사할 수 있는 장소를 제공했다. 매우 아름다운 〈세쿤두스와 프로이엑타의 혼수함Corredo nuziale di Secundus e Proiecta〉(런던, 영국박물관)은 1700년대의 고고학적 발굴 작업을 통해 로마의 에스퀼리노 언덕에서 발견된 보물로, 우아한 헬레니즘 문화의 영향을 받았으며 은으로 투각된 여러 이미지의 연속으로 채워져 있다. 뚜껑의 한편에는 베누스가 활기 없이 조개 위에 앉아 머리카락을 빗으며 거울을 응시하고 있으며 그 곁으로 큐피드, 네레이스(바다 님프), 트리톤(반인반어半人半魚)의 행렬이 펼쳐져 있다. 이는 이 혼수함의 용도가 화장용 도구를 담기 위한 것이었음을 암시한다. 한편으로 이야기의 맥락과는 상관없이 혼수함 옆면에는 신랑과 신부인 세쿤두스와 프로이엑타가 '그리스도 안에서 살아가다'라는 문구가 새겨져 있다. 젊은 프로이엑타가 384년에 죽은 것이 분명하다면 이 혼수함의 제작 연도는 379~383년경으로 추정할 수 있다.

접이식 상아판　　엘리트 계급을 위해 끊임없이 생산된 예술 작품 중에는 오랜 시간 동안 성공을 거둔 수준 높은 물건들을 발견할 수 있다. 1장의 상아판 혹은 2장의 상아판을 연결시킨 접이식 판을 부조로 장식하고 있는 상아 세공품은 4세기부터 생산량이 늘었고 끊임없이 제작되었으며, 금속과 색채를 사용해서 귀중품의 가치를 부여받았다. 이런 작품들은 석관이나 삽화가 있는 필사본의 주문이 있었던 것처럼, 그리스도교도 혹은 이교도의 주문을 받아서 당시에 활동하던 여러 공방에서 생산되었다. 생산된 작품들이 가진 인접성은 제작 장소를 5세기경에 활동하던 특정 로마 공방으로 추정하도록 했는데, 이곳에서는 그리스도교의 도상 혹은 이교도의 도상으로 나누어 작업했지만 작업 수준과 양식을 고려해 볼 때는 공통점을 지닌 상아판 세각 연작들을 제작했다. 한쪽에서는 〈승천의 상아판Placche raffiguranti un'Ascensione〉[도판 61](뮌헨, 바이에른 국립박물관Bayerisches Nationalmuseum), 〈세 마리아의 상아판Le Pie Donne al Sepolcro〉(밀라노, 스포르체스코 성Castello Sforzesco, 시립미술관Civico Museo d'Arte)을 찾을 수 있다. 그리고 다른 쪽에서는 런던(빅토리아 앤드 앨버트 박물관Victoria and Albert Museum)과 파리(클뤼니 박물관Musée de Cluny)에 나뉘어 보관되어 있는 〈심마치와 니코마치의 이중 상아판Dittico dei Simmaci e Nicomaci〉을 확인할 수 있다. 마지막에 언급한 작품은 로마의 두 귀족 가문에 속하는 것으로 인물을 고대 의상으로 처리했는데, 이교도의 제의를 행하고 있는 두 여사제를 묘사하고 있으며 매우 우아한 양식을 지닌 부분적인 (고전의) 부흥을 보여 준다. 반면에 바이에른 주의 뮌헨에 있는 〈승천의 상아판〉의 윗부분에서는 젊고 건장하며 수염이 없는 그리스도가 구름이 자욱한 산 위편의 하늘로 문자 그대로 승천하고 있다. 이런 모습은 이후에 카롤링거 왕조 시대에서 관찰할 수 있는 보기 드문 도상학적 유형이기 때문에, 이 작품을 카롤링거 왕조 시기의 작품의 모범으로 추정하도록 만든다.

우리의 지식은 이 시대에 인물을 표현하는 고유의 기호학에 대해 잘 모르는데, 그 결과 몇몇 도상은 파악하기 어렵다. 3세기에 로마의 성 요한과 성 바오로 성당Basilica dei Santi Giovanni e Paolo 아래에서 출토된 특별한 욕조의 벽에 그려진 작품 속 남성의 경우가 대표적인 예다. 이 인물은 당시의 문화적인 맥락을 고려해 볼 때 죽은 그리스도교도를 묘사한 것일 수도 있으며 혹은 자비라는 철학적 덕목의 알레고리가 표현된 것일 수도 있다.

마리나 항구 외곽에 있는 오스티아의 한 거주 건물의 방에서 나온, 장식이 남아 있는 프리즈의 남성 흉상에 대해서도 불확실성으로 인해 논쟁이 벌어지고 있다. 이곳에서 출토된 작품들은 로마의 중세 초기 국립박물관Museo Nazionale dell'Alto Medioevo에 매우 효과적으로 전시되어 있다. 이 인물은 흉상의 형태로 토가를 입고 수염을 기르고 머리에는 넓은 후광이 있으며, 오른손은 말하는 것 같은 손짓을 하고 있다. 전통적으로 이 작품은 그리스도를 다루었다고 생각되었지만, 다른 한편으로 그리스와 소아시아의 몇몇 집에서 접할 수 있는 철학자들의 표현과 많이 유사하기 때문에 철학자를 다룬 것으로도 해석될 수 있다. 전체 도상을 다루는 나머지 부분에서는 헬레니즘에 대한 고전적 취향을 발견할 수 있다. 대부분의 패널 중간 부분에는 호랑이

헬레니즘에 대한 취향

와 사자가 서로 권위를 위해서 용맹하게 싸우는 장면이 묘사되어 있으며, 아랫부분에서는 꽃과 잎으로 만든 식물 장식과 기하학적 도형이 만드는 띠를 발견할 수 있다. 전체 장식은 오푸스 세크틸레라는 화려한 기법을 적용하고 있다. 이 기법은 다양한 색상의 대리석을 사용한 것으로 돌의 일부가 지닌 여러 색채를 효율적으로 사용하고 있다. 오스티아의 거주지 작품들에 적용된 오푸스 세크틸레는 매우 잘 보존되어 있고 연대 추정이 정확한 편이다. 이 작품들은 383-388년 사이에 제작된 것으로 4세기에 유행했던 이 작품 유형의 발전을 확인할 수 있는 가장 좋은 자료다.

발굴 자료와 고대의 스케치들은 오푸스 세크틸레 기법이 고대 공공건물이나 상류계급의 개인 저택의 일부를 장식했다는 사실을 알려 준다. 이러한 현상은 이후에 그리스도교 종교 건축물의 대리석 장식을 둘러싼 취향에 지대한 영향을 끼치며, 교회에서도 유사한 장식과 오푸스 세크틸레로 만들어진 방을 종종 만나 볼 수 있기도 하다. 예를 들어 로마의 산티 코스마 에 다미아노 성당의 경우에는 여러 종류의 색채로 구성된 돌 조각들을 사용하고 있다. 이와 유사한 작업을 산탄드레아 카타바르바라 성당Chiesa di Sant'Andrea Catabarbara에서도 관찰할 수 있는데, 이 장식은 331년에 로마의 집정관이었던 유니우스 바수스Junius Bassus의 집 거실에 5세기 후반에 있던 장식을 모방한 것이다. 오푸스 세크틸레로 제작한 작품들은 오랜 시간이 흘러도 보존 상태가 좋으며, 현재 카피톨리니 박물관과 로마 국립박물관에 전시되어 있다.

다양한 유색석과 테세라tessera(자연석을 타일 모양의 작은 조각으로 만들어 벽의 마감 등에 쓰는 건축 재료*)로 복잡하게 조합한 작품에 대한 취향은 3세기부터 지중해 연안의 아프리카에서 가져와서 제작한 다양한 색채의 모자이크 바닥 장식의 성공으로 이어졌으며, 이는 모범으로 삼은 스케치에 따라 선택되고 아프리카인들의 호송을 받아 도착했던 것이다. 아헨의 바실리카에 있는 모자이크 바닥은 320년경에 제작된 것으로 보이며, 여러 종류의 물고기가 있는 바다를 배경으로 요나의 삶에 대한 일화를 연속적으로 배치한 것이다. 다양한 어종에 대한 열광적인 묘사는 마치 카탈로그처럼 보이며, 양식화된 파도는 3세기경의 아프리카에서 발견할 수 있는 양식적인 요소로 그 예로 튀니지의 수스Sousse에 위치한 디오니소스의 승리의 집에 있는 파도 모자이크 장식을 제시할 수 있다. 이 건물의 다른 장소에서는 파도 모자이크 장식과는 연관성이 적지만 밝은 배경에 과일, 동물, 포도 바구니를 묘사한 바닥 모자이크 장식을 확인할 수 있다. 이러한 헬레니즘 문화의 '청소하지 않아도 되는 카펫'에서 유래한

바닥을 장식하기
위한 모자이크

모티프는 4세기경에 로마에서 퍼져 나가기 시작했으며, 그 예는 코스탄차의 마우솔레움의 천장에서 관찰할 수 있다. 이곳에서는 벽면에 모자이크로 다양한 형상을 배치하고 있다.

로마 제국의 여러 예술적 중심지

디오클레티아누스 황제가 286년에 4두 정치 체제를 세운 뒤로 로마는 더 이상 제국의 유일한 수도 역할을 할 수 없게 되었다. 1년 후에 디오클레티아누스 황제 스스로 트리어에 황제의 서쪽 수도를 건설했는데, 이곳은 오늘날의 벨기에의 일부 지방에 속한다. 트리어에서 한 세기 후에 막센티우스 황제(약 278-312, 306년부터 황제)와 대치했던 콘스탄티누스 대제가 이곳에 거주했다. 그가 거주했던 접견실의 천장은 사각형의 틀로 장식되어 있었으며, 그 안에는 당시 철학자, 문학가, 그리고 여성 형태의 알레고리로 구성된 장면들이 묘사되어 있었다. 이것은 사실 고대 후기에 유행했던 초상 갤러리의 형태를 띠고 있으며, 이후에 로마의 성 바오로 대성당의 신랑에 길게 배치된 교황 초상화들로 구성된 갤러리에 선행한다. 정교한 붓 터치를 통해 구성한 트리어의 인물 흉상은 양감을 강조하고 있으며, 1세기경의 회화 규범을 잘 이해할 수 있는 예를 제공한다. 그리고 이후에 등장할 예술적 표현도 미리 관찰할 수 있다. 몇 년 후였던 326년에 콘스탄티누스 대제는 황제에 즉위하고 나서 이런 방식으로 구성된 2개의 바실리카 교회의 건설을 명령했다.

갈레리우스 황제(?-311, 305년부터 황제)는 테살로니키에 황제의 궁전을 지었는데 이곳은 마케도니아 지방의 수도였다. 그리고 이곳에 당시의 중요한 기념비들을 건립하도록 만들었다. 그가 페르시아와의 전쟁에서 거두었던 승리를 기념하기 위해서 에그나티아 가도via Egnatia에 매우 중요한 〈개선문〉을 건립했다. 이 〈개선문〉은 열주들로 늘어선 길의 끝에 위치했으며 원형 평면을 가진 커다란 건축물로 만들어졌는데, 아마도 이곳은 황실의 제의를 담당하면서 동시에 마우솔레움의 역할을 했던 공간으로 보인다. 이후에 테오도시우스 1세의 시기에 로톤다는 여러 세부를 다시 정비한 후에 교회로 기능을 변경했다. 이교도 제전을 위한 오래전의 공간을 그리스도교의 전례를 위한 공간으로 변경하는 데 지체하지 않았다. 이 시기의 그리스도교화 과정은 지금도 산 조르조 교회의 쿠폴라에 일부 남아 있는 놀라운 모자이크 작품과 건축물의 교차 궁륭에도 기록되어 있다. 쿠폴라의 긴 고상부鼓狀部에는 동방의 순교 성

테살로니키,
마케도니아의
수도

인들의 모습과 이를 알려 주는 그리스어 단어들이 기록되어 있으며, 금색을 배경으로 폼페이의 네 번째 양식이라고 알려진 환상적인 건축물의 장식이 있다. 이 부분의 묘사 위편에는 구조적인 형태를 반영하여 12명의 사도들이 묘사되어 있고 천사들 중 일부인 네 형상이 보존되어 있는데, 아마도 쿠폴라의 한가운데에 그리스도의 형상이 배치되어 있었던 것으로 보이지만 오늘날에는 남아 있지 않다. 교차 궁륭의 발전에서 고대 로마의 초상화 전통에 대한 기억을 확인할 수 있으며, 금색 배경에 서로마의 전통을 따라 구획된 공간은 점차 비잔티움 예술의 모자이크들로 대체되기 시작했다.

밀라노,
4두 정치의
수도

밀라노는 286년에 4두 정치의 또 다른 수도가 되었으며, 340-402년에 이곳에는 황제의 궁전이 있었다. 이 시기는 주교 암브로시우스의 열정적인 활동 시기와 겹치는데, 그는 귀족의 후원을 받았고 이후에 성인이자 교부로 동로마 지역의 정교에 대항한 신학적 사유들을 남겼다. 콘스탄티누스 대제의 로마처럼 이곳 역시 규모가 큰 바실리카들을 지속적으로 건립하면서 순교자의 성골을 보관했고 종종 순교자의 무덤 위에 교회를 짓기도 했다. 암브로시우스가 후원한 건립 사업은 성인의 권위에 기대어 밀라노 교회들의 권위도 신장시켰다. 당시 성곽 외부에 있던 무덤들 위로 산티 제르바시오 에 프로타시오 성당Basilica dei Santi Gervasio e Protasio(성 제르바시우스와 프로타시우스 성당)이 지어졌는데 이곳은 오늘날에 산탐브로조 성당으로 알려졌다. 이어서 아포스톨로룸 성당Basilica Apostolorum(사도들의 바실리카), 산티 나자로 에 첼소 성당Chiesa dei Santi Nazaro e Celso이 건립되었다. 이 교회들은 십자형 평면도를 적용한 곳들로, 콘스탄티노플에 지어졌던 아포스톨레이온Apostoleion, 즉 사도들의 바실리카를 모방한 것으로 보인다.

성 암브로시우스에 의해서 지어졌던 건축물과 다른 교회로는 산 로렌초 성당이 있다. 이 교회 건축은 당시에 드문 형태를 가지고 있기 때문에 중요한 기록으로 남아 있으며 이후에 여러 번에 걸쳐 정비되었다. 고고학적 자료를 토대로 이 교회는 4-5세기 사이에 건설되었던 것으로 추정하고 있지만, 주문자와 원래의 기능은 아직 확인되지 않았다. 그러나 이 건축물은 아마도 황제의 공방에서 담당했던 것으로 보인다. 십자형 평면과 애프스들은 아마도 고대의 중앙 집중식 평면을 발전시켜 나가면서 과거의 상징성을 반영했던 것으로 보인다. 교회의 실내에서는 건축 구조에 따라 구획된 틀이 장식되어 있으며, 다양한 기둥과 주두들은 그리스도교 초기부터 유행했던 '다양성'에 대한 취향이 반영된 것으로 보인다. 또한 입구에 배치된 대리석 조각 장식은 이 공간이 연결되는 공간이자 동일한 공방에서 제작한 산타퀼리노 예배 당Cappella di Sant'Aquilino으로 이어지는데, 이곳은 이전 황제의 마우솔레움과 유사한 점을 가지고 있다. 문 위를 장식하는 긴 아키트레이브에는 서커스와 연관된 놀이가 부조로 표현되어 있다. 이 주제는 고대 후기에 유행했던 이미지들로 계절에 따른 연 작을 연상시키며, 예배당의 남동쪽 반월창을 장식하고 있는 모자이크와 연관된 소 재로 보인다. 이 모자이크는 태양에 대한 숭배와 연관되어 있지만, 이후 그리스도교 적인 관점에서 재해석했던 이미지의 예를 보여 준다. 이 모자이크 조각이 시간의 흐 름에 따라 파손되고 이 작품의 스케치마저 전해지지 않으면서 우리는 사각형의 바탕 위로 하늘에 있는 인물을 강조하고 있다는 정보만 확인할 수 있다. 이것은 선지자인 엘리야가 승천하는 장면으로 알려졌으며 다른 부분은 아마도 '태양의 그리스도Cristo Helios'로 보인다. 반면 남서쪽의 벽감 윗부분에 있는 모자이크는 잘 보존되어 있다. 이곳에는 수염을 기르지 않은 젊은 그리스도가 사도들에게 둘러싸인 권좌에 앉아 있 으며, 그의 양편에 다른 인물들은 대칭적으로 배치되어 있고 그 옆으로 성 베드로와 성 바오로의 모습이 확인된다. 이들은 마치 과거의 철학자들처럼 투명한 토가를 입 은 모습으로 묘사되어 있으며, 그리스도가 들고 있는 두루마리 문서들과 전경의 또 다른 두루마리 문서가 표현되어 있다. 이런 이미지는 이미 그리스도교의 장례 공간 을 장식했던 도상에서도 발견할 수 있는데, 그 예가 로마의 도미틸라Domitilla 카타콤 장식이다. 이 경우에는 그리스도교의 여러 기호들로 둘러싸인 그리스도의 모습이나 신성을 표현하기 위해 정면성의 기준에 따라 엄격한 방식으로 배치된 인물이 등장하 며, 동방의 문화적 영향으로 보이는 금색 배경을 통해서 이들의 추상적인 이미지가 강조되어 있다. 또한 투명한 색채의 사용은 이전에 라벤나에 지어진 갈라 플라키디 아 마우솔레움의 모자이크들과도 유사하다.

　라벤나는 402년에 황제가 방어하기 어려웠던 밀라노를 버리고 궁전을 이전했던 라벤나, 새로운 수도 도시다. 작은 건축물인 갈라 플라키디아 마우솔레움은 처음에는 산타 크로체 성당 의 나르텍스와 연결되어 있었으며, 갈라 플라키디아가 사용했던 장소로 425년 이후 에는 그의 젊은 아들이었던 발렌티니아누스 3세가 이어서 황제로 즉위하며 사용했 던 공간이기도 하다. 갈라 플라키디아 마우솔레움의 정확한 기능에 대한 말들은 역 사 속에서 여러 논쟁을 불러일으켰다. 갈라 플라키디아의 무덤이 있는 것은 분명히 확인할 수 있지만, 그 연대는 425-450년경이며 황실의 주문을 받았던 점을 알 수 있다. 내부는 동일한 시기에 제작된 모자이크로 장식되어 있으며 매우 명확한 성경의 의미를 구성하는 계보적인 도상들로 기획되었다. 쿠폴라 부분에는 별들 속에 빛나는 금색 십자가가 배치되어 있으며, 네 부분으로 나누어진 구획에서는 복음사가의 상징과 더불어 「묵시록」과 연관된 이미지를 관찰할 수 있다. 아랫부분에 있는 반월창에는 네 무리의 사도들이 배치되어 있으며, 삼각궁륭의 나머지 부분에는 다른 인물들이 그려져 있다. 또한 반월창에는 고대 그리스도교의 알레고리와 연관된 주제들이 묘사되어 있다. 예를 들어서 물을 마시는 사슴들, 순교의 물건인 석쇠를 들고 있기 때문에 신분을 확인할 수 있는 성 라우렌티우스, 그리고 '목자의 그리스도Cristo Buon Pastore'의 이미지가 있다. 그리스도의 경우에 금과 보라색 장식을 확인할 수 있는데, 그리스도의 목자 이미지는 당시에 이교도의 맥락에서 종종 등장하는 것이자 이승의 평온함을 강조하는 것으로, 이후에 그리스도의 상징처럼 그리스도교 도상에 포함되어 발전했던 도상이었다. 또한 이후에 권위를 가진 신성을 상징하는 그리스도의 초기 상징 이미지에 해당한다.

| 다음을 참고하라 |
시각예술 그리스도교의 종교 공간(689쪽); 서유럽의 그리스도교 도상 프로그램(774쪽)

경배를 위한 새 형상의 탄생과 발전

| 조르자 폴리오 |

경배를 위한 그리스도교 형상의 기원은 고대 부장 공간에 배치되어 있었던 이교도의 도상과 밀접하게 관련된 초상화까지 거슬러 올라간다. 개인적인 경배 공간은 역사 속에서 공식적인 전례로 변화하기 시작했다. 경배를 위한 형상은 로마 제국 시대의 문화를 반영하고 그것에서 영향을 받았으며, 이후 종교 제의가 새로운 전례로 구성되는 과정에서 정착되었다.

경배를 위한 그리스도교 형상: 신神, 죽은 자들과 성물

로마 제국의 역사적 맥락에서 발전한 그리스도교는 자연히 고대 이교도의 전례와 유
사성을 띠게 되었다. 한쪽이 다른 쪽을 약화시키기 어려운 경우였기 때문에, 메시지
를 더욱 설득력 있게 만들기 위해 다른 편의 관점을 적절하게 변형시켰던 것이다.
이와 연관된 대표적인 예는 달력이다. 354년에 필로칼루스Philocalus가 제작했던 달
력의 '순례자 기록Depositio martyrum'에서 '무적의 태양Sol Invictus'의 축제 날짜인 12월
25일은 그리스도의 탄생일로 설명되면서, 이교도의 축제를 그리스도교의 축제로 대
체했다. 유사한 예는 5세기 말에 교황 젤라시오 1세가 루페르쿠스 축제Lupercalia를
금지하기 위해서 같은 날을 수호성인에게 헌정하고 새로운 축제를 기획해서 고대 이
교도의 전통을 그리스도교의 전통으로 변화시킨 것이다. 기존의 이교도 제전과 연
관한 문화적 현상에 저항하기 위해 유사한 다른 사건을 고안하면서 동시대인들의 문
화적 관점을 변화시켰고 그리스도교도로서 새로운 정체성을 구현했다. 유대인과 그
리스도교도가 우상 숭배를 방지하기 위해서 형상을 금기시한 입장은 로마의 사회적
인 관습 속에서 다양한 계층에 그리스도교를 전파하기 위해 고대 로마의 전통과 결
합된 형상의 도입으로 변화하며, 기존의 사회적 정체성과 결합하게 되었던 것이다.
사실 초기 그리스도교 교회는 신학적 교육을 위해서 신자들 각자가 형상을 사용하는
것에 대해서는 관용적인 입장을 취했지만, 동시에 우상 숭배로 변질될 우려가 있기
때문에 형상을 분석하거나 평가하는 상황은 피했다. 367년에 살라미스의 주교였던
에피파니우스Epiphanius(약 315-403)는 로마의 팔레스타인 마을 교회에서 그리스도와
성인의 도상을 보고 이를 떼어 낼 것을 지시한 바 있다. 같은 해에 카이사레아의 에
우세비우스는 콘스탄티누스 대제의 누이였던 코스탄차에게서 그리스도의 도상을
요청받았지만 거절했다. 교양 있는 그리스도교도들의 노력에도 불구하고 팔레스타
인의 새로운 신자들과 황제의 누이는 성경과 연관된 도상을 구성하고 경배하는 것을
더 선호했다.

그렇다면 역사적으로 많은 논쟁을 지속적으로 불러일으켰던 종교적 도상의 모범
혹은 전조는 어떤 방식으로 생겨났을까? 여러 연구자들은 황실의 정치 행사나 과거
이교도의 제전에 사용되었던 형상 혹은 부장 미술의 초상화 전통과 같이 다른 사회
적 기능을 지니고 있었던 형상의 문화가 그리스도교의 종교적인 도상으로 발전했다
고 설명하며 논쟁에 참여하고 있다. 하지만 대부분 과거 이교도의 신들의 모습과 고

대 후기의 그리스도교의 이콘이 유사성을 지닌다는 데 동의한다. 이집트의 파이윰에서 출토되고 현재는 베를린 이집트 박물관Ägyptisches Museum에 소장된 작품은 또 다른 시사점을 준다. 최근에 형상이 출토된 장소의 사회적 기능을 분류하고 확인할 수 있게 되면서 개인적인 관점에서 공식적인 도상으로 발전하고 있다는 점도 확인할 수 있다. 다른 한편으로 사료를 통해서 확인할 수 있는 것은 그리스도교의 초기 도상을 검토해 보았을 때 대부분 개인이나 종파 분리자처럼 공식적인 교회 밖에서 제작되었다는 점이다. 사실 성인 혹은 그리스도교의 신성을 표현하는 이콘은 고대 이교의 형상과 뗄 수 없는 관계를 지니고 있으며, 이런 점은 이교도의 전통을 따랐지만 그리스도교도가 주문해서 만든 석관의 형상을 통해서도 확인할 수 있다. 그리스도교의 부장 회화의 형상을 통해서 기호학적 변화를 볼 수 있는 것이다. 사실 부장품으로 출토되는 초상화는 기억을 위한 형상이지만 동시에 종교적 제의를 반영한다. 이

죽은 이의
재현과
성인에
대한 경배

과정에서 대상에 대한 두 종류의 변화를 추적할 수 있다. 첫 번째는 그리스도교도의 무덤에서 출토되는 개인의 초상이고, 다른 하나는 종교적 관점에서 경배를 위한 성인의 초상이다. 이미 콘스탄티누스 대제의 재위 기간에 제작한 것으로 추정되는 〈아델피아의 석관〉은 그리스도교 부부의 얼굴을 재현하고 있으며, 신체적 특징이 명확하게 묘사되었다. 한 세기 뒤에 지어진 나폴리의 산 제나로San Gennaro 카타콤의 회랑에는 사제였던 프로클로스의 초상이 촛대와 함께 배치되어 있었고, 화환을 놓을 수 있는 공간도 생겨났다. 여기서는 죽음과 연관된 사회적 관점과 제의의 발전상을 볼 수 있으며, 오늘날의 묘지에서도 '필요한 변화를 더해mutatis mutandis' 활용한 요소들의 일부를 확인할 수 있다. 프로클로스의 그림은 종교적 관점을 띤 개인 의식의 일부이거나 특별히 죽은 사람에게 봉헌된 형상이었을 수도 있다. 하지만 성인 형상의 기원이 지닌 모호함은 이미 당시에도 여러 혼란스러운 상황들을 만들어 냈다. 이런 점을 설명하기 위해서는 초기 그리스도교 시대의 공공성 문제, 죽은 사람을 기억하기 위한 관점, 공동체의 인식과 같은 다양한 요소를 비교 분석할 필요가 있다. 성인의 초상과 일반 무덤의 부장물인 초상화가 밀접한 관계를 맺고 있다는 점은 명확하다. 4세기 중반에 지어진 로마의 산타녜세 카타콤과 같은 이름을 지니고 있는 성녀 아그네스(이탈리아어로 산타녜세다*)의 무덤은 교황이 선출되었을 때마다 여러 번 재건되고 다시 장식되었다. 이런 점은 오늘날에 긴 계단의 회랑에서 만날 수 있는 대리석 석관들을 통해 확인해 볼 수 있다. 이곳에 있는 기도하는 어린 여자아이의 형상은

성녀로 추정되고 있다. 성 아그네스와 그녀의 무덤은 종교 전례에서 매우 중요한 의미를 지니며, 신자들의 봉헌 전례들을 강조한다. 성 아그네스의 무덤이 바실리카 교회에 안치되었던 때는 호노리오 1세(?-638, 625년부터 교황)의 시기로, 성녀 형상[도판 59]은 애프스의 반원형 부분에 배치되었고 왕실의 의상을 입고 엄격하게 정면성을 유지하는 모습으로 금색 배경 위에 그려졌는데, 마치 독립적 모자이크로 구성된 거대한 이콘처럼 연출되어 있다. 그녀의 형상은 종교 건축의 발전에서 매우 중요한 의미를 지니며 이런 점은 신자들의 시선이 변화했다는 사실을 알려 준다.

테살로니키의 성 데메트리우스의 무덤에 건설된 바실리카 교회는 7세기에 화재로 소실되었다가 재건되었으며, 벽과 기둥은 수많은 성인들에 대한 봉헌물로 장식되고 점유되었다. 일반적으로 모자이크 패널은 다양한 형식을 지니지만 매우 명확한 점을 공유한다. 봉헌을 위한 초상화는 성인들의 중재를 요청하고 있다. 성인의 몸짓은 자신의 영혼의 구원만 호소하는 것이 아니라 신자들의 영혼의 구원도 함께 표현하고 있으며, 성인의 손은 종종 금색으로 강조되어 기적의 권한을 나타낸다.

성인들의 무덤은 성인의 추종자들의 무덤을 변화시켰다. 추종자들은 성인들의 개입으로 천상에서 자신에 대한 변호가 이루어질 것이라고 믿었다. 내세에 대한 이런 희망은 527-528년에 로마의 코모딜라Commodilla의 카타콤 안에 성 펠릭스Felix와 성 아다욱투스Adauctus에게 바치기 위해 지어진 작은 바실리카 교회에서 확인할 수 있다. 봉헌자인 투르투라Turtura는 〈권좌의 성모자〉의 곁에서 무릎을 꿇은 모습으로 표현되어 있으며, 성모의 발치에 서 있는 성인이 성모자에게 그를 소개하고 있다. 소통의 권한을 지닌 성인의 초상은 그 자체로 의미가 있으며 독자적인 권위를 드러낸다.

무덤과 성물들

'거룩한 성소Sancta Sanctorum'는 교황의 개인 예배당으로 이곳에는 성 베드로와 성 바오로의 작은 초상화가 놓여 있다. 전승되는 이야기에 따르면, 이 두 사도의 초상화는 실베스테르 1세가 콘스탄티누스 대제에게 보여 주었다는 전설과 결합되어 있지만, 사실 800년경에 제작되었던 작품으로 추정된다. 거룩한 성소에는 작은 성골함이 보관되어 있다. 이 함은 600년경에 만들어진 것으로 추정되며, 이 안에는 예루살렘의 성스러운 장소에서 가져온 흙과 돌들이 들어 있다. 이 성골함의 뚜껑에 배치된 형상은 성경에 등장하는 이야기와 장소를 보여 준다. 그 내용은 장소에 따라서 그리스도의 탄생, 그리스도의 세례, 십자가의 그리스도가 크게 중앙에 배치되어 있는데, 다른 형상으로는 성모의 죽음과 승천이 있다. 성골함과 형상의 관계는 이후에 순례자들을 통해서 도상학적인 재현 방식으로 재생산되고 유통되었다.

황제의 공식

그리스도교 도상의 지속적인 발전은 권력자를 위한 도상의 특징과 연관되어, 이후로 도상학적 표현 방식을 변화시키면서 구조적이지만 새로운 방식으로 상징의 기호를 구성해 갔다. 성 베드로에 대한 가장 오래된 도상은 7세기 혹은 8세기에 제작된 것으로 추정되며 시나이 산의 산타 카테리나 수도원의 벽감 앞에 위치해 있다. 베드로는 사도들을 이끌 수 있는 권위를 상징하는 열쇠를 받고 있으며, 자신이 순교하게 될 십자가를 바라보고 있다. 베드로의 신체적 특징이나 색채의 활용법으로 볼 때 이 작품이 사실적인 초상이라기보다 종교적인 기호라는 점을 확인할 수 있으며, 이런 점은 베드로의 무덤을 장식하고 있는 형상을 통해서도 확인할 수 있다. 위편은 푸른 색을 사용해서 시간을 뛰어넘는 영원성과 초월의 개념을 강조했으며, 중앙 부분에서는 원형 틀 속에 배치된 그리스도의 흉상 이미지, 다른 원형 틀에 배치된 성모, 그리고 다른 부분의 원 안에서 그리스도의 희생을 증언하는 성 요한의 형상을 관찰할 수 있다. 이를 통해서 확인할 수 있는 것은 그리스도의 신성이 성 베드로의 권위를 뒷받침하고 있다는 점이다. 형상의 이러한 구조적 형식은 로마 시대 집정관을 묘사하는 방식에서도 관찰할 수 있다. 대표적인 예로 〈유스티누스 집정관의 접이식 상아판〉(베를린, 베를린 국립미술관Staatliche Museen zu Berlin, 초기 그리스도교-비잔티움 시대)이 남아 있다. 이 작품은 앞서 살펴본 성인 형상들이 제작되었던 시기와 비슷한 540년경에 제작되었다. 이곳에 묘사되어 있는 집정관의 사회적 역할을 강조하기 위해, 다른 인물들의 형상은 원형 틀 속에 배치하고 있다. 측면에 있는 황제 부부의 초상은 주인공의 직업을 뒷받침해 주며, 중앙에 있는 그리스도의 흉상은 권력의 위계를 명확하게 설명하고 주인공의 권위를 보여 주기 위해 활용되었다.

초기에 경배를 위해 제작된 그리스도교의 도상은 점차 공공성을 지닌 기호로 발전하기 시작했다. 카파도키아 지방에 있는 〈카물리아나의 그리스도Cristo di Camuliana〉도상을 둘러싼 전설은 이러한 문화적인 발전 과정을 이해할 수 있는 흥미로운 자료를 제공해 준다. 이 형상은 믿음을 가지지 않았던 여인의 의견을 반박하는 과정에서 스스로 기적적으로 구성된 도상이라고 전해지면서 보이지 않는 신에 대한 믿음을 강조하고 있다. 이후에 이 형상은 다시 정리되고 나서 교회의 권위를 설명하

〈카물리아나의 그리스도〉

는 사료에 포함되었다. 〈카물리아나의 그리스도〉 도상의 유명세는 이후에 콘스탄티노플에 전해졌고 수도의 초자연적인 현상을 통해서 재해석되었으며, 622년에 헤라클리우스(약 575-641, 610년부터 황제)가 페르시아 왕국과의 전투에 상징적인 의미를 담아 가지고 갔다. 〈카물리아나의 그리스도〉 도상은 그 자체로 새로운 전형을 구성하지만, 인간의 손에 의해 그려진 형상이 아니라는 점이 강조되어 있다. 이러한 예외적인 설명은 신자들을 우상에 대한 위험에서 벗어나게 하려는 것이면서, 동시에 제한된 삶을 살아가던 화가가 마음대로 그렸던 것이 아니라 그리스도의 양면적인 본성에 따라 제작된 것이라는 점을 드러낸다. 그리스도는 인간을 구원하기 위해서 인간의 육체를 빌려 태어났지만 동시에 인간의 형태 안에 효율적으로 신성을 지니고 있는 것이다.

그리스도의 육화의 신비를 설명하는 것과 동일한 방식으로, 성모자의 형상에 관 **성모자의 도상** 해서도 설명이 추가된다. 이러한 형상은 종종 성 루카의 손에 의해서 그려졌던 것으로, 그는 성모와 그의 아들인 신을 직접 보고 묘사했다고 사료에서 전하고 있다. 이 같은 방식을 통해 이 형상들은 원본의 권위를 부여받으며 그 자체로 성물의 기능을 가지게 되었던 것이다. 언제 성 루카의 전설이 만들어졌는지 알기는 어렵지만 이미 8세기경에 이 이야기는 문화적으로 잘 알려져 있었고, 성상 파괴가 진행되었던 시기에 형상을 옹호하기 위한 근거로 활용되었다. 성모 마리아의 도상은 종종 성골의 존재를 통해서도 설명된다. 예루살렘을 방문했던 사람들이 성모의 망토를 그녀의 무덤에서 가져왔으며, 레오 1세(약 401-474, 457년부터 황제)의 재위 기간에 수도 동쪽의 블라케르나이Blachernae 지역에 이 망토를 보관했다는 기록이 남아 있다. 성모의 도상과 그녀의 외투는 모두 그녀를 재현하는 방식을 설명하고 있으며, 성모의 전형적인 이미지는 626년에 아바르족이 점령했던 콘스탄티노플의 방어와 연관되어 있다. 성모는 콘스탄티노플의 상징이 되었으며 도시의 보호성인과 같은 역할을 하게 되었던 것이다. 시간이 흐른 뒤에 마우리키우스 황제(539-602, 582년부터 황제)가 재위하기 조금 전에 황실의 문장은 승리의 여신에서 마리아의 형상으로 대체되었다. 695-720년 동안 황실의 문장에서 성모는 왼편 팔에는 아기를 안고 있는 전신의 모습으로 묘사되었다. 이 형상은 서로마와 동로마 제국의 영토에서 가장 잘 알려진 도상이 되었으며, 11세기 중반에 콘스탄티노플의 호데곤 수도원Hodegon Monastery('hodegon'은 '인도자'라는 뜻이다*)에서 제작된 형상은 가장 잘 알려진 예다.

종종 도상학적인 분류에 따라 도상의 종류를 설명하기 위해서 형상을 제작했던 장소의 이름에 형용사를 덧붙여 사용하기도 했다.

로마의 도상

비잔티움 제국에서 주도한 성상 파괴(726-843)의 결과로 이전의 도상은 대부분 사라졌다. 성상 파괴의 이전 시기에 대한 도상들을 다룬 기록으로는 유스티니아누스 대제가 설립했던 시나이 산의 산타 카테리나 수도원에 보관된 유명한 패널화들이 현재까지 보존되어 있으며, 로마에도 비슷한 수의 도상이 패널화로 남아 있다. 고대 로마의 성모 도상은 형상을 전시하는 종교 건축물과 밀접한 관계를 가지고 있으며, 종종 그 자체로 '성전의 명칭'을 설명해 주기도 한다. 판테온의 〈성모자〉는 성인의 유해나 성물과 연관되지 않는 대신에 이 건축물의 축성과 연관되어 있는 것으로 보인다. 보니파시오 4세(?-615, 608년부터 교황)는 609년에 이교도 신전을 모든 순교자들과 마리아에게 봉헌하는 교회로 변화시켰다. 이 기념비적 조형 건축물을 위해서 그려졌던 형상은 '인도자 성모Virgin Hodegetria'의 도상으로 보이며, 아마도 지금 남아 있는 모습보다 더 큰 크기를 가지고 있었던 것으로 추정된다. 하지만 성모와 연관된 다른 도상의 기원은 명확하지 않다. 현재 산타 마리아 안티쿠아 성당에 보관되어 있는 〈성모자〉 패널화의 제작 연대는 540년경으로 추정되며, 한 세기 뒤에 과거 황제의 팔라초를 공식적인 교회로 바꾸는 문제를 둘러싸고 복잡한 논쟁이 있었다. 오늘날에 이 도상은 산타 마리아 노바 성당Chiesa di Santa Maria Nova으로 알려졌던 산타 프란체스카 로마나 성당Chiesa di Santa Francesca Romana에서 보관하고 있다. 그 이유는 847년 지진으로 첫 번째 교회가 무너져서 수도사들이 이 교회로 이주했기 때문이다. 근대의 복원 작업을 통해서 이 작품은 여러 겹의 그림 층을 가지고 있다는 사실이 확인되었고, 그 과정에서 이 작품이 매우 오래된 것이라는 점이 밝혀지면서 〈이마고 안티쿠아Imago Antiqua〉('고대의 이미지'라는 뜻이다*)라는 이름을 가지게 되었다. 〈이마고 안티쿠아〉는 종교적 이미지와 고유한 공동체의 밀접한 관계를 설명해 주는 의미심장한 작품이다.

한편 산타 마리아 마조레 성당에 있는 〈성모자〉 성화는 아직도 수수께끼처럼 남아 있다. 이 작품은 후에 〈살루스 포풀리 로마니Salus Populi Romani〉('로마 백성의 구원'이라는 뜻이다*)라는 명칭으로 알려졌다. 이 고대 회화 작품은 6세기에 처음 복원되었고 7-8세기에 일부 손상을 입었다가 12세기에 다시 보수되었다. 또 다른 중요한 도상으로는 라테라노 대성당에 있는 〈구원자Salvatore〉가 있으며, 이는 매우 중요했던 교회의 전례와 연관되어 있었다. 이 작품은 원래 교황이 거주하던 공간에 보관되어 있었다. 랑고바르드족이 로마를 공격했을 때, 교황 스테파노 2세(?-757, 752년부터 교황)는 도시를 방어하기 위해서 이 형상을 들고 행렬을 구성했다. 로마의 〈구원자〉 도상은 콘스탄티노플에 남아 있는 〈크리스토 아케로피타Cristo Acheropita〉(아케로피타는 '손으로 그려지지 않은 그림'이라는 뜻이다*) 도상과 동일하지만, 실수로 '아케로피타'라는 단어 대신 '아케로프시타acheropsita'라고 명기되었다. 이미 10세기에 교황 요한 10세(860-928, 914년부터 교황)는 이 형상을 기반으로 하여 새로운 천에 성모의 형상을 다시 그리도록 주문했다. 이후에 인노첸시오 3세(1160-1216, 1198년부터 교황)는 은을 사용해서 성모의 의상을 다시 장식하도록 했으나, 오늘날에 관찰할 수 있는 것처럼 이 의상은 형상을 바라보는 데 방해가 된다. 우리가 오늘날에 연구할 수 있는 또 다른 이미지들인 왕조의 그리스도 도상은 5세기 말부터 이후 반세기 동안 유행했다. 이러한 형상들은 중세의 여러 도상들을 통해서 반복되며, 오늘날에 와서는 라치오 주의 도시들인 타르퀴니아, 수트리, 벨레트리, 카프라니카, 트레비냐노 Trevignano, 비테르보, 카사페와 같은 여러 장소에서 발견된다. 티볼리의 두오모에 남아 있는 3폭 제단화의 중앙에 그려져 있는 구세주의 형상은 12세기에 그려졌던 것으로 가장 오래된 도상으로 알려져 있다. '라테라노 대성당의 전형'을 반복해서 형상들을 생산하게 되면서 로마에 기원을 둔 성모 승천Assunta과 연관된 제전이 발전하게 되었다.

로마를 수호하는 성모

도상과 드라마

〈라테라노의 아케로피타Acheropita Lateranense〉와 〈살루스 포풀리 로마니〉와 같은 성화는 8월 15일 성모 승천 대축일을 기념하는 데 가장 중요한 요소였고, 이와 연관한 전통은 8세기경에 시작된 것으로 추정된다. 교황 세르지오 1세(?-701, 687년부터 교황)의 시대에 성모 승천 대축일은 전례의 일부가 되었고, 로마력으로 본다면 이후에 복되신 동정 마리아 탄생 축일로 이어진다. 교황 레오 4세(?-855, 847년부터 교황)의 시대에 성모 승천 대축일의 첫 번째 행렬에 대한 기록이 남아 있으며, 이 종교 제전은 잘 정리된 규칙에 따라 진행되었다. 로마의 모든 시민이 참여했고 계급에 따라 무리

8월 15일의 종교 행렬

를 지어 각 자리에 위치했으며, 자정에 〈그리스도의 도상〉이 라테라노 대성당을 출발하여 산타 마리아 마조레 성당에 있는 〈살루스 포풀리 로마니〉의 성모 도상을 향해 가는데 이 행렬은 새벽에 도착했다. 그리고 태양이 떠오르기 시작하는 것은 성모 승천을 암시했다. 행렬은 중간중간에 특정 장소들에서 멈추었다. 그중에서 산타 마리아 노바 성당은 가장 중요한 장소다. 〈그리스도의 도상〉은 이곳에서 처음으로 〈이마고 안티쿠아〉와 만났다. 이 두 형상은 서로 병치되어 참배자에게 잘 보이도록 배치되고, 참배자들은 어머니와 아들이 서로 대화를 나누는 것처럼 성가를 불렀다. 이 성가들은 로마인의 어머니이자 동정녀인 마리아의 구세주 역할에 초점을 맞추고 있으며, 이는 곧 그들의 구원을 의미하기도 한다. 신들의 현존을 상징하는 형상의 기호가 만들어 내는 이 사건은 로마 공동체들을 결속시켰다. 이는 로마와 라치오 주의 다른 도시들에서 수세기 동안 끊임없이 지속해 왔던 종교 제전의 서막이었다.

| 다음을 참고하라 |
역사 종교적인 삶(335쪽)
문학과 연극 중세 초기 연극의 흔적(670쪽)
음악 신성한 단성 음악과 초기의 다성 음악(876쪽)

전례용 가구

| 마누엘라 잔안드레아Manuela Gianandrea |

중세 교회에 있는 여러 가구의 기능을 알기 위해서는 당시 전례의 발전 과정을 검토해 볼 필요가 있다. 지금까지 전승되는 전례는 교회의 공간을 분류하고 그 기능을 통해 각 장소에 배치된 가구들과 세부 장식을 논리적으로 해석하는 데 출발점을 제공해 준다.

교회 공간의 발전과 전례용 가구
초기 그리스도교 시대부터 중세 초기까지의 교회 내부를 오늘날에 재구성하기 위해서는 많은 노력이 필요하다. 역사적인 기록이라는 가치를 지닌 사물들이 일부만 전해지기 때문이기도 하지만, 또한 우리 시대와 당시의 문화적, 종교적 사고방식의 차이점을 이해해야 하기 때문이다. 중세 교회의 제의 때 사용한 가구나 도구를 다룰 때, 당시 전례의 성격이 오늘날보다 더 극적이고 장중하며 세부적으로 더 복잡한 분류 체계를 가졌다는 점을 고려할 필요가 있다. 이때 중요한 점은 중세 교회의 제의용 가구를 해석할 때 당대의 전례가 중요한 해석의 열쇠를 제공한다는 것이다. 제의용 가구는 교회를 단순히 장식하기 위한 것이 아니라 종교 전례의 각 순간마다 활용되며, 명확한 기능을 가지고 있기 때문이다. 교회 건축, 가구, 장식은 모두 전례를 위해 구성되어 있었다.

교회 공간의 구분

중세 서유럽의 교회 공간은 크게 세 부분으로 구성되었다. 첫 번째는 성전의 의미를 갖는 제단으로 가장 중요한 장소였다. 두 번째 부분은 수도사들이 서 있었던 코어 core(이후에 '성가대석' 혹은 '합창석'으로 발전한다*)이며, 마지막 부분은 신자석이 있는 신랑이었다. 하지만 초기 교회의 경우에 제단과 코어를 명확하게 구분하기 쉽지 않고, 그 공간들과 평신도의 공간을 간단하게 구분하기 위해서 철창 혹은 낮은 담을 설치했다. 317년에 카이사레아의 에우세비우스는 티로스에 있던 바실리카 교회를 묘사하면서 신자들이 제단에 가까이 가는 것을 제한하기 위해 높은 나무 담이 설치되어 있었다고 기록하고 있다.

아프리카 북부나 그리스처럼 지중해 연안 지역의 교회에서는 수도사가 신랑을 사용했고 익랑 부분을 평신도의 공간으로 활용했던 경우를 발견할 수 있다. 때로는 신랑과 익랑을 구분하는 낮은 담이 설치되어 있는 경우도 있다. 하지만 이후에 평신도의 적극적인 참여를 유도하기 위해서 구획을 위한 담의 높이는 1m를 넘지 않았다. 초기 그리스도교 시대의 교회들은 성직자의 공간과 평신도의 공간을 명확하게 구분하지 않았다. 이 시기에 교회의 공간을 살펴보면 제단 뒤쪽에 긴 의자를 배치해서 성직자가 앉을 수 있도록 배려하거나 애프스나 더 뒤쪽 공간에 팔걸이나 등받이가 있는 의자를 놓아서 교황이나 주교를 위한 공간을 마련하기도 했다. 주교좌 교회에는 주교의 권위를 보여 줄 수 있는 상징물이 배치되어 있었다. 또한 주교의 이름이 남아 있는 교회나 상징물을 지닌 건축물의 경우도 주교의 권위를 보여 준다. 주교의 권위는 교부의 전통, 행정적인 결정권과 연결되어 있었고 4세기 초에 구성되었다.

한편 전례를 위한 종교 건축이 사제와 신자의 관계에 공식적으로 반영된 예는 라 라테라노 대성당의 파스티기움테라노 대성당에서 확인할 수 있다. 이곳에는 은으로 제작된 파스티기움fastigium(제 단을 강조하기 위한 조형물로 일종의 닫집이다*)이 있는데, 『교황 연대표』에서는 이 조형 물이 콘스탄티누스 대제의 기증을 받았다고 기록했다. 이런 점은 신랑과 제단에 대 한 정보에도 기록되어 있다. 당시의 파스티기움은 사료를 통해서 재구성해야 하기 때문에 각 세부의 표현을 모두 확인하기는 어렵다. 하지만 전하는 기록을 검토해 보 면 4개의 청동 기둥 위에 장식이 있는 주두가 있었고, 약 8미터의 높이를 지니고 있 었다. 윗부분에 놓여 있는 상인방의 문 쪽으로는 그리스도와 사도의 모습이 묘사되 어 있었고, 반대편에는 권좌의 그리스도와 4명의 천사가 배치되어 있었다. 기록을 검 토해 보면 기념 조형물이 교회의 공간을 양분하는 것처럼 보이지만, 많은 연구자들 은 이 조형물이 바티칸에 있는 성 베드로 대성당의 베드로 무덤 위에 배치되어 있는 것과 같이 닫집 형태였다고 추정한다. 라테라노 대성당에는 성체성사를 진행하던 높 은 제단이 배치되어 있었다. 그러나 제단을 장식하는 닫집에 대한 역사적 기록은 남 아 있지 않다. 이 시기에 닫집이 많이 사용되었던 것은 아니었으며 닫집은 성인의 무 덤이 있을 때에만 설치되고는 했다. 그러므로 『교황 연대표』에서 설명하고 있는 파스 티기움은 어쩌면 교회의 다른 공간에 설치되어 있었을 가능성도 있다. 하지만 매우 중요한 건축 조형물의 형태를 적용하고 있는 〈개선문〉 형태의 아치는 사제의 공간과 신자의 공간을 구분하고 있었다.

라테라노 대성당, 그리고 초기 그리스도교 시대에 로마에서 건립된 교회 건축은 당시 전례에 매우 적합하게 구성되어 있었다. 대부분 2-3m 정도의 너비를 지니며, 낮은 담이 있는 복도를 가진 경우도 있었고, 중앙의 신랑을 축으로 중간이나 끝 부분 이 교회의 양편 입구와 연결되어 있었다. 고고학자들은 이 복도에 '솔레아solea'라는 용어를 활용한다. 그 이유는 복도의 높이가 건축물 바닥보다 조금 더 높기 때문이다 (solea는 '들어 올리다'라는 의미의 솔레바레solevare라는 동사에서 파생된 단어다*). 복도는 전례 때 주로 주교나 사제가 행렬을 구성해서 등장하는 장소이며 신자가 들어갈 수 있는 공간은 아니었다.

로마 교회의 전례용 가구를 연구했던 시블레 데 블라워Sible de Blaauw는 라테라노 대성당의 파스티기움이 중세 초기의 페르굴라이pergulae(정원의 아치 구조물*)에서 유 래한다고 설명했고, 기둥과 아키트레이브에 의해 구성된 조형물이 대개 제단 앞부 분부터 사제석까지의 규모로 제작되어 성스러운 공간 역할을 한다고 덧붙였다. 유사한 형태의 페르굴라이는 약 7-9세기까지 거슬러 올라간다. 그 예는 라테라노 대성당, 성 베드로 대성당, 산타 마리아 마조레 성당에 남아 있으며 보존 상태가 좋은 장소로는 로마 근교의 카페나에 위치한 산 레오네 성당Chiesa di San Leone이 있다.

페르굴라이의 발전은 자연스럽게 500년 이후의 그리스와 콘스탄티노플의 교회들에서 쉽게 발견할 수 있는 비잔티움의 템플론templon(비잔티움 중기의 교회에서 볼 수 있는 내진 장벽*)에 많은 영향을 끼쳤다.

제단과 닫집

성 베드로 대성당에 순교자를 위한 조형물로서 '닫집'을 설치하기 시작한 때는 그리스도교가 신앙의 자유를 인정받았던 콘스탄티누스 대제 시대였다. 사도 베드로에 대한 경의를 표현하기 위해 애프스에 설치된 닫집은 4개의 나선형 기둥, 윗부분에 배치된 엔타블러처, 아치 모양의 교차 궁륭으로 구성되었고, 각각의 기둥을 연결하는 아키트레이브가 포함되어 있었다. 닫집은 지금은 남아 있지 않지만, 동일한 장소에 놓여 있는 베르니니의 나선형 기둥을 통해 과거의 기념 조형물 형태를 상상할 수 있다. 당시에 이 나선형 기둥들은 콘스탄티누스 대제의 주문으로 동로마 지역에서 가지고 왔다. 도상학적이고 문헌학적인 연구에 따르면 초기 닫집의 형태는 〈사마게르의 상아 카프셀라Capsella di Samagher〉[도판 50](베네치아 고고학박물관, 카프셀라는 은으로 만든 성인 유골함을 가리킨다*)라는 성 베드로 대성당의 사제석을 묘사하는 이미지의 장식을 통해서 확인할 수 있다. 이는 1940년과 1949년에 대성당 고해소 주변에서 이루어진 발굴 작업을 통해 확인할 수 있다. 일반적으로 닫집 혹은 그와 유사한 구조물은 교회에서 쉽게 성공했던 조형물이 아니었다. 『교황 연대표』에서는 5세기 말의 두 '티부리아tyiburia'를 설명한다. 이 단어는 닫집이라는 단어인 '키부리아cyburia' 보다 먼저 사용되었던 단어였다. 교황 심마쿠스(498-514년에 교황)의 삶을 다루는 과정에서 두 번에 걸쳐 은으로 제작한 '티부리아' 라는 단어가 등장한다. 하나는 산탄드레아 프레소 성 피에트로 교회Rotonda di Sant'Andrea presso San Pietro, 그리고 다른 하나는 산티 실베스트로 에 마르티노 성당Chiesa dei Santi Silvestro e Martino의 높은 제단을 언급했을 때였다. 이후에 『교황 연대표』는 한 세기 후인 교황 그레고리오 1세 시대에 성 베드로 대성당의 제단에 '순수한 은으로 제작한 닫집cyburium ex argento puro'이 설치되어 있었다고 기록했다.

『교황 연대표』의 내용에서 닫집이 7세기경까지는 은으로 제작되었다는 사실을 확인할 수 있으며, 8-9세기에 와서야 은으로 만든 닫집 외에도 대리석으로 만든 닫집이 등장했다. 사료들로 보았을 때 조각과 대리석이 배치된 닫집 형태는 8세기 중반부터 유행하기 시작한 것으로 보이며, 이런 사실은 9세기 초의 여러 역사적 기록들을 통해 확인할 수 있다. 이 시기에 제작한 닫집의 부분들이 현재 여러 교회와 박물관에 보관되어 있다.

무엇보다도 각 부분에 대한 주의 깊은 관찰을 통해 이 닫집이 대제단에 설치되는 용도가 아니었음을 매우 분명하게 확인할 수 있다. 닫집의 남은 부분들은 매우 단순하고 다른 기능을 가지고 있으며, 페르굴라이의 형태나 감실tabernaculum의 요소로 보인다. 볼세나의 산타 크리스티나 성당Basilica di Santa Cristina에 있는 닫집의 경우를 확인해 볼 수도 있지만, 아치의 높이가 1.5m라는 사실을 고려해 보았을 때 제단의 닫집이 되기는 어려워 보인다.

프랑스에서도 닫집 문화는 다르지 않았다. 10세기 말에야 귀중한 재료들을 활용해서 확장한 닫집을 만날 수 있다. 반면에 궁정 의전관 파울루스(?-580)를 위해 지어진, 콘스탄티노플의 성 소피아 대성당의 닫집은 콘스탄티노플의 산테우페미아 Sant'Eufemia 교회와 비교해 볼 수 있다. 파로스의 카타폴리아니Katapoliani 교회에는 잘 보존된 닫집이 남아 있는데, 이것은 근동 지역에서 대리석으로 제작되었던 닫집 형태를 확인할 수 있는 자료로 활용된다.

이 구조물들은 어느 정도 규범화되어 있었다. 닫집은 아랫부분에 4개의 반원 판을 가지고 있었으며, 윗부분은 사각형이었고 정면 혹은 측면도 사각형이었다. 윗부분의 궁륭은 정방형처럼 구성된 사각형 구조물이 4개의 기둥 위에 배치된 주두와 연결된 형태였다. 다양한 변화들을 관찰할 수 있는 부분은 윗부분이었으며, 종종 사각형 피라미드나 팔각형 지붕, 볼트로 구성된 지붕이나 천으로 덮여 있는 지붕도 발견할 수 있다. 대리석으로 제작한 중세 초기의 닫집으로는 그로세토 근처에 있는 소바나 Sovana의 산타 마리아 성당, 페루자의 산 프로스페로 성당Chiesa di San Prospero, 라벤나의 산타폴리나레 누오보 성당이 있으며, 산타폴리나레 누오보 성당에는 산텔레우카디오 성당Chiesa di Sant'Eleucadio이 부서지면서 남아 있는 닫집의 부분들도 보존되어 있다. 닫집 형식에서 새로운 혁신을 이룩한 곳은 밀라노의 산탐브로조 성당으로, 10세기경에 제작된 닫집의 장식에서 식물 매듭 문양 대신에 인간의 형상을 배치했다.

중세에 닫집은 제단 윗부분에 지속적으로 설치되었고, 그리스도교 교회를 대표하는 설치물 중 하나가 되었다. 또한 이곳은 성체성사를 위한 장소로 중요한 의미를 지니고 있었다. 콘스탄티누스 대제 이후에 제단은 값비싸고 귀중한 재료들로 제작되었으며, 탁자 형태를 지니고 있었다. 즉 평평한 바닥 위에 '블록'처럼 단이 쌓여 있고 그 위에 배치된 탁자는 상자 형식으로 사방이 막혀 있었는데, 이런 점은 특히 성물을 보관하는 데 적합했다. 이는 이후에 성인의 무덤과 제단이 연결되는 구조로 발전했다. 정면 부분은 종종 고해소의 작은 문 형태로 제작되어 닫혀 있기도 했고, 종종 성물을 직접 보고 관찰할 수 있도록 구성되기도 했다.

제단은 장식이나 제구가 놓이는 장소이기도 하다. 이곳에는 덮개용 천과 안테펜디움, 그리고 여러 종류의 제기들이 놓여 있다. 초기의 그리스도교 시대와 중세 초기에 모든 교회들은 유일한 제단을 가지고 있었으며, 이것은 이후에 넓은 공간으로 발전하면서 사제석의 기원이 되었다. 그러나 이런 상황은 매우 빠르게 변화하기 시작했다. 제단은 점차 애프스의 반원형 공간에 더 가깝게 배치되기 시작했고, 사제를 위한 공간과 주교좌는 앞부분으로 이동했으며 성직자의 인원도 늘어나기 시작했다. 9세기 초에 장크트 갈렌 주교좌 교회는, 주 제단 근처이면서 주요 제의 공간에서 조금 벗어난 장소에 놓인 2개의 보조 제단을 가지고 있었다.

코루스

중세에 '코루스chorus'라고 알려진 성가대석은 종종 제단 앞부분에 배치되어 있었으 성가대석
며 그 기원은 로마의 '스콜라 칸토룸schola cantorum'으로 거슬러 올라간다. 스콜라 칸토룸은 전통적으로 그레고리오 1세가 고안했던 장소로 알려져 있으며, 교황은 자신의 재위 기간에 종교적 제의의 여러 부분을 성가로 대체했다. 스콜라 칸토룸은 로마 교회에서는 제단과 중앙 신랑 사이의 공간에 배치되었으며, 종종 벽으로 둘러싸여 있는 공간이었다. 이렇게 해서 7세기경부터 중세에 '코루스chorus'라고 알려진 장소가 등장하기 시작했으며, 이 장소는 유럽의 그리스도교 교회에서는 성소를 나누는 세 부분 중 하나를 구성하게 되었다. 이는 "제단 위에서는 성직자와 부제가 소통하고, 코루스에는 수사들이 배치되어 있으며, 코루스 바깥쪽에는 민중을 위한 자리가 배치되어 있다"라고 기술되어 있는 633년 톨레도 공의회의 기록에서 확인할 수 있다.

'코루스'가 처음 등장했던 장소는 로마에 있는 산타드리아노 성당Chiesa di Sant'

Adriano로 알려져 있다. 이곳의 성가대석은 일반적인 방과 같은 것이 아니라 제단과 신자 사이에서 물질적이고 영적인 소통 공간을 구성하면서 성소 안에서 성스러운 공간의 역할을 담당했다. 작은 문이 중앙 신랑과 이 공간을 연결시켜 주고 있으며, 이 장소는 신자들이 봉헌과 성체성사를 하는 공간으로 활용되었다. 이런 점에서 로마의 제의는, 성체성사를 위해서 평신도가 제단까지 올라갈 수 있다고 명시했던 투르 공의회(567)의 결정이 실행되었던 갈리아 지방의 제의와는 다르다는 점을 확인할 수 있다. 로마에서 시작한 성체성사 제의와 이에 따른 공간의 변화는, 제의 연구자들의 연대 연구에 따르면 600년에 이미 바티칸의 성 베드로 대성당에서 나타났음을 알려 주는 기록을 확인할 수 있으며, 곧 유럽 전역으로 퍼져 나갔다. 파올로 피바 Paolo Piva는 742-766년에 메스의 주교였던 크로데강(약 712-766)이 로마식 미사와 제의, 이에 따른 공간 구조인 스콜라 칸토룸을 도입하고 이를 유럽에 확장하는 데 중요한 계기를 마련했다고 분석한다. 사실 크로데강은 이후 교회의 『규범집Regula』을 저술하기도 했다. 이 책을 통해 서방 그리스도교 제의의 규칙들이 정리되었으며, '코루스'는 곧 그리스도교의 제의 공간 중에서 중요한 장소를 구성하게 되었다.

설교대

소통을 위한 장소

초기 교회가 설립되었을 때부터 이미 사제와 신자 사이의 소통을 위한 '말'이 전달되는 전례 장소가 요구되었고, 그 결과 설교대가 만들어졌다. 그리스어인 '암본ambon'은 '아나바이노anabaino'(올라가다)라는 동사에서 유래되었고 일반적으로 높은 장소를 뜻했다. 이곳은 전례와 모임을 공지하며 사제나 강독자가 성경을 읽는 공간이기도 했다. 주교들은 종종 주교좌에서 일어나 이곳에서 강론을 펼쳤고, 성가대원이 종교적 텍스트를 민중에게 노래하는(층계송Graduale, 부활찬송Exultet) 장소로도 이곳을 활용했다. 이 중에서 콘스탄티노플의 성 소피아 대성당의 설교대는 특별한 예로 남아 있다. 현재 이 설교대는 파괴되어 남아 있지 않지만, 당시에 궁정 의전관 파울루스는 그리스어로 설교대에 관한 기록을 남겨 놓았다. 이 장소는 당시 황제의 대관식 장소로 활용되었으며, 동시에 중요한 사건을 공지할 때도 사용되었다. 설교대는 성직자와 평신도에게 모두 사용되는 장소였기 때문에 숭고한 의미를 지닌 은유적 장소로 여겨졌으며, 이 두 축을 이어 주고 중재하는 의미를 획득하면서 중세 초기에는 종종 스콜라 칸토룸과 같은 장소에 배치되기도 했다. 초기 그리스도교 시대에 처음 제작된 설교대는 다른 제의용 가구들처럼 목조로 제작되었고 위치를 변경할 수 있었지만, 이후에는 이탈리아의 경우처럼 점차 대리석을 사용해서 고정된 장소를 점유하기 시작했고, 알프스 이북 지역에서는 목조에 유색석이나 보석으로 장식하는 경우도 발견할 수 있다. 일반적으로 설교대는 제각기 다른 다각형 형태를 지닌 틀에 서적을 놓는 단상을 합쳐 높게 배치되어 있으며, 기단에 계단을 설치하는 형태를 띠었다. 5세기에 가장 많이 사용되었던 설교대의 형태는 2개의 계단을 지니고 있어 이를 통해 강독자가 올라갈 수 있도록 한 것으로, 단상이 기둥으로 이루어져 있어 아랫부분으로 통행할 수 있거나 기단 전체가 하나의 조형적인 이미지로 구성되어 있었다. 사실 동방에서는 다양한 종류의 설교대를 확인할 수 있다. 그리스의 경우에는 반원형 공간에 다리를 지니고 화려하게 꾸며진 닫집을 함께 발견할 수 있다. 달마티아 지방이나 팔레스타인 지방의 경우에 이런 종류의 설교대는 단 하나의 계단을 가지고 있었으며, 기초 부분은 단순한 형태의 평면에 기둥을 지녔다.

이런 다양한 종류는 이후에 비잔티움이 지배하던 서유럽에서도 일반적으로 등장한다. 예를 들어 라벤나의 경우에 기둥으로 받친 두 방향의 계단을 지닌 설교대는 스피리토 산토 성당Chiesa dello Spirito Santo(6세기 초반)이나 산타폴리나레 누오보 성당(6세기 중반)에서 확인할 수 있다. 반면에 2개의 계단을 유지하지만 기초 부분은 기단까지 하나의 조형물처럼 제작된 설교대는 아녤로Agnello(557-594)의 설교대로 알려진, 성 요한과 성 바오로 성당(오늘날의 대주교좌 박물관, 587-596)의 설교대에서 확인할 수 있다. 역사적인 사료를 참조하면 투르의 그레고리우스의 『프랑크족의 역사』나 세비야의 이시도루스의 『어원 사전』을 통해서 설교대가 6-7세기에 프랑스와 에스파냐 지역에서도 폭넓게 등장했다는 사실을 확인할 수 있다. 또한 『교황 연대표』는 로마에서도 설교대의 존재를 확인할 수 있는 자료다. 예를 들면 펠라지오 1세 부분에서는 성 베드로 대성당에 있는 '높이를 지닌 설교대'의 존재를 설명하고 있으며, 몇 년 후인 펠라지오 2세 부분에서도 바티칸의 바실리카에 설치된, 다양한 장식이 있고 문자가 두 줄로 기록된 설교대의 존재를 확인할 수 있다. 로마 교황청의 단상은 2개의 계단을 지닌 구조였다는 사실을 고고학적으로나 8세기의 여러 사료들을 통해서 확인할 수 있다. 특히 중요한 예는 교황 요한 7세가 산타 마리아 안티쿠아 성당에서 사용했던 설교대에 대한 설명이다. "대성당에서 사제는 성경을 읽기 위해서 손으로 가리킬 수 있는 정도의 높이에 올라가고, 다른 2명의 사제는 설교대의 각각 다른 계단 앞에 서 있었다." 이 구절을 통해 산타 마리아 안티쿠아 성당의 설교대도 2개의 계단을 가졌다는 사실을 확인할 수 있으며, 하나의 계단은 단상으로 올라가기 위해서, 그리고 다른 계단은 내려오기 위해서 사용되었다는 점도 알 수 있다. 이런 점은 『제1 로마 전례서Ordo Romanus I』에 기록된 성경 강독 전례를 설명하는 내용에서도 다시 확인할 수 있다. "결국 아랫부분에 있던 사제들은 다른 한편에서 설교대로 올라가서 성경 앞에 서게 되며, 강독을 마친 후에 내려와서 설교대의 계단 앞에 위치하게 된다."

예외는 시리아 북부 지방에서 사용되었던 설교대의 형태였다. 사실 이 설교대는 벽에 붙어 있고 철골 구조물로 지지되었으며 중앙 신랑에 위치해서 애프스를 마주보고 있었다. 여기서 이 설교대가 단순히 원래 기능에만 충실했던 것이 아니라, 애프스 부분과 소통하고 사제석이나 건물 구조에 따라 배치되어 있었다는 점을 확인해 볼 수 있다.

세례대

세례대는 그리스도교 전례에서 중요한 역할을 담당했던 세례에 사용되었던 제구였다. 세례대는 세례를 위해 물을 담아 놓았던 용기로, 교회 혹은 세례당에 배치되었고 종종 작은 크기의 세례반으로 대체된 경우도 확인할 수 있다. 초기 그리스도교 사회에서 이 제의는 요르단 강에서 일어났던 그리스도의 세례를 기념하면서 발전했고, 청년기에 속한 인물들이 욕조의 물에 몸을 담그는 형식을 띠고 있었다. 중세 초기부터 세례대가 사용되었으며 점차 아이들에게도 적용되었는데, 이 시기에는 몸 전체를 물에 적시지 않고 일부만 담그는 경우도 확인할 수 있다. 초기 그리스도교 시대에 세례용 제구는 종종 욕조 형태를 띠며 일반적으로 팔각형이나 원형 형태였고, 종종 8개로 구획된 외부 장식에는 교회를 대표하는 여덟 교부가 묘사되어 있었다. 8이라는 수는 종종 부활의 상징으로 해석된다. 특히 일주일을 기본 단위로 하는 달력이 제작된 뒤로는, 주일 이후의 여덟 번째 날을 의미하면서 한정된 지상의 시간을 넘어 다가올 그리스도의 부활이라는 상징적인 이야기를 암시했다. 기욤 뒤랑 Guillaume Durand(1237-1296)은 이 제구를 설명하면서 "돌로 만든 샘이어야 한다"고 기록한 바 있지만, 이후로 지방의 교회들에서 제작한 경우에 재료로 금속, 납 혹은 나무를 사용한 점도 확인할 수 있다.

잠수 형태의 세례에서 물을 뿌리는 세례로

| 다음을 참고하라 |
시각예술 그리스도교의 종교 공간(689쪽); 전례서와 제기(767쪽)

전례서와 제기

| 마누엘라 잔안드레아 |

6-7세기의 성직자들은 구술의 전통에서 벗어나 제의 과정들을 성문화하고 전례서를
그 기준으로 활용했다. 그리스도교도들은 필사본^{codex}을 만들 때 내용을 쉽게
찾을 수 있는 서적 형태를 활용했다. 중세의 전례서들은 신의 단어를 꾸미기 위해
귀중한 재료로 그린 화려한 삽화들을 배치했다. 전례 때문에 만들어진 것은 전례서만이
아니며, 이에 맞는 제단을 위한 가구나 금은으로 화려하게 꾸민 제구들도 등장했다.

제의용 서적의 강독

그리스도교 문화와 종교의 기원은 유대교로 거슬러 올라가며, 이 때문에 강독과 서
적은 전례에서 가장 중요한 부분을 구성했다. 무엇보다도 5-6세기에 그리스도교의
전례를 특화해 다루는 서적은 존재하지 않았으며, 다양한 종류의 전례는 구전 전통
을 통해 전달되었다. 하지만 시간이 흐르면서 역사적으로 혼란스러운 상황과 맞물
려서 지역 사제의 수준이 낮아지는 현상으로 인해 구술 전통이 점차 사라지고, 전례
를 설명하기 위한 서적들이 6-7세기에 등장하게 되었다. 그 결과 정확한 강독, 기도,
그리고 전례를 구성해야 할 필요성이 생겼고, 이런 점은 교황청에서나 아니면 주변
의 교구 교회들에서나 마찬가지였다. 그리스도교도들이 사용했던 서적은 고대의 석
판과 파피루스 두루마리 형태에서 필사본 형태로 변화해 갔으며, 필사본은 이후에 **서적과 필사본**
강독과 내용을 검토하는 데 매우 많은 도움을 주었다. 필사본은 양피지에 글과 그림
을 배치한 뒤에 이를 다시 꿰어서 책표지와 결합한 형태로, 오늘날에 우리가 사용하
는 책 형태와 유사했다. 양피지는 파피루스에 비해서 훨씬 더 보존하기 쉬웠다. 가죽
을 준비하기 위해서 다양한 기술을 적용했는데, 붉은 소가죽이나 양가죽을 석회수
에 담갔다가 다시 찬물에 담가 말리고 무두질로 가죽의 표면과 살점을 제거했다. 외

부의 털은 석재를 사용해서 평평하게 다듬었는데, 이 과정에서 가죽의 전체적인 색조를 맞출 수 있었고 이후에 다시 자주색이나 노란색(사프란)으로 염색을 했다. 그리고 양피지를 묶으면 글을 쓸 준비를 마친 페이지들이 만들어지는데, 이 각각의 페이지를 장식할 때 또 다른 장식과 글을 위한 흰 여백을 남겨 두었다. 이후에 준비된 스케치에 따라서 여러 종류의 첨필尖筆, 금박, 안료들을 사용해서 각각의 페이지를 제작했다.

중세의 전례서들은 종종 다양한 장식 도안으로 가득 채워져 있었으며 고대 서적의 유산을 계승하고 있었다. 또한 사치스러운 필사본을 요청하는 몇몇 주문자들은 이미지를 집어넣는 것을 매우 선호했는데, 이는 단순히 신의 언어를 증언하는 것뿐 아니라 전례의 발전과도 관련이 있었다.『아슈버남의 모세 5경Pentateuco Ashburnham』(파리, 프랑스 국립도서관, nouv. Acq. Lat. 2334)은 아프리카 북부, 에스파냐를 거쳐 그레고리오 1세 시대에 로마에 도착했으며, 몇몇 연구자들의 의견에 따르면 전례 강독을 위해서 사용된 흔적을 지니고 있다. 이런 사실은 단순히 책의 첫 장에 각각의 강독을 위한 개요가 포함되어 있다는 점에서만 확인할 수 있는 것이 아니라, 예를 들어「탈출기」를 장식한 이미지의 연작들이 부활절 전례를 묘사하고 있다는 점을 통해서도 알 수 있다. 이런 점은 글 속에서 이미지가 종교적 전례의 활용법을 전달하는 역할을 한다는 사실을 알려 준다.

이미지의 용도

기도와 성가와 더불어, 강독은 전례의 가장 중요한 부분에 해당하는 것으로 곧 그리스도교의 전례를 구성했으며, 전례를 성경과 연관시켜 지속적으로 성경을 강독하는 방식으로 발전하게 되었다. 이미 2세기에 성경의 일부를 축제와 전례의 시기에 따라 선택적으로 강독하기 시작했다. 무엇보다도 그리스도교가 발전하던 초기에는 다양한 공간에 맞게 새로운 전례가 발전했지만, 중세에 와서 다양한 강독과 독해는 로마의 전례가 퍼져 나가면서 정리되기 시작했다. 이는 이후에 2번의 강독(성경과 서간문)으로 나뉘었고 서유럽의 라틴어 전례의 기준이 되었다. 이후에는 구약 성경의 내용도 전례에 포함되었다.

성경의 장식

그리스도교도들은 성경을 장식하기 위해서 고대 서적의 장식 도안들을 활용했는데, 이럴 경우에 과거 서적의 저자 초상을 첫 페이지에 배치했다. 성경의 경우에 저자 초상의 주인공들은 복음사가 혹은 선지자들이었고, 제목 장식과 서사적인 여러 이미지가 연속적으로 각 페이지의 글들 사이에 배치되었다. 물론 성경 내용들을 담은 삽화들을 묘사하는 데 적지 않은 어려움을 가지고 있었다. 한 권(「창세기」, 「탈출기」, 복음서 혹은 「요한 묵시록」)의 삽화를 제작하는 게 아닐 경우에 성경 전체를 장식하기 위해서 여러 가지 다른 해결책이 고안되었다. 예를 들어서 성경의 여러 저자들을 배치하거나, 매우 제한된 수의 서사적인 성경 일화를 넣거나, 그중에서 가장 중요한 이야기들을 첫 페이지에 작은 세밀화 형태로 배치하거나, 혹은 성경을 봉헌하는 이야기나 가장 중요한 부분을 강조해서 삽화로 넣기도 했다.

성경의 삽화들이 복합적이고 다양한 방식으로 사용되면서 카롤링거 왕조 시기에는 내부에 약 24점의 세밀화가 실리기도 했다. 예를 들어 『대머리왕 카롤루스의 성경』은 로마의 성 바오로 대성당에 보관되어 있는데, 당시에 교황이었던 요한 8세 (820-882, 872년부터 교황)에게 주었던 것이다. 『대머리왕 카롤루스의 성경』

그리스도교의 종교적 제의에서 가장 중요한 부분을 구성하는 말씀의 전례를 위한 성경의 경우에서도 삽화의 체계는 다양한 방식들로 등장했다. 메시지를 분명하게 전달하기 위한 복음서로는 카이사레아의 에우세비우스의 『통관복음서Tavole delle Concordanze』가 기록되어 있지만, 현존하는 복음서들은 약 4세기경의 삽화본들이었다. 『통관복음서』

삽화는 기둥들을 지닌 건축적인 배경 속에 인물들이 있는 형태를 띠며, 복음서의 글들 사이에 자주 배치되어 각 부분을 확인할 수 있도록 제작되었다. 성경에 바탕을 둔 삽화의 메시지는 네 복음서의 차이점들을 보여 주지만, 동시에 복음서 내용들을 조화시키기 위해 많은 노력을 기울이고 있다. 이런 삽화본 중에서 가장 잘 알려진 것은 170년경에 타티아누스Tatianus(2세기)가 제작한 『디아테사론Diatessaron』(통관복음서*)으로, 복음서의 내용들을 조화롭게 구성하려는 목적을 가지고 있었다. 이 경우에 각 복음서의 앞부분에 복음사가의 초상을 배치하거나 복음서 앞의 개설 부분에 4명의 복음사가들을 함께 배치하기도 했다.

그리스도 생애의 일화를 다룬 긴 분량의 글들은 다시 정리되어 각 복음서의 앞부분에 놓이거나 이후에 복음서의 개설 부분에 배치되었다. 이런 방식은 6세기의 성경들에서 쉽게 확인할 수 있는데, 무엇보다도 각 성경에서 반복되는 내용을 해결하기 위한 방식이었으며 네 복음사가의 이야기들을 조화롭게 분석하고 강독할 수 있도록 만들기 위한 목적을 가졌다. 새로운 복음의 구조를 취하기 위해 선택된 도상들은 그리스도의 교리와 공적인 삶을 주로 다루고 있으며, 대부분 기적과 우화에 대해 설명하고 있다.

제의용 서적: 『시편』, 성경, 서간집

중세에 유행했던 책은 구약 성경에 등장하는 150편의 시를 엮은 『시편』으로, 이는 시간에 따른 그리스도교도의 기도서 형태를 띠며 현악기를 위한 악보와 함께 구성되어 있었다. 『시편』들은 사실 신성을 경배하기 위한 노래들로, 그 기원은 구약 성경에 등장하는 다윗 왕과 그의 궁전 음악가들에게로 거슬러 올라가며 종종 이들의 이미지가 이 책들에 묘사되어 있다. 중세 문화에서 『시편』의 성공은 의심할 여지없이 그리스도의 조상인 다윗 왕에 대한 해석과 연관되어 있으며, 특히 이 관계는 『시편』들의 다양한 삽화들을 고안하는 출발점이 되었다. 『시편』은 사실 역사적이고 자전적인 삽화들로 채워져 있으며, 이 구조 속에서 다윗은 그림의 주인공으로 등장하거나 문학적 내용으로 다루어졌다. 반면에 『시편』의 구절들이나 그리스도교의 이야기들, 그리고 장식들은 종종 그리스도 생애를 다루는 일화로 채워져 있었다. 종교 전례가 발전하는 과정에서 복음서와 『시편』의 서간문 사이에 있는 텍스트의 관계성은 중세의 모든 시대에 걸쳐 유럽의 미사와 강독 체계로 발전했다. 복음서와 전례서는 매우 밀접한 관계를 맺고 있었는데, 특히 각 복음서의 이야기들은 목록으로 만들어져서 성경과 복음서 필사본들의 순서에 따라 구성되었고 연중 전례의 구조에 따라서 배치되었다. 복음서에 대한 분류 작업과 이야기의 구성은 8세기 말부터 정리되었다. 이런 변화 속에서 신약 성경에서 발췌하거나 역사 속에 기록되어 있는 사도들의 서간문이 정리되었으며, 이는 이후에 연중 전례의 구분에 따라서 제의 형태를 구성했다.

미사의 전개: 성경, 『예식서』, 성가집과 설교집

전례학자들의 공식적이고 행정적인 입장에서 보았을 때, 성경은 미사 같은 전례의 구성에 적합한 형태로 정리되고 재구성될 필요가 있었다. 중세 초기에 전례의 기본이 되는 가장 중요한 서적은 성경이었다. 이미 앞에서 설명했던 것처럼 공식적인 전례의 필요성에 따라, 그러나 사제의 문화적 수준이 저하되면서 쉽게 이해할 수 있는 방식으로 연중 전례가 정리되었고, 이에 따른 강독이 정리되면서 전례서가 출간되었다. 이 과정에서 성찬의 전례와 연관해서 중요한 기준을 제공했던 인물들로는 교황 젤라시오 1세의 이름을 딴 젤라시오파와, 크게 발전했던 로마 교구의 전례와 이후 로마 교황청의 전례를 정리했던 그레고리오 1세의 이름을 딴 그레고리오파의 전례학자들이 있었다.

9세기에 카롤루스 대제는 서구에서 전례의 기준이 발전하는 데 중요한 영향을 끼쳤는데, 이 과정에서 교황 그레고리오 1세가 제시한 전례를 모범으로 삼았고 이와 연관해 풍부한 장식으로 꾸며진 서적들을 편찬했다. 하지만 성찬의 전례 형식이나 다른 전례들을 위해서 그는 예식서ordines라고 알려진 다른 종류의 서적을 출판했다. 이 서적은 입장(교황, 추기경, 주교, 수도원)에 따른 다양한 제의들을 분류하고 있으며, 또한 서로 다른 종류의 전례(세례, 성찬, 강독)도 정리하고 있다. 이런 예식서는 우리에게 전례에 대한 정보만 전달해 주는 것이 아니라 교회 의상이나 제구처럼 다양한 물질문화를 설명해 주며, 이런 형식은 로마에 기원을 두지만 곧 유럽 전역에 전파되었다. 이 밖에도 기도와 강독을 완성하는 다른 전례의 일부는 성가 곡이었다. 중세의 성가 곡에 대해서는 교송 성가집antiphonary이 있는데 이 단어는 '안티포나antifona'(교송)에서 유래하는 것으로 노래하는 글이라는 의미를 지니고 있다. 이 성가들은 미사뿐 아니라 서로 다른 낮 시간의 전례들에도 사용되었다. 이 곡들은 스콜라 칸토룸이라고 알려진 성가대석에서 불렸는데, 중세 때 이 장소는 교회의 중앙 신랑에서 가장 중심이 되는 위치에 낮은 담으로 구획되어 있었고, 성가대 역시 스콜라 칸토룸이라는 이름으로 알려지게 되었다.

남아 있는 성가 곡들이 실린 가장 중요한 필사본의 하나는 이탈리아 남부에서 만들어진 『부활찬송Exultet』[도판 29]으로, 이는 라틴어 가사의 첫 부분에서 유래된 명칭이다. 부활찬송은 설교대에서 부르는 것으로 성 토요일Sabato Santo의 의례 중에 불렸다. 이 노래는 신자들에게 부활의 신비를 노래하도록 한 것으로, 과거에 이를 기록하기 위해서 두루마리 형태에 악보를 기입했다. 『부활찬송』은 고대의 경우처럼 두루마리 형태의 책을 활용했던 것이다. 이 특별한 서적의 형식은 중세에는 매우 드문 것으로, 사제는 두루마리를 읽어 가며 의례와 단어, 성가를 노래했고, 이는 시각적으로 신자들에게 보여 주기 위한 것이었다. 따라서 중세의 두루마리 형태의 서적은 고대와 달리 수직 방향으로 집필되어 있었다. 만약 수평 방향으로 기록되었다면 한 사제가 적어도 2.5m의 길이를 가진 두루마리를 펼쳐 보기 위해서는 기적이라도 필요했

전통성의 확보

성가의 가치

을 것이다. 또 다른 전례서의 형태로 발전했던 책 중 하나는 미사 때 주교나 설교자의 이야기를 기록한 설교집이었다.

가치가 높은 서적

성경에 대한 경배　성경이나 전례서처럼 종교적으로 신성한 의미를 지니고 기준이 되며 여러 전례에 활용되는 서적은 제의적으로 가장 중요한 위상을 지녔기 때문에 값비싼 재료들로 화려하게 장식되었으며, 값어치가 높은 물건처럼 종종 보관함에 담기기도 했다. 중세에 이런 서적의 겉표지는 나무판에 종종 금속, 법랑, 상아와 같은 재료로 장식을 해서 만들어졌으며, 여러 점의 그림으로 장식되고는 했다. 예를 들면 그리스도가 화려한 장식의 서적을 손에 쥐고 시나이 산에 있는 장면을 말할 수 있겠다. 중세 초기에 이런 종류의 제본 방식은 추상적인 장식들을 지니고 있었으며, 대부분 기호-상징 체계에 중점을 두고 있었다. 랑고바르드족의 여왕인 테오델린다의 복음서 표지[도판 6]가 대표적인 예다. 이후에 카롤링거 왕조 시기에는 구체적인 인물로 장식된 복음서들이 등장했다. 대부분의 경우에 책 내용에 따라 이야기를 구성하고 있다. 『다굴포의 시편Salterio di Dagulfo』(파리, 루브르 박물관)의 상아 표지[도판 37]는 대표적인 경우로 「시편」을 만들어 낸 주인공인 다윗의 생애에 대한 일화가 들어가 있다. 또한 카롤루스 대머리왕이 가지고 있었던 『복음서Codex Aureus』(뮌헨, 바이에른 주립도서관)는 금편으로 도금되고 수많은 유색석으로 장식되어 있으며, 표지에 있는 네 복음사가의 이미지가 내용을 암시하고 있다.

특히 중요하고 사치스러운 삽화본의 경우에는 보라색으로 염색한 양피지 위에 금이나 은으로 글을 썼다. 고대부터 보라색 염료의 사용은 상류층과 연관되어 있었으며, 재료의 높은 가격으로 인해서 상류층을 상징하는 기호의 의미를 지니게 되었다. 보라색 염료는 종종 연체동물에서 추출하며 그중에서 가격이 높은 보라색은 뿔고둥에서 얻을 수 있었다. 가장 많이 알려져 있는 보라색 삽화본으로는 6세기에 제작되었던 『빈의 창세기』(뮌헨, 바이에른 주립도서관, ms. theol. gr. 31), 『로사노의 복음서』와 카롤링거 왕조 시대의 『대관식의 복음서Vangeli dell'Incoronazione』(빈, 왕실 보물관 Weltliche Schatzkammer, s. n.)가 남아 있다.

제단용 가구

콘스탄티누스 대제 시대부터 전례서와 함께, 종교 행사 혹은 전례용 제구나 가구가 등장했다. 특히 성배와 성반의 경우에는 금, 은, 보석을 활용해서 종교적인 상징을 고안했다. 중세 초기의 '성스러운 제기'는 메시지를 전달하는 이야기 방식보다 식물 문양 같은 장식적인 이미지를 지니는 경우가 많다.

　　대표적인 예로 프랑크 왕조의 왕들에게 조언을 했던 다고베르트(603/608-639)의 성작聖爵, 카보숑 기법을 적용한 7세기 초기의 엘루아Eloi의 성작, 카롤링거 왕조 시대에 속하는 데벤테르Deventer의 상아 성작이 남아 있다. 이 경우들은 모두 식물 문양으로 장식되어 있다. 하지만 종종 십자가로 세각된 성작도 확인할 수 있다. 예를 들어서 바이에른의 공작 타실로 3세가 777년경에 크렘스뮌스터Kremsmünster 수도원에 기증했던 유명한 성작이 여기에 해당한다. 무엇보다도 동유럽의 경우에는 이와 유사한 여러 점의 제기를 확인할 수 있다. 하지만 서유럽에서는 도상학의 유행이 다가오는 12세기까지 성작과 성반에 대한 관심이 매우 적었다. 또 다른 성스러운 제기로는 성체를 보관하는 다양한 형태의 성체함이 있으며, 이것은 매우 귀중한 재료들로 장식되고는 했다. 5-6세기에 제작되었던 상아 성합들은 그리스도의 삶을 다룬 이야기들로 장식되어 있으며, 동시에 성물 보관함의 역할을 담당했던 것으로 보이기도 한다. 대표적인 성작들

　　성인의 유골은 원래 제단 위에 놓이는 것이 허용되었지만 전례와는 관련이 없었다. 하지만 이는 중세 사회에 있는 성스러운 존재에 대한 필요성을 드러내 준다. 초기에 성물은 종종 제단부에 배치되어 있었지만, 7-8세기에는 지하 납골당에 보관하는 것이 일반화되기 시작했다. 성물함은 점점 다양한 재료와 보석들로 장식되기 시작했으며, 가방 형태, 사각형 함부터 인체 형상을 딴 보관함, 대리석 석관에 이르기까지 여러 종류가 고안되었다. 하지만 중세 때 모든 성물들이 제단이나 제단 주변에 배치되었던 것은 아니며, 종종 사제실에 있는 성물 보관소처럼 특별한 장소에 보존하는 경우도 있었다. 중세의 전례와 연관된 제구들 중에서 중요한 위상을 지녔던 것은 십자가였으며, 이는 콘스탄티누스 대제의 시기부터 승리의 상징처럼 알려지기도 했다. 특히 십자가는 다양한 형태로 존재했다. 종종 보석으로 장식되었고 화려한 장식의 왕관이 붙어 있기도 했으며, 고대 후기와 중세 초기에 다양한 예들이 등장했다. 예를 들어 에스파냐의 서고트족의 경우에는 현재 마드리드 고고학박물관에서 보관 성물과
성물함

하고 있는 레케스빈트 왕Recceswinth (약 633-672)의 왕관[도판 68]을 관찰해 볼 수 있다. 이 왕관은 마치 승리의 장식처럼 제단 위에 놓여 있으며 밝고 가벼운 느낌을 지니고 있어서 궁정 문화의 느낌으로 신자들에게 다가간다. 또 한편으로는 이동용 십자가도 존재했다. 이 경우에는 종교 행렬에 사용되거나 종교 의례에 활용되지 않을 때는 애프스의 중앙 제단 윗부분에 일종의 대에 끼워져서 배치되었고, 보석들로 장식되었을 뿐 아니라 성경의 다양한 이야기들이 묘사되어 있다. 십자가는 이미 콘스탄티누스 대제 시대에 그리스도교의 초기 바실리카 교회들에 봉헌되었으며, 이는 『교황 연대표』에 기록되어 있다. 이런 물건들 중에는 조명을 위한 촛대, 가지촛대(긴 촛대), 향로들이 포함되어 있었다. 조명용 촛대는 빛의 필요성 때문에, 가지촛대는 특정한 인물을 비추기 위해서 필요했으며, 향로는 성령을 상징하는 불로 신성함을 드러내기 위한 제구였다. 중세 초기에 이미 향을 통해 종교적인 전례에 신비로운 분위기를 부여하고자 했던 시도와 연관되어, 향로가 사용되고 있었던 것이다.

| 다음을 참고하라 |
시각예술 그리스도교의 종교 공간(689쪽); 전례용 가구(758쪽)

서유럽의 그리스도교 도상 프로그램

| 알레산드라 아콘치|Alessandra Acconci |

서유럽의 도상 프로그램은 고대부터 초기 그리스도교 시대까지 지속적으로 발전한다.
4세기부터 그리스도교 전례 공간이 구성되면서 등장했던 바실리카는 그리스도교의
첫 번째 종교 건축물로, 여러 가지 방식으로 새로운 도상을 배치했던 주 무대가 되었다.
이 시기에 새롭게 등장한 도상은 고대 문화의 전형과 새로운 주문자의 시대적 요구를
변증법적으로 반영한 방식으로 발전하면서 새로운 미학적 관점을 형성했고,
이는 새로운 재현 문화를 구성했다.

모자이크와 회화

4세기 중반에 제작된 바티칸의 성 베드로 대성당의 애프스에 있는 모자이크 작품인 〈율법의 수여Traditio Legis〉는 중세에 지속적으로 등장하는 특별한 도상으로, 전례와 연관된 그리스도교의 교육적인 관점이 반영되어 있는 중요한 사례다. 대성당의 애프스에 그려진 이미지에서는 천국의 산을 배경으로 그리스도가 베드로에게 두루마리에 기록된 율법을 전달하고 있다. 이 작품은 로마에서 그리스도교의 영광을 강조하는 것으로, 권력에 대한 근거를 설명하는 그리스도교의 선언이며, 공공장소에서 전달하는 메시지를 통해서 동시대 교회의 권위를 드러내는 역사적인 기록이다. 〈율법의 수여〉와 같은 도상은 나폴리에 있는 산 조반니 인 폰테 세례당Battistero di San Giovanni in Fonte의 쿠폴라 장식에서도 발견할 수 있다(이 작품은 4세기 말-5세기 초에 제작되었다). 또한 로마의 코스탄차(약 318-354)의 마우솔레움에 설치된 측면 애프스 장식에서도 반복된다.

이와 유사한 작품은 라비카나 도로에 있는 '마르켈리누스Marcellinus와 페트루스 Petrus의 카타콤' 장식에서도 발견할 수 있다. 이 작품은 테오도시우스 1세의 재위 기간(379-395)에 제작된 것으로 추정된다. 상단에는 사도들에 의해 둘러싸인 권좌의 그리스도가 묘사되어 있고, 하단에는 천국을 배경으로 '하느님의 어린 양' 이미지와 더불어 카타콤에 부장된 성인들과 순교자의 모습이 묘사되어 있다. 이 작품 역시 바실리카에서 시작되었던 미술의 도상학적 발전 과정을 반영하고 있는 것으로 추정된다. 교육적 목적을 지닌 다른 도상들인 '교사로 묘사된 그리스도', '권좌의 그리스도', '세상의 지배자 그리스도Maiestas Domini' 등이 5세기부터 애프스에 배치되기 시작했다. 이런 도상 유형은 부장 미술, 혹은 기념 조형물을 통해 발전했던 장식 도상 프로그램을 절충하고 있으며, 특수한 경우에 카타콤의 모자이크나 그림 형식을 통해서 지금은 소실된 공동체 공간의 도상을 설명하기 위한 가설의 근거로도 활용된다. 사회적으로 제한된 기능을 지니면서 유사한 기념 조형물에 표현되어 있었던 고적한 풍경은 벽화에도 등장하며, 인물들의 모습에도 영향을 끼쳤다. 예를 들어 밀라노의 산타퀼리노 예배당에서 만날 수 있는 '수염 없는 그리스도'와 같은 도상[도판 77]은 고전 조각의 영향을 받은 것으로, 기존 카타콤 회화의 전형을 혁신한 사례로 꼽힌다.

4세기 말에 유대인과 그리스도교도는 성경에 좀 더 심화된 주석을 달기 시작했고, 성경에 신학적 권위를 부여했다. 그 결과 성경의 상징에 대한 해석을 이끌어 냈고 이를 회화적인 소재로 활용할 수 있었다. 또한 이전 유대 민족의 역사에서 잘 알려지지 않았던 부분도 삽화를 통해 새로운 의미를 부여하기 시작했다. 오늘날의 라티나 도로의 디노 콤파니 거리via Dino Compagni에 있는 카타콤의 개인 영묘에서 관찰할 수 있는 회화 작품들은 콘스탄티누스 대제의 재위 기간에 제작된 로마 회화에 대한 흥미로운 정보와 주제, 양식적인 특징의 여러 예를 보여 준다. 한편 로마의 코스탄차의 마우솔레움은 중앙 집중식 평면이 적용되었으며, 에스파냐의 타라고나 근교에 있는 첸트첼레스Centcelles의 무덤에서는 황제의 주문으로 배치된 주제와 장식 유형들을 확인할 수 있다. 두 기념 조형물은 모두 넓은 원형 건물에 모자이크가 배치되어 있으며, 고전에서 유래한 이교적인 장식과 서사적인 성경 이야기를 다룬 장면이 모두 포함되어 있다. 타라고나의 경우에 구약과 신약 성경의 이미지로 장식되어 있으며, 동시에 〈개선문〉처럼 공공장소에 설치된 기념 조형물에서 종종 관찰할 수 있듯이 원형 틀 안에 의인화된 계절의 이미지, 혹은 이상화된 인물이 배치되어 있다. 바티칸의 바실리카 교회의 애프스 부분에 배치되어 있었던 모자이크에서는 황실을 상징하는 문장紋章이 빈 권좌 위에 보석으로 장식된 라틴식 십자가, 천, 권좌의 계단 부분 등에 묘사되어 있는 것을 볼 수 있고, 윗부분에는 그리스도의 이미지가 성 베드로와 성 바오로 사이에 위치해 있다. 원래 그리스도의 머리글자를 딴 모노그램 monogram 형태로 구성되었던 십자가는 다양한 의미를 지니기 시작했다. 특히 세례당에서 다양한 형태의 십자가들이 등장하기 시작했다. 리구리아 지방의 알벤가 세례당Battistero di Albenga[도판 73](5세기경)과 나폴리에 위치한 산 조반니 인 폰테 세례당에서는 성물함처럼 보석 장식이 있는 십자가를 볼 수 있고, 후자의 경우에 최후의 심판을 하기 위해 귀환하는 그리스도를 다룬 복잡한 주제의 천장 모자이크도 확인할 수 있다. 라벤나의 경우에 갈라 플라키디아 예배당(5세기 초)의 둥근 돔에는 반짝이는 별들을 배경으로 중앙에 라틴식 십자가가 배치되어 있다. 또한 같은 도시에 있는 산타폴리나레 인 클라세 성당의 애프스[도판 75] 부분에 놓여 있는 십자가에는 그리스도의 팔 부분에 인물들의 이미지가 배치되어 있는데, 이 인물들은 '타보르 산에 나타난 그리스도'라는 주제를 다루고 있다. '에티마시아Etimasia'(신의 재림을 묘사한 도상*)는 새로운 종류의 도상이었다. 새로운 도상의 발전과 함께 기존 그리스도교의 이미지가 정리되었고, 동시에 유용한 고전 이미지와 결합된 새로운 모범이 발달했다.

그리스도의 변용   그리스도의 두 번째 출현 혹은 그리스도의 현현은 종종 '솔리움 레갈레Solium

regale'(태양의 그리스도의 도상*)의 모습을 지니고 있으며, 금과 보석으로 장식된 권좌 위에 앉아 있는 모습으로 묘사되었다. 또한 그리스도는 빛나는 천구와 결합되었는데, 로마의 산타 마리아 마조레 성당의 개선 아치에 있는 도상이 대표적이다.

　신의 현현에 대한 도상은 이를 기록한 복음사가를 다룬 새로운 도상을 발전시켰다. 4세기경에 '테트라모르프Tetramorph'(3마리의 동물 머리와 1명의 사람 머리가 결합되 **테트라모르프** 어 있는 동물 도상으로 4복음서를 의미한다*)의 도상이 등장했다. 이 도상은 4명의 복음 사가를 상징적인 형태로 재현한 것으로 「에제키엘서」(1장 4-14절)에 등장하는 환영 과 「요한 묵시록」(4장 6-8절)의 묘사에 바탕을 두고 있으며, 초기에 교부들에 의해 종 종 제시되었던 삽화였다. 4명의 복음사가는 각각의 복음서를 상징하는 사자, 황소, 독수리, 사람의 머리로 표현되었다. 산타 마리아 카푸아 베테레 근교에 있는 산 프 리스코San Prisco 마을에서는 5-6세기에 로마에서 발전했던 테트라모르프의 도상 프 로그램을 예배당의 윗부분에서 확인할 수 있다. 이와 유사한 도상은 힐라리오 교황 (?-468, 461년부터 교황)이 주문한 라테라노 대성당 앞의 세례당에 놓여 있는 모자이 크나 라벤나의 갈라 플라키디아의 마우솔레움에서 만날 수 있는 모자이크에서 발견 할 수 있다.

　황실 구성원들은 산타 크로체 성당과 연결된 개인 예배당의 장식에서 관찰할 수 있는 종교적이고 정치적인 상징적 의미를 발전시켜 나갔으며, 이에 따라 자신의 미 적 취향에 바탕을 두고 작품들을 주문했다. 이런 작품들은 기존 모자이크의 양식적 효과를 차용하고 있지만, 다양한 다른 재료들을 함께 사용해서 이미지가 배치된 공 간에 통일성을 부여했다. 선한 목자인 그리스도는 입구에 있는 반월창의 주된 주제 **목자인 그리스도** 였다. 이는 그리스도교의 전형적인 도상으로 웅장한 느낌을 주는 인물로 제시된다. 헬레니즘 미술에서 유래한 특징들을 지니고 있지만 이 공간이 황실 공간이라는 느낌 을 주며, 후광과 함께 십자가 형태의 홀을 들고 있다. 다른 2개의 반월창에서는 부장 미술에서 관찰할 수 있는 요소들을 발견할 수 있다. 샘가에서 물을 마시고 있는 한 쌍의 사슴은 「시편」 42장을 떠올리게 하며, 십자가와 테트라모르프는 인간의 아들 이 천국에서 현현하는 모습을 암시하고 「마태오 복음서」(24장 30절)에서 다루는 신 에 의해 일어난 일을 설명한다.

　5-6세기에 도상 프로그램은 신학적 논쟁과 종교적, 정치적 메시지를 다루며 주 **애프스의 도상 프로그램** 로 애프스 부분에 반영되었다. 5세기에 제작된 산타 푸덴치아나 성당Basilica di Santa

Pudenziana의 애프스는 교회를 둘러싼 개념적인 논의를 반영하고 있다. 애프스의 중앙 부분에 '권좌의 그리스도'가 배치되어 있으며 양 측면에는 사도들이 원로원 의원처럼 묘사되어 있다. 한편 성 베드로와 성 바오로의 뒤편에는 구약과 신약에서 의인화시킨 이미지인 두 여인이 '교회'를 상징하고 있다. 이 같은 도상은 「갈라티아 신자들에게 보낸 서간」을 다룬 성 히에로니무스의 주석에 따라 구약과 신약의 연속성을 강조한다. '법관으로서의 그리스도', '권좌의 그리스도' 혹은 '그리스도의 변용'과 같은 도상은 네 복음사가의 상징을 동반하지만, 동시에 골고타 언덕에 세워진 보석 장식의 십자가, 탑으로 가득 찬 도시의 성곽과 같은 건축적인 구조물을 통해 천국의 예루살렘의 모습을 논리적으로 고안하기도 했다.

밀라노 　암브로시우스대주교(약 339-397, 374년부터 주교)가 복음화를 위해 활동했던 서로마 제국의 수도 밀라노에서는 이곳의 여러 지역 성인을 기억하기 위한 종교 건축물들이 건립되었다. 5세기 중반에 밀라노에서 기획한 산 비토레 인 치엘 도로 예배당 Sacello di San Vittore in Ciel d'Oro은 '순례자 ad martyres' 무덤 위에 지어졌는데, 내부에서 바라본 쿠폴라에 금색 배경이 펼쳐지고 중앙의 빛나는 원형 천구 안에 성 비토레의 흉상을 배치해서 그리스도를 증언하는 모습으로 재현하고 있다. 당시에 이 도상을 기획한 사람들은 그리스도를 열정적으로 증언하는 성인의 모습으로 강조하고자 했다.

로마 　식스토 3세(?-440, 432년부터 교황) 시대에 기획되고 완공된, 로마 에스퀼리노 언덕의 산타 마리아 마조레 성당은 에페소스 공의회(431) 이후에 성모의 신성에 대한 교리를 설명하는 상징적인 장소가 되었다. 중앙 신랑의 벽 장식은 패널처럼 공간을 구분하여 구원자의 현현에 선행하는 구약 성경의 이스라엘 민족사에서 중요한 사건들을 재현하고 있으며, 애프스 부분의 아치에는 구약 외경이나 정경을 모두 포함하여 신의 현현을 다룬 문학적인 사료에 따라 구성된 이미지를 배치했다. 이 작품은 내용이나 양식적인 면 모두에서 4세기에 엘리트 귀족들에 의해 복원된 전통적인 고전문화에 바탕을 두고 기술되었던 삽화본에서 영향을 받았다. 이 작품의 도상 프로그램에는 당시에 로마 교회의 가장 중요한 인물이면서 부주교였던 레오 1세가 관여했던 것으로 추정된다. 사실 레오 1세의 영향 속에서 성경과 「요한 묵시록」을 토대로 발전시키고 선택했던 도상 프로그램들은 성 베드로 대성당이나 성 바오로 대성당에 반영되어 있으며, 이는 이후 중세 도상 프로그램의 규범으로 남아서 지속적으로 활용되었다. 그리스도교학에 대한 그의 조예는 명료한 도상의 주제들을 고안했고, 중세의 모든 시기에 걸쳐 교회 건축을 장식했던 성화의 위상과 내용에 영향을 끼쳤는데, 구원의 이야기를 다룬 개별적인 사건을 서술할 때 그가 보여 준 조화로운 배치와 형상의 선택은 논리적이고 뛰어났다.

　동고트족의 수장이었던 테오도리쿠스 황제는 493-526년에 이탈리아를 지배하 **라벤나** 고 유스티니아누스 대제의 영토 중 일부를 정복했는데, 402-476년에 서로마 제국의 수도였던 라벤나는 곧 수많은 재료들이 모이고 동로마와 서로마의 뛰어난 예술가들이 작업하던 장소가 되었다. 5세기 중반에 갈라 플라키디아의 집중적인 후원을 받으며 내부 전체를 모자이크로 장식했던 놀라운 건축물들이 지어졌다. 이미 언급한 바 있는 갈라 플라키디아의 마우솔레움 외에도 산타 크로체 성당은 갈라 플라키디아가 주문했던 가장 중요한 건축물 중 하나였다. 이 성당은 복음사가 성 요한에게 봉헌되었으며, 많은 부분이 소실되기는 했지만 발렌티니아누스-테오도시우스 왕조의 신성함을 강조했던 정치적 프로그램으로 구성되어 있었다. 〈개선문〉의 형태를 딴 아치 부분은 아우구스투스와 그의 후예들을 라벤나로 이끄는 모습이 묘사되어 있다. 라벤나의, 그리고 이후에 정교의 입장에서 장식된 이미지뿐 아니라 아리우스교도의 장식들이 포함되어 있는 세례당이 남아 있으며, 이 세례당의 쿠폴라 중앙에는 '이마고 문디imago mundi', 즉 '로고스를 선언한 그리스도'의 도상이 배치되어 있다. 테오도리쿠스 황제 시기에 아리우스교도의 궁정 문화를 반영하는 장소로는 산타폴리나레 누오보 성당이 있다. 황제는 세속적인 권력의 이미지를 선전하기 위해서 이곳에 자신의 형상을 배치했으며(하지만 570년경에 라벤나가 동로마 제국에 정복당했을 때 아넬로 주교는 테오도리쿠스의 이미지를 유스티니아누스 대제의 이미지로 바꾸었다), 신학적 관점에서 그리스도의 인성만이 유일한 그리스도의 속성을 구성한다고 보았던 아리우스교도의 신앙을 바탕으로 만든 이미지를 배치했다. 같은 도시에 있는 산타폴리나레 인 클라세 성당의 애프스[도판 75]에는 선지자인 모세와 엘리야, 그리고 사도 베드로, 야고보, 요한을 의미하는 양들에 둘러싸인 십자가로 구성된 그리스도의 변용 이야기들이 묘사되어 있다. 라벤나의 추상적인 이미지들은 당시에 교황의 후원을 받아서 발전했던 로마의 이미지 문화와 대조된다. 로마의 베스파시아누스 황제의 포룸에 건립된 산티 코스마 에 다미아노 성당의 애프스를 위해서 펠릭스 4세(?-530, 526년부터 교황)가 주문한 모자이크는 고대 도시에 펼쳐진 예술적인 관점을 잘 살리고 있는 뛰어난 작품이다. 이 작품은 라벤나의 산 비탈레 성당의 애프스와 같은 시기에 지어졌는데, 당시 로마는 고트족의 지배를 받았다. 하지만 테오도리쿠스 왕국의 수도에서 발전했던 미학적인 원칙과, 그리스도교의 중심지였던 로마의 원칙 사이에 차이가 없을 수는 없었다. 로마에서 주교는 자신이 유산으로 받은 전통과 교회, 그리고 도시의 방어자 역할을 담당했다. 산티 코스마 에 다미아노 성당의 애프스 부분에 등장하는 7명의 인물은 로마 시대의 조각 작품처럼 엄격한 기준에 따라 묘사되었으며, 순교한 성인은 관람객으로 하여금 그리스도의 현현이라는 사건에 참여하도록 하는 역할을 맡는다. 또한 이 도상은 이전의 '율법의 수여', 일부에서는 '최후의 심판'이라는 도상학적 주제를 통합하고 있으며, '금빛 왕관'의 대관 이미지(아우룸 코로나리움aurum coronarium)를 사실적으로 표현함으로써 그리스도의 두 번째 현현에서 얻게 될 승리를 암시하고 있다. 반면, 애프스 앞부분에 배치된 〈개선문〉 형태의 아치에는 금색 배경 위로 「요한 묵시록」에 등장하는 성 요한의 모습이 7개의 봉인을 뜯는 환영과 함께 묘사되어 있다.

　　비잔티움의 예술적인 경향은 금색 배경의 성화들과 연관되어 있으며, 추상적이고 정적인 이미지로 발전했다. 원래의 의도는 지상의 궁정에서 행해지는 정치적 제의와 유사한 종교적 전례에 대한 참여를 이끌어 내기 위한 것이었다. 이에 부합하는 예는 포로 로마노의 황제 팔라초 입구 근처에 있는 산타 마리아 안티쿠아 성당의 벽에 그려진 프레스코화로, 종교적 전례의 이미지가 남아 있다. 로마 제국 시기에 왕권을 계승하는 정치적 행사에 등장하는 금 왕관의 대관이라는 의미를 지닌 '아우룸 코로나리움'의 이미지는 이 성당에서는 여제의 모습으로 묘사된 마리아와 아기 예수의 이미지로 발전했다. 5세기경에 로마와 콘스탄티노플에서는 모두 성모를 왕실의 일원처럼 묘사했다. 이런 방식은 헬레니즘의 예술적 전통을 이어받아 천사들을 고전 조각처럼 묘사한 수태고지와 같은 도상에도 적용되었다. 7세기 중반에 같은 장소에서 교황 요한 7세의 후원을 받아 제작된 생동감 넘치는 프레스코화는 솔로몬에 대한 일화, 「마카베오기」에 등장하는 7명의 아들에 대한 일화, 골고타 언덕의 그리스도에 대한 일화를 통해서 이야기를 보충하고 있다.

천구 위의 그리스도

　　6세기에 애프스에는 세계 속의 그리스도의 위상을 설명하는 복잡하고 미묘한 의미를 가진 도상이 그려졌는데, 천구 위에 그리스도를 배치한 것이었다. 이 도상 유형은 4세기에 이미 등장했지만 시간이 흐르면서 여러 가지 의미로 확장되었다. 로마의 산 로렌초 푸오리 레 무라 성당의 동쪽 아치에서 이 도상을 확인할 수 있다. 팔라티노 언덕에 위치한 작은 산 테오도로 성당Chiesa di San Teodoro의 아치 장식, 산 비탈레 성당을 포함한 라벤나의 교회들, 아드리아 해 연안 지역의 교회들(포레치의 에우프라시우스 성당)은 로마의 이미지 문화를 반영한다. 로마의 베라노에 있는 산 로렌초 성당의 모자이크에 그려진 중세 초기의 이 도상은 두 가지 경향을 지니고 있다는 점을 확인할 수 있다. 펠라지오 2세와 성 라우렌티우스와 성 히폴리투스를 묘사한 부분을 검토해 보면, 추상적인 이미지와 사실주의적인 초상화 전통이 모두 반영되어 있다.

6-7세기에 성모 마리아에 대한 봉헌은 교회 전례에서 중요한 역할을 하기 시작했 **성모에 대한
전례** 다. 라벤나와 아드리아 해 연안 북부의 종교 건축에서는 다양한 도상학적 발전을 관찰할 수 있다. 포레치의 에우프라시우스 성당의 모자이크, 산타폴리나레 누오보 성당의 두 번째 도안 장식이 대표적인 예다. 로마의 교황 요한 7세는 성 베드로 대성당의 신랑에 성모 마리아의 이미지를 그려 넣기 위해 비잔티움 출신의 예술가들에게 작품을 주문했다. 이 작품은 17세기에 기록된 스케치를 통해서 확인할 수 있다. 성모 마리아의 봉헌 이미지가 발전하는 과정은 오늘날에 도상학적 관점에서 매우 중요한 성화들을 이해할 수 있는 열쇠가 된다. 남아 있는 작품으로는 8세기 초에 제작되었던 〈관용의 성모Madonna della Clemenza〉와 같은 대형 패널화가 있다. 이 성화의 도상은 단순히 전례를 둘러싼 시각 문화를 이해할 수 있도록 해 주는 것뿐 아니라 성상 파괴 운동이 일어났던 동로마 제국의 이미지 문화 속에서 비잔티움의 도상을 확인시켜 주는 소수의 예다. 성상을 둘러싼 논쟁이 진행되는 과정에서 서로마 제국 영토 내부의 로마를 중심으로 발전했던 그리스도교의 시각 문화는 공식적인 전례와 민중의 경배에서 이콘의 기능을 강조했고, 로마 주교들은 이런 점을 공고히 했다.

성상 파괴 운동 이전에 비잔티움 영토에서 실험되었던 여러 종류의 도상학적 전형의 전파를 보여 주는 작품은 오늘날의 롬바르디아 바레세에 위치한 카스텔세프리오의 산타 마리아 포리스 포르타스 성당[도판 56]에 있다. 교회의 동쪽 애프스에는 수준 높은 작품들이 남아 있다. 〈메시아의 어린 시절Infanzia del Salvatore〉은 2줄로 배치된 이미지로 구성되어 있고, 성경 정본과 외경에서 참고한 이야기를 근거로 제작되었다. 애프스 앞부분의 아치에는 〈그리스도의 흉상Busto di Cristo〉과 〈에티마시아 Etimasia〉(그리스도의 변용)가 묘사되어 있다. 랑고바르드족의 문화적 토양을 바탕으로 한 고전에 대한 문화적 인식은 라벤나와 이탈리아 영토에서 이루어진 비잔티움 문화의 실험을 통해서 성장했다.

요한 7세의 후원 속에서 성 베드로 대성당의 파사드 뒤쪽에 제작된 작품은 이런 전통을 기록하고 있다. 이 시기에 이탈리아가 랑고바르드족의 지배를 받고 있었음에도 불구하고 모자이크의 전통은 지속적으로 발전했다. 이런 예는 파비아의 산 피에트로 인 치엘 도로 성당Basilica di San Pietro in Ciel d'Oro의 모자이크를 통해서도 관찰할 수 있다. 이곳은 원래 프리울리 지방의 '템피에토 디 치비달레Tempietto di Cividale'라는 이름으로 알려져 있다.

로마의 모자이크 전통은 8-9세기까지 유리로 만든 테세라가 지속적으로 생산되었다는 점에서 추론할 수 있다. 새로운 시도는 레오 3세의 시기에 이루어졌는데, 그는 초기 그리스도교 시대에 건립된 로마의 산타 마리아 마조레 성당과 성 바오로 대성당의 보수를 진행했으며, 라벤나에서도 로마의 오스티엔세Ostiense의 모자이크를 모범으로 삼아 산타폴리나레 인 클라세 성당의 아치의 도상(813)을 새롭게 장식했다. 이곳에 있는 도상은 로마의 산티 네레오 에 아킬레오 성당Chiesa dei Santi Nereo e Achilleo과 라테라노 대성당의 트리클리니움Triclinium에 있는 성 수산나를 참고한 것이다. 레오 3세의 의도는 정치적인 프로그램을 위해서 벽화의 기법을 다시 회복하려는 것이었으며, 이는 교회와 로마 제국의 그리스도교의 전통을 강화시키기 위한 것이었다. 774년에 랑고바르드족에게 결정적인 승리를 거두었던 카롤루스 대제는 서유럽 지역에서 유일한 군주이자 그리스도교도의 보호자가 되었고, 그의 왕국이 모범으로 삼은 것은 그리스도교 시대의 로마 제국이었다. 도시와 성직자 제도를 정비하는 과정에서 레오 3세는 로마에서 교황의 권위를 정립하고자 애썼고, 동시에 교황청에 황실과 같은 가치를 부여하기를 원했다. 로마의 공식적인 장소를 장식하는 과정에서 동시대인들과 후손들에게 이론적인 정당성을 전달하기 위해서 지속적으로 다양한 프로그램을 적용했으며, 이런 시도는 800년 성탄절 전야에 성 베드로 대성당에서 있었던 카롤루스 대제의 역사적인 대관식으로 이어졌다. 라테라노 대성당의 트리클리니움의 소실된 애프스에서 볼 수 있는 것처럼 산타폴리나레 인 클라세 성당의 도상은 역사적인 관점에서 강조된 사도들의 선교라는 주제를 다루고 있으며, 동시에 아직 이교도였던 민족들의 복음화를 위한 길을 열었던, 색슨족과 아바르족의 왕과 싸워 얻은 승리들을 묘사했다. 반면에 개선 아치에는 각각 세 사람이 등장하는데 그중에는 레오 3세와 카롤루스 대제가 포함된 정치적인 프로그램을 반영한 도상이 있었다.

레오 3세의 보수

모자이크 기법과 이런 종류의 미술 작품을 통해 공고해진 도상학적 프로그램들
은 카롤링거 왕조로부터 높은 평가를 받았으며, 이후에 아헨의 왕실 예배당[도판 49 참
조]에 적용되었다. 이곳에는 큰 규모의 〈묵시록의 권좌의 그리스도Maiestas apocalittica〉
가 황제의 권좌 방향에 배치되어 있다. 또한 제르미니데프레Germigny-des-Prés(프랑스
중부에 있는 루아레의 한 지역)에 있는 합창석의 장식은 신학자인 오를레앙의 테오둘
푸스(약 750-약 821)에 의해 건립된 것으로, 애프스의 반원형 부분에 재현된 〈동맹
의 석관Arca dell'Alleanza〉에 있는 프로그램과 비슷한 점이 있다. 레오 3세를 위해 일했
던 동일한 공방의 작업은 파스칼 1세가 주문한 산타 프라세데 성당, 산타 체칠리아
인 트라스테베레 성당Basilica di Santa Cecilia in Trastevere, 산타 마리아 인 돔니카 성당에
서도 이어졌다. 후계자였던 교황 그레고리오 4세는 산 마르코 교회의 애프스에 넣을
모자이크를 주문했고, 이후 약 50년 동안 로마의 벽 장식들을 제작하는 선례를 남기
며 양식과 내용을 발전시켜 나갔다.

모자이크 기법을 지속하게 만들었으며 더불어 전통적인 소재를 다루고 있는 작
품들 중에는 9세기에 제작된 밀라노의 산탐브로조 성당의 애프스가 포함되어 있다.
이 작품은 주교였던 안질베르토 2세(824-약 859)가 주문했으며, 〈권좌의 그리스도〉
와 밀라노의 순교자인 제르바시우스와 프로타시우스에게 관을 대관하는 대천사, 그
리고 일부만 남아 있기는 하지만 암브로시우스 주교의 삶을 소재로 삼아 다루고 있
다. 로마에 있는 오토 2세의 무덤에는 저물어 가는 1000년의 마지막 모자이크 작품
이 배치되어 있다. 이 작품에서 권좌에 앉아 있는 그리스도는 축복을 내리고 있으며,
그 사이로 3개의 열쇠를 들고 있는 베드로와, 두루마리 문서와 불 켜진 촛대를 들고
있는 바오로가 서 있다. 벽화는 여러 번 수정되었지만 매우 주도면밀하고 적절한 기
법을 적용했다는 사실을 알려 준다. 이 장소의 작품들은 아직은 매우 높은 수준의 예
술적인 기록이나 기법을 가지고 있지 않았지만 1007년에 수도원장인 플뢰리의 고즐
랭Gauzlin di Fleury(?-1030)은 수도원 교회의 아치 부분을 모자이크로 장식했다. 이와
달리 약 40년 후에 몬테카시노의 역사가였던 마르시족의 레오Leo Marsicanus(약 1046-
1115/1117)는 서유럽의 기술자들이 모자이크 작업에서 더 뛰어나다고 선언했다. 독
신자이면서 수도원장이었던 데시데리우스Desiderius(1027-1087)는 사실 자신의 수도
원 교회를 개조하기 위해서 콘스탄티노플의 경우에 주목했으며 새로운 모자이크의
시대를 열고 싶어 했다. 이는 비잔티움 미술의 영향에서 비롯되었다.

유럽 북부 지방에서 벽화의 전통은 그렇게 중요하지 않았다. 다양한 섬 지역의 장식과 카롤링거 왕조의 문예 부흥은 매우 빠른 속도로 표현 방식에서 구상미술과 기법을 활용할 수 있게 만들어 주었다. 고전의 부흥은 궁정 문화를 구성한 지식인과 재화들로 이루어진 프랑크족의 수도였던 아헨의 정치적인 관점에 따라 발전했고, 이들의 후원 속에서 롬바르디아 지방의 교회들과 수도원들의 발전이 이어졌다. 카롤루스 대제의 공적이고 시각적인 재현 문화와 그가 원했던 신성로마 제국의 모범은, 지금은 남아 있지 않지만 잉겔하임의 왕실 접견실에 배치되어 있던 프레스코화의 도상 프로그램들에 대한 기록을 통해서도 확인할 수 있다. 이곳에는 말스Mals에 있었던 산 베네데토 성당Chiesa di San Benedetto의 다윗 왕 이야기에서 유래한 장면들이 배치되어 있었던 것으로 추정된다. 이 이야기는 카롤루스 대제가 군주의 덕목을 강조하며 로마에서 황제로 대관식을 치른 후에, 신의 성소를 재건했던 성경의 예지자와 자신을 비교하고 암시했던 도상으로 볼 수 있다.

9세기 유럽 회화에서 새롭고 흥미로운 측면은 보조적인 공간을 위해서 특별한 방법으로 선택한 정확하고 상징적인 프로그램에 따라 재현을 했다는 점이다. 이탈리아의 경우에 수도원장 에피파니오Epifanio(9세기)의 지하 납골당의 아래편 벽과 볼투르노의 산 빈첸초San Vincenzo의 수도원 공간에서는 기하학적인 문양이 반복적으로 장식을 구성하고 있다. 모자이크를 구성하는 돌들이 만들어 내는 양식적인 표현과 영향 관계에 있는 프리즈는 벽 장식 석판crustae marmoree으로 구성되어 있으며, 이는 로마 회화에서도 확인할 수 있다. 방들은 매우 검소한 건축적인 구조를 지니지만, 기둥이나 아키트레이브, 대리석 주추(로르슈 수도원의 현관), 까치발로 받친 천장에는 고전적인 느낌을 전달하는 그림이 그려져 있다. 로마 화가들은 두 번째 양식, 혹은 테살로니키의 산 조르조 로톤다의 모자이크 작가들은 건축적인 배경을 활용하면서 오비에도의 산 훌리안 데 로스 프라도스 성당Basilica di San Julián de los Prados의 내부를 변화시키고 장식했다. 이곳은 알폰소 2세(759-842, 791년부터 아스투리아스 왕국의 왕)가 새로운 수도로 선언했던 장소이며, 산 살바도르 대성당Basilica di San Salvador 옆에 위치해 있다. 그는 콘스탄티누스의 십자가를 애프스의 유일한 요소로 선택했다.

여러 중요한 수도원들의 회화 작품들은 매우 적은 수만 남아 있으며 대부분 사료를 통해서 전해진다. 그라우뷘덴 주에 있는 오버첼의 게오르크 수도원 교회 Georgskirche는 오토 왕조 시대의 가장 중요한 필사본 공방 중의 한 곳이며, 라이헤나

장식과
기하학적 문양

우 수도원과 뮈슈타이르Müstair의 성 요한 수도원Benediktinerinnenkloster St. Johann[도판 55]
은 카롤링거 왕조의 전통에 속하며 정치적 프로그램에 따라서 도상의 규칙들을 고
안했다. 사료들은 다윗 왕과 압살롬의 이야기를 강조하고 있는데, 이런 점은 특히 이
작품의 주문자가 루도비쿠스 경건왕이거나 그와 관련 있는 사람으로 추정된다는 사
실을 미루어 볼 때, 역사에 대한 동시대의 관점을 암시하는 것으로 보인다.

조각

5세기 중반이 끝날 무렵에 황제 무덤의 석관을 포함한 기념 조형물에는 재현적이
고 장엄한 분위기를 담는 공공 예술의 경향이 지속되었다. 또한 왕실뿐 아니라 대주
교, 사회 상류층의 구성원들도 구상미술 작품을 통해 자신의 모습을 역사 속에서 영
속적인 이미지로 구성하거나 이상화된 이미지로 표현하기도 했다. 전통적으로 군주
의 권위를 드러내기 위한 청동 조각이나 기념 조형물의 제작 전통도 지속되었다(대
표적인 예는 카피톨리니 박물관에 보관되어 있는 거대한 〈콘스탄티누스 대제의 청동 얼굴상〉
으로 1세기에 제작되었다). 또한 현재는 소실되었으나 카롤루스 대제가 아헨으로 가지
고 왔던 〈테오도리쿠스 황제의 기마상〉도 같은 종류의 작품이었다. 역사가인 에우세
비우스는 분수를 장식하기 위한 목회자의 이미지와 다니엘의 청동 조각 작품에 대한
기록을 남겼다. 『교황 실베스테르 1세의 전기』에서는 그리스도, 세례자 성 요한, 노
루와 양들로 장식된 금은 조각상에 대해서 언급한다. 저자는 이 작품이 라테라노 대
성당의 세례당에 배치되어 있다고 기록했다.

4-5세기에 조각 작품들은 무엇보다도 석관을 중심으로 발전해 나갔으며 로마, 밀 석관
라노, 라벤나, 갈리아 지방에는 전문적인 공방들이 존재했다. 목가적인 형태의 장
식, 웅변가나 철학자와 같은 인물, 혹은 목자처럼 묘사된 인물들은 시간이 흐르면
서 점차 성경의 이야기들이나 그리스도의 일생을 다룬 이야기들로 대체되었다. 특
히 콘스탄티누스 대제 시기에 2줄로 배치된 프리즈로 장식된 석관이 등장했다. 종종
구성적인 이미지들로 이루어진 이야기는 아키트레이브나 아치를 지지하는 기둥들
에 의해서 구분되었다. '그리스도의 수난'을 다룬 특별한 소재들은 이후 기념비적인
조형물의 발전에도 중요한 영향을 끼쳤다. '죽음에서 승리하는 그리스도', '사도들에
둘러싸인 그리스도Cristo magister', '대관의 그리스도aurum coronarium'와 같은 소재들이
이에 해당한다.

그리스도교 도상 체계의 구성은 실제로 배치되는 종교적인 공간과 밀접한 관계를 가지고 있다. 일부만 남아 있기는 하지만 밀라노에 있는 산탐브로조 성당의 나무문의 조각과 로마의 산타 사비나 성당의 작품은 이 시대의 대표적인 조형물이자 선지자들과 법전과 복음서의 이야기들을 다루는 전형이다. 이 작품들은 구약 성경과 그리스도의 부활을 둘러싼 여러 일화들을 재현하고 있으며, 교부의 문헌에 따른 다양한 사유 방식들의 내러티브 형식에 따라 그리스도교 미술을 이해할 수 있는 중요한 자료다. 즉 부활의 이야기들을 교훈적인 관점에서 신자들에게 전달하는 문화적 전통이 형성된 것이다.

유스티니아누스 대제 시대의 작품들 라벤나와 아드리아 해 북부의 도시들에서는 유스티니아누스 대제가 제시한 전통적인 이야기와 서로 다른 다양한 이야기들을 종합시켰으며, 독창적이고 새로운 비잔티움 도상의 전통을 제시했다. 산 비탈레 성당의 내부에는 아직도 대리석과 설화석고로 장식된 우아한 작품들이 배치되어 있다. 산타폴리나레 인 클라세 성당이나 산 미켈레 인 아프리치스코 성당(현재 국립박물관Museo Nazionale)의 주두 장식들, 우르시아나 대성당Cattedrale Ursiana(주교좌 박물관Museo Arcivescovile), 산타가타 마조레 성당Basilica di Sant'Agata Maggiore과 산타폴리나레 누오보 성당의 수많은 기둥과 주두 장식, 칸막이에 제작되었던 조각 작품들은 매우 뛰어난 이미지의 목록을 제공하는 것들로, 콘스탄티노플에서 유래한 다양한 도상들을 제시하고 있으며 당시 비잔티움의 수도에서 발전한 미학 원칙을 통일성 있게 반영하고 있다. 로마 역시 콘스탄티노플에서 발전한 새로운 도상들을 도입했다. 호르미스다스 교황(?-523, 514년부터 교황) 시기에 건립된 산 클레멘테 성당에 남아 있는 제의용 대리석 조각들은 이와 관련된 대표적인 예다. 장식된 기둥들과 섬세하게 세각된 주두에는 요한 2세의 이름으로 교황이 된 메르쿠리우스Mercurius의 모노그램이 남겨져 있으며, 측면의 대리석 장식에 있는 우아하고 부드러운 십자가 도안은 유스티니아누스 대제가 건립한 성 소피아 대성당에서 사용했던 것과 동일한 재료를 사용하고 있다. 이후 바실리카 교회의 2층에 위치한 스콜라 칸토룸에도 동일한 재료가 사용되었던 것을 확인할 수 있다.

로마-이민족의 왕국들 하지만 로마-이민족 왕국의 예술적인 지평에서는 게르만, 메로빙거, 서고트족의 금속 공예 기술의 영향과 더불어, 초기 그리스도교 시대 혹은 고대 후기의 이미지를 다시 찾아볼 수 있다. 에스파냐의 서고트족과 아스투리아스 왕조에서는 건축물의 일부를 구성하는 독자적인 조각이 발전했다. 661년에 레케수인트 왕Recceswinth(653-

672년에 왕)의 주문으로 설립되었던 팔렌시아 지방의 바뇨스 데 세라토Baños de Cerrato에 위치한 산 후안 교회Iglesia de San Juan, 자모라 지방의 산 페드로 데 라 나베 교회Iglesia de San Pedro de la Nave(7세기 중반), 부르고스 지방의 킨타니야 데 라스 비냐스 교회Ermita de Quintanilla de las Viñas(8세기 초)에서는 식물 문양이나 양식화된 장식 문양을 관찰할 수 있다. 고전적인 장식들은 점차 기하학적인 문양으로 대체되어 갔다. 코린트식 주두는 피라미드 형태의 주두로 바뀌었거나 역사의 한 장면을 담거나 사각형의 주두로 대체되었는데, 이런 부분들은 조각한 이후에 채색되었다. 메로빙거 왕조 전성기의 예술적인 표현(5-8세기 중반)은 갈리아 지방에서는 고대 후기의 전통에서 발전해 나갔다. 이런 점은 빈에 있는 생피에르 교회 혹은 샤랑통 뒤 셰르Charenton du Cher(부르주, 베리 미술관Musée du Berry)의 석관들과 생막시맹Saint-Maximin의 생마들렌 성당Basilica della Sainte-Madeleine의 흥미로운 석관들을 통해서도 확인할 수 있다. 반면에 수아송에 남아 있는 〈데라우시우스의 석관〉(파리, 루브르 박물관, 고대 그리스도교 전시실)은 파리의 노트르담 대성당에서 유래한 것으로, 지역의 주교 성인인 데라우시우스를 다루고 있으며 음각에 대한 뛰어난 조각 기법을 관찰할 수 있다. 이 기법은 음각을 통해서 부조의 양감을 표현하고 있으며, 부드러운 세부 조각들의 중앙 부분에 있는 원형 틀에는 그리스도의 모노그램이 배치되어 있다. 조각에서 세각 기법은 빛의 반사 효과를 구성하는데, 이런 점은 된Dune의 지하 무덤(수도사 말레바우도Mallebaudo에게 봉헌된 예배당)과 푸아티에의 세례당, 주아르Jouarre의 생로랑 교회Église Saint-Laurent의 지하 납골당에도 적용되어 있다. 무엇보다도 이 경우들에서는 인물들의 형상을 발견할 수 있다. 주아르에 위치한 주교 안질베르토 2세의 무덤 조형물을 둘러싼 조각 작품은 한쪽에 최후의 심판의 도상이 배치되어 있으며(이곳에서는 선택받은 남자와 여자들이 천사의 비호를 받고 있다), 반대편에 〈권좌의 그리스도〉의 모습이 배치되어 있다. 이런 점은 이집트 바우이트Bawit에 있는 콥트 교회의 예배당 프레스코화에 나오는 〈그리스도의 변용〉의 구도와도 유사점을 지니고 있다.

영국의 섬 지역에서는 6세기에 앵글로색슨족이 도착하면서 아일랜드와 켈트족의 장식적인 요소가 등장했는데, 동물 문양들이 매듭을 구성하고 있으며 세각 기법이 적용되었다. 이런 표현 방식은 또 다른 재료의 기법과 연관되어 있는데, 바로 금속 공예 기법이나 삽화본의 삽화에 적용되어 있는 기법들이다.

고립된 기념 조형물에 세워진 조각 작품은 대부분 십자가 형태를 포함하고 있는 스텔레stele(묘석)에서 유래한 것들로, 각각 다른 규격을 지니고 있으며 8세기경부터 등장한다. 이런 종류의 작품들은 주로 노섬브리아에서 발견할 수 있으며 죽은 자를 애도하기 위한 용도로 제작되었다. 〈루스웰의 십자가La Croce di Ruthwell〉는 약 2세기 전에 이 지역이 복음화되는 과정에서 발전했던 전통을 보여 준다.

랑고바르드족의
이탈리아

랑고바르드족이 지배하던 이탈리아에서 조각은 여러 주문자들의 경쟁으로 형성된 예술 분야의 구도에서 매우 중요한 전략적인 요소였다. 기둥과 주두는 고전적인 양식을 지니고 있으며, 동물 문양으로 세각된 석판들은 다양한 방식으로 상징적인 의미를 담으며 고대 후기의 전례용 가구까지 상징적인 의미를 확장하고 있으며, 부드러운 프리즈는 식물 문양으로 채워져 있다. 조각된 장식용 석판은 고대 조각의 주두에서 영향을 받았으며, 세각된 문자들은 형태가 만들어 내는 리듬이나 명암 효과들을 고려해 보았을 때 이전과 다른 방식을 지녔다. 장식 부분에 배치된 다채로운 유색석은 이후에 곧 예술적인 보편성을 획득하며 다양한 테세라와 함께 사용되었다. 고대 세계에 대한 자의식이 반영된 기념물들은 브레시아의 산 살바토레 성당이나 치비달레의 템피에토 디 산타 마리아 인 발레[도판 10]에서 확인할 수 있다. 여기서는 로마의 커다란 바실리카와 아드리아 해 북부 건축물들의 예를 참조해서 프레스코, 대리석, 설화석고를 활용한 조각들이 채색되어 있으며, 건축적인 구조에 양감을 부여하고 있다.

또한 카푸아, 나폴리, 소렌토의 조각 작품들과 근교의 작품들은 지중해의 비잔티움 세계의 영향을 받았고, 캄파니아 지방을 중심으로 고대의 장식들이 유행했다.

카롤링거 왕조의 조각 작품에는 다양한 기법과 재료들이 적용되어 있다. 상아 세각은 접이식 상아판이나 필사본의 표지 등에 적용되어 지역 유파 모두에서 발견되며, 세각된 장식 안에는 종종 인물들의 형태가 재현되어 있기도 했다. 전례용 가구의 경우에는 『카롤링거의 책Libri Carolini』에 기록된 문장을 통해서 확인할 수 있는데, 여기서는 카롤루스 대제가 자신의 왕국에서 행해지는 성상 파괴 운동에 부정적이지 않은 태도를 취했음을 관찰할 수 있다. 카롤루스 대머리왕이 주문했던 성 베드로 대성당에서는 베르니니가 주도한 양식 구조를 현재 확인할 수 있으며 헤라클레스 이야기를 다룬 상아판이 포함되어 있는데, 이런 요소는 나중에 대성당 구조물에 포함된 것으로 보인다. 여기에 묘사된 인물들의 의상은 다양하고 다채로운 장식을 취하고 있으며, 실제 동물 혹은 상상의 동물이나 고대의 가면들은 고대에 대한 취향을 반영하고 있다.

문학적 사료에서 가져온 자료의 내용들을 통해서 설화석고가 매우 여러 지역에 설화석고
작품들 서 사용되었다는 사실을 알 수 있는데, 이것은 채색을 통해서 회화적인 요소를 적용 할 수 있는 흥미로운 재료였다. 연속적인 사건들로 이루어진 각 장면에 등장하는 인 물들은 부뇌일수비아르 교회Vouneuil-sous-Biard에 남아 있는 일부 장식들(푸아티에, 생 크루아 미술관Musée Sainte-Croix)을 통해 확인할 수 있다. 일부만 남아 있는 채색된 설 화석고 형태로 구성된 조각들은 그라우뷘덴 주의 디젠티스Disentis의 성 마르틴 교회 Kirche St. Martin에서 유래한 것이다. 제르미니데프레 교회Église de Germigny-des-Prés(오를 레앙, 고고학역사박물관Musée Historique et Archéologique de l'Orléanais)의 테오둘푸스 수도 원장(약 750-약 821)의 예배당에는 장식 프리즈나 막혀 있는 벽감 장식이 남아 있다. 성 안질베르토(약 745-814)의 삶은 카롤루스 대제의 팔라초와 이어진 센툴라Centula/ 생리키에 수도원 교회Abbaye de Saint-Riquier에서 그리스도의 부활로 이어지는 그리스 도의 삶 연작 부분을 다룬 4개의 제단 석판 위에 설화석고로 묘사되어 있다. 힐데스 하임 대성당에서 지하 납골당 입구를 구성하는 문 위의 두 반월창에는 네 인물 사이 에 있는 그리스도의 모습과, 두 성인의 대관을 받으며 천구 위에 있는 그리스도의 모 습이 재현되어 있다. 10세기가 저물어 가던 시기에 산탐브로조 성당의 닫집은 여러 색채로 채색된 유일한 예로, 반암 기둥을 지니고 있으며 아랫부분에는 볼비니우스 Volvinius의 제단이 놓여 있다. 이 제단은 북부 이탈리아 파다나 평야 지방에서 고대 로 마의 조각 작품의 전통이 끊임없이 발전하고 있었다는 사실을 확인할 수 있는 중요 한 예다.

서적

삽화와 가치가 높은 재료를 활용한 제본 방식은 중세 필사본에서 이미지와 문자의 복잡한 관계를 보여 준다.

삽화가 포함된 최초의 서적은 구약 성경이며, 특히 그 안에 기록된 천지 창조 이 야기는 인기 있는 도상학적 소재 중 하나였다. 이와 더불어 구약 성경의 일화들을 설 명하기 위한 목적으로 다양한 삽화가 필사본에 포함되기 시작했다. 남아 있는 구약 성경 중 가장 오래된 삽화의 예는 『코튼의 창세기Genesi Cotton』(런던, 영국도서관British Library, ms. Cotton Otho B. VI)다. 이 삽화본은 5-6세기에 활동했던 알렉산드리아 출신의 삽화가가 제작한 것으로 보이며, 그리스에서 유럽으로 전해졌다. 현재 일부 페이지만 소실되어 있다. 또 다른 중요한 삽화본 중 한 권은 의심할 여지없이 『빈의 창세기Genesi di Vienna』(오스트리아 국립도서관Österreichische Nationalbibliothek, Vind. theol. gr. 31)이며, 시리아에서 제작되었다. 이 책은 매 페이지의 아랫부분에 메시지를 설명하는 삽화가 포함되어 있으며, 『셉투아진타Septuaginta』('70인역七十人譯' 성경'이라고도 하며 그리스어로 번역된 가장 오래된 구약 성경이다*)를 요약했다.

고대 후기에 신약의 복음서 또한 여러 이미지를 포함한 삽화본으로 제작되었다. 보라색의 『로사노 복음서Evangeliario purpureo di Rossano』(로사노, 로사노 대성당)는 「마태오 복음서」 전체와 「마르코 복음서」의 거의 대부분이 남아 있다. 이 두 복음서의 페이지들은 이야기의 순서에 따라 각각 14점의 삽화를 싣고 있다. 『시노페 복음서 Codex Sinopensis』(파리, 프랑스 국립도서관Bibliothèque Nationale de France, Suppl. gr. 1286)와 더불어, 이 작품은 6세기의 시리아-안티오키아 지방 혹은 팔레스타인의 카이사레아의 삽화본 공방에서 제작되었던 것으로 추정된다. 이 책들에서는 세밀화와 기념비적 조형성을 지닌 회화 작품의 관계를 확인할 수 있다. 『라불라의 복음서Evangeliario di Rabula』(6세기, 피렌체, 메디체아 라우렌치아나 도서관Biblioteca Medicea Laurenziana, cod. Plut. I. 56)는 의심할 여지없이 프레스코화와 모자이크 작품을 참조해서 그렸던 것으로 보인다. 한편, 6세기경에 「묵시록」의 이야기는 다양한 이미지를 창조적으로 묘사할 수 있는 소재를 제공했다. 680년에 베네딕트 비스콥Benedict Biscop(약 628-약 690)은 로마를 떠나 영국으로 향하는 길에 구약 및 신약 성경과 함께, 젊은 시절에 보았던 여러 이미지를 포함한 책을 가지고 갔다.

구약과 신약

비바리움 수도원에서 제작했던 9권짜리 성경은 현재는 칼라브리아 지방의 스퀼라체Squillace에 보관되어 있지만, 카시오도루스의 도서관에 포함되어 있었던 것으로 추정된다. 카시오도루스의 의도에 따라 비바리움에는 규모가 큰 도서관이 건설되었지만 그가 죽고 난 뒤에 이 도서관의 책들은 점차 소실되었다. 수도사 체올프리드는 노섬브리아의 수도원장이 되었으며 678년에 로마를 방문했다가 귀국하는 길에 세 종류의 성경의 모범이 된 삽화본을 가지고 왔다. 이 중 한 권은 『아미아티누스 코덱스Codex Amiatinus』(피렌체, 메디체아 라우렌치아나 도서관, ms. Amiat. I)로 전체가 파손 없이 보존되어 있다. 교황 그레고리오 2세(715-731년에 교황)가 주문했던 것으로 모든 페이지에 2점씩 세밀화가 삽입되어 있는데, 그중 하나는 〈세상의 지배자 그리스도)로 고대 후기의 이미지를 모범으로 삼았다. 또 다른 7세기 삽화본은 (아프리카 북부가 아니라) 에스파냐에서 제작된 『아슈버냄의 모세 5경』(파리, 프랑스 국립도서관, nouv. Acq. Lat. 2334)으로 구약 성경의 모세 이야기로 구성된 5편의 글을 포함하고 있다. 여기서 '펜타테우코pentateuco'('5편의'라는 뜻이자 모세 5경을 가리키기도 한다*)라는 명칭이 유래했다. 이 책은 약 100페이지가 조금 넘는 분량을 가지고 있다. 596년에 영국으로 캔터베리의 아우구스티누스가 가지고 온 복음서[도판 23](케임브리지, 코퍼스 크리스티 칼리지Corpus Christi College, cod. 286)에는 현재 삽화가 2점 이상 실려 있지 않으며, 가장 중요한 삽화는 성 루카가 권좌에 앉아 있고 애프스가 보이는 건축물 아랫부분에 「루카 복음서」의 일화를 소재로 다룬 6개의 장면이 함께 묘사된 것이다. 이 복음서는 이탈리아에서 제작되었으며, 이후에 제작된 삽화본들은 이 같은 장면들을 묘사하기 위해서 도서관 같은 공간을 구성하고 나서 인물을 배치했다. 7세기에 로마에서 생산되었던 『아우구스티누스의 복음서』는 7세기 말에 이미 영국에 도착했고, 이는 당시의 사료를 통해서도 확인할 수 있다. 사실 중세 서적의 장식이 꽃피었던 중요한 장소는 아일랜드였다. 이곳은 로마인들의 지배를 받지 않다가 이후 그리스도교로 개종한 지역으로, 성경에 쓰인 라틴어는 이곳의 새로운 신자들에게 낯선 언어였기 때문에 내용을 이해시키기 위해서는 우선 아름다운 이미지들을 활용할 필요가 있었다. 이들은 도서 지역의 금 세공사들이 금속을 장식하기 위해 사용했던 도안들과 기하학적 혹은 동물 문양을 활용했고, 삽화가들은 자신의 작업 순서와 기법을 분류하고 다양한 색을 적용해서 사람들의 취향을 만족시켰다. 네 복음서는 650-800년경에 가장 많이 유행했던 소재였으며, 삽화가들은 이 서적들에 삽화를 넣으면서 매우 많은 주의를 기울였다. 현재 남아 있는 작품들은 대부분 그것을 제작한 수도원의 명칭을 사용하고 있다. 『더로Durrow 복음서』[도판 22](더블린, 트리니티 칼리지 도서관Trinity College Library, ms. A. IV. 5), 『에히터나흐Echternach 복음서』(파리, 국립도서관, ms. lat. 9389), 『린디스판Lindisfarne 복음서』[도판 32](런던, 영국도서관, ms. Nero D. IV), 『켈스Kells 복음서』(『켈스의 서』라고도 함*, 더블린, 트리니티 칼리지 도서관, ms. A.1.6)의 삽화본과 같은 작품들은 이 시대에 절정에 이른 도서 지방의 세밀화 백과사전처럼 다양한 삽화들을 보여 준다. 삽화본의 첫 페이지들에는 기하학적 장식 문양들이 화려하게 배치되어 있었고, 이후 이 페이지들은 전체가 장식으로 구성된 소위 카펫 페이지라 불리는 페이지들을 만들어 냈다. 이 페이지들은 양식화된 기호로 묘사된 복음사가를 제외하고는 전체가 장식적인 문양들로 구성되어 있었다.

이탈리아 북부 지방에서 그리스도교 문화의 중심지는 발 트레비아Val Trebbia에 있는 보비오 베네딕투스 수도원으로, 이곳은 아일랜드의 수도사인 성 콜룸바누스와 랑고바르드족의 아길룰프(?-616, 590년부터 왕)가 설립했다. 약 200여 편의 필사본과 약 700여 편의 서적들이 롬바르디아의 수도회 도서관에서 생산되었다. 글은 책을 꾸미는 다른 부분에 비해서 더 중요한 의미를 지니고 있었으며, 장식 도안은 당대의 조각, 천, 당시 유색석으로 장식된 금속 공예 작품에서 활용하던 추상적인 모티프를 적용했다. 커다란 머리글자를 장식하는 매듭 문양의 섬세한 장식은 그 자체로 생동감을 느낄 수 있으며, 배경에 활용된 보랏빛 염색은 보비오 수도원에서 생산한 삽화본의 특징이기도 하지만 9세기에 이르면 매우 뛰어난 수준까지 발전했다. 서유럽 문화의 또 다른 축은 갈리아 지방이었다. 이곳의 코르비 수도원Abbazia di Corbie에서 랑고바르드족의 마지막 왕이었던 데시데리우스Desiderius(?-약 774, 756년부터 왕)가 세상을 떠났고 이곳에 묻혔다. 이곳으로 많은 이탈리아 서적들이 도착했고, 수도원의 공방들에서는 새로운 이미지를 시도했으며, 이후에 카롤링거 왕조의 소문자로 알려진 글씨체도 이곳에서 태어났다. 그리스, 이탈리아의 로마, 이탈리아의 롬바르디아, 그리고 영국의 섬 지역을 포함하는 유럽 대부분의 문화들이 코르비 수도원의 벽 안에서 서로 절충하며 발전하고 있었다. 『시편』(아미앵, 시립도서관Bibliothèque Municipale, ms. 18)에서는 유일하게 삽화가 있는 머리글자 장식 양식과 주관적인 다양한 시도들을 관찰할 수 있으며, 작은 예배당 형태처럼 굽은 동물 문양 장식들을 발견할 수 있다.

랑고바르드족이 지배하던 이탈리아에서 서적 출판은 랑고바르드족이 이탈리아를 점령하고 정착한 시기 이후에 그리스도교로 개종하면서 새로운 전례서 생산으로 이어졌으며, 그 결과 랑고바르드족의 귀족 가문 일원들과 주교, 수도원 공동체의 만남을 이끌어 냈다. 이탈리아 남부의 지중해 연안에서도 몬테카시노의 성 베네딕투스 수도원과 볼투르노의 산 빈첸초 수도원의 삽화본 공방을 통해 출판은 지속적으로 발전했다. 또한 베네벤토와 같은 이 지역 중심지는 비잔티움 세계에서 유래한 새로운 장식들의 영향을 받았다. 이 장소에서 생산된 가장 인상적이고 공상적인 장식은 전례서의 글들에 적용되었다. 『그레고리오 교황의 강론집Omelie di Gregorio Magno』(카피톨라레 도서관과 문헌보관소Archivio e Biblioteca Capitolare, ms. CXLVIII)은 9세기에 베르첼리에서 제작되었으며, 8세기 말의 이탈리아 필사본 공방에서 만들어진 가장 뛰어난 작품 중 하나다.

초기에 카롤링거 왕조의 삽화들은 동로마 제국의 그리스도교 미술에서 유래한 형상의 자연스러운 재현 방식과도 밀접하게 관련되었지만, 머리글자의 장식에서는 7-8세기까지 영국의 섬 지역에서 발전했던 모범 사례들에서 많은 영향을 받았다. 형상과 장식의 구분은 이외에도 의인화된 형상이나 소재의 범위 확장에 많은 영향을 끼쳤다. 신약 성경의 경우에 이야기의 순서, 그리스도, 복음사가와 같은 삽화만 배치한 것이 아니라 어린 시절, 기적, 수난과 같이 더 분화된 이야기의 구조를 반영하기 시작했다. 840년경에 투르에서 제작된 대형 성경(런던, 영국박물관, Add. 10546)에는 이 같은 표현 방식들이 잘 반영되어 있다. 인물들, 건축물들, 풍경, 의상에서 색채에 이르기까지 이 책의 삽화들은 고대 후기 미술의 모범을 충실하게 재현한다. 카롤링거 왕조의 삽화본 중에서 여러 경험들을 성장시켜 반영한 가장 뛰어난 작품 중 하나는 카롤루스 대머리왕을 위해서 랭스에서 870년에 제작했으며, 성 바오로 대성당의 삽화본으로 전해지는 『성 바오로의 성경Bibbia di San Paolo』(로마, 성 바오로 대성당의 수도원 교회)이었다.

또한 영국의 미술도 성 던스턴Saint Dunstan(924-988)의 수도원 제도를 개혁하면서 매우 중요한 시기를 맞이하게 되었다. 비록 이 시기의 창조적 예술 활동이 새로운 양식으로 전환된 것은 아니지만 성숙하고 발전해 나갔는데, 예를 들어 삽화본 생산의 중심지였던 윈체스터 학교는 이후 메스와 아다의 필사본 공방에서 제작했던 카롤링거 왕조의 삽화본의 모범을 제공했다. 에스파냐는 반대로 카롤링거 왕조의 문예 부흥의 영향을 받지 못했으며 새로운 문화적 경향에서 벗어나 있었지만, 8세기의 이슬람 세력의 확장에 따라 이슬람 문화의 영향을 받았다. 이와 연관된 가장 우아한 작품은 아마도 786년에 리에바나의 베아투스(?-798)가 쓴 『요한 묵시록 주해서』[도판 33] 일 것으로, 에스파냐 북부 지방에서 제작된 것이다. 또한 10, 11, 12세기에도 여러 필사본들이 생산되었다. 삽화가들은 아마도 6-7세기에 제작되었던 삽화본을 참조해서 작업한 것으로 보이며, 이들은 새로운 형상을 고안하지는 않았지만 매우 정적이고 평면적이며 에나멜 같은 느낌의 밝은 색채를 사용해서 하나의 양식으로 발전시켜 나갔고, 다른 한편으로 이슬람 문화에 바탕을 둔 장식 도안을 절충했다.

카롤링거 왕조에서 받아들였던 양식들은 10세기 후반에 새로운 변화들로 대체되기 시작했다. 수도원의 개혁은 클뤼니의 수도사들에 의해서 지지받았다. 영국, 프랑스, 이탈리아에서 진행된 새로운 문화적 계기들은 수도원의 개혁과 밀접한 관계를 맺고 있으며, 이는 여러 운동들의 동시대성을 통해서 설명할 수 있다. 오토 왕조의 예술을 후원한 사람들은 트리어의 에그베르트Egbert von Trier(977-993년에 주교)와 힐데스하임의 베르나르두스(993-1022년에 주교)처럼 수도원의 책임을 맡고 있는 주교나 황제들이었다. 기념비적 조형물에 대한 황제의 취향은 972년에 오토 2세와 테오파노(약 955-991) 공주의 정략결혼을 통해서 비잔티움 제국의 지지를 받았다. 라이헤나우의 학교는 970년대에 여러 작품들을 제작했는데, 이때 만들어진 대표적인 필사본이었던 『발췌서Libri di Pericopi』는 복음서의 글들을 순차적으로 구성했던 것이 아니라 교회의 전례 시기에 따라 재배치했다. 그 결과 새로운 방식의 삽화들을 필요로 했고, 초기 그리스도교 시대와 초기 비잔티움 시대의 여러 삽화들을 바탕으로 새로운 회화 이미지들을 정비해 기록했다.

유리 공예

서양의 사료에는 중세 초기에 이미 색유리가 제작되었다는 기록이 남아 있다. 또한 몽크위어머스Monkwearmouth, 재로Jarrow, 위트혼Whithorn, 노섬브리아의 수도원 교회에서 여러 종류의 색유리 조각이 발굴되었으며, 이런 점은 7-8세기에 수도원 안에 색유리를 제작하기 위한 전문 장인이 있었다는 프랑스의 문헌 기록이 가진 사료적 가치를 확인시켜 주었다.

또한 라벤나에 있는 산 비탈레 성당에서도 그림이 그려졌던 흔적이 있는 색유리 조각이 출토되었다. 라벤나를 비롯해서 아헨, 그라도, 알벤가와 같은 여러 도시에서는 색유리를 끼우기 위한 동이나 나무틀이 함께 출토되기도 했다. 이후에 나무나 석재로 구성된 공간에 색유리를 고정하기 위해 납틀을 사용하는 새로운 기법이 등장하게 되었다는 점도 확인할 수 있다. 납틀은 하중을 줄여 주고 다양한 방식으로 쉽고 넓게 색유리를 배치할 수 있는 기법이었으며, 이런 사실은 중세 후기의 여러 대성당 벽을 장식하고 있는 스테인드글라스의 예들을 통해서 접할 수 있다.

이미 9세기부터 여러 이야기를 다루고 있는 스테인드글라스 작품들이 등장하기 시작했으며, 여러 종류의 색유리를 활용하고 그리자유 기법grisaille(유리를 태워 가루를 낸 재료를 붓에 찍어 선을 그린 뒤에 불로 구워서 고정시키는 기법)을 적용한 경우도 쉽게 만날 수 있다. 프랑스와 독일에서 이 기법은 매우 빠른 속도로 발전했다. 동유럽

프랑스와 독일의 예

에서도 이 기법이 사용되고 있었던 점을 확인할 수 있지만, 이 기법은 서유럽에서 더 높은 평가를 받았던 것으로 보인다. 카롤링거 왕조 시기에 로르슈Lorsch에서 유래한 여러 유리 조각을 사용해서 수염과 후광을 가진 인물을 묘사한 작품이 남아 있는데, 이 이미지는 세례자 성 요한의 이미지로 추정되며 9세기 중반에 제작되었던 것으로 추측된다. 또한 루앙의 주교좌 성당과 생드니의 수도원 교회에서 이루어진 고고학적 발굴 작업들은 유리를 고정하는 납틀을 제작하기 위해서 교회 옆에 공방이 있었다는 사실도 확인시켜 주었다. 이런 점에서 건축 공방 옆에 유리 공방이 배치되었던 것은 드문 일이 아니었다. 볼투르노 강변에 있는 산 빈첸초의 베네딕투스 수도원에 있던 공방에서는 다색 유리를 사용한 큰 규모의 창문들을 제작했다. 또한 고고학적 발굴을 통해서 이 수도원의 여러 부분에 스테인드글라스가 사용되었다는 점도 밝혀 졌다. 무엇보다도 이런 유리 공방의 내부에서는 수도원과 다른 장소에서 사용하기 위한 금속 도구를 함께 제작했다. 파르마의 수도원과 코르바이Corvey(베스트팔렌 지방), 장크트 갈렌, 뮌스터와 같이 알프스 지역에 설립된 베네딕투스 수도원에서도 여러 종류의 색유리가 생산되었다.

바닥 장식

바닥 장식을 위해 적용했던 모자이크 기법은 고대 후기의 팔라초, 온천, 상류층의 저택에서 쉽게 관찰할 수 있다. 단색 혹은 다색 모자이크 장식은 종종 기하학적 문양이나, 자연 풍경과 인물, 상징적인 형태 혹은 알레고리를 담은 방식으로 묘사된 신화적 이야기를 소재로 한 여러 점의 작품들에 남아 있다. 이 작품들은 표장標章의 형태나 프리즈 장식의 형태를 가지기도 하지만 종종 바닥 면 전체를 장식하기도 한다. 기하학적 모자이크의 발전은 아퀼레이아에 위치한 초기 그리스도교 교회의 바실리카 에서 관찰할 수 있는 바닥 문양을 통해서 확인할 수 있다. 테오도루스 시대에 완성된 북쪽과 남쪽 공간의 모자이크 연작[도판 69](약 320)은 성경의 요나 이야기를 재현과 상징으로 다룬 작품으로, 어부들과 바다에서 관찰할 수 있는 다양한 사물들을 담은 자연 풍경이 묘사되어 있으며, 이를 배경으로 여러 상징적인 의미를 가진 동물들이 배치되어 있다. 또한 이 시기에 인물의 재현과 연관해서 초상화에 대한 관심도 확인할 수 있다. 약 14명의 기증자들의 모습이 남쪽 방을 장식하고 있다. 아헨의 작품에서 받은 영향은 배경을 구성하는 기하학적 문양을 통해서 확인할 수 있으며, 이곳에

아퀼레이아
바실리카

는 동물과 식물 문양의 요소가 겸손한 형태로 적용되어 있다(그라도, 산타 마리아 델레 그라치에 성당Chiesa di Santa Maria delle Grazie, 420-440). 라벤나에서 이스트리아에 이르는 아드리아 해의 주변 도시들에 있는 바닥 장식에서는 대체로 이름이 명확하게 적혀 있는 기증자와 성직자의 모습을 확인할 수 있는데, 기증자의 모습을 재현하는 전통은 팔레스타인의 유대인 회당들과 시리아-팔레스타인 지역의 교회들에서도 관찰할 수 있다.

다른 뛰어난 작품들　　마요르카 섬에 있는 산타 마리아 성당에서는 천지 창조를 다룬 매우 드문 바닥 장식을 관찰할 수 있다. 갈리아 벨기카Gallia Belgica에 있는 블란지레피스메Blanzy-lès-Fismes(엔Aisne)에는 오르페우스의 이야기를 다룬 모자이크가 있으며, 아마도 프랑스의 남부 지역과 아프리카의 북부 지역을 중심으로 활동했던 공방의 작품으로 추정해 볼 수 있다. 또한 4세기에 로마가 점령했던 영국 남부 지역에서도 유사한 여러 점의 모자이크 바닥 장식을 확인할 수 있는데, 특히 이런 작품들은 시골 교외의 저택들을 중심으로 발견된다. 이 작품들 역시 인물 초상, 신화와 알레고리적인 이미지들을 소재로 활용하고 있다. 흥미로운 점은 이교도 문화의 소재들로 장식된 바닥 사이에 종종 그리스도의 모노그램이나 흉상의 이미지가 표현되어 있다는 점이다(도싯에 위치한 프램턴Frampton과 힌턴 세인트 메리Hinton St. Mary의 모자이크들이 대표적인 예다).

　　몇몇 근동 지역에서는 바닥을 장식한 모자이크 기법 옆에 그것과 동일한 기법을 활용한 벽면 모자이크 장식도 확인할 수 있는데, 이런 벽면 모자이크 장식은 오푸스 세크틸레opus sectile라고 부른다. 사실 로마 제국의 역사 속에서 대리석판이나 염색한 돌들을 기하학적으로 구성해 건축물을 장식했던 것은 오랜 역사를 가지고 있었으며 고대 후기에도 지속적으로 활용되었다. 로마 신전들의 오푸스 세크틸레와 모자이크에서도 뛰어난 기하학적 문양과 양식화된 화훼 문양들을 확인할 수 있다. 7세기에 이탈리아 북동부 지방은 이 장르에 새로운 혁신을 가져왔던 중심지가 되었고, 이곳에서 식물 줄기와 환상적인 동물들 사이에 인물 이미지가 뒤섞여 있는 새로운 도안들을 관찰할 수 있다. 고대의 전통은 9세기에 프랑스와 카탈루냐 지방에서도 유행했으며, 이 시기에는 고대 후기와 초기 그리스도교의 유적지들을 다시 리모델링하는 과정에서 벽을 장식하는 기법들을 다시 연구했다. 카롤링거 왕조 시대에 반암과 같이 구하기 힘든 테세라를 재활용하고 있는 점을 확인할 수 있으며, 이런 점은 교황 하드리아노 1세 시대에 제작되었던 로마의 산타 마리아 인 코스메딘 성당의 사제석을 비롯해 아헨의 왕실 예배당, 생제르맹도세르, 쾰른 대성당에서도 관찰할 수 있다.

| **다음을 참고하라** |
시각예술 그리스도교의 종교 공간(689쪽); 전례용 가구(758쪽); 전례서와 제기(767쪽)

동로마의 그리스도교 도상 프로그램
| 프란체스카 차고 |

동로마 제국에서 종교 미술은 신성을 향한 인간의 영성을 고양하기 위한 기능을 가지고 있으며, 이를 위해 재료가 가지고 있는 본성을 뛰어넘는 메시지를 구성하려는 과정을 거치게 된다. 이런 목적은 인간 삶의 마지막 목적으로 모든 예술적인 형상을 만드는 기준이 되었다. 건축에서 회화에 이르는, 그리고 공예에서 조각에 이르는 모든 분야들이 이런 기준을 적용하는 대상이 되었다. 무엇보다도 8-9세기에 성상 파괴 운동은 비잔티움의 역사 속에서 자주 개최되었던 공의회들을 통해 발전했고, 구상미술이 종교적인 우상이라는 관점을 형성하면서 예술 활동에 영향을 끼치게 되었다.

미술의 명상적 기능: 신의 이미지를 통한 영혼의 구원

"교회에서 신자는 그리스도의 삶을 재현한 이미지를 명상함으로써 신성함과 은총과 영광을 알며, 고요한 이미지는 신자들에게 삶의 모범을 제시한다." 이렇게 다마스쿠스의 요한은 비잔티움 세계에서 인간의 존재를 뛰어넘으려는 최고 목적을 요약하고 있다. 비잔티움 세계에서 그리스도교 신자들의 마음에 희망과 열정을 불러일으켰던 그리스도의 지상 재림에 대한 믿음뿐 아니라 종교적 전례의 참여는 신자들로 하여금 신과 영성의 교류를 향해 나아가도록 했다. 기도를 통해서 신에게 다가가고 자신의 영혼을 고양시킬 수 있었던 것이다. 비잔티움 세계의 사람들에게 전례는 지상 세계와 천상 세계를 이어 줄 수 있는 과정이었으며, 미술은 스스로의 고유한 표현 속에서 이 관계를 완성해 주는 기능을 수행했다. "신의 이미지를 통해 나의 영혼은 구원을 받을 것이다." 성경과 전례와 동일한 방식으로, 하지만 한층 더 감정에 호소하고 이미지가 지닌 즉각적인 힘을 통해서, 미술은 신자들에게 영성의 실현을 가능하

신과의 합일

게 만들어 주었다. 앞으로 살펴보겠지만, 비잔티움 제국은 매우 엄격한 기준과 고대의 감정을 계승해서 양식을 제시했으며 이는 동방의 초기 그리스도교 세계의 표현적인 경향과 연관되어 있다. 인간을 묘사하던 헬레니즘 시대의 전통을 발전시킨 비잔티움 제국은 동방 그리스도교의 본질을 표현하는 영성을 미술 작품에 담았다. 비잔티움 제국에서 미술은 매우 감각적이고 진지한 대상이며 고대 세계의 미술을 참조하며 종교적인 영향을 끼칠 수 있는 강력한 도구였고, 신자에게 물질세계에서 벗어나서 초월의 신비를 소개하는 역할을 담당했다. 그리스도교가 공식적으로 자유를 얻고 국교가 되면서 동로마 제국의 수도를 콘스탄티노플로 부르게 되었고, 교회는 로마 제국의 과거 영광을 배제하면서도 고전 미술의 시각 언어를 받아들였으며, 동시에 황제들은 비잔티움의 바실레우스(정교의 수장*)로서 세계를 지배하는 권한을 획득했다. 4-5세기에 콘스탄티노플에서는 그리스도교 도상과 연관된 장식을 찾아볼 수는 없지만, 동로마 제국의 중심부에서는 비잔티움 시대의 초기 모자이크들을 찾아볼 수 있다. 제국의 두 번째 도시였던 테살로니키는 중세의 모든 시기에 콘스탄티노플을 제외하고 가장 중요한 지성적이고 예술적인 중심지로, 벽화에 대한 가장 오래된 자료가 남아 있는 곳이었다. 그리스도교와 비잔티움의 전통에서는 고대 말기의 형상과 조화를 이루고 있다는 점을 확인할 수 있다.

산 조르조 로톤다Rotonda di San Giorgio(이곳은 원래 갈레리우스의 마우솔레움으로 4세기 말-5세기 초에 교회로 바뀌었다)의 쿠폴라에는 사제와 선지자들 사이에 승리의 그리스도의 이미지가 배치되어 있으며, 아랫부분에는 헬레니즘 건축물의 배경에 기도하는 순교자들의 모습이 그려져 있다. 고전 미술의 전통과의 관련성과 연속성은 이 작품의 구도와 자연스러운 표현에서 다시 확인할 수 있으며, 오시오스 다비드 예배당 Osios David의 애프스[도판 76]에 있는 모자이크에서 잘 드러난다. 이 작품은 5세기 말에 제작되었던 것이다. 수염을 가지지 않고 젊게 묘사된 그리스도는 무지개를 배경으로 원형 틀 속에서 모습을 드러내고 있으며, 영광의 상징처럼 오른손을 들어 올리고 있다. 복음사가들의 상징이 주변에 보이며, 에제키엘과 하바쿡은 두려움을 가지고 신의 현현을 바라보고 있다.

로마 제국이 스스로의 정치적·영적인 통일성을 재구성했던 6세기에 유스티니아누스 대제는 "지상에서 신의 재현과 살아 있는 법"을 선언하며 신정주의에 부합하는 전형적인 수도원 이데올로기를 제안했고, 비잔티움 왕국의 바실레우스는 스스로가

고전 미술의
유산

정치적인 권력뿐 아니라 종교적인 권위도 가진다고 선언했다. 황제의 권력과 영광을 드러내기 위한 선전과 제도적 장치들, 그리고 상류층의 공감에 바탕을 둔 문화적 관점은 유스티니아누스 대제의 후원을 받으며 예술 프로그램으로 발전했으며, 당시에는 지식인뿐 아니라 일반 대중을 예술품의 소통 대상으로 염두에 두고 있었다. 이런 작품 중에는 지금은 소실되어 남아 있지 않지만 찰케Chalké의 문(찰케는 '청동'을 뜻하는 것으로 콘스탄티노플의 팔라초에 있는 청동의 문을 가리킨다*)에 있는 모자이크 작품을 언급할 수 있으며, 황제의 궁전을 소개하는 역할을 한 현관 홀porta-vestibolo에는 유스티니아누스 대제의 문예 부흥에 대해서 언급할 수 있는 작품이 있었다. 라벤나의 산 비탈레 성당의 사제석 작품과 유사한 형태로 유스티니아누스 대제, 테오도라 여제 그리고 원로원 의원들의 초상이 배치되어 있었다. 프로토 비잔틴Proto-Byzantine(고대 후기와 비잔티움의 경계에 있는 문화적 시기를 가리킨다*) 미술의 시기에 황실 팔라초에만 바닥 장식 형태로 모자이크가 활용되었다는 점을 확인할 수 있으며, 이 작품은 6세기경에 제작된 것으로 추정된다. 또한 생동감 넘치는 인물들, 이교도 미술에서 유래하고 비잔티움 황제의 궁정에서 개화했던 섬세하고 고전적인 특징들, 그리고 고대 후기에 인상주의처럼 화려하게 변화했던 미술품들의 특징을 지니고 있다는 점에서 헬레니즘 미술과의 연속성을 보여 준다. 당시에 사회적 엘리트 계층은 헬레니즘 문화와 밀접한 관계를 맺고 있었다. 이런 점은 빈에 보관되어 있는 디오스코리데스의 『약물에 대하여』[도판 16](Med. Gr. I)를 통해서도 확인할 수 있다. 이 저작은 6세기 초에 아니키아 율리아나Anicia Juliana(462-528)의 주문을 받아서 제작되었다. 디오스코리데스의 이 저술은 프로토 비잔틴 시대에서 가장 뛰어난 과학 삽화본 중 한 권이며 수도의 회화 양식을 이해하게 해 주는 가장 오래된 기록 중 하나다.

유스티니아누스
대제의 예술
프로그램

　　그리스도교가 안정적으로 안착한 뒤에 종교적인 주요 기준들을 형성하고 그리스도교의 선전 도구이자 실천적이고 교육적이며 인식할 수 있는 내용들을 구성하면서 예술의 필요성이 생겨났다. 그리스도교의 형상들은 점차 추상화되었으며 동로마 제국에서 형성된 그리스도교의 초월적인 사고방식들을 표현하기 시작했다. 6세기의 비잔티움인들은 비물질적인 회화의 체계를 형성하고 각 도상들의 영성을 최대한 표현하기 시작했다. 이미지로 표현되었지만 교회 자체를 대표하는 신에게 다가가기 위해서 인간의 변용을 담기 시작했다. 전례는 단순히 육화된 지상의 그리스도를 재현한 것이 아니라 구원의 이야기 전체를 다루기 시작했으며, 죽음 이후의 부활은 지상의 관점에서 신성한 관점으로 변화시켜 나갔다. 6-7세기에 교회의 장식 프로그램들은 점차 예술의 중요성과 의미들을 보존하고 적용하기 시작했고, 결과적으로 구원에 대한 비잔티움의 생각을 반영했다. 교회는 처음부터 신국을 보여 주기 위한 우주적인 질서처럼 재현되었으며, 마치 예루살렘의 주요 성소의 이미지처럼 여겨지기 시작했다.

그리스도교를 위한 예술

트란스요르단의 마다바Madaba의 바닥 장식[도판 71]은 6세기로 거슬러 올라간다. 이곳에 배치된 이미지는 예루살렘의 지도를 다루고 있으며, 지도 내부에 여러 기념 조형물과 기록을 표시했다. 이런 점은 팔레스타인을 그리스도의 이야기가 진행되는 무대로 변화시켰다. 이런 상황에서 시리아-아르메니아의 전통에 바탕을 둔 민중적인 문헌물의 특수한 분류 체계가 등장했다. 예루살렘의 항아리들은 교회의 구상미술의 도상 프로그램뿐 아니라 그리스도교의 무대가 되었던 근동의 다양한 그리스도교 도상들을 장식으로 다루고 있다. 가장 잘 알려진 작품들은 몬차의 산 조반니 대성당의 성물 보관소와 보비오의 산 콜롬바노San Colombano 수도원(성 콜롬바누스 수도원)의 여러 유물들 중 일부로 6세기에 제작되었다. 장식이 있는 십자가들, 그리스도 생애의 이야기, 그리고 원형 틀에는 '신의 어머니Theotokos'가 묘사되었으며, 중앙 이미지 옆에 그리스어 문장들이 덧붙여져 있다.

건축 공간과 건축물의 상징적인 가치

쿠폴라

쿠폴라는 소우주처럼 천국을 상징하며, 종종 역사 속에서 두 번째로 현현한 메시아의 승리(「마태오 복음서」 24장 30절)를 의미하는 금이나 보석 십자가, 그리스도의 모노그램, 혹은 천사들로 장식되어 있었다. 이 중에서 천사들의 이미지는 이후에 퀴니섹스툼 공의회Concilium Quinisextum(692)에서 금지되었다. 애프스 앞부분에는 성체를 보관하는 성소가 위치해 있으며, 이는 신의 현현에 대한 지성적인 증언이자 가장 중요한 교리를 보여 주는 장소이기도 했다. 시리아 혹은 콘스탄티노플에서 도착한 예술가들은 시나이의 성 카타리나 수도원의 애프스에 모자이크 작품을 제작했으며, 애프스 내부에는 변용 이미지를 재현했다. 6-7세기에 그리스도는 천사, 사도들, 성인들에 둘러싸여서 마치 신하들에 둘러싸인 왕처럼 권좌에 앉아 있는 모습으로 등장했다. 팔라초의 황제 권좌 윗부분에 배치된 6세기 말의 모자이크 작품에는 그리스도교 황제의 복장을 한 영광스러운 그리스도의 모습이 묘사되었다.

에페소스 공의회(431) 이후에는 성모를 '신의 어머니'라는 의미를 지닌 테오토코 애프스
스Theotokos로 인정했으며, 종종 애프스의 반원부에 아기 예수와 함께 배치되기도 했
다. 이와 연관해서 두 교회의 작품을 관찰할 수 있다. 한 점은 리스란코미Lythrankomi
의 파나지아 카나카리아Panagia Kanakariá(6세기)에 있는 작품으로 이곳에서 성모는
권좌에 앉아 있고 아기 예수를 자신의 몸 위에 앉히고 있다. 다른 한 점은 키티Kiti의
파나지아 안젤로크티스토스Panagia Angeloktistos(6세기 혹은 7세기)에 있는데, 이곳에서
성모는 왼팔로 아기 예수를 들고 있으며, 호데게트리아Hodegetria(인도자 성모*)라는
전형적인 도상 형태로 묘사되어 있다. 다른 모자이크 작품으로는 포레치의 에우프
라시우스 성당의 애프스 반원부에 있는 성모를 관찰할 수 있는데, 이곳의 성모는 그
리스도와 함께 권좌에 앉아 있고 그리스도는 열두 사도들에게 둘러싸여 세계를 의미
하는 천구 위에 있으며, 그 위편으로 개선의 아치가 배치되어 있다.

반면에 신랑은 지상의 감각적인 이미지들을 위한 장소로 활용되었으며, 구약과 신랑
신약 성경의 장면들과 그리스도의 삶을 설명하는 이미지들로 구성되었다. 성상 파
괴 운동 이전의 시기에는 무엇보다도 그리스도의 승리 혹은 현현에 대한 이야기로
해석되었던 복음서의 사건들이 주로 다루어졌다. 예를 들어서 '그리스도의 탄생',
'동방박사의 방문', '그리스도의 세례', '그리스도의 변용', '그리스도의 승천', 그리고
종종 그리스도의 수난과 기적의 이야기들이 포함되어 있었다. 이런 점은 콘스탄티
노플의 산티 아포스톨리 성당의 복음서 연작에서 확인할 수 있다. 이 작품은 유스티
누스 2세 시대에 제작되었다. 또 다른 경우로 코스탄티노 로디오Costantino Rodio(10세
기)와 니콜라 메사리테Nicola Mesarite(1198-1203)는 이후에 다른 기록들을 남기고 있
다. 불가리아에 있는 페루스티카Peruštica의 로사 교회Chiesa Rossa의 프레스코화는 7세
기경에 제작되었으며, 구약과 신약 성경의 여러 장면들을 둘러싼 연작들을 길게 배
치하고 있다.

성상 파괴 운동 이전의 회화

성상 파괴 운동 이전에 제작된 콘스탄티노플의 기념비적 회화의 주제가 얼마나 다 성상 파괴 운동
이전과
이후의 장식
양하고 넓은지는 사료들을 통해 이해할 수 있다. 비잔티움 제국의 수도에서 가장 중
요한 종교 건물 중 하나인 유스티니아누스 황제 시대의 성 소피아 대성당의 경우에,
초기 장식은 반反우상적 성격을 지니고 있어 마치 이곳에서 성상 파괴 운동이 시작

된 것 같은 인상을 준다[도판 52]. 꽃, 덩굴, 별, 기하학적 혹은 십자가의 형태를 띤 장식 도안들은 통일성을 유지하며 벽의 표면이나 궁륭을 장식했다. 대리석이 만들어내는 다양한 효과와 함께, 구성된 장식 문양들은 그 장소를 구원의 장소로서 강조하여 천국에 대한 환영들을 보여 주려는 목적을 가지고 있다. 유스티누스 2세 이후에야 인간의 형상을 담은 이미지들이 교회의 장식에 적용되었다. 바닥의 모자이크들은 그리스도교의 소재를 다루었는데, 이런 점은 수도에 있는 칼렌데르아네 모스크 Kalenderhane Camii의 비잔티움 교회에서 발견된 벽화를 통해서 확인할 수 있다. 6세기 말-7세기 초에 제작되었던 이 교회는 다시 한 번 헬레니즘 구상미술의 경향에 대한 생동감 넘치는 연속성을 드러낸다. 전례를 위한 건축물들은 그리스도의 삶을 다루는 이미지로 채워져 있으며, 초기 그리스도교 시대부터 발전했던 이미지와 근동의 이단적인 여러 관점들도 반영하고 있다. 이런 점은 이후에 다양한 공의회들을 통해서 정리되었다. 니케아 공의회(325)와 칼케돈 공의회(451)에서는 그리스도가 "두 가지 본성을 지닌 유일한 존재", 즉 신성과 인간성을 지니고 있다고 선언했고 그와 관련된 종교적인 교리를 드러냈다. 같은 방식으로 베들레헴의 예수 탄생 교회The Church of the Nativity(680-724)의 남쪽 벽에는 공의회를 기록한 6점의 프레스코화가 배치되어 있다. 이런 선택은 무엇보다도 건설되어 발전하는 교회를 설명하는 과정에서 종종 그리스도의 본성에 대한 교리가 다루어졌다는 점을 보여 준다.

교회의 모범으로서 환영을 표현한 그림들이 있는 건축물은 종종 식물 문양을 동반하지만, 이런 문양은 예루살렘의 바위 사원Dome of the Rock(691)과 다마스쿠스의 대모스크Grand Mosque(705-711)처럼 이슬람의 문화적 영토에서도 확인할 수 있었다. **공의회 시대의 장식들** 일반적으로 공의회 장면은 황제의 명으로 모인 주교들의 모습을 다룬 것으로, 7세기에 이미 황제의 왕궁을 배경으로 하고 있으며 8세기에는 팔라초 사크로Palazzo Sacro 와 연결된 밀리온Milion의 작은 건물을 배경으로 하고 있다.

봉헌의 대상 테살로니키에 있는 산 데메트리오 성당은 봉헌을 위한 이미지의 장식으로 채워져 있었는데, 이는 7세기 초반 이후에 등장한다. 가장 오래된 벽의 패널 작품은 성 데메트리우스의 삶을 다루고 있는데, 그는 기도하는 두 주문자 사이에 마술사처럼 앉아 있다(6-7세기 초). 이런 점은 지역 유파의 양식적인 특징을 보여 주며, 동시에 헬레니즘의 전통과 이후 성화의 전통이 통합되고 있었다는 점을 알려 준다. 이 그림은 경배의 대상 및 패널화의 전례와 제의적인 요소를 보여 주는데, 이 당시의 집단 이미지의 구성으로 발전했다. 이콘은 명상을 통해서 신에게 다가가기 위한 감각적인 이미지로, 곧 군대의 문장이 되기도 했고 이후에는 도시를 방어하는 수호성인이 되기도 했다. 이콘은 마치 마법사처럼 일상에 개입하고 신자들과 공동체에 신의 기호와 메시지를 전달하는 것이다. 유스티니아누스 대제가 세운, 시나이 산의 성 카타리나 수도원은 이미지에 대한 논쟁이 일어나기 전의 여러 성화들을 보존하고 있다. 이 패널화들의 일부는 6-7세기에 제작된 것으로 추정되며, 콘스탄티노플 예술가와 이 지역인 시리아-팔레스타인 예술가들이 제작했던 작품들이 포함되어 있다. 로마의 이콘화, 그리고 그리스도교 미술의 발전 과정에서 콥트 교회에 속하는 이집트에서 발견된 같은 소재의 이콘화나 시나이의 이콘화는 이후 비잔티움 문화에서 끊겼던 가장 오래된 봉헌의 기록을 이어 간다. 동시에 콤네노스 왕조(1059-1204) 때 개인적 전례의 발전에서 중요한, 새로운 영성을 형성했던 이콘화를 이해하는 데 소중한 사료가 된다. 헬레니즘-로마 황실의 부장 초상화와 나무 패널화에 그려진 밀납화encaustum의 유산은 시나이의 중요한 이콘을 낳았으며, 이는 '만물의 주'이신 그리스도의 도상, 사도 베드로, 성인과 천사 사이에 있는 권좌의 성모와 같은 도상을 통해서 확인할 수 있다.

앞서 언급했던 키프로스 섬의 모자이크가 발전하는 과정에서 시리아 예술가들과 관련 있는 보라색 배경의 삽화본 3점이 6세기에 남아 있었는데, 이 작품들은 근동 회화 작품의 지평을 맡고 있었다. 『로사노 복음서』, 『시노페 복음서』, 『빈의 창세기』가 여기에 해당한다. 섬세한 기법이 적용되고 종교적인 전례용으로 제작된 이 삽화본들은 고대 상징적인 기호 체계가 종교 미술의 분야로 발전하는 다양한 과정들을 설명해 준다. 복음서의 문구들에 사용된 보라색은 신국神國을 의미하며, 조화로운 비례와 색채의 사용, 부드럽고 우아한 스케치들은 고대 후기 로마의 전통을 충실히 재현하고 있는데 이 점은 그리 놀랍지 않다. 또한 인물의 비례의 변화나 생동감 있는 색채는 고대 유산을 넘어서고 있는데, 이는 6-7세기에 제작된 것으로 보이는 『시리아 성경Bibbia Siriana』(파리, 프랑스 국립도서관, Sry 341)과, 586년 시리아에서 제작된 유명한 삽화본인 『라불라의 복음서』를 통해서 확인할 수 있다. 이 삽화본들은 파괴된 시리아 벽화에 있는 기존 구상미술의 회화적 양식과 도상을 보여 주는 작품으로 해석된다.

동로마 제국 영토에서 발전한 도상 프로그램이 형성되던 시기에는 초기 그리스도교 시대와 프로토 비잔틴 미술이 발전하던 시대의 시리아와 팔레스타인, 그리고 무

보라색 배경의
삽화본들

시리아와
팔레스타인의
삽화본들

엇보다도 예루살렘 작품의 영향을 확인할 수 있는데, 이는 이후에 콘스탄티노플의 작품들과 비교해 보았을 때 다른 방향성을 지니고 있다. 헬레니즘 문화가 발전하던 이 지역에서는 근동 혹은 메소포타미아에 기원을 둔 초기 그리스도교 미술 전통의 혁신이 이루어졌으며, 비잔티움 양식의 고전적인 요소는 조금 덜 드러나고 있다. 그리스도교가 발전하던 초기 4세기 동안에 근동 지역에서는 추상적이고 초인간적인 상징을 구성하는 장식 요소로, 민중 미술에 등장했던 기하학적 장식 요소들을 발견할 수 있다. 이후에 제도적으로 정비된 교회의 영향력 아래서 민중적인 경향은 인물을 구상적으로 표현하는 방식으로 이어졌다. 동로마 제국의 영토에서 애프스 부분에 가장 많이 사용되었던 프로그램은 신의 현현에 대한 도상이며, 또한 그리스도와 선지자가 만나는 구약 성경 이야기였다. 그리스도는 자신의 영광을 설명하는 모든 기호들에 의해서 둘러싸여 있으며, 승리의 순간에는 '재림하는 그리스도Parousia'로 등장한다. 애프스의 아랫부분에는 사도들에게 둘러싸인 채 기도하는 성모의 모습이 배치되어 있으며, 이는 신이 두 번째 현현하는 순간에 이루어진 승천을 떠올리게 한다. 애프스의 이런 도상 프로그램은 7세기에 이집트 바우이트의 17번째 예배당으로 건립된 카파도키아 카부신Çavusin의 산 조반니 성당(7-8세기)에서 확인할 수 있으며, 조지아에는 크로미 대성당Cattedrale di Cromi에서 유래하고 성상 파괴 운동 이전에 제작된 모자이크 일부가 남아 있다. 벽에서는 성인들의 여러 가지 이론들을 설명하고 있는데, 이들은 자신들이 활동하던 장소의 수호성인으로 묘사되고 근동의 도상학적 인물 프로그램의 특징을 구성한다. 기사 모습을 한 성인의 유형은 승리자처럼 묘사되어 있는데, 성 에우스타티오스의 모습이나 성 게오르기우스의 기적의 연작, 그리고 몇몇 성인의 일대기를 다루고 있다. 이는 동일한 시기에 다른 장소에서는 찾기 어려운 도상들이었다.

전례용 가구와 제구

전례용 가구는 비잔티움 미술이나 그리스도교 미술에서 매우 중요한 위상을 지니고 있다. 비잔티움에서 디비나 마이에스타스divina maiestas(신성한 존엄성)가 현현하는 수단으로서, 빛과 귀중한 요소를 강조하는 예술과 제의용 공간은 밀접하게 관련된다. 황실과 콘스탄티노플의 금속 공방에서 미술을 바라보던 관점을 확인할 수 있는 작품으로는 십자 형태의 성물함이 남아 있는데, 이는 황실의 이미지와 보석으로 장식되

공예 미술품:
신을 위한 찬양

었다. 이 작품은 유스티누스 2세가 교황 요한 3세(?-574, 561년부터 교황)에게 기증했던 '십자가의 성스러운 나무'라고 알려진 성물을 위한 것이었다. 이런 종류의 수공품과 함께, 다른 기록들은 적어도 프로토 비잔틴 문화에 속하는 서구 그리스도교 교회의 전례용 가구들에 대해서 설명해 준다. 이 같은 작품과 함께, 프로토 비잔틴 시대에서는 동로마 그리스도교 교회의 전례 용품을 일부 구성했던 다른 작품을 발견할 수 있다. 바로 한 세기 전에 발견되고 오늘날에는 '카페르 코라온Kaper Koraon'이라고 부르는 성물들이다. 이 성물은 56개의 물건으로 구성되며 시리아의 산 세르조 성당 Chiesa di San Sergio에 속해 있었는데, 이 중에는 스투마Stuma와 리하Riha라는 지명을 통해서 알려진 성반 2점이 포함되어 있다. 이 성반은 모두 유스티누스 2세 시대에 제작된 것으로 사도들의 성체성사의 모습을 묘사하고 있다.

6세기 중반에는 '시온의 성물tesoro di Sion'라고 알려진 전례용 은기들을 확인할 수 있다. 이 안에는 십자가, 성반, 향로들이 있는데, 이는 고대 문화에서 유래한 장식 모티프에 그리스도교의 도상이 더해져서 금속 공예가 발전하고 있다는 사실을 보여 준다. 상트페테르부르크에 남아 있으며 518년경에 제작된 것으로 추정되는 〈파테르노 주교Paterno의 접시〉는 이미지로 구성된 우상에 반대하는 입장을 보여 주며, 알파와 오메가가 동반된 크리스몬chrismon(그리스도를 의미하는 모노그램*) 장식과 더불어 라틴어가 명기되어 있고 덩굴줄기 문양이 긴 테두리를 장식하고 있다. 이 접시와 함께 에르미타주 미술관에 보관되어 있는 다른 접시에서는 보석 장식이 있는 십자가와 그 양옆에 배치된 두 천사를 관찰할 수 있다. 또 다른 전례 용기는 6-7세기에 제작된 것으로 보이며, 원형 틀 안에 그리스도, 성모, 천사들과 여러 성인들의 모습이 흉상으로 배치되어 있고 식물 모티프의 장식 문양이 있다. 이외에도 귀금속은 아니지만 십자가, 인물들이 묘사되거나 없는 향로, 그리고 다양한 전례 용구들이 많이 남아 있는데, 이 중에서 대표적인 작품으로는 크레타 섬의 고르티나Gortyna에 남아 있는 초를 올리기 위한 원형 청동판polykandelon을 들 수 있다.

또한 상아 부조 작품들에서도 고전의 전통과 황실 미술의 전통에 따라 제작된 그리스도교 도상들이 매우 많이 퍼져 있었다. 베를린의 2폭 상아판에는 성 베드로와 성 바오로 사이의 그리스도가 묘사되어 있고, 두 번째 부분에는 두 천사의 경배를 받고 권좌에 있는 성모자가 '신의 어머니' 도상의 형태로 나타나 있다. 또한 영국박물관에 소장된 대천사가 있는 상아판도 이 시대의 작품이다. 이 작품들은 모두 6세기 중반의 콘스탄티노플에서 제작되었던 것으로 추정된다. 상아를 사용한 다른 제구들로는 다양한 양식과 수준을 확인할 수 있다. 또한 신약 성경과 연관된 이야기로는 〈다니엘과 사자들〉(워싱턴, 덤바턴 오크스 컬렉션Dumbarton Oaks Collection), 〈그리스도 생애의 장면들〉(파리, 클뤼니 박물관; 루앙, 루앙 미술관Musée des Beaux Arts)이 남아 있다. 하지만 상아 세공 작품 중에서 전례와 연관된 가장 중요한 작품은 막시미아누스 대성당Cattedra di Massimiano의 작품들로, 오늘날에는 라벤나의 대주교박물관Museo Arcivescovile에 보관되어 있다. 이 작품들은 6세기부터 발전한 상아 세공 작품의 전통을 집대성했다.

　　7-8세기의 성상 파괴 운동 이전의 과도기에는 고대의 경향과 그리스도교화되기 시작했던 양식적 표현과 도상의 필요성이 만나면서 매우 복잡한 양상을 보여 준다. 고대 주화에 대한 연구가 알려 주는 사실은 이 시기에 사치품과 윤리적 관점에서 검열된 예술품의 수가 적지 않았다는 점이고, 이런 작품들의 표현에는 궁정 주문자와 연관되어 상류층의 예술적 취향이 반영되어 있다는 점이다. 키프로스 섬의 경우에는 요철 기법이 적용된 2점의 은제 그릇과 접시들이 남아 있다. 람보우사Lambousa(키프로스의 키레니아Kyrenia)에서 제작된 두 종류의 사치품 중 하나는 613년부터 629년 혹은 630년에 만들어진 것으로 다윗의 인생을 연작으로 다룬 쟁반 9점이었다. 종교적인 소재가 표현 형식에 영향을 주었음에도 불구하고 섬세한 기법은 고대 문화에서 영향을 받았다는 점을 보여 주며, 특히 테오도시우스 황제 시기의 예술품을 알고 있었다는 점을 알려 준다('사울 왕'과 '다윗의 결혼'을 다룬 두 장면은 테오도시우스 1세의 시기였던 388년에 은쟁반missorium에 표현된 건축물의 배치와 동일하다). 7세기에 황실의 미술 작품 중에서 중요한 작품 2점이 있다. 한 점은 헤라클리우스에 의해서 구성된 기억의 연작이며 다른 작품은 테살로니키에 있는 산 데메트리오 성당의 프레스코화다. 이 중에서 후자의 작품은 여러 번 다시 제작된 것으로, 슬라브 민족의 공격으로 민중과 함께 성당으로 몸을 피했던 유스티니아누스가 도시로 돌아오는 모습을 다루고 있다.

주화와
귀중품들

구상미술을 둘러싼 투쟁

레오 3세와
성상 파괴 운동

8세기-9세기 초에 성상에 대한 혹독한 논쟁과 대립이 벌어지기 시작했으며, 이것은 역사, 종교, 비잔티움 문화와 정교 세계의 변화를 이끌었다. 몇몇 인물들이 우상이라고 문제 제기를 하면서 일어난 종교적인 이미지에 대한 비판은 레오 3세가 왕궁의 찰케의 문에서 그리스도의 이콘을 제거하고 십자가로 대체하면서 공식적으로 불붙었다. 9세기 중반에 등장했던『클루도프의 시편Salterio Khludov』삽화본[도판 14]은 2명의 성상 파괴주의자가 그리스도의 이미지를 훼손하는 모습을 보여 준다. 성상 파괴 운동(726-843)이 진행됨과 동시에 다른 한편에서는 황실의 권위를 보여 주기 위한 구상미술이 발전했고, 그 과정에서 종교 미술의 이미지들은 초기 그리스도교 시대의 간결하고 상징적인 도상으로 대체되었다. 이 과정에서 콘스탄티누스 대제가 이교도들에게서 거둔 승리의 상징이었던 십자가와 특별한 의미가 부여되지 않은 기하학 문양, 동물과 식물의 장식 문양들이 많이 활용되었다. 하지만 기념 조형물에서는 기하학 문양이나 동식물의 문양을 많이 사용하지 않았다. 이 장식들은 프톨레마이오스의『지리학』에서 태양과 성좌의 이미지를 표현했던 경우를 고려해 보았을 때 고전적인 느낌을 전달하기 위한 것으로 보인다(바티칸 도서관Biblioteca Apostolica Vaticana, ms. Vat. Gr. 1291). 이런 점은 콘스탄티노플의 성 이레네 성당의 애프스 부분을 장식하고 있는 십자가를 통해서 살펴볼 수 있다.

이후에 십자가는 성상 파괴 운동이 진행되었던 시기에 카파도키아 지방에서 다시 등장했으며, 종종 정치적인 이데올로기와 연관된 문장들도 삽입되어 있었다. 사료에서 설명하고 있는 것처럼 장식 모티프로 활용되었던 것은 나무, 새, 양식화된 식물 문양과 기타 모티프들이었으며 이런 장식은 곧 카파도키아 지방에서 유행했다. 이런 점은 무스타파파샤Muştafapasa의 아기오스 바실리오스 성당Agios Basilios이나 위르귀프Urgup(터키) 근교의 카라카오렌Karacaören의 카필리 바디시 킬리세시Kapili Vadisi Kilisesi 장례 교회에서도 확인할 수 있다. 또한 이 같은 모티프들은 아기오스 니콜라오스Agios Nikolaos(크레타)의 성 니콜라우스를 발견할 수 있으며, 낙소스 섬에 있는 작은 교회들이나 스타브로스Stavros의 산타르테미오 성당Chiesa di Sant'Artemio, 산타 키리아키Santa Kiriaki에 있는 산 조반니 일 테올로고 디 아디사로우 성당Chiesa di San Giovanni il Teologo di Adisaroù에서도 확인할 수 있다. 이 교회들의 애프스에서는 두 장면으로 나뉜 프레스코화들을 발견할 수 있는데, 이 두 장면을 구분하기 위해 사용된 것은 흰 바탕에 새들과 물고기로 구성된 띠였다. 이와 유사한 점을 성상 파괴 운동의 시기에 그려졌던 삽화들에서도 관찰할 수 있다. 상트페테르부르크에 있는 두 복음서를 다룬 서적(Gr. 53; Gr. 219, 835년 제작으로 추정)과 위 디오니시우스의 유명한 필사본

황실의 미술과
교회의 미술

(5-6세기)이 대표적이다. 위 디오니시우스의 필사본에는 삽화가 거의 없다.

　843년 3월 11일, 사순절의 첫 번째 일요일에 테오도라 여제는 총대주교인 메토디우스Methodius(843-847년에 총대주교)와 함께 비잔티움 제국의 수도에서 승리의 행진을 하며 성스러운 이미지의 상징을 축성했다. 성 소피아 대성당의 종교적인 전례를 통해 공식적인 이콘의 귀환과 복원을 선포한 것이다. 이런 상황은 9세기 중반에 수도와 비잔티움의 영토에서 종교 미술을 발전시켰으며, 기존의 건축물에 이미지를 배치하는 작업을 넘어서서 새로운 종교 건축물의 건립으로 이어졌다. 이는 결과적으로 10세기 말-11세기 초에 이와 연관된 장식 프로그램의 변화로 연결되었고, 제국의 영토와 인근 지역에서 제국의 정치적인 후원을 받으며 '비잔티움 남부 도상 프로그램'이라고 알려진 작품들을 생산해 냈다.

이미지의 복원

| 다음을 참고하라 |
시각예술 그리스도교의 종교 공간(689쪽)

영토와 역사

ARTI VISIVE

중세 초기의 영국 섬들과 스칸디나비아

| 마누엘라 잔안드레아 |

영국의 여러 섬에는 기념 조각과 금속 공예, 필사본과 삽화와 같은 중세 초기의 유럽
예술을 이해할 수 있는 다양한 사료가 남아 있다. 또한 (지리적으로) 고립되어 있는
스칸디나비아 반도에서도 지중해와 동방의 영향을 받았는데, 이러한 점은
특히 일상 용품과 보석 세공에서 확인할 수 있다.

그리스도교 선교의 영향

켈트 민족의 세계, 게르만 민족의 세계, 지중해 세계. 중세 초기의 그 어떤 유럽 지역
도 영국의 섬 지역만큼 예술적 언어의 형성에 대한 다양한 역사적 사료를 제공하지
않는다. 아일랜드에서 출발해서 스코틀랜드와 노섬브리아에서 발전했던 켈트 문화
는 곧 동방에 기원을 둔 예술적 형태, 특히 그리스, 이집트, 시리아의 미술을 흡수했
다. 반면에 게르만 민족의 예술은 고대 브리타니아에 앵글로색슨족과 함께 도착했
고, 이후 9-10세기에 스칸디나비아가 확장되었을 때 새로운 영향을 받았다. 6세기에
는 지중해 문화를 통해 동방의 영향을 받았는데, 이 영향은 주로 앵글로색슨족의 영
토에서 관찰할 수 있으며 로마와 유럽에서 온 그리스도교 선교사를 통해서였다. 첫

번째 그리스도교의 선교사는 성 패트릭(약 389-약 461)이 이끌었던 선교사들로, 5세기 말에 아일랜드에 도착해서 여러 크고 작은 수도원을 중심으로 지역 교회들을 조직했다. 초기의 전례용 건물들은 사실 수도원 내부에 검소한 구조를 지닌 공동체 공간들로, 수도사들의 생활 공간을 보호하기 위한 벽으로 둘러싸인 수도원 경내에 건립되었으며, 묘비 혹은 십자가가 배치되어 있었고 모임과 기도를 위한 공간이었다. 이후에 새로운 건축 양식의 변화는 7-8세기에 이루어졌다. 이 시기에 매우 단순한 하나의 신랑을 지닌 교회가 설립되었는데, 이 건물들은 이전의 전례 공간에 비해서 약간 더 큰 규모를 가지고 있었다.

열정적인 그리스도교화 6세기에는 영국에서 그리스도교화가 진행되었다. 성 콜룸바누스가 이끌었던 아일랜드 선교사들은 여러 개의 수도원들을 스코틀랜드와 노섬브리아에 건립했고, 596년에는 캔터베리의 성 아우구스티누스가, 601년에는 멜리투스Mellitus(?-624)가 이끄는 수도사들이 선교 활동을 지속했다. 이 두 사람은 모두 그레고리오 1세가 영국 제도諸島의 복음화를 위해서 파견했던 경우였다. 무엇보다도 아일랜드 수도사들의 보수적인 관점은 영국에도 적용되었고 로마 전례의 영향을 피할 수 없었다. 664년에 휘트비 시노드에서 로마 교회는 자신들의 고유한 전례를 제시했는데, 이는 유럽 대륙의 전례를 통일하고자 했던 의도가 반영되었을 뿐 아니라 다른 한편으로는 유럽 대륙과 영국 제도의 관계를 강화시켰다. 그 결과 로마 교회와 연관된 대규모의 수도원들이 설립되기 시작했는데, 그 대표적인 예로 위어머스와 재로에 있는 수도원들을 들 수 있다. 이 수도원들은 린디스판 수도원에서 교육을 받았던 베네딕트 비스콥의 작품이지만 로마로부터 문화적 영향을 받았던 경우이며, 이러한 문화적 교환은 라틴 문화에 동화되기 시작하는 지역 문화를 등장시켰다.

기념 조각

기념조각은 과거의 미술을 반영하고 그리스도교의 요구에 부합하는 영국 제도의 민족들의 예술성을 잘 보여 주는 분야였다. 오늘날까지 보존되어 있는 가장 오래되고 중요한 작품들은 부장을 위한 부조, 묘비, 기념비적 조형성을 지닌 십자가로, 대부분 종교 건축물 경내에 보관되어 있다. 신성한 장소에 돌들을 배치했던 전통은 아마도 켈트족의 전통에서 비롯한 것으로 보이지만, 이들이 전달하는 신학적인 메시지, 부조 작품과 십자가는 지중해의 그리스도교 세계와 연관되어 있었다. 그리스도

켈트족의 묘석의 변화

교 전례가 발전하던 초기에 유사한 기념 조형물들을 지중해 동부 지역과 동로마 지역, 특히 조지아와 아르메니아 지역에서 찾아볼 수 있다. 이 중에서 십자가는 매우 특별한 도안의 중심 주제였다. 아일랜드에서 발견할 수 있는 가장 오래된 석판과 묘비는 6세기에 만들어졌다. 이후 7세기에 단순한 형태의 도안을 가진 작품들이 매우 많이 등장했으며, 켈트족의 전통적인 도안들과 나선형 문양들을 적용했다. 아일랜드 미술 연구자인 프랑수아즈 앙리Françoise Henry는 7세기 말경에 아일랜드의 석판들이 기념비적 조형성을 지닌 대상으로 급격하게 변화했다고 언급했다. 십자가의 크기는 점차 커지기 시작했으며 축은 다양한 장식 문양으로 채워지기 시작했다. 기념비적 조형성을 지닌 대규모의 묘비들에 점차 다양한 도안들이 새겨졌으며(두빌라운의 석판Stele di Duvillaun), 매듭 문양으로 장식된 십자가(파안 무라의 십자가Croce di Fahan Mura)와 인간 혹은 동물 문양의 십자가(갈렌의 석판Stele di Gallen)도 등장했다.

이 시기의 묘비 형식은 아직도 기본적인 도안으로 채워져 있었으나 시간이 흐르면서 도안의 형태는 점차 복잡하게 변화하기 시작했다. 묘비의 표면은 여러 개의 석판으로 구획되었으며, 이야기가 있는 형상을 묘사한 부조, 금속 공예품에서 빌려 온 특별한 의미가 없는 장식 도안들이 등장하기 시작했다. 인물들이 등장하는 도안의 경우에는 저부조 형태에 양식화된 표현을 나타내지만, 그럼에도 불구하고 명확한 이미지를 전달하며 지중해의 그리스도교 미술의 도상과 다른 독창성을 지니고 있었다. 이 시기에 아일랜드 예술가들의 작업은 지중해에서 유래한 도상을 참조하며 지역 미술의 양식을 혁신하기 시작했다. 십자가들은 아일랜드에서 영국으로 퍼져 나갔으며 영국에서도 독자적인 발전 양상을 띠기 시작했다.

〈루스웰의 십자가〉는 이 중에서 가장 오래된 미술품으로 8세기 중반에 제작된 것으로 추정되며 10개의 부조로 장식되어 있다. 이 부조의 형상들은 매우 단단한 느낌을 드러내는데, 이는 양감과 의상의 주름에 대한 묘사에서 비롯된 것이다. 다른 한편으로 앵글로색슨족의 작품 중에는 순수한 장식 도안들을 적용한 여러 점의 십자가들이 남아 있는데, 이것들을 종종 채우고 있는 식물 혹은 동물 문양은 의심할 여지없이 지중해의 도상에서 찾아볼 수 있는 것들이다. 지중해의 도상들은 독일 내륙 지방의 작품에서 영향을 받는 과정에서 도착하게 된 것들이다. 영국의 석조 묘비는 다양한 문화적 형태를 통합하면서 매우 뛰어난 걸작을 탄생시켰다. 바로 서튼 후Sutton Hoo의 홀笏로, '배-무덤nave-tomba' 형태를 띠고 있는 부장 무덤의 물건 중 하나였으며 레

〈루스웰의 십자가〉

드왈드Redwald 왕(?-625)을 위해서 만들어졌다. 홀은 다양한 표정을 지닌 여러 인물들의 두상으로 장식되어 있으며 작품 도안에 사용한 선은 매우 강한 긴장감을 불러일으킨다. 이 작품은 밀라노의 테오델린다 여제의 두상, 이집트의 콥트 왕조의 부조, 그리고 다양한 지역의 시각 언어의 특징을 절충시킨 것으로 보인다.

금속 공예 조각

이 지역에서 석조 조각 외에도 금속 조각은 다룰 만한 가치가 있는 주제다. 왜냐하면 켈트 민족 혹은 게르만 민족의 예술적 전통과 밀접한 관계가 있고 자연을 본뜬 장식을 사용해서 금속으로 일상 용품을 제작했기 때문이다. 이런 특징은 고대의 예술적 언어를 전복하고 북유럽과 지중해의 전통적인 이원성으로 설명할 수 있는 중세 초기의 특징이라고 할 수 있다. 19-20세기에 미술사와 미술 평론의 영역에서는 국가의 문화를 구성하기 위해 지중해 중심주의로 회귀하려는 목적으로 이 시기의 양식을 다시 활용하기도 했다. 아일랜드의 금 세공사들은 켈트의 전통적 기호를 사용했고 이들의 도안 프로그램은 곡선 장식의 양식을 체계적으로 활용했는데, 이 양식은 기원전 3-2세기에 아일랜드에서 제작한 금속 공예품과 조각의 장식 문양에서도 쉽게 접할 수 있다.

아일랜드의 주요 금속 공예품들 더블린의 아일랜드 국립박물관National Museum of Ireland에서 소장하고 있는 〈타라의 브로치Fibula di Tara〉와 〈아다의 성배Calice di Ardagh〉와 같은 아일랜드 금 공방에서 제작했던 몇몇 걸작에서는 7세기 이후에 지중해와 독일 지역의 장식 도안들을 받아들이고 복합적으로 활용했던 점을 확인할 수 있다. 반면에 영국에서는 켈트 민족의 유산이 로마의 지배를 받았던 시기와 이후에 앵글로색슨 민족이 주도했던 시기에도 아일랜드에서 만들어졌던 장식 문양이 지속적으로 남아 있었고, 점차 독일 민족의 공예 도안의 영향으로 대체되었다. 그 결과 처음으로 '동물 문양 양식'이 등장했고 6세기 말에 '두 번째 양식'이 등장했다. 이런 관점에서 가장 흥미로운 예 중 하나는 서튼 후의 배-무덤에서 발견한 금 브로치의 경우였다. 8세기부터 지중해에서 유래한 다양한 도안들은 앵글로색슨 민족의 금속 도안을 혁신하는 계기를 제공했고, 그 결과 표현이 강조되기 시작했다. 〈성 루페르토의 십자가Croce di San Ruperto〉는 대표적인 예로, 우아한 네발 짐승과 새들의 도안이 포함되어 있다. 또 다른 새로운 발전의 계기가 마련된 시기는 다시 독일의 영향을 받았던 9-10세기로 영국에서 스칸디나비아 민족과의 교류가 시작되었을 때였다.

세밀화

이 지역 세밀화의 역사와 발전 과정은 독자적으로 다룰 필요가 있다. 세밀화의 올바른 독해는, 몇몇 필사본의 연대를 잘못 추정하고 켈트족의 문화를 잘못 해석하여 로마네스크 문화와 국가를 연관시켜 아일랜드 미술의 기원을 켈트족의 문화에서 직접 유래했다고 보는 관점을 극복하게 해 줄 것이다. 오늘날까지 남아 있는 섬 지역의 세밀화는 그 자체로 명확한 의미를 지니고 있다. 삽화본들은 켈트족, 게르만족, 그리고 지중해의 다양한 모티프들을 매우 놀라운 방식으로 종합했다. 이런 점으로 인해서 오랫동안 사용되었던 켈트족의 삽화본이라는 표현은 좀 더 엄격한 방식으로 아일랜드의 고대 이름인 히베르니아Hibérnia라는 단어와 독일의 앵글로색슨을 결합한 하이버노 색슨Hiberno-Saxon 필사본이라는 이름으로 대체되었다. 성 패트릭이 5세기에 복음을 전파하기 위해 아일랜드에 도착했을 때, 이곳에서는 문자 문화가 아직 발달하지 않았다. 하지만 문자 문화는 성경을 통해서 곧 그리스도교의 가장 중요한 근거가 되었다. 그렇게 해서 대륙으로부터 섬 지역으로 서적들이 도착했고, 새로운 신자들은 수도원을 설립하고 아일랜드 교회를 조직하는 데 중요한 역할을 담당했다. 하지만 아일랜드의 삽화본 중에서 이런 초기 시대와 직접 연결되어 있는 서적은 남아 있지 않다. 가장 오래된 서적으로는 『성 콜롬바누스의 카타크Cathach di San Colombano』(더블린, 아일랜드 왕립 아카데미Royal Irish Academy, s. n.) 혹은 『더럼 복음서 Evangeliario di Durham』의 일부(대성당 도서관Cathedral Library, mss A. II. 10)가 남아 있으며, 연대는 7세기로 거슬러 올라간다. 이 서적들은 켈트, 게르만, 지중해의 문화가 만난 높은 수준의 장식 문양으로 채워져 있다.

하이버노 색슨 양식의 삽화본

6-7세기에 아일랜드의 수도사들이 영국으로 이주하는 동안에 새로운 수도원들이 설립되었는데, 대표적인 예가 스코틀랜드의 아이오나Iona 섬의 수도원과 노섬브리아의 린디스판 수도원이었다. 그레고리오 1세는 캔터베리의 성 아우구스티누스가 이끄는 선교사들을 보내 앵글로색슨족의 복음화를 시도했다. 이후에 수도사들을 통해서 로마에서 제작했던 수많은 서적들이 도착했다. 그중에는 『성 아우구스티누스의 복음서』[도판 23](케임브리지, 코퍼스 크리스티 칼리지, ms. 286)가 포함되어 있으며, 이 삽화본에 묘사된 성 루카는 2개의 기둥 사이에서 글을 쓰는 모습으로 묘사되어

있다. 이 이미지는 이후의 섬 지역에서 고전의 영향을 받아 발전했던 장식의 형태를
유추할 수 있도록 만들어 준다. 『더로 복음서』[도판 22](더블린, 트리니티 칼리지 도서관,
ms. A. IV. 5)는 고대와 소통했던 전통적인 기호가 지닌 힘의 승리라고 여겨지는 등,
예전에는 단순히 북유럽의 추상적인 장식의 승리를 상징하는 것으로 여겨졌던 서적
들 사이에서도 고대 전통에 대한 관심을 확인할 수 있다. 스코틀랜드의 아이오나 섬
에서 7세기 중반에 제작된 것으로 추정되는 이 서적은 첫 페이지가 독자에게 기호-
상징을 연상시키는 장식 모티프로 채워져 있다. 이 서적에서는 켈트족의 미술의 영
향인 넝쿨이나 회오리 모양의 문양을 확인할 수 있으며, 독일의 영향에서 유래한 동
물 문양도 볼 수 있다. 이 2가지 요소는 모두 아일랜드와 앵글로색슨족의 금속 공방
에서 확인할 수 있는 문양이다.

하지만 고대 전통과 연관성이 없다고 보기는 어렵다. 눈에 보이는 표면적인 부분
을 넘어서 성 마태오의 형상을 관찰해 본다면, 그 모습이 마치 법랑의 장식처럼 보이
기는 하지만 인간의 신체적인 형상에 대한 재발견이라는 점을 확인할 수 있을 것이
다. 무엇보다도 이후에 로마화된 수도원의 설립이 이어졌다는 점에도 주목할 필요
가 있다. 휘트비 시노드(664) 이후에 베네딕트 비스콥 주교와 그의 후계자인 케올프
리스Ceolfrith(640-717)는 대륙과 문화적 관계를 맺고 있었고 이후에 지속적으로 제구
와 서적들을 교환했는데, 이런 과정은 섬 지역에 고대 후기의 모범들이 유포되는 데
공헌했다.

베네딕트와 케올프리스는 영국에 중요한 고대 필사본들을 가지고 있었으며, 이
중에는 칼라브리아 지방에 있었던 비바리움의 고대 필사본 공방에서 제작한 서적
도 포함되어 있었다. 그 대표적인 예가 카시오도루스(약 490-약 583)의 『대형 필사본
Codex Grandior』이다. 이 같은 종류의 필사본들이 당시에 어느 정도 영향력을 가졌는
지를 확인할 수 있는 서적은 『아미아티누스 코덱스Codex Amiatinus』[도판 24](피렌체, 메
디체아 라우렌치아나 도서관, ms. Am. I)다. 이 삽화본은 위어머스-재로 수도원 공방에
서 8세기 중반에 제작된 것으로 추정되며, 카시오도루스의 『대형 필사본』의 복사본
이었다. 이 책에 실린 「에즈라기」의 형태를 관찰해 본다면 이탈리아의 모범에 바탕
을 둔 채 양감을 강조한 당시 회화적 양식을 발견할 수 있으며, 이후에 섬 지역의 삽
화본에 어떻게 영향을 끼쳤는지를 확인해 볼 수 있다. 이런 점은 698년경에 노섬브
리아의 동일한 수도원에서 제작되었던 '글을 쓰는 에즈라'의 모습과 『린디스판 복음

「더로 복음서」 (옆 여백 표제)

베네딕트와
케올프리스의
필사본들 (옆 여백 표제)

서』에 등장하는 복음사가인 마태오를 비교한다면, 이 두 작품에서 모두 고대 미술의 영향력을 확인해 볼 수 있다. 하지만 또한 전형적인 장식 문양들을 배치한 이 두 삽화본의 표지 모두에서는 예술에 대한 삽화가의 문화적인 기원을 확인할 수 있다.

아이오나 섬에서 7세기 말에 제작된『에히터나흐 복음서Vangeli di Echternach』의 저자 역시 이런 상황의 연장선에 놓여 있다. 하지만 복음사가들의 상징과 같은 부분에서는 지역적인 추상적 선형 장식의 이미지를 고안해 내고 있으며 주제를 설명하기 위한 새로운 유기적인 환영을 만들어 낸다. 700년대 이후에 섬 지역의 삽화본은 서로 다른 두 경향으로 발전해 나갔다. 한 가지 경향은 영국의 남부 지방에서 발전한 것으로 고대 후기의 작품들에서 더 많이 영향을 받았고, 다른 경향은 아일랜드와 영국 북부 지역에서 발전한 것으로 아일랜드의 초기 경험에서 영향을 받아서 독자적인 양식으로 발전해 나갔다.

첫 번째 경향의 대표적인 작품은『아우레우스 코덱스Codex Aureus』(스톡홀름, 스웨덴 국립도서관Kungliga Biblioteket, ms. A. 135)로 캔터베리에서 8세기 중반에 제작되었다. 반면 두 번째 경향을 대표할 만한 작품으로는『켈스 복음서』가 있다. 800년경에 『켈스 복음서』 아이오나 섬에서 제작된 것으로 보이는 이 서적은 기존의 삽화본과 비교될 만큼 환상적이고 풍부한 장식 문양들을 가지고 있으며 켈트-게르만 지역의 전형적인 모티프를 모두 포함하고 있다. 이 모티프들은 건축적인 장식의 형태로 뒤섞여 있으며 서적의 반을 차지하는 삽화나 문장의 머리글자의 장식에도 활용되었다. 하지만 동시에 내부에서는 지중해 연안의 이미지 문화에서 영향을 받은 점도 확인할 수 있다. 예를 들어서 권좌의 성모와 그리스도, 천사들 등의 성경 도상을 액자처럼 둘러싸는 장식 문양들과 동식물 혹은 기하학적 선들이 만들어 내는 장식 문양들은 지역 문화를 대변하지만, 성모의 형상은 마치 비잔티움의 이콘처럼 묘사되어 있다. 이런 점은『켈스 복음서』의 삽화가가 지중해 지역의 성경을 제작했던 인물이라는 과거의 연구 결과를 뒤집는 요소다. 하지만 섬 지역의 전형을 정확하게 설명하기는 쉽지 않다. 언급했던 삽화본 외에도 매우 적은 수의 삽화본들이 남아 있다. 몇몇 연구자들은 이 삽화본들의 일부를 6세기경의 라벤나나 콘스탄티노플의 삽화본으로 추정하기도 한다.『켈스 복음서』의 저자에 대한 가장 적합한 가설로는 그가 중세 미술의 기원을 열었던 북유럽 문화와 지중해 문화 양쪽 모두를 잘 알고 있었다는 점이다. 이런 사실은 특히 필사본을 장식하는 머리글자들을 통해서도 관찰할 수 있다. 6세기의 이탈리아

미술품에서 삽화 장식 혹은 동물 문양의 머리글자는 신성하기는 하지만 고립되어 있었고, 그리스도교주의는 주로 글을 통해서 구현되었다. 하지만 이런 점은 이후에 섬 지역에서 독자적이고 새로운 방식으로 혁신되었으며, 금속 공방에서 활용하는 장식들을 적용한 주관적인 문자 디자인과 삽화의 배치로 이어졌다.

스칸디나비아의 중세 초기 예술

중세 초기의 유럽에서 점차 그리스도교화되고 라틴화되는 과정은 지리적으로 고립되어 있는 스칸디나비아 반도에서도 나타난다. 무엇보다도 다른 유럽 대륙과의 정치적인 관련성, 군대의 이동과 교역은 스칸디나비아 미술에서도 지중해와 동방에 기원을 둔 요소를 찾아볼 수 있도록 만들었다. 다른 여러 북유럽 민족들처럼 스칸디나비아 반도에 살던 사람들에게 예술품으로 높이 평가되었던 것은 건축물과 기타 일상 용구와 보석이었다. 브로치, 허리띠용 버클, 방패, 금속으로 장식된 접시, 목걸이에 사용할 작고 둥근 펜던트는 가격이 매우 높았다. 이는 장식의 발전을 가져왔고, 동물 문양은 스칸디나비아의 금속 공예가에게 가장 인기 있는 주제로 떼었다 붙였다를 할 수 있었다. 이는 거의 주술적인 기능을 가지고 있었던 것으로 보인다.

오세베르그 배-무덤　　장식에 대한 스칸디나비아 미술의 열정, 특히 동물 문양에 대한 관심은 바이킹이 활동하던 9세기 초에 지역의 귀족 여인이나 여왕의 무덤으로 추정되는 오세베르그 Oseberg(오슬로, 바이킹 박물관Vikingskipshuset)의 '배-무덤'과 같은 걸작에서 잘 관찰할 수 있다[도판 31 참조]. 실제로 배였지만 후에 무덤으로 활용한 것으로, 이곳에는 여인과 시종이 수많은 일상 용구와 보석과 함께 묻혀 있었다. 이는 고대 신앙에서 비롯한 사후 세계에서 여인이 현세와 같은 삶을 살 수 있도록 만드는 방법이었다. 오세베르그 바이킹 박물관에 남아 있는 배를 포함한 사물들의 장식에는 시기적으로 세 번째로 등장한 유형의 동물 문양이 배치되어 있지만, 이는 오랜 기간의 숙고를 통해서 만들어 낸 규범적인 모델이었다. 인간의 형상과 관련해서 가장 오래된 기록은 이미 보석과 사물, 사치품의 장식에서 관찰할 수 있으며, 죽은 사람에 대한 기억을 담고 있는 부장 기념 조각에서 찾아볼 수 있다. 가장 오래된 석판에서는 장식 문양들이 잘 정리되지는 않았지만 주인공들이 가는 선으로 섬세하게 새겨져 있었다. 8세기부터 이런 분야에서도 변화가 생겨났다. 즉 영웅이나 전설을 다룬 석판이 생겨난 것이다. 여기에서 부조의 표현 방식은 더욱 효과적으로 강조되었으며, 인물들은 더욱 명료하게 묘사되어 이야기의 서사를 강조하고 있다. 〈릴브예르스의 석판 Stele di Lillbjärs〉(스톡홀름, 국립해양박물관Statens Sjöhistoriska Museum)은 8세기 초의 예 중 하나다. 이 석판에 새겨진 일화들은 이후의 〈레르브로의 석판Lastra di Lärbro〉(고틀란드 Gotland)에서 관찰할 수 있는 것처럼 내부를 구획하고 있지는 않지만, 3개의 이야기 들로 잘 구분되어 있으며 수평으로 배치되어 있다.

| 다음을 참고하라 |
역사 야만족이 다스리는 왕국, 제국, 공국(97쪽); 9-10세기의 약탈과 침략(243쪽)
철학 섬의 수도원주의와 중세 문화(403쪽)
문학과 연극 수도원 문화와 수도원 문학(551쪽)

유럽의 이슬람 문화: 에스파냐의 이슬람 문화와 모사라베 미술

| 시모나 아르투시|Simona Artusi |

에스파냐에서 이슬람의 지배는 711년에 시작되었다. 우마이야 왕조의 칼리프가
주도해 높은 수준의 미술품을 제작했고, 이후의 칼리프들 역시 매우 섬세하고
수준 높은 미술품의 제작을 후원했다. 이런 점은 사치품들의 생산을 통해서 확인할
수 있다. 우마이야 왕조가 쇠퇴하자 알안달루스 지방의 지배자들은
독자적으로 새로운 미술품을 제작하여 문화적 번영을 이끌었다. 1085년의 톨레도의
점령은 무와히드 왕조로 이어지는 베르베르인들의 왕조였던 무라비트 왕조의 도움을
받아서 이루어졌다. 마지막으로 이슬람에 속하지 않은 여러 민족들도 이 시기에
이슬람 문화와 교류하면서, 쉽지는 않았지만 의심할 여지없이
또 다른 문화적 풍경을 만들어 냈다.

에스파냐의 알안달루스: 우마이야 왕조의 건축과 응용 미술

연구자들마다 차이가 있기는 하지만, 711년은 이베리아 반도에 이슬람교도의 세력
이 확장되기 시작하던 연도로 받아들여지고 있다. 이슬람교도의 정복 과정은 매우
효과적이고 빠른 속도로 군대들에 의해서 이루어졌으며 이는 곧 영토의 확장으로 이

어졌다. 그 결과 서프랑크족 왕국의 세력은 급격하게 약화되었으며, 내부의 크고 작은 전투들은 비잔티움 제국에서 종교적인 문제로 인해서 주목했던 역사적 사건들을 만들어 냈다.

북아프리카에서 출발한 이슬람 군대는 아랍의 전쟁 장비들로 무장한 채 로데리크 (7-8세기)의 군대를 패배시켰고 곧 서프랑크 왕국의 수도였던 톨레도를 점령했다.

이 시기부터 알안달루스와 같은 이베리아 반도의 남부 중앙 지역은 다마스쿠스를 수도로 한 우마이야 왕조(661-750)의 칼리프가 파견한 관리자의 지배를 받게 되었다(711-756). 이 시기의 아랍-이슬람(시리아-팔레스타인, 메소포타미아)과 베르베르인들, 그리고 연관된 다른 민족이 거주하던 지역(에스파냐, 비잔티움, 후기 로마 제국의 영토들)에서는 다양한 문화적 요소들을 절충시키면서 놀라운 문화를 발전시켜 나갔지만, 이 시기의 예술품에 대한 기록은 많이 남아 있지 않다. 그러나 무엇보다도 알안달루스에서 새로운 주화 제작의 필요성이 등장하면서 711년에 이미 북아프리카 지방의 사례에 바탕을 둔 주화가 제작되었으며, 716년에는 라틴어와 아랍어로 명기된 주화가 만들어졌다.

알안달루스에서 아바스 왕조에 패배한 우마이야 왕조의 계승자였던 아브드 알-라흐만 1세(731-788)는 755년에 알안달루스의 코르도바에서 시리아인들과 베르베르인들의 도움을 받아서 독립된 왕조를 건설했다.

이 시기에 에스파냐에서는 이슬람 문화가 발전했다. 아브드 알-라흐만 1세가 건

코르도바의 대모스크 설한 코르도바의 대大모스크Mezquita-catedral[도판 54]는 이 왕조의 상징이 되었다.

에스파냐의 우마이야 왕조의 관할권이 아브드 알-라흐만 3세(약 889-961)에 의해서 변화되었던 시기는 929년부터였으며, 이 시기에 아바스 왕조는 쇠락의 징후들을 보이고 있었다. 에스파냐의 우마이야 왕조(929-1031)의 칼리프들이 재위한 기간 중에 특히 두 칼리프의 후원을 받아서 예술은 높은 수준으로 발전하기 시작했다.

936-940년에 아브드 알-라흐만 3세는 칼리프로서 자신의 정치적인 승리를 기념하기 위해서 코르도바에 마디나트 알-자하라Madinat al-Zahra'라고 알려진, 왕국의 새로운 도시를 건설했다. 이곳으로 이주해야 하는 것은 단순히 정부 기관과 행정 기관뿐이 아니었으며 주화 제작소, 직물 공방과 수공예 공방도 이전해야 했다. 이 작업은 알-하캄 2세al-Hakam II(915-976)의 재위 기간에도 지속되었지만 완성되지 못했다. 이 장소는 새로운 수도의 위상을 보여 주기 위해서 높은 언덕에 배치되었다. 20세기 초

에 시작되었던 고고학적 발굴의 결과로 이 장소에 두 겹으로 쌓은 성곽이 있었으며, 복잡한 수로로 구성된 정원들, 높이에 따라 세 부분으로 나누어져 기획된 장소들이 사회적인 지위에 따라 구분되어 있었다는 점을 확인할 수 있었다. 가장 윗부분에는 칼리프의 궁전이 있었고 그 아래에 중요한 모스크와 정부 기관, 상류 계급의 거주지가 있었으며, 그 아래편에 중산 계급이 배치되었다. 칼리프의 궁전은 두 구역으로 나뉘어 있었다. 동쪽은 공식적인 제의를 위해서 활용되었으며 서쪽은 거주지로 사용되었다.

이 중에서 살론 리코Salon Rico는 주목할 만하다. 아브드 알-라흐만 3세는 953- 956년에 이곳을 접견실로 활용했다. 입구의 주랑현관은 3개의 신랑으로 구성된 바실리카 형식의 평면에 따른 공간으로 이어지며, 3개의 말굽 아치로 구분되어 있었다. 모든 건축 공간의 표면은 장식 문양으로 채워졌으며, 대리석 석판과 저부조의 설화석고 장식에는 식물 문양의 모티프가 묘사되었다. 도시에서 코린트 양식의 대리석 주두들을 가지고 왔는데, 이 주두에는 종종 기존에 사용되었던 건축물을 설명하는 문자가 새겨져 있었다. **살론 리코**

1010-1013년의 내전으로 마디나트 알-자하라는 파괴되었으며 사람들에게서 버려졌다. 자료를 통해 얻을 수 있는 정보가 제한되어 있지만, 히샴 2세(965-1013)의 수상으로 권력을 행사했던 알-만수르가 가지고 싶어 했던 마디나트 알-자하라의 존재는 사료를 통해서 쉽게 확인할 수 있다.

톨레도에서도 수많은 건축물들이 새롭게 꾸며졌다. 이런 점은 밥 마르둠Bab Mardum의 모스크(999)를 통해서 확인할 수 있다. 이 건물은 원래 이란-중앙 아시아에 기원을 둔 평면을 바탕으로 9개의 쿠폴라가 배치되어 있었으며, 내부에서는 궁륭들이 서로 복잡하게 교차하고 있었다(이는 코르도바의 대모스크에 적용되었던 장식이었다).

에스파냐의 우마이야 왕조의 칼리프들은 섬세한 취향을 가지고 있었는데, 이런 점은 남아 있는 수많은 귀중품의 생산을 통해서 확인할 수 있다. 기예를 소유하고 싶어 하던 열망은 지중해 동부 지역의 수많은 예술품에 대한 모방과 실험으로 이어졌다. 또한 이 시기에 해상 무역로를 통해 발전했던 교역은 모범이 될 새로운 이미지를 교환하고 유포하는 데 기여했다. 그렇게 해서 알안달루스 지방의 코르도바와 마디나트 알-자하라는 수많은 예술품의 생산지이자 사치품이 소비되는 장소가 되었다. **세련된 삶의 양식**

가장 뛰어난 귀중품들은 직물, 금속, 도기와 상아였다. 이런 상품들은 세각된 보석함들을 만들어 내기도 했는데, 이는 향신료를 담기 위한 통으로 사용되었다. 장식 문양은 고대 아라비아 문자의 형태에서 발전했으며 종종 구상적인 요소도 가지고 있었다. 특히 식물 문양의 모티프는 비잔티움 제국의 지역과 연결되어 있는 고대 근동 지역의 미술에서 영향을 받았다. 파리의 루브르 박물관에 있는 보석함(inv. AI4068)에는 주문자의 이름(알-무기라al-Mughira, 아브드 알-라흐만 3세의 아들)이 새겨져 있으며, 연대는 968년으로 거슬러 올라간다.

초기에는 이집트, 이란, 비잔티움, 코르도바에서 직물들을 수입했지만, 우마이야 왕조의 칼리프의 주도로 비단을 직접 생산하기 시작했다. 이 시기부터 직물 공예는 매우 중요한 위상을 지니기 시작했으며 이후에 지중해 연안 지역의 중요한 수출품이 되었다. 이 시기에 생산된 직물은 칼리프의 공방에서 제작되었고 티라즈tiraz(비단, 양모 혹은 면)라는 이름으로 알려졌는데, 사산 왕조와 비잔티움 왕조의 전통적인 문양들을 지니고 있으며 종종 동물(네발 동물과 새) 문양의 장식에 문자 형태에서 발전한 테두리 장식을 가지고 있다.

금속으로 제작된 물건들 중에는 976년에 제작한 것으로 추정되며 은제 보석함에 금색 도금을 하고 상감 기법을 적용한 히샴 2세의 보석함(헤로나 대성당Catedral de Gerona의 성물 보관소, inv. 64), 사슴이 배치된 분수 조형물(코르도바 고고학박물관Museo Archeologico Provinciale di Cordova, inv. 500), 여러 점의 청동으로 주물을 뜬 작품들(대포와 촛대)이 남아 있다.

이 시기에 생산된 그릇으로는 다양한 형태의 접시, 화병, 그릇, 덮개가 있는 그릇 등이 있다. 제작 기법은 금속판에 그림을 그리는 것이었으며, 녹색과 갈색, 흰색의 법랑이 주로 사용되었다(표면의 산화를 통해 얻은 안료로 칠을 하고 법랑 형태로 구워 낸 것들이었다). 장식 문양의 경우에는 문자 형태에서 발전한 장식이 주를 이루고 있지만, 동시에 식물 혹은 동물 문양들도 쉽게 찾아볼 수 있다.

타이파, 무라비트 왕국, 무와히드 왕국

우마이야 왕조의 칼리프 이후

1010-1013년에 아랍인과 베르베르인과 같은 서로 다른 민족 간의 알력은 내전으로 발전했으며 점차 우마이야 칼리프의 쇠퇴로 이어졌다. 이런 상황은 지속적으로 자주적인 통치권을 확보하려 했던 알안달루스의 지배자들에게 유리한 입장을 제공했

다. 그리고 이는 역사 속에서 물루크 알-타와이프muluk al-tawa'if, 즉 타이파Taifa(1031–1086)라는 군소 군주들이 등장한 시기로 이어졌다. 하지만 권력의 분산은 문화의 발전을 막았던 것이 아니라 오히려 다양한 방식으로 발전시켰다. 이 시기에 지어진 중요한 건축물들은 말라가의 바누 함무드 왕조Banū Hammūd(1010–1057)와 사라고사의 바누 후드 왕조Banū Hūd(1040–1110)에 의해서 지어졌다. 이와 연관된 예로는 알카사바Alcazaba의 팔라초(방어에 초점을 맞춘 건물이었지만 설화석고로 만든 다양한 장식들이 남아 있다)와 알하페리아Aljaferia의 팔라초가 있다. 알하페리아의 팔라초는 알-무크타디르al-Muqtadir(1046–1081)가 건설한 것으로 외부는 점차 증가하던 그리스도교도의 공격을 방어하기 위해 견고한 성채로 기획되었다. 하지만 내부는 중앙에 중정을 가지고 있었다. 왕실의 모스크는 독특하게 팔각형의 평면을 가지고 있었다. 팔라초의 장식들은 중정을 둘러싼 교차 아치를 통해 절정에 이르렀으며 설화석고를 활용했다.

11세기에 생산된 점토의 활용은 이 시기에 가장 많은 발전을 이루었다. 녹색과 갈색으로 채색된 도기 외에도 '쿠에르다 세카cuerda seca'(끈을 이용해 유약을 고정시키는 기법*)와 같은 채색 기법이 등장했다. 이런 경우에 장식 테두리에는 망간과 지방이 포함된 점토를 활용했는데, 이 경우에는 안료를 섞을 수 없었다.

최근의 연구자들에 의하면 타이파 시기에 대형 청동상도 등장했는데, 그중에는 종종 분수를 장식하기 위해 제작한 그리핀도 있었으며, 한때 피사 대성당의 지붕 위를 장식하던 청동상도 있었다. 후자의 작품은 지금은 피사 대성당의 성물 보관소에 보관되어 있다.

1085년에 그리스도교도가 톨레도를 함락하자 타이파의 군소 군주들은 무라비트 왕조(1059–1147)에 도움을 요청했다. 이 왕조는 베르베르인들의 왕국이었으며 당시에 아프리카 북부 지방에서 정치적인 패권을 장악하고 있었다. 이들은 잘라카Zallaqa에서 그리스도교도를 저지하는 데 성공했으며(1086), 이후에 타이파로 알려진 군소 군주들을 규합해 냈다. 동시에 문화적으로는 새로운 예술을 접했고 특히 수공품들의 영향을 많이 받았다. 이들은 곧 직물 공예를 발전시켰으며, 알메리아Almeria는 직물 생산의 거점이 되었다. 수많은 예들을 통해서 기술적이고 도상학적인 특징에 대한 연구가 진행되었다. 넓은 메달 속에 한 쌍의 동물들(사자, 하르피아아, 스핑크스, 그리핀)이 많이 묘사되었다. 금사와 비단 실로 장식된 유명한 사제복인 산 후안 데 오르테가San Juan de Ortega의 제의를 설명한 문장으로 킨타나오르투뇨Quintanaortuño(부

알메리아의 직물

르고스 주)의 교구 교회에 있는 아랍어 문장은 천이 에스파냐에서 유래했다는 사실을 기술하고 있는데, 이는 무라비트 왕조의 칼리프 알리 이븐 유수프Ali ibn Yūsuf(1107-1143)의 시기에 해당한다.

무라비트 왕조를 계승했던 것은 무와히드 왕조(1147-1269)였으며, 이 왕조 역시 아프리카 북부 지방에서 생활했던 베르베르인의 부족이었다. 이들은 이베리아 반도에 대한 지배권을 넓혔다. 이들은 1195년 알라르코스 전투에서 승리했음에도 알안달루스에서 그리스도교도의 공격을 받아야 했지만, 1212년 라스 나바스 데 톨로사Las Navas de Tolosa에서 결정적으로 승리를 거두었다. 세비야는 행정 수도로 선택되었고(코르도바는 문화적인 수도로 남았다), 우아한 건축물들이 이 도시를 장식했다. 이런 점은 여러 사료에서 언급하는 대모스크[도판 54]를 통해서 확인할 수 있다. 이 건축물은 아부 야쿠브 유수프Abū Ya'qūb Yūsuf(1163-1184)가 주문했으며 1172년에 완공되었다. 원래의 건축물은 기도를 위한 사각형의 평면 공간의 앞부분에 중정을 배치했지만, 현재는 히랄다Giralda에 회교 사원의 탑만 남아 있다(이와 유사한 회교 사원의 탑으로는 마라케시의 쿠투비야 모스크Kutubiyya Mosque와 라바트의 하산 모스크Hassan Mosque가 남아 있다). 이슬람 문화에 기원을 둔 다른 건축물로는 알카사르Alcazar가 남아 있는데, 이 건축물은 이후 14세기에 페드루 1세에 의해 보수되었다. 알카사르에서 과달키비르Guadalquivir로 이어지는 긴 성벽에서는 황금의 탑을 발견할 수 있다.

이 시기에 무와히드 왕조에서 생산된 직물의 장식 문양은 점차 기하학적이고 문자 형태의 장식으로 변화했지만, 무라비트 왕조의 전통을 따라 발전했다. 서적을 장식하는 미술은 이후에 안달루시andalusi라고 알려진 글자체를 지녔으며 코란에서 확인할 수 있다.

이 시기에 에스파냐에서 제작되어 지금까지 전해지는 유일한 서적은 『바야드와 리야드 이야기Hadith Bayad wa Riyad』(바티칸 도서관, ms. Ar. 368)와 같은 소설이다.

구상회화를 관찰할 수 있는 몇몇 기록은 무와히드 시기(12세기) 이후의 이슬람 팔라초를 발굴하는 과정에서 출토되었다. 오늘날에는 무르시아Murcia의 산타 클라라 라 레알 수도원Convento de Santa Clara la Real에 남아 있으며, 이는 당시 지중해 연안 지역에서 통용되던 모범이었다(이집트, 오늘날의 알제리 영토, 팔레르모, 콘스탄티노플).

그라나다의 알람브라 궁전

에스파냐에서 이슬람 미술의 마지막을 장식했던 예는 그라나다의 알람브라 궁전이다. 나스르 왕조는 1238년에 그라나다를 점령했고 카스티야 왕국에 세금을 지불하면서 1492년까지 이 지역을 지배했다. 알람브라 궁전은 나스르 왕조의 거주지였으며 이곳에서 수많은 건축물들이 기획되었다. 이 중에서 가장 중요한 건축물들은 유수프 1세(1318-1354)와 무함마드 5세(1338-1391)의 시기에 건립되었는데, 이들의 모습은 정의의 방Sala de la Justicia의 궁륭에 9명의 조상들과 함께 묘사되어 있다.

이 건물의 구조는 정원들을 지니고 있으며, 도금양의 파티오Patio de los Arrayanes와 사자의 파티오Patio de los Leones라는 2개의 중정을 통해서 발전했다. 도금양의 파티오는 대사들을 접견하기 위한 장소로 여러 종류의 규모를 지닌 방들이 연속적으로 배치되어 있다. 사자의 파티오는 개인적인 용도의 건축물이었다. 이 두 공간 모두 분수로 장식되어 있으며, 다양한 방식으로 물의 효과를 살리고 있다. 건축 장식에는 금과 여러 색채로 채색된 설화석고가 사용되었고, 식물, 기하학, 문자 형태의 문양들이 있는 도자기 모자이크 장식으로 채워졌다. 가장 뛰어난 부분은 사자의 파티오와 연결되어 있는 '두 자매의 방Sala de las dos Hermanas'과 '아벤세라헤스의 방Sala de los Abencerrajes'이었다.

그리스도교도들이 수복한 뒤에 다양한 방식으로 분화되었던 그라나다 주변의 별장 건축인 헤네랄리페Generalife에는 나스르 왕조의 이스마일 1세(1313-1325)까지 거슬러 올라가는 내부 장식을 포함해서, 이후에 여러 공방들에서 제작한 장식들이 남아 있다.

에스파냐의 이슬람 문화의 도시에서 대상大商들의 숙박소로 가장 뛰어난 예는 그라나다의 코랄 델 카르본Corral del Carbon으로, 그 기원은 14세기로 거슬러 올라간다.

나스르 왕조에서 생산된 도자기는 '알람브라의 병'이라고 알려져 있으며, 큰 규모에 날개 모양의 손잡이가 달려 있고 일반적으로 금색 광택을 활용했다. 식물, 문자, 여러 구상 이미지의 변형 형태를 전형적으로 활용했는데, 그 기원은 칼리프가 권력을 잡았던 시기로 거슬러 올라간다. 또한 다양한 종류의 금색 광택을 활용한 그릇과 접시가 발렌시아와 마니세스에 보존되어 있다.

카스티야의 여왕 이사벨 1세(1451-1504)와 아라곤의 왕 페르난도 2세(1452-1516, 1478년부터 왕)가 그라나다를 수복하면서 에스파냐에서 이슬람의 지배는 종결되었다.

에스파냐의 모사라베 미술: 이슬람의 영향과 그리스도교 교회

에스파냐가 아랍 사람들의 지배를 받는 동안에 그리스도교, 유대교와 같은 다른 일신론 종교들은 당시의 문화와 예술의 발전에 직접 참여하고 공헌했다. 서로 다른 민족이 공존하던 시기의 문화와 예술은 기존 가설처럼 쉽게 설명할 수 없으며, 여러 가지 논쟁들을 불러일으켰다. 하지만 이런 여러 문화가 만나서 새로운 변화를 이끌어 냈다는 점은 부정할 수 없다. '모사라베Mozárabe'는 그리스도교를 믿었던 알안달루스 거주민들을 지시하는 용어로, 이들은 이슬람교도들과 협의를 통해서 자신이 원하는 종교를 믿을 수 있는 허가를 받았다.

코르도바에서 칼리프가 권력을 잡았던 시대와 같은 시기부터 발전했던 모사라베 미술은 11세기 초반까지 지속되었다. 건축은 서고트족의 전통을 유지했지만 동시에 이슬람 문화의 영향도 받았다. 서고트족의 전통을 따르던 교회 건축은 다양한 평면을 가지고 있었다. 코르도바의 칼리프 시대 이전의 종교 건축들 중에서 보바스트로Iglesia de Bobastro(899)는 말라가 산맥에 위치해 있으며 3개의 신랑을 지닌 바실리카 양식의 평면을 가지고 있다. 산타 마리아 데 멜케 성당Iglesia de Santa María de Melque(932?)의 십자가식 평면은 톨레도 지방에서 발견되는 것이지만 서고트족 교회의 전형에서 많이 벗어나 있지는 않다.

알안달루스의 이슬람 지역에서 벗어난 장소에 건립된 교회는 더 풍부한 모사라베 건축의 유형을 만들어 냈다. 수도원 공동체의 구성원들에 의해 발전했던 장소는 코르도바와 톨레도와 같은 당시의 중요한 문화적 중심지였다. 잘 알려진 교회들로는 산 미구엘 데 에스칼라다 성당Iglesia de San Miguel de Escalada(913), 산티아고 데 페냘바 성당Iglesia de Santiago de Peñalba(937), 산 미구엘 데 셀라노바 예배당Capela de San Miguel de Celanova(940)이 있다. 이 과정에서 이슬람의 예술적인 문화는 새로운 혁신을 가져왔다. 산 미구엘 데 에스칼라다 성당은 기마형 아치를 장식하던 반원형 기둥들이나 식물 모티프 장식과 원형 메달 장식으로 꾸며진 기둥들을 지니고 있다.

코르도바의 칼리프가 다스리는 지역에 속한 교회들로는 코골라 데 수소Cogólla de Suso의 산 미얀 성당Iglesia de San Millán을 들 수 있는데, 이 성당은 코르도바의 대모스크처럼 궁륭들이 얽혀 있다. 산 바우델리오 데 베를랑가 예배당Ermita de San Baudelio de Berlanga에서는 이슬람 문화에서 유래한 아치들을 관찰할 수 있다.

재현을 위한 예술적인 표현은 예술가이기도 했던 수도사들이 제작한 삽화본에서 확인할 수 있다. 10세기의 유일한 삽화본은 988년에 코르도바에서 제작되었던 성경본이었다(마드리드, 에스파냐 국립도서관, ms. Vit. 13-1). 980년에 코골라의 산 미얀 성당의 삽화본 공방에서 제작된 「시편」의 주석서(마드리드, 왕립역사 아카데미아Real Academia de La Historia)에서는 모사라베 화가들이 도입 부분의 구도에서 이슬람 미술의 영향을 받았다는 사실도 확인할 수 있다(예를 들어 나무의 측면에 있는 2마리의 개로 구성된 장식 글자가 이에 해당한다. 머리글자 A, fol. 124v).

| **다음을 참고하라** |
역사 우마이야 왕조(143쪽); 유럽의 이슬람화(209쪽); 아스투리아스 지방의 그리스도교 왕국(216쪽)
과학과 기술 그리스의 유산과 이슬람 세계(443쪽)
문학과 연극 이슬람교에 대한 유럽의 인식(612쪽)

랑고바르드족이 지배한 이탈리아

| 조르자 폴리오 |

랑고바르드족은 이탈리아 북부 지방의 왕국, 중부 지방의 스폴레토 공국을 세웠을 뿐 아니라 독자적인 정치권을 행사했던 남부의 베네벤토에서도 여러 공국을 건설했다. 이들은 고전 미술, 지역 미술, 그리고 비잔티움 미술의 이미지처럼 당대의 서양 문화의 흐름들을 다양한 방식으로 절충하며 뛰어난 작품들을 남겼다.

랑고바르드족의 예술

이탈리아의 저명한 문학가인 알레산드로 만초니Alessandro Manzoni는 비극 작품인 『아델키Adelchi』(랑고바르드족의 왕 이름*)의 4번째 막에서 랑고바르드족의 야만성과 공격성을 효율적으로 묘사했다. 그는 랑고바르드족이 당시에 "확신을 가지고 공격할 수 있는 수적 우위를 지녔고, 피를 통해 권력과 영광을 빼앗았던 이들에게 자비라고는 전혀 보이지 않았다"고 기술했다. 이와 더불어 알레산드로 만초니는 이탈리아 독립 운동 시기에 반反오스트리아적인 정서를 바탕으로 랑고바르드족을 묘사하면서, 게르만계 민족이었던 랑고바르드족이 미술품을 통해 발전시켰던 시각 문화를 저평가했다. 다른 게르만 민족에 비해 문화적으로 덜 보수적이었던 랑고바르드족의 엘리트 계급은 이탈리아로 남하한 뒤에 곧 다채로운 장식으로 가득 차 있는 교회와 팔라초들을

랑고바르드족의 시각 문화

건설했고, 기존의 공공 기념물의 시각 언어를 창조적으로 변형시키기 시작했다.

테오델린다(?-628, 616년부터 섭정)는 몬차에 건립한 자신의 팔라초를 랑고바르드족의 역사를 다룬 그림으로 장식했고, 여기에 과거의 기억에 바탕을 둔 기사 문학적 취향을 반영했다. 안타깝게도 이 작품들은 이 시대를 이해할 수 있는 역사적인 사료인 파울루스 부제(약 720-799)의 『랑고바르드족의 역사』(Lib. IV, 22)를 통해 전해진다. 테오델린다의 두 번째 남편인 아길룰프는 랑고바르드 왕국의 첫 군주로서 당시에 구성되던 왕국에 부분적인 권력을 행사했다. 그는 편견 없이 로마와 비잔티움 제국의 도상들을 차용했으며, 금도금된 동으로 제작된 투구를 쓰고 왕좌에서 정면을 바라보는 모습(피렌체, 바르젤로 국립미술관)으로 묘사되었다. 무기를 든 그는 날개를 가진 승리의 여신들에 의해 둘러싸여 있는데, 이 조각상의 양식은 콘스탄티누스 대제의 〈개선문〉의 부조와 유사했다. 랑고바르드족은 파비아를 수도로 삼았는데, 이 도시에는 이미 이전에 고트족의 왕이던 테오도리쿠스가 사용했던 팔라초가 남아 있었다. 아길룰프는 이 장소를 개축하고 확장해서 활용했다. 이후에 파비아에서 랑고바르드족의 왕이었던 페르크타리트Perctarit(?-688)와 그의 부인인 로델린데Rodelinde는 지금은 소실되어 남아 있지 않은 산타 마리아 알레 페르티케 성당Chiesa di Santa Maria alle Pertiche을 주문했다. 17세기의 평면도와 스케치는 건축물의 원래 형태에 대한 정보를 제공해 준다. 이 건물은 중앙 집중식 평면을 적용한 고대 건축물을 본떠서 제작되었으며, 긴 원통형의 구조물에 쿠폴라를 배치했다. 리우트프란드(?-744, 712년부터 왕)는 이후에 비잔티움 제국의 궁정 문화를 모범으로 삼아 예배당이 결합된 새로운 왕궁을 파비아에 건설했고 성 아나스타시우스에게 봉헌했다. 그는 이 건축물의 실내를 장식하기 위해서 로마에서 기둥과 대리석을 가져왔다.

템피에토 디 산타 마리아 인 발레 리우트프란드의 왕실 예배당에 대해서 알려진 것은 거의 없지만, 좋지 않은 상태로 보존되어 있는 치비달레 델 프리울리에 있는 템피에토 디 산타 마리아 인 발레 Tempietto di Santa Maria in Valle[도판 10]에서 관찰할 수 있는 것처럼, 선 장식을 가진 건축물로 추정해 볼 수 있다. 매우 적절한 가설 중 하나는 작은 예배당이 군주를 대변하는 왕실 거주 공간의 일부였고 당시 치비달레의 백작이었던 아스톨포 왕에 의해 건립되었다고 보는 것이다. 이곳은 매우 간단한 작은 방을 가지고 있지만 기념 조형물과 같은 느낌을 지니고 있으며, 기둥에 의해 세 부분으로 구획된 사제석을 가지고 있다. 내부에는 장식적인 여러 도안 프로그램이 구성되어 있으며, 많은 부분이 파손되었지만 회화, 조각, 모자이크, 궁륭 장식들이 적절히 조화롭게 배치되어 있다. 벽에는 대천사, 성모자, 그리고 여러 성인들 사이에 있는 그리스도처럼 인물들이 이콘의 형태로 묘사되어 있는데, 이런 점은 도상학적 관점에서나 양식적인 관점에서 모두 비잔티움 구상미술의 영향을 받은 것으로 보인다. 회화 작품들은 식물 문양과 다양한 기하학적 문양으로 꾸며진 사각형의 설화석고 틀 안에 배치되어 있으며, 섬세한 기법을 보여 준다. 맨 뒤의 작품 역시 설화석고 틀 안에 배치된 순교한 성인들의 모습으로, 이들은 이 당시에 이미 잊힌 고대의 고부조 조각 작품처럼 삼차원적인 양감으로 강조되어 있다. 이런 특별한 인물의 모습은 약 3세기 전에 라벤나의 네온 세례당의 쿠폴라 아래의 벽감 속에 조각처럼 세워진 사도들의 설화석고 부조를 모범으로 삼았던 것으로 보인다. 750년경에 아스톨포 왕에 의해서 치비달레에 제작되었던 미술품들은 라벤나와 로마에 남아 있는 비잔티움 미술의 영향을 반영하고 있으며, 정복자인 랑고바르드족의 이미지를 형성하기 위해서 활용되던 것으로 볼 수 있다. 단순히 도상을 가져온 것뿐 아니라 재료도 동일한 것을 활용하고 있었다는 점에서 밀접한 연관성을 보여 준다.

치비달레 델 프리울리에는 템피에토 디 산타 마리아 인 발레에서 표현된 것과 다른, 새로운 예술적 혁신을 설명할 수 있는 또 다른 조형물이 있다. 그것은 라트키스 **라트키스 제단** 제단Altare di Ratchis[도판 8]으로 라트키스 백작Ratchis(744-749년에 군주, 756-757년에 다시 군주)의 이름에서 유래한 명칭이다. 이 제단의 석판들 위에 새겨진 금석문들의 내용을 통해서 라트키스 백작이 아스톨포의 형제라는 사실을 확인할 수 있다. 이 작품은 네 면 모두에 인물들을 배치하고 있다. 정면에는 〈권좌의 그리스도〉, 측면에는 〈동방박사의 방문〉과 〈동방박사의 경배〉, 뒤편에는 2개의 커다란 십자가와 성물을 위한 열린 공간이 있다. 인물들은 저부조로 제작되었으며 선들을 활용해서 인물의 신체적인 특징을 묘사했는데, 각 인물의 비례와 세부는 매우 표현적이다. 작품은 매우 섬세하게 제작되었으며, 남아 있는 작품의 표면을 통해 확인해 본 결과 다양한 색채를 지니고 있었다. 이로써 앞의 작품과 달리 반고전주의적인 경향을 지닌 미술 작품이라고 판단할 수 있다.

회화적인 장식과 템피에토 디 산타 마리아 인 발레에서 관찰할 수 있었던 설화석고 부조 사이의 부드러운 절충 작업은 브레시아에 있는 산 살바토레 성당Chiesa di San **산 살바토레 성당** Salvatore의 특징이 되었다. 이 성당은 데시데리우스 왕과 그의 부인인 안사Ansa의 주문을 받아서 건설되고 장식되었다. 전체적으로 잘 보존되어 있는 것은 아니라 도상학적 프로그램을 추측해 보는 것이 어렵기는 하지만, 가능하다. 중앙 신랑의 벽면 위편에서는 설화석고 장식을 볼 수 있는데, 이 장식들은 고전주의 시대의 회화 작품에서 관찰할 수 있는 건축적인 환영을 재해석한 것이다. 중앙에 있는 회화 작품들은 그리스도의 이야기를 다루고 있으며, 그 아래에 배치된 이야기는 이미 치비달레에서 관찰할 수 있는 스페스Spes(희망), 피데스Fides(신앙), 카리타스Charitas(사랑)와 같은 순교 성인들의 이야기를 전달하고 있으며, 남쪽인 맞은편에는 성녀 율리아의 이야기가 기록되어 있다. 이들의 성물은 교회의 지하 납골당에 보관되어 있다. 또한 로마의 성 베드로 대성당, 성 바오로 대성당에서 볼 수 있는 것처럼, 신랑의 아치들 사이에는 원형의 틀 속에 성인들의 흉상을 배치하고 있다.

중요한 인물의 후광은 아마도 설화석고를 활용한 부조로 강조했던 것으로 보인다. 매우 엄격하고도 세밀한 장식은 아치의 아랫부분과 아치형 상인방에도 적용되어 있다. 매우 정교한 도안 프로그램은 산타 줄리아 박물관Museo di Santa Giulia(성 율리아 박물관)에서 보관하고 있는 2점의 대리석 석편과 사다리꼴 석판에서도 확인할 수 있다. 석판 위에는 비잔티움 조형물을 복제한 것으로 보이는 것으로, 매우 섬세한 색채의 깃털을 지닌 공작새가 조각되어 있다. 반면에 아래편에는 아일랜드의 삽화본에서 따온 것으로 보이는 것으로, 북유럽에 기원을 둔 매듭 문양의 모티프 장식이 배치되어 있다. 이런 점과 연관해 볼 때, 이미 630년에 아길룰프의 후원으로 보비오의 산 콜롬바노 수도원이 건립되었던 사실을 기억할 필요가 있다. 이는 아일랜드의 수도원주의가 이탈리아에서 처음으로 시도되었던 예 중 하나다. 브레시아에 보관되어 있는 석판들은 랑고바르드족의 엘리트 계급에서 발전했던 미술품의 중요한 실례들을 구성하며, 이 민족의 문화가 절정에 달했던 순간을 보여 준다. 하지만 이들의 문화는 곧 중단되었다. 데시데리우스가 프랑크족의 카롤루스 대제에게 패배한 것이다.

산타 마리아 포리스 포르타스 성당 브레시아의 산티시모 살바토레 성당Chiesa del Santissimo Salvatore의 몇몇 회화 작품은 오늘날의 바레세에서 멀지 않은 카스텔세프리오에 있는 산타 마리아 포리스 포르타스 성당의 이미지[도판 56]와 종종 비교된다. 세프리오의 오래된 마을에서는 랑고바르드족이 정착한 뒤로 9세기에 프랑크족이 도착해서 영지를 구성했다. 이 회화 작품의 놀라운 수준은 비교할 다른 작품이 많지 않고 연대를 설명할 수 있는 정확한 요소나 기록이 적기 때문에, 이탈리아 중세 미술사에서 드문 경우로 논쟁을 불러일으키고 있다. 애프스는 2줄로 장식되어 있으며, 야곱의 외경을 참고해서 성모의 삶과 그리스도의 어린 시절에 관한 이야기를 묘사하고 있다. 이야기의 중앙 위편에서는 원형 틀 속에 있는 수염을 지닌 그리스도의 초상이 흐름을 중단시키고 있으며, 개선 아치에는 「묵시록」에 등장하는 빈 어좌를 향해 양편에서 두 천사가 날아오르는 장면이 배치되어 있다. 이 그림의 연대는 6세기부터 10세기 중반까지 다양한 방식으로 추정되며, 이 작품을 제작한 예술가들은 아마도 비잔티움의 구상 문화를 경험했던 것으로 보인다. 최근의 연대 논쟁에서는 이전에 비해서 좀 더 좁은 기간으로 추정하고 있다. 일반적으로 랑고바르드족의 시대인 8세기 초나 카롤링거 왕조 시대인 9세기 초반(840년대)에 만들어진 것으로 본다.

스폴레토 공국

이탈리아 중부에 설립된 스폴레토 공국은 북부의 랑고바르드족 왕국과 비교해 보았을 때, 더 오랜 기간에 걸쳐 이 지역의 권력을 유지했으며 729년이 되어서야 권력을 상실했다. 이 지역의 지배 계급의 정치적인 이미지는 '대大랑고바르드족Langobardia maior'의 귀족과 유사한 점이 있으며 이들은 이 지역의 교회와 수도원들과 우호적인 관계를 유지했다. 이 지역에서 720년까지 권력을 행사한 파로알드 2세Faroaldo II는 산 피에트로 인 발레 수도원 교회Abbazia di San Pietro in Valle를 건립했다. 이 지역의 여러 교회들 내부에는 지배자의 가족 묘지가 남아 있는데, 이는 로마 시대에 제작된 여러 종류의 석관을 다시 활용하고 있다. 이를 통해서 확인할 수 있는 고전 문화에 대한 관심은 같은 교회의 제단 정면에 놓여 있는 부조와 비교된다. 사제석의 경계를 표현하기 위한 낮은 경계물에 있던 것으로 추정되는 부조판에는 739-742년에 스폴레토 공국의 지배자였던 일데리코 다길레오파Ilderico Dagileopa의 주문 기록이 남아 있으며, 이 부조판을 제작했던 인물의 것으로 '우르수스 마제스테르Ursus magester'라는 서명도 남아 있다. 장식 문양처럼 양식화된 나무 문양 사이로 동물의 뼈나 테라코타로 제작한 구슬 장식을 지니고 있으며, 짧은 치마를 입고 있어서 우스꽝스럽게 보이는 인물들이 기도하는 모습으로 세각되어 있다. 고전 문화의 영향을 받은 것으로 보이는 배경인 아치 사이에는 털껍질돼지고둥을 바라보는 한 쌍의 새들이 묘사되어 있다. 여러 종류의 장식적인 도안들이 이 작품의 빈 공간들을 채우고 있으며, 마치 판화처럼 납작한 저부조 형태로 제작되어 있다. 결과적으로 이 작품은 그리스도교 석

산 피에트로 인 발레 수도원 교회

관을 장식했던 고전적인 요소에 완전히 새로운 시각 언어로 구성한 표현들을 콜라주한 것 같은 인상을 만들어 낸다.

이 부조와, 스폴레토 북쪽 지역의 플라미니아 거리에 있는 클리툼누스의 템피에토Tempietto sul Clitunno는 서로 전혀 다른 양식으로 제작된 것처럼 보인다. 클리툼누스의 템피에토는 작은 예배당으로 사용된 것으로, 종교적인 의미에 맞게 앞부분에는 커다란 십자가가 배치되어 있으며, 엔타블러처 아랫부분에는 구세주 그리스도에 대한 헌사가 기록되어 있다. 템피에토의 코린트식 장식들은 로마 시대의 조각과 건축의 조형 언어를 잘 알고 있었다는 점을 알려 주며, 이는 로마 신전들을 장식하고 있던 건축물들에 대해서 잘 알고 있었던 안드레아 팔라디오Andrea Palladio(1508-1580)가 생각했던 것처럼 이 작품을 고대 후기의 작품으로 추정하게 했다. 지금도 이 작품의 연대는 문화적인 시기에 따라 서로 다르게 추정된다. 한편에서는 5-6세기의 고대 후기에 제작되었다고 보기도 하고, 다른 한편에서는 랑고바르드족이 카롤링거 왕조에 정복당하기 전까지의 시대인 7-8세기에 만들어졌다고 보기도 한다. 방의 구조는 기둥과 팀파눔tympanum(정문 위쪽의 반원형 부분*)으로 구성된 애프스를 가지고 있으며, 로마 제국의 건축에서 전형적인 형태인 파스티기움(로마 시대의 전형적인 페디먼트pediment 즉 박공)이 있다. 파스티기움의 건축적인 유형으로 미루어 볼 때 애프스 부분에 회화 작품 이미지가 있었던 것으로 추정된다. 애프스의 반원형 부분에는 〈축복의 그리스도〉의 흉상이 묘사되어 있으며, 반원형의 양쪽 면에는 대칭적으로 성 베드로와 성 바오로의 모습이 마치 이콘화처럼 액자로 장식되어 있다. 애프스의 위쪽 벽에는 원형 틀 속에 두 천사가 묘사되어 있으며, 지금은 잘 보이지 않지만 보석이 박힌 십자가가 놓여 있었다. 사도들의 이미지에서는 인물의 신체적인 특징이 매우 높은 수준으로 묘사되어 있는데, 여기서 요한 7세 시기에 건립되었던 로마의 산타 마리아 안티쿠아 성당의 사제석에 그려진 회화 작품들과 유사점을 확인할 수 있다. 이를 통해서 이 작품의 연대는 8세기 초나 이보다 조금 이른 시기로 보인다.

베네벤토 공국

랑고바르드족이 이탈리아 북부 지방을 지배하던 시기였던 6세기에 이탈리아 남부 지방인 베네벤토에서도 랑고바르드족의 새로운 공국이 건설되면서, 북부에 건설된 랑고바르드 공국에서 벗어나 정치적 권한을 독자적으로 행사했다. 아레키스 2세가

주도한 베네벤토 공국은 빠른 속도로 발전하기 시작했다. 그는 왕국을 설립하는 과
정에서 산타 소피아 성당을 건설했는데, 이는 콘스탄티노플의 성 소피아 대성당을　산타소피아성당
참고한 것으로 동일한 방식인 중앙 집중식 평면을 적용했다. 이 교회는 사각형 평면
을 변화시켜 별과 유사한 형태의 평면을 적용했다. 교회 내부는 그리스도의 생애를
소재로 다룬 회화 작품으로 장식되어 있으며, 제작 연대는 768년으로 추정된다. 현
재 완전하게 남아 있는 작품은 작은 크기의 애프스 부분에 있는 이미지가 유일하다.
애프스의 왼편을 장식했던 소재는 「루카 복음서」에 등장하는 〈즈가리야에게 전해진
소식〉으로 천사가 미래의 세례자 성 요한의 탄생을 예언하고 있는 모습이며, 〈즈가리
야의 침묵〉은 즈가리야가 천사의 이야기를 믿지 않아 벙어리가 된 장면을 묘사하고
있다. 반면 애프스 오른편에서는 〈수태고지〉와 〈성전의 방문〉의 일부를 관찰할 수
있다. 이 작품들은 자연스러운 시각 언어를 통해 생동감이 넘치지만 동시에 기념비
에 적용된 것처럼 조형적으로 견고해 보이는 이미지를 드러낸다. 이런 조형 언어는
몬테카시노의 수도원 문화와 영향을 주고받으며 구성된 것으로 보이는데, 몬테카시
노는 베네벤토의 랑고바르드족의 상류층과 밀접하게 관련된 가장 대표적인 수도원
이었다. 베네벤토의 랑고바르드족은 주변의 여러 수도원과 문화적 교류를 통해 새
로운 예술 양식을 발전시켰고, 북부의 랑고바르드족 문화와 구분하는 과정에서 '소小
랑고바르드족Langobardia minor'이라는 이름으로 불리게 되었다. 이탈리아 남부 도시
인 마테라에 있는 원죄의 지하 납골당Cripta del Peccato Originale은 824-842년에 제작되
었으며, 볼투르노의 산 빈첸초 수도원 교회에 있는 에피파니우스 수도원장의 납골
당을 장식한 회화, 브린디시 지방에 위치한 도시인 파사노Fasano의 셉파니발레의 템
피에토Tempietto di Seppanibale와 더불어, 이 시기에 제작된 작품의 대표적인 예다. 9세
기에 들어서면서 '대랑고바르드족'이 프랑크 민족과의 경쟁에서 패배하고 도태되었
을 때에도 베네벤토의 랑고바르드족은 유일하게 민족적인 유산을 계승한 채, 자신
의 문화를 발전시켜 나갔다.

| 다음을 참고하라 |

카롤링거 왕조 시대의 프랑스, 독일, 이탈리아

| 마누엘라 잔안드레아 |

카롤루스 대제가 주문했던 건축물은 황제의 권력을 보여 주기 위한 목적을 가지고 있었으며, 이와 연관된 기능적인 요소들을 발견할 수 있다. 카롤루스 대제는 '통일된 그리스도교 왕국의 부활'이라는 메시지를 전달하기를 원했다. 이 시기의 건축은 고대 로마 제국의 번영과 발전의 이미지를 차용했지만, 동시에 교회와 정치적 동맹 관계를 맺고 종교적인 메시지도 전달했다. 카롤링거 왕조의 정치적·사회적 성공은 곧 새로운 문예 부흥의 기폭제로 작용했다. 이에 따른 결과로 고대 유산으로 남겨진 서적들의 정리 및 보존 작업과, 이탈리아와 프랑스에서 그림을 생산하고 보수하기 위해 생겼던 공방의 발전도 확인할 수 있다.

부흥의 신화

문예 부흥과 건축

7개의 대성당, 232개의 수도원. 이는 남아 있는 사료를 검토해 보았을 때 카롤루스 대제의 재위 기간에 건설된 건축물의 숫자다. 카롤루스 대제가 권좌에 앉아 있었던 46년의 기간에 수많은 건축물들이 시공되었고 기존의 건축물들이 보수되었다. 아인하르트는 카롤루스 대제의 전기에서 건축에 대한 황제의 끝없는 열정을 설명했다. 그는 이런 묘사를 통해 황실의 존엄성을 강조하려고도 했지만, 다른 한편으로는 카롤루스 대제의 활발한 활동을 설명해 주었다. 이 활동은 물론 왕국의 개혁을 위한 것이었다. 많은 연구자들이 카롤링거 왕조의 역사를 다루면서 문화적·정치적 상황을 설명하기 위해 부흥, 재생, 문예 부흥과 같은 용어를 사용했는데, 이들의 설명을 따르면 황제는 넓은 제국에 통일성을 지닌 왕조의 이미지를 부여하고자 했다. 당시에 황제는 여러 민족으로 구성된 영토에서 권력을 확보하기 위해 고대 로마 제국을 모범으로 삼았다. 카롤루스 대제가 구축한 제국은 '로마 제국'이었지만 동시에 교회와 맺은 동맹을 바탕으로 구성된 '신성 제국'이었다. 교회는 프랑크족이 이탈리아에 진출하는 것을 옹호했으며, 800년 성탄절 전야에는 로마에서 카롤루스 대제를 황제로 인정하는 대관식을 거행했다. 이를 통해서 확인할 수 있는 것은 그리스도교를 국교로 인정했던 콘스탄티누스 대제 시대의 로마 제국을, 새 황제가 계승하고 발전시키겠다는 역사적인 관점이 반영되었다는 점이다. 카롤루스 대제는 고대 로마 제국과 그리스도교를 양 축으로 하여 권력을 통합하고자 했고, 교회를 통해 새로운 개혁의 동인을 확보하고자 했다.

카롤루스 대제의 직관력, 혹은 그의 가신의 정치적 조언과 판단은 제국을 확장할 수 있는 군건한 토대를 마련했을 뿐 아니라 사회적·문화적 다양성을 통합하는 결과를 이끌어 냈다. 또한 카롤루스 대제는 기존의 다양한 통화를 통합해서 새로운 왕조의 주화를 유통시켰고, 수도원 학교를 설립하고 후원하며 문화적인 정체성을 구성한 뒤에 제국에 필요한 행정 인력을 구축했다.

원본과 전통의 관계: 프랑스와 독일에 있는 카롤링거 왕조의 건축

카롤링거 왕조는 대중매체가 없었던 시기에 유일한 그리스도교 제국의 부흥 정책을 확장하고 발전시켜 나가는 과정에서 의도적으로 콘스탄티누스 대제의 건축물을 모범으로 활용했다. 이런 점은 보름스의 로르슈 수도원Kloster Lorsch의 앞쪽 중정에 놓인 토어할레Torhalle('문지기의 집'이라는 뜻*)에서 확인할 수 있다. 이 건축 조형물은 774– **토어할레** 790년에 제작되었다. 토어할레는 수도원 입구에 있는 기념 조형물의 일종으로, 3개의 아치가 있는 로지아로 구성되며 위층에 황제를 위한 공간을 배치했다. 로마의 〈개선문〉의 형식, 특히 콘스탄티누스 대제의 〈개선문〉을 모범으로 제작된 토어할레는 로마 제국의 계승이라는 상징적인 의미를 갖는다. 푸아티에의 세례당도 같은 갈리아-로마의 전통적인 조형물이자 다양한 색채를 지닌 건축물에서 영향을 받았던 것으로 보인다. 이는 사실 '복제'에 대한 중세의 개념을 보여 주며, 카롤링거 왕조의 예술이 가진 '로마화'의 과정을 드러낸다. 이 작품은 다양한 역사적 기억, 기호를 통해 고전에 대한 문화적 관점을 보여 준다. 또한 아헨에 있는 카롤루스 대제의 팔라초에 사용된 '라테라노'라는 명칭은 초기 그리스도교 시대의 로마 교황의 거주지였던 라테라노 대성당을 떠오르게 하며, 동일한 정치적 의미를 적용하려고 했던 것 같다.

그러나 고고학적인 연구를 통해 관찰해 볼 때 이 두 장소가 직접적인 유사성을 가지는 것은 아니다. 오히려 아헨의 건물들은 은유적, 문화적 관계에서 지역적인 특징을 더 잘 드러낸다. 이런 점에서 볼 때 카롤링거 왕조의 '인용'은 정체성을 보완하고 재구성하는 역할을 했다고 볼 수 있다. 예를 들어 라벤나에서 발견되었지만 아헨으로 가져와 카롤루스 대제의 팔라초 앞에 배치했던 〈테오도리쿠스 황제의 기마상〉은 로마의 라테라노 대성당 앞에서 발견되었던 마르쿠스 아우렐리우스의 기마상을 모방한 것이었다. 하지만 당시에는 〈테오도리쿠스 황제의 기마상〉을 콘스탄티누스 대제의 기마상이라고 생각했다. 이 작품과 함께 아헨에 배치되어 있던 고대의 청동 늑대는 카피톨리니 박물관에 있는 동일한 소재의 로마 조각상을 연상시킨다. 이 작품 역시 중세에는 라테라노 대성당의 중정에 보관되어 있었다. 종교 건축물 중에서 피핀 3세 단신왕이 주문하고 카롤루스 대제의 시기에 완성한 파리의 생드니 대성당 Basilique Saint-Denis은 성 베드로 대성당과 성 바오로 대성당의 건축적 전형을 따르고 있다. 이후에 건설된 풀다 대성당Fuldaer Dom은 초기 그리스도교 시대의 로마 건축물을 모범으로 삼아 건립되었다. 이런 선택은 교황청과의 정치적 관계를 강화시키려는 의도를 가지고 있었다. 갈리아의 사도 디오니시우스Dionysius의 성골과 독일의 복음화 과정에서 중요한 역할을 담당했던 보니파키우스의 성골을 보관했던 카롤링거 왕조의 두 교회는 로마의 순교자 교회의 기록에 바탕을 두고 제작되었다. 직사각형의 평면, 익랑, 반원형의 애프스 부분과 지하 납골당은 로마의 전형적인 형식으로서 적용되었으며, 카롤링거 왕조 시대에 제국의 수도 건축물의 특징이 되었다. 장크트 갈렌 수도원의 건축은 이런 점을 잘 보여 주는 또 다른 예다(장크트 갈렌 수도원 도서관Stiftsbibliothek St. Gallen). 수도원 교회는 다른 여러 수도원 건축물에 규칙적으로 둘러싸여 있는데, 이는 당시에 성골을 경배하는 전례에 편의를 제공하기 위한 것이었다. 결국 고대 후기의 바실리카 양식의 공간은 카롤링거 왕조의 복잡한 교회 건축 공간을 통해 기존의 다양한 양식을 절충하고 당대의 전례에 따라 분류된 새로운 모범을 제시하고 있다. 센툴라의 생리키에 수도원 교회는 매우 흥미로운 예다. 이곳은 카롤루스 대제의 딸과 결혼한 안질베르토가 주문했던 여러 수도원 건축과 함께 제작된 교회로, 790-799년에 내내 건설되고 이후에 전체적으로 재보수되었다.

카롤링거 왕조 시대의 교회 건물은 3개의 신랑으로 구성된 직사각형 평면을 내부 공간에 적용했고, 같은 규모의 2개의 익랑을 배치했으며, 외부에 있는 계단을 통 **베스트베르크** 해 올라갈 수 있는 2개의 탑과 연결되어 있었다. 베스트베르크Westwerk(서향 구조물*) 는 지상에서는 성골을 보관하기 위한 납골당을 포함하고 있으며 위의 회랑에서는 구세주를 위한 제단이 있었다. 대부분의 교회의 애프스는 예루살렘이 있는 동쪽을 향해 있기 때문에 서쪽 부분이 왕실 공간과 결합되어 있다. 카롤링거 왕조 시대의 건축물의 기획은 아헨의 왕실 예배당에서 관찰할 수 있는 것처럼 정치적인 이데올로기를 베스트베르크에 배치된 이미지들로 전달하고 있다. 873-885년에 건립되었던 코르바이 수도원은 또 다른 뛰어난 예를 제공해 주는데, 이 건축의 구조는 오토 왕조 시대에 제국의 동쪽 영토에서 적용되고 발전했다. 왕조의 영토가 분할된 843년 이후에 이런 경향의 건축물은 연구자들에게 카롤링거 왕조의 초기 예술과의 연관성을 논의하는 계기가 될 만큼, 제국의 동쪽 영토pars occidentalis는 새로운 건축 형태가 적용되는 실험적인 장소였다. 서쪽에 위치한 교회 공간의 발전으로 인해서 동쪽의 사제석 공간이 넓어지게 되었으며, 결과적으로 이 공간에 다양한 성 유물과 제단을 효율적으로 꾸밀 수 있었다. 836년에 건설된 생필베르드그랑리외 수도원 교회Abbatiale de Saint-Philbert-de-Grand-Lieu는 애프스 부분에 사각형의 코어(합창석)를 배치했고, 그 아래로 작은 기도실을 지닌 회랑으로 이어지는 지하 납골당을 만들었다. 또한 로마 시대의 바실리카 양식에서 발전한 반원형 회랑을 전례 공간의 형태로 확장했다. 이곳은 사제석을 위한 공간 외에 5개의 작은 예배당을 배치했으며, 회랑을 따라 코어를 놓았다. 이런 공간의 배치와 구획은 당시에 발전하던 전례와 기능을 분류하는 과정에서 문화적인 의미를 반영한 것이었다.

카롤링거 회화의 중심: 세밀화

정치적 지배 계급의 능력과 교회의 권위가 문화적 능력과 연관되어 있다고 인식했던 카롤루스 대제는 문화적인 개혁을 통해 제국의 정치적·사회적 성공을 의도했고, 이런 점은 필사본의 생산으로 이어졌다. 이를 위해 그는 문화적으로 교양 있는 지식인의 도움을 받아 제국의 서로 다른 문화적 전통을 통합하는 데 노력을 기울였다. 영국 요크 출신의 알퀴누스, 이탈리아 피사의 피에트로, 독일의 아인하르트와 같은 사람들이 대표적인 인물들이었다. 이들은 직접적이든 간접적이든 고전 문화의 전통에 바탕을 두지 않는다면 문화적 전통을 구성할 수 없다는 확신을 가졌고, 이를 바탕으로 이후에 문화유산의 관리와 기록에 초점을 맞춘 문헌학적 연구를 발전시켰는데, 이를 통해 고전을 재구성하고자 했다. 또한 수많은 도시에 교회가, 그리고 시골 영지에 수도원 교회가 건설되면서 이를 통제하기 위한 새로운 전례서가 필요했던 점 역시 다수의 필사본 제작에 영향을 끼쳤다. 당시의 필요성으로 인해서 수도원에서는 필사실scriptorium이 생겨났고, 이곳은 필사본 생산의 중심지로 발전했다. 이런 점을 확인할 수 있는 초기 필사본으로는 『고데스칼크의 복음서Evangelario di Godescalco』(파리, 프랑스 국립도서관, ms Lat. Nouv. Acq. 1203)가 있다. 이 작품은 783년 이전에 아헨

문화의 힘

에서 제작된 것으로 보이며, 필사본의 첫 페이지는 영국 제도의 수도원에서 비롯된 양식적인 문양들로 장식되어 있지만 다른 페이지에서는 지중해의 문양과 장식의 전통을 확인할 수 있다. 또한 복음사가들의 초상화들은 6세기의 라벤나에서 발견할 수 있는 벽화 이미지와 연관된 것으로, 라벤나에서 생산되었으나 지금은 소실된 필사본을 모범으로 삼아 제작한 것으로 추정된다. 카롤링거 왕조의 필사본에서 인간의 형상은 매우 자연스럽게 묘사되어 있으며 정확한 비례와 양식에 엄격하게 맞춘 얼굴을 가지고 있다. 또한 스케치의 선들로 표현되어 있으며 통일성 있는 모범을 보여 주며 색채의 사용은 제한되어 있었다.

필사본은 이탈리아 북부 지방에서 많이 생산된 것으로 보인다. 이런 점은『에지노 코덱스Codice di Egino』[도판 25](베를린 국립도서관Staatsbibliothek, ms Phill. 1676)나 베르첼리에 보관되어 있는『그레고리오 교황의 강론집』(카피톨라레 도서관Biblioteca Capitolare, ms CXL-VIII)을 통해서 확인할 수 있으며, 동시에 이런 필사본들은 8세기 말에 고전의 전통이 연속성을 가지고 발전하고 있었음을 알려 준다. 이탈리아 북부 지방의 모

고전의 모범 사례들

범 사례는 아헨의 필사본의 생산에 영향을 끼쳤는데, 고전 문화의 영향은 건축 장식에서도 확인할 수 있다. 즉, 당시 필사본에서 관찰할 수 있는 이미지들은 가짜 대리석, 주두의 장식, 카메오에서도 확인할 수 있다. 예를 들어서 카롤루스 대제의 전설적인 여동생이었던 아다의 이름과 연관된『수아송의 성 메다르두스의 복음서Vangeli di Saint Médard di Soissons』(파리, 프랑스 국립도서관, ms 8850)는 이런 점을 확인할 수 있는 대표적인 예다.

반면에 고대 서적을 복원하려는 이상적인 시도는『대관식의 복음서』(빈, 왕실 보물관, s. n.)에서 확인할 수 있다. 이 필사본은 오토 3세(980-1002) 시기인 1000년에 카롤루스의 무덤에서 발견되었기 때문에 이와 같은 이름을 가지고 있다. 형상들의 기념비적 조형성, 빠르고 인상적인 필치, 통일성 있는 공간의 구조는 그리스의 전형을 떠오르게 만드는 것으로, 이는「루카의 복음서」의 앞부분에 기록되어 있는 '데메트리우스 프레스비테르Demetrius presbyter'라는 이름을 통해 연관 관계를 유추할 수 있다. 823년에 랭스 근처에 있는 오빌리에르Hautvilliers의 수도원 공방에서는 루도비쿠스 경건왕의 형제였던 에보Ebbo 주교의 지도를 받아『대관식의 복음서』의 주제들을 다시 가져와서 '중세'의 사유 방식에 따라 재작업을 했다. 복음서의 필사본(에페르네 Epernay, 시립도서관, ms 1)은 풍경 속에 복음사가의 이미지를 묘사했지만, 각 인물들

과 배경을 분리시키고 강박적인 느낌의 선들을 지니고 있다. 이런 표현 양식은 이후에 영국 영토에서 매우 큰 성공을 거두는 모범이 되었다. 동일한 양식적인 특성을 고려해서 분석해 보았을 때, 랭스의 필사본 공방의 작품들과 『위트레흐트의 시편Salterio di Utrecht』(위트레흐트, 대학도서관Bibliotheek der Rijksuniversiteit, Script. eccl. 484)은 같은 시기에 제작된 것으로 보이며, 이 작품에 등장하는 선들은 환영을 만들어 내는 공간에 리듬을 부여하고 있다. 약 150장의 「시편」으로 구성된 이 작품은 매우 흥미로운 비유와 상상력에 바탕을 둔 삽화들로 구성되어 있다. 예를 들어 「시편」의 저자가 신을 부르는 구절인 "깨어나소서, 주님, 어찌하여 주무십니까?"라는 부분에는 침대에 누워 있는 신의 모습이 묘사되어 있고, "저를 미친 듯 에워싼 원수들에게서"라는 구절에서는 여러 명의 사람들이 둥근 원을 그리며 모여 있는 장면이 묘사되어 있다. 또한 869년에 카롤루스 대머리왕이 주문 제작한 것으로 보이는 『성 바오로 대성당의 성경』에서는 랭스에서 생산된 삽화본들과 유사한 점을 관찰할 수 있다. 물론 아헨이나 투르의 필사본 공방의 특징도 관찰할 수 있다. 투르의 생마르탱 수도원은 당시 수도원장이었던 비비앙Vivien(843-851년에 수도원장)의 지도를 받아 삽화본 성경을 생산하는 가장 중요한 중심지였다. 그의 이름은 특히 『카롤루스 대머리왕의 복음서』(파리, 프랑스 국립도서관, ms. lat. 1)로 알려졌던 유명한 필사본과 연관된다. 이 필사본의 첫 페이지에는 역사적인 풍경이 묘사되어 있다. 황제는 자신의 신하들에 둘러싸인 채 비비앙 수도원장에게서 이 필사본을 손으로 받아 들고 있는 모습을 하고 있다. 이 성경 필사본은 아헨의 필사본 공방에서 생산했던 고전적인 이미지의 규범을 따라 제작되었으며, 고대 후기의 유명한 몇몇 이미지를 포함하고 있다. 예를 들어 이 필사본에 포함된 『바티칸의 베르길리우스』(바티칸 도서관, ms Vat. Lat. 3225)는 이 시기에 투르에서 발견되었던 것이다.

카롤링거 왕조 시대의 세밀화에서 관찰할 수 있는 다양한 시각 언어는 오늘날까지 전해지는 소수의 회화 작품들을 다시 관찰하도록 만든다. 제르미니데프레 교회의 오라토리움oratorium의 모자이크들, 특히 〈언약의 궤〉[도판 78]와 같은 회화 작품에서 확인할 수 있는 점은 신체의 다양한 움직임을 연구한 결과로 나온 자연스러운 몸짓이 표현되어 있다는 점이다. 이런 점은 당시 공방이 헬레니즘 시대의 예술적 전통에서 영향을 받았다는 점을 알려 준다. 이와 달리 오세르의 생제르맹 수도원 교회 Église abbatiale de Saint Germain의 지하 납골당에 있는 프레스코화들은 선적인 양식과

다양한 표현 방식들

인상적인 색채를 사용하고 있으며, 다양한 몸짓과 무언극 같은 표현의 활기를 지닌 인간 형상을 매우 구조적으로 공간에 배치했던 당대의 미술 양식을 드러내고 있다. 이 작품의 제작 연대는 9세기 중반으로 추정되며, 오세르의 회화 작품들은 카롤링거 왕조의 미술이 지중해 미술의 영향에서 벗어나 점차 독창적인 표현 방식을 발전시켜 나가는 과정을 보여 준다. 무엇보다도 알프스 산의 동쪽 지역에 남아 있는 카롤링거 왕조 시대의 회화 기록을 잘 관찰할 수 있으며, 이 지역의 여러 수도원이 소장하고 있는 작품들은 이탈리아 북부 지방과 독일의 문화적 현상이 다양한 방식으로 연관되어 있었다는 점을 확인시켜 주는 중요한 자료를 제공해 준다. 그라우뷘덴에 있는 뮈슈타이르의 성 요한 수도원 교회의 벽들[도판 55]은 구약과 신약 성경의 여러 이야기들로 장식되어 있다. 다윗과 그의 아들인 압살롬이 있는 장면들은 아버지와의 전쟁을 다루는 이야기로, 몇몇 연구자들의 생각에 의하면 루도비쿠스 경건왕과 조카였던 베르나르 사이의 권력 투쟁을 암시하고 있으며, 이를 토대로 이 작품의 제작 연대를 820년경으로 추정하고 있다. 다른 연구자는 이 이야기가 829-840년에 일어났던 루도비쿠스 경건왕에 대항한 여러 아들들의 반란을 암시한다고 보기도 한다. 하지만 또 다른 연구자의 경우에는 도상학적인 모티프에 의해 연대를 추정하기보다는 교회의 건립 연대였던 8세기경을 이 작품들의 완성 연도로 생각하기도 한다. 어느 경우든 분명한 것은 뮈슈타이르의 프레스코화들은 밝은 색조로 매우 빠르게 칠한 인물들을 보여 주며, 그 결과 건축물의 내부에서 매우 조화로운 걸작이라는 점이다.

이탈리아의 카롤링거 시대

레시아Resia에서 멀지 않은 발 베노스타Val Venosta 지방에 새로 건립된 말레스Malles의 산 베네데토 성당Chiesa di San Benedetto은 뮈슈타이르의 회화 작품과 연관된다. 800년경에 제작된 애프스에서 생동감 넘치는 사실주의를 관찰할 수 있다. 두 기증자의 모습은 한때 귀중했던 설화석고를 사용해 대관을 받는 이미지로 표현되었다. 이 작품들에서는 브레시아에 있는 산 살바토레 성당 혹은 치비달레에 있는 템피에토에서 프레스코화와 설화석고가 동시에 사용되었던 예를 다시 발견할 수 있으며, 이는 이탈리아 북부의 문화적·예술적 연관성을 드러내는 경우로 볼 수 있다. 리우트프란드 시대의 예들을 통해서는 프랑크족이 이탈리아 반도에 도착했을 때 프랑크족의 상류 계급 문화를 구성했던 라틴화된 궁정 문화에서만 고대 미술에 관심을 가졌다기보다는, 고대 미술의 모범을 따르는 전통이 이탈리아 북부 지방에 널리 퍼져 있었음을 관찰할 수 있다. 그러나 랑고바르드 왕국의 후기와 카롤링거 왕조의 전기를 이해할 수 있는 중심 기념물인 브레시아의 산 살바토레 성당과 같은 예를 통해서 일련의 공통점을 설명할 수 있는 것은 아니다. 밀라노의 산타 마리아 프레소 산 사티로 성당 Chiesa di Santa Maria presso San Satiro에 있는 카롤링거 시대의 예배당 주두는 파비아에 있는 랑고바르드족의 교회들의 고전적인 양식을 직접 차용하고 있다. 이 시기에 이탈리아 북부 지방의 문화적 다양성은 볼차노 근교의 나투르노Naturno에 있는 산 프로콜로 성당Chiesa di San Procolo의 프레스코화를 통해서 확인할 수 있다. 이 작품은 과장된 선을 통해서 인물을 매우 간결하게 표현하고 있으며, 당시 바이에른의 필사본 공방의 작품들이나 혹은 라트키스 제단의 캐리커처 같은 작품과도 밀접하게 연관되어 있다.

밀라노는 당시에 카롤루스 대제의 예술적·정치적 중심지 중 하나였다. 단순히 산탐브로조 수도원을 통해서만 설명될 수 있는 것이 아니라, 제르바시우스와 프로타시우스와 같은 순교자와 밀라노 주교들의 무덤들이 있는 장소이자 또한 중세 이탈리아의 가장 뛰어난 걸작이 남아 있는 장소였다. 산탐브로조 성당의 제단을 장식하고 있는 금은의 부조 작품에는 박편을 두드려서 유색석 액자로 장식한 칠보 공예 cloisonné가 적용되어 있으며, 진주와 다른 여러 보석들로 꾸민 그리스도의 이야기가 담겨 있다. 반면 뒷부분에서는 성 암브로시우스의 삶을 소재로 다루고 있다. 뒤편에 배치된 두 메달 안에 묘사된 밀라노의 성인은 주교이자 이 작품을 주문했던 안질베르토 2세에게 왕관을 대관하고 있고, 다른 장면에서 성 암브로시우스는 교회의 제단을 신에게 봉헌하고 있는 모습으로 재현되어 있다. 또한 "볼비니우스(부올비노)가 이 작품을 제작했다Volvinius magister phaber"는 라틴어 문구로 이 작품의 작가를 알 수 있다. 그가 입은 의상은 이 작품을 제작했던 예술가가 수도사였다는 사실을 알려 주는데, 이는 매우 드문 예로 예술가가 주교와 같은 사회적 지위를 부여받고 있다는 점을 알려 준다. 부올비노Vuolvino(9세기)는 제단의 아랫부분에 있는 부조의 작가로 추정되기도 하지만, 몇몇 연구자들은 부올비노가 그리스도의 이야기를 다룬 도상 프로그램이나 제작 기법을 검토한 결과, 이 부조는 다른 예술가에게 제작을 맡겼을 것이라고 추정하기도 한다. 실제로 제단을 구성하는 두 부분은 시각 언어의 양식적인 측면에서 차이가 있으며, 그럼에도 불구하고 두 작품 모두 고대 후기의 작품을 모범

밀라노의
산탐브로조
성당의 황금 제단

으로 삼았다고 해석된다. 사실 그리스도의 삶을 보여 주는 장면들은 알프스 지역의 세밀화에서 발전했던 미술 양식을 반영하고 있는 반면에, 성 암브로시우스의 이야기는 이탈리아 북부 지방의 예술적 경향을 보여 준다. 이런 점은 이미 언급했던 것처럼 『그레고리오의 복음 강론』과 『에지노 코덱스』와 비교해 볼 때 분명하게 이해할 수 있는 점이다. 노난톨라와 베로나에서 8세기 말-9세기 초에 제작된 2권의 필사본은 단순한 스케치임에도 불구하고 고대 후기의 전통을 물려받은 기념비적 조형성을 드러낸다. 토르바Torba의 한 회화 작품에서도 이와 유사한 표현 요소들을 확인할 수 있다. 이 작품은 8-9세기로 연대를 추정할 수 있는 수도원 건축물에 포함된 탑의 내부를 장식하고 있다. 과거에 대한 이런 관점은 건축물에서도 관찰할 수 있다. 예를 들어 밀라노의 산타 마리아 프레소 산 사티로 성당은 카롤링거 왕조의 롬바르디아 지방 문화의 특징을 분명히 드러내고 있다. 이 건축물은 안스페르토 주교Ansperto(?-881)의 유언으로 건립된 것으로, 중앙 집중식 평면 구조를 적용하고 있으며 크고 작은 벽감들로 벽들을 장식하고 있는데, 이런 점은 고대 후기의 목욕탕 건축물에서 종종 관찰할 수 있는 특징이다.

| 다음을 참고하라 |
역사 게르만 민족(76쪽); 프랑크 왕국(130쪽); 카롤루스 대제와 유럽의 새로운 배치(185쪽); 프랑크 왕국: 카롤루스 대제에서 베르됭 조약까지(220쪽); 프랑크 왕국: 베르됭 조약에서 왕국의 해체까지(224쪽); 이탈리아 왕국(239쪽); 카롤링거 왕조 이후의 분립주의(247쪽)
문학과 연극 요크의 알퀴누스와 카롤링거 왕조의 르네상스(562쪽)

독일과 이탈리아의 오토 왕조

| 조르자 폴리오 |

카롤링거 왕조의 미술은 오토 왕조의 미술에 많은 영향을 끼쳤다. 오토 왕조 시대는 헝가리와 노르만 민족의 이동 이후로 수도원을 다시 건립하기 시작했고, 새로운 문화 중심으로 재등장했다. 또한 오토 제국과 이탈리아의 교류, 정략결혼을 통해서 맺은 비잔티움 제국과의 관계는 색슨족의 궁전 문화를 발전시켰다. 오토 왕조 시대에 필사본, 회화, 청동 조각 같은 여러 장르의 작품이 제작되었는데, 이런 작품들은 기념 조형물로서 사회적인 기억을 반영하고 있다.

작센 왕조의 성공

헝가리 민족에게 승리를 거두었던 레히펠트 전투가 있던 955년 8월 10일 이후에 오토 대제는 다시 황제가 되기 위한 야망을 꿈꾸었다. 약 10년 전에 노르만 민족과 헝가리 민족의 공격으로 카롤링거 왕조의 주요 거점은 모두 파괴되었는데, 이 시기에 프랑스의 수도원 대부분이 사라졌으며 동시에 바이에른 지방의 수도원들도 타격을 입었다. 이와 관련해서 오토 대제는 재건의 필요성을 느끼고 있었다. 그 결과 마그데부르크 대성당Magdeburger Dom의 재건 사업이 진행되었고, 성 라우렌티우스 축일에 맞춰 건축물을 축성하게 되었다. 이 건물은 단순한 왕실 후원의 건축 이상의 의미를 지니고 있다. 마그데부르크 대성당은 원래 오토 대제의 첫 번째 왕비인 에디트Edith(약 910-946)의 무덤이었지만 왕실 가족 묘지를 위한 공간 역할을 했을 뿐 아니라 새로운 주교좌 교회의 역할을 담당했다. 당시 메르제부르크의 티트마르Thietmar von Merseburg(975-1018)가 남긴 역사서의 기록에 따르면, 오토 대제는 마그데부르크를 재건하기 위해 현재 대성당에서 관찰할 수 있는 반암, 코어 부분에서 확인할 수 있는 사문석처럼 귀중한 대리석들을 다른 지역에서 가져왔다. 물론 이 역사서가 고대의 귀중한 대리석에 대한 세부 정보를 제공하고 있는 것은 아니지만, 적어도 현재 대성당의 기둥을 받치는 기단과 주두의 문양을 참조해 볼 때 6세기경의 이탈리아 북부에 지어졌던 비잔티움 건축물에서 분리해서 가져왔던 것으로 추정된다. 마그데부르크의 도시 기획에서 이런 장식들을 여러 장소에서 가져왔던 이유는 아마도 역사적 기원을 확립하면서 왕실의 역사와 신성함을 강조하려는 의도로 보인다. 이곳에 배치된 제의용 가구 역시 왕실의 권위를 표현하기 위해서 제작되었다. 이를 위한 19점의 상아 부조 작품이 남아 있는데 현재는 여러 박물관에 나뉘어 보관되어 있다. 이 상아판들은 당시에 제단 앞부분을 장식하는 기능을 지닌 안테펜디움antependium으로 사용되었다. 이 상아판은 그리스도의 일생과 연관된 도상으로 구성되어 있으며, 이 중에서는 뉴욕 메트로폴리탄 미술관에 남아 있는 상아판처럼 오토 대제의 모습이 포함되어 있는 경우도 확인할 수 있다. 쓰고 있는 왕관 때문에 신분을 알 수 있는 황제는, 천구에 앉아 있는 그리스도에게 교회를 봉헌하고 있는 모습으로 묘사되어 있다. 겸손의 미덕을 표현하기 위해 작은 크기로 묘사된 황제를 그리스도에게 소개하고 있는 이는 전쟁의 수호성인이었던 성 마우리티우스이며 그는 대성당의 수호성인 역할을 담당하기도 했다. 반면에 반대편의 펜던트 안에는 성 베드로의 모습이

842

묘사되어 있는데, 이 성인을 상징하는 열쇠가 눈에 띈다. 이 이미지의 구성은 로마의 산 로렌초 푸오리 레 무라 성당의 애프스에 있는 고대 모자이크와 동일한 형태를 지니고 있으므로, 오토 대제와 그의 궁정인들이 로마의 이 성당의 애프스를 보았을 것이라고 추정할 수 있다.

비테킨데우스
코덱스

몇몇 상아판들은 『비테킨데우스 코덱스Codex Wittekindeus』(베를린, 시립도서관, Ms. theol. lat. fol. 1)의 삽화본 표지에 등장한다. 이 삽화본은 복음서를 다루고 있으며, 에우세비우스의 이미지와 아랫부분에서 4명의 복음사가의 이미지도 확인할 수 있다. 이 삽화본 또한 황제가 마그데부르크 대성당에 기증했던 작품이다. 이는 오토 왕조 시대에 제작된 첫 번째 삽화의 예로, 970년 풀다 수도원에서 제작된 삽화본과 유사점이 있다. 마그데부르크 대성당은 왕국의 수도원 중에서 가장 중요한 중심지였으며, 고대와 카롤링거 왕조 시대에 제작된 뛰어난 삽화본을 볼 수 있는 도서관이 배치되어 있었다. 예를 들어서 카롤루스 대제 시대의 궁정 학교에서 제작한 삽화본은 『비테킨데우스 코덱스』의 모범이 되었던 것이 확실하며, 이 코덱스의 배경인 벽감과 네 기둥에 등장하는 복음사가의 기념비적인 형태와 배치를 모방하고 있다는 점에서 이를 확인해 볼 수 있다. 또한 녹색과 보라색으로 이루어진 차가운 색채의 사용, 가장자리의 톱니 장식과 단조로운 배경은 오토 왕조 시대의 세밀화의 전형적인 예였다. 이런 특징을 관찰할 수 있는 오토 왕조의 또 다른 삽화본으로는 『게로 코덱스Gero Codex』(다름슈타트, 헤센 주립대학 도서관Hessische Landes-und Hochschulbibliothek, Hs. 1948)가 있다. 969년에 쾰른의 대주교가 되었던 게로Gero von Köln(약 900-976)에게 헌사하면서 여기서 유래한 이름을 가진 이 삽화본은 그가 대주교가 되기 조금 전에 제작되었던 것으로 보인다. 이 필사본은 종교적 의례에 따라 복음서 구절을 인용해 정리하고 있는데, 이는 오토 왕조 시대의 또 다른 필사본 형태를 보여 주며 아랫부분에는 여러 점의 삽화를 배치하고 있다. 필사본의 표지에는 기증을 받을 사람의 이미지가 묘사되어 있다. 페이지 측면에는 게로에게 필사본을 전달한 연도가 적혀 있고, 게로는 이를 다시 쾰른 대성당의 수호성인인 성 베드로에게 봉헌하고 있다. 그다음 페이지에는 '세상의 지배자 그리스도'의 도상과 복음사가의 초상이 묘사되어 있다. 이는 카롤링거 왕조 시대의 필사본을 모범으로 삼고 있는데, 이 점은 『로르슈의 복음서Lorscher Evangeliar』의 필사본을 통해서 확인할 수 있다. 『게로 코덱스』는 보덴 호수 옆에 있는 라이헤나우 수도원의 필사실에서 제작했던 작품으로, 오토 왕조 시대에 만든 가장 뛰어난 필사본 중 하나로 꼽힌다. 게로가 이 시기에 주문했던 또 다른 작품은 아직도 쾰른 대성당에 남아 있는 나무 십자가다. 매우 커다란 크기(높이 187cm, 가로 166cm)를 지닌 이 작품에서 그리스도는 이전의 서구 전통에서는 발견할 수 없을 정도로 고통스러운 모습을 하고 있는데, 이는 당시 신자들에게 놀라운 인상을 남겼다.

카롤링거 시대에 많이 제작되었던 상아 조각 역시 오토 왕조의 상아 조각에 중요 **상아 세공품** 한 영향을 끼쳤다. 대표적인 작품으로는 상아를 세공해서 만든 원통형 그릇인 〈바실레우스키 시툴라Situla Basilewskij〉(런던, 빅토리아 앤드 앨버트 박물관Victoria and Albert Museum)가 있다. 이 그릇의 외부에 그리스도의 일생을 다룬 도안이 새겨져 있는데, 이 도안들은 현재는 밀라노 대성당Duomo di Milano의 교회 박물관에 보관되어 있는 〈그리스도의 수난 연작〉과 겹치는 몇몇 이야기를 다루고 있다. 이를 통해서 이 작품이 밀라노에서 제작되었을 것이라는 추정이 가능하다. 이 작품에 새겨진 문구인 '아우구스토AVGVSTO'는 오토 황제와의 연관성을 보여 주지만 그 내용을 확인할 수 있는 기록은 남아 있지 않으며, 이 제의 용품의 제작 연대가 979년이라고 보는 연구자들과 983/984년이라고 보는 연구자들 사이에서 아직 논쟁이 진행 중이다. 밀라노는 오토 왕조 시대에 상아 세공의 중심지였다. 당시 밀라노의 대주교였던 고토프레도Gotofredo(?-979, 974년부터 대주교)는 유사한 다른 제의 용품을 주문했는데, 이것은 현재 밀라노 대성당의 교회 박물관에 보관되어 있다. 또한 이와 유사한 상아 세공 작품으로 성 마우리티우스와 성모가 함께 있는 '권좌의 그리스도' 옆에 오토 2세가 아내와 딸과 있는 모습을 담은 것(밀라노, 스포르체스코 성 박물관Musei del Castello Sforzesco의 회랑)도 있다. 상아 세공에 대한 밀라노의 전통은, 산탐브로조 성당의 주 제단에 배치된 부올비노의 작품처럼 정면부를 금색으로 꾸미고 설화석고에 여러 색을 칠해서 생동감을 주는 닫집ciborium 안의 세공품들에서도 확인할 수 있다. 닫집의 각 면들에는 삼각형 형태를 지닌 세 무리로 분리된 상아 세공품들이 배치되어 있다. 정면부에는 성 베드로, 성 바오로와 더불어 권좌의 그리스도가 묘사되어 있으며 이는 고대의 '율법의 수여Traditio legis'와 '열쇠의 수여Traditio clavium'라는 두 도상을 다시 제시한 것으로 보인다. 윗부분에서는 아르놀포Arnolfo 주교가 성 암브로시우스와 밀라노의 수호성인인 제르바시우스, 프로타시우스에게 교회의 건축 모형을 봉헌하고 있는데, 이 성인들의 성골은 제단에 배치되었다. 양 측면 부분에는 성모의 양편에 무릎을 꿇고 있는 두 사람과, 성 암브로시우스의 인사를 받는 황제가 각각 묘사되어 있다. 이 군주는 아마도 오토 대제와 그의 아들인 오토 2세로 보이며, 맞은편의 이미지는 오토 2세의 생모인 아델라이데(약 931-999)와 오토 2세의 황후였던 테오파노(약 955-991, 973년부터 여제)의 모습으로 추정된다. 비잔티움의 황녀였던 테오파노와 오토 2세의 정치적인 정략결혼은 972년 로마에서 일어났던 사건이었으며, 이를 통해서 이 작품의 연대가 적어도 같은 해이거나 오토 대제가 세상을 떠난 이후라는 점을 유추할 수 있다. 이런 형태의 기념 조형물은 작센 왕조('색슨 왕조'라고도 함*)와 밀라노의 주교좌 교회가 밀접한 관계를 맺고 있었다는 점을 알려 주는 역사적인 기록이다.

독일에서 지중해로

오토 2세와
테오파노의 결혼

오토 2세와 테오파노의 결혼은 작센 왕조와 비잔티움 왕조의 관계를 강화시켰으며 이와 연관된 여러 미술품이 등장하는 계기를 제공했다. 결혼 증서[도판 63](볼펜뷔텔 Wolfenbüttel, 니더작센 국립문서보관소Niedersächsisches Staatsarchiv, 6 Urk. 11)는 독일의 수도원에서 제작되었던 보라색으로 염색한 양피지 문서로, 비잔티움 왕조의 전통을 반영하고 있으며 동유럽처럼 긴 두루마리 형태를 하고 있다. 또한 그리스도가 오토 2세와 테오파노에게 대관하는 모습이 묘사된 상아 부조[도판 62] 역시 파리의 클뤼니 중세박물관에 보관되어 있는데, 이 두 사람 모두 비잔티움 왕실의 의상을 입고 있다. 양식적으로나 도상학적 전통으로나 분석해 보았을 때 로마누스 2세(936-963, 959년부터 황제)와 황후가 재현된 수년 전의 상아 조각 작품과 유사점이 있다. 오토 왕조의 부조는 아마도 이탈리아 남부에 있는 과거 비잔티움 제국의 영토에서 유래한 것으로 보이며, 오토 2세는 사라센들에게서 이곳을 탈환하고자 했지만 성공하지 못했다. 982년의 카포 콜로나Capo Colonna 전투는 매우 어려운 상황들을 만들어 냈고, 1년 후에 로마에서 세상을 떠난 그는 이곳에 묻혔는데 이 무덤은 이곳에서 유일한 독일 황제의 무덤이다. 그의 무덤은 오늘날에는 바티칸의 성 베드로 대성당 회랑에 위치한 바티칸 지하 무덤Grotte Vaticane에 안치되어 있으며, 모자이크로 장식된 그리스도와 사도들의 모습이 있는, 당시로서는 매우 드문 작품으로 남아 있다. 비교할 수 있는 벽의 모자이크 장식이 남아 있지 않기 때문에 이 작품은 아직도 여러 관점에서 연구되고 있으며, 어디에서 제작되었는지는 여전히 알려져 있지 않다. 그러나 이런 묘지 조형물은 마그데부르크의 작품과는 구분되며, 교황청을 중심으로 제작되었던 모범에 따라서 만들어졌던 것으로 보인다. 이는 이미지를 정치적으로 사용한 오토 왕조의 능력을 확인시켜 주는 작품이다.

황제뿐 아니라 고위 성직자들 역시 화려한 작품들을 주문했다. 이들은 황제와 직계 친족이 아니더라도 종종 귀족 계급에서 성직자가 된 경우가 대부분이었다. 이 시대의 가장 유명한 후원자 중 한 사람은 에그베르트(10세기경)로, 그는 약 950-993년에 오토 2세의 사무국이 있던 트리어의 대주교였으며 캘리그래피와 금세공에 대해서 잘 알고 있었다. 에그베르트는 트리어의 대주교좌가 지니는 정치적인 중요성을 바탕으로 하여 여러 성골들을 보관하기 위해서 뛰어난 금 세공함을 제작했다. 예를 들어서 성 안드레아의 신발 조각과 같은 성물은 이동식 제단을 제작해 거기에 안치했는데, 이것은 아직까지 같은 도시의 대성당 성물 보관소에 보관되어 있다. 이 작품은 에그베르트를 위한 작업으로 당시에 왕국에서 가장 유명했던 지역 공방에서 제작했던 것이다. 이동식 제단 혹은 성골함은 속에 들어 있는 내용물을 매우 특별한 방식으로 장식하고 있다. 다양한 유색석을 사용해서 성인의 귀중한 유물이 들어갈 함을 발 형태로 제작했다. 법랑, 보석과 유색석, 그리고 인물들을 작게 세공한 부조 혹은 조각으로 이루어진 작품으로, 이는 오토 왕조 시대의 매우 뛰어난 금세공 기술을 보여 주는 대표적인 예다. 복음사가들의 상징을 장식하고 있는 에나멜의 화려한 색채에서는 당시 이 지역의 서적을 장식하는 색채와 유사한 점을 확인할 수 있다.

에그베르트는 다른 2점의 뛰어난 삽화본을 주문했다. 『치비달레의 시편Salterio di Cividale』[도판 27](치비달레 델 프리울리, 국립고고학박물관Museo Archeologico)과 『에그베르트 코덱스Codex Egberti』(트리어 시립도서관Stadtbibliothek Trier, ms. 24)로 모두 라이헤나우의 예술가들이 제작했다. 첫 번째 작품은 제작 연대가 980년경으로 추정되며, 에그베르트 이전의 주교 14명의 초상이 실려 있는 특별한 작품으로 트리어의 주교좌 교회, 즉 대성당의 오랜 역사를 강조하기 위한 것으로 보인다. 두 번째 필사본은 수십 년이 지난 뒤에 제작되었던 것으로 당시로서는 가장 많은 그리스도의 이야기들이 실려 있었다. 약 51개의 이미지가 글 내용에 따라 배치되어 있다. 표지를 구성하고 있는 복음서의 이야기들은 이전의 오토 왕조 필사본에서 발견할 수 없는 경우로, 이후 카롤링거 왕조의 필사본과 비교해 보았을 때에도 매우 독창적인 작품이다. 『에그베르트 코덱스』의 첫 번째 이미지들은 당시에 가장 뛰어난 화가의 작품으로 여겨진다. 예술가의 이름은 알려져 있지 않으며 그가 제작했던 가장 뛰어난 작품의 이름을 따서 그레고리오 삽화본의 저자라고 불린다. 『그레고리오 교황 교간집Registrum Gregorii』

『에그베르트 코덱스』

은 그레고리오 1세의 편지를 모은 삽화본으로, 샹티이(콩데 박물관Musèe Condè, Ms. 14 bis)와 트리어(트리어 시립도서관, Hs. 171/1626)에 나뉘어 보관되어 있다. 트리어에 보관된 부분에서 그레고리오 1세는 어깨 위에 비둘기의 모습으로 묘사된 성령에게 은총을 받는 모습으로 표현되어 있다. 공간에서 사물들이 가지는 삼차원적인 느낌과 견고한 양감 그리고 인물의 뛰어난 명암 처리는 당시 화가들이 고대 미술의 영향을 받았다는 점을 알려 준다. 트리어에 보관 중인 부분은 로마 시대의 다양한 유적에서 관찰할 수 있는 작품 양식에서 비롯된 것으로 보인다.『그레고리오 교황 교간집』의 작가는 라이헤나우에서 활동했으며 이곳에서 유명한 필사본 공방을 운영했다.

'이상적인 제국'의 예술

오버첼의 장크트 게오르크 성당

같은 시기인 비티고보 주교Witigowo(985-997년에 주교)의 재임 기간에 라이헤나우 오버첼의 장크트 게오르크 성당은 새로 회화 장식을 했다. 중앙 신랑의 벽을 장식하고 있는 회화는 환영을 만들어 내는 그리스의 원근법 구조를 활용해서 세 부분으로 구획되어 있다. 아래에는 라이헤나우 수도원장들의 흉상이 둥근 형태로 배치되어 있고, 그 위로 그리스도 일생의 이야기가, 윗부분의 창문 사이에는 6명의 사도들과 반대편에는 선지자들이 배치되어 있다. 랑고바르드족과 카롤링거 왕조의 여러 이야기를 전승했던 브레시아의 산 살바토레 성당이나 뮈슈타이르의 교회는 기념비적 조형성을 강조하기 위해 이야기들을 좀 더 적게 선택했다. 그렇게 해서 벽에 4개의 장면이 배치되었으며, 도상학 프로그램은 그리스도의 기적들을 소재로 하고 있다. 주인공의 형상이 지닌 위엄과 조형성은 얼굴의 색조, 의상, 주름의 처리에서 관찰할 수 있는 명료한 양식에 의해서 강조되어 있다. 이런 이미지는 당대의 세밀화에서 나타나는 양식적인 특징과 유사한 점이 있으며, 두루마리 천들의 도안이나 식물 문양들은 건축물에 배치된 회화 작품과 필사본의 연관성을 드러내 주는 요소다. 골드바흐Goldbach의 장크트 실베스터 성당Kirche St. Sylvester에 딸린 작은 예배당의 회화 작품에서는 장크트 게오르크 성당의 작품과 유사한 점을 발견할 수 있으며, 이는 두 작품이 동일한 작가의 것이라는 점을 알려 준다. 이 장소에서도 신랑의 긴 벽은 그리스도의 이야기를 소재로 다루고 있으며, 9세기의 회화 양식을 반영하고 있다. 반면에 코어에는 고대 성전의 연극적인 성격을 드러내는 구조물에 커다란 사도의 모습이 재현되어 있다.

19세기에 그려졌던 역사적인 자료인 수채화를 통해 확인할 수 있는 오토 3세의
왕실 예배당의 회화 장식은 이곳이 카롤링거 왕조의 전통을 발전시키고 작센 왕조의
권력 승계를 위한 장소였다는 점을 보여 준다. 당시 사료에 따르면 오토 3세는 이 작
품을 통해서 '랑고바르드 민족'에게 '요한의 국가와 이탈리아어'를 보장했다고 한다.
이탈리아 북부와 독일 영토에서 예술품과 예술가들의 순환은 1000년경의 노바라의
세례당Battistero di Novara의 연작에서도 확인할 수 있다. 왕실 예배당은 피에트로 3세
Pietro III(933-1030/1033년에 주교)가 주문했던 작품이다. 칸투Cantú의 갈리아노에 위치
한 산 빈첸초 성당Chiesa di San Vincenzo의 연작은 나중에 밀라노 대주교가 되는 아리
베르토 다 인티미아노Ariberto da Intimiano(약 975-1045)가 주문했던 것이며, 이곳에는
금석문과 1007년경이라는 제작 연도가 붙어 있다. 하지만 왕실 예배당의 작품들에
서는 노바라의 세례당에서 관찰할 수 없는「요한 묵시록」이야기의 세부를 볼 수 있
으며, 이미지를 소개하기 위해 배치한 기둥에서는 건축적인 환영을 살펴볼 수 있다.
이곳에 있는 반사되는 재질의 패널에 묘사된 천사의 조각들은 오버첼의 회화 작품
들이나 1000년의 라이헤나우에서 가장 중요한 예였던『밤베르크의 묵시록Apocalisse
di Bamberga』(밤베르크 국립도서관Staatsbibliothek Bamberg, ms. Bibl. 140)을 모범으로 하
여 제작된 것으로 보인다. 이 시대에 작센 왕조의 공방에서 전성기를 맞이했던 예술
적 특징은 힐데스하임의 주교였던 베르나르두스(약 960-1022)에 의해 기획된 청동
조각 등에서 확인할 수 있는데, 이 작품은 카롤링거 왕조의 대장간에서 거푸집을 사
용해서 제작된 것이었다. 이전에 에그베르트의 경우에서 관찰할 수 있는 것처럼, 베
르나르두스 역시 후원자이면서 인문학적 교양 예술뿐 아니라 기예에서도 경험이 많
았던 인물이었는데 이런 점은 그의 전기에서 확인할 수 있다. 황제 궁전의 이전은 오
토 2세와 그의 후계자들로 하여금 이탈리아와 로마를 방문하도록 만들었다. 베르나
르두스는 아마도 로마의 이야기가 담긴 기념주柱를 모범으로 하여, 자신이 설립한
힐데스하임의 성 미하엘 성당Michaeliskirche을 위해 1013년 이후에 제작된 것으로 추
정되는 청동 기념주를 만들었던 것으로 보인다. 이 작품은 오늘날에는 같은 도시의
대성당Duomo에 보관되어 있다. 3.79m의 높이를 가진 동체銅體는 한 번에 주물을 뜬
작품으로, 고대 기사들의 이야기를 대신해서 그리스도의 이야기들이 묘사되어 있
다. 동일한 공방에서 대성당의 청동 작품들을 제작한 것으로 보이는데, 이 작품에는
1015년이라는 제작 연대가 적혀 있고 역시 규모가 크지만 한 번의 주물 작업을 통해

아헨의 왕실 예배당

서 제작한 것이었다. 여닫이문의 장식 도안에는 구약과 신약 성경의 내용에 바탕을
둔 도상이 조화롭게 배치되어 있는데, 이는 로마의 산타 사비나 성당에 있는 초기
그리스도교 시대의 나무문과 유사한 점이 있다. 동적인 인물 형상들은 배경에서 돌
출되어 보이며, 대성당에서 관찰할 수 있는 카롤링거 왕조 시대의 설화석고 장식에
서 영향을 받았던 것으로 보인다. 힐데스하임의 청동 조각들은 중세에 전성기를 맞
은 주물 기법의 발전상을 보여 주며 다른 모든 시대와 구분되는 특징을 가진다.

| 다음을 참고하라 |
역사 게르만 민족(76쪽); 이탈리아 왕국(239쪽)

마케도니아 왕조 시대의 비잔티움 미술

| 마누엘라 데 조르지|Manuela De Giorgi |

오랫동안 지속되었던 성상 파괴가 막을 내릴 때 마케도니아 지방에서는 새로운 왕조가
설립되었다. 그 결과 그리스 치하의 콘스탄티노플과 주변의 여러 도시에서 그리스도교의
비잔티움 미술은 놀라운 속도로 발전하기 시작했다. 오늘날에는 이런 상황을 마케도니아의
문예 부흥이라고 부른다. 이 시기에 지방색을 띤 미술품에 대한 취향이 점차 사라져 갔고
그리스-라틴 문화의 고전적 취향이 다시 발전했기 때문이다. 이런 점은 유스티니아누스
대제가 건설한 성 소피아 대성당을 꾸미고 있던 장식 도안과
세련된 삽화본의 생산을 통해서 확인해 볼 수 있다.

수도 콘스탄티노플

9세기 중반의 콘스탄티노플에서는 비잔티움 중기 미술의 양식적 특성에 영향을 끼
친 두 가지 중요한 역사적 사건이 일어났다. 첫 번째 사건은 긴 시간 동안 지속되었
던 성상 파괴 운동(730-843)이 종결되었던 것이다. 두 번째 사건은 강한 권위로 유명
했던 바실리우스 1세가 마케도니아 왕조를 설립하고 황제가 된 사건이다. 이 두 가
지 역사적 사건은 당대 사회의 문화적 삶에서 매우 중요한 의미를 지녔고, 그 결과로

이후에 비잔티움 고전주의라고 알려진 작품의 생산으로 이어졌다. 마케도니아 왕조는 대규모의 영토 회복 전쟁을 일으켰으며, 그 결과 유스티니아누스 대제 시대의 영토와 비교할 수 있을 정도의 영토를 가지게 되었다(이탈리아 남부, 발칸 반도, 캅카스 지방). 또한 모든 영토에 걸친 행정 기관과 관료 제도가 정비되면서 권력이 황제에게 집중되는 결과를 가져왔고, 황제는 신성의 상징이자 지상 최고의 권력자로 여겨졌다.

마케도니아 왕조가 비잔티움 제국의 영토를 지배했을 때 여러 지방에서 새로운 경향의 예술이 발전했다는 점을 고려해야 하지만, 콘스탄티노플이 당시에 가장 중요한 문화적 중심지로서 헤게모니를 가지고 있었다는 점은 부정할 수 없는 사실이다. 이곳에서 마케도니아 왕조를 대표하는 새로운 시각 언어가 발전했고, 그 결과 점차 지방색을 띤 작품이 사라져 갔다. 마치 헬레니즘 시대가 다시 돌아온 것처럼 고전주의의 특징을 잘 관찰할 수 있는 작품들이 재등장하기 시작했던 것이다. 조화로운 구도, 세련된 색채, 섬세한 채도, 적절한 구도에 배치되어 있는 관능적일 정도로 정묘한 이미지들은 이 시대 작품의 중요한 특징을 이루고 있다. ^{콘스탄티노플의 문화적 헤게모니}

마케도니아 미술에서 사용한 회화 기법 역시 헬레니즘 시대와 거의 동일했다. 당시 사회 경제적 안정을 바탕으로 새로운 건축물이 빠른 속도로 건립되었으며, 그 결과 이 건물들을 장식하기 위한 미술 작품의 생산량도 증가하기 시작했다. 특히 9–11세기에 콘스탄티노플과 그 주변의 여러 지역에서 새로운 수도원이 건립되었고, 이곳은 곧 비잔티움 회화와 삽화본을 생산하는 중심지로 성장하면서 다시 문화적 전성기를 이룩했다.

모든 예술 분야에서 고전주의와 연관된 새로운 시각 언어가 중요한 영향을 끼쳤다. 이 과정에서 그리스-로마에 기원을 둔 고전 미술 양식과, 자신들이 관심을 가졌던 헬레니즘 시기 작품의 시각적 표현을 연구했는데, 이런 점이 마케도니아 미술의 시각 언어를 구성했다. 이런 상황을 처음으로 관찰할 수 있는 사건은 843년 3월 11일에 있을 테오도라 여제(약 800-867, 828년부터 여제)의 공식적인 방문 행렬을 위해 콘스탄티노플에 있는 성 소피아 대성당을 새로운 장식으로 채웠던 것으로, 이는 곧 마케도니아 제국의 공식적인 미술 양식으로 발전하기 시작했다. ^{성 소피아 대성당의 재단장}

새로운 문화적 관점을 선언했던 이미지는 2점이 있다. 첫 번째는 애프스 부분에 있는 〈테오토코스(신의 어머니)〉이며 이 이미지의 아랫부분에는 주교 포티우스의 오래된 문장을 2줄로 집어넣었다("협잡꾼들이 무너뜨렸던 이미지들이 여러 황제들에 의해서 보수되었다"). 다른 작품은 남쪽 현관문의 반월창lunette 부분의 장식으로, 이곳에는 권좌의 성모자가 도시와 교회를 바치고 있는 콘스탄티누스 대제와 유스티니아누스 대제 사이에 묘사되어 있다. 위쪽 벽면에는 대천사 가브리엘이 비잔티움 황실의 전통 의상인 로로스loros를 걸친 장면이 묘사되어 있다. 이 작품이 지닌 상징적 가치에 대해서는 논의할 여지가 없다. 이 작품의 제작 연대는 미술사가에 따라 편차가 있지만 일반적으로 867년으로 추정된다. 이 작품은 성모 마리아가 입고 있는 우아하고 짙은 푸른색 외투와, 감정의 표현이 뛰어난 헬레니즘 전통에서 영향을 받은 섬세한 얼굴의 표현을 보여 준다. 아마도 애프스의 모자이크 부분을 장식했을 이미지는 원래는 14명으로 구성되었지만 3명의 주교의 모습만 남아 있는데, 앞서 설명한 작품과 유사하지만 다른 양식으로 제작되어 있다. 이들의 이미지에서 우리는 매우 뛰어난 감정 표현을 확인할 수 있다. 같은 시기에 제작된 작품으로 중앙 현관 위에 있는 반월창의 이미지도 확인할 수 있다. 여기서는 황제가 묘사되어 있는데, 현제 레오 6세의 모습이 권좌의 그리스도 아래에 배치되어 있으며, 권좌의 그리스도는 엄정한 얼굴을 하고 있는 성모와 대천사 가브리엘에게 둘러싸여 있다(이 이미지는 '성모와 세례 요한을 거느린 옥좌의 그리스도 도상Deesis'과 수태고지의 도상을 합쳐 발전시킨 형태였다). 마케도니아 왕조 시대에 제작된, 성 소피아 대성당의 복합적인 도안들은 2개로 구분된 패널화에서 완결된다. 하나는 북쪽 회랑에 배치된 작품으로 현제 레오 6세와 동생 알렉산드로스가 황실 의상을 입고 있다. 다른 하나는 권좌의 그리스도 이미지(이후에 여러 번의 복원 과정을 거쳤다)로 조에(약 980-1050, 1042년부터 여제)와 콘스탄티누스 9세(약 1000-1055)가 봉헌하는 모습이 함께 그려져 있다. 이 중에서 두 번째 패널화는 얼굴의 묘사 방식, 의상과 신체의 양감을 표현하는 양식적 관점에서 1050년에 제작된 것으로 추정되는데, 당시에 등장했던 새로운 양식에 선행하고 있는 것으로 보인다. 즉, 초기의 '신고전주의'라고 부를 만한 이 새로운 양식이 형태의 영성을 향해 나아가고 있는 것이다.

주변부와 응용 미술

마케도니아 지방에서 촉발되었던 구상미술의 혁신은 건축의 경우처럼 수도에 한정되지 않았다. 마케도니아 지방의 지역 교구에 속해 있는 여러 교회에는 당시에 문화적인 상황의 변화를 보여 주는 흥미로운 예를 제공해 주는 프레스코 작품들이 남아 있다. 예를 들어 당시 황제인 포카스의 니케포루스 2세(912-969)는 토칼리 킬리세 Tokali Kilise의 새로운 교회를 위해서 테오파노 여제(약 940-976년 이후, 969년부터 여제) 의 초상을 주문했는데, 이 작품은 교회의 벽감 부분에 배치되어 있다. 또한 호시오스 로우카스Hosios Loukas에 있는 여러 수도원에서 그리스도의 인생을 보여 주는 벽화 연 작들(11세기 초), 작은 도시들인 네아 모니Nea Moni의 작품(1050-1060년대)이나 다프 니Dafni의 작품(11세기 말), 키예프의 성 소피아 성당에 남아 있는 대규모 벽화 연작 (1046년 이전으로 추정)은 이 시기의 마케도니아 미술의 발전을 보여 준다.

사실 마케도니아의 문예 부흥 운동은 비잔티움의 전통인 삽화본의 제작과 밀접 하게 관련된다. 가장 오래된 삽화본은 880-883년에 바실리우스 1세를 위해 주문 제 작했고 현재 파리의 프랑스 국립도서관에 남아 있는 것으로, 나지안주스의 그레고 리우스(325/330-389)의 소장품에 속해 있던 필사본(파리, 프랑스 국립도서관, ms. gr. 510)이다.

나지안주스의 그레고리우스의 필사본

수도의 상황은 사실 『클루도프의 시편Salterio Chludov』(모스크바, 러시아 국립역사박 물관State Historical Museum, cod. 129)을 통해서도 확인해 볼 수 있다. 글 주변을 장식한 큰 크기의 삽화본에서는 파리의 삽화본과 동일한 양식의 시각적 표현을 관찰할 수 있으며, 67r의 페이지는 무엇보다도 이미지에 대한 긍정적 관점을 회복하는 일종의 선언이라고 볼 수 있다.

또 다른 뛰어난 작품인 『두루마리로 된 여호수아기Rotolo di Giosùe』(바티칸 도서관, Vat. gr. 431)는 콘스탄티노플에서 제작되었던 작품으로 10세기 중반으로 거슬러 올 라간다. 이 삽화본은 적은 색채를 사용하고 있지만 페이지의 여백들을 조밀하게 장 식하고 있으며, 고전적 도상과 양식을 적용하고 두루마리 형태를 최대한 잘 활용한 작품으로, 당시 마케도니아 왕조 시대의 비잔티움 예술을 대표하는 예다.

『두루마리로 된 여호수아기』

고전주의에 대한 취향이 발전하는 가운데, 마케도니아 왕조의 궁정 미술은 상아 세공 같은 고대 미술 기법을 다시 사용하기 시작했고 다양한 크기의 여러 작품을 남 겼다. 이 중에는 수많은 종교 미술품뿐 아니라 세속적인 소재를 다루는 미술품들도 포함되어 있다. 9세기 말부터 10세기를 거쳐 11세기까지 2폭 제단화와 3폭 제단화 의 형식을 빌린 소규모의 성화들이 제작되었고, 여러 종류의 제의 용품이 생산되었 다. 이 작품들은 질적인 면에서나 양적인 면에서나 놀라운 인상을 전달해 준다. 이 시대의 작품들은 상징적 도상을 많이 다루었지만, 현재 루브르 박물관에 전시된 3폭

상아로 제작한 2폭 혹은 3폭 제단화

제단화에서 관찰할 수 있는 것처럼 이야기의 서사 구조를 기초로 그리스도의 삶을 묘사한 작품도 찾아볼 수 있다. 원래 닫집 아래에 배치되었던 이 작품의 중앙 부분에는 그리스도의 탄생이 묘사되어 있으며, 윗부분에는 섬세한 장식 도안과 더불어 문자가 새겨져 있다. 다른 한편으로 오랜 시간에 걸쳐 제작되었고 이교도 문화를 반영한 여러 점의 상아 세공품들도 남아 있다. 이런 작품 중에서 가장 잘 알려진 것으로는 로마누스 2세(936-963, 959년부터 황제)와 에우도키아Eudocia(929-956)의 대관을 다룬 소규모 패널화가 남아 있다. 이 작품은 〈로마누스 무리들Gruppo di Romanos〉로 알려져 있다. 이 작품은 수작이라는 중요성을 가질 뿐 아니라 서방에서 비잔티움 도상의 영향력을 보여 준다는 점에서 의의가 있다. 이교도의 도상을 다룬 작품 중에서 그리스-로마의 전통적인 도상이 담겨 있는 것으로는 〈베롤리의 상자Cofanetto di Veroli〉(빅토리아 앤드 앨버트 박물관)가 전해진다. 이 상자는 10세기 중반에 콘스탄티노플에서 제작되었던 정밀하고 섬세한 작품이다(이 작품과 관련해서 연구자들은 루브르 박물관에 있는 3폭 패널화와 동일한 작가의 것으로 추정한다). 연회를 열고 있는 디오니소스적인 장면에는 음악가와 사랑에 빠진 인물들이 보이며, 이 작품을 구성하고 있는 6개의 장식판에 있는 형상들은 도상학적 관점에서 볼 때 몇몇 황제의 도발에 반항하는 독설적인 이미지를 나타낸 것으로 보인다.

| 다음을 참고하라 |
역사 성상 파괴 운동 시기까지의 비잔티움 제국(119쪽); 비잔티움 제국의 속국 I(125쪽); 비잔티움 제국과 마케도니아 왕조(194쪽); 비잔티움 제국의 속국 II(198쪽)
과학과 기술 그리스 유산을 복원하려는 첫 시도(437쪽); 그리스-비잔티움 문화 속의 연금술(471쪽)
문학과 연극 비잔티움 문화 및 서방과 동방의 관계(605쪽); 비잔티움의 종교시(660쪽)

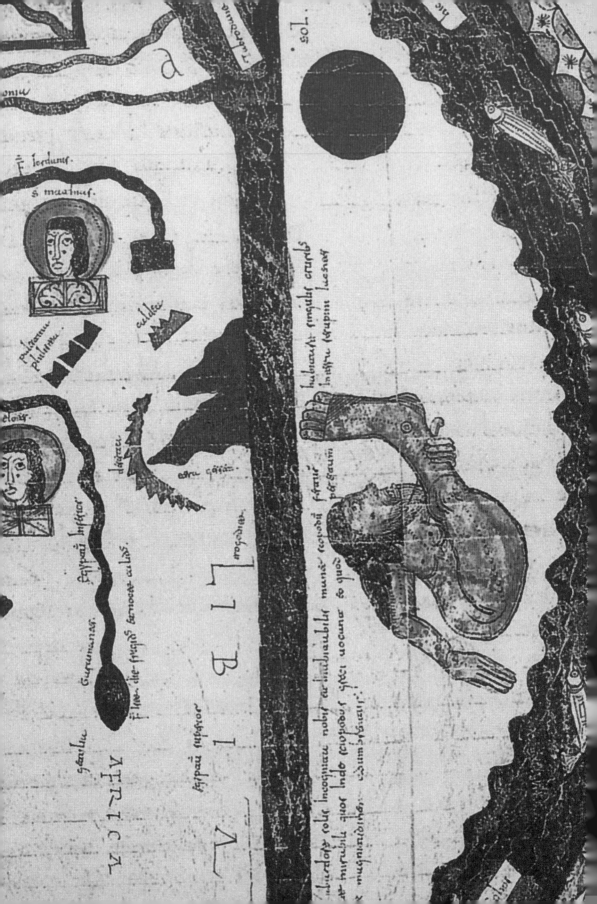

음악
Musica

음악 서문

| 루카 마르코니Luca Marconi, 체칠리아 판티Cecilia Panti |

중세와 근대의 음악 개념은 서로 다른 점이 많다. 오늘날의 서양 문화는 음악을 예술의 한 장르(소리예술)로 분류한다. 한스 하인리히 에게브레히트Hans Heinrich Eggebrecht(1919-1999)는 유명한 저서 『음악이란 무엇인가?Was ist Musik?』에서 음악이 "출발과 도달이 직접적으로 이루어지는 감정" 표현이라고 설명한다. 그러나 중세 음악은 당시의 이론적 관점을 참고해 보았을 때 과학에 더 가까웠다. 중세 음악은 '다른 사물과 연관된 수의 이론'이라는 표현에서 알 수 있는 것처럼, '다른 대상들 사이에서 구성된' 관계를 수를 기준으로 삼아 표현했다. 음악은 수학적 원리를 다루는 학문이었으며, 여기서 '다른 대상들'의 관계는 질서, 비례, 조화를 통해 지상과 천상을 이어 줄 가능성이 있는 물성物性을 가진 소리였다. 고대 유산을 이어받은 중세인은 '수학mathesis'이라는 범주를 통해서 음악적인 지식을 탐구했고, 에게브레히트의 설명을 빌리면 '수학의 기술적 요소를 적용한 음악 기술ars musica 개념'을 다루었다. 긴 중세의 역사 속에서 과학의 개념을 가지고 있던 음악은 점차 근대의 음악 개념을 적용할 수 있는 예술 장르로 발전한다. 여러 이유를 들어 이런 변화를 설명할 수 있겠지만 그중 한 이유가 가장 중요한 역할을 담당했다. 카롤링거 왕조 시대에 그리스도교 교회가 공식적인 음악을 제시하면서 이전에 수학의 본질적 탐구와 연관되어 있던 음악은 그레고리오 성가와 같은 종교 곡의 발전과 더불어 새로운 관점에서 연구되었다. '노래의 기술ars cantus'은 당시 새롭게 등장했던 음악 이론이었다.

이론과 실천의 차이 이 장에서는 고대와 중세의 가교 역할을 한 교부들이 자신의 저서에서 설명했던 '노래'와 연관된 음악 개념을 이론과 실천의 차이에 유의해서 살펴보고자 한다. 여러 교부들이 플라톤과 피타고라스의 철학적 전통에서 영향을 받아 음악과 수학의 관계에 관심을 가졌다. 또한 다른 관점에서 수학으로서의 음악이 아니라 신의 영광을 찬양하기 위한 음악의 다양한 가능성과 방법, 종교적 기능에 대해서도 설명했다. 이외

에도 천문학 분야에서 다루어졌던 행성의 질서와 조화는 세계에 대한 철학적·문학
적 사유의 대상이었으며 음악과도 연관되었다. 예를 들어 중세에 플라톤이 설명했
던 천체에 대한 철학적 관점들은 성경을 설명하기 위해서 사용되었고, 히포의 아우
구스티누스(354-430)는 천체에 대한 철학적 관점을 적용해서 음악을 설명했다. 그러
나 아우구스티누스의 경우, 미美에 관한 미학적 관점과 종교적 기능을 지닌 노래에
대한 관점이 서로 일치하지 않는다는 점에 유의할 필요가 있다. 그럼에도 불구하고
그는 고대에서 중세로 이행하는 음악 이론의 발전에서 보에티우스(약 480-약 525)와
함께 가장 중요한 이론가였다.

아우구스티누스가 『음악론De musica』을 통해 중세 음악의 미학적 관점을 둘러싼 _{아우구스티누스와}

아우구스티누스가 『음악론De musica』을 통해 중세 음악의 미학적 관점을 둘러싼 **아우구스티누스와 보에티우스의 음악 이론**
중요한 원칙을 제시했다면, 로마의 철학자였던 보에티우스는 『음악 입문De institutione
musica』에서 카롤링거 왕조의 문예 부흥기부터 여러 중세 이론가들에게 음악적 관점
의 근거를 제시했다. 보에티우스는 그리스 시대에 사용되었던 수학의 비례 개념에
따라 음계를 분류해 정리했고, 중세 이론가들은 이를 성가에 적용했으며 그레고리
오 성가의 멜로디를 여러 방식으로 구분할 때도 사용했다. 한편으로 보에티우스의
저서는 '우주 전체의 조화'라는 플라톤의 개념을 반영하고 있으며, 이 로마 철학자는
행성들의 들리지 않는 음악을 표현할 수 있다고 보았다.

음악에 대한 중세 초기의 생각을 이해하는 데 유의할 점은 음악에 대한 이 시대 **이교도 저자와 그리스도교 저자**
의 사유가 단지 그리스도교 음악 이론가의 전유물이 아니라 여러 이교도 저자들도
많은 관심을 가진 주제였다는 사실이다. 예를 들어서 음악 이론을 담은 보에티우스
의 저서가 종교 음악과 관계없다고 설명하는 것은 유용하지 못한 관점이다. 로마
제정 후기의 문화적 토양에서 성장했던 마르티아누스 카펠라(410-439)와 마크로비
우스(4-5세기)는 음악에 관한 이론적 사유의 토대로서 수학과의 관련성, 우주의 조
화와 같은 전통적 사유 방식을 계승했으며, 고대 후기와 중세 초기를 이어 주는 여러
권의 백과사전적 저술을 남겼다. 보에티우스의 사후부터 카롤링거 시대가 시작하기
전까지 음악 이론서가 출간된 경우는 없지만, 보에티우스와 같은 시대를 살았던 카
시오도루스, 세비야의 이시도루스처럼 주교 혹은 수도사가 저술했던 백과사전적 간
행물에서는 성경의 상징성에 대한 분석을 토대로 하여 이교도 문화에서 '우주의 조
화'와 연관해 다루어진 음악 개념을 재해석했다.

교부 시대(4-7세기)에 음악 이론서가 출간된 뒤로 찾아온 침묵의 시기는 카롤루스

대제가 문화, 예술에 대한 후원을 시작하고 음악 이론서들이 다시 출간되기 시작하면서 막을 내렸다. 카롤링거 왕조의 문예 부흥기 이전인 고대 그리스-로마 전통에서는 음악 이론이 철학적 관점에 따라 정리되었다면, 카롤링거 왕조 시대의 새로운 음악 이론서는 이전의 문화적 이론을 실용적인 관점에서 그레고리오 성가에 적용했다.

하지만 중세를 사는 사람들이 음악에 관심을 가졌던 이유가 노래에 대한 분석이나 작곡에 한정되어 있던 것은 아니다. 성경의 인용문들을 통해서 그리스도교 문화가 다양한 악기, 음악에 가졌던 여러 관점을 확인할 수 있다. 특히 성경의 「시편」이나 시가에 대한 관심은 천상과 지상을 이어 주는 가교로서 음악에 대한 관심을 불러 일으켰다. 음악이 주는 상상력은 성경의 도상이 발전하는 데 중요한 역할을 담당했고, 은총과 빛으로 충만한 신앙의 여정 속에서 신자의 영혼을 자극하고 보호했다. 중세 음악가의 목적은 '천사들의 오케스트라'에서 울려 퍼지는 천상의 음악을 지상에서 다시 표현하는 것이었다. 또한 고대 음악에서 다루었던 행성의 운행이 만들어 내는 질서와 조화는 복자들의 노래로 대체되었다. 이 장에서는 이런 변화들을 확인할 수 있는 다양한 문화적·역사적·종교적 기록을 다루게 될 것이다.

한편, 이 시기에 그리스도교 문화 바깥에서 이교도의 음악적 사유가 어떻게 발전했는지를 알려 주는 기록이 부족하기 때문에 이를 이해하기 어려운 점도 있다. 이교도의 음악 이론은 중세 지성인의 관심 대상이 아니었다. 교회의 입장에서 이들의 이론은 배척해야 할 대상일 뿐이었다. '춤'이라는 분야 역시 마찬가지로, 이 시대에 춤이 가졌던 의미를 분석하기란 쉽지 않다. 춤에 대한 이 시대의 기록은 다양한 관점에서 다루어지기 때문에 한 시대의 문화를 이해할 수 있게 해 주는 사료적 가치를 가지기 쉽지 않다. 춤에 대한 기록은 일단 종교적이지만 이교도 문화를 계승했던 중세 극의 발전과 연관되어 있다. 이런 관점에서 분석한다면 중세의 광장, 교회, 시골의 벌판, 권력자의 정원에서 공연했던 춤이 중세의 '신체' 개념을 이해할 수 있는 중요한 문화적 선언이라는 사실을 이해하게 될 것이다. 중세의 '춤'은 그 자체로 인간 스스로의 모습을 드러낼 뿐 아니라 원죄의 증거이며, 동시에 부활과 구원의 도구인 신체를 통해 연기자의 내면에서 솟아나는 감정을 반영한 경험의 총체였다.

신을 찬양하기 위한 도구

이교도의 음악과 춤

음악의
이론적 사유

MUSICA

그리스도교 문화와 음악

| 체칠리아 판티 |

고대 후기에 여러 교부들과 종교인들은 음악을 흥미롭게 설명하는 여러 저술들을
남겼고, 음악이 수학과 연관되어 있다고 생각했다. 이들은 플라톤과 피타고라스의
철학적 전통을 통해서 음악을 해석했고, 고대 종교의 제전이나 전례의 과정들 속에서
노래의 기술이 발전했다고 보았다. 특히 성 아우구스티누스는 이런 해석의 전통에 따라
음악 이론을 정립했다. 사실 히포의 아우구스티누스는 당시에 그리스도교도로서는
유일하게 음악에 관한 저서를 남겼다. 한편, 그의 저서를 분석해 보면 종교 음악의
실용적 관점과 미학적 체계가 서로 배치되는 점도 확인할 수 있다.

교부와 음악

초기 그리스도교 시대에 교부와 성직자가 쓴 글에서 음악에 접근하는 방식은 크게
2가지로 분류할 수 있다. 하나는 음악의 원리에 대한 이론적인 글이며 다른 하나는
종교 음악에 적용하기 위한 실천적인 글이다. 고대 후기의 그리스도교 저자들은 그
리스 문화에서 유래한 학문적 위계를 배웠던 사람들로, 중년에 이르러서 그리스도
교로 개종했던 경우가 대부분이었다. 이들에게 철학은 이교도 지식의 총체로 신의

섭리에 다가갈 수 있는 기준이었으며, 성경과 과학적·학문적 관점을 이어 줄 수 있는 출발점이었다. 로마 제국 후기에 지식은 백과사전적 분류 체계 속에서 7가지 학문으로 분류되었다. '자유학예'라고 알려진 7가지 학문은 언어를 다루는 3가지 학문(3학)인 문법학, 수사학, 변증술과 수학적 원리를 다루는 4가지 분야(4과)인 산술학, 음악학, 기하학, 천문학으로 분류할 수 있다. 3학은 진리에 대한 담론을 구성하는 방법을 다루며, 4과는 수학과 관련해서 물리적 세계를 이성적으로 분석하고 이해하는 방법을 다룬다. 여러 그리스도교 저자들은 성경에 등장하는 솔로몬의 성전의 기둥 7개(현자를 상징한다)가 7가지의 자유학예를 의미한다고 보았고, 이것이 세계에 대한 지식의 근거가 된다고 생각했다. 이런 점에서 중세 지식인들은 피타고라스에서 플라톤으로 이어지는 철학적 전통을 통해 음악을 인식했고, 수학이 세계의 조화를 이해할 수 있는 학문적 출발점이라고 보았다. 플라톤은 『티마이오스』에서 세계의 영혼은 수학-음악을 기준으로 구성되어 있고, 이 기준을 통해서 지상의 모든 현실을 적절하게 설명할 수 있다고 기술했다.

조화의 학문과 종교 곡의 이론　　수와 조화를 연구하는 학문으로 음악을 이해하는 방식이 음률 이론과 작사법과 같은 방법에 기초한 종교 곡에 곧바로 적용되었던 것은 아니다. 그러나 일단 종교 곡의 전통이 대체로 구전을 통해서 전승되었기 때문에, 분명한 것은 확인하기 어렵지만 이론을 구성하기 위해 고안한 고대 악보의 체계를 실제로 활용하고 적용하지는 않았던 것으로 보인다. 고대 음악의 연구scienza armonica는 음정의 차이에 관한 수학적 연구로 교부들에게 특별히 흥미가 있었던 주제는 아니었다. 반면, 교부들은 '노래'의 문제를 다른 관점에서 연구했다. 일단 제의에 활용하기 위한 '노래'는 두 가지 양면적인 기능을 가지고 있었다. 하나는 신자들에게 신의 이야기를 전달하는 것이었으며 다른 하나는 신에 대한 찬양이었다. 여러 그리스도교 저자들은 음악의 기능을 충족할 수 있는 적합한 방식을 놓고 논쟁을 벌였다. 교부들은 이교도의 노래를 평가 절하했고, 춤과 악기에 대해 비우호적인 입장을 취했다. 하지만 성가의 경우에 성경의 「시편」이나 시가와 연관해서 영혼을 울리는 소리로 매우 중요하게 다루었으며, 신에 대한 찬양이라는 신학적 관점에서 노래의 효용성을 정당화했고, 이론적으로는 신플라톤주의에서 언급하는 '우주의 조화'라는 개념으로 그 근거를 제시하고자 했다. 남아 있는 사료 중에서 알렉산드리아 출신의 아타나시우스(295-약 373)가 수도사 마르첼리노Marcellino에게 보냈던 편지는 성경의 단어, 「시편」의 노래, 목소리의 표현, 영혼과 신체의 조화를 둘러싼 여러 상징이 정신을 일깨우고 평화를 관조하도록 이끌고 있다고 설명했다. 또한 푸아티에의 힐라리우스(약 315–약 367)나 암브로시우스(약 339-397)와 같은 교부들은 「시편」의 노래 외에도 여러 성가를 직접 작곡하기도 했다. 이들은 그리스정교와의 차이점을 신자들에게 보여 주기 위해서 노래를 사용하는 게 매우 효율적이라고 생각했다. 특히 밀라노의 주교였던 암브로시우스는 노래의 어원이 되는 단어인 '카르멘carmen'과 마법을 의미하는 단어인 '인칸테시모 incantesimo'가 지닌 유사성을 근거로 들어 음악을 통해 신앙의 진리에 도달할 수 있다고 주장하기도 했다.

그리스도교의 종교 의례에서 음악의 사용을 정당화하기 위해 이론적 관점을 확장하면서, 성직자는 노래를 천사와 피조물이 신을 향해 부르는 영원한 찬양으로 여겼다. 이는 음악을 천체의 행성이 만들어 내는 질서로 바라본 고대 피타고라스-플라톤의 전통이 천국에서 들려오는 복자들의 노래, 전 우주에 울려 퍼지는 피조물의 찬송으로 대체되었다는 점을 알려 준다. 그리스도교의 음악

6세기에 이민족들이 유럽에 새로운 왕국을 건설하고 그리스도교가 발전하면서, 신에 대한 천상의 노래와 지상의 노래의 관계에 바탕을 둔 그리스도교 음악의 여러 주제들이 발전하기 시작했다. 또한 음악 이론을 적용하는 과정에서 음악에 관한 체계적인 생각들이 제시되었다. 다른 한편으로, 로마 제국의 영토에서 다양한 방식으로 발전했던 전례 성가의 내용과 순서를 통일하고 교회의 관점에서 일원화할 필요가 있었다. 카롤루스 대제가 전례를 개혁했으며, 성가에 적용할 수 있는 음악 이론이 이 시기에 정리되어 갔다. 그 결과 여러 지방의 서로 다른 전례가 통합되었으며 새로운 교회 음악이 '고안'되었는데, 이는 그레고리오 성가로 결실을 맺었다. 발전 과정에서 확인할 수 있는 것처럼, 그레고리오 성가는 이전의 지방 전례에서 관찰할 수 있는 다양성을 수용하기보다는 보편성을 추구했고, 음악이 우주의 조화를 통해 신을 이해할 수 있는 효율적인 도구라는 주장에서 출발했다. 그리스도교 문화의 관점에서 본 종교 음악의 보편성은 당대의 교부들이 유사한 결론에 도달하는 이유가 되었으며, 히포의 아우구스티누스(354-430)는 이와 관련한 대표적인 실례를 제공했다. 특히 이들은 멜로디가 가지고 있는 감각적 즐거움에 주목했다. 카롤링거 왕조의 사료에 따르면, 그레고리오 1세(540-604, 590년부터 교황)가 성령에게 영감을 받아서 그레고리오 성가의 '신성한' 멜로디를 구성했다고 한다. 신의 언어가 성경을 구성했다면 반대 전례의 개혁과 그레고리오 성가

로 인간은 성가를 통해 신에게 다가갈 수 있다고 생각했기 때문에, 이런 설명은 이후에 매우 중요한 신학적인 의미를 획득하게 되었다. 덧붙여 설명하자면 신이 자신의 모습을 드러냈던 방식을 따라 신을 이해할 수 있다고 보았던 것이다. 그 결과 카롤링거 왕조의 문예 부흥기 이후에 그레고리오 성가를 정리하기 위한 보편적인 음악 체계가 요구되었으며, 이는 이후에 음악 이론에 관한 사유가 발전하는 동인이 되었다. 사실 보편적인 음악 체계에 대한 연구는 이미 그리스·로마 시대의 문화적 토양에서 확인할 수 있지만, 이후 교부 시대에는 자주 다루어지지 않던 주제였다.

아우구스티누스의 『음악론』: 리듬과 화음, 미학적 관점

9세기까지 종교적 저자들은 음악 이론서를 집필할 필요성을 느끼지 못했다. 예외적인 경우가 아우구스티누스였다. 그는 그리스도교로 개종한 순간부터 자유학예에 대한 책을 집필했다. 로마 제국이 멸망한 뒤에 살았던 아우구스티누스와 당대 지식인들에게 자유학예란 여전히 신이 세상을 창조한 질서를 이해시켜 주는 중요한 방법을 제공했다. 이런 점 때문에 아우구스티누스는 학문이 현실의 대상을 관조하는 인간의 정신을 이끌 수 있으며, 자연의 완벽한 조화를 통해 실체가 없는 신을 이해할 수 있도록 만들어 주며 찬양할 수 있게 해 준다고 생각했다. 아우구스티누스는 음악이 현실에 대한 감각적 인식을 추상적이고 보편적인 이해로 발전시켜 나가는 시작이 될 수 있다고 보았다. 이런 생각이 그리스도교도로서는 최초로 자유학예의 관점에서 음악을 다룬 『음악론』에 기술되어 있다.

음악에 대한 첫 이론서

그러나 이 저서는 오늘날에 우리가 기대하는 것처럼 교회의 성가에 대해서 설명하지 않는다. 물론 이 책의 7권과 마지막 권에서 암브로시우스의 〈전능한 창조주Deus creator omnium〉와 같은 성가를 설명하지만, 아우구스티누스는 대부분의 지면에서 음악을, 로마 문화에서 비롯된 고전적 음률과 리듬이 만들어 내는 구조를 분석할 수 있는 학문으로 다룬다. 『음악론』은 말과 말하는 방법을 기준으로 하여 수의 질서를 이해하려는 스승과 제자의 문답으로 구성되어 있다. 그는 이 논고를 시작으로 이후에 '조화'에 관한 학문적 저술을 기획했지만 실현하지는 못했다. 『음악론』은 발성에 대해 논의하고 수-리듬의 연속성을 바탕으로 단어를 다룬다. 아우구스티누스는 음악을 구성 단위에 대한 학문이라고 단언하며, 적절한 방식으로 목소리를 다루고 운율과 작사를 통해 음악을 배울 수 있다고 설명했다.

고대의 음악 이론가들은 이미 운율과 작사에 대해서 구분한 바 있다. 특히 아리스 작사의 장단과 운율
토크세누스Aristoxenus(기원전 4세기)는 시를 분석하기 위해 운율과 작사의 개념을 도
입했다. 그에 따르면 운율은 각 부분의 수적 관계를 다룬다. 즉 단어의 길이에 따른
장단의 개념이 운율의 개념을 구성한다. 반면, 작사는 리듬이 구성하는 단어의 후렴
구를 다루고 있다. 즉, 시의 연에 대한 개념을 다루고 있는 것이다. 그러나 아우구스
티누스가 『음악론』에서 고전 시의 가치를 운율과 작사의 개념으로 설명하려고 했던
것은 아니다. 그 대신에 그는 여러 실례를 통해서 음악이 그 자체로 이성적인 가치를
지닌다는 사실을 보여 주고자 했다. 그 결과 아우구스티누스는 음악에 대한 귀중한
이론적 사유를 남겨 주었고, 이후 중세 음악 이론가들의 이론에 중요한 출발점을 제
공했다. 이들은 아우구스티누스의 저서를 참고해서 고전 시의 수량적 기술 방법을
음절의 수와 강세에 대한 논의로 대체할 수 있었다.

『음악론』의 앞부분을 구성하고 있는 5권까지에서, 아우구스티누스는 이성에 대
한 연구를 발전시켜 나가면서 감각에 대한 복잡한 분석 기준을 설명한다. 또한 이 5권 감각에 대한 학설
을 저술한 뒤에 6권부터는 리듬을 통합할 수 있는 원리에 대해서 언급하고 있다. 아
우구스티누스는 영혼이 수를 통해서 리듬을 받아들이게 된다고 주장했다. 그는 신
체가 감각을 인식하는 과정과 유사한 방식으로 기억 속에 리듬이 보존된다고 보았
다. 영혼에 각인된 수가 구성하는 리듬을 되살려 내는 시는 즐거움을 줄 수 있지만,
그렇지 않은 경우에는 불쾌한 감정을 만들어 낸다. 이성적인 판단 기준으로 기억했
던 수의 리듬은 다른 감각을 자극하는 여러 가지 수를 '지배하는' 기준이 된다. 이성
적인 기준은 예컨대 '몸을 긁는 행동'과 같이 본능에는 충실하지만 조화롭지 못한 행
동을 멈추게 하는 데 중요한 판단 기준으로 작동한다. 그는 수의 관계를 통해 아름다
움을 이해할 수 있고, 1:1과 같은 동등한 관계에 바탕을 두었을 때는 완벽한 아름다
움을 만들 수 있다고 보았다. 그는 같은 방식으로 신이 영혼과 피조물의 질서를 둘러
싼 영원성을 지닌 모범을 만들었다고 설명했다. 인간은 음악이 제공하는 리듬과 조
화에 대한 경의를 통해 자신과 세계의 관계를 구성하고 아름다움을 이해할 수 있으
며, 우주의 법칙에 바탕을 두고 유일한 창조주를 이해할 수 있는 도구를 가지게 된
다. 아우구스티누스는 이런 철학적 관점을 바탕으로 다음과 같은 결론을 내렸다. "신
이 모든 피조물의 창조자라면 모든 사물은 조화로움을 가지고 있다는 확신에 다다를
수 있다"(『음악론』, VI, 8, 20). 아우구스티누스는 플라톤이 본질을 사유한 관점을 그

864

리스도교 문화에 적용했으며, 그리스도교도에게 수와 조화는 신이라는 유일한 진리에 도달하는 출발점이라고 주장했던 것이다.

아우구스티누스: 「시편」의 노래와 환희

아우구스티누스가 「시편」과 시가와 같은 노래에 대해 판단하면서 강조했던 논의의 쟁점은 『고백록』에 실려 있다. 그는 이 책을 저술하며 물리적 음이 지닌 아름다움을 관조했다. 앞서 설명했던 것처럼 명확한 기록들이 많이 남아 있지는 않지만, 4-5세기에 교부들 사이에서 「시편」을 둘러싼 논의가 발전했다. 이 중에서 아우구스티누스는 성가가 지닌 양면적인 가치를 비교했다. 그는 멜로디가 만들어 내는 감각적 즐거움과 거리를 두면서도 이를 통해 느낄 수 있는 매력을 부정하지 않았다. 그는 노래가 긍정적인 가치를 가질 수 있지만 매력이 가진 위험에서는 멀어지려 했다. 그렇다면 모순적인 것처럼 보이는 이 두 가지 관점은 아우구스티누스에게 있어서 어떤 방식으로 통합될 수 있었을까? 그는 성가가 주는 감동이 음의 멜로디와 리듬에서 비롯한다는 점을 인정했지만, 동시에 각각의 음은 성경의 단어를 포함하고 있다는 점에 주목한다. 성가의 음색이 너무 화려하면 성경의 단어를 이해하는 데 방해가 될 수 있다. 아우구스티누스는 밀라노에서 암브로시우스 주교가 작곡했던 성가를 듣고 난 뒤에 개종을 결심했고 음악의 긍정적인 힘을 믿었지만, 신의 단어를 듣는 데 어려움을 준다는 점을 놓고 고민했던 것이다. 다시 설명하자면 리듬과 후렴의 규칙을 존중하는 아름다운 멜로디는 그 자체로 영혼의 '수'와 연관한 본성을 드러내기 때문에 즐거움을 준다. 하지만 성가가 가진 딜레마는 어떻게 이 충동에서 벗어나서 그 속에 담긴 이야기를 잘 듣고 분석할 수 있는가라는 문제였다. 그러나 히포의 주교는 이런 문제에 대해서 적절하고 명료한 답변을 제공하지 못했다.

환희 그러나 그는 적은 수의 단어를 사용하더라도 충동적이지 않은 성가도 있을 수 있다고 보았으며, 이런 종류의 성가를 설명하기 위해서 '환희giubilo'라는 개념을 도입했다.

그는 성가의 이러한 특별한 경험을 설명하기 어려웠음에도 이 감정을 열정적으로 설명하고자 했다. 그는 유일하고 반복할 수 없는 경험이 신의 존재를 '듣는' 영혼의 즐거움이라고 주장했다. 신 스스로가 자신을 찬양하려는 이들의 이야기를 듣고 '적절한 단위'로 구성된 목소리를 알려 준다. 말로 설명할 필요는 없다. 환희에 의해 노래한다는 것은 이미 구성된 리듬과 후렴으로 만들어진 단어로 번역하는 것이 아니라 신의 빛나는 말을 있는 그대로 받아들인다는 것이다.

아우구스티누스는 '환희'라는 단어를 마치 농부의 즐거운 고함처럼 묘사하고 있다. 농부가 경작지에서 땀을 흘리며 노래를 부를 때, 노래의 단어들은 일종의 힘을 부여하는 고함처럼 변한다. 아우구스티누스 이전의 서유럽 교부들에게 환희의 찬가는 늘 「시편」을 표현하기 위한 것으로, 이는 신의 영광을 들어 올린 이스라엘 민족의 축제의 노래였고 성경의 이야기를 증언하는 것이기도 했다. 암브로시우스 역시 '환희'라는 단어를 「시편」의 음정에 의해 민중적인 특징을 띤 합창 형태에 적용했고, 다윗과 같은 왕실을 위한 노래와는 다른 것으로 보았다. 하지만 아우구스티누스는 다른 교부와 달리 '환희'의 경험을 마치 개인적인 찬양의 형태처럼 여겼다. 오늘날에는 이런 특별한 관점은 「시편」에서 관찰할 수 있는 긴 선율의 형태가 지닌 의미를 생각하도록 만든다. 아우구스티누스의 관점을 빌리면 그것에 대해서 생각하는 것은 규범화된 전형을 지닌 음악의 본질을 구성한다.

| 다음을 참고하라 |
철학 히포 레기우스의 아우구스티누스(366쪽)
음악 음악, 고대 후기에서 중세 초기까지의 백과사전적 문화(870쪽)

보에티우스와 학문으로서의 음악

| 체칠리아 판티 |

보에티우스의 『음악 입문』은 카롤링거 시대 이후에 중세의 모든 음악 이론을 정초한 저서였다. 이 저서는 음정의 차이에 대한 기준을 통해서 음을 구성하는 고대 그리스의 이론을 번역한 것으로 종교 음악을 설명하는 유용한 기준을 제공했으며, 이후 그레고리오 성가의 멜로디 방식을 분류하는 기준이 되었다. 보에티우스의 음악 이론은 저자 스스로 '도구'라고 설명했던 것이자, 음악에 적용할 수 있는 수학적 지식을 중심으로 다루고 있다. 그럼에도 불구하고 중세 때 플라톤의 이론에 바탕을 두고 우주의 조화를 설명했고 행성의 들리지 않는 음악을 설명한 이론으로 평가받는다.

4과에 포함된 음악

음악, 수학과 관련된 학문

『산술 입문』의 서론에서 보에티우스는 서양에서 처음으로 4과라는 단어를 사용해서 수학과 관련된 4개의 학문으로 산술학, 기하학, 음악학, 천문학을 분류했다. 이런 분류 방식은 이미 플라톤이 『국가』의 7권에서 다룬 바 있으며, 이후의 철학자들이 피타고라스-플라톤의 전통 속에서 세계의 이성적인 구조를 이해하는 원리로서 수를 인식했던 것과 연관되어 있다. 이런 전통에서 확인할 수 있는 것은 과학적 지식이란 지각의 대상을 확인한 뒤에 정신적 활동 속에서 수의 질서를 읽고 이해하는 것이라는 관점이었다. 음악 역시 표현에서 차이와 다양성을 가지지만, 수학적 매개 변수를 활용해서 음정의 높낮이를 분석할 수 있다. 고대 음악 이론에서 선율을 구성하는 근본 요소는 음정이었으며, 8선법, 5선법, 4선법, 온음정音程(5선과 4선의 차이)은 수의 관례를 빌려서 설명할 수 있다(2:1, 3:2, 4:3, 9:8). 악기의 선이 지닌 이완과 긴장이 만들어 내는 소리(모노코드monochord)는 경험적인 관점에서 수의 관계에 바탕을 둔 소리를 구성한다.

서로 다른 높낮이를 지닌 수의 관계에 따라 음을 이론적으로 연구하는 것은 조화의 학문으로 알려졌고, 음악이 수학의 영역이면서도 동시에 자유학예에 포함될 수 있는 근거를 제공했다. 보에티우스의 저술이 가진 중요한 의의는 고대의 여러 개념들을 한 권의 저술에서 종합했다는 점이다. 『음악 입문』은 그가 젊은 시절부터 쓰기 시작한 책으로, 완결되지 않았음에도 불구하고 이후 중세 음악 이론의 기반을 제공했다. 이 저서에서 보에티우스는 가장 중요한 참고 자료로 피타고라스 학파의 수학자였던 게라사의 니코마코스(1세기)의 관점에 관심을 가졌다. 니코마코스는 음악을 음과 연관된 수의 과학으로 생각했고, 음악을 통해서 사물의 질서를 파악할 수 있다고 보았다. 보에티우스는 '노래를 부르기에 적절한 목소리'라고 생각했던 음에 대한 생각에서 출발해서, 정확한 높낮이에 따라 분류된 음만이 음악에 유용하다고 생각

협화음

했다. 서로 다른 2개의 음은 때로 '협화음'을 만들어 낼 수 있다. 즉, 서로 다른 음이 어울려 감미로운 소리를 만들어 내는 것이 가능하다고 보았다. 또한 구성된 음들은 지각 대상이었기 때문에, 보에티우스는 청음의 입장에서 협화음을 분석한다. "협화음이라는 것은 청자의 입장에서 높은음과 낮은음이 하나의 음처럼 같이 들리는 것을 말한다." 반대로 불협화음은 "서로 다른 2개의 음이 딱딱하고 불편하게 들리는 것"이다. 그는 '협화음'을 대상으로 음악 이론을 정립하기를 원했고, 전통적으로 피타고라

스가 대장간에서 발견했다고 전해지는 수와 비례의 관계를 통해 협화음을 설명하기를 원했던 것이다.

보에티우스에 따르면 피타고라스는 협화음의 과학적인 근거를 발견했다. 왜냐하면 그는 변화하는 소리를 이해할 수 있는 보편적인 특징을 가진 요소로서 음정의 근본에 대해서 알 수 있었기 때문이다. 보에티우스는 망치의 무게에 따라서 소리가 다르다고 설명했던 피타고라스의 실례를 다시 가져와서 음정의 차이를 설명했다. 이런 수학적 음악의 개념은 서구 음악의 기본을 이루는 것이었고, 보에티우스에게는 음계를 구성해야 할 필요성이 있었다. 그 결과 여러 가지 음들이 비례를 기준으로 배치되었다. 기본적으로 한 음에서 위나 아래로 8개의 비례를 거치면서 나오는 음은 동일한 음으로 보았고(2:1), 이는 다른 모든 음의 비례를 설명하기 위한 기준이 되었다. 이러한 생각에서 출발해서 서로 다른 비례에 따라 4음정의 비례(3:2)와 5음정의 비례(4:3)를 구분했으며, 이 2가지 음정의 비례를 합치게 되면 다시 $2:1 = 3:2 \times 4:3$의 관계를 이루게 된다. 보에티우스는 이러한 수의 비례를 통해서 서로 다른 화음의 비례를 계산할 수 있다고 생각했다. 8음정의 비례와 4음정의 비례를 합치게 되면 12음정의 비례(3:1)의 관계를 구성할 수 있으며, 같은 방식으로 2개의 8음정(4:1)의 비례를 적용하는 것도 가능했다. 화음의 개념에서 각각의 음들이 가지는 관계는 자연수로서 1, 2, 3, 4의 수로 환원해서 설명하는 것이 가능했으며, 이 수의 총합은 10이 된다. 10은 피타고라스의 관점에서 보면 완벽을 의미하는 숫자였다.

『음악 입문』은 수에 따라 다양하게 화음을 구성하는 방식을 작곡에 적용할 수 있는 개념을 제공했으며, 이는 온음과 반음의 관계에 대한 연구로 이어졌다. 가장 중요한 문제는 기하학적 관점에서 9:8의 비례를 바탕으로 구성된 반음을 산술적 관점에서는 어떻게 설명할 수 있는가 하는 점이었다. 반음 관계를 설명하려는 시도는 중세에 많은 관심을 불러일으켰으며, 이런 생각은 다른 한편으로 악보의 체계를 완성하는 전제 조건을 구성했다.

악보

보에티우스는 음악에서 악보의 문제를 다룬 유일한 후기 고대의 음악 연구자였다. 그는 음의 차이를 수학적인 관점에서 분석했으며, 때로는 알파벳을 통해서 이를 기록하기도 했다. 이러한 방식은 이후 중세 음악에 중요한 기준을 제공했다. 특히 이후에 그레고리오 성가를 전승하는 데 중요한 역할을 담당했다. 노래에 대한 음의 '체계'를 정의하는 것은 다른 관점에서 음의 차이가 만들어 내는 선율을 인식하는 기본이 된다. 그리고 선율은 다시 음의 체계에 따라 악보로 기록될 수 있다.

음계에 대한
설명

음계에 대한 보에티우스의 분석은 그리스의 음악 체계에서 가져온 것으로, 이는 이미 리디아 선법이라고 알려진 그리스의 선법에 따라 각 선들을 알파벳 기호로 표현했다. 보에티우스는 음의 높낮이를 설명하기 위해서 8개의 음으로 정리된 음계인 옥타브 2개, 즉 '그리스의 완벽한 체계'를 활용한다. 그러나 고대 그리스의 악보는 음계를 표현하기 위한 것으로, 즉 음조에 바탕을 둔 것이 아니라 사현금을 기준으로 고정된 음의 체계를 표현하는 방식이었다. 즉 완전4도(4음계법)의 경우, 두 음의 높이가 다른 사현금을 활용하면 다양한 소리를 표현할 수 있다. 이 경우에 음의 높낮이가 다른 2개의 완전4도가 합쳐지면 표준음diapason을 만들어 내며, 2개의 옥타브가 합쳐지면 일반적으로 인간의 목소리가 낼 수 있는 소리의 영역을 구성한다. 사실 음계는 단순히 이론적인 관점에서 만들어 낸 개념이지만 이 개념의 도입은 매우 중요한 의미를 가지고 있다. 옥타브에 바탕을 둔 체계는 음정의 차이와 관계를 구성했던 4음정, 5음정, 온음, 반음, 2개의 옥타브와 기타 여러 가지 개념을 모두 설명할 수 있기 때문이다. 보에티우스는 음계를 정의하면서 코드에 바탕을 둔 그리스어의 알파벳을 라틴어의 알파벳으로 대체했다.

보에티우스는 음계에서 출발해서 다른 7개의 옥타브를 구성해 정리했으며 이를 '선법modi' 혹은 '트로피tropi', '토니toni'라는 용어를 사용해서 불렀다. 중세 이론가들은 그레고리오 성가를 정리하기 위해서 이 개념을 적용했다. 그레고리오 성가의 선법과 보에티우스가 정의했던 선법은 사실 서로 다른 특징을 가지고 있지만, 공통점도 가지고 있다. 그것은 음계에 바탕을 둔 8개의 음들과 이것들 사이의 음정 차이를 설명하는 반음이 배치되어 있다는 점이다.

천체의 음악

플라톤의 철학적 관점을 수용했던 보에티우스의 관점에 따르면, 음이나 음악의 물리적인 현상은 음악이 실제로 일어나는 하나의 양상이라는 점이다. 음악은 사실 자연의 다양한 조성으로 그 안에 질서와 조화를 담고 있고, 다른 모든 질서보다 상위에 존재하며 천계의 규칙적인 운동에 관한 현상이다. 보에티우스는 『음악 입문』에서

이런 생각을 발전시켜 나갔으며, 음악을 3가지 장르로 나누었다. 보에티우스는 음악 　**세계의 음악,**
을 세계의 음악, 인간의 음악, 악기의 음악으로 분류했는데, 이 개념은 중세 음악에 　**인간의 음악,**
　악기의 음악
적용된 것 중에 가장 잘 알려진 개념이었다. 서로 다른 이러한 현실은 '조화의 힘'을
통해서 하나로 합쳐질 수 있다. 악기를 위한 음악은 보에티우스의 이론 중에서 가장
중요한 부분을 구성하며, 앞에서 설명했던 것처럼 수학적인 비례에 대한 로마 철학
자의 연구에서 핵심을 이룬다. 반면에 인간의 음악은 영혼과 신체의 조화를 목적으
로 하며 우주의 조화라는 개념을 반영한다. 이는 플라톤의 유명한 2편의 저술이었던
『티마이오스』와 『국가』에서 설명했던 개념과 관련이 있었지만, 고대 후기의 서유럽
지성인들 사이에서는 부분적으로만 알려져 있었다. 보에티우스는 이 두 음악 장르
에서 출발해서 더 넓은 관점의 음악 개념을 제시하고자 했다. 특히 중세에는 '우주의
음악'이라는 개념에 대해서 매우 큰 관심을 가지고 있었으며, 이런 점은 행성들이 만
들어 내는 음악으로서 '토포스topos'라는 개념과 연관되었다.

　보에티우스는 '질서의 관계'에 바탕을 둔 천상의 음악이 여러 행성들을 움직이고 　**우주의 음악**
이성적인 질서에 화답한다는 니코마코스의 생각을 받아들였다. 이런 효율적인 음악
의 조화는 천구의 질서를 통해서 발현하면서 음악의 소리의 높낮이를 반영한다. 이
런 관점에서 니코마코스처럼 천체의 움직임에 바탕을 둔 행성들에 대해서 분석하면
서, 토성은 이 중에서 가장 먼 장소를 돌고 있는 행성에 배치했는데 이는 다른 관점
에서는 최저음의 소리에 해당한다. 반면 키케로에 따르면 이동 거리는 행성이 도는
속도와 관련이 있으며, 이는 음의 높이에 해당한다. 즉, 토성은 가장 뛰어난 행성으
로 가장 날카로운 소리를 만들어 내기도 한다. 보에티우스가 언급했던 이 2가지 가
설 외에도 중세에는 다른 관점에서 행성과 음악의 관계를 설명하려는 시도가 등장했
다. 그것은 대★ 플리니우스의 『박물지』(II, 20)에 실려 있으며, 또 다른 생각은 자유
학예에 관한 마르티아누스 카펠라의 저술이었던 『필롤로기아와 메르쿠리우스의 결
혼』에서 다루어졌다.

　보에티우스는 천체에서처럼 지상의 현실에서도 서로 다른 요소들이 만들어 내는
조화를 발견할 수 있다고 생각했으며, 엠페도클레스의 4원소(불, 물, 공기, 흙)가 서로
균일하게 상호작용하고 있다고 보았다. 또한 천체의 움직임에 따라서 지상의 계절
들이 변하는 가운데, 조화와 화합이 일어난다고 생각했다.

　보에티우스가 총체성을 인정했던 장르인 인간의 음악은 우주의 조화에 대한 사색 　**인간의 음악**

이었다. 천체의 음악은 귀에 들리는 것이 아니지만 인간은 영혼과 신체, 그리고 이것들에 대한 내면적인 분석을 통해서 인식할 수 있다. 보에티우스는 이런 점에서 플라톤이 『티마이오스』에서 언급한 대우주와 소우주의 논의를 따르며, 다른 한편으로는 아리스토텔레스가 『영혼론』(III. 9)에서 '이성적인' 그리고 '비이성적인' 영혼의 요소들은 정합한 물리적 조화를 위해서 완벽한 균형을 이루어야 한다고 주장한 바를 따르고 있다. 다시 설명하면, 보에티우스는 조화라는 개념을 늘 서로 상반된 요소들의 결합이라고 보았고 서로 다른 요소들의 총합으로 설명했다.

| 다음을 참고하라 |
철학 보에티우스: 문명을 전파하기 위한 지식(390쪽)
과학과 기술 그리스 유산을 복원하려는 첫 시도(437쪽)
문학과 연극 고전 시대의 유산과 그리스도교 문화: 보에티우스와 카시오도루스(546쪽)
음악 음악, 고대 후기에서 중세 초기까지의 백과사전적 문화(870쪽)

음악, 고대 후기에서 중세 초기까지의 백과사전적 문화

| 체칠리아 판티 |

최후의 이교도 저자들은 고대 후기와 중세 사이에 백과사전적인 철학서들을 썼다. 특히 마르티아누스 카펠라와 마크로비우스는 고대의 개념에 바탕을 두고 음악에 대한 사유를 발전시켜 나갔으며, 음악을 수학으로 혹은 행성의 조화에 대한 이론으로 해석했다. 이런 저술들은 이후 중세의 초기 그리스도교 지성인들에 의해서 다시 다루어지기 시작했으며 곧 음악, 특히 종교 음악에 대한 이론으로 발전했다. 보에티우스(6세기)부터 카롤링거 왕조(9세기)까지는 어떤 음악 이론서도 남아 있지 않지만, 카시오도루스나 세비야의 이시도루스와 같은 수도사 혹은 주교들에 의해서 재구성된 백과사전적 저술은 음악에 대한 문제를 설명하는 과정에서 성경의 상징적인 언어와 연결시키고, 우주의 조화를 다룬 이교도의 저술을 문화적으로 절충해서 해석하고 있다. 카롤링거 왕조 시대에 음악가, 수도사, 종교인들의 의무는 새로운 그레고리오 성가에 이론적인 근거를 마련하는 것이었다. 즉 과거의 수―음악 체계에 대한 이론이 다시 등장하기 시작했는데, 이 이론들은 보에티우스의 저서들을 참조하며 확인했던 것으로 노래를 이론적으로 정립하기 위한 기초를 구성했다.

고대 후기의 이교도 음악서: 칼키디우스, 마크로비우스, 마르티아누스 카펠라

보에티우스가 중세 음악의 이론적 기준을 제공했다면, 고대 후기에 저술된 여러 이론서들은 중세 초기에 음악 이론의 특수한 분야를 형성하면서 미래를 위해서 피할 수 없는 중요한 사고방식을 제시했다. 이런 이론서 중에서 3편의 저작이 가장 중요한데, 시기는 4-5세기로 거슬러 올라간다. 이 저작들은 플라톤의 『티마이오스』에 대한 칼키디우스(4세기)의 주석서, 키케로의 『스키피오의 꿈』에 대한 마크로비우스의 주석서, 그리고 마르티아누스 카펠라의 『필롤로기아와 메르쿠리우스의 결혼』이다.

믿음에 대한 기록을 남기지는 않았지만 그리스도교 저술가였던 칼키디우스의 주석서는 중세인들에게 플라톤의 저서들을 소개하며 그가 자연을 사유하는 관점을 전달하고 있다. 특히 이 아테네 철학자가 쓴 『티마이오스』는 세계의 기원과 구조에 대해서 논하고 있으며 창조 신화에 대해서 설명한다. 그가 설명했던 데미우르고스(플라톤이 창조신에게 붙인 이름*)는 수학적인 기준을 세운 채 세계의 영혼과 우주의 움직임을 피타고라스의 '다양한 음계에 따른 비례의 가치'로 창조해 낸다. 조화로운 세계는 수학-음악의 결과물이며 이런 관점은 보에티우스에게 와서 세계의 음악이라는 개념으로 발전해 나갔다. 칼키디우스는 음악이 과학이라고 주장했고, 여러 기술적 지식과 더불어 데미우르고스의 어두운 작업을 명료하게 이해할 수 있는 수단이라고 주장했다. 예술이라는 기예techne는 인간의 정신을 세계에 대한 철학적인 이해로 이끌어 주는 중요한 기능을 가지고 있다. 칼키디우스는 이러한 논의를 발전시키면서 음악에 대한 주해를 두 부분으로 구성했다. 하나는 우주의 조화로운 구조를 음악적으로 재현하는 문제이고 다른 하나는 음악과 언어의 관계였다.

처음 부분에서 음계와 같은 우주의 조화에 대한 강독은 카롤링거 왕조 이후의 이론가들에게 수학적인 관점에서 음정을 이해하는 기준을 마련해 주었고, 다른 관점에서는 음계를 구성하는 원칙으로서 '옥타브' 개념을 이해할 수 있도록 해 주었다. 칼키디우스가 구성한 음계는 숫자들로 이어지는 단계를 구성했으며, 이 중에서 192에서 348까지의 숫자는 음계의 다장조에 해당했다. 칼키디우스의 음계는 10세기 이후의 이론가들이 이론을 정립하는 데 활용되었으며, 특히 오르간의 음조나 모노코드의 음을 설명하기 위한 것으로, 노래에 적용되었던 것은 아니다. 그러나 그의 이론은 전례 곡에 적용할 수 있는 협화음과 불협화음의 관계를 설명한다는 점에서 다성 음악의 개념을 이해하는 데 중요한 의미를 지닌다.

칼키디우스:
『티마이오스』의
주석서

다른 한편으로 음악과 언어의 관계에 대한 부분에서는 칼키디우스는 음정과 목소리가 서로 일치한다는 관점에서 출발한다. 알파벳은 하나의 음과 유사하며 음절은 음조를 구성하고 단어는 음계에 해당한다. 음악 이론이 발성법을 담당하기도 했던 것이다. 이런 관점은 카롤링거 왕조 이후에 저술된 중세 음악 이론서들에서 다루었던 수의 조화에 대한 연구 결과를 발성음의 분류와 활용 기준으로 삼았다.

마크로비우스:
『스키피오의 꿈』의
주석서

『티마이오스』를 다룬 칼키디우스의 주석서처럼, 마크로비우스 역시 『스키피오의 꿈』에 대한 주석서를 통해서 음악이 우주의 질서의 중심을 차지한다고 보았다. 키케로의 저작은 천상을 무대로 스키피오 아프리카누스Scipio Africanus(기원전 235-기원전 184/183, 아프리카의 스키피오란 뜻*)와 그의 손자인 스키피오 에밀리아누스Scipio Emilianus(기원전 185/184-기원전 129)가 나누는 서정적인 대화로 구성되어 있다. 천상의 음악은 플라톤의 이론을 모델로 하여 천계 행성들의 주기를 통해서 완성되는 조화를 만들어 낸다고 보는데, 이는 보에티우스가 자신의 음악적인 개념으로 '세계의 음악'이라고 설명했던 것과 일치한다. 각각의 행성은 스스로가 만들어 내는 회전 속도에 따라서 고음과 저음을 구성한다. 이 행성들은 매우 뛰어난 조화를 만들어 내지만, 인간은 그 변화가 너무 빠르기 때문에 이런 점을 확실하게 인식하지 못한다. 무엇보다도 인간과 자연은 모두 이런 우주의 질서에서 살아가고 있으며 인간의 영혼과 자연의 위계는 스스로의 구조를 반영하고 있다. 인간은 비록 불완전하지만, 보편적인 천체 비례의 조화라는 개념에 스스로 참여하고 음악을 연주하는 존재다.

카펠라:
『필롤로기아와
메르쿠리우스의
결혼』

우주의 질서를 설명하는 수학과 매우 비슷한 관점을 취한 음악 이론은 고대 후기에 저술되었던 또 다른 이교도의 백과사전적 저작인 마르티아누스 카펠라의 『필롤로기아와 메르쿠리우스의 결혼』에서 확인할 수 있다. 이 저작은 우아함과 지성을 상징하는 신인 메르쿠리우스(로마의 신으로 그리스의 헤르메스에 해당한다*)와 한정된 삶을 살아가는 인간의 영혼을 상징하는 필롤로기아의 결혼을 소재로 다루고 있다. 이들의 결혼식은 이성에 의해 이끌어진 영혼의 '불멸을 향한 승천'을 의미한다. 필롤로기아는 신랑의 도움을 받아 하늘로 올라가기 위해서 겪어야 하는 여러 가지 시험을 통과하는데, 이런 일은 7가지 예를 통해서 가능했다. 이 중 3가지는 언어와 연관되어 있고(문법학, 변증술, 수사학), 나머지 4가지는 수학과 관련되어 있다(산술학, 기하학, 천문학, 음악학). 이를 의인화하는 인물들의 순서에 따라 이끌어진 필롤로기아는 음악의 가르침을 받아 완벽 혹은 조화에 이르게 되고, 자신에게 주어진 아이의 이름

으로 '아르모니아Armonia(조화)'를 선택한다. 카펠라가 묘사한 학문의 위계는 고대부
터 잘 알려져 있던 분류 방식으로 보에티우스는 이를 받아들였고, 산술(수의 학문)을
연구한 뒤에 기하학(그 자체로 규모의 과학)을 배웠으며, 그 후에야 음악(관계와 운동을
설명한 수를 둘러싼 학문)을 다룰 수 있었다. 그러나 카펠라의 선택은 우연한 것이었
다. 음악의 연구는 세계가 완벽한 이유를 확인하는 것, 즉 천상의 운동의 원인을 통
해서 (모든 완벽함이 담겨 있는) 천상과 지상의 관계를 확인하는 것이었다. 인간 지식
의 연결 고리는 음악과 더불어 발전하면서 신성한 세계와 자연의 세계를 통합할 수
있는 기준을 마련해 주었다. 후기 제정기에 행성을 숭배한 종교를 통해서 발전했던
신플라톤주의 이론에 따르면, 아르모니아는 올림포스의 신들이나 여신들을 대신해
서 스스로 우주의 지성을 의미하며, 천상의 여동생이자 천상의 조화를 지상에 전하
는 역할을 담당한다.

　　중세의 음악 이론가들은『필롤로기아와 메르쿠리우스의 결혼』에서 음악을 통해
얻은 지식 부분이 우주의 음악을 주제로 하고 있다는 점을 확신했는데, 이런 점은 중
세 초기에 쓰였던 여러 필사본들을 통해서 확인할 수 있다. 이 필사본들 중에서 기억
해야 할 정도로 중요한 저작은 2편으로 모두 카롤링거 왕조 때 당대의 가장 뛰어난
철학자로 명성이 높았던 요하네스 스코투스 에리우게나가 저자로 알려져 있다. 에
리우게나의 저술은 지식을 대하는 카펠라의 관점에서 영향을 받아서, 음악이 세계
의 질서를 이해하는 도구이며 학문의 원칙이라는 생각을 발전시켰다. 또한 수도사
였던 오세르의 레미기우스Remigius d'Auxerre(약 841-약 908)는『필롤로기아와 메르쿠
리우스의 결혼』에 대한 에리우게나의 주석서를 사용해서 다른 각주를 달았으며, 인
문학 시대에 음악을 다루는 독자적인 학문 영역을 준비했다.

중세 초기의 백과사전 속 음악: 카시오도루스와 세비야의 이시도루스

보에티우스와 동시대 사람이었던 로마의 카시오도루스(약 490-약 583)는 고트 왕국
에 패했던 테오도리쿠스 황제(약 451-526, 474년부터 왕)를 위해서 일했으며, 이후에
비바리움의 수도원을 설립하고 수도 생활을 했다. 그는 동료 수도사들을 위해서 중
세에 가장 많이 알려진 교재이면서 대중적인 인기를 끌었던『종교학과 세속학의 연
구Institutiones divinarum et secularium litterarum』를 출간했다. 이 저서의 2권은 자유학예를
다루고 있는데, 카시오도루스는 그리스도교 관점에서 이 개념을 분석하고 있다. 초

874

기 교부들이 그랬던 것처럼 카시오도루스는 7개의 자유학예를 성경에 등장하는 솔로몬의 성전을 받치는 지혜의 일곱 기둥에 비유했다(「잠언」 9장 1절). 이 이미지는 철학과 자유학예의 관계와 인간의 지식을 구성하는 근거를 설명하기 위해서 중세 초기에 지속적으로 언급되었다. 카시오도루스는 성경에 기반을 둔 지혜의 이상에 따라서 음악 이론을 혁신했고, 성경에 주석을 달고 이에 맞는 노래와 음악을 완벽하게 작곡하는 기준으로 자신의 이론을 제시했으며, 창조주의 조화로움은 피조물의 조화로움을 통해서 의미를 부여받을 수 있다고 보았다. 카시오도루스의 관점에서 음악은 삶의 여러 행위를 이해할 수 있는 기준이며, 각각의 행동과 피조물들은 음악의 리듬에 따라서 분류되고 스스로의 위치를 점유할 수 있다.

카시오도루스의 『종교학과 세속학의 연구』 외에도 백과사전적인 저서로 중세에 중요한 영향을 끼쳤던 것으로는 7세기에 서프랑크 왕국이 있었던 세비야의 주교 이시도루스가 저술한 『어원 사전』을 들 수 있다. 이시도루스는 문화의 전파에 열정을 가지고 있었으며, 카시오도루스와는 달리 자신의 저작을 수도사들이 아니라 왕국의 행정관과 성직자를 위해서 저술했다. 카펠라와 아우구스티누스(354-430)처럼 이시도루스는 조화, 리듬, 선율로 음악을 구분했으며, 이러한 분류 속에서 음악에 대한 다른 감각을 다루었다. 이시도루스는 음악의 음을 다른 방식으로 접근해 설명했는데, 바로 노래의 '재료'로 바라본 것이다. '아르모니코armonico' (조화로움*)는 인간 목소리의 음, '오르가니코organico' (구성적*)는 관악기의 음, '리트미코ritmico' (리듬*)는 발현악기의 음이라는 의미로 사용했다. 이 세비야의 주교는 단어의 분류 체계로 목소리와 악기 음의 세밀한 내용을 분석할 수 있는 기반을 마련했다. 음은 가볍고 무겁고 날카롭고 부드럽고 우아하게 들릴 수 있다. 목소리는 반대로 메마르고 건조하고 갑갑하고 트여 있거나 속삭일 수 있다. 이런 방식으로 이시도루스는 음악 이론의 용어들을 정리했으며, 이를 음을 둘러싼 미학적 관점에 따라 분류하기도 했다. 또한 관악기나 발현악기의 음의 경우에도 이와 유사한 다른 단어들을 적용했다. 건반악기의 경우에는 성경 언어들을 사용했는데, 이는 오늘날의 관점에서 보자면 용어에 도덕적인 성격을 반영한 경우였다. 악기들은 형태에 따라서 매우 세밀하게 분류되었고, 재료와 구성 기법, 그리고 다른 관점에서는 윤리적이고 상징적인 의미를 구성하는 요소들로 설명되었다. 예를 들어 음악이라는 단어는 모세를 의미하는 '모이스Moys'에서 유래했다고 설명하며 '물'을 상징하는 것으로 보았다. 이미 카펠라의 저서에 주석을 달았던 레미기우스의 경우도 '물'에서 뮤즈라는 단어가 유래한 것으로 설명했으며, 악기는 '물소리'를 통해서 제작되었다고 보았다.

이러한 접근 방식의 결과로 이교도 문화에서 유래한 신화적인 요소와 성경의 상징들이 넓고 견고하게 공존할 수 있었다. 이시도루스는 중세 음악의 건반악기 분야 외에도, 시간이 흐른 뒤에 카롤링거 왕조에서 적용했던 교육적이고 백과사전적인 모범에도 공헌했다. 이시도루스의 경우에는 우주의 질서를 설명하기 위해서 관심을 가졌던 경우를 제외하고는, 이전의 저자들과 달리 수학-음악에 대한 내용을 많이 다루지는 않았다. 이외에도 이시도루스는 음악의 '에토스ethos'를 언급한 플라톤의 논의를 다시 다루었다. 즉 음악이 인간의 심리에 끼치는 영향을 다루었던 것이다. 또한 그러한 논의 안에서 성경 내용을 강조하는 것도 잊지 않았다.

예를 들어 라바누스 마우루스의 『우주론』처럼, 카시오도루스와 이시도루스 이후의 저술가들인 가경자 베다와 카롤링거 왕조 시대의 지식인들은 비바리움 수도원에서 만들어진 음악 이론이나 세비야의 주교가 기술한 음악 내용과 백과사전적인 여러 정의와 요소를 참조했다. 특히 라바누스 마우루스의 경우에 성경의 상징적인 묘사와 관련해서 세밀하고 자세한 내용을 담았으며 중세에 가장 많이 알려졌다.

음악을 설명하는 여러 방식

| 다음을 참고하라 |
음악 그리스도교 문화와 음악(859쪽); 보에티우스와 학문으로서의 음악(865쪽)

음악의
응용

MUSICA

신성한 단성 음악과 초기의 다성 음악

| 에르네스토 마이놀디|Ernesto Mainoldi |

4-8세기에 서유럽의 교회는 다양한 장르를 발전시키면서 종교 곡을 확장해 나갔다.
성직자들의 종교 이론은 고대 그리스·로마의 자유와 전통을 따라 발전해 나갔다.
9세기에 카롤링거 왕조의 등장으로 종교 음악을 통합하는 과정에서 그레고리오 성가가
나타났으며, 이 시기에 처음으로 다성 음악 이론에 관한 서적들이 출판되었다.

4-8세기의 서구 교회의 제의

4세기에 종교 음악을 변화시켰던 중요한 사건이 일어났다. 그것은 당시 여러 지역
마다 다양한 방식으로 존재했던 종교 음악을 1년 단위의 달력에 배치된 여러 전례와
축제들에 따라 공적인 종교 음악으로 발전시킨 일이었다. 이것은 콘스탄티누스 대
제의 〈밀라노 칙령〉(313)으로 제의가 자유로워졌으며 교회가 황제의 개종으로 시민
사회에 영향을 끼치기 시작했기 때문에 가능한 일이었다. 콘스탄티누스 대제의 주
변 인물들이 그리스도교로 개종하게 되면서 시민의 사회적인 권력 구조에 깊이 개입
해 있던 고대 로마의 전통적인 종교와 사회적 기능이 영향을 받았다. 그 결과 당시까

지 성경 내용에 따라서 포교를 하며 그리스도교도로 개종시켰던 성직자의 자의식을 바꾸어 놓게 되었다. 사실 콘스탄티누스 대제가 막센티우스와의 결전 전날에 "이 상징과 더불어 승리하리라"라는 목소리를 듣고 십자가를 문장으로 사용해서 전쟁에서 승리를 거두었지만, 사실 그는 죽기 직전에서야 그리스도교로 개종했다. 그러나 당시 콘스탄티누스 대제의 종교적인 선택은 한 시대를 급격하게 변화시키는 요인이 되었다.

교회가 제국의 삶에 개입하기 시작하면서 세계에서 그리스도교도가 갖는 의무가 변화하기 시작했다. 이전까지 이들은 정치와는 거리가 멀었고 '마치 착한 소설의 주인공'처럼 최후의 심판을 기다리면서 살아갔는데, 사실 이런 점은 다른 관점에서는 그리스도교의 박해와 연관되어 있었다. 하지만 콘스탄티누스 대제가 그리스도교도에게 오랜 역사를 지닌 로마 제도와 함께 복음을 전파하는 책임을 부여했을 때, 그리스도교도는 제도를 정착하고 정치적인 활동에 참여하기 위해 단순히 그리스도교의 복음에 머물렀던 것이 아니다. 그들은 고대 로마의 종교와 그 기능을 대체하기 위해서 이전 종교의 사고방식을 적용하고 절충하는 과정을 겪었다. 이런 과정에서 그리스도교는 단순히 제국의 민중에 한정하지 않고 사회에 영향력을 행사할 수 있는 교양 있는 상류 귀족들을 받아들이기 시작했다. 교회와 제국

이런 사실을 확인할 수 있는 증거는 이교도의 축제가 그리스도교의 축제로 대체되었다는 점이다. 가장 대표적인 실례로, 성탄절은 이교도의 축제 중에서 동지 때 있는 '태어나는 태양의 제전'을 대체하고 있다. 시간이 흐르면서 종교적인 축제의 수는 계속 증가하기 시작했고, 순교자와 그리스도교의 믿음을 증명했던 인물들을 기리면서, 인간 세계와 비슷한 고대 신들의 세계와 연관된 이교도의 축제들을 지속적으로 대체했다. 결국 새로운 종교 제의들은 그리스·로마의 전통 속에서 종교적, 사회적 기능에 부합할 수 있도록 변형되었고, 이 새로운 종교 제의를 기준으로 적절한 건축물 형태를 고안해 나가기에 이르렀다. 결과적으로 바실리카와 신전들은 시간이 흐르면서 그리스도교의 전례가 열리는 교회로 발전했던 것이다. 이교도의 축제와
그리스도교의
축제

이러한 변화는 그리스도교도의 삶을 급격하게 변화시켰으며, 또한 전례가 발전하면서 이와 연관된 음악도 조금씩 정리되어 갔다. 연간에 따른 종교 전례의 구성으로 인해 1년 내내 지속적으로 여러 종류의 축제들이 형성되었으며, 이는 관련된 텍스트와 이를 찬양하기 위한 음악의 구성으로 발전했다. 「시편」은 기도에 바탕을 둔 교회 새로운 전례,
새로운 전례 음악

전례의 일부이자 다른 한편으로는 유대인의 종교적 전통에서 비롯된 형식이었지만, 점차 그리스도의 삶이나 성인의 삶과 연관된 축제의 특별한 요소들로 대체되어 가기 시작했다. 그 결과로 새로운 축제나 전례와 연관해 신학적, 종교적 의미에 맞는 새로운 성가의 필요성이 대두되었다.

세계에서 교회의 책임이 변하게 되면서 4세기에 새로운 현상인 수도원주의가 형성되었다. 이는 그리스도교의 역사에서 매우 중요한 부분을 차지하며, 교회와 관련되어 있지만 독립적으로 운영되었다. 수도사들은 새로운 방식으로 그리스도교의 믿음을 증명하기 시작했으며 역사적으로 이미 끝났던 순교자의 시대를 대체했다. 그리스도교도들에 대한 박해가 믿음과 세계의 불일치를 보여 주었다면, 수도원주의는 교회와 전통적인 고대의 여러 기관들의 화합 속에서 그리스도교도의 전통적인 관점을 회복하고자 했다. 이런 점은 '이 세계에 아직 도래하지 않은' 신의 왕국을 앞서 재현하는 체계를 구성했다. 수도원의 삶의 총체적인 성격은 이후 그리스도교의 전례에 매우 중요한 영향을 끼치기 시작했으며, 공식화된 일상의 전례를 확장하고 풍요롭게 만들었다.

그리스도교의 성가: 영창과 송가

전례에서 중요한 역할을 한 「시편」

「시편」의 노래와 강독은 그리스도교 전례가 바탕에 깔고 있는 유대교와의 연관성을 보여 주며, 그리스도교가 발생한 초창기에 가장 중요한 제의의 기초를 구성하고 있었다. 이미 복음서들은 「시편」의 노래들이 갖는 권위를 인정했으며, 이 노래들과 최후의 만찬에 의해서 구성된 전례의 관계를 설명했다(「마태오 복음서」 26장 30절, 「마르코 복음서」 14장 26절). 4세기에 영창詠唱은 새로운 제의의 요구에 따라 과거 종교적 전례 속에서 쓰이던 「시편」의 내용을 가사로 바꾸어 부르는 응창과 교창 형식을 지닌 종교 곡으로 발전했다. 응창은 「시편」이 시작하는 구절을 한 사람이 부르는 형태였으며, 교창은 수도원에서 발전한 제의에서 더 많이 관찰할 수 있는 형태로 두 집단의 수도사들이 「시편」의 가사를 대화 형식으로 노래했다. 이 두 가지 형식 모두 믿음을 찬양하는 것으로서, 이후에 종교인의 일상적인 생활에서 중요한 부분을 차지했으며 점차로 제국의 여러 도시로 전파되었다. 수도원 내부에서는 교창의 형태가 수도원을 대표하는 성가로 여겨졌다.

이런 영창의 전통과 함께 성가의 또 다른 장르가 4세기에 발전했는데 이것은 송가라고 알려졌다. 송가는 신에 대한 찬양을 목적으로 하는 것으로, 일반적으로 8개의 절로 구성되며 각각의 절은 8개의 음으로 구성된 4개의 시구로 완성되었다. 송가의 경우에 중요한 점은 텍스트의 단어들을 골라 멜로디로 노래하는 것이었다. 이와 달리 영창은 성경의 텍스트를 다루었지만 멜로디에 더 중점을 두었다. 그 결과 송가는 그리스도교 종교 음악의 가장 중요한 구성 요소가 되었고, 시적·종교적 창조성을 통해 기존의 성가를 확장시켰다.

그리스도교 전례에 송가가 포함되었던 이유 중 하나는 제의를 통해 전통적 교리를 전달할 필요 때문으로, 신자 공동체가 전례의 신비를 경험하도록 이끌기 위해서였다. 이러한 목적으로 서유럽의 송가들이 발전하기 시작했다. 히포의 아우구스티누스는 『고백록』에서, 밀라노의 암브로시우스가 동유럽에서는 이미 잘 알려져 있던 송가를 사용해서 아리우스교도의 신학적 관점에 대항했으며 그리스도의 육화라는 신비를 설명하고자 했다고 기록했다. 암브로시우스가 몇몇 성가의 작곡자였다는 점은 확실하며, 그 이상의 여러 작품을 만들었을 것으로 전통적으로 추측한다.

전통적 교리를 전달하는 송가

한편, 밀라노에서 암브로시우스의 성가 이후에 이런 종류의 송가가 어떤 경로로 전파되었는지에 대한 확실한 기록은 남아 있지 않지만 로마에서도 전례에 사용되었다. 젤라시오 1세(?-496, 492년부터 교황)의 경우에는 암브로시우스가 죽고 100년 후에 송가에 '암브로시우스의 방식'을 적용했다는 사실이 알려져 있다. 성 베네딕투스의 『베네딕투스 규칙』은 성인 스스로 이러한 송가에 익숙했음을 보여 주며, 이런 음악 장르가 6세기 중반에 로마의 교회뿐 아니라 수도원에서도 사용되었음을 알려 준다. 송가의 텍스트가 성경 이외의 가사를 다루게 되는 과정을 서유럽에서 저항 없이 받아들였던 것은 아니다. 563년 브라가에서 열렸던 공의회는 성경 이외의 가사를 송가에서 배제하기로 결정했다. 이런 극단적인 방식은 곧 567년 투르의 공의회에서 반론을 접하게 되는데, 이 공의회는 정통적인 교리를 반영하고 저자가 확실한 성직자라는 사실을 확인할 수 있을 때 전례를 위한 송가를 받아들인다는 입장을 취하고 있다.

성경 이외의 가사들

이런 새로운 접근 방식을 통해서 유명한 성직자가 송가의 저자로 만들어지는 사례도 종종 관찰할 수 있는데, 대표적인 실례로 암브로시우스 역시 새로운 송가의 저자로 보는 경우가 생겨났다. 그러나 브라가 지역의 경우에 그레고리오 1세의 개혁 이후로 성경의 내용이나 교부가 작곡한 것이 아닌 모든 종류의 성가를 전례에서 배제했다. 그렇게 해서 로마의 전례 성가에서는 송가가 점차 사라졌다가 11-12세기에 다시 등장하게 되었다.

성가의 고전

그리스도교의 전례와 관련된 성악곡들은 그 기원부터 동일한 전통에서 발전했던 것이 아니며, 교회의 초기 구조를 반영하고 있다. 특히 성직자의 위계가 발전함에 따라 특정 지역의 새로운 도시에 주교좌 교회가 등장하면서 지역 교회의 필요성에 따라 성가들이 제작되었다. 여러 지역 교회들은 교회의 보편성을 해치지 않으면서 신앙의 고백이라는 유일한 원칙에 따라 자신들만의 전례를 발전시켜 나갔으며, 그 결과 여러 성가들이 등장했고 종종 라틴어 이외의 언어도 사용되었다. 서유럽 교회에서 종교 곡이 갖는 원칙의 기원은 암브로시우스와 같은 교부들이 설명했던 것처럼 고대 로마, 갈리아, 에스파냐, 모사라베, 아퀼라, 베네벤토와 같이 다양한 지역에서 발견

그레고리오 1세의 개혁

할 수 있다. 그레고리오 1세의 종교 개혁 조치가 로마에서는 지역 교회의 여러 성가를 배제한 것이 사실이지만, 독자적인 의례 원칙은 중세 초기에 논란의 대상이 된 적이 없으며, 모사라베, 갈리아 혹은 밀라노나 수도원의 전례에서 로마의 조치를 받아들였던 것도 아니다. 종교 곡들의 통합이라는 목표는 카롤링거 왕조에서 주도했던 정치적-종교적 기획과 더 많은 연관성을 가지고 있었으며, 서유럽의 교회에서는 신성로마 제국의 권위를 지키려는 이데올로기적 관점에 따라 추진되었다.

로마의 성가에서 그레고리오 성가로

이렇게 전례가 통합되고 서유럽의 그리스도교 교구가 발전하면서 기준으로 삼았던 것은 로마의 성가들이었다. 789년에 출간된 『훈계Admonitio generalis』와 같은 문헌 기록은 교구 성직자들이 로마의 성가를 배워야 한다는 사실을 적시했다. 서유럽에서 로마 성가의 기원은 무엇보다도 당시의 현실을 그대로 반영하지 않았다. 새로운 성가는 모든 신성로마 제국의 영토에서 적용되어야 했고, 그 과정에서 갈리아 지방의 성가와 로마 지방의 성가가 점차 융합되었던 것이다. 새로운 성가의 권위를 확정하기 위해 서유럽의 여러 지역 교회의 전통을 통합하는 과정에서 카롤링거 왕조의 음악가들은 성가들의 기원을 그레고리오 1세라고 언급하기 시작했고 그의 얼굴이 여러 필사본에 등장하게 되었다. 특히 장크트 갈렌 수도원에 보관되어 있는 『하르트커 수사의 교창 성가집Antifonario Hartker』은 그 대표적인 실례이며, 여러 성가가 성령에게서 영감을 얻어 제작되었다고 설명하고 있다. 이 점은 이후에 삽화의 복제가들

에 의해서 지속적으로 언급되었다.

'그레고리오 성가의 탄생'은 콘스탄티누스 대제가 실행한 전례의 자유와 관련해서 보자면, 서유럽의 종교 곡의 역사 중 마지막 페이지를 구성한다. 8세기 말에 새로운 제국의 탄생은 프랑크족의 왕의 보호를 필요로 하게 했고, 이 과정에서 새로운 성가들이 등장했다. 이 시기의 성가들은 지역적인 정체성을 보여 주는 경우도 있었지만, 대부분의 경우에는 프랑크 왕조에서 보편적인 전례를 구성하고 후원하는 과정 속에서 통일성을 지니기 시작했다. 그렇게 해서 당시 주교좌 제도가 확립되는 과정에서 발전했던 암브로시우스의 전례는 그 자체의 고유성을 지니고 성가를 보존할 수 있었다.

악보의 탄생

그 당시에 성가를 가르치는 가장 대표적인 방식이자 교구의 전통적인 교육 제도였던 '스콜라이 칸토룸scholae cantorum'에서 시행했던 구전 전승 방법은 새로운 그레고리오 성가를 빠른 속도로 서유럽 전역에 알리기에는 한계를 가지고 있었다. 처음에는 성가의 가사를 강조하기 위한 시각적 기호에서 출발했다. 몇몇 학자들은 초기 악보가 사용된 실례들에서 스콜라이 칸토룸에서 이를 사용했다는 사실을 확인했음에도, 성가의 기보법이 본격적으로 발전했던 계기는 카롤링거 왕조의 문화 개혁이라고 설명하기도 한다. 선율을 기록하는 기호는 '네우마neuma'(중세의 기보 기호로 현재는 그레고리오 성가에서 사용함*)라고 알려졌는데, 이는 그리스어로 '기호'라는 의미를 가지고 있다. 이런 사실은 악보의 기원이 비잔티움 문화에서 비롯되었다는 사실을 알려 준다. 음표는 가사를 강조하기 위한 시각적 기호에서 시작되었지만, 몇몇 역사가들은 이 기호가 합창대 지휘자들의 손의 움직임을 따라 만들어졌다고 설명하기도 한다.

음표를 기록한 초기의 필사본들은 9세기로 거슬러 올라가며(혹은 8세기 말로 추정되기도 한다), 프랑크 왕가의 지배를 받던 독일 지역에 그레고리오 성가가 유포되는 과정에서 제작되었던 것들이다. 또한 반대로 악보에서 사용하는 음표의 체계는 그레고리오 성가가 발전하던 지역의 영향을 받았다는 사실, 즉 문화적 상관관계를 알려 준다. 가장 오래된 악보들은 사실 장크트 갈렌이나 메스(로렌 지방의 악보)에서 발견할 수 있다. 이 안에서 음표들은 가사 위의 공백에 배치되어 있었으며 이후에 사용되었던 기준선은 아직 나타나지 않았다. 11세기경에 이탈리아 지역에서 처음에는 3개의 기준선이, 그리고 이후에는 오늘날 우리가 접하는 악보처럼 5개의 기준선이 사용되었다. 분명한 점은 이런 음표 체계가 선율에 대한 기본적인 이해 없이 만들어지기는 어렵다는 점이며, 이후에 큰 성공을 거두고 빠른 속도로 발전했다는 점이다. 당대에 살았거나 이후에 등장하는 생타망의 후크발트Hucbald de Saint-Amand(약 840-약 930), 라이헤나우의 헤르만Hermann von Reichenau(1013-1054), 요하네스 코토 Johannes Cotto(1100년경에 활동)와 같은 음악 이론가들은 당시의 기보법을 이해할 만큼 충분하지는 않지만 다양한 방식의 기보법을 설명한 텍스트를 남겼다. 같은 시기에 다른 대안에 대한 연구도 진행되었다. 예를 들어서 이미 보에티우스가 기술했고 그리스 음악에서 실용화되었던 알파벳 기보법이나 다지아 기보법daseian notation과 같은 경우가 대표적이다. 그러나 이런 기보법들을 발전시키거나 새로운 원리를 적용했던 경우는 드물며, 선율의 음정은 단순히 시각적 기호에 따라서 분류되었을 뿐이다.

　　최초의 기보법은 리듬을 실용적으로 표기하지 않았다. 선율의 리듬은 옆에 있는 가사의 음절에 따라 결정되었던 것이다. 그렇게 해서 가사와 음의 관계는 음절에 따라서 적용되었고 각각의 음절이 음에 해당했기 때문에, 결국 각 단어의 길이가 리듬을 지시하는 요소로 활용되었다. 그러나 곧 멜리스마melisma(하나의 가사에 여러 개의 음을 같이 포함시킨 장식적 선율*)와 같은 화음을 시도함에 따라서, 단순한 음절과 연관된 음의 표기 방식은 선율 개념이 발전하는 과정을 따라 함께 성장했다.

초기의 음악 이론과 그레고리오 성가의 8가지 선율

카롤링거 왕조 시대에 종교 제의를 개혁하는 과정에서 여러 음악 이론서들이 출판되었으며, 이는 교부와 백과사전적인 저술(4-7세기)이 긴 침묵을 깨고 새로운 음악적 사유를 꽃피우는 계기가 되었다. 이전 서적들이 고대 후기의 음악적 사유와 중세의 음악적 사유를 연관시키면서 수학-철학적 근거에 바탕을 두고 음악을 분석했다면, 카롤링거 왕조 시대의 음악서들은 이론을 실천적인 관점에서 그레고리오 성가에 적용하려는 시도를 했다. 즉 비잔티움 시대의 8선법oktoechos을 라틴 문화에 적용하여 그레고리오 성가의 주요한 선법을 구성했고, 고대 그리스 이론의 음조 체계를 형성했다.

이론서에서
그레고리오 성가의
실천으로

　　이런 새로운 생각을 처음 저술했던 사람은 요크의 알퀴누스였다. 이후 레오메의 아우렐리아누스Aurelianus Reomensis(9세기)는 고대의 음악 이론에 바탕을 두고 선율의 특징을 정리하면서 새로운 선율 체계를 정리하고자 했다. 아우렐리아누스의 접근 방식은 카롤링거 왕조 음악의 개요를 정리하는 근거가 되었고, 그리스-로마의 문화적 전통을 회복하면서 동시에 다른 한편에서는 고대의 지혜와 그리스도교의 지혜를 집대성하여 새로운 신성로마 제국의 문화를 만들어 내려는 시도였다.

이후에 생타망의 후크발트는 음악 이론을 정리하는 과정에서 고대 헬레니즘의 이론(시스테마 텔레이온systema téleion)과 8선법 체계를 도입했다. 이러한 도입에서 그리스의 이론에 바탕을 둔 음계와 종교 음악의 체계를 통합하려는 시도가 이루어졌고, 이 시도는 익명의 저자가 9세기 말에 남긴 짧은 저술인 『알리아 무지카Alia musica』에서 집대성되었다. 사실 이 책은 서로 다른 두 저자의 저술을 종합한 것이다. 하나는 보에티우스의 『음악 입문』 4권에 언급된 내용으로 여기서는 음계의 구조와 음정의 순서가 그리스와는 반대로 구성되어 있지만 동시에 전통적인 명칭을 적용하고 있으며, 서로 다른 음은 각 음의 차이를 통해 8가지 종교적인 선율로 분류하고 있다. 사실 이것은 비잔티움 음악의 8가지 전음계적 선법 이론에서 유래한 것이다(비잔티움 음악의 체계는 그 자체로 그리스의 음악 이론이 가진 독립적인 음정 체계에 기반하고 있으며, 유대 혹은 시리아의 전통에 그 기원을 두고 있다).

종교 음악의 8선법은 이후에 프뤼 수도원의 레기노Regino von Prüm에 의해서 발전했다. 그는 선율을 구성하는 방식에 따라 그레고리오 성가 곡의 음정과 노래를 분류했고, 클뤼니의 오도(약 879-942)와 함께 음계 형식을 빌려 선법을 정리했는데, 이는 선율의 형태를 분류하면서 고대 방법론에 대한 생각을 정리한 것이다. 서유럽에서 사용하기 시작했던 음계 이론은 곧 음의 기본적인 체계로 발전해 나갔으며, 이후에 스콜라 철학자 아리보Aribo Scholasticus(그의 저술은 1068-1078년에 쓰였다)와 요하네스 코토에 의해서 종합되었다.

그레고리오 성가 곡들은 8선법에 의해 설명되었는데, 이런 설명은 이미 관찰해 보았던 것처럼 비잔티움 종교 음악의 8가지 방식에 대한 모범과 고대 말 헬레니즘 시대의 음악 이론을 절충시키면서 발전했다. 그러나 비잔티움의 선법을 구성하는 4가지 선율의 분류 체계(제1선법protus, 제2선법deuterus, 제3선법tritus, 제4선법tetrardus)와 이를 다시 정격과 변격으로 구분하는 방식 대신에, 8개의 음정으로 구성된 옥타브의 음계를 활용했다. 또한 고대의 영향을 받아서 전통적으로 서유럽의 전례를 구성하는 「시편」의 음률(혹은 선율)을 활용했고, 종지음finalis 혹은 마침음repercussa으로 알려져 있는 마지막 부분의 선율을 사용했다. 각각의 그레고리오 성가는 선율의 마지막 부분인 종지음과 음역ambitus에 따라서 8가지 선율로 분류되었다. 정격선법은 총 4가지로 종지음(멜로디의 최종 음)을 기준으로 8도 위의 동일한 음까지 즉 한 옥타브의 음역을 가지고 있다. 반면에 변격선법은 정격선법과 같은 음역을 가지지만 각각의 종지음을 기준으로 아래로 4도부터 위로 5도까지를 포함한다. 변격선법은 종지음과 마침음 사이의 거리들에 의해서 구성되며 2도와 6도의 4음 거리와 4도와 8도의 4음 거리를 사용한다.

음악 이론은 이미 구성된 음악에 적용되었기 때문에 그레고리오 성가의 선율을 분류한 체계는 여러 문제를 만들어 냈으며, 분류 기준은 여러 부분에서 단지 이론으로 남아 있게 되었다.

그리스의 이론 체계에 의해 각 부분이 영혼의 특별한 상태와 관계가 있다고 생각한 여러 이론가들은 그레고리오 성가의 선율이 청자의 심리적인 상황에 대응하는 것이라고 설명했다. 하지만 이런 개념이 당대의 작곡에 중요한 역할을 했는지는 잘 알려져 있지 않다.

그레고리오 성가와 중세 초기의 전례

그레고리오 성가의 기원이 800년 로마에서 열린 카롤루스 대제의 대관식에서 사용된 것이며, 이후 신성로마 제국에서 서유럽 지역의 전례 음악을 통합하려는 시도와 관련이 있다는 점을 살펴보았다. 그레고리오 성가는 갈리아 지방에서 8세기에 본격적으로 시작되었으며, 갈리아의 전통적인 전례를 로마의 전례로 대체하는 과정에서 유포되었다. 그 결과 새로운 종교 곡들이 작곡되었는데, 이런 사실을 알려 주는 종교곡에 대한 저술이 2권 남아 있다. 이후로 10세기 중반에 프랑크-로마의 성가들은 그레고리오 1세의 작곡으로 알려지기 시작했으며, 곧 로마에 정착한 뒤에 그리스도교를 믿었던 서유럽 영토에서 고대 지역의 성가를 대체하며 발전해 나갔다.

음악서의 생산   그레고리오 성가를 통해 등장했던 새로운 변화는 악보를 포함한 종교 서적의 생산이었다. 전례를 다룬 고대의 삽화본은 8세기 말로 거슬러 올라가지만 악보를 싣고 있지는 않으며, 선율에 관한 부분은 아직도 구전 전승에 바탕을 두고 있었다. 가장 잘 알려진 삽화본은 라이나우Rheinau의 것으로, 8세기 말에 제작되었으며 미사 순서에 따라 글이 기록되어 있었다. 초기의 전례 서적에서는 음악이 매우 간단하게 언급되었으며 「시편」의 음정을 지시하고 있는데, 성악가가 어떻게 노래를 해야 할지의 기준을 간략하게 서술하고 있었다. 처음으로 비잔티움 지역에서 들어왔던 악보를 반영한 것은 853년 이후에 제작된 것으로 보이는 코르비의 층계송Gradual from Corbie으로, 이 음악은 새로운 변화를 시도하면서 이전의 전통 음악에 대한 설명을 대체하고 있다.

카롤링거 왕조의 개혁 이후에 그리스도교 의례를 위해 사용되었던 종교 음악 서적은 도서관에서 발견할 수 있으며, 전례와 관련해서 2가지 형식으로 나누어 볼 수 있다. 하나는 성무일과의 의례에 관한 것이고 다른 하나는 미사에 관한 것으로, 전례에 따라 음악 종류를 구분할 수 있다. 성무일과를 위한 대표적인 장르는 교창(교창 성가 곡이나 때로는 응창의 형태), 성무일과서(교창 성가 곡의 글과 성경 독해), 송가(송가 해설), 영창(「시편」의 노래) 등으로 구성된다. 반면에 미사를 위한 종교 곡은 층계송Graduale(혹은 미사를 위한 교창 성가집), 연중 전례 곡Proprio으로 구분되며, 여기에 오르디나리오Ordinario(미사에 따라 선택할 수 있는 다양한 전례 곡)가 포함된다. 미사 곡 중에서 완결되지 않은 곡으로는 칸타토리오Cantatorio(응창, 트라토Tratto나 할렐루야, 원래 이 곡은 독창으로 작곡한 노래다), 토나리오Tonario(전례 음악이라기보다 교육용으로, 미사 곡들을 음정에 따라 정리한 것), 키리알레Kyriale(오르디나리오 성가)가 있다. 성무일과서나 성무일도서는 「시편」의 강독을 목적으로 교창 형태로 제작되었으며 성경, 기도, 신도송信徒頌, 연가, 송가와 아가雅歌(마리아의 찬가Magnificat, 은총의 노래Benedictus, 시므온의 노래Nunc dimittis)가 있고, 일상을 8시간 단위로 나누어 전례를 구성한 것이다. 조과matutinum(새벽 2시, 하나 혹은 3개의 야상곡), 찬과laudes(새벽 5시), 제1시과prima(6시), 제3시과tertia(9시), 제6시과sexta(12시), 제9시과nona(15시), 만과vespers(17시), 종과completorium(20시)로 나뉘어 있다.

성체성사를 목적으로 시행되는 미사에서는 5가지 성가가 전례를 진행한다. 〈주여, 우리를 불쌍히 여기소서Kyrie〉, 〈영광의 찬가Gloria〉, 〈사도신경Credo〉, 〈거룩하시다Sanctus〉, 〈하느님의 어린 양Agnus Dei〉이 바로 그것이다. 또한 〈사도신경〉의 경우에 전례 곡으로 일반 미사에서 많이 사용되지만, 〈영광의 찬가〉처럼 사순 시기에 즐겨 부르던 노래도 있다. 연중 미사 전례에 사용되는 성가는 크게 입당송Introitus, 층계송, 할렐루야, 봉헌송Offertorium, 영성체송Communio으로 구분할 수 있으며, 〈주님의 기도〉와 〈성경 강독〉(구약과 신약)은 모든 전례에 포함된다.

트로푸스와 세퀜티아

9세기에 프랑크족의 영토에 있던 수도원에서는 그레고리오 성가의 기원이 되는 두 장르의 노래를 발전시켰으며, 이는 곧 종교 음악의 발전으로 이어졌다. 이 두 장르는 트로푸스와 세퀜티아였다.

트로푸스tropus(선법)는 미사나 성무일과를 위한 전통 성가의 선율에 다른 선율을 덧붙이거나 가사를 더해 기존의 성가를 확장한 것이다. 트로푸스를 제작하기 위해 기존의 멜리스마를 분할하기도 하고 새로운 멜리스마를 덧붙이기도 했다.

한편, 속창續唱으로 알려진 세퀜티아sequentia는 할렐루야의 마지막 음에 새로운 텍스트를 덧붙여 노래하는 것으로, 종종 새로운 방식의 선율을 함께 사용하기도 한다. 장크트 갈렌 수도원의 수도사였던 말더듬이 노트커(840-912)가 작곡한 약 40여 점의 세퀜티아가 남아 있는데, 그가 이를 발전시켜 나갔던 이유는 특히 여러 개의 긴 멜리스마를 기억하기 쉽도록 만들려는 의도 때문이었다. 장크트 갈렌 수도원은 세퀜티아의 기원이 되는 장소이자 동시에 세퀜티아의 중심지였으며, 이후에 세퀜티아는 리모주 지방의 생마르샬St. Martial과 파리에서 발전해 나갔다.

그러나 트렌트 공의회(1545-1563)는 종교 음악에서 세퀜티아를 배제했으며 당시에 작곡된 몇 곡들만 인정했는데, 이 곡들은 유럽 종교 음악의 가장 놀라운 성가로 알려진 그레고리오 성가의 일부다. 〈유월절의 희생Victimae Paschali laudes〉(부활절을 위한 곡), 〈임하소서, 성령이여Veni Sancte Spiritus〉(오순절을 위한 곡), 〈시온이여, 구세주를 찬양하라Lauda Sion Salvatorem〉(성체성혈대축일을 위한 노래), 〈진노의 날Dies Irae〉(진혼곡), 〈슬픈 성모Stabat Mater〉(사순절의 성 금요일을 위한 노래로 1727년에 다시 소개되었다)가 대표적인 성가들이다.

다성 음악에 대한 첫 번째 음악 이론: 『무지카 엔키리아디스』와 『스콜리카 엔키리아디스』

다성 음악은 중세 초기에 발전한 음악적 특징 중 하나로 알려져 있다. 9세기 중반에 프랑스 북부 지방에서 『무지카 엔키리아디스Musica enchiriadis』(음악 입문서*)와 『스콜리카 엔키리아디스Scholica enchiriadis』가 출판될 때까지, 다성 음악의 발전 과정에 대해 남아 있는 기록은 없다. 이 문헌들은 처음으로 목소리의 조성을 노래에 적용한 첫 형식에 대해 설명하고 있으며, 당시에 이미 많이 사용하던 종교 음악에 대한 정보를 전해 준다. 전통적으로는 다성 음악은 유럽이 보스포루스 해협을 통해 비잔티움 성가 체계나 오르간과 같은 악기 등 새로운 음악 형식을 수용한 시기에 비잔티움에서 유래했다고 보았다. 하지만 최근에는 서유럽의 성가들이 순수한 단성 음악의 형태로만 존재했는지에 대해 의심을 품기 시작했으며, 2개의 화음으로 구성된 성가가 있었고 이런 형태에서 진정한 다성 음악의 형태가 발전했다고 해석하기도 한다.

『무지카 엔키리아디스』는 다성 음악 곡의 부분들을 매우 명확하게 설명하고 있다. 저자는 오르가눔organum이라는 용어를 통해서 다성 음악의 형식을 설명한다. 언어학적 관점에서 오르가눔은 '악기에 의해 연주된 음악의 모방'이라는 생각이 반영된 용어였던 것으로 추정된다. 오르가눔은 구체적으로 음의 높낮이를 활용한 것으로, 보통 주요성부vox principalis에 대성부vox organalis가 중복되며 종종 옥타브가 중복되기도 하고, 5도나 4도의 차이를 유지하며 음이 중복되는 경우도 있다.

저자는 증음된 4도 차이의 음이 어울리지 않는다는 점을 고려하면서, 단음 반복이나 2도 혹은 3도 차이의 불완전한 음정을 배치하는 것을 검토하거나 서로 다른 방향으로 음표를 이동시키는 방식을 고려했던 것으로 보인다. 이러한 변화는 이 시대 이후에 등장한 대위법과 다성 음악에 중요한 영향을 끼쳤다.

다성 음악을 다룬 이 2권의 이론서에서 새로운 점은 다지아daseia라고 부르는 새로운 악보 체계를 사용했다는 점이다. 테트라코드tetrachord 혹은 5선보에 바탕을 둔 기보법으로 18개의 상징적 기호를 통해 음악적 정보를 정확하게 전달했으며, 음계를 구성하는 18개의 음은 선율의 높낮이를 효율적으로 전해 줄 수 있었다.

다성 음악의
기원

| 다음을 참고하라 |
문학과 연극 중세 초기 연극의 흔적(670쪽)
시각예술 경배를 위한 새 형상의 탄생과 발전(750쪽)
음악 중세 악기의 도상(888쪽)

중세 악기의 도상

| 도나텔라 멜리니Donatella Melini |

중세 초기에 사용했던 악기들은 미술품에 묘사된 모습을 통해서 확인할 수 있다.
우리가 알고 있는 사실은 화가 중에 음악을 연주하는 경우는 매우 드물며,
악기를 제작한 경우는 거의 없다는 점이다. 이런 점에서 중세 음악에 관심을 두고
이와 관련한 자료를 찾는 사람들이 생각해야 할 점은 역사, 종교, 문화가
예술과 연관된 이미지에도 영향을 끼치고 있다는 사실이다. 종종 이런 상황을 파악하고
분류하는 것은 쉽지 않지만 이것이 매우 매력적인 주제라는 점에는 이견이 없다.

악기의 도상: 문제점과 유의점

중세에 제작했던 악기가 오늘날까지 남아 있는 경우는 많지 않으며 아직까지 전해지는 중세 악기는 대체로 금속이나 상아를 재료로 제작했던 타악기나 관악기다. 그렇기 때문에 중세의 음악을 이해할 수 있는 다른 방법은 미술품에 묘사된 악기의 이미지다. 하지만 미술품에 묘사된 연주자와 악기의 이미지는 매력적이지만 모호한 점도 많기 때문에, 중세 악기와 당대의 문화적 모습을 이해하는 데 충분한 자료를 제공해 준다고 보기는 어렵다. 그렇다면 '음악'적 요소가 포함되어 있는 이미지를 통해서 어떤 점을 이해할 수 있으며 이것에 어떻게 접근해야 할까? 오늘날의 교회의 주두 장식에 포함된 이미지 혹은 중세 필사본에 실려 있는 삽화에 과거의 음악 연주자가 등장한다면 화가나 삽화가가 악기와 연주법을 충실히 재현하고 있다고 보아야 할까? 시각 예술가가 남긴 이런 종류의 재현은 사진과 다른 점이 있다. 이들은 음악가라기보다 시각 예술가(화가, 조각가, 삽화가)의 입장에서 음악을 다루고 있다. 대부분의 경우에 이들은 악기를 연주할 줄 모르면서 다른 사물과 함께 연주하는 인물들이나 악기를 그리고, 다양한 이미지를 작품에 표현했다. 이와 같은 장면은 종종 여러 가지 의문을 만들어 내기도 하고, 때로는 적절한 추론의 재료가 되기도 한다.

중세의 악기들

중세의 종교 미술에 등장하는 음악과 관련한 이미지들은 신자를 빛과 은총으로 이끌고 이들의 영혼을 고양하기 위한 시각적 표현으로, 종종 다양한 인물과 화려한 색채,

금빛 배경을 동반한다. 성경에 등장하는 나팔은 신의 권위와 판단을 찬양하기 위한 도구였으며, 「시편」 150장의 경우에는 다양한 악기들이 '천상의 오케스트라'를 구성하며 그리스도교도의 천국에 등장한다. 예를 들어 여러 그림들은 나팔, 수금, 비파, 피리 등 성경에 등장하는 악기를 통해 신의 영광과 환희를 표현하고자 했다. 그러나 다시 생각해 보면 화가들이 그렸던 악기는 관악기, 타악기, 현악기로 분류할 수 있는 당시 악기의 일반적인 목록을 구성한다. 성경, 역사서, 문학 작품, 이론서 등 문헌 자료의 경우에는 악기와 악기의 이름이 일치하지 않는 경우가 많지만, 적어도 악기의 이미지들은 중세를 살아가던 사람들이 듣던 소리를 상상할 수 있도록 해 준다. 악기들의 이런 이미지에서 고려해야 할 점이 있다면 여러 악기들의 기원이 고대로 거슬러 올라간다는 것이다.

현실의 악기와 성경 속의 전통 악기

'비올라viola'라는 단어는 일반적으로 활을 사용하는 다양한 악기들을 의미하는데, 대개는 목공소에서 각 세부를 제작한 후 합치는 과정을 겪으며, 공명통, 대, 손잡이가 연결되어 있다. 피들fiddle이나 피둘라fidula라고 알려진 악기들은 세부적인 여러 차이점을 가지고 있지만, 비올라와 유사하며 함께 분류할 수 있다. 또 다른 비슷한 경우가 비엘라viella라고 알려진 악기다. 이 경우에는 조정기와 줄감개에 선을 걸어 지판 위로 현이 지나가도록 만들었으며, 평평한 공명통을 가지고 있었다. 고대의 사료들에서 비엘라는 레벡rebeck, 리라lira와 더불어 활을 사용하는 악기를 의미했다. 레벡은 나무에 홈을 파서 만들었지만 목공소에서 제작된 것은 아니었다. 레벡은 팔로 들어서 활로 연주하는 것으로 3개의 현을 가지고 있으며 뒤편으로 꺾인 대 부분에 줄감개가 배치되어 있고, 종종 대의 끝 부분은 동물 머리로 장식이 되어 있었다. 아랍에서 유래한 것으로 원래 라바브rabab라고 불렸지만 이 악기는 팔로 들고 연주하지 않고 연주자의 무릎 사이에 놓고 연주했다. 무어인이 제작했던 레벡의 경우에는 특별한 세부를 관찰할 수 있다. 레벡의 앞부분은 항상 서로 다른 두 종류의 나무를 사용했고 공명부의 일부에는 짐승 가죽을 썼다.

리라, 키타라citara라는 용어는 중세에 매우 많이 등장했다. 리라의 경우는 사실 비엘라를 의미하는 것으로 비엘라는 발현악기를 의미했다. 키타라는 하나의 공명통에 현이 지나가는 대를 배치하고 기타처럼 대를 여러 칸으로 나누어 손가락을 대고 서

비올라와
여러 현악기

로 다른 소리를 내도록 만든 악기다. 하지만 고대에 중요한 두 발현악기를 가리키는 단어들은 신이 연주하는 악기라는 의미의 리라lyra와 전문 악사의 음악 도구라는 의미의 키타라kythara라는 용어와 겹치면서 여러 사료에서 언급하는 악기를 정확히 판단하기 어렵게 만들었다.

류트와 발현악기

또 다른 종류의 발현악기로 중세의 도상으로 많이 등장하는 것은 아랍의 레벡에서 유래한 류트다. 9세기 말에 에스파냐와 시칠리아에서 무어인들은 알루드al'ud라고 간단하게 부르던 악기를 연주했으며, 이 이름은 다양한 어원학적 변화를 거쳐 이탈리아에서는 '라우토laùto'라고 불렸다. 에스파냐어로는 '라우드laud', 포르투갈어로는 '알라우데alaude', 프랑스어로는 '뤼트luth', 독일어로는 '라우테laute'라고 알려져 있다. 류트는 둥근 공명통과 디딤대라고 부르는 긴 나무 판으로 구성되어 있으며, 악기의 중앙 부분에 로사라고 부르는 공명 구멍이 위치해 있다. 손잡이 부분에 음을 조정하는 판이 있고 끝이 꺾여 있으며 뒤편으로 줄감개가 있다.

또 다른 발현악기이자 류트와 비슷한 악기로는 만돌라mandòla가 있다. 이는 류트에 비해서 더 작은 편이고 유사한 줄감개를 쓰며 종종 손잡이의 끝 부분에 동물 장식이 조각되어 있다.

여러 가지 관악기

중세에 많이 사용되었던 관악기로는 최후의 심판을 알리는 악기로 여겨졌던 나팔이나 유대인의 전통에서 유래한 양뿔 피리가 있다. 이 2가지 모두 피리 종류로 관을 통과하는 공기가 음의 높낮이를 조절하는 구멍과 공명음을 만들어 낸다. 아울로스aulos라는 그리스어 단어에서 유래하는 이러한 악기들은 플루트와 더불어 매우 분명한 소리를 만들어 내며, 나팔과 함께 천상의 음악을 보여 주기 위한 이미지로 많이 사용되었다.

휴대용 건반 악기와 풍금

또 다른 중세 악기로는 가지고 다닐 수 있는 오르간이 있는데, 이는 한 사람이 연주하기에 적당한 정도의 작은 크기를 가지고 있었다. 물을 사용했던 고대의 오르간에서 벗어나서 공기를 사용하는 오르간이 처음 등장한 것은 비잔티움(오늘날의 이스탄불)에 있었던 테오도시우스 1세의 오벨리스크 아랫부분이었다. 물론 이 작품은 그리스도교의 도상처럼 권력과 신성함을 표현하기 위해서, 또 왕의 위엄을 드러내기 위해서 이러한 악기의 도상을 사용한 것이었다. 중세를 대표하는 또 다른 전형적인 악기는 휴대용 풍금organistrum이었다. 이 악기는 나무 바퀴의 형태로 돌아가는 부분들이 중앙의 현 3줄(선율을 만들어 내는 부분)을 때리면서 소리를 만들고, 측면에 있는 현 2줄은 손으로 뜯으면서 다른 음을 강조하는 소리를 내도록 되어 있었다.

다른 한편으로 찬송과 즐거움을 표현하기 위해서 다양한 타악기들이 묘사되었는 타악기
데, 그중 대표적인 타악기로는 탬버린이나 마구형馬口形 벨, 클라베스claves, 트라이앵
글, 큰 종이나 작은 종과 같은 악기가 있다. 그러나 무엇보다도 중세에 가장 많이 등
장하는 악기는 프살테리움psalterium이다. 이 악기는 다윗 왕의 모습에 많이 묘사되어
있으며 그가 쓴 「시편」들을 동반하는 악기였다(프살테리움은 동시에 150장으로 이루
어진 「시편」이라는 의미도 지니고 있다). 이 악기는 매우 간단한 형태의 발현악기로 평
평한 공명통이 있으며, 일반적으로 삼각형 모양에 여러 개의 현을 배치하고 브리지
bridge가 다른 음을 낼 수 있는 형태로 구성되어 있다. 또한 울림을 위해서 3개의 로
사, 즉 공명 구멍을 가지고 있다. 프살테리움이 등장한 가장 오래된 이미지는 갈리시
아 지방의 산티아고 데 콤포스텔라의 성지 부조로, 제작 연대는 1184년으로 거슬러
올라간다. 다윗의 도상에서 프살테리움은 종종 작은 크기의 하프로 대체되기도 했
고, 시간이 지나면서 하프를 가진 다윗의 도상이 더 많이 알려지게 되었다. 다윗 왕
은 성경의 전통에 따르면 「시편」을 작곡하기만 한 것이 아니라 음악으로 종교적 의
례를 구성했던 인물이기도 했다(「역대기 상권」 15장 16-24절). 그는 하느님의 궤를 받
고 레위인들이었던 헤만, 아삽, 에탄과 같은 음악가들의 연주와 노래에 맞춰 춤을 추
었다고 성경에 기록되어 있다. 악사, 가수, 작곡가의 면모를 지닌 다윗 왕의 모습은
중세에 많은 인기를 끌었던 도상이었으며, 성경이나 비종교적 서적에도 여러 점이
실렸다. 이런 서적 중에서 흥미로운 실례는 레온-카스티야 왕국의 현명왕 알폰소
10세가 편찬했던 『성모 마리아 송가집Cantigas de Santa Maria』이다. 그는 성모와 기적
에 관한 송가를 작곡하도록 주문한 후, 이 중에서 가장 중요한 부분le cantigas de loor을
여러 궁정 악기를 포함한 삽화로 정확하게 묘사하라고 명령했다. 또한 자신 역시 삽
화본의 도입부에서 자신의 서재와 악기를 배경으로 한 채 다윗의 모습처럼 묘사되어
있다.

| 다음을 참고하라 |
음악 신성한 단성 음악과 초기의 다성 음악(876쪽)

환영과 신체, 춤의 경험

| 엘레나 체르벨라티Elena Cervellati |

> 중세 초기에는 경험을 통해서 신체를 인식하고 이를 통해 문화적으로 춤을 해석했다.
> 영광과 고양의 대상이던 육체, 하지만 동시에 부정적이고 평가 절하된 육체는 중세에
> 긴장감을 불러일으켰다. 이 시기에는 점차 연극 무대에 올라가는 공연이 줄어들었지만,
> 공공 광장이나 교회의 공연들로 명맥을 이어 갔다. 그러나 이전과 달리
> 신체의 움직임이 정적이지만 우아한 몸짓과 결합되면서 당시 여러 분야에서
> 몸짓에 상징적 의미를 부여하기도 했다.

신체와 감각의 논쟁적 관계

중세 초기에 유럽 문화의 특징을 구성하는 중요한 관습과 사유 방식들이 형성되기 시작했는데, 그중 하나가 신체에 대한 태도였다. 자크 르 고프Jacques Le Goff(1924-)가 『중세의 신체Une histoire du corps au Moyen Âge』에서 관찰했던 것처럼, 이 시기에 그리스도교 문화에 의해서 구성된 집단 정체성을 통해 영광스러우면서도 좌절을 안기며 고양되었지만 동시에 평가 절하된 신체의 문제가 등장했다.

사실 미셸 푸코Michel Foucault가 『성의 역사Histoire de la sexualité』(1976)에서 언급했던 것이나 폴 벤Paul Veyne(1930-)이 『로마 사회La società romana』(2004)에서 설명했던 것처럼, 초기 그리스도교의 교리가 신체를 가꾸는 일에 엄격했던 고대 스토아 학파의 관점, 선정성을 포함하면서도 내면의 연구를 이끌어 내는 신체에 대한 생각을 받아들이고 있다는 점을 확인할 수 있다. 또한 후기 제정 시대의 박학다식한 상류층 문화에서 성장한 암브로시우스(약 339-397)나 아우구스티누스(354-430)와 같은 교부들은 새로 개종한 사람들에게 자신이 속한 문화를 벗어나거나 버리도록 강요하지 않았다.

르 고프에 따르면 중세에 눈물은 귀중한 선물이었고 피와 체액은 금기였으며, 꿈은 다시 등장했고, 그리스도의 상흔은 선택받은 자들의 신체에 나타났다. 또한 중세는 흑사병의 시기이며 7세기 중반부터는 나병이 등장했다. 이 시기는 죽은 이들이 살아 있는 사람들 사이에 뒤섞였던 시기이기도 하며, 공동 묘지가 도시 중앙에 건설되었던 시기였다. 괴물들의 시대였으며 변형되고 낯선 혹은 절단된 시체 혹은 성별이 다른 혹은 동식물에 관계없이 다른 동물들과 합성된 신체가 등장했던 시대였다.

그리스도교는 오랜 시간 동안 신체를 둘러싼 이런 이미지를 제거하기 위해 노력했고, 정형화된 신체 이미지를 강조해서 신체와 영혼의 관계를 분리했으며 종교적 의례를 통해서만 신체와 영혼을 연결시키기를 원했다. 금욕에 대한 이상은 수도원주의를 완성하게 만들었고 이를 곧 제도화시켰다. 이들은 즐거움을 버리고 유혹과 투쟁하며 신체의 감옥에 갇혀 있는 영혼을 해방시키기 위한 수단으로 고행을 선택했다. 이와 같은 맥락에서 음식에 대한 금기 혹은 단식, 자신을 깨우치기 위해 스스로 만들어 낸 고행은 이전 시기에도 존재했지만, 특히 11세기에 수도원의 개혁이 시작되었을 때 평신도에게도 공식적으로 퍼져 나가기 시작했다. 특히 그레고리오 1세의 개혁은 성별의 차이를 인식하고 결혼에 대한 부분도 다루고 있을 뿐 아니라, 시간과 방식에 따라 평신도와 성직자의 신체를 통제하는 것도 포함하고 있었다.

영혼의 요구에 귀속된 신체

동시에 교회 교부들은 신체를 옹호하고 찬양했으며, 신과 유사한 이미지임을 강조하면서 인간이 신의 아들이라는 운명을 타고났다고 주장했다. 성 암브로시우스는『헥사이메론』(천지 창조 6일간의 이야기)에서 신의 숨결이 닿아 있는 신체의 손발에 대해 경탄을 표현했으며, 성 아우구스티누스는『창세기의 문자적 의미』(401-약 415)에서 여러 부분이 합쳐진 신체의 아름다움을 설명했다. 카시오도루스는『영혼에 관하여』(554년 이전)에서 얼굴의 표현은 감정과 생각을 전달할 수 있다고 확신했다. 이후에 알레산드로 기살베르티Alessandro Ghisalberti (1940-)는『신체에 대한 중세의 사유Il pensiero medievale di fronte al corpo』(1983)에서 신체가 영혼의 감옥이라는 생각에서 벗어나 영혼의 신전이라는 개념을 적용하려는 경향을 중세 초기에 확인할 수 있다고 기술했다. 신체는 지배당해야 할 대상이 아니라 영혼과 동일한 존엄성을 가진 대상인 것이다.

신체에 대한 교부들의 찬양

그리스도교 문화에서 신체는 독자적인 사유의 대상이 아니라 신체와 영혼의 관계로 다루어졌고, 이 관계는 신체의 내부와 외부에 대한 문제를 제기했다. 특히 3-5세기에 시리아와 이집트를 무대로 활동했던 여러 교부들은 신체가 신과 인간을 이어주는 통로라는 이론을 정립하고자 했다. 동시대의 철학적 관점에서도 신체와 영혼의 관계는 이론적인 사유의 대상이었으며, 이 관계를 다루었던 가장 오래된 서적은 아리스토텔레스의『영혼론』이었다. 이 저서는 12세기부터 매우 중요한 자료로 다루어졌다. 이후의 철학자들도 물리학을 통해 세계를 해석한 아리스토텔레스의 이론과는 다른 철학적 관점을 지니고 있었음에도 불구하고 이 책을 통해서 인간을 통일성 있게 설명하려고 노력했다.

통합을 위한 시도

몸짓의 중요성

장클로드 슈미트Jean-Claude Schmitt(1946-)가 인류학적 관점에서 중세를 이해하는 열쇠이자 의인화된 세계의 개념을 분석하기 위해 연구했던 영혼과 육체의 결합이라는 주제에 따르면, 몸짓은 보이지 않는 영혼의 시각적 선언이거나 영혼을 고양하고 교육하는 데 유용한 도구였다.

몸짓의 문명   중세 문명은 '몸짓의 문명'으로 정의할 수 있다. 몸짓은 사회적 관계를 효율적으로 드러내는 것이다. 몸짓은 정치적이고 종교적인 권력을 표현하며, 서약의 표시이자 사회 구성원이 속한 계층을 설명해 주며, 또한 당시 사회 계급의 구조를 알려 주고, 현실에서 일어나는 투쟁의 규칙이나 일상적인 삶 속에서 관찰할 수 있는 여러 행동의 의미를 해설해 주기도 한다.

이런 점에서 중세의 교부들은 신체를 통제할 수 있다고 판단했고, 규범화되고 교화된 혹은 이성적 형태의 몸짓은 의미를 지닌다고 해석했다. 특히 이런 신체의 움직임, 태도와 몸짓의 형태는 사회에서 중추적인 역할을 하던 교회의 여러 인물이나 상류층 여성에게 매우 중요하다고 생각했다. 이와 관련해서 우리는 6세기경에 발전했던 서방의 수도원주의에서 신체를 둘러싼 규범에 대한 생각을 확인할 수 있다.『대가의 규범집』이나 성 베네딕투스의『베네딕투스 규칙』은 몸짓의 수사학적 의미를 통해서 구성되는 태도를 설명하는 명확하면서도 흥미로운 실례다. 이러한 금욕적인 신체관과 더불어, 노래, 음악 연주, 춤과 같이 광범위하고 넓은 신체의 움직임에 대한 사고방식도 확인할 수 있는데, 이는 1100년경에 제작된 작은 상아 손궤에서 관찰할 수 있다. 이 작품의 중앙에는 4명의 천사가 둘러싼 아몬드 형태의 테두리 속에 그리스도의 모습이 묘사되어 있고, 천사들은 신을 향해 빠른 속도로 움직이고 있는 것처럼 표현되어 있다. 중세인들의 신체는 다양한 경우에 신체의 여러 의미를 보여 주었으며, 이는 7-11세기의 카롤링거 왕조 시대에 여러 번 필사된 삽화본 이미지에서도 확인할 수 있다. 테렌티우스(기원전 195/185-기원전 159)의 연극이나『위트레흐트의 시편』(9세기)에 포함된 삽화는 글에 비해서 자유로운 여백을 활용하면서 움직이는 혹은 부분적인 인간의 신체를 묘사하고 있다. 이후로 오토 왕조 시대에 제작된, 풍부한 채색과 금 장식을 엿볼 수 있는 필사본에서는 신체의 움직임이 정적이고 고독한 성직자의 느낌으로 고정되어 있다.

이미 5세기경에 마크로비우스와 같은 이교도 저자들은 신체와 음악이 불가분의 관계에 놓여 있다고 생각했으며, 음악을 다른 학문의 장르(산술학, 기하학, 천문학)와 더불어 4과의 하나에 포함시켰다. 그렇게 해서 플라톤과 신플라톤주의의 관점에 따라 천체의 운동을 우주의 조화로 설명하는 것과 동일하게, 신체의 움직임과 음악과 노래의 리듬을 설명했다. 마르티아누스 카펠라의 의견에 따르면, 움직임은 예술을 통해서 우주의 조화로운 질서에 맞게 규율을 따라야 하며, 그런 관점에서 인간의 신체는 은유다(분석적인 관점에서 신체는 교회, 국가, 도시의 은유라고 할 수 있다). 세비야의 대주교였던 이시도루스는 『원리 서설Institutionum Disciplinae』에서 공중 앞에서 공연하는 사람의 제스처가 "여기저기서 발견할 수 있는 무언극에 등장하는 광대의 뒤틀린 몸짓"처럼 불균형한 몸짓이라고 경멸 조로 설명하고 있다. 이런 관점에서 이후로 신체의 움직임을 논하는 이론적이고 규범적인 글들은 과장되고 부정적인 몸짓과, 뛰어난 웅변가와 좋은 그리스도교도의 균형 잡힌 몸짓을 대조해서 설명한다. 12세기부터는 어릿광대의 이미지가 자신 안에 있는 긍정적인 특별한 측면을 다룬다고 보기 시작했으며, 수도원에서 관찰할 수 있는 수사학적 몸짓과는 다른 관점으로 도시 문화를 설명하기 시작했다.

신체에 대한 중세의 관점은 결국 '춤'에 대한 당시 생각의 근거가 되었다. 또한 춤은 고대의 연극 무대에서 벗어나 공공 광장, 교회의 내부, 시골 공터, 권력자의 사유지에서 독립적인 장르로 다루어지기 시작했으며, 보는 사람의 입장에서는 내면의 표현, 그 자체로서의 경험, 제의의 찬미, 사회적 관계를 보여 주는 흥미로운 대상이었다.

춤: 자신에 대한 표현

르 고프가 이미 강조했던 것처럼 중세의 "신체는 역설적인 장소"였다. 왜냐하면 원죄의 기록이자, 동시에 그리스도의 영광이나 순교자의 성골에서 볼 수 있는 것처럼 구원의 도구이기도 했기 때문이다. 신체 자체가 도구이자 본질인 춤은 성경의 양극화된 두 순간의 간극 속에서 표현을 찾아 간다. 신 앞에 선 다윗 왕의 춤은 신앙심의 발현이었고, 헤로데 임금의 향연에서 춘 살로메의 춤은 부정적인 표현이었다. 양면성을 지닌 신체의 모호한 가치는 춤을 해석할 때 여러 가치를 연결시켜 준다. 춤은 이성적 사유 구조에서 유래한 새로운 기호의 끝없는 저장소로서, 물질과 비非물질, 성聖과 속俗의 긴장이 만들어 내는 인간 내면의 표현을 다루었던 것이다.

| 다음을 참고하라 |
문학과 연극 중세 초기 연극의 흔적(670쪽)

찾아보기
Indice analitico

부록 I : 도판과 지도
Tavole & Mappe

유물: 고대 유산과 문화 프로젝트

1

2

1. 〈유니우스 바수스의 석관〉, 356년, 석재, 로마, 성 베드로 보물박물관Museo del Tesoro di San Pietro

2. 『크베들린부르크 이탈라』의 한 장면, cod. Theol. Lat. f. 485, 4세기 말-5세기 초, 베를린, 베를린 국립도서관

3

3. 〈전투 장면〉, 『암브로시오의 일리아스Iliade Ambrosiana』에서 가져온 삽화, cod. Gr., f. 205, 5-6세기, 양피지, 밀라노, 암브로시오 도서관 Biblioteca Ambrosiana

4. 〈다윗과 골리앗의 충돌〉, 629-630년, 은, 뉴욕, 메트로폴리탄 미술관

4

5

5. 〈로타리오의 십자가〉, 10세기, 금과 옥, 아헨, 아헨 대성당

6

7

6. 〈랑고바르드족의 테오델린다 여왕이 소유했던 복음서 표지〉, 7세기, 금박 위에 옥으로 작업, 몬차, 대성당 박물관Museo dei Duomo

7. 〈베네벤토에서 나온 고대 카메오 원형 금 버클〉, 금세공, 옥스퍼드, 애슈몰린 박물관Ashmolean Museum

8

8. 〈세상의 지배자 그리스도〉, 라트키스 백작 제단의 부조, 737-744년경, 치비달레 델 프리울리, 국립고고학박물관Museo Archeologico Nazionale

9. 〈람보나의 2폭 제단화Dittico di Rambona〉, 9세기, 상아, 바티칸 시국, 바티칸 도서관

9

10

10. 〈템피에토 디 산타 마리아 인 발레〉, 760년경, 설화석고, 치비달레 델 프리울리, 산타 마리아 인 발레 수도원

조각상 및 성상

11

12

11. 〈에센의 황금 성모〉, 973-982년경, 황금, 에센, 대성당 성물 보관소

12. 〈생트푸아의 성 유물함〉, 980년경, 상아와 함께 금도금한 은과 구리, 콩크, 생트푸아 수도원

13

14

13. 〈관용의 성모〉, 705-707년, 로마, 산타 마리아 인 트라 스테베레 성당

14. 〈성상화의 파괴〉, 『클루도프의 시편』, ms. D 129, 9세 기, 세밀화, 모스크바, 역사박물관

책의 발명

15

15. 〈성경과 성경대〉, 6세기, 모자이크, 라벤나, 네오니아노 세례당Battistero Neoniano

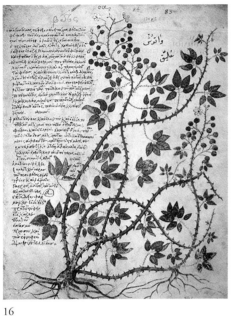

16

17

18

16. 〈찔레꽃〉, 디오스코리데스의 『약물에 대하여』의 한 페이지, 빈도보넨시스 코덱스Codex Vindobonensis, ms. Med. Gr. I, 6세기, 빈, 오스트리아 국립도서관

17. 〈고대 시대의 위대한 의사 6명〉, 디오스코리데스의 『약물에 대하여』의 표지, 빈도보넨시스 코덱스, ms. Med. Gr. I, 6세기, 빈, 오스트리아 국립도서관

18. 〈머리 붕대〉, 에페소스의 소라노스가 쓴 『탈골에 관하여』의 한 페이지, ms Laur. 74, 10세기, 피렌체, 라우렌치아나 도서관

19

20

19. 〈베드로가 말하는 최초의 규칙을 받아 적는 사도들〉, 『규범집』, ms A 5, f. 14v, 9세기, 세밀화, 로마, 발리첼리아나 도서관

20. 소니 수도원장인 고드만Godeman 수사, 〈그리스도의 예루살렘 입성〉, 『성 애설월드Æthelwold 전례서』의 한 페이지, add. ms 49598, 971-984년, 세밀화, 런던, 영국 도서관

924

21. 〈책과 주교 교서를 든 성 루카〉, 아마 주에서 출토된 『맥더넌 MacDurnan 복음서』의 한 페이지, ms 1370, f. 115v, 9세기, 양피지, 런던, 램버스 궁전 도서관Lambeth Palace Library

22. 〈융단으로 만든 페이지〉, 『더로 복음서』의 표지, ms 57f. 3v, 7세기 중엽, 더블린, 트리니티 칼리지 도서관

21

22

23

24

25

23. 〈성 루카와 루카 복음서 이야기〉, 『성 아우구스티누스의 복음서』의 한 페이지, ms 286, f. 129v, 6세기 말, 세밀화, 케임브리지, 코퍼스 크리스티 칼리지

24. 〈예언자 에즈라〉, 『아미아티누스 코덱스』, ms Laur, Amiatinus, f. 5r, 8세기, 세밀화, 피렌체, 라우렌치아나 도서관

25. 〈성 암브로시우스〉, 『에지노 코덱스』, ms Phill. 1676, f. 242, 8세기, 세밀화, 베를린, 베를린 국립도서관

26

26. 〈성 그레고리오 1세와 3명의 서기〉, 9세기, 상아 상감, 빈, 빈 미술사박물관Kunsthistorisches Museum

27. 〈그리스도의 탄생〉, 『치비달레의 시편』, 981년경, 치비달레 델 프리울리, 국립고고학박물관

28. 〈십자가 아래의 성 스테파노와 장식한 머리글자 'Te igitur(그러면 주여)'〉, 중세 후기의 『성무일과서』의 한 페이지, f. 108v, 11세기, 세밀화, 베네벤토, 카피톨라레 도서관

29. 〈부활절 철야에 하는 부활찬송 낭독〉, 『부활찬송』, ms 1, 산 사비노 대성당Cattedrale di San Sabino, 1025년경, 세밀화, 바리, 수도대사교 참사회 기록보관소Archivio del capitolo metropolitano

27

28

29

동물과 괴물 이미지 및 동물 우화집

30

31

32

33

30. 〈요나와 고래〉, 『십자가의 승리Trionfo della croce』로 알려진 작품의 부분, 9세기, 리넨 천 위에 털실로 수놓음, 파리, 루브르 박물관

31. 〈용의 머리〉, 오세베르그 배의 장식 부분, 9세기, 오슬로 비그되이Bygdøy, 바이킹 박물관

32. 에드프리트Eadfrith, 〈그리스어 철자의 Chi와 Rho로 만든 모노그램〉, 『린디스판 복음서』, 면직물, ms. Nero D. IV, f. 191v, 8세기, 세밀화, 런던, 영국도서관

33. 〈태양을 두른 여인〉, 리에바나의 베아투스가 쓴 『요한 묵시록 주해서』, ff. 152v-153r, 8세기, 세밀화, 마드리드, 마드리드 국립도서관Biblioteca Nazionale

상아 세공품

34

34. 〈천국에 있는 성 바오로와 아담의 이야기〉, 4-5세기, 상아, 피렌체, 바르젤로 국립미술관Museo Nazionale del Bargello

35

35. 〈사냥 장면과 별자리〉, 8-9세기, 상아, 파리, 클뤼니 중세박물관Musée National du Moyen Âge

36

36. 〈야만족을 이기는 카롤루스 대제를 표현한 2폭 제단화〉(하단), 카롤루스 대제의 궁정 학교에서 나온 것으로 추정, 9세기, 상아, 피렌체, 바르젤로 국립미술관

37

37. 『다굴포의 시편』의 상아 표지, 795년경, 상아, 파리, 루브르 박물관

38

38. 〈아리아드네 황후(아나스타시우스의 두 번째 부인)를 형상화한 것으로 추정되는 작품〉, 2폭 제단화 중 한쪽, 6세기, 상아, 피렌체, 바르젤로 국립미술관

39. 〈세바스테의 40명의 순교자〉, 9-10세기, 상아, 베를린, 비잔티움 미술 및 조각 수집박물관Skulpturensammlung und Museum für Byzantinische Kunst

39

초기 수도 생활을 하던 장소 및 그 형상

40

40. 〈성 시메온 성당〉, 459-491년경, 칼라트 시만Qalat Siman (시리아)

41. 〈기둥 위의 고행자 성 시메온을 찾은 순례자와 비둘기〉, 5-6세기, 대리석 저부조, 베를린, 비잔티움 미술 및 조각 수집박물관

41

42

42. 〈성 안토니우스 동굴의 입구〉, 4세기, 이
집트, 성 안토니우스 수도원

43. 〈기둥 위의 고행자 성 시메온〉, 6세기?,
은 부조, 파리, 루브르 박물관

43

44

44. 〈콥트 수도원〉, 4세
기, 와디 엘 나트룬Wadi el-
Natrun(이집트)

45. 〈수도사들의 독방〉(클로
한스clochans), 588년, 스켈
리그 마이클Skellig Michael(아
일랜드)

45

46

46. 〈약탈자 바이킹〉, 8세
기, 석재 부조, 린디스판 수
도원

47. 〈린디스판 수도원 유적〉,
8세기

47

성소

48. 〈천장에서 내려다본 본
당과 사제석의 모자이크 바
닥〉, 각각 717년과 756년,
모자이크 바닥, 움 아르-라
사스Umm er-Rasas, 성 스테파
노 성당

49

50

49. 〈카롤루스 대제의 옥좌
가 있는 왕실 예배당〉, 790-
805년경, 아헨, 아헨 대성당

50. 〈사마게르의 상아 카
프셀라〉, 성 헤르마고라 성
당(폴라, 크로아티아)의 제단
밑에서 발견되었으며, 초
기 바티칸 공회당의 사제석
장식 및 모습을 증명해 줌,
440-450년경, 상아 조각
및 은 장식품, 베네치아, 베
네치아 고고학박물관

51

52

51. 〈성 소피아 대성당〉, 서쪽에서 바라본 모습으로 왼편으로 성 이레네 성당이 보임, 532-537년경, 이스탄불

52. 〈성 소피아 대성당〉의 내부, 532-537년경, 이스탄불

53

54

53. 〈금요일의 모스크Jameh Mosque〉의 나선형 첨탑, 830-852년, 사마라(이라크)

54. 〈대모스크〉의 안뜰 회랑, 8-10세기, 코르도바

55

56

55. 〈성 요한 수도원의 프
레스코 벽화〉가 있는 남쪽
애프스, 9세기 초반, 뮈슈
타이르, 성 요한 수도원

56. 〈동방박사의 경배〉, 8-9
세기, 프레스코화, 카스텔
세프리오, 산타 마리아 포
리스 포르타스 성당

우주관과 지도

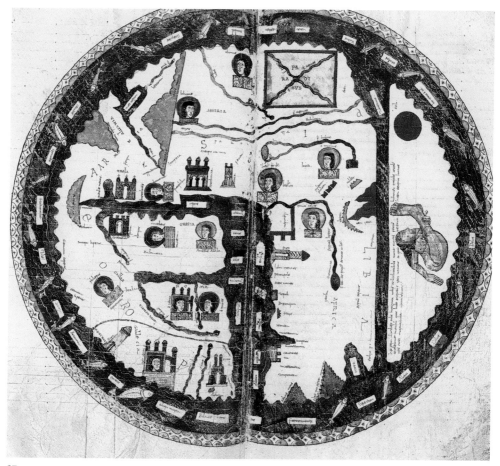

57

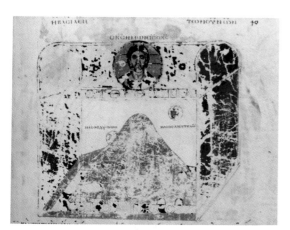

58

57. 〈부르고스 데 오스마Burgos de Osma의 복자〉, 세계 지도Mappa Mundi, Cod. 1, Catedral, 8세기, 마드리드, 마드리드 국립도서관

58. 〈우주를 형상화한 그림 속의 그리스도〉, 『그리스도교 지형학』, 9세기, 바티칸 시국, 바티칸 사도도서관Biblioteca Apostolica Vaticana

신의 손길

59

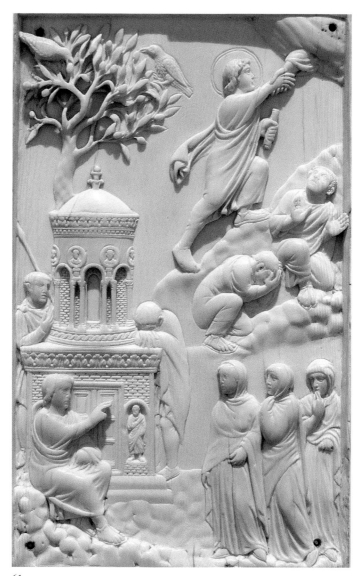

61

59. 〈교황 호노리오 1세와 교황 심마쿠스 사이에 위치한 성 아그네스〉, 625-638년, 모자이크, 로마, 산타녜세 성당Basilica di Sant'Agnese fuori le mura

60. 〈아나스타시우스〉 혹은 〈지옥으로의 하강〉, 신랑의 반월창, 896년경, 벽화, 로마, 산 클레멘테 성당

61. 〈승천의 상아판〉 혹은 〈그리스도의 승천과 무덤의 여신도들〉, 400년경, 상아, 뮌헨, 바이에른 국립박물관

62

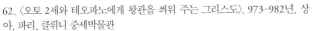

62. 〈오토 2세와 테오파노에게 왕관을 씌워 주는 그리스도〉, 973-982년, 상아, 파리, 클뤼니 중세박물관

63. 〈오토 2세와 테오파노 공주의 결혼 증서〉, 972년, 볼펜뷔텔, 니더작센 국립문서보관소

63

64

64. 〈복음사가, 고위 관리 및 성자에게 둘러싸인 오토 3세〉, 『리우타르도의 복음서』, f. 16r, 990년경, 세밀화, 아헨, 아헨 대성당의 성물 보관소

왕관

65

66

67

65. 〈랑고바르드족의 철 왕관Corona ferrea〉, 4–5세기, 연결 부품과 장식 포함, 황금과 보석, 몬차, 대성당 박물관

66. 〈신성로마 제국 황제의 왕관〉, 962년, 칠보 유약을 바른 다채로운 보석, 빈, 미술사박물관

67. 〈헝가리의 성 스테파노의 왕관〉, 1071–1078년, 12세기 말(대관식), 부다페스트, 하원의원실

68. 〈레케스빈트 왕의 왕관〉, 649–672년, 황금과 보석, 마드리드, 마드리드 고고학박물관

68

모자이크

69

70

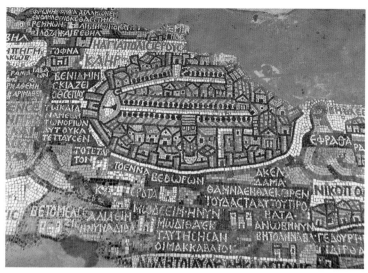

71

69. 〈요나 이야기〉의 부분, 320년경, 모자이크, 아퀼레이아, 바실리카

70. 〈그란데 팔라초 장식〉의 부분, 6세기 초, 모자이크, 이스탄불, 모자이크 박물관

71. 〈마다바의 지도〉, 예루살렘 지도의 부분, 6세기, 모자이크, 마다바, 성 요한 성당

72. 〈천국의 예루살렘〉, 개선문의 부분, 6세기, 모자이크, 로마, 산타 마리아 마조레 성당

72

73

73. 〈그리스도의 모노그램〉, 5세기경, 모자이크, 알벤가, 알벤가 세례당

74. 〈그리스도의 유년기를 그린 개선문〉, 432-440년, 모자이크, 로마, 산타 마리아 마조레 성당

75. 〈변용〉, 549년경, 애프스 모자이크, 라벤나, 산타폴리나레 인 클라세 성당

74

75

76

77

76. 〈영광의 그리스도〉, 애프스 부분, 5세기, 모자이크, 테살로니키, 오시오스 다비드 예배당

77. 〈산타퀼리노 예배당〉의 남서쪽 벽감의 아치형 지붕, 4세기 말-5세기 초, 모자이크, 밀라노, 산 로렌초 성당

78

79

78. ⟨언약의 궤⟩, 806년경, 모자이크, 제르미니데프레, 카롤링거 왕조의 오라토리움

79. ⟨천사들 사이에서 아기 예수를 안은 성모⟩ 혹은 ⟨권좌의 성모자⟩, 820년경, 모자이크, 로마, 산타 마리아 인 돔니카 성당

테오도시우스 1세의 사망 당시의 로마 제국

테오도시우스 1세가 두 아들 중 호노리우스에게는 서로마 제국을, 아르카디우스에게는 동로마 제국을 맡기기로 결심했을 때 로마 제국의 분열은 시작되었다. 그전에는 콘스탄티누스 1세의 개혁으로 로마는 행정상 4개의 구역으로 나뉘면서도 단일한 도시로 남아 있었다. 그러므로 이 순간은 역사적으로 매우 중요한 가치를 가진다. 이때부터 동쪽 지역과 서쪽 지역을 동시에 통치할 수 있는 황제는 단한 명도 나오지 않았다.

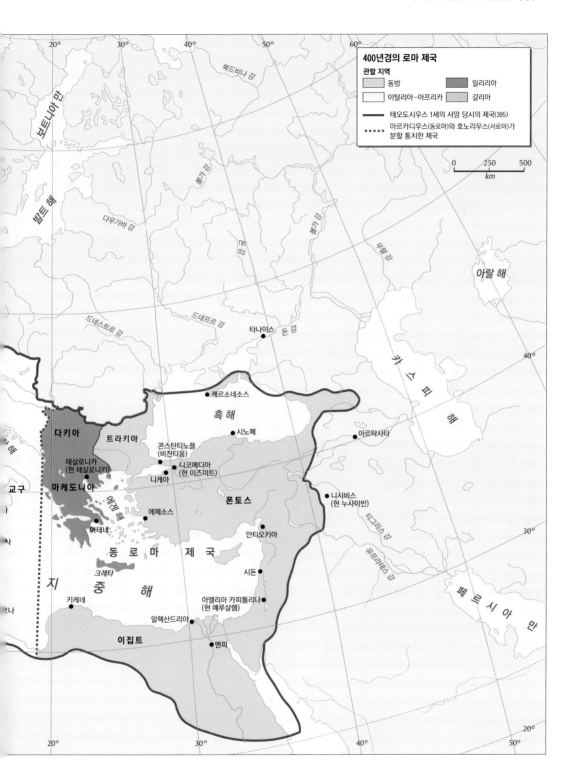

400년경의 로마 제국

관할 지역

- 동방
- 이탈리아-아프리카
- 일리리아
- 갈리아

━━━ 테오도시우스 1세의 사망 당시의 제국(395)

┄┄┄ 아르카디우스(동로마)와 호노리우스(서로마)가 분할 통치한 제국

0   250   500
km

북드비나 강

발트 해

핀란드 만

다우가바 강

볼가 강

볼가 강

드네스트르 강

드네프르 강

우랄 강

아랄 해

타나이스 돈 강

카스피 해

케르소네소스

흑 해

시노페

아르탁사타

다키아

트라키아

콘스탄티노플 (비잔티움)

테살로니카 (현 테살로니키)

니코메디아 (현 이즈미트)

마케도니아

니케아

폰토스

교구

에게 해

에페소스

니시비스 (현 누사이빈)

티그리스 강

유프라테스 강

지 중 해

아테네

안티오키아

동 로 마 제 국

크레타

시돈

페 르 시 아 만

키레네

아엘리아 카피톨리나 (현 예루살렘)

알렉산드리아

이집트

멘피

476년 정세

부패가 만연하고 야만족들의 침입이 끊이지 않는 가운데에 정치적으로나 경제적으로나 혼란스러웠던 로마 제국은 서서히 몰락하다가 476년에는 라벤나의 패배와 더불어 그 몰락의 정점에 이른다. 헤룰리족의 대장인 오도아케르가 로물루스 아우구스툴루스 황제를 폐위한다. 모든 영토에서 동화된 야만족 때문에 서로마 제국은 종말을 맞는다. 즉, 이탈리아 반도의 헤룰리족뿐 아니라 알라마니족, 앵글족, 색슨족, 부르군트족, 프랑크족, 동고트족, 반달족, 그리고 무엇보다 서고트족 때문에 멸망한 것이다. 서고트족은 대부분의 이베리아 반도 및 현재의 프랑스 남서 지역으로 자신의 왕국을 팽창한다.

대서양

북해

픽트족

스코트족
이베르니아

요크
브리튼족
앵글로색슨족
웨섹스 ●런던

주트

앵글

색슨족

콸른
마인츠
트리어
스트라스부르

브리튼족
아르모리카
●낭트

파리
투르네
시아그리우스 통치
오를레앙
무아티에
아우크스부르크
●보르도

부르군트 왕국

수에비
왕국
●루고
칸타브리족
도루강
●살라망카

툴루즈
●아를
비엔
밀라노
●제노바
●마르세유
베로나

바스크족
서고트 왕국
●바르셀로나
●타라고나

서로마 제국
로마
오스

리스본
루시타니아
●톨레도
●세비야
●코르도바
●카르타헤나
발레아레스 제도
사르데냐

카디스
●세우타
탕헤르

이베리아 해
반달족 왕국
마르살라

루사디르
(현 멜리야)
●카이사레아
●히포
카르타고

누미디아
아프리카

리비아

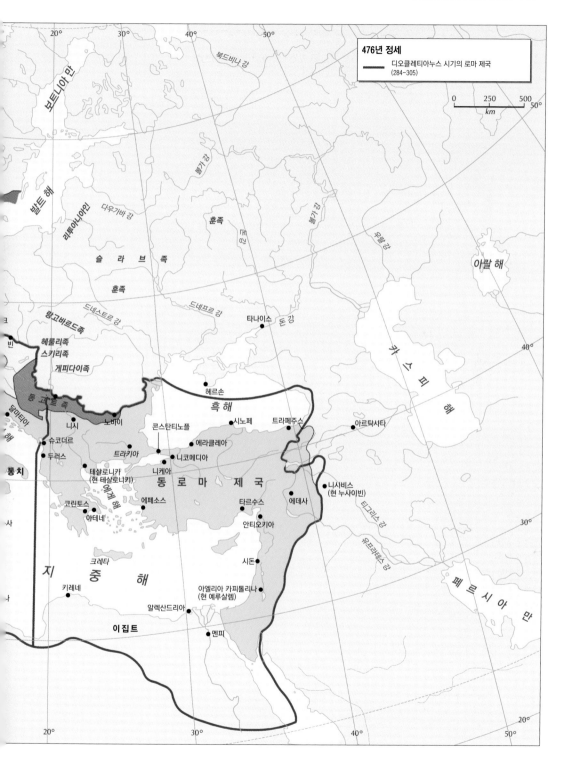

476년 정세

━━━ 디오클레티아누스 시기의 로마 제국
(284-305)

발트 해

보트니아 만

루투아니아인

다우가바 강

훈족

슬라브족

훈족

북드비나 강

볼가 강

우랄 강

우랄 강

아랄 해

카스피해

드네스트르 강

드네프르 강

타나이스 돈 강

랑고바르드족

헤룰리족
스키리족
게피다이족

빈

동고트족

달마티아

헤르손

흑해

니시
노바이

콘스탄티노플

시노페

트라페주스

아르탁사타

40°

슈코더르

트라키아

에라클레아

니코메디아

두러스

테살로니카
(현 테살로니키)

니케아

에게 해

동 로 마 제 국

니시비스
(현 누사이빈)

통치

코린토스
아테네

에페소스

타르수스

에데사

티그리스 강

사

크레타

지 중 해

안티오키아

30°

시돈

유프라테스 강

키레네

아엘리아 카피톨리나
(현 예루살렘)

페 르 시 아 만

알렉산드리아

이집트

멘피

0   250   500
km

526년 정세

동고트족의 왕 테오도리쿠스 대왕은 489년에 이탈리아 반도로 돌진하여 5년 안에 오도아케르가 이끄는 헤룰리족을 물리쳤다. 그리하여 526년에 죽을 때 안정적이고 평화로운 정세가 이어졌다. 그의 계승자인 손자 아탈라릭은 서고트족의 군주 아말라릭과 협정을 맺는다. 아말라릭은 분쟁의 소지가 있던 영토를 분할하는 것에 동의한다. 현재의 랑그도크루시용인 에스파냐와 셉티마니아는 서고트 왕국에 할당된 반면, 프로방스는 이탈리아의 동고트 왕국의 영토로 인정된다.

픽트족

스코트족

요크

앵글로색슨족

프리시아족

브리튼족

색슨족

런던

쾰른

파리

베르됭

마인츠

낭트

알라마니족

아우크스부르

푸아티에

부르군트 왕국

보르도

리옹

밀라노

루고

아를

제노바

수에비족

비스크족

동고트 왕국

브라가

도루 강

툴루즈

나르본

로마

리스본

톨레도

사라고사

마르세유

오스

서고트 왕국

바르셀로나

발렌시아

코르도바

카이사레나

반달족 왕국

카디스

탕헤르

세우타

이베리아 해

마르

히포

루사디르
(현 멜리야)

카르타고

북극권

양

북

대

북해

주

대

서

양

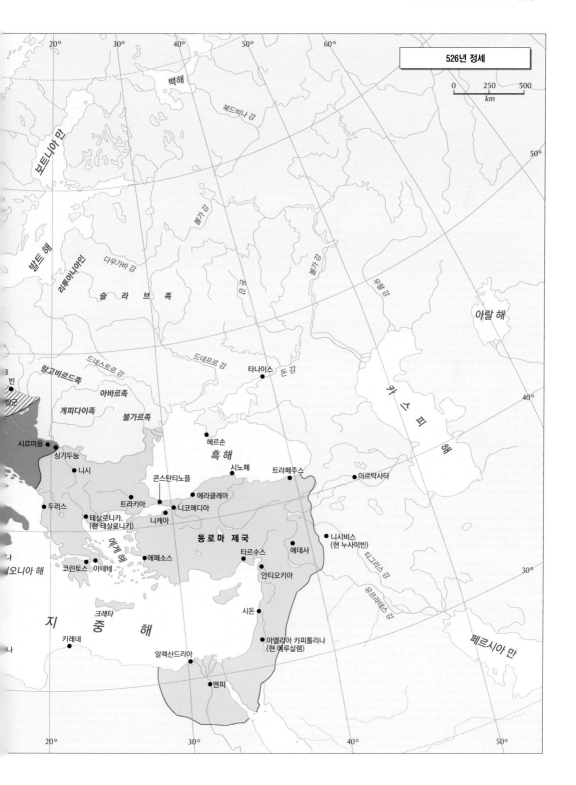

526년 정세

보트니아 만
백해
북드비나 강
0 250 500
km
50°
발트 해
리투아니아인
다우가바 강
슬 라 브 족
볼가 강
우랄 강
아랄 해
카 스 피 해
40°
드네스트르 강
드네프르 강
타나이스 돈 강
랑고바르드족
아바르족
게피다이족 불가르족
시르미움
싱기두눔
헤르손 흑 해
시노페
트라페주스
아르탁사타
니시
콘스탄티노플
에라클레아
두러스 트라키아 니코메디아
테살로니카 니케아
(현 테살로니키)
동 로 마 제 국
니시비스
(현 누사이빈)
티그리스 강
에페소스 타르수스
에데사
코린토스 아테네
안티오키아
오니아 해
지 중 해
크레타
시돈
유프라테스 강
키레네
아엘리아 카피톨리나
(현 예루살렘)
페르시아 만
30°
알렉산드리아
멤피

20° 30° 40° 50°

565년 정세

유스티니아누스 대제가 사망한 565년에 비잔티움 제국은 최고의 전성기를 누렸다. 벨리사리우스와 나르세스 장군들이 전투에서 오랫동안 승리를 거둔 결과였다. 반달족에게 유린되었던 북아프리카와 이탈리아 반도, 서고트족의 도움으로 재탈환한 이베리아 반도의 남부 지역을 차지하고 나자 제국은 다시 결합했다. 경제적, 군사적 자원과 힘의 과도한 낭비로 얻은 성과이기 때문에 단기간의 균형은 이내 점진적인 쇠퇴의 징후를 보였다.

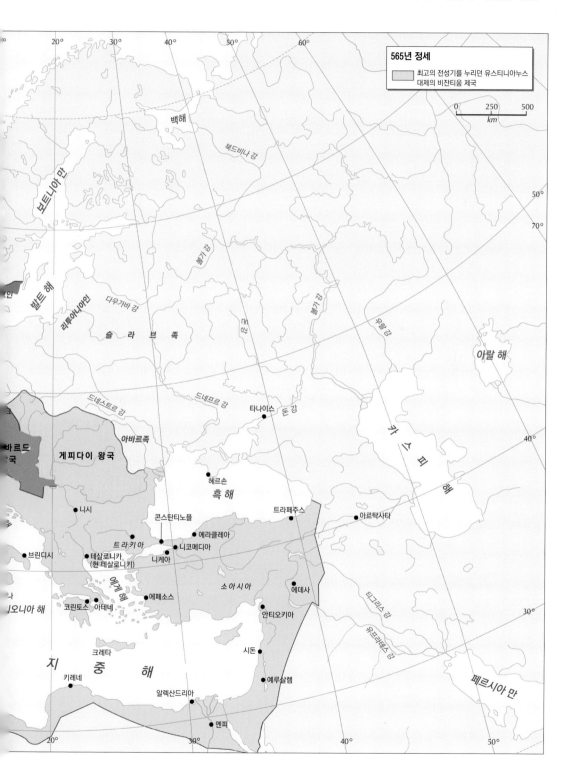

565년 정세

최고의 전성기를 누리던 유스티니아누스
대제의 비잔티움 제국

0   250   500
km

20° 30° 40° 50° 60°

50°
70°

40°

30°

보트니아 만

백해

북드비나 강

발트 해

라트비아인

다우가바 강

슬 라 브 족

볼가 강

우랄 강

볼가 강

아랄 해

카 스 피 해

드네스트르 강

드네프르 강

타나이스 돈 강

아바르족

게피다이 왕국

헤르손

흑 해

트라페주스

아르탁사타

바르드
국

니시

콘스탄티노플

에라클레아

트 라 키 아   니코메디아

브린디시   테살로니카
         (현 테살로니키)   니케아

이오니아 해

에게 해

에페소스

소 아 시 아

에데사

티그리스 강

코린토스 아테네

안티오키아

유프라테스 강

크레타

시돈

지 중 해

키레네

예루살렘

페르시아 만

알렉산드리아

멘피

20° 30° 40° 50°

636년 정세

유스티니아누스 대제가 사
망하고 단 3년 만인 568년
에, 랑고바르드족이 고트족
과 막 치른 전쟁으로 황폐
해지고 힘이 약해진 이탈리
아 반도를 침입한다. 636년
에 로타리가 랑고바르드 왕
국의 왕이 되었을 때, 이미
대부분의 영토는 그들의 수
중에 들어갔으며, 비잔티움
제국은 단지 라벤나의 총독
구와 남부 지역에 한정되었
다. 바로 그 시기에 에스파
냐 반도가 수인틸라Suintila
를 통해 서고트 왕국의 지배
에 들어갔다. 수인틸라는 오
래전부터 그의 종족이 염원
했던 바를 실현한 것이다.

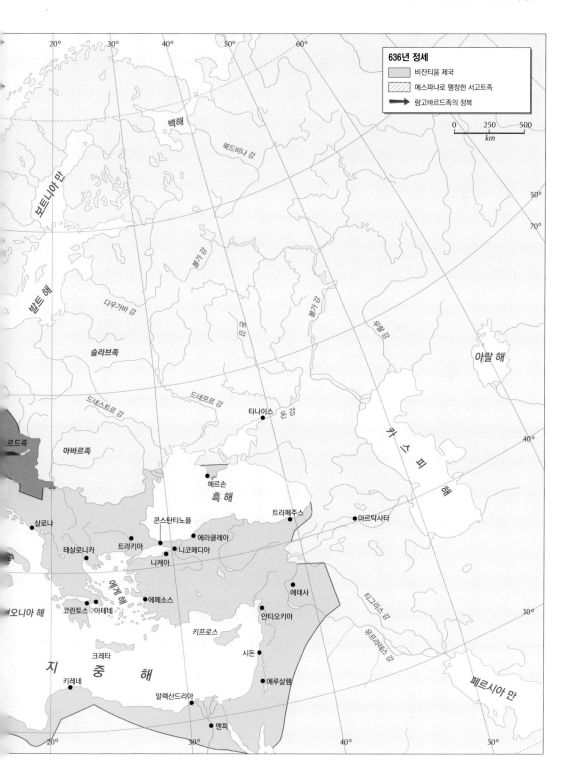

636년 정세

비잔티움 제국

에스파냐로 팽창한 서고트족

랑고바르드족의 정복

0   250   500
km

20° 30° 40° 50° 60°

보트니아 만

백해

뷰드비나 강

볼가 강

발트 해

다우가바 강

슬라브족

드네스트르 강

아랄 해

드네프르 강

타나이스 돈 강

카스피 해

아바르족

르드족

헤르손

흑 해

트라페주스

살로나

콘스탄티노플

아르탁사타

에라클레아

테살로니카   트라키아

니코메디아

니케아

에페소스

에데사

오니아 해

코린토스   아테네

안티오키아

키프로스

티그리스 강

유프라테스 강

크레타

시돈

지 중 해

키레네

예루살렘

알렉산드리아

페르시아 만

멤피

20°   30°   40°   50°

50° 70° 40° 30°

750년경의 정세

8세기 중엽에 서고트 왕국의 힘이 약해지고 원주민들의 저항이 없는 틈을 타서 권력을 쥔 이슬람교도들은 거의 모든 이베리아 반도를 수중에 넣었다. 무함마드의 설교를 시작으로 한 세기 전부터 시작된 이슬람교도들의 팽창이 마지막 결실을 얻은 것이다. 이제 이슬람교도는 이베리아 반도 외에 아라비아 반도, 중동 지역 전체와 북아프리카를 정복했다.

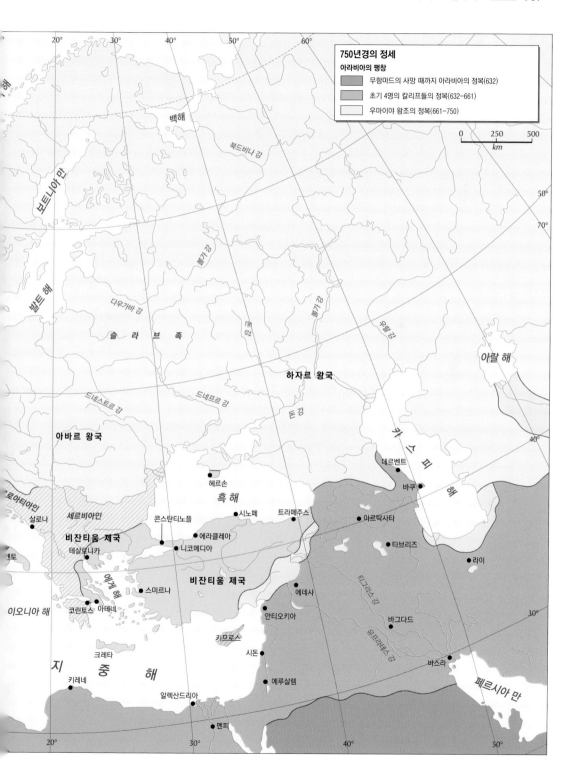

750년경의 정세

아라비아의 팽창

무함마드의 사망 때까지 아라비아의 정복(632)

초기 4명의 칼리프들의 정복(632-661)

우마이야 왕조의 정복(661-750)

0   250   500
km

보트니아 만

백해

북드비나 강

발트 해

다우가바 강

슬 라 브 족

아랄 해

아바르 왕국

드네스트르 강

드네프르 강

돈 강

하자르 왕국

우랄 강

볼가 강

카 스 피 해

데르벤트

바쿠

헤르손

흑 해

시노페

트라페주스

아르탁사타

로아티아인

살로나

세르비아인

콘스탄티노플

에라클레아

니코메디아

타브리즈

라이

비잔티움 제국

테살로니카

에게 해

스미르나

비잔티움 제국

에데사

티그리스 강

벤토

이오니아 해

코린토스

아테네

안티오키아

바그다드

유프라테스 강

키프로스

시돈

바스라

지   중   해

크레타

예루살렘

페르시아 만

키레네

알렉산드리아

멘피

**그리스도교의
팽창**

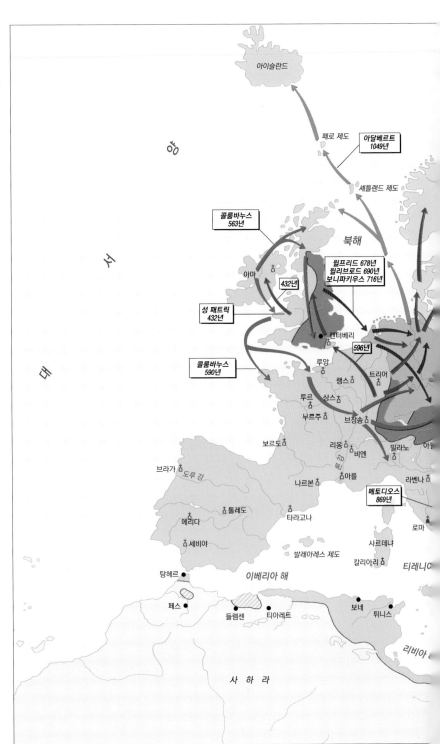

6-11세기에 그리스도교도
는 가장 중요한 팽창 단계
에 이르렀는데, 수많은 포
교 활동 덕분이기도 하다.
성 패트릭과 성 콜룸바누
스가 선교를 시작할 때부터
종교사 및 정치사의 중심은
프랑크족들의 손으로 이동
했다. 프랑크족은 중앙 유
럽 지역에 맨 처음으로 그
리스도교를 도입했다. 북유
럽과 동유럽의 지역도 이와
같은 과정에 휘말렸다.

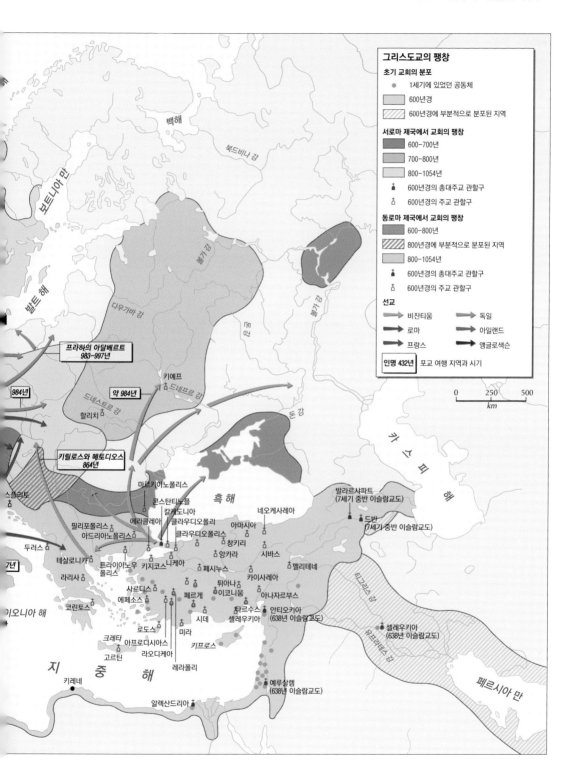

그리스도교의 팽창

초기 교회의 분포
- ● 1세기에 있었던 공동체
- 600년경
- ▨ 600년경에 부분적으로 분포된 지역

서로마 제국에서 교회의 팽창
- 600~700년
- 700~800년
- 800~1054년
- ♟ 600년경의 총대주교 관할구
- ♙ 600년경의 주교 관할구

동로마 제국에서 교회의 팽창
- 600~800년
- ▨ 800년경에 부분적으로 분포된 지역
- 800~1054년
- ♟ 600년경의 총대주교 관할구
- ♙ 600년경의 주교 관할구

선교
- → 비잔티움
- → 로마
- → 프랑스
- → 독일
- → 아일랜드
- → 앵글로색슨

인명 432년 포교 여행 지역과 시기

0　250　500
km

843년 정세

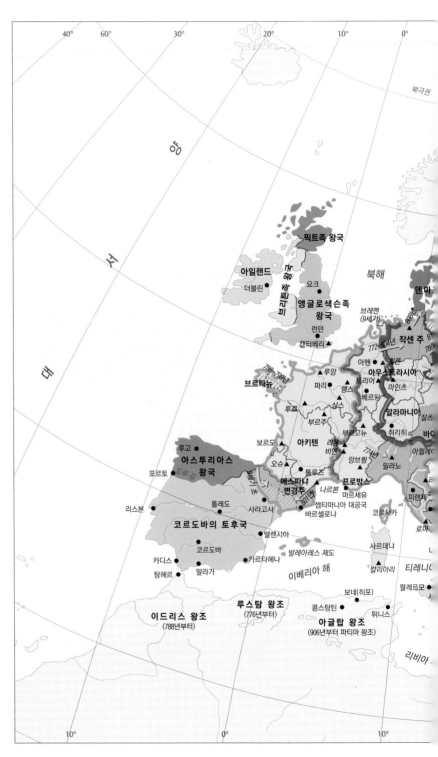

카롤루스 대제가 사망할 때 카롤링거 제국은 최고 전성기에 이르렀다. 카롤루스 대제가 이끄는 전투로 작센 지방, 바이에른, 에스파냐 북부, 이탈리아(랑고바르드족에게서 빼앗음), 판노니아(현재의 헝가리, 오스트리아, 크로아티아, 슬로베니아에 해당하는 지역)를 병합했다. 843년 베르됭 조약을 통해 경건왕 루도비쿠스 1세의 세 아들, 즉 루도비쿠스 2세, 로타리오 1세, 카롤루스 2세가 제국을 분할한다.

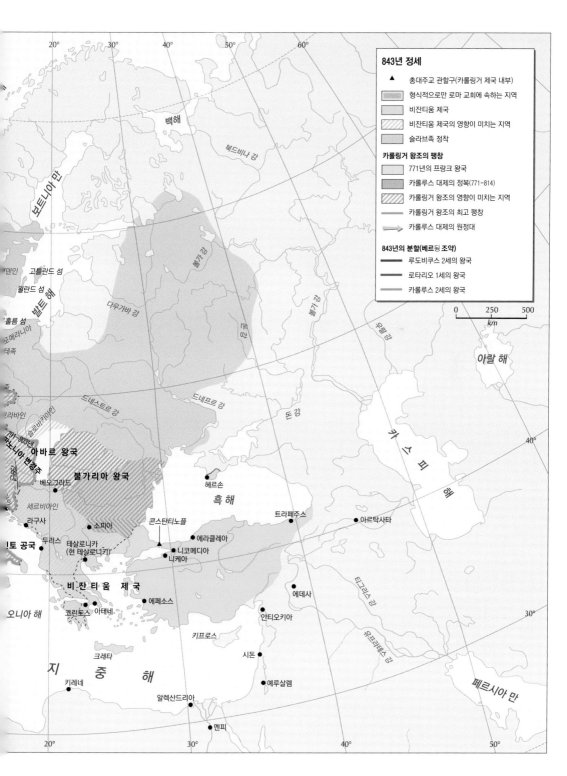

843년 정세

▲ 총대주교 관할구(카롤링거 제국 내부)

형식적으로만 로마 교회에 속하는 지역

비잔티움 제국

비잔티움 제국의 영향이 미치는 지역

슬라브족 정착

카롤링거 왕조의 팽창

771년의 프랑크 왕국

카롤루스 대제의 정복(771-814)

카롤링거 왕조의 영향이 미치는 지역

카롤링거 왕조의 최고 팽창

카롤루스 대제의 원정대

843년의 분할(베르됭 조약)

루도비쿠스 2세의 왕국

로타리오 1세의 왕국

카롤루스 2세의 왕국

0   250   500
km

백해

보트니아 만

북드비나 강

덴인   고틀란드 섬

윌란드 섬   발트 해

홀름 섬

포메라니아

테족

볼가 강

다우가바 강

우랄 강

아랄 해

드네스트르 강

드네프르 강

돈 강

카스피 해

40°

라바인   슬로바키아인

791-803년
판노니아 변경주

아바르 왕국

불가리아 왕국

베오그라드

세르비아인

헤르손

흑 해

트라페주스

아르탁사타

라구사

두러스

소피아

콘스탄티노플

에라클레아

니코메디아

니케아

에데사

티그리스 강

토 공국

테살로니카
(현 테살로니키)

비 잔 티 움   제 국

에페소스

안티오키아

이오니아 해

코린토스   아테네

유프라테스 강

30°

키프로스

지   중   해

크레타

시돈

키레네

예루살렘

알렉산드리아

페르시아 만

멘피

20°   30°   40°   50°

1000년 정세

신성로마 제국의 영토가 이제는 확고해진 반면, 유럽은 1000년 무렵에 매우 역동적인 시절을 맞았다. 북쪽에서는 스칸디나비아 국가들이 팽창했고, 동쪽에서는 헝가리인들의 습격이 잦았으며, 남쪽에서는 이슬람 세력이 압박해 왔다. 피로 물든 극적인 이 상황은 서유럽 국가들의 저항을 불러일으키게 되었다. 서유럽 국가들은 제도를 완성하고 역습을 시작하여 견고한 균형을 되찾았다(에스파냐의 국토 회복 운동Reconquista은 이미 이 시기에 중요한 결과를 낳았다).

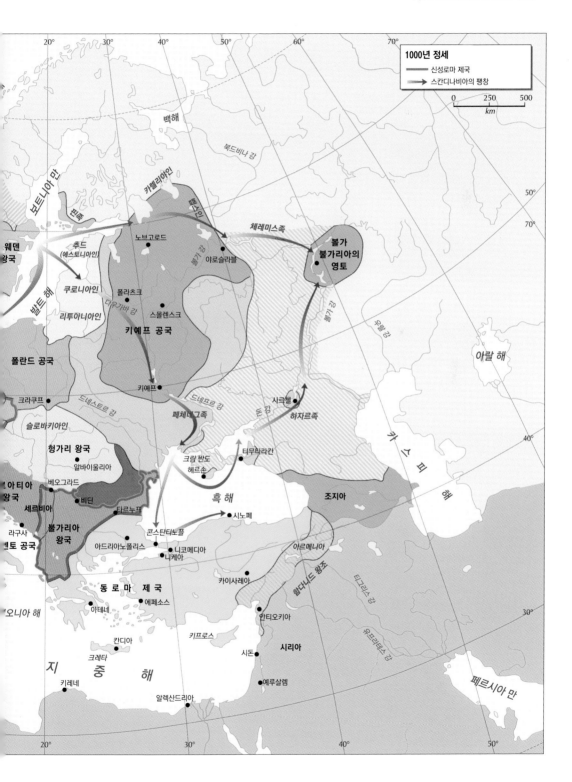

카롤링거 왕국의 팽창

카롤링거 왕국의 팽창

751년 프랑크 왕국	동로마 제국
단신왕 피핀 3세의 정복	비잔티움 제국의 영향권
카롤루스 대제의 정복	이슬람 제국
카롤링거 왕국의 영향권	앵글로색슨족 왕국
전성기의 카롤링거 왕국	브리튼족 왕국
크로아티아인 슬라브 민족들	아일랜드

덴마크 왕국	
교황령	
아바르 왕국	

843년의 분할(베르됭 조약)
루도비쿠스 2세의 왕국
로타리오 1세의 왕국
키를루스 2세의 왕국

0   200   400
km

대 서 양

북해

픽트족 왕국

아마
아일랜드
더블린

요크

앵글로색슨족
왕국

런던
캔터베리

스웨덴 왕국

고틀란드 섬
욀란드 섬

덴마크 왕국

보른홀름 섬

마조프셰 주

다우가바 강

오보트리테족
함부르크
브레멘
작센 주
마그데부르크
소르브인
폴란드인
비스툴라인
드네스트르 강

브레스트
브르타뉴
반   렌
브르타뉴 변경주
파리
네우스트리아
투르
루앙
아헨   쾰른
리에주
베르됭
마인츠
메츠
래겐스부르크
튀링겐 주
프라하
보헤미아인
모라비아인
슬로바키아인

부르주
푸아티에
아키텐
리옹
바젤
아우크스부르크
잘츠부르크
바이에른
콘스탄츠
판노니아 변경주
아바르 왕국

보르도
가스쿠뉴
제네바
앙브룅
밀라노
베네치아
류블랴나
베오그라드
불가리아
왕국

아스투리아스
왕국
팜플로나
에스파냐 변경주
도루 강
툴루즈
나르본
프로방스
엑스
제노바
롬바르디아 주
라벤나
자라
세르비아인
스플리트
라구사
소피아

사라고사
톨레도
타라고나
코르도바 제국
(우마이야 왕조)
발렌시아
바르셀로나
셉티마니아 대공국
코르시카
아작시오
사르데냐
칼리아리
베드로
세습령
로마
가에타
나폴리
스폴레토
공국
스폴레토
베네벤토 공국
베네벤토
타란토
코센차
두러스
테살로니카
(현 테살로니키)

카르타헤나
이베리아 해
지   중   해
티레니아 해
팔레르모
레조
시칠리아
시라쿠사
이오니아 해
코린토스
아테네

콘스탄틴
튀니스

단신왕 피핀 3세가 메로빙거 왕조의 마지막 왕을 폐위한 751년에서 카롤루스 대제가 사망한 814년 사이에 카롤링거 제국은 놀랍도록 팽창하여 소위 말하는 히스파니아 소국 외에 작센 지방, 프리슬란트, 바이에른, 케르텐 주, 현재의 오스트리아를 합병하기에 이른다. 카롤루스 대제가 랑고바르드족을 물리친 뒤에 정복한 이탈리아 반도는 781년에 대제를 통해 교황이 지배하고 카롤링거 제국이 군사적으로 보호해 주는 교황령으로 공식적으로 인정된다.

부록 II : 연표
Cronologie

978

	400	500	600

역사

395 테오도시우스 1세의 죽음과 제국의 분열

402 서고트족의 이탈리아 침입

410 (8월 24일) 알라리크가 이끄는 서고트족이 로마를 점령하고 약탈

476 서로마 제국의 종말

481 클로비스 1세가 프랑크족의 왕으로 등극

493 테오도리쿠스 대왕에 의해 라벤나를 수도로 하는 동고트 왕국의 탄생

527-565 유스티니아누스 대제가 콘스탄티노플의 동로마 황제로 재위

568 알보인 왕이 이끄는 랑고바르드족이 이탈리아를 침입

595 랑고바르드족의 왕 아길룰프가 비잔티움 제국과 정전 협정 체결

634-638 칼리프 우마르가 아라브 세력을 넓히기 시작

약 610 무함마드가 설교를 시작

622 무함마드의 헤지라: 이슬람 왕국의 시작

643 랑고바르드족의 〈로타리 칙령〉을

철학, 과학과 기술

397-401 성 아우구스티누스가 「고백록」 저술

413-약 425 성 아우구스티누스가 「신국론」 저술

411 펠라기우스 논쟁

451 칼케돈 공의회

510 보에티우스가 아리스토텔레스의 「범주론」을 논평

524 보에티우스가 「철학의 위안」 저술

529 유스티니아누스 대제가 아테네 학파를 해체

540 카시오도루스가 비바리움 수도원을 설립

545 유스티니아누스 대제가 삼장서를 비판

550 유럽 최초로 앞바퀴가 달린 무거운 쟁기를 사용

592 그레고리오 1세가 「목회 규율」 저술

약 600 비잔티움에서 그리스 화약이 발명

615 이시도루스가 「사물의 본성」 저술

650 코란 집필이 완료

시각예술

450 갈라 플라키디아의 마우솔레움(라벤나) 제작

433 산타 마리아 마조레 성당(로마)이 〈개선문〉 아치에 있는 모자이크 제작

406 아니키우스 프로부스 집정관의 초상화 제작

505 산타폴리나레 누오보 성당 (라벤나) 건축

527 산티 코스마 에 다미아노 성당 (로마)의 애프스 모자이크 제작

550 막시미아누스 대성당 (라벤나)의 상아 옥좌 제작

586 「라불라의 복음서」 편찬

600 아길룰프의 금도금 청동판 제작

630 프링스에서 칠보 유약 기술이 발전

68 바위 사원(예루살

643 〈로타리 칙 장인들의

650 아일랜드 「린디스판

7세기 알-아크사 회교 사원(예루살

문학과 연극

390-405 성 히에로니무스가 「불가타 성서」 저술

398 클라우디우스 클라우디아누스가 호노리우스 황제를 위한 「축혼가」 저술

414 루틸리우스 나마티아누스가 「귀향」 저술

417 파울루스 오로시우스가 「대이교도 투쟁사」 저술

429 마르티아누스 카펠라가 「필롤로기아와 메르쿠리우스의 결혼」 저술

약 438 논노스가 「디오니소스 이야기」 저술

약 500 프리스키아누스가 「문법 개론서」 저술

512-522 보에티우스가 아리스토텔레스의 논리학 서적을 번역(「논리학 문집」)

625-636 세비야의 이시도루스가 「어원 사전」 저술

651 영국에서 앵글로색슨 최초의 문학 서적인 「위드시드」 출간

약 67 「발레 법전」

음악

387-388 성 아우구스티누스가 「음악론」 저술

494 젤라시오 1세가 「젤라시오 전례서」 저술

500 보에티우스가 「음악 입문」 저술

528 유스티니아누스가 하루 세 번 노래의 의무를 도입

540 카시오도루스가 「시편 해설」 저술

600 그레고리오 1세가 첫 번째 합창단을 창단

700 　　　　　800 　　　　　900 　　　　　1000

771-804 카롤루스 대제의 왕국

711 아랍인들이 서고트족의 첫 번째 왕국을 정복

726 이사우리아 왕조의 레오 황제가 성상 파괴 칙령을 내림

732 푸아티에 전투. 카를 마르텔이 아랍의 진군을 저지

741 카를 마르텔이 왕국을 카를로만과 피핀에게 분배

751 프랑크족의 왕으로 선출된 피핀 3세와 더불어 카롤링거 왕조가 시작

800 (12월 25일) 카롤루스 대제와 더불어 신성로마 제국이 부활

812 아퀴스그라눔 협정

827 아랍인들이 시칠리아에 상륙

843 베르됭 조약

915 베렌가리오 1세가 황제의 왕관을 손에 넣음

936 작센 지방의 오토 1세가 게르마니아의 왕에 오름

952 테오도라의 공식 회합

963 니케포루스 포카스가 비잔티움 제국의 황제로 선언됨

969 요하네스 1세 치미스케스가 니케포루스 포카스를 살해하고 그의 자리를 차지

999 오리야크의 제르베르 (실베스테르 2세)가 교황으로 선출

987 위그 카페가 프랑크 왕국의 왕으로 등극, 카페 왕조의 시작

---

700 중국 수학자 왕효통이 3차 방정식을 이용

742 다마스쿠스의 요한이 『지식의 원천』 저술

749 아랍인들이 중국의 기술을 따라 종이를 생산하기 시작

약770 아랍인들이 기수법을 적용

781 요크의 알퀴누스가 궁정 학교를 설립

약800 아랍인들이 삼각돛을 유럽에 소개

850 살레르노 학교의 활성화

851 요하네스 스코투스 에리우게나가 『예정론』 저술

858 요하네스 스코투스 에리우게나가 『아레오파고스 의원의 전집』 번역

866 요하네스 스코투스 에리우게나가 『자연 구분론』 저술

900 편자를 박아 사용하기 시작

983 붉은 에이리크가 그린란드를 발견하여 식민지를 건설

약990 오리야크의 제르베르가 천체 관측기 및 주판에 대한 논문 저술

---

712 발폴리첼라의 성합 제작

798-805 아퀴스그라눔(아헨)의 팔라티나 예배당 건축

약800 아일랜드 수도사들이 『켈스 복음서』 제작

808 〈천사들의 십자가〉 (오비에도) 제작

835 부올비노가 산탐브로조 성당 (밀라노)에서 황금 제단 제작

843 동로마 제국에서 성상 숭배가 다시 시작

867 성 소피아 대성당(콘스탄티노플)에서 아기 예수와 성모 마리아를 형상화한 앱스 모자이크 제작

783 『다굴포의 시편』의 상아 표지 제작

886-912 성 소피아 대성당(콘스탄티노플)에서 무릎을 꿇은 레오 6세를 형상화한 모자이크 제작

970 대라브라 수도원 (아토스 산) 건립

960 플로렌시오 데 바랄란가스와 상크티우스의 『레온의 성 이시도루스의 성경』에 세밀화 추가됨

약 700 『베어울프』 집필

725 가경자 베다가 『세계의 6단계 연대기』 저술

약787 파울루스 부제가 『랑고바르드족의 역사』 저술

830 아인하르트가 『카롤루스 대제의 생애』 저술

약750 『힐데브란트의 노래』 저술

842-846 라바누스 마우루스가 『사물의 본성』 저술

881 『에울랄리아의 속창』 저술

858 포티우스가 『총서』 저술

889 에르켐페르토가 『베네벤토 공국의 랑고바르드족 역사』 저술

908 프륌의 레기노가 프랑크족의 역사에 대해 쓴 『연대기』 출간

965 간더스하임의 로스비타가 『오토 1세의 공적』 저술

967 아불-파라지가 『노래의 서』 저술

995 비잔티움 백과사전인 『수다』 저술

약 700 『베로나의 오라토리오』가 저술

770 파울루스 부제가 성가 〈당신의 종들이〉를 작업

약 800 전례 노래에 속창이 유포

852 레옹의 오를레앙이 『음악의 원리』 저술

860 요한 부제가 『교창 성가집』 저술

900 클뤼니의 오도가 라틴어 문자로 기보법 기술

990 위册 오도가 『음악의 대화』 저술

400   500   600

395
테오도시우스 1세가 죽고 제국이
분열하다. 제국이 그의 자식들,
즉 호노리우스(서로마 제국)와
아르카디우스(동로마 제국)에게
배분되다.

571
랑고바르드족의 수중에 들어간
파비아가 그들 왕국의 수도가 되다.

529
몬테카시노
수도원이 건립되다.

410 (8월 24일)
알라리크가 이끄는 동고트족이
로마를 점령하고 약탈하다.

643
랑고바르드족의
왕이
〈로타리 칙령〉을
선포하다.

429
반달족이
아프리카에 입성하다.

476
헤룰리족의 왕 오도아케르가
로물루스 아우구스툴루스 황제를
폐하고 황제의 깃발을 동로마 황제에게
보내다. 서로마 제국이 멸망하다.

535-553
유스티니아누스가 벨리사리우스가
이끄는 군대를 이탈리아에 보내다.

496
프랑크족이
그리스도교로
개종하다.

541-552
토틸라가 고트족의 왕이
되다.

약 570 - 632
무함마드가 태어나고 죽다.

400-410
야만족이 갈리아와 에스파냐를 침입하다.

역사

425-455
발렌티니아누스 3세가 황제로 재위하다.

518-527
유스티누스 1세가 동로마 제국의
황제로 재위하다.

590-604
그레고리오 1세가 교황으로
재직하다.

527-565
유스티니아누스 1세가
동로마 제국의 황제로 재위하다.

634-638
칼리프 우마르 1세가
아랍의 팽창을 시작하
1년 동안 시리아,
페르시아, 예루살렘을
점령하다.

405
동고트족이 이탈리아에 침입하다.

481
메로빙거 왕조의 창설자인 클로비스가
프랑크족의 왕좌에 오르다.

431
에페소스 공의회가 열리다.

568
알보인 왕이 이끄는
랑고바르드족이 이탈리아를
침입하기 시작하다.

약 610
무함마드가 아랍인들에게
설교를 시작하다.

650
코란의 집필이 끝나다.

451
칼케돈 공의회가 열리다.

아틸라 장군이 이끄는 훈족이 갈리아 지방을 침범하다.
발렌티니아누스 3세의 장군인 아이티우스가 프랑크족,
서고트족 및 부르군트족의 도움을 받아 카탈라우눔
평원의 전투에서 그들을 제지하다.

700

800

900

1000

800 (12월 25일)
카롤루스 대제가 레오 3세를 통해 황제의 관을 쓰다.
신성로마 제국이 탄생하다.

711
모로코에서 이베리아 반도로 진입한 아랍인들이
서고트 왕국을 멸망시키다.

910
클뤼니 수도원이 건설되다.

955
레히펠트 전투에서 오토 1세의
승리로 중부 유럽에 대한
마자르족의 침입이 끝나다.

756
총독구와 펜타폴리스가
교회에 굴복하다.
교황국이 탄생하다.

973
오토 1세가 사망하다.
아들인 오토 2세가
왕위를 계승하다.

768
단신왕 피핀 3세가 죽다.
왕국은 카를로만과
카롤루스에게 배분되고,
두 사람 모두 왕으로 임명되다.

987
위그 카페가 프랑크족의
왕에 오르다.
카페 왕조가 시작되다.

785
카롤루스 대제가
〈색슨족 법에 대한 법령〉을
편찬하도록 명하다.

881
카롤루스 3세가 황제가 되다.

855
루도비쿠스 2세가 신성로마 제국의
황제가 되다.

742-814
카롤루스 대제가 태어나고 죽다.

936-973
작센 지방의 오토 1세가
게르마니아의 왕이 되다.

772-776
카롤루스 대제와 색슨족이
전투를 벌이다.

919-936
작센 지방의 하인리히가 독일의 왕이 되다.

843
베르됭 조약으로 프랑크 제국이
루도비쿠스 1세의 세 자식들에게
배분되다.

732
푸아티에 전투에서 카를 마르텔이
서방으로 진군하는 아랍군을 막다.

999
오토 3세가 자신의
가정교사(실베스테르 2세)를
교황에 앉히다.

983
오토 2세가 죽고
오토 3세가
즉위하다.

751
피핀 3세가 교황의 동의를 얻어
메로빙거의 마지막 왕을 폐위하고
스스로 프랑크족의 왕에 오르다.
카롤링거 왕조가 시작되다.

887
카롤루스 3세가 폐위되다.
3개의 왕국이 3명의 다른
통치자들에게 맡겨지다.

781
궁정 학교가 열리다.

875
카롤루스 2세가 신성로마 제국의
황제가 되다.

962
(2월 2일)
오토 1세가 로마에서
신성로마 제국의
황제가 되다.
이탈리아의 왕관이
독일의 왕관에 결합되다.

	400	500	600

철학과 신학

397-401
성 아우구스티누스가
『고백록』을 저술하다.

399-419
성 아우구스티누스가
『삼위일체론』을 저술하다.

386
암브로시우스가 『성직자의
의무에 대하여』를 저술하다.

451
칼케돈 공의회에서 단성설과
네스토리우스파를 이단으로
단죄하다.

433
알렉산드리아의 성 키릴로스가
율리아누스의 『갈리아인 공박론』을 논박하다.

447
키루스의 테오도레트가
『에라니스Eranis』를 저술하다.

524
보에티우스가 『철학의 위안』을
저술하다.

560
누르시아의 베네딕투스가
『수도사들의 생활규칙서』,
『신성한 규칙』을 저술하다.

약 500
위 디오니시우스가
『신명론』을 저술하다.

592
그레고리오 1세가
『목회 규율』을 저술하다.

650
코란의 집필이 끝나다.

윤리학과 정치학

413-약 425
성 아우구스티누스가 『신국론』을 저술하다.

411
펠라기우스 논쟁이 일어나다. 펠라기우스는
아우구스티누스의 견해에 반대하여 원죄는 없으며,
인간에게는 자유의지가 있다고 주장하다.

425
테오도시우스 2세가 아테네 학파와 대립하여
그리스도교 교리를 주장하는 학교를
콘스탄티노플에 건설하다.

529
유스티니아누스 대제가 이교도로
고발당한 아테네 학파를 해체하다.

누르시아의 베네딕투스가 몬테카시노
수도원을 건설하다.

542
유스티니아누스 대제가 모든
그리스도교도에게 세례를 주도록 하다.

545
유스티니아누스 대제가 삼장서를 비판하다.

약 540
카시오도루스가 비바리움 수도원을 건설하다.
이곳은 서방의 복합적인 초기 수도원 중 한 곳으로,
도서관에 매우 많은 도서를 소장하고 있나.

622
무함마드의 헤지라가 발생하다
이슬람력이 시작되다.

약 629
티베트에 불교가 확산되다

논리학, 문법학, 수사학

약 500
프리스키아누스가 『문법 개론서』를 저술하다.

512-522
보에티우스가 아리스토텔레스의 논리학 서적을
번역하고 논평하다. 『해석에 관하여』, 『분석론 전서』,
『분석론 후서』, 『변증론』(현재 유실됨), 『궤변론』이
구논리학 문집을 구성한다.

510
보에티우스가 아리스토텔레스의 『범주론』에 대한 주석서를 저술하다.

약 539
마그누스 아우렐리우스 카시오도루스가 『교범』을 저술하다.

625-636
세비야의 이시도루스가
『어원 사전』을 저술하다.

심리학, 자연철학, 형이상학

400
네메시우스가 『인간의 본성에
관하여』를 저술하다.

440
프로클로스가
『티마이오스 주석서』를 저술하다.

529
요하네스 필로포누스가 『프로클로스에
반박하며 세계의 영원성에 관하여』를 저술하다.

530
가자의 아이네아스가 『테오프라스토Teofrasto』
(영혼의 불멸성과 육신의 부활에 대하여)를 저술하다.

539
마그누스 아우렐리우스 카시오도루스가
『영혼에 관하여』를 저술하다.

700　　　　　　　　　800　　　　　　　　　900　　　　　　　　　1000

742
다마스쿠스의 요한이
『지식의 원천』을 저술하다.

831
파스카시우스 라드베르투스가
『주의 몸과 피에 대하여』를 저술하다.

약 847
오르베의 고트샬크가 논문을 쓰지만 현재는
전해지지 않는다. 논문에서 그가 이중예정설을 주장하다.

850
라트람누스가 『운명예정설에 대하여』를 저술하다.
851
요하네스 스코투스 에리우게나가
『예정론』을 저술하다.

723
라오디케아의 세란타피코가
성상 파괴를 설교하다.

845
카롤루스 2세가 요하네스 스코투스 에리우게나를
불러 궁정 학교를 운영하도록 하다.

786
요크의 알퀴누스가 카롤루스 대제의 궁정에서
궁정 학교를 운영하라는 부름을 받다.

약 731
가경자 베다가 『잉글랜드 교회사』를 저술하다.

832
칼리프 알-마문이 바그다드에
지혜의 집을 건설하다.
이는 그리스 서적을 시리아 및 아랍어로
번역하는 과정의 시작이 된다.

862-866
요하네스 스코투스 에리우게나가 『페리피세온Periphyseon』을
저술하다. 이 책은 나중에 『자연 구분론』이라고 이름이 바뀐다.

약 844
라바누스 마우루스가
『사물의 본성』을 저술하다.

858
요하네스 스코투스 에리우게나가 아테네의
디오니시우스의 작품이라 여겨지는
『디오니시우스 전집』을 라틴어로 번역하다.

870
알-파라비가 태어나다.

873
알-킨디가 죽다.

980
샤르트르 성당 학교가
건립되다.

『의학 정전』의 저자
이븐 시나가 태어나다.

	400	500	600

천문학, 지리학, 연대학

547
인도의 항해자 코스마스가
『그리스도교 지형학』을 저술하다.

615
세비야의 이시도루스가
『사물의 본성』을 저술하다.

648
현장이 『대당서역기』를 저술하다.

의학

563
니시비스의 에프렘이 에데사(현 이라크)에
의학 및 물리학 학교를 건설하다.

수학, 기하학, 논리학

415
알렉산드리아의 신플라톤주의 과학자인
히파티아가 살해되다. 그녀의 저서들 중에는
『디오판토스의 천문학적 계산에 관하여』와
『아폴로니우스의 원추곡선에 관하여』가 있다.

532
아스칼론의 에우토키우스가 『아폴로니우스의
원추곡선에 대한 주석서』를 저술하다.

485
프로클로스가 『유클리드의
원론에 대한 주석서』를 저술하다.

화학, 물리학, 광물학

517
요하네스 필로포누스가 아리스토텔레스의
운동 이론과 다른 운동 이론을 발전시키다.

기타 사건들

약 500
중국을 통해 유럽에 비단이 소개되다.

약 600
비잔티움에서 그리스 화약이 발명되다.
이것은 적의 함대를 물리치기 위해
사용한 화약이다.

400
베게티우스 레나투스가 군대의 조직에
관한 책인 『군사 개론』을 저술하다.

537
로마에서 곡물의 제분을 위해 테베레
강에 처음으로 제분선製粉船이 건설되다.

547
인도의 항해자 코스마스가
『그리스도교 지형학』을 저술하다.

450
인도에서 날란다 불교 대학이 탄생하다.

550
유럽 최초로 앞바퀴가 달린 무거운
쟁기가 사용되다.

약 595
산스크리트어 책인 『수반드후의
바사바다타 Subandhu Vasavadatta』에서
처음으로 체스 게임을 언급하다.

700   800   900   1000

699-약 725
가경자 베다가 『절기 계산』을
저술하다.

707
일본에서 제국의 속국에 관한
지리학 논문이 나오다.

약 731
가경자 베다가 『잉글랜드 교회사』에서
그리스도 탄생 이전과 이후라는
연대를 도입하다.

825
디퀼이 『세계 측량에 관하여』를 저술하다.
같은 해에 그가 페로 제도로 보내진
파견대에 대해 서술하다.

828
바그다드 천문대가 설치되다.

832
칼리프 알-마문이 바그다드에 도서관이
딸린 번역가 학교를 건설하다.

795
디퀼에 따르면, 일군의 아일랜드
수도사들이 아이슬란드에 상륙하다.

867
요하네스 스코투스 에리우게나가
『자연 구분론』을 펴내다.

약 900
비잔티움의 헤론이 기술에
대한 논문을 발표하다.

아프라가누스가 이슬람의
천문학 연구를 시작하다.

970
칼리프가 코르도바에 전문 도서관이
있는 천문학 아카데미아를 건설하다.

9세기부터
유럽의 가장 오래된 의학 학교인
살레르노 학교가 활성화되다.

약 970
도놀로가 『혼합의 책』을 저술하다.

700
중국인 수학자 왕효통이 3차 방정식을 사용하다.

약 770
인도의 영향을 받은 아랍인들이 기수법 체계를
응용하여 0의 개념을 습득하다.

약 990
오리야크의 제르베르가 주판과
천측구에 대한 논문을 저술하다.

약 778
아랍인들이 황산과 질산을 사용하다.

790
자비르 이븐 하이얀(게베르)이 『화학의 서』를
저술하다. 이것은 아랍 최초의 화학 실험 논문이다.

900
아랍인들이 포도주의
증류를 통하여
알코올을 얻어 내다.

약 700
헬레니즘 시대에 나온 기술에 대한
논문들이 시리아어로 번역되다.

약 800
바그다드에서 지혜의 집이 문을 열다.

약 740
유럽에서 등자를 사용하기 시작하다.

749
아랍인들이 중국 기술을 따라 종이를
생산하기 시작하다.

900
편자를 박아 사용하기 시작하다.

983
붉은 에이리크가 그린란드를
발견하여 식민지를 세우다.

999
붉은 에이리크의 아들 레이프가
래브라도를 발견하다.

95
브드 알-말리크의 통치를 받던
마스쿠스에서 아랍-이슬람권
초로 금화와 은화가 주조되다.

790
바그다드에서 산업 설비로 이용하기
위해 물방앗간을 설치하다.

	400	500	600

논문집

399-419
아우구스티누스가 『삼위일체론』을 저술하다.

413-약 425
아우구스티누스가 『신국론』을 저술하다.

417
파울루스 오로시우스가 『대이교도 투쟁사』를 저술하다.

약 429
마르티아누스 카펠라가 『필롤로기아와 메르쿠리우스의 결혼』을 저술하다.

5세기 말기-6세기 초기
위 디오니시우스가 『디오니시우스 전집』을 저술하다.

약 500
프리스키아누스가 『문법 개론서』를 저술하다.

약 530
카시오도루스가 『고트족의 역사』를 저술하다.

6세기 초기
보에티우스가 『신학 논고집』을 저술하다.

550-약 570
카시오도루스가 『성학 교범』과 『속학 교범』을 저술하다.

6세기 중기
투르의 그레고리우스가 『프랑크족의 역사』를 저술하다.

6세기 말기
교황 그레고리오 1세가 『욥기 교훈』을 저술하다.

약 625
세비야의 이시도루스가 『어원 사전』을 저술하다.

약 625
세비야의 이시도루스가 『고트족, 반달족, 수에비족의 역사』를 저술하다.

7세기 후기
맘스베리의 앨드헬름이 『아키르키우스에게 보내는 편지』를 저술하다.

시나이의 아나스타시우스가 『헥사이메론』을 저술하다.

산문

390-405
히에로니무스가 성경을 라틴어로 번역한 『불가타 성서』를 쓰다.

397-401
아우구스티누스가 『고백록』을 저술하다.

450
산스크리트어로 쓴 인도의 동물 우화 모음집인 『판차탄트라』가 유럽에 널리 확산되다.

약 538
카시오도루스가 『잡문집』을 저술하다. 이 책은 동고트 군주들을 위해 쓴 공식 서한 모음집이다.

6세기 중기
누르시아의 베네딕투스가 『베네딕투스 규칙』을 저술하다.

6세기 후기
투르의 그레고리우스가 8편의 성인전을 저술하다.

약 593
교황 그레고리오 1세가 『대화』를 저술하다.

6세기 말기-7세기 초기
교황 그레고리오 1세가 『강론집』을 저술하다.

약 678
『바론티우스의 환영』이 저술되다.

약 650
『성 푸르세우스의 생애』가 저술되다.

시

400
『마하바라타』가 완성되다.

414
갈리아의 루틸리우스 나마티아누스가 『귀향』을 쓰다.

431
세둘리우스가 『부활절 성가』를 쓰다.

398
클라우디우스 클라우디아누스가 호노리우스 황제를 위한 『축혼가』를 쓰다.

450-약 469
시도니우스 아폴리나리스가 〈카르미나〉를 쓰다.

5세기 말기
드라콘티우스가 〈하느님의 찬양에 관하여〉를 쓰다.

5-6세기
코리푸스가 『요하네스』, 〈유스티누스 황제를 찬양하며〉를 쓰다.

아일랜드에서 작품이 쓰이면 『시민 한담』이란 제목의 책에 모아지다.

544
아라토르가 『사도행전』에 대한 서사시를 쓰다.

6세기 후기
베난티우스 포르투나투스가 『카르미나』와 『성 마르티누스의 생애』를 쓰다.

6세기
비잔티움의 유명한 성가인 〈아카티스토스 성가〉가 만들어지다.

630-약 640
비잔티움에서 게오르기우스 피시데스가 세상의 창조에 대한 시인 『헥사이메론』을 쓰다.

651
영국의 앵글로색슨 최초의 문학서인 『비종교 찬가elegie pagane』와 『위드시드』가 지어지다.

7세기 후기
맘스베리의 앨드헬름이 『동정에 관하여』를 저술하다.

연극

700　　　　　　　800　　　　　　　900　　　　　　　1000

731-약 735
가경자 베다가 『잉글랜드 교회사』를 저술하다.

819
라바누스 마우루스가 『성직자 제도』를 저술하다.

약 787
파울루스 부제가 『랑고바르드족의 역사』를 저술하다.

842-846
라바누스 마우루스가 『사물의 본성』을 저술하다.

862-866
요하네스 스코투스 에리우게나가 『페리피세온』(『자연 구분론』)을 저술하다.

약 790
아퀼레이아의 파울리누스 2세가 『격언집』을 저술하다.

830
아인하르트가 『카롤루스 대제의 생애』를 저술하다.

995
비잔티움 백과사전인 『수다』가 저술되다.

약 794
카롤루스 대제가 『서간집』을 저술하다.

8세기 말기(?)
요크의 알퀴누스가 문법서를 저술하다.

약 854
랭스의 잉크마르가 『셋이 아니라 하나인 신성』을 저술하다.

730-735
가경자 베다가 『복음 설교집』을 저술하다.

8세기 말기
파울루스 부제가 『설교집』을 저술하다.

960-963
이탈리아 속어로 쓰인 최초의 책인 『플라치티』가 저술되다.

813
투르 공의회에서 처음으로 속어를 공식적으로 인정하다.

8-9세기
『괴물에 관한 책』이 저술되다.

824
하이토가 『베틴의 환영』을 저술하다.

8세기
『성 브렌던의 항해』가 저술되다.

842
〈스트라스부르 서약〉이 이루어지다. 로망스어를 최초로 공식적으로 인정하다.

약 700
앵글로색슨 서사시인 『베어울프』가 지어지다.

825-약 830
사팔뜨가 발라프리트가 『베틴의 환영』을 저술하다.

915-922
베로나의 조반니가 『베렌가리오 황제의 공적』을 저술하다.

760
퀴너울프가 『그리스도』, 『엘렌』, 『율리아나』, 『사도들의 운명』을 쓰다.

881
오일어로 된 최초의 문학 작품인 『에울랄리아의 속창』이 저술되다.

약 950
장크트 갈렌의 에케하르트가 『발타리우스』를 저술하다.

965
간더스하임의 로스비타가 『오토 1세의 공적』을 저술하다.

9세기 초기
라바누스 마우루스가 『십자가 찬양에 관하여』를 저술하다.

세둘리우스 스코투스가 『노르만족의 패배에 관하여』를 저술하다.

10세기 초기
랭스의 플로도아르가 『그리스도의 승리에 관하여』를 저술하다.
클뤼니의 오도가 〈속죄〉를 쓰다.

9세기 후기
말더들이 노트커가 〈찬미가〉를 쓰다.

10세기
『팔라티나 선집』이 나오다.

826
로마 공의회가 성직자에게 전례 도중에 연극 공연을 하지 말라고 경고하다.

약 960
간더스하임의 로스비타가 그리스도교 드라마 6편을 라틴어로 쓰다.

876
조반니 임모니데가 『키프리아누스의 만찬』을 연극과 시로 각색하다.

	400	500	600

회화

6세기 초기
산타 마리아 안티쿠아 성당(로마)의
장식 작업이 시작되다.

조각

5세기
바미안 석굴 사원의 간다라 불상이 제작되다.

546-556
막시미아누스 대성당(라벤나)의
상아 세공 작품이 제작되다.

654
아랍인들이 로도스의 대형 조각을
떼어 내어 오데사의
유대인 상인에게 팔다.

건축

453
산 조반니 성당
(콘스탄티노플)이 지어지다.

525-547
산 비탈레 성당(라벤나)이 지어지다.

691
칼리프 아브드 알-말리크가
예루살렘에 바위 사원을
건설하도록 명하다.

460년 이후
산토 스테파노
성당(로마)이 지어지다.

519-558
산타폴리나레 누오보
성당(라벤나)이 지어지다.

579-590
산 로렌초 푸오리
레 무라 성당(로마)이 지어지다.

5세기
산 데메트리오 성당(테살로니키)이 지어지다.

532-537
밀레투스의 이시도루스와 트랄레스의
안테미우스가 성 소피아 대성당(콘스탄티노플)을 건축하다.

5세기 중기
네오니아노 성당(라벤나)이 지어지다.

526
테오도리쿠스의
마우솔레움(라벤나)이 지어지다.

7세기 초기
알-아그사 사원(예루살렘)이 지어지다.

5세기 말기
이리아니 세례냥(라벤나)이 지어지다.

567
낭트에서 성당이 지어지다.

6세기 말기-7세기 초기
산탄젤로 성당(페루자)이 지어지다.

기타 예술

432-440
산타 마리아 마조레
성당(로마)의 개선 아치와
본당 모자이크가 제작되다.

526-530
산티 코스마 에 다미아노 성당(로마)의
애프스 모자이크가 제작되다.

약 600
아길룰프 왕의
금속판Lamina이 제작되다.

406
아니키우스 프로부스의
2폭 제단화가 제작되다.

586
「라불라의 복음서」가 발행되다.

약 603
교황 그레고리오 1세가
테오델린다에게 선물한
「전례서」의 보석과 금박 표지가
제작되다.

428
플라비우스 펠릭스의
2폭 제단화가 제작되다.

625
교황 그레고리오 1세의
「에제키엘서 강론집」이
편찬되다.

434
아르다부리우스의
은쟁반이 제작되다.

7세기 초기
산 데메트리오 성당
(테살로니키)의
모자이크가 제작되다.

630
프랑스의 궁정에서
칠보 유약 기술이 발전하다.

449
아스투리우스의
2폭 제단화가 제작되다.

643
〈로타리 칙령〉에 공방 조직의 윤곽이 보이고
코모 지역 장인들의 이름을 딴 공방이 등장하다.

700   800   900   1000

8세기–9세기
산타 마리아 포리스 포르타스 성당(카스텔세프리오)의
프레스코화가 제작되다.

847
산타 마리아 안티쿠아 성당(로마)의
장식 작업이 마무리되다.

712-744
발폴리첼라의 성합이 제작되다.

9세기 초기
애버콘Abercorn에서 기념비적인 십자가상이 완성되다.

808
오비에도에서
〈천사들의 십자가〉가 제작되다.

약 980
생트푸아 성당(콩크)의
성물함이 제작되다.

784-987
대모스크(코르도바)가 세워지다.

764
로르슈 성당(독일)이 지어지다.

855-873
코르바이 성당(독일)에서
서향 구조물이 지어지다.

약 908
아르메니아의 악다마르 섬에
십자가 조형물이 세워지다.

970
대라브라 수도원
(아토스 산)이
건립되다.

8세기 후기
산 살바토레 성당-수도원(브레시아)이 지어지다.

847
로마에서 교황 레오 4세가
바티칸을 성벽으로
둘러싸도록 명하다.

909
클루니 성당(부르고뉴)이 지어지다.

976
마인츠 대성당이
지어지다.

799-805
팔라티나 예배당(아헨)이 지어지다.

약 698
『린디스판 복음서』(아일랜드와
노섬브리아)가 제작되다.

약 755
『군돌리노 복음서』(프랑스)가
제작되다.

817-824
산타 프라세데 성당(로마)과 산타 체칠리아
인 트라스테베레 성당(로마)의 모자이크가 제작되다.

824-859
산탐브로조 성당(밀라노)에 황금 제단이 만들어지다.

977-993
『치비달레의 시편』(독일)이
제작되다.

926
에스파냐의 마기우스가 저술한,
『요한 묵시록』의 주석서인 『복자Beatus』에
세밀화가 그려지다.

780
카롤루스 대제가 비두킨트에게
선물한 성물함이 제작되다.

834-843
『알퀴누스의 성경』이 만들어지다.

약 790
생트크루아 드 푸아티에 성당(아미엥)의
복음서에 세밀화가 그려지다.

842-869
프랑스의 카롤루스 2세의 『시편』에 세밀화가 그려지다.

960
플로렌시오 데 바랄란가스와
상크티우스가 저술한
『레온의 이시도루스의 성경』에
세밀화가 그려지다.

793
『야만족의 법률』(브장송)이
제작된 뒤에 세밀화가 그려지다.

848-851
『로타리오 복음서』에 세밀화가 그려지다.

8세기 말기
『에지노 코덱스』가 제작된 뒤에
세밀화가 그려지다.

820
프톨레마이오스의 책에
세밀화가 그려지다.

886-912
성 소피아 대성당(콘스탄티노플)에 레오 6세를
형상화한 모자이크가 제작되다.

『다굴포의 시편』의 겉표지가 상아로 제작되다.

843
동로마 제국에서 성상 숭배가 다시 활발해지다.

8세기 후기
『플라비니 복음서』에 세밀화가 그려지다.

867
성 소피아 대성당(콘스탄티노플)의 애프스 모자이크에 〈성모자〉를
형상화한 작품이 제작되다.

9세기 말기
『황금 시편』(장크트 갈렌)이 제작되다.

	400	500	600

음악 이론

387-388
아우구스티누스가
『음악론』을 저술하다.

410-439
마르티아누스 카펠라가 『필롤로기아와
메르쿠리우스의 결혼』을 저술하다.

500
보에티우스가 『음악 입문』을 저술하다.

540
카시오도루스가 『시편 해설』을 저술하다.

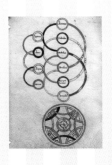

음악 실천

373
밀라노의 주교가 된 암브로시우스가
찬송가를 소개하다.

393
비잔티움의 한 오벨리스크 정면에
공압 시스템을 갖춘 오르간이 처음 그려지다.

528
유스티니아누스 대제가 수도사들에게 아침, 점심,
저녁으로 성가를 의무적으로 부를 것을 지시하다.

494
젤라시오 1세가 전례 성가를 지시한 최초의
미사 전서인 『젤라시오 전례서』를 저술하다.

700 800 900 1000

700
음악 개념을 처음으로 실은 원고
『베로나의 오라토리오』가 저술되다.

약 850
『무지카 엔키리아디스』가 저술되다.
이 책은 목소리를 겹쳐 부르는 '오르가눔'
형태와 5선보에 바탕을 둔 기보법에 대해
서술하고 있다.

900
클뤼니의 오도가 기보법에서
그리스어 문자 대신 라틴어 문자를 쓰다.

852
레오메의
아우렐리아누스가
『음악의 원리』에서
그레고리오 선법의
체계를 소개하다.

901
생타망의 수도사 후크발트가 『화성학』에서
그레고리오 선법의 범위를 정의하기 위해
보에티우스의 음계를 설명하다.

약 870
프륌의 레기노가 최초의
토나리움, 즉 음계에 기초한
그레고리오 성가를 짓다.

약 990
위 오도가 『음악의 대화』에서
음계를 지시하기 위해
A B C D E F G와 같이 연속된
알파벳을 사용하다.

789
카롤루스 대제가 『훈계』에서
로마 성가(그레고리오 성가에서 나옴)를 제시하다.

약 900
전례 악기로 오르간이 유포되기 시작하다.

약 800
최초의 코랄 기보법 형식이 유포되기 시작하다.
이는 850년경의 부호로 증명된다.

전례 음악에 속창이 유포되다.
그레고리오 성가에서 '멜리스마'로
시작하는 것을 말한다.

약 850
장크트 갈렌의 수도사인
말더듬이 노트커가 속창을 작곡하다.

약 853
코르비의 층계송이 성가 영창 음조를
지시하면서 새로운 음악을 제시하다.

약 980
윈체스터 수도원에서 최초의
기념비적인 오르간이 제작되다.

860
요하네스 부제가 최초의 성직자 노래 모음집인
『안티포나리움 첸토Antiphonarium cento』를 저술하다.

중세 I

초판 1쇄 발행일 2015년 7월 24일
초판 7쇄 발행일 2024년 1월 29일

지은이 움베르토 에코
옮긴이 김효정 · 최병진
감수자 차용구 · 박승찬

발행인 윤호권, 조윤성
사업총괄 정유한

발행처 ㈜시공사 **주소** 서울시 성동구 상원1길 22, 7-8층(우편번호 04779)
대표전화 02-3486-6877 **팩스(주문)** 02-585-1755
홈페이지 www.sigongsa.com / www.sigongjunior.com

글 ⓒ 움베르토 에코

ISBN 978-89-527-7422-4 04080
ISBN 978-89-527-7421-7 (set)

*시공사는 시공간을 넘는 무한한 콘텐츠 세상을 만듭니다.
*시공사는 더 나은 내일을 함께 만들 여러분의 소중한 의견을 기다립니다.
*잘못 만들어진 책은 구입하신 곳에서 바꾸어드립니다.

WEPUB 원스톱 출판 투고 플랫폼 '위펍' __wepub.kr
위펍은 다양한 콘텐츠 발굴과 확장의 기회를 높여주는
시공사의 출판IP 투고·매칭 플랫폼입니다.

	400	500	600	700	800	900

역사

395
테오도시우스 1세의 죽음과 제국의 분열

476
서로마 제국의 종말

493
테오도리쿠스 대왕에 의해 라벤나를 수도로 하는 동고트 왕국의 탄생

527-565
유스티니아누스 대제가 콘스탄티노플의 동로마 황제로 재위

약 610
무함마드가 설교를 시작

643
〈로타리 칙령〉

711
아랍인들이 서고트족의 첫 번째 왕국을 정복

722
에스파냐가 재정복을 시작

726
이사우리아 왕조의 레오 황제가 성상 파괴 칙령을 내림

771-814
카롤루스 대제의 재위

800 (12월 25일)
카롤루스 대제와 더불어 서로마 제국이 부활

843
베르됭 조약

철학, 과학과 기술

397-401
성 아우구스티누스가 『고백록』 저술

413-약 425
성 아우구스티누스가 『신국론』 저술

485
프로클로스가 『유클리드의 원론에 대한 주석서』 저술

524
보에티우스가 『철학의 위안』 저술

550
유럽 최초로 앞바퀴가 달린 무거운 쟁기를 사용

615
세비야의 이시도루스가 『사물의 본성』 저술

약 740
유럽에서 등자를 사용

789
요크의 알퀴누스가 궁정 학교를 지도

790
게베르가 『화학의 서』 저술

851
요하네스 스코투스 에리우게나가 『예정론』 저술

시각예술

450
갈라 플라키디아의 마우솔레움(라벤나) 제작

525-547
산 비탈레 성당(라벤나) 건축

532-537
성 소피아 대성당 (콘스탄티노플) 건축

603
테우델린다의 전례서 제작

799-805
팔라티나 예배당(아헨) 건축

835
부올비노가 산탐브로조 성당(밀라노)에 황금 제단 제작

약 825
『위트레흐트의 시편』 제작

91
제
성

문학과 연극

390-405
성 히에로니무스가 성경을 번역

약 622
세비야의 이시도루스가 『고트족, 반달족, 수에비족의 역사』 저술

725
가경자 베다가 『세계의 6단계 연대기』 저술

약 787
파울루스 부제가 『랑고바르드족의 역사』 저술

음악

494
젤라시오 1세가 『젤라시오 전례서』 저술

500
보에티우스가 『음악 입문』 저술

600
그레고리오 1세가 첫 번째 합창단 창단

약 850
『무지카 엔키리아디스

약 9
오르